Assmann/Burhoff/Obermeier · Besteuerung des Bau- und Baunebengewerbes

BERUF UND STEUERN

Besteuerung des Bau- und Baunebengewerbes

Hoch-, Straßen-, Tiefbau
Anstreicher, Dachdecker, Dämmung und Abdichtung,
Elektroinstallateure, Fliesenleger, Gerüstbauer, Glaser,
Heizungs-, Gas- und Wasserinstallateure, Klempner,
Schlosser, Schreiner, Steinmetze, Stukkateure, Zimmerer

Von

E. Assmann
Steueroberamtsrat

A. Burhoff
Vors. Richter am FG a. D.

A. Obermeier
Richter am FG

VERLAG NEUE WIRTSCHAFTS-BRIEFE
HERNE/BERLIN

Es haben bearbeitet:

E. Assmann: Abschnitt A, B, C II, D 1–7, E I, F IV, V.

A. Burhoff: Abschnitt C III, IV, VI–VIII, D 8, E II, F I–III, VI.

A. Obermeier: Abschnitt C I (zur teilweisen Bearbeitung durch E. Assmann vgl. S. 146 ff.), V.

DATEV-Datenbank-Unterstützung

Die Abrufkürzel (z. B. ▶ BSt-BG-0050 ◀) neben den Abschnittsüberschriften verweisen auf die Steuerrechtsdatenbank „LEXinform" der DATEV. Unter der angegebenen Nummer können Datenbank-Teilnehmer den vollständigen Wortlaut wichtiger Quellen, die im jeweiligen Abschnitt zitiert sind, abrufen. Weitere wichtige Informationen zum jeweiligen Abschnitt, die bei Redaktionsschluß noch nicht berücksichtigt werden konnten (z. B. neue gerichtliche Entscheidungen oder Verwaltungsanweisungen), werden ebenfalls gespeichert und können unter dem jeweiligen Kürzel abgefragt werden.

Die Deutsche Bibliothek – CIP-Einheitsaufnahme
Assmann, Eberhard:
Besteuerung des Bau- und Baunebengewerbes : Hoch-, Straßen-, Tiefbau, Anstreicher, Dachdecker, Dämmung und Abdichtung, Elektroinstallateure, Fliesenleger, Gerüstbauer, Glaser, Heizungs-, Gas- und Wasserinstallateure, Klempner, Schlosser, Schreiner, Steinmetze, Stukkateure, Zimmerer / von E. Assmann; A. Burhoff; A. Obermeier. – Herne ; Berlin : Verl. Neue Wirtschafts-Briefe, 1994
  (Beruf und Steuern)
  ISBN 3-482-45451-5
NE: Burhoff, Armin; Obermeier, Arnold:

ISBN 3-482-45451-5 – 1994
© Verlag Neue Wirtschafts-Briefe GmbH & Co., Herne/Berlin 1994
Alle Rechte vorbehalten.

Dieses Buch und alle in ihm enthaltenen Beiträge und Abbildungen sind urheberrechtlich geschützt. Mit Ausnahme der gesetzlich zugelassenen Fälle ist eine Verwertung ohne Einwilligung des Verlages unzulässig.
Satz: Fotosatz Wahlers, 2815 Langwedel
Druck: Bercker, Kevelaer

Vorwort

Bauhaupt- und Ausbaugewerbe sind Schlüsselbranchen unserer Volkswirtschaft. Mit nach dem Stand von Mitte 1991 71 830 Baubetrieben und 16 026 Unternehmen des Ausbaugewerbes haben sie als Klientel der steuerberatenden Berufe herausragende Bedeutung und einen hohen Beratungsbedarf. Die Unternehmen nutzen wie keine andere Branche die Vielfalt der möglichen zivil- und handelsrechtlichen Rechtsformen.

Es gibt heute kaum noch einen Lebensbereich, der nicht steuerrelevant ist. Das gilt erst recht für die unternehmerischen Aktivitäten. Steueroptimierung ist daher in modernen Steuerstaaten auch für Betriebe des Bau- und Baunebengewerbes ein wichtiger Gesichtspunkt der Kostenminimierung. Das gilt um so mehr, da die Steuerquote, wie gerade zur Zeit deutlich wird, ihren Höhepunkt offenbar noch nicht erreicht hat. Steuerökonomische Gestaltungen, steuerliche Wachsamkeit und Dispositionsbereitschaft sind unverzichtbar. Der Notwendigkeit, Gestaltungen dem geltenden Recht anzupassen, kommt immer größere Bedeutung zu. Steuerberatung und Unternehmer bei dieser Aufgabe kompetent zu unterstützen, haben sich die Autoren auch bei dieser Neuerscheinung in der Reihe „Beruf und Steuern" wiederum als Ziel gesetzt.

Unser deutsches Steuerrecht ist nach Reformen, die Vereinfachung versprachen, nur komplizierter geworden. Das hat die Anforderungen an eine gute Steuerberatung spürbar erhöht. Auch für den steuerlichen Fachmann ist es oft wichtig zu wissen, wo er eine Problemlösung nachlesen kann. Kompakte Brancheninformation kommt diesem Bedarf entgegen.

In den neuen Bundesländern ist in Anbetracht von ca. 6 000 fehlenden Steuerberatern verläßliche steuerliche Information für die dort noch jungen Betriebe besonders gefragt. Daher hoffen die Autoren, daß dieses Steuerhandbuch für die Bau- und Baunebengewerbsbetriebe dort besonders hilfreich ist.

In der Beratungspraxis zeigt sich immer deutlicher, daß steuerliche Information effektiver wirkt, wenn sie auf die branchenspezifischen Besonderheiten zugeschnitten ist und dafür quer durch die Steuerarten die allgemeine, aber vor allem die besondere steuerliche Problemlösung aufzeigt. Jede Branche hat ihre spezifischen steuerlichen Probleme.

Dieses Buch erläutert nach Darstellung volks- und betriebswirtschaftlich bedeutsamer Daten im allgemeinen Teil grundsätzliche Steueraspekte der Existenzgründung, von Finanzierungen und Kauf, Pacht, Beteiligung und Leasing. Es gibt allgemeine Steueroptimierungshinweise und macht die steuerlichen und allgemeinen Vor- und Nachteile der unterschiedlichen Unternehmensformen transparent. Herzstück ist ein ausführlicher, in ABC-Form gefaßter Einkommensteuerteil. Darin werden die steuerlichen Standard- und Branchenprobleme auf aktuellem Stand und hohem Niveau behandelt. Gleiches gilt für die Kapitel Umsatz-, Gewerbesteuer und Einheitsbewertung des Betriebsvermögens. Für die vielen in der Rechtsform der GmbH betriebenen Unternehmen sind die Grundsätze und vor allem die Fallstricke des Körperschaftsteuerrechts in ABC-Form dargestellt.

Nachzahlungen als Folge von Außenprüfungen sind ein vermeidbares „Lehrgeld". Da Baubetriebe und Handwerk meist nach finanzamtlicher Einstufung „Mittelbetriebe" sind, werden sie öfter als andere Betriebe von Außenprüfungen „heimgesucht". Der Abschnitt Außenprüfung ist wegen seiner Wichtigkeit für die Branche umfassend und zur besseren Orientierung ablaufgerecht dargestellt. Intensive Hilfestellung im Umgang mit der Betriebsprüfung ist wichtig. Die Abhandlung macht Steuerberatern und Unternehmern die Vorgehensweise des Außenprüfers transparent und will auch dem Betriebsprüfer aufzeigen, wo die Grenzen seines rechtmäßigen Handelns liegen. Dabei wurde auf die Herausstellung der Rechte des Unternehmers in diesem vom Finanzamt beherrschten Verfahren besonderer Wert gelegt. Der Abschnitt „Außenprüfung" zeigt auch Ansatzpunkte für Abwehrmaßnahmen auf.

Als umfassender und anspruchsvoller Branchenkommentar entspricht diese Darstellungsart einem Bedürfnis der Besteuerungspraxis. Er läßt so gut wie keine branchenspezifische Steuerfrage unbeantwortet. Eine ballastfreie Sprache und die, wo möglich, alphabetische Darstellung erleichtern die Problemlösung in der Besteuerungspraxis. Zahlreiche Hinweise geben nützliche Gestaltungsempfehlungen. Zeitraubendes Suchen nach Lösungen von Problemen der Branche in den unterschiedlichen Kommentaren und Richtlinien wird überflüssig. Sollte dennoch eine Vertiefung erforderlich sein, helfen ausführliche Rechtsprechungshinweise, Fachliteraturangaben und die DATEV-Datenbank-Unterstützung rasch weiter.

Das vorliegende Buch soll für die steuerberatenden Berufe und die Finanzverwaltung eine umfassende und schnelle Informationsquelle sein. Es wendet sich aber auch an den Unternehmer selbst, um ihm Anstöße zu Gesprächen mit seinem Steuerberater zu geben und ihn für Auseinandersetzungen mit der Finanzverwaltung gesprächs- und handlungsfähig zu machen.

Für Verbesserungshinweise, aber auch Kritik sind Verlag und Autorenteam dankbar und offen.

Göttingen/Köln/Herrsching, im Herbst 1993

E. Assmann, A. Burhoff, A. Obermeier

Inhaltsübersicht

		Seite
Vorwort		5
Inhaltsverzeichnis		11
Literaturverzeichnis		27
Abkürzungsverzeichnis		29
Abschnitt A:	Branchen- und allgemeine Steuerfragen	35
Abschnitt B:	Gewinnermittlung, Buchführung, Aufzeichnungen, Aufbewahrung, Ordnungsmäßigkeit	120
Abschnitt C:	Laufende Besteuerung	146
Abschnitt D:	Betriebsverpachtung, Betriebsübergabe, Betriebsaufgabe, Betriebsveräußerung; Haftung des Erwerbers eines Unternehmens	697
Abschnitt E:	Außenprüfung, Steuerfahndung, Selbstanzeige	717
Abschnitt F:	Branchenspezifische Hinweise für Dachdeckerei; Dämmung und Abdichtung; Elektroinstallateure; Fliesenleger; Gerüstbau; Glaserei; Heizungs-, Gas- und Wasserinstallation, Klempnerei; Hochbau; Maler, Lackierer, Anstreicher; Schlosserei; Schreiner, Tischler; Steinmetze; Straßenbaubetriebe; Stukkateure; Tiefbau; Zimmerei	814
Stichwortverzeichnis		911

Inhaltsverzeichnis

	Seite
Vorwort	5
Inhaltsübersicht	9
Literaturverzeichnis	27
Abkürzungsverzeichnis	29

Abschnitt A:	Rdnr.	Seite
Branchen- und allgemeine Steuerfragen	1	35
I. Bauhaupt- und Baunebengewerbe im allgemeinen	1	35
1. Gesamtwirtschaftliche Bedeutung	1	35
a) Bauhauptgewerbe	1	35
b) Ausbau- bzw. Baunebengewerbe	15	41
c) Arbeitskosten der Branche	17	44
2. Gewerbe- und berufsrechtliche Voraussetzungen des Handwerks	26	44
a) Allgemeines	26	44
b) Betriebsspektrum „Handwerk"	27	45
c) Zulassungsvoraussetzungen	28	45
d) Bedeutung der Handwerksrolle	29	45
e) Kaufmannseigenschaft von Handwerksbetrieben	31	45
3. Bauspezifische Rechtsgrundlagen	41	47
a) Bauverträge nach BGB	41	47
b) Verdingungsordnung für Bauleistungen (VOB)	42	47
c) Leitsätze für die Ermittlung von Baupreisen aufgrund von Selbstkosten (LSP-Bau)	46	48
d) Gesetz über die Sicherung von Bauforderungen (GSB; § 648a BGB)	47	49
e) Makler- und Bauträgerverordnung (MaBV)	48	49
4. Kammern, Berufsverbände, Berufsgenossenschaft, Steuerberatung	51	49
a) Handwerkskammern, Handwerkerinnung	51	49
b) Berufsgenossenschaft	53	50
c) Urlaubskasse, Ausgleichsverfahren zum Lohnfortzahlungsgesetz	57	50
d) Steuerberatung	64	52

	Rdnr.	Seite
5. Existenzgründung, Kauf, Pachtung, Beteiligung	76	53
a) Existenzgründung Bau- und Baunebengewerbe	76	53
b) Betriebsübernahme	99	58
c) Kauf	105	59
d) Pachtungen	127	63
e) Beteiligungen	149	67
6. Finanzierung, Leasing, Miete, Kredit; steuerliche Aspekte	166	69
a) Betriebswirtschaftliche Bedeutung der Unternehmensfinanzierung	166	69
b) Finanzierungsgrundsätze	175	71
c) Kreditwürdigkeit und Sicherheiten	184	72
d) Kontokorrentkredit	191	74
e) Mietkauf	192	74
f) Leasingverträge	193	74
g) Bankfinanzierung oder Leasing	206	77
h) Steuerliche Behandlung von Investitionszuschüssen	210	78
i) Steuerliche Gesichtspunkte bei Finanzierungen	211	78
7. Unternehmensformen; Rechtsformwahl	256	85
a) Bedeutung der Rechtsform	256	85
b) Einzelunternehmen	260	86
c) Personengesellschaften	262	87
d) Kapitalgesellschaften (GmbH)	303	96
e) Betriebsaufspaltung	331	103
II. Steuertaktische Hinweise, Steuergestaltungen	371	109
1. Allgemeine Hinweise	371	109
2. Steuerspargrundsätze bzw. -möglichkeiten	378	111
3. Gleichverteilungs- und Verlagerungseffekte	384	113
4. Behandlung von Grundbesitz	390	115
5. Abschluß von Verträgen mit Familienangehörigen	394	116
6. Änderung der Unternehmensform	397	117
7. Empfehlungen zur Erbschaftsteuer	400	117
8. Steuervorteile für die neuen Bundesländer	405	119

Abschnitt B:
Gewinnermittlung, Buchführung, Aufzeichnungen, Aufbewahrung, Ordnungsmäßigkeit

	Rdnr.	Seite
Gewinnermittlung, Buchführung, Aufzeichnungen, Aufbewahrung, Ordnungsmäßigkeit	416	120
1. Gewinnermittlungsarten	416	120
a) Allgemeine Hinweise	416	120
b) Grundsatz der Gesamtgewinngleichheit	419	121
c) Betriebsvermögensvergleich nach § 5 bzw. § 4 Abs. 1 EStG	420	121
d) Gewinnermittlung durch Überschußrechnung (§ 4 Abs. 3 EStG)	431	123
e) Grundsätze beim Wechsel der Gewinnermittlungsart	449	127
2. Steuerliche Bedeutung von Buchführungs- und Aufzeichnungspflichten	456	128
a) Allgemeine steuerliche Hinweise	456	128
b) Inhalt und Zweck der Buchführungspflicht	461	129
c) Inhalt und Zweck der Aufzeichnungspflichten	462	129
3. Buchführungspflichten	464	130
a) Handelsrechtliche Buchführungspflichten (§ 140 AO)	464	130
b) Steuerliche Buchführungspflichten (§ 141 AO)	465	131
c) Anfechtbarkeit und Erleichterungen von Buchführungspflichten	470	132
d) Nichtbeachtung von Buchführungspflichten	472	132
4. Aufzeichnungspflichten	473	132
a) Bedeutung für Gewinnermittlung nach § 4 Abs. 3 EStG	473	132
b) Ordungsgrundsätze für Aufzeichnungen	474	133
c) Katalog der Aufzeichnungspflichten	475	133
d) Aufzeichnungspflichten nach § 22 UStG	476	134
e) Wareneingangsaufzeichnungen	481	136
f) Aufzeichnungspflichten für Bareinnahmen und -ausgaben (§ 146 Abs. 1 AO)	488	138
g) Besondere Aufzeichnungspflichten im Baugewerbe	490	138
h) Aufzeichnungspflichten nach Lohnsteuerrecht	493	139
5. Aufbewahrungspflichten und -fristen	506	140
a) Grundsätze	506	140
b) Rechtsfolgen bei Verstößen	515	142
6. Ordungsmäßigkeit von Buchführung und Aufzeichnungen	518	142
a) Ordnungsprinzipien für Buchführung	518	142
b) Belegprinzip	525	143
c) Ordnungsprinzipien bei Aufzeichnungen	533	145
d) Folgen bei Ordnungsmängeln	534	145

Abschnitt C:

	Rdnr.	Seite
Laufende Besteuerung	541	146
I. Einkommensteuer *(ausführliche Inhaltsübersicht dort)*	541	146
II. Körperschaftsteuer	1806	454
1. Angemessenheitserfordernis	1808	455
2. Arbeitnehmerstellung des Gesellschafter-Geschäftsführers	1815	457
3. Anstellungs-, Geschäftsführerverträge	1818	457
4. Ausschüttungsverhalten	1830	460
5. Beherrschung der Kapitalgesellschaft	1841	461
6. Bürgschaften	1845	462
7. Direktversicherung	1851	463
8. Geburtstagsfeier	1856	464
9. Geschäftsführervertrag	1857	464
10. Gesellschafter-Geschäftsführer	1858	464
11. Gesellschafter-Geschäftsführervertrag	1859	464
12. Gesellschafterverträge mit der Kapitalgesellschaft	1860	464
13. Miet- und Pachtverträge	1871	466
14. Nachzahlungsverbot	1876	467
15. Organschaft	1886	468
16. Pensionszusagen an Gesellschafter-Geschäftsführer	1896	469
17. Schütt-aus-Hol-zurück-Verfahren	1906	471
18. Selbstkontrahierungsverbot	1907	472
19. Steuerlicher Ausgleichsposten	1909	472
20. Steuer- und Satzungsklauseln	1910	472
21. Umsatztantieme	1911	473
22. Verdeckte Einlagen	1916	473
23. Verdeckte Gewinnausschüttungen	1921	474
24. Verlustverwertung	1935	477
25. Verrechnungskonten mit Gesellschaftern	1938	478
26. Vorgründergesellschaft – Gründergesellschaft	1940	478
27. Wettbewerbsverbot; Befreiung	1946	479
III. Umsatzsteuer	1956	481
1. Abbruchmaterial als Entgelt	1958	482
2. Abschlagszahlungen	1959	482
3. Anzahlungen	1960	483
4. Arbeitergestellung	1961	483
5. Arbeitsgemeinschaften	1963	483
a) Allgemeines	1963	484
b) Grundformen von Arbeitsgemeinschaften	1966	484

Inhaltsverzeichnis 15

	Rdnr.	Seite
c) Umsätze zwischen Mitgliedern von Arbeitsgemeinschaften und den Arbeitsgemeinschaften sowie umgekehrt	1973	487
d) Steuerfähigkeit der Arbeitsgemeinschaft; vertraglich vereinbarte Leistungen (Gesellschafterleistungen)	1983	489
e) Übertragung von Geschäftsführeraufgaben auf einzelne Gesellschafter	1988	490
f) Beteiligungs-/Beihilfevertrag oder Arbeitsgemeinschaftsvertrag	1994	492
6. Beginn und Ende unternehmerischer Tätigkeit	2011	494
7. Durchschnittssätze	2016	495
8. EG-Binnenmarkt	2031	497
a) Allgemeines	2031	497
b) Die künftig maßgeblichen umsatzsteuerlichen Gebietseinteilungen	2036	498
c) Innergemeinschaftlicher Erwerb	2037	498
d) Innergemeinschaftliche Lieferung	2049	500
e) Auswirkungen auf die Besteuerung der Kleinunternehmer	2056	501
9. Ehrenamtliche Tätigkeit	2066	502
10. Eigenverbrauch	2076	503
a) Eigenverbrauch durch Entnahme von Gegenständen	2077	504
b) Eigenverbrauch durch Ausführung sonstiger Leistungen der in § 3 Abs. 9 UStG bezeichneten Art	2103	508
c) Eigenverbrauch durch Aufwendungen, die unter das Abzugsverbot des § 4 Abs. 5 Nr. 1 bis 7 oder Abs. 7 EStG oder § 12 Nr. 1 EStG fallen	2112	510
11. Entgelt	2131	513
12. Entstehung der Steuer	2132	513
13. Gasgeräte; Lieferung durch Installateur	2136	513
14. Glasbruchversicherung	2138	514
15. Kleinunternehmer	2141	514
16. Konkurs	2146	515
17. Materialbeistellung	2156	517
18. Mindest-Istversteuerung	2166	519
19. Organschaft	2171	520
20. Propangas-Verkauf im eigenen Laden durch Installateur	2186	523
21. Rechnungserteilung bei Mindest-Istversteuerung	2188	524
22. Sachzuwendungen an Arbeitnehmer	2201	526
a) Entgeltliche Leistungen	2202	527
b) Leistungen ohne besonders berechnetes Entgelt	2204	527
c) Aufmerksamkeiten	2207	528

	Rdnr.	Seite
d) Leistungen im überwiegenden betrieblichen Interesse	2208	528
e) Steuerbefreiungen	2215	530
f) Bemessungsgrundlage	2218	530
g) Sachzuwendungen im Bauhaupt- und Baunebengewerbe	2221	531
h) Anwendungsregelung	2229	533
23. Sollbesteuerung	2236	534
a) Werklieferung, Werkleistung, Teilleistungen	2238	534
b) Entstehung der Steuer	2243	535
c) Voranmeldung und Vorauszahlung der Umsatzsteuer	2251	538
d) Ermittlung des Entgelts	2252	539
e) Ausstellung von Rechnungen und Vorsteuerabzug bei Voraus- und Anzahlungen	2258	540
f) Umsatzsteuer im Abzugsverfahren	2262	542
g) Berichtigungspflicht	2264	543
h) Umsatzsteuerhinterziehung bei Werklieferungen	2266	543
24. Steuersatz	2281	544
25. Teilleistungen	2284	545
a) Allgemeines	2284	545
b) Teilbarkeit von Bauleistungen	2285	546
c) Gerätegestellung an Arbeitsgemeinschaften	2307	548
d) Sollbesteuerung in der Bauwirtschaft	2308	549
26. Umsatzsteuervoranmeldung, Umsatzsteuererklärung	2316	549
a) Umsatzsteuervoranmeldung	2317	549
b) Umsatzsteuererklärung	2318	550
27. Unentgeltliche Lieferungen und sonstige Leistungen zwischen Vereinigungen und ihren Mitgliedern	2319	550
28. Unternehmer-Begriff	2333	553
29. Veräußerung eines Unternehmens des Bauhaupt- oder Baunebengewerbes	2341	554
a) Geschäftsveräußerung im ganzen	2342	554
b) Bemessungsgrundlage der Umsatzsteuer	2345	555
c) Steuersätze und Steuerbefreiungen	2348	555
d) Entstehung der Steuerschuld und Haftung	2350	556
e) Beispiel für die Berechnung der Umsatzsteuer	2352	556
f) Vertragsgestaltung	2353	556
30. Verdeckte Gewinnausschüttung	2356	557
31. Vereinnahmte Entgelte	2358	558
32. Verrechnungsgeschäfte	2361	559
33. Vorauszahlungen	2364	560
34. Vorschüsse	2365	560

	Rdnr.	Seite
35. Vorsteuerabzug	2371	560
a) Der Grundsatz des Umsatzsteuergesetzes	2371	560
b) Vorsteuerabzug bei Fahrausweisen	2374	561
c) Vorsteuerabzug bei Reisekosten	2377	562
d) Vorsteuerabzug bei Leistungsreduktion	2380	563
36. Werklieferung, Werkleistung	2386	564
a) Allgemeines	2386	564
b) Verschaffung der Verfügungsmacht	2398	567
37. Zuschüsse der Bundesanstalt für Arbeit	2402	568
IV. Gewerbesteuer	2411	569
1. Arbeitsgemeinschaften	2411	569
a) Allgemeines	2411	569
b) Zweck der Arbeitsgemeinschaft	2413	569
c) Zeitliches Moment	2414	571
d) Fiktion der Betriebsstätte	2415	571
e) Rechtsfolgen	2416	571
2. Betriebsaufspaltung	2417	571
a) Allgemeines	2417	572
b) Organschaft und Betriebsaufspaltung	2421	573
c) Erweiterte Kürzung des Gewerbeertrags nach § 9 Nr. 1 Satz 2 GewStG	2425	573
d) Einheitsbewertung/Vermögensteuer	2426	574
3. Betriebsstätte	2436	574
a) Allgemeines	2436	574
b) Begriff „Betriebsstätte"	2437	575
c) Zeitliche Voraussetzung – Sechs-Monate-Frist	2446	576
d) Beispiel für Berechnung des Sechsmonatszeitraums	2453	577
e) Inländische Bauunternehmen mit Ergebnissen aus einer Betriebsstätte im Ausland	2454	578
4. Dauerschulden/Dauerschuldzinsen	2461	580
a) Anzahlungen als Dauerschulden?	2462	580
b) Vorschüsse als Dauerschulden?	2466	581
c) Substanzausbeuteverträge	2468	581
d) Haftpflicht- und Gewährleistungsverbindlichkeiten	2469	581
e) Hypothekenschulden und Hypothekenzinsen	2470	582
5. Grundstückshandel	2471	582
6. Mehrheit von Betrieben	2472	582
a) Allgemeines	2472	582
b) Gleichartigkeit oder Ungleichartigkeit der Betätigungen	2475	583

	Rdnr.	Seite
c) Finanzieller, organisatorischer und wirtschaftlicher Zusammenhang	2477	583
d) Rechtsfolgen	2482	584
e) Beispiele	2483	585
7. Organschaft	2491	585
a) Begriff der „Organschaft" bei der Gewerbesteuer	2491	586
b) Beginn und Ende der Organschaft bei der Gewerbesteuer	2497	587
c) Gewerbeertrag bei Organschaft	2501	587
d) Gewerbekapital bei Organschaft	2502	588
e) Betriebsaufspaltung und Organschaft	2504	588
8. Substanzausbeuterechte	2506	588
a) Gewerbeertrag	2507	588
b) Gewerbekapital	2517	590
c) Arbeitsgemeinschaften und Substanzausbeuteverträge	2523	592
9. Gewerbesteuerliche Förderungsmaßnahmen in dem Gebiet der ehemaligen DDR	2527	593
a) Gewerbeertrag	2528	593
b) Gewerbekapital	2533	594
V. Lohnsteuer (§§ 38 ff. EStG)	2541	594
1. Allgemeiner Teil und Verfahren	2541	594
a) Erhebung der Lohnsteuer (§ 38 EStG)	2541	595
b) Höhe der Lohnsteuer	2542	595
c) Durchführung des Lohnsteuerabzugs (§§ 39 ff. EStG)	2555	600
d) Aufzeichnung, Anmeldung und Abführung der Lohnsteuer (§§ 41 ff. EStG)	2572	604
e) Haftung des Arbeitgebers (§ 42 d EStG)	2583	606
f) Anrufungsauskunft (§ 42 e EStG)	2585	607
g) Lohnsteuer-Außenprüfung (§ 42 f EStG)	2586	607
2. Ausgewählte steuerfreie Leistungen in ABC-Form (ausführliche Inhaltsübersicht dort)	2591	608
3. Gestellung von Kraftwagen	2771	647
a) Allgemeines	2771	647
b) Beispiel	2772	648
c) Zusätzliche Gestellung eines Fahrers (Abschn. 31 Abs. 7a LStR)	2781	651
d) Geldwerter Vorteil bei Pauschalierung der Fahrten Wohnung – Arbeitsstätte	2784	651
e) Familienheimfahrten im Rahmen einer doppelten Haushaltsführung	2785	651

	Rdnr.	Seite
4. Lohnsteuer-Pauschalierung	2791	652
a) Allgemeines	2791	652
b) Lohnsteuer-Pauschalierung nach § 40 EStG	2803	656
c) Lohnsteuer-Pauschalierung nach § 40 a EStG	2826	659
d) Lohnsteuer-Pauschalierung nach § 40 b EStG	2846	665
VI. Einheitsbewertung und Vermögensteuer	2876	671
1. Allgemeines	2876	671
2. Anzahlungen/Vorschüsse	2878	671
3. Betriebsgrundstücke	2880	672
4. Betriebsvorrichtungen	2882	673
5. Freibeträge und Freigrenzen	2886	673
a) Persönliche Freibeträge	2887	674
b) Sachliche Freibeträge	2888	675
c) Sachliche Freigrenzen	2889	675
6. Halbfertige (teilfertige) Bauten	2890	676
7. Musterhäuser	2891	676
8. Rückstellungen	2896	677
a) Rückstellung für Garantie und Gewährleistung	2896	677
b) Rückstellungen für noch nicht genommenen Urlaub sowie Weihnachtsgratifikationen	2899	678
c) Rückstellung für Rekultivierung	2903	680
9. Schwebende Geschäfte	2911	681
a) Gleichwertigkeit von Anspruch und Verpflichtung	2911	681
b) Keine Gleichwertigkeit von Anspruch und Verpflichtung	2919	682
10. Substanzausbeuterechte	2926	683
a) Bewertung	2926	684
b) Zurechnung	2933	686
c) Zuständigkeit	2937	687
d) Vermögensteuer	2938	687
11. Betriebsaufspaltung bei Einheitsbewertung/Vermögensteuer	2942	688
12. Vermögensteuerliche Förderungsmaßnahmen in den neuen Bundesländern	2951	688
a) Persönliche Steuerbefreiung	2952	688
b) Sachliche Steuerbefreiung	2955	689
13. Ansprüche und Verpflichtungen aufgrund des Vorruhestandsverfahrens im Baugewerbe	2957	689

	Rdnr.	Seite
VII. Schenkung-/Erbschaftsteuer	2961	691
1. Steuerklassen	2962	691
2. Steuertarif	2963	691
3. Steuerbefreiungen	2964	692
a) Persönliche Freibeträge	2964	692
b) Besondere Versorgungsfreibeträge	2965	692
c) Sachliche Steuerbefreiungen	2966	692
VIII. Kraftfahrzeugsteuer	2971	693

Abschnitt D:
Betriebsverpachtung, Betriebsübergabe, Betriebsaufgabe, Betriebveräußerung; Haftung des Erwerbers eines Unternehmens

	Rdnr.	Seite
Haftung des Erwerbers eines Unternehmens	2986	697
1. Allgemeines	2986	697
2. Steuervergünstigungen für Betriebsaufgabe bzw. -veräußerung	2989	698
a) Freibeträge	2989	698
b) Tarifvergünstigung nach § 34 EStG	2991	698
3. Betriebsübergabe	2992	699
a) Allgemeines	2992	699
b) Abgrenzung zur Betriebsveräußerung	2995	699
4. Betriebsverpachtungen	2997	700
a) Allgemeines	2997	700
b) Verpächterwahlrecht	2999	701
c) Vorteile der Betriebsverpachtung im ganzen	3001	701
d) Voraussetzungen des Verpächterwahlrechts	3002	702
e) Zwangsaufgabe	3005	702
5. Betriebsaufgabe	3011	703
6. Betriebsveräußerungen	3016	704
a) Allgemeines	3016	704
b) Betriebsveräußerungen im ganzen	3020	705
c) Teilbetriebsveräußerung	3023	706
d) Veräußerung bei Gewinnermittlung nach § 4 Abs. 3 EStG	3024	706
e) Veräußerung von Mitunternehmeranteilen	3025	706
f) Veräußerungszeitpunkt	3028	707
g) Veräußerungskosten	3030	707

Inhaltsverzeichnis 21

	Rdnr.	Seite
7. Einkommensteuerliche Behandlung von anläßlich einer Veräußerung gezahlten Beträgen	3036	707
a) Kaufpreisraten	3039	708
b) Betriebliche Veräußerungsleibrenten bei Gewinnermittlung nach § 4 Abs. 1 EStG	3040	708
c) Betriebliche Veräußerungsleibrenten bei Gewinnermittlung nach § 4 Abs. 3 EStG	3041	709
d) Betriebliche Veräußerungszeitrenten	3042	710
e) Gewinn- und Umsatzbeteiligung	3043	710
f) Betriebliche Versorgungsrenten	3044	710
g) Private Versorgungsleibrenten	3045	711
h) Unterhaltsleibrenten	3046	711
i) Dauernde Lasten	3047	712
8. Haftung des Erwerbers eines Unternehmens	3056	712
a) Unternehmen oder in der Gliederung eines Unternehmens gesondert geführter Betrieb	3057	713
b) Übereignung	3060	713
c) Übereignung des Betriebs „im ganzen"	3064	714
d) Umfang der Haftung	3069	715
e) Haftungsausschluß	3077	716

Abschnitt E:
Außenprüfung, Steuerfahndung, Selbstanzeige 3081 717

I. Außenprüfung	3081	717
1. Bedeutung, Zweck, Folgen	3081	717
a) Allgemeine Bedeutung	3081	717
b) Aufgabe	3087	718
c) Rechtsanspruch auf Außenprüfung	3091	719
d) Verfahren	3093	720
2. Rechtsgrundlagen	3094	720
3. Allgemeine Außenprüfungen – Einzelermittlungen nach § 88 AO	3096	721
a) Bedeutung der Abgrenzung	3096	721
b) Allgemeine Außenprüfungen	3098	721
c) Einzelermittlungen nach §§ 88 ff. AO	3100	722
4. Sonderprüfungen	3102	722
a) Lohnsteueraußenprüfungen	3103	722
b) Umsatzsteuersonderprüfungen	3104	723
c) Kapitalverkehrsteuerprüfungen	3110	723
d) Andere Prüfungen	3111	724

	Rdnr.	Seite
5. Größenklassen der Betriebe	3112	724
6. Abgekürzte Außenprüfung	3115	725
7. Zuständigkeiten	3120	726
8. Rechtsfolgen von Außenprüfungen	3126	727
9. Wann droht eine Außenprüfung?	3141	728
10. Zulässigkeit und Umfang von Außenprüfungen	3148	730
a) Grundsätze der Rechtsprechung	3148	730
b) Prüfungen nach § 193 Abs. 1 AO	3150	730
c) Prüfungen nach § 193 Abs. 2 Nr. 2 AO	3155	731
11. Prüfungszeitraum	3163	733
a) Rechtslage	3163	733
b) Prüfungserweiterungen	3168	734
12. Die Prüfungsanordnung	3186	736
a) Bedeutung	3186	736
b) Rechtswirkungen	3188	736
c) Zuständigkeit	3191	737
d) Bekanntgabe	3192	737
e) Anforderungen	3199	738
f) Begründungspflichten	3205	739
g) Mangelhafte Prüfungsanordnungen	3209	740
h) Fälle aus der Rechtsprechung	3210	740
i) Rechtsmittel gegen Prüfungsanordnungen	3212	741
13. Verlegung des Außenprüfungsbeginns	3215	741
14. Prüfungsort	3231	742
15. Prüfungsgrundsätze	3239	743
a) Untersuchungsgrundsatz; Pflicht zur Objektivität	3239	743
b) Beschränkungspflicht auf steuerlich Relevantes und Wesentliches	3242	744
c) Kritikansätze	3244	744
d) Keine Mitprüfung von Dritten	3247	745
e) Rechtliches Gehör	3248	745
16. Prüfungsablauf	3252	746
a) Prüferperson	3252	746
b) Prüfungsbeginn	3256	747
c) Das Einführungsgespräch	3261	747
d) Betriebsbesichtigung	3263	748
17. Rechte und Pflichten des Prüfers	3276	749
a) Allgemeines	3276	749
b) Beratungspflicht (§ 89 AO)	3277	749
c) Befragung des Beteiligten	3278	749
d) Bedeutung der Auskunftsperson (§ 7 Abs. 1 BpO)	3280	749

	Rdnr.	Seite
e) Befragung von Betriebsangehörigen (§ 200 Abs. 1 AO, § 7 Abs. 2 BpO)	3281	749
f) Auskünfte von Dritten (§ 93 Abs. 1 AO)	3283	750
g) Bankauskünfte (§ 30a AO)	3286	750
h) Form und Kostenersatz bei Auskunftsersuchen	3292	751
i) Fertigung von Kontrollmitteilungen	3293	752
18. Mitwirkungspflichten des Unternehmers	3311	753
a) Allgemeines	3311	754
b) Vorlagepflichten	3317	754
c) Vorlage privater Unterlagen	3319	755
d) Sonstige Pflichten	3323	756
e) Mitwirkungsverweigerungen, -verweigerungsrechte	3325	757
f) Das Problem „Fotokopieren"	3327	757
19. Arbeitsakten, Akteneinsicht	3329	757
20. Prüfungsschwerpunkte der Branche	3336	758
a) Allgemeines	3336	758
b) Bedeutung von Prüfungsschwerpunkten	3337	758
c) Übliche und branchenspezifische Prüfungsschwerpunkte	3339	759
21. Prüfungshandlungen, Rechtsbehelfe	3356	762
22. Prüferziele, Prüferpraktiken, Prüfermethoden	3364	764
a) Verprobungsmethoden	3366	765
b) Bedeutung der steuerlichen Richtsätze	3371	766
23. Schätzungsberechtigung, Schätzungsverfahren	3381	767
a) Grundsätze	3382	767
b) Schätzungseinwendungen	3388	768
c) Nachkalkulation	3390	768
d) Vermögenszuwachsrechnungen, Geldverkehrsrechnungen	3404	772
e) Vermögensvergleich	3434	778
24. Prüfungsklima	3451	779
25. Antistrategien – Taktiken	3456	780
26. Schlußbesprechung	3458	781
a) Zweck	3458	781
b) Bedeutung	3460	781
c) Teilnehmer	3461	781
d) Vorbedingungen, Zeitpunkt, Ort	3464	782
e) Prüfungen ohne Schlußbesprechung	3466	783
f) Hinweise zur Schlußbesprechung	3469	783
g) Die „tatsächliche Verständigung"	3472	784
h) Bindungswirkung der Schlußbesprechung	3477	785
i) Straf- und bußgeldrechtliche Würdigung in der Schlußbesprechung	3480	786

	Rdnr.	Seite
27. Der Prüfungsbericht	3491	787
28. Verfahren bei ergebnisloser Prüfung	3496	788
29. Interne Prüfungsvermerke zur steuerstrafrechtlichen Beurteilung („Rotbogen")	3497	788
30. Auswertung des Prüfungsberichts	3500	789
31. Berichtigungsveranlagungen nach Prüfungsfeststellungen	3501	789
a) Berichtigung von Vorbehaltsveranlagungen (§ 164 Abs. 1 AO)	3501	789
b) Berichtigung von endgültigen Veranlagungen	3502	789
c) Berichtigungen von Jahren außerhalb des Prüfungszeitraums	3510	791
32. Bescheide aufgrund einer Außenprüfung	3521	792
33. Vorzeitige Auswertungen von Prüfungsfeststellungen	3524	793
34. Das Problem „Verwertungsverbot"	3525	793
a) Bedeutung	3525	793
b) Nichtigkeit – Rechtswidrigkeit	3526	793
c) Verfahrensvoraussetzungen	3529	794
d) Rechtsprechungshinweise	3531	794
35. Außenprüfung und Steuerstrafverfahren	3539	796
36. Steuerfahndung	3556	798
a) Allgemeines	3556	798
b) Anzeichen einer drohenden Steuerfahndung	3564	799
c) Aufgaben und Rechtsgrundlagen	3568	799
d) Befugnisse	3570	800
e) Einsatzablauf	3574	801
f) Rechtliche Möglichkeiten	3583	802
g) Verhaltenshinweise	3584	802
II. Selbstanzeige	3596	803
1. Wer kann Selbstanzeige erstatten?	3598	803
2. Wo ist Selbstanzeige zu erstatten?	3602	804
3. Form der Selbstanzeige	3605	805
4. Inhalt der Selbstanzeige	3606	805
5. Fristgerechte Nachzahlung	3609	806
6. Für Selbstanzeige kann es zu spät sein	3617	807
a) Erscheinen des Prüfers	3618	807
b) Bekanntgabe der Einleitung eines Straf- oder Bußgeldverfahrens	3625	809
c) Entdeckung der Tat	3633	810
7. Selbstanzeige bei leichtfertiger Steuerverkürzung	3636	810
8. Beispiele	3642	811

Abschnitt F:
Branchenspezifische Hinweise für Dachdeckerei; Dämmung und Abdichtung; Elektroinstallateure; Fliesenleger; Gerüstbau; Glaserei; Heizungs-, Gas- und Wasserinstallation, Klempnerei; Hochbau; Maler, Lackierer, Anstreicher; Schlosserei; Schreiner, Tischler; Steinmetze; Straßenbautriebe; Stukkateure; Tiefbau; Zimmerei

	Rdnr.	Seite
Zimmerei	3656	814
I. Betriebsformen und Betriebsarten *(ausführliche Inhaltsübersicht dort)*	3656	814
II. Materialbezug, Materialarten, Lagerhaltung, Preisentwicklung *(ausführliche Inhaltsübersicht dort)*	3716	821
III. Löhne, Gehälter, Abgaben, Ausbildungsbeihilfen, Auslösungen, Erziehungsbeihilfen, Unterhaltsbeihilfen und sonstige Zulagen und Zuschläge *(ausführliche Inhaltsübersicht dort)*	3806	833
IV. Wirtschaftliche Überprüfung des Umsatzes; Richtsätze *(ausführliche Inhaltsübersicht dort)*	3861	840
V. Umsatzverprobung Baugewerbe	4086	888
VI. AfA-Tabellen	4111	893
1. Maler, Lackierer, Anstreicher	4111	893
2. Gerüstbau	4112	896
3. Glaserei	4113	897
4. Heizungs-, Gas- und Wasserinstallation, Klempnerei	4114	898
5. Schreiner, Tischler, Bau- und Möbelschreiner	4115	898
6. Steinmetze	4116	899
7. Straßenbaubetriebe	4117	900
8. Tiefbau	4118	904
Stichwortverzeichnis		911

Literaturverzeichnis

In diesem Literaturverzeichnis sind Kommentare und Monographien, die mehrfach zitiert werden, aufgeführt. Spezialliteratur ist vor den entsprechenden Ausführungen angegeben.

Betriebsprüfungskartei der Oberfinanzierungsdirektionen Düsseldorf, Köln, Münster (Düsseldorf 1957) Teil III
Blümich, EStG, KStG, GewStG, Nebengesetze, Kommentar, Loseblatt, 13. Auflage, München 1989 ff.
Bundesministerium für Wirtschaft, Wirtschaftliche Förderung in den neuen Bundesländern, Bonn 1991
Burhoff/Charlier, Was der Praktiker von der AO 77 wissen muß, Herne/Berlin 1977
Dickmeiß, Steuerrecht für Handwerksbetriebe, 2. Auflage, München 1991
Dieterle/Winkler, Gründungsfinanzierung, München 1991
Glanegger/Güroff, GewStG – Gewerbesteuergesetz Kommentar, München 1988
Gretzinger/Schulze-Borges, Steuerliche Gestaltungen mittelständischer Unternehmen, München 1991
Hahn/Kortschak, Lehrbuch der Umsatzsteuer, 6. Auflage, Herne/Berlin 1993
Herrling, Der Kredit-Ratgeber, München 1991
Herrmann/Heuer/Raupach (= H/H/R), Einkommensteuer- und Körperschaftsteuergesetz mit Nebengesetzen, Kommentar, Loseblatt, 19. Auflage, Köln 1986 ff.
Hübschmann/Hepp/Spitaler, Abgabenordnung/Finanzgerichtsordnung, Kommentar, Loseblatt, 9. Auflage, Köln 1986 ff.
Kottke, Schwarzgeld – was tun?, Freiburg 1991
Kühn/Kutter/Hofmann (= Kühn/Kutter), Abgabenordnung – Finanzgerichtsordnung – Nebengesetze, 15. Auflage, Stuttgart 1987
Kussmann/Müller, Handbuch der Abgabenordnung für die Steuerberatungspraxis, Herne/Berlin 1986
Lange, Verdeckte Gewinnausschüttungen, Herne/Berlin 1987
Littmann/Bitz/Hellwig, Das Einkommensteuerrecht, Kommentar, Loseblatt, 15. Auflage, Stuttgart 1988 ff.
Märkle, Steuerhandbuch für die Bauwirtschaft, Loseblatt, Stuttgart 1992
Meyer-Scharenberg/Popp/Woring, Gewerbesteuer-Kommentar, Herne/Berlin 1989
Moench/Glier/Knobel/Werner, Bewertungs- und Vermögensteuergesetz, Kommentar, Herne/Berlin 1989
Obermeier, Das selbstgenutzte Wohneigentum, 3. Auflage, Herne/Berlin 1992
ders., Vorweggenommene Erbfolge und Erbauseinandersetzung, Herne/Berlin 1993

Paus, Steuerliche Förderungsmaßnahmen in den neuen Bundesländern, Herne/Berlin 1991

Peter/Burhoff/Stöcker, Umsatzsteuer-Kommentar, Loseblatt, 5. Auflage, Herne/Berlin 1983 ff.

Rössler/Troll, Bewertungsgesetz und Vermögensteuergesetz, Kommentar, 15. Auflage, München 1989

Schaub, Ich mache mich selbständig, 3. Auflage, München 1985

Schmidt, Einkommensteuergesetz, Kommentar, 9. Auflage, München 1990

Schröder/Muuss, Handbuch der steuerlichen Betriebsprüfung, Berlin 1992

Segebrecht, Die Einnahme-Überschußrechnung nach § 4 Abs. 3 EStG, 7. Auflage, Herne/Berlin 1991

Suhr/Naumann/Bilsdorfer, Steuerstrafrecht-Kommentar, 4. Auflage, Herne/Berlin 1986

Tipke/Kruse, Abgabenordnung/Finanzgerichtordnung, Kommentar, Loseblatt, 14. Auflage, Köln 1965/91

Wittkowski, Steuerliche Betriebsprüfung, Herne/Berlin 1987

Abkürzungsverzeichnis

a. A.	anderer Ansicht
a. a. O.	am angegebenen Ort
Abs.	Absatz
Abschn.	Abschnitt
AdV	Aussetzung der Vollziehung
a. E.	am Ende
AEAO	Anwendungserlaß zur AO
a. F.	alter Fassung
AfA	Absetzung für Abnutzung
AnwBl	Anwaltsblatt (Zeitschrift)
AO	Abgabenordnung
ArEV	ArbeitsentgeltVO
Arge(n)	Arbeitsgemeinschaft(en)
Art.	Artikel
Aufl.	Auflage
BAnz.	Bundesanzeiger
BB	Betriebs-Berater (Zeitschrift)
BBK	Buchführung, Bilanz, Kostenrechnung (Zeitschrift)
Bd.	Band
BdF	Bundesminister der Finanzen
Beschl.	Beschluß
BetrAVG	Gesetz zur Verbesserung der betrieblichen Altersversorgung
BewG	Bewertungsgesetz
BewRGr	Richtlinien zur Bewertung des Grundvermögens
BfA	Bundesversicherungsanstalt für Angestellte
BFH	Bundesfinanzhof
BFHEntlG	Gesetz zur Entlastung des Bundesfinanzhofs
BFH/NV	Sammlung amtlich nicht veröffentlichter Entscheidungen des BFH (Zeitschrift)
BGB	Bürgerliches Gesetzbuch
BGBl	Bundesgesetzblatt
BGH	Bundesgerichtshof
BGHZ	Entscheidungen des BGH in Zivilsachen (amtliche Sammlung)
BiBuPr	Bilanz- und Buchhaltungspraxis (Zeitschrift)
BMF	Bundesminsterium der Finanzen
Bp-Kartei	Betriebsprüfungskartei
BpO	Betriebsprüfungsordnung
bspw.	beispielsweise

BT-Drucks.	Drucksachen des Deutschen Bundestages
BuW	Betrieb und Wirtschaft (Zeitschrift)
BV	Berechnungsverordnung
BVerfG	Bundesverfassungsgericht
BVerfGE	Entscheidungen des Bundesverfassungsgerichts (amtliche Sammlung)
BVerfGG	Bundesverfassungsgerichtsgesetz
bzw.	beziehungsweise
DB	Der Betrieb (Zeitschrift)
DBA	Doppelbesteuerungsabkommen
dgl.	dergleichen
d. h.	das heißt
DokSt	Dokumentation Steuerrecht
DStR	Deutsches Steuerrecht (Zeitschrift)
DStZ	Deutsche Steuer-Zeitung (Ausgabe A und E, Zeitschrift)
DSWR	Datenverarbeitung, Steuer, Wirtschaft, Recht (Zeitschrift)
dto.	dito
DVR	Deutsche Verkehrsteuer-Rundschau (Zeitschrift)
EFG	Entscheidungen der Finanzgerichte (Zeitschrift)
EN	Eilnachricht
ErbSt	Erbschaftsteuer
ErbStG	Erbschaftsteuergesetz
Erl.	Erlaß
ESt	Einkommensteuer
EStDV	Einkommensteuer-Durchführungsverordnung
EStG	Einkommensteuergesetz
EStR	Einkommensteuer-Richtlinien
EuGH	Europäischer Gerichtshof
EW	Einheitswert
f. (ff.)	folgend (folgende)
FA (FÄ)	Finanzamt (Finanzämter)
FG	Finanzgericht
FGO	Finanzgerichtsordnung
FinMin/FM	Finanzminister/Finanzministerium
FKPG	Gesetz zur Umsetzung des Föderalen Konsolidierungsprogramms
FN	Fußnote
FR	Finanz-Rundschau (Zeitschrift)
FVG	Gesetz über die Finanzverwaltung
GbR	Gesellschaft(en) bürgerlichen Rechts
gem.	gemäß
GewO	Gewerbeordnung
GewSt	Gewerbesteuer
GewStG	Gewerbesteuergesetz

Abkürzungsverzeichnis 31

GewStR	Gewerbesteuer-Richtlinien
GG	Grundgesetz
ggf.	gegebenenfalls
GmbH	Gesellschaft(en) mit beschränkter Haftung
GrESt	Grunderwerbsteuer
GrEStG	Grunderwerbsteuergesetz
HandwO	Handwerksordnung
HFR	Höchstrichterliche Finanzrechtsprechung (Zeitschrift)
HGB	Handelsgesetzbuch
h. M.	herrschende Meinung
Hrsg.	Herausgeber
HStrukturG	Haushaltsstrukturgesetz
i. d. F.	in der Fassung
i. e.	im einzelnen
Inf	Information über Steuer und Wirtschaft (Zeitschrift)
i. S.	im Sinne
IstB	Information für steuerberatende Berufe (Zeitschrift)
i. V. m.	in Verbindung mit
K.	Karteikarte
KapESt	Kapitalertragsteuer
KFR	Kommentierte Finanzrechtsprechung (Zeitschrift)
Kfz	Kraftfahrzeug
KG	Kommanditgesellschaft
KiLSt	Kirchenlohnsteuer
KiSt	Kirchensteuer
KÖSDI	Kölner Steuerdialog (Zeitschrift)
KraftSt	Kraftfahrzeugsteuer
KSt	Körperschaftsteuer
KVStG	Kapitalverkehrsteuergesetz
LG	Landgericht
LSP-Bau	Leitsätze für die Ermittlung von Baupreisen aufgrund von Selbstkosten
LSt	Lohnsteuer
LStDV	Lohnsteuer-Durchführungsverordnung
LStJA	Lohnsteuerjahresausgleich
LStR	Lohnsteuer-Richtlinien
LSW	Lexikon des Steuer- und Wirtschaftsrechts
m. Anm.	mit Anmerkung
m. E.	meines Erachtens
Mio.	Million(en)
Mrd.	Milliarde(n)
m. w. N.	mit weiteren Nachweisen
MwSt	Mehrwertsteuer

NJW	Neue Juristische Wochenschrift (Zeitschrift)
Nr. (Nrn.)	Nummer (Nummern)
nrkr.	nicht rechtskräftig
NRW (NW)	Nordrhein-Westfalen
NSt	Neues Steuerrecht von A−Z (Zeitschrift)
NWB	Neue Wirtschafts-Briefe (Zeitschrift)
n. v.	nicht veröffentlicht
o. a.	oben angeführt
o. ä.	oder ähnliches
OFD	Oberfinanzdirektion
OHG	Offene Handelsgesellschaft(en)
Pkw	Personenkraftwagen
Rdnr.	Randnummer (Randnummern)
RFH	Reichsfinanzhof
RFHE	Entscheidungen des RFH (amtliche Sammlung)
Rhein.-Pf.	Rheinland-Pfalz
rkr.	rechtskräftig
RStBl	Reichssteuerblatt
RVO	Reichsversicherungsordnung
RWP	Rechts- und Wirtschaftspraxis (Loseblatt)
S.	Seite
s.	siehe
SchenkSt	Schenkungsteuer
SenFin	Senator für Finanzen
SGB	Sozialgesetzbuch
s. o./s. u.	siehe oben/siehe unten
sog.	sogenannte
StÄndG	Steueränderungsgesetz
StandOG	Standortsicherungsgesetz
StB	Der Steuerberater (Zeitschrift)
Stbg.	Die Steuerberatung (Zeitschrift)
StbJb	Steuerberaterjahrbuch
StbKongrRep.	Steuerberater-Kongreß-Report
StBp	Die Steuerliche Betriebsprüfung (Zeitschrift)
StEd	Steuer-Eildienst (Zeitschrift)
Steufa	Steuerfahndung
StGB	Strafgesetzbuch
StLex	Steuer-Lexikon
StMBG	Mißbrauchsbekämpfungs- und Steuerbereinigungsgesetz
Stpfl. (stpfl.)	Steuerpflichtiger (steuerpflichtig)
StPO	Strafprozeßordnung
str.	streitig

Abkürzungsverzeichnis 33

StRG	Steuerreformgesetz
StRK	Steuerrechtsprechung in Karteiform
st. Rspr.	ständige Rechtsprechung
StVj	Steuerliche Vierteljahreszeitschrift (Zeitschrift)
StuW	Steuer und Wirtschaft (Zeitschrift)
StWa	Steuer-Warte (Zeitschrift)
StWK	Steuer- und Wirtschafts-Kurzpost (Zeitschrift)
Tz.	Textziffer
u. a.	unter anderem
u. ä.	und ähnliches
u. a. m.	und anderes mehr
UR	Umsatzsteuer-Rundschau (Zeitschrift)
Urt. (U.)	Urteil
USt	Umsatzsteuer
UStDV	Umsatzsteuer-Durchführungsverordnung
UStG	Umsatzsteuergesetz
UStR	Umsatzsteuer-Richtlinien
usw.	und so weiter
u. U.	unter Umständen
UVR	Umsatzsteuer- und Verkehrsteuer-Recht (Zeitschrift)
VersR	Versicherungsrecht (Zeitschrift)
Vfg.	Verfügung
VGFGEntlG	Gesetz zur Entlastung der Gerichte in der Verwaltungs- und Finanzgerichtsbarkeit
vgl.	vergleiche
VO	Verordnung
VSt	Vermögensteuer
VStG	Vermögensteuergesetz
VStR	Vermögensteuer-Richtlinien
WEB	Wareneingangsbuch
WEK	Wareneinkaufskonto
WertVO	Wertermittlungsverordnung
WG	Wirtschaftsgut
WoBauFG	Wohnungsbauförderungsgesetz
WPg	Die Wirtschaftsprüfung (Zeitschrift)
Wtrh	Der Wirtschaftstreuhänder (Zeitschrift)
ZAP	Zeitschrift für die anwaltliche Praxis (Zeitschrift)
z. B.	zum Beispiel
Ziff.	Ziffer
ZPO	Zivilprozeßordnung

A: Branchen- und allgemeine Steuerfragen 35

Abschnitt A:
Branchen- und allgemeine Steuerfragen
I. Bauhaupt- und Baunebengewerbe im allgemeinen
1. Gesamtwirtschaftliche Bedeutung
a) Bauhauptgewerbe

Literatur: *Zentralverband des Deutschen Baugewerbes,* Analyse und Prognose 92, ZDB-Schriften 36.

aa) Betriebsspektrum

Als Bauhauptgewerbe versteht die vorliegende Darstellung die handwerklich und industriell mit **Hoch-** bzw. **Tiefbau** befaßten Betriebe. Die Unterteilung der Branche in Baugewerbe bzw. -handwerk und **Bauindustrie** sagt nur etwas über die **Kapazität eines Betriebes** aus. Eine Totalerhebung in den alten Bundesländern zum 30 6. 1991 ergab eine Anzahl von **64 835 Betrieben** (20 248 Betriebe Hochbau; 5 426 Betriebe Straßen- und Tiefbau). Davon entfielen 75,1 v. H. auf das Bauhandwerk, 24,9 v. H. der Betriebe waren dem Bereich Bauindustrie zuzurechnen. Nach ersten Totalerhebungen im Juni 1991 gab es in den **neuen Bundesländern** im Bauhauptgewerbe ca. **7 000 Betriebe** mit 327 197 Beschäftigten. Die Zahl der kleineren und mittleren Betrieb blieb dort weit hinter der Anzahl im alten Bundesgebiet zurück. 1

Betriebe und Beschäftigte stellen sich wie folgt dar: 2

Betriebe und Anzahl der Beschäftigten im Juni 1991

Gegenstand der Nachweisung	Einheit	Deutschland	Früheres Bundesgebiet	Neue Bundesländer
Erfaßte Betriebe Ende Juni mit .... bis .... Beschäftigten				
1– 19	Anzahl	58 156	53 547	4 609
20– 49	Anzahl	8 477	7 406	1 071
50– 99	Anzahl	2 891	2 356	535
100–199	Anzahl	1 458	1 024	434
200 und mehr	Anzahl	848	502	346
Insgesamt	Anzahl	71 830	64 835	6 995

Gegenstand der Nachweisung	Einheit	Deutschland	Früheres Bundesgebiet	Neue Bundesländer
Hoch- und Tiefbau	Anzahl	39 563	34 842	4 721
Spezialbau	Anzahl	8 654	8206	448
Stukkateurgewerbe, Gipserei Verputzerei	Anzahl	7 412	7 325	87
Zimmerei, Dachdeckerei	Anzahl	16 201	14 462	1 739
Beschäftigte Ende Juni in Betrieben mit .... bis .... Beschäftigten				
1– 19	Anzahl	381 225	347 186	34 039
20– 49	Anzahl	255 497	222 308	33 189
50– 99	Anzahl	200 062	162 123	37 939
100–199	Anzahl	198 531	138 369	60 162
200 und mehr	Anzahl	361 074	199 206	161 868
Insgesamt	Anzahl	1 396 389	1 069 192	327 197
Hoch- und Tiefbau	Anzahl	1 130 546	826 766	303 780
Spezialbau	Anzahl	67 599	61 474	6 125
Stukkateurgewerbe, Gipserei Verputzerei	Anzahl	50 761	49 564	1 197
Zimmerei, Dachdeckerei	Anzahl	147 483	131 388	16 095

Quelle: Statistisches Bundesamt

Beschäftigte (alte Bundesländer)

Jahr	Beschäftigte (insgesamt)	Angestellte	darunter als ... Beschäftigte Facharbeiter	Fachwerker
1982	1 182 604	157 730	552 322	232 474
1983	1 147 807	154 481	569 094	216 829
1984	1 131 741	153 133	548 008	207 694
1985	1 046 649	146 730	503 938	182 691
1986	1 029 385	144 279	496 870	180 566
1987	1 009 971	142 619	491 048	175 458
1988	994 630	143 921	484 268	173 116
1989	1 009 027	149 455	492 017	175 786
1990	1 042 681	156 404	509 623	182 055
1991	1 069 192	163 801	520 634	188 988

Geleistete Arbeitsstunden nach Bauarten im Juni 1991 nach Beschäftigungsgrößenklasse (1 000 Stunden) in Deutschland

Gegenstand der Nachweisung	In Betrieben mit .... bis .... Beschäftigten							Insgesamt	Darunter im Handwerk
	1–9	10–19	20–49	50–99	100–199	200–499	500 und mehr		
	Geleistete Arbeitsstunden nach Bauarten								
Wohnungsbau	13 765	14 680	11 999	4 976	3 254	3 093	2 321	54 087	46 008
Landwirtschaftlicher Bau	264	286	295	134	169	146	81	1 374	965
Gewerblicher und industr. Bau	3 817	5 398	8 758	8 142	8 391	8 287	7 339	50 133	27 458
Hochbau	2 789	4 091	6 644	5 951	6 278	6 243	5 136	37 127	21 936
Tiefbau	1 030	1 309	2 116	2 190	2 113	2 046	2 203	13 004	5 521
Öffentlicher und Verkehrsbau	1 750	3 984	9 628	10 728	10 491	8 503	5 457	50 537	29 594
Bauhauptgewerbe insgesamt	19 597	24 349	30 682	23 981	22 303	20 029	15 195	156 130	104 028
Dar.: Neue Bundesländer	1 970	2 403	4 049	4 221	5 985	6 718	7 625	32 969	14 102
Dar.: im Handwerk	16 041	21 652	25 516	17 288	12 236	8 075	3 221	104 028	–
Dar.: Neue Bundesländer	1 804	2 063	2 789	2 229	2 126	1 675	1 419	14 102	–

Quelle: Statistisches Bundesamt

3 Die **Bauwirtschaft** umfaßt sämtliche Produzenten von Bauleistungen aller Art. Dazu zählen neben dem „**Rohbaugewerbe**" und dem **Ausbaugewerbe** eine Vielzahl von Zweigen des **verarbeitenden Gewerbes** und des **Dienstleistungssektors**.

4 Das Bauhauptgewerbe ist zusammen mit dem Ausbaugewerbe (Rdnr. 15) eine **Schlüsselbranche** unserer Wirtschaft. Gemessen an der Zahl der Erwerbstätigen und am Beitrag zum Bruttosozialprodukt ist die bauausführende Wirtschaft der **größte deutsche Wirtschaftszweig**. Das Baugewerbe ist ganz überwiegend **mittelständisch strukturiert**. Mehr als 99 v. H. aller Betriebe haben unter 200 Beschäftigte. Ein Anteil von 82,6 v. H. der Betriebe beschäftigt weniger als 20 Arbeitnehmer. Die **Klein- und Mittelbetriebe** beschäftigen 81 v. H. aller Beschäftigten in dieser Branche.

bb) Gesamtsituation, Produktionsleistung

5 Die Branche hat **magere Jahre** mit vielen Konkursen hinter sich. Sie leidet noch heute darunter, daß **Fachkräfte abgewandert** waren, die nicht mehr wiederkehrten. Die Betriebe kennzeichnet eine extreme Eigenkapitalschwäche. Es muß mit den jetzt extrem teuren Krediten gearbeitet werden. Die finanzielle **Situation** der meisten Bauunternehmer hat sich durch mehrere Jahre guter Baukonjunktur allerdings **spürbar gebessert**. Dieser Trend hat sich aber **1991 nicht fortgesetzt**. Dafür verantwortlich ist eine stagnierende Entwicklung der Erlöse, die einhergeht mit starken Ausweitungen der Personal- und übrigen Kosten.

6 Der Anteil der **Eigenmittel** an den bereinigten Bilanzsummen, der im Durchschnitt des verarbeitenden Gewerbes im gleichen Zeitraum 23,2 v. H. erreichte, lag 1989 im Bauhauptgewerbe **nur bei 1,9 v. H.** Damit gehört die Branche zu der Gruppe von Betrieben, die am intensivsten vom **Fremdkapital** abhängen. Das kommt auch in der Entwicklung der Insolvenzen zum Ausdruck. Die Zahl der **Konkurse und Vergleiche** nahm 1991 erstmals wieder deutlich zu.

7 Die **Produktionsleistung** des Bauhauptgewerbes wurde 1991 von durchschnittlich **1,06 Mio. Arbeitnehmern** erbracht. Die **Produktivität** (Bauleistung je Arbeitsstunde) nahm im gleichen Jahr um etwa 3 v. H. zu. Das sind die Früchte einer **hohen Investitionsquote** bei einer relativ hohen Geräteauslastung (59 v. H. im Hochbau; 65 v. H. im Tiefbau). Der **baugewerbliche Umsatz** erhöhte sich 1991 um 12 v. H. auf 156,4 Mrd. DM. Die Hälfte der Erhöhung entfiel auf Preiserhöhungen.

Bauhaupt- und Baunebengewerbe im allgemeinen 39

cc) **Wirtschaftliche Aussichten**

Wegen des hohen Fehlbedarfs verspricht die **Nachfrage nach Wohnungen** 8
auf hohem Niveau zu bleiben. **Gewerbliche Investoren** werden durch die
stark steigenden Wohnungsmieten zum Bau von Mehrfamilienhäusern
angeregt. Das **hohe Zinsniveau** verursachte aber eine Abnahme von Baugenehmigungen für **Ein- und Zweifamilienhäuser**. Anfang 1991 waren
475 300 Wohnungen genehmigt, aber noch nicht fertig gestellt. Das Volumen der Baugenehmigungen für **Wirtschaftsbauten** stieg 1991 um über
5 v. H. an.

Die derzeitige Baukonjunktur rechtfertigt für den Bereich der **neuen Bun-** 9
desländer durchweg **gute Aussichten** auf Jahre. Für den Zeitraum 1991 bis
1994 werden allein bei der Deutschen Bundesbahn und dem **Bundesfern-**
straßenbau jeweils 1 Mrd. DM pro Jahr und dem **kommunalen Straßenbau**
jährlich 200 Mio. DM in die neuen Bundesländer umgelenkt. Ein hohes
statistisches **Defizit an Wohnungen** und die **industrielle** und **städtebauliche**
Modernisierung in den neuen Bundesländern versprechen auf Jahre eine
gute Auftragslage.

In den **westlichen Bundesländern** ist insgesamt mit einer spürbaren 10
Abnahme an Dynamik zu rechnen. Hauptursache dafür ist eine Verschlechterung einiger **gesamtwirtschaftlicher Rahmenbedingungen**.
Dadurch wurde der Spielraum für notwendige Preisanpassungen enger.
Höhere Baupreise lassen sich nur noch schwer am Markt durchsetzen.
Dennoch betrug der **Preisanstieg 1991** ca. 6,7 v. H. Ab 1992 hat die Branche im Westen unseres Landes nur noch **gedämpfte Erwartungen** an die
Baukonjunktur. Für die **neuen Bundesländer** wird mit einer deutlich
beschleunigten Aufwärtsentwicklung gerechnet.

Vielfältige Bauaufgaben zeichnen sich ab. Mindestens **500 000 neue Woh-** 11
nungen werden pro Jahr benötigt. Daneben spielen Modernisierungen,
Renovierungen und Sanierungen im Hochbau (Asbestsanierung) und
Tiefbau eine wachsende Rolle. Der Osten benötigt Büros, Einkaufszentren, Produktionsstätten und Hotels. Der **Ausbau des Verkehrsnetzes**
sowie die **Renovierung des Kanal- und Rohrleitungsnetzes** werden dem
Tiefbau große Anstrengungen abverlangen.

dd) Auftragslage, Kostenentwicklung

12 **Auftragslage und Preisentwicklung** unterliegen starken **Konjunkturschwankungen**. Das betrifft besonders die Betriebe des Hoch- und Tiefbaus. Kleinere **familiär ausgelegte Betriebe** hatten auch bei Konjunkturtiefs mit kleineren Hochbauten und Reparaturarbeiten ihr Auskommen. **Größter Kostenfaktor** im Baugewerbe sind die **Personalkosten**. Sie stiegen allein in 1991 um 8,4 v. H. an. Die Tendenz setzte sich 1992 fort. Im internationalen **Lohnvergleich** hält nach Zahlen des Instituts der Deutschen Wirtschaft (IdW) die Bundesrepublik seit Jahren vor der Schweiz die Spitzenstellung. Dazu kommt, daß Arbeitnehmer zunehmend **weniger Interesse** an Bauberufen zeigen und die Leistungsträger in der Branche überwiegend schon über 45 Jahre sind.

13 Die **Kostenstruktur** im Bauhauptgewerbe stellt sich wie folgt dar:

Kostenstruktur im Bauhauptgewerbe (1989)

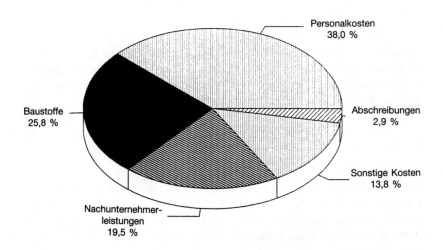

Bauhaupt- und Baunebengewerbe im allgemeinen 41

Kostenstruktur 1991 und die erwarteten Veränderungen für 1992: 14

Kostenart	Kostenanteile in % des Brutto-Produktionswertes[1]	Veränd. in % Jahresdurchschnitt 1992/91	Neue Kostenanteile 1992 in %[2]
Personalkosten	20,5	(+ 11,2)[3]	45,0
Bau-, Bauhilfs- und Betriebsstoffe	27,6	+ 4,0	28,7
Fremdleistungen	17,5	+ 5,5	18,5
Sachabschreibungen	2,9	+ 3,5	3,0
Sonstige Kosten[4]	11,5	+ 4,0	12,0
Insgesamt	100,0	+ 7,2	107,2

1 Statistisches Bundesamt; Kostenstrukturstatistik 1989. Daten aus einem mittelgroßen baugewerblichen Betrieb des Hoch- und Tiefbaues (50 bis 200 Beschäftigte)
2 Bezogen auf die erhöhte Basis von 107,2 %
3 Unter Berücksichtigung der Forderung der IG Bau für eine reine Einkommensverbesserung einschl. Erhöhung 13. Monatseinkommen
4 Einschließlich Unternehmerlohn und Gewinn (Eigenkapitalverzinsung)

b) Ausbau- bzw. Baunebengewerbe

Über das **Ausbaugewerbe** der Anlage A zur Handwerksordnung hinaus werden auch die steuerlichen Probleme der folgenden Berufszweige dargestellt: 15

Klemper, Gas- und Wasserinstallateure, Zentralheizungs- und Lüftungsbauer, Elektroinstallateure, Tischler, Dachdecker, Dämmung und Abdichtung, Glaser, Fliesen-, Platten-, Mosaikleger, Maler- und Lackierer, Tapezierer, Schlosser usw. Die meisten betriebswirtschaftlichen Ausführungen in Rdnr. 1 ff. **gelten tendenziell** auch für diese Bertriebszweige. Zur Anzahl der Betriebe und Beschäftigten vgl. Rdnr. 2. Die Ergebnisse zeigen den großen Nachholbedarf der neuen Bundesländer.

Ende Juni 1991 gab es statistisch im gesamten Bundesgebiet 16 026 Betriebe mit 426 136 Beschäftigten. Die meisten Betriebe hatten eine Beschäftigtenzahl zwischen 20 und 49 Mitarbeitern. Die 14 044 Betriebe der alten Bundesländer beschäftigten 348 161 Arbeitnehmer und erzielten einen Umsatz von 3,94 Mrd. DM. In den neuen Bundesländern betrug der Umsatz nur 503,5 Mio. DM. Einen Überblick geben folgenden Übersichten. 16

Betriebe, Beschäftigte, geleistete Arbeitsstunden, Umsatz u. a. im Ausbaugewerbe im Juni 1991 in Deutschland

Wirtschaftszweig	Betriebe	Beschäftigte	Geleistete Arbeitsstunden Juni 1991 1 000	Löhne 1 000 DM	Gehälter	Gesamtumsatz
Beschäftigtengrößenklassen	Ende Juni 1991 Anzahl					
			Deutschland (insgeamt)			
Ausbaugewerbe	16 026	426 135	48 506	1 027 010	326 992	4 441 199
Dar.: Neue Bundesländer	1 982	77 974	8 800	117 654	33 113	503 503
			darunter Betriebe mit 20 Beschäftigten und mehr			
Klempnerei, Gas- und Wasserinstallation	929	38 148	4 136	89 679	30 060	380 215
Installation von Heizungs-, Lüftungs-, Klima- und gesundheitstechnischen Anlagen	1 688	88 195	8 971	203 093	108 651	1 048 374
Elektroinstallation	1 473	65 792	7 379	162 471	50 284	673 682
Bauinstallation	4 090	192 135	20 485	455 248	188 998	2 102 274
Ausbaugewerbe ohne ausgeprägten Schwerpunkt (o. Bauinstallation)	131	10 908	1 236	20 484	5 166	71 267
Glasergewerbe	91	3 066	328	7 261	3 096	39 464
Maler- und Lackierergewerbe und Tapetenkl.	1 507	63 863	7 903	162 845	33 914	502 940
Bautischlerei	287	8 587	1 030	21 420	6 043	102 671
Parkettlegerei	16	459	56	1 225	378	6 496
Fliesen-, Platten- und Mosaiklegerei	258	8 000	917	24 584	5 678	106 360
Estrichlegerei	104	4 302	478	13 318	5 662	92 029
Sonstige Fußbodenlegerei und -kleberei (ohne Estrichlegerei)	54	2 330	268	6 351	2 335	34 925
Ofen- und Herdsetzerei	19	594	57	951	364	5 345
Sonstiges Ausbaugewerbe (ohne Ofen- und Herdsetzerei)	44	2 904	324	5 141	1 981	21 945
Ausbaugewerbe (ohne Bauinstallation)	2 511	105 013	12 598	263 177	64 613	983 443

Quelle: Statistisches Bundesamt

Bauhaupt- und Baunebengewerbe im allgemeinen 43

Betriebe, Beschäftigte, geleistete Arbeitsstunden, Umsatz u. a. im Ausbaugewerbe im Juni 1991 in den neuen Bundesländern

Wirtschaftszweig	Betriebe	Beschäftigte	Geleistete Arbeitsstunden	Löhne	Gehälter	Gesamtumsatz	1990	Darunter Baugewerblicher Umsatz
Beschäftigtengrößenklassen	Ende Juni 1991 Anzahl	Juni 1991	1 000	1 000 DM				
				(insgesamt)				
Ausbaugewerbe	1 982	77 974	8 800	117 654	33 113	503 503	2 720 036	2 488 522
			darunter Betriebe mit 20 Beschäftigten und mehr					
Klempnerei, Gas- und Wasserinstallation	156	9 407	998	14 095	4 460	65 536	358 081	328 195
Installation von Heizungs-, Lüftungs-, Klima- und gesundheitstechnischen Anlagen	194	16 869	1 734	25 119	9 381	132 630	717 556	662 011
Elektroinstallation	186	9 512	997	13 038	4 573	63 263	390 785	332 971
Bauinstallation	536	35 788	3 727	52 252	18 414	261 433	1 466 423	1 323 178
Ausbaugewerbe ohne ausgeprägten Schwerpunkt (o. Bauinstallation)	104	9 128	1 031	14 448	3 417	45 521	252 586	230 290
Glasergewerbe	12	368	37	472	158	1 840	9 170	8 718
Maler- und Lackierergewerbe und Tapetenkl.	301	14 957	1 720	23 337	5 389	67 898	384 637	353 641
Bautischlerei und Parkettlegerei	33	1 506	185	2 079	570	9 360	41 545	38 823
Fliesen-, Platten-, Mosaik- und Estrichlegerei	41	1 227	138	1 963	504	7 306	32 988	31 051
Sonstige Fußbodenlegerei und -kleberei (ohne Estrichlegerei)	18	727	81	1 217	332	7 005	38 770	37 456
Ofen- und Herdsetzerei	12	390	34	473	199	1 821	12 066	11 682
Sonstiges Ausbaugewerbe (ohne Ofen- und Herdsetzerei)	26	2 208	237	3 309	969	9 314	70 486	68 030
Ausbaugewerbe (ohne Bauinstallation)	547	30 511	3 463	47 298	11 537	150 063	842 254	779 689

Quelle: Statistisches Bundesamt

c) Arbeitskosten der Branche

Literatur: *Berié,* Überblick über die Arbeitskosten in der EG, NWB F. 15, 555.

17 Die Arbeitskosten sind **Hauptkostenfaktor** des Bau- und Ausbaugewerbes. Neben der Höhe des Lohnniveaus ist wichtig, wie die Lohnnebenkosten liegen. Sie sind schneller gestiegen, als die Bruttolöhne. Dazu kommt, daß die Arbeitszeit in der Bundesrepublik am kürzesten ist. Die **Lohnzusatzkosten** der Bauwirtschaft haben nach der Tariferhöhung Mitte 1991 nach Zahlen des Zentralverbandes des Deutschen Baugewerbes 99,38 v. H. des Entgelts für die geleistete Arbeit erreicht.

18 Der Anteil der **Lohnzusatzkosten** an den gesamten Arbeitskosten ist in der Baubranche in den letzten Jahren **laufend angestiegen.** Die Situation ist inzwischen so, daß für jede Mark Lohn für geleistete Arbeit nahezu eine weitere Mark für die Lohnzusatzkosten anfällt. **Hauptfaktoren** sind Urlaub, Lohnfortzahlung im Krankheitsfalle, betriebliche Altersversorgung (Renten-, Kranken- und Arbeitslosenversicherung). Die letzte Position hat sich seit Mitte der 50er Jahre mehr als verdoppelt. Die durchschnittlich geleisteten Arbeitsstunden der Branche sind in der Bundesrepublik mit 1664 Arbeitsstunden (1988) am niedrigsten in der EG.

19–25 *(Einstweilen frei)*

2. Gewerbe- und berufsrechtliche Voraussetzungen des Handwerks

a) Allgemeines

26 Das Bau- und Baunebengewerbe ist als Sektor des Handwerks **gewerbliche Tätigkeit,** nimmt aber aus historischen Gründen, wie das Handwerk insgesamt, eine **besondere Stellung** ein. Handwerksbetriebe sind **stehende Gewerbebetriebe** mit sich aus der Handwerksordnung ergebenden, auch vom Bundesverfassungsgericht anerkannten **strengen Zulassungsvoraussetzungen** (Rdnr. 80). Auch für Handwerksbetriebe gilt die **Gewerbeordnung** (i. d. F. v. 1. 1. 1987, BGBl I 425). Wenn der selbständige Handwerker Kaufmann (Rdnr. 31) ist, gilt für ihn auch das **Handelsgesetzbuch** (HGB).

Bauhaupt- und Baunebengewerbe im allgemeinen 45

b) Betriebsspektrum „Handwerk"

Das Handwerk bildet den **zweitgrößten Wirtschaftszweig** in der Bundesrepublik. Gewerbebetrieb ist im Sinne der Handwerksordnung ein Handwerksbetrieb, wenn er **handwerksmäßig betrieben** wird und ein Gewerbe umfaßt, das in **Anlage A zur Handwerksordnung** aufgeführt ist. 27

c) Zulassungsvoraussetzungen

Der selbständige **Betrieb eines Handwerks** ist nach § 1 der Handwerksordnung (HandwO) i. d. F. v. 28. 12. 1965 (BGBl 1966 I 1) nur den in der **Handwerksrolle** eingetragenen natürlichen und juristischen Personen und Personengesellschaften gestattet. Nichthandwerker können sich allenfalls als **stille Gesellschafter** oder **partiarische Darlehensgeber** an Betrieben des Handwerks beteiligen, ohne gegen Regelungen des Handwerksrechts zu verstoßen. 28

d) Bedeutung der Handwerksrolle

Die Handwerksrolle wird von der örtlich zuständigen **Handwerkskammer** (Rdnr. 51 ff.) als Verzeichnis aller selbständigen Handwerker mit dem von ihnen zu betreibenden Handwerk als Betriebsinhaber geführt (§ 6; § 7 Abs. 1 HandwO). Eingetragen werden grundsätzlich nur Handwerker, die die **Meisterprüfung** nach §§ 45 ff. HandwO bestanden haben. **Ausnahmebewilligungen** sind möglich (z. B. § 7 Abs. 3 HandwO). Die strengen Eintragungsvoraussetzungen für die Handwerksrolle gelten, wenn der Betrieb **handwerksmäßig betrieben** wird und die **wesentlichen Tätigkeiten** des im Verzeichnis der Anlage A zur Handwerksordnung genannten Gewerbes vorliegen. Einsichtnahme in die Handwerksrolle erhält, wer dafür ein **berechtigtes Interesse** dartut. Dies kann z. B. erforderlich sein zur Geltendmachung und Durchsetzung von **Haftungs- und Gewährleistungsansprüchen**. 29

Juristische Personen werden in die Handwerksrolle eingetragen, wenn der **Betriebsleiter** die Voraussetzungen erfüllt. Das trifft für **Personengesellschaften** zu, wenn ein für die technische Leitung verantwortlicher persönlich haftender Gesellschafter den Voraussetzungen genügt. 30

e) Kaufmannseigenschaft von Handwerksbetrieben

Literatur: *George*, Kaufmannseigenschaft von Handwerkern, NWB F. 18, 581; *Schaub*, Ich mache mich selbständig, 4. Aufl., München 1992.

31 Die **Kaufmannseigenschaft** nach §§ 1–7 HGB hat im Geschäftsleben vielfältige Bedeutung: Sie

- verlangt eine **Eintragung im Handelsregister,**
- verpflichtet nach §§ 238, 239 HGB auch steuerlich zur **Führung von Büchern** (Rdnr. 464)
- berechtigt, neben dem bürgerlichen Namen **eine Firma** als besonderen handelsrechtlichen Namen **zu führen,**
- schafft das Recht, **Zweigniederlassungen** gründen zu dürfen (§ 23 HGB) und
- berechtigt, sich von einem **Prokuristen** vertreten zu lassen.

32 **Kaufmann nach HGB** ist, wer selbständig ein „**Grundhandelsgewerbe**" betreibt, das nach Art und Umfang eine **kaufmännische Geschäftsführung** erfordert. Ohne in kaufmännischer Weise eingerichteten Geschäftsbetrieb gilt die Tätigkeit als die eines „**Minderkaufmannes**" nach § 4 HGB. Ein Minderkaufmann darf keine Firma führen, keinen Prokuristen bestellen und ist auch nicht nach § 238 HGB buchführungspflichtig.

33 Kaufleute mit **Tätigkeiten** nach § 1 HGB sind Kaufmann **kraft Art des Geschäfts** auch ohne Eintragung im Handelsregister. Die Eintragung wirkt für sie nur **deklaratorisch.** Kaufleute nach §§ 2 und 3 HGB begründen ihre Kaufmannseigenschaft **kraft Eintragung** konstitutiv.

34 **Auch für Handwerker** gelten die Vorschriften der §§ 1 und 2 i. V. mit § 4 HGB. Ein Handwerker kann Kaufmann im Sinne des HGB sein. Er betreibt aber in der Regel **kein Grundhandelsgewerbe** des § 1 Abs. 2 HGB. Für **Bauunternehmer** bestätigte dies der BGH mit Urteil vom 15. 12. 1954. Seine Vertragspflicht richtet sich auf die Erstellung eines Bauwerkes. Beschaffte **Baustoffe und -materialien** dienen ihnen nicht zur Weiterveräußerung; sie sind Hilfs- und Arbeitsmittel. Zu beachten ist auch das **Gesetz über die Kaufmannseigenschaft** der Handwerker v. 31. 3. 1953 (BGBl I 106) geändert durch Gesetz v. 9. 9. 1965 (BGBl I 1254).

35 Handwerker, die **kein Grundhandelsgewerbe** betreiben, können nach § 2 HGB **Sollkaufmann** sein. Dazu zählen vom Bauhaupt- und -nebengewerbe vor allem die Reparatur- und Leistungshandwerker (Schlosser, Klempner usw.). Nach vorgenanntem BGH-Urteil ist z. B. ein Klempner Kaufmann, wenn er neben seinem Handwerk einen **Handel** z. B. mit sanitären Gegenständen **betreibt.** Ein **Bauunternehmer** ist als Kaufmann nach

§ 238 HGB **buchführungspflichtig,** wenn er neben dem Baugeschäft **auch mit Baustoffen handelt** oder im Handelsregister eingetragen ist (§ 2 HGB).

Arbeitsgemeinschaften (Arge, Rdnr. 287) des Baugewerbes sind in der Regel BGB-Gesellschaften, somit nicht als Handelsgesellschaft „Formkaufmann" nach HGB. Sie sind daher nicht nach § 140 AO über § 238 HGB buchführungspflichtig; Buchführungspflicht kann sich allenfalls aus § 141 AO (vgl. Rdnr. 465) ergeben. 36

(Einstweilen frei) 37–40

3. Bauspezifische Rechtsgrundlagen

LEXinform
▶ BSt-BG-0005 ◀

Literatur: *Hartmann,* Die Verdingungsordnung für Bauleistungen, NWB F. 24, 1765; *ders.,* Das Bauforderungssicherungsgesetz, NWB F. 24, 1821; *Siebert,* Verdingungsordnung für Bauleistungen, BuW 1992, 57.

a) Bauverträge nach BGB

Bauverträge sind zivilrechtlich **Werkverträge** nach § 631 ff. BGB. Der Auftraggeber ist nach § 640 BGB grundsätzlich verpflichtet, ein vertragsgemäß fertiggestelltes Bauwerk abzunehmen. Für die sachgemäße Bauausführung haftet der Bauunternehmer nach §§ 633 ff. BGB. **Werklieferungsverträge** liegen vor, wenn ein Bauunternehmer sein Bauwerk auf eigenem Grundstück erstellt und mit Grund und Boden an einen Auftraggeber veräußert. 41

b) Verdingungsordnung für Bauleistungen (VOB)

Das Vertragsrecht des BGB wird für Bauverträge durch die Verdingungsordnung für Bauleistungen **(VOB)** – BAnz. Nr. 208 v. 6. 11. 1979 – ergänzt. Sie regelt die besonderen Verhältnisse am Bau als **spezielles Werkvertragsrecht.** Die in die Teile A (Verfahren zur Vergabe von Bauleistungen), B (Vertragsbedingungen zur Ausführung von Bauleistungen) und C (allgemeine technische Vorschriften) unterteilte VOB ist für die Vertragspartner **frei wählbar** und erlangt nur durch **ausdrückliche Vereinbarung** Gültigkeit. 42

Die **VOB modifiziert die BGB-Regelungen** mit für beide Seiten negativer, aber auch positiver Tendenz:

43 Regelungen der VOB/B zugunsten des Unternehmers

- § 7 VOB/B schränkt die **Gefahrentragung** bis zur Bauabnahme ein.
- § 12 Nr. 3 VOB/B läßt eine **Verweigerung der Abnahme** nur bei wesentlichen Mängeln zu.
- § 12 Nr. 5 VOB/B beinhaltet eine stillschweigende und **fiktive Abnahme**.
- § 13 Nr. 4 VOB/B **senkt die Gewährleistung** auf zwei Jahre.
- § 16 Nr. 1 VOB/B gibt ein **Recht auf Abschlagzahlungen** nach Leistungsfortschritt.

44 Regelungen der VOB/B zum **Nachteil des Unternehmers**

- § 1 Nr. 3 und 4 VOB/B gestattet dem Auftraggeber **einseitige Änderungen** des Bauentwurfs.
- § 4 Nr. 8 VOB/B verpflichtet den Unternehmer, die vereinbarte **Leistung selbst zu erbringen** (Ausschluß von Subunternehmern).
- § 16 Nr. 3 Abs. 1 VOB/B legt die Leistungsfrist der **Schlußzahlung** des Auftraggebers erst auf spätestens zwei Monate nach Zugang einer prüfungsfähigen Schlußrechnung fest.

45 Nach § 14 VOB/B trifft den Bauunternehmer eine überprüfbare **Abrechnungsverpflichtung**. Soweit er für am Bilanzstichtag abgenommene, noch nicht abgerechnete Bauleistungen der Abrechnungspflicht noch nicht nachgekommen ist, hat er eine zu Vollkosten zu bewertende **Rückstellung** zu bilden (BFH v. 25. 2. 1986, BStBl II 788; Rdnr. 1614).

c) Leitsätze für die Ermittlung von Baupreisen aufgrund von Selbstkosten (LSP-Bau)

Literatur: Bp-Kartei der OFD Düsseldorf-Köln-Münster, Teil I Buchführung (Baupreis VO).

46 Die Preise für Bauleistungen aus öffentlichen bzw. **aus öffentlich finanzierten Aufträgen** richten sich nach der Verordnung PR Nr. 1/72 v. 6. 3. 1972 (BGBl I 293), i. d. F. der letzten Änderung v. 15. 4. 1986 (BGBl I 435), ergänzt durch die Leitsätze für die Ermittlung von Preisen für Bauleistungen aufgrund von **Selbstkosten (LSP-Bau)**.

Bauhaupt- und Baunebengewerbe im allgemeinen 49

d) Gesetz über die Sicherung von Bauforderungen (GSB; § 648a BGB)

Das Gesetz über die Sicherung von Bauforderungen (GSB) v. 1. 6. 1909, 47
zuletzt geändert durch Gesetz v. 2. 3. 1974 (BGBl I 469), gibt **allgemeine Sicherungsmaßregeln** zur vollständigen Befriedigung aller am Bau Beteiligten hinsichtlich ihrer **Bauforderungen** aus der Herstellung eines Gebäudes, d. h. aus Leistungen, die wesentliche Bestandteile nach § 94 Abs. 2 BGB geworden sind. Wichtig ist das Gesetz, wenn die Forderungen gegen den Auftraggeber **nicht beitreibbar** sind. Es erweitert den Kreis der gegenüber dem Bauunternehmer möglicherweise **haftenden Personen**. Zum **begünstigten Personenkreis** zählen Handwerker, Baustofflieferanten, Subunternehmer, Architekten und Ingenieure. Ab 1. 5. 1993 schafft der neu eingefügte § 648a BGB eine **zusätzliche Bauhandwerkersicherung.**

e) Makler- und Bauträgerverordnung (MaBV)

Die Verordnung über die Pflichten der Makler, Darlehens- und Anlagen- 48
vermittler, Bauträger und Baubetreuer v. 7. 11. 1990 (BGBl I 2479) enthält ausführliche **Regelungen zur Buchführungspflicht** (Rdnr. 492), zur Aufbewahrung, zur Auskunft und Nachschau sowie zu Prüfungen.

(Einstweilen frei) 49–50

4. Kammern, Berufsverbände, Berufsgenossenschaft, Steuerberatung

a) Handwerkskammern, Handwerkerinnung

Es handelt sich um **Körperschaften des öffentlichen Rechts,** denen die 51
selbständigen Handwerker und die Inhaber handwerkerähnlicher Betriebe als **Pflichtmitglieder** angehören. Die Handwerkskammern vertreten die **Gesamtinteressen des Handwerks,** führen die Handwerksrolle, regeln **Berufsbildung- und fortbildung,** führen Gesellen- und **Meisterprüfungen** durch, bestellen **Sachverständige** u. a. m. Die Kosten der Kammern werden über die **Beiträge der Mitglieder** finanziert. Sie sind als **Betriebsausgaben** abziehbar. Mitglieder der Handwerkskammer können zugleich auch Mitglieder der **Industrie- und Handelskammer** sein.

Handwerksinnungen sind als freiwillige Zusammenschlüsse von selbstän- 52
digen Handwerkern eines bestimmten Bezirks ebenfalls Körperschaften

des öffentlichen Rechts. Ihre Aufgaben ergeben sich aus § 54 HandwO. Dazu gehören neben der Berufsaus- und fortbildung auch die **Beratung der Handwerker** in Fragen der **wirtschaftlichen Betriebsführung**. Innungen unterhalten vielfach auch **Innungskrankenkassen** für die Handwerksbetriebe ihrer Mitglieder.

b) Berufsgenossenschaft

53 Unternehmen, die Mitarbeiter beschäftigen, sind **kraft Gesetzes Mitglied** der jeweiligen Berufsgenossenschaft. Sie ist **Träger der gesetzlichen Unfallversicherung** (§ 646 RVO). Auch der Unternehmer selbst ist bei ihr gegen Berufsunfälle versichert. Darüber hinaus hat er die Möglichkeit, sich bei ihr freiweillig zu versichern.

54 Für das Baugewerbe zuständig sind die regional gegliederten, jeweils **örtlich zuständigen Berufsgenossenschaften** wie z. B. die Bauberufsgenossenschaft Hamburg, Hannover, Wuppertal, Frankfurt am Main usw. oder die **Tiefbauberufsgenossenschaft**. Sie erheben im **Umlageverfahren** berechnete Beiträge von den Mitgliedern. Die Beiträge trägt der Arbeitgeber. Sie sind bei ihm **Betriebsausgaben** (Rdnr. 871).

55 Bei Neugründungen hat der Unternehmer **Meldepflichten** gegenüber der Berufsgenossenschaft. Für die Nichtbeachtung besteht **Bußgeldandrohung**. Die Richtigkeit der Beitragsnachweisungen lassen die Berufsgenossenschaften durch einen **eigenen Außendienst** überprüfen.

56 Werden **Ehegattenarbeitsverträge** steuerlich nicht anerkannt (Rdnr. 1031 ff.), so sind auch die Beiträge für den Ehegatten zur Berufsgenossenschaft nicht als Betriebsausgaben abziehbar.

c) Urlaubskasse, Ausgleichsverfahren zum Lohnfortzahlungsgesetz

57 Die Tarifvertragsparteien von **Baugewerbe**, Maler- und Lackierer- (z. B. Urlaubskasse für das Maler- und Lackiererhandwerk, Postfach 2649, W−6200 Wiesbaden 1) und **Dachdeckerhandwerk** unterhalten selbständige Urlaubs-, Lohnausgleichs- und Zusatzversorgungskassen. Sie haben für die genannten Branchen die Zahlung von **Urlaubslöhnen, Lohnausgleich** und einer **Zusatzversorgung** übernommen.

58 Nach dem „Verfahrenstarifvertrag" finanzieren die Arbeitgeber die erforderlichen Mittel durch Abführung eines **Prozentsatzes der Bruttolohn-**

summe (zuletzt 21,1 v. H.) der tarifvertraglich betroffenen Arbeitnehmer. Der abgeführte Betrag für Urlaubsgeld und Lohnausgleich ist nicht steuerpflichtig. Erst die **Auszahlung an den Arbeitnehmer** gilt als steuerpflichtiger Arbeitslohn.

Der **Arbeitgeber** hat Lohnausgleich und Urlaubsgeld selbst an die Arbeitnehmer auszuzahlen. Über zu führende **Erstattungslisten** bzw. **Lohnnachweiskarten** kann sich der Arbeitgeber die ausgezahlten Beträge zuzüglich eines Betrages zum Ausgleich für die anteiligen Sozialaufwendungen von der Urlaubskasse **erstatten lassen**. 59

Die **Erstattungsansprüche** sind zu den Bilanzstichtagen zu **aktivieren**. Dabei kommt den **Lohnausgleichsbeträgen** größere Bedeutung zu. Die Zahlungen nimmt der Arbeitgeber in der Weihnachtszeit vor. Eine Erstattung erfolgt in der Regel erst nach dem 31. 12. **Urlaubslöhne** werden meist schon zu Beginn der Schlechtwetterperiode gezahlt. Die Erstattungen wurden daher vor Jahresende bereits realisiert. 60

Für die **Zusatzversorgung** der Arbeitnehmer haben die Arbeitgeber Beiträge zu leisten 61

- in der **Bauwirtschaft** nach dem Tarifvertrag über die Aufteilung des an die tariflichen Sozialkassen abzuführenden Gesamtbetrages v. 22. 12. 1989,
- im **Maler- und Lackierergewerbe** gemäß § 4 des Tarifvertrages über die überbetriebliche Zusatzversorgung v. 30. 9. 1981,
- im **Gerüstbaugewerbe** nach dem Tarifvertrag der Arbeitnehmer im Gerüstbaugewerbe.

Die **Beiträge für die Zusatzversorgung** sind steuerpflichtige Zukunftssicherungsleistungen an eine Pensionskasse und beim Arbeitnehmer jeweils als **laufender Arbeitslohn** lohnsteuerpflichtig bzw. nach § 40 b EStG pauschalierbar. 62

Nach dem **Lohnfortzahlungsgesetz (LFG)** v. 27. 7. 1969 (BGBl I 946) werden unter bestimmten Voraussetzungen bei Krankheit des Arbeitnehmers die Löhne an ihn weitergezahlt. Betriebe mit bis zu **20 Arbeitnehmern** sind nach § 14 LFG dafür in ein **Umlageverfahren der Krankenkassen** eingebunden. Sie erhalten für geleistete Lohnfortzahlungen auf Antrag 80 v. H. der Zahlungen von der Krankenkasse erstattet. Am Bilanzstichtag dafür bestehende **Erstattungsansprüche** sind zu bilanzieren. 63

d) Steuerberatung

64 Steuerbürger sind um Steuerminimierung bemüht und passen soweit möglich ihr wirtschaftliches Handeln den **Gegebenheiten des Steuerrechts** an. Der Steuerberater spielt daher in unserem „Steuerstaat" eine **zentrale Rolle** für den Unternehmer.

65 Moderne **Steuerberater beherrschen** die **ganze Palette** betrieblicher Anforderungen. Neben der Abgabe von Steuererklärungen, einer Vertretung bei Behördenterminen, der Erstellung der Buchführung und Abschlüsse, Betreuung bei Betriebsprüfungen (Rdnr. 3081 ff), Führung von Rechtsbehelfen und Klagen beraten sie nicht selten auch in **betriebswirtschaftlichen** und **Finanzierungsfragen (Rdnr. 166)**, führen Bankgespräche, sind sicher bei **Steuerspargestaltungen** und helfen beim Zustandekommen von Verträgen. In Steuerstrafsachen, die die Finanzbehörde selbständig durchführt, kann der Steuerberater auch die **Verteidigerfunktion** übernehmen.

66 Für den Steuerberater ist **Fachwissen** ein wichtiger **Bestandteil seiner Qualifikation**. Dazu gehört auch die Kenntnis der betriebswirtschaftlichen Grundlagen. Ein **Steuerberater** ist gut, wenn er dem **gesamten Beratungsbedarf** seines Mandanten entsprechen kann. Er sollte daher über ein großes **fachübergreifendes Basiswissen** verfügen.

67 Ein moderner Betrieb kommt kaum noch ohne Steuerberater aus. Er nimmt den Unternehmer **voll in Anspruch**. Für Büroarbeiten bleibt wenig Zeit. Dazu kommt: Die **Verlagerung der Verantwortung** auf Fachkompetenz vermindert Risiko und Fehlerhäufigkeit.

68 **Banken verlangen** bei Inanspruchnahme von Krediten nicht selten zur **Überwachung und Risikobeurteilung** regelmäßige Zwischenabschlüsse und die **Beauftragung eines Steuerberaters** ihres Vertrauens. Ein Bau- bzw. Baunebenhandwerksbetrieb wird in der Regel **buchführungspflichtig** (Rdnr. 464) sein. Buchführung „außer Haus" entlastet den Betrieb und minimiert Fehler.

69 Der Steuerberater erstellt die Finanzbuchhaltung meist **mit „Datev"**, ein Verfahren der **Buchführung „außer Haus"**. Dabei führt der Unternehmer meist nur die Kassenbücher bzw. -aufzeichnungen, sammelt die geschäftlichen Belege (Ausgangs-, Eingangs-, Kostenrechnungen, Quittungen, Gehalts- und Lohnabrechnungen, Kassenberichte, Abrechnungen, Bankkontoauszüge usw.) und gibt sie monatlich zum Buchen und Erstellen der USt-Voranmeldungen dem Steuerberater.

Wenn die Betriebsinhaber auf **aktuelle Zahlen** der Buchhaltung und den **jederzeitigen Zugriff** zu allen Belegen nicht verzichten können, muß die Buchführung **im Betrieb** erstellt werden. **EDV-Buchführungsprogramme** können am Markt in allen Qualitäten und in nahezu jeder Preislage erworben werden. Sie haben gegenüber früher eine deutlich höhere **Zuverlässigkeit**. 70

(Einstweilen frei) 71–75

5. Existenzgründung, Kauf, Pachtung, Beteiligung

a) Existenzgründung Bau- und Baunebengewerbe

aa) Allgemeine Hinweise

Baubetriebe sind in nahezu **allen Rechtsformen** (Rdnr. 256 ff.) anzutreffen. Während Reparatur- und Ausbauhandwerker **häufig Einzelfirmen** sind, haben die Mittel- und Großbetriebe des Hoch- und Tiefbaus inzwischen überwiegend die **Rechtsform der GmbH**. Im Baunebengewerbe herrscht die **Einzelfirma** (Rdnr. 260) vor. Zur Vorbereitung der Rechtsnachfolge wird die Personengesellschaft (Rdnr. 262) bevorzugt. 76

Für den **Beginn** unternehmerischer Selbständigkeit bietet das Wirtschaftsleben neben der **Neugründung** den **Kauf** (Rdnr. 105 ff.), eine **Beteiligung** (Rdnr. 149) und die **Pachtung** (Rdnr. 127 ff.). Im Handwerk wird eine Neugründung durch die Tatsache begünstigt, daß ein **kleiner Anfang** ohne eigenen Grundbesitz mit **begrenztem Anlagevermögen** und relativ **geringem Betriebskapital** möglich ist. Eine solche Ausgangsposition bietet die Chance zu **langsamem Wachstum** des Betriebes. 77

Die **Übernahme** eines bestehenden Betriebes hat den Vorteil eines vorhandenen **Auftragspotentials**. Dabei sollten kompetente Fachleute mit **Bilanz- und Marktanalysen** beauftragt werden. Der Beginn einer Unternehmerkarriere bedarf **fachlicher Beratung** (Rdnr. 85). 78

Wichtigstes Startkapital ist die eigene **fachliche Qualifikation** und ein leistungsbereiter **Facharbeiterstamm**. Nach den Erfahrungen der Praxis ist es ideal, wenn die **Ehefrau** kaufmännische und **büromäßige Pflichten** übernehmen kann. **Mitarbeit von Familienmitgliedern** bewirkt **hohe Motivation** durch gleichgerichtete Interessen ohne Höchstforderungen in der Bezahlung. Dazu kommt, daß das Geld in der Familie bleibt. 79

bb) Anforderungen gewerblicher Selbständigkeit

80 Die handwerkliche **Meisterprüfung** ist **Voraussetzung** für eine selbständige Ausübung des Handwerks. In den neuen Bundesländern wird die **Teilnahme an Meisterlehrgängen** gefördert. Auskünfte erteilen die Handwerkskammern und der Zentralverband des Deutschen Handwerks, Johanniterstr. 1, 53113 Bonn.

81 Die **fachlichen Kenntnisse** und Fähigkeiten eines guten Handwerkers sind allein **keine Garantie** für die Begründung eines erfolgreichen Unternehmens. Auf den selbständigen Unternehmer kommen heute zusätzlich **rechtliche, betriebswirtschaftliche** und **kaufmännische Fragen** zu, die zu lösen sind. „Handwerk hat goldenen Boden" gilt auch in der heutigen Zeit. Ein selbständiger Betrieb des Bau- oder Baunebenhandwerks verlangt eine hohe Leistungs-, Risiko- und **Verantwortungsbereitschaft**, wenn er Bestand haben soll. Der Weg in die Selbständigkeit bedarf gründlicher, **fachkundiger Beratung**.

82 Unternehmer werden vom **Bund der Steuerzahler** nicht zu Unrecht als „Kulis der Nation" bezeichnet. Ihre unbezahlten **Hilfsdienste** für **Finanzamt und Krankenkasse** schätzt er auf Milliardenhöhe. Je kleiner der Betrieb, desto höher liegt die relative Belastung. Sie tragen zusätzlich das **Risiko einer Falscherledigung**. Die Arbeitgeberpflichten für Sozialversicherung und Fiskus nehmen eher zu statt ab.

cc) Notwendige Anmeldungen

83 Das Eröffnen eines selbständigen Handwerksbetriebes setzt die folgenden **Meldungen** voraus:

- **Gewerbeanmeldung** bei Gemeinde- bzw. Stadtverwaltung (wird an das Finanzamt weitergeleitet),

- **Eintragung in die Handwerksrolle** der Handwerkskammer bei der örtlich zuständigen Kreishandwerkerschaft,

- bei **Arbeitsamt, AOK** und **Berufsgenossenschaft** (Rdnr. 53).

84 Ein **Steuerberater** (Rdnr. 64) leistet schon in der Planungs- und Entstehungsphase wertvolle Dienste.

dd) Unternehmensberatung zur Existenzgründung

Literatur: *Bundesministerium für Wirtschaft,* Wirtschaftliche Förderung in den neuen Bundesländern, Bonn 1991; Richtlinien über die Förderung von Unternehmensberatungen für kleine und mittlere Unternehmen, NWB G F. 21, 89; *Kirschbaum,* Der Steuerberater als Gründungsberater, DStR 1991, 786.

Steuerberater sollten bei Unternehmensgründungen auf die Einholung von fachlichem, **branchenspezifischem Rat** hinwirken. Sinnvoll sind **Existenzgründungsberatungen** vor der Gründung einer selbständigen, gewerblichen Existenz, allgemeine Beratungen **(Existenzaufbauberatungen)** sowie **Umweltschutz- und Energieeinsparberatungen.** Sie werden durch Bezuschussung öffentlich gefördert. 85

Maßgebend sind die „**Richtlinien über die Förderung von Unternehmensberatungen** für kleinere und mittlere Unternehmen" v. 19. 12. 1991 (BAnz. 1992, Nr. 1, 1, NWB G F. 21, 89). Leitstelle für das Handwerk ist z. B. die Landesgewerbeförderungstelle des Niedersächsischen Handwerks e. V., 30161 Hannover, Sedanstraße 72, bzw. das Bundesamt für Wirtschaft, Arbeitsgruppe „Neue Bundesländer", Postfach 5171, 65760 Eschborn. 86

Auf dem Gebiet der **Unternehmensberatung** betätigen sich zahlreiche **Privatpersonen, Gesellschaften** und **Institutionen.** Nicht alle sind kompetent und seriös. Wichtige Ausgangsvoraussetzung ist, daß die beauftragten Berater der **Qualifikation** der Ziff. 4 der **Förderungsrichtlinien** v. 19. 12. 1991 (BAnz. 1992, Nr. 1, 1, NWB G F. 21, 89) entsprechen, damit Zuschüsse bewilligt werden können. 87

Die Zuschüsse betragen für 88

	Alte Bundesländer	Neue Bundesländer
Existensgründungs- beratungen	60 v. H. der Beratungskosten, höchstens 3 000 DM	80 v. H. (bis 31. 12. 1992), 70 v. H. (bis 31. 12. 1993), höchstens 3 000 DM
Existenzaufbau- beratungen	60 v. H. der Beratungskosten, höchstens 4 000 DM	wie oben bis zu höchstens 4 000 DM.

Verschiedene **Steuerberater** und Wirtschaftsprüfer **haben Ausnahmegenehmigungen** des Wirtschaftsministeriums, als Unternehmensberater tätig zu werden und ihre Honorare über die öffentliche Beratungsförderung (Rdnr. 87) abzurechnen. **Fachleute** für Unternehmensberatungen haben die **Industrie- und Handelskammern** oder können sie benennen. Auch 89

Banken und Steuerberater kennen Spezialisten. Beratungen durch die Industrie- und Handelskammern sind im allgemeinen kostenlos.

ee) Außersteuerliche Förderungen für Existenzgründungen

Literatur: *Bundesministerium für Wirtschaft,* Wirtschaftliche Förderung in den neuen Bundesländern, Bonn 1991

90 Existenzneugründungen erfordern **hohe Investitionen** und schaffen **erhebliche Risiken.** Zur Verbesserung der Wettbewerbsbedingungen vor allem in der gewerblichen Wirtschaft bieten Bund, Länder und EG **Existenzgründungsförderungen** und **Finanzhilfen** an. Ende 1990 standen aus diesen Quellen für gewerbliche Wirtschaft und freie Berufe über **630 Finanzierungshilfen** zur Verfügung (vgl. db-selekt, Datenbank der Deutschen Bank für öffentliche Förderungsprogramme).

91 Neben den Zuschüssen zu Unternehmensberatungen (vgl. Rdnr. 88) fördert das **Bundesministerium für Wirtschaft** durch

- Zuschüsse,

- zinsgünstige Darlehen,

- Eigenkapitalhilfsprogramme,

- Zuschüsse zur Ansparförderung,

- Zinszuschüsse,

- ergänzende Darlehen.

92 Der Bund gewährt nach Maßgabe der **Ansparförderungsrichtlinie** v. 8. 4. 1991 (BAnz. Nr. 72 v. 17. 4. 1991, NWB G F. 21, 87) nicht rückzahlbare **Zuschüsse für Ansparleistungen** (Ansparzuschüsse), die in einen zum Zweck der Existenzgründung abgeschlossenen Sparvertrag **(Gründungssparvertrag)** erbracht und als Eigenkapital für die Existenzgründung verwendet werden.

93 Zuschußberechtigt sind **natürliche Personen.** Ihnen soll die **Bildung von Eigenkapital** für die Gründung einer selbständigen Existenz erleichtert werden. Der Zuschuß beträgt **20 v. H.** der im Rahmen des Gründungssparvertrages erbrachten Sparleistungen einschließlich Zinsen, höchstens 10 000 DM. Die Industrie- und Handelskammern erteilen Auskünfte. Die Förderungsmaßnahmen in Rdnr. 91 gelten auch für die alten Bundesländer.

Bauhaupt- und Baunebengewerbe im allgemeinen 57

ff) Förderungsmaßnahmen in den neuen Bundesländern

Literatur: *Brockhoff-Hansen,* Fördermittel für die neuen Bundesländer, DStR 1991, 480; *Bundesministerium für Wirtschaft,* Wirtschaftliche Förderung in den neuen Bundesländern, Bonn 1991; *Paus,* Steuerliche Förderungsmaßnahmen in den neuen Ländern, Herne/Berlin 1991.

Für das Beitrittsgebiet gibt es eine **Vielzahl von Förderungen. Steueranreize** (Rdnr. 405), **Investitionszulagen** und **Barzuschüsse** geben eine Attraktivität, die erhebliche Zugkraft entfaltet. Die **Förderungsmaßnahmen** und -programme für die neuen Länder sind **unübersichtlich.** Einige Bundesländer (z. B. Bayern) haben eigene Hilfsprogramme für gewerbliche Wirtschaft und freie Berufe aufgelegt. Es können **Darlehen** mit bis zu 20 Jahren Laufzeit beantragt werden. Die Mittel sind bisweilen **nicht oder niedrig verzinslich,** jedenfalls zinsgünstiger als bei einer freien Bankfinanzierung. 94

Hier werden die wichtigsten Programme aufgeführt: 95

- **Eigenkapitalhilfeprogramm** zur Förderung selbständiger Existenzen; Ansprechpartner: **Deutsche Ausgleichsbank,** Wielandstraße. 4, 53173 Bonn; **zinsgünstige** (drei Jahre zinsfrei), **langfristige** (20 Jahre; 10 Jahre tilgungsfrei) Darlehen ohne Sicherheiten zur Verstärkung eigener Mittel; Schonung der Unternehmerliquidität.

- **Investitionszuschüsse** im Rahmen der Gemeinschaftsaufgabe „Verbesserung der regionalen Wirtschaftsstruktur" zwischen 15 und 23 v. H. zur Erweiterungs-, Einrichtungs- und Rationalisierungsinvestition; Anträge nehmen die Wirtschaftsministerien der Länder entgegen.

- **ERP-Existenzgründungsprogramm** v. 17. 5. 1990; BAnz. Nr. 107 v. 12. 6. 1990; gewährt werden **zinsgünstige Kredite** (z. Z. 7,5 v. H.) mit **langen Laufzeiten** (bis zu 20 Jahre), tilgungsfrei in den ersten Jahren; jederzeitig rückzahlbar; zuständig ist die Deutsche Ausgleichsbank, s. o.

- **Investitionskredite** der Deutschen Ausgleichsbank, (DAB; Adresse s. o.) und der Kreditanstalt für Wiederaufbau, (KfW, Palmengartenstraße 5—9, 60325 Frankfurt).

- **KfW-Mittelstandsprogramm;** zinsgünstige (z. Z. 8,25 v. H.), langfristige (10 Jahre Laufzeit) Kredite mit zwei tilgungsfreien Jahren; Adresse s. o.

- **Kommunaldarlehensprogramme** der Städte, Gemeinden und Kreise der neuen Bundesländer.
- **EG-Programme** der Europäischen Investitionsbank (EIB), 100 Boulevard Konrad Adenauer, L−2950 Luxemburg.
- **Bürgschaften** der Treuhandanstalt Berlin.

96 Informationen erteilt das **Bundesministerium für Wirtschaft**, Villemombler Str. 76, 53121 Bonn. Die meisten Förderungsmaßnahmen sind bei den **Hausbanken**, der **Deutschen Ausgleichsbank** oder der **Kreditanstalt für Wiederaufbau** direkt zu beantragen. Welche Bedeutung vorgenannte Hilfen konkret haben, ergibt sich aus den Verhältnissen des Einzelfalles. Grundsätzlich sollte mit der Existenzgründung nicht vor der Antragstellung begonnen werden. Programmrichtlinie für das Eigenkapitalhilfeprogramm des Bundesministeriums für Wirtschaft vgl. BBK F. 2, 975.

97 Der Existenzgründer muß sein **Gründungskonzept** mit den Basisdaten (Zahl der Mitarbeiter, bisheriger und erwarteter Umsatz, Angaben zur Marktstellung usw.) vorlegen. Die **banküblichen Sicherheiten** (Rdnr. 175) sind meist auch dafür erforderlich. Bedeutsam ist, daß viele **Vorteile kumulativ** in Anspruch genommen werden können.

98 Zu **Finanzierungsberatungen** über Investitionsfinanzierungen in den neuen Bundesländern steht die Kreditanstalt für Wiederaufbau, Internationales Handelszentrum, Friedrichstraße 95, 10117 Berlin, zur Verfügung.

b) Betriebsübernahme

LEXinform
▶ BSt-BG-0010 ◀

Literatur: *Nies,* Unternehmenswechsel und Betriebsübergabe zwischen Angehörigen, Inf 1979, 489; *Schmidt-Liebig,* Die Übertragung gewerblicher Einzelunternehmen in der Einkommen-, Gewerbe- und Umsatzsteuer, StBp 1985, 57; *Schoor,* Veräußerung, Aufgabe und Verpachtung eines Betriebes, StW 1985, 57; *Seer,* Die steuerliche Behandlung sog. Übergabeverträge, NWB F. 2, 6029.

99 Im Bauhandwerk haben **Betriebsübertragungen** (Rdnr. 2992 ff.) vor allem in der **Generationenfolge** Bedeutung. Der Betriebsinhaber überträgt nicht selten noch zu Lebzeiten seinen Betrieb. Dabei kann neben der unter Fremden üblichen **entgeltlichen** oder **teilentgeltlichen** (Rdnr. 3016) auch **unentgeltliche Betriebsübertragung** vereinbart werden.

100 **Unentgeltliche Betriebsübertragung** setzt voraus, daß alle wesentlichen Teile des Betriebes unentgeltlich übertragen werden. Sie liegt auch vor, wenn sich der Übertragende den **Nießbrauch** am Betrieb vorbehält (BFH v. 26. 2. 1987, BStBl II 772; v. 15. 10. 1987, BStBl 1988 II 260). Wird ein

betrieblich genutztes **Grundstück** nicht übereignet, sondern an den Rechtsnachfolger zur Sicherung der Altersversorgung **verpachtet,** so liegt eine **Entnahme** vor (FG Nürnberg v. 8. 12. 1982, EFG 1983, 284).

Die **unentgeltliche Betriebsübertragung** ist steuerlich in § 7 Abs. 1 EStDV (Abschn. 139 Abs. 6; BFH v. 26. 4. 1979, BStBl II 732) geregelt. **Stille Reserven** werden **nicht aufgedeckt.** Der Übernehmer kann die **Buchwerte** des Rechtsvorgängers beibehalten. Die **Verbleibensvoraussetzungen** für Sonderabschreibungen (Rdnr. 405) werden nicht beeinträchtigt. Auch eine bestehende **Buchführungsverpflichtung** (Rdnr. 465 ff.) nach § 141 AO geht über. Voraussetzung für die unentgeltliche Übertragung eines Betriebes mit den o. a. steuerlichen Konsequenzen ist, daß die **wesentlichen Betriebsgrundlagen** in einem Übertragungsakt überführt werden (BFH v. 7. 8. 1979, BStBl 1980 II 181; v. 12. 4. 1989, BStBl II 653). Ist das nicht der Fall, so liegt für den Übertragenden **Betriebsaufgabe** nach § 16 Abs. 3 EStG vor (Rdnr. 3011 ff.).

101

Zu beachten ist, daß Schenkungen **Schenkungsteuern auslösen** können. **Umsatzsteuerlich** ist die Übernahme von Schulden als Entgelt anzusehen (Rdnr. 2345).

102

Die unentgeltliche Betriebsübernahme erleichtert der Folgegeneration die **kontinuierliche Fortsetzung** des Betriebes ohne Finanzierungsprobleme. Es kann aber überlegenswert sein, ob nicht eine **entgeltliche Übertragung** mit Aufdeckung der stillen Reserven unter Mitnahme der Tarifvergünstigung nach § 34 Abs. 2 Nr. 1 EStG und der Freibeträge nach § 16 Abs. 4 EStG **steuerlich attraktiver** ist. Der Rechtsnachfolger erhält dann über die höheren Anschaffungskosten **Abschreibungsreserven** zum normalen Steuertarif.

103

Das **Versorgungsbedürfnis** der abgebenden Generation kann durch die **vorgeschaltete Gesamtverpachtung** (Rdnr. 2997 ff.), unentgeltliche Übergabe mit zusätzlich zu vereinbarendem **Arbeits- oder Beratungsverhältnis** bzw. durch dauernde Lasten oder durch **Zurückbehaltung und Vermietung** des betrieblich genutzten Grundbesitzes realisiert werden.

104

c) **Kauf**

LEXinform
▶ BSt-BG-0015 ◀

aa) **Allgemeine Gesichtspunkte**

Kaufverträge regeln in der Regel Vermögensübertragungen im Wege der **Einzelrechtsnachfolge.** Die Abgrenzung zur **Gesamtrechtsnachfolge** hat

105

vor allem für die **Haftung** Bedeutung. Während der Gesamtrechtsnachfolger materiell- und verfahrensrechtlich in die Rechtsstellung des Vorgängers eintritt, kann der Einzelrechtsnachfolger nur bei Bürgschaft oder wegen gesetzlich geregelter Sondertatbestände haften (z. B. § 419 BGB, § 25 HGB, § 75 AO, § 2383 BGB, §§ 69–76 AO).

106 Ein **Kaufvertrag** ist grundsätzlich **formfrei**. Schriftform muß aber immer empfohlen werden. **Notarielle Beurkundung** ist nach § 313 BGB für Vereinbarungen mit der Übertragung von Grundstückseigentum vorgeschrieben.

107 Macht der **Verkäufer** eines Betriebes bei den Kaufverhandlungen **falsche Angaben** über den Betrieb betreffende wirtschaftlich bedeutsame Merkmale oder weist er auf solche Umstände nicht hin, so kann er daraus neben der **Rechts- und Mängelhaftung** haftbar gemacht werden (**culpa in contrahendo**). Diese Haftung hat beim Unternehmenskauf erhebliche Bedeutung. Schuldhaft unrichtige Angaben des Verkäufers und **unterlassene Aufklärung** über wertbildende Faktoren des Betriebes berechtigen den Käufer zur **Rückgängigmachung des Kaufes** oder **Minderung des Kaufpreises**. Es kann dazu von einer gefestigten und ständigen Rechtsprechung ausgegangen werden. Rechtsberatung ist unverzichtbar.

bb) Empfehlungen

108 Die **Vereinbarung von Übergangsphasen** hat sich in der Praxis bewährt. Sie kann darin bestehen, daß der **bisherige Betriebsinhaber** nach dem Verkauf z. B. noch drei Monate **im Betrieb bleibt**. Das verringert die Gefahr der **Abwanderung** von **Kunden und Facharbeitern**.

109 Ist eine **entgeltliche Einarbeitung** Vertragsbestandteil, gehört die Vergütung dafür steuerlich zur **begünstigten Geschäftsveräußerung** nach § 34 Abs. 2 EStG.

110 Es empfiehlt sich, einen **Teilbetrag** des vereinbarten Kaufpreises vertraglich erst **nach einer Übergangszeit fällig** zu stellen.

cc) Eintritt in bestehende Verträge

111 Beim Kauf hat der Käufer das **Personal zu übernehmen** (§ 613 a Abs. 4 Satz 2 BGB). Der **Erwerber** ist an die gesetzlichen **Kündigungsfristen gebunden**, nicht die Mitarbeiter (§ 613 a Abs. 4 Satz 2 BGB).

Ein Erwerber **tritt in** alle **bestehenden Verträge,** wie Leasing-, Miet- und **112**
Pachtverträge, **in vollem Umfang ein.** Sie sind daher bei den Kaufverhandlungen einer **gründlichen Überprüfung** zu unterziehen. **Schwachpunkte** müssen beim Aushandeln des Kaufpreises eingebracht werden.

dd) Haftung für den Rechtsvorgänger

Hinweis auf Rdnr. 3056 ff. **113**

ee) Kaufverträge aus steuerlicher Sicht

Der Käufer eines Betriebes hat nach Maßgabe des Kaufvertrages eine **114**
Eröffnungsbilanz aufzustellen, wenn er seinen Gewinn durch Bestandsvergleich (Rdnr. 420 ff.) ermittelt. **Anschaffungszeitpunkt** ist in der Regel nicht der vertraglich vereinbarte Übergang, sondern der Zeitpunkt, zu dem tatsächlich Eigenbesitz, Lasten und Nutzungen auf den Erwerber übergehen (BFH v. 28. 4. 1972, BStBl II 553; v. 7. 11. 1991, BStBl 1992 II 398; v. 23. 1. 1992, BStBl II 525).

Ein zwischen Käufer und Verkäufer **nicht spezifizierter Gesamtkaufpreis** **115**
muß für **Zwecke der Bilanzierung** den einzelnen Wirtschaftgütern **zugeordnet werden** (BFH v. 5. 8. 1970, BStBl II 804; v. 31. 1. 1973, BStBl II 391). Es gilt im Steuerrecht der **Grundsatz der Einzelbewertung.** Es muß möglich sein, das **Anlagenverzeichnis** sachgerecht zu führen und die **AfA** nach § 7 EStG bzw. § 6 Abs. 2 EStG zu **berechnen.** Was nicht bereits aus dem Vertrag hervorgeht, ist nach **Maßgabe der Teilwerte** im Schätzungswege festzulegen.

Steuerlich bedeutsam ist vor allem, welcher Kaufpreisanteil auf den nicht **116**
abschreibbaren **Grund und Boden,** die **kurzfristig abschreibbaren** Wirtschaftsgüter und die sofort abschreibbaren **geringwertigen Wirtschaftsgüter** entfällt. Sofortabschreibung ist auch für **gebrauchte geringwertige Wirtschaftsgüter** möglich (Rdnr. 1166 ff.).

Ein vereinbarter **Globalkaufpreis** programmiert Meinungsverschiedenheiten **117**
mit dem Finanzamt. **Käufer und Verkäufer sollten** wenigstens in einer Anlage zum Kaufvertrag die zum Erwerb gehörenden Wirtschaftsgüter **einzeln bewerten.** Grundsätzlich kann das Finanzamt eine von den Vertragspartnern **vorgegebene Aufteilung** auf ihre Ernsthaftigkeit **überprüfen** (BFH v. 28. 3. 1966, BStBl III 456; v. 13. 4. 1989, BFH/NV 1990, 34). Im Normalfall wird eine Festlegung **unter Fremden aber akzeptiert** (BFH

v. 31. 1. 1973, BStBl II 391). Eine Vereinbarung, wonach das Entgelt allein auf das Gebäude entfällt, ist steuerrechtlich unbeachtlich (BFH v. 26. 4. 1991, BFH/NV 1992, 373).

118 Gesamtkaufpreise für betriebliche Grundstücke sind **auf Grund und Boden und Gebäude** nach dem **Verhältnis der Teilwerte** aufzuteilen (BFH v. 21. 1. 1971, BStBl II 682). Die sog. **Restwertmethode** hat der BFH verworfen. Für die Ermittlung der Teilwerte zieht die Verwaltung die WertVO v. 15. 8. 1972 (BGBl I 1417) heran. Als Teilwert für den Grund und Boden werden in der Praxis die **Richtwerte der Gutachterausschüsse** nach § 196 Baugesetzbuch verwendet.

119 Ohne besondere Vereinbarung trägt der Käufer die **Kauf- bzw. Vertragsnebenkosten** (§ 448 BGB). Beratungs-, Beurkundungs-, Vertrags- und Auflassungskosten sind **anteilig** den erworbenen Wirtschaftsgütern **zuzurechnen,** als Anschaffungskosten zu aktivieren und, soweit sie den **Grund und Boden** betreffen, **nicht abschreibbar** (BFH v. 13. 10. 1983, BStBl 1984 II 101).

120 **Rückständige Kaufpreisanteile** sind nach § 452 BGB, wenn es im Vertrag nicht ausgeschlossen ist, zu **verzinsen.** Die Zinsen werden beim Erwerber als **Finanzierungskosten** (Rdnr. 211 ff.) Betriebsausgaben (BFH v. 13. 8. 1957, BStBl III 349).

121 Die Finanzverwaltung interessiert sich auch für den **Geschäftswert.** Zwar ist dieser für die Jahre nach dem 31. 12. 1986 durch Änderung des § 6 **Abs. 1 Nr. 2 EStG** nach einer gesetzlich festgelegten **Nutzungsdauer von 15 Jahren** abschreibbar, doch 15 Jahre sind ein langer Zeitraum. Geschäftswerte werden nach wie vor **gern verdeckt vereinbart** und den Anschaffungskosten sich kurzfristig verbrauchender Wirtschaftsgüter zugeschlagen.

122 Der **Mehrwert** eines erworbenen Unternehmens **über den Substanzwert** der **materiellen** und spezifizierbaren **immateriellen Wirtschafsgüter** abzüglich der Verbindlichkeiten ist als **Geschäfts- oder Firmenwert** zu aktivieren (BFH v. 7. 11. 1985, BStBl 1986 II 176).

123 Geschäfts- oder Firmenwerte sind **abnutzbare Wirtschaftsgüter** des Anlagevermögens. **AfA** dafür ist **nur linear mit** $1/15$ in gleichen Jahresbeträgen möglich, erstmals für Wirtschaftsjahre, die nach dem 31. 12. 1986 beginnen (BdF v. 20. 11. 1986, BStBl I 532; Abschn. 32 Abs. 1 EStR). Auch

für schon früher erworbene Geschäftswerte gilt als Beginn der betriebsgewöhnlichen Nutzungsdauer das erste nach dem 31. 12. 1986 beginnende Wirtschaftsjahr.

Nach der Rechtsprechung gilt die **Vermutung**, daß der **Teilwert** eines **Wirtschaftsgutes den Anschaffungskosten entspricht** (BFH v. 17. 1. 1978, BStBl II 335; v. 30. 11. 1988, BStBl 1990 II 117). Ein **niedrigerer Teilwert** darf angesetzt werden, wenn die **wirtschaftliche Entwicklung** des Betriebes seit der erstmaligen Aktivierung des Geschäftswertes zeigt, daß die **Rentabilität nachhaltig gesunken** ist (BFH v. 13. 4. 1983, BStBl II 667; 16. 11. 1977, BStBl 1978 II 103) oder der **Unternehmer nachweist**, daß von Anfang an eine **Fehlmaßnahme** vorlag (BFH v. 20. 5. 1988, BStBl 1989 II 269). 124

Bei Vereinbarung von zeitlich begrenzten **Wettbewerbsverboten** kann es erforderlich sein, das dafür vereinbarte Entgelt als **selbständiges Wirtschaftsgut** zu aktivieren. Gesonderte Aufwendungen für ein befristetes Wettbewerbsverbot gehören in der Regel nicht zum Geschäftswert (BFH v. 14. 2. 1973, BStBl II 580; v. 28. 10. 1958, BStBl 1959 II 242). 125

Ein **Wettbewerbsverbot** ist **Bestandteil des Geschäftswertes**, wenn es nach einem einheitlichen Vertrag im Gesamtkaufpreis unqualifizierbar enthalten ist (BFH v. 14. 12. 1967, BStBl 1968 II 277; v. 23. 7. 1965, BStBl III 612). 126

d) Pachtungen

LEXinform
▶ BSt-BG-0020 ◀

aa) Allgemeines

Neben Neugründungen und Kauf kommen für eine Übernahme von Betrieben **auch Pachtungen** in Frage. Auch in der **Generationenfolge** werden Betriebe von Eltern an die Kinder zunächst gern verpachtet. Das sichert den Eltern eine **angemessene Altersversorgung** und gilt als steuerlich **günstige Gestaltung** (vgl. Rdnr. 371 ff.) ohne Zwang zur Gewinnrealisierung. Der Abgeber erhält faktisch seine Versorgung zu Lasten des Betriebsgewinns des Übernehmers. 127

Für **Pachtverträge** gelten die durch **Vertragsfreiheit** gekennzeichneten zivilrechtlichen Vorschriften in §§ 535 ff. BGB. Ein Pachtvertrag für die Dauer von mehr als einem Jahr ist, wenn er ein **Grundstück** betrifft, **schriftlich abzufassen** (§§ 566, 581 Abs. 2 BGB). Er gilt als für unbestimmte Zeit geschlossen, falls die Schriftform nicht erfüllt ist. 128

129 Bei Pachtobjekten beschränkt sich der **Kreditbedarf** auf den Erwerb von Einrichtungen, Warenlager, Pächtereinbauten und evtl. erforderliche Umgestaltungen. Die **Rentierlichkeit** von Pachtobjekten hängt auch an der Höhe der vereinbarten Pacht. Sie ist daher hart auszuhandeln.

bb) Pachtkonditionen

130 Die **Bemessungsgrundlage** für den Pachtzins ist unmißverständlich festzulegen. Üblich sind Umsatz- oder Festpachten. Die **Pachtdauer** ist frei vereinbar. In der Praxis bietet sich auch die Vereinbarung von **Vorkaufsrechten** an. Es ist zweckmäßig, über solche Konditionen frühzeitig vertragliche Festlegungen zu treffen.

cc) Steuerliche Hinweise zu Pachtverhältnissen

131 Nach handelsrechtlichen Grundsätzen hat der Kaufmann in der Bilanz nur „seine" Vermögensgegenstände auszuweisen (BFH v. 12. 9. 1991, BStBl 1992 II 182). Dazu gehören auch die Wirtschaftsgüter, die **wirtschaftlich Bestandteil seines Vermögens** sind (BFH v. 3. 8. 1988, BStBl 1989 II 21). Ein Pächter kann für die gepachteten Wirtschaftsgüter **keine AfA nach § 7 EStG** vornehmen. Sie steht ihm nur zu für **selbst beschaffte Wirtschaftsgüter** bzw. Ersatzbeschaffungen, wenn er nach dem Pachtvertrag die **Gefahr der Verschlechterung** der gepachteten Gegenstände zu tragen hat. Zur **Substanzerhaltungsrückstellung** vgl. Rdnr. 143 ff.

132 AfA sind auch zulässig für Anlagegüter, die der Pächter in den Betrieb eingebaut hat und nach Ablauf der Pachtzeit entfernen oder unentgeltlich an den Pächter übertragen muß (Scheinbestandteile; Abschn. 42 Abs. 4 EStR). Zur AfA-Berechtigung bei unentgeltlichen sog. **Überlassungsverträgen** zur Vorbereitung der Nachfolge vgl. BFH v. 23. 1. 1992, BStBl 1993 II 327.

133 **Mieter- und Pächtereinbauten** vgl. Abschn. 42 Abs. 6 EStR und BMF v. 15. 1. 1976, BStBl I 66 sowie BFH v. 26. 2. 1975, BStBl II 443.

134 Die AfA richtet sich nach der **voraussichtlichen Vertragsdauer**. Diese ist nicht ohne weiteres mit der vereinbarten festen Laufzeit gleichzusetzen. Wenn nach den **tatsächlichen Verhältnissen** anzunehmen ist, daß die Dauer der Pacht die im Vertrag vorgesehene feste Laufzeit überschreiten wird, ist dies bei der Festsetzung der AfA unter Beachtung des § 7 Abs. 4 und 5 EStG zu berücksichtigen (**wirtschaftliche Vertragsdauer**).

Ersetzt nach den Vereinbarungen **der Verpächter** bei Beendigung der 135
Pachtzeit den **vorhandenen Wert**, so müssen die gesamten Aufwendungen
für Anlagegegenstände auf die **betriebsgewöhnliche Nutzungsdauer** verteilt werden. Vom Pächter auf eigene Kosten vorgenommene Ladenein-
bzw. -umbauten (Farben-, Handwerkerbedarfsgeschäft) sind auch bei ihm
als **selbständiges Wirtschaftsgut** (Abschn. 13 b Abs. 1 Nr. 3 EStR) nach
Maßgabe einer **Nutzungsdauer von 5 bis 10 Jahren** abschreibbar, wenn es
sich um Maßnahmen handelt, die einem schnellen Wandel des modischen
Geschmacks unterliegen.

Nicht selten beziehen sich die Pachtverträge auch auf eine **Pächterwoh-** 136
nung. Ein solcher Vertrag sollte die **Pachtzinsanteile** für Betrieb und
Wohnung **getrennt festlegen**. Die Verwaltung wird davon nur ausnahmsweise abweichen (BFH v. 28. 3. 1966, BStBl III 456; v. 13. 4. 1969, BFH/
NV 1990, 34).

Für die **Umsatzsteuer** darf der Verpächter nur für den unternehmerisch 137
genutzten Teil des Pachtobjekts USt ausweisen. Eine **Option nach § 9**
Abs. 1 UStG für die Steuerpflicht der Mietanteile für die **Unternehmer-**
wohnung ist nicht zulässig. Gleiches gilt, wenn mit Vorsteuerabzug angemietete **Räume für Arbeitnehmer** des Betriebes genutzt werden (BFH v.
13. 9. 1988, BStBl II 1021). Dennoch **ausgewiesene Vorsteuern** kann der
Unternehmer nach § 15 UStG nicht abziehen.

Grundsätzlich hat der Unternehmer ein Interesse am **Umsatzsteueraus-** 138
weis für Vorleistungen, da er sie vom Fiskus zurückerhält. Für **Pachtver-**
träge wird der **Vorsteuerabzug** bei Prüfungen **häufig beanstandet**. Ein Hinweis „einschl. Mehrwertsteuer" reicht für den Vorsteuerabzug nicht aus
(FG Bremen v. 29. 6. 1989, EFG 1990, 82). Ein Mietvertrag, in dem der
USt-Ausweis vereinbart wird, erfüllt die Voraussetzungen einer Rechnung i. S. von § 14 Abs. 3 UStG erst in Verbindung mit den Zahlungsbelegen (BFH v. 7. 7. 1988, BStBl II 913).

Nach § 8 Nr. 7 GewStG wird die Hälfte der Miet- und Pachtzinsen für die 139
Benutzung der nicht in Grundbesitz bestehenden Wirtschaftsgüter des
Anlagevermögens, die im Eigentum eines Dritten stehen, dem Gewinn
aus Gewerbebetrieb wieder zugerechnet, soweit sie bei der Gewinnermittlung abgesetzt worden sind. Die **Hinzurechnung** entfällt, wenn die
Pacht beim Verpächter zur GewSt herangezogen wird (§ 8 Nr. 7 Satz 2
GewStG). Da mit der Verpachtung eines Betriebes beim Verpächter die

GewSt-Pflicht erlischt (BFH v. 13. 11. 1963, BStBl 1964 III 124), ist die o. a. **Hinzurechnungspflicht beim Pächter** grundsätzlich gegeben.

140 Wurde im Vertrag keine Festlegung der Teilpachten vereinbart, sondern eine **Gesamt- oder Umsatzpacht** festgelegt, so stellt sich für die Hinzurechnung nach § 8 Nr. 7 GewStG die **Frage der Aufteilbarkeit**.

141 Für den auf einen **Geschäftswert** entfallenden **Pachtanteil** hat der BFH (Urteil v. 30. 3. 1976, BStBl II 463) die **Aufteilbarkeit einer Gesamtpacht** mangels klarer **Konkretisierbarkeit** verneint. Soweit die Pacht anteilig auf die Betriebseinrichtung entfällt, ist sie für den Pächter bei der Ermittlung des Gewerbeertrages hinzuzurechnen (BFH v. 20. 6. 1990, BStBl II 913). Der auf die **Nutzung des Inventars** entfallende **Anteil der Gesamtpacht** ist notfalls zu **schätzen**. Dies ermöglicht grundsätzlich auch eine **Wertfindung auf 0 DM**, wenn die Betriebseinrichtung technisch verbraucht, also wertlos ist, und der Pächter dafür kein Entgelt zu zahlen bereit gewesen wäre. Gleiche Grundsätze gelten nach § 12 Abs. 2 Nr. 2 GewStG für die Ermittlung des Gewerbekapitals.

142 Die dargestellte gewerbesteuerliche Rechtslage sollte Grund sein, im Pachtvertrag **keine Gesamtpacht zu vereinbaren**. Einer **vertraglich vorgegebenen Aufteilung** der Pacht auf Räume und Einrichtung wird das Finanzamt in der Regel folgen (BFH v. 31. 1. 1973, BStBl II 391; vgl. auch Rdnr. 117).

dd) Vorteilhafte Pachtverträge unter Angehörigen

Literatur: *Anders,* Betriebsverpachtungen zwischen Familienangehörigen – Pachterneuerungsrückstellung, Stbg. 1989, 435; *Fella,* Die Verpachtung von Gewerbebetrieben, NWB F. 3, 7021.

143 Es ist nicht unüblich, wenn Pächter vertraglich verpflichtet werden, dem Verpächter nach Ablauf der Pachtzeit die gepachteten Wirtschaftsgüter neuwertig zurückzugeben. Eine solche **Substanzerhaltungsverpflichtung** zwingt den Pächter zur Bildung einer **Pachterneuerungsrückstellung** (BFH v. 3. 12. 1992, BStBl 1993 II 89). Diese Möglichkeit verschafft ihm eine ertragsteuerlich wirksame Gewinnminderung.

144 Die Höhe der **Zuführung** bemißt sich nach der **Abnutzung der gepachteten Wirtschaftsgüter** bezogen auf die jeweiligen Wiederbeschaffungskosten. Bei späterer unentgeltlicher Übertragung des Pachtbetriebes z. B. vom Vater auf den Sohn könnte eine **erfolgsneutrale Auflösung** der Pachterneuerungsrückstellung als **Einlage** nach BFH v. 12. 4. 1989, BStBl II

612, zulässig sein. Grundsätzlich sind Rückstellungen gewinnerhöhend aufzulösen, wenn der Grund für die Beibehaltung weggefallen ist. Sie sind erfolgsneutral aufzulösen, wenn die **Auflösung auf außerbetrieblichen Gründen** beruht (Einlagen nach § 4 Abs. 4 Satz 1 EStG). Eine ernstgemeinte Substanzerhaltungsklausel ist für Pachtverträge zwischen Eltern und Kindern oder Eheleuten steuerlich zu empfehlen.

ee) Ehegattenpacht- bzw. -mietverträge

In der Praxis werden Betriebe nicht selten **auf dem Grundstück des Ehegatten** errichtet bzw. betrieben (Rdnr. 279) oder das betrieblich genutzte Grundstück gehört beiden zur **ideellen Hälfte**. Bei dieser Konstellation sollten Miet- und Pachtverträge **wie unter Fremden vereinbart** werden (Rdnr. 1054 f.). Von einer bei intakter Ehe üblichen **kosten- oder vertragslosen Überlassung** wird vor allem aus steuerlichen Gründen **abgeraten**. 145

Wenig sinnvoll wäre eine **Grundstücksübertragung** auf den unternehmerisch tätigen Ehegatten oder der Abschluß einer **Grundstücks-BGB-Gesellschaft** zwischen ihnen. Der dem Unternehmer gehörende **ideelle Anteil** des Grundstücks ist dann **notwendiges Betriebsvermögen**. Grundstücke sind aus dem **haftenden Vermögen** herauszuhalten. Ins Betriebsvermögen soll nur, was nach steuerlicher Rechtslage **unvermeidbar** ist (Rdnr. 390 ff.). 146

ff) Kautionen; rechtliche und steuerliche Aspekte

Miet- und Pachtverträge sehen **meist Kautionen** in Höhe von bis zu drei Monatsmieten oder -pachten vor. Der **Kautionsnehmer** ist verpflichtet, diese Kautionen von seinem **Vermögen getrennt** bei einer öffentlichen Sparkasse oder Bank zu für Spareinlagen mit gesetzlicher Kündigungsfrist **üblichem Zinssatz anzulegen**. Sie bleiben **Vermögen des Kautionsgebers**, für das insoweit lediglich eine Verfügungsbeschränkung besteht. 147

Die **Zinsen** stehen zivil- und steuerrechtlich dem **Kautionsgeber** zu. Er hat sie bei seinen Einkünfte zu erfassen und muß sie sich vom Kautionsnehmer dafür mitteilen lassen. 148

e) Beteiligungen

aa) Allgemeines

Zur Realisierung unternehmerischer Betätigungsabsicht kommt auch der Erwerb von **Anteilen an bestehenden Gesellschaften** oder ein **Eintritt in** 149 das Unternehmen eines Einzelkaufmannes in Frage. Mit dem Geschäftsanteil sind die damit verbundenen **Gewinnbezugsrechte** zum vereinbarten Stichtag zu übertragen. Grundsätzlich können beide Zeitpunkte auch auseinanderfallen. Solche Abweichungen werden von der Finanzverwaltung, wenn sie **Rückwirkungen** darstellen, steuerlich **nicht anerkannt.**

150 Nach § 15 Abs. 3 und 4 GmbHG sind die dingliche Abtretung von GmbH-Anteilen und das dazugehörende Verpflichtungsgeschäft **notariell zu beurkunden.** Weitere Formschriften können sich aus §§ 311 und 313 BGB ergeben. Sind am Geschäft **Minderjährige** beteiligt, die Vertragspartner **beschränkt geschäftsfähig** oder **unter Pflegschaft** gestellt, so können **vormundschaftliche Genehmigungen** notwendig sein. Im Vertrag sollten **Wettbewerbsbeschränkungen** und **Gewährleistungsklauseln** nicht fehlen.

151 Geschäftsanteile einer GmbH sind käuflich und vererblich (§ 15 Abs. 1 GmbHG). Eine Übertragung findet durch Abtretung statt.

152 Tritt jemand in das Unternehmen eines Einzelkaufmannes ein, so **entsteht eine OHG,** wenn **keine Haftungsbeschränkungen** vereinbart werden. Eine Haftungsbeschränkung bei einem Gesellschafter führt zur **Rechtsform einer KG.** Die durch den Beitritt in ein Einzelunternehmen **entstehende Gesellschaft haftet** für alle im Betrieb des Einzelunternehmens entstandenen Schulden auch dann, wenn die Firma nicht fortgeführt wird (Rdnr. 3056 ff.).

153 **Anteile an einer Personengesellschaft** sind nur **veräußerbar,** wenn dies der Gesellschaftsvertrag vorsieht. Ein Beitritt in eine bestehende Personengesellschaft kann über einen Gesellschaftsvertrag vereinbart werden.

bb) Steuerliche Hinweise

154 Die erworbenen **GmbH-Anteile** gehören meist zum **notwendigen Privatvermögen** (Hinweis auf § 17 EStG). Im Einzelfall kann die Beteiligung **notwendiges Betriebsvermögen** sein (Rdnr. 910). Beim **Erwerb aller GmbH-Anteile** entsteht für den Fall, daß der GmbH Grundbesitz gehört, **Grunderwerbsteuer** (§ 1 Abs. 3 und 4 GrEStG; Anteilsbereinigung).

155–165 *(Einstweilen frei)*

6. Finanzierung, Leasing, Miete, Kredit; steuerliche Aspekte

Literatur: *Dieterle/Winckler*, Gründungsfinanzierung, München 1991; *Herrling*, Der Kreditratgeber, München 1990.

a) Betriebswirtschaftliche Bedeutung der Unternehmensfinanzierung

LEXinform
▶ BSt-BG-0025 ◀

Zur Finanzierungsberatung in den neuen Bundesländern vgl. Rdnr. 98. Finanzierungsfragen sind **betriebswirtschaftlich** stets ein **zentrales unternehmerisches Problem**. Fragen der Mittelbeschaffung, Gesamtbelastung, Sicherheiten und der steuerlichen Optimierung charakterisieren die Qualität einer Finanzierung. Das gilt in besonderem Maße für die stark vom Auf und Ab der Konjunktur abhängigen Betriebe des Bau- und Baunebenhandwerks. Grundkenntnisse in Finanzierungsfragen sind wegen ihrer Bedeutung für Rentabilität, Liquidität und Steuern notwendiger Bestandteil der Unternehmensplanung. Das gilt für **Betriebsgründungen, Kauf oder Pachtung** ebenso wie für **Betriebserweiterungen** oder Investitionen. Auch in **umsatzschwachen Zeiten** müssen Finanzierungen tragbar sein. Viele **Insolvenzen** schon in der Gründungsphase wären durch eine solidere Finanzierung vermeidbar.

166

Eine ausschließliche **Finanzierung mit Eigenkapital** ist in der Branche selten. Sofern es vorhanden ist, sollte es aus steuerlichen Gründen primär für **notwendige private Beschaffungen** und erst sekundär für **betriebliche Investitionen** eingesetzt werden. Werden Eigenmittel für betriebliche und deshalb Fremdmittel für private Zwecke verwendet, so sind die Schuldzinsen **keine Betriebsausgaben** (BFH v. 21. 2. 1991, BStBl II 514; v. 7. 11. 1991, BStBl 1992 II 141). Schuldzinsen sind nur für betriebliche Investitionen abziehbar (§ 4 Abs. 4 EStG). **Zinsen für private Zwecke** müssen aus versteuertem Einkommen bezahlt werden. Sie sind steuerlich nicht abziehbar (§ 12 Nr. 2 EStG).

167

Vorgenannter Hinweis zeigt, es geht bei Finanzierungen nicht allein um **vorteilhafte Konditionen**, sondern auch um die geeignete, **steuerlich optimierte Finanzierungsform**. Der zu erwartende **Finanzierungsbedarf** für

168

- Gründungs-,
- Anlauf- und
- Umsatzphase

sollte überlegt und **mit Reserve** ermittelt sein. **Spätere Ausweitungen** führen meist zu **Komplikationen**.

169 **Finanzbedarf** besteht vor allem in der **Gründungs- und Anlaufphase.** Für sie müssen **alle Zahlungen** finanziert werden, da Einnahmen noch ganz fehlen. Auch für die **Umsatzphase** sind noch eine gewisse Zeit notwendige Zahlungen als **Kapitalbedarf** (Betriebsmittel) anzusehen, weil Einnahmen hinter den Ausgaben zurückbleiben.

170 **Gründung und Kauf** (Rdnr. 105 ff.) erfordern erheblichen Kapitalbedarf. Er ist am **geringsten bei Pachtungen.** Dabei entsteht er nur durch die käufliche **Übernahme der Warenbestände,** notwendige **Modernisierungen** oder **Veränderungen** der gepachteten Geschäftsräume.

171 **Zu finanzieren sind** die Investitionen, eventuelle **Abstandszahlungen, Kautionen** (Rdnr. 147 f.), Materialbeschaffungen, **Gebühren,** Kosten der **Werbung, Betriebseröffnungsaufwendungen** und eine **Betriebsmittelreserve** für ca. drei Monate. Werbung ist in heutiger Zeit gerade bei Neugründungen das wichtigste Mittel, Aufmerksamkeit zu erhalten.

172 Wegen in der **Anlaufphase** noch fehlender Gewinne sind bei Mangel an Eigenmitteln auch die **Unterhaltskosten der Familie** in der Finanzierung zu **berücksichtigen.** Es ist selbstverständlich, für diesen Zeitabschnitt die **privaten Bedürfnisse** auf das Notwendigste **zu reduzieren** und nicht unbedingt erforderliche Anschaffungen zurückzustellen oder auf **bescheidenerem Niveau** vorzunehmen (z. B. Pkw-Beschaffung). Unternehmens- und Finanzierungsberatungen (Rdnr. 85 ff.) sind unverzichtbar.

▷ Achtung:

Eigenmittel des **Startkapitals** müssen aus steuerlich sauberen **(versteuerten Quellen)** stammen. Die Finanzbehörden prüfen bei größeren Anschaffungen und zu Betriebsbeginn die **Herkunft der Finanzierungsmittel.**

173 Nicht selten wird auf Geldanlagen zurückgegriffen, deren Erträge in der Vergangenheit **nicht als Kapitaleinkünfte** erklärt worden sind bzw. deren Herkunft aus **nicht versteuerten Einkünften** stammt.

174 Der Hinweis gilt in gleicher Weise, wenn **Gelder von nahen Angehörigen** stammen. Sind steuerlich nicht saubere Mittel unverzichtbar, so muß der Berater seinem Mandanten die **Selbstanzeige** nahelegen, um die Gefahr **steuerstrafrechtlicher Konsequenzen** zu beseitigen, und zwar bevor der Betriebsprüfer erscheint (Rdnr. 3596 ff.).

b) Finanzierungsgrundsätze

Finanzierungsfragen müssen vor den Investitionen geklärt werden. Kreditinstitute sind vorsichtig geworden bei gewerblichen Unternehmen. Ohne angemessenes Eigenkapital und ausreichende Sicherheiten sind Schwierigkeiten programmiert (Rdnr. 184 ff.). 175

Kreditaufnahme ist in unserem Wirtschaftssystem ein **normaler geschäftlicher Vorgang.** Sie erhöht die **Rentabilität des Eigenkapitals,** wenn die Zinsen für den Kredit unter Einbeziehung der steuerlichen Effekte geringer sind, als der **zu erwartende Mehrertrag.** 176

Eine **geordnete Kreditfinanzierung** ist **wichtige Voraussetzung** für die Stabilität des Unternehmens. Das betriebliche Vermögen sollte durch **Fremdmittel gleicher Fristigkeit** gedeckt sein. Man halte sich an die bewährten **Finanzierungsregeln:** 177

- **Bauvorhaben,** Maschinen, Inventar sind durch Eigenmittel oder langfristig,
- maschinelle Einrichtungen mittelfristig,
- **Warenausstattungen,** Werbung, Betriebsmittelreserve und Unterhalt kurzfristig oder über Kontokorrentkredit zu finanzieren.

Umlaufvermögen ist so zu finanzieren, daß Lieferantenrechnungen **mit Skonto** beglichen werden können. **Lieferantenkredit** ist bei Verzicht auf Skontierung der **teuerste Kredit. Skontierung rechnet sich** selbst dann, wenn zum Bezahlen von Lieferanten der Kreditrahmen überzogen werden muß. 178

Als **kurzfristig** gelten Finanzierungen bis zu **einem Jahr,** als **mittelfristig** zwischen einem und vier Jahren und als **langfristig** solche **über vier Jahre.** Der Gesamtaufwand für einen Kredit mit hoher Tilgung ist niedriger, als der für ein langsam zu tilgendes Darlehen. Werden Investitionen auf Kredit finanziert, soll seine **Laufzeit** nicht länger als die **betriebsgewöhnliche Nutzungsdauer** der damit beschafften Wirtschaftsgüter sein. 179

Nicht eine **günstige Finanzierung** allein ist wichtig. Sie wird von Unternehmensberatern, Banken, Sparkassen und Lebensversicherungsgesellschaften in mannigfachen Facetten angeboten. Entscheidender ist die vorweg betriebswirtschaftlich zu entscheidende Frage, ob eine Betriebsgründung, -übernahme und Betriebsführung mit den dafür erforderlichen Kre- 180 diten tragbar, also möglich und sinnvoll ist. Die **Aufstellung eines Finanzierungsplanes**, in dem die verfügbaren Eigenmittel dem Geldbedarf einschließlich einer Betriebsmittelreserve gegenübergestellt werden, ist unverzichtbar.

181 Die als **Kapitaldienst** zu erbringenden Tilgungsverpflichtungen im geschäftlichen und privaten Bereich müssen aus dem **laufenden Geschäftsbetrieb aufzubringen** sein. Je höher der Kapitaldienst, um so geringer wird der Spielraum für andere Ausgaben. Eine **gute Liquiditätsplanung** sichert die jederzeitige Zahlungsfähigkeit. Gelder sollten so **lange wie möglich auf den eigenen Konten gehalten** werden. Vorübergehend nicht benötigtes Kapital ist möglichst ertragreich anzulegen. **Rentable Kurzanlagen** als **Termineinlagen** senken die Zinskosten. Unter diesem Aspekt ist ein nicht unbedingt notwendiger **Bargeldbestand** betriebswirtschaftlich unsinnig. Ein **Kassenbestand** darf nur so hoch sein, um unerwarteten Auszahlungen nachkommen zu können. Der Kassenbestand hat keinen ökonomische Nutzen!

182 Eine Finanzierung muß bei der heutigen **Steuerquote** auch unter steuerlichen Gesichtspunkten **optimiert** werden. Das Betriebsziel der **Kostenminimierung** beinhaltet immer zugleich die **Steuerminimierung** (Rdnr. 371 ff.). Hier ist die **Fachkompetenz** des **Steuer-** oder **Unternehmensberaters** gefragt, da eine richtige Empfehlung nur für den Einzelfall gegeben werden kann.

183 Alle **Bankkonditionen** einer freien Finanzierung sind **verhandelbar**. Ein **Vergleich mit anderen Instituten** ist der Weg zu Einsparungen. Es hilft bisweilen schon ein Wissen um niedrigere Zinsen der **Konkurrenzbanken**.

c) Kreditwürdigkeit und Sicherheiten

184 **Kapitalbedarf** wird durch **Eigen- oder Fremdkapital** gedeckt. Eigenkapital hat den Vorteil, **nicht verzinst und getilgt** werden zu müssen. Es beseitigt auch das **Problem der Sicherheiten**. Ohne **Barkapital** ist eine Firma meist nicht zu gründen oder zu übernehmen. Es sollte mindestens die zu erwartenden **Anlaufverluste** decken. An **Eigenkapitalschwäche** leidet nahezu unser gesamtes Wirtschaftssystem. Das gilt vornehmlich für die **Baubranche**. Auch **öffentliche Förderprogramme** (Rdnr. 90 ff.) verlangen meist einen Eigenkapitalanteil von 10 bis 20 v. H. des Gesamtfinanzierungsvolumens.

Bauhaupt- und Baunebengewerbe im allgemeinen 73

Kreditgeber geben nur Geld, wenn sie darauf vertrauen können, daß der 185
Kreditnehmer **Zinsen und Rückzahlungen leisten** kann. Daher gibt es **keinen Kredit ohne Sicherheiten**. Gute Sicherheiten bedeuten zinsgünstige Konditionen, schlechte Sicherheiten hohe Zinsen.

Aufzunehmende und zu sichernde Kredite sollten durch den **Pfandwert** 186
der anzuschaffenden Anlagen gedeckt sein. Ist das nicht der Fall, verlangen die Kreditgeber zusätzliche **dingliche Sicherheiten** oder **werthaltige Bürgschaften**. Der Pfandwert der Anlagen schwankt zwischen 0 und 80 v. H., liegt im Schnitt bei 50 v. H. des Anlagenwertes.

▷ **Grundsatz:**

So viele Sicherheiten wie nötig, aber so wenige wie möglich.

Fehlende Sicherheiten schränken die Finanzierungsmöglichkeiten ein. In 187
solcher Situation bleiben nur noch **Abtretungen von Rechten und Ansprüchen** aus:

- Lebensversicherungen,

- Bausparverträgen,

- die **Mithaftung des Ehegatten** und

- **Bürgschaften Dritter** (Eltern, Angehörige usw.), sowie Sicherheitsübereignungen der Investitionen.

Die vorgenannten Möglichkeiten bieten nur eine schmale, was **Bürgschaf-** 188
ten angeht, äußerst **riskante Kreditbasis**. Von Bürgschaften sollte nach Möglichkeit Abstand genommen werden. Allerdings ist den Banken die Bürgschaft eines sicheren Kunden lieber als eine Grundschuld auf einer Schuldnerimmobilie. Vor der **selbstschuldnerischen Bürgschaft** muß gewarnt werden. Sie verschafft der Bank jederzeitige **Zugriffsmöglichkeit**, sich für Rückzahlungen, Zinsen, Gebühren und Kosten zu befriedigen.

Kreditgenossenschaften (KGGen) können als **gemeinnützige Selbsthilfeein-** 189
richtungen der Wirtschaft zur Förderung des gewerblichen Mittelstandes für Sicherheiten einspringen. Sie übernehmen unter bestimmten Bedingungen **Ausfallbürgschaften** für

- Darlehen,

- Kontokorrentkredite,

- Leasingverträge usw.,

wenn **keine ausreichenden** Sicherheiten zur Verfügung stehen oder die Banken das **Risiko der Finanzierung** nicht übernehmen wollen. Allerdings entlassen auch sie nicht aus der persönlichen selbstschuldnerischen Bürgschaft.

190 Die **Verbürgung für Kredite** bei Existenzgründungen sind ein besonderes Anliegen der KGGen. Die Bandbreite der **geförderten Vorhaben** umfaßt den Erwerb von Beteiligungen, Geschäfts- und Betriebserweiterungen, Strukturmaßnahmen und den gesamten Betriebsmittelbereich. Die **Adresse** der im jeweiligen Bundesland zuständigen KGG ist **von der Hausbank** zu erfahren.

d) Kontokorrentkredit

191 Für die **üblichen Geschäftsdispositionen** ist ein **Kontokorrentkredit** als Betriebsmittelkredit besonders **zweckmäßig**. Er kann im Rahmen der Kreditlinie nach Bedarf **ausgeweitet und zurückgeführt** werden, ist also das **am vielseitigsten einsetzbare** kurzfristige Finanzierungsmittel. Nicht ausgenutzter Kreditrahmen ist die **billigste Liquiditätsreserve**. Zur steuerlichen Behandlung gemischter Kontokorrentkredite vgl. Rdnr. 224 ff.

▷ **Fazit:**

Vereinbaren Sie mit ihrer Bank ein **ausreichendes Kreditlimit**. Ein Überschreiten kostet Überziehungsprovision und ist teuer.

e) Mietkauf

LEXinform
▶ BSt-BG-0030 ◀

192 Vorsicht bei Mietkaufverträgen. Maschinen und Baugeräte werden dem Abnehmer nicht selten **zunächst mietweise** überlassen. Die Verträge räumen einen Kredit ein, bei dem die gezahlten **Mieten voll anrechenbar** sein sollen. Die Rechtsprechung behandelt Mietkaufverträge meist als **Kaufverträge** (BFH v. 5. 11. 1957, BStBl III 445; v. 25. 10. 1963, BStBl 1964 III 44; v. 18. 11. 1970, BStBl 1971 II 133; v. 12. 9. 1991, BStBl 1992 II 182). Das gilt nach **wirtschaftlicher Beurteilung**, wenn dem Mieter eine **Kaufoption** bereits zu einem **festgelegten Kaufpreis eingeräumt wird** und **die Mietzahlungen** bis zur Annahme des Kaufangebots dem Mieter in voller Höhe **angerechnet werden**.

f) Leasingverträge

LEXinform
▶ BSt-BG-0035 ◀

193 **Kreditbedarf** läßt sich begrenzen, wenn erforderliche Anlagen bzw. Gebäude nicht gekauft, sondern **gemietet, gepachtet oder geleast** werden.

Bauhaupt- und Baunebengewerbe im allgemeinen 75

Leasing bedeutet Nutzung von Gütern ohne selbst Eigentümer zu sein. **Leasing statt Kauf** kommt daher in Frage, wenn Kredite zur **Finanzierung** von Anlagen **nicht gesichert** werden können. Der Bedarf an Investitionsgütern bei gleichzeitiger Verknappung des Kapitals hat Leasing attraktiv gemacht. Von allen 1989 abgeschlossenen Leasingverträgen entfallen 33 v. H. auf Handwerk, Bauwirtschaft und Industrie. Die Liquiditätsreserven der Betriebe sind weiter rückläufig.

Leasing ist eine **Finanzierungsalternative**, die aus unserem Wirtschaftsleben nicht mehr wegzudenken ist. Durch Fortfall der Anschaffungskosten der zu nutzenden Wirtschaftsgüter wird Eigenkapital geschont bzw. Fremdkapital vermieden. Leasing bietet eine klare Kalkulationsbasis. Die **Leasingraten** liegen für die gesamte Vertragsdauer von vornherein fest. Der Betrieb wird in dieser Zeit auch nicht von **Schwankungen des Zinsgefüges** tangiert. Über den Leasingvertrag hinaus ist meist keine weitere Sicherheitsgestellung erforderlich, da das Leasingobjekt Eigentum des Leasinggebers bleibt. 194

„Eigentumslose" Nutzung von Wirtschaftsgütern über Leasing steht hoch im Kurs. Ca. **1 400 Leasingfirmen** bieten ihre Dienste an. Ein **hohes Zinsniveau** macht Leasing zusätzlich attraktiv. Kraftfahrzeuge, EDV-Anlagen, Maschinen, Büroausstattungen und Fotokopierer sind **beliebte Leasingobjekte**. Jedes zweite geleaste Objekt ist ein Auto. 195

Leasingverträge sind zivilrechtlich **atypische Mietverträge**. Sie werden meist für eine **feste Grundmietzeit** abgeschlossen. Nicht selten beinhalten sie eine Kauf- oder Verlängerungsoption und betreffen Immobilien und bewegliche Investitionsgüter. 196

Steuerlich werden Leasingverträge nach ihrem wirtschaftlichen Gehalt beurteilt. Bei sog. **Vollamortisationsverträgen** trägt der Leasingnehmer innerhalb der meist unkündbaren Grundmietzeit die gesamten Aufwendungen des Leasinggebers einschließlich Gewinnaufschlag. Beim **Teilamortisationsvertrag** ist der Aufwand des Leasinggebers nur zum Teil in der Grundmietzeit gedeckt. 197

Beim Angebot von Leasingverträgen wird zwischen **Netto- und Bruttoleasing** unterschieden. Dabei versteht sich Nettoleasing als ein **Finanzierungskonzept**, Bruttoleasing schließt auch Service ein. Fast alle am Markt befindlichen Modelle sind aus Sicherheitsgründen und zur Erleichterung der Refinanzierung so konzipiert, daß der **Leasinggeber** rechtlicher und 198 wirtschaftlicher **Eigentümer** ist. Von wirtschaftlichem **Eigentum des Leasingnehmers** ist schon auszugehen, wenn sich betriebsgewöhnliche **Nutzungsdauer und Grundmietzeit** eines Wirtschaftsgutes nahezu decken (Niedersächsisches FG v. 21. 3. 1991, EFG 1992, 167).

199 Leasing bedeutet Beschaffung von Investitionsgütern bzw. Anlagen und deren mittel- oder langfristige **Gebrauchsüberlassung** durch den Leasinggeber oder eine Leasinggesellschaft an den Leasingnehmer gegen **periodische Mietzahlungen**. Leasing ist grundsätzlich **nicht bilanzwirksam**. Das Leasingobjekt amortisiert in der Regel die Leasinggesellschaft. Für den Leasingnehmer ist Leasing **Investition ohne Kapitaleinsatz**.

200 Bei **Darlehensfinanzierung** werden die als Betriebsausgaben abziehbaren AfA und Zinsen mit Zeitablauf niedriger. Leasingraten sind meist in **gleichbleibender Höhe** abzieh- und kalkulierbar. Schwankungen im Zinsgefüge tangieren den Leasingnehmer nicht.

201 Da in **Anlaufjahren Verluste** nicht unwahrscheinlich sind, kann Leasing trotz höherer Gesamtbelastungen steuerlich günstiger sein. Leasingraten unterliegen nicht der **gewerbesteuerlichen Hinzurechnungspflicht** von Dauerschulden bzw. -zinsen (§ 8 Nr. 1 GewStG) wie bei konventioneller Finanzierung.

202 Bei Leasing sind die **Preise** der geleasten Wirtschaftsgüter **nicht verhandelbar**. Es entfallen auch die Möglichkeiten von Sonderabschreibungen bzw. degressiven Abschreibungen. Die ertragsteuerliche Behandlung von Leasingverträgen richtet sich nach den Weisungen des BdF v. 19. 4. 1971 (BStBl I 264). Für Mobilien und Immobilien gelten grundsätzlich die gleichen Zurechnungskriterien. Danach ist der Leasinggegenstand dem **Leasingnehmer** u. a. **zuzurechnen**, wenn nach Vertragsablauf das zivilrechtliche Eigentum daran ohne zusätzliches oder geringes Entgelt auf ihn übergeht.

203 Die unkündbar **vereinbarte Grundmietzeit** darf nicht kürzer als 40 v. H. und nicht länger als 90 v. H. der betriebsgewöhnlichen Nutzungsdauer des Wirtschaftsgutes sein. Die Beschaffungsaufwendungen sind bei Überschreiten der Grenzen steuerlich **Anschaffungskosten**. Das gilt vor allem für Spezialleasing- und für **Sale-and-lease-back-Verträge** (FG Düsseldorf v. 14. 2. 1982, EFG 1983, 190).

204 **Degressive Leasingraten** werden steuerlich nicht anerkannt (BFH v. 12. 8. 1982, BStBl II 696). Die dabei während der Grundmietzeit geschuldeten vertraglichen Jahresmieten sind auf die Grundmietzeit in jährlich gleich-

Bauhaupt- und Baunebengewerbe im allgemeinen 77

bleibenden Beträgen zu verteilen. Was in den ersten Jahren über die jährlich abziehbaren Beträge hinaus geht, ist zu aktivieren (OFD Hannover, ESt-Kartei, § 6 EStG K. 8.6). Bei Leasingverträgen werden oft **einmalige Sonderzahlungen** vereinbart. Das betrifft vor allem das Pkw-Leasing.

Beispiel:

Monatliche Leasingrate 345 DM
Einmalige Sonderzahlung 9 900 DM
Es können 45 000 km in 36 Monaten gefahren werden.

Solche Sonderzahlungen sind **keine Mietvorauszahlungen**, da weder ihre Verrechnung mit laufenden Mieten noch eine spätere Rückzahlung erfolgt. Der Leasingvertrag erfüllt die Erfordernisse eines **immateriellen Wirtschaftsgutes**. Sonderzahlungen sind daher als seine **Anschaffungskosten zu aktivieren** und auf die Vertragsdauer verteilt abzuschreiben (vgl. BFH v. 12. 8. 1982, BStBl II 696). Anderer Ansicht ist Neufang (StBp 1993, 160). 205

g) Bankfinanzierung oder Leasing

Leasing ist neben der klassischen Darlehensfinanzierung betriebswirtschaftlich und steuerlich **durchaus konkurrenzfähig**. Durch Wegfall der Anschaffungskosten wird das **Eigenkapital des Betriebes geschont**. 206

Modellrechnungen zeigen, daß „leasen" **günstiger sein kann** als kaufen. Das „Leasen" von Baucontainern, Krananlagen und Gerüsten ist in der Branche bereits etabliert. Die unter hartem Wettbewerb stehenden Leasingfirmen lassen **über die Konditionen mit sich reden**. 207

Die **konventionelle Finanzierung** ist sicherlich oft betriebswirtschaftlich und steuerlich vorzuziehen. Die Entscheidung zwischen fremdfinanziertem Kauf und Finanzierungsleasing läßt sich nicht allgemeingültig fällen. Sie wird aber durch zwei **steuerliche Effekte** des Leasing bestimmt. 208

Leasing hat bei der **Gewerbesteuer** den Vorteil, daß eine Hinzurechnung Dauerschulden bzw. -zinsen entfällt. **Zugunsten des Kreditkaufs** wirkt sich andererseits aus, daß im Gegensatz zu den stets **gleich hohen Leasingraten** die Kreditzinsen und Abschreibungen degressiv abfallen. Dieser sog. **Aufwandsstruktureffekt** wirkt für den Kreditkauf verbilligend. **Aufwandsvorverlagerung** durch Zinsen, AfA und möglicherweise Sonder-AfA löst bei entsprechender Ertragskonstellation **zinslosen Steuerkredit** aus. Der eigentümerspezifische Aufwandseffekt begünstigte z. B. in den Jahren 209

1991 und 1992 (auch ab 1. 1. 1995) wegen der **Solidaritätsabgabe** den Kreditkauf. Im Einzelfall muß die vorteilhaftere Finanzierung vom Fachmann rechnerisch ermittelt werden.

h) Steuerliche Behandlung von Investitionszuschüssen   LEXinform
▶ BSt-BG-0040 ◀

210   Für Investitionszuschüsse im Zusammenhang mit der Beschaffung von Anlagegütern hat der Unternehmer ein Wahlrecht (Abschn. 34 Abs. 3 EStR; BFH v. 22. 1. 1992, BStBl II 488). Er kann sie als **Betriebseinnahmen** versteuern oder **erfolgsneutral** buchen. Bei der letzten Möglichkeit werden die in Zukunft nach § 7 EStG abschreibbaren Anschaffungs- und Herstellungskosten um die Zuschüsse gemindert.

i) Steuerliche Gesichtspunkte bei Finanzierungen

aa) Finanzierungskosten   LEXinform
▶ BSt-BG-0045 ◀

211   Finanzierungskosten sind alle **einmaligen Aufwendungen der Geldbeschaffung** (Damnum, Provisionen, Gebühren, Bereitstellungskosten, Wertschätzungsgebühren, Abschluß-, Zuteilungs-, Sicherungskosten usw.), um **Wirtschaftsgüter erwerben** oder herstellen zu können. Dazu gehören auch die **laufenden Nutzungsentgelte** des Fremdkapitals (Zinsen, Wechseldiskont, -spesen usw.).

212   Finanzierungskosten sind **entsprechend ihrer Verursachung Betriebsausgaben** (§ 4 Abs. 4 EStG), **Werbungskosten** (§ 9 EStG) oder nach § 12 EStG **nicht abziehbare Privataufwendungen**. Für Schulden gibt es nicht die Möglichkeit gewillkürten Betriebsvermögens (BdF v. 27. 3. 1987, BStBl I 508). Finanzierungskosten sind Betriebsausgaben, wenn der **Anlaß ihrer Entstehung** objektiv betrieblich ist. Das den Geldbedarf **auslösende Ereignis** muß im betrieblichen Bereich liegen (BFH v. 10. 5. 1972, BStBl II 620; v. 5. 6. 1985, BStBl II 619; v. 17. 4. 1985, BStBl II 510). Sie teilen das Schicksal der unter ihrer Zuhilfenahme angeschafften/hergestellten Wirtschaftsgüter.

213   Finanzierungskosten sind weder **Teil des Kaufpreises** des mit Fremdgeld beschafften Wirtschaftsgutes (BFH v. 24. 5. 1968, BStBl II 574) noch Herstellungskosten. Bei **Ratenzahlung** oder **Wechselfinanzierung** ist der Betrag **Kaufpreisschuld,** der dem vereinbarten **Kaufpreis** entspricht. **Betriebliche Finanzierungskosten** sind grundsätzlich laufender Aufwand des Entstehungsjahres (BFH v. 19. 1. 1978, BStBl II 262). Das gilt auch für Wechseldiskont und -spesen.

Bauhaupt- und Baunebengewerbe im allgemeinen 79

Vorausgezahlte Finanzierungskosten sind bei buchführenden Unternehmen als **aktive Rechnungsabgrenzung** (§ 5 Abs. 5 Nr. 1 EStG) zu aktivieren. Einmalige Finanzierungsausgaben (Verwaltungsgebühr, Abschlußkosten, Damnum) müssen über die Laufzeit des Kredites aktiv abgegrenzt werden (BFH v. 19. 1. 1978, BStBl II 262). 214

Wechseldiskont und -spesen für den Zeitraum zwischen Bilanzstichtag und Fälligkeit sind aktiv in der Bilanz abzugrenzen (BFH v. 31. 7. 1967, BStBl 1968 II 7). 215

Wird ein über einen **einheitlichen Kaufvertrag** erworbenes gemischtgenutztes Grundstück (teils Wohnzwecken, teils gewerblichen Zwecken dienend) **aus Eigen- und Fremdmitteln** finanziert, so hat der Unternehmer **keine Entscheidungsfreiheit** in der Frage der Vermögenszuordnung der Fremdfinanzierung. 216

Die Zinsen sind nur **nach Maßgabe des Nutzungsverhältnisses** des Gebäudes anteilig als Betriebsausgaben abziehbar (BFH v. 7. 11. 1991, BStBl 1992 II 141). Auch für die Rückzahlung gilt der **Grundsatz der anteiligen Tilgung** nach den Verhältnissen der abgelösten Verbindlichkeit (BFH v. 4. 7. 1990, BStBl II 817). Die vom BFH eröffnete vorrangige Tilgung privater Schuldteile gilt nur für **gemischte Kontokorrentkonten** mit ständig wechselnden Salden. 217

bb) Finanzierungen in Kombination mit Lebensversicherungen

LEXinform
▶ BSt-BG-0050 ◀

Literatur: *Meyer-Scharenberg/Fleischmann,* Neue gesetzliche Rahmenbedingungen für den Einsatz von Lebensversicherungen bei Finanzierungen, DStR 1991, 309; *Meyer-Scharenberg,* Überarbeiteter Erlaß des Bundesfinanzministeriums zum Einsatz von Lebensversicherungen zur Finanzierung, DStR 1993, 825.

Unternehmen setzen bei Finanzierungen häufig Kombinationen mit **Kapitallebensversicherungen** ein. Das bisher **beliebte Modell** bietet über die zu vereinbarende Zinsbindung eine **kalkulierbare Belastung**. Die **Finanzierungskombination** von zunächst **nicht zu tilgenden Darlehen** mit Kapitallebensversicherungen (Zinsaufblähungsmodell) hatte erhebliche **steuerliche Vorteile**. 218

Die Schulden bleiben über die gesamte Vertragslaufzeit bestehen. Dafür anfallende **Finanzierungskosten** sind, soweit sie betrieblich veranlaßt sind, in der Regel **voll abziehbar**. Das spart ESt und GewSt. Andererseits werden die **Tilgungsbeträge** für das Darlehen über die Kapitallebensversiche- 219 rung **steuerfrei angespart**. Als Nachteil entstehen für eine Anzahl von Jahren zusätzlich **abfließende Mittel**. Der Kredit wird bis zur **Fälligkeit der Versicherung** voll verzinst. Daneben fallen die monatlichen Lebensversicherungsprämien an. Sie sind um so höher, je älter der Unternehmer ist. Aus dem Erlös der später fällig werdenden Lebensversicherung werden die aufgenommenen Darlehen **in einer Summe** getilgt.

220 Vor allem **Banken** propagieren Koppelungen von Existenzgründungsfinanzierungen mit neu abzuschließenden **Kapitallebensversicherungen**. Für das Bankinstitut liegen die Vorteile in der **Sicherheit**, der zusätzlichen **Abschlußprovision** (ca. 3,5 v. H. der Versicherungssumme) und der **engeren Kundenbindung**.

221 Der Gesetzgeber hat die **Rahmenbindungen** für das vorgenannte Finanzierungsmodell im **Steueränderungsgesetz 1992** deutlich verschlechtert. Bei Lebensversicherungen, deren Ansprüche nach dem 13. 2. 1992 zur Tilgung oder Sicherung des Kredits im **Rahmen einer Einkunftserzielung** eingesetzt werden, sind die Beiträge **nicht mehr als Sonderausgaben** abziehbar (§ 10 Abs. 2 i. V. mit § 52 Abs. 13 a EStG) und die **Zinserträge** daraus **künftig steuerpflichtig**.

222 Die **Steuervergünstigungen bleiben** nur noch in den folgenden Fällen erhalten:

- Das Darlehen wird zur Finanzierung einer **selbst genutzten Wohnung** eingesetzt.

- Das Darlehen dient unmittelbar und ausschließlich der Finanzierung von Anschaffungs- oder Herstellungskosten eines zum **Anlagevermögen** gehörenden Wirtschaftsguts. Die zur Tilgung oder Sicherung verwandten Mittel aus Versicherungsverträgen dürfen die mit dem Darlehen finanzierten **Anschaffungs- oder Herstellungskosten nicht übersteigen**.

- Mit dem Darlehen werden die Anschaffungs- oder Herstellungskosten eines **Mietwohngrundstücks** finanziert.

- Bei dem Versicherungsvertrag handelt es sich um eine **Direktversicherung**.

223 Werden die mit der Kapitallebensversicherung in Zusammenhang stehenden Darlehen zur **Ablösung** von **betrieblichen Verbindlichkeiten** eingesetzt, führt dies für die gesamte Vertragsdauer zur **Versagung des Sonderausgabenabzugs** und zur **Steuerpflicht der Versicherungserträge**. In der Besteue-

rungspraxis ergeben sich aus dieser neuen Rechtslage eine erhebliche Anzahl von **Zweifelsfragen** (vgl. BMF v. 21. 12. 1992, BStBl 1993 I 10; vgl. auch BMF vgl. 19. 5. 1993, BStBl I 406). Die Zuziehung des Steuerberaters bei Wahl der vorgenannten Finanzierungsart muß unbedingt angeraten werden.

cc) Schulden und Zinsen bei Bestandsvergleich (§ 4 Abs. 1 bzw. § 5 EStG)

LEXinform
▶ BSt-BG-0055 ◀

Literatur: *G. Söffing*, Schuldzinsen bei einem gemischten Kontokorrentkonto mit Debetsaldo, DStR 1991, 665; *Wacker*, Zur steuerlichen Behandlung von Bankkontokorrentschulden, BB 1991, 248.

Verwaltungsanweisungen: BMF v. 10. 11. 1993, Schuldzinsen für Kontokorrentkredite als Betriebsausgaben oder Werbungskosten, IV B 2 S 2144 94/93.

Darlehen und Kredite sind **Betriebsvermögen**, wenn ihre wirtschaftliche Entstehung auf einem **betrieblichen Vorgang beruht** (BFH v. 10. 5. 1972, BStBl II 620; v. 17. 4. 1985, BStBl II 510; v. 5. 6. 1985, BStBl II 619). Das ist zweifelsfrei, soweit die Kredite zur Anschaffung oder Herstellung betrieblicher Wirtschaftsgüter oder, um **dem Betrieb Mittel zuzuführen,** aufgenommen werden. **Gewillkürtes Betriebsvermögen** gibt es bei Schulden nicht (BFH v. 5. 10. 1973, BStBl 1974 II 88). Die **Absicherung** im betrieblichen Bereich ist für die steuerliche Vermögenszuordnung **unbeachtlich.** Zinsen sind als Betriebsausgaben abziehbar, soweit sie betrieblich veranlaßt (§ 4 Abs. 4 EStG) sind (Rdnr. 211 ff.). 224

Ein wichtiges praktisches Problem stellt die steuerliche Behandlung von auch durch **private Verfügungen** überzogenen Kontokorrentkonten **(gemischte Kontokorrentkonten)** dar. In der **Anlaufzeit** und in **Phasen geringer Erträge** müssen auch Lebensunterhalt und sonstige private Bedürfnisse über Kredit finanziert werden. Das geschieht meist durch **Überziehung** des betrieblichen Kontokorrentkontos. 225

Der Große Senat des BFH hat mit Beschluß v. 4. 7. 1990 (BStBl II 817) die steuerliche Behandlung von Zinsen und Debetsalden **grundsätzlich geregelt.** Eine bis dahin **unterschiedliche steuerliche Behandlung** bei Betriebsvermögensvergleich (§ 4 Abs. 1 oder § 5 EStG) und betrieblicher (§ 4 Abs. 3 EStG) und nicht betrieblicher Überschußrechnung wurde dadurch **beseitigt.** Da die o. a. Rechtsprechung teilweise von der bisherigen Besteuerungspraxis abweicht, brauchen die Grundsätze des BFH-Beschlusses v. 4. 7. 1990 (a. a. O.) erst ab 1. 1. 1991 zugrunde gelegt werden (OFD Hannover, ESt-Kartei, § 4 EStG 2.8). Die vorgenannte Recht- 226 sprechung kann bei Steuerpflichtigen mit Gewinnermittlung durch Bestandsvergleich gegenüber der früheren Handhabung zu ungünstigeren Ergebnissen führen.

227 Die Rechtsprechung verlangt für alle **Gewinnermittlungsarten** und die **Überschußeinkünfte** eine Aufteilung der Zinsen für gemischte Kontokorrentkonten **nach ihrer Verursachung** in abziehbare und nicht abziehbare. Sie sind als Betriebsausgaben oder Werbungskosten nur **gemäß Veranlassung** (§ 4 Abs. 4 EStG) abziehbar. Dazu ist die Sollseite des Kontokorrentkontos in ein **betrieblich veranlaßtes** (für alle betrieblichen Sollbuchungen) und ein **privat veranlaßtes Unterkonto** (für alle privaten Sollbuchungen) zu zergliedern. Habenbuchungen bzw. Guthabensalden sollen dabei nach dem Rechtsgedanken des § 336 Abs. 1 BGB vorrangig als **Tilgung des privaten Unterkontos** angesehen werden (BMF v. 27. 7. 1987, BStBl I 508; BFH v. 11. 12. 1990, BStBl 1991 II 390).

228 Die Zinsen sind dann nach Maßgabe einer für die Unterkonten erstellten **Zinsstaffelrechnung** aufzuteilen.

Beispiel:

Die rechnerisch ermittelten Unterkonten belaufen sich zum 10. 5. auf ⅄ 21 000 DM (betrieblich) und ⅄ 37 000 DM (privat). Es ergeben sich die folgenden Geldbewegungen:

Am 16. 5.: 9 000 DM Betriebsausgaben, 12 000 DM Betriebseinnahmen.

Am 17. 5.: 15 000 DM Privateinlage, 18 000 DM Betriebseinnahme, 9 500 DM Betriebsausgaben.

Die Rechtsprechung läßt die **folgende Unterkontenverrechnung** der vorgenannten Geschäftsvorfälle zu:

	Betriebliches Unterkonto	Privates Unterkonto
Kontenstand 10. 5.	− 21 000 DM	− 37 000 DM
Geschäftsvorfälle 16. 5:		
Betriebsausgabe	− 9 000 DM	
Betriebseinnahme		12 000 DM
Geschäftsvorfälle 17. 5.:		
Einlage		15 000 DM
Betriebseinnahme		18 000 DM
Betriebsausgabe	− 9 500 DM	
Unterkontenstände	− 39 000 DM	+ 8 000 DM

Bauhaupt- und Baunebengewerbe im allgemeinen 83

Die vorgenannten Unterkonten und **Zinsstaffelrechnungen** sind **vom Steuerpflichtigen zu erstellen.** Die Finanzverwaltung ist dazu nachträglich nur verpflichtet, wenn dies **ohne erheblichen Zeitaufwand** möglich wäre. In der Regel wird dies nicht der Fall sein. Daher kann von einer **Schätzungsberechtigung** der Behörde ausgegangen werden. Aus Gründen der Praktikabilität wird dies auf eine für den Steuerpflichtigen ungünstigere Aufteilung der Zinsen im Verhältnis der Summe der privaten zu den betrieblichen Sollbuchungen hinauslaufen. 229

Für eine **Vermeidung steuerlicher Nachteile** gibt der BFH selbst das Rezept. Der Unternehmer soll ein **zweites Kontokorrentkonto** (Rdnr. 238 ff.) für die privaten Verfügungen einrichten. Die zur Vermeidung einer Überziehung erforderlichen liquiden Barmittel können ohne steuerliche Konsequenzen dem Betrieb in Form von **Barmittelentnahmen** entzogen werden. Eine solche Entnahme kann **aus der Kasse** oder aus **betrieblichem Guthaben** vorgenommen werden. Durch die Entnahme darf **kein Sollsaldo** auf dem betrieblichen Kontokorrentkonto entstehen oder sich erhöhen (BFH v. 5. 3. 1991, BStBl II 516). Diese Realisierung des vollen Zinsabzugs entspricht dem Ausweichverhalten des Überschußrechners über das **Zwei-Konten-Modell** (Rdnr. 238 ff.). 230

Werden **Eigenmittel** für betriebliche Zwecke und deshalb **Fremdmittel für private Zwecke** verwendet, so sind die dadurch entstandenen Schuldzinsen **nicht abziehbar** (BFH v. 21. 2. 1991, BStBl II 514). Wird ein Kredit privat bedingt aufgenommen, so werden die Schuldzinsen nicht dadurch zur Betriebsausgabe, daß die Darlehensmittel **zunächst** dem **betrieblichen Konto zugeführt** und erst danach privat verwendet werden (BFH v. 21. 2. 1991, a. a O.) 231

Eine nach Verursachung zum Privatvermögen gehörende Verbindlichkeit kann durch **Umschuldung** zur **Betriebsschuld werden** (BFH v. 17. 4. 1985, BStBl II 510). Die Umschuldungsrechtsprechung beruht auf dem Prinzip, daß ein Steuerpflichtiger **jederzeit liquide betriebliche Mittel** für private Zwecke entnehmen kann. Voraussetzungen und Verfahren für eine steuerlich anzuerkennende Umschuldung hat der BdF mit Schreiben v. 27. 7. 1987 (BStBl I 508) dargestellt. 232

dd) Schulden und Zinsen bei Überschußrechnung

LEXinform
▶ BSt-BG-0060 ◀

Die Gewinnermittlung nach § 4 Abs. 3 EStG **ignoriert die Bestände.** Daher zählen auch **Geldkonten,** wie Kasse, Bank- und Postscheckkonten 233 in der Regel zum **notwendigen Privatvermögen** (BFH v. 15. 1. 1962, BStBl III 366).

234 Die Frage der **Abziehbarkeit von Zinsen** als Betriebsausgaben wird allein nach **Veranlassungsprinzip** des § 4 Abs. 4 EStG entschieden. Dieser Rechtsstandpunkt wurde durch den BFH-Beschluß vom 4. 7. 1990 (a. a. O.) für den Überschußrechner bestätigt. Zinsen sind danach als Betriebsausgaben abziehbar, wenn sie durch einen **betrieblichen Vorgang** ausgelöst werden. Die Finanzverwaltung untersucht alle **Zahlungsvorgänge** auf ihre **private oder betriebliche Veranlassung**, um über die Abziehbarkeit der Zinsen zu entscheiden (BFH v. 23. 6. 1983, BStBl II 723).

235 Für **überzogene Girokonten**, über die private und auch betriebliche Geldbewegungen abgewickelt werden, **verneint die Behörde** die Abziehbarkeit der auf privaten Abhebungen entfallenden Zinsen. Abziehbare Zinsanteile sollen durch **Zinsstaffelrechnung** errechnet werden, um eine Schätzung des Fiskus zu vermeiden.

236 Eine **Vermeidung von Zinskürzungen** ermöglicht das „Zwei-Konten-Modell" (vgl. Rdnr. 238 ff.). Der BFH-Beschluß vom 4. 7. 1990, a. a. O., hat diese Möglichkeit als **zulässig** bestätigt. Soweit im betrieblichen Bereich **gekappte Zinsanteile** andere Einkunftsarten betreffen, sind sie bei diesen als **Werbungskosten** abziehbar.

237 **Betriebswirtschaftlich** ist das „Zwei-Konten-Modell" nur vertretbar, wenn es nicht insgesamt zu einer **Kostenerhöhung** führt.

ee) Das „Zwei-Konten-Modell"

LEXinform
▶ BSt-BG-0065 ◀

238 Bei richtiger Gestaltung lassen sich **notwendige Zinskürzungen** für private Verfügungen bei Gewinnermittlung durch Überschußrechnung durch das sog. „Zwei-Konten-Modell" **vermeiden**. Dabei sind **Betriebseinnahmen** einem **positiv zu haltenden** Kontokorrentkonto (Konto 1) zuzuführen. Dieses Konto wird regelmäßig mit den Geldabflüssen für **private Lebenshaltung** belastet. Über das **Konto 2** werden die **Betriebsausgaben** gebucht. Der dadurch entstehende **negative Saldo** steigt an und wird sich stets **stärker im Minusbereich** bewegen. Schuldzinsen vom „Betriebsausgabenkonto" sind voll abziehbar, weil sie nur durch **betriebliche Verfügungen** entstanden sind.

Nicht für Entnahmen benötigte **Guthaben vom Konto 1** sollten regelmäßig auf **Konto 2 umgebucht** werden. Das Abzugsverbot nach § 12 Nr. 1 EStG greift nicht ein. Verwaltung und Rechtsprechung tolerieren die „Zwei-Konten-Taktik" (siehe auch BFH-Beschluß v. 4. 7. 1990, a. a. O., Teil C Abschn. II Nr. 5 i). 239

Die strenge Durchführung bereitet in der Praxis **Schwierigkeiten**. Nicht immer ist das Verfahren betriebswirtschaftlich sinnvoll. Das Bestreben, auf die vorgenannte Art Steuern zu sparen, geht einher mit **höheren Kosten**, weil regelmäßige Guthabenumbuchungen auf Konto 2 unterbleiben. 240

▷ Achtung:

Es freut die Bank, wenn dem „Betriebsausgabenkonto" nicht regelmäßig Mittel zugeführt werden.

(Einstweilen frei) 241–255

7. Unternehmensformen; Rechtsformwahl

a) Bedeutung der Rechtsform

LEXinform
▶ BSt-BG-0070 ◀

Die Besteuerung **knüpft an die Rechtsform** des Unternehmens an (FG des Saarlandes v. 13. 7. 1990 rkr., EFG 1991, 22). Die **Rechtsformwahl** ist daher eine wichtige **unternehmerische Entscheidung**, die sich nicht nur bei Gründung eines Betriebes stellt. Folgende **Gesichtspunkte** sind gegeneinander abzuwägen: 256

- Familiäre Gegebenheiten,
- Haftungsfragen,
- Besteuerungsvor- und -nachteile,
- Finanzierungsmöglichkeiten,
- Gründungskosten,
- Rechtsnachfolge,
- Publizitätspflichten,
- Geschäftsführung,
- Auseinandersetzungsmöglichkeiten,
- Kapitalbeschaffung, Personalsituation usw.

257 Die **Wahl der Rechtsform** muß unter Berücksichtigung der **tatsächlichen, wirtschaftlichen** und **rechtlichen Gegebenheiten** erfolgen. Nicht unwichtig ist die Optimierung der steuerlichen Belastung. Kann das Ziel gewerblicher Betätigung von einer Person nicht realisiert werden, müssen sich mehrere zu **Personen- oder Kapitalgesellschaften** zusammenschließen.

258 Zur Vermeidung ungünstiger Steuerprogression kann es ratsam sein, Familienpersonengesellschaften zu gründen. Auch **Erbschaftsteuer-Minimierung** von langer Hand läßt sich so erreichen.

259 **Jede Rechtsform hat Vor- und Nachteile.** Die Wahl der steuerlich günstigsten ist **kein Mißbrauch** von Formen und Gestaltungsmöglichkeiten des bürgerlichen Rechts (BFH v. 22. 8. 1951, BStBl III 181). Jeder kann seine steuerlichen Verhältnisse so günstig wie möglich einrichten. Aussagen darüber lassen sich **nicht in Formeln** fassen. Für den Einzelfall verläßliche **Belastungsvergleiche** sind nicht möglich. Es folgen daher nur allgemeine **Aussagen** zu Besonderheiten sowie Vor- und Nachteilen. Keinem Kriterium sollte allein entscheidende Bedeutung zukommen. Unser kompliziertes Steuerrecht verlangt eine Gestaltung nach den günstigsten steuerrechtlichen **Gegebenheiten**. Es gilt, seine „**Steuern zu steuern**"!

b) Einzelunternehmen

aa) Merkmale

260 Das **Einzelunternehmen** ist im Bau- und Baunebengewerbe traditionell die **gebräuchlichste Rechtsform**. Der Handwerker ist dabei **Rechtssubjekt in seiner Person**. Er führt sein Unternehmen auf eigene **Rechnung und Gefahr** und trägt das **Risiko des Kapitalverlustes**. Für betriebliche Schulden **haftet** er mit seinem gesamten, auch privaten Vermögen. Soweit der Markt **Versicherungsmöglichkeiten** bietet, sollten sie zur Abdeckung der Risiken genutzt werden.

bb) Steuerliche Behandlung

261 Die **Einkommen- und Gewerbesteuer** besteuert die erwirtschafteten gewerblichen Gewinne. **Privatentnahmen** und Ausgaben zum privaten Lebensunterhalt sind nach § 12 EStG **nicht abziehbar** und auch **kein Besteuerungsmaßstab**. Beim Einzelunternehmen ist die **gewerbsteuerliche Belastung** bei bis zu 450 v. H. Hebesatz hoch. Der Unternehmer kann über **seine Arbeitsleistung** keine steuerlich wirksamen Verträge schließen.

Es bleibt die Ertragsminderung durch **Verträge mit Angehörigen,** wie Ehegatten, Eltern und Kindern über Arbeits-, Miet-, Pacht-, Darlehensverträge suw. (Rdnr. 1031 ff.).

c) Personengesellschaften

Literatur: *Ritzrow,* Die Voraussetzungen der Mitunternehmerschaft StW 1988, 97; *Söffing,* Personengesellschaften und Mitunternehmerschaften im Steuerrecht, NWB F. 3, 7178; *Best,* Einkünftequalifikation und Gewinnermittlung bei Personengesellschaften, DStR 1991, 1545; *Bordewin,* Die Besteuerung von Personengesellschaften in der Praxis, NWB F. 18, 3127; *Kottke,* Neue Erkenntnisse zur steuerorientierten Wahl der Unternehmensform, Inf 1991, 553; *Graf,* Die doppelstöckige Personengesellschaft, Inf 1991, 313; *Meyer-Scharenberg,* Die doppelstöckige Personengesellschaft als Rechtsformalternative, DStR 1991, 919; *Grog,* Sondervergütungen in der doppelstöckigen Personengesellschaft, DB 1991, 879.

Verwaltungsanweisungen: Koordinierter Ländererlaß v. 20. 12. 1977, Besteuerung der Mitunternehmer von Personengesellschaften, BStBl 1978 I 8.

aa) Allgemeines

Personengesellschaften des Handelsrechts sind **Formkaufleute** nach § 6 HGB. Das in die Gesellschaft eingebrachte oder von ihr erworbenen Vermögen ist **Gesamthandvermögen.** Für Gesellschaftsverträge bestehen Formvorschriften, wenn sich minderjährige Kinder beteiligen. Sie bedürfen der vormundschaftlichen Genehmigung und einer Ergänzungspflegschaft. 262

Personengesellschaften sind die **Gesellschaften des bürgerlichen Rechts** nach §§ 705 ff. BGB (z. B. **Arbeitsgemeinschaften,** Rdnr. 287 ff.) und die verschiedenen **Handelsgesellschaften** nach HGB, wie OHG, KG, GmbH & Co KG. Ihr Wesen beinhaltet die gegenseitige Verpflichtung der Gesellschafter, die **Erreichung eines gemeinsamen Zwecks** zu fördern. Die folgenden Personengesellschaften haben im Bau- und Baunebengewerbe Bedeutung: 263

bb) Gesellschaften bürgerlichen Rechts (GbR)

GbR sind Personenvereinigungen **ohne Rechtsfähigkeit** zur Erreichung eines im Gesellschaftsvertrag definierten wirtschaftlichen Zwecks. Sie eignen sich für **kleinere Bau-** und **Handwerksbetriebe,** wenn eine OHG mangels handelsrechtlicher **Kaufmannseigenschaft** (Rdnr. 31 ff.) nicht in Frage kommt. 264

265 Gesellschafter von GbR können über ihr Vermögen nur **gemeinsam verfügen** (Gesamthandsvermögen). Sie **haften als Gesamtschuldner** grundsätzlich auch mit ihrem privaten Vermögen. Der **Gesellschaftsvertrag** sollte die Vertretung nach außen (**Geschäftsführung**) abweichend von § 709 BGB regeln. **Gründungen** von GbR sind **formlos realisierbar**. Nachteilig ist die **fehlende Prozeßfähigkeit**. Dazu legitimiert sind nur die einzelnen Gesellschafter. Es gibt auch **kein Konkursverfahren** über das Gesellschaftsvermögen.

cc) Familienpersonengesellschaften

266 Vgl. auch Rdnr. 277 ff. Familienpersonengesellschaften sind beliebt zur **Aufspaltung des Gesamtgewinns** auf mehrere einkommensteuerpflichtige Familienmitglieder (Kinder, Eltern, Ehegatten, Rdnr. 399). Sie werden gern zur behutsamen **Betriebsübertragung** auf die nächste Generation gewählt und erleichtern eine Vermögensübertragung zur Vermeidung bzw. **Reduzierung von Schenkung- bzw. Erbschaftsteuern**.

dd) Offene Handelsgesellschaft (OHG)

267 Die OHG ist als Rechtsform in der Baubranche nur noch **gelegentlich anzutreffen**. Sie wird gewählt, wenn das eingebrachte Kapital gegenüber der **fachlichen Mitarbeit** zurücktritt und **gegenseitige Verläßlichkeit** gegeben ist. Sie ist geeignet für **Familienpersonengesellschaften** (Rdnr. 266), wird aber durch die **Attraktivität der GmbH** (Rdnr. 303 ff.) immer mehr verdrängt. Selbst die KG (Rdnr. 271 f.) ist wegen der Haftungsbeschränkung attraktiver.

268 Die OHG gilt als **Prototyp der Handelsgesellschaften**. Sie ist eine Personengesellschaft, deren Zweck der Betrieb eines Handelsgewerbes unter gemeinschaftlicher Firma ist. Die Firma wird im **Handelsregister eingetragen**. Sie entfaltet **Rechtswirkungen nach außen mit der Eintragung** im Handelsregister. Kleingewerbetreibende können sich nur zu BGB-Gesellschaften zusammenschließen. Die OHG darf unter ihrer Firma **Grundstücke erwerben, klagen** und verklagt werden, kann aber auch in **Konkurs gehen**.

269 Für den **Gesellschaftsvertrag** gilt **Formfreiheit**. Auch mündliche Verträge sind zulässig. Eine schriftliche Abfassung wird aus Gründen der Klarheit und zur Beweisführung empfohlen. **Notarielle Beurkungen** ist nach § 313 BGB erforderlich, wenn ein Gesellschafter in die Gesellschaft ein **Grund-**

Bauhaupt- und Baunebengewerbe im allgemeinen 89

stück einbringt. Der Gesellschaftsvertrag muß den **Gesellschaftszweck**, die **Geschäftsführung** und **Vertretung** nach außen, die **Einlagen**, die **Gewinn- und Verlustbeteiligung**, besondere Vergütungen, Entnahmerechte und die Fragen des Ausscheidens eindeutig regeln.

Alle Gesellschafter **haften** den Gesellschaftsgläubigern **unbeschränkt**. Die Vollhaftung erleichtert die **Kreditbeschaffung**. Banken geben einer OHG leichter Kreditmittel, als einer GmbH (Rdnr. 303 ff.). 270

ee) Kommanditgesellschaften (KG)

Die KG unterscheidet sich von der OHG dadurch, daß die **Haftung der Kommanditisten** auf ihre Einlage beschränkt ist (§ 161 Abs. 2 HGB). An ihr können sich Gesellschafter auch lediglich als **Kapitalgeber** beteiligen. Die Bedeutung, Verbreitung und Beliebtheit der KG ist größer als die der OHG. Nicht selten werden OHG später in eine KG oder GmbH & Co KG umgewandelt. 271

Die KG muß mindestens einen wie bei der OHG vollhaftenden Gesellschafter **(Komplementär)** haben. Die KG hat als GmbH & Co KG (Rdnr. 283 ff.) besondere Beliebtheit erlangt, weil der einzige Vollhafter auch eine GmbH sein kann und dadurch die Haftung faktisch auf das Vermögen der GmbH beschränkt wird. 272

ff) Stille Gesellschaft

LEXinform
▶ BSt-BG-0075 ◀

Literatur: Bp-Kartei der OFD Düsseldorf-Köln-Münster, Teil I Konto: Stiller Gesellschafter.

Die stille Gesellschaft dient oft der **Finanzierung der Gesellschaft** und der Realisierung einer **Beteiligung von Kindern** am Unternehmenserfolg. Stille Beteiligungen sind an Einzelunternehmen, Personen- und Kapitalgesellschaften, aber auch als **reine Innengesellschaften** möglich. Die im Wirtschaftsleben üblichen zwei Formen stehen einerseits **dem Darlehen** (typische stille Beteiligung), andererseits der Personengesellschaft (atypische stille Beteiligung) nahe. Für **Verträge** existieren **Formvorschriften**, wenn sich **minderjährige Kinder** beteiligen. Die Gesellschaftsverträge bedürfen dann der **vormundschaftlichen Genehmigung** und einer **Ergänzungspflegschaft**. 273

Das Steuerrecht differenziert zwischen der **typischen** und der **atypischen stillen Gesellschaft** (Abschn. 138 Abs. 4 und 138a Abs. 6 und 7 EStR). 274

Die **Gewinnanteile des typischen** stillen Gesellschafters sind **Einkünfte aus Kapitalvermögen** nach § 20 Abs. 1 Nr. 4 EStG und ihre Auszahlung beim Betrieb wie Zinsen als Betriebsausgaben abziehbar. **Verluste sind Werbungskosten** bei Kapitaleinkünften. Bei der **Gewerbesteuer** führt die **Hinzurechnungspflicht** nach § 8 Nr. 3 GewStG zur vollen gewerbesteuerlichen Erfassung auch der Gewinnanteile des typischen stillen Gesellschafters. Die **echte stille Gesellschaft** hat daher **keine Verbreitung.** Die Hinzurechnungsvorschrift des § 8 Nr. 3 GewStG neutralisiert für den Gewerbeertrag die vorangegangene Gewinnminderung.

275 Eine **atypische stille Gesellschaft** beteiligt ihre Gesellschafter nicht nur am Gewinn, sondern auch **am Betriebsvermögen.** Sie wird steuerlich als **Mitunternehmergemeinschaft** wie die übrigen Personengesellschaften behandelt. Entscheidendes **Abgrenzungskriterium** ist u. a. die Regelung für den Fall der Beendigung der Gesellschaft. Partizipiert dabei der stille Gesellschafter an **stillen Reserven bzw. Geschäftswert,** so liegt steuerlich in aller Regel eine atypische stille Beteiligung vor (BFH v. 22. 1. 1981, BStBl II 424; v. 25. 6. 1981, BStBl 1982 II 59; v. 24. 4. 1980, BStBl II 690; v. 28. 1. 1982, BStBl II 389).

276 Stille Gesellschaften zwischen Eltern und Kindern bewirken steuerlich eine Gewinnaufteilung, die einkommensteuerliche Progressionsvorteile auslöst.

gg) Ehegattenpersonengesellschaften

LEXinform
▶ BSt-BG-0080 ◀

Literatur: *Broudre,* Der Übergang des gesetzlichen ehelichen Güterstandes in den neuen Bundesländern, DB 1992, 447.

Verwaltungsanweisungen: BMF v. 15. 9. 1992, Ertragsteuerliche Folgen aus der Änderung des ehelichen Güterrechts im Beitrittsgebiet, BStBl I 542.

277 Die bei einer Einzelfirma schon **schmalen Gestaltungsmöglichkeiten** werden bei Gründung einer Personengesellschaft mit dem Ehegatten oder bei **nachteiligem Güterstand** noch eingeengt. **Ehegatten sollten** aus steuerlichen und haftungsrechtlichen Gründen ihren Betrieb **nicht als Personengesellschaft** betreiben. Was Eheleute zusammen im Betrieb erwirtschaften, ist steuerpflichtiger Gewinn und unterliegt der GewSt. Arbeits-, Pacht- oder Darlehensverträgen mit dem Ehegatten versagt § 15 Abs. 1 Nr. 2 EStG den gewerbesteuermindernden Effekt.

278 Als Gesellschafter **haftet auch der Ehegatte** für die Schulden des Betriebes. Es besteht keine Möglichkeit, in finanziell bedrohlich werdenden

Situationen Vermögen durch Übertragung auf den Ehegatten der Haftung zu entziehen.

Wird einem **Ehegatten gehörender Grundbesitz** betrieblich genutzt, so ist er bei Mitunternehmergemeinschaften anteilig **notwendiges Betriebsvermögen** und gehört zum **Haftungsvolumen**. Ein Einzelunternehmen dagegen kann den Grundbesitz des Ehegatten entgeltlich nutzen (Rdnr. 145). Die Pachtzahlungen mindern dann als Betriebsausgaben den Gewerbeertrag. 279

Für Eheleute im Güterstand der **Gütergemeinschaft** nach §§ 1415 ff. BGB ist eine Einzelfirma hinsichtlich eines zum Gesamtgut gehörenden Betriebes steuerlich nicht möglich. Der andere Ehegatte ist wegen seiner aus dem Güterstand gegebenen **Teilhabe an den Erträgen**, dem **Gesamtgut**, den **stillen Reserven** und wegen der Haftung regelmäßig **Mitunternehmer**. Das gilt auch, wenn nach außen nur ein Ehegatte in Erscheinung tritt und zwischen den Ehegatten zivilrechtlich **kein Gesellschaftsverhältnis** besteht (BFH v. 18. 2. 1959, BStBl III 263; v. 6. 8. 1959, BStBl III 409; v. 7. 3. 1961, BStBl III 253; v. 15. 5. 1962, BStBl III 346; v. 11. 3. 1966, BStBl III 389). Anders ist die Steuerrechtslage, wenn sich in einem **kleinen Baubetrieb** weder ein Grundstück noch nennenswertes Kapital befindet (BFH v. 7. 10. 1976, BStBl 1977 II 201; v. 22. 6. 1977, BStBl II 836; v. 20. 3. 1980, BStBl II 634). Vom Güterstand der **Zugewinngemeinschaft** gehen keine gesellschaftsähnlichen Wirkungen aus. Zur Güterstandsproblematik in den **neuen Bundesländern** vgl. Broudre, DB 1992, 447 und BMF v. 15. 9. 1992, BStBl I 542. 280

Ein an den Ehegatten gezahlter **Arbeitslohn** ist bei Gütergemeinschaft nach § 15 Abs. 1 Nr. 2 EStG **nicht als Betriebsausgabe** abziehbar. 281

Treten Ehegatten nach außen als Inhaber eines gewerblichen Unternehmens auf, so kann davon ausgegangen werden, daß zwischen ihnen ein **Gesellschaftsverhältnis** besteht. Es ist unbeachtlich, wenn der Betrieb allein auf den **Namen der Ehefrau** angemeldet ist und die Bilanzen keine gesonderten Kapitalkonten des Ehegatten aufweisen. Soll angenommen werden, daß der Ehegatte seine Beteiligung aufgegeben hat, so muß feststehen, daß das Gesellschaftsverhältnis beendet wurde (BFH v. 28. 1. 1988, BFH/NV S. 743). 282

hh) GmbH & Co KG

LEXinform
▶ BSt-BG-0085 ◀

283 Es handelt sich um eine rückläufige, aber immer noch verbreitete **Gesellschaftsform**, die **Vorteile der GmbH** mit denen der Personengesellschaft verbindet, ohne die Nachteile der GmbH voll zur Wirkung zu bringen. Die **Attraktivität** der GmbH & Co KG besteht darin, daß über die Funktion der GmbH als Komplementärin die **Haftung** des Komplementärs **faktisch begrenzt** wird, es sich dennoch aber steuerlich um eine Personengesellschaft handelt (BFH v. 2. 8. 1960, BStBl III 408; v. 14. 3. 1964, BStBl III 363; v. 30. 9. 1964, BStBl 1965 III 54). Das gilt auch, wenn die **Kommanditisten** zugleich **Gesellschafter der GmbH** oder nahestehende Personen sind (BFH v. 16. 9. 1958, BStBl III 462; v. 15. 11. 1967, BStBl 1968 II 152).

284 Die Rechtsform der GmbH & Co KG ermöglicht eine relativ **problemlose Nachfolge** und **Geschäftsführung**. **Handelndes Organ** ist der Geschäftsführer, der auch eine **fremde Person** sein kann. Die Tätigkeit der GmbH & Co KG ist nach § 15 Abs. 3 EStG **gewerblich**, wenn ausschließlich Kapitalgesellschaften persönlich haftende Gesellschafter sind und nur diese oder unbeteiligte Personen zur Geschäftsführung befugt sind (BFH v. 11. 12. 1986, BStBl 1987 II 553).

285 Ist der **GmbH-Geschäftsführer** nur an der GmbH beteiligt, so sind seine Bezüge als **Einkünfte aus nichtselbständiger Arbeit** (BFH v. 6. 5. 1965, BStBl III 502) die GmbH persönlich betreffende **Sonderbetriebsausgabe** im Rahmen der einheitlichen und gesonderten Gewinnfeststellung. Ist der **Geschäftsführer** der GmbH auch **Kommanditist der KG**, sind seine Vergütungen nach § 15 Abs. 1 Nr. 2 EStG als **Vorweggewinn** nicht abziehbar.

286 Der Gewinnanteil der GmbH an der KG muß angemessen sein, um verdeckte Gewinnausschüttungen (Rdnr. 1921 ff.) zu vermeiden (BFH v. 15. 11. 1967, BStbl 1968 II 152). Der GmbH muß

- die **Vergütung** für den oder die Geschäftsführer,
- eine **angemessene Kapitalverzinsung** und
- ein **angemessenes Haftungsentgelt**

verbleiben.

ii) Arbeitsgemeinschaften in Baugewerbe

287 **Großaufträge** überschreiten oft **Kapazität und Know-how** eines einzelnen Betriebes. Arbeitsgemeinschaften (Argen) haben sich in der Baubranche

bewährt. Sie **benennen sich** üblicherweise nach dem Bauobjekt (z. B. Arge Großklinikum). Nicht selten wird eine Arge auch gegründet, weil Auftraggeber nur **einen Vertragspartner** als **Generalunternehmen** haben wollen.

Argen sind als Zusammenschlüsse mehrerer Unternehmer **Gesellschaften nach §§ 705 BGB** unter der Federführung meist eines Betriebes. Die Betriebe wirken nach Maßgabe eines die Rechte und Pflichten möglichst klar und eindeutig festlegenden Vertrages zur Auftragserfüllung zusammen. Argen unterliegen **keinen besonderen Formvorschriften**. Wichtig ist ein **Arge-Vertrag**, der Aufgaben, Geschäftsführung, Buchhaltung, Federführung, Kostenaufbringung, Gewinnverteilung, Vertretungsbefugnisse und die Rechte und Pflichten eindeutig festlegt, um Rechtsstreitigkeiten zu vermeiden. 288

Nach außen nicht im eigenen Namen auftretende „**Innengesellschaften**" verschiedener Bauunternehmer sind keine steuerlich eigenständigen Rechtssubjekte (**unechte Arbeitsgemeinschaften**). Die einzelnen Bauunternehmer treten dann mit dem Auftraggeber oder einem Hauptunternehmer selbständig in Rechtsbeziehungen. 289

Die bauwirtschaftlichen Spitzenverbände halten einen „**Muster-Arbeitsgemeinschaftsvertrag**" bereit. Argen kommen im allgemeinen **ohne** besondere **Formerfordernisse** zustande und werden nach Fertigstellung und Abnahme des Bauwerks wieder aufgelöst. Die **Leitung der Arge** kann in der Hand eines Partnerunternehmens liegen oder eigenständig wahrgenommen werden. Die Verwaltungsarbeiten führt in der Regel der leistungsfähigste Arge-Partner in seinem Büro aus. 290

Zur **steuerlichen Behandlung** vgl. Rdnr. 1963 ff., 2411 ff.

jj) Erbengemeinschaften

LEXinform
▶ BSt-BG-0090 ◀

Erbengemeinschaften gelten steuerlich als **Mitunternehmergemeinschaften**, soweit zum Nachlaß ein gewerblicher Betrieb gehört, der bis zur Auseinandersetzung in ungeteilter Erbengemeinschaften weiter betrieben wird (BFH v. 5. 7. 1990, BStBl II 837; vgl. Rdnr. 762 ff.). 291

kk) Steuerliche Behandlung von Personengesellschaften

LEXinform
▶ BSt-BG-0095 ◀

Personengesellschaften sind bei **Umsatz- und Gewerbesteuer selbständige Steuersubjekte**. Ertragsteuerlich gelten sie in der Regel als **Mitunter-** 292 nehmerschaften (BFH v. 8. 2. 1979, BStBl II 405; v. 15. 7. 1986, BStBl II 896; Abschn. 138 EStR). Mitunternehmerisch tätige Personengesellschaften werden als partiell **eigenständige Steuersubjekte** angesehen, die den Tatbestand der Einkünfteerzielung verwirklichen (BFH v. 25. 6. 1984, BStBl II 751, 764; v. 25. 2. 1991, BStBl II 691, 699). Daher sind grundsätzlich auch **Rechtsbeziehungen** zwischen der Gesellschaft und den Gesellschaftern steuerlich relevant.

293 Steuerpflichtig bei **Einkommen- und Vermögensteuer** sind die **einzelnen Unternehmer** mit ihren einheitlich und gesondert festgestellten Einkünften aus der Gesellschaft (§ 15 EStG). Analog wird bei der VSt verfahren. Eine steuerlich als Mitunternehmer anzusehende Person muß nicht auch formal als Gesellschafter bezeichnet sein (BFH v. 11. 12. 1980, BStBl 1981 II 310).

294 **Mitunternehmerschaft** ist ein von der steuerlichen Rechtsprechung entwickelter ertragsteuerlicher Begriff. Sie liegt vor, wenn Beteiligte **Unternehmerrisiko** tragen und **Unternehmerinitiative** entfalten können (BFH v. 28. 11. 1974, BStBl 1975 II 498; v. 8. 2. 1979, BStBl II 405; v. 27. 2. 1980, BStBl 1981 II 210). Mitunternehmer ist, wer am **Gewinn und Verlust** und an den **stillen Reserven** beteiligt ist (Abschn. 138 EStR). Die Leistung einer **Vermögenseinlage** ist auch für die Annahme von Mitunternehmerschaft **nicht erforderlich**.

295 Auch ein vermögensmäßig nicht beteiligter Dritter kann Mitunternehmer sein (BFH v. 11. 9. 1986, BStBl 1987 II 111). Sog. „verdeckte Mitunternehmerschaft" ist denkbar (BFH v. 15. 6. 1984, BStBl II 751, 768). Für die steuerlichen Rechtsbeziehungen zwischen Mitunternehmer und Personengesellschaften ist der **Mitunternehmererlaß** v. 20. 12. 1977, BStBl 1978 I 8, zu beachten.

296 Für die **einkommensteuerliche Beurteilung** ist die handels- bzw. bürgerlich-rechtliche Rechtslage wichtig. Das gilt auch, wenn vereinbart ist, daß Gewinne bzw. Verluste eines Wirtschaftsgutes nur den einbringenden Gesellschafter betreffen sollen. Zu Ausnahmen siehe BFH v. 6. 6. 1973, BStBl II 705 und v. 22. 5. 1975, BStBl II 804.

297 **Gesamthandsvermögen** der Personengesellschaft ist **notwendiges steuerliches Betriebsvermögen** (BFH v. 8. 10. 1965, BStBl III 708). Wirtschaftsgüter, die der Personengesellschaft ausschließlich und unmittelbar dienen, aber einem oder einigen Gesellschaftern gehören, sind notwendiges

Sonderbetriebsvermögen des bzw. der Gesellschafter (BFH v. 2. 12. 1982, BStBl 1983 II 215).

Eine Personengesellschaft erzielt **gewerbliche Einkünfte** i. S. von § 15 Abs. 1 i. V. mit Abs. 2 EStG, wenn sie ein **gewerbliches Unternehmen betreibt**. Hat eine Mitunternehmerschaft einen Betrieb (Land- und Forstwirtschaft, § 13 Abs. 5 EStG; Gewerbebetrieb, § 15 Abs. 1 Nr. 2 EStG; selbständige Arbeit, § 18 Abs. 5 EStG) zum Gegenstand, so kann sie steuerlich land- und forstwirtschaftliche, gewerbliche oder auch freiberufliche Einkünfte erzielen. **Keine Mitunternehmerschaft** ist eine GbR, die **nur vermögensverwaltend** tätig ist (Vermietung oder Verpachtung von Grundbesitz oder Kapitalanlagen). Sie ist eine **vermögensverwaltende Personengesellschaft** mit Einkünften nach § 21 bzw. § 20 EStG. 298

Vertraglich vereinbarte **Tätigkeitsvergütungen** für Gesellschafter sind ebenso wie andere Vergütungen für Kapital, Darlehen oder die Überlassung von Wirtschaftsgütern steuerlich **nicht abziehbarer Vorweggewinn** (§ 15 Abs. 1 Nr. 2 EStG). Wegen des Fehlens der Arbeitnehmereigenschaft von Mitunternehmern besteht für sie keine Sozialversicherungspflicht. 299

Der **Gewinn einer Mitunternehmerschaft** wird nach § 180 Abs. 1 Nr. 2 a AO **gesondert** für die einkommensteuerliche Erfassung bei den Mitunternehmern **festgestellt**. 300

▷ **Wichtig:**
Persönliche Ausgaben eines Personengesellschafters, die im Zusammenhang mit dem Gesellschaftsverhältnis stehen (z. B. Zinsen zur Finanzierung der Geschäftseinlage; persönliche Fahrtkosten usw.) berühren den Gewinnanteil des Gesellschafters (**Sonderbetriebsausgaben**). Sie müssen im Rahmen des Gewinnfeststellungsverfahrens der Personengesellschaft geltend gemacht werden (BFH v. 11. 9. 1991, BStBl 1992 II 4). Bei der persönlichen ESt-Veranlagung des Gesellschafters sind sie nicht berücksichtigungspflichtig.

II) Vor- und Nachteile der Personengesellschaft

Personengesellschaften sind durch folgende **Vorteile** gekennzeichnet: 301
- Die Gründung ist einfach und mit **geringem Kapitaleinsatz möglich**.
- Sie **erleichtern Nachfolgeregelungen**.

- **Kreditbeschaffungen** sind wegen der Haftung weniger schwierig.
- Die **Gewinnverteilung** auf mehrere Personen (z. B. Kinder) senkt den Progressionseffekt.
- **Verluste** lassen sich durch Vor- und Rücktrag zur Auswirkung bringen.
- Für die Begrenzung der Haftung ist die **GmbH & Co KG** (Rdnr. 283 ff.) zu empfehlen.

302 Nachteile der Personengesellschaften:
- Mit Ausnahme des Kommanditisten **haften alle Gesellschafter** mit dem gesamten Vermögen.
- **Dienst-, Darlehens-, Arbeits- oder Nutzungsverträge** mit den Gesellschaftern bleiben steuerlich ohne Effekt.

d) **Kapitalgesellschaften (GmbH)**

LEXinform
▶ BSt-BG-0100 ◀

Literatur: *Volkelt*, GmbH-Gründungsberatung, Inf 1989, 568; *Baetge/Apelt*, Aktuelle Probleme des Publizitätsverhaltens, NWB Beilage 2/90; *Paschen*, Zur Publizitätspflicht der GmbH, DB 1992, 49.

aa) **Allgemeines**

303 Die GmbH **erfreut sich** auch im Bau- und Baunebengewerbe immer **größerer Beliebtheit**. Sie ist die am häufigsten anzutreffende Gesellschaftsform und eignet sich besonders für familiär zusammengesetzte **mittelständische Betriebe**. Die GmbH verbindet die **Vorteile einer AG** (juristische Person, Haftungsbeschränkung) und die persönliche Verbundenheit der Gesellschafter einer **Personengesellschaft**. Da sie nur mit ihrem Gesellschaftsvermögen haftet, bietet sich die Gesellschaftsform gerade bei dem hohen **Geschäftsrisiko der Baubranche** als ideale Unternehmensform an.

304 Häufig wird die Gestaltung der **Betriebsaufspaltung** (Rdnr. 331 ff.) gewählt, bei der der GmbH die **Funktion des Risikoträgers** zukommt, während das **Anlagevermögen in einer Besitzgesellschaft** verbleibt und an die GmbH verpachtet wird.

305 Die **Stammeinlage** muß seit 1. 1. 1981 für Neugründungen mindestens 50 000 DM betragen. Bestehende Gesellschaften hatten bis zum 31. 12. 1985 ihr **Stammkapital** entsprechend **aufzustocken**. Ihre Gesellschafter sind mit Stammeinlagen am Stammkapital beteiligt, ohne für die Verbindlichkeiten der Gesellschaft persönlich zu haften. Sie ist als Handelsgesell-

schaft des HGB **Formkaufmann** (§ 6 HGB). Die Firma einer GmbH kann **Sach- oder Personenfirma** sein, muß aber stets die zusätzliche Bezeichnung „GmbH" enthalten. Eine **Sachgründung** ist langwierig. Das **Registergericht** überprüft den Wert der eingebrachten Wirtschaftsgüter. **GmbH der Baubranche** fallen wegen der hohen Anzahlungen auf Bauleistungen durch eine **niedrige Eigenkapitalquote** auf (unter 3 v. H.). Die GmbH eignet sich besonders, wenn die **Rentabilität** eines Geschäftszweiges **nicht absehbar** ist. Unter den Konkursen sind daher überproportional viele GmbH vertreten.

Das **statistische Bundesamt** verzeichnete zum 31. 12. 1990 einen **Bestand** **306** **von 433 731** gegenüber 401 687 am 1. 1. 1990 und 2 682 andere Kapitalgesellschaften.

Die GmbH ist als **juristische Person** unabhängig von ihren Gesellschaftern **307** **Träger von Rechten und Pflichten**. Für ihre Errichtung ist ein **Gesellschaftsvertrag** erforderlich, der **notariell zu beurkunden** ist. Bei Beteiligung **Minderjähriger** bedarf es zum Abschluß des GmbH-Vertrages mit den Eltern eines **Ergänzungspflegers** und **vormundschaftsgerichtlicher Genehmigung**. Der Vertrag muß nach § 3 GmbHG enthalten:

- Firma und Sitz der Gesellschaft,
- den Gegenstand des Unternehmens,
- den Betrag des Stammkapitals und
- den Betrag der von jedem Gesellschafter zu übernehmenden Stammeinlage.

Eine GmbH kann von einer oder mehreren Personen gegründet werden. **308** Die Gründung erfordert seit Wegfall der Gesellschaftsteuer als **Gründungsaufwand** die Notarkosten zur **Beurkundung des Gesellschaftsvertrages** und die **Gebühr der Handelsregistereintragung**. Bei **Gründung durch nur eine Person** tritt an die Stelle des Gesellschaftsvertrages die notarielle Erklärung über die Errichtung der Gesellschaft. Der **Gesellschaftsvertrag** bedarf der gerichtlichen oder notariellen Beurkundung.

Mit der Errichtung muß die Bestellung **eines oder mehrerer Geschäftsführer** **309** erfolgen. Erst mit der **Eintragung ins Handelsregister** ist die GmbH entstanden und rechtsfähig. Von der notariellen Beurkundung bis zur Eintragung ins Handelsregister existiert eine **Vorgesellschaft als BGB-Gesellschaft** (Rdnr. 264 f.). Zwischen dieser und der später entstehenden

GmbH ist Personenidentität gegeben. Das gilt nicht für die „Vorgründergesellschaft" (BFH v. 8. 11. 1989, BStBl 1990 II 91).

310 Die **Jahresabschlüsse** von GmbH (nicht von GmbH & Co KG) sind unabhängig von ihrer Größe nach §§ 325 bis 329 HGB dem Handelsregister offenzulegen (**Publizitätspflicht**). Der Umfang der Offenlegung richtet sich nach der Größe der Gesellschaft. Eine hohe Quote von GmbH kommt dieser Pflicht nicht nach. Die Zeitschrift „Impulse" sprach davon, daß nur ca. 7 v. H. ihre Jahresabschlüsse bis Ende 1988 offenlegten. Die Registergerichte haben keine Möglichkeiten, fehlende **Offenlegung zu erzwingen**, sofern sie nicht in drei aufeinanderfolgenden Jahren unterbleibt. Auch eine **Löschungsberechtigung** der Gesellschaft im Handelsregister wird verneint, wenn ein Beteiligter glaubhaft macht, daß die Gesellschaft Vermögen besitzt (OLG Celle v. 5. 12. 1991, BBK F. 17, 469). Auch ein Zwangsgeld nach § 335 HGB ist eine stumpfe Waffe (Stengert, BBK F. 14, 4193; Langenbeck, BBK F. 14, 4189).

311 **Organe der GmbH** sind die **Geschäftsführer**. Dies ist meist ein Gesellschafter, kann aber auch ein Nichtgesellschafter sein. Oberstes Organ ist die **Gesellschafterversammlung**. Sie agiert über in der **Gesellschafterversammlung** zu fassende Beschlüsse. Einen **Aufsichtsrat** verlangt das Betriebsverfassungsgesetz erst bei mehr als 500 Arbeitnehmern.

312 In den **Genuß des Gewinns** einer GmbH kommt der Gesellschafter nur über eine **Ausschüttung** aufgrund eines Gesellschafterbeschlusses.

313 Eltern von **minderjährigen Kindern** bevorzugen die GmbH, weil bei unverhofftem Ableben des Unternehmers eine **Weiterführung** der GmbH **durch einen fremden Geschäftsführer** per Vertrag auch ohne Beteiligung möglich ist.

314 Werden die GmbH-Anteile in der Familie gehalten, so spricht man von **Familienkapitalgesellschaften**. Werden Anteile auf **minderjährige Kinder** übertragen, ist die **zivilrechtliche Wirksamkeit** der Maßnahme zu beachten (Rdnr. 592). Überwiegend wird die Ansicht vertreten, daß es dazu der vormundschaftsgerichtlichen Genehmigung bedarf (§ 1822 Nr. 3 bzw. 10 BGB). Um Risiken zu vermeiden, sollte diese Genehmigung eingeholt werden.

bb) Steuerliche Behandlung

315 Die **Absenkung der Tarifbelastung** für thesaurierte Gewinne einer GmbH auf 50 (ab 1994 45 v. H.) führt zu einer **steuerlichen Verbesserung** der

Kapitalgesellschaft gegenüber den Personengesellschaften. Betriebswirtschaftlich wurde dadurch die Selbstfinanzierung gegenüber der Ausschüttung attraktiver. Andererseits hat das StÄndG 1992 durch die Erhöhung des Gewerbeertragsfreibetags und die Einführung des Staffeltarifs für Einzelfirmen und Personengesellschaften die gewerbesteuerliche Attraktivität der GmbH etwas herabgesetzt.

Gewinne und nicht abziehbare Aufwendungen (thesaurierte Gewinne) unterliegen bei der GmbH der **Körperschaftsteuer** von 50 v. H. (ab 1994 45 v. H.) Besteuerungsgrundlage ist das nach den Vorschriften des EStG zu ermittelnde (§ 8 Abs. 1 KStG) **zu versteuernde Einkommen** (§ 23 Abs. 1 KStG). Offene Gewinnausschüttungen führen nicht zu Einkommensminderungen. Das gilt auch für an Gesellschafter oder ihnen nahestehenden Personen gewährte Vorteile, die nach wirtschaftlichen Maßstäben den **Charakter von Gewinnausschüttungen (verdeckte Gewinnausschüttungen,** vgl. § 8 Abs. 3 KStG) haben. 316

Ausgeschüttete Gewinne unterliegen abweichend von thesaurierten einer **Ausschüttungsbelastung von 36 v. H.** (ab 1994 30 v. H.). In Höhe dieser Ausschüttungsbelastung erhält der Gesellschafter eine **Steuergutschrift** zur Anrechnung auf seine ESt. Eine außerhalb der Bilanz erforderliche Berechnung (verwendbares Eigenkapital) **gliedert das Eigenkapital** zur Feststellung der Ausschüttungsbelastung entsprechend seiner steuerlichen Vorbelastung und schreibt diese Eigenkapitalanteile regelmäßig fort. **Notwendige Formeln** zur Eigenkapitalaufteilung ab 1990 vgl. Weirich, DB 1989, 454. 317

Eine GmbH kann ihren Gesellschaftern **Vorteile** aus zwei Rechtsgründen zuwenden: 318

• Über **schuldrechtliche Verträge** oder

• aus der **Gesellschafterstellung.**

Hierin liegt ein wichtiger Grund für die steuerliche Beliebtheit der GmbH. Haben Zuwendungen an die Gesellschafter ihre Ursache im Gesellschaftsverhältnis, so liegen **Einkünfte aus Kapitalvermögen** nach § 20 EStG vor, wenn die **GmbH-Anteile Privatvermögen** sind. Bei schuldrechtlichen Abmachungen unterliegen die Zuwendungen beim Gesellschafter der Einkunftsart, der der jeweilige Vertrag zuzuordnen ist. Auf § 17 EStG wird besonders hingewiesen.

319 Die Grenzen **steuerlicher Anerkennung** liegen da, wo

- Vereinbarungen nicht von vornherein **klar und eindeutig** getroffen wurden oder
- nach wirtschaftlicher Betrachtungsweise den **Grundsätzen des Fremdvergleichs** oder
- wegen **Mißbrauchs von Formen** oder Gestaltungsmöglichkeiten nach § 42 AO

nach der Rechtsprechung **verdeckte Gewinnausschüttungen** (Rdnr. 1921 ff.) anzunehmen sind. Den jeweiligen Verträgen, vor allem dem **Anstellungsvertrag** (Rdnr. 1818 ff.) für den Gesellschafter-Geschäftsführer hat der Berater **besondere Aufmerksamkeit** zu widmen. Bei überlegter Gestaltung sind viele steuerliche Vorteile (Rdnr. 329) zu erreichen. Bei durchdachter Konzeption können sie die Nachteile überwiegen.

320 Eine **Anteilsveräußerung** ist nicht steuerpflichtig, wenn die Beteiligung beim Gesellschafter zum **Privatvermögen** gehört und die Anwendbarkeit des § 17 EStG bzw. 23 EStG nicht gegeben ist. Das führt auch dazu, daß **Veräußerungsverluste** steuerlich nicht wirksam werden. Der Gesellschafter darf in den letzten fünf Jahren vor der Veräußerung auch nicht kurzfristig (BFH v. 5. 10. 1976, BStBl 1977 II 198) am Kapital der Gesellschaft wesentlich (mehr als 25 v. H.) beteiligt gewesen sein. Außerdem dürfen die in einem Veranlagungszeitraum veräußerten Anteile 1 v. H. des Kapitals nicht übersteigen.

321 Betriebswirtschaftliche **Modellrechnungen** zwischen OHG, GmbH, GmbH & Co KG und Betriebsaufspaltung (Rdnr. 331 ff.) zeigten ertragsteuerlich für die **Betriebsaufspaltung geringste,** für die **GmbH höchste Belastung.** Die GmbH hat zwar gewerbesteuerlich die niedrigste Steuerquote, dafür aber bei der **Vermögensteuer** die höchste. In einer **Verlustsituation** zeigte sich die **Betriebsaufspaltung** als **ungünstigste Rechtsform.** Ingesamt schneidet die Betriebsaufspaltung als steuerlich optimale Rechtsform ab.

322 Die **GmbH & Co KG** diente in der Zeit vor 1977 vor allem der Vermeidung der körperschaftsteuerlichen Doppelbelastung. Mit Einführung des **körperschaftsteuerlichen Anrechnungsverfahrens** ist ihre Blütezeit vorüber. Ihre steuerliche Gesamtbelastung liegt nun über der der lupenreinen Personengesellschaft.

Die durch den Beschluß des Großen Senats des BFH (v. 25. 2. 1991, BStBl II 691) entstandene Attraktivität der **doppelstöckigen Personengesellschaft** wurde durch das **Steueränderungsgesetz 1992** mit Wirkung vom 1. 1. 1992 wieder beseitigt. Durch Änderung des § 15 Abs. 1 Nr. 2 EStG wird die bisherige Gesetzesregelung **auch auf die mittelbare Beteiligung** an der Personengesellschaft erweitert. Dann sind auch Vergütungen der Untergesellschaft an Gesellschafter der Obergesellschaft als Sondervergütungen Gewinnvorweg. 323

cc) **Vor- und Nachteile der GmbH**

Insgesamt entspricht die Belastung aus KSt und persönlicher ESt der GmbH-Gesellschafter etwa der einer Personengesellschaft. 324

Deutlich höher ist die **Belastung bei der Vermögensteuer**. Hier existiert eine **Doppelbelastung**. Das Vermögen der GmbH unterliegt ihr mit 0,7 v. H. Zusätzlich fallen im Rahmen der **Vermögensteuer des Anteilseigners** auf den gemeinen Wert der GmbH-Anteile 0,5 v. H. VSt an. Da die VSt bei der GmbH nicht abziehbar ist, fällt zusätzlich beim Anteilseigner **nicht verrechenbare Körperschaftsteuer** an. Bei kapitalintensiven Gesellschaften wird dieser Nachteil nicht durch die Möglichkeiten der **Gewinnabschöpfung über schuldrechtliche Verträge** ausgeglichen, wenn sie durch Ertragsschwäche gekennzeichnet sind. Die auf die nicht abziehbare VSt anfallende KSt setzt zusätzliche negative Akzente. 325

Die Kapitalgesellschaft bietet die bei Einzelfirmen und Personengesellschaften nicht gegebene Möglichkeit „Unternehmerlohn" als **Betriebsausgabe** abziehen zu können. Mit der GmbH können die Gesellschafter **auch bei Beherrschung** eine steuerlich **abziehbare Altersversorgung** vereinbaren. Ebenso lassen sich Darlehens-, Miet- und bzw. Lizenzverträge zwischen Gesellschaft und Gesellschaftern steuerlich zur Wirkung bringen. 326

Zur **Vermeidung der Vermögensteuernachteile** bietet sich die **Betriebsaufspaltung** (Rdnr. 331 ff.) an. Das **Fehlen des Freibetrags** von 36 000 DM (ab 1. 1. 1993 48 000 DM und Staffeltarif) **beim Gewerbeertrag** läßt sich durch schuldrechtliche Verträge (Mieten, Pachten, Geschäftsführung, Darlehen, Tantiemen usw.) **kompensieren.** Die VSt ist bei der GmbH ebenso wie die KSt keine Betriebsausgabe. 327

Die **Vorteile der GmbH** liegen trotz Fehlens eines Freibetrages beim Gewerbeertrag von 36 000 DM (am 1. 1. 1993 48 000 DM und Staffel- 328 tarif) gerade **bei der Gewerbesteuer**. Bei sinnvoller und überlegter Gestaltung steht die GmbH im Vergleich zur Personengesellschaft auch nach Inkrafttreten des StÄndG 1992 und StandOG noch besser dar.

329 Die Rechtsform der GmbH hat im wesentlichen **folgende Vorteile:**

- Begrenzung des **Haftungsrisikos.**
- **Geschäftsführung** und **Vertretungsbefugnis** lassen sich beim Hauptgesellschafter konzentrieren.
- Geschäftsanteile sind **leicht veräußerbar.**
- **Sozialversicherungspflicht** des Geschäftsführers und die Möglichkeit, die gesamte Familie in einer Ersatzkasse zu versichern, kann bestehen bleiben, wenn er die Gesellschaft nicht beherrscht.
- Eine **betriebliche Altersversorgung** für Gesellschafter durch steuerlich abziehbare Pensionsrückstellung (§ 6a EStG) bzw. Direktversicherung (§ 40b EStG) verschaffen Liquiditätsgewinn.
- Über Steuern der GmbH finanziert sich die Altersversorgung für den Gesellschafter-Geschäftsführer, ohne daß seine **Sonderausgaben-Höchstbeträge** berührt werden.
- Beiträge an **Rückdeckungsversicherungen** zum Aufbau eines Deckungsstockes für die Pensionszusage erhöhen den Spareffekt.
- **Leichter Gesellschafterwechsel.**
- **Übersichtliche Struktur** durch klar geregelte Geschäftsführung.
- Die GmbH kann bei Tod des Hauptgesellschafters durch **fremde Geschäftsführer** weitergeführt werden, wenn die Erben zur Nachfolge noch nicht in der Lage sind.
- **Tätigkeitsvergütungen** an die Gesellschafter-Geschäftsführer sind ebenso wie Zahlungen aufgrund anderer schuldrechtlicher Verträge Betriebsausgaben und beim Empfänger Einnahmen aus nichtselbständiger Arbeit bzw. der entsprechenden Einkunftsart zuzuordnen.

330 Nachteile der GmbH:

- Relativ **hoher Kapitalbedarf** wegen 50 000 DM Mindesteinlage.
- Wegen der Haftungsbegrenzung ist die **Kapitalbeschaffung** erschwert.
- Das Haftungskapital ist einzige **Kreditunterlage.**

- Gesellschafter müssen bei Kreditbedarf mit **persönlichen Bürgschaften** rechnen; das hebt die Haftungsbeschränkung wieder auf.
- Relativ hohe **Steuerberatungskosten.**
- **Publizitäts- und Prüfungspflichten.**
- **Verluste der GmbH** können beim Gesellschafter steuerlich nur begrenzt geltend gemacht werden; vgl. Rdnr. 1935
- Gesellschafter und GmbH werden zur **Vermögensteuer** herangezogen (Doppelbelastung).
- Die GmbH erhält **keinen vermögensteuerlichen Freibetrag.**
- Auch nicht ausgeschüttete **(thesaurierte) Gewinne** unterliegen der KSt.
- Beim Gewerbeertrag gibt es **keinen Freibetrag** von 36 000 DM (ab 1. 1. 1993 48 000 DM).
- Auch bei geringen Gewinnen oder Verlusten der GmbH unterliegen die Gehälter der Gesellschafter der **Lohnsteuer.**
- Der GmbH-Geschäftsführer ist gemäß § 64 GmbHG verpflichtet, **Konkurs anzumelden,** wenn Überschuldung oder Zahlungsunfähigkeit vorliegt.
- Durch verschärfte **Strafbestimmungen bei Insolvenzen** sind Geschäftsführer einer Bestrafung wegen Wirtschaftskriminalität ausgesetzt, wenn sie nicht oder nicht rechtzeitig Konkursantrag stellen.
- Die **Jahresabschlüsse** der GmbH sind unabhängig von der Betriebsgröße nach §§ 325 bis 329 HGB **offenzulegen** (Publizitätspflicht).
- Bei Beherrschung **entfällt** die sozialversicherungsrechtliche **Arbeitnehmereigenschaft** des Gesellschafter-Geschäftsführers.
- **Vermögensteuer und Körperschaftsteuer** müssen aus versteuertem Einkommen bezahlt werden; sie sind nicht als Betriebsausgaben abziehbar.
- Nicht Anwendbarkeit des **gewerbesteuerlichen Staffeltarifs** ab 1. 1. 1993 wie bei Einzelfirmen und Personengesellschaften.

e) Betriebsaufspaltung

Literatur: *Paus,* Die Betriebsaufspaltung, StW 1989, 57; *Unvericht,* Beweisanzeichen für die Annahme einer persönlichen Verpflechtung, DB 1989, 995; *Söffing,* Die sachliche Verpflechtung im Rahmen der Betriebsaufspaltung, DStR 1990, 503; *Schneeloch,* Betriebsaufspaltung – Voraussetzungen und Steuerfolgen, DStR

1991, 761; *Neufang,* Der Pachtvertrag bei der Betriebsaufspaltung, Inf 1989, 56; *Schulze zur Wiesche,* Verdeckte Gewinnausschüttung und Betriebsaufspaltung, DStR 1991, 137.

331 Betriebsaufspaltung ist eine Möglichkeit **aktiver Unternehmenspolitik.** Gründe dafür können aus **steuerlichen,** aber auch aus **außersteuerlichen Interessen** stammen.

aa) Voraussetzungen – Rechtsgrundlagen
LEXinform
▶ BSt-BG-0105 ◀

332 Betriebsaufspaltung ist ein wichtiges steuerliches Gestaltungsinstrument. Wegen ihrer Kompliziertheit und der bestehenden Gefahren sollte ihre Realisierung nur unter Mitwirkung des Steuerberaters erfolgen. Die Literatur über Betriebsaufspaltung ist inzwischen nahezu unübersehbar. Hinweis auf Abschn. 137 Abs. 5 EStG. Vgl. zur GewSt Rdnr. 2417 ff. und zur VSt Rdnr. 2942.

333 Betriebsaufspaltung ist gegeben, wenn mindestens zwei Unternehmen **sachlich und personell so eng verbunden** sind, daß sie wirtschaftlich betrachtet eine Einheit bilden. Um das Ziel zu erreichen, läßt sich eine betriebswirtschaftliche Einheit **auf zwei rechtlich selbständige Unternehmen** aufteilen.

334 Bei mittelständischen Betrieben verbreitet ist die Aufspaltung in ein Besitz- und ein Betriebsunternehmen. Dazu kommt es, wenn ein **Betriebsunternehmen** als Kapitalgesellschaft neu gegründet wird. Das bisherige Unternehmen in der Rechtsform einer Einzelfirma oder Personengesellschaft **verpachtet der GmbH** den **gesamten Betrieb** oder nur den **wichtigen Grundbesitz** und veräußert an sie das Umlaufvermögen. Der **bisherige Betrieb** wird zum reinen **Verpachtungsunternehmen,** die GmbH führt den Betrieb in gewohnter Weise weiter (kapitalistische Betriebsaufspaltung). Betriebsaufspaltung ist unschädlich für sonstige schuldrechtliche Verträge zwischen der Betriebs-GmbH und den Gesellschaftern.

335 Die Rechtsprechung unterscheidet zwischen **echter und unechter** Betriebsaufspaltung. Bei echter Betriebsaufspaltung bleibt die **Gewerblichkeit des Besitzunternehmens** erhalten. Das hat zur Folge, daß eine Aufdeckung und Versteuerung stiller Reserven auf das Ende der Betriebsaufspaltung verlagert werden. Unechte Betriebsaufspaltung ist eine Vermietung bzw. Verpachtung, die bei ihrer Begründung zur gewerblichen Einkunftsart qualifiziert wird.

Folgen der Betriebsaufspaltung: 336

• Die **gewerbliche Eigenschaft** des Besitzunternehmens bleibt erhalten.
• Im Zeitpunkt der Aufspaltung findet **keine Aufdeckung** der **stillen Reserven** der zu vermietenden bzw. zu verpachtenden Wirtschaftsgüter statt. Eine Aufgabeerklärung, also wahlweise Aufdeckung stiller Reserven wie bei Betriebsverpachtung, kommt nicht in Betracht.
• Für die auf die Betriebsgesellschaft übertragenen Wirtschaftsgüter besteht ein **Wertansatzwahlrecht** (Buchwerte, Teilwerte, Zwischenwerte). Beim Ansatz höherer Werte entsteht laufender Gewinn; die Vergünstigungen nach § 16 Abs. 4 und § 34 EStG sind nicht anwendbar. Beim übernehmenden Betrieb entstehen Anschaffungskosten. Der Firmenwert bleibt in der Regel beim Besitzunternehmen.
• Mit der Gründung der Betriebsgesellschaft werden die GmbH-Anteile **notwendiges Betriebsvermögen** der Besitzgesellschaft bzw. Sonderbetriebsvermögen der Mitunternehmer. Eine spätere Veräußerung führt zu **laufendem Gewinn,** wenn sie nicht 100 v. H. der Anteile betrifft.
• Wird die **Betriebsaufspaltung** zu einem späteren Zeitpunkt **beendet,** führt dies zur Aufdeckung der stillen Reserven.

Für Sonderabschreibungen (§ 7 g EStG, § 4 Fördergebietsgesetz), für die 337
es **Verbleibensvoraussetzungen** der Wirtschaftsgüter gibt, ist die Betriebsaufspaltung unschädlich.

Betriebsaufspaltung hat **Vorrang vor Betriebsverpachtung.** Es stellt sich 338
bei geplanter Betriebsaufspaltung stets die Frage, ob ein **ruhender gewerblicher Betrieb** vorliegt. Er ist dann nicht mehr gegeben, wenn die besonderen Umstände der Betriebsaufspaltung zur Verpachtung dazutreten. Die Qualifizierung ist von gewerbesteuerlicher Bedeutung. Betriebsaufspaltung ist gewerbesteuerpflichtig, Betriebsverpachtung dagegen nicht.

Rechtsgrundlagen, Bedingungen und Rechtsfolgen sind **gesetzlich nicht** 339
geregelt. Es handelt sich um eine von der **Rechtsprechung geschaffene Institution** (BFH v. 12. 3. 1985, BStBl II 475, 479 ff.). Von einer **sachlichen Verflechtung** ist auszugehen, wenn das vom Besitzunternehmen an das Betriebsunternehmen verpachtete Vermögen beim Besitzunternehmen zu den **wesentlichen Betriebsgrundlagen** gehört (BFH v. 21. 5. 1974,

BStBl II 613; v. 24. 6. 1969, BStBl 1970 II 17; v. 20. 9. 1973, BStBl II 869; v. 24. 11. 1978, BStBl 1979 II 366). **Ein Grundstück ist dann keine wesentliche Betriebsgrundlage**, wenn das Betriebsunternehmen jederzeit am Markt ein für seine Belange geeignetes gleichwertiges Grundstück mieten oder kaufen kann (BFH v. 29. 10. 1991, DB 1992, 409). Bei **Gesamtbetriebsverpachtung** besteht an der sachlichen Verflechtung kein Zweifel (BFH v. 16. 6. 1982, BStBl II 662).

340 Im Rahmen der Betriebsaufspaltung können verpachtet werden:

- **Einzelne Wirtschaftsgüter**, soweit sie wesentliche Betriebsgrundlagen sind,
- **Teilbetriebe**,
- der **Betrieb als Ganzes**.

Beispiel:

Zu den wesentlichen Betriebsgrundlagen gehört das Betriebsgrundstück eines Zimmereibetriebes mit Werkstatt, Holzlager, Schuppen und Hofraum (BFH v. 27. 7. 1961, BStBl III 514). Das gilt so auch für einen Bauhof mit Lagerplatz eines Bauunternehmens.

341 Die **personellen Voraussetzungen** einer Betriebsaufspaltung sind erfüllt, wenn in Besitz- und Betriebsgesellschaft ein „einheitlicher Betätigungswille" herrscht (BFH v. 8. 11. 1971, BStBl 1972 II 63). Dazu genügt es, daß eine **Person oder Personengruppe** ihren Willen in beiden Betrieben durchsetzen kann (BFH v. 1. 12. 1989, BStBl 1990 II 500). Das ist in der Regel der Fall, wenn bei Entscheidungen nach **Stimmenmehrheit** dieselben Personen an beiden Unternehmen über die Mehrheit der Stimmrechte verfügen (BFH v. 7. 11. 1985, BStBl 1986 II 364). Auch **faktische Beherrschung** aufgrund tatsächlicher Machtstellung kann die personelle Voraussetzung schaffen (BFH v. 1. 12. 1989, BStBl 1990 II 500). Betriebsaufspaltung entfällt, wenn Besitz- und Betriebsunternehmen keine gemeinsamen Gesellschafter haben.

342 Der **Pachtzins** kann als **Festpacht oder variabel** vereinbart werden. Er unterliegt der **Angemessenheitsprüfung** (Rdnr. 1054, 1042). Auch bei Betriebsaufspaltung werden Miet- und Pachtzinsen der Betriebskapitalgesellschaft an die Besitzgesellschaft unter Gesichtspunkten der **verdeckten Gewinnausschüttung** beurteilt. Da der Überlasser die Kapitalgesellschaft beherrscht, müssen die Zahlungen auch auf einer klaren von **vornherein getroffenen Vereinbarung** beruhen (Rdnr. 1927f.) und so wie vereinbart auch **durchgeführt** werden. Ferner müssen die Pachtzahlungen

Bauhaupt- und Baunebengewerbe im allgemeinen 107

dem entsprechen, was auch an einen fremden Vermieter oder Verpächter zu zahlen wäre. Gefahren lauern bei **Umsatz- bzw. Gewinnbeteiligungen.** Dabei ist Angemessenheit nicht gegeben, wenn die Angemessenheitslinie um mehr als 20 v. H. überstiegen wird (BFH v. 28. 6. 1989, DB S. 2049). Bei Zahlungen für einen Firmenwert vgl. BFH v. 28. 2. 1990, DB S. 1746.

bb) Steuerliche Vorteile

Das ursprüngliche Ziel der Betriebsaufspaltung wurde von der Rechtsprechung nicht getragen. Sie qualifizierte die Verpachtung wegen der wirtschaftlichen Verflechtung **nicht** zur **Einkunftsart Vermietung und Verpachtung,** sondern zum Gewerbebetrieb. Dennoch bietet die Betriebsaufspaltung eine Reihe **steuerlicher Vorteile,** wie: 343

• Das Besitzunternehmen erhält bei der GewSt ebenfalls den **Freibetrag** von 36 000 DM (ab 1. 1. 1993 48 000 DM und Staffeltarif) **beim Gewerbeertrag** und von 120 000 DM beim Gewerbekapital.

• Für das Vermögen des Besitzunternehmens stehen die **vermögensteuerlichen Freibeträge** von 125 000 DM (ab 1. 1. 1993 500 000 DM) mit 25prozentiger Kürzung des restlichen Vermögens zu.

• Das Anlagevermögen wird den betrieblichen **Haftungsrisiken** entzogen.

• Der **Unterhalt** der sich aus dem aktiven Erwerbsleben zurückziehenden Generation ist **über Pachtzahlungen gesichert.**

• Bedachte Vermögensaufteilung erleichtert eine **reibungslosere Erbfolge.**

• Das Besitzunternehmen ist als GbR nur **buchführungspflichtig,** wenn die Grenzen des § 141 Abs. 1 AO überschritten werden.

• Die Möglichkeiten zur Vornahme von **betrieblichen Sonderabschreibungen** (Rdnr. 830 ff.), Teilwertabschreibungen, höherer AfA für Wirtschaftsgebäude und nach § 7 g EStG **bleiben erhalten.**

• Bei Betriebsaufgabe bzw. -veräußerung sind gegenüber einem einheitlichen Unternehmen die **Freibeträge des § 16 Abs. 4 und 17 Abs. 3 EStG** nebeneinander bzw. überhaupt erst wirksam.

cc) Das „Wiesbadener Modell"

LEXinform
▶ BSt-BG-0110 ◀

Ehegattenbeteiligungen werden für die Frage des Vorliegens von Betriebsaufspaltung **nicht zusammengerechnet** (BFH v. 30. 7. 1985, BStBl 1986 II 344

359; v. 17. 3. 1987, BStBl II 858). Ebenso entfällt eine Zusammenrechnung mit Beteiligungen **volljähriger Kinder** (BFH v. 18. 10. 1972, BStBl 1973 II 27).

345 Bei dem zum **Reduzieren der Gewerbesteuer** konzipierten „Wiesbadener Modell" beherrscht **ein Ehegatte die Besitz-, der andere die Betriebsgesellschaft.** Das Modell ist **vom BFH anerkannt** (BFH v. 30. 7. 1985, BStBl 1986 II 359). Zu vermeiden sind alle Regelungen, die zusätzlich zur ehelichen Bindung besondere Beweisanzeichen sein können für die **Annahme einer personellen Verflechtung** durch **gleichgerichtete Interessen** (BFH v. 24. 9. 1986, BStBl II 913). In der Praxis wird unter Ehegatten nur dann Betriebsaufspaltung vorliegen, wenn beide an beiden Unternehmen beherrschend beteiligt sind **(Gruppentheorie).**

346 Die Begründung eines „Wiesbadener Modells" bietet **folgende Steuervorteile:**

- **Keine Aufdeckung stiller Reserven** bei Betriebsverpachtung im ganzen.

- Beim Besitzunternehmen entsteht **keine Gewerbesteuer** (ruhender Betrieb).

- Wird der Verpächterehegatte bei der GmbH zum Geschäftsführer bestellt, so ist sein **Gehalt Betriebsausgabe** und mindert die GewSt.

- Zusätzlich sind für ihn **Pensionszusagen** bzw. **Direktversicherungen** steuerlich möglich.

- Die Pacht **mindert den Gewerbeertrag** der Betriebsgesellschaft.

- Alle **Vergünstigungen** für steuerliches Betriebsvermögen bleiben der Besitzgesellschaft erhalten.

dd) **Beendigung der Betriebsaufspaltung**

LEXinform
▶ BSt-BG-0115 ◀

347 Betriebsaufspaltungen beinhalten die **Gefahr der Zwangsbetriebsaufgabe** mit Realisierung der stillen Reserven, wenn eine der **Voraussetzungen** gewollt oder ungewollt **entfällt** (BFH v. 15. 12. 1988, BStBl 1989 II 363; v. 13. 12. 1983, BStBl 1984 II 474). Das **kann eintreten:**

- Mit **Auslaufen des Pachtvertrages.**

- Bei **Fortfall der sachlichen Verflechtung.**

- Bei **Beendigung der Tätigkeit** der Besitzgesellschaft.

- Als Folge von Anteilsübertragungen (Ende der persönlichen Verflechtung).

Steuertaktische Hinweise, Steuergestaltungen

• Bei faktischer Aufgabe oder vertraglicher Änderung der Beherrschung.

Endet die Betriebsaufspaltung durch **Fortfall der sachlichen oder persönlichen Verflechtung**, so stellen die im Vermögen des Besitzunternehmens ruhenden stillen Reserven in der Regel **Veräußerungsgewinne** gemäß § 16 Abs. 3 i. V. mit § 34 Abs. 1 EStG dar. 348

Eine Ausnahme ist gegeben, wenn die Beendigung der Betriebsaufspaltung z. B. beim **Übergang zum „Wiesbadener Modell"** in eine **Betriebsverpachtung im ganzen** (verdeckte Betriebsaufspaltung) einmündet. Dabei haben Bauunternehmer und Handwerker des Baunebengewerbes das **Wahlrecht**, die Verpachtung bei Beendigung der GewSt-Pflicht weiterhin als gewerblich zu behandeln (Abschn. 139 Abs. 5 EStR). 349

▷ Vorsicht:

Die Rechtsprechung steht dieser Möglichkeit kritisch gegenüber (BFH v. 13. 12. 1983, BStBl 1984 II 474; FG des Saarlandes v. 15. 10. 1986 rkr., EFG 1987, 107).

(Einstweilen frei) 350–370

II. Steuertaktische Hinweise, Steuergestaltungen

LEXinform
▶ BSt-BG-0120 ◀

1. Allgemeine Hinweise

Literatur: *Mittelbach*, Steuerliche Entlastung durch Beteiligung von Angehörigen, NWB F. 18, 2561 ff.; *Bauer*, Steuergestaltung tut not, DB 1988, 2573; *Schnädter*, Die Belastungen durch die Gewerbesteuer und Möglichkeiten, sie zu vermeiden, BB 1988, 313; Steuerübersicht 1990, NWB F. 2, 5565 ff.; *Schneidewind*, Bilanz und Buchhaltung 11/90, F. 0301; *Wagner*, Perspektiven der Steuerberatung, DB 1991, 1.

Das **kaufmännische Gewinnstreben** schließt die **Minimierung der Steuerbelastung** ein. Steuern zu sparen bzw. sie zu hinterziehen haben den Effekt **niedrigerer Steuerlast** gemeinsam. Sie unterscheiden sich durch die Legalität bzw. Illegalität des Vorgehens. Steuergestaltung kann immer nur im Rahmen der **gesetzlichen und faktischen Möglichkeiten** verstanden werden. Da die Übergänge für den Rechtsunkundigen bisweilen schwer erkennbar sind, sollten alle Maßnahmen des Steuersparens nur in **Abstimmung mit dem Steuerberater** erfolgen. 371

372 Steuern sparen zu wollen ist ein **allgemeines Anliegen** des steuergeplagten Bürgers. Mit **zunehmender Belastung** wird die Motivation dazu stärker und die Gefahr unzulässiger Wege größer. **Steuerminimierung** ist für den Unternehmer zwar nicht Selbstzweck eines Betriebes, aber regelmäßig **betriebswirtschaftliche Notwendigkeit.** Da Steuervermeidung meist legal nicht realisierbar ist, dürfen die Möglichkeiten zur Steuerminimierung nicht ungenutzt bleiben. Bequemlichkeit hat einen Preis. Vorteilsüberlegungen bei Steuern sind die Zeit wert, die sie in Anspruch nehmen. Daher sollte sich jeder Unternehmer für seine Steuern interessieren. Sie kosten Gewinne und Liquidität, ohne einen rentabilitätswirksamen Effekt zu haben. **Vermeidbare Steuern** nicht zu vermeiden, kann sich in unserem wettbewerbsgesteuerten Staat kein Unternehmer leisten.

373 Steuersparende Gestaltungen zu wählen, ist ein **legales Anliegen** jedes steuerzahlenden Bürgers. Auch **Angehörige** untereinander können ihre Rechtsverhältnisse **steuerlich optimieren** (BFH v. 18. 12. 1990, BStBl 1991 II 391). Es gilt aber, alle nach der Rechtsprechung steuerschädlichen oder **gewagten Gestaltungen** zu vermeiden. Spareffekte zerrinnen, wenn riskante Wege beschritten werden oder **Fehler bei Vereinbarungen oder Durchführung** unterlaufen.

374 Bei Verträgen kann sich im Einzelfall zusätzliche **juristische Überprüfung** empfehlen, für von Anwälten konzipierte Gestaltungen umgekehrt steuerliche. Die Steuerpraxis kennt **verhängnisvolle Gestaltungsmängel.** Gewagte Konstruktionen, die einer kritischen Überprüfung bei einer Außenprüfung nicht standhalten, sollten unterlassen werden. Bleibender steuerlicher Erfolg muß auf **sichere rechtliche Basis** gestellt und konsequent durchgeführt werden.

375 Die **Rechtsprechung** spiegelt die Probleme der Praxis wider. Sie ist daher **wichtige Richtschnur**, zeigt die Freiräume, gibt die notwendigen **Hinweise zum Argumentieren** und **markiert die Gefahren.** Wenn der Unternehmer zeigt, wie ein erstrebtes Ergebnis zu rechtfertigen ist, hat er die Vertreter des Finanzamtes eher zum „Verbündeten". Hält er den Ansichten des Außenprüfers nichts entgegen, kann das Ergebnis anders aussehen. Nicht wenige Behördenvertreter **übernehmen gute Argumente** gern, ja identifizieren sich damit. Das gilt vor allem für den bequemen, rechts-, argumentations- und durchsetzungsschwachen Beamten. Die „werkzeugähnliche" **Bedeutung** der Rechtsprechung unterstreicht für die Besteuerung die Maxime „Das Recht ist für die Wachen". Dabei dürfen die Grenzen des

Steuertaktische Hinweise, Steuergestaltungen 111

Steuerrechts nicht unbeachtet bleiben. Schaden erleidet immer öfter der Bürger, der nicht alles in Frage stellt. Ohne Kenntnisse der steuerlichen Rechtsprechung ist Disposition ein Roulette.

Hoffnungen auf Steuerminimierung **machen oft blind** für damit verbundene betriebswirtschaftlich **negative Effekte** und Risiken. Nicht selten werden **riskante** oder **Überinvestitionen** vorgenommen, um steuerwirksame Abschreibungen oder Verluste zu schaffen. Beispiele dafür kennt die Besteuerungspraxis gerade in der näheren Vergangenheit viele (Bauherrengemeinschaften, Abschreibungsgesellschaften usw.). **Anleger verloren** nicht selten dabei auch ihr gesamtes Kapital. Um Zinsen nach dem sog. „Zweikontenmodell" steuerlich abziehbar zu machen (Rdnr. 238 ff.) werden an die Bank höhere Zinsen gezahlt. Um einen Pkw möglichst schnell abschreiben zu können, bleibt unbeachtet, daß dadurch die Bemessungsgrundlage für **private Pkw-Nutzung** und **umsatzsteuerlichen Eigenverbrauch** (Rdnr. 384) irreparabel erhöht wird. Die gesamten **Abschreibungsmodelle** beruhen auf ähnlicher Irritation. 376

Steuerentlastung darf nicht für den Preis überhöhten oder sinnlosen Aufwandes erstrebt werden. Höhere Abschreibungen mindern zwar in der Regel die Steuerlast, aber dazu Überinvestitionen vorzunehmen bedeutet, den Teufel mit dem Belzebub auszutreiben. Selbst eine schnelle **Ausschöpfung von Sonderabschreibungen** kann über mehrere Jahre zu einer insgesamt höheren Steuer führen, als eine vorsichtigere Verteilung der AfA, wenn sich dadurch eine gleichmäßigere Gewinnentwicklung ergibt (Rdnr. 384 ff.). Für die Vorteilhaftigkeit sind viele **Aspekte des Einzelfalls** von Bedeutung. Nachfolgend werden daher nur **allgemeingültige steuertaktische Grundsätze** und Hinweise gegeben. 377

2. Steuerspargrundsätze bzw. -möglichkeiten

Steuern knüpfen an **wirtschaftliche Zielgrößen** (Einkommen, Umsatz, Vermögen) an. Es spart vor allem der, für den es solche Zielgrößen nicht gibt. Da es heutzutage kaum noch Bereiche gibt, die nicht steuerbeachtlich sind, empfiehlt sich die Beachtung des Grundsatzes, **alle Maßnahmen** auch unter steuerlichen Gesichtspunkten **überprüfen zu lassen.** 378

Steuergestaltungen können **steuerstundende** (zeitliche Verlagerung) oder **steuersparende** (Steuervermeidung bzw. -reduzierung) Effekte haben. Im ersten Fall verbessert sich betriebswirtschaftlich nur die **Liquidität**, im 379 zweiten auch die **Rentabilität**. Primär steuerstundend wirken **Bewertungswahlrechte**, Abschreibungen, Rückstellungen und Rücklagen. Ihre Wirkung ist stets **zweischneidig**. Der steuersenkenden Wirkung im Zeitpunkt der Vornahme folgen in der Regel im Zeitpunkt der Auflösung **Kompensationen** durch höhere Steuerzahlungen.

380 Es sind **kurzfristige oder langfristige Maßnahmen** denkbar. Da Steuervermeidung meist nicht legal möglich ist, gilt der

▷ **Grundsatz:**

Endgültige **Steuerersparnis geht vor Steuerstundung!**
Langfristigen Gestaltungen ist der Vorzug zu geben, da sich kurzfristige Vorteile später als verfehlt zeigen können. Steuerentlastungen sind immer um so größer, je langfristiger und globaler eine betriebswirtschaftliche Entscheidung ist.

381 Das Feld der **Einflußmöglichkeiten** auf Steuern ist breit. Meist lassen sich endgültige Steuerersparnisse nur durch Ausgaben, also **Vermögensminderungen** erzielen. Die **Besteuerung ist optimal,** wenn sich in jedem Jahr nach Ausschöpfung von Sonderausgaben, außergewöhnlicher Belastung und der Grund- und Freibeträge, gerade keine Steuern ergeben und bei höheren Erträgen keine Gewinnsprünge zu **Progressionseffekten** (Rdnr. 384) führen.

382 Vor dem Besteuerungsideal wirken sich **Verluste besonders negativ** aus. Die steuerliche **Verlustberücksichtigung** nach § 10d EStG ist nicht so attraktiv, wie sie auf den ersten Blick erscheint. Verlustausgleich, -rücktrag und -vortrag erfolgen nicht bis keine Steuern mehr entstehen, sondern bis zum Gesamtbetrag der Einkünfte von 0 DM. Die sogenannten **Sockelfreibeträge** (Sonderausgaben, Grundfreibeträge) gehen verloren, bei Verlustvortrag oder -rücktrag gleich für mehrere Jahre.

383 Die **Möglichkeiten zur Steuerreduzierung** sind vielfältig. Vor allem die folgenden Fallgruppen dienen diesem Ziel:

- Ausnutzung gesetzlicher bzw. tariflicher **Vergünstigungen** (Abschreibungen, Steuersätze, Zulagen, Sonderausgaben),
- Möglichst **volle Ausnutzung** aller **Grund- und Sonderfreibeträge,**
- **Abzug aller Betriebsausgaben,** Werbungskosten, außergewöhnlichen Belastungen,

Steuertaktische Hinweise, Steuergestaltungen 113

- Verlagerung privater Ausgaben in Einkunftssphären (soweit legal möglich),
- Verlagerung von Einnahmen bzw. Ausgaben in Wirtschaftsjahre, in denen sie sich günstiger auswirken,
- Vermeidung negativer **Progressionseffekte**, Rdnr. 384 ff. (Gewinngleichverteilung),
- Überlegte Ausnutzung von Bewertungs-, Aktivierungs- bzw. **Passivierungswahlrechten** (Teilwertabschreibungen, Rückstellungen, Rücklagen, Abgrenzungen),
- **Zivilrechtliche Verträge** mit Angehörigen, Rdnr. 1031 ff. (Arbeits-, Miet-, Pacht-, Berater-, Darlehens-, Nießbrauchsverträge usw.),
- Gestaltungen in **Ausnutzung steuerlicher Rechtsprechung,**
- **Unternehmensformänderungen**, Rdnr. 256 ff. (GmbH, Personengesellschaft, Betriebsaufspaltung usw.),
- **Einkunftsquellenverlagerungen** auf Kinder (Beteiligungen, Spareinlagen, Nießbrauchsverträge usw.),
- Nutzung von **Finanzierungswahlrechten**, Rdnr. 166 ff.,
- Vorsichtiger Ansatz von **Privatanteilen,**
- Richtige **Verlustberücksichtigung ab 1. 1. 1994** nach Neufassung des § 10 d Abs. 1 EStG (StandOG).

Die meisten Möglichkeiten lassen sich **nicht nachträglich** nutzen. Sie erfordern Gestaltungen und konsequente Durchführung von vornherein.

3. Gleichverteilungs- und Verlagerungseffekte

Ins Geld geht vor allem die **Steuerprogression**. Der ESt-Prozentsatz steigt am Ende der sog. unteren Proportionalzone **von 19 v. H. auf 53 v. H.** und (47 v. H. für gewerbliche Einkünfte ab 1994 gem. § 32 c EStG – StandOG) verbleibt dann bei diesem hohem Wert. Es gilt daher der 384

▷ Grundsatz:

Steuerprogression mindern oder steuern!

Der überschaubare **Gesamtgewinn längerer Perioden** sollte möglichst gleich auf die einzelnen Wirtschaftsjahre **verteilt werden (Gesetz der Normallinie)**. Zeiten fallender oder steigender steuerliche Belastungen sind beratungsintensiv. 385

▷ **Wichtig:**
Bei gleichen Steuertarifen sollten **Gewinnsprünge vermieden** werden.

386 Die Möglichkeiten, durch **Gewinnverlagerungen** Einfluß auf die Steuern des laufenden und der kommenden Jahre zu nehmen, sind vielfältig. Man beachte aber, daß wegen der Zweischneidigkeit der Bilanz Gewinnminderungen des laufenden Jahres zu entsprechenden Gewinnerhöhungen in späteren Jahren führen.

387 **Tarifbrüche** und anstehende **Zusatzbelastungen** bieten Chancen zum Steuernsparen. Jede beginnende oder fortfallende **Zusatzbelastung** ist **Ansatzpunkt für steuersparende Gestaltungen**. Außerdem: **Steuerbewußte Unternehmensführung** ist besonders wichtig zu Zeiten hoher steuerlicher Belastungen:

- Nach Tarifsenkungen führen Aufwendungen zu niedrigeren Steuerersparnissen als vorher. Also gilt: **Aufwendungen vorziehen! Einnahmen zurückhalten!**

- Die Belastung durch nicht abziehbare Aufwendungen wird niedriger.

388 Daraus ergeben sich folgende für Gestaltungen **verwertbare Erkenntnisse:**

- Vorziehen von Aufwendungen und Verlustrückträge bewirken höhere Steuereinsparungen.

- Verlagerungen von Gewinnen in Zeiträume mit niedrigerer Tarifbelastung lösen niedrigere Steuern aus.

389 Bewertungs-, Gestaltungs- und Entscheidungswahlrechte lassen sich vor dem Hintergrund vorgenannter Erkenntnisse sinnvoll einsetzen. Zum **Instrumentarium der Gewinnverlagerungen** zählt die Steuerberatung vor allem:

- **Bewertungen beim Vorratsvermögen** (Rdnr. 917 ff.),

- **Abschreibungswahlrechte** (§§ 7 ff. EStG, Rdnr. 541),

- **Bewertungsfreiheiten**, z. B. geringwertige Wirtschaftsgüter (§ 6 Abs. 2 EStG, Rdnr. 1166 ff.),

- Bilden bzw. Auflösen von **Rückstellungen** (Rdnr. 1601 ff.) bzw. steuerfreien Rücklagen (§§ 6b, 6c EStG, Rdnr. 1592 ff.),

- Inanspruchnahme oder Auflösung von **Sonderabschreibungen** (Rdnr. 830 ff.),

Steuertaktische Hinweise, Steuergestaltungen 115

- Pensionsrückstellungen (§ 6a EStG, Rdnr. 1518),
- Vorziehen oder Zurückstellen von **Erhaltungsaufwendungen** oder Betriebsausgaben,
- Inanspruchnahme von **Verlustvor- oder -rückträgen** (Wahlrecht ab 1. 1. 1994),
- Bildung von **gewillkürtem Betriebsvermögen,**
- **Umschuldungen** von **Krediten** in den betrieblichen Bereich (Rdnr. 232).

4. Behandlung von Grundbesitz

Grundbesitz hat für den Unternehmer einen **wichtigen Stellenwert**. Aus Eigentum und der Zuordnung zu **Betriebs-** bzw. **Privatvermögen** (Rdnr. 909 ff.) erwachsen durch Gestaltungen beeinflußbare unterschiedliche **steuerliche Konsequenzen** für laufende Nutzung, Veräußerung, Übertragung, Entnahme und Nutzungsänderung. Auch **haftungsrechtliche Überlegungen** sollten bei der Realisierung von Gestaltungsspielräumen beachtet werden. 390

Bei den Einkunftsarten nach § 2 Abs. 1 Nr. 4–7 EStG werden in der Regel nur die **laufenden Erträgnisse** besteuert. **Stille Reserven** aus der **Veräußerung der Vermögenssubstanz** bleiben unbesteuert. Das sieht für die Gewinneinkunftsarten des § 2 Abs. 1 Nr. 1–3 EStG anders aus. Die ertragsteuerliche Konsequenz z. B. der Veräußerung eines zum Betriebsvermögen gehörenden Grundstücks wird mit zunehmendem Zeitablauf immer beachtlicher. Eine Veräußerung kann auch bei Anwendbarkeit günstiger Tarife (§ 34 EStG) zu **enormen steuerlichen Belastungen** führen. 391

▷ Grundsatz:

In das Betriebsvermögen (Rdnr. 909 ff.) sollen Grundstücke nur, wenn es **steuerlich unvermeidbar** ist. Die Möglichkeit, **gewillkürten Betriebsvermögens** ist bei Grundbesitz auch aus haftungsrechtlichen Gründen im Normalfall keine Perspektive.

Um Grundbesitz aus dem Betrieb herauszuhalten, bedarf es **zivilrechtlicher** Gestaltungen. Zu empfehlen ist eine **Übertragung auf** nicht unternehmerisch tätige **Familienmitglieder** (Ehefrau, Kinder), um ihn über **Mietbzw. Pachtverträge** (Rdnr. 145 ff., 551 ff.) betrieblich nutzen zu können. Eine **Trennung** zwischen **Immobilieneigentum** an den Geschäftsräumlichkeiten und dem **Eigentum am eigentlichen Betrieb** vor allem zwischen 392

Eheleuten ist anzuraten. Dies hält den Grundbesitz aus dem unmittelbaren **Gläubigerzugriff** heraus, beseitigt die Gefahr, eines Tages die stillen Reserven versteuern zu müssen und schafft in Form der Mieten oder Pachten abziehbare Betriebsausgaben, die die GewSt reduzieren.

393 Zu beachten ist, daß diese Gestaltung auch **Gefahren beinhaltet.** Für den Fall von **Ehescheidungen** und für ungewollte Handlungen **volljährig werdender Kinder** müssen rechtliche Vorkehrungen getroffen werden. Als Alternative bieten **Familienpersonengesellschaften** als Grundstücksgesellschaften im Rahmen einer **steuerlichen Betriebsaufspaltung** (Rdnr. 331 ff.) eine günstige Perspektive. Vorsicht: **Faktische Mitunternehmerschaft** droht bei ungünstigem ehelichen Güterstand (Rdnr. 277).

5. Abschluß von Verträgen mit Familienangehörigen

394 Hauptziel legaler Steuertaktik ist die **Minimierung der Gewerbesteuer.** Da auch Angehörige grundsätzlich ihre Rechtverhältnisse steuerlich so günstig wie möglich gestalten dürfen (BFH v. 18. 12. 1990, BStBl 1991 II 581), steht hierzu das gesamte Spektrum der **Verträge mit Angehörigen** (Ehefrau, Kinder, Eltern, Geschwister) zur Verfügung. Miet-, Pacht-, Arbeits-, Darlehens-, Übergabeverträge usw. sind probate Möglichkeiten, die bei umsichtiger und rechtlich **einwandfreier Realisierung** und **Durchführung** zur dauerhaften Minderung des gewerblichen Gewinns führen, ohne daß die Zahlungen dafür den **Vermögensbereich der Familie** verlassen müssen. Eine Trennung zwischen Immobilieneigentum und Betrieb (Rdnr. 145 ff., 392, 551 ff.) erleichtert diese Bestrebungen.

395 Das verbreiteste Mittel vor allem zur **Einsparung von Gewerbesteuern** sind **Arbeitsverträge** mit Angehörigen. **Zusätzliche Einsparungen** ergeben sich bei **Einkommen- und Kirchensteuern** durch Gewinnminderung und Progressionseffekte. Dazu kommt die zusätzliche **Ausschöpfung von Arbeitnehmerfreibeträgen** (Ehefrau) und darüber hinaus die **Grund- und Tabellenfreibeträge**, soweit die Verträge mit getrennt zu besteuernden Personen (Eltern, Kinder) geschlossen werden.

396 Im Verhältnis zu **Ehefrau und haushaltszugehörigen Kindern** werden durch Arbeitsverträge über Betriebsausgaben für den gemeinsamen Haushalt erforderliche **Privatentnahmen eingespart.** Die Folge sind zusätzliche **Liquiditätseffekte.** Bei **Liquiditätsengpässen** können die Nettobeträge dem Betrieb wieder als **Darlehen oder Schenkung** zugeführt wer-

Steuertaktische Hinweise, Steuergestaltungen

den (Vorsicht bei der Realisierung!). Der Spareffekt erhöht sich mit der **Höhe der vereinbarten Vergütungen** (Urlaubsgeld, Weihnachtsgeld, Gratifikationen, Sonderzahlungen, Direktversicherungen, Versorgungszusagen). Die Grenzen anzuerkennender Lohnzahlungen an Familienmitglieder markiert allerdings der sog. Fremdvergleich (Rdnr. 1034 ff.).

6. Änderung der Unternehmensform

Der Unternehmer kann die Rechtsform seines Betriebes nicht frei von steuerlichen Erwägungen wählen. Unsere Besteuerung ist nicht rechtsformneutral. Das Besteuerungsgefälle zwischen Einzelfirma und Personengesellschaft einerseits und den Kapitalgesellschaften andererseits ist noch immer gekennzeichnet durch die unterschiedliche Besteuerung thesaurierter Gewinne und die Doppelbelastung der Kapitalgesellschaft und ihrer Anteilseigner bei der **Vermögensteuer** (Rdnr. 324 ff.). 397

Steueränderungsgesetz 1992 und StandOG versuchten die Rechtsformneutralität zu verbessern. Durch Staffelung der Gewerbesteuermeßzahl im Eingangsbereich der Gewerbeertragsteuer für Personengesellschaften und Einzelunternehmen sollte die gewerbesteuerliche Attraktivität (Rdnr. 302) der Kapitalgesellschaft abgemildert werden. Die Anhebung des Freibetrages für das Betriebsvermögen mindert die noch bestehenden Doppelbelastungen bei Kapitalgesellschaften. Eine **steuerlich motivierte Rechtsformwahl** kann nur eine **Einzelfallentscheidung** sein, die Vor- und Nachteile gegeneinander abwägt. **Entscheidungshilfe** sollen die Ausführungen in Rdnr. 256 bis 349 sein. 398

Mitunternehmergemeinschaften in Form von **Familienpersonengesellschaften** bzw. **atypischen stillen Gesellschaften** (Rdnr. 275) mit Kindern (auch minderjährigen) haben zwar keine gewerbesteuerlichen Effekte, führen aber durch **Gewinnverlagerungen** zu **Progressionseffekten** und zur **zusätzlichen Inanspruchnahme** von **Grundfreibeträgen**, ohne daß Gewinnanteile die Familie verlassen. Vor der Bildung einer Familienpersonengesellschaft sollte aber wegen der GewSt-Einsparung geprüft werden, ob ein **Arbeitsvertrag** nicht steuerlich günstiger ist. 399

7. Empfehlungen zur Erbschaftsteuer

Das **Vermögen der Nachkriegsgeneration** wird dem Fiskus erhebliche ErbSt einbringen. Daher ist es ratsam, an die „letzte Steuer" schon zu 400

Lebzeiten zu denken. Oft bleiben die Chancen ungenutzt, die Steuerlast der Erben zu optimieren. Das Gesetz bietet attraktive Möglichkeiten, die auch ertragsteuerliche Nebeneffekte auslösen.

401 Durch den auf zehn Jahre festgelegten Zusammenrechnungsspielraum nach § 14 ErbStG lassen sich Freibeträge für Zuwendungen von **demselben Schenker** an **denselben Beschenkten** mehrfach nutzen. Jeder Elternteil kann innerhalb des vorgenannten Zeitraumes **90 000 DM erbschaftsteuerfrei** jedem Kind übertragen; bei zwei Kindern sind das zusammen stattliche 360 000 DM. Werden dabei **inländische Immobilien** verschenkt, so werden sie nur mit dem auf 140 v. H. erhöhten Einheitswert angesetzt, nicht mit dem meist deutlich höheren Verkehrswert.

402 Nach Ablauf von zehn Jahren kann **das gleiche wiederholt** werden. Zu beachten ist, daß beim Einsatz der **Ehefrau als Vorerbe** vor den Kindern insgesamt eine **Doppelbelastung** eintreten kann. Eine unmittelbare **Einsetzung der Kinder** gekoppelt mit einem Nießbrauchsvermächtnis für den Ehegatten kann steuerlich deutlich günstiger sein. Wenn testamentarisch die **Enkel** gleich mit bedacht werden, nutzt der zukünftige Erblasser auch diese Freibeträge in Höhe von jeweils 50 000 DM aus.

403 Auch die **Erträge des ererbten Vermögens** sind dann von den Kindern zu versteuern. Das hilft deren **Tabellenfreibeträge** auszunutzen und darüber hinaus Progressionsvorteile zu erzielen.

404 Die ab 1. 1. 1993 durch das StÄndG 1992 in der geänderten Fassung nach Art. 24 Nr. 3 des Gesetzes zur Umsetzung des Föderalen Konsolidierungsprogramms (FKPG) umgestellte vermögensteuerliche **Bewertung des Betriebsvermögens** auf **ertragsteuerlichen Bilanzwerte** kann auch zu niedrigeren erbschaftsteuerlichen Wertansätzen führen und einen **Schenkungsteuerzeitpunkt** nach dem 1. 1. 1993 nahelegen. Mittelfristig ist Vorsicht geboten. Die Bundesregierung strebt eine **Anhebung der Einheitswerte** an. Ab 1. 1. 1994 ist für gewerbliches Betriebsvermögen ein Freibetrag von 500 000 DM eingeführt worden (Art. 13 StandOG).

▷ **Hinweis:**

Durch das StÄndG 1992 ist die in § 28 ErbStG vorgesehene **Stundung der Erbschaftsteuer** ab dem 26. 2. 1992, Tag der Gesetzesänderung, **zinslos**, soweit sie auf Betriebs- oder land- und forstwirtschaftliches Vermögen entfällt.

8. Steuervorteile für die neuen Bundesländer

Literatur: *M. Söffing,* Steuerliche Förderung der Unternehmen im Beitrittsgebiet, BuW 1991, 217; *Paus,* Steuerliche Förderungsmaßnahmen in den neuen Ländern, Herne/Berlin 1991.

Für das Beitrittsgebiet gelten bedeutsame steuerliche Vergünstigungen. **405** Ein **Bündel von Möglichkeiten** für betriebliche, aber auch teilweise private Investitionen schaffen **attraktive Bedingungen** im Beitrittsgebiet. Investitionszulage und Sonderabschreibungen können sogar kumulativ, also nebeneinander, in Anspruch genommen werden. Die wichtigsten Möglichkeiten sind:

- **Investitionszulage** für betriebliche Investitionen von 12 bis 8 v. H. der Jahre 1991 bis 1994 (Investitionszulagengesetz v. 24. 6. 1991, Rdnr. 842 ff.);

- **Sonderabschreibungen** von 50 v. H. der betrieblichen Anschaffungs- oder Herstellungskosten in den Jahren 1991 bis 1996; steuerfreie Rücklagen (Fördergebietsgesetz v. 24. 6. 1991, Rdnr. 834);

- **Erweiterung des Objektverbrauches** nach § 10e EStG auf ein zusätzliches drittes Objekt, wenn Steuerpflichtige ihren Wohnsitz in die neuen Bundesländer verlegen und dort eine weitere eigengenutzte Wohnung erwerben oder bauen;

- **Sonderabschreibungen** von 50 v. H. der Anschaffungs- oder Herstellungskosten für vermietete Neubauten und nachträgliche Herstellungskosten in den Fördergebieten (§ 3 Fördergebietsgesetz v. 24. 6. 1991, Rdnr. 836);

- **Nachträgliche Herstellungs- oder Erhaltungsaufwendungen** der Jahre 1991 bis 1996 für eigengenutzte Gebäude können nach § 7 Abs. 1 Fördergebietsgesetz v. 24. 6. 1991 bis zu 40 000 DM in zehn Jahresraten von je 10 v. H. als Sonderausgaben abgesetzt werden (Rdnr. 838 ff.);

- **Gewerbekapital- und Vermögensteuer** werden bis einschließlich 1995 ausgesetzt.

(Einstweilen frei) **406–415**

Abschnitt B:
Gewinnermittlung, Buchführung, Aufzeichnungen, Aufbewahrung, Ordnungsmäßigkeit

1. Gewinnermittlungsarten

a) Allgemeine Hinweise

416 Die **Gewinnermittlung** ist Voraussetzung für die steuerliche Erfassung der **Gewinneinkünfte**, zu denen gemäß § 2 Abs. 1 Nr. 2 EStG auch die **Einkünfte aus Gewerbebetrieb** der Baubetriebe und des Baunebenhandwerks gehören.

417 § 5 EStG (Abschn. 28 EStR) verlangt eine Gewinnermittlung aufgrund ordnungsmäßiger **kaufmännischer Buchführung** (Rdnr. 518 ff.) nach den **Grundsätzen des Handelsrechts**. In Frage kommt außerdem der **Betriebsvermögensvergleich** gemäß § 4 Abs. 1 EStG (Abschn. 12 EStR) oder für Kleingewerbetreibende die **Einnahme-Überschußrechnung** nach § 4 Abs. 3 EStG.

418 Die **Gewinnermittlungsart** hat Auswirkungen auf **Gewinnhöhe und Steuerbelastung**. Bei „Bestandsvergleich" (§§ 4 Abs. 1 bzw. 5 EStG) bestimmt sich der Gewinn nach den Grundsätzen des **Realisationsprinzips** (Rdnr. 428 ff.). Die **Einnahme-Ausgaberechnung** vernachlässigt als **reine Geldflußrechnung** (Rdnr. 431 ff.) Außenstände (z. B. Kundenforderungen), Geldbestände (Kasse, Bank, Postscheckkonto), Warenvorräte, Verbindlichkeiten (Lieferantenverbindlichkeiten) und Zahlungsrückstände. Sie kennt **keine Rückstellungen** und sonstigen Verbindlichkeiten.

▷ Hinweis:

Wenn **nicht** von vornherein **Buchführungspflicht** nach § 238 HGB (Rdnr. 464) besteht, sollte abgewogen werden, nach welcher Gewinnermittlungsmethode in der **Anlaufphase** zu erwartende **Verluste** aus Sicht der Steuerminimierung niedriger gehalten werden können (Rdnr. 371 ff.).

Gewinnermittlungsarten 121

b) Grundsatz der Gesamtgewinngleichheit

Literatur: *Bichel*, Übergang von der freiwilligen Buchführung zur Überschußrechnung, Inf 1986, 441; *Ritzrow*, Übergang von der Gewinnermittlung nach § 4 Abs. 3 zur Gewinnermittlung nach § 4 Abs. 1 bzw. § 5 EStG, StW 1988, 57.

Bestandsvergleich und Einnahmeüberschußrechnung sind Verfahren, die zu **unterschiedlichen Gewinnen** kommen. **Gewinnermittlung** schlechthin ist die kaufmännische Buchführung **nach Handelsrecht (§ 5 EStG)**. Die **Einnahme-Überschußrechnung** gilt als eine **vorübergehende Erleichterung** und soll zu keinem anderen „Totalgewinn" führen. Beim freiwilligen oder gesetzlichen **Übergang zur Buchführung**, spätestens bei der Betriebsaufgabe bzw. -veräußerung, wird die **Totalgewinngleichheit** durch Übergangskorrekturen (Abschn. 17 Abs. 8 EStR) realisiert. Der Grundsatz der Totalgewinngleichheit ist an verschiedenen Stellen durchbrochen. 419

c) Betriebsvermögensvergleich nach § 5 bzw. § 4 Abs. 1 EStG

LEXinform
▶ BSt-BG-0125 ◀

aa) Allgemeine Hinweise

Literatur: *Ritzrow*, Der Personenkreis für die Gewinnermittlung nach § 5 EStG, StBp 1988, 68.

Der **Bestandsvergleich nach § 4 Abs. 1 EStG** ist für den Bauunternehmer bzw. Handwerker der Baunebenbranche anwendbar bei **Schätzung,** wenn der Unternehmer, ohne buchführungspflichtig zu sein, weder freiwillig Bücher führte, noch seinen Gewinn nach § 4 Abs. 3 EStG ermittelte (BFH v. 30. 9. 1980, BStBl 1981 II 301). 420

Gewinnermittlung nach § 4 Abs. 1 EStG findet Anwendung für kleine Gewerbetreibende zur Berechnung eines **Aufgabe- bzw. Veräußerungsgewinns,** wenn sie bis dahin ihren Gewinn nach § 4 Abs. 3 EStG berechnet haben. 421

Sind Unternehmer nach Handels- (Rdnr. 464) oder Steuerrecht (Rdnr. 465 ff.) buchführungspflichtig oder führen sie freiwillig Bücher, so haben sie ihre Gewinne nach **handelsrechtlichen Grundsätzen ordnungsmäßiger Buchführung** (§ 5 EStG; Rdnr. 518 ff.) zu ermitteln. Diese Rechtsgrundlage gilt für **Voll-, Formkaufleute** und andere Gewerbetreibende, bei denen die **Wertgrenzen des § 141 Abs. 1 AO** (Rdnr. 466) überschritten werden. 422

Betriebe des **Bau- und Baunebenhandwerks** sind in der Regel **buchführungspflichtig.** Ein besonderes **Buchführungsverfahren** ist **nicht** vorge- 423 schrieben. Der Markt bietet eine große **Palette von Möglichkeiten.** Der Unternehmer sollte dem Rat seines Steuerberaters folgen.

424 Die Gewinnermittlung nach § 5 EStG wird beherrscht durch die **Grundsätze der Gewinnrealisierung** (Realisationsprinzip; Rdnr. 428 ff.) und, soweit steuerliche Grundsätze nicht entgegenstehen, dem **Niederstwertprinzip.** Dabei gelten die folgenden

▷ **Grundsätze:**

Nicht realisierte Gewinne dürfen nicht und
nicht realisierte Verluste sollen ausgewiesen werden.

425 Besteht **Buchführungspflicht,** hat aber der Unternehmer seine Gewinne nur **nach § 4 Abs.** 3 EStG ermittelt, so ist der Gewinn nach § 5 EStG zu schätzen (BFH v. 2. 3. 1971, BStBl II 431).

426 **Vorteile** der Gewinnermittlung durch **Bestandsvergleich:**

- Genaue **Periodenabgrenzung,**

- **Rückstellungen,** Delkredere, Verbindlichkeiten usw. beeinflussen den Gewinn (Nachteil in der Anlaufphase),

- **Zufälligkeiten** bei Zahlungszu- und -abflüssen **werden ausgeschaltet.**

427 **Nachteile** der Gewinnermittlung durch Bestandsvergleich:

- Noch **nicht verfügbare Erlöse** (Kundenforderungen) werden vor Geldeingang versteuert.

- Das **Realisationsprinzip** läßt nur **begrenzte Beeinflussung** der Ertragssituation zu.

▷ **Fazit:**

Gleichmäßige Gewinne sind unter Progressionsgesichtspunkten vorteilhafter (Rdnr. 384 ff.). Daher sollten **Gewinnsprünge vermieden** werden. Dies Ziel läßt der Bestandsvergleich (Teilwertansätze, Rückstellungen, Garantieverpflichtungen; Rdnr. 1612) am ehesten zu.

bb) Branchenbedeutung des Realisationsprinzips

Literatur: *Heinlein,* Bewertung von Forderungen in der Handels- und Steuerbilanz, Inf 1980, 361; *v. Wallis,* Gewinnverwirklichung im Steuerrecht, NWB F. 3, 6141; *Selchert,* Das Realisationsprinzip, DB 1990, 797.

Gewinnermittlungsarten

Die **Pflicht zur Gewinnrealisierung** richtet sich nach § 252 Abs. 1 Nr. 4 HGB. Bei Gewinnermittlung nach § 5 EStG sind Gewinne erst zu realisieren, wenn der Bauunternehmer seine **gegenseitigen Verträge im wesentlichen erfüllt** und der Bauherr die **Leistungen abgenommen** (§ 640 BGB) hat. Mit der **Bauabnahme** endet das Stadium eines „**teilfertigen Bauwerks**" (Rdnr. 1685 ff.) als schwebendes Geschäft. 428

Bauverträge sind nach geltendem Bilanzsteuerrecht als Forderungen zu aktivieren, wenn nach den **Grundsätzen des BGB** der Anspruch auf Gegenleistung in nicht mehr streitig zu machender Weise entstanden ist (BFH v. 17. 1. 1963, BStBl III 257; v. 5. 5. 1976, BStBl 1976 II 541). Auf die **Fälligkeit der Forderung** oder Zahlung kommt es nicht an (BFH v. 7. 11. 1957, BStBl 1958 III 65; v. 4. 12. 1958, BStBl 1959 III 112). Rückstellungen für **Verluste aus Bauverträgen** sind zu bilden (Rdnr. 1613). 429

Das Problem hat in der Branche **besondere Bedeutung**. Auch wenn sich ein Bauwerk **über Jahre** erstreckt, darf und muß ohne Vorliegen **abgrenzbarer Teilleistungen** der gesamte Gewinn erst nach Beendigung der Bauausführung ausgewiesen werden. Das führt nicht selten zu unter Progressionsgesichtspunkten steuerlich **negativen Gewinnsprüngen.** 430

d) Gewinnermittlung durch Überschußrechnung (§ 4 Abs. 3 EStG)

LEXinform
▶ BSt-BG-0130 ◀

Literatur: *Ritzrow,* Der Überschuß der Betriebseinnahmen über die Betriebsausgaben, StW 1988, 139; *Veigel,* Die Einnahme-Überschußrechnung, Inf 1990, 1; *Zimmermann,* Die Einnahmne-Überschußrechnung gemäß § 4 Abs. 3 EStG, NWB F. 17, 909.

aa) Kannvorschrift

Betriebe, die **nicht** nach §§ 140 ff. AO **buchführungspflichtig** sind und auch **freiwillig keine Bücher führen**, können ihre Gewinne nach § 4 Abs. 3 EStG durch Einnahme-Überschußrechnung ermitteln. Vom Bauhandwerk bzw. Baunebengewerbe werden nur **wenige kleinere Betriebe** darunter fallen. 431

▷ **Hinweis:**

Die Einnahme-Überschußrechnung ist von ihrer **Ausgangsüberlegung** einfach, beinhaltet aber faktisch **erhebliche Schwierigkeiten.**

Die Gewinne nach Maßgabe der Einnahme-Überschußrechnung sind der Besteuerung zugrunde zu legen, wenn sich der Unternehmer dafür durch 432 schlüssiges Verhalten entschieden hat (Kannvorschrift; BFH v. 30. 9. 1980, BStBl 1981 II 301). Die Entscheidung muß nach außen dokumentiert sein. Das Sammeln der Einnahmebelege reicht dafür aus (BFH v. 13. 10. 1989, DB 1990, 664). Zeichnet er **nur Einnahmen** auf und **sammelt die Ausgabenbelege**, so hat er sich für die Gewinnermittlung nach § 4 Abs. 3 EStG entschieden (BFH v. 20. 5. 1988, BFH/NV 1990, 17).

433 Erstellt der Unternehmer eine **Eröffnungsbilanz** und richtet eine laufende Buchführung ein, so hat er sich für den **Bestandsvergleich entschieden** (BFH v. 29. 4. 1982, BStBl II 593) und muß sich auch danach besteuern lassen.

434 Die gewählte Gewinnermittlungsart bestimmt auch ein eventuell notwendiges **Schätzungsverfahren**. Hat der Bauunternehmer seine Gewinne zulässigerweise nach § 4 Abs. 3 EStG berechnet, hat auch eine notwendige **Schätzung nach Geldrechnung** zu erfolgen (BFH v. 2. 3. 1982, BStBl 1984 II 504).

bb) Grundsätze der Einnahme-Überschußrechnung

435 Bei Einnahme-Überschußrechnung konkretisiert sich der Gewinn nach dem **Zufluß-/Abflußprinzip** des § 11 EStG (Abschn. 116 EStR). Der Zeitpunkt der **Erbringung der Leistung** und Gesichtspunkte der Gewinnrealisierung (Rdnr. 428 ff.) sind **ohne Bedeutung**. Auch **Vorschüsse, Teilzahlungen, Vorauszahlungen** bzw. **Anzahlungen** sind bereits als Betriebseinnahmen zu erfassen (BFH v. 20. 5. 1954, BStBl III 314). Es werden **Gewinne und Verluste** besteuert, die **nicht realisiert** worden sind.

- **Betriebseinnahmen** sind zugeflossen, wenn der Unternehmer über sie wirtschaftlich verfügen kann (BFH v. 30. 4. 1974, BStBl II 514; v. 29. 4. 1982, BStBl II 593).

- **Betriebsausgaben** sind in dem Kalenderjahr abzusetzen, in dem sie geleistet worden sind.

- Entstehende **Progressionsnachteile** liegen im Wesen der Abschnittsbesteuerung und müssen in Kauf genommen werden (BFH v. 2. 4. 1974, BStBl II 540).

436 Ausnahmen vom Zufluß-/Abflußprinzp bilden:

- Regelmäßig **wiederkehrende Betriebseinnahmen** oder -ausgaben (§ 11 Abs. 1 und 2 EStG).

Gewinnermittlungsarten

- Abnutzbares Anlagevermögen; es gilt § 7 EStG (§ 4 Abs. 3 Satz 3 EStG).
- § 6 Abs. 2 EStG ist anzuwenden (Abschn. 40 Abs. 5 EStR); Bezahlung ist nicht entscheidend.
- Die Anschaffungs- oder Herstellungskosten für **nicht abnutzbare Wirtschaftsgüter des Anlagevermögens** sind erst im Zeitpunkt der Veräußerung oder Entnahme als Betriebsausgaben zu berücksichtigen (§ 4 Abs. 3 Satz 5 EStG).
- **Durchlaufende Posten** scheiden als Betriebseinnahmen bzw. -ausgaben aus (§ 4 Abs. 3 Satz 2 EStG).
- Vorauszahlungen **ohne wirtschaftlichen Grund** sind nicht abziehbar (BFH v. 23. 9. 1986, BStBl 1987 II 219; v. 11. 8. 1987, BStBl 1989 II 702).

cc) Besonderheiten im einzelnen

Die Einnahme-Überschußrechnung vernachlässigt **Vermögensänderungen** und läßt weder **gewillkürtes Betriebsvermögen** noch **Teilwertabschreibungen** zu. Zinsen sind nur Betriebsausgaben nach dem **Verursachungsprinzip** (Rdnr. 234).

Alle **Geldkonten** (Kasse, Bank, Postscheck) sind **grundsätzlich Privatvermögen**. **Betriebliche Geldeingänge** gelten als mit dem Geldeingang auf dem Konto entnommen (BFH v. 25. 1. 1962, BStBl III 366). Daher stellen **Geldverluste** durch Diebstahl bzw. Unterschlagung grundsätzlich keine Betriebsausgaben dar.

Umsatzsteuern sind bei Gewinnermittlung nach § 4 Abs. 3 EStG Betriebseinnahmen bzw. -ausgaben (BFH v. 19. 2. 1975, BStBl II 441). Sie gehören **nicht zu den durchlaufenden Posten,** da sie vom Unternehmen im eigenen Namen vereinnahmt bzw. verausgabt werden (BFH v. 18. 12. 1975, BStBl II 370).

Vorsteuererstattungen des Finanzamts, Rückzahlungen überzahlter USt, deren Verrechnung mit ESt und die in den Bruttoentgelten **enthaltene Umsatzsteuer** sind Betriebseinnahmen. Die USt auf Eigenverbrauch gilt als fiktive **Betriebseinnahme**.

437

438

439

440

441 Umsatzsteuerzahlungen an das Finanzamt, die Bezahlung der anteiligen abziehbaren Vorsteuern im Einstandspreis der Waren-, Materialeinkäufe und Anlagenzugänge sind Betriebsausgaben.

442 Nach Maßgabe des § 15 UStG **nicht abziehbare Vorsteuern** sind bei Anlagegütern **Anschaffungs- bzw. Herstellungskosten.** Sie werden über die AfA nach § 7 EStG anteilig zur Betriebsausgabe. Zur Anschaffung von **nicht abnutzbaren Anlagegütern** Hinweis auf Abschn. 17 Abs. 3 Satz 5 EStR.

443 Bauunternehmer bzw. Handwerker des Baunebengewerbes, die zulässigerweise ihren Gewinn durch Einnahme-Überschußrechnung ermitteln, brauchen lediglich die

• Materialeinkäufe (§ 143 AO; § 22 Abs. 2 Nr. 5 UStG),

• Unkosten mit Vorsteuerabzug (§ 22 Abs. 2 Nr. 5 UStG),

• Betriebseinnahmen (§ 22 Abs. 2 Nr. 2 UStG) und den

• Eigenverbrauch (§ 22 Abs. 2 Nr. 4 UStG)

aufzuzeichnen (BFH v. 2. 3. 1982, BStBl 1984 III 504). Hinweis auf Rdnr. 476 ff. Aufzeichnungspflichten nach AO und anderen Gesetzen haben vor allem für Gewinnermittlung nach § 4 Abs. 3 EStG Bedeutung. Diese Gewinnermittlungsvorschrift enthält selbst keine eigenständigen Aufzeichnungspflichten.

444 Das Finanzamt darf einen Gewinn nach § 4 Abs. 3 EStG nur ermitteln oder schätzen, wenn sich der Unternehmer **für diese Gewinnermittlung entschieden** hat (Rdnr. 431; BFH v. 30. 9. 1980, BStBl 1981 II 301).

dd) Vorteile, Nachteile der Einnahme-Überschußrechnung

445 Die Einnahme-Überschußrechnung hat folgende Vorteile:

• Bessere **Beeinflussungsmöglichkeiten** von Gewinn bzw. Verlust (Bezahlungen bzw. Einkäufe noch vor Jahresende helfen bei guter Gewinnlage Freibeträge und Tabellenvorteile auszunutzen).

• **Geringer Arbeitsaufwand** (keine Bestandsaufnahmen, Bestandsfortschreibungen, Rückstellungen).

• **Geringere Anforderungen** an Aufzeichnungen für Bareinnahmen (Rdnr. 447 ff.).

• **Nur die Geldeingänge** von Kunden werden besteuert.

Nachteile der Einnahme-Überschußrechnung: 446
- **Unbeeinflußbare Zufälligkeiten** bei Zuflüssen führen zu ungleichmäßiger Ertragssituation.
- Wirtschaftlich **nicht erzielte Gewinne** bzw. Verluste werden besteuert.

ee) Kassenaufzeichnungen bei Gewinnermittlung nach § 4 Abs. 3 EStG

Wer seinen Gewinn zulässigerweise durch Einnahme-Überschußrechnung nach § 4 Abs. 3 EStG ermittelt, hat nur **reduzierte Aufzeichnungspflichten** für den Bereich der baren Betriebseinnahmen. Vorschriften, wie bei Einnahme-Überschußrechnung die Betriebseinnahmen zu ermitteln sind, finden sich weder im EStG noch in der AO. Daher **entfällt** die Pflicht zur **geschlossenen Kassenführung** ebenso wie die aus dem HGB herzuleitende **Einzelaufzeichnungsverpflichtung**. Der Einnahme-Überschußrechner braucht auch **Entnahmen und Einlagen** von Geld nicht aufzuzeichnen. 447

Da die Einnahme-Überschußrechnung **keine Bestandserfassung** kennt, gibt es auch **keine Pflicht** zur **täglichen Kassenbestandsaufnahme**. Eine **geschlossene Kassenführung** wie bei buchführenden Unternehmern wird **nicht verlangt**. Die **Kassenfehlbetragsproblematik** ist beim Einnahme-Überschußrechner daher kein Thema. Ihn trifft keine Verpflichtung, ein Kassenkonto bzw. Kassenberichte zu führen. Nach FG Bremen v. 16. 3. 1979, EFG S. 449, reicht es aus, wenn die Bareinnahmen **summarisch durch Auszählen** (Kassensturz) ermittelt und die durch Belege festgehaltenen Kassenausgaben hinzugerechnet werden. Dem **Erfordernis des § 146 Abs. 1 Satz 2 AO** nach fortlaufender Aufzeichnung wird so entsprochen. Eine weitergehende Verpflichtung hält das FG Bremen (a. a. O.) auch aus § 22 UStG nicht für gegeben. 448

e) Grundsätze beim Wechsel der Gewinnermittlungsart

Geht ein Unternehmer von der Einnahme-Überschußrechnung zum Bestandsvergleich über oder umgekehrt, so muß der Gewinn des Übergangsjahres **korrigiert werden** (Abschn. 19 EStR). Nach dem Grundsatz der Gesamtgewinngleichheit (Rdnr. 419) sind beim Systemwechsel Geschäftsvorfälle durch **Zu- oder Abrechnungen** nachzuversteuern, die noch nicht versteuert wurden. Eintretende **Doppelerfassungen** sind zu 449 neutralisieren (BFH v. 24. 1. 1985, BStBl II 255). Ausgangspunkt dafür sind die Eröffnungs- bzw. Schlußbilanz des Beginns oder Endes des Gewinnermittlungszeitraumes durch Bestandsvergleich.

450–455 *(Einstweilen frei)*

2. Steuerliche Bedeutung von Buchführungs- und Aufzeichnungspflichten

LEXinform
▶ BSt-BG-0135 ◀

Literatur: Bp-Kartei der OFD Düsseldorf–Köln–Münster, Teil I, Buchführung (Buchführungspflichten); Aufzeichnungen.

a) Allgemeine steuerliche Hinweise

456 Buchführungspflichten dienen der **Realisierung der Gewinnermittlungen** nach § 4 Abs. 1 bzw. 5 EStG. Die Pflicht zur Führung von Büchern kann auf §§ 140 (Rdnr. 464) oder 141 AO (Rdnr. 465 ff.) beruhen. Es handelt sich dabei um **keine höchstpersönlichen Verpflichtungen**. Dritte können zur Erfüllung hinzugezogen werden (Berater, Organisationen, Buchhalter).

457 **Buchführungs- und Aufzeichnungspflichten** sind die intensivste Form der dem Unternehmer nach § 90 Abs. 1 AO obliegenden **Mitwirkungspflichten**. Ihre Erfüllung hat **Beweisfunktion**. Die sich daraus ergebenden Besteuerungsgrundlagen werden der Besteuerung zugrunde gelegt (**Anscheinsvermutung**), soweit kein Anlaß besteht, ihre sachliche Richtigkeit zu beanstanden (§ 158 AO). Buchführungs- und Aufzeichnungspflichten dienen auch der Erfüllung der objektiven Beweislast (**Feststellungslast**) des Unternehmers (BFH v. 24. 6. 1976, BStBl II 562).

458 Buchführungspflichten beschränken sich auf die **Gewinneinkünfte des § 2 Abs. 1 Nr. 1–2 EStG**. Sie betreffen alle der jeweiligen Einkunftsarten zuzuordnenden betriebliche Vorgänge (Geschäftsvorfälle).

459 Über § 140 AO werden **außersteuerliche Buchführungs- und Aufzeichnungspflichten** für die Besteuerung nutzbar gemacht. In Betracht kommen die:

• **Buchführungspflichten** des Handels-, Gesellschafts- und Genossenschaftsrechts.

• **Aufzeichnungspflichten** für bestimmte Betriebe und Berufe nach Gewerberecht (OFD Hannover, AO-Kartei, § 140 K. 1).

Steuerliche Bedeutung 129

▷ **Wichtig:**

Buchführungspflichten nach § 140 oder 141 AO haben in gleicher Weise den **handelsrechtlichen Grundsätzen** ordnungsmäßiger Buchführung zu entsprechen (§ 5 Abs. 1 EStG). Das gilt auch, wenn der Unternehmer **freiwillig Bücher führt.** Ein besonderes Buchführungssystem bzw. -verfahren ist nicht vorgeschrieben.

Die Buchführungspflicht ist **betriebsbezogen** (BFH v. 23. 2. 1978, BStBl II 477). Sie geht stets auf den über, der den Betrieb als Eigentümer, Nutzungsberechtigter, Erbe usw. übernimmt. Auch für den **Pächter eines Unternehmens** besteht Buchführungspflicht i. S. von § 141 Abs. 2 AO, wenn der **Rechtsvorgänger buchführungspflichtig** war. Das gilt auch für einen Konkursverwalter (BFH v. 8. 6. 1972, BStBl II 784) und bei Übernahme des Betriebes durch eine neu gegründete Personengesellschaft bestehend aus dem bisherigen Einzelunternehmer und seinem Sohn (BFH v. 23. 2. 1978, BStBl II 477). 460

▷ **Hinweis:**

Bei **Betriebsaufgabe oder -veräußerung** sind alle damit zusammenhängenden Maßnahmen noch buchführungspflichtig.

b) Inhalt und Zweck der Buchführungspflicht

Buchführung beinhaltet die **laufende, systematische Erfassung** und Dokumentation **aller betrieblichen** Geschäftsvorfälle eines gewerblichen bzw. land- und forstwirtschaftlichen Betriebes nach den handelsrechtlichen Grundsätzen ordnungsmäßiger Buchführung (Abschn. 29 EStR; Rdnr. 518 ff.) in **übersichtlicher und nachprüfbarer Weise** (§§ 145, 146 AO). Die Buchführung bezweckt, Vermögen und Vermögensentwicklung des Buchführungspflichtigen klar, übersichtlich und nachprüfbar zu dokumentieren. Sie dient dem Gläubigerschutz, erfüllt Beweissicherungs- und Informationsfunktion, dient dem Gesellschafterschutz, der Sicherung des Rechtsverkehrs und soll die **gesetzmäßige Besteuerung** gewährleisten. 461

c) Inhalt und Zweck der Aufzeichnungspflichten

Aufzeichnungspflichten betreffen alle Einkunftsarten des § 2 Abs. 1 EStG. Sie **beschränken sich** im Gegensatz zur Buchführungspflicht **auf Sachverhalte,** die das Gesetz als aufzeichnungspflichtig darstellt, also stets auf **begrenzte Teilbereiche** von Geschäftsvorfällen. Ihrer Zweck- 462 bestimmung nach vermitteln Aufzeichnungen **keinen umfassenden Überblick** über die Vermögenslage. **Aufzeichnungspflichten aus nicht steuerlichen Gesetzen** sind über § 140 AO auch steuerlich beachtlich.

463 Aufzeichnungspflichten nach **steuerlichen und außersteuerlichen Rechtsgrundlagen** betreffen auch den Kreis der Buchführungspflichtigen. Sie sind bei ihnen in der Regel als im Rahmen einer ordnungsmäßigen Buchführung erfüllt anzusehen. Bedeutung haben Aufzeichnungspflichten daher vor allem **bei Gewinnermittlung nach** § 4 Abs. 3 EStG (Rdnr. 431 ff.).

3. Buchführungspflichten

LEXinform
▶ BSt-BG-0140 ◀

Literatur: *Fähnrich*, Buchführungspflicht nach § 141 AO für bestimmte Steuerpflichtige, BBK F. 8, 973; Beck'scher Bilanzkommentar, 2. Auflage, München 1990; *Eschler*, Buchführung kleinerer und mittelständischer Betriebe, BuW 1991, 10.

a) Handelsrechtliche Buchführungspflichten (§ 140 AO)

464 § 238 Abs. 1 HGB verpflichtet **jeden Kaufmann**, Bücher zu führen und in diesen seine Handelsgeschäfte und die Lage seines Vermögens nach den **Grundsätzen ordnungsmäßiger Buchführung** (Rdnr. 518 ff.) ersichtlich zu machen. Kaufleute im Sinne dieser Vorschrift sind Personen bzw. Handelsgesellschaften nach Maßgabe der §§ 1–7 HGB. Zur **Kaufmannseigenschaft** der Bau- und Baunebenhandwerker vgl. Rdnr. 31. Zur Buchführungspflicht der Bauunternehmer aufgrund des § 238 HGB hat der BGH im Urteil vom 15. 12. 1954 1 StT 178/53 wie folgt Stellung genommen:

- „Für Bauunternehmer besteht in der Regel keine Buchführungspflicht, denn sie betreiben kein Grundhandelsgeschäft i. S. des § 1 Abs. 2 HGB. Bauunternehmer pflegen zwar Waren (Baustoffe) anzuschaffen, aber nicht, um sie als solche weiterzuveräußern. Ihre Vertragspflicht ist vielmehr auf die Herstellung eines Bauwerks, also einer unbeweglichen Sache gerichtet, dafür sind die Baustoffe nur ihre Arbeitsmittel.

- Ein Bauunternehmer ist jedoch Kaufmann und als solcher zur Buchführung verpflichtet, wenn er neben seinem Baugeschäft den Handel mit Baustoffen betreibt (§ 1 Abs. 2 Nr. 1 HGB) oder in das Handelsregister eingetragen ist (§ 2 HGB)."

b) Steuerliche Buchführungspflichten (§ 141 AO)

Literatur: *Zwank,* Die Buchführungspflicht nach § 141 AO, StBp 1986, 253; *Eschler,* Buchführung kleinerer und mittelständischer Unternehmen, BuW 1991, 10; *Westerfelhaus,* Buchführungspflicht für Sonderbetriebsvermögen einer Personengesellschaft, DB 1991, 1340.

§ 141 AO erweitert den nach außersteuerlichen Normen buchführungspflichtigen **Personenkreis** nach Maßgabe bestimmter Umsatz-, Gewinn- oder Vermögensmerkmale. Diese **originär steuerliche Verpflichtung** hat nur Bedeutung, wenn nicht bereits Buchführungspflicht nach HGB über § 140 AO gegeben ist (**subsidiär**). 465

Durch § 141 AO werden **Handwerker, Dienstleistungsbetriebe** und **Minderkaufleute** zur Führung von Büchern verpflichtet, wenn für den Betrieb eines der folgenden **drei Merkmale** nach den Feststellungen der Finanzbehörde überschritten wird: 466

- **Umsätze** mehr als 500 000 DM im Kalenderjahr,

- **Betriebsvermögen** mehr als 125 000 DM oder

- **Gewinn** aus Gewerbebetrieb mehr als 36 000 DM (48 000 DM geplant – Art. 20 StMBG).

Obwohl die Buchführungspflicht kraft Gesetzes entsteht, ist ihre Erfüllung nach § 141 Abs. 2 AO im Gegensatz zu § 140 AO (vgl. Rdnr. 464) von einer **Aufforderung der Behörde** abhängig. Für den Beginn der originären Buchführungspflicht ist **auch dann die Aufforderung** der Finanzbehörde erforderlich, wenn der Unternehmer bereits **freiwillig Bücher** führt (FG Münster v. 15. 6. 1983 rkr., EFG 1984, 149). Sie ist vom **Beginn des Wirtschaftsjahres** an zu erfüllen, das auf die Bekanntgabe der Mitteilung folgt, durch die die Finanzverwaltung auf den Beginn der Verpflichtung hingewiesen hat. 467

Sie **endet** mit dem **Ablauf des Wirtschaftsjahres,** das auf das Wirtschaftsjahr folgt, in dem die Finanzbehörde feststellt, daß die Voraussetzungen der Buchführungspflicht nach § 141 AO nicht mehr gegeben sind. 468

Buchführungspflicht nach § 141 AO stellt nur auf die Überschreitung der festgelegten Merkmale eines Betriebes ab. **Erhöhte Absetzungen** oder **Sonderabschreibungen** sind bei der Prüfung, ob die Grenzen nach § 141 Abs. 1 Nr. 4 und 5 AO überschritten sind, nicht zu berücksichtigen (§ 7a Abs. 6 EStG). 469

▷ **Wichtig:**

Auch die **Buchführungspflicht** für im Eigentum eines Gesellschafters befindliches **Sonderbetriebsvermögen** obliegt der Personengesellschaft (BFH v. 23. 10. 1990, BStBl 1991 II 401). Für die Frage, ob eine Beteiligung zum **gewillkürten Betriebsvermögen** gehört, reicht es nicht aus, wenn der Gesellschafter dafür eine Sonderbuchführung erstellt. Das Finanzvermögen muß bei der KG, zu dessen Betriebsvermögen es gehört, dokumentiert werden. An- und Verkauf sind zeitgerecht und fortlaufend zu buchen. Nachträgliche Einlagen sind steuerlich wirkungslos.

c) **Anfechtbarkeit und Erleichterungen von Buchführungspflichten**

470 Die Feststellung der Finanzbehörde, daß Buchführungspflicht gemäß § 141 Abs. 1 AO vorliegt, ist ein **Verwaltungsakt** i. S. von § 118 AO. Dagegen ist die **Beschwerde** nach § 349 AO gegeben.

471 Die Finanzbehörden dürfen nach § 148 AO **Erleichterungen bewilligen,** wenn Buchführungs-, Aufzeichnungs- und Aufbewahrungspflichten (Rdnr. 506 ff.) Härten bedeuten. Solche Erleichterungen können auch in **vorübergehenden Befreiungen** von Buchführungspflichten bestehen (BFH v. 17. 9. 1987, BStBl 1988 II 20).

d) **Nichtbeachtung von Buchführungspflichten**

472 Die **Erfüllung von Buchführungspflichten** kann nach § 328 Abs. 1 AO **erzwungen werden.** In der Praxis entscheidet sich die Verwaltung meist zur **Schätzung nach § 162 Abs. 2 AO.** Die Nichtvorlage von Büchern oder Aufzeichnungen, zu deren Führung der Unternehmer nach §§ 140–141 AO verpflichtet ist, berechtigt, die **Besteuerungsgrundlagen zu schätzen.**

▷ **Wichtig:**

Eine Schätzung bedeutet **keine stillschweigende Befreiung** von einer Buchführungspflicht. Auch nach Schätzung kann die Nichterfüllung der Verpflichtung den Tatbestand der **Steuergefährdung** nach § 379 Abs. 1 Nr. 2 AO erfüllen.

4. Aufzeichnungspflichten

LEXinform
▶ BSt-BG-0145 ◀

a) **Bedeutung für Gewinnermittlung nach § 4 Abs. 3 EStG**

473 **Nicht buchführungspflichtige** und auch nicht freiwillig Bücher führende Unternehmer können ihre Gewinne nach **§ 4 Abs. 3 EStG** durch Ein-

nahme-Überschußrechnung (Rdnr. 431 ff.) ermitteln. Für diese Gewinnermittlungsart gelten die **Aufzeichnungspflichten** aus Einzelsteuergesetzen und anderen Rechtsgebieten (über § 140 AO), sofern diese Gesetze keine ausdrücklichen Beschränkungen auf ihren Geltungsbereich enthalten (BFH v. 2. 3. 1982, BStBl 1984 II 504). Die Einnahme-Überschußrechnung enthält **keine eigenständige Aufzeichnungspflicht**.

b) Ordnungsgrundsätze für Aufzeichnungen

Aufzeichnungen **erfordern nicht** zwangsläufig ein **schriftliches Festhalten** von Geschäftsvorfällen. Sie können nach § 146 Abs. 5 AO auch in einer **gesonderten Ablage** von Belegen bestehen oder auf **Datenträgern** geführt werden. Die Zulässigkeit des jeweils angewendeten Verfahrens bestimmt sich aus dem Zweck, den die Aufzeichnungen für die Besteuerung erfüllen sollen (§ 145 Abs. 2 AO). Der Zweck aller Aufzeichnungen besteht grundsätzlich im Erreichen einer schnelleren und **einfacheren Überprüfbarkeit** ihrer Vollständigkeit und sachlichen Richtigkeit nach § 146 Abs. 1 AO.

474

c) Katalog der Aufzeichnungspflichten

Zu den **wichtigsten** auch das Bau- und Baunebenhandwerk betreffenden **Aufzeichnungspflichten** gehören:

475

- **§ 22 UStG i. V. mit §§ 63−68 UStDV; Unternehmer** sind zum Nachweis der umsatzsteuerlichen Besteuerungsgrundlagen auf der Eingangs- und Ausgangsseite verpflichtet (Rdnr. 476);
- **§ 143 AO; gewerbliche Unternehmer** haben ihren Wareneingang (Baumaterialien, Hilfsstoffe usw.) aufzuzeichnen (Rdnr. 481 ff.);
- **§ 144 AO; gewerbliche Unternehmer** die andere gewerbliche Unternehmer beliefern, sind zur Aufzeichnung des **Warenausgangs** verpflichtet;
- **§ 146 Abs. 1 AO; Kasseneinnahmen** und **-ausgaben** sollen täglich festgehalten werden (Rdnr. 488);
- **§ 4 Abs. 3 Satz 5 EStG;** die **nicht abnutzbaren Wirtschaftsgüter des Anlagevermögens** (z. B. Grund und Boden, Kunstwerke, Beteiligungen, Wertpapiere) sind in ein besonderes, laufend zu führendes Verzeichnis aufzunehmen;
- **§ 6 Abs. 2 Satz 4 EStG;** bei Inanspruchnahme der Bewertungsfreiheit für **geringwertige Wirtschaftsgüter** (z. B. Paletten, Regale, Kleingeräte) ist ein besonderes Verzeichnis laufend zu führen;

- § 4 Abs. 7 EStG; Aufwendungen nach § 4 Abs. 5 Nr. 1–7 EStG (Geschenke, Bewirtungen usw.) sind einzeln und getrennt von den sonstigen Betriebsausgaben aufzuzeichnen (Rdnr. 953);
- § 41 EStG; Arbeitgeber haben für jeden Arbeitnehmer ein **Lohnkonto** zu führen (Rdnr. 493);
- § 4 Abs. 2 Nr. 8 LStDV; Arbeitgeber haben bei **Lohnsteuerpauschalierung** nach §§ 40–40b EStG Anschreibungen über das Vorliegen der Voraussetzungen zu machen;
- zur **Führung von Baukonten** vgl. Rdnr. 490.

d) Aufzeichnungspflichten nach § 22 UStG

Literatur: *Mösbauer*, Aufzeichnungspflichten des Unternehmers nach § 22 UStG, BB 1984, 1928.

Verwaltungsanweisungen: BMF v. 31. 3. 1981, Umsatzsteuer (hier: Aufzeichnungspflichten), BStBl I 297.

aa) Bedeutung

476 § 22 UStG ist neben der Buchführungspflicht die **wichtigste Aufzeichnungsverpflichtung** des Steuerrechts. Es ist die einzige Vorschrift, die verpflichtet, **nahezu alle Einnahmen** und einen wesentlichen **Teil der Ausgaben** nach relativ strengen Regeln, aber **ohne engherzige Formvorgaben** aufzuzeichnen. § 22 UStG deckt nach Personenkreis und Sachverhalten ein deutlich über § 143 AO (Rdnr. 481 ff.) hinausgehendes Spektrum ab.

bb) Verpflichteter Personenkreis

477 Aufzeichnungspflichtig ist **jeder Unternehmer** i. S. des § 2 Abs. 1 UStG. Die Vorschrift betrifft **Inländer und Ausländer,** soweit sie Umsätze nach § 1 UStG tätigen oder Vorsteuerabzüge nach § 15 Abs. 1 UStG in Anspruch nehmen. Aufzeichnen sind auch steuerfreie und **nicht steuerbare** Vorgänge. Daher ist auch ein **Vermieter,** der nur steuerfreie Umsätze tätigt, als Unternehmer nach § 22 UStG aufzeichnungspflichtig.

cc) Aufzuzeichnende Sachverhalte

478 **Aufzuzeichnen sind** nach § 22 UStG:
- Die **vereinbarten Entgelte** für die vom Unternehmer ausgeführten Lieferungen bzw. Leistungen; dabei ist ersichtlich zu machen, wie sich die

Entgelte auf die steuerpflichtigen Umsätze, getrennt nach Steuersätzen, und auf die steuerfreien Umsätze verteilen (§ 22 Abs. 2 Nr. 1 UStG);

- die **vereinnahmten Entgelte** und Teilentgelte für noch nicht ausgeführte Lieferungen und sonstige Leistungen. Dabei ist ersichtlich zu machen, wie sich die Entgelte bzw. Teilentgelte auf steuerfreie und unterschiedlichen Steuersätzen unterliegende Umsätze (Trennung der Entgelte) verteilen (§ 22 Abs. 2 Nr. 2 UStG);

- die **Bemessungsgrundlagen für Lieferungen und sonstige Leistungen** der Unternehmer **an ihre Arbeitnehmer** und deren Angehörigen i. S. des § 1 Abs. 1 Nr. 1 b UStG sowie der **Personenvereinigungen** usw. an ihre Anteilseigner i. S. des § 1 Abs. 1 Nr. 3 UStG (§ 22 Abs. 2 Nr. 3 UStG);

- die **Bemessungsgrundlagen für den Eigenverbrauch** (§ 22 Abs. 2 Nr. 4 UStG);

- die Entgelte für **steuerpflichtige Lieferungen** und sonstige Leistungen, die an den Unternehmer **für sein Unternehmen** ausgeführt worden sind, und die vor Ausführung dieser Umsätze gezahlten Entgelte und Teilentgelte, soweit für die Umsätze nach § 13 Abs. 1 Nr. 1 a Sätze 4 und 5 UStG Steuer entsteht, sowie die auf diese Umsätze entfallende Steuer (§ 22 Abs. 2 Nr. 5 UStG), das sind die Vorumsätze und die Vorsteuern;

- die **eingeführten Gegenstände** nach ihrer Menge, die Bemessungsgrundlage (§ 11 UStG) und die für die Einfuhr entrichtete oder im Falle des Zahlungsaufschubs zu entrichtende USt (§ 22 Abs. 2 Nr. 6 UStG).

§ 22 UStG spricht von „Entgelt". Daher ist **nicht aufzuzeichnen**, was nach umsatzsteuerlichen Termini **nicht als Entgelt** anzusehen ist, wie 479

- durchlaufende Posten,
- Schadensersatz,
- Mitgliederbeiträge,
- Zuschüsse,
- Gesellschafterleistungen.

Auch **nachträgliche Entgeltsänderungen** (z. B. nach § 17 UStG durch Skonti, Boni, Gutschriften, Minderungen, Wandlungen usw.) unterliegen der Aufzeichnungsverpflichtung. 480

e) Wareneingangsaufzeichnungen

aa) Zweck

481 Zweck des § 143 AO ist, der Finanzbehörde für **Verprobungen** durch **Nachkalkulationen** (Rdnr. 3390 ff.) die erforderlichen Daten bereitzustellen. Die Verpflichtung besteht **unabhängig von einer Buchführungspflicht** nach § 140 AO bzw. § 141 AO und anderer Aufzeichnungspflichten. **Erleichterungen** oder ein Verzicht sind gesetzlich **nicht gegeben**. Ohne ordnungsgemäße Rechnungen lassen sich die nach § 143 Abs. 3 AO im Detail erforderlichen Aufzeichnungen nicht erfüllen.

bb) Verpflichteter Personenkreis

482 § 143 AO betrifft alle **gewerblichen Unternehmer**. Bei Gewinnermittlung durch Bestandsvergleich ersetzt das **Materialeinkaufskonto** in Verbindung mit den Belegen die Verpflichtung nach § 143 AO (BdF v. 1. 10. 1976, BStBl I 576).

▷ **Wichtig:**

Bei **Gewinnermittlung nach § 4 Abs. 3 EStG** sollte der Materialeingang zusätzlich aufgezeichnet werden. Die Einnahme-Überschußrechnung erfaßt lediglich die Bezahlung, nicht den Materialeingang (Bichel, Inf 1985, 557). Es genügt eine **geordnete Sammlung** der Materialeinkaufsbelege.

cc) Form und Inhalt der Aufzeichnungen

483 Aufzuzeichnen sind **alle Materialien**, Waren, Rohstoffe, unfertigen Erzeugnisse, Hilfsstoffe und Zutaten, die der Handwerker bzw. Bauunternehmer im Rahmen seines Gewerbebetriebes zur Weiterveräußerung oder zum Verbrauch **entgeltlich oder unentgeltlich** für **eigene oder fremde Rechnung** erwirbt. Auch **Naturalrabatte** oder eingetauschte Güter sind aufzuzeichnen. In diesem Punkt geht § 143 AO deutlich über § 22 UStG (Rdnr. 476) hinaus.

Beispiel:

Gratisanlieferungen des Baustoffhändlers z. B. von Mörtel, Zement, Steinen usw. als **Mengenrabatt** sind nach § 143 AO festzuhalten. Es muß mindestens ein Beleg vorhanden sein.

Aufzeichnungen nach § 143 AO müssen folgende Angaben enthalten: 484
- Den **Tag des Waren-** bzw. **Materialeingangs** oder das Datum der Rechnung,
- den Namen oder die Firma und die **Anschrift des Lieferers,**
- die **handelsübliche Bezeichnung** der Waren,
- den **Preis** der Materialien,
- einen Hinweis auf den Beleg.

Als Waren- bzw. Materialeinkauf aufzuzeichnen sind auch Einkäufe, die 485
als **Eigenverbrauch** gedacht sind. Die erforderlichen **Eintragungen sind laufend** am Tag des Erwerbs vorzunehmen. Unzulässig ist es, den Waren- bzw. Materialeingang erst beim Eingang oder der Bezahlung der Rechnung aufzuzeichnen.

▷ Hinweis:

Ein **Wareneingangsbuch** wird **nicht verlangt**. Da § 143 AO **keine** besonderen **Formvorschriften** enthält, gilt § 146 Abs. 5 AO: Es genügt eine **besondere Ablage** der Eingangsrechnungen. Die Anforderungen werden nach § 145 Abs. 2 AO durch ihren **Zweck** bestimmt. Da der Zweck in der Schaffung einer Verprobungsmöglichkeit besteht, reicht eine **gesonderte Belegablage** aus.

§ 143 AO und § 22 UStG verfolgen **verschiedene Zwecke** und gehen 486
daher unterschiedlich weit. Es wird nicht beanstandet, wenn beide **Aufzeichnungen zusammengefaßt** erbracht werden, sofern dies dem § 143 AO und dem UStG genügt.

dd) Folgen der Nichtbeachtung

Verstöße gegen die Aufzeichnungspflicht nehmen der kaufmännischen 487
Buchführung **nicht die Ordnungsmäßigkeit** (Rdnr. 518 ff.). Das tritt nur ein, wenn dadurch auch die Buchführung fehlerhaft ist, weil z. B. auch der Wareneinkauf unvollständig erfaßt wurde (FG Münster v. 29. 10. 1968 rkr., EFG 1969, 265). Zur Schätzung bei unvollständig verbuchten Waren- bzw. Materialeingängen vgl. BFH v. 18. 12. 1964, BStBl III 226). **Eigenständige Sanktionen** für Verstöße gegen Form und Inhalt kennt die AO für § 143 AO nicht.

f) Aufzeichnungspflichten für Bareinnahmen und -ausgaben (§ 146 Abs. 1 AO)

488 Eine wichtige Vorschrift für den Bereich der Bareinnahmen (z. B. Barverkäufe von Baumaterialien) und -ausgaben ist § 146 Abs. 1 Satz 2 AO. Danach sollen **Kasseneinnahmen und -ausgaben täglich** festgehalten werden. Die Vorschrift trägt der Besonderheit des Barverkehrs Rechnung. Der Gesetzgeber stellt klar, daß für Barvorgänge an den Begriff „**zeitgerecht**" **höhere Ansprüche** gestellt werden. Nachträgliches, zusammenfassendes Festhalten der baren Betriebseinnahmen bzw. -ausgaben ist ein **Formverstoß**, der über § 158 AO zur **Schätzung nach § 162 AO** (Rdnr. 3381 ff.) führen kann.

489 Dem täglichen „Festhalten" ist **beim Überschußrechner** genüge getan, wenn er seine Bareinnahmen bei Vorliegen einer offenen Ladenkasse **täglich summarisch** durch Auszählen **ermittelt** und die durch Belege festgehaltenen baren Ausgaben hinzurechnet (FG Bremen v. 16. 3. 1979 rkr., EFG S. 449).

g) Besondere Aufzeichnungspflichten im Baugewerbe

490 Zur **Führung von Baukonten** für die jeweiligen Bauvorhaben fehlt eine rechtliche Verpflichtung. Seit Inkrafttreten der Baupreis-VO v. 6. 3. 1972 (BGBl I 293) ist die bis dahin bestehende Verpflichtung entfallen. Baukonten sind dennoch **im Baugewerbe** zweckmäßig und dienen der Sammlung der objektbezogenen direkten und indirekten Kosten zur **Feststellung der Selbstkosten**. Sie erleichtern die

- Leistungsberechnung,
- Rechnungserteilung,
- Nachkalkulation,

und die Feststellung der **teilfertigen Arbeiten** am Bilanzstichtag.

491 Die **Verordnung über die Preise für Bauleistungen** bei öffentlichen und öffentlich finanzierten Aufträgen v. 6. 3. 1972, VO PR Nr. 1/72 (BGBl I 293) ermöglicht u. a. die Ermittlung von **Baupreisen anhand der Selbstkosten** (LSP-Bau). Der Auftragnehmer ist dann zur **Führung eines Rechnungswesens** verpflichtet, das jederzeit die Feststellung der Kosten und Leistungen, ihre Abstimmung mit der Verlust- und Gewinnrechnung, sowie die Preisermittlung nach Maßgabe der **Selbstkosten** ermöglicht. Ein

Baukonto wird dafür zwar nicht ausdrücklich gefordert, die Anforderungen kann im Zweifel aber nur ein Baukonto erfüllen.

Bauträger und -betreuer haben nach § 10 der Makler- und Bauträger-VO v. 11. 6. 1975 (BGBl I 135), zuletzt geändert durch VO v. 14. 3. 1985 (BGBl I 580) die Verpflichtung, besondere Aufzeichnungen zu machen und Unterlagen und Belege übersichtlich zu sammeln (Rdnr. 48). Daraus müssen u. a. ersichtlich sein 492

- Name oder Firma des Auftraggebers,
- das vom Auftraggeber zu entrichtende Entgelt.

h) Aufzeichnungspflichten nach Lohnsteuerrecht

aa) Lohnkonto nach § 41 EStG

Werden vom Unternehmer **Arbeitnehmer beschäftigt,** so hat er nach § 41 EStG am Ort der Betriebsstätte für jeden Arbeitnehmer und jedes Kalenderjahr ein **Lohnkonto zu führen.** Darin sind auch die für den LSt-Abzug erforderlichen **Merkmale** der **Lohnsteuerkarte** zu erfassen. Die Aufzeichnungserfordernisse im einzelnen ergeben sich aus § 4 LStDV. 493

Für die Aufzeichnungen von **Sachbezügen** i. S. von § 8 EStG kann das Finanzamt auf Antrag Befreiung aussprechen, wenn nach den betrieblichen Verhältnissen und der Lebenserfahrung ausgeschlossen ist, daß der Jahresfreibetrag von 2 400 DM überschritten wird. 494

bb) Besondere Aufzeichnungspflichten bei Pauschalierung der Lohnsteuer

Für das Bau- und Baunebengewerbe sind **Teilzeitarbeitsverhältnisse** (Aushilfsbeschäftigungen) von besonderer Bedeutung (Rdnr. 2827 ff.). **Zum Nachweis** des **Vorliegens der Voraussetzungen** für eine Pauschalierung nach § 40a EStG hat der Arbeitgeber besondere Aufzeichnungen zu führen. Das muß kein Lohn- und auch kein Lohnsammelkonto sein. Ausreichend sind nach § 4 Abs. 2 Nr. 8 Satz 4 LStDV Angaben über: 495

- Name und Anschrift des Arbeitnehmers,
- Dauer der Beschäftigung,
- Tag der Zahlung,
- Höhe des Arbeitslohns,
- Art der Beschäftigung.

496 Für die Dauer der Beschäftigung genügt die Angabe der **tatsächlichen Wochenstundenzahl.** Einzelangaben über Arbeitstage und Arbeitsstunden braucht der Unternehmer nicht zu machen (FG Rheinland-Pfalz v. 18. 1. 1988 rkr., EFG S. 260).

497 Die vorgenannten Aufzeichnungen sind keine materielle Voraussetzung für die Pauschalierung. Bei ihrem Fehlen können die Pauschalierungsvoraussetzungen auch auf andere Weise dargetan oder glaubhaft gemacht werden, z. B. durch Arbeitszettel, Zeitkarten oder auch Zeugenaussagen (BFH v. 12. 6. 1986, BStBl II 681).

498–505 *(Einstweilen frei)*

5. Aufbewahrungspflichten und -fristen

LEXinform
▶ BSt-BG-0150 ◀

Literatur: Bp-Kartei der OFD Düsseldorf–Köln–Münster, Teil I, Buchführung (Aufbewahrungspflichten); *Wittkowski,* Aufbewahrungspflichten nach Handels- und Steuerrecht, BBK F. 8, 1033; *Pulte,* Steuer- und handelsrechtliche Aufbewahrungspflichten, NWB F. 18, 651.

a) Grundsätze

506 Zu einer **ordnungsmäßigen Buchführung** gehört auch, daß die gesetzlichen **Aufbewahrungspflichten** für das zusammen mit der Buchführung angefallene **Belegmaterial und die Buchführung** selbst eingehalten werden. Sie ergeben sich aus **§ 147 AO und § 257 HGB.** Beide Vorschriften sind seit Inkrafttreten des Bilanzrichtliniengesetzes **inhaltlich identisch.**

507 Nach § 147 AO **aufzubewahren** sind Belege und Unterlagen, die **Bestandteil** von **Buchführungen oder Aufzeichnungen** sind. Soweit der Unternehmer über § 140 AO oder nach anderen Steuergesetzen zu Buchführung oder Aufzeichnungen verpflichtet ist, trifft ihn die Aufbewahrungspflicht des § 147 Abs. 1 AO.

508 Das Gesetz fordert für **Bücher,** Aufzeichnungen, Jahresabschlüsse, Inventare, Lageberichte, Eröffnungsbilanzen und die zum Verständnis erforderlichen Arbeitsanweisungen und Organisationsunterlagen eine **Aufbewahrung über zehn Jahre** (§ 147 Abs. 3 AO).

509 Für alle übrigen **Unterlagen und Belege,** empfangene und abgesandte Handels-, Geschäftsbriefe, Buchungsbelege und sonstige für die Besteuerung bedeutsame Unterlagen ist die Aufbewahrung über **sechs Jahre** notwendig, soweit die Steuergesetze keine kürzere Frist ausdrücklich zulassen. Kürzere **außersteuerliche Fristen** sind über § 140 AO **auch steuerlich beachtlich** (BFH v. 2. 2. 1982, BStBl II 409). Erfolgt eine Aufbewahrung auf Bild- oder Tonträgern (§ 147 Abs. 5 AO), so können die **Originale** vernichtet werden.

Die **Aufbewahrungspflicht beginnt** mit dem Schluß des Kalenderjahres, in dem die letzte Eintragung in den Geschäftsbüchern gemacht, das Inventar aufgestellt, die Bilanz festgestellt, ein Handels- oder Geschäftsbrief empfangen oder abgesandt, ein Buchungs- oder sonstiger Beleg entstanden und Aufzeichnungen vorgenommen wurden. 510

Die **Frist läuft nicht ab**, soweit und solange die Unterlagen für Steuern **von Bedeutung** sind, für die die Festsetzungsverjährung noch nicht eingetreten ist (§ 147 Abs. 3 Satz 2 AO). Dies kann dazu führen, daß die o. a. Fristen des § 147 Abs. 3 AO gestreckt werden (z. B. bei Ablaufhemmung nach § 171 AO). 511

Die Aufbewahrungspflichten **gelten auch für** Lohnverrechnungsunterlagen, Stundenlohn- und Akkordzettel, Personalakten usw. **Kontrolluhr- bzw. Stechkarten** sind nicht aufzubewahren. Das gilt auch für Auftrags-, Abrechnungs-, Bestell- und Kontrollbücher, die der Betriebsüberwachung dienen. 512

Unterlagen der Privatsphäre sind gesetzlich nicht aufbewahrungspflichtig. Bei Vernichtung ergibt sich für den Steuerbürger **keine Beschaffungspflicht**. Für Werbungskosten, Sonderausgaben und außergewöhnliche Belastungen trifft ihn eine **objektive Beweislast** (Feststellungslast). Ihr hat er genügt, wenn er die Unterlagen dem Finanzamt zusammen mit den Steuererklärungen vorgelegt hat. Danach kann er sie vernichten. 513

Aufbewahrungspflichten sind Teil der **Dokumentationspflichten** als Ergänzung der Buchführungs- bzw. Aufzeichnungspflichten. Sie gelten auch für Gewinnermittlung durch **Einnahme-Überschußrechnung** (§ 4 Abs. 3 EStG), soweit Aufzeichnungspflichten bestehen. Die Aufbewahrung hat **geordnet** zu erfolgen (§ 147 Abs. 1 AO). Ein bestimmtes **Ordnungssystem** ist jedoch nicht vorgeschrieben. 514

▷ **Wichtig:**
Eine **beendete Außenprüfung** führt zu keinem vorzeitigen Ablaufen der Aufbewahrungspflichten.

b) Rechtsfolgen bei Verstößen

515 Verstöße gegen die Aufbewahrungspflichten sind **Ordnungsverstöße** für Buchführung bzw. Aufzeichnungen (BdF v. 24. 9. 1987, BStBl I 664). Können aufbewahrungspflichtige Bücher bzw. Unterlagen nicht mehr vorgelegt werden, so sind **ohne Rücksicht auf ein Verschulden** Buchführungen bzw. Aufzeichnungen **nicht ordnungsmäßig** (BFH v. 6. 11. 1955, BStBl 1956 III 82; v. 25. 9. 1966, BStBl III 487; v. 20. 6. 1985, BFH/NV S. 12).

516 Die Finanzbehörde ist berechtigt, die Besteuerungsgrundlagen **nach § 162 AO zu schätzen**. Die Rechtsfolgen können nur für den Einzelfall entschieden werden. Bei **unverschuldetem Verlust** z. B. durch Hochwasserschaden oder Brände werden im allgemeinen **keine nachteiligen Folgerungen** gezogen.

517 Verstöße gegen die Aufbewahrungspflicht können im Einzelfall auch nach § 379 Abs. 2 AO als **Steuergefährdung** oder **fahrlässige Steuerverkürzung** strafbar oder ordnungswidrig sein. Wer Buchführungsunterlagen vernichtet, beschädigt oder vorenthält erfüllt außerdem den Tatbestand der Urkundenunterdrückung (§ 274 StGB).

6. Ordnungsmäßigkeit von Buchführung und Aufzeichnungen

LEXinform
▶ BSt-BG-0155 ◀

Verwaltungsanweisungen: Abschn. 29 EStR.

a) Ordnungsprinzipien für Buchführung

518 **Grundvoraussetzung** ist, daß Buchführungs- bzw. Aufzeichnungspflichten, die nach den Gesetzen bestehen, auch tatsächlich erfüllt werden.

519 Ein besonderes **Buchführungssystem** bzw. -verfahren ist gesetzlich **nicht vorgeschrieben**. Auch wenn es freiwillig oder nach originär steuerlicher Rechtsgrundlage des § 141 AO erstellt wurde, muß es den **handelsrechtlichen Ordnungsprinzipien** entsprechen (§ 5 Abs. 1 EStG).

520 Zu den **Mindestanforderungen** gehören nach dem Wesen der doppelten Buchführung die Aufstellung von Inventaren, Eröffnungs- und Schlußbilanzen, Verlust- und Gewinnrechnungen, die tägliche (§ 146 Abs. 1 AO) Führung von Kassenbüchern oder -berichten und von Grund-, Sach- und Kontokorrentkonten.

Jeder Geschäftsvorfall muß nach Beleg im Zeitpunkt des Entstehens **zeit-** 521
nah und nachprüfbar sachlich richtig in seinen Auswirkungen auf
Bestände, Forderungen, Verbindlichkeiten bzw. Gewinn, Verlust oder
Kapital verarbeitet werden.

Wichtig ist die **sachliche Ordnungsmäßigkeit** nach den Maßstäben des 522
§ 146 Abs. 1 AO. Danach muß eine Buchführung

- vollständig,
- richtig,
- zeitgerecht und
- geordnet sein.

Vor allem sind alle wichtigen **handels- und steuerrechtlichen** Abgren- 523
zungs-, Bewertungs- und **Bilanzierungsgrundsätze** und die **Aufbewahrungspflichten** (Rdnr. 506) zu beachten und die Buchführung muß dem
Belegprinzip (Rdnr. 525 ff.) entsprechen.

Erfüllt eine Buchführung die vorgenannten Anforderungen, so entspricht 524
sie in der Regel auch dem **Revisionsprinzip:**

- Die Ordnungsmäßigkeit steht und fällt mit der **Nachprüfbarkeit** der
  Buchführung!
- Die Bücher müssen im Zusammenhang mit den Belegen von **sachkundigen Dritten** in angemessener Zeit überprüfbar sein (§ 145 AO).

b) Belegprinzip

Wichtiger Ausfluß aus dem **Erfordernis der Nachprüfbarkeit** ist das 525
„Belegprinzip". **Richtigkeit und Wahrheit** von Buchungen müssen
„belegt" werden können. Für jede Buchung sind aussagekräftige, den
zugrundeliegenden Sachverhalt überprüfbar machende **Belege erforderlich.** Sie sollen z. B. eine Überprüfung zulassen, ob es sich bei einem
Geschäftsvorfall um eine Betriebsausgabe i. S. von § 4 Abs. 4 EStG handelt (Feststellungslast). Ein- und Ausgangsrechnungen müssen außerdem
den **umsatzsteuerlichen Anforderungen** des § 14 Abs. 1 UStG und den
Vereinfachungsregelungen gem. § 14 Abs. 6 UStG entsprechen. **Duplikate** bzw. **Zweitschriften** und **bloße Kassenbons** bereiten Probleme, wenn
der Betriebsprüfer kommt.

Für **Schulden, Lasten, Betriebsausgaben, Werbungskosten** und andere 526
Ausgaben müssen nach § 160 Abs. 1 AO **Namen und Anschriften** von

Gläubigern oder Empfängern benennbar sein, wenn ihre steuerliche Berücksichtigung erstrebt wird.

527 Bons von **Super-, Discount-** oder **Großmärkten** sind keine ausreichenden Belege. Einfache Kassen drucken lediglich die Preise aus, nicht auch die Artikel und ihre Menge. **Kassenbons** von Kaufhäusern, **Bau-** und **Hobbymärkten** ohne Artikelbezeichnung reichen daher zur Erlangung der Abziehbarkeit der Aufwendungen nicht aus (Niedersächsisches FG v. 26. 10. 1989 rkr., NWB-EN 45/1989). **Kassenbons sind auch keine Rechnungen** i. S. von § 14 Abs. 1 UStG, ermöglichen also **keinen Vorsteuerabzug.** Die **Vorsteuerabzugsberechtigung** nach § 15 Abs. 1 UStG verlangt **eine Rechnung** mit den Angaben nach § 14 Abs. 1 Nr. 1–6 UStG. Dazu gehört auch die Angabe der **Menge und der handelsüblichen Bezeichnung** der erworbenen Artikel (OFD Hannover, USt-Kartei, S 7280 K. 7).

528 Kassenbons enthalten auch nicht die **nach § 143 AO** aufzuzeichnenden Angaben (Rdnr. 481). Sie ermöglichen keine Verprobung der Erlöse (Rdnr. 3368 ff.). Bons von Kassen der **Scannertechnologie** enthalten überwiegend schon die steuerlich benötigten Angaben.

529 Es steht dem Unternehmer frei, wo er seine Materialeinkäufe tätigt. Das können auch die bisweilen preislich günstigeren **Handwerksmärkte** sein. Er muß sich dann aber eine **ordnungsgemäße Rechnung** geben lassen. Angaben, wie **Reparaturmaterialien** bzw. **Fachliteratur** können auf Anerkennungsschwierigkeiten stoßen (FG Rheinland-Pfalz v. 19. 3. 1975, NWB-EN Nr. 1269/75).

530 Der Unternehmer hat auch **Lieferscheine** aufzubewahren, wenn die **Lieferantenrechnungen** nur **zusammengefaßt** unter Hinweis auf Lieferscheindaten erstellt werden. Bei diesem Abrechnungsverfahren enthalten nur sie die **Angaben** über Artikel, Warenmenge, Gebinde und Einzelpreis.

531 Betrieblich veranlaßte **Aufwendungen kleineren Umfangs,** für die überlicherweise **keine Belege erteilt werden,** wie Parkgebühren, Trink-, Zeitungs-, **Telefongelder,** können auch ohne Beleg in glaubhafter Höhe als Betriebsausgaben abgezogen werden (Niedersächsisches FG v. 11. 8. 1961 rkr., EFG 1962, 149).

532 **Monatsabrechnungen von Tankstellen,** bei denen die Betriebsfahrzeuge regelmäßig betankt werden, müssen in Daten, Lieferungen und Leistungen überprüfbar sein. Im Zweifel sollten **Kopien der Monatskonten** der Tankstelle den Abrechnungen beigefügt werden. Aus ihnen sind die **poli-**

zeilichen Kennzeichen der belieferten Fahrzeuge und die **Unterschriften der Auftraggeber** zu ersehen.

c) Ordnungsprinzipien bei Aufzeichnungen

Die grundsätzlichen **Anforderungen an Buchführungen** gelten analog auch für Aufzeichnungen; die §§ 145–147 AO sprechen von Buchführungen und Aufzeichnungen. Es gelten also auch die Anforderungen der sachlichen Richtigkeit (§ 146 Abs. 1 AO), der Nachprüfbarkeit, das Belegprinzip und die Aufbewahrungspflichten des § 147 AO (Rdnr. 421).

533

d) Folgen bei Ordnungsmängeln

Zeitnah, **sachlich und formell richtig** und nachprüfbar nach den §§ 140–148 AO erstellte Bücher bzw. Aufzeichnungen sind nach § 158 AO der Besteuerung **zugrunde zu legen**. Wenn diese Voraussetzungen nicht erfüllt sind und die Finanzverwaltung Zweifel an der sachlichen Richtigkeit begründen kann, **drohen Schätzungen** oder Zuschätzungen nach § 158 i. V. mit § 162 AO (Rdnr. 3385). Bei der Beurteilung der Ordnungsmäßigkeit zählt für die Frage der **Schätzungsberechtigung** nicht die formelle Bedeutung eines Mangels, sondern sein **sachliches Gewicht** (BFH v. 26. 8. 1975, BStBl 1976 II 210; v. 7. 7. 1977, BStBl 1978 II 307; Rdnr. 3387).

534

(Einstweilen frei) 535–540

Abschnitt C:
Laufende Besteuerung

I. Einkommensteuer in ABC-Form

Inhaltsübersicht

	Rdnr.
Absetzung für Abnutzung	541
Aktivierung und Absetzung für Abnutzung	542
Altersversorgung	591
Angehörige; Verträge	592
Anlaufkosten	593
Anschaffungskosten	594
Anschaffungsnaher Aufwand	595
Anzahlungen	626
Arbeitnehmer	627
Arbeitsverhältnis	628
Arbeitszimmer	629
Auflagen	716
Aufzeichnungspflicht von Betriebsausgaben nach § 4 Abs. 5 EStG	717
Ausbildungsdienstverhältnisse	718
Ausbildungsfreibeträge bei Aushilfstätigkeit des Kindes	719
Ausbildungskosten	720
Ausländische Besteuerung	721
Auslandsdienstreisen	722
Auslandsgeschäftsreisen	723
Aussetzungszinsen	724
Außerordentliche Einkünfte	725
Avalprovisionen	730
Bauabnahme	740
Bauherrenmodelle	741
Baustellencontainer	750
Bauten als Umlaufvermögen*)	751
Beginn der gewerblichen Tätigkeit	752
Beiträge	817
Beitrittsgebiet	818
Berlin	861
Berufsfortbildungskosten	862
Berufskleidung	863

*) Mit Sternchen gekennzeichnete Stichwörter bearbeitet von E. Assmann

Inhaltsübersicht 147

Berufsunfähigkeitsversicherung	866
Berufsverband	867
Beteiligung am allgemeinen wirtschaftlichen Verkehr	869
Betriebsaufspaltung	870
Betriebsausgaben	871
Betriebseinnahmen	891
Betriebseröffnung	892
Betriebserwerb	893
Betriebskauf	894
Betriebs- und Geschäftsräume	895
Betriebsstoffe	906
Betriebsunterbrechungsversicherung	907
Betriebsveräußerung	908
Betriebsvermögen	909
Betriebsvorrichtungen	916
Bewertung	917
Bewirtungskosten	936
Bilanzberichtigung	971
Boni	972
Brandenburg	973
Brandversicherung	974
Computer	975
Darlehen	976
Debitoren	979
Delkredere	980
Diebstahlversicherung	981
Dienstgang	982
Dienstreise	983
Dienstverhältnis	984
Direktversicherung	985
Disagio	986
Doppelbesteuerungsabkommen	1002
Doppelte Haushaltsführung	1003
Drittaufwand	1021
Durchlaufende Posten	1022
Ehegatten-Arbeitsverhältnisse, -Darlehens-, -Miet- und -Kaufverträge sowie Verträge mit anderen Angehörigen	1031
Ehrenämter	1070
Eigene Bauten*)	1071
Eigenleistungen	1072
Einkaufsgenossenschaften*)	1073
Einkunftserzielungsabsicht	1076
Einlagen	1077
Ende der gewerblichen Tätigkeit	1078
Entnahme	1082
Erbauseinandersetzung	1083

Erbbaurecht 1084
Erbfall 1091
Ermäßigter Steuersatz 1092
Eröffnung eines Betriebs 1093
Ersatzbeschaffung 1094
Erschließungskosten 1095
Erwerb eines Betriebs 1096

Fachliteratur 1097
Fachtagungen 1098
Fachzeitschriften 1099
Fahrrad 1100
Fahrten zwischen Wohnung und Betriebs-/
   Arbeitsstätte 1101
Fahrtkosten 1102
Fehlmaßnahmen*) 1103
Ferien-Eigentumswohnung, -haus, Wochenend-
   Eigentumswohnung, -haus 1107
Festwertbildung*) 1122
Festwerte 1126
Feuerversicherung 1127
Flugzeug 1128
Forderungen 1129
Fortbildungskosten 1130
Freiberufliche Tätigkeit 1146
Führerscheinaufwendungen*) 1147

Garantierückstellung 1151
Gebäude 1152
Geldbußen, Ordnungsgelder, Verwarnungsgelder,
   Auflagen, Weisungen 1153
Geringwertige Wirtschaftsgüter 1166
Gerüst- und Schalungsteile*) 1172
Geschäftsgang 1176
Geschäftsräume 1177
Geschäftsreise 1178
Geschäftsveräußerung 1179
Geschäftswert 1180
Geschenke 1181
Gewerbebetrieb 1191
Gewerblicher Grundstückshandel 1192
Gewinnbeteiligung 1193
Gewinnerzielungsabsicht 1194
Grundstücke und Gebäude 1211
Grundstückshandel 1246
Gruppenreise 1381
Gruppenversicherung 1382
Gutachtertätigkeit 1383

Inhaltsübersicht

Haftpflichtversicherung 1384
Haftung 1385
Hausratversicherung 1386
Hauswirtschaftliche Beschäftigungsverhältnisse 1387
Herstellungskosten 1396
Hilfsgeschäfte 1397
Hilfsstoffe 1398
Hinterziehungszinsen 1399
Hochschulstudium 1404

Invaliditätsversicherung 1405
Inventur 1406
Investitionszulagen 1407

Jahresabschluß 1408

Kanaldielen 1409
Kaskoversicherung 1410
Kauf eines Betriebs 1411
Kinder-Arbeitsverhältnisse, -Darlehens- und
  -Mietverträge 1412
Kongresse 1446
Kontokorrentzinsen 1447
Kraftfahrzeugkosten 1448
Kranken-, Krankentagegeldversicherung 1486
Kreditoren 1487
Kundenanzahlungen*) 1488
Kundenforderungen*) 1490
Kunstgegenstände 1494

„Lastwagenschlosser"*) 1495
Leasing 1496
Lebensversicherung 1497
Lehrgänge 1498
Leistungsentnahme 1499
Liebhaberei 1500
Lohnfortzahlung*) 1501
Lohnsteuer 1502

Maschinen 1503
Meisterkurse*) 1504
Meistgebot 1505
Mietkaufverträge 1506
Mietverträge 1507
Mißbrauch 1508
Mofa; Moped; Motorrad; Motorroller 1509

Nebentätigkeiten, Nebeneinnahmen*) 1510
Nicht abgerechnete Arbeiten 1511
Nichteheliche Lebensgemeinschaft 1512
Nichtselbständige Tätigkeit 1513

Ordnungsgelder 1514

Pauschalierung der Lohnsteuer 1516
Pensionskasse 1517
Pensionszusage 1518
Personengesellschaft 1524
Personenversicherungen 1525
Policendarlehen 1526
Privatvermögen 1527
Prozeßkosten 1528

Rabatte 1529
Raten für Betriebskauf und -verkauf 1530
Realsisierungszeitpunkt bei Bauausführungen*) 1531
Rechnungsabgrenzung 1538
Rechtsschutzversicherung 1540
Reisekosten 1541
Renten für Betriebskauf und -verkauf 1576
Repräsentationsaufwendungen 1577
Rettungserwerb*) 1590
Rohstoffe 1591
Rücklagen 1592
Rückstellungen*) 1601
Rückzahlung von Betriebsausgaben 1628
Rückzahlung von Betriebseinnahmen 1629

Sachsen und Sachsen-Anhalt 1630
Sachspenden 1631
Sachversicherungen 1632
Sanierung Altlasten 1633
Schadensersatz 1634
Schlechtwettergeld 1635
Schmiergelder*) 1636
Schuldzinsen 1637
Schwarzarbeiter 1638
Schwebende Geschäfte 1639
Selbständige Tätigkeit 1641
Seminare 1651
Skonti 1652
Software 1653
Solidaritätszuschlag 1654
Sozialversicherung 1662
Spenden 1663
Sterbegeldumlagen 1664
Steuerermäßigung 1665
Steuernachforderungszinsen 1666
Steuersatz, ermäßigter 1667
Strafverfahrenskosten 1668
Studienkosten des Kindes als Betriebsausgaben 1669

Inhaltsübersicht 151

Studienreisen	1670
Stundungszinsen	1671
Tantieme	1680
Tarifbegrenzung bei gewerblichen Einkünften	1681
Tariffreibetrag im Beitrittsgebiet	1682
Tarifvergünstigung	1683
Teilentgeltliche Rechtsgeschäfte	1684
Teilfertige Bauten*)	1685
Teilleistungen	1690
Telefonkosten	1691
Teppiche	1698
Thüringen	1699
Übernachtungskosten	1706
Umsatzbeteiligung	1707
Umwidmung von Wirtschaftsgütern	1708
Umzugskosten	1709
Unangemessene Aufwendungen	1716
Unfallkosten	1717
Unfallversicherung	1718
Unterhaltsrenten	1719
Unterhaltung von Geschäftsfreunden	1720
Unterstützungskasse	1721
Urlaubs- und Lohnausgleichskasse*)	1723
Veräußerung des Betriebs	1724
Veräußerungsrenten	1725
Verbindlichkeiten	1726
Vergebliche Planungskosten*)	1727
Verkauf von Betriebsgegenständen	1730
Verlustausgleich, Verlustabzug	1731
Verlustzuweisungsgesellschaften	1740
Verpachtung	1741
Verpflegungsmehraufwendungen	1746
Versicherungen	1747
Versorgungsbeiträge	1766
Versorgungsrenten	1767
Versorgungszusage	1768
Verwarnungsgelder	1769
Vorab entstandene Betriebsausgaben	1770
Vorruhestandsgeld	1771
Vorschüsse	1772
Vorsorgeaufwendungen für Ehegatten und Kinder	1773
Warenlager	1774
Weisungen	1775
Wertberichtigung	1776
Wettbewerbsverbot	1777

Winter-, Schlechtwettergeld*)	1778
Wochenend-Eigentumswohnung, -Haus	1779
Zeitschriften, Zeitungen	1781
Zinsbesteuerung ab 1993	1782
Zinsen	1796
Zinsersparnisse, Zinszuschüsse	1797
Zukunftssicherungsleistungen	1798
Zuschüsse	1799

• Absetzung für Abnutzung (AfA)

541 vgl. „Aktivierung . . .", Rdnr. 542 ff.; „Betriebs- und Geschäftsräume", Rdnr. 895 ff.; „Grundstücke und Gebäude", Rdnr. 1211 ff.; „Kraftfahrzeugkosten", Rdnr. 1448 ff.

• Aktivierung und Absetzung für Abnutzung

Literatur: *Söffing,* Aktivierung und Angemessenheit von Aufwendungen für betrieblich genutzte Personenkraftwagen, NWB F. 3, 7283; *Körner,* Anschaffungskosten in der Handels- und Steuerbilanz, BuW 1991, 6; *Baetge/Krause,* Die Bilanzierung des Anlagevermögens in der Handelsbilanz, BuW 1991, 209; *Freudenberg,* Das Wirtschaftsgut „Grundstück", Inf 1991, 342; *Richter,* Praxisfragen zur Gebäudeerrichtung auf fremdem Grund und Boden, NWB F. 3, 8259; *Neufang,* Schuldzinsabsetzung bei gemischt-genutzten Gebäuden, Inf 1992, 204; *Paus,* Das häusliche Arbeitszimmer, Inf 1992, 289; *Schoor,* Die Abschreibung des beweglichen Anlagevermögens, BuW 1992, 410; *Obermeier,* Das selbstgenutzte Wohneigentum, 3. Aufl., Herne/Berlin 1992; *Körner/Weiken,* Wirtschaftliches Eigentum nach § 5 Abs. 1 Satz 1 EStG – Ausweis fremder Wirtschaftsgüter in der Bilanz aufgrund zeitlich begrenzter Nutzungsrechte, BB 1992, 1033; *Schall,* Zustimmungsversagung zur Rücknahme der Revision, KFR F. 2 FGO § 125, 1/92, 309; *Schmidt-Liebig,* Die AfA-Basis von ins Privatvermögen überführten Wirtschaftsgütern, DStR 1992, 1745; *Brandenberg,* Betrieblich oder beruflich genutzte Gebäudeteile bei Ehegattengrundstücken, NWB F. 3, 8493; *Thiel,* Die AfA-Bemessung nach dem „erfaßten" Wert – Auslegungsfehler oder Billigkeitsregelung?, FR 1993, 321; *an,* AfA auf unentgeltliche Nutzungsrechte, DB 1993, 1645.

Verwaltungsanweisungen: Abschn. 42 ff. EStR; BMF v. 15. 1. 1976, Ertragsteuerrechtliche Behandlung von Mietereinbauten und Mieterumbauten, BStBl I 66; BMF v. 3. 5. 1985, Ertragsteuerrechtliche Behandlung von zum Anlagevermögen gehörenden Nutzungsrechten, die durch Baumaßnahmen des Nutzungsberechtigten entstanden sind, BStBl I 188; BMF v. 29. 11. 1991, AfA für Wirtschaftsgüter, die in der D-Markeröffnungsbilanz oder dem Anlageverzeichnis zum 1. 7. 1990 ausgewiesen sind, BStBl I 977; BMF v. 20. 1. 1992, Steuerliche Behandlung von Computer-Software, DB S. 450.

1. Aktivierung

a) Bedeutung der Gewinnermittlungsarten

Wenn eine Anschaffung auf der Aktivseite der Bilanz anzusetzen ist, spricht man von Aktivierung. Daher stellt sich die Frage der Aktivierung nur, wenn der Unternehmer – wie es die Regel ist – seinen Gewinn nach §§ 4 Abs. 1, 5 EStG ermittelt. 542

Zu aktivieren sind **Wirtschaftsgüter des Betriebsvermögens** (vgl. Rdnr. 909 ff.). Eng mit der Frage der Aktivierung ist die **Absetzung für Abnutzung** verknüpft. Hierzu führt § 7 Abs. 1 Satz 1 EStG aus: 543

„Bei Wirtschaftsgütern, deren Verwendung oder Nutzung durch den Steuerpflichtigen zur Erzielung von Einkünften sich erfahrungsgemäß auf einen Zeitraum von mehr als einem Jahr erstreckt, ist jeweils für ein Jahr der Teil der Anschaffungs- oder Herstellungskosten abzusetzen, der bei gleichmäßiger Verteilung dieser Kosten auf die Gesamtdauer der Verwendung oder Nutzung auf ein Jahr entfällt."

Diese Vorschrift stellt auch die Verbindung zur Gewinnermittlung durch Überschußrechnung (§ 4 Abs. 3 EStG) her; denn nach **§ 4 Abs. 3 Satz 3 EStG** sind die Vorschriften über die Absetzung für Abnutzung (AfA) zu befolgen. Erfolgswirksam ist daher – unabhängig von der Frage der Aktivierung – nur die AfA. 544

b) Aktivierungspflichtige Wirtschaftsgüter

LEXinform
▶ BSt-BG-0160 ◀

Der Begriff des **aktivierungspflichtigen Wirtschaftsgutes ist sehr weit** zu fassen. Man unterscheidet bewegliche und unbewegliche, abnutzbare und nichtabnutzbare sowie materielle und immaterielle Wirtschaftsgüter. Die Aufteilung ist im Hinblick auf die unterschiedlichen Rechtsfolgen wichtig. 545

Beispiele für aktivierungspflichtige Wirtschaftsgüter:

Grundstücke und Gebäude (vgl. Rdnr. 1211 ff.); Betriebs- und Geschäftsausstattung (vgl. Rdnr. 898 ff.); Kraftfahrzeuge (vgl. Rdnr. 1448 ff.); Nutzungsrechte (vgl. BFH v. 26. 10. 1987, BStBl 1988 II 348); Geschäftswert (§§ 255 Abs. 4, 266 Abs. 2 A. I. 2 HGB); Warenlager (vgl. Rdnr. 1774 ff.).

Nicht zu aktivieren sind die geringwertigen Wirtschaftsgüter (vgl. Rdnr. 1166 ff.), Grundstücksteile von untergeordneter Bedeutung (vgl. „Arbeitszimmer", Rdnr. 678 ff.), Aufwendungen für Wirtschaftsgüter, die im Anschaffungsjahr verbraucht werden (z. B. Kraftstoff, Büromaterial u. ä.) sowie andere laufenden Betriebsausgaben (z. B. Löhne, Miete u. ä.) und Erhaltungsaufwendungen. Im 2. Halbjahr eines Wirtschaftsjah- 546 res entstandene Anschaffungs- oder Herstellungskosten von solchen beweglichen Anlagegütern, deren betriebsgewöhnliche Nutzungsdauer nicht über den Zeitraum eines vollen Kalenderjahres hinausgeht, aber in das folgende Wirtschaftsjahr hineinreicht, müssen nicht mit deren Hälfte aktiviert, sondern können sofort als Betriebsausgaben abgesetzt werden (FG Nürnberg v. 15. 7. 1991, Revision, EFG 1992, 82, Az. des BFH: IV R 127/91).

547 Für **immaterielle Wirtschaftsgüter** (Beispiele vgl. Rdnr. 559) des Anlagevermögens ist ein Aktivposten nur anzusetzen, wenn sie entgeltlich erworben wurden (§ 5 Abs. 2 EStG). Dies gilt auch bei Gewinnermittlung gemäß § 4 Abs. 1 und Abs. 3 EStG (BFH v. 22. 1. 1980, BStBl II 244).

c) Eigentum

LEXinform
▶ BSt-BG-0165 ◀

548 Es ist nur das **dem Unternehmer gehörende Wirtschaftsgut** zu aktivieren, wobei wirtschaftliches Eigentum ausreicht (vgl. BFH v. 3. 8. 1988, BStBl 1989 II 21; v. 12. 9. 1991, BStBl 1992 II 182, m. Anm. Ley, KFR F. 3 EStG § 5, 2/92, 119; zur Anschaffung vgl. Rdnr. 567; zum wirtschaftlichen Eigentum bei zeitlich begrenzten Nutzungsrechten vgl. Körner/Weiken, BB 1992, 1033). Ist ein anderer (z. B. die Ehefrau) **Miteigentümer** des Wirtschaftsgutes, so ist grundsätzlich nur der ideelle Teil des Unternehmers zu aktivieren (BFH v. 20. 9. 1990, BStBl 1991 II 82; vgl. BFH v. 6. 3. 1991, BFH/NV S. 528; v. 26. 3. 1991, BFH/NV S. 671; a. A. Hessisches FG v. 27. 7. 1989 rkr., EFG 1990, 165, unter Hinweis auf BFH v. 12. 2. 1988, BStBl II 764 – vgl. Rdnr. 682 ff. –: Auch der betrieblich genutzte Gebäudeteil sei notwendiges Betriebsvermögen). In diesem Fall kann regelmäßig davon ausgegangen werden, daß die Eheleute die Kosten des Objekts auch hälftig getragen haben. Es kommt nicht darauf an, ob ein Ehegatte erheblich weniger als der andere verdient oder überhaupt nicht berufstätig ist und daher über kein eigenes einsetzbares Einkommen oder Vermögen verfügt (BFH v. 12. 2. 1988, BStBl II 764). Der Miterwerb des nicht verdienenden Ehegatten wird zivilrechtlich als „Entgelt" für seinen in anderer Art (z. B. Hausarbeit) geleisteten gleichwertigen Beitrag betrachtet (FG Köln v. 22. 8. 1990, Revision, EFG 1991, 14, Az. des BFH: IV R 115/90, zur Frage des sog. Drittaufwands Vorlage an den Großen Senat v. 9. 7. 1992, BStBl II 948, mit Gestaltungen; Brandenberg, NWB F. 3, 8493).

Nur der ideelle Anteil des Unternehmers ist auch dann zu aktivieren, 549
wenn dieser mit Zustimmung seiner Ehefrau (Miteigentümerin) im eigenen Namen und für eigene Rechnung auf dem gemeinsamen Grundstück ein **Gebäude errichtet**, da er grundsätzlich nicht wirtschaftlicher Eigentümer des seiner Ehefrau zivilrechtlich gehörenden Anteils am Grundstück und Gebäude wird. Für die Annahme **wirtschaftlichen Eigentums** wäre erforderlich, daß der zivilrechtliche Eigentümer (Ehefrau) durch vertragliche Vereinbarung oder aus anderen Gründen von der Einwirkung auf das Wirtschaftsgut dauernd ausgeschlossen ist (§ 39 Abs. 2 Nr. 1 Satz 1 AO). Diese Voraussetzung ist nur dann erfüllt, wenn der Herausgabeanspruch des bürgerlich-rechtlichen Eigentümers keine wirtschaftliche Bedeutung mehr hat oder ein Herausgabeanspruch nicht besteht. Aus einem bloßen Einverständnis mit dem Bauvorhaben läßt sich nicht ableiten, daß die Nutzungsberechtigung den Eigentümer für die gewöhnliche Nutzungsdauer von der Einwirkung auf das Gebäude ausschließen kann (vgl. BFH v. 6. 3. 1991, BFH/NV S. 525; v. 20. 5. 1988, BStBl 1989 II 269, m. w. N.).

LEXinform
d) **Nutzungsrechte** ▶ BSt-BG-0170 ◀

Ausnahmsweise kann bezüglich des fremden Teils ein Nutzungsrecht zu 550
aktivieren sein, wenn es **entgeltlich erworben** wurde (vgl. BFH v. 26. 10. 1987, BStBl 1988 II 348, 353; vgl. auch Körner/Weiken, BB 1992, 1033; Übergangsregelung vgl. OFD Düsseldorf v. 22. 7. 1993, DB S. 1597 und an, DB 1993, 1645). Dies ist z. B. dann der Fall, wenn der Unternehmer ein Gebäude auf seine Kosten auf einem Grundstück errichtet, das anteilig seiner Ehefrau gehört. Er hat, sofern der Bereicherung keine Schenkung zugrunde liegt, nach § 951 BGB einen Aufwendungsersatzanspruch. Hierdurch wird ein Nutzungsrecht geschaffen, das wie ein materielles Wirtschaftsgut mit den anteiligen Anschaffungs- und Herstellungskosten zu aktivieren ist (vgl. BFH v. 6. 3. 1991, BFH/NV S. 525; v. 17. 3. 1989, BStBl 1990 II 6; Richter, NWB F. 3, 8259). Das Nutzungsrecht ist auch zu aktivieren, wenn der Unternehmer das anteilige Grundstück seiner Ehefrau schenkt und sich ein obligatorisches Nutzungsrecht vorbehält (BFH v. 20. 9. 1989, BStBl 1990 II 368). Hier ergibt sich eine ähnliche Rechtslage wie beim Vorbehaltsnießbrauch (BFH v. 16. 12. 1988, BStBl 1989 II 763).

Die Ausführungen zu den beiden vorstehenden Rdnr. gelten auch für den 551
Fall, in dem die **Ehefrau** auf dem ihr mit dem Unternehmer-Ehegatten gemeinsam gehörenden Grundstück ein **Betriebsgebäude** errichtet und

dieses ihrem Ehemann vermietet. Auch hier ist das Gebäude grundsätzlich anteilig als Betriebsvermögen zu aktivieren (BFH v. 6. 3. 1991, BFH/ NV S. 525, 528). Das Gebäude ist ausnahmsweise ausschließlich der Ehefrau zuzurechnen, wenn sie wirtschaftliche Eigentümerin geworden ist (vgl. Rdnr. 549). Dies setzt jedenfalls voraus, daß sie den Bau auf eigene Rechnung errichtet (BFH v. 6. 3. 1991, BFH/NV S. 525).

e) **Gestaltungshinweis**

LEXinform
▶ BSt-BG-0175 ◀

552 Grund für die vorstehend beschriebene, in der Regel fehlschlagende Gestaltung ist zum einen, daß der Vermieter der Betriebsräume (Ehefrau) Einkünfte aus Vermietung und Verpachtung erzielt und daher den Einnahmen sämtliche Aufwendungen (AfA, sonstige Ausgaben) gegenüberstellen kann. Außerdem ist bei einem Verkauf der Betriebsräume ein „Veräußerungsgewinn" nur dann zu versteuern, wenn ein sog. Spekulationsgeschäft vorliegt, wenn also der Zeitraum zwischen Anschaffung und Veräußerung nicht mehr als zwei Jahre beträgt (§ 23 Abs. 1 Nr. 1a EStG).

553 Dieses Ergebnis ist dann zu erreichen, wenn der **Ehegatte des Unternehmers das Betriebsgebäude** (bzw. das zu bebauende Grundstück) **im Alleineigentum erwirbt**. Befinden sich im (zu bauenden) Betriebsgebäude auch Wohnräume, die zu eigenen Wohnzwecken genutzt oder vermietet werden sollen, so sollte der Unternehmer-Ehegatte Alleineigentümer der Wohnräume und der andere Ehegatte Alleineigentümer der Betriebsräume werden, die er dann seinem Ehegatten vermietet (zur Bildung von Wohneigentum bzw. Teileigentum vgl. Neufang, Inf 1992, 204).

554 Bei einer solchen Gestaltung können Schwierigkeiten auftreten, wenn der **Ehegatte, der die Betriebsräume erwirbt, weder Einkünfte erzielt noch Vermögen besitzt**. Hier besteht die Möglichkeit, daß der Unternehmer-Ehegatte dem anderen Ehegatten das Geld zum Erwerb der Betriebsräume schenkt (zivilrechtlich für den Fall des Streits zwischen den Ehegatten vor allem dann problematisch, wenn der Unternehmer-Ehegatte keine andere Immobilie erhält). Außerdem könnte der Unternehmer-Ehegatte dem anderen Ehegatten ein Darlehen einräumen bzw. die Finanzierung sicherstellen. In diesem Fall ist aber das Gebäude nur dann dem anderen Ehegatten zuzurechnen, wenn er das Grundstück auf eigene Rechnung erwirbt bzw. den Bau auf eigene Rechnung errichtet (vgl. BFH v. 6. 3. 1991, BFH/NV S. 525; v. 15. 3. 1990, BFH/NV S. 812, zur Unternehmer-

eigenschaft bei Errichtung und Vermietung einer Arztpraxis durch die Ehefrau des Arztes; BFH v. 10. 9. 1992, BStBl 1993 II 253; BFH/NV 1993, 446, 447; FG Münster v. 29. 1. 1991 rkr., EFG S. 427, 1992, 570, zur Frage des Gestaltungsmißbrauchs hinsichtlich der USt bei Vermietung von Praxisräumen an den Ehemann; zur Kreditierung des Betrags durch den Unternehmer-Ehegatten vgl. „Ehegatten-Arbeitsverhältnisse . . .", Rdnr. 1057 ff.).

In Sonderfällen kann der Unternehmer aber daran interessiert sein, das 555 Grundstück in vollen Umfang in das Betriebsvermögen zu nehmen, vor allem dann, wenn das **Betriebsvermögen zu hohen steuerlichen Vorteilen** führt (z. B. wegen der 50 %igen Sonder-AfA im Beitrittsgebiet, vgl. Rdnr. 829 ff.; oder wegen des Vorsteuerabzugs bei einem Neubau). Da sich diese Vorteile nur auf das Gebäude beziehen, reicht es aus, wenn der Unternehmer-Ehegatte Eigentümer des Gebäudes wird, z. B. durch Herstellung des Gebäudes in Ausübung eines dinglichen Rechts (z. B. eines Erbbaurechts, Nießbrauchs oder einer Grunddienstbarkeit; vgl. Obermeier, Das selbstgenutzte Wohneigentum, Anm. 98): Der Nichtunternehmer-Ehegatte könnte das Gebäude auch im Rahmen einer gewerblich geprägten GmbH & Co KG errichten und vermieten. Dann könnte das Gebäude zu jedem beliebigen Zeitpunkt entnommen werden; die stillen Reserven sind – ggf. nach Abzug des Freibetrags für Betriebsveräußerungen – nur mit dem ermäßigten Steuersatz zu versteuern (Paus, Inf 1992, 289, 291; vgl. Rdnr. 3016 ff.).

f) Gemischte Nutzung

LEXinform
▶ BSt-BG-0180 ◀

Bei teils betrieblicher und teils privater Nutzung (gemischter Nutzung) 556 sind **unbewegliche im Gegensatz zu beweglichen Wirtschaftsgütern** (vgl. „Kraftfahrzeugkosten", Rdnr. 1448 ff.) in mehrere Wirtschaftsgüter **aufzuteilen**, wenn jene in unterschiedlichen Nutzungs- und Funktionszusammenhängen stehen (vgl. BFH v. 26. 11. 1973, BStBl 1974 II 132; v. 13. 7. 1977, BStBl 1978 II 6; Abschn. 13 b Abs. 2, 14 Abs. 4 EStR; kritisch Jehner, DStR 1990, 6, 9; zur getrennten Finanzierung gemischtgenutzter Grundstücke vgl. Paus, NWB F. 3, 8391).

g) Sonstiges

LEXinform
▶ BSt-BG-0185 ◀

Zur Aktivierung von Mieterein- und -umbauten vgl. BFH v. 26. 2. 1975, 557 BStBl II 443; Niedersächsisches FG v. 8. 4. 1991 rkr., EFG 1992, 730;

BMF v. 15. 1. 1976, BStBl I 66; zu Nutzungsrechten, die durch Baumaßnahmen des Nutzungsberechtigten entstanden sind, vgl. BMF v. 3. 5. 1985, BStBl I 188.

2. Absetzung für Abnutzung

LEXinform
▶ BSt-BG-0190 ◀

a) Abnutzbare Wirtschaftsgüter

Der AfA unterliegen

558 • **bewegliche Wirtschaftsgüter** (§ 7 Abs. 1 Sätze 1, 2, 4 und 5 sowie Abs. 2 EStG); z. B. Kraftfahrzeuge (vgl. Rdnr. 1448 ff.), Betriebs- und Geschäftsausstattung (vgl. Rdnr. 898 ff.), Betriebsvorrichtungen und Scheinbestandteile (§ 95 Abs. 2 BGB); vgl. i. e. Abschn. 42 Abs. 2 bis 4 EStR;

559 • **immaterielle Wirtschaftsgüter** (§ 7 Abs. 1 Sätze 1 bis 3 und 5 EStG); z. B. Nutzungsrechte (BFH v. 31. 10. 1978, BStBl 1979 II 401; v. 22. 1. 1980, BStBl II 244; v. 2. 8. 1983, BStBl II 735; v. 20. 9. 1989, BStBl 1990 II 368), ggf. auch Computerprogramme (vgl. BFH v. 3. 7. 1987, BStBl II 728, 787; v. 5. 2. 1988, BStBl II 737; v. 2. 9. 1988, BStBl 1989 II 160); vgl. i. e. Abschn. 31 a Abs. 1 EStR und BMF v. 20. 1. 1992, DB S. 450;

560 • **unbewegliche Wirtschaftsgüter, die keine Gebäude oder Gebäudeteile sind** (§ 7 Abs. 1 Sätze 1, 2 und 5 EStG), z. B. Außenanlagen wie Einfriedungen bei Betriebsgrundstücken und Straßenzufahrten (BFH v. 1. 7. 1983, BStBl II 686), sonstige Mietereinbauten und Mieterumbauten (vgl. BMF v. 15. 1. 1976, BStBl I 66, Nr. 6 und 7);

561 • **Gebäude und Gebäudeteile** (§ 7 Abs. 4, 5 und 5a EStG), vgl. Abschn. 42 Abs. 7 und 8 EStR und „Grundstücke und Gebäude", Rdnr. 1211 ff.

562 Voraussetzung ist, daß die Wirtschaftsgüter zur **Erzielung von Einkünften** verwendet werden (vgl. BFH v. 6. 3. 1979, BStBl II 551; v. 7. 10. 1986, BStBl 1987 II 330) und einer **wirtschaftlichen oder technischen Abnutzung** unterliegen (vgl. BFH v. 2. 12. 1977, BStBl 1978 II 164; v. 31. 8. 1986, BStBl II 355). Kunstgegenstände, die in Räumen aufbewahrt und in der Regel sachgemäß behandelt werden, sind keine abnutzbaren Wirtschaftsgüter (BFH v. 9. 8. 1989, BStBl 1990 II 50).

b) Bemessungsgrundlage für die Absetzung für Abnutzung ▶ LEXinform BSt-BG-0195 ◀

Bemessungsgrundlage für die AfA sind grundsätzlich die **Anschaffungs- oder Herstellungskosten** (vgl. Körner, BuW 1991, 6; Baetge/Krause, BuW 1991, 209) des Wirtschaftsguts oder der an deren Stelle tretende Wert (vgl. z. B. bei Einlagen und Eröffnung des Betriebs § 6 Abs. 1 Nr. 5 und 6 EStG; zu Wirtschaftsgütern, die in der D-Markeröffnungsbilanz oder dem Anlageverzeichnis zum 1. 7. 1990 ausgewiesen sind, vgl. BMF v. 29. 11. 1991, BStBl I 977). Verschenkt der Eigentümer ein Betriebsgrundstück, behält sich daran ein Nutzungsrecht vor (vgl. Rdnr. 550) und nutzt er es wie bisher betrieblich, so ist Bemessungsgrundlage für die AfA des Gebäudes dessen Entnahmewert, aber ohne Berücksichtigung des Wohnteils (BFH v. 20. 9. 1989, BStBl 1990 II 368). Bei einer Betriebsaufgabe (Entnahme) ist der gemeine Wert (Entnahmewert, Teilwert) auch dann Bemessungsgrundlage für die AfA, wenn der Aufgabegewinn (Entnahmegewinn) steuerlich nicht erfaßt worden ist (BFH v. 29. 4. 1992, BStBl II 969, m. Anm. Schall, KFR F. 2 FGO § 125, 1/92, 309; Niedersächsisches FG v. 21. 2. 1991, Revision, EFG S. 656, Az. des BFH: IX R 54/91; Thiel, FR 1993, 321; a. A. Abschn. 43 Abs. 6 Sätze 2 und 3 Nr. 1 EStR; Niedersächsisches FG v. 22. 8. 1991, Revision, EFG 1992 S. 320, Az. des BFH: IX R 24/92; BMF v. 30. 10. 1992, BStBl I 651, Nichtanwendungserlaß; Schmidt-Liebig, DStR 1992, 1745; ausführlich hierzu Obermeier, a. a. O., Anm. 406, 415, 418 G).

Bei **unentgeltlichem Erwerb** vgl. §§ 7 und 11d EStDV; vgl. auch Abschn. 43 EStR; zu anschaffungsnahem Aufwand vgl. Rdnr. 595 ff.

c) Höhe der Absetzung für Abnutzung ▶ LEXinform BSt-BG-0200 ◀

aa) Nutzungsdauer

Die AfA ist im Rahmen der **betriebsgewöhnlichen Nutzungsdauer** vorzunehmen, die nach allgemeinen Erfahrungssätzen zu schätzen ist (vgl. die verschiedenen AfA-Tabellen). So wird grundsätzlich bei Personenkraftwagen eine Nutzungsdauer von fünf Jahren (vgl. „Kraftfahrzeugkosten", Rdnr. 1463 ff.), bei Büromöbeln eine solche von zehn Jahren und bei Büroschreibmaschinen eine solche von fünf Jahren zugrunde gelegt (vgl. „Betriebs- und Geschäftsräume", Rdnr. 898 ff.). Bei Computerhardware und -software dürfte der AfA-Zeitraum regelmäßig drei Jahre nicht übersteigen (vgl. Rdnr. 900; bei geringwertigen Wirtschaftsgütern vgl. Rdnr. 1169).

bb) Inanspruchnahme; Nachholung

566 Die AfA ist in dem Jahr in Anspruch zu nehmen, auf das sie entfällt. Ist aber eine AfA, die sich nach der betriebsgewöhnlichen Nutzungsdauer richtet (z. B. nach § 7 Abs. 1, 2 oder 4 Satz 2 EStG), versehentlich unterblieben, so kann sie in der Weise **nachgeholt** werden, daß die noch nicht abgesetzten Buchwerte entsprechend der bei dem Wirtschaftsgut angewandten Absetzungsmethode auf die noch verbleibende Restnutzungsdauer verteilt werden (vgl. BFH v. 21. 2. 1967, BStBl III 386); anderes gilt bei starren AfA-Sätzen, z. B. § 7 Abs. 4 Satz 1 EStG.

cc) Beginn

567 Die AfA **beginnt** in dem Jahr, in dem das Wirtschaftsgut angeschafft, hergestellt, eingelegt oder in dem der Betrieb eröffnet worden ist. Ein Wirtschaftsgut ist in dem Zeitpunkt angeschafft, in dem der Erwerber das wirtschaftliche Eigentum erlangt; das ist regelmäßig der Zeitpunkt, in dem Besitz, Nutzen, Lasten und Gefahr auf ihn übergehen (vgl. BFH v. 25. 7. 1991, BFH/NV 1992, 374; v. 7. 11. 1991, BStBl 1992 II 398; zu einem Sonderfall vgl. BFH v. 23. 1. 1992, BStBl II 553).

568 Im **Jahr der Anschaffung** o. ä. kann nur der auf den Rest des Jahres entfallende AfA-Betrag angesetzt werden, wobei auf volle Monate aufgerundet werden darf. Die Finanzverwaltung läßt es jedoch aus Vereinfachungsgründen zu, daß für die in der ersten Hälfte eines Wirtschaftsjahres angeschafften oder hergestellten Wirtschaftsgüter der für das gesamte Wirtschaftsjahr in Betracht kommende AfA-Betrag und für die in der zweiten Hälfte des Wirtschaftsjahres angeschafften oder hergestellten Wirtschaftsgüter die Hälfte des für das gesamte Wirtschaftsjahr in Betracht kommenden AfA-Betrags angesetzt wird (Abschn. 44 Abs. 2 Satz 2 EStR).

dd) Ende

569 Im Jahr des Ausscheidens aus dem Betriebsvermögen kann nur der Teil der Jahres-AfA abgesetzt werden, der dem Zeitraum zwischen dem letzten Bilanzstichtag und der Veräußerung, Entnahme oder Nutzungsänderung entspricht (vgl. BFH v. 18. 8. 1977, BStBl II 835; Abschn. 44 Abs. 9 EStR). Ebenso wie im Zugangsjahr darf auf volle Monate aufgerundet werden.

ee) AfA-Methoden

Als **AfA-Methoden** kommen bei beweglichen Wirtschaftsgütern des Anlagevermögens die lineare (§ 7 Abs. 1 Sätze 1 und 2 EStG), die Leistungs-AfA (§ 7 Abs. 1 Satz 4 EStG), die AfA für außergewöhnliche technische oder wirtschaftliche Abnutzung (§ 7 Abs. 1 Satz 5 EStG; vgl. BFH v. 9. 8. 1989, BStBl 1990 II 50; v. 31. 3. 1992, BStBl II 805; v. 1. 12. 1992, DB 1993, 862) oder die degressive AfA (§ 7 Abs. 2 EStG) in Betracht (zur AfA bei unbeweglichen Wirtschaftsgütern vgl. „Grundstücke und Gebäude", Rdnr. 1211 ff.). Die Inanspruchnahme der degressiven AfA nach § 7 Abs. 2 EStG setzt voraus, daß die Methode in der Handelsbilanz zugrunde gelegt wird (BFH v. 24. 1. 1990, BStBl II 681). Daneben kann der Unternehmer noch § 7 g EStG (Sonder-AfA und Anspar-AfA zur Förderung kleiner und mittlerer Betriebe; die Anspar-AfA gilt erstmals für Wirtschaftsjahre, die nach dem 31. 12. 1994 beginnen; vgl. Pinkos, DB 1993, 1688) in Anspruch nehmen, wenn die Voraussetzungen gegeben sind (vgl. FG Münster v. 23. 9. 1992, Nichtzulassungsbeschwerde, EFG 1993, 372; Schoor, BuW 1992, 410, 414; zur Betriebsaufspaltung BFH v. 17. 7. 1991, BStBl 1992 II 246; m. Anm. Pollmann, KFR F. 3 EStG § 7 g, 1/92, 93; Beispielsrechnung zu den einzelnen AfA-Methoden vgl. Söffing, NWB F. 3, 7283; zur AfA für Wirtschaftsgüter, die in der D-Markeröffnungsbilanz oder dem Anlageverzeichnis zum 1. 7. 1990 ausgewiesen sind, vgl. BMF v. 29. 11. 1991, BStBl I 977; zum bisherigen Bundesgebiet vgl. § 10 EStDV).

570

ff) Lineare AfA

Bei der linearen AfA (§ 7 Abs. 1 Sätze 1 und 2 EStG) ist die Bemessungsgrundlage (vgl. Rdnr. 563 f.) in **gleichen Beträgen** auf die Gesamtnutzungsdauer zu verteilen. Nachträgliche Anschaffungs- oder Herstellungskosten sind dem Buchwert hinzuzuschlagen. Sie sind so zu berücksichtigen, als wären sie zu Beginn des Wirtschaftsjahres entstanden. Der neue Buchwert ist auf die neu zu schätzende Nutzungsdauer zu verteilen (Abschn. 44 Abs. 11 EStR).

571

Der **Übergang** von der linearen AfA-Methode zur degressiven AfA-Methode ist nicht zulässig (§ 7 Abs. 3 Satz 3 EStG).

572

gg) Degressive AfA

Die degressive AfA (AfA in **fallenden Jahresbeträgen**) kann nach einem unveränderten Hundertsatz vom jeweiligen Buchwert (Restwert) vorge-

573

nommen werden; der dabei anzuwendende Hundertsatz darf höchstens das Dreifache des bei der linearen AfA in Betracht kommenden Hundertsatzes betragen und 30 v. H. nicht übersteigen (§ 7 Abs. 2 EStG; zu nachträglichen Anschaffungs- bzw. Herstellungskosten vgl. Rdnr. 571).

Beispiel

Im 1. Halbjahr Anschaffung einer Maschine mit einer betriebsgewöhnlichen Nutzungsdauer von fünf Jahren, Kaufpreis 200 000 DM. Im 2. Jahr entstehen nachträgliche Herstellungskosten von 20 000 DM. Die Restnutzungsdauer ändert sich nicht.

Anschaffungskosten	200 000 DM
degressive AfA 30 %	60 000 DM
Restwert	140 000 DM
nachträgliche Herstellungskosten	20 000 DM
Bemessungsgrundlage	160 000 DM
degressive AfA 30 %	48 000 DM
Restwert	112 000 DM

574 Der **Übergang** von der degressiven zur linearen AfA ist zulässig. Die AfA bemißt sich dann vom Zeitpunkt des Übergangs an nach dem dann vorhandenen Restwert und der Restnutzungsdauer (§ 7 Abs. 3 Sätze 1 und 2 EStG). Der Übergangszeitpunkt, in dem die lineare AfA höher als die degressive AfA ist, ergibt sich aus folgender Tabelle (Schoor, BuW 1992, 410, 413):

Betriebsgewöhnliche Nutzungsdauer des Anlageguts in Jahren	Das Anlagegut wurde	
	im 1. Halbjahr angeschafft/hergestellt	im 2. Halbjahr angeschafft/hergestellt
	Optimaler Übergangszeitpunkt:	
	nach dem	nach dem
4	1. Wirtschaftsjahr	2. Wirtschaftsjahr
5	2. Wirtschaftsjahr	3. Wirtschaftsjahr
6	3. Wirtschaftsjahr	4. Wirtschaftsjahr
7	4. Wirtschaftsjahr	5. Wirtschaftsjahr
8	5. Wirtschaftsjahr	6. Wirtschaftsjahr
9	6. Wirtschaftsjahr	7. Wirtschaftsjahr
10	7. Wirtschaftsjahr	8. Wirtschaftsjahr

d) Berechtigter bei Miteigentum und ausschließlicher betrieblicher Nutzung

Probleme für die AfA-Berechtigung ergeben sich, wenn das **Wirtschaftsgut in Miteigentum steht** (Beispiel: Betriebsgebäude gehört zu je ½ dem Unternehmer und seinem Ehegatten; vgl. zur Aktivierung Rdnr. 548 ff.). In diesem Fall können die Miteigentümer die AfA grundsätzlich entsprechend ihrem Miteigentumsanteil beanspruchen. Dies erweist sich insbesondere bei Eheleuten unter Berücksichtigung zivilrechtlicher Grundsätze als zutreffend.

575

▷ Gestaltungshinweis:

Die Inanspruchnahme der der Ehefrau grundsätzlich zustehenden AfA scheitert aber daran, daß sie insoweit keine Einkünfte erzielt. Es ist daher anzuraten, daß die Ehegatten über den Hälfteanteil der Ehefrau einen **Mietvertrag** abschließen. Der Mieteinnahme kann sie dann die Aufwendungen (insbesondere AfA und Zinsaufwendungen) entgegensetzen.

e) Berechtigter bei Miteigentum und gemischter Nutzung ▶ LEXinform BSt-BG-0205 ◀

Wenn sich **in dem Betriebsgebäude auch noch Wohnräume** befinden, ist folgendes zu beachten: Nach dem BFH-Urteil v. 12. 2. 1988 (BStBl II 764) kann ein Ehegatte die anteilige AfA für sein Arbeitszimmer im gemeinsamen Einfamilienhaus in voller Höhe abziehen (sehr problematisch, vgl. zur Kritik Rdnr. 682 ff.). Das FG Köln überträgt diesen Grundsatz auch auf den betrieblichen Bereich und gewährt dem Nutzenden den vollen Anteil der AfA. Dies setzt aber voraus, daß der betriebliche Anteil nicht größer als der Miteigentumsanteil ist (FG Köln v. 22. 8. 1990, Revision, EFG 1991, 14, Az. des BFH IV R 115/90).

576

Beispiel:

Der Miteigentumsanteil desjenigen, der den betrieblichen Anteil nutzt, beträgt ½, der Anteil der Betriebsräume ½ der gesamten Fläche. Die Absetzung bei den Einkünften aus Gewerbebetrieb wird daher in Höhe von ½ der gesamten AfA gewährt.

Beträgt der betriebliche Anteil ¾ der gesamten Fläche, so ist die betriebliche AfA auf ½ beschränkt.

▷ Gestaltungshinweis:

In Anbetracht der Rechtsunsicherheit hinsichtlich der AfA ist auch bei gemischter Nutzung eine **entgeltliche Überlassung** des Miteigentumsanteils anzuraten. Im übrigen ist darauf hinzuweisen, daß der BFH jedenfalls den Abzug der auf den Nichtunternehmer-Ehegatten entfallenden übrigen Aufwendungen ablehnt, wenn keine entgeltliche Überlassung vorliegt (zu vorab entstandenen Aufwendungen vgl. BFH v. 20. 9. 1990, BStBl 1991 II 82).

3. Sonderregelungen im Beitrittsgebiet

577 Vgl. „Beitrittsgebiet", Rdnr. 818 ff.

578–590 *(Einstweilen frei)*

- **Altersversorgung**

591 vgl. „Beitrittsgebiet", Rdnr. 827 ff.; „Direktversicherung", Rdnr. 985 ff.; „Pensionszusage", Rdnr. 1518 ff.; „Unterstützungskasse", Rdnr. 1721 ff.; „Versicherungen", Rdnr. 1747 ff.

- **Angehörige; Verträge**

592 vgl. „Ehegatten-Arbeitsverhältnisse . . .", Rdnr. 1031 ff.; „Kinder-Arbeitsverhältnisse . . .", Rdnr. 1412 ff.

- **Anlaufkosten**

593 vgl. „Beginn der gewerblichen Tätigkeit", Rdnr. 760.

- **Anschaffungskosten**

Literatur: *Körner,* Anschaffungskosten in der Handels- und Steuerbilanz, StuW 1991, 6; *Baetge/Krause,* Die Bilanzierung des Anlagevermögens in der Handelsbilanz, BuW 1991, 209; *Söhn,* Anschaffungskosten/Herstellungskosten und Betriebsausgabenbegriff, StuW 1991, 270.

594 Zur Begriffsbestimmung vgl. „Anschaffungsnaher Aufwand", Rdnr. 606 ff.; vgl. auch „Aktivierung und Absetzung für Abnutzung", Rdnr. 563 f.; „Grundstücke und Gebäude", Rdnr. 1214 ff.; zur Minderung der Anschaffungskosten durch Boni, Rabatte und Skonti vgl. „Bewertung", Rdnr. 920 f.

- **Anschaffungsnaher Aufwand**

Literatur: *Stuhrmann,* Anschaffungsnaher Aufwand bei Gebäuden und Erwerbermodellen, BB 1985, 1656; *el,* Anschaffungsnaher Aufwand und verborgene Mängel DB 1986, 20; *Söffing,* Der anschaffungsnahe Aufwand, DB 1986, 662; *Stahl,* Erhaltungsaufwand, KÖSDI 1986, 6446; *el,* § 10 e-Abzugsvergünstigung und anschaffungsnaher Aufwand, DB 1987, 23; *ders.,* Zur Dreijahresfrist bei anschaffungsnahem Aufwand, DB 1987, 412; *en,* Einbau von Kachelöfen, DB 1987, 512;

ders., Anschaffungsnaher Aufwand nach Gebäudeerwerb, DB 1987, 1662; *Günther*, Der anschaffungsnahe Aufwand – Tendenzen der Rechtsprechung, FR 1987, 342; *el*, Sonderfälle anschaffungsnaher Aufwendungen, DB 1988, 259; *Grube*, Anschaffungsnaher Aufwand bei Rückgängigmachung des Kaufs, DStR, 1989, 159; *Söffing*, Anschaffungsnaher Aufwand – Rechtsprechung im Wandel?, StVj 1989, 163; *Stuhrmann*, Abgrenzung und Abzug von Erhaltungsaufwand bei Gebäuden im Privatvermögen, NWB F. 3, 7071; *Obermeier*, Anschaffungsnahe Aufwendungen im Einkommensteuerrecht, IstB 1989, 57; *Hardt*, Anschaffungsnaher Aufwand, KFR F. 3 EStG § 9, 1/90, 47; *ders.*, Abgrenzung anschaffungsnaher Aufwand/Erhaltungsaufwand, KFR F. 3 EStG § 9, 2/90, 81; *ders.*, Anschaffungsnaher Aufwand, KFR F. 3 EStG § 9, 4/90, 115; *ders.*, Anschaffungsnaher Aufwand/Generalüberholung, KFR F. 3 EStG § 9, 6/90, 187; *Obermeier*, Thesen zum anschaffungsnahen Aufwand, DStR 1990, 409; *Slomma*, Aufwendungen nach oder zur Beendigung einer steuerrelevanten Tätigkeit, DStZ A 1990, 301; *A. Söffing*, Herstellungskosten nach dem Vorentwurf einer EG-Gewinnermittlungsrichtlinie, DB 1990, 1293; *Prinz*, Anschaffungsnaher Aufwand – aktuelle beratungsrelevante Aspekte, FR 1990, 632; *o. V.*, Anschaffungsnaher Aufwand, Inf 1990, 556; *Wichmann*, Zur Einheitlichkeit des Herstellungskostenbegriffs im Einkommensteuerrecht, BB 1991, 1835; *Wilhelm*, Bewertungswahlrechte bei den Herstellungskosten, BB 1991, 1151; *nz.*, Anschaffungsnaher Aufwand und selbständige Gebäudeteile, DB 1991, 1598; *Anders*, Zum Herstellungskostenbegriff nach HGB für die Gewinnermittlung, Inf 1991, 267; *Paus*, Renovierungsaufwendungen in unmittelbarem Anschluß an Gebäudeerwerb, KFR F. 3 EStG § 7, 1/92, 43; *Heuermann*, Anschaffungsnaher Aufwand – Überlegungen zur neuesten Rechtsprechung des BFH, DB 1992, 600; *ders.*, Zur Abgrenzung zwischen Herstellungs- und Erhaltungsaufwand bei einem Dachumbau, NWB F. 3, 8229; *Paus*, Anschaffungsnaher Aufwand bei aus mehreren Wirtschaftsgütern bestehenden Gebäuden, KFR F. 3 EStG § 21, 1/92, 103; *ders.*, Renovierungskosten als Vorkosten bei unentgeltlicher Einzelrechtsnachfolge, NWB F. 3, 8343; *ders.*, Anschaffungsnaher Aufwand, KFR F. 3 EStG § 9, 1/92, 145; *Obermeier*, Das selbstgenutzte Wohneigentum, 3. Aufl., Herne/Berlin 1992; *Stahl*, Herstellungs-, Erhaltungs- und anschaffungsnaher Aufwand bei Altbau-Instandsetzungen, KÖSDI 1993, 9393; *Obermeier*, § 10e EStG bei vorweggenommener Erbfolge, Erbfall, Erbengemeinschaft und Erbauseinandersetzung, NWB F. 3, 8777.

Verwaltungsanweisungen: Abschn. 157 Abs. 5 EStR; OFD Kiel v. 28. 3. 1990, Einkommensteuerrechtliche Behandlung von Aufwendungen, die im Zusammenhang mit der Anschaffung eines Gebäudes gemacht werden, DStR 1990, 424; OFD Münster v. 23. 10. 1991, Behandlung von verlorenen Vorauszahlungen auf nicht erbrachte Bauleistungen, FR S. 757; FM Sachsen-Anhalt v. 15. 11. 1991, Abgrenzung von Erhaltungs- und Herstellungsaufwand für Rohrnetz- und Kanalerneuerungen, DStR 1992, 30; OFD Düsseldorf v. 14. 9. 1993, Übergangsregelung bei gemischt genutzten Gebäuden, DB S. 1950.

1. Allgemeines

LEXinform
▶ BSt-BG-0210 ◀

Anschaffungsnaher Aufwand ist als **Aufwand** zu verstehen, der **wirtschaftlich mit der Anschaffung zusammenhängt** (vgl. BFH v. 8. 2. 1983, 595

BStBl II 554, zur Frage der vorab entstandenen Werbungskosten; vgl. auch Söffing, StVj 1989, 163, der von einem zeitlichen und wirtschaftlichen Zusammenhang spricht).

596 Dieser Begriff spielt im betrieblichen (Kauf eines Betriebsgebäudes durch den Unternehmer) und im privaten Bereich (Kauf eines Mietobjekts oder einer zu eigenen Wohnzwecken genutzten Wohnung) eine Rolle. Anschaffungsnahe Aufwendungen können, wenn es sich um Erhaltungsaufwand handelt, sofort abziehbare Betriebsausgaben oder Werbungskosten bzw. – bei Anschaffung einer zu eigenen Wohnzwecken genutzten Wohnung – Aufwendungen i. S. von § 10e Abs. 6 EStG sein. Sie können aber auch **Anschaffungs- oder Herstellungskosten** darstellen.

2. Rechtsprechung des BFH

LEXinform
▶ BSt-BG-0215 ◀

597 Nach dem BFH-Urteil v. 12. 2. 1985 (BStBl II 690) neigt der IX. Senat dazu, entsprechend einem weiten Anschaffungskostenbegriff dann **Anschaffungskosten** anzunehmen, wenn ein rund 20 Jahre altes Wohngebäude vom Käufer vor dem Bezug mit einem umfassenden Renovierungsaufwand von ⅖ des Kaufpreises nutzbar gemacht wird; denn Anschaffungskosten lägen auch dann vor, wenn die Aufwendungen geleistet würden, um das Wirtschaftsgut in einen betriebsbereiten Zustand zu versetzen. Das gelte auch für die Kosten, die der Erwerber zum Zwecke der erstmaligen Nutzung des Hauses aufwende; zur Nutzbarkeit zähle auch dessen Anpassung an zeitgemäße Wohnbedürfnisse (so schon BFH v. 25. 10. 1955, BStBl III 388). Die davon abweichende Rechtsprechung (BFH v. 22. 8. 1966, BStBl III 672; v. 8. 7. 1980, BStBl II 744; v. 1. 4. 1981, BStBl II 660) sei durch die neuere Rechtsprechung überholt.

3. Rechtsauffassung der Finanzverwaltung und neuere Rechtsprechung des BFH

LEXinform
▶ BSt-BG-0220 ◀

598 Nach der Verwaltungsmeinung (vgl. Abschn. 157 Abs. 5 EStR) sind diese Aufwendungen als **Herstellungskosten** zu behandeln, wenn sie im Vergleich zum Kaufpreis hoch sind und durch die Aufwendungen im Vergleich zu dem Zustand des Gebäudes im Anschaffungszeitpunkt das Wesen des Gebäudes verändert, der Nutzungswert erheblich erhöht oder die Nutzungsdauer erheblich verlängert wird (BFH v. 8. 7. 1980, BStBl II 744; bestätigt z. B. durch BFH v. 11. 8. 1989, BStBl 1990 II 53, BFH/NV

1990, 285). Der Hauptfall ist die Nachholung zurückgestellter Instandhaltungsarbeiten, nicht aber typische Herstellungskosten oder laufender Erhaltungsaufwand oder die Beseitigung versteckter Mängel (zu letzterem vgl. el, DB 1986, 20).

▷ **Hinweis:**

Anschaffungsnaher Aufwand ist nach der Rechtsauffassung der Finanzverwaltung grundsätzlich nur dann anzunehmen, wenn die **Aufwendungen für Instandsetzung** (Rechnungsbetrag ohne USt; zur Änderung der EStR vgl. o. V., Inf 1990, 556) **innerhalb von drei Jahren nach Anschaffung des Gebäudes** (auf Übertragung des wirtschaftlichen Eigentums abstellen; Prinz, FR 1990, 632 f.; OFD Kiel v. 28. 3. 1990, DStR S. 424; a. A. Schmidt/Glanegger, § 6 Anm. 30 b bb; offengelassen in BFH v. 11. 8. 1989, BFH/NV 1990, 285) **insgesamt 20 % der Anschaffungskosten des Gebäudes übersteigen** (Heuermann, DB 1992, 600). Spätere Aufwendungen fallen in der Regel nicht darunter (zu Ausnahmen BFH v. 23. 6. 1988, BFH/NV 1989, 165; v. 30. 7. 1991, BStBl 1992 II 30, unter Aufhebung und Zurückverweisung von FG Köln v. 22. 8. 1990, EFG 1991, 72; BFH v. 15. 1. 1991, BFH/NV S. 533; v. 30. 7. 1991, BFH/NV 1992, 32; FG des Saarlandes v. 28. 2. 1992 1 K 190/91, NWB-EN Nr. 570/92; BMF v. 25. 10. 1990, BStBl I 626, Abs. 12 Satz 1, Abs. 55 Satz 1, zu § 10e EStG). Entscheidend ist die Entstehung, nicht die Zahlung der Aufwendungen.

Veranlagungen sind vorläufig durchzuführen, solange in diesem Zeitraum die Instandsetzungsaufwendungen 20 % der Anschaffungskosten des Gebäudes nicht übersteigen (Abschn. 157 Abs. 5 Sätze 7 und 8 EStR).

Ob anschaffungsnaher Aufwand vorliegt, ist für das **Gebäude insgesamt,** nicht gesondert für jeden selbständigen Gebäudeteil (vgl. Abschnitt 13b Abs. 1 und 2 EStR), zu prüfen (BFH v. 30. 7. 1991, BStBl 1992 II 940, m. Anm. Paus KFR F. 3 EStG § 21, 1/92, 103; ders., DStZ 1992, 269; a. A. nz., DB 1991, 1598; vgl. auch Abschn. 157 Abs. 7 Satz 1 EStR; Übergangsregelung OFD Düsseldorf v. 14. 9. 1993, DB S. 1950).

4. Kein anschaffungsnaher Aufwand

LEXinform
▶ BSt-BG-0225 ◀

Unter den Begriff anschaffungsnahe Aufwendungen fallen nicht:

- **Typische Herstellungskosten,** z. B. Ausbauten; diese Aufwendungen bleiben auch bei der Ermittlung der 20-%-Grenze außer Betracht (Abschn. 157 Abs. 5 Satz 3 EStR);

602 • **Erhaltungsaufwand,** der jährlich üblicherweise anfällt, auch Schönheitsreparaturen (BFH v. 11. 8. 1989, BStBl 1990 II 130; v. 30. 7. 1991, BStBl 1992 II 30; Abschn. 157 Abs. 5 Satz 5 EStR; zum Begriff der Schönheitsreparaturen vgl. § 28 Abs. 4 Satz 5 der II. BV; anders aber bei umfassender Renovierung und Modernisierung, BFH v. 30. 7. 1991, BStBl 1992 II 28, unter Aufhebung von FG Hamburg v. 21. 2. 1990, EFG S. 571; BFH v. 30. 7. 1991, BFH/NV S. 818; v. 29. 10. 1991, DB 1992, 556);

603 • Aufwendungen zur **Beseitigung versteckter Mängel,** z. B. Hausschwamm (BFH v. 11. 8. 1989, BFH/NV 1990, 285; BFH/NV 1990, 436; v. 13. 2. 1990, BFH/NV 1991, 83; Abschn. 157 Abs. 5 Satz 6 EStR; zu den Anforderungen an die Darlegung versteckter Mängel vgl. BFH v. 30. 7. 1991, BFH/NV S. 818; BFH/NV 1992, 32; Heuermann, DB 1992, 600; zum Zwangsversteigerungsverfahren vgl. FG des Saarlandes v. 30. 9. 1992, Revision, EFG 1993, 297, Az. des BFH: X R 11/92);

604 • Aufwendungen bei **Rückgängigmachung des Kaufs** (Grube, DStR 1989, 159).

5. Stellungnahme

605 Auf den ersten Blick erscheint der Streit, ob anschaffungsnahe Aufwendungen **Anschaffungs- oder Herstellungskosten** darstellen können, unbeachtlich (so wohl BMF v. 19. 11. 1985, BStBl I 682); denn sowohl bei Anschaffungskosten als auch bei Herstellungskosten gehen die Aufwendungen in die AfA-Bemessungsgrundlage (vgl. „Aktivierung und Absetzung für Abnutzung", Rdnr. 563 ff.) bzw. in die Bemessungsgrundlage des § 10 e EStG ein. Tatsächlich kommt der Abgrenzung Anschaffungskosten zu Herstellungskosten entscheidende Bedeutung zu. Würde man nämlich – wie der BFH anzudeuten scheint – vor allem auf den unmittelbaren zeitlichen und wirtschaftlichen Zusammenhang mit dem Erwerb abstellen, so käme man bei nicht unbedeutenden Aufwendungen bereits zu Anschaffungskosten, nicht mehr aber zur Frage Herstellungskosten oder sofort abziehbare Aufwendungen.

a) **Anschaffungskosten**

LEXinform
▶ BSt-BG-0230 ◀

606 Nach der Legaldefinition in § 255 HGB, die für das Steuerrecht verbindlich ist (Schmidt/Glanegger, § 6 Anm. 23), sind „Anschaffungskosten . . . die Aufwendungen, die geleistet werden, um einen Vermögens-

gegenstand zu erwerben und ihn in einen betriebsbereiten Zustand zu versetzen . . . Zu den Anschaffungskosten gehören auch die Nebenkosten sowie die nachträglichen Anschaffungskosten." Danach sind Anschaffungskosten nur gegeben, wenn die Nutzung ohne die Aufwendungen nicht möglich ist (vgl. Heuermann, DB 1992, 600). Selbst umfangreiche Modernisierungsaufwendungen genügen nicht (zu Renovierungsaufwendungen in unmittelbarem Anschluß an Gebäudeerwerb vgl. BFH v. 30. 7. 1991, BStBl II 918, m. Anm. Paus, KFR F. 3 EStG § 7, 1/92, 43).

b) Charakter der Aufwendungen entscheidend

Die Abgrenzung Herstellungskosten zu sofort abziehbarem Aufwand (Erhaltungsaufwand) ist m. E. nicht nach der Verwaltungsmeinung vorzunehmen, da die Definition zu unbestimmt ist, die Grenze von 20 % nicht die Besonderheiten des einzelnen Falles berücksichtigt und die Ausnahmen („laufender Erhaltungsaufwand", „Beseitigung versteckter Mängel") nicht klar abgrenzbar sind. Es ist vielmehr auf den Charakter der Aufwendungen selbst abzustellen (ausführlich Obermeier, IstB 1989, 51; ders., DStR 1990, 409, m. w. N.). Man muß sich also fragen, ob die Aufwendungen selbst – unabhängig vom Eigentumswechsel – als Herstellungskosten oder Erhaltungsaufwand zu beurteilen sind. Wären sie beim bisherigen Eigentümer Erhaltungsaufwand, können sie beim neuen Eigentümer nicht Herstellungsaufwand sein. 607

LEXinform
c) Abgrenzung Herstellungsaufwand – Erhaltungsaufwand ▶ BSt-BG-0235 ◀

Nach § 255 Abs. 2 Satz 1 HGB sind **Herstellungskosten** „die Aufwendungen, die . . . für die Herstellung eines Vermögensgegenstandes, seine Erweiterung oder für eine über seinen ursprünglichen Zustand hinausgehende wesentliche Verbesserung entstehen". Zur allgemeinen Abgrenzung wird in der Praxis regelmäßig auf Abschn. 157 EStR zurückgegriffen, der durch Definition und Beispiele einen guten Überblick bietet. 608

Zum **Erhaltungsaufwand** (vgl. Stahl, KÖSDI 1986, 6446) gehören die Aufwendungen für die laufende Instandhaltung und die Instandsetzung. Aufwendungen für die Erneuerung von bereits in den Herstellungskosten enthaltenen Teilen, Einrichtungen oder Anlagen sind regelmäßig Erhaltungsaufwand (Abschn. 157 Abs. 1 EStR). Nach der Fertigstellung eines Gebäudes ist **Herstellungsaufwand** anzunehmen, wenn etwas **Neues**, bisher nicht Vorhandenes geschaffen wird (Abschn. 157 Abs. 3 EStR). 609

Weitere Voraussetzung ist, daß das Gebäude durch die Baumaßnahme wesentlich in seiner Substanz vermehrt, in seinem Wesen erheblich verändert oder über seinen bisherigen Zustand hinaus deutlich verbessert wird (BFH v. 24. 7. 1979, BStBl 1980 II 7). In diesem Fall werden auch Aufwendungen für ein Bündel von Einzelmaßnahmen, die für sich genommen teils Herstellungs-, teils Erhaltungsaufwand darstellen, insgesamt als Herstellungskosten behandelt, wenn sie in engem räumlichen, zeitlichen und sachlichen Zusammenhang zueinander stehen und in ihrer Gesamtheit als „einheitliche Baumaßnahme im Wesen einer Generalüberholung und Modernisierung des Hauses im ganzen und von Grund auf" anzusehen sind (BFH v. 10. 6. 1975, BStBl II 878; v. 16. 9. 1986, BFH/NV 1987, 149; v. 21. 6. 1990, BFH/NV 1991, 154; hohe Anforderungen bei sog. Gesamtmaßnahme, FG des Saarlandes v. 14. 7. 1992 rkr., EFG 1992, 726) Einzelne Modernisierungsaufwendungen reichen aber nicht aus, um Herstellungsaufwand anzunehmen.

610 Die Grenzlinie zwischen nachträglichen Herstellungskosten und Erhaltungsaufwand hat sich zugunsten des Bereichs der Erhaltung verschoben (BFH v. 25. 1. 1979, BStBl II 434). Dies entspricht dem gesteigerten Bedürfnis nach Substanzerhaltung und Modernisierung (BFH v. 26. 11. 1973, BStBl 1974 II 132).

d) Beispiele für Erhaltungsaufwand

LEXinform
▶ BSt-BG-0240 ◀

611 Anerkannte Fälle von Erhaltungsaufwand zeigen die folgenden

Beispiele:

Malerarbeiten und Reparaturarbeiten (z. B. an Fenstern, Heizung, Dach; BFH v. 14. 10. 1960, BStBl III 493); nachträgliche Ausstattung eines Öltanks entsprechend den Sicherheitsbestimmungen (BFH v. 16. 7. 1974, BStBl 1975 II 193); Umrüstung einer Öl- auf eine Elektrospeicherheizung (BFH v. 9. 11. 1976, BStBl 1977 II 279); Umstellung einer funktionsfähigen Zentralheizung von Koks- auf Ölfeuerung (BFH v. 7. 12. 1976, BStBl 1977 II 281); Ersatz von Einzelöfen durch Elektronachtspeicheröfen (BFH v. 9. 11. 1976, BStBl 1977 II 306); Austausch einer verbrauchten Gasradiatorenheizung gegen eine Gascirkoheizung und Verkleidung der Außenwände mit Eternitplatten (BFH v. 13. 3. 1979, BStBl II 435); Umstellung eines Mietshauses von Kohleöfen auf Zentralheizung (BFH v. 24. 7. 1979, BStBl 1980 II 7); Umstellung einer Ofenheizung auf Gasetagenheizung (BFH v. 8. 7. 1980, BStBl II 744; v. 10. 7. 1990, BFH/NV 1991, 157); Verglasung nach Beschädigung der offenen balkonähnlichen Wohnungszugänge (BFH v. 24. 2. 1981, BStBl II 468); Verstärkung von Stromkabeln im Rahmen einer Heizungsumstellung (BFH v. 24. 2. 1981, BStBl II 469); Verkleidung der Außenwände mit Vorhangfassaden (BFH v. 20. 10. 1981, BStBl 1982 II 64); Verklinke-

Einkommensteuer / Anschaffungsnaher Aufwand 171

rung schadhafter Außenfassade (BFH v. 19. 6. 1991, BFH/NV S. 812); Ergänzungsbeiträge für den Bau einer neuen Kläranlage (BFH v. 13. 9. 1984, BStBl 1985 II 49; vgl. auch FM Sachsen-Anhalt v. 15. 11. 1991, DStR 1992, 30); Kosten für den Einbau eines Festbrennstoffkessels neben einem bereits vorhandenen Ölzentralheizungskessels (Niedersächsisches FG v. 15. 1. 1991 rkr., EFG S. 595); Kosten für einen Kabelanschluß, soweit er nicht in einem zeitlichen Zusammenhang mit der Fertigstellung des Gebäudes erfolgt (vgl. Abschn. 157 Abs. 1 Satz 3 EStR, mit weiteren Beispielen).

Mir erscheint der Hinweis wichtig, daß es bei der Abgrenzung zum Herstellungsaufwand nicht darauf ankommt, **ob die Teile oder Einrichtungen funktionsfähig oder wirtschaftlich verbraucht sind** (Abschn. 157 Abs. 1 Sätze 4 und 5 EStR). 612

e) Beispiele für Herstellungsaufwand

LEXinform
▶ BSt-BG-0245 ◀

Fälle von Herstellungsaufwand enthalten die folgenden 613

Beispiele:

Aufwendungen für einen Anbau; Einbau einer Fahrstuhlanlage; Ausbau des Dachgeschosses; Aufteilung von Großwohnungen in Kleinwohnungen (Abschn. 157 Abs. 3 Satz 2 EStR); Veränderung der Aufteilung der Räume einer Wohnung durch Einziehen oder Abreißen von Zwischenwänden (FG Baden-Württemberg v. 28. 6. 1983 rkr., EFG 1984, 225; differenzierend FG Hamburg v. 8. 11. 1984 rkr., EFG 1985, 333); Einbau eines Kachelofens (FG Schleswig-Holstein v. 9. 8. 1984 rkr., EFG 1985, 18; FG Baden-Württemberg, Außensenate Freiburg v. 19. 3. 1986 rkr., EFG 1986, 389; en, DB 1987, 512; a. A. OFD München v. 30. 12. 1983, ESt-Kartei § 21 K 1.3, mit dem Hinweis, es werde nicht das Gebäude, sondern lediglich dessen Beheizbarkeit verbessert; selbst dann, wenn der Kachelofen als zusätzliche Heizquelle dient) oder offenen Kamins (FG Berlin v. 10. 12. 1980 rkr., EFG 1981, 348, 541); Ersatz eines Flachdachs durch ein Satteldach, wenn dadurch erstmals ein ausbaufähiges Dachgeschoß entsteht (BFH v. 19. 6. 1991, BStBl 1992 II 73, m. Anm. Heuermann, NWB F. 3, 8229); Kanalbaubeiträge (FG des Saarlandes v. 1. 10. 1991 rkr., EFG 1992, 158); Einbau einer Alarmanlage, BFH v. 16. 2. 1993, BStBl II 544; vgl. auch Abschn. 33a EStR und Obermeier, Das selbstgenutzte Wohneigentum, Anm. 136; jedoch kein Herstellungsaufwand bei verlorenen Vorauszahlungen auf nicht erbrachte Bauleistungen (BFH v. 4. 7. 1990 GrS 1/89, BStBl II 830; v. 20. 9. 1990, BStBl 1991 II 82; v. 31. 3. 1992, BStBl II 805; vgl. OFD Münster v. 23. 10. 1991, FR S. 757 und Obermeier, a. a. O., Anm. 248 ff.).

f) Zusammenfassung

LEXinform
▶ BSt-BG-0250 ◀

Die hier vertretene Meinung, nach der auf den Charakter der Aufwendungen abzustellen ist, wird im Verwaltungsverfahren wohl nicht akzept- 614 tiert werden. Dem vorsichtigen Steuerpflichtigen oder Berater, der **keinen Prozeß riskieren** will, empfehle ich daher, in diesem Fall die von der Finanzverwaltung festgelegte Grenze von 20 % der Gebäudeanschaffungskosten zu beachten.

615 Der Meinungsstreit dürfte noch nicht beendet sein. Zwar hat der IX. Senat des BFH zwischenzeitlich mehrmals seine Rechtsprechung bestätigt (zuletzt v. 13. 2. 1990, BFH/NV 1991, 83; v. 12. 6. 1990, BFH/NV 1991, 32; BFH/NV 1991, 87); mit dem Urteil v. 29. 10. 1991 (BStBl 1992 II 285, m. Anm. Paus, KFR F. 3 EStG § 9, 1/92, 145, unter Aufhebung von FG Schleswig-Holstein v. 11. 9. 1990, EFG 1991, 70) hat der BFH jedoch eine **Kehrtwendung** vollzogen (vgl. Heuermann, DB 1992, 600, „modifiziertere, systematischere Begründung als bisher"). Er stellt nunmehr entscheidend auf die Definition des Herstellungsaufwands ab (vgl. Rdnr. 608 ff, 613) und bezieht die Anschaffungsnähe – völlig überflüssig – in die Gesamtwürdigung ein (ebenso der X. BFH-Senat v. 3. 12. 1991, BFH/NV 1992, 379; v. 23. 9. 1992, BStBl 1993 II 338).

616 Mit BFH v. 11. 3. 1992 (BStBl II 886, m. Anm. Obermeier, NWB F. 3, 8343; a. A. BMF v. 21. 9. 1992, BStBl I 584, Nichtanwendungserlaß) ging der X. Senat noch einen Schritt weiter. In diesem Urteil hat der BFH Aufwendungen für die Renovierung einer zu eigenen Wohnzwecken genutzten Wohnung nach einer unentgeltlichen Einzelrechtsnachfolge als Vorkosten i. S. von § 10e Abs. 6 EStG anerkannt. Wenn er aber die Lehre vom anschaffungsnahen Aufwand angewendet hätte, hätte er die Renovierungskosten als Herstellungskosten behandeln müssen, da die Aufwendungen 20 % der Anschaffungskosten des Gebäudes (im Streitfall Anschaffungskosten = 0 DM) überstiegen haben. In Änderung dieser Rechtsprechung hat der X. Senat jedoch am 13. 1. 1993 entschieden, daß ein Vorkostenabzug nach § 10e Abs. 6 EStG einen entgeltlichen Erwerb voraussetzt (BStBl 1993 II 346; kritisch hierzu Obermeier, NWB F. 3, 8777).

▷ **Hinweis:**

Wenn es sich nach Auffassung der Finanzverwaltung um Herstellungsaufwand i. S. von § 51 Abs. 1 Nr. 2 Buchstabe q oder r EStG i. V. mit den §§ 82a, 82g oder 82i EStDV (nunmehr §§ 7h, 7i und 10f Abs. 1 EStG) handelt, so sollten die Steuerpflichtigen hilfsweise diese Begünstigungen beantragen. Entsprechendes gilt für die Qualifizierung als Anschaffungskosten (§§ 7h Abs. 1 Satz 3, 7i Abs. 1 Satz 5, 52 Abs. 12b Satz 2 EStG; ausführlich zum anschaffungsnahen Aufwand auch Stahl, KÖSDI 1993, 9393).

(Einstweilen frei) 617–625

- **Anzahlungen**

vgl. „Schwebende Geschäfte", Rdnr. 1639 ff. 626

- **Arbeitnehmer**

vgl. „Selbständige Tätigkeit", Rdnr. 1641 ff. 627

- **Arbeitsverhältnis**

vgl. Ehegatten-Arbeitsverhältnisse . . .", Rdnr. 1031 ff.; „Kinder-Arbeits- 628
verhältnisse . . . ", Rdnr. 1412 ff.; „Selbständige Tätigkeit", Rdnr.
1641 ff.; „Lohnsteuer", Rdnr. 2541 ff.

- **Arbeitszimmer**

Literatur: *Bock,* Häusliches Arbeitszimmer, Einnahme des Augenscheins und vorherige Benachrichtigung des Betroffenen, DStZ A 1982, 234; *Fischer,* Zur Problematik der Anerkennung eines häuslichen Arbeitszimmers, DB 1984, 1377; *Zeitler,* Aktuelle Fragen zur steuerlichen Behandlung des Arbeitszimmers, BB 1984, 1422; *Bowitz,* Anerkennung der Kosten eines häuslichen Arbeitszimmers als Werbungskosten auf Zuruf?, DStZ A 1986, 143; *Klein,* Abschreibungsfähigkeit von antiken Möbeln, FR 1986, 249; *Biedermann,* Das häusliche Arbeitszimmer im Steuerrecht, 2. Aufl., Stuttgart 1987; *Rt,* Ermittlung der auf ein häusliches Arbeitszimmer entfallenden anteiligen Aufwendungen, DStZ E 1987, 52; *Wollny,* Anm. zum BFH-Beschluß v. 22. 6. 1987 IX R 38/81, FR 1988, 138, DB 1988, 534; *Thomas,* AfA auf Arbeitszimmer im Miteigentum von Ehegatten, KFR F. 6 EStG § 9, 3/88, 199; *Leu,* Berechnung der AfA für privat angeschaffte, später aber beruflich oder betrieblich genutzte bewegliche Wirtschaftsgüter, DStZ A 1988, 486; *Günther,* Förderung selbstgenutzten Wohneigentums – Kürzung der Bemessungsgrundlage bei einem steuerlich nicht anerkannten Arbeitszimmer?, DB 1988, 2330; *Stephan,* Drittaufwand nach dem Beschluß des Großen Senats des BFH v. 26. 10. 1987 sowie dem BFH-Urteil v. 12. 2. 1988, DB 1988, 2477; *Müller,* Durchgangszimmer als häusliches Arbeitszimmer, KFR F. 6 EStG § 9, 1/89, 25; *Märkle/Franz,* Die im Miteigentum mehrerer Personen stehende eigengenutzte Wohnung, BB 1989, 258; *Obermeier,* Aufwendungen für ein Arbeitszimmer zur Abwicklung vererbten Betriebsvermögens, KFR F. 3 EStG § 4, 9/89, 313; *ders.,* Umwidmung von Wirtschaftsgütern, KFR F. 3 EStG § 7, 1/89, 351; *Neufang/Lentschig,* Steuern sparen mit dem Arbeitszimmer, Inf 1990, 59; *Irrgang/Turnbull,* Eigenbetrieblich genutzte

Grundstücksteile „von untergeordneter Bedeutung", KFR F. 3 EStG § 4, 6/90, 247; *Günther,* Geringwertige Wirtschaftsgüter im Bereich der Überschußeinkünfte, FR 1990, 279; *Beater,* Absetzung für Abnutzung bei antiken Möbeln, BB 1990, 1869; *Mathiak,* Rechtsprechung zum Bilanzsteuerrecht, Tz. 2: Eigenbetrieblich genutzte Grundstücksteile von untergeordneter Bedeutung, DStR 1990, 691, 693 f.; *Speich,* Sofortabschreibung für geringwertige Wirtschaftsgüter, NWB F. 3, 7387; *Lück,* Antiquitäten im Steuerrecht, DStZ A 1990, 216; *Hartmann,* Das Wohnungsbauförderungsgesetz (II), Inf 1990, 317; *Bordewin,* Grundstücksteil als Betriebsvermögen, NWB F. 3, 7557; *Leu,* Miteigentum und häusliches Arbeitszimmer, DStZ A 1991, 211; *Fella,* Das häusliche Arbeitszimmer, NWB F. 3, 7715, mit Ergänzung in NWB-EN Nr. 457/91; *Kemmer,* Keine Abzugsfähigkeit von sog. „Drittaufwand", KFR F. 3 EStG § 4, 4/91, 57; *Brandenberg,* Betrieblich oder beruflich genutzte Gebäudeteile bei Ehegattengrundstücken, NWB F. 3, 7785; *Märkle/Franz,* Betriebliche Nutzung eines Ehegattengrundstücks aus einkommensteuerlicher Sicht, BB 1991, *Wolff-Diepenbrock,* Zur Ausstattung des Arbeitszimmers, DStZ A 1991, 295; *Lück,* Nochmals: Antiquitäten im Steuerrecht und Möglichkeiten der Abschreibung, DStZ A 1991, 322; *Eggers,* Aufwendungen für Einrichtungsgegenstände eines häuslichen Arbeitszimmers, KFR F. 6 EStG § 9, 3/91, 173; *Rößler,* Werbungskosten durch Einrichtung eines häuslichen Arbeitszimmers, DStZ A 1991, 475; *Apitz,* Zur Auswirkung der Ausstattung eines Arbeitszimmers auf dessen steuerliche Anerkennung, DStR 1991, 1301; *Brandenberg,* Häusliches Arbeitszimmer als Betriebsvermögen, NWB F. 3, 7899; *v. Bornhaupt,* Arbeitsmittel beim Arbeitnehmer, NWB F. 6, 3381; *Heisel,* Ehegatten-Nutzungsrechte als betriebliche Wirtschaftsgüter – Änderung der Rechtsprechung?, NWB F. 3, 8171; *Kottke,* Zur Irrlehre vom Aufteilungs- und Abzugsverbot im Einkommensteuerrecht, DStR 1992, 129; *Diemer,* Drittaufwand im Einkommensteuerrecht, BB 1992, 36; *Assmann,* Die steuerliche Anerkennung häuslicher Arbeitszimmer, BuW 1992, 187; *Paus,* Das häusliche Arbeitszimmer, Inf 1992, 289; *Obermeier,* Das selbstgenutzte Wohneigentum, 3. Aufl., Herne/Berlin 1992, Anm. 43 ff.; *Woring,* Abzugsfähigkeit von Drittaufwand, KFR F. 3 EStG § 7, 1/93, 43; *Brandenberg,* Betrieblich oder beruflich genutzte Gebäudeteile bei Ehegattengrundstücken, NWB F. 3, 8493; *v. Bornhaupt,* Spielecomputer als Arbeitsmittel?, NWB F. 6, 3513; *Beiser,* Ist Drittaufwand abzugsfähig?, DStR 1993, 789; *Theisen,* Abzugsfähigkeit eines Personalcomputers bei nichtselbständiger Arbeit, KFR F. 6 EStG § 9, 3/93, 203.

Verwaltungsanweisungen: Abschn. 14, 164 b EStR; Abschn. 44, 45 LStR; OFD Köln v. 18. 9. 1984, Steuerliche Behandlung von Aufwendungen für ein häusliches Arbeitszimmer, BB 1984, 2108; OFD Düsseldorf v. 11. 9. 1986, Ermittlung der auf ein häusliches Arbeitszimmer entfallenden anteiligen Aufwendungen, BB 1986, 2144; OFD Köln v. 9. 2. 1987, Aufwendungen für ein häusliches Arbeitszimmer: Nutzung für den Beruf und für Ausbildungszwecke (§ 10 Abs. 1 Nr. 7 EStG), FR 1987, 348;, OFD Köln v. 9. 2. 1987, Häusliches Arbeitszimmer in einem in Miteigentum beider Ehegatten stehenden Wohngebäude (§ 9 Abs. 1 Satz 1, § 21 a EStG), FR 1987, 348; OFD Köln v. 9. 2. 1987, Häusliches Arbeitszimmer in einer nach dem 31. 12. 1986 hergestellten oder angeschafften eigenen Wohnung: Absetzung für Abnutzung (§ 9 Abs. 1 Satz 1 und Satz 3 Nr. 7 EStG),

FR 1987, 349; OFD Münster v. 5. 8. 1987, Verbesserung der Abschreibungsbedingungen für Wirtschaftsgebäude – Zum Zeitpunkt des Bauantrags, BB 1987, 1095; OFD Köln v. 16. 12. 1987, Aufwendungen für ein häusliches Arbeitszimmer bei Arbeitnehmern, FR 1988, 191, DB 1988, 524; OFD Düsseldorf v. 24. 10. 1988, Abzug von AfA nach § 7 b, § 7 Abs. 4 und 5 EStG bei den Einkünften aus Vermietung und Verpachtung und nichtselbständiger Arbeit, wenn bei einem im Alleineigentum eines Ehegatten stehenden Gebäude ein Arbeitszimmer ausschließlich von dem anderen Ehegatten genutzt wird, DB 1988, 2384; BMF v. 25. 10. 1990, § 10 e EStG, BStBl I 626, Abs. 21, OFD Köln v. 9. 11. 1990, Lohnsteuer; vom Arbeitgeber getragene Kosten für ein häusliches Arbeitszimmer (§ 8 EStG), NWB-EN Nr. 516/91.

1. Allgemeines

LEXinform
▶ BSt-BG-0255 ◀

Nachstehende Grundsätze gelten bei **gewerblicher und nichtselbständiger Tätigkeit**. Soweit sich im einzelnen Abweichungen ergeben, wird bei den entsprechenden Ausführungen auf die Unterschiede hingewiesen. 629

Ein Raum wird nur dann als Arbeitszimmer anerkannt, wenn er **so gut wie ausschließlich betrieblich/beruflich genutzt** wird. Eine etwaige Benutzung für andere (private) Zwecke muß dabei von so untergeordneter Bedeutung sein, daß sie steuerlich außer Betracht bleiben kann (BFH v. 21. 1. 1966, BStBl III 219; v. 10. 3. 1970, BStBl II 458; v. 19. 10. 1970, BStBl 1971 II 17; v. 27. 10. 1978, BStBl 1979 II 80; Abschn. 45 Satz 1 LStR). 630

Besteht eine **nicht nur untergeordnete Mitbenutzung für private Zwecke**, so können die Aufwendungen wegen des Aufteilungs- und Abzugsverbots auch nicht teilweise berücksichtigt werden (zum Aufteilungs- und Abzugsverbot vgl. BFH v. 27. 11. 1978, BStBl 1979 II 213; v. 21. 11. 1986, BStBl 1987 II 262, m. w. N; kritisch hierzu z. B. Paus, DStZ A, 1989, 75; Kottke, DStR 1992, 129), das jedoch nicht beim Zusammentreffen von Betriebsausgaben/Werbungskosten und Sonderausgaben (Berufausbildungskosten) gilt (BFH v. 22. 6. 1990, BStBl II 901). Es liegen aber keine privaten Zwecke vor, wenn ein Unternehmer das Arbeitszimmer teilweise für eine **ehrenamtliche Tätigkeit** nutzt, für die er lediglich eine steuerfreie Aufwandsentschädigung bezieht; zudem enthält § 3 c EStG nur ein Abzugs-, aber kein Aufteilungsverbot (FG Berlin v. 21. 6. 1985 rkr., EFG 1986, 173, m. w. N.; a. A. FG Rheinland-Pfalz v. 24. 2. 1986 rkr., EFG S. 282, 473; FG Hamburg v. 31. 8. 1987 rkr., EFG 1988, 66). 631

632 Die **Grenze für die unschädliche private Mitbenutzung** liegt bei 10 % (vgl. HFR 1987, 241). Eine private Nutzung von 15,5 % ist nach der Rechtsprechung des BFH nicht mehr von untergeordneter Bedeutung (BFH v. 21. 11. 1986, BStBl 1987 II 262).

633 In die Gesamtwürdigung ist auch einzubeziehen, ob in dem Raum **private Gegenstände aufbewahrt** werden (BFH v. 16. 2. 1990, BFH/NV S. 763; v. 18. 3. 1988, BFH/NV S. 556; v. 16. 2. 1990, BFH/NV S. 763; vgl. auch FG Münster v. 29. 9. 1971 rkr., EFG 1972, 177; FG Schleswig-Holstein v. 14. 12. 1976 rkr., EFG 1977, 208; FG Berlin v. 3. 6. 1977 rkr., EFG 1978, 15; Niedersächsisches FG v. 19. 9. 1991 rkr., EFG 1992, 325)

634 Hinsichtlich der betrieblichen/beruflichen Nutzung trifft den Unternehmer die **Feststellungslast** (FG Baden-Württemberg v. 15. 12. 1983 rkr., EFG 1984, 340; vgl. auch BFH v. 7. 7. 1983, BStBl II 760; zur **Aufklärungspflicht des FG** vgl. BFH v. 19. 4. 1985, BFH/NV 1986, 202). Ob das Zimmer (nahezu) ausschließlich betrieblich/beruflich genutzt wird, ist eine rechtliche Wertung, die das Gericht selbst zu treffen hat. Sie ist dem Zeugenbeweis nicht zugänglich (FG Bremen v. 26. 1. 1990 rkr., EFG 1991, 336).

635 *(Einstweilen frei)*

2. Indizien für die Annahme eines Arbeitszimmers

636 Im einzelnen werden fünf Kriterien überprüft (BFH v. 18. 3. 1988, BFH/NV S. 556), die jedoch nur **Indizien, nicht aber Voraussetzungen** darstellen (BFH v. 26. 4. 1985, BStBl II 467; v. 28. 8. 1991, BFH/NV 1992, 34; kritisch Bowitz, DStZ A 1986, 143):

a) **Erfordern Art und Umfang der Tätigkeit einen besonderen Raum?**

LEXinform
▶ BSt-BG-0260 ◀

637 Bei **Unternehmern** ist ein Arbeitszimmer selbst dann erforderlich, wenn der Betrieb nicht im Wohngebäude geführt wird; denn es ist durchaus üblich, daß sich der Unternehmer im häuslichen Arbeitszimmer fortbildet (z. B. berufsspezifische Beiträge liest), die Rechnungen schreibt oder die Buchführung zusammenstellt. Da die Notwendigkeit des Arbeitszimmers ohne Schwierigkeiten glaubhaft gemacht werden kann, kommt es nicht darauf an, ob dieses Kriterium durch BFH v. 30. 3. 1989 (BStBl II 509) entwertet worden ist (kritisch zu BFH: Obermeier, KFR F. 3 EStG § 4, 9/89, 313).

Entscheidend ist, ob es sich um eine ausschließliche berufliche Nutzung 638
oder um eine nicht nur untergeordnete private (Mit-)Benutzung handelt.
Auf die **Intensität der beruflichen Nutzung kommt es grundsätzlich nicht
an** (BFH v. 26. 4. 1985, BStBl II 467; v. 12. 10. 1990, BFH/NV 1991,
662; FG Rheinland-Pfalz v. 30. 1. 1985 rkr., EFG S. 391; a. A. FG
Baden-Württemberg v. 29. 11. 1979 rkr., EFG 1980, 230; v. 23. 10. 1980
rkr., EFG 1981, 122); denn auch bei anderen Arbeitsmitteln ist nicht die
Häufigkeit, sondern allein die Tatsache der beruflichen Nutzung und die
Abgrenzung zur privaten Nutzung entscheidend. Wird ein häusliches
Arbeitszimmer aber nur wenige Stunden in der Woche betrieblich/beruflich genutzt, so scheitert die steuerliche Anerkennung bereits an einer nur
geringfügigen privaten Mitbenutzung des Raumes (FG Bremen v. 16. 10.
1990 rkr., EFG 1991, 389).

Gibt der Unternehmer seinen Betrieb auf oder veräußert er ihn, so wird 639
das Finanzamt ein Arbeitszimmer nur – für kurze Zeit – bis zur **Abwicklung des Betriebs** anerkennen (zur Berücksichtigung eines Arbeitszimmers
zur Abwicklung geerbten Betriebsvermögens vgl. BFH v. 30. 3. 1989,
BStBl II 509, m. Anm. Obermeier, KFR F. 3 EStG § 4, 9/89, 313; zur
Ablehnung eines Arbeitszimmers bei Dauerbeurlaubung eines Steuerpflichtigen vgl. FG des Saarlandes v. 27. 8. 1991 1 K 174/91 rkr., NWB-
EN Nr. 1466/91; bei Arbeitslosigkeit vgl. FG des Saarlandes v. 10. 4.
1992 rkr., EFG S. 510).

**b) Ist die Wohnung so groß, daß der Familie für das Wohnbedürfnis
genügend Raum zur Verfügung bleibt und deshalb eine gewisse
Vermutung dafür spricht, daß der Arbeitsraum privat nicht
benutzt wird?**

Das ist z. B. nicht der Fall, wenn der größte Raum als „Arbeitszimmer" 640
deklariert wird und für das Wohnen nur noch Küche, Bad und Schlafzimmer übrigbleiben. Bei solchen Umständen spricht eine gewisse Vermutung dafür, daß der Arbeitsraum auch privat mitbenutzt wird.

**c) Liegt der Arbeitsraum von den Privaträumen
baulich getrennt und ist deshalb die private Nutzung
nicht wahrscheinlich?**

LEXinform
▶ BSt-BG-0265 ◀

Eine bauliche Trennung setzt grundsätzlich voraus, daß das Arbeitszimmer gegenüber den anderen Räumen **durch eine Tür abgeschlossen** ist. 641
Diese Voraussetzung erfüllt ein im Dachgeschoß gelegener Galerieraum

bzw. eine offene Empore nicht (BFH v. 6. 12. 1991, BStBl 1992 II 304, m. krit. Anm. – v. –, FR 1992, 291, unter Aufhebung von FG Schleswig-Holstein v. 7. 4. 1987, EFG S. 453; BFH v. 6. 2. 1992, BStBl II 528; v. 6. 12. 1991, BFH/NV 1992, 380; FG Baden-Württemberg, Außensenate Freiburg, v. 22. 9. 1986 rkr., EFG 1987, 70; FG Köln v. 10. 10. 1990 3 K 3043/87 rkr., NWB-EN Nr. 683/91; FG Berlin v. 17. 12. 1990 rkr., EFG 1991, 467). Ausnahmsweise hat jedoch das FG Rheinland-Pfalz in seinem Urteil v. 19. 9. 1990 (1 K 132/87 nrkr.) auch einen Raum im Dachgeschoß ohne Tür als Arbeitszimmer anerkannt, der nur durch seine Lage von dem sonst unbenutzten Dachgeschoß und den privaten Wohnräumen im Erd- und Obergeschoß, die der Steuerpflichtige allein bewohnt hat, abgetrennt war.

642 Eine bauliche Trennung ist daher auch zu verneinen, wenn sich der Arbeitsbereich in einem im übrigen privat genutzten Wohnraum befindet. Eine bauliche Trennung ist selbst dann zu verneinen, wenn ein Wohnzimmer durch einen **Raumteiler** abgegrenzt ist; denn dieser bewirkt lediglich eine optische Trennung, läßt aber nicht zwei gegeneinander abgetrennte Räume entstehen (FG Rheinland-Pfalz v. 23. 5. 1989 rkr., EFG 1990, 171; – v. –, FR 1992, 291; FG Bremen v. 26. 3. 1992 rkr., EFG 1993, 21).

643 Ein **Durchgangszimmer** kann nur dann ein Arbeitszimmer sein, wenn es nicht ständig durchquert werden muß, um andere privat genutzte Räume zu erreichen (BFH v. 18. 10. 1983, BStBl 1984 II 110; FG Berlin v. 11. 7. 1990 rkr., EFG 1991, 186; kritisch Fischer, DB 1984, 1377). Schädlich ist z. B. der Durchgang zum Familienwohnzimmer (FG Hamburg v. 30. 8. 1989 rkr., EFG 1990, 57), nicht aber zu einem selten privat genutzten Balkon (FG Rheinland-Pfalz v. 18. 3. 1985 rkr., EFG 1985, 392; anders aber, wenn Balkon, Terrasse und Garten nur über das Arbeitszimmer erreicht werden können, BFH v. 18. 3. 1988, BFH/NV 1988, 556), einer Abstellkammer, einem nur selten genutzten Gästezimmer, einem Schlafzimmer (BFH v. 19. 8. 1988, BStBl II 1000, m. Anm. Müller, KFR F. 6 EStG § 9, 1/89, 25; BFH v. 19. 8. 1988, BFH/NV 1989, 219; v. 24. 1. 1992, BFH/NV S. 459; v. 31. 1. 1992 BFH/NV S. 460; FG Köln v. 28. 1. 1986 rkr., EFG 1986, 283) oder ähnlichem (vgl. HFR 1984, 217). Das gelegentliche Durchqueren des Zimmers steht der Anerkennung als Arbeitszimmer nicht entgegen, wenn es sehr intensiv für betriebliche/ berufliche Zwecke benutzt wird (FG Baden-Württemberg v. 18. 4. 1989 rkr., EFG 1990, 347). Unschädlich ist auch, wenn das Arbeitszimmer nur

durch einen Wohnraum erreicht werden kann (sog. **gefangenes Zimmer**, FG Rheinland-Pfalz v. 17. 12. 1984 rkr., EFG 1985, 343).

d) **Ist der Arbeitsraum wie ein Wohnraum eingerichtet und soll damit offenbar auch eine private Nutzung ermöglicht und gefördert werden?**

LEXinform
▶ BSt-BG-0270 ◀

Die **Ausstattung mit Musikinstrumenten** (z. B. Klavier, Flügel) wird ebenso gegen ein Arbeitszimmer sprechen wie das Aufstellen eines **Fernsehgerätes** bzw. einer **Stereoanlage** (FG Rheinland-Pfalz v. 14. 11. 1990 1 K 1971/90 nrkr., NWB-EN Nr. 149/91). 644

Befindet sich in einem Arbeitszimmer jedoch eine **Couchgarnitur**, so kommt es auf die Umstände und die Überzeugungskraft des Unternehmers an, ob das Finanzamt eine private Mitbenutzung annimmt. Wenn er Mitarbeiter, Subunternehmer oder Auftraggeber zu Besprechungen empfängt, wird die Einrichtung mit einer Couchgarnitur nicht zu beanstanden sein (vgl. BFH v. 26. 4. 1985, BStBl II 467, für Geschäftsführer; v. 10. 3. 1970, BStBl II 458, für Gymnasiallehrer). 645

Eine **Liege** ist unschädlich, wenn sie dazu benutzt wird, um sich im Liegen auf die Arbeit zu konzentrieren, über betriebliche Zusammenhänge nachzudenken, sich fortzubilden (z. B. berufsspezifische Beiträge zu lesen und sich zwischen diesen Arbeiten auszuruhen; vgl. BFH v. 18. 3. 1988, BFH/NV 773, für Richter am OLG, mit krit. Anm. Lück, DStZ A 1988, 467; v. 16. 2. 1990, BFH/NV S. 763, für Fachärztin; v. 28. 9. 1990, BFH/NV 1991, 298, für einen als Ausbilder in leitender Stellung tätigen Diplom-Ingenieur; ebenso für Klappcouch FG Berlin v. 16. 8. 1988 rkr., EFG 1989, 17, m. w. N.). 646

Eine **besonders wertvolle Ausstattung** des Arbeitszimmers allein kann nicht zur Annahme einer privaten Mitbenutzung führen (vgl. Zeitler, BB 1984, 1422; a. A. OFD Köln v. 16. 12. 1987, FR 1988, 191; FG des Saarlandes v. 9. 11. 1989 rkr., EFG 1990, 305, Revision erledigt durch Beschluß des BFH v. 3. 9. 1991 BFH/NV S. 834). Bei Einkünften aus Gewerbebetrieb ist lediglich eine an § 4 Abs. 5 Nr. 7 EStG orientierte Angemessenheitsprüfung durchzuführen (vgl. Rdnr. 664f., 1577ff.). Entsprechendes gilt ab 1992 auch bei nichtselbständiger Arbeit (§ 9 Abs. 5 i. d. F. des StÄndG 1992). 647

Selbst wenn nach der Gesamtwürdigung ein Raum nicht als Arbeitszimmer anerkannt wird, sind die Kosten für die **Einrichtungsgegenstände**, die 648 ausschließlich betrieblich/beruflich verwendet werden (z. B. Schreibtisch), steuerlich abzusetzen (BFH v. 25. 9. 1992, BStBl 1993 II 106; 18. 2. 1977, BStBl II 464; FG des Saarlandes v. 9. 11. 1989 rkr., EFG 1990, 305, Revision erledigt durch Beschluß des BFH v. 3. 9. 1991, BFH/NV S. 834).

e) Sprechen die soziale und wirtschaftliche Stellung und die Größe der Familie für die Mitbenutzung des Arbeitsraumes?

649 In die Gesamtwürdigung ist auch einzubeziehen, ob die soziale und wirtschaftliche Stellung und die Größe der Familie für die Mitbenutzung des Arbeitsraumes sprechen.

3. Prüfung durch das Finanzamt

LEXinform
▶ BSt-BG-0275 ◀

650 Im Regelfall reicht es aus, wenn **glaubhaft** gemacht wird, daß der Raum ein Arbeitszimmer ist. In Zweifelsfällen wird das Finanzamt weitere Ermittlungen anstellen, die bis zur Ortsbesichtigung gehen können (vgl. BFH v. 26. 4. 1985, BStBl II 467 und §§ 413, 98 f. AO sowie Apitz, DStR 1991, 1301). In diesen Fällen muß sich aber der Prüfer des Finanzamts vorher ankündigen (OFD Köln v. 16. 12. 1987, FR 1988, 191; a. A. Bock, DStZ A 1982, 234). Die Besichtigung muß grundsätzlich zur üblichen Geschäfts- bzw. Arbeitszeit stattfinden (FG Düsseldorf v. 14. 10. 1992 rkr., EFG 1993, 64).

4. Anteil des Arbeitszimmers

LEXinform
▶ BSt-BG-0280 ◀

651 Die auf das häusliche Arbeitszimmer entfallenden anteiligen Aufwendungen sind nach dem Verhältnis der nach den §§ 42 bis 44 der Zweiten Berechnungsverordnung (II. BV, BStBl 1990 I 736) ermittelten **Wohnfläche der Wohnung zur Fläche des häuslichen Arbeitszimmers aufzuteilen** (BFH v. 18. 10. 1983, BStBl 1984 II 112; v. 18. 3. 1988, BFH/NV S. 777).

652 Die wichtigsten vorzunehmenden Abrechnungen von der Grundfläche sind:

• Zubehörräume, z. B. Keller, Waschküche, § 42 Abs. 4 Nr. 1 der II. BV

• Hobbyräume, § 42 Abs. 4 Nr. 3 der II. BV

• Geschäftsräume, § 42 Abs. 4 Nr. 4 der II. BV

• Abzug für Putz 3 %, § 43 Abs. 3 der II. BV

- Treppen und Treppenabsätze, § 43 Abs. 4 Nr. 2 der II. BV
- 50 % der Grundfläche von Räumen und Raumteilen mit einer lichten Höhe von ein Meter bis unter zwei Metern und Schwimmbäder, § 44 Abs. 1 Nr. 2 der II. BV
- Grundfläche von Räumen und Raumteilen mit einer lichten Höhe von weniger als einem Meter, § 44 Abs. 1 Nr. 3 der II. BV
- Balkone, Loggien, Dachgärten und gedeckte Freisitze, § 44 Abs. 2 der II. BV
- 10 % der Grundfläche für die Verkehrsflächen, § 44 Abs. 3 der II. BV.

Die Wohnflächenberechnung kann für alle nach dem 30. 6. 1956 bezugsfertig gewordenen, im steuerbegünstigten Wohnungsbau errichteten Wohnungen aus dem nach den §§ 82, 83 des Zweiten Wohnungsbaugesetzes ergangenen Bescheid entnommen werden. 653

Beispiel:

Die Gesamtfläche (Nutzfläche) beträgt 300 qm. Davon entfallen 150 qm auf Nebenräume und 30 qm auf das Arbeitszimmer.

Bei der Ermittlung des Anteils muß die Fläche des Arbeitszimmers zu der Gesamtwohnfläche (einschließlich Arbeitszimmer) ins Verhältnis gesetzt werden (BFH v. 10. 4. 1987, BStBl II 500; v. 18. 3. 1988, BFH/NV S. 777; OFD Düsseldorf v. 11. 9. 1986, DB S. 2144; OFD Köln v. 16. 12. 1987, FR 1988, 191; a. A. z. B. Zeitler, BB 1984, 1422). Es ergibt sich somit ein Anteil von 20 %.

Entscheidet sich der Unternehmer, **betrieblich/beruflich genutzte Nebenräume** (z. B. einen im Keller gelegenen Archivraum) in die Kostenrechnung einzubeziehen, so sind die Kosten nach dem Verhältnis des gesamten betrieblich/beruflich genutzten Bereichs (betrieblich/beruflich genutzte Haupt- und Nebenräume) zu der Gesamtfläche (Haupt- und Nebenräume) aufzuteilen. Nicht möglich ist es dagegen, allein den oder die betrieblich/beruflich genutzten Nebenräume in die Berechnung einzubeziehen. In diesem Fall wäre der auf die betrieblich/beruflich genutzten Räume entfallende Anteil zu hoch angesetzt, weil der auf die außerbetrieblich genutzten Nebenräume entfallende Kostenanteil unberücksichtigt bliebe (BFH v. 5. 9. 1990, BStBl 1991 II 389; a. A. OFD Köln v. 16. 12. 1987, FR 1988, 191, nur Einbeziehung der betrieblich/beruflich genutzten Nebenräume; a. A. OFD Düsseldorf v. 11. 9. 1986, DB S. 2144, die das Arbeitszimmer entsprechend § 44 Abs. 1 Nr. 2 der II. BV nur zur Hälfte ansetzen will, wenn es nicht zur Wohnfläche gehört; 654

vgl. auch Rt, DStZ E 1987, 52; zur Frage der Grundstücksteile von untergeordneter Bedeutung vgl. Rdnr. 678 ff.).

Beispiele:

Wenn der Unternehmer 10 qm der Nebenräume zusätzlich betrieblich nutzt, ergibt sich ein betrieblicher Anteil von 13,33 % (40 qm betrieblich genutzte Räume, 300 qm Gesamtnutzfläche). Wenn der Unternehmer aber dem betrieblichen Bereich 100 qm der Nebenräume zuschlägt, beträgt der betriebliche Anteil 43,33 % (130 qm betrieblich genutzte Räume, 300 qm Gesamtnutzfläche).

▷ **Gestaltungshinweis:**

Wenn das Verhältnis der betrieblich genutzten Nebenräume zu den gesamten Nebenräumen größer als das Verhältnis des Arbeitszimmers zur Gesamtwohnfläche ist, erhöht die Einbeziehung der Nebenräume den betrieblichen Nutzungsanteil.

5. Abziehbare Aufwendungen

a) Direkt zurechenbare Aufwendungen

aa) Arbeitsmittel

LEXinform
▶ BSt-BG-0285 ◀

655 Arbeitsmittel sind die Wirtschaftsgüter, die **unmittelbar der Einkunftserzielung dienen** (BFH v. 30. 10. 1990, BStBl 1991 II 340, m. Anm. Eggers, KFR F. 6 EStG § 9, 3/91, 173; v. 15. 12. 1989, BStBl 1990 II 692, zum Arbeitszimmer bei Einkünften aus nichtselbständiger Arbeit).

Beispiele:

Schreibtisch, Stuhl (BFH v. 31. 1. 1986, BStBl II 355), Bücherschrank, Büro-Ledersessel, Schreibtischlampe, Schreibmaschine, Anrufbeantworter (BFH v. 16. 2. 1990, BStBl II 883), EDV-Anlage (vgl. aber Rdnr. 656), Fachbücher (ausführlich FG Rheinland-Pfalz v. 9. 4. 1991 rkr., EFG 1992, 65), Büromaterial.

656 Die Gesamtheit dieser Gegenstände ist eines der **Beweisanzeichen** für das Vorliegen eines Arbeitszimmers (vgl. Rdnr. 644 ff.). Darüber hinaus ist jeder einzelne Gegenstand daraufhin zu untersuchen, ob er **(nahezu) ausschließlich betrieblich/beruflich genutzt** wird. Beide Fragen hängen insoweit zusammen, als eine nicht unerhebliche private Nutzung einzelner Gegenstände evtl. auf eine nicht unerhebliche private Nutzung des Raumes schließen läßt (Beispiele: Bücherschrank bzw. -regal dient auch der Aufbewahrung privater Bücher; EDV-Anlage wird auch von den Kindern für Computerspiele benutzt; zum Spielecomputer als Arbeitsmittel vgl.

BFH v. 15. 1. 1993, BStBl II 348, m. Anm. Theisen, KFR F. 6 EStG § 9, 3/93, 203; v. Bornhaupt, NWB F. 6, 3513; vgl. dazu Wolff-Diepenbrock, DStZ A 1991, 295, 297).

Eine (nahezu) ausschließliche betriebliche/berufliche Nutzung führt zu **Betriebsausgaben bzw. Werbungskosten** (zum Sofortabzug der Aufwendungen oder zur Verteilung im Wege der AfA vgl. Rdnr. 662 f.). 657

bb) Raumkosten im engeren Sinn

LEXinform
▶ BSt-BG-0290 ◀

Beispiele:

Gegenstände, die Bestandteile des Gebäudes (§ 94 BGB) geworden sind, z. B. Tapeten, Teppichböden, ggf. auch Einbauschränke (vgl. BFH v. 29. 10. 1976, BStBl 1977 II 152); Schönheitsreparaturen; Aufwendungen für die Ausstattung des Raumes (BFH v. 18. 10. 1983, BStBl 1984 II 112), nach BFH v. 30. 10. 1990 (BStBl 1991 II 340) jedoch nur Ausstattungsgegenstände im engeren Sinn, z. B. Deckenbeleuchtung und Vorhänge; zu weitgehend wohl BFH v. 7. 9. 1990 (BFH/NV 1991, 445), wonach auch Teppiche absetzbar sind; zur Abziehbarkeit der nicht direkt zurechenbaren Aufwendungen vgl. Rdnr. 668 f.

Bei den Ausstattungsgegenständen im engeren Sinn handelt es sich um Aufwendungen für Gegenstände, die den Raum seinem Zweck entsprechend nutzbar machen oder jedenfalls von dieser Funktion abgesehen **keinen selbständigen Nutzungswert** haben. Dies trifft grundsätzlich nicht auf einen echten Teppich zu, der den Raum schmücken soll (Wolff-Diepenbrock, DStZ A 1991, 295, 297). 658

Raumkosten im engeren Sinn sind **Betriebsausgaben bzw. Werbungskosten,** falls der Raum grundsätzlich als Arbeitszimmer anzusehen ist (zum Sofortabzug der Aufwendungen oder zur Verteilung im Wege der AfA vgl. Rdnr. 662 f.). 659

cc) Gegenstände mit selbständigem Nutzungswert

LEXinform
▶ BSt-BG-0295 ◀

Unter diesem Begriff sind Gegenstände zu verstehen, die der **Ausschmückung des Raumes** dienen, d. h. deren Wert und Zweck nicht von der Funktion des Raumes abhängen. 660

Beispiele:

Weitere Sitzgelegenheiten, insbesondere Sessel, Couch, ein weiterer Tisch, weitere Tischlampen; Kunst im weiteren Sinn, z. B. Bilder, Wandbehänge (Gobelinbild um 847 DM, BFH v. 30. 10. 1990, BStBl 1991 II 340), religiöse Symbole,

Plastiken (Wolff-Diepenbrock, DStZ A 1991, 295, 297; a. A. Rößler, DStZ A 1991, 475, nur echte Kunst); Blumen, Vasen, Aschenbecher, Familienfoto, Kalender, Tischdecken, Kaffeemaschinen, echte Teppiche (Wolff-Diepenbrock, a. a. O.); Poster und Drucke (BFH v. 14. 5. 1991, BStBl II 837, m. krit. Anm. Paus, DStZ A 1991, 758); Geweihe und Jagdwaffen (BFH v. 18. 3. 1988, BFH/ NV S. 556); Kupferstiche (FG Rheinland-Pfalz v. 9. 4. 1991 rkr., EFG 1992, 65).

661 Diese Aufwendungen sind **grundsätzlich keine Betriebsausgaben bzw. Werbungskosten**, es sei denn, es ist ein betrieblicher Bezug vorhanden, z. B. bei betrieblicher/beruflicher Bewirtung (vgl. Rdnr. 936 ff.), oder die Gegenstände dienen der Repräsentation (offengelassen in BFH v. 30. 10. 1990, BStBl 1991 II 340; anders bei Arbeitnehmern, BFH v. 14. 5. 1991, BStBl II 837; v. 12. 3. 1993, DB S. 1269; zu Repräsentationsaufwendungen vgl. Rdnr. 1577ff.).

dd) Sofortabzug (§ 6 Abs. 2 EStG)

662 Aufwendungen, die direkt dem Arbeitsraum zugeordnet werden können, können in voller Höhe abgesetzt werden, wenn die Anschaffungs- oder Herstellungskosten für das einzelne Wirtschaftsgut **800 DM nicht übersteigen**. Dies gilt bei gewerblicher und nichtselbständiger Tätigkeit (§§ 6 Abs. 2, 9 Abs. 1 Nr. 7 Satz 2 EStG). Diese Grenze ist bei Gewinneinkünften und bei Überschußeinkünften netto, d. h. ohne USt, zu verstehen (Abschn. 86 Abs. 5 EStR, Abschn. 44 Abs. 3 Satz 1 LStR); vgl. auch „Geringwertige Wirtschaftsgüter", Rdnr. 1166 ff. und Speich, NWB F. 3, 7387). Der Sofortabzug ist nur im (Wirtschafts-) Jahr der Anschaffung, Herstellung oder Einlage des Wirtschaftsguts oder Eröffnung des Betriebs möglich (unabhängig von der Gewinnermittlungsart; vgl. Abschn. 40 Abs. 5 Satz 2 EStR, zur Gewinnermittlung des § 4 Abs. 3 EStG). Auch bei Überschußeinkünften kommt es nicht auf die Zahlung an (Günther, FR 1990, 279; a. A. Abschn. 44 Abs. 2 Satz 1 LStR).

ee) Verteilung auf die Nutzungsdauer

663 Anschaffungs- oder Herstellungskosten von **mehr als 800 DM** sind auf die Kalenderjahre der voraussichtlichen gesamten Nutzungsdauer des Arbeitsmittels zu verteilen und in jedem dieser Jahre anteilig als Betriebsausgaben oder Werbungskosten zu berücksichtigen. Aus Vereinfachungsgründen kann im Jahr der Anschaffung oder Herstellung für die im ersten Halbjahr angeschafften oder hergestellten Arbeitsmittel der volle und für die im zweiten Halbjahr angeschafften oder hergestellten Arbeitsmittel

der halbe Jahresbetrag abgezogen werden (Absch. 86 Abs. 5 EStR, Abschn. 44 Abs. 3 LStR).

ff) Wertvolle Einrichtung

LEXinform
▶ BSt-BG-0300 ◀

Wenn es sich um eine besonders wertvolle Einrichtung handelt (zur Absetzung bei antiken Möbeln vgl. BFH v. 31. 1. 1986, BStBl II 355; Klein, FR 1986, 249; Lück, DStZ A 1990, 216; 1991, 322; gegen AfA Beater, BB 1990, 1869), ist bei den Gewinneinkünften gemäß § 4 Abs. 5 Nr. 7 EStG eine **Angemessenheitsprüfung** durchzuführen (für Orientteppiche vgl. BFH v. 20. 8. 1986, BStBl II 904 und Beispiele in Rdnr. 1582). Entsprechendes gilt ab 1992 auch bei nichtselbständiger Arbeit (§ 9 Abs. 5 EStG i. d. F. des StÄndG 1992; anders vor 1992, vgl. BFH v. 13. 1. 1984, BStBl II 315; v. 12. 1. 1990, BStBl II 423).

664

Beispiel:

Unternehmer Franz Huber kauft einen Schreibtisch für 100 000 DM. Angemessen wäre aber nur ein Schreibtisch für 5 000 DM.

Gemäß § 4 Abs. 5 Nr. 7 EStG, der nur die krassen Fälle erfaßt (Abschn. 20 Abs. 20 Satz 2 EStR), würde sich bei einer Nutzungsdauer von 10 Jahren je Veranlagungszeitraum eine Absetzung von 500 DM ergeben.

gg) Umwidmung

LEXinform
▶ BSt-BG-0305 ◀

Wird ein Wirtschaftsgut **nach einer einkommensteuerrechtlich unbeachtlichen Nutzung** als Arbeitsmittel bzw. zur Erzielung von Einkünften aus Vermietung und Verpachtung verwendet (sog. Umwidmung), so sind die weiteren Absetzungen von den Anschaffungs- oder Herstellungskosten einschließlich Umsatzsteuer nach der voraussichtlichen gesamten Nutzungsdauer des Wirtschaftsguts in gleichen Jahresbeträgen zu bemessen. Der auf den Zeitraum vor der Verwendung als Arbeitsmittel entfallende Teil der Anschaffungs- oder Herstellungskosten des Wirtschaftsguts gilt als abgesetzt (fiktive Absetzung); BFH v. 2. 2. 1990, BStBl II 684; vgl. auch BFH v. 14. 2. 1989, BStBl II 922, m. Anm. Obermeier, KFR F. 3 EStG § 7, 1/89, 351; Abschn. 44 Abs. 3 Sätze 7 und 8 LStR; kritisch v. Bornhaupt, BB 1989, 1534; vgl. auch Leu, DStZ A 1988, 486. Diese Grundsätze gelten auch bei geschenkten Wirtschaftsgütern (BFH v. 16. 2. 1990, BStBl II 883).

665

Hierbei ist neben dem **Nachweis** der Anschaffungs- oder Herstellungskosten auch der Nachweis des Zeitpunkts der Anschaffung erforderlich

666

(FG des Saarlandes v. 9. 11. 1989 rkr., EFG 1990, 305, Revision erledigt durch Beschluß des BFH v. 3. 9. 1991, BFH/NV S. 834).

667 Bei **Gewinneinkünften** gilt § 6 Abs. 1 Nr. 5 Satz 2 EStG. Danach sind bei der Einlage eines abnutzbaren Wirtschaftsguts die Anschaffungs- oder Herstellungskosten um die AfA zu kürzen, die auf den Zeitraum zwischen der Anschaffung oder Herstellung des Wirtschaftsguts und der Einlage entfallen.

Beispiel:
Anschaffung eines Schrankes im Januar 1988 zum Preis von 1 600 DM. Umwidmung im Januar 1993. Nutzungsdauer 10 Jahre.

Eine fiktive AfA für 5 Jahre (= 800 DM) ist verbraucht. Es verbleibt noch ein AfA-Volumen von 800 DM, das auf die restliche Nutzungsdauer zu verteilen ist. Da der Betrag 800 DM nicht übersteigt, könnte er auch im Jahr der erstmaligen Verwendung als Arbeitsmittel in voller Höhe abgezogen werden (§§ 6 Abs. 2, 9, Abs. 1 Nr. 7 Satz 2 EStG; BFH v. 16. 2. 1990, BStBl II 883; v. Bornhaupt, BB 1989, 1534; Abschn. 44 Abs. 3 Satz 9 LStR; OFD Köln v. 16. 12. 1987, FR 1988, 191; ausführlich Obermeier, Das selbstgenutzte Wohneigentum, Anm. 56 ff.).

b) Nicht direkt zurechenbare Aufwendungen
LEXinform
▶ BSt-BG-0310 ◀

668 Handelt es sich um eine **gemietete Wohnung**, so sind die auf die gesamte Wohnung entfallenden Mietaufwendungen auf das Arbeitszimmer und die übrige Wohnung aufzuteilen. Zu den aufzuteilenden Kosten zählen Versicherungen (auch Hausrat), Verwaltungs-, Heizungs- und Stromkosten (zur Schätzung der Nebenkosten vgl. Hessisches FG v. 22. 3. 1990 rkr., EFG S. 577) sowie Reinigungskosten (nicht aber Aufwendungen für die Reinigung durch die Ehefrau im Rahmen der ehelichen Unterstützungspflicht, BFH v. 27. 10. 1978, BStBl 1979 II 80, bzw. die im gemeinsamen Haushalt lebende Mutter, FG des Saarlands v. 31. 5. 1989 rkr., EFG S. 453).

669 Bei einer **eigenen Eigentumswohnung** oder einem **eigenen Haus** sind folgende Aufwendungen aufzuteilen: Gebäude-AfA (§ 7 Abs. 4 bzw. Abs. 5 EStG, § 82a EStDV usw.), also keine gesonderte AfA für Anbau eines Arbeitszimmers an ein Wohnhaus (FG Münster v. 14. 7. 1992 rkr., EFG 1993, 70); auf Gebäude entfallende Schuldzinsen und Geldbeschaffungskosten (BFH v. 7. 11. 1991, BStBl 1992 II 141, m. Anm. Kemmer, KFR F. 3 EStG § 4, 5/92, 67); Reparaturen am Gebäude bzw. bei Allgemeinflächen (FG des Saarlandes v. 3. 12. 1991 1 K 297/91 rkr., NWB-EN

Nr. 406/92; v. 30. 9. 1992 rkr., EFG 1993, 70); laufende Kosten wie Grundsteuer, Versicherungen (auch Hausrat), Verwaltungs-, Heizungs-, Stromkosten, Wassergeld, Kaminkehrer- und Müllabfuhrgebühren, Reinigungskosten (vgl. auch Rdnr. 668; BFH v. 18. 10. 1983, BStBl 1984 II 112).

c) **Kostentragung durch den Arbeitgeber**

LEXinform
▶ BSt-BG-0315 ◀

Die Grundsätze der Rdnr. 655 bis 669 gelten auch, wenn der Arbeitgeber die Kosten für das häusliche Arbeitszimmer des Arbeitnehmers trägt. Die Kostenerstattung durch den Arbeitgeber führt zu **steuerpflichtigem Arbeitslohn**. Diesen Betrag kann der Arbeitnehmer als **Werbungskosten** ansetzen (OFD Köln v. 9. 11. 1990, S 2332 – 74 – St 15 A, NWB-EN Nr. 516/91).

670

d) **Vorweggenommene und nachträgliche Aufwendungen**

Zur Berücksichtigung vorweggenommener und nachträglicher Aufwendungen vgl. Seitrich, BB 1986, 1200.

671

6. **Auswirkung auf § 10 e EStG**

LEXinform
▶ BSt-BG-0320 ◀

a) **§ 10 e EStG**

Werden Teile der Wohnung nicht zu eigenen Wohnzwecken genutzt, so ist die Bemessungsgrundlage um den auf den nicht zu eigenen Wohnzwecken entfallenden Teil zu kürzen (§ 10 e Abs. 1 Satz 6 EStG; vgl. auch Günther, DB 1988, 2330, zur Kürzung der Bemessungsgrundlage bei einem steuerlich nicht anerkannten Arbeitszimmer).

672

Beispiel:

Anschaffungskosten Wohnung 500 000 DM (davon Grundstück 100 000 DM), daher Bemessungsgrundlage gemäß § 10 e EStG 450 000 DM. Arbeitszimmer 10 %.

Es ist folgende Berechnung durchzuführen:

Bemessungsgrundlage	450 000 DM
abzüglich Anteil Arbeitszimmer	45 000 DM
Bemessungsgrundlage § 10 e EStG	405 000 DM
Abzugsbetrag des § 10 e EStG:	
In den ersten vier Jahren jeweils 6 %, maximal	19 800 DM
in den nächsten vier Jahren jeweils 5 %, maximal	16 500 DM

b) §§ 52 Abs. 21, 7b EStG

673 Fällt das Objekt unter die **Übergangsregelung des § 52 Abs. 21 EStG**, so sind die Beträge des § 7b EStG auf die Nutzung zu Wohnzwecken und das Arbeitszimmer zu verteilen (FG des Saarlandes v. 1. 3. 1991 rkr., EFG S. 609; zu § 7b EStG vgl. BFH v. 27. 1. 1972, BStBl II 526; FG München v. 9. 4. 1991 13 K 13241/87 rkr., n. v.; v. 5. 3. 1991 13 K 2013/89 rkr., n. v.).

7. Arbeitszimmer im Betriebsvermögen ▶ LEXinform BSt-BG-0325 ◀

a) Notwendiges Betriebsvermögen

674 Grundstücke und Grundstücksteile, die **ausschließlich und unmittelbar für eigenbetriebliche Zwecke genutzt** werden, gehören regelmäßig zum notwendigen Betriebsvermögen (BFH v. 19. 12. 1972, BStBl 1973 II 477; Abschn. 14 Abs. 1 Satz 1 EStR). Bei der Veräußerung der Wohnung oder des Hauses zählt der auf das Arbeitszimmer entfallende Mehrerlös zu den Einkünften aus Gewerbebetrieb.

675 Entsprechendes gilt bei der **Entnahme** des Arbeitszimmers, z. B. durch eine Nutzung zu eigenen Wohnzwecken (zu den Voraussetzungen vgl. BFH v. 31. 1. 1985, BStBl II 395). Der Entnahmewert ist der Teilwert (§ 6 Abs. 1 Nr. 4 EStG).

676 Eine Übertragung der stillen Reserven gemäß § 6b EStG ist möglich.

677 Wenn der Unternehmer nur Miteigentümer der Wohnung oder des Hauses ist, vgl. „Aktivierung und Absetzung für Abnutzung", Rdnr. 548 ff. und Rdnr. 682 ff.

▷ **Gestaltungshinweis:**

In geeigneten Fällen ist zu überlegen, ob der Nichtunternehmer-Ehegatte das Grundstück erwirbt, bebaut und an den Unternehmer-Ehegatten vermietet (vgl. „Aktivierung und Absetzung für Abnutzung", Rdnr. 552 ff.).

b) Untergeordnete Bedeutung

678 Eigenbetrieblich genutzte Gebäudeteile brauchen nach Auffassung der Finanzverwaltung jedoch nicht als Betriebsvermögen behandelt zu werden, wenn ihr Wert im Verhältnis zum Wert des ganzen Grundstücks von untergeordneter Bedeutung ist. Das ist in der Regel der Fall, wenn der Wert des eigenbetrieblich genutzten Grundstücks- einschließlich Gebäu-

deteils weder mehr als ⅕ des Werts des ganzen Grundstücks noch mehr als 20 000 DM beträgt. Die Grenzen sind für jeden Bilanzstichtag neu zu prüfen (Abschn. 14 Abs. 2 EStR; kritisch hierzu BFH v. 21. 2. 1990, BStBl II 578, m. Anm. Irrgang/Turnbull, KFR F. 3 EStG § 4, 6/90, 247; für Geltung der Richtlinienregelung nur bis Juli 1990, Mathiak, DStR 1990, 691, 693).

Für die Frage, ob ein Grundstücksteil „von untergeordneter Bedeutung" ist, kann sich der Unternehmer darauf berufen, daß Nebenräume i. S. des § 42 Abs. 4 Nr. 1 der II. BV ausschließlich privat genutzt werden (BFH v. 21. 2. 1990, BStBl II 578). 679

▷ **Gestaltungshinweis:**

Eine Behandlung des Arbeitszimmers als notwendiges Betriebsvermögen sollte in der Regel unterbleiben, wenn der Grundstücksteil von untergeordneter Bedeutung ist; denn es kann – langfristig gesehen – grundsätzlich von einem Wertzuwachs beim Grundvermögen ausgegangen werden. Gleichwohl kann man auch in diesem Fall sämtliche Gebäudeaufwendungen als Betriebsausgaben abziehen (Abschn. 14 Abs. 6 Satz 4 EStR; vgl. auch Rdnr. 871). Abziehbar ist auch die AfA; denn es besteht nämlich dieselbe Rechtslage wie beim Arbeitszimmer, das im Rahmen von Einkünften aus nichtselbständiger Arbeit genutzt wird (Wirtschaftsgut im Privatvermögen); ebenso Biedermann, a. a. O., Anm. 60; a. A. Heisel, NWB F. 17a, 747.

c) Absetzung für Abnutzung

Wenn der Antrag auf Baugenehmigung (vgl. dazu OFD Münster v. 8. 5. 1987, BB 1987, 1095) nach dem 31. 3. 1985 gestellt worden ist, sind die verbesserten AfA-Sätze für Wirtschaftsgebäude anzuwenden. 680

Die erhöhten AfA-Sätze betragen: 681

Bei § 7 Abs. 4 EStG jährlich 4 %;

bei § 7 Abs. 5 EStG
in den ersten vier Jahren jeweils 10 %,
in den darauffolgenden drei Jahren jeweils 5 %,
in den darauffolgenden 18 Jahren jeweils 2,5 %.

(Einzelheiten zur AfA bei Wirtschaftsgebäuden bzw. Wirtschaftsgebäudeteilen vgl. Zitzmann, DB 1986, 106; Roland, DStZ A 1986, 64).

8. Arbeitszimmer im Miteigentum

LEXinform
▶ BSt-BG-0330 ◀

a) Überschußeinkünfte

aa) Absetzung für Abnutzung

682 Steht die Wohnung, in der sich das Arbeitszimmer befindet, im Miteigentum (der Ehegatten), so kann der Nutzende die volle **Arbeitszimmer-AfA** ansetzen, wenn der Anteil des Arbeitszimmers an der Wohnung nicht seinen Miteigentumsanteil übersteigt; ist der Anteil des Arbeitszimmers größer, so bleibt die Arbeitszimmer-AfA auf die Höhe des Miteigentumsanteils beschränkt (vgl. BFH v. 12. 2. 1988, BStBl II 764, m. Anm. Thomas, KFR F. 6 EStG § 9, 3/88, 199; zu den Auswirkungen vgl. auch Märkle/Franz, BB 1989, 258; BFH v. 18. 3. 1988, BFH/NV S. 777; Wollny, FR 1988, 138, zu einem BFH-Beschluß v. 22. 6. 1987 IX R 38/81 nach Art. 1 Nr. 7 BFH-EntlG, mit dem der BFH die Revision gegen FG Berlin v. 14. 10. 1980, EFG 1981, 337, zurückgewiesen hat). Die Konkurrenz zwischen den Werbungskosten aus nichtselbständiger Arbeit bzw. den Betriebsausgaben bei den Einkünften aus Gewerbebetrieb und § 10e EStG im Bereich der AfA ist nicht gegeben, da § 10e EStG keine AfA-Vorschrift darstellt.

Beispiel:

A und B sind zu je ½ Miteigentümer eines Einfamilienhauses (Anschaffungskosten 600 000 DM, davon Grundstück 200 000 DM). Der Anteil des allein von A genutzten Arbeitszimmers beträgt 30 %.

Die AfA für das Arbeitszimmer ist von einer Bemessungsgrundlage von 120 000 DM (30 % von 400 000 DM) zu bemessen. A kann die AfA in voller Höhe in Anspruch nehmen.

Die Bemessungsgrundlage gemäß § 10e EStG beträgt insgesamt 500 000 DM. Auf jeden Miteigentümer entfallen 250 000 DM. A muß jedoch die auf ihn entfallende Bemessungsgrundlage um den Anteil des Arbeitszimmers (30 % von 500 000 DM), also um 150 000 DM, kürzen. Er kann daher in den ersten vier Jahren nur Abzugsbeträge von jeweils 6 000 DM (6 % der restlichen Bemessungsgrundlage von 100 000 DM), in den nächsten vier Jahren nur Abzugsbeträge von jeweils 5 000 DM (5 % der restlichen Bemessungsgrundlage von 100 000 DM) beanspruchen. B erhält in den ersten vier Jahren Abzugsbeträge von jeweils 9 900 DM (höchstens 50 % von 19 800 DM); in den nächsten vier Jahren Abzugsbeträge von jeweils 8 250 DM (höchstens 50 % von 16 500 DM). Eine Übertragung der restlichen Bemessungsgrundlage von A auf B ist nicht möglich (Märkle/Franz, BB 1989, 258, 262).

Wenn A und B aber Ehegatten sind, werden die Miteigentumsanteile wie ein Objekt behandelt. Von der Bemessungsgrundlage von 500 000 DM ist der Anteil des Arbeitszimmers von 150 000 DM abzuziehen, so daß A und B den höchstmöglichen Abzugsbetrag erhalten.

bb) Laufende Aufwendungen

Ungeachtet dieser Frage können jedenfalls die **allgemeinen Grundstücks-** 683
aufwendungen (z. B. Zinsaufwendungen) dem nutzenden Ehegatten zugerechnet werden, wenn dieser sie vereinbarungsgemäß in vollem Umfang **trägt**. § 748 BGB steht diesem Ergebnis nicht entgegen, da eine abweichende Regelung (vgl. §§ 305, 745 BGB) getroffen werden kann (BFH v. 22. 1. 1980, BStBl II 244). Die alleinige Kostentragung setzt in der Regel voraus, daß nur der nutzende **Ehegatte** Einkünfte erzielt.

Bei beiderseitiger Einkunftserzielung ist es im Einzelfall nicht feststellbar, 684
wer die Zinsen getragen hat. Nach Auffassung des VI. Senats des BFH (v. 3. 4. 1987, BStBl II 623) sind entsprechende Ermittlungen nicht erforderlich; denn es sei ein allgemeiner Grundsatz, daß auch ein sog. **Drittaufwand** zu Werbungskosten beim Einkunftserzieler führen kann, wenn hierin eine einvernehmliche Abkürzung des sonst erforderlichen Zahlungswegs, nämlich der Leistung des Dritten an den Steuerpflichtigen und dann von diesem an seinen Gläubiger, zu erblicken sei. Diese Begründung überzeugt nicht. Unabhängig von der steuerlichen Anerkennung des Drittaufwands (ablehnend nunmehr BFH v. 20. 9. 1990, BStBl 1991 II 82; v. 7. 11. 1991, BStBl 1992 II 141, m. Anm. Kemmer, DStR 1992, 491; vgl. Vorlage an den Großen Senat v. 9. 7. 1992, BStBl II 948, m. Anm. Woring, KFR F. 3 EStG § 7, 1/93, 43; Brandenberg, NWB F. 3, 8493; Jakob/Jüptner, FR 1988, 141, m. w. N, insbes. in FN 3 und 4; Diemer, BB 1992, 36) ergibt sich aus der Erläuterung des VI. Senats (Abkürzung des Zahlungswegs), daß es sich um Aufwendungen des Nutzenden handeln muß, die ein Dritter erfüllt. Will aber der Dritte aufgrund eigener Verpflichtung leisten, z. B. weil er (auch) Schuldner des Darlehens ist, entfällt das Handeln für den Nutzenden, somit auch der Drittaufwand; denn eine Zahlung gemeinsamer Schuldzinsen reicht nicht aus (vgl. Brandenberg, NWB F. 3, 6717; Günther, Inf 1988, 83).

Zur Begründung dieses Ergebnisses können die Ausführungen in BFH 685
v. 12. 2. 1988, BStBl II 764, dienen. Ebenso wie bei den Anschaffungs- oder Herstellungskosten aus der ehelichen Lebensgemeinschaft zu folgern ist, daß die **Eheleute diese Kosten im Rahmen ihrer Miteigentumsanteile selbst getragen** haben, ist dies auch für die sonstigen Aufwendungen anzu-

nehmen. Da sich bei § 10e EStG diese Aufwendungen grundsätzlich (zu den Ausnahmen vgl. § 10e Abs. 6 EStG, § 82a EStDV) nicht auswirken, ist deren Berücksichtigung als Werbungskosten beim Nutzenden insoweit möglich, als sie auf das Arbeitszimmer entfallen. Voraussetzung ist jedoch, daß der Anteil des Arbeitszimmers an der Wohnung nicht seinen Miteigentumsanteil übersteigt. Ist der Anteil des Arbeitszimmers größer, bleiben die abziehbaren Aufwendungen auf die Höhe des Miteigentumsanteils beschränkt. Um in diesem wohl äußerst selten vorkommenden Fall zu einem weiteren Abzug der Aufwendungen zu kommen, ist eine entgeltliche Nutzungsvereinbarung anzuraten.

686 Entsprechendes gilt, wenn bei einer im **Alleineigentum** stehenden Wohnung das Arbeitszimmer ausschließlich vom anderen Ehegatten genutzt wird (vgl. OFD Düsseldorf v. 24. 10. 1988, DB S. 2384; nach FG des Saarlandes v. 18. 9. 1990 2 K 3/88 rkr., NWB-EN Nr. 1983/90, keine Anerkennung des Mietvertrags über Arbeitszimmer hinsichtlich Vorsteuerabzugsberechtigung).

cc) **Kritik an der BFH-Rechtsprechung**

687 Das Ergebnis des BFH-Urteils v. 12. 2. 1988 (BStBl II 764) ist aus Gründen der Praktikabilität und der Vereinfachung zu begrüßen. Es ist von dem Gedanken getragen, den Verlust der AfA zu vermeiden (Anm. in HFR 1988, 387). Die rechtliche Begründung erscheint jedoch nicht tragfähig. Das Miteigentum nach den §§ 741 ff. BGB steht nämlich unabhängig von den schuldrechtlichen Nutzungsverhältnissen den Teilhabern am ganzen, ungeteilten Nachlaß zu, d. h., die ideellen Quoten erstrecken sich auf das ganze Haus. Aus diesem Grund ist auch eine Teilung in Natur, d. h., in den Wohnteil und das Arbeitszimmer nicht möglich (Palandt, § 752 Anm. 2b; vgl. FG München v. 12. 2. 1990 rkr., EFG 1990, 516; ausführlich Obermeier, Das selbstgenutzte Wohneigentum, Anm. 61). M. E. kann der nutzende Miteigentümer die AfA nur in Höhe seines **Miteigentumsanteils in Anspruch nehmen** (Söffing, FR 1988, 308; Grzaslewicz, DB 1988, 1922).

b) **Gewinneinkünfte**

688 Die zu den Überschußeinkünften geltenden Rechtsgrundsätze müssen auch für die Gewinneinkünfte gelten (FG Rheinland-Pfalz v. 24. 5. 1991, Revision, EFG 1992, 10, Az. des BFH: XI R 35/91). Die Praxis ist aber **durch das BFH-Urteil v. 20. 9. 1990** (BStBl 1991 II 82) **verunsichert**.

In diesem Fall hatten die Kläger **vergebliche Aufwendungen** für ein Haus **689**
gezahlt, das auf einen ihnen **gemeinsam gehörenden Grundstück** errichtet
wurde und das sie **je zur Hälfte zu eigenen** Wohnzwecken und zu freiberuflichen Zwecken der Klägerin nutzen wollten. Das FG rechnete den Klägern die Zahlungen je zur Hälfte zu (vgl. auch FG Köln v. 22. 8. 1990, Revision, EFG 1991, 14, Az des BFH: IV R 115/90, zur Frage des sog. Drittaufwands Vorlage an den Großen Senat v. 9. 7. 1992, BStBl II 948, mit Gestaltungen, m. Anm. Woring, KFR F. 3 EStG § 7, 1/93, 43; Brandenberg, NWB F. 3, 8493). Der BFH erkannte die rechnerisch auf den Wohnteil entfallenden Aufwendungen je zur Hälfte bei den Klägern als vorweggenommene Werbungskosten (nunmehr wäre § 10e Abs. 6 EStG einschlägig) an. Die auf die freiberufliche Praxis entfallenden Aufwendungen berücksichtigte der BFH nur insoweit als Betriebsausgaben, als sie auf die Klägerin entfielen. Gleichzeitig machte er deutlich, dieses Urteil weiche nicht von BFH v. 12. 2. 1988 (BStBl II 764) ab (a. A. LS, DStR 1990, 766; wohl auch Kemmer, KFR F. 3 EStG § 4, 4/91, 57; Märkle/Franz, BB 1991, 661).

Wenn man davon ausgeht, daß **keine Divergenz** zwischen BFH v. 12. 2. **690**
1988 (BStBl II 764) und v. 20. 9. 1990 (BStBl 1991 II 82) vorliegt, so gilt folgendes:

- Bei einem hälftigen Miteigentumsanteil am Grundstück und einer hälf- **691**
tigen betrieblichen Nutzung gehört **ein Viertel zum Betriebsvermögen
des Nutzenden** (vgl. „Aktivierung und Absetzung für Abnutzung", Rdnr. 548).

Hätte im Fall von BFH v. 20. 9. 1990 (BStBl 1991 II 82) die Klägerin **692**
als **Unternehmerin die auf den freiberuflichen Teil entfallenden Gebäudekosten selbst getragen** und hätte sie durch eine entsprechende Vereinbarung mit ihrem Ehemann deutlich gemacht, daß in der Übernahme der auf diesen Miteigentumsanteil entfallenden Kosten keine Schenkung zu sehen ist, so könnte sie die Gebäude-AfA zur Hälfte aus ihrem Eigentum und zur anderen Hälfte aus dem Nutzungsrecht Gebäude auf fremdem Grund und Boden beanspruchen (BFH v. 20. 9. 1989, BStBl 1990 II 368, m.w.N.; v. 6. 3. 1991, BFH/NV S. 525; Brandenberg, NWB F. 3, 7785, 7789). Es sind die für Gebäude geltenden AfA-Sätze anzuwenden (BFH v. 15. 3. 1990, BStBl II 623; BFM v. 3. 5. 1985, BStBl I 188; vgl. Rdnr. 1217ff.; im Ergebnis ebenso Kemmer, KFR F. 3 EStG § 4, 4/91, 57; für die volle AfA auch FG Köln v. 22. 8. 1990,

Revision, EFG 1991, 14, Az. des BFH: IV R 155/90; FG Rheinland-Pfalz v. 24. 5. 1991, Revision, EFG 1992, 10, Az. des BFH: XI R 35, 91; Heisel, NWB F. 3, 8171). Eine gegenteilige Lösung ist BFH v. 20. 9. 1990 (BStBl 1991 II 82) nicht zu entnehmen (a. A. aber Märkle/Franz, BB 1991, 661, 665), da die AfA nicht streitbefangen war.

693 • Beim **Wohnteil** ist § 10 e EStG anzuwenden.

694 • Wenn derjenige, der den betrieblichen Teil nutzt, insoweit – ggf. aus vom anderen Ehegatten geschenkten Mitteln – die **laufenden Aufwendungen** trägt, sind sie Betriebsausgaben (Brandenberg, NWB F. 3, 7785, 7789; vgl. LS, DStR 1990, 766).

▷ **Gestaltungshinweis:**

In Anbetracht der bestehenden Rechtsunsicherheit ist anzuraten, in entsprechenden Fällen einen **Mietvertrag** zwischen dem Unternehmer und der aus ihm und seinem Ehegatten gebildeten Grundstücksgemeinschaft abzuschließen (zum Fremdvergleich vgl. BFH v. 28. 8. 1991, BFH/NV 1992, 166; v. 19. 6. 1991, BStBl 1992 II 75 und Rdnr. 1034 ff.; 1054 ff.). Der Ehegatte erzielt hinsichtlich seines Hälfteanteils Einkünfte aus Vermietung und Verpachtung und erhält den Werbungskostenabzug, die Mietzahlungen sind beim Unternehmer Betriebsausgaben (vgl. ausführlich Märkle/Franz, BB 1991, 661).

695 Der Abschluß eines Mietvertrages ist aber dringend erforderlich, wenn der Anteil des Arbeitszimmers an der Wohnung bzw. der Anteil der betrieblich genutzten Räume am Gebäude größer als der Miteigentumsanteil ist oder wenn die Wohnung im Alleineigentum eines Ehegatten steht und der andere Ehegatte das Arbeitszimmer betrieblich nutzt (vgl. auch Rdnr. 575 ff.).

696 In geeigneten Fällen ist daran zu denken, daß der Nichtunternehmer-Ehegatte das Grundstück erwirbt, bebaut und an den Unternehmer-Ehegatten vermietet (vgl. „Aktivierung und Absetzung für Abnutzung", Rdnr. 552 ff.).

9. Nachträgliches Bekanntwerden des Arbeitszimmers

LEXinform
▶ BSt-BG-0335 ◀

Literatur: *Harenberg,* Mangelnde Rechtskenntnis kein grobes Verschulden, KFR F. 2 AO § 173, 1/93, 3.

Nachträglich bekanntgewordene Tatsachen (z. B. Arbeitszimmer) können 697
selbst bei einem bestandskräftigen Bescheid berücksichtigt werden, wenn
den Steuerpflichtigen am nachträglichen Bekanntwerden **kein grobes
Verschulden** trifft (§ 173 Abs. 1 Nr. 2 AO). Grobes Verschulden liegt
nicht vor, wenn es ein Bauunternehmer infolge mangelnder Steuerrechtskenntnisse unterläßt, anteilige Kosten seiner Wohnung als Aufwendungen für ein häuslichen Arbeitszimmers geltend zu machen (vgl. BFH
v. 22. 5. 1992, BStBl 1993 II 80, m. Anm. Harenberg, KFR F. 2 AO
§ 173, 1/93, 3, für Kfz-Mechanikermeister und Kfz-Sachverständigen; FG
des Saarlandes v. 25. 10. 1989 rkr., EFG 1990, 147, für einen nicht auf
dem Gebiet des Steuerrechts tätigen Juristen).

(Einstweilen frei) 698–715

● Auflagen

vgl. „Geldbußen", Rdnr. 1153 ff. 716

● Aufzeichnungspflicht von Betriebsausgaben nach § 4 Abs. 5 EStG

vgl. „Bewirtungskosten", Rdnr. 936 ff.; 953 ff. 717

● Ausbildungsdienstverhältnisse

vgl. „Fortbildungskosten", Rdnr. 1131 (Beispiele); „Kinder-Arbeitsver- 718
hältnisse . . .", Rdnr. 1430 ff.

● Ausbildungsfreibeträge bei Aushilfstätigkeit des Kindes

vgl. „Kinder-Arbeitsverhältnisse . . .", Rdnr. 1414. 719

● Ausbildungskosten

vgl. „Fortbildungskosten", Rdnr. 1130 ff. 720

● Ausländische Besteuerung

vgl. „Reisekosten", Rdnr. 1565. 721

● Auslandsdienstreisen

722 vgl. „Reisekosten", Rdnr. 1565.

● Auslandsgeschäftsreisen

723 vgl. „Reisekosten", Rdnr. 1565.

● Aussetzungszinsen

724 vgl. „Hinterziehungszinsen", Rdnr. 1402

● Außerordentliche Einkünfte

LEXinform
▶ BSt-BG-0340 ◀

Literatur: *Möhring/Seebrecht,* Steuerrechtliche Fragen zu den Vergünstigungen für Testamentsvollstrecker und Vormund, BB 1977, 1561; *Oswald,* Zur steuerlichen Begünstigung von Entschädigungen gemäß § 24 Nr. 1 EStG, insbesondere von Entlassungsabfindungen, DStZ A 1979, 351; *Puhl,* Änderung der Einkommenbesteuerung außerordentlicher Einkünfte im Rahmen der Steuerreform 1990, DB 1988, 1917; *Stuhrmann,* Einkommensteuerermäßigungen bei außerordentlichen Einkünften, NWB F. 3, 6917; *E. Schmidt,* Zur Anwendung des § 34 Abs. 3 EStG, FR 1989, 198.

Verwaltungsanweisungen: Abschn. 200 EStR; Abschn. 120 LStR.

725 Außerordentliche Einkünfte unterliegen einem ermäßigten Steuersatz (§ 34 EStG). Bei einem Unternehmer kommt diese Steuerermäßigung vor allem bei **Veräußerungsgewinnen** (§ 34 Abs. 2 Nr. 1 EStG, vgl. Rdnr. 2991) und bei Einkünften, die die **Vergütung für eine mehrjährige Tätigkeit** sind, in Betracht (§ 34 Abs. 3 EStG).

726 Letztere Möglichkeit besteht bei **gewerblicher, selbständiger und nichtselbständiger Tätigkeit** (Blümich/Lindberg, § 34 EStG Rz. 102; Abschn. 200 Abs. 3 Satz 2 EStR; a. A. für gewerbliche Einkünfte BFH v. 22. 5. 1975, BStBl II 765). Nach der Verwaltungsmeinung soll die Tarifvergünstigung zwar grundsätzlich nur bei Gewinnermittlung nach **§ 4 Abs. 3 EStG** eintreten (ebenso der BFH v. 28. 6. 1973, BStBl II 729). Diese Einschränkung ist aber nur insoweit zu rechtfertigen, als der Vergütungsanspruch nicht zu aktivieren war (vgl. Puhl, DB 1988, 1917, 1921); denn nach § 34 Abs. 3 EStG kann kein falscher Bilanzansatz korrigiert werden. War eine Aktivierung aber nicht möglich (z. B. bei einem schwebenden Geschäft), so muß § 34 Abs. 3 EStG auch anwendbar sein.

§ 34 Abs. 3 EStG setzt voraus, daß aufgrund der Vorschriften der Einkunftsermittlung eine Zusammenballung von Einkünften eintritt, die bei Einkünften aus **nichtselbständiger Arbeit** auf wirtschaftlich vernünftigen Gründen beruht und bei **anderen Einkünften** nicht dem vertragsgemäßen oder dem typischen Ablauf entspricht. Diese Verwaltungsmeinung, die nicht von der ständigen BFH-Rechtsprechung abweicht und die z. B. die Einkünfte aus selbständiger Arbeit benachteiligt, ist weder durch den Wortlaut noch durch Sinn und Zweck des § 34 Abs. 3 EStG gedeckt (ausführlich dazu Blümich/Lindberg, § 34 EStG, Rz. 109, m. w. N.). 727

Nach der BFH-Rechtsprechung ist **§ 34 Abs. 3 EStG bei einem Unternehmer nur anwendbar**, wenn 728

- er sich während mehrerer Jahre ausschließlich mit einer Sache beschäftigt und die Vergütung dafür in einem Jahr erhalten hat oder

- er die Vergütung für eine sich über mehr als 12 Monate erstreckende Sondertätigkeit erhalten hat, die von der übrigen Tätigkeit abgrenzbar ist und nicht zum regelmäßigen Gewinnbetrieb gehört (BFH v. 10. 5. 1961, BStBl III 354; v. 28. 6. 1973, BStBl II 729; v. 22. 5. 1975, BStBl II 765; Abschn. 200 Abs. 3 Satz 1 EStR; a. A. FG München v. 7. 5. 1991, Revision, EFG 1992, 77, Az. des BFH: IV R 80/91).

Diese einschränkende Behandlung führt jedoch dazu, daß die Tarifvergünstigung des § 34 Abs. 3 EStG bei Einkünften aus der Bautätigkeit **in den seltensten Fällen** zur Anwendung kommt. 729

- **Avalprovisionen**

vgl. „Rückstellungen", Rdnr. 1611. 730

(Einstweilen frei) 731–739

- **Bauabnahme**

vgl. Rdnr. 1685. 740

- **Bauherrenmodelle**

LEXinform
▶ BSt-BG-0345 ◀

Literatur: *Wichmann*, Erwerber- oder Bauherrenmodell, BB 1990, 256; *Fleischmann*, Bauherrenmodell am Ende?, NWB F. 3, 7293; *ders.*, Bauherrenmodell: Anmerkungen zur jüngsten BFH-Rechtsprechung, DStR 1990, 108; *Obermeier*, Anleger im Bauherrenmodell als Erwerber der bebauten Grundstücke, KFR F. 3

EStG § 21, 1/90, 85; *Feldhahn,* Stellungnahme zur Frage der einkommensteuerrechtlichen Beurteilung von Erhaltungsmodellen nach dem Urteil des BFH v. 14. 11. 1989, DStR 1990, 474; *Fleischmann,* Anmerkungen zum neuen Bauherren- und Fonds-Erlaß, DStR 1990, 552; *Obermeier,* Das selbstgenutzte Wohneigentum, 3. Aufl., Herne/Berlin 1992; *Grützner,* Fragen zur Außenprüfung bei Bauherrengemeinschaften, NWB F. 17, 1199; *Baum,* Verfahrensregelungen für Verlustzuweisungsgesellschaften, NWB F. 2, 5877.

Verwaltungsanweisungen: BMF v. 31. 8. 1990, Negative Einkünfte aus Vermietung und Verpachtung im Rahmen von sog. Bauherrenmodellen und vergleichbaren Modellen sowie geschlossenen Immobilienfonds, BStBl I 366; BMF v. 13. 7. 1992, Verfahren bei der Geltendmachung von negativen Einkünften aus der Beteiligung an Verlustzuweisungsgesellschaften und vergleichbaren Modellen, BStBl I 404.

1. Begriff

741 Man spricht von einem Bauherrenmodell, wenn sich Anleger daran aufgrund eines von den Projektanbietern vorformulierten Vertragswerks beteiligen und bei den damit zusammenhängenden Rechtsgeschäften durch die Projektanbieter vertreten lassen.

2. Anleger keine Bauherren, sondern Erwerber

742 Nach der bisherigen Rechtsprechung wurden die Anleger im Rahmen eines Bauherrenmodells einkommensteuerrechtlich als Bauherren behandelt. Dies war sehr günstig; denn verschiedene Kosten waren damit als Werbungskosten sofort abziehbar.

743 Mit dem BFH-Urteil v. 14. 11. 1989 (BStBl 1990 II 299, m. Anm. Obermeier, KFR F. 3 EStG § 21, 1/90, 85) hat sich die Rechtsprechung geändert. Sie folgt damit der Rechtsprechung des BFH hinsichtlich der GrESt, die den Anleger im Bauherrenmodell als Erwerber eines bebauten Grundstücks angesehen hat (z. B. BFH v. 19. 7. 1989, BStBl II 685; v. 26. 6. 1991, BFH/NV 1992, 557; v. 24. 7. 1991, BFH/NV 1992, 553; 624; 626; Rechtsprechung verfassungsgemäß, BVerfG v. 11. 1. 1988 1 BvR 391/87; zur Rechtsprechungsänderung vgl. Fleischmann, DStR 1990, 108; ders., NWB F. 3 7293; Grützner, NWB F. 17, 1199; kritisch Wichmann, BB 1990, 256; Übergangsregelung BMF v. 14. 3. 1990, BStBl I 147; dazu BFH v. 24. 7. 1990, BFH/NV 1991, 159; neuer Bauherren-Erlaß BMF v. 31. 8. 1990, BStBl I 366; hierzu Fleischmann, DStR 1990, 552; zur Gegenrechnung bei bisher anerkannten Aufwendungen BFH v. 30. 1. 1990, BFH/NV S. 627; 365; zur Anwendung auf Erhaltungsmodelle Feld-

hahn, DStR 1990, 474; BFH v. 4. 2. 1992, BStBl II 883; Nichtanwendungserlaß BMF v. 5. 10. 1992, BStBl I 585, m. Anm. Wollny, BB 1993, 493; vgl. Fleischmann/Meyer-Scharenberg, DStR 1992, 941; zur Förderung von Anschaffungskosten bei Gebäuden in Sanierungsgebieten und städtebaulichen Entwicklungsbereichen vgl. § 7h Abs. 1 Satz 3 EStG, bei Baudenkmalen vgl. § 7i Abs. 1 Satz 5 EStG, auch bei zu eigenen Wohnzwecken genutzten Objekten, vgl. § 10f Abs. 1 EStG; ausführlich dazu Obermeier, a. a. O., Anm. 135 C., 271, 276 ff. und 282 f.).

3. Aufwendungen grundsätzlich Anschaffungskosten

Da die Anleger als Erwerber behandelt werden, sind sämtliche Aufwendungen, die sie an die Projektanbieter zahlen, um Eigentümer des Grundstücks mit dem bezugsfertigen Gebäude zu werden, Anschaffungskosten. 744

Beispiele für Anschaffungskosten:

Aufwendungen für Steuerberatungs- und Treuhandtätigkeit, wirtschaftliche Betreuung; Finanzierungsgarantien, Bautenstandsberichte, Vermittlung des Beitritts zum Bauherrenmodell; Finanzierungs- und Eigenkapitalvermittlung (BFH v. 4. 2. 1992 IX B 39/91, DStR S. 943; a. A. Fleischmann/Meyer-Scharenberg, DStR 1992, 939; wohl auch BMF v. 31. 8. 1990, BStBl I 366, Tz. 7.1); Mietgarantie.

4. Ausnahmsweise Werbungskosten

Neben den genannten Aufwendungen gibt es auch solche, die nicht mit der Übertragung des bebauten Grundstücks zusammenhängen. Diese Aufwendungen sind sofort abziehbare Werbungskosten. 745

Beispiele:

Zinsen für Darlehen zur Finanzierung der Anschaffungskosten; Aufwendungen für die Vermietung des Grundstücks; Kosten für die steuerliche Beratung, soweit sie auf Zeiträume nach Bezugsfertigkeit des Gebäudes entfällt.

5. Einkunftserzielungsabsicht

vgl. Rdnr. 1194 ff. 746

(Einstweilen frei) 747–749

• Baustellencontainer
LEXinform
▶ BSt-BG-0350 ◀

750 Im Baugewerbe werden oft Container als Büroräume oder Unterkünfte für Bauarbeiter genutzt. Wenn sie ihrer baulichen Gestaltung nach zur Verwendung auf stets wechselnden Einsatzstellen vorgesehen sind, handelt es sich nicht um Gebäude, sondern um **bewegliche Wirtschaftsgüter** (BFH v. 18. 6. 1986, BStBl II 787). Container, die in einem Betriebsgelände aufgestellt worden sind und auf einem gegossenen Betonfundament ruhen, sind **Gebäude** (BFH v. 10. 6. 1988, BStBl II 847). Auch ein auf nur lose verlegten Kanthölzern aufgestellter Container kann ein Gebäude sein, wenn er seiner individuellen Zweckbestimmung nach für eine dauernde Nutzung aufgestellt ist und sich die ihm so zugedachte Ortsfestigkeit (Beständigkeit) auch im äußeren Erscheinungsbild manifestiert (BFH v. 23. 9. 1988, BStBl 1989 II 113).

• Bauten als Umlaufvermögen
LEXinform
▶ BSt-BG-0355 ◀

751 Ein Gebäude, das **zum Verkauf bestimmt** ist, gehört zum Umlaufvermögen, auch wenn wegen fehlender Verkaufsmöglichkeit zunächst eine Vermietung erfolgt (BFH v. 2. 2. 1990, BStBl II 706). Für zum Umlaufvermögen zählende Gebäude, schlüsselfertige Häuser bzw. Eigentumswohnungen sind **AfA z. B.** nach § 7 EStG nicht zulässig (§ 6 Abs. 1 Nr. 2 EStG). Die Abgrenzung erfolgt nach Maßgabe der **Zweckbestimmung** bzw. nach der Widmung eines Wirtschaftsgutes und liegt auf tatsächlichem Gebiet. Als Umlaufvermögen behandelte bebaute Grundstücke eines Bauunternehmers können **Anlagevermögen** werden, wenn besondere Maßnahmen die Nutzung als Anlagevermögen erkennen lassen (BFH v. 3. 9. 1959, BStBl III 423).

Musterhäuser sind aufgrund ihrer Funktion am Bilanzstichtag, das Produktionsprogramm vorzuführen, **Anlagevermögen** (BFH v. 31. 3. 1977, BStBl II 684).

• Beginn der gewerblichen Tätigkeit
1. Allgemeines
LEXinform
▶ BSt-BG-0360 ◀

752 Die **gewerbliche Tätigkeit** umfaßt alle betrieblichen Vorgänge von den ersten Vorbereitungshandlungen zur Betriebseröffnung bis zur Veräußerung oder Entnahme des letzten betrieblichen Wirtschaftsguts (vgl. BFH v. 17. 4. 1986, BStBl II 527). Entsprechendes gilt bei entgeltlichem und

Einkommensteuer/Beginn der gewerblichen Tätigkeit

unentgeltlichem Erwerb sowie bei unentgeltlicher Übertragung eines Betriebs.

Bei der **GewSt** ist folgendes zu beachten: Aus dem unterschiedlichen Charakter der ESt (Personensteuer) im Verhältnis zur GewSt (Objektsteuer) folgt, daß Beginn und Ende der ESt-Pflicht von Beginn und Ende der GewSt-Pflicht abweichen können. Gegenstand der GewSt ist nur der auf den laufenden Betrieb entfallende Gewinn (BFH v. 17. 4. 1986, BStBl II 527; v. 20. 3. 1990, BFH/NV S. 799). 753

2. Aufwendungen bei Eröffnung oder Erwerb eines Betriebs

LEXinform
▶ BSt-BG-0365 ◀

Wird ein Betrieb eröffnet oder erworben, so tritt bei Gewinnermittlung nach den §§ 4 Abs. 1, 5 EStG an die Stelle des Betriebsvermögens am Schluß des vorangegangenen Wirtschaftsjahrs das Betriebsvermögen im Zeitpunkt der Eröffnung oder des Erwerbs des Betriebs (§ 6 Abs. 1 EStDV). Es ist also eine **Eröffnungsbilanz** aufzustellen, wobei Grundstücke und Gebäude als verschiedene Wirtschaftsgüter jeweils gesondert zu bewerten sind (vgl. „Grundstücke und Gebäude", Rdnr. 1211 ff.). 754

Die **Betriebseröffnung** ist ein Vorgang, der erst abgeschlossen ist, wenn die wesentlichen Grundlagen des Betriebs vorhanden sind, d. h., wenn man vom Vorhandensein eines Betriebs sprechen kann (BFH v. 10. 7. 1991, BStBl II 840). Bei Eröffnung des Betriebs sind die einzelnen Wirtschaftsgüter in das Betriebsvermögen einzulegen. Der Einlagewert bestimmt sich nach § 6 Abs. 1 Nr. 5 und 6 EStG. Er ist mit dem Teilwert für den Zeitpunkt der Zuführung anzusetzen, höchstens aber mit den Anschaffungs- oder Herstellungskosten, wenn das zugeführte Wirtschaftsgut innerhalb der letzten drei Jahre vor dem Zeitpunkt der Zuführung angeschafft oder hergestellt worden ist. Entsprechendes gilt auch bei Gewinnermittlung nach § 4 Abs. 3 EStG. 755

Teilwert ist nach § 6 Abs. 1 Nr. 1 Satz 3 EStG der Betrag, den ein Erwerber des ganzen Betriebs im Rahmen des Gesamtkaufpreises für das einzelne Wirtschaftsgut ansetzen würde; dabei ist davon auszugehen, daß der Erwerber den Betrieb fortführt. Bei der Bewertung von Wirtschaftsgütern im Zeitpunkt der Eröffnung des Betriebs ist Teilwert der Preis, den ein fremder Dritter für die Beschaffung des Wirtschaftsguts aufgewendet hätte, wenn er an Stelle des Steuerpflichtigen den Betrieb eröffnen oder fortführen würde. Das sind die Beschaffungskosten, die in der Regel mit dem Marktpreis (gemeinen Wert) übereinstimmen. Ein Abschlag vom 756

Verkehrswert ist daher nicht gerechtfertigt. Diese Grundsätze gelten für Anlage- und Umlaufvermögen (BFH v. 10. 7. 1991, BStBl II 840, auch zur Wertermittlung aufgrund eines ernsthaften Kaufangebots).

757 Bei **entgeltlichem Erwerb** des Betriebs sind die einzelnen Wirtschaftsgüter mit dem Teilwert, höchstens jedoch mit den Anschaffungs- oder Herstellungskosten anzusetzen (§ 6 Abs. 1 Nr. 7 EStG).

758 Bei **unentgeltlichem Erwerb** des Betriebs gilt § 7 EStDV. Bei der Ermittlung des Gewinns des bisherigen Betriebsinhabers sind die Wirtschaftsgüter mit den Werten anzusetzen, die sich nach den Vorschriften über die Gewinnermittlung ergeben. Der Rechtsnachfolger ist an diese Werte gebunden. Diese Werte sind bei Gewinnermittlung nach § 4 Abs. 3 EStG als Anschaffungskosten zugrunde zu legen (§ 7 Abs. 3 EStDV).

759 Vorstehendes trifft grundsätzlich nur auf die **Wirtschaftsgüter** zu, die zu aktivieren sind und/oder – bei Gewinnermittlung nach § 4 Abs. 3 EStG – einer **AfA unterliegen** (vgl. „Aktivierung . . .", Rdnr. 558 ff.). Darüber hinaus sind auch geringwertige Wirtschaftsgüter (vgl. Rdnr. 1166 ff.) zu berücksichtigen (§ 6 Abs. 2 EStG).

760 Daneben fallen vor Betriebseröffnung bzw. Betriebserwerb noch Aufwendungen an, die **vorab entstandene Betriebsausgaben** darstellen, wenn ein klar erkennbarer wirtschaftlicher Zusammenhang zwischen den Aufwendungen und der Einkunftsart besteht (BFH v. 18. 4. 1990, BFH/NV 1991, 25; v. 15. 4. 1992, BStBl II 819; v. 10. 12. 1992, BStBl 1993 II 538). Kommt es nicht zur Betriebsgründung oder zu einem Betriebserwerb, so können bei betrieblicher Veranlassung die Aufwendungen als vergebliche Betriebsausgaben angesetzt werden. Bei GewSt-Pflicht mindern die vorbereitenden Betriebsausgaben den Gewerbeertrag nicht (vgl. Rdnr. 753 und Blümich/Obermeier, § 2 GewStG, Rz. 771, 775 ff.). Aufwendungen für eine im Ausland beabsichtigte Tätigkeit sind nicht als vorab entstandene Betriebsausgaben abziehbar, wenn die im Ausland zu erzielenden Einkünfte im Inland nicht steuerbar sind (BFH v. 15. 4. 1992, BStBl II 819).

Beispiele für vorab entstandene Betriebsausgaben:

Anschaffung von Büromaterial; Beratungsaufwand; Finanzierungskosten; Inseratskosten; Reisekosten für Besichtigung von Betrieben (BFH v. 15. 4. 1992 III R 96/88).

3. Betriebserwerb

Vgl. Rdnr. 76 ff., 754 ff., 2986 ff. 761

4. Erbregelung und Erbauseinandersetzung

Literatur: *Groh,* Die Erbauseinandersetzung im Einkommensteuerrecht, DB 1990, 2135; *Felix,* Der BFH und die Geschichte von den vier Brüdern, BB 1990, 2085; *Hardt,* Erbauseinandersetzung, KFR F. 3 EStG § 16, 6/90, 365; *Felix,* 25 Fall-Beispiele zur Einführung in die neue Einkommensbesteuerung der Erbauseinandersetzung, KÖSDI 1990, 8279; *List,* Erbauseinandersetzungen in einkommensteuerrechtlicher Sicht, NWB F. 3, 7579; *Flume,* Die Nachfolge von Todes wegen in ein Vermögen mit Betriebsvermögen und die Einkommensteuer bei der Übernahme von Ausgleichsverpflichtungen durch den Nachfolger in ein Einzelunternehmen oder die Beteiligung an einer Personengesellschaft, DB 1990, 2390; *Felix,* Steuerberaterpraxis und Erbauseinandersetzung, DStZ A 1990, 620; *dt,* Steht § 176 Abs.1 Nr. 3 AO der Berücksichtigung der geänderten Rechtsprechung des BFH zur Erbauseinandersetzung im Betriebsvermögen beim weichenden Erben durch Änderung von Steuerfestsetzungen entgegen?, DB 1990, 2449; *Märkle,* Erbauseinandersetzungen über Betriebsvermögen, WPg 1990, 674; *Pietsch/Tehler,* Betriebsaufgabe und Unternehmensnachfolge, 2. Aufl., Bonn 1991; *Felix,* Ausschlagung statt Erbauseinandersetzung zur Vermeidung der Einkommensteuer, DStZ A 1991, 50; *ders.,* Personengesellschaftsvertragliche Nachfolgeklauseln, Erbauseinandersetzung und Einkommensteuer, KÖSDI 1991, 8355; *gf,* Erbauseinandersetzung, KÖSDI 1991, 8369; *Costede,* Erbauseinandersetzung und vorweggenommene Erbfolge, StVj 1991, 16; *Ruban,* Erbauseinandersetzung über Betriebsvermögen nach dem Beschluß des Großen Senats v. 5. 7. 1990, DStR 1991, 65; *Meincke,* Erbauseinandersetzung und vorweggenommene Erbfolge im Einkommensteuerrecht, NJW 1991, 198; *Felix,* Tarifbegünstigte Teilanteilsveräußerung bei Sozietäten, KÖSDI 1991, 8387; *gf,* Niemals voller Veräußerungsfreibetrag von 30 000 DM für vererbten Gewerbebetrieb bei Abfindung an einen Miterben, KÖSDI 1991, 8407; *Söffing,* Die ertragsteuerrechtliche Beurteilung der Erbauseinandersetzung im unternehmerischen Bereich, DStR 1991, 201; *Paus,* Übernahme von Verbindlichkeiten bei Erbfällen und ähnlichen Vorgängen, FR 1991, 69; *Obermeier,* Erbregelung und Erbauseinandersetzung über Betriebs- und Privatvermögen im Einkommensteuerrecht, NWB F. 3, 7661; *Brandenberg,* Erbauseinandersetzung durch Realteilung: Aufgabegewinn auch bei Übernahme des gesamten Betriebs?, DB 1991, 405; *Felix,* Das „Miterben-Unternehmen" in der Steuerberatung, KÖSDI 1991, 8436; *Beiser,* Das Prinzip der Einmalbesteuerung bei der Erbfolge in der Einkommensteuer, DStR 1991, 333; *Paus,* Was gehört zur Erbmasse?, FR 1991, 164; *Felix,* Wertausgleich bei qualifizierter Personengesellschafts-Nachfolge und Einkommensteuer, KÖSDI 1991, 8475; *Groh,* Mitunternehmeranteile in der Erbauseinandersetzung, DB 1991, 724; *Söffing,* Erbauseinandersetzung in einkommensteuerrechtlicher Sicht, DB 1991, 773; *Paus,* Ist die Behandlung der Erbauseinandersetzungen durch den Großen Senat des BFH sachgerecht?, DStZ A 1991, 225; *ders.,* Gestaltung der Erbauseinandersetzungen, NWB F. 3, 7791; *ders.,* Mitunternehmeranteile in der Erbauseinandersetzung,

KFR F. 3 EStG § 15, 7/91, 167; *Felix,* Streitfragen zur neuen Einkommensteuer-Rechtslage beim Erbfall, KÖSDI 1991, 8526; *Schirmer,* Führt der Ausgleich von Pflichtteils- und ähnlichen Ansprüchen zu Anschaffungskosten?, FR 1991, 484; *Felix,* Keine Gewinnrealisierung bei Erbverzicht gegen Abfindung mit Mitunternehmeranteil, KÖSDI 1991, 8513; *Hörger,* Die Zuordnung stiller Reserven beim Ausscheiden eines Gesellschafters einer Personengesellschaft, DStR 1991, 1230; *Felix,* Überholte und weitergeltende Einkommensteuer-Rechtsprechung zur Erbauseinandersetzung, KÖSDI 1991, 8673; *Stephan,* Zum teilentgeltlichen Erwerb eines Betriebs oder Mitunternehmeranteils bei Erbauseinandersetzung und vorweggenommener Erbregelung, DB 1991, 2051; *Müller/Ohland,* Gestaltung der Erb- und Unternehmensnachfolge in der Praxis, Herne/Berlin 1991; *Spiegelberger,* Nachfolge von Todes wegen bei Einzelunternehmen und Gesellschaftsanteilen, DStR 1992, 584, 618; *Kanzler,* Nachträgliche Anschaffungskosten durch Wohnrechtsablösung, KFR F. 3 EStG § 7, 2/92, 143; *G. Söffing,* Zurechnung von Einkünften bei Vermächtnis eines Betriebs, NWB F. 3, 8313; *Groh,* Erben als „Durchgangsunternehmer", DB 1992, 1312; *Hardt,* Unternehmergemeinschaft bei Betriebsvermächtnis, KFR F. 3 EStG § 15, 9/92, 215.

Literatur nach BMF v. 11. 1. 1993 (BStBl I 62): *Hörger,* Ertragsteuerliche Behandlung der Erbengemeinschaft und ihre Auseinandersetzung, DStR 1993, 37; *Obermeier,* dto., NWB F. 3, 8517; *Wacker/Franz,* dto., BB Beil. 5 zu Heft 8/1993; *Sell,* Ertragsteuerliche Aspekte der Erbauseinandersetzung, BuW 1993, 220; *Felix,* Erbauseinandersetzungs-Erlaß und Einkommensteuerberatung, KÖSDI 1993, 9366; *Spiegels,* Vorweggenommene Erbfolge und Erbauseinandersetzung, NWB Beilage 3/1993 zu Heft 23/1993; *Obermeier,* Vorweggenommene Erbfolge und Erbauseinandersetzung – Steuersparende Gestaltungen bei der Einkommen-, Umsatz-, Erbschaft- und Grunderwerbsteuer, Herne/Berlin 1993.

Verwaltungsanweisung: BMF v. 11. 1. 1993, Ertragsteuerliche Behandlung der Erbengemeinschaft und ihrer Auseinandersetzung, BStBl I 62.

a) Allgemeines

762 Die einkommensteuerrechtlichen Auswirkungen einer Erbregelung hängen vor allem davon ab, ob es sich um Betriebs- oder Privatvermögen handelt. Während bei der entgeltlichen Übertragung von **Betriebsvermögen grundsätzlich die stillen Reserven aufzudecken** sind (als Ausnahme vgl. § 6b EStG), ist ein Veräußerungsgewinn bei Privatvermögen nur ausnahmsweise zu versteuern (§§ 17, 23 EStG, § 21 UmwStG). Im Regelfall wird daher das Interesse bei Betriebsvermögen darin bestehen, die Übertragung unentgeltlich zu gestalten, während bei Privatvermögen eine (teil-)entgeltliche Übertragung vorteilhaft sein kann, z. B. wenn abnutzbare Wirtschaftsgüter (Hauptfall: Gebäude) zur Erzielung von Einkünften oder Wohnungen zu eigenen Wohnzwecken (vgl. § 10e EStG) genutzt werden.

b) Entscheidung des Großen Senats des BFH
v. 5. 7. 1990

LEXinform
▶ BSt-BG-0370 ◀

Nach der Entscheidung des Großen Senats v. 5. 7. 1990 (BStBl II 837, m. Anm. Felix, FR 1990, 641; Hardt, KFR F. 3 EStG § 16, 6/90, 365; List, NWB F. 3, 7579) ist für das Einkommensteuerrecht grundsätzlich davon auszugehen, daß **Erbfall und Erbauseinandersetzung selbständige Rechtsvorgänge** darstellen und keine Einheit bilden. Abfindungszahlungen eines Erben im Rahmen der Erbauseinandersetzung und Aufwendungen für den Erwerb des Erbteils eines Miterben führen beim Leistenden grundsätzlich zu **Anschaffungskosten;** in gleicher Höhe entsteht beim weichenden Miterben ein **Veräußerungsgewinn.** Hierauf hat keinen Einfluß, ob die Leistungen aus dem erlangten Nachlaßvermögen erbracht werden. 763

Zurückfließende Gelder sind aber keine Anschaffungskosten (BFH v. 26. 6. 1991, BFH/NV 1992, 24). Haben die Miterben allerdings nach einer Teilauseinandersetzung eine weitere Auseinandersetzung im Auge, in der es zu umgekehrten Ausgleichszahlungen kommt, kann darin eine Rückzahlung und eine Minderung der früheren Anschaffungskosten gesehen werden (BFH v. 25. 7. 1991, BFH/NV 1992, 231). Dies ist nach Auffassung der Finanzverwaltung der Fall, wenn seit der vorausgegangenen Teilauseinandersetzung nicht mehr als fünf Jahre vergangen sind (BMF v. 11. 1. 1993, BStBl. I 62, Tz. 62; ausführlich dazu Obermeier, Vorweggenommene Erbfolge und Erbauseinandersetzung, Anm. 1202 ff.). 764

c) Laufender Gewinn bis zur Erbauseinandersetzung

LEXinform
▶ BSt-BG-0375 ◀

aa) Grundsätze

Mit dem Tod des Erblassers geht dessen Vermögen auf den Erben über (§ 1922 Abs. 1 BGB). Hinterläßt der Erblasser mehrere Erben, so wird der Nachlaß gemeinschaftliches Vermögen der Erben (§ 2032 Abs. 1 BGB). Sie verwalten den Nachlaß gemeinsam (§ 2038 Abs. 1 BGB) und können über Nachlaßgegenstände auch nur gemeinschaftlich verfügen (§ 2040 Abs. 1 BGB; BMF v. 11. 1. 1993, BStBl I 62, Tz. 2). Die Miterben stehen somit in einer **Gesamthandsgemeinschaft.** Ein zum Nachlaß gehörendes gewerbliches Unternehmen wird Gesamthandsvermögen der Erben; nach dem Erbfall ist die Erbengemeinschaft Träger des Unternehmens. 765

Die Miterben sind **Mitunternehmer** i. S. von § 15 Abs. 1 Satz 1 Nr. 2 EStG. Da das Unternehmen nunmehr für ihre Rechnung und Gefahr 766 geführt wird, sie Gewinn und Verlust tragen sowie für die Unternehmensschulden haften, tragen sie ein Unternehmerrisiko; aufgrund ihres erbrechtlichen Mitwirkungsrechts können sie seit dem Erbfall auch Mitunternehmerinitiative ausüben.

767 Hierbei ist es **nicht entscheidend, wie lange sich die Auseinandersetzung hinzieht.** Selbst wenn die Erben das Unternehmen alsbald nach dem Erbfall abwickeln, einstellen oder auf einen anderen übertragen, haben sie zunächst doch die Stellung von Mitunternehmern erlangt. Sie verwirklichen selbst den Tatbestand der Einkünfteerzielung; daher beziehen sie ihre Einkünfte nicht aus einer ehemaligen Tätigkeit des Erblassers i. S. von § 24 Nr. 2 EStG.

768 Der laufende Gewinn der Erbengemeinschaft wird nicht anders als der Gewinn einer gewerblich tätigen Personengesellschaft entsprechend den §§ 4, 5 EStG für die Gemeinschaft ermittelt, nach den Erbanteilen auf die Miterben aufgeteilt und von ihnen als Mitunternehmern entsprechend § 15 Abs. 1 Satz 1 Nr. 2 EStG versteuert (BMF v. 11. 1. 1993, BStBl I 62, Tz. 1, 3; vgl. BFH v. 5. 7. 1990, BStBl II 837, Tz. C. I. 2. b, c, II. 1. a). Es ist daher eine **einheitliche und gesonderte Feststellung** durchzuführen und der Gewinn grundsätzlich den Miterben im Verhältnis ihrer Erbanteile zuzurechnen (zu einer abweichenden Gewinnvereinbarung vgl. BFH v. 17. 10. 1991, BStBl 1992 II 392; zur Zurechnung bei Vermächtnis vgl. BFH v. 24. 9. 1991, BStBl 1992 II 330, m. Anm. G. Söffing, NWB F. 3, 8313; Hardt, KFR F. 3 EStG § 15, 9/92, 215; Groh, DB 1992, 1312; ausführlich zu Rdnr. 765 ff. Obermeier, Vorweggenommene Erbfolge und Erbauseinandersetzung, Anm. 721 ff.).

bb) Weiterführung durch einen Miterben

769 In diesem Fall ist der Gewinn nur dem weiterführenden Miterben zuzurechnen, wenn er unter Ausschluß der anderen Miterben wirtschaftlicher Eigentümer (§ 39 Abs. 2 Nr. 1 AO) des ungeteilten Vermögens und Unternehmer des Betriebs der Erbengemeinschaft geworden ist.

Beispiel:
Die Miterben vereinbaren sogleich nach dem Tod des Erblassers, daß im Vorgriff auf eine spätere Erbauseinandersetzung ein Miterbe den Betrieb allein – auf eigene Rechnung und Gefahr – fortführt.

770 Eine **Vereinbarung der Miterben im Rahmen der Erbauseinandersetzung,** daß die zwischenzeitlich erwirtschafteten Gewinne nur einem zuzurech-

nen sind, ist steuerrechtlich anzuerkennen, wenn sich die Rückwirkung nur über eine kurze Zeit erstreckt und den Umständen nach vertretbar erscheint, insbesondere wenn damit kein steuerlicher Vorteil erstrebt wird (BFH v. 18. 9. 1984, BStBl 1985 II 55; v. 5. 7. 1990, BStBl II 837, Tz. B. II. 4.). Die Finanzverwaltung erkennt in der Regel eine rückwirkende Zurechnung laufender Einkünfte an, wenn die Auseinandersetzung innerhalb von sechs Monaten nach dem Erbfall vereinbart wird (BMF v. 11. 1. 1993, BStBl I 62, Tz. 8; ausführlich Obermeier, Vorweggenommene Erbfolge und Erbauseinandersetzung, Anm. 726 ff., auch zur Zurechnung bei Vermächtnis).

d) Übertragung eines Erbanteils, Finanzierung durch Darlehen

LEXinform
▶ BSt-BG-0380 ◀

Die durch § 2033 Abs. 1 BGB mögliche Übertragung des Erbanteils an einer gewerblich tätigen Erbengemeinschaft bedeutet die Veräußerung eines Mitunternehmeranteils i. S. von § 16 Abs. 1 Nr. 2 EStG, und zwar auch dann, wenn der Erwerber ein Miterbe ist. **Anschaffungskosten und Veräußerungsgewinn errechnen sich wie bei der Übertragung eines Gesellschaftsanteils** (BFH v. 5. 7. 1990, BStBl II 837, Tz. C. II. 1. b; BMF v. 11. 1. 1993, BStBl I 62, Tz. 42, mit Beispiel 18).

Beispiel:
Unternehmer A wird von Sohn S und Tochter T zu gleichen Teilen beerbt. Der Buchwert des Betriebs (das Kapitalkonto) beträgt 400 000 DM, der Verkehrswert 1 000 000 DM. T überträgt ihren Erbanteil gegen Zahlung von 500 000 DM auf S. Der Betriebsübernehmer S erwirbt durch Erbschaft einen Anteil am Buchwert von 200 000 DM und einen Anteil am Verkehrswert von 500 000 DM. S kann daher insoweit die Buchwerte fortführen, da ein **unentgeltlicher Erwerb** vorliegt (§ 7 Abs. 1 EStDV). In Höhe seiner Ausgleichszahlung (500 000 DM) hat S **Anschaffungskosten** (BMF v. 11. 1. 1993, BStBl I 62, Tz. 40; zu einer evtl. Abzinsung bei späterer Fälligkeit vgl. BFH v. 20. 12. 1990, BFH/NV 1991, 382; ausführlich zur Abzinsung vgl. Obermeier, Vorweggenommene Erbfolge und Erbauseinandersetzung, Anm. 268 ff.). Das Entgelt ist im Verhältnis der Teilwerte auf die einzelnen erworbenen Wirtschaftsgüter aufzuteilen. Ein Geschäftswert (vgl. Rdnr. 121 ff.) ist nur insoweit anzusetzen, als das gezahlte Entgelt die Hälfte der Summe der Teilwerte der anderen Wirtschaftsgüter übersteigt (vgl. BFH v. 17. 9. 1987, BStBl 1988 II 441).

Wenn es zwischen den Miterben zu einem Anschaffungs- und Veräußerungsgeschäft kommt, ist es **unbedeutend, aus welchen Mitteln der erwerbende Miterbe das vereinbarte Entgelt entrichtet** (vgl. BMF v. 11. 1. 1993, BStBl I 62, Tz. 28); sie können auch aus dem Nachlaß gewonnen werden

(Entnahme). So kann ein Erbe, der die Erbanteile seiner Miterben erwirbt, das Entgelt durch Verwertung oder Belastung des Nachlasses erlangen. Damit folgt der Große Senat nicht der Auffassung des IX. Senats (v. 9. 7. 1985, BStBl II 722), der ein entgeltliches Geschäft nur angenommen hat, soweit der Miterbe für den Erwerb Vermögenswerte außerhalb der Erbmasse einsetzt (BFH v. 5. 7. 1990, BStBl II 837, Tz. C. II. 5.).

773 Bei einer Finanzierung des Kaufpreises durch **Darlehen** wird die Verbindlichkeit zur Betriebsschuld (vgl. BFH v. 5. 7. 1990, BStBl II 837, Tz. C. II. 3.; BMF v. 11. 1. 1993, BStBl I 62, Tz. 36), die Schuldzinsen werden zu Betriebsausgaben (BFH v. 6. 2. 1987, BStBl II 423, Tz. 5.; vgl. auch BFH v. 9. 7. 1985, BStBl II 722, zur Erbauseinandersetzung über Privatvermögen).

774 Die Abfindungszahlung (Kaufpreis) von 500 000 DM führt unter Berücksichtigung des anteiligen Kapitalkontos von 200 000 DM zu einem Veräußerungsgewinn von 300 000 DM, der von T zu versteuern ist. Der **Veräußerungsgewinn ist tarifbegünstigt** (BMF v. 11. 1. 1993, BStBl I 62, Tz. 42 mit Beispiel 18; zwar nicht nach § 16 Abs. 4 EStG, da die Grenzen überschritten sind, wohl aber nach § 34 EStG; vgl. Rdnr. 2986 ff.; ausführlich zu Rdnr. 771 ff. Obermeier, Vorweggenommene Erbfolge und Erbauseinandersetzung, Anm. 771 ff.).

e) Ausscheiden gegen Barabfindung; Übernahme des Betriebs durch einen Erben

LEXinform
▶ BSt-BG-0385 ◀

775 Ein Miterbe kann gegen eine Barabfindung aus der Erbengemeinschaft ausscheiden. Sein Anteil am Gemeinschaftsvermögen wächst den verbliebenen Miterben zu. Das Ausscheiden aus der Erbengemeinschaft gegen Barabfindung führt steuerrechtlich zu demselben Ergebnis wie der Erwerb des Erbanteils (der Erbteile) des (der) Miterben (BMF v. 11. 1. 1993, BStBl I 62, Tz. 3; vgl. Rdnr. 771 ff.) oder die Übernahme des Betriebs durch einen Miterben gegen Abfindungszahlung. Für den verbleibenden Erben stellt die **Abfindung Anschaffungskosten** dar, während sich für den (die) abgefundenen Miterben ein **Veräußerungsentgelt** ergibt (BFH v. 5. 7. 1990, BStBl II 837, Tz. C. II. 1. b, d a. E.; Obermeier, Vorweggenommene Erbfolge und Erbauseinandersetzung, Anm. 792 f., mit Beispiel).

Einkommensteuer / Beginn der gewerblichen Tätigkeit

f) **Ausscheiden gegen Sachwertabfindung**   LEXinform
▶ BSt-BG-0390 ◀

Beispiel:

Erblasser B wird von S und T zu gleichen Teilen beerbt. Der Buchwert des Betriebs (das Kapitalkonto) beträgt 800 000 DM, der Verkehrswert 2 000 000 DM. In diesem Wert sind zwei Betriebsgrundstücke mit Verkehrswerten von je 1 000 000 DM und einem Buchwert von 200 000 DM (Grundstück 1) bzw. 600 000 DM (Grundstück 2) enthalten. T scheidet aus der Erbengemeinschaft aus und erhält Grundstück 1. Sie verwendet es zur Erzielung von Einnahmen aus Vermietung und Verpachtung.

aa) **Aufdeckung der stillen Reserven**

Die Bilanz des Betriebs sieht zunächst folgendermaßen aus (Verkehrswerte in Klammern):

Grundstück 1	200 000 DM	(1 000 000 DM)	Kapital S	400 000 DM
Grundstück 2	600 000 DM	(1 000 000 DM)	Kapital T	400 000 DM
	800 000 DM			800 000 DM

Wenn Grundstück 1 das Betriebsvermögen verläßt, entsteht ein Veräußerungsgewinn von 800 000 DM. Da T jedoch aus dem Betrieb ausscheidet, ist zunächst ihr steuerpflichtiger Veräußerungsgewinn festzustellen (1. Stufe) und sodann der Veräußerungsgewinn des verbleibenden Miterben zu errechnen (2. Stufe). **Nach Ausscheiden der T ergibt sich folgende Bilanz:**

Grundstück 1	200 000 DM			
	+ 400 000 DM	600 000 DM	Kapital S	400 000 DM
Grundstück 2	600 000 DM		Ausgleichs-	
	+ 200 000 DM	800 000 DM	anspruch T	1 000 000 DM
		1 400 000 DM		1 400 000 DM

Für T ist ein **tarifbegünstigter Veräußerungsgewinn** von 600 000 DM (1 000 000 DM ./. 400 000 DM) entstanden. S muß die Buchwerte der Grundstücke entsprechend aufstocken. Die Buchwerte erhöhen sich um 600 000 DM (Anschaffungskosten 1 000 000 DM ./. Buchwert 400 000 DM), also um die Hälfte der stillen Reserven.

Wenn T das Grundstück 1 (Buchwert nunmehr 600 000 DM) zur Tilgung ihrer Ausgleichsforderung von 1 000 000 DM erhält, muß S dieses Grundstück aus dem Betrieb nehmen. Da es 1 000 000 DM wert ist, entsteht dadurch ein **Veräußerungsgewinn** von 400 000 DM, den S als laufenden Gewinn versteuern muß (Felix, KÖSDI 1990, 8279, Tz. 19; a. A. noch Obermeier, NWB F. 3, 7661, 7665). Der Gewinn ist ein Veräußerungsgewinn und kein Entnahmegewinn, weil die Hingabe des Sachwerts zum Wegfall der Schuld führt. Darin ist keine Entnahme, sondern eine Veräußerung, verbunden mit einer Gewinnrealisierung hinsichtlich des den Buchwert des Grundstücks übersteigenden Schuldenteils (Ausgleichsanspruch der T) zu sehen (BMF v. 11. 1. 1993, BStBl I 1993 62, Tz. 54, mit Beispiel 20; Hiller, Inf 1991, 100f., unter Hinweis auf BFH v. 24. 5. 1973, BStBl II 655).

bb) Buchwertfortführung

778 Gelangt die **Sachwertabfindung beim Miterben in ein Betriebsvermögen**, so daß eine spätere Versteuerung der stillen Reserven gesichert ist, dann kann der Buchwert des Erblassers B (100 000 DM) durch T fortgeführt werden (BFH v. 5. 7. 1990, BStBl II 837, Tz. C. 1. b a. E.). Für T entsteht weder ein Entnahme- noch ein Veräußerungsgewinn. Auch für S ergeben sich keine Gewinnauswirkungen (BMF v. 11. 1. 1993, BStBl I 62 Tz. 55; Obermeier, Vorweggenommene Erbfolge und Erbauseinandesetzung, Anm. 794 ff.).

g) Auseinandersetzung der Erbengemeinschaft

LEXinform
▶ BSt-BG-0395 ◀

779 Die Auseinandersetzung der Erbengemeinschaft vollzieht sich nach den §§ 2046 ff. BGB und ergänzend nach den Vorschriften über die Auflösung der Gemeinschaft (§§ 2042 Abs. 2, 752 ff. BGB). Danach werden zunächst die **Nachlaßverbindlichkeiten berichtigt** (§ 2046 Abs. 1 BGB), zu denen als Erbfallschulden insbesondere Verbindlichkeiten aus Pflichtteilen, Vermächtnissen und Auflagen gehören. Wird ein **Sachvermächtnis** aus dem Betriebsvermögen der Erbengemeinschaft erfüllt, tätigen die Miterben gesamthänderisch eine Entnahme.

Zur Berichtigung von Geldschulden muß die Erbengemeinschaft ggf. **Vermögen versilbern** (§ 2046 Abs. 3 BGB); ein hierbei entstehender Gewinn ist von allen Miterben zu versteuern. Das Restvermögen wird nach dem Verhältnis der Erbteile **aufgeteilt** (§ 2047 Abs. 1 BGB). Da eine Naturalteilung eines Gewerbebetriebs bei der Auseinandersetzung der Erbengemeinschaft nach dem BGB durchweg nicht möglich ist, muß das gemeinschaftliche Vermögen veräußert und der Erlös geteilt werden (§ 753 BGB).

Der hierbei entstehende Gewinn ist der Erbengemeinschaft zuzurechnen und nach dem Verhältnis der Erbteile zu verteilen (BMF v. 11. 1. 1993, BStBl II 62, Tz. 56). Bei dem Gewinn handelt es sich um einen **Aufgabegewinn** i. S. von § 16 Abs. 3 EStG, bei Übertragung des gesamten Betriebs auf einen Erwerber um einen **Veräußerungsgewinn** i. S. von § 16 Abs. 2 EStG. Der Gewinn ist nach § 34 Abs. 1, Abs. 2 Nr. 1 EStG steuerbegünstigt (BMF v. 11. 1. 1993, BStBl I 62, Tz. 57; Obermeier, Vorweggenommene Erbfolge und Erbauseinandersetzung, Anm. 811 ff., auch zur Testamentsvollstreckung, zur Einschaltung des Nachlaßgerichts bzw. eines Notars und zur Auseinandersetzungsklage).

h) **Realteilung**
LEXinform
▶ BSt-BG-0400 ◀

Die einkommensteuerrechtlichen Folgen entsprechen denjenigen der 780 Liquidation einer Personengesellschaft (BMF v. 11. 1. 1993, BStBl I 62, Tz. 11; kritisch Hörger, DStR 1993, 37, 39 f.). Wird das Betriebsvermögen des Erblassers **nach der Realteilung zu Privatvermögen** der Erben, so entsteht ein **Aufgabegewinn** (BFH v. 5. 7. 1990, BStBl II 837, Tz. C. II. 1. d), der entsprechend den Erbanteilen auf die Miterben zu verteilen ist (Obermeier, Vorweggenommene Erbfolge und Erbauseinandersetzung, Anm. 832).

Gelangen aber die **Vermögenswerte in ein Betriebsvermögen,** so haben die 781 Erben ein **Wahlrecht,** entweder einen Aufgabegewinn der Erbengemeinschaft zu versteuern und dann in ihren Bilanzen den Teilwert der ihnen zugeteilten Wirtschaftsgüter anzusetzen oder – wenn die Besteuerung der stillen Reserven sichergestellt ist – den Buchwert dieser Wirtschaftsgüter fortzuführen (vgl. BFH v. 5. 7. 1990, BStBl II 837, Tz. C. II. 1. d, unter Hinweis auf BFH v. 19. 1. 1982, BStBl II 456; v. 10. 12. 1991, BStBl 1992 II 385; zur Einbeziehung von Mitunternehmeranteilen vgl. BFH v. 13. 12. 1990, BStBl 1992 II 510, m. Anm. LS, DStR 1991, 456; zur Realteilung vgl. auch BFH v. 10. 12. 1991, BStBl 1992 II 385; ausführlich Obermeier, Vorweggenommene Erbfolge und Erbauseinandersetzung, Anm. 833 ff., auch zur Übernahme ganzer Betriebe; vgl. BMF v. 11. 1. 1993, BStBl I 62, Tz. 11 ff.).

i) **Realteilung mit Ausgleichsleistung**
LEXinform
▶ BSt-BG-0405 ◀

In vielen Fällen stehen sich die Vermögenswerte, die die einzelnen Mit- 782 erben erhalten sollen, nicht gleichwertig gegenüber, so daß ein Miterbe Ausgleichsleistungen erbringen muß. Für den übernehmenden Miterben stellen die Leistungen **Anschaffungskosten** für den Mehrempfang, für den weichenden Erben ein einem **Veräußerungserlös** gleichkommendes Entgelt für aufgegebenes Vermögen dar. Die Vereinbarung ist bei der Berechnung des Anteils der Miterben am Aufgabegewinn zu berücksichtigen (BFH v. 5. 7. 1990, BStBl II 837, Tz. C. II. 1. d, unter Hinweis auf BFH v. 19. 1. 1982, BStBl II 456; zur Erbauseinandersetzung durch Teilungsversteigerung vgl. BFH v. 29. 4. 1992, BStBl II 727; ausführlich Obermeier, Vorweggenommene Erbfolge und Erbauseinandersetzung, Anm. 851 ff.; zur Beteiligung an einer Personengesellschaft vgl. Anm. 891 ff.).

k) Zusammenfassung

LEXinform
▶ BSt-BG-0410 ◀

783 Vorstehende Beispiele zeigen deutlich, daß in den Fällen, in denen nur ein Betrieb mit hohen stillen Reserven vererbt wird, im **Regelfall** bei der Teilung des Vermögens die – grundsätzlich nicht gewünschte – **Versteuerung der stillen Reserven** eintritt.

784 In Einzelfällen kann **ausnahmsweise eine entgeltliche Erbauseinandersetzung günstiger** sein (vgl. Paus, NWB F. 3, 7791); denn

- die Aufdeckung der stillen Reserven kann nach § 16 EStG (vgl. Rdnr. 2989 ff.) oder nach § 34 EStG (vgl. Rdnr. 2991) begünstigt sein,

- der Veräußerungs- bzw. Aufgabegewinn unterliegt nicht der GewSt (BFH v. 17. 4. 1986, BStBl II 527),

- die bei einem entgeltlichen Erwerb entstehenden Anschaffungskosten führen zu einer höheren Absetzung für Abnutzung,

– die die Progression mildert und
– sich auch bei der GewSt voll auswirkt.

l) Gestaltungsmöglichkeiten für unentgeltlichen Erwerb

LEXinform
▶ BSt-BG-0415 ◀

785 Es bestehen mehrere Möglichkeiten, um zu einem unentgeltlichen Erwerb zu kommen. Zum einen kann der Unternehmer bereits zu seinen Lebzeiten die **Erbfolge testamentarisch** regeln (vgl. Rdnr. 786 ff.). Zum anderen können die **Miterben durch geschickte Gestaltung** die Unentgeltlichkeit erreichen (vgl. Rdnr. 795 ff.).

aa) Alleinerbe und Vermächtnis

786 Der Erblasser kann in seinem Testament bestimmen, daß ein Erbberechtigter Alleinerbe und der andere Vermächtnisnehmer wird. Diesen Fall

behandelt der Beschluß des Großen Senats v. 5. 7. 1990 (BStBl II 837) nicht. Allgemein ist aber zu sagen, daß der Erbe in vollem Umfang in die Rechtsposition des Erblassers eintritt und dessen Buchwerte fortführen kann (§ 7 Abs. 1 EStDV). Der Erbe ist dem Vermächtnisnehmer gegenüber obligatorisch verpflichtet, das Vermächtnis zu erfüllen. Das Vermächtnis ist ertragsteuerlich kein Entgelt für den Betrieb. Es entsteht **kein Veräußerungs- oder Entnahmegewinn** (BFH v. 26. 6. 1991, BFH/NV S. 681; v. 27. 2. 1992, BStBl II 612; BMF v. 11. 1. 1993, BStBl I 62, Tz. 67; Felix, KÖSDI 1990, 8280; a. A. Schirmer, FR 1991, 484; Paus, DStZ 1993, 280 f.). Bei Finanzierung der Zahlung durch ein Darlehen sind die Schuldzinsen Betriebsausgaben, obwohl es sich um einen unentgeltlichen Erwerb handelt (vgl. Rdnr. 773, BFH v. 8. 11. 1990, BStBl 1991 II 450; Kanzler FR 1991, 356; a. A. BFH v. 28. 4. 1992, BFH/NV 1992, 658; vgl. BFH v. 14. 4. 1992, BStBl 1993 II 275, m. abl. Anm. LS, DStR 1993, 354; v. 2. 3. 1993, DStR 1993, 1016; beide zum Pflichtteil; differenzierend BMF v. 11. 1. 1993, BStBl I 62, Tz. 70, Betriebsausgaben, soweit Vermächtnis der Abdeckung eines Pflichtteilsanspruchs dient; ausführlich Obermeier, Vorweggenommene Erbfolge und Erbauseinandersetzung, Anm. 1275 ff., auch zu Gestaltungen).

Die stillen Reserven sind aber aufzudecken, wenn das **Vermächtnis** in einem **Betriebsgrundstück** besteht. Hier entsteht ein Entnahmegewinn, der zum laufenden Gewinn zählt und demnach die schlechteste Gestaltung darstellt (Obermeier, Vorweggenommene Erbfolge und Erbauseinandersetzung, Anm. 1182, m. w. N.). 787

bb) Nicht anrechnungspflichtiges Vorausvermächtnis

Der Unternehmer kann auch testieren, daß seine Kinder zu je ½ Miterben werden sollen und ein Kind den Betrieb als nicht anrechnungspflichtiges Vorausvermächtnis erhalten soll. Da das Vermächtnis kein Entgelt für den Mehrempfang darstellt, entsteht **kein Veräußerungs- oder Entnahmegewinn** (vgl. Rdnr. 786; Felix, KÖSDI 1990, 8265, nennt diese Form des Testaments „Frankfurter Testament"; zur Abgrenzung eines Vorausvermächtnisses gegenüber einer Teilungsanordnung vgl. FG München v. 28. 6. 1990 rkr., EFG 1991, 28). 788

cc) Ausschluß der Ausgleichspflicht von Vorempfängen

Wenn einer der Abkömmlinge von seinem Vater eine Ausstattung erhalten hat, kann der nicht bedachte Abkömmling im Rahmen der Erb- 789 auseinandersetzung einen Ausgleich verlangen (§ 2050 BGB). Ein Abbedingen der Ausgleichspflicht führt **nicht zu einem Anschaffungs- oder Veräußerungsgeschäft** (Felix, KÖSDI 1990, 8279, Tz. 4; ders., KÖSDI 1993, 9366, 9371).

dd) Teilungsanordnung

790 Ein Unternehmer, der neben dem Betrieb noch weiteres Vermögen hat, kann testamentarisch bestimmen, daß die Kinder Miterben werden sollen. Er kann durch Teilungsanordnung verfügen, daß ein Abkömmling den Betrieb und der andere Abkömmling das restliche Vermögen erhält.

791 Die Teilungsanordnung ist **grundsätzlich für die Erben verbindlich** (§ 2048 BGB). Eine zwischen allen Miterben einverständlich geregelte andere Aufteilung ist aber möglich und dinglich wirksam (Palandt, § 2048 Anm. 3; Felix, KÖSDI 1991, 8673).

792 Die Rechtsfolgen einer Teilungsanordnung entsprechen denen einer Erbauseinandersetzung (BMF v. 11. 1. 1993, BStBl I 62, Tz. 76; G. Söffing, DB 1991, 776; Obermeier, Vorweggenommene Erbfolge und Erbauseinandersetzung, Anm. 1265 ff., mit Beispiel; a. A. Spiegelberger, DStR 1992, 584, 587 f.; Flume, DB 1990, 2390; zur Abgrenzung gegenüber einem Vorausvermächtnis vgl. FG München v. 28. 6. 1990 rkr., EFG 1991, 28).

ee) Qualifizierte Nachfolgeklausel bei Gesellschaft

793 Da eine Erbengemeinschaft gesellschaftsrechtlich nicht Gesellschafterin sein kann, führt der Erbfall dazu, daß **Miterben Gesellschafter** werden. Die Übernahme eines solchen Gesellschaftsanteils gegen Entgelt geschieht außerhalb der Erbengemeinschaft und ist ein Anschaffungs- und Veräußerungsgeschäft. Diese Rechtsfolge kann man durch eine **qualifizierte Nachfolgeklausel** umgehen (vgl. Obermeier, NWB F. 3, 7661, 7678, m. w. N.). Bei Vereinbarung einer solchen Klausel im Gesellschaftsvertrag geht der Gesellschaftsanteil des Verstorbenen nicht – wie bei der einfachen **Nachfolgeklausel** – anteilig auf sämtliche Miterben über, sondern nur auf den in der Klausel bezeichneten Mitunternehmer (ausführlich zur Auseinandersetzung über einen Mitunternehmeranteil Ruban, DStR 1991, 65, 69 f.).

794 **Sonderbetriebsvermögen** des Erblassers gelangt daher mit dem Anteil, der auf die nicht zur Nachfolge berufenen Erben entfällt, in das Privatver-

mögen, selbst wenn es sogleich auf den Gesellschafter-Nachfolger übertragen wird. Die in den Anteilen der von der Nachfolge ausgeschlossenen Miterben liegenden stillen Reserven sind aufzudecken. Ausgleichszahlungen des Nachfolgers führen nicht zu Anschaffungskosten bzw. zu einem Veräußerungserlös (BFH v. 29. 10. 1991, BStBl 1992 II 512; a. A. Groh, DB 1992, 1312; ausführlich Obermeier, Vorweggenommene Erbfolge und Erbauseinandersetzung, Anm. 903 ff.).

ff) Ausschlagen der Erbschaft und Verlangen des Pflichtteils

Nach § 1947 BGB ist die **Ausschlagung der Erbschaft ein bedingungsfeindliches Rechtsgeschäft**, da klare Verhältnisse geschaffen werden sollen. Auch können Annahme und Ausschlagung der Erbschaft nicht auf einen Teil der Erbschaft beschränkt werden. Die Annahme oder Ausschlagung eines Teils ist unwirksam (§ 1950 BGB). Die Ausschlagung der Erbschaft unter Vorbehalt des Pflichtteils wird daher grundsätzlich als unwirksam angesehen (Palandt, § 1950 Anm. 1, m. w. N.; a. A. Felix, DStZ A 1991, 50). 795

Ausnahmen bestehen in den Fällen des § 1371 Abs. 3 BGB (bei Zugewinngemeinschaft) und des § 2306 Abs. 1 Satz 2 BGB. Nach dieser Vorschrift kann der Pflichtteilsberechtigte bei Ausschlagung der Erbschaft den Pflichtteil verlangen, wenn er durch die Einsetzung eines Nacherben, die Ernennung eines Testamentsvollstreckers oder eine Teilungsanordnung beschränkt oder mit einem Vermächtnis oder einer Auflage beschwert ist, und der hinterlassene Erbteil größer als die Hälfte des gesetzlichen Erbteils ist. 796

Wenn diese Voraussetzungen gegeben sind, wird der andere Miterbe Alleinerbe des Betriebs und erwirbt daher unentgeltlich (§ 1922 BGB; zur Rechtsfolge § 7 Abs. 1 EStDV). Der Pflichtteil ist kein Entgelt; er zählt zu den Erbfallschulden und somit zu den Nachlaßverbindlichkeiten (§ 1967 BGB). 797

gg) Realteilung bei Mischnachlaß

Wenn sich die Miterben dahingehend auseinandersetzen, daß der eine den Betrieb und der andere das sonstige Vermögen erhält, handelt es sich um eine Realteilung, bei der es in beiden Bereichen **nicht zu Anschaffungs- und Veräußerungsgeschäften** kommt. Dieses Ergebnis ist damit zu begründen, daß das Betriebsvermögen zunächst in der Erbengemein- 798 schaft verbleibt und danach – ohne in das Vermögen des einen Miterben gelangt zu sein – unmittelbar beim anderen Miterben Betriebsvermögen wird (Felix, FR 1990 S. 631, spricht insoweit von „Miterbenvermögen"). Der Übernehmer des Betriebs führt die Buchwerte entsprechend § 7 Abs. 1 EStDV, der andere Miterbe die Steuerwerte im erhaltenen Privatvermögen entsprechend § 11 d Abs. 1 EStDV fort (BFH v. 5. 7. 1990, BStBl II 837, Tz. C. II. 3.).

799 Dies hat zur Folge, daß der Übernehmer des restlichen Vermögens den Wertzuwachs steuerfrei erhält, während der Übernehmer des Betriebs mit einer **latenten Besteuerung des Veräußerungsgewinns** belastet ist. Ein Ausgleich dieser latenten Steuerlast könnten die Miterben über eine Ausgleichszahlung an den Übernehmer des Betriebs erreichen. Die Ausgleichsleistung wäre, da sie für die Hingabe von Privatvermögen gezahlt wird, beim Betriebsübernehmer nicht steuerbar, würde aber beim Ausgleichspflichtigen Anschaffungskosten für die Immobilien darstellen.

800 Die vorstehend beschriebenen Rechtsfolgen treten auch dann ein, wenn sich die **Erbengemeinschaft erst nach einer langen Zeit auseinandersetzt**, da nach BFH v. 5. 7. 1990 (BStBl II 837, Tz. C. I. 2. d) die Dauer der Erbengemeinschaft bedeutungslos ist (ebenso BMF v. 11. 1. 1993, BStBl I 62, Tz. 33; a. A. Paus, FR 1991, 164). Es ist auch unerheblich, ob die stillen Reserven vom Erblasser oder von der Erbengemeinschaft geschaffen worden sind.

801 Wertgleichheit zwischen den zugeteilten Vermögen kann dadurch erreicht werden, daß ein Miterbe **Verbindlichkeiten der Erbengemeinschaft übernimmt**. Die Zuordnung dieser Verbindlichkeiten hängt davon ab, mit welchem Vermögen sie in Zusammenhang stehen und wie dieses Vermögen nach der Auseinandersetzung beim übernehmenden Miterben verwendet wird. So kann Privatvermögen der Erbengemeinschaft beim Miterben Betriebsvermögen und die damit zusammenhängende Verbindlichkeit Betriebsschuld werden (BFH v. 5. 7. 1990, BStBl II 837, unter Hinweis auf BFH v. 6. 2. 1987, BStBl II 423; BMF v. 11. 1. 1993, BStBl I 62, Tz. 36).

802 Darüber hinaus besteht auch die Möglichkeit, daß die Erbengemeinschaft eine **Entnahme** tätigt oder für den Betrieb ein **Darlehen** aufnimmt und dann eine Realteilung vornimmt (ausführlich Obermeier, Vorweggenommene Erbfolge und Erbauseinandersetzung, Anm. 1241 ff.).

m) Übergangsregelung

LEXinform
▶ BSt-BG-0420 ◀

Die Grundsätze von BMF v. 11. 1. 1993 (BStBl I 62) sind in allen noch offenen Fällen anzuwenden. Für Erbauseinandersetzungen, die vor dem 1. 1. 1991 rechtlich bindend festgelegt und bis spätestens 31. 12. 1993 vollzogen worden sind, gilt jedoch folgende großzügige Übergangsregelung: 803

- Auf Antrag sind die Rechtsgrundsätze der **früheren Rechtsprechung** (vgl. unter A.) anzuwenden, für Wirtschaftsgüter des Privatvermögens auch das BMF-Schreiben v. 31. 12. 1988 (BStBl I 546; BMF v. 11. 1. 1993, BStBl I 62, Tz. 96). Ein Veräußerungsgewinn ist nicht zu versteuern (vgl. §§ 163, 176 AO; BMF v. 11. 1. 1993, BStBl I 62, Tz. 97). **Unterschiede** zur früheren Rechtlage ergeben sich bei Umwandlung in Bruchteilseigentum, der Übernahme von Nachlaßverbindlichkeiten, der Auseinandersetzung bei wesentlicher Beteiligung und sog. einbringungsgeborener Anteile an Kapitalgesellschaften (§§ 20, 21 UmwStG), der Zuordnung von Abfindungen und der Behandlung der umgekehrten Abfindungen. 804

- Selbst wenn sich der weichende Miterbe für die Anwendung der früheren Rechtsprechung entscheidet, kann der **übernehmende Miterbe nach der neuen Rechtslage** behandelt werden (BMF v. 11. 1. 1993, BStBl I 1993, 62, Tz. 97; zur korrespondierenden Behandlung beim weichenden und übernehmenden Miterben und evtl. Berichtigungsmöglichkeiten vor Erlaß der Übergangsregelung und damit überholt dt, DB 1990, 2449). Durch die Annahme von Anschaffungskosten ergibt sich ein (höheres) AfA-Volumen (ausführlich zur Übergangsregelung vgl. BMF v. 11. 1. 1993, BStBl I 62, Tz. 98 ff..; Obermeier, Vorweggenommene Erbfolge und Erbauseinandersetzung, Anm. 1321 ff.). 805

Die Rechtsprechungsänderung wird dazu führen, daß viele Unternehmertestamente umgeschrieben bzw. neu errichtet werden müssen. 806

(Einstweilen frei) 807–816

• Beiträge

LEXinform
▶ BSt-BG-0425 ◀

vgl. „Berufsverband", Rdnr. 867. Mitgliedsbeiträge für private Vereine sind grundsätzlich nicht als Betriebsausgaben abziehbar (BFH v. 15. 5. 1992, DStR 1992, 1474). 817

• Beitrittsgebiet

Literatur: *Paus,* Steuerliche Förderungsmaßnahmen in den neuen Ländern, Herne/Berlin 1991.

818 Das Beitrittsgebiet umfaßt die fünf neuen Bundesländer und das ehemalige Gebiet von Berlin-Ost. Hierfür gelten befristete Sonderregelungen, in die z. T. auch Berlin-West einbezogen ist.

1. §§ 56 bis 58 EStG   LEXinform ▶ BSt-BG-0430 ◀

819 Die §§ 56 bis 58 EStG wurden durch das Einigungsvertragsgesetz v. 23. 9. 1990 (BGBl I 885, BStBl I 654) i. V. mit dem Einigungsvertrag Anl. I Kap. IV Sachgebiet B Abschn. II Nr. 16 k in das EStG eingefügt (vgl. BT-Drucksache 11/7817, 109).

a) § 56 EStG

820 Für Steuerpflichtige, die am 31. 12. 1990 ihren Wohnsitz oder gewöhnlichen Aufenthalt im Beitrittsgebiet und im Jahr 1990 keinen (weiteren) Wohnsitz oder gewöhnlichen Aufenthalt im bisherigen Gebiet der Bundesrepublik Deutschland hatten, gilt das EStG grundsätzlich erst ab dem Veranlagungszeitraum 1991 (§ 56 Nr. 2 EStG). Für diese Steuerpflichtigen ist die AfA nach § 7 Abs. 5 EStG nur auf Gebäude anzuwenden, die im Beitrittsgebiet nach dem 31. 12. 1990 angeschafft oder hergestellt worden sind (§ 56 Nr. 1 EStG). Für die vorher angeschafften oder hergestellten Gebäude ist § 7 Abs. 4 EStG anzuwenden (Beule, DB 1991, 134).

b) § 57 EStG

821 • Die §§ 7c, 7f, 7g, 7k und § 10e EStG, die §§ 76, 78, 82a und 82f EStDV sowie die §§ 7 und 12 Abs. 3 Schutzbaugesetz sind auf Tatbestände anzuwenden, die im Beitrittsgebiet nach dem 31. 12. 1990 verwirklicht worden sind (§ **57 Abs. 1** EStG).

822 • Die §§ 7b, 7d sowie die §§ 81, 82d, 82g und 82i EStDV sind im Beitrittsgebiet nicht anzuwenden (§ **57 Abs. 2** EStG).

823 • § 10d EStG ist anzuwenden, wenn in den vorangegangenen Veranlagungszeiträumen der Gesamtbetrag der Einkünfte nach dem EStG ermittelt worden ist (§ **57 Abs. 4 Satz 1** EStG). Somit ist § 10d EStG grundsätzlich erstmalig für Verluste ab 1991 anwendbar; ein Verlustrücktrag ist erstmalig für Verluste des Jahres 1992 und nur in den Veranlagungszeitraum 1991 vorzunehmen. § 10 d Abs. 2 EStG (Verlustvortrag) und § 10 d Abs. 3 EStG (gesonderte Feststellung) sind auf Verluste anzuwenden, die im Beitrittsgebiet im Veranlagungszeitraum 1990 entstanden sind (§ 57 Abs. 4 Satz 2 EStG; vgl. OFD Münster v. 31. 1. 1992 – S 2118 a – 20 – St 11–31, NWB-EN Nr. 433/92; BMF v. 13. 5. 1992, BStBl I 336).

c) § 58 EStG

Verwaltungsanweisungen: FM Sachsen-Anhalt v. 7. 3. 1991, Steuerabzugsbetrag ab 1990 für vor dem 1. 1. 1991 im Beitrittsgebiet gegründete Betriebe (§ 58 Abs. 3 EStG), DStR 1991, 465; BMF v. 26. 6. 1991, Sonderabschreibungen nach § 3 Abs. 1 StÄndG der DDR v. 6. 3. 1990 i. V. mit der Durchführungsbestimmung v. 16. 3. 1990 und § 58 Abs. 1 EStG 1990, DB S. 1148; BMF v. 22. 7. 1991, Steuerbefreiung bei Neueröffnung eines Handwerks-, Handels- oder Gewerbebetriebs nach § 9 Abs. 1 der Durchführungsbestimmung zum Steueränderungsgesetz v. 16. 3. 1990 i. V. mit § 58 Abs. 3 EStG 1990, BStBl I 737; FM Sachsen-Anhalt v. 30. 4. 1992 Steuerbefreiung bei Gewinnermittlung nach § 4 Abs. 3 EStG, DB S. 1117; FM Thüringen v. 25. 11. 1992, Sonderabschreibungen nach § 3 Abs. 1 StÄndG v. 6. 3. 1990, BuW 1993, 157.

- Die Vorschriften über **Sonderabschreibungen** nach § 3 Abs. 1 StÄndG v. 6. 3. 1990 i. V. mit § 7 Durchführungsbestimmung zum StÄndG v. 16. 3. 1990 sind auf Wirtschaftsgüter weiter anzuwenden, die nach dem 31. 12. 1989 und vor dem 1. 1. 1991 im Beitrittsgebiet angeschafft oder hergestellt worden sind (**§ 58 Abs. 1 EStG;** vgl. dazu BMF v. 26. 6. 1991, DB S. 1418, mit Beispiel). Diese Möglichkeit besteht auch bei neueröffneten Betrieben, wenn ein Arbeitsplatz (ausreichend auch ein Unternehmer-Arbeitsplatz) geschaffen wird (FM Thüringen v. 25. 11. 1992, BuW 1993, 157). 824

- Zulässigerweise zum 31. 12. 1990 gebildete **Investitionsrücklagen** nach § 3 Abs. 2 StÄndG v. 6. 3. 1990 i. V. mit § 8 Durchführungsbestimmung zum StÄndG v. 16. 3. 1990 sind spätestens im Veranlagungszeitraum 1995 gewinn- oder einkünfteerhöhend aufzulösen, soweit sie nicht vorher auf die Anschaffungs- oder Herstellungskosten begünstigter Wirtschaftsgüter übertragen wurden (**§ 58 Abs. 2 EStG**). 825

- Nach § 9 Abs. 1 Durchführungsbestimmung zum StÄndG v. 16. 3. 1990 können Inhaber eines Handwerks-, Handels- oder Gewerbebetriebs bei Neueröffnung eines Betriebs oder einer Betriebsstätte vor dem 1. 1. 1991 im Beitrittsgebiet eine einmalige **Steuerbefreiung** für 826 zwei Jahre von insgesamt 10 000 DM erhalten, wenn sie von dem Tag der Begründung der Betriebsstätte an zwei Jahre lang die Tätigkeit ausüben, die Gegenstand der Betriebsstätte ist (§ 58 Abs. 3 EStG; vgl. dazu BMF v. 22. 7. 1991, BStBl I 737; FM Sachsen-Anhalt v. 7. 3. 1991, DStR S. 465; v. 30. 4. 1992, DB S. 1117).

2. Sonderregelung für private Altersvorsorge

a) Versicherungen als Sonderausgaben

827 Neben Risikolebensversicherungen und Rentenversicherungen ohne Kapitalwahlrecht sind nach § 10 Abs. 1 Nr. 2 b EStG noch Beiträge zu folgenden Versicherungen auf den Erlebens- oder Todesfall im Rahmen der Höchstbeträge als Sonderausgaben abziehbar:

- Rentenversicherungen mit Kapitalwahlrecht gegen laufende Beitragsleistung, wenn das Kapitalwahlrecht nicht vor Ablauf von zwölf Jahren seit Vertragsabschluß ausgeübt werden kann,

- Kapitalversicherungen gegen laufende Beitragsleistung mit Sparanteil, wenn der Vertrag für die Dauer von mindestens zwölf Jahren abgeschlossen worden ist.

b) Ausnahme von Mindestvertragsdauer

828 Bei Steuerpflichtigen, die am 31. 12. 1990 einen Wohnsitz oder ihren gewöhnlichen Aufenthalt im Beitrittsgebiet und vor dem 1. 1. 1991 keinen Wohnsitz oder gewöhnlichen Aufenthalt im Bereich der bisherigen Bundesrepublik Deutschland hatten, gilt eine Ausnahme von der zwölfjährigen Mindestvertragsdauer. Wenn der Steuerpflichtige zur Zeit des Vertragsabschlusses das 47. Lebensjahr vollendet hat, verkürzt sich bei laufender Beitragsleistung die Mindestvertragsdauer um die Zahl der angefangenen Lebensjahre, um die er älter als 47 Jahre ist, höchstens jedoch auf sechs Jahre (§ 10 Abs. 1 Nr. 2 b dd Sätze 2 und 3 i. d. F. des Kultur- und Stiftungsförderungsgesetzes v. 13. 12. 1990, BGBl I 2775, BStBl 1991 I 51).

Beispiel:
Ein Unternehmer ist zur Zeit des Vertragsabschlusses 51 Jahre, er steht also im 52. Lebensjahr. Die Mindestvertragsdauer verkürzt sich daher um fünf auf sieben Jahre.

3. Gesetz über Sonderabschreibungen und die Förderung des zu eigenen Wohnzwecken genutzten Wohneigentums in den neuen Bundesländern und Berlin (Fördergebietsgesetz) LEXinform ▶ BSt-BG-0435 ◀

Literatur: *Wewers*, Steuervergünstigungen nach dem Gesetz über Sonderabschreibungen und Abzugsbeträge im Fördergebiet (Fördergebietsgesetz), DB 1991, 1539; *Stuhrmann*, Steuerliche Vergünstigungen nach dem Fördergebietsgesetz, NWB F. 3, 7927; *M. Söffing*, Das Fördergebietsgesetz, FR 1991, 577; *Korn*, Das StÄndG 1991 in der Beratungspraxis, KÖSDI 1991, 8708; *Wendland*, Das Fördergebietsgesetz, Inf 1991, 483; *Zitzmann*, Verbleibensvoraussetzungen bei Sonderabschreibungen und Investitionszulagen im Fördergebiet, DB 1992, 1543; *Meisenheimer*, Sonderabschreibungen für Unternehmen und private Investoren in den neuen Bundesländern einschließlich Berlin (West), DB 1992, 1753; *Fleischmann/ Meyer-Scharenberg*, Die steuerlichen Gefahren bei der Altbausanierung im Beitrittsgebiet, DStR 1992, 1645; *Depping*, Die Förderlücke im Fördergebietsgesetz, DStZ 1993, 21; *Stuhrmann*, Sonderabschreibungen der Teilherstellungskosten und Anzahlungen nach dem Fördergebietsgesetz, DStR 1993, 123; *Friele/Tavenrath-Kruckau*, Sonderabschreibungen nach dem Fördergebietsgesetz, BuW 1993, 173, 417; *Fleischmann/Haas*, Zweifelsfragen bei der Anwendung des Fördergebietsgesetzes, DStR 1993, 533; *Stuhrmann*, Zweifelsfragen bei der Anwendung des Fördergebietsgesetzes, NWB F. 3, 8675; *ders.*, Änderungen durch StandOG, DStR 1993, 1125; *Wewers*, dto., DB 1993, 1487.

Verwaltungsanweisungen: BMF, Fördergebietsgesetz, BuW 1991, 356; BMF v. 3. 12. 1991, Eintritt in den Herstellungsvorgang eines Dritten, DB 1992, 15; BMF v. 21. 2. 1992, Bildung steuerfreier Rücklagen nach § 6 Fördergebietsgesetz; hier: Eröffnung des Hauptprüfverfahrens nach Artikel 93 Abs. 2 EWG-Vertrag, BStBl I 125; FM Niedersachsen v. 3. 3. 1992, Bildung steuerfreier Rücklagen nach § 6 Fördergebietsgesetz, DB S. 658, DStR S. 582; OFD Magdeburg v. 18. 5. 1992, Begünstigung von Baumaßnahmen nach § 3 Fördergebietsgesetz im Rahmen von Bauherrenmodellen, DB S. 1268; BMF v. 3. 7. 1992, Einstellung des Hauptprüfverfahren nach Artikel 93 Abs. 2 EWG-Vertrag; Bildung von Rücklagen nach § 6 Fördergebietsgesetz, BStBl I 394; OFD Frankfurt/M. v. 21. 9. 1992, Begünstigung von Baumaßnahmen nach § 3 des Fördergebietsgesetzes im Rahmen von Bauherrenmodellen und ähnlichen Modellen, DStR 1993, 242; OFD Berlin v. 4. 2. 1993, Anwendung der §§ 3 und 4 FördG bei teilweiser beruflicher Nutzung von Räumen in einem im übrigen selbstbewohnten Einfamilienhaus, FR S. 347 = DB S. 510; BMF v. 26. 2. 1993, Auflösung der steuerfreien Rücklage nach § 6 Abs. 2 Fördergebietsgesetz, DStR S. 437; BMF v. 29. 3. 1993, Zweifelsfragen bei der Anwendung des Fördergebietsgesetzes, BStBl I 279; FM Niedersachsen v. 21. 6. 1993, Auflösung der steuerfreien Rücklage, DStR S. 1104.

Durch Art. 6 des StÄndG 1991 v. 24. 6. 1991 (BGBl I 1322, BStBl I 665) wurde das Fördergebietsgesetz eingeführt. Es ist in den Ländern Berlin, Brandenburg, Mecklenburg-Vorpommern, Sachsen, Sachsen-Anhalt und Thüringen nach dem Gebietsstand vom 3. 10. 1990 (**Fördergebiet**) anwendbar (zu den Zweifelsfragen vgl. Literatur und Verwaltungsanweisungen).

a) Sonderabschreibungen für bewegliche Wirtschaftsgüter des Anlagevermögens und Betriebsgebäude

aa) Begünstigte Objekte

830 Begünstigt sind die **Anschaffung und die Herstellung von abnutzbaren beweglichen Wirtschaftsgütern** des Anlagevermögens sowie **nachträgliche Herstellungsarbeiten** an abnutzbaren beweglichen Wirtschaftsgütern des Anlagevermögens, die

- mindestens drei Jahre nach ihrer Anschaffung oder Herstellung zum Anlagevermögen des Steuerpflichtigen im Fördergebiet gehören und während dieser Zeit in einer solchen Betriebsstätte verbleiben und
- in jedem Jahr dieses Zeitraums vom Steuerpflichtigen zu nicht mehr als 10 v. H. privat genutzt werden (§ 2 Fördergebietsgesetz).

831 Begünstigt sind auch die Anschaffung und die Herstellung von **abnutzbaren unbeweglichen Wirtschaftsgütern** sowie Modernisierungsmaßnahmen und andere nachträgliche Herstellungsarbeiten an abnutzbaren unbeweglichen Wirtschaftsgütern. Neben Neubauten werden in Betriebsvermögen auch Altbauten gefördert. Werden diese nach dem 31. 12. 1993 angeschafft, so müssen sie mindestens fünf Jahre nach ihrer Anschaffung zu eigenbetrieblichen Zwecken verwendet werden (§ 3 Satz 2 Nr. 1 und 2 Fördergebietsgesetz).

bb) Höhe der Sonderabschreibungen

832 Die Sonderabschreibungen betragen bis zu **50 v. H. der Anschaffungs- oder Herstellungskosten** der angeschafften oder hergestellten Wirtschaftsgüter oder der Herstellungskosten, die für die nachträglichen Herstellungsarbeiten aufgewendet worden sind, oder der Anschaffungskosten, die auf Modernisierungsmaßnahmen und andere nachträgliche Herstellungsarbeiten i. S. des § 3 Satz 2 Nr. 3 Fördergebietsgesetz entfallen. Sie können **im Jahr der Anschaffung oder Herstellung oder Beendigung der nachträglichen Herstellungsarbeiten und in den folgenden vier Jahren** in Anspruch genommen werden (§ 4 Abs. 1 Fördergebietsgesetz). Die Sonderabschreibungen können bereits für Anzahlungen auf Anschaffungskosten und für Teilherstellungskosten in Anspruch genommen werden (§ 8 Abs. 1 Nr. 2 Fördergebietsgesetz; ausführlich insbesondere zu den Restwertabschreibungen, Meisenheimer, DB 1992, 1753).

cc) Zeitlicher Anwendungsbereich

833 Begünstigt sind Anschaffung, Herstellung, Beendigung der nachträglichen Herstellungsarbeiten, Anzahlung auf Anschaffungskosten und Ent-

stehung von Teilherstellungskosten nach dem 31. 12. 1990 und vor dem
1. 1. 1997, auf dem Gebiet von Berlin-West Bestellung oder Beginn der
Herstellung nach dem 30. 6. 1991. Als Beginn der Herstellung gilt bei
Baumaßnahmen, für die eine Baugenehmigung erforderlich ist, der Zeitpunkt, in dem der Bauantrag gestellt wird (zum Zeitpunkt des Beginns
der Herstellung und Bemessungsgrundlage für die Sonderabschreibung
bei Eintritt in den Herstellungsvorgang eines Dritten vgl. BMF v. 3. 12.
1991, DB 1992, 15). In Berlin-West gilt der 1. 1. 1997 nur bei unbeweglichen Wirtschaftsgütern und nachträglichen Herstellungsarbeiten an
unbeweglichen Wirtschaftsgütern, soweit diese oder die durch die
nachträglichen Herstellungsarbeiten geschaffenen Teile mindestens fünf
Jahre nach ihrer Anschaffung oder Herstellung oder nach Beendigung
der nachträglichen Herstellungsarbeiten Wohnzwecken dienen und nicht
zu einem Betriebsvermögen gehören; in den anderen Fällen tritt an die
Stelle des 1. 1. 1997 der 1. 1. 1995 (§ 8 Fördergebietsgesetz).

dd) Steuerfreie Rücklage
Für Investitionen, mit denen vor dem 1. 1. 1992 begonnen worden ist, 834
können Steuerpflichtige eine Rücklage bilden (FM Niedersachsen v. 3. 3.
1992, DB S. 658, DStR S. 582; Ausnahme Berlin-West, § 8 Abs. 2 Satz
2 Fördergebietsgesetz). Die Rücklage ist spätestens zum Schluß des
ersten nach dem 30. 12. 1994 endenden Wirtschaftsjahrs gewinnerhöhend
aufzulösen (§ 6 Abs. 2 Fördergebietsgesetz i. d. F. des StandOG; zur
Rückgängigmachung der Auflösung vor dem StandOG vgl. koordinierter
Ländererlaß, z. B. FM Niedersachsen v. 21. 6. 1993, DStR S. 1104).

b) Steuervergünstigungen für Wohnungsbaumaßnahmen
aa) Vermietete Gebäude
Begünstigt sind die **Anschaffung und die Herstellung von sowie nachträg-** 835
liche Herstellungsarbeiten an Wohngebäuden im Fördergebiet. Die
Anschaffung ist nur begünstigt, wenn für das Wohngebäude weder
degressive Absetzungen für Abnutzung nach § 7 Abs. 5 EStG noch
erhöhte Absetzungen oder Sonderabschreibungen in Anspruch genommen worden sind. Außerdem muß das Gebäude bis zum Ende des Jahres
der Fertigstellung angeschafft werden (§ 3 Satz 2 Nr. 1 Fördergebietsgesetz; OFD Magdeburg v. 18. 5. 1992, DB S. 1268).
Die Sonderabschreibungen werden durch das StandOG auf **Sanierungs-** 836
und Modernisierungsmaßnahmen an Gebäuden (z. B. bei Erwerbergemeinschaften) ausgedehnt. Die Änderung gilt für Kaufverträge nach
dem 31. 12. 1991 (§ 3 Satz 2 Nr. 3 Fördergebietsgesetz).

837 Zur **Höhe** der Sonderabschreibungen und zum **zeitlichen Anwendungsbereich** ist auf die Ausführungen zu den Sonderabschreibungen für Betriebsgebäude zu verweisen (Rdnr. 832 ff.). Die Abschreibungen können schon bei der Festsetzung der Vorauszahlungen berücksichtigt werden.

bb) Zu eigenen Wohnzwecken genutzte Gebäude im Beitrittsgebiet

838 Diese Förderung betrifft nur die neuen Bundesländer und das ehemalige Gebiet von Berlin-Ost. Gefördert werden **Modernisierungs- und Instandsetzungsaufwendungen, also Herstellungs- und Erhaltungsaufwendungen.**

839 Die Aufwendungen

- dürfen nicht zu den Betriebsausgaben oder Werbungskosten gehören,
- dürfen nicht in die Bemessungsgrundlage nach §§ 10e, 10f oder 52 Abs. 21 Satz 6 EStG einbezogen und nicht nach § 10e Abs. 6 EStG abgezogen werden und
- müssen auf das Gebäude oder den Gebäudeteil entfallen, das im jeweiligen Jahr des zehnjährigen Abzugszeitraums zu eigenen Wohnzwecken genutzt wird.

840 Die Aufwendungen können im Jahr der Zahlung und den folgenden neun Jahren jeweils bis zu **10 v. H.** wie **Sonderausgaben** abgezogen werden. Sie sind auf **40 000 DM** beschränkt (§ 7 Fördergebietsgesetz).

841 Begünstigt sind Aufwendungen, die auf **nach dem 31. 12. 1990 und vor dem 1. 1. 1997** vorgenommene Herstellungs- oder Erhaltungsarbeiten entfallen. Die Vergünstigung kann bereits bei der Festsetzung von Vorauszahlungen berücksichtigt werden (§ 8 Fördergebietsgesetz).

4. Investitionszulagengesetz 1991

LEXinform
▶ BSt-BG-0440 ◀

Literatur: *Stuhrmann,* Änderung des BerlinFG, ZRFG und InvZulG durch das StÄndG 1991, NWB F. 3, 7939; *Hoffmann,* Das Investitionszulagengesetz 1991, DB 1991, 1745; *M. Söffing,* Das Investitionszulagengesetz 1991, FR 1991, 509; *Hoffmann,* Anmerkungen zum BMF-Schreiben v. 28. 8. 1991, DB Beilage Nr. 11/91; *Zitzmann,* Verbleibensvoraussetzungen bei Sonderabschreibungen und Investitionszulagen im Fördergebiet, DB 1992, 1543.

Verwaltungsanweisungen: BMF v. 28. 8. 1991, Gewährung von Investitionszulagen nach der Investitionszulagenverordnung und nach dem Investitionszulagengesetz 1991, BStBl I 768; BMF v. 20. 1. 1992, Computer-Software, DB S. 450; BMF v. 10. 2. 1992, Investitionszulage für Wirtschaftsjahre, die nach dem 31. 12. 1991 enden; hier: Eröffnung des Hauptprüfverfahrens nach Artikel 93 Abs. 2 EWG-Vertrag, BStBl I 97; BMF v. 31. 3. 1992, Gewährung von Investitionszulagen nach der Investitionszulagenverordnung und nach dem Investitionszulagengesetz 1991, BStBl I 236; OFD Magdeburg v. 4. 6. 1992, Computer-Software, DB S. 1804; BMF v. 3. 7. 1992, Einstellung der Hauptprüfverfahren nach Artikel 93 Abs. 2 EWG-Vertrag, BStBl I 394; OFD Cottbus v. 20. 7. 1992, Verfahrensweise bei der Festsetzung der Investitionszulage, DB S. 1757.

a) Allgemeines

Das Investitionszulagengesetz 1991 wurde durch Art. 7 des StÄndG 1991 v. 24. 6. 1991 (BGBl I 1322, BStBl I 665) eingeführt (zum Verfahren vgl. BMF v. 28. 8. 1991, BStBl I 768; v. 31. 3. 1992, BStBl I 236; OFD Cottbus v. 20. 7. 1992, DB S. 1757). 842

b) Zulagen 1991 und 1992

aa) Begünstigte Objekte

Begünstigt sind die **Anschaffung und die Herstellung von neuen abnutzbaren beweglichen** (zu Computerprogrammen vgl. BMF v. 20. 1. 1992, DB S. 450; OFD Magdeburg v. 4. 6. 1992, DB S. 1804) **Wirtschaftsgütern des Anlagevermögens,** die 843

- mindestens drei Jahre nach ihrer Anschaffung oder Herstellung zum Anlagevermögen einer Betriebsstätte im Beitrittsgebiet oder Berlin-West (Fördergebiet) gehören,
- in einer Betriebsstätte im Fördergebiet verbleiben (ausführlich Zitzmann, DB 1992, 1543),
- in jedem Jahr zu nicht mehr als 10 v. H. privat genutzt werden und
- weder geringwertige Wirtschaftsgüter (Herstellungs- oder Anschaffungskosten bzw. Einlagewert nicht über 800 DM; vgl. Rdnr. 1166ff.) noch Pkw sind.

bb) Zeitlicher Anwendungsbereich

Die Investitionen sind begünstigt, wenn sie 844

- **nach dem 31. 12. 1990 und vor dem 1. 7. 1992** (Zulage 12 v. H.) – für den Teil der Anschaffungs- oder Herstellungskosten, der nach dem 31. 12. 1991 und vor dem 1. 7. 1992 entsteht, wird für Investitionen im ehemaligen Berlin-West nur eine Zulage von 8 v. H. unter Vorbehalt der Nachprüfung gewährt (BMF v. 10. 2. 1992, BStBl I 97; v. 3. 7. 1992, BStBl I 394) oder

- **nach dem 30. 6. 1992 und vor dem 1. 1. 1995** (Zulage 8 v. H.) **abgeschlossen** werden. Nach dem 31. 12. 1992 abgeschlossene Investitionen sind nur begünstigt, wenn sie der Anspruchsberechtigte vor dem 1. 1. 1993 begonnen hat.

c) Änderungen ab 1993

Literatur: *Zitzmann,* Änderungen bei der Investitionszulage in den neuen Bundesländern, DB 1992, 2524; *Stuhrmann,* Änderungen des Investitionszulagengesetzes durch das Verbrauchsteuer-Binnenmarktgesetz, NWB F. 3, 8451; *Schulz,* Hinweise zur Investitionszulagenförderung ab 1993, BuW 1993, 46; *Wewers,* Die Änderung des Investitionszulagengesetzes 1991, DB 1993, 243; *Kiethe/Sproll,* Investitionsförderung in den jungen Bundesländern und Berlin nach dem Investitionszulagengesetz, BB 1993, 698.

845 Ab 1993 gelten folgende Änderungen:

- Die Frist, nach der mit den Investitionen spätestens am 31. 12. 1992 begonnen worden sein muß, entfällt. Die Frist für den Abschluß der Investitionen endet 2 Jahre später als bisher, d. h. am 31. 12. 1996.

- Die geänderten Fristen gelten nicht für Investitionen in Betriebsstätten, z. B. des Handels, d. h. des Groß- und Einzelhandels sowie der Handelsvermittlung (Abteilung 4 der Systematik der Wirtschaftszweige). In diesen Bereichen kommt eine Investitionszulage nur noch in Betracht, wenn die Investitionen vor dem 1. 1. 1993 begonnen und vor dem 1. 1. 1995 abgeschlossen werden.

- Für alle anderen Betriebe des Bau- und Baunebengewerbes beträgt die Investitionszulage 8 v. H., wenn mit den Investitionen bis zum 30. 6. 1994 begonnen wird. Bei späterem Investitionsbeginn beträgt die Investitionszulage 5 v. H.

- Eine erhöhte Investitionszulage von 20 v. H. können Betriebe des verarbeitenden Gewerbes (Abteilung 2 der Systematik der Wirtschaftszweige) und in die Handwerksrolle eingetragene Betriebe erhalten, wenn sie
  - überwiegend in der Hand von Personen sind, die am 9. 11. 1989 ihren Wohnsitz in der damaligen DDR hatten und
  - wenn die Investitionen nach dem 31. 12. 1992 begonnen und bis zum 31. 12. 1996 abgeschlossen werden.

- Die erhöhte Investitionszulage wird auf eine Bemessungsgrundlage von jährlich 1 Million DM je Betrieb beschränkt. Für den übersteigenden

Betrag wird eine Investitionszulage von 8 v. H. bzw. 5 v. H. gewährt. Die Gewährung dieser erhöhten Investitionszulage steht noch unter dem Vorbehalt der Genehmigung durch die EG-Kommission. Die EG-rechtlichen Voraussetzungen liegen bereits vor (BMF v. 19. 4. 1993, BStBl I 309).

- Für Investitionen in Berlin (West) ist die Förderung aufgrund einer Entscheidung der EG-Kommission vom 31. 7. 1992 rückwirkend eingeschränkt worden. Die Investitionszulage von 12 v. H. kann nur noch für Investitionen gewährt werden, die vor dem 1. 1. 1992 abgeschlossen worden sind, und für vor dem 1. 1. 1992 geleistete Anzahlungen auf Anschaffungskosten und entstandene Teilherstellungskosten, soweit die entsprechenden Investitionen vor dem 1. 7. 1992 abgeschlossen worden sind. Die Investitionszulage von 8 v. H. kann nur noch für Investitionen gewährt werden, die vor dem 1. 1. 1993 abgeschlossen werden und für vor dem 1. 1. 1993 geleistete Anzahlungen auf Anschaffungskosten und entstandene Teilherstellungskosten, soweit die entsprechenden Investitionen vor dem 1. 1. 1995 abgeschlossen werden (vgl. BMF, DStR 1993, 10; zu weiteren Erläuterungen vgl. die angegebene Literatur).

5. Befristete Nichterhebung der Vermögensteuer und Gewerbekapitalsteuer

Literatur: *Halaczinsky,* Änderungen des Bewertungsrechts und des Vermögensteuerrechts durch das StÄndG 1991, NWB F. 9, 2547.

VSt und Gewerbekapitalsteuer werden im Beitrittsgebiet für die Jahre 1991 bis 1995 nicht erhoben (§ 37 GewStG und § 24c VStG, jeweils i. d. F. des StandOG). **846**

a) Vermögensteuer

Bei natürlichen Personen mit **Wohnsitz oder gewöhnlichem Aufenthalt** bzw. bei Körperschaften, Personenvereinigungen und Vermögensmassen mit Geschäftsleitung **im Beitrittsgebiet** wird das **gesamte Vermögen von der Vermögensteuer freigestellt,** es sei denn, daß Wohnsitz, gewöhnlicher Aufenthalt bzw. Geschäftsleitung nach dem 31. 12. 1990 in das Beitrittsgebiet verlegt worden sind. **847**

Da für die Feststellungszeitpunkte 1. 1. 1991 und 1. 1. 1992 für das Beitrittsgebiet keine Einheitswerte für das Betriebsvermögen festgestellt **848** werden (§ 136 BewG i. d. F. des StÄndG 1991), ist das **Betriebsvermögen** im Beitrittsgebiet selbst dann von der VSt befreit, wenn sich Wohnsitz, gewöhnlicher Aufenthalt bzw. Geschäftsleitung nicht im Beitrittsgebiet befinden.

b) Gewerbekapitalsteuer

849 Gewerbebetriebe, die am 1. 1. 1991 die Geschäftsleitung im Beitrittsgebiet hatten, sind von der Gewerbekapitalsteuer **befreit** (§§ 37, 6 GewStG i. d. F. des StÄndG 1992). Vgl. wegen Einzelheiten Rdnr. 2532 ff.

6. Weitere Verwaltungsanweisungen und Vergünstigungen

LEXinform
▶ BSt-BG-0445 ◀

850 BMF v. 28. 2. 1991, Steuerliche Behandlung des Vorruhestands- und Altersübergangsgeldes im Beitrittsgebiet, BStBl I 663; BMF v. 21. 6. 1991, Bilanzsteuerrechtliche Behandlung von Pensionsverpflichtungen im Beitrittsgebiet, BStBl I 559; FM Sachsen-Anhalt v. 18. 7. 1991, Bewertungsfreiheit für geringwertige Anlagegüter gemäß § 6 Abs. 2 EStG, hier: Wirtschaftsgüter, deren Wert in der D-Markeröffnungsbilanz 800 DM nicht übersteigt, DStR S. 1153; OFD Frankfurt/M. v. 24. 7. 1991, Übertragung von Rücklagen nach § 6b EStG auf Wirtschaftsgüter in den neuen Bundesländern, DStR S. 1350; BMF v. 12. 3. 1992, Akkumulationsrücklage, BStBl I 192.

851 Zur Investitionsförderung vgl. NWB Beilage 6 zu Heft 49/1992; Krekel, BuW 1993, 120.

7. Zum Tariffreibetrag im Beitrittsgebiet

852 vgl. Lohnsteuer, Rdnr. 2541 ff.

853–860 *(Einstweilen frei)*

• Berlin

861 vgl. „Beitrittsgebiet", Rdnr. 818 ff.

• Berufsfortbildungskosten

862 vgl. „Fortbildungskosten", Rdnr. 1130 ff.

• Berufskleidung
(§§ 4 Abs. 4, 9 Abs. 1 Satz 3 Nr. 6 EStG)

LEXinform
▶ BSt-BG-0450 ◀

1. Typische Berufskleidung

Grundsätzlich sind nur Aufwendungen für typische Berufskleidung als 863
Betriebsausgaben oder Werbungskosten abziehbar (so ab 1990 in § 9
Abs. 1 Satz 3 Nr. 6 EStG). Eine **typische Berufskleidung** liegt vor, wenn
sie ihrer Beschaffenheit nach objektiv nahezu ausschließlich für die berufliche Verwendung bestimmt und wegen der Eigenart des Berufs nötig ist
(ständige BFH-Rechtsprechung, z. B. v. 9. 3. 1979, BStBl II 519; v. 6. 12.
1990, BStBl 1991 II 348). Dazu gehören bei einem Unternehmer **Kittel**
und die auf der Baustelle getragene (Schutz-)Kleidung. Berufskleidung
wird in der Regel **ohne Nachweis in Höhe von 200 DM jährlich** als
Betriebsausgaben oder Werbungskosten anerkannt.

2. Bürgerliche Kleidung

Ausnahmsweise können zwar auch **sonstige Kleidungsstücke** zur typischen 864
Berufskleidung gehören, die ihrer Art nach der bürgerlichen Kleidung
zuzurechnen sind. Dies setzt voraus, daß die Verwendung dieser Kleidungsstücke für Zwecke der privaten Lebensführung aufgrund berufsspezifischer Eigenschaften so gut wie ausgeschlossen ist (vgl. die Nachweise
in BFH v. 18. 4. 1991, BStBl II 751). Bei einem Unternehmer liegt aber
die Benutzung als bürgerliche Kleidung im Rahmen des Möglichen und
Üblichen, so daß die Aufwendungen für diese Kleidung wegen des
Abzugsverbots nach § 12 Nr. 1 Satz 2 EStG **nicht als Betriebsausgaben**
bzw. Werbungskosten abziehbar sind (vgl. z. B. BFH v. 6. 12. 1990,
BStBl 1991 II 348, m. Anm. Schall, KFR F. 3 EStG § 4, 9/91, 157; BFH/
NV 1991, 377; jeweils zu weißen Hemden und Schuhen eines Arztes;
Richter, DStR 1991, 1413; BFH v. 20. 3. 1992, BStBl 1993 II 192, zur
„Sonderbekleidung" anläßlich eines Umzugs).

3. Reinigungs- und Instandhaltungskosten

Reinigungs- und Instandhaltungsaufwendungen für die Berufskleidung 865
sind als **Betriebsausgaben** bzw. Werbungskosten abziehbar (BFH v. 24. 1.
1958, BStBl III 117; auch anteilige AfA für Waschmaschine, BFH
v. 25. 10. 1985, BFH/NV 1986, 281, unter Hinweis auf BFH v. 13. 3.
1964, BStBl III 455; auch anteilige laufende Kosten, Söffing, FR 1989,
377; Hessisches FG v. 3. 8. 1988 rkr., EFG 1989, 173, a. A. FG Düssel-

dorf v. 11. 3. 1992, Revision, EFG 1992, 441, Az. des BFH VI R 64/92). Das FG Berlin v. 22. 10. 1981 rkr., EFG 1982, 463, hat für das Waschen der Berufskleidung in der privaten Waschmaschine pro Waschgang für 1978 1,40 DM als Werbungskosten anerkannt.

● **Berufsunfähigkeitsversicherung**

866 vgl. „Versicherungen", Rdnr. 1747 ff.

● **Berufsverband**   LEXinform
▶ BSt-BG-0 455◀

867 Beiträge und sonstige Zahlungen an öffentlich-rechtliche Berufsverbände (z. B. Handwerkskammer, Industrie- und Handelskammer) sind Betriebsausgaben. Zahlungen an Berufsverbände ohne öffentlich-rechtlichen Charakter sind Betriebsausgaben, wenn der Verband nach Satzung und tatsächlicher Geschäftsführung Ziele verfolgt, welche die Erhaltung und Fortentwicklung des Betriebs betreffen. Stimmt die Geschäftsführung eines Berufsverbands mit seinen satzungsgemäßen Zielen nicht überein, so scheitert der Betriebsausgabenabzug, wenn der Steuerpflichtige dies wußte oder für ernstlich möglich gehalten und in Kauf genommen hat (BFH v. 7. 6. 1988, BStBl 1989 II 97, zum Wirtschaftsrat der CDU; ausführlich zu Berufsverbänden Wolff-Diepenbrock in Littmann/Bitz/Hellwig, §§ 4, 5 Rn. 1817 ff.).

868 Versorgungsbeiträge sind aber keine Betriebsausgaben (vgl. „Versicherungen", Rdnr. 1749).

● **Beteiligung am allgemeinen wirtschaftlichen Verkehr**   LEXinform
▶ BSt-BG-0460 ◀

869 Ein Gewerbebetrieb liegt nur dann vor, wenn sich der Steuerpflichtige am allgemeinen wirtschaftlichen Verkehr beteiligt (ausführlich dazu „Grundstückhandel", Rdnr. 1280 ff.). Der Steuerpflichtige muß grundsätzlich offen sein, das Rechtsgeschäft mit einer Vielzahl von Personen abzuschließen, wenn sich das Geschäft mit dem angesprochenen Kreis oder mit der bestimmten Einzelperson nicht verwirklichen läßt. Es kann sogar die Tätigkeit für **einen Vertragspartner** oder einen **begrenzten Personenkreis** ausreichen (vgl. FG Bremen v. 3. 2. 1977 rkr., EFG S. 275, zur ausschließlichen Tätigkeit eines Fernmeldetiefbauers für die Deutsche Bundespost; Niedersächsisches FG v. 14. 1. 1980 rkr., EFG S. 349, zur ausschließlichen Tätigkeit für einen Auftraggeber).

• Betriebsaufspaltung

vgl. Rdnr. 331 ff., 2417 ff.

870

• Betriebsausgaben (§ 4 Abs. 4 EStG)

Literatur: *Söhn,* (Hrsg.), Die Abgrenzung der Betriebs- und Berufssphäre von der Privatsphäre, Köln 1980; *Peter* (Hrsg.), ABC der abzugsfähigen/nichtabzugsfähigen Ausgaben, B 13 Betriebsausgaben/Sonderbetriebsausgaben, NWB F. 3 c, 3955; *Söffing,* Die Angleichung des Werbungskostenbegriffs an den Betriebsausgabenbegriff, DB 1990, 2086; *Leu,* Die Zuordnung von Ausgaben bei ähnlichen Tätigkeiten, DStZ A 1990, 589; *Kemmer,* Keine Abzugsfähigkeit von sog. „Drittaufwand", KFR F. 3 EStG § 4, 4/91, 57; *Söhn,* Anschaffungskosten/Herstellungskosten und Betriebsausgabenbegriff, StuW 1991, 270.

Verwaltungsanweisungen: Abschn. 20 Abs. 1, 117 ff. EStR.

1. Begriff

LEXinform
▶ BSt-BG-0465 ◀

Betriebsausgaben sind die Aufwendungen, die durch den Betrieb veranlaßt sind (§ 4 Abs. 4 EStG). Ausgaben in diesem Sinn sind **Aufwendungen in Geld oder Geldeswert**, auch im Wege der Verteilung (AfA; vgl. Söhn, StuW 1991, 270 sowie „Aktivierung und Absetzung für Abnutzung", Rdnr. 558 ff.), nicht jedoch Aufwendung von Freizeit. **Drittaufwand** ist nicht begünstigt (BFH v. 20. 9. 1990, BStBl 1991 II 82, m. Anm. LS, DStR 1990, 776 und Kemmer, KFR F. 3 EStG § 4, 4/91, 57; ausführlich dazu vgl. „Arbeitszimmer", Rdnr. 683 ff.).

871

Betriebsausgaben müssen mit Rücksicht auf den Betrieb gemacht werden und mit ihm unmittelbar oder mittelbar zusammenhängen. Eine **betriebliche Veranlassung** ist stets dann anzunehmen, wenn **objektiv** ein Zusammenhang mit dem Betrieb besteht und **subjektiv** die Aufwendungen zur Förderung des Betriebs gemacht werden. Dabei setzen Betriebsausgaben stets zwingend einen solchen objektiven Zusammenhang voraus, während die subjektive Absicht, mit der Ausgabe den Betrieb zu fördern, nicht in jedem Fall notwendiges Merkmal des Betriebsausgabenbegriffs ist; denn auch unfreiwillige Ausgaben und Zwangsaufwendungen – z. B. Zerstörung des Betriebsfahrzeugs; verlorene Vorauszahlungen auf Herstellungskosten – können Betriebsausgaben sein (BFH v. 28. 11. 1980, BStBl 1981 II 368; v. 28. 11. 1991, BStBl 1992 II 343; v. 4. 7. 1990 GrS 1/89, BStBl II 830; v. 20. 9. 1990, BStBl 1991 II 82; vgl. BFH v. 31. 3. 1992, BStBl II 805; Söhn, FR 1980, 301; zur Bedeutung des Fremdvergleichs bei

Zwangsaufwendungen BFH v. 25. 10. 1989, BFH/NV 1990, 553). Der Begriff der Veranlassung setzt einen inneren wirtschaftlichen Zusammenhang mit dem Betrieb voraus; ein rein rechtlicher Zusammenhang ist nicht ausreichend (BFH v. 18. 4. 1972, BStBl II 757).

872 Zu **vorab entstandenen Betriebsausgaben** vgl. Rdnr. 760; zu nachträglichen Betriebsausgaben vgl. Rdnr. 1079 ff.

873 Die betriebliche ist von der **privaten Veranlassung** abzugrenzen (vgl. § 12 Nr. 1 EStG; Abschn. 20 Abs. 1, 117 ff. EStR; zu Erhaltungsaufwendungen eines Mieters bzw. Entleihers vgl. BFH v. 5. 9. 1991, BStBl 1992 II 192).

Beispiele für private Veranlassung:

Aufwendungen für Kleidung und Schuhe – ausgenommen typische Berufskleidung (vgl. Rdnr. 863 ff.) –, für Bewirtung anläßlich eines Geburtstages (vgl. Rdnr. 936), für gesellschaftliche Veranstaltungen; für Instrumentenflugberechtigung (vgl. BFH v. 23. 5. 1991, BFH/NV S. 678, bei Rechtsanwalt); Zahlung der ESt-Schuld des Unternehmers (BFH v. 28. 11. 1991, BStBl 1992 II 342; v. 21. 2. 1991, BStBl II 514; v. 10. 7. 1991, BFH/NV 1992, 171); Fahrt zum Mittagessen (vgl. FG Baden-Württemberg, Außensenate Freiburg, v. 8. 4. 1992 rkr., EFG S. 444).

874 Eine Abgrenzung ist auch vorzunehmen, wenn der Unternehmer **neben seiner gewerblichen Tätigkeit noch eine selbständige** (z. B. Vortragstätigkeit) **oder nichtselbständige** (z. B. Entwicklungstätigkeit für eine Firma) **Tätigkeit** ausübt. Die Aufwendungen sind grundsätzlich aufzuteilen (vgl. BFH v. 22. 6. 1990, BStBl II 901, zur Abgrenzung von Werbungskosten und Sonderausgaben), es sei denn, es überwiegt ein Rechtsgrund bei weitem (vgl. BFH v. 25. 2. 1988, BStBl II 766; ausführlich Leu, DStZ A 1990, 589).

875 Grundsätzlich ist die Höhe der Aufwendungen, ihre Notwendigkeit, Üblichkeit und Zweckmäßigkeit für die Anerkennung als Betriebsausgaben ohne Bedeutung. Eine **Angemessenheitsprüfung** findet jedoch bei solchen Aufwendungen statt, die die Lebensführung berühren (§ 4 Abs. 5 Nr. 7 EStG; vgl. dazu Rdnr. 1577 ff.). Dazu zählen alle Aufwendungen, die zu den Kosten der Lebensführung des Steuerpflichtigen oder anderer Personen gehören würden, wenn sie nicht durch den Betrieb veranlaßt wären. Gemeint sind damit vor allem Aufwendungen, die durch die betriebliche **Repräsentation** mitveranlaßt sind, wie z. B. die Ausstattung von **Betriebs- und Geschäftsräumen** (vgl. Rdnr. 895 ff.) und die Unterhaltung von **Pkw** (vgl. Rdnr. 1461 ff.; vgl. zum ganzen Absatz BFH v. 8. 10. 1987, BStBl II 853, m. w. N.).

Einkommensteuer / Betriebsausgaben

2. Arten der Betriebsausgaben

Hier sind drei Gruppen zu unterscheiden: 876

- Die **in vollem Umfang** als Betriebsausgaben **abziehbaren** Aufwendungen, z. B. Löhne und Gehälter (vgl. Rdnr. 2541 ff.), Raumkosten (vgl. Rdnr. 895 ff.), Betriebs- und Geschäftsausstattung (vgl. Rdnr. 898 ff.);
- Betriebsausgaben, die **nicht oder nicht voll abziehbar** sind, z. B. nach § 3c EStG, § 160 AO und § 4 Abs. 5 und 7 EStG (vgl. Rdnr. 877)
- **Gemischte** (teils betriebliche, teils private) **Aufwendungen,** die nur insoweit als Betriebsausgaben abziehbar sind, als die betriebliche Veranlassung leicht und einwandfrei abgrenzbar ist (vgl. „Kraftfahrzeugkosten", Rdnr. 1448 ff.; „Telefonkosten", Rdnr. 1691 ff.).

3. Nichtabziehbare Betriebsausgaben nach § 4 Abs. 5 EStG

LEXinform
▶ BSt-BG-0470 ◀

Literatur: *Böhme,* Die Jagd im Steuerrecht, DStZ A 1985, 612; *Brosch,* Nichtabziehbare Betriebsausgaben nach § 4 Abs. 5 EStG, BBK F. 13, 3189 (3/1989); *Korten,* Lohnaufwand als nichtabzugsfähige Betriebsausgabe?, DB 1989, 1309; *Felix,* Ausnahmen von Abzugsverboten nach § 4 Abs. 5 Satz 2 EStG wegen Gewerblichkeit, StVj 1992, 272; *Lang,* Aufwendungen für Segel- und Motorjachten, KFR F. 3 EStG § 4, 5/93, 183.

Verwaltungsanweisungen: Abschn. 20, 20a EStR; OFD Düsseldorf v. 9. 12. 1992, Sponsoring, DStR 1993, 203.

Nach § 4 Abs. 5 EStG dürfen folgende Betriebsausgaben den Gewinn 877
nicht mindern:

- **Geschenkaufwendungen** für Personen, die nicht Arbeitnehmer des Unternehmers sind, wenn die Anschaffungs- oder Herstellungskosten der dem Empfänger im Wirtschaftsjahr zugewendeten Gegenstände insgesamt 75 DM übersteigen (Nr. 1, vgl. Rdnr. 1181 ff.);
- Teile von **Bewirtungsaufwendungen** (Nr. 2, vgl. Rdnr. 950 ff.);
- Aufwendungen für Einrichtungen des Unternehmers, soweit sie der Bewirtung, Beherbergung oder Unterhaltung von Personen, die nicht Arbeitnehmer des Unternehmers sind, dienen (**Gästehäuser**) und sich außerhalb des Ortes eines Betriebs des Steuerpflichtigen befinden (Nr. 3);
- Aufwendungen für **Jagd** oder **Fischerei,** für **Segeljachten** oder **Motorjachten** sowie für ähnliche Zwecke und für die hiermit zusammenhängenden Bewirtungen (Nr. 4; vgl. auch Korten, DB 1989, 1309; Böhme,

DStZ A 1985, 612); dient die Jacht jedoch nicht der sportlichen Betätigung oder der Unterhaltung von Geschäftsfreunden, sondern wird sie als schwimmendes Konferenzzimmer oder nur zum Transport und zur Unterbringung von Geschäftsfreunden verwendet, so ist Nr. 4 nicht berührt (BFH v. 3. 2. 1993, BStBl II 367, m. Anm. Lang, KFR F. 3 EStG § 4, 5/93, 183);

- **Mehraufwendungen für Verpflegung**, soweit sie 140 % der höchsten Tagegeldbeträge des Bundesreisekostengesetzes übersteigen (Nr. 5, vgl. Rdnr. 1553 ff.);

- Aufwendungen für **Fahrten des Steuerpflichtigen zwischen Wohnung und Betriebsstätte** und für **Familienheimfahrten**, soweit sie die sich in entsprechender Anwendung von § 9 Abs. 1 Nr. 4 und 5 und Abs. 2 EStG ergebenden Beträge übersteigen (Nr. 6, vgl. Rdnr. 1471 ff., 1485);

- **Unangemessene Repräsentationsaufwendungen** (Nr. 7, vgl. Rdnr. 1577 ff.);

- **Geldbußen, Ordnungsgelder und Verwarnungsgelder** (Nr. 8, vgl. Rdnr. 1153 ff.);

- **Zinsen auf hinterzogene Steuern nach § 235 AO** (Nr. 8 a, vgl. Rdnr. 1399 ff.).

878 Das **Abzugsverbot gilt nicht**, soweit die in § 4 Abs. 5 Nr. 2 bis 4 EStG bezeichneten Zwecke Gegenstand einer mit Gewinnerzielungsabsicht ausgeübten Tätigkeit des Steuerpflichtigen sind (§ 4 Abs. 5 Satz 2 EStG; vgl. Felix, StVj 1992, 272; zu Sponsoring und sog. VIP-Maßnahmen im Rahmen des Veranstaltungs-Sponsoring vgl. OFD Düsseldorf v. 9. 12. 1992, DStR 1993, 203).

LEXinform
4. Geltendmachung der Betriebsausgaben ▶ BSt-BG-0475 ◀

879 Die Betriebsausgaben sind gesondert in der Gewinnermittlung nach § 4 Abs. 1 bzw. Abs. 3 EStG aufzuführen. Sie sind grundsätzlich (ggf. Schätzung der Anteile bei gemischten Aufwendungen; für Kraftfahrzeugkosten vgl. Rdnr. 1448 ff.; für Telefonkosten vgl. Rdnr. 1691 ff.) **nachzuweisen** (keine Nachbesserung der maschinellen Kassenausdrucke ohne Angabe des Kaufgegenstandes durch den Steuerpflichtigen möglich, vgl. FG des Saarlandes v. 28. 5. 1991 1 K 281/90 nrkr., NWB-EN Nr. 1218/91, zur Anschaffung von Arbeitsmitteln i. S. des § 9 EStG) **oder glaubhaft zu**

machen (z. B. bei kleineren Aufwendungen). Eine Glaubhaftmachung ist nicht ausreichend, wenn besondere Nachweise erforderlich sind (vgl. z. B. § 4 Abs. 5 Nr. 2 EStG). Besondere **Aufzeichnungspflichten** ergeben sich z. B. aus § 4 Abs. 7 EStG (vgl. dazu Rdnr. 953 ff.).

5. Rückzahlung von Betriebsausgaben

LEXinform
▶ BSt-BG-0480 ◀

Literatur: *Brosch,* Einkommensteuerliche Behandlung von Rückzahlungen, NWB F. 3, 7339.

a) Problemstellung

Es kommt gelegentlich vor, daß Betriebsausgaben zu Unrecht geleistet und später wieder zurückgezahlt werden oder daß der Unternehmer zunächst Aufwendungen übernimmt, die ein Dritter erstattet. 880

Beispiele:

Der Unternehmer zahlt pauschale Lohnsteuer und Kirchenlohnsteuer (vgl. Lohnsteuer, Rdnr. 2791 ff.); die Pauschalierungsgrenzen sind überschritten, so daß das Finanzamt nach einer LSt-Außenprüfung die gezahlte Steuer erstattet (vgl. BFH v. 3. 11. 1972, BStBl 1973 II 128).

Der Unternehmer läßt nach einem Brandschaden betriebliche Wirtschaftsgüter instandsetzen und zahlt zunächst selbst. Später erstattet die Versicherung die Aufwendungen.

b) Rückzahlung innerhalb des Wirtschaftsjahres bzw. vorhersehbare Rückzahlung

Die Rückzahlungen sind unproblematisch, wenn sie ein Wirtschaftsjahr betreffen, da sich in diesem Fall Zahlung und Rückzahlung entsprechen und damit erfolgsmäßig nicht auswirken. Keine Schwierigkeiten bereitet es auch bei Gewinnermittlung nach den §§ 4 Abs. 1, 5 EStG, wenn mit der Rückzahlung gerechnet werden kann, da dadurch der Bilanzposten „Forderungen" erhöht wird. 881

c) In sonstigen Fällen keine Änderung früherer Veranlagungen

In den übrigen Fällen ist zunächst davon auszugehen, daß die Veranlagungen des früheren Jahres nicht geändert werden können, um die dort berücksichtigten Betriebsausgaben nachträglich zu beseitigen (BFH v. 13. 12. 1963, BStBl 1964 III 184). Eine Korrektur nach § 173 Abs. 1 AO wegen einer neuen Tatsache ist abzulehnen, weil die durchgeführte 882

Veranlagung nicht unrichtig ist; eine Änderung nach § 175 Abs. 1 Nr. 2 AO scheitert daran, daß in der Rückzahlung kein rückwirkendes Ereignis liegt. Die Rückzahlung berechtigt auch nicht zur Bilanzberichtigung oder Bilanzänderung nach § 4 Abs. 2 EStG, da die Rückgängigmachung ein neuer Geschäftsvorfall ist (Brosch, NWB F. 3, 7339 f.).

d) Rückzahlung von Betriebsausgaben als Betriebseinnahmen

883 Die Rückzahlungen früherer Betriebsausgaben sind grundsätzlich Betriebseinnahmen, selbst wenn sich die Betriebsausgaben steuerlich nicht ausgewirkt haben (z. B. wegen geringer Betriebseinnahmen bzw. der Grundfreibeträge). Entsprechendes gilt bei Rückzahlung von Schmiergeldern (BFH v. 28. 5. 1968, BStBl II 581).

884 Problematisch ist jedoch die **Rückzahlung nichtabziehbarer Betriebsausgaben.** Geregelt ist, daß die Rückzahlung von Geldbußen u. ä. den Gewinn nicht erhöhen darf (§ 4 Abs. 5 Nr. 8 Satz 3 EStG). Dies muß auch für die Rückzahlung sonstiger nichtabziehbarer Betriebsausgaben gelten (Brosch, NWB F. 3, 7339, 7341; a. A. BFH v. 28. 5. 1968, BStBl II 581; Abschn. 25 Abs. 8 EStR).

885–890 *(Einstweilen frei)*

• Betriebseinnahmen

Literatur: *Brosch,* Einkommensteuerliche Behandlung von Rückzahlungen, NWB F. 3, 7339.

891 Betriebseinnahmen sind alle Zugänge in Geld oder Geldeswert, die durch den Betrieb veranlaßt sind, in erster Linie Umsätze aus dem Warenverkauf und Einnahmen aus Hilfsgeschäften (vgl. Rdnr. 1397). Rückzahlungen von Betriebseinnahmen sind Betriebsausgaben (Brosch, NWB F. 3, 7339). Zu nachträglichen Betriebseinnahmen vgl. Rdnr. 1079.

• Betriebseröffnung

892 vgl. „Beginn der gewerblichen Tätigkeit", Rdnr. 755 ff.

• Betriebserwerb

893 vgl. Rdnr. 76 ff., 752 ff., 2986 ff.

• Betriebskauf

vgl. Rdnr. 105 ff.

• Betriebs- und Geschäftsräume

LEXinform
▶ BSt-BG-0485 ◀

Literatur: *Klein,* Abschreibungsfähigkeit von antiken Möbeln, FR 1986, 249; *Beater,* Zur Abgrenzung von Herstellungs- und Erhaltungsaufwand bei Softwareumstellungen, DStR 1990, 201; *Lück,* Antiquitäten im Steuerrecht, DStZ A 1990, 216; *König,* Anmerkungen zu Beater, DStR 1992, 810; *Beater,* Entgegnung, DStR 1992, 811; *Obermeier,* Das selbstgenutzte Wohneigentum, 3. Aufl., Herne/Berlin 1992; *Richter,* Steuerliche Gestaltungsmöglichkeiten für Computer-Investitionen, BuW 1993, 78; *Treiber,* Die Behandlung von Software in der Handels- und Steuerbilanz, DStR 1993, 887.

1. Raumkosten

Kosten für Betriebs- und Geschäftsräume sind Betriebsausgaben (§ 4 Abs. 4 EStG). Während bei **gemieteten Räumen** die Miete anzusetzen ist, zählen zu den Raumkosten bei **eigenen Büroräumen** die AfA (vgl. dazu „Grundstücke und Gebäude", Rdnr. 1216 ff.) und die Finanzierungskosten (zum **häuslichen Arbeitszimmer** vgl. „Arbeitszimmer", Rdnr. 669).

Außerdem sind noch die **Nebenkosten** als Betriebsausgaben abziehbar, z. B. Aufwendungen für Reinigung, Heizung und Beleuchtung. Bei einem häuslichen Arbeitszimmer sind die Gesamtaufwendungen für das Haus bzw. die Wohnung nur insoweit als Betriebsausgaben/Werbungskosten anzuerkennen, als sie auf den betrieblichen/beruflichen Teil entfallen (vgl. i. e. „Arbeitszimmer", Rdnr. 651 ff.).

Raumkosten sind **nicht darauf zu untersuchen, ob sie angemessen** sind, da für die Ausübung des Berufs ein Betrieb erforderlich ist. Außerdem besteht für den Unternehmer vielfach nur eine eingeschränkte Wahlmöglichkeit.

2. Betriebs- und Geschäftsausstattung

Im Gegensatz zu den Raumkosten sind die Aufwendungen für die Betriebs- und Geschäftsausstattung einer **Angemessenheitsprüfung** zu unterziehen (vgl. „Repräsentationsaufwendungen", Rdnr. 1577 ff.).

Die angemessene Betriebs- und Geschäftsausstattung ist zu **aktivieren** und im Rahmen der Nutzungsdauer **abzuschreiben** (vgl. i. e. „Aktivierung von Anschaffungen und Absetzung für Abnutzung", Rdnr. 542 ff.), wenn es sich nicht um geringwertige Wirtschaftsgüter des Anlagevermögens (vgl. i. e. Rdnr. 1191 ff.) oder um Erhaltungsaufwand handelt (vgl. Beater, DStR 1990, 201; ders., DStR 1992, 811; König, DStR 1992, 810; jeweils zur Abgrenzung von Herstellungs- und Erhaltungsaufwand bei Softwareumstellungen). Zur Behandlung einer **geleasten** Einrichtung vgl. Rdnr. 193 ff.; zur Abgrenzung der betrieblichen/beruflichen von der privaten Veranlassung vgl. „Betriebsvermögen", Rdnr. 909 ff., bei einem Computer FG Rheinland-Pfalz v. 4. 4. 1991 rkr., EFG S. 602, und FG Bremen v. 28. 6. 1991 rkr., EFG 1992, 326; bei einem Spielecomputer vgl. Rdnr. 656.

900 Die **betriebsgewöhnliche Nutzungsdauer** richtet sich nach den einzelnen Wirtschaftsgütern. Tendenziell ist sie bei Büromöbeln (ca. 10 Jahre) höher als bei technischen Geräten (z. B. Schreibmaschine ca. 5 Jahre). In Anbetracht des technischen Wandels dürfte bei Computern die Nutzungsdauer noch niedriger liegen (ca. 3 Jahre; vgl. Niedersächsisches FG v. 21. 3. 1991 rkr., EFG 1992, 167; Richter, BuW 1993, 78; Treiber, DStR 1993, 887).

901 Bei ständig als Arbeitsmittel in Gebrauch befindlichen Möbelstücken (z. B. Schreibtisch und Schreibtischsessel) kann eine AfA wegen technischer Abnutzung auch dann in Betracht kommen, wenn die Gegenstände schon alt sind und im Wert steigen (so zu 100 Jahre **alten Möbeln** BFH v. 31. 1. 1986, BStBl II 355; vgl. auch Klein, FR 1986, 249; Lück, DStZ A 1990, 216).

902 **Kunstgegenstände anerkannter Meister** sind im Regelfall weder einer wirtschaftlichen noch einer technischen Abnutzung zugänglich. In diesen Fällen ist allenfalls eine Abschreibung auf den niedrigeren Teilwert wegen einer Wertminderung, z. B. infolge Stilwandels (Änderung in der Kunstrichtung) und einem damit verbundenen Sinken der Marktpreise möglich (BFH v. 2. 12. 1977, BStBl 1978 II 164).

903 Vgl. auch „Arbeitszimmer", Rdnr. 664.

904–905 *(Einstweilen frei)*

● **Betriebsstoffe**

906 vgl. „Bewertung", Rdnr. 919.

● **Betriebsunterbrechungsversicherung**

vgl. „Versicherungen", Rdnr. 1785.   907

● **Betriebsveräußerung**

vgl. Rdnr. 3016 ff.   908

● **Betriebsvermögen**   LEXinform
                                                  ▶ BSt-BG-0490 ◀

Literatur: *Wassermeyer*, Die Abgrenzung des Betriebsvermögens vom Privatvermögen, in Söhn (Hrsg.), Die Abgrenzung der Betriebs- oder Berufssphäre von der Privatsphäre, Köln 1980, 315 ff.; *Woerner*, Notwendiges und gewillkürtes Betriebsvermögen – eine überholte Entscheidung?, StbJb 1989/90, 207; *Bordewin*, gewillkürtes Betriebsvermögen in der Land- und Forstwirtschaft, NWB F. 3 d, 525.

Verwaltungsanweisungen: Abschn. 14, 14 a EStR

1. Begriff

Zum Betriebsvermögen gehören alle Wirtschaftsgüter, die aus betrieb-   909
licher Veranlassung angeschafft, hergestellt oder eingelegt werden. Eine
betriebliche Veranlassung ist zu bejahen, wenn ein objektiver wirtschaftlicher und tatsächlicher Zusammenhang mit dem Betrieb besteht. In vielen Fällen wird sich das Vorliegen dieser Merkmale ohne weiteres daraus ergeben, daß ein Wirtschaftsgut im laufenden Geschäftsbetrieb angeschafft oder hergestellt wird. In anderen Fällen wird der gegenständliche Umfang der gewerblichen Tätigkeit anhand der betrieblichen Zwecksetzung und Planung des Steuerpflichtigen näher ermittelt werden müssen (BFH v. 6. 3. 1991, BStBl II 829; Heisel, NWB F. 3, 8269; jeweils m. w. N.). Man unterscheidet notwendiges und gewillkürtes Betriebsvermögen.

2. Notwendiges Betriebsvermögen

Notwendiges Betriebsvermögen sind **alle Wirtschaftsgüter, die dem**   910
Betrieb dergestalt dienen, daß sie objektiv erkennbar zum unmittelbaren
Einsatz im Betrieb bestimmt sind (ständige BFH-Rechtsprechung, z. B.
v. 3. 8. 1977, BStBl 1978 II 53, m. w. N.; Woerner, StbJb 1989/90, 207, 210, m. w. N. in FN 9). Das Wirtschaftsgut muß, wenn auch nicht unentbehrlich oder notwendig i. S. von „erforderlich", so doch sich in gewisser Weise auf den Betriebsablauf beziehen und ihm zu dienen bestimmt sein. Abzustellen ist auf die tatsächliche Zweckbestimmung, also die konkrete Funktion des Wirtschaftsguts im Betrieb. Die Bestimmung erfordert eine

endgültige Funktionszuweisung; dies ist auch schon die abschließende Bestimmung, daß das Wirtschaftsgut in Zukunft betrieblich genutzt wird. An dieser Voraussetzung fehlt es, wenn der Einsatz des Wirtschaftsguts im Betrieb erst als möglich in Betracht kommt, aber noch nicht sicher ist (BFH v. 6. 3. 1991, BStBl II 829, zum Erwerb eines Grundstücks; BFH v. 20. 4. 1989, BStBl II 863, zur Verpachtung eines erworbenen Betriebs; BFH v. 12. 9. 1991, BStBl 1992 II 134, zum Erwerb eines verpachteten Betriebs; FG München v. 17. 9. 1991 rkr., EFG 1992, 251, zur Planung eines Hotels).

3. Gewillkürtes Betriebsvermögen

911 Gewillkürtes Betriebsvermögen sind alle Wirtschaftsgüter, die **subjektiv bestimmt und objektiv geeignet sind, den bestimmten Betrieb zu fördern** (vgl. z. B. BFH v. 23. 5. 1985, BStBl II 517; v. 17. 4. 1986, BStBl II 607; v. 23. 5. 1991, BStBl II 798 m. Anm. Bordewin, NWB F. 3 d, 525; Woerner, StbJb 1989/90, 207; auch zur Kritik an dem Begriff „gewillkürtes Betriebsvermögen"; vgl. auch Wassermeyer, a. a. O., der – ausgehend vom Veranlassungsprinzip – objektive Umstände nur als Beweisanzeichen für den Willen des Unternehmers betrachtet).

912 Rechtsprechung und Finanzverwaltung lassen bei **Gewinnermittlung nach § 4 Abs. 3 EStG** die Bildung von gewillkürtem Betriebsvermögen nicht zu (BFH v. 7. 10. 1982, BStBl 1983 II 101; kritisch Blümich/Müller-Gatermann/Dankmeyer, § 4 EStG Rz. 162; Woerner, StbJb 1989/90, 207, 229 f.; jeweils m. w. N.).

4. Notwendiges Privatvermögen

913 Die Wirtschaftsgüter, die weder notwendiges noch gewillkürtes Betriebsvermögen sind, bezeichnet man als notwendiges Privatvermögen (Unterscheidung verfassungsgemäß, BVerfG v. 12. 8. 1991 1 BvR 1550/89; zu Einlagen aus dem Privatvermögen vgl. „Arbeitszimmer", Rdnr. 665 ff.).

5. Hinweise

914 Vgl. auch „Aktivierung . . .", Rdnr. 542 ff.; „Arbeitszimmer", Rdnr. 674 ff.; „Grundstücke und Gebäude", Rdnr. 1211 ff.; „Kraftfahrzeugkosten", Rdnr. 1448 ff.; „Schmiergelder", Rdnr. 1631; „Versicherungen", Rdnr. 1747 ff.; Zinsen, Rdnr. 224 ff.

915 *(Einstweilen frei)*

Einkommensteuer / Bewertung

● **Betriebsvorrichtungen**

LEXinform
▶ BSt-BG-0495 ◀

Betriebsvorrichtungen sind Maschinen und sonstige Vorrichtungen aller Art, die zu einer Betriebsanlage gehören, auch wenn sie wesentliche Bestandteile (eines Grundstücks) sind (vgl. Richtlinien für die Abgrenzung des Grundvermögens von den Betriebsvorrichtungen – Abgrenzungsrichtlinien; koordinierter Ländererlaß, z. B. FM Nordrhein-Westfalen v. 31. 3. 1967, BStBl II 127). Diese Definition ist auch für das ESt-Recht verbindlich (BFH v. 26. 11. 1973 GrS 5/71, BStBl 1974 II 132; v. 28. 11. 1975, BStBl 1976 II 200). Betriebsvorrichtungen sind bewegliche Wirtschaftsgüter (BFH v. 11. 1. 1991, BStBl 1992 II 5; zur AfA vgl. Rdnr. 558 ff.).

916

Beispiele:

Abladevorrichtungen; Alarmanlagen; Baubaracken, Baubuden ohne Fundamente; Bedienungsvorrichtungen; Förderbänder; Gleisanlagen; Hofbefestigungen, die speziell auf einen Betrieb ausgerichtet sind (BFH v. 19. 2. 1974, BStBl 1975 II 20; v. 30. 4. 1976, BStBl II 527); Krananlagen; Lastenaufzüge (BFH v. 7. 10. 1977, BStBl 1978 II 186); Schutz- und Sicherungsvorrichtungen (weitere Beispiele in Abschn. 42 Abs. 3 EStR); nicht Glastrennwand (BFH v. 26. 6. 1992, BFH/NV 1993, 436).

● **Bewertung**

LEXinform
▶ BSt-BG-0500 ◀

Literatur: *Horlemann,* Teilwertabschreibung ohne Minderung des Verkaufspreises?, StW 1979, 145; *Schoor,* Bewertung des Vorratsvermögens, BuW 1991, 45; *Kronenwett,* Anwendung der Lifo-Bewertungsmethode nach dem EStG 1990, FR 1991, 286; *Quick,* Der Grundsatz der Inventurbeobachtung, BuW 1991, 253, 300; *Hörtig/Puderbach,* Lifo-Bewertung im internen Rechnungswesen?, DB 1991, 1581; *o. V.,* Skonti bei der Bilanzierung von Warenvorräten, AWA September 1991, 13; *Baetge/Krause,* Die Bilanzierung des Umlaufvermögens in der Handelsbilanz, BuW 1991, 347; *Mayer/Wegelin,* Die praktische Anwendung der Lifo-Verfahren, BB 1991, 2256; *Groh,* Zur Bilanzierung des Skontos, BB 1991, 2334; *Bordewin,* Teilwert des Vorratsvermögens, NWB F. 3, 8169; *Baetge/Grünewald,* Die Bilanzierung der Verbindlichkeiten in der Handelsbilanz, BuW 1992, 40; *Wilden,* Das LIFO-Verfahren bei der Vorratsbewertung gewinnt an Bedeutung, BuW 1992, 305; *Leineweber,* Änderung der EStDV 1986 – BMF verstößt gegen das Rückwirkungsverbot, DB 1992, 350; *Quick,* Inventurvereinfachungen nach § 241 Abs. 2 HGB, BuW 1992, 340; *Gottwald,* Abschreibung und Werteverzehr des Anlage- und Umlaufvermögens, BuW 1992, 505; *Stuhrmann,* Überblick über die Änderungen der EStDV, BB 1992, 1328; *Herzig/Gasper,* Eine Zwischenbilanz zur Lifo-Diskussion, DB 1992, 1301; *Speich,* Die Maßgeblichkeit der Handelsbilanz für die Steuerbilanz, NWB F. 17, 1207; *Büttner/Wenzel,* Die Bewertung von Wirtschaftsgütern mit einem Festwert, DB 1992, 1893; *Bordewin,* Teilwertabschreibungen beim Vorratsvermögen, NWB F. 17, 1253; *Maertins,* Zulässigkeit und Anwendungsbereiche der Festbewertung, BuW 1993, 180; *Claassen/Sprey,* Das Lifo-Verfahren: Eine Steuervergünstigung?, DB 1993, 497; *Bareis/Elschen/Siegel/ Sigloch/Streim,* Lifo, Jahresabschlußziele und Grundsätze ordnungsmäßiger Buchführung, DB 1993, 1249.

Verwaltungsanweisungen: Abschn. 30, 36, 36a EStR; FM Schleswig-Holstein, Importwarenabschlag bei Stichprobenverfahren zur Vorratsinventur, DStR 1992, 111; BMF v. 21. 2. 1992, Anwendung der Lifo-Methode – Beachtung des Niederstwertprinzips, DB S. 554; OFD Düsseldorf v. 24. 2. 1992, Bewertung von Wirtschaftsgütern des beweglichen Anlagevermögens – Festwert nach § 240 Abs. 3 HGB sowie Bestandsaufnahme und Wertanpassung nach Abschn. 31 Abs. 4 EStR, DB S. 760; BMF v. 26. 2. 1992, Voraussetzungen für den Ansatz von Festwerten sowie deren Bemessung (§§ 240 Abs. 3, 256 Abs. 2 HGB), DStR S. 542; FM Sachsen-Anhalt v. 12. 3. 1992, Anwendung der LiFo-Methode: Beachtung des Niederstwertprinzips, DStR S. 543.

1. Inventur

917 Zu bewerten sind die aktivierungspflichtigen Wirtschaftsgüter (vgl. „Aktivierung und Absetzung für Abnutzung, Rdnr. 545 ff.). Unternehmer haben für **den Schluß eines jeden Geschäftsjahrs** ein Inventar, eine Bilanz und eine Gewinn- und Verlustrechnung aufzustellen (§§ 240 Abs. 2, 242 Abs. 1 und 2 HGB). Das Inventar, in dem die einzelnen Vermögensgegenstände nach Art, Menge und unter Angabe ihres Werts genau zu verzeichnen sind, ist in der Regel aufgrund einer körperlichen Bestandsaufnahme für den Schluß des Geschäftsjahrs (**Inventur**) zu erstellen (Abschn. 30 Abs. 1 EStR). Unter den Voraussetzungen des § 241 Abs. 2 HGB kann das Inventar für den Bilanzstichtag auch ganz oder teilweise aufgrund einer **permanenten Inventur** erstellt werden (vgl. Abschn. 30 Abs. 2 EStR; Quick, BuW 1992, 340).

2. Wirtschaftsgüter des Anlagevermögens

918 Wirtschaftsgüter des Anlagevermögens, die der **Abnutzung** unterliegen, sind mit den Anschaffungs- oder Herstellungskosten, vermindert um die AfA nach § 7 EStG (§ 6 Abs. 1 Nr. 1 Satz 1 EStG), **Grund und Boden** und Beteiligungen sind mit den Anschaffungs- oder Herstellungskosten anzusetzen (§ 6 Abs. 1 Nr. 2 Satz 1 EStG; vgl. i. e. „Aktivierung und Absetzung für Abnutzung", Rdnr. 542 ff.; „Betriebsvorrichtungen", Rdnr. 916; „Grundstücke und Gebäude", Rdnr. 1214). Es kann auch der niedrigere **Teilwert** angesetzt werden (§ 6 Abs. 1 Nr. 1 Sätze 2 ff., Nr. 2 Sätze 2 ff. EStG; zum Festwertverfahren vgl. Rdnr. 924 ff.).

3. Wirtschaftsgüter des Umlaufvermögens

a) Anschaffungs- oder Herstellungskosten oder niedrigerer Teilwert

Umlaufvermögen ist mit den **Anschaffungs- oder Herstellungskosten** anzusetzen (§ 6 Abs. 1 Nr. 2 Satz 1 EStG). Statt der Anschaffungs- oder Herstellungkosten kann der **niedrigere Teilwert** angesetzt werden (§ 6 Abs. 1 Nr. 2 Satz 2 EStG). Nach den Grundsätzen ordnungsmäßiger Buchführung besteht jedoch die Verpflichtung, in diesen Fällen den niedrigeren Teilwert anzusetzen (Schoor, BuW 1991, 45; Bordewin, NWB F. 17, 1253). Zum Umlaufvermögen (Vorratsvermögen) gehören auch Hilfs-, Betriebs- und Rohstoffe (BFH v. 2. 12. 1987, BStBl 1988 II 502).

919

b) Boni, Skonti, Rabatte

Bei bezahlten Lieferantenrechnungen mindern Boni, Skonti und Rabatte sowie andere **Anschaffungspreisminderungen** (Umsatzvergütungen, Umsatzprämien) die Anschaffungskosten (§ 255 Abs. 1 Satz 3 HGB) und somit den Wareneinsatz. Der so ermittelte Wert ist der Teilwert i. S. von § 6 Abs. 1 Nr. 2 Satz 2 EStG. Schadensersatz für schlechte Beratung im Zusammenhang mit einer Anschaffung ist nicht als Minderung der Anschaffungskosten, sondern als steuerpflichtiger Ertrag zu behandeln (BFH v. 26. 3. 1992, BStBl 1993 II 96, m. Anm. Eggers, KFR F. 3 EStG § 4, 3/93, 67).

920

Der Unternehmer kann einen Abzug der Skonti u. ä. erst in dem Zeitpunkt beanspruchen, in dem er die **Rechnung begleicht** (BFH v. 3. 12. 1970, BStBl 1971 II 323; v. 27. 2. 1991, BStBl II 456; m. krit. Anm. Paus, DStZ A 1991, 502; Groh, BB 1991, 2334; Abschn. 32a Abs. 3 Satz 2 EStR). Im Einzelfall kann es zu Schwierigkeiten kommen, wenn bezüglich eines am Bilanzstichtag vorhandenen Warenbestandes untersucht werden muß, ob und inwieweit die Anschaffungspreise bereits unter Inanspruchnahme von Skonti u. ä. beglichen worden sind. Dem kann unter Umständen nur durch eine **Schätzung** begegnet werden (BFH v. 27. 2. 1991, BStBl II 456, unter 2.5).

921

c) Preissteigerungsrücklagen; Importwarenabschlag

Die **Preissteigerungsrücklage** (§ 74 EStDV) ist nur noch für Wirtschaftsjahre zulässig, die vor dem 1. 1. 1990 enden. Gebildete Rücklagen sind wie bisher spätestens bis zum Ende des auf die Bildung folgenden

922

6. Wirtschaftsjahres gewinnerhöhend aufzulösen. Der **Importwarenabschlag** (§ 80 EStDV; bei Stichprobenverfahren zur Vorratsinventur vgl. koordinierter Ländererlaß, z. B. FM Schleswig-Holstein v. 4. 12. 1991, DStR 1992, 111) darf für das Wirtschaftsjahr, das 1990 endet, nur noch in Höhe von bis zu 15 % und für alle später endenden Wirtschaftsjahre nur noch in Höhe von bis zu 10 % vorgenommen werden (Änderungen durch die 2. VO zur Änderung der EStDV v. 23. 6. 1992, BGBl I 1165, BStBl I 411; vgl. Stuhrmann, BB 1992, 1328; kritisch zur Rückwirkung Leineweber, DB 1992, 350).

d) Lifo-Verfahren

923 Für Wirtschaftsjahre, die nach dem 31. 12. 1989 enden, läßt § 6 Abs. 1 Nr. 2 a EStG bei gleichartigen Wirtschaftsgütern des Vorratsvermögens das sog. **Lifo-Verfahren** zu. Dabei wird unterstellt, daß die zuletzt erworbenen Waren zuerst verkauft werden (last in – first out). Dieses Verfahren ist bei Preissteigerungen günstiger, da ein höherer Wareneinsatz in die Gewinnermittlung eingeht (AWA September 1991, 13; ausführlich zur Lifo-Methode Kronenwett, FR 1991, 286; Hörtig/Puderbach, DB 1991, 1581; Schmidt/Glanegger, § 6 Anm. 85; Baetge/Krause, BuW 1991, 347; Mayer-Wegelin, BB 1991, 2256; Wilden; BuW 1992, 305; Herzig/ Gasper, DB 1992, 1301; Claassen/Sprey, DB 1993, 497; Bareis u. a. DB 1993, 1249; Abschn. 36 a EStR; BMF v. 21. 2. 1992, DB S. 554; FM Sachsen-Anhalt v. 12. 3. 1992, DStR S. 543).

e) Festwertverfahren

924 Für Wirtschaftsgüter des Anlagevermögens (wohl nur für bewegliche, BMF v. 26. 2. 1992, DStR S. 542) sowie für Roh-, Hilfs- und Betriebsstoffe kann eine Festbewertung vorgenommen werden (§ 240 Abs. 3 HGB). Diese setzt voraus, daß

- der Festwert **in der Handelsbilanz** gewählt wird (§ 5 Abs. 1 EStG),

- der Gesamtwert der dem Festwert unterliegenden Vermögensgegenstände für das Unternehmen von **untergeordneter Bedeutung** ist (5 % der Bilanzsumme, BMF v. 26. 2. 1992, DStR S. 542; str., vgl. Schmidt/ Glanegger, § 6 Anm. 69 c cc, m. w. N.),

- der Bestand in seiner Größe, seinem Wert und seiner Zusammensetzung nur **geringen Veränderungen** unterliegt,

- die in dem Bestand zusammengefaßten Wirtschaftsgüter grundsätzlich **gleichartig** sind und
- **regelmäßig ersetzt** werden (vgl. Abschn. 31 Abs. 4, 36 Abs. 5 EStR).

Beispiele:

Betriebs- und Geschäftsausstattung; Gerüst- und Schalungsteile; Winterbauhallen; Werkzeuge; Kleingeräte; Förder- und Transportanlagen; Kleinmaterial; Ersatzteile; bestimmte Verbrauchsstoffe wie Heizstoffe, Öle, Fette usw.

Eine **körperliche Bestandsaufnahme** ist bei Vorratsvermögen nur alle drei Jahre (Abschn. 36 Abs. 4 Satz 2 EStR), bei beweglichen Wirtschaftsgütern des Anlagevermögens mindestens an jedem Hauptfeststellungszeitpunkt für den Einheitswert des Betriebsvermögens, spätestens an jedem 5. Bilanzstichtag (Abschn. 31 Abs. 5 EStR; vgl. OFD Düsseldorf v. 24. 2. 1992, DB S. 760) durchzuführen. Kosten für **Ersatzbeschaffungen** sind laufende Betriebsausgaben. 925

Bei Roh-, Hilfs- und Betriebsstoffen ist der **Festwert** in Höhe der Anschaffungs- oder Herstellungskosten zu bilden. Bei Wirtschaftsgütern des Anlagevermögens ist eine Festwertbildung erst nach der planmäßigen Abschreibung auf einen Anhaltewert von 40 bis 50 % der tatsächlichen Anschaffungs- oder Herstellungskosten möglich (BMF v. 26. 2. 1992, DStR S. 542; zu Festwerten insgesamt vgl. Büttner/Wenzel, DB 1992, 1893; Maertins, BuW 1993, 180). 926

Vgl. auch „Festwertbildung", Rdnr. 1122 ff.

f) Teilwertabschreibungen

Teilwertabschreibungen werden von der Finanzverwaltung nur dann anerkannt, wenn sie sich aus **repräsentativen, nachprüfbaren Unterlagen** des Betriebs rechtfertigen lassen (vgl. Abschn. 36 Abs. 2 EStR; BFH v. 13. 10. 1976, BStBl 1977 II 540; Horlemann, StW 1979, 145). 927

g) Forderungen

Forderungen aus Lieferungen und Leistungen (zu Darlehen vgl. Rdnr. 976f.) sind grundsätzlich mit dem **Nennwert** auszuweisen, wenn sie unzweifelhaft sind. **Zweifelhafte** Forderungen sind mit ihrem wahrscheinlichen Wert zu schätzen, **uneinbringliche** Forderungen sind auszubuchen. Neben dieser Einzelbewertung sind auch **pauschale Wertberichtigungen** zulässig, wenn entsprechende Erfahrungswerte der Vergangenheit vorlie- 928 gen. Die USt ist nicht in die pauschale Wertberichtigung einzubeziehen (BFH v. 16. 7. 1981, BStBl II 766). Diese Wertberichtigung ist durch eine Minderung der Forderung auf der Aktivseite der Bilanz zu berücksichtigen. Vgl. auch „Kundenforderungen", Rdnr. 1490 ff.

4. Verbindlichkeiten

929 Verbindlichkeiten sind grundsätzlich mit dem Erfüllungsbetrag (§ 6 Abs. 1 Nr. 3, Nr. 2 EStG) zu bewerten (vgl. i. e. Baetge/Grünewald, BuW 1992, 40; vgl. auch „Darlehen", Rdnr. 976 ff.; „Rückstellungen", Rdnr. 1601 ff.; „Schwebende Geschäfte", Rdnr. 1634 ff.). Sie dürfen aber dann nicht mehr passiviert werden, wenn anzunehmen ist, daß sich der Schuldner auf deren Verjährung berufen wird (BFH v. 9. 2. 1993, BStBl II 543), oder wenn sie mit an Sicherheit grenzender Wahrscheinlichkeit nicht zu erfüllen sind (BFH v. 3. 6. 1992, BFH/NV S. 741).

5. Entnahmen

930 Entnahmen des Steuerpflichtigen für sich, seinen Haushalt oder für andere betriebsfremde Zwecke sind mit dem **Teilwert** anzusetzen (§ 6 Abs. 1 Nr. 4 Satz 1 EStG). Sie sind jedoch mit dem **Buchwert** zu bewerten, wenn sie unter den Voraussetzungen des § 6 Abs. 1 Nr. 4 Satz 2 EStG gespendet (vgl. auch Rdnr. 1662) oder wenn Gebäude unter den Voraussetzungen von § 6 Abs. 1 Nr. 4 Sätze 4 und 5 EStG vermietet werden (zu weiteren steuerfreien Entnahmemöglichkeiten vgl. „Grundstücke und Gebäude", Rdnr. 1238 ff.; zur Entnahme von Grundstücken vgl. Rdnr. 1233 ff.).

931 Im Baugewerbe kommt es häufig vor, daß **Arbeitnehmer** des Bauunternehmers für die Erstellung bzw. Reparatur eines Wirtschaftsguts des Privatvermögens eingesetzt werden. Entnommen werden in diesen Fällen die Selbstkosten, also die Lohn- und Lohnnebenkosten (BFH v. 24. 5. 1989, BStBl 1990 II 8; vgl. auch BFH v. 18. 2. 1992, BFH/NV S. 590, zur Nutzungsentnahme).

6. Sonstiges

932 Zu Einlagen vgl. „Arbeitszimmer", Rdnr. 665 ff.; zu Aufwendungen bei Eröffnung oder Erwerb eines Betriebs vgl. „Beginn der gewerblichen Tätigkeit", Rdnr. 754 ff.

933–935 *(Einstweilen frei)*

● **Bewirtungskosten (§ 4 Abs. 4, Abs. 5 Nr. 2 EStG)**

Literatur: *el,* Bewirtung von Geschäftsfreunden im Privathaushalt, DB 1974, 1887; *Puhl,* Der Abzug der Aufwendungen für Bewirtung (§ 4 Abs. 5 Ziff. 2 EStG 1975), FR 1975, 3; *el,* Kundschaftstrinken und Bewirtungskosten, DB 1975, 955; *Güldenagel,* Zur Abzugsfähigkeit von Bewirtungskosten bei fehlender Namensangabe des bewirtenden Steuerpflichtigen in einer Gaststättenrechnung, DB 1986, 1494; *el,* Nachweis von Bewirtungskosten – Angabe des bewirtenden Unternehmers, DB 1986, 1691; *Risse,* Unangemessene Bewirtungskosten als Betriebsausgaben, BB 1986, 2099; *Lempenau,* Betriebsausgaben und Gewinnermittlung, DB 1987, 113; *el,* Angemessenheit von Bewirtungskosten, DB 1987, 612; *Bordewin,* Aufzeichnungspflichten bei Bewirtungsaufwendungen, NWB F. 3, 6887; *el,* Kundschaftsessen und Kundschaftstrinken, DB 1988, 1825; *Günther,* Zur Abzugsfähigkeit von Bewirtungsaufwendungen, NSt 1988/16 Bewirtungsaufwendungen – Darst. 1; *Kremerskothen,* Abzug von Bewirtungsaufwendungen als Betriebsausgaben, BBK F. 8, 1075 (19/1988); *E. Schmidt,* Zur Neuregelung der Bewirtungskosten, BB 1988, 1938; *Sauren,* Die Einschränkung der Abzugsfähigkeit der Bewirtungsaufwendungen gemäß dem SteuerreformG 1990, DStZ A 1989, 189; *Schnell,* Ab 1990: Eingeschränkter Bewirtungskostenabzug, LSW Gr. 5, 1521 (12/ 1989); *Wollny/Baumdicker,* Bewirtungskosten, LSW Gr. 4/61, 1 (6/1989); *Kühn,* Eingeschränkte Berücksichtigung von Bewirtungskosten nach dem Steuerreformgesetz 1990, DB 1989, 2400; *E. Schmidt,* Bewirtungen bei Besprechungen, FR 1990, 245; *Horlemann,* Nochmals – eingeschränkte Berücksichtigung von Bewirtungskosten nach dem SteuerreformG 1990, Zugleich eine Erwiderung auf Kühn in DB 1989, 2400, DB 1990, 1006; *Neufang,* Bewirtungskosten – nach der Neuregelung richtig beraten!, Inf 1990, 301; *Steinhauff,* Aufwendungen für den gemeinsamen Besuch von Nachtlokalen mit Geschäftsfreunden, KFR F. 3 EStG § 4, 7/90, 281; *Bordewin,* Abzug von Bewirtungskosten als Betriebsausgaben, NWB F. 3, 7493; *Horlemann,* EStÄR 1990: Einschränkung des Betriebsausgabenabzugs für Bewirtungsaufwendungen, DStR 1990, 728; *Späth,* Anforderungen an Gaststättenrechnungen – Zulässigkeit von Ergänzungen, DStZ A 1990, 559; *Richter/Richter,* Reise- und Bewirtungskosten, Herne/Berlin 1991; *Paus,* Abzug von Bewirtungskosten als Betriebsausgaben, BuW 1991, 183; *Katterbe,* Rechnung über Bewirtungsaufwendungen in einer Gaststätte, KFR F. 3 EStG § 4, 10/91, 159; *Brenner,* Empfang zum 65. Geburtstag des Gesellschafter-Geschäftsführers als verdeckte Gewinnausschüttung, KFR F. 4 KStG § 8, 2/92, 157; *Pollmann,* Zur Bewirtung von Geschäftsfreunden anläßlich einer Geburtstagsfeier, NWB F. 3, 8315; *Woring,* Aufwendungen für eine Geburtstagsfeier als verdeckte Gewinnausschüttung, KFR F. 4 KStG § 8, 7/92, 285; *Stuber/Nägele,* Reisekosten, Bewirtung, Repräsentation, 21. Aufl., Stuttgart 1993; *Woring,* Keine nachträgliche Ergänzung des Bewirtungsvordrucks, KFR F. 3 EStG § 4, 4/93, 153.

Verwaltungsanweisungen: Abschn. 20 Abs. 7 bis 11, Abschn. 117 Abs. 3 EStR; BMF v. 29. 11. 1974, ESt-ReformG, BStBl I 946, 951; BMF v. 14. 7. 1975, EStrechtliche Behandlung von Bewirtungsaufwendungen und von Mehraufwendungen für Verpflegung, BStBl I 922; BMF v. 27. 11. 1991, Abzugsfähigkeit von Bewirtungskosten bei Buchung auf zwei Konten – Folgen von Fehlbuchungen, DStR

1992, 30; BMF v. 3. 8. 1992, 65. Geburtstag eines Gesellschafter-Geschäftsführers, DStR S. 1403.

1. Allgemeines

LEXinform
▶ BSt-BG-0505 ◀

936 Bewirtungskosten sind **Betriebsausgaben**, wenn die Aufwendungen objektiv ausschließlich oder doch weitaus überwiegend durch den Betrieb veranlaßt sind (vgl. auch § 4 Abs. 5 Satz 3 EStG). Liegt der unmittelbare Anlaß für die Aufwendungen in der **persönlichen Sphäre** (z. B. bei einer Geburtstagsfeier; einem Jubiläum – anders bei Firmenjubiläum vgl. BFH v. 8. 3. 1990, BFH/NV 1991, 436 –; einer Hochzeit, einer Feier anläßlich der Geburt eines Kindes o. ä.), so scheidet die berufliche Veranlassung aus, selbst wenn der Steuerpflichtige – durch die Einladung von Geschäftsfreunden und Angestellten – auch berufliche Zwecke verfolgt haben mag (BFH v. 28. 11. 1991, BStBl 1992 II 359, m. Anm. Brenner, KFR F. 4 KStG § 8, 2/92, 157; BFH/NV 1992, 560, m. Anm. Woring, KFR F. 4 KStG § 8, 7/92, 285, zu Aufwendungen anläßlich eines Geburtstages eines GmbH-Gesellschafter-Geschäftsführers; BFH v. 12. 12. 1991, BStBl 1992 II 524; v. 15. 5. 1986, BFH/NV S. 657; v. 12. 12. 1968, BStBl 1969 II 239; v. 24. 9. 1980, BStBl 1981 II 108; BMF v. 3. 8. 1992, DStR S. 1403; Paus, BuW 1991, 183; Pollmann, NWB F. 3, 8315; zum Aufteilungs- und Abzugsverbot BFH v. 19. 10. 1970, BStBl 1971 II 17; anders bei der USt BFH v. 12. 12. 1985, BStBl 1986 II 216).

937 Nach Abschn. 117 Abs. 3 Satz 3 EStR spricht eine Bewirtung in der Wohnung des Unternehmers regelmäßig für einen **privaten Anlaß**. Um Kosten der Lebensführung, die nicht abgezogen werden können, handelt es sich stets bei den Aufwendungen, die der Unternehmer – ggf. unter Teilnahme seines Ehegatten – aus Anlaß von gesellschaftlichen Veranstaltungen seines Berufsverbandes u. ä. macht, und zwar auch dann, wenn die gesellschaftlichen Veranstaltungen mit einer rein fachlichen oder beruflichen Tagung zusammenhängen (BFH v. 1. 8. 1968, BStBl II 713).

938 Nach § 52 Abs. 5 EStG ist § 4 Abs. 5 Nr. 2 EStG erstmals für das **Wirtschaftsjahr anzuwenden, das nach dem 31. 12. 1989 endet.** Die wichtigsten Änderungen sind, daß auch die Bewirtung von Arbeitnehmern unter Nr. 2 fällt, daß aber ein geschäftlicher Anlaß (vgl. Rdnr. 947 ff.) vorliegen muß. Eine Einschränkung besteht darin, daß nur 80 % der angemessenen Aufwendungen abziehbar sind (vgl. Rdnr. 950 ff.). Erleichterungen

gegenüber der früheren Rechtslage ergeben sich auf § 4 Abs. 5 Nr. 2 Sätze 2 und 3 EStG (vgl. Rdnr. 953 ff.).

§ 4 Abs. 5 Nr. 2 EStG war bis einschließlich 1991 nur **bei Unternehmern, nicht bei Arbeitnehmern** anzuwenden (für diesen Personenkreis vgl. BFH v. 23. 3. 1984, BStBl II 557; v. 21. 10. 1986, BFH/NV 1987, 241; jeweils für Aufwendungen zugunsten unterstellter Mitarbeiter; BFH v. 16. 3. 1984, BStBl II 433, für Aufwendungen zugunsten Kunden seines Arbeitgebers). Ein Abzug der Bewirtungsaufwendungen war aber auch bei Arbeitnehmern ausgeschlossen, wenn der Anlaß in der persönlichen Sphäre lag (BFH v. 8. 3. 1990, BFH/NV 1991, 436; vgl. auch Rdnr. 936 f.), auch bei Aufwendungen für eine Weihnachtsfeier mit Mitarbeitern oder für ein Arbeitsessen mit Fachkollegen (BFH v. 24. 5. 1973, BStBl II 634). 939

Ab 1992 ist bei Arbeitnehmern § 4 Abs. 5 Nr. 2 EStG sinngemäß anzuwenden (§§ 9 Abs. 5, 52 Abs. 1 EStG i. d. F. des StÄndG 1992). 940

2. Begriff der Bewirtung

LEXinform
▶ BSt-BG-0510 ◀

Der Begriff der Bewirtung setzt voraus, daß **andere Personen eingeladen** werden. § 4 Abs. 5 Nr. 2 EStG ist daher nicht anwendbar, wenn der Unternehmer allein ißt (vgl. BFH v. 30. 1. 1986, BStBl II 488; zum Essen bei Kunden vgl. BFH v. 14. 4. 1988, BStBl II 771; zum Essen auf Geschäftsreisen vgl. „Reisekosten", Rdnr. 1553 ff.). Liegt eine Bewirtung in diesem Sinn vor, so zählen auch die Aufwendungen, die auf den Unternehmer entfallen, zum Bewirtungsvorgang und damit zu den Betriebsausgaben i. S. von § 4 Abs. 5 Nr. 2 EStG (vgl. BFH v. 25. 2. 1988, BStBl II 581; v. 30. 1. 1986, BStBl II 488). 941

Bewirtungskosten sind Aufwendungen für **Essen, Trinken und Rauchen;** dazu zählen auch **Nebenkosten,** die zwangsläufig im Zusammenhang mit der Bewirtung anfallen, z. B. Kosten für die Garderobe und Toilette (BFH v. 25. 3. 1988, BStBl II 655, unter 3.). Werden neben dieser Bewirtung im engeren Sinn auch noch **andere Leistungen** (z. B. Varieté, Striptease und ähnliches) geboten und steht der geforderte **Gesamtpreis** in einem offensichtlichen Mißverhältnis zu dem Wert der verzehrten Speisen und/oder Getränke, so richtet sich die Beurteilung der Aufwendungen nicht mehr nach § 4 Abs. 5 Nr. 2 EStG, sondern nach § 4 Abs. 5 Nr. 7 EStG (BFH v. 16. 2. 1990, BStBl II 575, m. Anm. Steinhauff, KFR F. 3 EStG § 4, 7/90, 281; Steilen, BB 1992, 755; BFH v. 16. 2. 1990, BFH/NV S. 698; FG Berlin v. 19. 6. 1990 rkr., EFG 1991, 15). 942

943 Anderes gilt, wenn nicht ein Gesamtpreis, sondern **getrennte Entgelte** zu zahlen sind, z. B. bei Fahrtkosten (Puhl, FR 1975, 3), Aufwendungen für Musik, Saalmiete (FG Berlin v. 7. 11. 1984 rkr., EFG 1985, 387), Übernachtung (Wolff-Diepenbrock in Littmann/Bitz/Meincke, §§ 4, 5 Rdnr. 1684, unter Hinweis auf die Unterscheidung zwischen Bewirtung, Beherbergung und Unterhaltung in § 4 Abs. 5 Nr. 3 EStG; a. A. el, DB 1975, 376).

944 Werden anläßlich einer **geschäftlichen Besprechung** lediglich Getränke, Tabakwaren o. ä. in geringem Umfang angeboten, so handelt es sich um eine übliche Geste der Höflichkeit und nicht um eine Bewirtung i. S. von § 4 Abs. 5 Nr. 2 EStG (E. Schmidt, FR 1990, 245; a. A. wohl Abschn. 20 Abs. 11 EStR; zum Nachweis vgl. Rdnr. 954).

3. Bewirtete Personen

945 Bewirtete Personen können (auch potentielle) **Geschäftsfreunde**, Vermieter der Betriebsräume, Kunden, Lieferanten u. ä. Personen, ab 1990 **auch Arbeitnehmer**, sein. Eine Ausnahme besteht nur, wenn die Bewirtung insgesamt nicht aus geschäftlichem Anlaß geschieht (vgl. Rdnr. 947 ff.).

946 Im Rahmen der Bewirtung von Geschäftsfreunden können auch **eigene Angehörige und Angehörige der Geschäftsfreunde** gemäß § 4 Abs. 5 Nr. 2 EStG bewirtet werden.

4. Geschäftlicher Anlaß

LEXinform
▶ BSt-BG-0515 ◀

947 Neben der betrieblichen Veranlassung (vgl. Rdnr. 936 ff.) muß der Unternehmer die Personen aus geschäftlichem Anlaß bewirten. Dieses Merkmal gilt **erst ab dem Wirtschaftsjahr, das nach dem 31. 12. 1989 endet** (§ 52 Abs. 5 EStG). Unter geschäftlichem Anlaß versteht man insbesondere die Pflege, Intensivierung und Anbahnung von Geschäftsbeziehungen.

948 Der Umfang des Tatbestandsmerkmals „aus geschäftlichem Anlaß" ist noch nicht abschließend geklärt. Es soll jedenfalls die reinen **betriebsinternen Bewirtungen der Arbeitnehmer** (z. B. bei Betriebsfeiern, Betriebsausflügen usw.) **ausschließen** (zur Behandlung beim Arbeitnehmer vgl. Abschn. 72, 73 Abs. 2 LStR), da eine Kürzung dieser Aufwendungen auf höchstens 80 % nicht gerechtfertigt erschien (BTDrucks. 11/2529, 226 und 11/2536, 76); wohl auch andere Aufwendungen, die als **innerbetrieb-**

liche anzusehen sind oder die nicht der unmittelbaren Anbahnung von Geschäftsbeziehungen dienen (Kühn, DB 1989, 2400; E. Schmidt, BB 1988, 1938; a. A. Sauren, DStZ A 1989, 189; Sarrazin, NWB F. 3 b, 3837; Abschn. 20 Abs. 8 Satz 3 EStR).

Beispiele für fehlenden geschäftlichen Anlaß:
Bewirtungen von Prüfern des Finanzamts bzw. der Sozialversicherungsträger, für den Betrieb tätigen selbständigen Handwerkern, anläßlich des Besuchs einer Schulklasse, im Rahmen einer Öffentlichkeitsarbeit (z. B. Veranstaltung einer Kunstausstellung).

Bei der Prüfung, ob ein geschäftlicher Anlaß besteht, ist nicht auf die Bewirtung der einzelnen Personen, sondern auf den **einheitlichen Bewirtungsvorgang** abzustellen, d. h., es ist zu untersuchen, ob der Vorgang seinem Charakter nach geschäftlich oder intern ist (vgl. Wolff-Diepenbrock in Littmann/Bitz/Meincke, §§ 4, 5 Rdnr. 1686 a; kritisch Schmidt/Heinicke, § 4 Anm. 101 a bb; enger Abschn. 20 Abs. 8 Satz 7 EStR, der nur dann einen geschäftlichen Anlaß verneint, wenn ausschließlich Arbeitnehmer bewirtet werden; a. A. Neufang, Inf 1990, 301, der die Bewirtungskosten aufteilen und die auf die Arbeitnehmer entfallenden Aufwendungen ungekürzt anerkennen will; ebenso Niedersächsisches FG v. 8. 6. 1989 rkr., NWB-EN Nr. 1737/90; m. E. wegen des Gesetzeswortlauts abzulehnen). Bei betrieblichen Veranstaltungen ist die Bewirtung z. B. von Angehörigen oder Personen, die zur Gestaltung beitragen, unschädlich (Abschn. 20 Abs. 8 Satz 8 EStR). Ist der geschäftliche Anlaß zu bejahen, so gilt § 4 Abs. 5 Nr. 2 EStG auch für den Teil der Aufwendungen, der auf den an der Bewirtung teilnehmenden Unternehmer und dessen Arbeitnehmer entfällt (Abschn. 20 Abs. 8 Satz 6 EStR). 949

5. 80 % der angemessenen Aufwendungen

LEXinform
▶ BSt-BG-0520 ◀

Das Gesetz ist verwirrend. Man wird es wohl dahingehend verstehen müssen, daß **zunächst die angemessenen und nachgewiesenen Aufwendungen** (vgl. hierzu Rdnr. 953 ff.) festzustellen sind und **dann eine Begrenzung auf 80 %** vorzunehmen ist (vgl. BFH v. 16. 2. 1990, BStBl II 575; Wolff-Diepenbrock in Littmann/Bitz/Hellwig, §§ 4, 5, Rn. 1687; Schmidt/Heinicke, § 4 Anm. 101 c; Abschn. 20 Abs. 8 Satz 5 EStR; zur Anwendung der 80-%-Regelung auf (mit)bewirtete Arbeitnehmer vgl. Rdnr. 945, 948). 950

Beispiele:

- Tatsächliche und nachgewiesene Aufwendungen 2 000 DM; angemessen wären 1 500 DM; abziehbar sind 1 200 DM.
- Wären in diesem Fall 3 000 DM angemessen, so wären 1 600 DM abziehbar.
- Wären nur 1 000 DM nachgewiesen, so wären nur 800 DM abziehbar.

951 Nach der zutreffenden BFH-Rechtsprechung ist jede **einzelne Aufwendung** für die Bewirtung und/oder anderweitige Unterhaltung auf ihre Angemessenheit zu prüfen. Es kann nicht ein Gesamtposten „Bewirtungs- und Unterhaltungsaufwand für Geschäftsfreunde" gebildet und ins Verhältnis zu anderen Betriebsmerkmalen gesetzt werden (zur Begründung vgl. im einzelnen BFH v. 16. 2. 1990, BStBl II 575).

952 Bei der Prüfung, ob die Aufwendungen nach der allgemeinen Verkehrsauffassung als angemessen anzusehen sind, kann man sich **nicht an absoluten Betragsgrenzen orientieren** (BFH v. 16. 2. 1990, BStBl II 575, unter Aufhebung von FG Düsseldorf v. 14. 11. 1985, EFG 1986, 220; BFH v. 16. 2. 1990, BFH/NV S. 698); es ist vielmehr auf die Umstände des Einzelfalls abzustellen. Kriterien für die Beurteilung können z. B. die Größe des Unternehmens, die Höhe der Umsätze und Gewinne und die Bedeutung für den angestrebten Geschäftserfolg sein (vgl. BFH v. 16. 2. 1990, BStBl II 575).

6. Nachweise

a) **Allgemeines**

LEXinform
▶ BSt-BG-0525 ◀

953 Der Unternehmer hat **Höhe und betriebliche Veranlassung** nachzuweisen (§ 4 Abs. 5 Nr. 2 Satz 2 EStG). Diese Aufwendungen sind **einzeln und getrennt** von den sonstigen Betriebsausgaben aufzuzeichnen. Ist diese Voraussetzung nicht erfüllt, so dürfen die Aufwendungen bei der Gewinnermittlung nicht berücksichtigt werden (§ 4 Abs. 7 EStG), selbst wenn der Steuerpflichtige Höhe und betriebliche Veranlassung in anderer Weise nachweist oder glaubhaft macht (BFH v. 30. 1. 1986, BStBl II 488; anders bei zwei Bewirtungskonten und Fehlbuchung, BMF v. 27. 11. 1991, DStR 1992, 30). Dies gilt auch in Bagatellfällen (BFH v. 14. 9. 1989, BFH/NV 1990, 495, unter Aufhebung von FG Berlin v. 26. 7. 1988, EFG 1989, 165; wie BFH auch FG Düsseldorf v. 29. 9. 1988 rkr., EFG 1989, 104, zu Aufwendungen nach § 4 Abs. 5 Nr. 1 EStG).

Die Angaben sind **schriftlich** zu machen. Für Wirtschaftsjahre, die nach dem 31. 12. 1989 enden, ist die Verwendung des amtlichen Vordrucks nicht mehr erforderlich (§ 52 Abs. 5 EStG). Die Finanzverwaltung verzichtet auf die Angaben, wenn es sich bei der „Bewirtung" um eine **übliche Geste der Höflichkeit** handelt, z. B. bei Anbieten von Getränken, Tabakwaren u. ä. in geringem Umfang anläßlich einer geschäftlichen Besprechung (Abschn. 20 Abs. 11 EStR, Ausnahme bei Bewirtung in einer Gaststätte; zur Frage, ob in diesem Fall überhaupt eine Bewirtung vorliegt, vgl. Rdnr. 944). 954

Die gesonderte und geordnete Ablage von Bewirtungsbelegen genügt nur dann der Vorschrift des § 4 Abs. 7 EStG, wenn zusätzlich die Summe der Aufwendungen periodisch und zeitnah auf einem **besonderen Konto oder vergleichbaren anderen Aufzeichnungen** eingetragen wird (BFH v. 26. 2. 1988, BStBl II 613, m. Anm. Gassner, KFR F. 3 EStG § 4, 9/88, 217). Dies gilt auch bei Gewinnermittlung nach § 4 Abs. 3 EStG (BFH v. 10. 3. 1988, BStBl II 611, m. Anm. Gassner, KFR F. 3 EStG § 4, 9/88, 217; BFH v. 26. 10. 1988, BFH/NV 1989, 571). Das Schriftstück über die Angaben ist sechs Jahre aufzubewahren (§ 147 Abs. 1 Nr. 5 und Abs. 3 AO). 955

Eine **zeitnahe Verbuchung** setzt voraus, daß die Aufzeichnungen regelmäßig innerhalb einer Frist von 10 Tagen erstellt werden müssen, ausnahmsweise allenfalls einen Monat aufgeschoben werden dürfen (BFH v. 11. 3. 1988, BFH/NV 1989, 22). Eine erstmals nach Ablauf des Geschäftsjahres vorgenommene Verbuchung ist ebenso keine zeitnahe Aufzeichnung wie die summenmäßige Erfassung nach Ablauf des Geschäftsjahres aufgrund einer geordneten Sammlung von Belegen (BFH v. 22. 1. 1988, BStBl II 535; v. 25. 3. 1988, BStBl II 655; v. 31. 7. 1990, BStBl 1991 II 28; Niedersächsisches FG v. 8. 6. 1989 VI 433/88 rkr., NWB-EN Nr. 1737/90, keine Nachholung). 956

LEXinform
b) **Bewirtung in Gaststätte (§ 4 Abs. 5 Nr. 2 Satz 3 EStG)** ▶ BSt-BG-0530 ◀

Hat die Bewirtung in einer Gaststätte stattgefunden, so **genügen Angaben zu dem Anlaß und den Teilnehmern der Bewirtung;** die **Rechnung** über die Bewirtung ist beizufügen (§ 4 Abs. 5 Nr. 2 Satz 3 EStG). Ab 1990 ist die Rechnung nicht mehr vom Inhaber der Gaststätte zu unterschreiben. 957

Der **Anlaß** der Bewirtung (vgl. Rdnr. 936 f., 947 ff.) ist konkret anzugeben; es genügt eine stichwortartige Aufzeichnung, die auf den betrieb- 958 lichen Zusammenhang abstellt, z. B. Verhandlungen über die Anmietung eines Betriebsgebäudes, Zusammenarbeit mit Unternehmer XY.

959 Zu den **Teilnehmern der Bewirtung** (vgl. Rdnr. 945 f.) gehören nach dem Gesetz ab 1990 auch der Bewirtende und dessen Arbeitnehmer. Ist der Bewirtende nicht angegeben, kann dies nach Ablauf des Geschäftsjahres nicht mehr ergänzt werden. Die Bewirtungsaufwendungen können dann nicht gewinnmindernd berücksichtigt werden (ebenso zum bisherigen Recht BFH v. 25. 2. 1988, BStBl II 581; v. 31. 7. 1990, BStBl 1991 II 28; v. 1. 10. 1992, BFH/NV 1993, 408, m. Anm. Woring, KFR F. 3 EStG § 4, 4/93, 153; FG Köln v. 10. 3. 1992, DStZ S. 407, m. Anm. Woring, DStZ 1992, 407; Abschn. 20 Abs. 10 Satz 2 EStR; a. A. FG Baden-Württemberg, Außensenate Stuttgart, v. 1. 7. 1992 rkr., EFG 1993, 11; Hessisches FG v. 9. 12. 1992 rkr., EFG 1993, 210; Paus, DStZ A 1986, 543; kritisch auch Schmidt/Heinicke, § 4 Anm. 101 d). Die Namen der Teilnehmer, ggf. die Firma sind anzugeben. Die Adresse ist nicht erforderlich (el, DB 1975, 1244; a. A. Puhl, FR 1975, 3).

960 Auf die Angabe der Namen kann allerdings **verzichtet** werden, wenn ihre Feststellung dem Steuerpflichtigen nicht zugemutet werden kann (BFH v. 25. 2. 1988, BStBl II 581), z. B. bei Betriebsbesichtigungen oder ähnlichen Anlässen. In diesen Fällen sind die Zahl der Teilnehmer der Bewirtung sowie eine die Personengruppe kennzeichnende Sammelbezeichnung anzugeben (Abschn. 20 Abs. 10 Sätze 3 bis 5 EStR; vgl. auch Puhl, FR 1975, 3).

961 Die **Rechnung** muß die Elemente enthalten, die – bei anderen Bewirtungen – der Steuerpflichtige selbst aufzeichnen müßte, also Ort und Tag der Bewirtung sowie Höhe und Art der Aufwendungen (bei letzterem genügt die Angabe „Speisen und Getränke"). Es ist bei Rechnungen über 200 DM auch der Bewirtende anzugeben (BFH v. 27. 6. 1990, BStBl II 903, Ergänzung möglich; v. 2. 10. 1990, BStBl 1991 II 174, m. Anm. Katterbe, KFR F. 3 EStG § 4, 10/91, 159, unter Aufhebung FG Hamburg v. 28. 2. 1985, EFG 1986, 274; wie BFH Abschn. 20 Abs. 9 Satz 4 EStR; Späth, DStZ A 1990, 559; a. A. Güldenagel, DB 1986, 1494). Nicht erforderlich sind Angaben über die Adresse der Gaststätte (Wolff-Diepenbrock, a. a. O.; a. A. Abschn. 20 Abs. 9 Satz 3 EStR; vgl. auch BMF v. 29. 11. 1974, BStBl I 946, 951; Späth, BB 1974, 1389).

962 Das **Beifügen der Rechnung** in § 4 Abs. 5 Satz 3 EStG bedeutet, daß die zusätzlichen Angaben und die Rechnung grundsätzlich zusammenzufügen

Einkommensteuer / Bilanzberichtigung

sind. Es ist aber auch ausreichend, wenn Angaben und Rechnung jederzeit zusammengefügt werden können (Abschn. 20 Abs. 9 Sätze 5 bis 7 EStR).

c) Sonstige Bewirtung (§ 4 Abs. 5 Nr. 2 Satz 2 EStG)

Es sind folgende Angaben zu machen: Ort, Tag, Teilnehmer (vgl. Rdnr. 945 f., 959 ff.) und Anlaß der Bewirtung (vgl. Rdnr. 936 ff., 947 ff.) sowie Höhe der Aufwendungen. Hier genügt der Ausweis eines Gesamtbetrags. 963

7. Umsatzsteuer

LEXinform
▶ BSt-BG-0535 ◀

Der **Eigenverbrauchsbesteuerung** unterliegen unangemessene oder hinsichtlich der Höhe und der betrieblichen Veranlassung nicht nachgewiesene Bewirtungskosten (BFH v. 16. 2. 1990, BFH/NV S. 698), nicht aber die 20%ige Kürzung gemäß § 4 Abs. 5 Nr. 2 EStG (§ 1 Abs. 1 Nr. 2 Satz 2 Buchst. c UStG) i. d. F. des Gesetzes zur steuerlichen Förderung des Wohnungsbaus und zur Ergänzung des SteuerreformG 1990 v. 22. 12. 1989, BGBl I 2408, BStBl I 505, Art. 7 Nr. 1). Bei abweichendem Wirtschaftsjahr können dadurch Härten auftreten, daß die einkommensteuerrechtliche Änderung bereits 1989 zu beachten ist (§ 52 Abs. 5 EStG), während die umsatzsteuerrechtliche Regelung erst ab 1990 gilt. Dies könnte dadurch gelöst werden, daß für diese Fälle die umsatzsteuerrechtliche Regelung bereits 1989 berücksichtigt wird (Kühn, DB 1989, 2400, der alternativ einen Erlaßantrag vorschlägt). 964

(Einstweilen frei) 965–970

● **Bilanzberichtigung**

LEXinform
▶ BSt-BG-0540 ◀

Ein Bilanzansatz ist nicht fehlerhaft, wenn er den im Zeitpunkt der Bilanzaufstellung bei pflichtgemäßer und gewissenhafter Prüfung objektiv bestehenden Erkenntnismöglichkeiten entspricht und somit subjektiv richtig ist. Kommt es nach der Bilanzaufstellung zu einer Änderung der höchstrichterlichen Rechtsprechung, und kann die betreffende Bilanz (z. B. wegen Bestandskraft der Steuerfestsetzung) nicht mehr berichtigt werden, so ist die Korrektur grundsätzlich in der Schlußbilanz des ersten Folgejahres nachzuholen, in dem dies noch mit steuerlicher Wirkung möglich ist (BFH v. 12. 11. 1992, BStBl 1993 II 392; v. 29. 10. 1991, BStBl 1992 II 512; zu überhöht vorgenommener AfA vgl. BFH v. 4. 5. 1993, BStBl II 661). Vgl. „Betriebsausgaben", Rückzahlung, Rdnr. 883 f.; „Grundstücke und Gebäude", Rdnr. 1234. 971

- **Boni**

972 vgl. „Bewertung", Rdnr. 917 ff., 920 f.

- **Brandenburg**

973 vgl. „Beitrittsgebiet", Rdnr. 818 ff.

- **Brandversicherung**

974 vgl. „Versicherungen", Rdnr. 1758.

- **Computer**

975 vgl. „Arbeitszimmer", Rdnr. 655 f.; „Betriebs- und Geschäftsräume", Rdnr. 899 f.; zu Computerprogrammen vgl. Rdnr. 559, 565, „Geringwertige Wirtschaftsgüter", Rdnr. 1169; zur Investitionszulage für Computer-Software vgl. „Beitrittsgebiet", Rdnr. 843.

- **Darlehen**

LEXinform
▶ BSt-BG-0545 ◀

976 Darlehen sind grundsätzlich mit dem **Nennwert** zu aktivieren, auch wenn sie unverzinslich oder niederverzinslich sind (BFH v. 24. 1. 1990, BStBl II 639; v. 30. 11. 1988, BStBl 1990 II 117, zu Arbeitnehmer-Darlehen; BMF v. 17. 1. 1990, BStBl I 71, Übergangsregelung; BFH v. 9. 7. 1981, BStBl II 734, zu Darlehen an Kunden). Entsprechendes gilt für die Passivierung (BFH v. 23. 6. 1988, BStBl II 1001), wenn in der Summe kein Zinsanteil enthalten ist (zum Barwert vgl. BFH v. 11. 12. 1986, BStBl 1987 II 553). Eine Rangrücktrittsvereinbarung führt nicht zu gewinnerhöhender Auflösung der Verbindlichkeit (BFH v. 30. 3. 1993, BStBl II 502).

977 **Zinsansprüche** und **Zinsverbindlichkeiten** sind nach den Grundsätzen über die Bilanzierung schwebender Verträge (vgl. Rdnr. 1639 ff.) grundsätzlich nicht zu aktivieren und zu passivieren, obwohl der Anspruch bereits mit der Auszahlung des Darlehens entstanden ist. Wenn sie allerdings für die Zeit vor dem Bilanzstichtag geschuldet werden, sind sie unabhängig von ihrer Fälligkeit zu aktivieren bzw. zu passivieren (BFH v. 24. 5. 1984, BStBl II 747).

978 Vgl. auch „Ehegatten-Arbeitsverhältnisse . . .", Rdnr. 1057 ff.; „Kinder-Arbeitsverhältnisse . . .", Rdnr. 1412 ff.

● **Debitoren**
vgl. „Bewertung", Rdnr. 929; „Darlehen", Rdnr. 976 ff. 979

● **Delkredere**
vgl. „Bewertung", Rdnr. 928; „Kundenforderungen", Rdnr. 1490. 980

● **Diebstahlversicherung**
vgl. „Versicherungen", Rdnr. 1747 ff. 981

● **Dienstgang**
vgl. „Reisekosten", Rdnr. 1544 ff. 982

● **Dienstreise**
vgl. „Reisekosten", Rdnr. 1544 ff. 983

● **Dienstverhältnis**
vgl. „Ehegatten-Arbeitsverhältnisse . . .", Rdnr. 1031 ff.; „Kinder- 984
Arbeitsverhältnisse . . .", Rdnr. 1412 ff.; Lohnsteuer, Rdnr. 2541 ff.

● **Direktversicherung**
vgl. „Ehegatten-Arbeitsverhältnisse . . .", Rdnr. 1031 ff.; Lohnsteuer, 985
Rdnr. 2847 ff.; „Versicherungen", Rdnr. 1747 ff., 1755.

● **Disagio**
LEXinform
▶ BSt-BG-0550 ◀

Literatur: *Obermeier*, Steuerrechtliche Behandlung des Disagios (Damnums) beim selbstgenutzten Wohneigentum, NWB F. 3, 7137; *Thelen*, Die Erstattung des Disagios bei vorzeitiger Beendigung des Kreditvertrages, DB 1990, 1805; *Bachem*, Das Auszahlungsdisagio in Bilanz und Vermögensaufstellung des Darlehensnehmers, BB 1991, 1671; *Obermeier*, Das selbstgenutzte Wohneigentum, 3. Auflage, Herne/Berlin 1992, Anm. 216 ff.

Verwaltungsanweisungen: BMF v. 25. 10. 1990, § 10 e EStG, BStBl I 626; OFD Nürnberg v. 8. 3. 1993, Vorkostenabzug, DStR S. 989.

1. Allgemeines

Bei langfristigen Darlehen kommt häufig nicht der volle Rückzahlungs- 986
betrag, sondern ein geringerer Betrag zur Auszahlung. Diesen Differenz-

betrag nennt man **Disagio oder Damnum**. In der Literatur werden diese Begriffe zum Teil unterschiedlich gebraucht (vgl. hierzu Herrmann/ Heuer/Raupach, § 5 Anm. 1945). Im folgenden werden diese Begriffe – entsprechend der überwiegenden Meinung in der Kommentarliteratur (vgl. dazu auch Blümich/Stuhrmann, § 21 Rz. 108) – gleichgesetzt.

2. Gewinnermittlung durch Betriebsvermögensvergleich

987 Die steuerrechtliche Bedeutung des Disagios liegt weniger bei Steuerpflichtigen mit **Gewinneinkünften, die nach den §§ 4 Abs. 1, 5 Abs. 1 EStG** ermittelt werden. In diesen Fällen besteht zwar gemäß § 250 Abs. 3 HGB in der Handelsbilanz ein Aktivierungswahlrecht, in der Steuerbilanz muß der Darlehensnehmer jedoch einen aktiven Rechnungsabgrenzungsposten bilden (Döllerer, BB Beilage 12/87, 13) und während des Zinsfestschreibungszeitraums auflösen (BFH v. 21. 4. 1988, BStBl 1989 II 722).

3. Gewinnermittlung durch Überschußrechnung und Überschußeinkünfte

988 Größere Bedeutung erlangt das Disagio bei **Gewinnermittlung nach § 4 Abs. 3 EStG und bei den Überschußeinkunftsarten** (insbesondere bei den Einkünften aus Vermietung und Verpachtung und aus Kapitalvermögen). Hierbei kommt es auf den Abfluß des Disagios an (§ 11 EStG). In diesem Zeitpunkt wird es steuerrechtlich wirksam und mindert als Betriebsausgaben bzw. Werbungskosten die steuerbaren Einnahmen (vgl. Obermeier, NWB F. 3, 7137).

4. Zu eigenen Wohnzwecken genutztes Wohneigentum

a) Entstehung des Disagios entscheidend

989 Am bedeutsamsten ist die steuerrechtliche Behandlung des Disagios beim Wohneigentum, das zu eigenen Wohnzwecken genutzt wird (§ 10e EStG). In diesen Fällen geht es nicht (nur) um die periodengerechte Zuteilung der Aufwendungen, sondern vor allem darum, **ob sich das Disagio insgesamt überhaupt auswirkt**.

990 Das Disagio ist grundsätzlich in voller Höhe anzuerkennen, wenn es nach der vertraglichen Vereinbarung vor der erstmaligen Nutzung zu eigenen

Wohnzwecken entsteht (§ 10e Abs. 6 EStG; a. A. BMF v. 25. 10. 1990, BStBl I 626, Abs. 51 Sätze 1 und 2: Zahlung des Disagios entscheidend). Die **Entstehung des Disagios** dürfte im Regelfall mit dessen Fälligkeit übereinstimmen. Da der Schuldner die Leistung aber auch vor Fälligkeit bewirken kann (vgl. § 271 Abs. 2 BGB), ist die Fälligkeit der Aufwendungen unbedeutend, wenn der Steuerpflichtige vor der erstmaligen Nutzung zu eigenen Wohnzwecken zahlt.

Es ist dann nur noch zu prüfen, ob die **Zahlung vor Fälligkeit** rechtsmißbräuchlich ist (§ 42 AO). Dies ist dann der Fall, wenn zwischen dem Entstehungszeitpunkt des Disagios und der Auszahlung oder Teilauszahlung der Darlehenssumme mehr als ein Monat liegt (vgl. BFH v. 13. 12. 1983, BStBl 1984 II 428). Die Entstehung des Disagios wird in diesem Fall einen Monat vor Auszahlung des Darlehens angenommen (§ 42 Satz 2 AO). § 10e Abs. 6 EStG ist anzuwenden, wenn zu diesem Zeitpunkt die Nutzung zu eigenen Wohnzwecken noch nicht eingetreten ist (vgl. BFH v. 13. 12. 1983, BStBl 1984 II 426; anders bei einer vermieteten Wohnung, vgl. BFH v. 3. 2. 1987, BStBl II 492; zur Erhöhung auf drei Monate durch die EStÄR 1993 vgl. OFD Nürnberg v. 8. 3. 1993, DStR S. 989).

▷ **Gestaltungshinweis:**

In Anbetracht des Meinungsstreits empfiehlt es sich, für einen **Abfluß des Disagios** zu sorgen. Hierfür genügt die Überweisung (vgl. BFH v. 11. 8. 1987, BStBl 1989 II 702), eine Belastungsbuchung (BFH v. 3. 2. 1987, BStBl II 492), die Verrechnung eines Disagios mit dem Darlehen bei Auszahlung des Darlehens (BFH v. 6. 12. 1965, BStBl 1966 III 144) oder die Teilabrechung (BFH v. 8. 11. 1988, BFH/NV 1989, 345; zum Ganzen vgl. Obermeier, NWB F. 3, 7137, 7140).

b) (Teilweise) Erstattung des Disagios

Wenn der Darlehensgeber bei vorzeitiger Beendigung des Kreditvertrages das Disagio (teilweise) erstattet (vgl. BGH v. 29. 5. 1990, DB S. 1610; v. 1. 6. 1989, DB S. 2473; Thelen, DB 1990, 1805), kommt eine **Verrechnung** im Veranlagungszeitraum der Vereinnahmung nur dann in Betracht, wenn ein anderes Disagio im Rahmen von § 10e Abs. 6 EStG entsteht (vgl. BFH v. 22. 11. 1974, BStBl 1975 II 350, zur KiSt; v. 20. und 27. 2. 1970, BStBl II 314, 422, zu Versicherungsbeiträgen; Obermeier in Handbuch des Einkommensteuerrechts, § 10 Anm. 1g, § 33 Anm. 2c [4] a. E.).

c) Tilgungsstreckung

993 Soweit für das Disagio ein Tilgungsstreckungsdarlehen aufgenommen wird, fließt das Disagio nach **Auffassung des BMF** (v. 25. 10. 1990, BStBl I 626, Abs. 51 Satz 3) mit den Tilgungsraten des Tilgungsstreckungsdarlehens ab (BFH v. 26. 11. 1974, BStBl 1975 II 330; v. 21. 1. 1975, BStBl II 503; a. A. – zutreffend – FG Düsseldorf v. 27. 10. 1989, Revision, EFG 1990, 578, Az. des BFH: IX R 20/90).

994 Ein **Fall der sog. Tilgungsstreckung liegt jedoch nicht vor,** wenn

- der Zwischenkredit, aus dessen Mitteln das Disagio gezahlt wird, von einem anderen Gläubiger stammt als das Hauptdarlehen oder

- der Darlehensnehmer mit dem Darlehensgeber vereinbart, daß das Disagio im voraus und nicht etwa erst mit der Tilgung des Zusatzdarlehens entsteht (BFH v. 8. 11. 1988, BFH/NV 1989, 496).

▷ **Gestaltungshinweis:**

Bei Vereinbarung eines Disagios ist zu empfehlen, diesen Betrag **nicht mit einem Tilgungsstreckungsdarlehen zu finanzieren,** sondern dem Darlehensbetrag zuzuschlagen.

995–1001 *(Einstweilen frei)*

● **Doppelbesteuerungsabkommen**

1002 Gewinne aus Unternehmen eines Vertragsstaates werden grundsätzlich im Wohnsitzstaat des Unternehmers besteuert, soweit nicht das Unternehmen im anderen Staat eine **Betriebsstätte** unterhält und die Gewinne dieser Betriebsstätte zuzuordnen sind (vgl. i. e. Herrmann/Heuer/Raupach, Einf. EStG Anm. 147; zum Stand der Doppelbesteuerungsabkommen vgl. BMF v. 4. 1. 1993, BStBl I 4).

● **Doppelte Haushaltsführung (§ 4 Abs. 4, Abs. 5 Nr. 6, 7, § 9 Abs. 1 Satz 3 Nr. 5 EStG)**

Literatur: *Söhn*, Werbungskosten wegen doppelter Haushaltsführung und allgemeiner Werbungskostenbegriff, StuW 1983, 193; *ders.*, Werbungskosten wegen doppelter Haushaltsführung bei Wegverlegung des Familienwohnsitzes, FR 1984, 25; *Meyer*, Neue Perspektiven zur Behandlung selbstgenutzter Wohnungen im Rahmen einer doppelten Haushaltsführung ab Veranlagungszeitraum 1987 durch das Wohneigentumsförderungsgesetz, FR 1987, 277; *Niermann*, Anwendung des § 10e EStG bei doppelter Haushaltsführung?, DB 1987, 1384; *Giloy*, Die selbstgenutzte eigene Wohnung am Beschäftigungsort – Schließen Werbungskosten den § 10e EStG aus?, BB 1987, 1574; *Horlemann*, Nochmals: § 10e EStG und doppelte Haushaltsführung – Erwiderung zu dem Beitrag von Niermann, DB 1987, 1384 –, DB 1987, 2384; *Niermann*, Replik auf die Erwiderung von Horlemann, DB 1987, 2385; *Stuhrmann*, Weitere Fragen zum Wohneigentumsförderungsgesetz, DStR 1987, 713; *Thomas*, Doppelte Haushaltsführung Verheirateter und Geschiedener bei Wohnsitzverlegung, KFR F. 6 EStG § 9, 2/88, 47; *Giloy*, Wahlrecht zwischen doppelter Haushaltsführung und Fahrten zwischen Wohnung und Arbeitsstätte, NWB F. 6, 3015; *v. Bornhaupt*, Doppelte Haushaltsführung, NWB F. 6, 3045; *Neufang*, Aufwendungen für die eigene Wohnung im Rahmen doppelter Haushaltsführung, Inf 1989, 433; *Hündgen*, Anwendung des § 10e EStG bei doppelter Haushaltsführung?, DB 1989, 2044; *Obermeier*, Nutzung zu eigenen Wohnzwecken; keine Ferien- oder Wochenendwohnung, DStR 1989, 764; *ders.*, Das selbstgenutzte Wohneigentum, 3. Aufl. Herne/Berlin 1992.

Verwaltungsanweisungen: Abschn. 20a Abs. 6ff. EStR; Abschn. 43 LStR; OFD München v. 22. 12. 1987, Aufwendungen für eine Wohnung im Rahmen einer doppelten Haushaltsführung nach Neuregelung der steuerlichen Förderung des selbstgenutzten Wohneigentums, DStR 1988, 151, DB 1988, 250, BB 1988, 190, FR 1988, 72; OFD Münster v. 23. 1. 1989, Neuregelung der steuerrechtlichen Förderung des selbstgenutzten Wohneigentums im Rahmen einer doppelten Haushaltsführung, FR S. 118; BMF v. 10. 5. 1989, Aufwendungen für eine eigene Wohnung im Rahmen einer steuerlich anzuerkennenden doppelten Haushaltsführung, BStBl I 165.

1. Allgemeines

Folgende Ausführungen gelten sowohl für **Unternehmer** als auch für **Arbeitnehmer** (§ 4 Abs. 4, Abs. 5 Nr. 6, 7, § 9 Abs. 1 Satz 3 Nr. 5 EStG; Abschn. 20a Abs. 6 EStR; Abschn. 43 LStR). Die Ausführungen hinsichtlich der Arbeitnehmer sind auch für Unternehmer wichtig, da sie die notwendigen Mehraufwendungen für doppelte Haushaltsführung steuerfrei erstatten können (§ 3 Nr. 16 EStG; vgl. Rdnr. 2643).

1003

2. Voraussetzungen für doppelte Haushaltsführung i. S. von § 4 Abs. 4, Abs. 5 Nr. 6, 7, § 9 Abs. 1 Satz 3 Nr. 5 EStG

1004 Aufwendungen für eine doppelte Haushaltsführung sind nur dann als Betriebsausgaben (Werbungskosten) abziehbar, wenn der Steuerpflichtige die doppelte Haushaltsführung **aus beruflichem Anlaß** begründet hat (grundlegend zur beruflichen Veranlassung vgl. BFH v. 2. 12. 1981, BStBl 1982 II 297, m. w. N.; Söhn, StuW 1983, 202; ders., FR 1984, 28; v. Bornhaupt, NWB F. 6, 3045).

a) Beispiele für private Veranlassung

LEXinform
▶ BSt-BG-0555 ◀

1005 Die berufliche Veranlassung scheidet aus in Fällen, die sich so gestalten wie die folgenden

Beispiele:

- Ein Unternehmer führt nach einer beruflichen Veränderung zunächst einen doppelten Haushalt und lebt danach über mehrere Jahre hinweg mit seiner Familie an seinem Beschäftigungsort, im Anschluß daran kehrt die Familie an ihren früheren Wohnort wieder zurück. Voraussetzung ist, daß der am Familienwohnsitz befindliche Haushalt aufgelöst wird (BFH v. 2. 12. 1981, BStBl 1982 II 323; FG Hamburg v. 24. 10. 1991 rkr., EFG 1992, 451). Dies gilt m. E. auch, wenn das gemeinsame Wohnen am Beschäftigungsort nur eine kürzere Zeit gedauert hat (vgl. Hessisches FG v. 26. 10. 1984 rkr., EFG 1985, 291, die Grenze liege bei einem Jahr; vgl. auch Hessisches FG v. 17. 4. 1991 rkr., EFG S. 730). Die spätere Begründung einer doppelten Haushaltsführung kann jedoch beruflich veranlaßt sein, wenn kein enger Zusammenhang mit der vorausgegangenen Wegverlegung des Familienwohnsitzes besteht, z. B. wenn mehr als fünf Jahre zwischen der Wegverlegung des Familienhaushalts und der erneuten Wohnungsnahme am Beschäftigungsort verstrichen sind (BFH v. 30. 10. 1987, BStBl 1988 II 358) oder die erneute Wohnungsnahme wegen einer zwischenzeitlich festgestellten schweren Erkrankung des Unternehmers (Arbeitnehmers) erfolgt (BFH v. 22. 9. 1988, BStBl 1989 II 94).

- Nur ein Ehegatte ist berufstätig, beide Ehegatten behalten ihre bisherigen Wohnungen an getrennten Orten auch nach der Eheschließung bei und bestimmen die Wohnung im eigenen Einfamilienhaus des nicht berufstätigen Ehegatten zur Familienwohnung (BFH v. 20. 12. 1982, BStBl 1983 II 306).

- Der am Beschäftigungsort wohnende geschiedene Ehegatte begründet mit dem geschiedenen Ehegatten erneut einen Hausstand (BFH v. 13. 8. 1987, BStBl 1988 II 53).

- Zusammenleben in nichtehelicher Lebensgemeinschaft (BFH v. 22. 9. 1988, BStBl 1989 II 293; v. 21. 10. 1988, BStBl 1989 II 561, m. Anm. Müller, KFR F. 6 EStG § 9, 6/89, 179; v. 5. 10. 1989, BFH/NV 1991, 361; v. 24. 11. 1989, BStBl 1990 II 312; v. 20. 12. 1991, BStBl 1992 II 306; zur Ausnahme vgl. Rdnr.

1006). Die Aufwendungen eines Ledigen sind jedoch dann nach § 9 Abs. 1 Satz 1 EStG abziehbar, wenn der Arbeitnehmer vorübergehend (längstens 3 Jahre) am diesem Ort beschäftigt oder umzugsbereit ist, aber keine angemessene Wohnung finden kann (lt. Thomas, KFR F. 6 EStG § 9, 2/90, 125, regelmäßig nicht länger als sechs Monate). In beiden Fällen ist aber Voraussetzung, daß er den Lebensmittelpunkt am bisherigen Wohnort beibehält (Abschn. 43 Abs. 5 Nr. 2 LStR; vgl. BFH v. 12. 10. 1990, BFH/NV 1991, 662; zur Schätzung des tatsächlichen Mehraufwands vgl. BFH v. 24. 10. 1991, BStBl 1992 II 198, m. Anm. v. Bornhaupt, BB 1992, 1191).

- Der Steuerpflichtige führt den Familienhaushalt am bisherigen Wohnort weiter, lebt aber am Beschäftigungsort auf Dauer mit einer anderen Frau und einem gemeinsamen Kind in einem eigenen Hausstand, und dieser Hausstand bildet den Mittelpunkt seiner Lebensinteressen (BFH v. 25. 3. 1988, BStBl II 582, m. Anm. Müller, KFR F. 6 EStG § 9, 4/88, 229).

b) Beispiele für eine berufliche Veranlassung

LEXinform
▶ BSt-BG-0560 ◀

Beruflich veranlaßt sind Aufwendungen in Fällen, die sich so darstellen wie folgende

1006

Beispiele:

- Beide Eheleute waren vor der Verheiratung an verschiedenen Orten berufstätig und wohnten an den Beschäftigungsorten. Nach der Eheschließung machen sie eine der beiden Wohnungen zur Familienwohnung (BFH v. 13. 7. 1976, BStBl II 654). Dies gilt auch dann, wenn die Ehegatten schon vor der Eheschließung zusammengelebt und die spätere Familienwohnung an einem der beiden Beschäftigungsorte gemeinsam bewohnt haben (BFH v. 4. 10. 1989, BStBl 1990 II 321, m. Anm. Thomas, KFR F. 6 EStG § 9, 2/90, 125; vgl. auch BFH v. 29. 11. 1990, BFH/NV 1991, 531). Bei beiderseits berufstätigen Ledigen ist der Eheschließung die Geburt eines gemeinsamen, in die gemeinschaftliche Wohnung aufgenommenen Kindes gleichzustellen (BFH v. 24. 11. 1989, BStBl 1990 II 312). Eine Schwangerschaft allein reicht jedoch nicht aus (a. A. FG Rheinland-Pfalz v. 14. 10. 1991, Revision, EFG 1992, 325, Az. des BFH: VI R 18/92).

- Die Eheleute haben am Beschäftigungsort des Ehemannes einen gemeinsamen Haushalt geführt, die Ehefrau zieht wegen eines an einem anderen Ort einzugehenden Arbeitsverhältnisses dorthin um und die Eheleute bestimmen diesen Ort auch zum Familienwohnsitz (BFH v. 2. 10. 1987, BStBl II 852; vgl. dazu Thomas, KFR F. 6 EStG § 9, 2/88, 47; anders noch BFH v. 16. 4. 1980, BStBl II 512 und Söhn, FR 1984, 28).

- Der Arbeitnehmer nimmt an einem anderen Ort als dem bisherigen Beschäftigungsort unter Beibehaltung seines Familienwohnsitzes eine Beschäftigung auf und verlegt seine Wohnung dorthin (BFH v. 26. 8. 1988, BStBl 1989 II 89, m. Anm. Müller, KFR F. 6 EStG § 9, 2/89, 49).

- Vgl. auch Rdnr. 1005.

3. Notwendige Mehraufwendungen
LEXinform
▶ BSt-BG-0562 ◀

1007 § 4 Abs. 4, Abs. 5 Nr. 6, 7 i. V. mit § 9 Abs. 1 Satz 3 Nr. 5 EStG stellen Ausnahmen zu § 12 Nr. 1 EStG dar, wonach Aufwendungen für die Lebensführung grundsätzlich der Privatsphäre zugeordnet und damit steuerrechtlich unbeachtlich sind. Während § 9 Abs. 1 Satz 1 Nr. 5 EStG ausdrücklich nur die Abzugshöhe bei **Familienheimfahrten** regelt (vgl. dazu Rdnr. 1485), sind die übrigen Aufwendungen (insbesondere für Wohnung und Verpflegung) auf die **notwendigen Mehraufwendungen** begrenzt (Abschn. 20 a Abs. 6 EStR; Abschn. 43 LStR). Es sind daher zunächst die tatsächlichen Kosten zu ermitteln und sodann die überhöhten Kosten auszuscheiden (BFH v. 16. 3. 1979, BStBl II 473). Die tatsächlichen Kosten bei einer Mietwohnung setzen sich aus Miete sowie laufenden Nebenkosten und AfA auf notwendige Einrichtungsgegenstände (vgl. FG Köln v. 5. 2. 1992 rkr., EFG 1993, 144; zu geringwertigen Wirtschaftsgütern vgl. Rdnr. 1166 ff.) sowie Rückumzugskosten (BFH v. 29. 4. 1992, BStBl II 667) zusammen.

1008 Beim **selbstgenutzten Wohneigentum** sind nach BMF v. 10. 5. 1989 (BStBl I 165) die Aufwendungen in der Höhe als notwendig anzusehen, in der sie der Steuerpflichtige als Mieter für eine nach Größe, Ausstattung und Lage angemessene Wohnung tragen müßte (FG des Saarlandes v. 1. 2. 1991 1 K 68/90 rkr., NWB-EN Nr. 644/91). Zu den Aufwendungen gehören die AfA, Hypothekenzinsen und Reparaturkosten, auch die laufenden Nebenkosten und die AfA auf notwendige Einrichtungsgegenstände (BFH v. 3. 12. 1982, BStBl 1983 II 467; zu geringwertigen Wirtschaftsgütern vgl. Rdnr. 1166 ff.). Fällt das Objekt unter die **Übergangsregelung des § 52 Abs. 21 EStG**, so kann der Steuerpflichtige im Rahmen der doppelten Haushaltsführung auch die Beträge des § 52 Abs. 21 Sätze 4 bis 6 EStG in Anspruch nehmen (BMF v. 10. 5. 1989, BStBl I 165).

4. Ausschluß von § 10 e EStG bei doppelter Haushaltsführung
LEXinform
▶ BSt-BG-0565 ◀

1009 § 10 e EStG ist ausgeschlossen, wenn die Aufwendungen für eine doppelte Haushaltsführung als Werbungskosten oder Betriebsausgaben angesetzt werden (BMF v. 25. 10. 1990, BStBl I 626, Abs. 4; vgl. BMF v. 10. 5. 1989, BStBl I 165). Dies ergibt sich aus der allgemeinen Definition in § 10 Abs. 1 EStG, der Rechtsprechung des BFH (v. 3. 12. 1982, BStBl 1983 II 467) sowie dem Rechtsgedanken des § 10 e Abs. 1 Satz 7 EStG (h. M., ausführlich dazu Obermeier, Das selbstgenutzte Wohneigentum, Anm. 76).

Im Gegensatz dazu treten Meyer (FR 1987, 277) und Niermann (DB 1987, 1384, 2385) für die ausschließliche Anwendung des § 10 e EStG, Märkle/ Wacker/Franz (BB, Beilage 1986 Nr. 8, 8) und Giloy (BB 1987, 1574) für die kumulative Anwendung der §§ 9 und 10 e EStG und Boeker (in Lademann/Söffing/Brockhoff, § 10 e EStG Anm. 55) für ein Wahlrecht zwischen § 9 und § 10 e EStG ein. Nach Auffassung von Herrmann/Heuer/ Raupach (§ 10 e EStG Anm. 24 m. w. N.) soll § 10 e EStG bei einem tatsächlichen (nicht nur rechtlich möglichen) Betriebsausgaben- bzw. Werbungskostenabzug ausscheiden. Wegen der Abzugsbegrenzung bei doppelter Haushaltsführung soll daher § 10 e EStG dann anwendbar sein, wenn sich die AfA auf die Höhe des zulässigen Betriebsausgaben- bzw. Werbungskostenabzug tatsächlich nicht auswirkt. Bei dieser Rechtsunsicherheit sollte man **sowohl § 10 e EStG als auch den Betriebsausgaben- bzw. Werbungskostenabzug wegen doppelter Haushaltsführung geltend machen.**

5. Wahlrecht zwischen Fahrtkosten und doppelter Haushaltsführung

LEXinform
▶ BSt-BG-0570 ◀

Die Lösung dieses Rechtsproblems wird aber durch BFH v. 9. 6. 1988 (BStBl II 990, m. Anm. Kretzschmar, DStZ A 1989, 103) beeinflußt. Nach diesem Urteil kann ein Arbeitnehmer, der nicht am Ort der Familienwohnung arbeitet und am Arbeitsort eine zweite Wohnung gemietet hat, wählen, ob er die **Aufwendungen für sämtliche Fahrten zwischen der Wohnung**, die seinen Lebensmittelpunkt bildet, **und der Arbeitsstätte** nach § 9 Abs. 1 Satz 3 Nr. 4 EStG **oder** die notwendigen Mehraufwendungen aus Anlaß der **doppelten Haushaltsführung** nach § 9 Abs. 1 Satz 3 Nr. 5 EStG geltend machen will. Die ab 1990 geltende weitere Einschränkung, daß die weiter entfernt liegende Wohnung nicht nur gelegentlich aufgesucht wird (§ 9 Abs. 1 Satz 3 Nr. 4 Satz 3 EStG), dürfte nur auf ausländische Arbeitnehmer zutreffen (vgl. FG Düsseldorf v. 21. 12. 1992 rkr., EFG 1993, 299; Giloy, NWB F. 6, 3015). Wenn sich nun der Steuerpflichtige für die erste Möglichkeit entscheidet, sind die Aufwendungen für die selbstgenutzte Wohnung nicht im Rahmen der doppelten Haushaltsführung, sondern nach § 10 e EStG abziehbar (BMF v. 10. 5. 1989, BStBl I 165).

Dieses Wahlrecht kann für **jeden Veranlagungszeitraum** neu in Anspruch genommen werden (Abschn. 24 Abs. 5 Satz 8 LStR; nach v. Bornhaupt in Kirchhof/Söhn, § 9 Rdnr. F 98 a, Wahlausübung in Monatsabschnitten;

a. A. Giloy, NWB F. 6, 3015; Neue Wahlmöglichkeit jedenfalls bei Arbeitsplatzwechsel; a. A. Kretzschmar, DStZ A 1989, 103 f., neue Wahl bei Änderung der Verhältnisse); eine Nachholung nach § 10e Abs. 3 Satz 1 EStG (vgl. Obermeier, Das selbstgenutzte Wohneigentum, Anm. 164 ff.) ist jedoch für die Jahre nicht möglich, in denen sich der Steuerpflichtige für den Ansatz sämtlicher Fahrtkosten entscheidet. Ein (ständiger) Wechsel zwischen beiden Möglichkeiten wirft Probleme hinsichtlich der anzusetzenden AfA im Rahmen der doppelten Haushaltsführung auf (hierzu vgl. Obermeier, a. a. O., Anm. 129 f. – Nutzungsänderung).

▷ **Hinweis:**

Eine allgemeine **Empfehlung**, welche Möglichkeit Sie wählen sollen, kann nicht gegeben werden. Ungünstig ist bei § 10e EStG, daß der Abzugsbetrag der Höhe nach beschränkt und die Objektbegrenzung zu beachten ist (§ 10e Abs. 4 und 5 EStG; hierzu vgl. Obermeier, Das selbstgenutzte Wohneigentum, Anm. 173 ff.). Bei doppelter Haushaltsführung ist der Abzug auf die notwendigen Mehraufwendungen beschränkt (BFH v. 16. 3. 1979, BStBl II 473; v. 3. 12. 1982, BStBl 1983 II 467; Abschn. 20a EStR; Abschn. 43 Abs. 6 bis 9 LStR), bei Betriebsvermögen besteht im Veräußerungsfall die Gefahr einer Gewinnrealisierung.

1013 Die **steuerrechtlich günstigste Lösung** wäre daher, wenn der andere Ehegatte die Wohnung erwerben und sie dann an den im Rahmen einer doppelten Haushaltsführung Nutzenden vermieten würde (vgl. dazu Rdnr. 552 ff.).

1014–1020 *(Einstweilen frei)*

● **Drittaufwand**

1021 vgl. „Arbeitszimmer", Rdnr. 682 ff.; „Betriebsausgaben", Rdnr. 871.

● **Durchlaufende Posten (§ 4 Abs.3 Satz 2 EStG)** LEXinform ▶ BSt-BG-0575 ◀

1022 Betriebseinnahmen und Betriebsausgaben, die im Namen und für Rechnung eines anderen vereinnahmt werden, sind durchlaufende Posten. Sie scheiden bei der **Gewinnermittlung durch Überschußrechnung** (vgl. Rdnr. 431 ff.) aus (§ 4 Abs. 3 Satz 2 EStG). Dies gilt auch bei der Gewinnermittlung durch Betriebsvermögensvergleich (§ 4 Abs. 1, § 5 EStG, vgl. Rdnr. 420 ff.), da diese Fremdgelder in der Buchführung durch Ansatz eines entsprechenden Aktiv- bzw. Passivpostens auszuweisen sind.

Der Begriff des durchlaufenden Postens setzt daher eine **Einnahme und** 1023
eine entsprechende Ausgabe voraus. Dabei ist es unerheblich, ob die Einnahme vor der Ausgabe erfolgt – dies ist der eigentliche Tatbestand des durchlaufenden Postens –, ober ob die Einnahme nachträglich eine zuvor im Namen und für Rechnung eines anderen vorgenommene Auslage ersetzen soll (sog. Auslagenersatz vgl. BFH v. 18. 12. 1975, BStBl, 1976 II 370).

Hat der Unternehmer in seiner Gewinnermittlung **fehlerhaft** einen durch- 1024
laufenden Posten als Betriebseinnahme erfaßt, und ist der entsprechende ESt-Bescheid bereits bestandskräftig geworden, so kann er die entsprechende Ausgabe im Zeitpunkt der Verausgabung als Betriebsausgabe behandeln; denn durchlaufende Posten sind gewinneutral (vgl. BFH v. 18. 12. 1975, BStBl 1976 II 370). Entsprechendes gilt im umgekehrten Fall (Ausgabe wird als Betriebsausgabe behandelt), wenn nicht bereits eine Berichtigung nach § 173 Abs. 1 Nr. 1 AO vorzunehmen ist.

Hat der Unternehmer Gelder in fremdem Namen und für fremde Rech- 1025
nung verausgabt, **ohne daß er entsprechende Gelder vereinnahmt**, so kann er in dem Wirtschaftsjahr, in dem er nicht mehr mit der Erstattung der verausgabten Gelder rechnen kann, in Höhe des nicht erstatteten Betrags eine Betriebsausgabe ansetzen. Soweit der nicht erstattete Betrag noch in einem späteren Wirtschaftsjahr erstattet wird, ist er als Betriebseinnahme zu behandeln (Abschn. 17 Abs. 2 Sätze 3 und 4 EStR).

Keine durchlaufenden Posten, sondern Betriebseinnahmen und Betriebs- 1026
ausgaben sind Zahlung und Erstattung von **Porti, Telefon- und Reisekosten sowie vereinnahmte und verausgabte USt** (BFH v. 19. 2. 1975, BStBl II 441; FG Hamburg v. 17. 11. 1989 rkr., EFG 1990, 624; vgl. auch FG Köln v. 2. 11. 1988 nrkr., EFG 1989, 110; a. A. Meyer, DStZ A 1985, 195).

(Einstweilen frei) 1027–1030

• Ehegatten-Arbeitsverhältnisse, -Darlehens-, -Miet- und -Kaufverträge sowie Verträge mit anderen Angehörigen

Literatur: *Neufang,* Arbeitsverhältnisse mit Ehegatten, Inf 1987, 321; *Maier,* Ehegatten-Arbeitsverhältnisse und ihre steuerliche Anerkennung, BB 1987, 2279; *Söffing,* Tantiemezahlungen an Familienangehörige, NWB F. 3, 7111; *el,* Arbeitsverhältnisse mit Ehegatten sowie Kindern und Mindestbarentlohnung, DB 1988, 937;

ders., Arbeitsverträge über gelegentliche Hilfeleistungen von Kindern, DB 1988, 2026; *Pinkos*, Renaissance des betriebsexternen Vergleichs bei Ehegatten-Arbeitsverhältnissen, DB 1989, 2508; *Offerhaus*, Rechtsprechung im besonderen Blickpunkt der Außenprüfung, StBp 1990, 46; *Wolff-Diepenbrock*, Überweisungen auf ein Oder-Konto bei Ehegattenverträgen – Beschluß des Großen Senats v. 27. 11. 1989, DStR 1990, 104; *Dietrich*, Überweisung des Gehalts an Arbeitnehmerehegatten auf ein Oder-Konto, KFR F. 3 EStG § 4, 3/90, 109; *Söffing*, Arbeitsverhältnis zwischen Angehörigen bei Zurverfügungstellung des Arbeitslohns als Darlehen, NWB F. 3, 7413; *ders.*, Überweisung von Arbeitslohn eines Arbeitnehmer-Ehegatten, NWB F. 3, 7487; *Scholtz*, Arbeitsverhältnisse und Mietverhältnisse zwischen Ehegatten, KFR F. 3 EStG § 4, 8/90, 315; *Stuhrmann*, Arbeitsverhältnisse zwischen Ehegatten, NWB F. 3, 7607; *Assmann*, Anerkennung und Durchführung von Ehegattenarbeitsverhältnissen, BuW 1991, 14; *Carl*, Arbeitsverhältnisse zwischen Ehegatten, Inf 1991, 12; *Boochs*, Steuervorteile durch Vereinbarungen zwischen Familienangehörigen, Neuwied 1991; *Kemmer*, Darlehen an eine Personengesellschaft von nahen Angehörigen eines Gesellschafters, DStR 1991, 676; *Heißenberg*, Miete, Darlehen und Schenkung unter Angehörigen: Beratungsrelevante Auslese aus der neueren Steuerrechtsprechung, KÖSDI 1991, 8537; *Traxel*, Ungesicherte langfristige Kinder-Darlehen unbeachtlich, KFR F. 3 EStG § 4, 8/91, 155; *Scholtz*, Darlehenszinsen als Betriebsausgaben, KFR F. 3 EStG § 4, 7/91, 153; *Kupfer*, Arbeitsverhältnisse zwischen Angehörigen: Beratungsrelevante Auslese aus der neueren Steuerrechtsprechung, KÖSDI 1991, 8573; *Charlier*, Permanente steuerliche Diskriminierung der Familie?, NWB Blickpunkt Steuern, 7/91; *Dehmer/Nagelschmidt*, Steuerliche Anerkennung von Darlehensvereinbarungen zwischen nahen Angehörigen, KFR F. 3 EStG § 4, 11/91, 183; *Scholtz*, Steuerliche Zurechnung von Einkünften bei Vereinbarungen unter nahen Angehörigen, NWB F. 3, 8073; *Kemmer*, Darlehensverhältnisse unter nahen Angehörigen, DStR 1991, 1619; *Obermeier*, Fremdvergleich bei Verwandtendarlehen, KFR F. 3 EStG § 9, 4/91, 345; *Janssen*, Strategien eines Familiensplitting durch die Übertragung von Einkunftsquellen, DStZ 1992, 22; *Eggers*, Anerkennung eines Ehegatten-Arbeitsverhältnisses, KFR F. 3 EStG § 4, 1/92, 11; *Harenberg*, Pauschalierung des Nutzungswerts im eigenen Zweifamilienhaus, KFR F. 3 EStG § 21 a, 1/92, 105; *Authenrieth*, Über die stille Gesellschaft, die Unterbeteiligung oder das Darlehen mit nahen Angehörigen zum „Familiensplitting", DStZ 1992, 86; *Neufang*, Darlehensverträge mit Angehörigen, Inf 1992, 109; *Scholtz*, Darlehensverhältnisse unter nahen Angehörigen, NWB F. 3, 8215; *Walter*, Risiko des „Familiensplitting" bei den Einkünften aus Kapitalvermögen, DStZ 1992, 236; *Broudré*, Darlehensverträge zwischen Angehörigen, DB 1993, 8; *Menken*, Arbeitsrechtliche Probleme des Ehegattenarbeitsverhältnisses, DB 1993, 161; *Katterbe*, Neuere Rechtsprechung zu Darlehen zwischen nahen Angehörigen – zugleich ein Beitrag zum Fremdvergleich, FR 1993, 113; *Klenk*, Vermietung einer Arztpraxis an Ehegatten, KFR F. 7 KStG § 15, 2/93, 77; *G. Söffing*, Die steuerrechtliche Anerkennung von Verträgen zwischen Angehörigen, NWB F. 3, 8561; *Schulze zur Wiesche*, Angehörigendarlehen unter Berücksichtigung des Zinsabschlaggesetzes, DB 1993, 1108; *Carlé*, Anpassung von Angehörigen-Darlehen an die aktuelle Steuerpraxis, KÖSDI 1993, 9442.

Einkommensteuer / Ehegatten-Arbeitsverhältnisse

Verwaltungsanweisungen: Abschn. 23 EStR; Abschn. 69 LStR; BMF v. 4. 9. 1984, Steuerrechtliche Behandlung von Aufwendungen des Arbeitgebers für die betriebliche Altersversorgung des im Betrieb mitarbeitenden Ehegatten, BStBl I 495; BMF v. 11. 4. 1985, Darlehensverträge zwischen nahen Angehörigen, BStBl I 180; BMF v. 9. 1. 1986, Altersversorgung, BStBl I 7; OFD Münster v. 14. 3. 1991, Steuerliche Anerkennung von Verträgen unter Angehörigen bei Überweisung des Entgelts auf ein sog. Oder-Konto, hier: Ruhenlassen von Rechtsbehelfsverfahren, DStR S. 513; OFD Nürnberg v. 23. 5. 1991, dto., DStR S. 1251; BMF v. 1. 12. 1992, Steuerliche Anerkennung von Darlehensverträgen zwischen Angehörigen, BStBl I 729; BMF v. 25. 5. 1993, dto., BStBl I 410; BMF v. 16. 8. 1993, Stille Beteiligungen, DB S. 1899.

1. Ehegatten-Arbeitsverhältnisse

a) Vor- und Nachteile

In der Mehrzahl der Fälle ist es **vorteilhaft**, ein Ehegatten-Arbeitsverhältnis einzugehen. 1031

Vorteile: Gewährung steuerfreier Gehaltsteile, z. B. Arbeitnehmer-Pauschbetrag von 2 000 DM (§ 9 a Satz 1 Nr. 1 EStG), Abfindungen wegen Auflösung des Dienstverhältnisses (§ 3 Nr. 9 EStG; vgl. Rdnr. 2591 ff.), Geburtsbeihilfen bis 700 DM (§ 3 Nr. 15 EStG; vgl. Rdnr. 2651 ff.); Zahlung vermögenswirksamer Leistungen; Versorgungszusage (vgl. Rdnr. 1518 ff.); Möglichkeiten der Pauschalierung, z. B. für Teilzeitbeschäftigte (§ 40 a EStG, vgl. Rdnr. 2826 ff.), für Zukunftssicherungsleistungen (§ 40 b EStG, vgl. Rdnr. 2846 ff.; Minderung des Gewerbeertrags; Erwerb von Ansprüchen aus der gesetzlichen Renten-, Kranken- und Arbeitslosenversicherung; Reduzierung des Versorgungsausgleichs bzw. eines Zugewinnausgleichs im Falle der Scheidung (Neufang, Inf 1987, 321). 1032

Nachteile: Zahlung von Kranken-, Renten- und Arbeitslosenversicherungsbeiträgen, wenn die Beschäftigung nicht sozialversicherungsfrei ist. 1033

b) Fremdvergleich, Gestaltungsmißbrauch

LEXinform
▶ BSt-BG-0580 ◀

Arbeitsverhältnisse zwischen Ehegatten werden steuerrechtlich nur dann anerkannt, wenn sie **klar und eindeutig vereinbart** und auch **tatsächlich vollzogen** worden sind. Vertragsgestaltung und Vertragsdurchführung sind grundsätzlich daraufhin zu überprüfen, ob sie auch zwischen fremden Dritten üblich wären (sogenannter **Fremdvergleich**; ständige Rechtsprechung, z. B. BFH v. 27. 11. 1989, BStBl 1990 II 160, m. Anm. Dietrich, KFR F. 3 EStG § 4, 3/90, 109; v. 22. 1. 1991, BFH/NV S. 667; jeweils 1034

m. w. N.; Fremdvergleich verfassungsgemäß vgl. BVerfG v. 16. 7. 1991 2 BvR 769/90 u. a., NWB-EN Nr. 1456/91; gegen Fremdvergleich Charlier, NWB Blickpunkt Steuern, 7/91).

1035 Der Fremdvergleich gilt grundsätzlich auch für **andere Verträge** zwischen Ehegatten sowie für Verträge mit **anderen Angehörigen** (ausführlich zur steuerrechtlichen Anerkennung von Verträgen zwischen Angehörigen G. Söffing, NWB F. 3, 8561).

1036 Halten die Vereinbarungen dem Fremdvergleich nicht stand, so können auch etwaige Zahlungen, z. B. unregelmäßige Zahlungen sowie die gezahlten LSt und Sozialabgaben, nicht als Betriebsausgaben anerkannt werden (BFH v. 14. 7. 1988, BFH/NV 1989, 155).

1037 Verträge, die dem Fremdvergleich standhalten, sind daraufhin zu prüfen, ob ihnen wegen **Gestaltungsmißbrauch** (§ 42 AO) die steuerliche Anerkennung zu versagen ist (vgl. BFH v. 14. 5. 1992, BStBl II 859, m. w. N.).

c) **Vertragsabschluß**

LEXinform
▶ BSt-BG-0585 ◀

1038 Es muß ein Leistungsaustausch auf arbeitsrechtlicher Grundlage gewollt sein (vgl. Menken, DB 1993, 161); insbesondere müssen Hauptpflichten konkret bestimmt sein (FG Baden-Württemberg v. 11. 10. 1991 rkr., EFG 1992, 436). Der Vertrag muß **zivilrechtlich wirksam** und eindeutig sein. Er muß vor Beginn des Arbeitsverhältnisses abgeschlossen werden. **Rückwirkende Verträge** werden **nicht anerkannt** (BFH v. 29. 11. 1988, BStBl 1989 II 281, zu Tantiemezahlungen an Kinder). Die arbeits- und sozialversicherungsrechtliche Behandlung hat für die steuerrechtliche Beurteilung nur Indizwirkung (BFH v. 28. 7. 1983, BStBl 1984 II 60).

1039 Es ist zwar zur Wirksamkeit von Arbeitsverträgen nicht erforderlich, daß sie **schriftlich** abgeschlossen werden (BFH v. 10. 8. 1988, BStBl 1989 II 137). Um Nachweisschwierigkeiten zu vermeiden, ist jedoch die Schriftform anzuraten.

d) **Vertragsgestaltung**

LEXinform
▶ BSt-BG-0590 ◀

1040 Das Arbeitsverhältnis muß inhaltlich (sachlich) dem entsprechen, was auch bei **Arbeitsverhältnissen unter Fremden** üblich ist (Ausnahme bei vorehelichem Arbeitsverhältnis, BFH v. 21. 10. 1966, BStBl 1967 III 22 und Abschn. 69 Abs. 2 Satz 7 LStR; zur Anerkennung von wechselseitigen Ehegatten-Arbeitsverträgen vgl. BFH v. 12. 10. 1988, BStBl 1989 II 354; FG des Saarlandes v. 13. 9. 1990 rkr., EFG 1991, 13; in der Regel keine Anerkennung, BFH v. 20. 5. 1988, BFH/NV 1989, 19; zum Unterarbeitsverhältnis vgl. FG Hamburg v. 23. 8. 1989 rkr., EFG 1990, 170; FG Bremen v. 21. 2. 1991 rkr., EFG 1991, 314; gegen Anerkennung FG Baden-Württemberg, Außensenate Freiburg v. 27. 11. 1990 rkr., EFG 1991, 378; FG Münster v. 7. 8. 1990 rkr., EFG 1991, 246).

Die **Entlohnung** darf nicht unangemessen hoch sein. Dies ist anhand eines betriebsinternen Fremdvergleichs, in Ausnahmefällen anhand eines betriebsexternen Vergleichs festzustellen (zuletzt BFH v. 31. 5. 1989, DB 1903; kritisch Pinkos, DB 1989, 2508; vgl. auch BMF v. 4. 9. 1984, BStBl I 495). 1041

Angemessen ist also die Entlohnung nur dann, wenn vergleichbare Arbeitnehmer einen entsprechenden Arbeitslohn erhalten (BFH v. 10. 3. 1988, BStBl II 877). Beschäftigt der Unternehmer keine Arbeitnehmer in vergleichbarer Position (z. B. wenn der Ehegatte als einziger für die Buchführung zuständig ist), so ist entscheidend, ob eine Entlohnung in dieser Höhe bei anderen entsprechenden Betrieben üblich ist. 1042

Der Anerkennung eines Ehegatten-Arbeitsverhältnisses steht nicht entgegen, daß der vereinbarte Arbeitslohn **unüblich niedrig** ist, sofern aus dem Mißverhältnis zwischen Leistung und Gegenleistung nicht auf einen mangelnden rechtsgeschäftlichen Bindungswillen zu schließen ist (BFH v. 28. 7. 1983, BStBl 1984 II 60; el, DB 1988, 937; vgl. auch BFH v. 22. 3. 1990, BStBl II 776). 1043

Gelegentliche Hilfeleistungen bei untergeordneten Tätigkeiten, die üblicherweise auf familienrechtlicher Grundlage erbracht werden (vgl. §§ 1353, 1356 BGB bzw. § 1619 BGB) z. B. Reinigung des Arbeitszimmers (BFH v. 27. 10. 1978, BStBl 1979 II 80), eignen sich nicht als Inhalt eines mit einem Fremden zu begründenden Arbeitsverhältnisses (BFH v. 17. 3. 1988, BStBl II 632; kritisch el, DB 1988, 2026 und Rößler, DStZ A 1988, 543; vgl. auch FG Hamburg v. 23. 8. 1989 rkr., EFG 1990, 170). Anderes gilt jedoch, wenn es sich **nicht nur um geringfügige Hilfeleistungen** handelt, die üblicherweise auf vertraglicher Grundlage erbracht werden (BFH v. 25. 1. 1989, BStBl II 453, zu Aushilfstätigkeiten erwachsener Kinder). 1044

e) Vertragsdurchführung

LEXinform
▶ BSt-BG-0595 ◀

1045 Die Rechtsprechung des BFH verlangt außerdem zu Recht, daß der Ehegatten-Arbeitsvertrag entsprechend der Vereinbarung **tatsächlich durchgeführt** wird (vgl. BFH v. 22. 1. 1991, BFH/NV S. 667, m. Anm. Scholtz, KFR F. 3 EStG § 4, 7/91, 153, zur Zinshöhe). Dazu gehört insbesondere, daß der Arbeitnehmer seine Arbeitsleistung erbringt (zur Lohnzahlungszeiträume übergreifender Arbeitsleistung vgl. FG Bremen v. 27. 6. 1991, Nichtzulassungsbeschwerde, EFG S. 729, Az. des BFH: VI B 117/91).

f) Übliche Entlohnung

LEXinform
▶ BSt-BG-0600 ◀

1046 Im übrigen muß der Arbeitnehmer die übliche Entlohnung erhalten. **Nicht anzuerkennen** ist eine Gestaltung, wonach der Arbeitnehmer-Ehegatte für seine tatsächlich geleistete Arbeit aufgrund eines an sich ernstlich und eindeutig geschlossenen Vertrags eine „Entlohnung" z. B. erst bei späterer Auflösung des Arbeitsverhältnisses oder kalenderjährlich (vgl. BFH v. 30. 6. 1989, BFH/NV 1990, 224) oder verzögert (BFH v. 11. 10. 1989, BFH/NV 1990, 364) bzw. in stark wechselnder Höhe (BFH v. 27. 7. 1990, BFH/NV 1991, 442) oder „wenn es die wirtschaftlichen Verhältnisse des Unternehmens erlauben" erhalten würde (FG Hamburg v. 4. 10. 1990 rkr., EFG 1991, 307); denn unter Fremden sind derartige Gehalts- und Lohnabreden nicht üblich (BFH v. 27. 11. 1989, BStBl 1990 II 160; vgl. auch BFH v. 13. 12. 1989, BStBl 1990 II 454). Eine langzeitige Nichtauszahlung des Arbeitslohns ist selbst dann schädlich, wenn das Arbeitsverhältnis bereits seit mehreren Jahren ordnungsgemäß durchgeführt worden ist und im Streitjahr LSt und Sozialabgaben abgeführt werden (BFH v. 25. 7. 1991, BStBl II 842, m. Anm. Eggers, KFR F. 3 EStG § 4, 1/92, 11; WG, DStR 1991, 1451).

g) Freie Verfügung über Lohn

LEXinform
▶ BSt-BG-0605 ◀

1047 Eine tatsächliche Durchführung des Ehegatten-Arbeitsverhältnisses erfordert außerdem, daß der Arbeitnehmer-Ehegatte über die Entlohnung frei und uneingeschränkt vom Arbeitgeber-Ehegatten verfügen kann. Die vereinbarte Entlohnung muß deshalb ersichtlich **in den Einkommens- und Vermögensbereich des Arbeitnehmer-Ehegatten,** der vom Einkommens- und Vermögensbereich des Arbeitgeber-Ehegatten klar und eindeutig getrennt ist, gelangen.

Einkommensteuer / Ehegatten-Arbeitsverhältnisse 273

Anerkannt werden folgende Gestaltungen: 1048

Beispiele:

- Barzahlung, möglichst gegen Quittung (vgl. HFR 1990, 123; Offerhaus, StBp 1990, 46),

- Überweisung auf ein Konto des Arbeitnehmer-Ehegatten, selbst wenn der Arbeitgeber-Ehegatte unbeschränkte Verfügungsvollmacht über das Konto besitzt (BFH v. 15. 1. 1980, BStBl II 350; v. 27. 11. 1989, BStBl 1990 II 160).

Nicht anerkannt werden folgende Gestaltungen: 1049

Beispiele:

- Nur Teilauszahlung des Arbeitsentgelts (BFH v. 13. 7. 1990, BFH/NV 1991, 660; v. 27. 7. 1990, BFH/NV 1991, 442);

- regelmäßige Gutschrift des Gehaltsschecks auf dem privaten Konto des Arbeitgeber-Ehegatten (BFH v. 28. 2. 1990, BStBl II 548);

- Überweisung auf ein Konto des Arbeitgeber-Ehegatten (BFH v. 8. 8. 1990, BStBl 1991 II 16), über das dem Arbeitnehmer-Ehegatten nur ein Mitverfügungsrecht zusteht (BFH v. 15. 1. 1980, BStBl II 350; v. 16. 5. 1990, BFH/NV S. 772; v. 7. 2. 1990, BFH/NV 1991, 582; v. 11. 7. 1990, BFH/NV 1991, 441);

- Überweisung auf ein Konto, das auf beide Ehegatten lautet (sog. Oder-Konto), da die Geldbeträge zwar den betrieblichen Bereich, nicht aber den Vermögensbereich des Arbeitgeber-Ehegatten verlassen haben (BFH v. 27. 11. 1989, BStBl 1990 II 160, m. Anm. Dietrich, KFR F. 3 EStG § 4, 3/90, 109; Wolff-Diepenbrock, DStR 1990, 104; v. 10. 4. 1990, BStBl II 741, m. Anm. Scholtz, KFR F. 3 EStG § 4, 8/90, 315; v. 30. 11. 1990, BFH/NV 1991, 666; kritisch zu dieser Rspr z. B. Söffing, NWB F. 3, 7487; Verfassungsbeschwerde, Az. des BVerfG: 2 BvR 802/90; Ruhenlassen der Rechtsbehelfe, z. B. OFD Nürnberg v. 23. 5. 1991, DStR S. 1251, OFD Münster v. 14. 3. 1991, DStR S. 513). Dies gilt unabhängig davon, weshalb es ursprünglich zu dieser Art der Überweisung gekommen ist und warum diese später beibehalten wurde (BFH v. 7. 2. 1990, BStBl II 429).

- Überweisung im Laufe zweier Jahre jeweils dreimal auf ein Oder-Konto der Eheleute, auch wenn im übrigen der Arbeitnehmer-Ehegatte den Arbeitslohn unmittelbar von einem betrieblichen Konto abgehoben hat (BFH v. 21. 2. 1990, BStBl II 636). Bar ausgezahlte Beträge können aber insoweit als Betriebsausgaben abziehbar sein, als die Barzahlungen in jeweils zusammenhängenden Zeiträumen geleistet wurden und aus dieser Zahlungsweise geschlossen werden kann, daß wenigstens in den Zeiträumen der Barauszahlungen die Einkommens- und Vermögenssphären der Eheleute klar und eindeutig getrennt waren (BFH v. 16. 5. 1990, BStBl II 908).

Die Entscheidung v. 27. 11. 1989 (BStBl 1990 II 160), die der Große 1050
Senat des BFH auch mit der Kontinuität der höchstrichterlichen Recht-

sprechung begründet, ist **verfassungsgemäß**. Dies folgt aus Entscheidungen des BVerfG, in denen es zum einen den Fremdvergleich für sachgemäß erachtet (z. B. BVerfG v. 24. 1. 1962, BStBl III 492; v. 27. 3. 1985, Inf S. 310; v. 16. 7. 1991 2 BvR 769/90 u. a., NWB-EN Nr. 1456/91) und zum anderen gegen die Auffassung des BFH keine Bedenken geäußert hat, eine Überweisung des Lohns auf das private Konto des Arbeitgeber-Ehegatten sei nicht ausreichend, selbst wenn der Arbeitnehmer-Ehegatte hierüber eine unbeschränkte Verfügungsvollmacht hat (BVerfG v. 26. 7. 1984, Inf S. 453; a. A. Söffing, NWB F. 3, 7487, 7491).

1051 Eine **anschließende Darlehensvereinbarung** steht der Anerkennung des Arbeitsverhältnisses auch dann nicht entgegen, wenn der Arbeitnehmer-Ehegatte jeweils im Fälligkeitszeitpunkt über den an ihn auszuzahlenden Netto-Arbeitslohn ausdrücklich dadurch verfügt, daß er den Auszahlungsanspruch in eine Darlehensforderung umwandelt, selbst wenn das Darlehen unverzinslich und ungesichert und für die Rückzahlung keine Fälligkeit vereinbart ist (zu letzterem vgl. § 609 BGB; BFH v. 17. 7. 1984, BStBl 1986 II 48; v. 31. 10. 1989, BFH/NV 1990, 759, m. Anm. Söffing, NWB F. 3, 7413).

▷ **Gestaltungshinweis:**

Diese Gestaltung wird steuerrechtlich aber nur anerkannt, wenn der Unternehmer-Ehegatte die **Auszahlung des Arbeitslohns anbietet** und sich aus der Buchführung ergibt, daß die Lohnschuld zu einer Darlehensschuld geworden ist. Zum Nachweis sind entsprechende Buchungsbelege zu fertigen.

1052 Wird der Arbeitslohn jedoch – **ohne eine solche Verfügung des Arbeitnehmer-Ehegatten** – im Betrieb stehengelassen, so ist ein wie unter Fremden üblicher Darlehensvertrag mit eindeutiger Zins- und Rückzahlungsvereinbarung sowie Sicherung der Darlehenssumme abzuschließen (BFH v. 24. 1. 1990, BFH/NV S. 695, m. w. N.; v. 14. 10. 1981, BStBl 1982 II 119; v. 23. 4. 1975, BStBl II 579; FG Baden-Württemberg v. 6. 12. 1989 rkr., EFG 1990, 415).

1053 Eine **Schenkung des Arbeitslohns** an den Arbeitgeber-Ehegatten ist unschädlich, wenn die Schenkung nicht im engen zeitlichen Zusammenhang mit der Lohnzahlung steht (BFH v. 4. 11. 1986, BStBl 1987 II 336).

2. Mietverträge

▶ BSt-BG-0610 ◀ LEXinform

a) Fremdvergleich bei Mietverträgen

Die vorstehenden Ausführungen gelten entsprechend auch für die tatsächliche Durchführung eines Mietverhältnisses zwischen Ehegatten (BFH v. 27. 11. 1989, BStBl 1990 II 160; v. 10. 4. 1990, BStBl II 741; v. 6. 3. 1991, BFH/NV S. 525, 528; v. 19. 6. 1991, BStBl 1992 II 75, m. Anm. Harenberg, KFR F. 3 EStG § 21 a, 1/92, 105; v. 25. 5. 1993, DB S. 1904; beide , zur tatsächlichen Zahlung des Mietzinses; v. 28. 8. 1991, BFH/NV 1992, 166; Hessisches FG v. 23. 1. 1990 rkr., EFG S. 428; FG des Saarlandes v. 14. 12. 1989 rkr., EFG 1990, 345, zur darlehensweisen Überlassung der Mietzinsen; zum Gestaltungsmißbrauch vgl. BFH v. 14. 5. 1992, BStBl II 859; v. 10. 9. 1992, BStBl 1993 II 253, zur USt; v. 14. 1. 1992, BStBl II 549; zur Vermietung vgl. auch „Arbeitszimmer", Gestaltungshinweis zu Rdnr. 677, 552 ff.; Heißenberg, KÖSDI 1991, 8537).

1054

Hinsichtlich der Miethöhe schließt jedoch § 21 Abs. 2 Satz 2 EStG den Fremdvergleich aus, da danach ein Mietzins von mindestens 50 % der ortsüblichen Marktmiete als voll entgeltliche Überlassung behandelt wird (vgl. Drenseck, FR 1992, 273; a. A. wohl FG Rheinland-Pfalz v. 23. 6. 1992 rkr., EFG S. 741; ausführlich zu § 21 Abs. 2 Satz 2 EStG Obermeier, Das selbstgenutzte Wohneigentum, Anm. 80 ff., mit Beispielen und Gestaltungshinweis).

1055

b) Unentgeltlich eingeräumte Nutzungsrechte

Sind danach Mietzinszahlungen keine Betriebsausgaben, so handelt es sich um eine unentgeltliche Überlassung. Die unentgeltlich eingeräumte Nutzungsbefugnis ist kein einlagefähiges Wirtschaftsgut (BFH v. 10. 4. 1990, BStBl II 741, m. Anm. Scholtz, KFR F. 3 EStG § 4, 8/90, 315).

1056

3. Darlehensverträge; typische stille Beteiligungen

a) Vorteile; Fremdvergleich

▶ BSt-BG-0615 ◀ LEXinform

Aus steuerrechtlichen Gründen ist es **vorteilhaft**, Darlehensverträge bzw. typisch stille Beteiligungen mit Angehörigen abzuschließen, da sich durch die Minderung des Gewerbeertrags eine niedrigere GewSt ergibt. Bei einer vorherigen Schenkung der Darlehenssumme bzw. Einlage können sich Versorgungsausgleich bzw. Zugewinnausgleich im Falle der Scheidung vermindern. Außerdem wird haftungsfreies Vermögen geschaffen.

1057

Zudem können sich ab 1993 durch die Erhöhung des Sparer-Freibetrags auf 12 000 DM bei Zusammenveranlagung (vgl. Rdnr. 1783; Schulze zur Wiesche, DB 1993, 1108) Steuereinsparungen ergeben (vgl. Neufang, Inf 1992, 109, auch zur Form der Darlehen).

1058 Auch bei Darlehensverträgen und typisch stillen Beteiligungen gilt der **Fremdvergleich** (vgl. Rdnr. 1034 ff. und BFH v. 21. 2. 1991 IV R 35/89, DB S. 2013, DStR S. 1078; v. 21. 10. 1992, BStBl 1993 II 289, m. Anm. Eggers, KFR F. 3 EStG § 12, 1/93, 157, kritisch Schmidt, FR 1993, 228; beide zur typisch stillen Beteiligung bei Schenkung der Einlage; BMF v. 1. 12. 1992, BStBl I 729, Tz. 2 ff.; v. 16. 8. 1993, DB S. 1899; dazu auch Authenrieth, DStZ 1992, 86; Walter, DStZ 1992, 236; Broudré, DB 1993, 8; Katterbe, FR 1993, 113; Carlé, KÖSDI 1993, 9442).

b) Schenkung und Darlehen in einer Urkunde

LEXinform
▶ BSt-BG-0620 ◀

1059 Der stärkste Zusammenhang besteht dann, wenn Empfang des Geldes (im Regelfall aufgrund einer Schenkung) und Darlehenshingabe in einer Urkunde vereinbart werden. In diesem Fall handelt es sich um ein **bedingtes Schenkungsversprechen**. Der Darlehensvertrag wird steuerrechtlich nicht anerkannt. Die aufgrund des Schenkungsversprechens geleisteten Zinsen sind demnach nichtabziehbare Zuwendungen i. S. von § 12 Nr. 2 EStG (BFH v. 10. 4. 1984, BStBl II 705; so auch die Finanzverwaltung vgl. BMF v. 1. 12. 1992, BStBl I 729, Tz. 9; a. A. Tiedke, DStZ A 1985, 287; Blass, DStZ A 1985, 374; kritisch auch Söffing, FR 1991, 526).

c) Zusammenhang zwischen Empfang des Geldes und Darlehenshingabe

LEXinform
▶ BSt-BG-0625 ◀

Beispiele:

Schenkung und Darlehen in verschiedenen Urkunden, zeitlich zusammenhängend; Eintritt in bestehenden Darlehensvertrag, wenn Darlehen und Übertragung der Ansprüche zeitlich zusammenhängen; Arbeitslohn wird ohne Verfügung des Arbeitnehmer-Ehegatten im Betrieb stehengelassen (vgl. Rdnr. 1051).

1060 Hängen Empfang des Geldes und Darlehenshingabe offensichtlich zusammen (insbesondere bei Schenkung unter Auflage), so ist das Rechtsverhältnis insgesamt nach den Grundsätzen zu beurteilen, die für Rechtsverhältnisse zwischen nahen Angehörigen gelten (**Fremdvergleich**, vgl.

Rdnr. 1034 ff.; ständige Rechtsprechung, z. B. BFH v. 20. 3. 1987, BStBl 1988 II 603, bei zwei Verträgen – Schenkung und Darlehenshingabe – vom gleichen Tag; Nichtanwendungserlaß, BMF v. 1. 12. 1992, BStBl I 729, Tz. 9 ff., keine Anerkennung nach den Grundsätzen von BFH v. 10. 4. 1984, BStBl II 705, vgl. Rdnr. 1059; BFH v. 22. 5. 1984, BStBl 1985 II 243, bei Eintritt in bestehenden Darlehensvertrag; Nichtanwendungserlaß BMF v. 11. 4. 1985, BStBl I 180; BFH v. 18. 12. 1990, BStBl 1991 II 391, 581, 911).

Diese Verträge sind anzuerkennen, wenn klare und eindeutige Vereinbarungen zumindest über eine **angemessene Verzinsung und Rückzahlung des Darlehens** vorliegen (vgl. BFH v. 14. 11. 1986, BFH/NV 1987, 414) sowie bei **Darlehen mit einer Gesamtlaufzeit von mehr als vier Jahren für diese Summe Sicherheiten** gestellt werden (BFH v. 7. 11. 1990, BStBl 1991 II 291, m. Anm. Traxel, KFR F. 3 EStG § 4, 8/91, 155; L. Schmidt, FR 1991, 168, auch zur Einräumung einer stillen Beteiligung). Als Sicherheiten kommen insbesondere Grundpfandrechte, (Bank-)Bürgschaft (vgl. FG Münster v. 21. 1. 1992, Nichtzulassungsbeschwerde, EFG S. 513, Az. des BFH: IX R 51/92), Verpfändung, Sicherungsübereignung und Sicherungsabtretung in Betracht (Neufang, Inf 1992, 109), außerdem Schuldmitübernahme oder Schuldbeitritt eines fremden Dritten oder eines Angehörigen, wenn dieser über entsprechende ausreichende Vermögenswerte verfügt (BMF v. 25. 5. 1993, BStBl I 410). 1061

Eine langfristige Darlehenshingabe **ohne Sicherheiten** ist selbst dann unüblich, wenn die Vermögenslage des Schuldners günstig ist (BFH v. 18. 12. 1990, BFH/NV 1991, 732). Ausnahmsweise sind aber fehlende Sicherheiten nicht zu beanstanden, wenn dem Darlehensgeber ein Anspruch auf Stellung einer Sicherheit in angemessenem und relativem Umfang wie einem Drittgläubiger eingeräumt wird (BFH v. 18. 12. 1990, BStBl 1991 II 882, 911). 1062

Ein Vertrag, bei dem die Beschenkten keine rechtliche Befugnis haben, über die ihnen übertragenen Darlehensbeträge in der unter Fremden üblichen Weise zu verfügen, ist nicht der Besteuerung zugrunde zu legen. Ein solcher Vertrag kann auch nicht durch rückwirkende Änderung geheilt werden (BFH v. 18. 12. 1990, BStBl 1991 II 581; BFH/NV 1991, 518). 1063

d) Kein Zusammenhang zwischen Empfang des Geldes und Darlehenshingabe
▶ LEXinform
BSt-BG-0630 ◀

Beispiele:

Schenkung zur freien Verfügung einer volljährigen, wirtschaftlich unabhängigen Tochter, nach zwei Monaten Darlehensgewährung an den Vater; Umwandlung des Lohns in Darlehensanspruch durch Verfügung des Arbeitnehmer-Ehegatten im Auszahlungszeitpunkt (vgl. Rdnr. 1051).

1064 Wenn Empfang des Geldes und Darlehenshingabe nicht zusammenhängen, sind **Schenkungs- und Darlehensvereinbarungen getrennt zu beurteilen.** In einem solchen Fall spricht eine nur teilweise Sicherung der Darlehenssumme nicht gegen die steuerliche Anerkennung des Darlehensvertrags, wenn die Verzinsung angemessen ist (so bei einer hälftigen Sicherung, BFH v. 18. 12. 1990, BStBl II 911).

e) Darlehensgewährung ohne vorherigen Empfang des Geldes
▶ LEXinform
BSt-BG-0635 ◀

Beispiele:

Darlehen zum Kauf eines Betriebs oder eines Hauses aus eigenem Vermögen eines Ehegatten oder Verwandten; Großvater schenkt dem minderjährigen Enkel Geld, dieser gibt dem Betrieb des Vaters ein Darlehen.

1065 Neben den unter Rdnr. 1057 bis 1064 beschriebenen Gestaltungen sind auch andere Sachverhalte denkbar, bei denen die **Einkommens- und Vermögensverhältnisse der Ehegatten bzw. der beteiligten Angehörigen von vornherein klar und eindeutig getrennt** sind. In diesen Fällen ist es einkommensteuerrechtlich nicht zu beanstanden, wenn ein dem Anlaß nach wie von einem Fremden gewährtes Darlehen unter im einzelnen anderen Bedingungen als unter Fremden überlassen wird, soweit es sich nicht um eine verschleierte Schenkung oder um einen Mißbrauch von steuerlichen Gestaltungsmöglichkeiten handelt. Eine Tilgungsabrede (vgl. aber § 609 BGB, zur Kündigung eines Darlehens), die Sicherung der Darlehenssumme und die Vereinbarung eines marktüblichen Zinssatzes sind daher nicht erforderlich (zu letzterem vgl. auch BFH v. 28. 7. 1983, BStBl 1984 II 60, zu geringen Arbeitslohn an Ehegatten). Der Abzug der Darlehenszinsen als Betriebsausgaben bzw. Werbungskosten hängt vielmehr im wesentlichen davon ab, daß die Zinsen tatsächlich vertragsgemäß fortlaufend gezahlt werden (BFH v. 4. 6. 1991, BStBl II 838, m. Anm. Obermeier, KFR F. 3 EStG § 9, 4/91, 345; BMF v. 1. 12. 1992, BStBl I 729, Tz. 7; Kemmer, DStR 1991, 1619; Scholtz, NWB F. 3, 8215).

4. Kaufverträge

LEXinform
▶ BSt-BG-0640 ◀

Auch Kaufverträge zwischen Ehegatten oder nahen Angehörigen sind grundsätzlich der **Besteuerung zugrunde zu legen** (Ausnahme bei Ehegatten: § 10e Abs. 1 Satz 8 EStG). Die Vereinbarung eines unter dem Verkehrswert liegenden Kaufpreises ist unschädlich. Die Anerkennung des Kaufvertrags setzt aber voraus, daß er **tatsächlich vollzogen** wird; d. h., der Kaufpreis muß zum Fälligkeitszeitpunkt vollständig gezahlt werden. Eine bis zum Zahlungstermin geleistete Teilzahlung führt nicht zu einer (teilweisen) steuerrechtlichen Anerkennung des Kaufvertrags (BFH v. 18. 1. 1990, BFH/NV S. 693). 1066

Der Kauf eines bebauten Grundstücks von der betagten Mutter unter Verrechnung des Kaufpreises mit einem gleichzeitig von den Eltern gewährten Darlehens, dessen Rückzahlung auf 20 Jahre gestundet wird, kann ein Mißbrauch von Gestaltungsmöglichkeiten des Rechts i. S. des § 42 AO sein (BFH v. 3. 12. 1991, BStBl 1992 II 397, m. krit. Anm. Drenseck, FR 1992, 378). 1067

5. Nichteheliche Lebensgemeinschaften

LEXinform
▶ BSt-BG-0645 ◀

Diese Grundsätze sind auf Verträge zwischen Partnern einer nichtehelichen Lebensgemeinschaft nicht anwendbar (vgl. hierzu BFH v. 14. 4. 1988, BStBl II 670; BVerfG v. 12. 3. 1985, BStBl II 475; offengelassen in BFH v. 10. 7. 1991, BFH/NV 1992, 25). 1068

6. LSt-Pauschalierung

vgl. Rdnr. 2791 ff.; nach § 40a EStG vgl. Rdnr. 2826 ff.; nach § 40b EStG vgl. Rdnr. 2846 ff. 1069

● Ehrenämter

vgl. „Arbeitszimmer", Rdnr. 631; „Nebentätigkeiten", Rdnr. 1510. 1070

● Eigene Bauten

LEXinform
▶ BSt-BG-0650 ◀

Alle Bauunternehmer erbringen auch Bauleistungen für eigene **betriebliche** bzw. **private Zwecke.** Dabei stellen sich wichtige steuerliche **Bewertungsfragen,** die davon abhängen, ob das zu erstellende Bauwerk als Wirtschaftsgut entnommen wird oder nur die betrieblichen Leistungen (Leistungsentnahme). 1071

Errichtet ein Bauunternehmer auf eigenem, nicht zum Betriebsvermögen gehörenden Grundstück ein nicht betrieblich genutztes z. B. zur Vermietung gedachtes Gebäude, so wird nicht das Gebäude einem Betriebsvermögen entnommen, sondern nur **Material und Arbeitsleistungen** (BFH v. 4. 8. 1959, BStBl III 421; v. 12. 2. 1960, BStBl III 156; FG München v. 20. 4. 1983, EFG S. 595).

Diese Entnahme ist mit der **gesamten Wertabgabe** des Betriebes (**Selbstkosten**) für betriebsfremde Zwecke anzusetzen, also einschließlich der sog. Generalunkosten (nicht nur mit Herstellungskosten!). Ein Unternehmer gibt grundsätzlich keine betrieblichen Leistungen unter dem Selbstkostenpreis ab (BFH v. 9. 10. 1953, BStBl III 337). Leistungen des Unternehmers selbst (eigene Arbeitskraft) sind dabei keine Wertabgaben des Betriebes (BFH v. 12. 2. 1960, BStBl III 156).

Etwas anderes gilt, wenn ein **Betriebsgrundstück** mit einem Miet- bzw. eigengenutzten Wohnhaus bebaut wird, um es danach zu entnehmen. Dieser Sachverhalt ist die einzige **Ausnahme von der Leistungsentnahme.** Dabei wird das bebaute Grundstück als einheitliches Wirtschaftsgut dem Betriebsvermögen entnommen. Die Bewertung hat zum Teilwert zu erfolgen. Er entspricht dem **objektiven Gebäudewert** nach Marktlage zum Bilanzstichtag (BFH v. 4. 8. 1959, BStBl III 421). Abschläge für beim Bau angefallene persönliche Leistungen des Unternehmers sind dabei nicht gerechtfertigt. Eine Übertragung unter dem wahren Wert ist eine Entnahme (BFH v. 24. 6. 1982, BStBl II 751).

Eigene Bauten, die **betriebliche Verwendung** finden sollen (Betriebsvermögen) sind nach § 6 EStG mit den **steuerlichen Herstellungskosten** (Abschn. 33 EStR; vgl. Rdnr. 595 ff., 608 ff., 1396) zu bewerten. Das hat nur für aktivierungspflichtige Herstellungskosten Bedeutung, da **Erhaltungsaufwendungen** ohnehin Betriebsausgaben sind.

Eine zur **Teilwertabschreibung** berechtigende Fehlmaßnahme (Rdnr. 1103) bei Errichtung von Gebäuden liegt vor, wenn Kosten entstanden sind, denen kein wirtschaftlicher Gegenwert gegenübersteht (FG Baden-Württemberg v. 31. 5. 1985, EFG S. 598). **Mehrkosten** von 5 v. H. bei Neubauten gelten als nicht vermeidbar bzw. üblich und rechtfertigen die Annahme einer Fehlmaßnahme nicht.

- **Eigenleistungen**

1072   vgl. „Eigene Bauten", Rdnr. 1071.

Einkommensteuer/Ende der gewerblichen Tätigkeit 281

• Einkaufsgenossenschaften

Verschiedene Branchen des Baunebengewerbes sind an **Materialeinkaufs-** 1073
genossenschaften beteiligt (z. B. Malereinkaufsgenossenschaften) und
wickeln ihren Materialeinkauf im wesentlichen über diese Genossenschaften ab. Genossenschaftsmitglieder sind in der Regel an der Kundennummer zu erkennen (z. B. 1/ = Genosse; 2/ = Nichtgenosse). Gemäß Satzung erhalten Mitglieder für ihre Jahresbezüge **prozentuale Rückvergütungen**. Diese werden ausgezahlt, aber auch zur **Aufstockung der Genossenschaftsanteile** verwendet. Die Genossenschaftsanteile sind **notwendiges Betriebsvermögen**, Rückvergütungsansprüche als **sonstige Forderungen** zu bilanzieren.

(Einstweilen frei) 1074–1075

• Einkunftserzielungsabsicht

vgl. „Gewinnerzielungsabsicht", Rdnr. 1194 ff. 1076

• Einlagen

vgl. „Arbeitszimmer", Rdnr. 665 ff.; „Beginn der gewerblichen Tätig- 1077
keit", Rdnr. 755 ff.

• Ende der gewerblichen Tätigkeit
LEXinform
▶ BSt-BG-0655 ◀

vgl. Rdnr. 2986 ff. 1078

Nach Beendigung der gewerblichen Tätigkeit können noch **Betriebseinnah-** 1079
men (vgl. z. B. Rdnr. 891) und **Betriebsausgaben** anfallen (§§ 15, 24 Nr. 2
EStG; zur Behandlung von Rückstellungen vgl. BFH v. 28. 2. 1990,
BStBl II 537 und Schmidt, § 16 Anm. 56c).

Schuldzinsen für betrieblich begründete Verbindlichkeiten sind jedoch 1080
nur insoweit als nachträgliche Betriebsausgaben zu beurteilen, als die
Verbindlichkeiten nicht durch den Veräußerungserlös oder durch die
Verwertung von Aktivvermögen beglichen werden konnten. So lange
besteht die betriebliche Veranlassung der nicht erfüllten Verbindlichkeiten fort.

Die Möglichkeit der Schuldentilgung ist insbesondere so lange nicht gege- 1081
ben, als einer Verwertung von zurückbehaltenem Aktivvermögen Hin-

dernisse entgegenstehen. Die nicht tilgbaren früheren Betriebsschulden bleiben so lange betrieblich veranlaßt, bis das Verwertungshindernis entfallen ist.

- **Entnahme**

1082 vgl. „Bewertung", Rdnr. 930 f.; „Grundstücke und Gebäude", Rdnr. 1233 ff.

- **Erbauseinandersetzung**

1083 vgl. „Beginn der gewerblichen Tätigkeit", Rdnr. 762 ff.

- **Erbbaurecht**

LEXinform
▶ BSt-BG-0660 ◀

Literatur: *Stracke,* Zur Behandlung der durch den Erbbauberechtigten getragenen und gezahlten Erschließungskosten beim Grundstückseigentümer, FR 1992, 461; *Weirich,* Das Erbbaurecht, NWB F. 24, 1865.

1084 Das Erbbaurecht ist als grundstücksgleiches Recht i. S. des BGB (vgl. auch § 1 Abs. 1, § 11 ErbbauV i. V. mit den §§ 313, 873 ff. BGB) ein Vermögensgegenstand i. S. des Handelsrechts und ein Wirtschaftsgut i. S. der §§ 4 ff. EStG, das grundsätzlich beim **Anlagevermögen** auszuweisen ist (vgl. §§ 240, 246, 266 Abs. 2 Buchst. A II Nr. 1 HGB; zur Aufteilung der Anschaffungskosten eines bebauten Erbbaurechts vgl. BFH v. 26. 5. 1992, BFH/NV 1993, 92).

1085 Der grundsätzlichen Aktivierungspflicht des Erbbaurechts steht nicht entgegen, daß das durch die Bestellung eines Erbbaurechts begründete Rechtsverhältnis als ein Dauerrechtsverhältnis anzusehen ist. Dieses ist zwar im Kern auf fortwährenden Leistungsaustausch gerichtet und entzieht sich insoweit nach den Grundsätzen ordnungsmäßiger Buchführung als **schwebendes Geschäft** einer Bilanzierung (BFH v. 8. 12. 1988, BStBl 1989 II 407; vgl. auch BFH v. 24. 10. 1990, BStBl 1991 II 175; vgl. auch „Schwebende Geschäfte", Rdnr. 1634 ff.). Für im voraus gezahlte Erbbauzinsen ist jedoch ein Rechnungsabgrenzungsposten zu bilden, der linear aufzulösen ist, und zwar sowohl beim Erbbauverpflichteten als auch beim Erbbauberechtigten (BFH v. 26. 3. 1991, BFH/NV S. 736).

1086 Das Erbbaurecht behält seine Qualität als Wirtschaftsgut auch dann, wenn es zum Gegenstand eines schwebenden Geschäfts gemacht wird.

Das Recht ist daher zu **bilanzieren,** wenn außerhalb des Dauernutzungsverhältnisses ein Aufwand anfällt und zuzuordnen ist, der vom Erwerber zur Erlangung des Erbbaurechts getätigt worden ist (z. B. die Nebenkosten des Erwerbs wie GrESt, Maklerprovision, Notar- und Gerichtsgebühren). Diese Aufwendungen sind Anschaffungskosten des Erbbaurechts. Sie können im Wege der AfA, also verteilt über die Nutzungsdauer des Erbbaurechts, abgesetzt werden (BFH v. 4. 6. 1991, BStBl 1992 II 70).

Übernimmt der Erbbauberechtigte dem Erbbauverpflichteten obliegende **Erschließungskosten,** so liegt hierin ein zusätzliches Entgelt für die Überlassung des Grundstücks. Der Erbbauverpflichtete muß in seiner Bilanz hierfür einen passiven Rechnungsabgrenzungsposten bilden und diesen über die Dauer des Erbbaurechts auflösen. In gleicher Weise muß der bilanzierende Erbbauberechtigte einen aktiven Rechnungsabgrenzungsposten bilden und diesen durch Abschreibung über die Nutzungsdauer verteilen (BFH v. 8. 12. 1988, BStBl 1989 II 407, auch zur unterbliebenen Passivierung). Wenn jedoch der Erbbauberechtigte gegenüber der Gemeinde Schuldner der Erschließungskosten ist, zählen diese zu den Anschaffungskosten des Erbbaurechts (vgl. Stracke, FR 1992, 461), die auf die Nutzungsdauer des Erbbaurechts abzuschreiben sind. Der Erbbauverpflichtete muß in diesem Fall m. E. keinen passiven Rechnungsabgrenzungsposten bilden, da die Erschließung vor allem dem Erbbauberechtigten zugute kommt (für Erschließungskosten bei Erbbauberechtigten im Privatvermögen vgl. BFH v. 21. 11. 1989, BStBl 1990 II 310, m. Anm. Obermeier, KFR F. 3 EStG § 21, 2/90, 121; BMF v. 16. 12. 1991, BStBl I 1011; LS, DStR 1990, 113; Sprinz, NWB F. 3, 8219; vgl. auch BFH v. 23. 4. 1991, BStBl II 712; FG Köln v. 11. 3. 1992, Revision, EFG S. 593, Az. des BFH: IX R 91/92; zur Behandlung des Erbbaurechts und der Erschließungskosten bei § 10e EStG vgl. ausführlich Obermeier, Das selbstgenutzte Wohneigentum, Anm. 271 „Erbbaurecht" und „Erschließungskosten", m. w. N.). 1087

Zur **Entnahme** bei Bestellung eines Erbbaurechts vgl. „Grundstücke und Gebäude", Rdnr. 1235. 1088

(Einstweilen frei) 1089–1090

• **Erbfall**

vgl. „Beginn der gewerblichen Tätigkeit", Rdnr. 762 ff. 1091

• **Ermäßigter Steuersatz**
1092 vgl. „Außerordentliche Einkünfte", Rdnr. 724 ff.

• **Eröffnung eines Betriebs**
1093 vgl. „Beginn der gewerblichen Tätigkeit", Rdnr. 754 ff.

• **Ersatzbeschaffung**
1094 vgl. „Rücklage für Ersatzbeschaffung", Rdnr. 1592 ff.

• **Erschließungskosten**
1095 vgl. „anschaffungsnaher Aufwand", Rdnr. 611; „Erbbaurecht", Rdnr. 1087.

• **Erwerb eines Betriebs**
1096 vgl. Rdnr. 76 ff., 754 ff., 2986 ff.

• **Fachliteratur**
1097 vgl. „Arbeitszimmer", Rdnr. 655; „Fortbildungskosten", Rdnr. 1139 f.

• **Fachtagungen**
1098 vgl. „Fortbildungskosten", Rdnr. 1132 ff.

• **Fachzeitschriften**
1099 vgl. „Fortbildungskosten", Rdnr. 1139 f.

• **Fahrrad**

LEXinform
▶ BSt-BG-0665 ◀

1100 Für Fahrten zwischen Wohnung und Betriebs-/Arbeitsstätte werden für jeden Entfernungskilometer 0,12 DM (Abschn. 42 Abs. 7 Satz 2 LStR), für sonstige betriebliche Fahrten für jeden gefahrenen Kilometer 0,06 DM (Abschn. 38 Abs. 2 Satz 2 LStR), ab 1. 10. 1991 0,07 DM anerkannt (BMF v. 11. 10. 1991, BStBl I 925; vgl auch Hey, NWB Nr. 24 v. 14. 6. 1993, 2226).

• **Fahrten zwischen Wohnung und Betriebs-/Arbeitsstätte**
vgl. „Kraftfahrzeugkosten", Rdnr. 1471 ff. 1101

• **Fahrtkosten**
vgl. „Kraftfahrzeugkosten", Rdnr. 1448 ff.; „Reisekosten", Rdnr. 1548 ff. 1102

• **Fehlmaßnahmen**
LEXinform
▶ BSt-BG-0670 ◀

Vgl. Rdnr. 1071. Fehlmaßnahmen sind betrieblich veranlaßte Anschaffungs- oder Herstellungskosten, die sich im Vergleich zu ihrem wirtschaftlichen Wert bei objektiver Betrachtung als **aufwandsmäßig überhöht**, also unwirtschaftlich herausstellen. Für neu erstellte bzw. angeschaffte Wirtschaftsgüter gilt die **Ausgangsvermutung**, daß ihr Teilwert den aufgewendeten Anschaffungs- oder Herstellungskosten entspricht (BFH v. 9. 2. 1977, BStBl II 412; v. 17. 1. 1978, BStBl II 335; v. 20. 5. 1988, BStBl 1989 II 269). Eine Teilwertabschreibung für eine Fehlmaßnahme ist von der **Ertragslage** unabhängig (BFH v. 17. 9. 1987, BStBl 1988 II 488). 1103

Der Ansatz eines niedrigeren Teilwertes kann nicht unbedeutende **Einsparungen** von ESt und GewSt bedeuten. Bei der Überprüfung legt das Finanzamt daher **strenge Maßstäbe** an. Letztlich entscheidet die richtige Argumentation.

Eine Absenkung auf einen niedrigeren Teilwert wird anerkannt, wenn der Unternehmer in der Lage ist, die vorgenannte **Anscheinsvermutung** zu widerlegen. Dieser Erfolg tritt ein, wenn die Anschaffung oder Herstellung von Anfang an eine Fehlmaßnahme war bzw. Umstände eingetreten sind, die den Vorgang im nachhinein als Fehlmaßnahme qualifizieren. In der Regel rechtfertigen nur **unbewußte Fehleinschätzungen**, Fehlkalkulationen bzw. unausweichliche Aufwendungen niedrigere Teilwerte, nicht aber z. B. **in Kauf genommene Überpreise** (BFH v. 25. 10. 1972, BStBl 1973 II 79).

Eine Fehlmaßnahme ist z. B. der **Erwerb einer Maschine**, die von Anfang an mit so erheblichen **technischen Mängeln** behaftet ist, daß sie nicht oder nur teilweise funktionstüchtig ist. Der Erwerb eines **Turmdrehkrans** durch einen Bauunternehmer kann eine Fehlmaßnahme sein, wenn dieser bei den gegebenen betrieblichen Verhältnissen erheblich und nachhaltig **überdimensioniert** ist, weil der Betrieb nur noch Aufträge erhält, die mit kleinen, erheblich billigeren Maschinen auszuführen sind. Diese Situation muß mit hoher Wahrscheinlichkeit für den weitaus überwiegenden Teil der technischen Restnutzungsdauer des Krans gegeben sein. Der Teilwert entspricht den **Wiederbeschaffungskosten** für einen entsprechend kleineren Kran. Sein **Einzelveräußerungspreis** darf nicht unterschritten werden (BFH v. 4. 12. 1986, BFH/NV 1987, 296; v. 17. 9. 1987, BStBl 1988 II 488).

1104–1106 *(Einstweilen frei)*

- **Ferien-Eigentumswohnung, -haus, Wochenend-Eigentumswohnung, -haus**

  LEXinform
  ▶ BSt-BG-0675 ◀

Literatur: *Felix*, Zweitwohnungen als § 10e-Objekte, KÖSDI 1987, 6944; *Irrgang/Turnbull*, Liebhaberei bei Vermietung von Ferienwohnungen, KFR F. 3 EStG § 15, 11/88, 283; *Leu*, „Ausschließliche Fremdvermietungsabsicht" bei Ferienhäusern bzw. -wohnungen und WohnEigFG, DStZ A 1988, 514; *Obermeier*, Nutzung zu eigenen Wohnzwecken; keine Ferien- oder Wochenendwohnung (§ 10e Abs. 1 Satz 2 EStG), DStR 1989, 764; *Gaentzsch*, Baunutzungsverordnung, NWB F. 24, 1785; *Leu*, Ferien- und Wochenendhaus i. S. von § 10e Abs. 1 EStG, DStZ A 1990, 459; *Wacker*, Ferien- und Wochenendwohnungen i. S. von § 10e EStG, KFR F. 3 EStG § 10e, 3/90, 363; *o. V.*, Wohneigentum-Förderung, AWA August 1991, 13; *Obermeier*, Die Ferienwohnung und die neueste Rechtsprechung des BFH, DStR 1991, 1613; *Heisel*, Private Ferienhäuser und Ferienwohnungen, NWB F. 3, 8209; *Paus*, Gemischt genutzte Ferienwohnungen: Chancen und Risiken, NWB F. 3, 8299; *Obermeier*, Das selbstgenutzte Wohneigentum, 3. Aufl., Herne/Berlin 1992.

Verwaltungsanweisung: OFD Münster v. 1. 2. 1991, Steuerbegünstigung nach § 10e EStG für Ferien- und Wochenendhäuser, Vertrauensschutzregelung, NWB-EN Nr. 388/91, DStR S. 313, DB S. 523.

1107 Die Begriffe „Ferien-Eigentumswohnung", „Ferienhaus", „Wochenend-Eigentumswohnung" und „Wochenendhaus" haben Rechtsprechung und Literatur unter mehreren Gesichtspunkten beschäftigt.

1. Vermietung als Gewerbebetrieb

a) Vermietung grundsätzlich keine gewerbliche Betätigung

1108 Eine vermietende oder verpachtende Tätigkeit ist grundsätzlich **nicht gewerblich**. Hieraus erzielte Einkünfte zählen zu den Überschußeinkünften. Wird das vermietete oder verpachtete Objekt veräußert, unterliegen die „Veräußerungsgewinne" nur dann der Besteuerung, wenn der Steuerpflichtige das Objekt innerhalb der zweijährigen **Spekulationsfrist** verkauft.

Es handelt sich selbst dann um Einkünfte aus Vermietung und Verpachtung, wenn ein häufiger Mieterwechsel stattfindet (BFH v. 25. 6. 1976, BStBl II 728), wenn aufgrund der Art und Vielzahl der Objekte die Vermietungstätigkeit einen beträchtlichen Umfang erreicht (BFH v. 25. 5. 1977, BStBl II 660) oder wenn der Vermieter die Bettwäsche stellt (FG Baden-Württemberg, Außensenate Stuttgart, v. 30. 4. 1992 rkr., EFG S. 506) bzw. bei der Vermietung bzw. Untervermietung von möblierten Zimmern die Räume reinigt und für das Frühstück sorgt (BFH v. 11. 7. 1984, BStBl II 722). 1109

b) Gewerbebetrieb bei hotelmäßiger Organisation

Die Vermietung auch nur einer Ferienwohnung kann einen **Gewerbebetrieb** darstellen, wenn eine mit einem Beherbergungsunternehmen vergleichbare (hotelmäßige) Organisation besteht. Dies ist vor allem dann der Fall, wenn folgende Umstände vorliegen: 1110

- Einschaltung einer Feriendienstorganisation;
- Lage der Wohnung oder des Hauses in einem Feriendorf mit Freizeiteinrichtungen;
- kurzfristige Vermietung an wechselnde Mieter;
- Prospektwerbung;
- Übernahme aller Arbeiten durch das Personal des Feriendorfes.

Die Vermietung ist selbst dann gewerblich, wenn der Steuerpflichtige die Bettwäsche nicht stellt und wenn er die Wohnung oder das Haus in geringem Umfang selbst nutzt (BFH v. 19. 1. 1990, BStBl II 383). 1111

▷ **Gestaltungshinweis:**

Wenn der Unternehmer die **Gewerblichkeit** vermeiden will, muß er die Vermietung selbst übernehmen oder eine Privatperson einschalten, die vor jeder Vermietung seine Genehmigung einholen muß.

2. Nutzung zu eigenen Wohnzwecken und § 10e EStG

a) Ausschluß des § 10e EStG bei Ferien- und Wochenendwohnungen

Die zu eigenen Wohnzwecken genutzte Wohnung wird nach § 10e EStG gefördert. Die Begünstigung setzt unter anderem voraus, daß die Woh- 1112 nung **keine Ferien- oder Wochenendwohnung** ist (§ 10e Abs. 1 Satz 2 EStG). Diese Begriffe waren bis zum BFH-Urteil v. 28. 3. 1990 (BStBl II 815, m. Anm. Wacker, KFR F. 3 EStG § 10e, 3/90, 363, unter Bestätigung von FG Düsseldorf v. 15. 9. 1988, EFG 1989, 55) umstritten. Nach der **Verwaltungsmeinung** sollten Ferien- und Wochenendwohnungen solche Wohnungen sein, die vom Eigentümer nicht dauernd zu eigenen Wohnzwecken genutzt werden, sondern bei denen Erholungs- und Freizeitzwecke im Vordergrund stehen (BMF v. 15. 5. 1987, BStBl I 434, Abs. 8 Satz 3).

b) Begriff der Ferien- oder Wochenendwohnung

1113   Unter Ferien- oder Wochenendwohnungen i. S. des § 10e EStG sind Wohnungen zu verstehen, die **baurechtlich nicht ganzjährig bewohnt werden dürfen** (wenn sie also in einem nach § 10 Abs. 1 BaunutzungsVO ausgewiesenen Sondergebiet für Ferien- und Wochenendhäuser liegen, vgl. dazu Gaentzsch, NWB F. 24, 1785; zur Ausnahme vgl. FG Münster v. 4. 6. 1992 rkr., EFG 1993, 75) **oder sich aufgrund ihrer Bauweise nicht zum dauernden Bewohnen eignen** (BFH v. 28. 3. 1990, BStBl II 815). Die **Finanzverwaltung** hat daraufhin ihre engere Auffassung aufgegeben und **folgt dem BFH** (BMF v. 25. 10. 1990, BStBl I 626, Abs. 9 Satz 3).

c) Übergangsregelung

1114   Es besteht jedoch die Möglichkeit, daß in wenigen Fällen **die Definition der Ferien- und Wochenendwohnungen durch den BFH gegenüber der ursprünglichen Verwaltungsauffassung ungünstiger** ist. Die OFD Münster hat daher (am 1. 2. 1991, NWB-EN Nr. 388/81) folgende **Übergangsregelung** erlassen:

„Ist für eine Wohnung, die in einem baurechtlich ausgewiesenen Sondergebiet liegt, der Bauantrag vor dem 1. 12. 1990 gestellt oder im Falle der Anschaffung der Wohnung der notarielle Kaufvertrag vor diesem Zeitpunkt geschlossen worden, so kann der Steuerpflichtige die Steuerbegünstigung nach § 10e EStG trotz Belegenheit der Wohnung im Sondergebiet in Anspruch nehmen, wenn er die Wohnung dauernd zu eigenen Wohnzwecken nutzt und auch im übrigen die Voraussetzungen des § 10e EStG vorliegen."

3. Gemischte Nutzung

1115   Wenn der Unternehmer seine nicht in einem Sondergebiet gelegene Ferienwohnung teilweise zu eigenen Wohnzwecken nutzt und teilweise vermietet, kann ein **Konkurrenzverhältnis** zwischen der Förderung nach § 10e EStG und den Einkünften aus Vermietung und Verpachtung bzw. aus Gewerbebetrieb bestehen.

a) Ständige Vermietungsbereitschaft und untergeordnete private Nutzung

Wird die Wohnung ausschließlich zur Vermietung an Feriengäste bereitgehalten, und nutzt sie der Eigentümer nur kurze Zeit (bis zu einem Monat im Jahr) zu eigenen Wohnzwecken, so ist § 10e EStG nicht anwendbar. Die **Einkünfte** aus Vermietung und Verpachtung bzw. aus Gewerbebetrieb sind durch **Gegenüberstellung der Einnahmen und Ausgaben** zu ermitteln (vgl. BFH v. 25. 6. 1991, BStBl 1992 II 24). Werbungskostenüberschüsse bzw. Verluste wirken sich einkommensteuerrechtlich jedoch nur dann aus, wenn **keine Liebhaberei** vorliegt, d. h. wenn während einer durchschnittlichen Vermietungsdauer insgesamt ein Überschuß der Einnahmen über die Ausgaben erwartet werden kann (ausführlich dazu Obermeier, Das selbstgenutzte Wohneigentum, Anm. 86; ders., DStR 1991, 1613; Rdnr. 1194ff.).

1116

Eine **ständige Vermietungsbereitschaft** wird nur bejaht, wenn der Unternehmer bundesweite Anzeigendienste in Anspruch nimmt, Maklerfirmen einschaltet oder das Fremdenverkehrsamt die Wohnung in das Verzeichnis der vermietbaren Wohnungen aufnimmt (FG Hamburg v. 10. 11. 1989 rkr., EFG 1990, 633). Bei einer gemischten Nutzung steht das Objekt dem Unternehmer jedenfalls dann zur jederzeitigen Selbstnutzung zur Verfügung, wenn er es selbst vermietet und somit frei entscheiden kann, das Grundstück selbst zu nutzen oder zu vermieten (BFH v. 30. 7. 1991, BStBl 1992 II 27, m. Anm. Drenseck, FR 1992, 218).

1117

b) Ständige Vermietungsbereitschaft und ins Gewicht fallende private Nutzung

Wird bei einer im übrigen ständigen Vermietungsbereitschaft die **Wohnung mehr als einen Monat zu eigenen Wohnzwecken genutzt,** so besteht ein Konkurrenzverhältnis zwischen der Förderung nach § 10e EStG und den Einkünften aus Vermietung und Verpachtung bzw. aus Gewerbebetrieb. Diese Rechtslage ist m. E. der in § **10e Abs. 1 Satz 7 EStG** vergleichbar. Danach ist die **Bemessungsgrundlage zu kürzen,** wenn Teile einer Wohnung nicht zu eigenen Wohnzwecken genutzt werden (Ober-

1118

meier, DStR 1989, 764, 766 f; a. A. z. B. Blümich/Erhard, § 10 e EStG Rz. 253; Paus, NWB F. 3, 8299; wohl auch BMF v. 25. 10. 1990, BStBl I 626, Abs. 24 Satz 2, volle Inanspruchnahme des § 10 e EStG, abzulehnen, da sich die Anschaffungs- oder Herstellungskosten doppelt auswirken würden; a. A. z. B. Richter, NWB F. 3, 6322, zeitanteilige Aufteilung).

Beispiel:

Unternehmer A erwirbt 1992 eine im Jahr 1992 fertiggestellte Ferienwohnung zum Preis von 350 000 DM (Gebäudeanteil 250 000 DM, Grundstücksanteil 100 000 DM). Diese nutzt er zwei Monate zu eigenen Wohnzwecken; während der übrigen Zeit steht sie für Vermietungen zur Verfügung.

Die Bemessungsgrundlage nach § 10 e EStG beträgt 300 000 DM (Gebäudeanteil zuzüglich die Hälfte des Grundstücksanteils). Die Bemessungsgrundlage, die auf zwei Monate entfällt, beträgt 50 000 DM. Der Abzugsbetrag des § 10 e Einkommensteuergesetz ist vier Jahre lang in Höhe von jeweils bis zu 6 %, also 3 000 DM und die folgenden vier Jahre jeweils bis zu 5 %, also 2 500 DM anzusetzen (o. V., AWA August 1991, 13 f.). Da bei Inanspruchnahme des § 10 e EStG jedoch Objektverbrauch eintritt, ist in Anbetracht des geringen Abzugsbetrags auf diese Steuerbegünstigung zu verzichten.

1119 Aufwendungen, die **mit der Vermietung des Objekts an Feriengäste zusammenhängen** (z. B. Reinigungskosten; Anschaffungs- und Reparaturkosten für Einrichtung), sind bei der **Einkünfteermittlung** abzuziehen. Die bei den Einkünften aus der Vermietung als Werbungskosten bzw. Betriebsausgaben anzusetzende AfA nach § 7 Abs. 5 EStG ist ebenso um die Zeit der Nutzung zu eigenen Wohnzwecken (zwei Monate) zu **kürzen** (ausführlich Obermeier, Das selbstgenutzte Wohneigentum, Anm. 129, mit Beispielen auch zur AfA nach § 7 Abs. 4 EStG; a. A. zu § 7 Abs. 5 EStG Paus, NWB, F. 3, 8299) wie andere Aufwendungen, die sowohl durch die Selbstnutzung als durch die Vermietung veranlaßt sind (BFH v. 30. 7. 1991, BStBl 1992 II 27, m. Anm. Heisel, NWB F. 3, 8209, auch zur Übergangsregelung des § 52 Abs. 21 EStG).

▷ **Gestaltungshinweis:**

Da zu dieser Problematik noch keine höchstrichterliche Rechtsprechung vorliegt, und der BMF möglicherweise eine andere Meinung vertritt, sollte der Steuerpflichtige § 10 e EStG und die AfA jeweils in voller Höhe **geltend machen.**

c) Keine ständige Vermietungsbereitschaft

Steht dem Unternehmer die Wohnung während des ganzen Jahres zur Verfügung, und ist sie nur zeitweise vermietet, so ist **grundsätzlich § 10e EStG anwendbar**. Erst bei einer Vermietung, die über einen Monat dauert, ist die Bemessungsgrundlage des § 10e EStG zu kürzen (vgl. Rdnr. 1118). Da in jedem Fall jedoch die Mieteinnahmen zu versteuern sind, kann der Unternehmer den Einnahmen auch die entsprechenden Werbungskosten gegenüberstellen (zur Zuordnung und Aufteilung vgl. BFH v. 30. 7. 1991, BStBl 1992 II 27, und Rdnr. 1119). 1120

4. Zu eigenen Wohnzwecken genutzte Wohnungen im Ausland

vgl. Obermeier, Das selbstgenutzte Wohneigentum, Anm. 437. 1121

● **Festwertbildung** LEXinform ▶ BSt-BG-0680 ◀

Grundsätze zur Festwertbildung vgl. Rdnr. 924 ff. Die Bildung von Festwerten ist eine **buchungstechnische Vereinfachung** für Gruppen von Wirtschaftsgütern des Anlage- und Umlaufvermögens. Sie ist gedacht für Wirtschaftsgüter, deren Bestand in Größe, Wert und Zusammensetzung nur geringen Schwankungen unterliegt oder dem Betrieb in einer in etwa gleichbleibenden Höhe zur Verfügung stehen muß. Da ein Festwert in der Regel nur durch eine **alle drei Jahre** notwendige **körperliche Bestandsaufnahme** zu überprüfen ist, bietet die Festwertbildung gewinnbeeinflussende **Gestaltungsmöglichkeiten**. 1122

Die nächste **Hauptfeststellung für das Betriebsvermögen** erfolgt **zum 1. 1. 1993**. Daher ist die nach Abschn. 31 Abs. 4 EStR erforderliche körperliche Bestandsaufnahme zur Wertanpassung der im Festwertverfahren bewerteten Wirtschaftsgüter erst zum 1. 1. 1993 notwendig. 1123

Bei Festwertbildung muß es sich um Wirtschaftsgüter handeln, deren **Gesamtwert** für das Unternehmen von **untergeordneter Bedeutung** ist. Sie dürfen sich nicht bereits innerhalb eines Jahres wirtschaftlich verbrauchen. Der **Gesamtwert** der für einen Festwert in Betracht kommenden Wirtschaftsgüter ist für das Unternehmen von **nachrangiger Bedeutung**, wenn er an den dem Bilanzstichtag vorangegangenen fünf Bilanzstichtagen im Durchschnitt **10 v. H. der Bilanzsumme** nicht überstiegen hat (BMF v. 8. 3. 1993, BStBl I 276).

1124 Der **Anhaltewert** ist für bewegliche Anlagegüter nach der steuerlich zulässigen linearen oder degressiven AfA nach § 7 EStG zu berechnen. Festwertbildung erfolgt in der Baubranche vor allem für **Gerüst- und Schalungsteile** (Rdnr. 1172) und **Kanaldielen**.

Für einen Festwert für Anlagegüter **unterbleiben** laufende **Absetzungen für Abnutzungen** nach § 7 EStG. Ersatzbeschaffungen dieser Anlagegüter sind Betriebsausgaben. Die **laufenden Ersatzbeschaffungen** sollten ungefähr den Abschreibungen und Anlageabgängen entsprechen und über ein **gesondertes Konto** gebucht werden.

Dem Festwert geht zweckmäßigerweise eine mehrjährige Phase der **Einzelaktivierung** voran. Beim Erreichen einer Stabilisierung des Buchwertes hat der Unternehmer ein **Wahlrecht,** zum Festwert überzugehen oder die Einzelbewertung fortzusetzen. Es ist zu beachten, daß **geringwertige Wirtschaftsgüter** nicht in das Festwertverfahren einbezogen werden.

Beispiel zur Festwertbildung:

Zugang Gerüst- und Schalungsteile	20 000 DM
− AfA 20 v. H.	4 000 DM
Buchwert 31. 12. 01	16 000 DM
Zugang	20 000 DM
− AfA 20 v. H.	8 000 DM
Buchwert 31. 12. 02	28 000 DM
Zugang	20 000 DM
− AfA 20 v. H.	12 000 DM
Buchwert 31. 12. 03	36 000 DM
Zugang	20 000 DM
− AfA 20 v. H.	16 000 DM
Buchwert 31. 12. 04	40 000 DM
Zugang	20 000 DM
− AfA 20 v. H.	20 000 DM
Buchwert 31. 12. 05	40 000 DM

Bei gleichbleibenden Verhältnissen besteht ab Jahr 05 für den Unternehmer das Wahlrecht, sich für den Festwert von 40 000 DM zu entscheiden.

1125 Ein jederzeitiges **Abgehen vom Festwert** ist zulässig. Der bilanzierte Festwert ist dann nach Maßgabe der Restnutzungsdauer abzuschreiben. Zukäufe dieser Wirtschaftsgüter sind zu aktivieren und entsprechend der betriebsgewöhnlichen Nutzungsdauer abzuschreiben.

● **Festwerte**

vgl. „Bewertung", Rdnr. 924 ff.; „Festwertbildung", Rdnr. 1122 ff. 1126

● **Feuerversicherung**

vgl. „Versicherungen", Rdnr. 1747 ff., 1758 f. 1127

● **Flugzeug**

vgl. „Repräsentationskosten", Rdnr. 1577 ff., 1582 (Beispiele). 1128

● **Forderungen**

vgl. „Bewertung", Rdnr. 928; „Teilfertige Arbeiten", Rdnr. 1685 ff. 1129

● **Fortbildungskosten** LEXinform
▶ BSt-BG-0685 ◀

1. Abgrenzung Ausbildung – Fortbildung
   Kosten der Lebensführung

Literatur: *Von Bornhaupt,* Abgrenzung von Ausbildungskosten und Fortbildungskosten in der jüngsten Rechtsprechung des BFH, BB 1975, 876; *E. Schmidt,* Abgrenzung Aus- und Fortbildungskosten überholt, FR 1984, 217; *Richter,* Kosten eines Zweitstudiums Ausbildungs- oder Fortbildungskosten?, NWB F. 6, 2823; *Drenseck,* Die Abgrenzung der Betriebsausgaben und Werbungskosten von den Lebenhaltungskosten, DB 1987, 2483; *Wittmann,* Zur Abzugsfähigkeit von Promotionskosten als Werbungskosten – zugleich Anm. zu BFH v. 7. 8. 1987 VI R 60/84, FR 1988, 273; *E. Schmidt,* Berufsfortbildung muß neu definiert werden, FR 1991, 374; *Theisen/Salzberger,* Die steuerliche Behandlung von Promotionskosten, DStR 1991, 1333; *v. Bornhaupt,* Berufsfortbildungskosten als Werbungskosten, NWB F. 6, 3447.

Verwaltungsanweisungen: Abschn. 103, 180 EStR; Abschn. 34, 59, 83 LStR.

Während Aufwendungen für die Berufsausbildung oder die Weiterbildung in einem nicht ausgeübten Beruf gemäß § 10 Abs. 1 Nr. 7 EStG nur bis zu einem Höchstbetrag von 900 DM (bzw. 1 200 DM bei auswärtiger Unterbringung) angesetzt werden können, sind die **Fortbildungskosten** als Betriebsausgaben oder Werbungskosten **unbeschränkt abziehbar**. Kosten der Lebensführung sind steuerrechtlich unbeachtlich. 1130

Fortbildungskosten dienen dem Ziel, die Kenntnisse und Fähigkeiten in einem ausgeübten Beruf zu vertiefen, zu erweitern und der Entwicklung 1131 der Verhältnisse anzupassen, um die berufliche Existenz zu sichern oder im ausgeübten Beruf aufzusteigen. Demgegenüber werden Aufwendungen für die **Berufsausbildung** bzw. für die Weiterbildung in einem ausgeübten Beruf geleistet, um die für die Ausübung eines Berufs notwendigen fachlichen Fertigkeiten und Kenntnisse zu erwerben, die als Grundlage für einen zukünftigen Beruf notwendig sind. Hierzu zählen auch Aufwendungen zum Erwerb von Fertigkeiten und Kenntnissen, die die Grundlage dafür bilden sollen, um von einer Berufs- oder Erwerbsart zu einer anderen überzuwechseln (BFH v. 19. 1. 1990, BStBl II 572; v. 15. 12. 1989, BStBl 1990 II 692; v. 26. 4. 1989, BStBl II 616). Die Grenzziehung zwischen Aus- und Fortbildung ist im Einzelfall oft schwierig (vgl. BVerfG v. 22. 5. 1984, Inf S. 406; v. Bornhaupt, NWB F. 6, 3447; vgl. auch E. Schmidt, FR 1991, 374, der nach der erstmaligen Aufnahme einer Berufstätigkeit immer Fortbildung annehmen will; Unterscheidung verfassungsgemäß, BVerfG v. 8. 7. 1993, DStR S. 1409). Aufwendungen, die weder einen konkreten Bezug zur Berufstätigkeit haben noch der Vorbereitung auf einen künftigen Beruf dienen, sind **Kosten der Lebensführung.**

Beispiele für Fortbildungskosten:

Aufwendungen im Rahmen sog. Ausbildungsdienstverhältnisse (das sind Dienstverhältnisse, deren Inhalt eine Berufsausbildung ist, vgl. BFH v. 26. 4. 1989, BStBl II 616; Richter, NWB F. 6, 3079); auch Aufwendungen zur Vorbereitung auf eine im Rahmen dieser Ausbildung vorgesehene Abschlußprüfung, z. B. für Fachliteratur sowie Gebühren und Reisekosten für den Besuch von fachspezifischen Kursen (vgl. BFH v. 10. 12. 1971, BStBl 1972 II 251); Aufwendungen für anzuerkennende Kongresse, Seminare und Studienreisen (vgl. dazu Rdnr. 1132 ff.); Zweitstudium, wenn kein Berufswechsel erfolgt (BFH v. 14. 2. 1992, BStBl II 556, unter Bestätigung von FG Köln v. 31. 5. 1990, EFG S. 573; v. 8. 5. 1992, BStBl II 965; anders noch BFH v. 13. 3. 1981, BStBl II 439); die ersten Teile eines Stufenstudienganges, wenn nicht von vornherein der Abschluß des gesamten Studienganges angestrebt war (FG Düsseldorf v. 23. 3. 1992 rkr., EFG S. 510).

Beispiele für Ausbildungskosten:

Kosten des Lehrgangs einer Volkshochschule zur Erlangung der Fachhochschulreife (BFH v. 6. 12. 1991, BFH/NV 1992, 586); eines Hochschulstudiums; eines Zweitstudiums bei Berufswechsel (vgl. vorstehende Beispiele); aber Fortbildungskosten, wenn kein weiterer Hochschulabschluß angestrebt wird (BFH v. 23. 6. 1978, BStBl II 543, auch zur Darlegungspflicht); Aufwendungen zur Erlangung der Doktorwürde, selbst dann, wenn die Doktorprüfung erst nach Eintritt in das Berufsleben abgelegt wird (BFH v. 7. 8. 1967, BStBl III 777, 779; v. 10. 12. 1971, BStBl 1972 II 251), anders jedoch bei sog. Ausbildungsdienstverhältnissen (BFH

v. 9. 10. 1992, BStBl 1993 II 115; v. 27. 3. 1991, BStBl II 637, m. Anm. Söffing, FR 1991, 491; BFH v. 19. 8. 1991, BFH/NV 1992, 512; v. 7. 8. 1987, BStBl II 780; FG Köln v. 28. 6. 1990, Revision, EFG S. 574, Az. des BFH: VI R 84/91; kritisch zur BFH-Rechtsprechung Theisen/Salzberger, DStR 1991, 1333).

Beispiele für Kosten der Lebensführung:
Fremdsprachenunterricht ohne konkreten Bezug zur Berufstätigkeit (BFH v. 24. 4. 1992, BStBl II 666; FG Düsseldorf v. 30. 1. 1992, Revision, EFG S. 443, Az. des BFH: VI R 60/92).

2. Studienreisen, Kongresse

LEXinform
▶ BSt-BG-0690 ◀

Literatur: *Ebling,* Die steuerliche Anerkennung von Aufwendungen für Gruppen-Informationsreisen ins Ausland und für Reisen zu Fachtagungen im Ausland, BB 1981, 313; *Richter,* Über die steuerliche Anerkennung von Aufwendungen für Auslandsgruppenreisen zu Informationszwecken (Fachkongresse, Fachtagungen, Studienreisen), DStR 1982, 469; *o. V.,* Ertragsteuerliche Beurteilung von Aufwendungen für Fachtagungen, Lehrgänge und Kongresse, DB 1983, 1741; *Hottmann,* Ertragsteuerliche Behandlung von Studienreisen im Ausland, StBp 1984, 84; *Carl,* Steuerliche Anerkennung von Geschäfts-, Studien- und Informationsreisen, DStR 1989, 519; *Landwehr,* Steuerliche Behandlung von Inlandsreisekosten, NSt Nr. 8/1989, Reisekosten – Inland – Darstellung 1; *Halaczinsky,* Steuerliche Behandlung der Reisekosten ab 1990 bei Unternehmern und Freiberuflern, Inf 1990, 147; *Kühr,* Reisespesen, Fachtagungen und Umzugskosten im Steuerrecht, 2. Aufl., 1990; *Schraml,* Urlaubsreisen im zeitlichen Zusammenhang mit Dienstreisen, NWB F. 6, 3331; *Richter/Richter,* Reise- und Bewirtungskosten, Herne/Berlin 1991, *Heißenberg,* Kosten für Auslandsreisen als Betriebsausgaben oder Werbungskosten, KÖSDI 1991, 8465; *Gehrenbeck,* Auslandsreisen in der BFH-Rechtsprechung, NWB F. 3, 7977; *Schoer,* Studienreisen und Fachtagungen: Kriterien zur Beurteilung der betrieblichen und beruflichen Veranlassung, Inf 1993, 177.

Verwaltungsanweisungen: Abschn. 117a EStR; Abschn. 35 LStR.

Nach § 12 Nr. 1 Satz 2 EStG dürfen Aufwendungen für die Lebensführung nicht abgezogen werden, auch wenn sie der Förderung des Berufs oder der Tätigkeit des Unternehmers dienen. Die Aufwendungen sind aber als Betriebsausgaben (Werbungskosten) abziehbar, wenn die **betriebliche (berufliche) Verursachung bei weitem überwiegt**, private Gesichtspunkte also nur eine ganz untergeordnete Rolle spielen (BFH v. 16. 10. 1986, BStBl 1987 II 208). Dies gilt für Einzel- und Gruppenreisen, Fachtagungen, Lehrgänge und Kongresse (BFH v. 14. 7. 1988, BStBl 1989 II 19). 1132

Ob die allgemeine Lebensführung nur in ganz untergeordneter Weise berührt ist, muß im Einzelfall unter Berücksichtigung aller Umstände 1133 geprüft werden. Entscheidend ist der ganz überwiegende betriebliche (berufliche) **Zweck** der Reise bzw. des Aufenthalts, der nach objektiven Merkmalen genügend klar erkennbar sein muß (BFH v. 19. 10. 1989, BStBl 1990 II 134; Schraml, NWB F. 6, 3331; Schoer, Inf 1993, 177; kritisch zur BFH-Rspr. Carl, DStR 1989, 519). Reisen, denen offenbar ein **unmittelbarer betrieblicher (beruflicher) Anlaß** zugrunde liegt, sind in der Regel ausschließlich der betrieblichen (beruflichen) Sphäre zuzuordnen, selbst wenn solche Reisen in mehr oder weniger großem Umfang auch zu privaten Unternehmungen genutzt werden. Auszuscheiden sind in diesen Fällen lediglich rein privat veranlaßte Aufwendungen (z. B. für einen Theaterabend, Heißenberg, KÖSDI 1991, 8465, 8468).

Beispiele für unmittelbaren betrieblichen (beruflichen) Anlaß:

Aufsuchen eines Geschäftsfreundes, Halten eines Vortrags auf einem Fachkongreß (vgl. aber FG München v. 16. 1. 1991 rkr., EFG S. 526), Durchführung eines Forschungsauftrags (BFH v. 16. 10. 1986, BStBl 1987 II 208; v. 18. 10. 1990, BStBl 1991 II 92); Fahrten im Rahmen eines Ausbildungsdienstverhältnisses (BFH v. 7. 2. 1992, BStBl II 531; BFH/NV S. 514).

1134 Versagt der „unmittelbare betriebliche Anlaß" als Indiz für eine nur untergeordnete Bedeutung der privaten Mitveranlassung, so ist die Abgrenzung in sinngemäßer Anwendung der Grundsätze vorzunehmen, die bei der Beurteilung von **Informationsreisen** angewandt werden. Die BFH-Rechtsprechung hat hierfür einige Kriterien entwickelt, die für bzw. gegen betriebliche (berufliche) Veranlassung sprechen (vgl. z. B. BFH v. 27. 11. 1978, BStBl 1979 II 213; v. 15. 12. 1982, BStBl 1983 II 409).

1135 Für **betriebliche (berufliche) Aufwendungen** können z. B. folgende Merkmale sprechen

- Zuschnitt des Reiseprogramms auf die besonderen betrieblichen (beruflichen) Bedürfnisse und Gegebenheiten des einzelnen Teilnehmers (BFH v. 4. 12. 1974, BStBl 1975 II 379; v. 27. 3. 1991, BStBl II 575, m. Anm. Thomas, KFR F. 6 EStG § 9, 4/91, 269; FG Hamburg v. 11. 6. 1991, Revision, EFG 1992, 254, Az. des BFH: VI R 64/91);

- homogener Teilnehmerkreis;

- straffe und lehrgangsmäßige Organisation, die wenig Raum für Privatinteressen läßt;

- Nachweis der Teilnahme an den einzelnen Veranstaltungen (BFH v. 4. 8. 1977, BStBl II 829), möglichst durch Testate (FG des Saarlandes v. 14. 7. 1992 rkr., EFG S. 727), aber auch durch Aufzeichnungen, Arbeitsmaterialien o. ä. (BFH v. 13. 2. 1980, BStBl II 386; vgl. Ebling, BB 1981, 313), auch durch Zahlungsbelege (Niedersächsisches FG v. 21. 9. 1990 rkr., EFG 1991, 525);

- bei Arbeitnehmern die Gewährung von Dienstbefreiung, Sonderurlaub oder Zuschüssen.

Bei Einzelreisenden müssen die Reisetage wie normale Arbeitstage mit beruflicher Tätigkeit ausgefüllt sein (BFH v. 18. 10. 1990, BStBl 1991 II 92).

Gegen betriebs- oder berufsbedingte Aufwendungen können z. B. folgende Merkmale sprechen:

1136

- Besuch bevorzugter Ziele des Tourismus sowie häufiger Ortswechsel (BFH v. 28. 10. 1976, BStBl 1977 II 203, Lehrgang über deutsches Notariatsrecht in Italien; v. 27. 11. 1978, BStBl 1979 II 213, Rundreise Amerika; v. 14. 4. 1988, BStBl II 633, Rundreise Brasilien; v. 19. 10. 1989, BStBl 1990 II 134, m. Anm. Kretzschmar, KFR F. 6 EStG § 9, 1/90, 95, Fortbildungslehrgänge Laax-Flims/Schweiz und Wolkenstein/Dolomiten; v. 15. 3. 1990, BStBl II 736, m. Anm. Berwanger, KFR F. 3 EStG § 4, 9/90, 317, Fortbildungslehrgang in Sulden am Ortler; v. 7. 9. 1990, BFH/NV 1991, 232; v. 12. 10. 1990, BFH/NV 1991, 371, Israel, Vorderer Orient; v. 15. 3. 1990, BFH/NV 1991, 438, St. Moritz; v. 6. 9. 1990, BFH/NV 1991, 513; v. 14. 12. 1990, BFH/NV 1991, 448; v. 28. 11. 1990, BFH/NV 1991, 447, Japanreise zu „Uhren- und Perlenkongreß" durch Uhren- und Schmuckhändler; FG Rheinland-Pfalz v. 18. 6. 1990 rkr., EFG S. 566, Davos);

- Einbeziehung vieler Wochenenden und Feiertage, die zur freien Verfügung stehen; Möglichkeiten zur Freizeitgestaltung (BFH v. 5. 9. 1990, BStBl II 1059, lange Mittagspause; v. 15. 3. 1990, BFH/NV 1991, 37);

- Mitnahme des Ehegatten oder anderer Angehöriger, soweit dies nicht aus betrieblichen (beruflichen) Gründen veranlaßt ist (BFH v. 13. 2. 1980, BStBl II 386; v. 12. 4. 1979, BStBl II 513);

- vorausgehende oder anschließende Urlaubsreise;

- entspannende oder kostspielige Beförderung, z. B. Schiffsreise (BFH v. 14. 7. 1988, BStBl 1989 II 19);

- Stärkung der eigenen Persönlichkeit und Selbsterkenntnis bei psychologischen Kursen (FG München v. 15. 5. 1991 rkr., EFG S. 723).

1137 Ergibt sich aufgrund vorstehender Merkmale, daß die Reise insgesamt nicht weitaus betrieblichen/beruflichen Charakter hat, so können aber trotzdem die **rein betrieblichen/beruflichen Aufwendungen** als Betriebsausgaben/Werbungskosten anerkannt werden, wenn diese leicht und einwandfrei abgrenzbar sind, z. B. Kongreßgebühren, Pauschalen u. ä. (vgl. BFH v. 5. 12. 1968, BStBl 1969 II 235; v. 1. 4. 1971, BStBl II 524; v. 15. 3. 1990, BStBl II 736; BFH/NV 1991, 438) sowie Übernachtungs- und Mehrverpflegungsaufwendungen aufgrund betrieblicher Veranlassung. Die Fahrtkosten zählen aber in diesen Fällen in vollem Umfang zu den nichtabziehbaren Kosten der Lebensführung (BFH v. 23. 4. 1992, BStBl II 898).

3. Abziehbare Aufwendungen

LEXinform
▶ BSt-BG-0695 ◀

1138 Vgl. „Reisekosten", Rdnr. 1541 ff.; „Kraftfahrzeugkosten", Rdnr. 1448 ff.; „Repräsentationsaufwendungen", Rdnr. 1577 ff.

1139 Außerdem sind die **unmittelbaren Fortbildungskosten** abziehbar, z. B. Kongreßgebühren, Aufwendungen für Fachbücher (vgl. BFH v. 21. 5. 1992, BStBl II 1015), Fachzeitschriften, Loseblattsammlungen (Fachliteratur), u. ä.

1140 Unter den Begriff „**Fachzeitschriften**" fallen weder regionale (BFH v. 5. 4. 1962, BStBl III 368) noch überregionale Tageszeitungen (BFH v. 30. 6. 1983, BStBl II 715), auch nicht Zeitungen wie „Der Spiegel" oder „Die Zeit" (BFH v. 7. 9. 1989, BStBl 1990 II 19) bzw. „Test" (vgl. BFH v. 27. 4. 1990, BFH/NV S. 701), „Wirtschaftswoche", „Management-Wissen" (Hessisches FG v. 5. 5. 1992, EFG S. 517), „Capital" (FG des Saarlandes v. 2. 6. 1992, Revision, EFG S. 518, Az. des BFH: VI R 68/92). Zur Fachliteratur gehören ebenfalls nicht allgemeine Nachschlagewerke (z. B. Brockhaus-Enzyklopädie, BFH v. 29. 4. 1977, BStBl II 716).

1141–1145 *(Einstweilen frei)*

• Freiberufliche Tätigkeit

LEXinform
▶ BSt-BG-0700 ◀

1146 Im Baubereich sind neben den Gewerbetreibenden auch Freiberufler tätig, z. B. **Vermessungsingenieure, Ingenieure und Architekten**, sowie „ähnliche" Berufe (§ 18 Abs. 1 Nr. 1 Satz 1 EStG). Eine **ähnliche Tätigkeit** in diesem Sinne liegt vor, wenn sie in ihrer Gesamtheit dem Bild eines Katalogberufs mit allen Merkmalen vergleichbar ist. Da für den

Vergleichsberuf eine Ausbildung erforderlich ist, muß bei dem zu beurteilenden Beruf auch die Ausbildung vergleichbar sein (ausführlich Blümich/Obermeier, § 2 GewStG Rz. 332 ff.).

Beispiele aus der Rechtsprechung:

- Hat ein **Hochbautechniker** durch langjährige praktische Tätigkeit auf dem Gebiet der Planung von Bauwerken einem Architekten vergleichbare theoretische Kenntnisse erworben, so übt er auch in den Veranlagungszeiträumen eine architektenähnliche Tätigkeit aus, in denen er lediglich als Bauleiter tätig wird (BFH v. 12. 10. 1989, BStBl 1990 II 64; vgl. auch BFH v. 26. 3. 1985, BFH/NV 1986, 38).

- Ein **Konstrukteur**, dessen Arbeit überwiegend in der Fertigung von Bewehrungsplänen besteht, übt keine ingenieurähnliche Tätigkeit aus (BFH v. 5. 10. 1989, BStBl 1990 II 73).

- Zur Abgrenzung der freiberuflichen (eigenverantwortlichen) Tätigkeit von der gewerblichen Tätigkeit bei **beratenden Bauingenieuren** im Rahmen einer GbR vgl. BFH v. 20. 4. 1989, BStBl II 727.

- Zur Frage der **gemischten Tätigkeit** vgl. „Grundstückshandel", Rdnr. 1283 ff., und BFH v. 8. 3. 1989, BStBl II 572; zu einer Freiberufler-GmbH & Co KG vgl. BFH v. 9. 4. 1987, BFH/NV S. 509.

- **Konstrukteure** (qualifizierte Bauzeichner), die sich im Hoch- und Tiefbau auf das Gebiet „Konstruktive Planung im Stahlbetonbau" spezialisiert haben, üben keine ingenieurähnliche Tätigkeit aus (FG Baden-Württemberg, Außensenate Stuttgart, v. 27. 10. 1987 rkr., EFG 1988, 306).

- **Projektieren von Elektro- und Blitzschutzanlagen** nur freiberuflich, wenn die Tätigkeit mathematisch-technische Kenntnisse voraussetzt, die üblicherweise nur durch eine Berufsausbildung als Ingenieur vermittelt werden (BFH v. 31. 7. 1980, BStBl 1981 II 121).

• Führerscheinaufwendungen

LEXinform
▶ BSt-BG-0705 ◀

Aufwendungen für den Erwerb eines Führerscheins sind bei Steuerpflichtigen, die ihr Fahrzeug nicht nur aus beruflichen Gründen, sondern auch aus privaten Gründen nutzen, keine Betriebsausgaben bzw. Werbungskosten (BFH v. 8. 4. 1964, BStBl III 431). Auch wenn Beruf oder unternehmerische Betätigung eine Kfz-Nutzung sinnvoll erscheinen lassen, sind solche Aufwendungen nach **§ 12 Nr. 1 EStG** nicht abziehbare Kosten der Lebensführung (BFH v. 20. 2. 1969, BStBl II 433). Für die Ermittlung eines betrieblich/beruflich bedingten Anteils gibt es keine objektiven **Abgrenzungsmerkmale**, die eine Aufteilung leicht und einwandfrei ermöglichen.

Etwas anderes gilt, wenn für einen **Taxi- oder Lkw-Fahrer** die Fahrprüfung unmittelbare **Voraussetzung zur Berufsausübung** ist bzw. er die Fahrprüfung aus beruflichen Gründen ablegt, weil die erstmalige Anstellung oder ein berufliches Fortkommen davon abhängen (BFH v. 20. 2. 1969, BStBl II 433). Die spätere auch private Nutzung eines Fahrzeuges gilt dann als untergeordnet.

Private Interessen müssen aufgrund der Würdigung aller Umstände des Falles nahezu ausgeschlossen sein und berufliches Fortkommen bzw. eine Anstellung objektiv erkennbar alleiniger Beweggrund für den Erwerb des Führerscheins sein (FG Rheinland-Pfalz v. 11. 1. 1979, EFG S. 329). Für die Übernahme der Aufwendungen für den Erwerb eines Führerscheines seines Sohnes durch den als **Glasermeister** tätigen Vater hat das FG Berlin den Abzug abgelehnt (Urteil v. 27. 9. 1966, EFG 1967, 167).

Für einen **schwerbehinderten Arbeitnehmer** läßt das FG Münster (Urteil v. 20. 12. 1967, EFG 1968, 351) die Führerscheinaufwendungen als Werbungskosten zu, wenn er nach § 9 Abs. 2 EStG die tatsächlichen Aufwendungen des Pkw für Fahrten zwischen Wohnung und Arbeitsstätte geltend machen darf.

Der Aufwand eines Unternehmers für den Führerschein eines **Arbeitnehmers,** um ihn ein Betriebsfahrzeug fahren zu lassen, ist Betriebsausgabe. Das gilt auch im Verhältnis zum im Rahmen eines steuerlich anerkannten Arbeitsverhältnisses **mitarbeitenden Ehegatten,** wenn er den Führerschein ausschließlich und überwiegend im betrieblichen Interesse nutzt (BFH v. 26. 6. 1968, BStBl II 773).

1148–1150 *(Einstweilen frei)*

● **Garantierückstellung**

1151 vgl. „Rückstellungen", Rdnr. 1611.

● **Gebäude**

1152 vgl. „Grundstücke und Gebäude", Rdnr. 1215 ff.

● **Geldbußen, Ordnungsgelder, Verwarnungsgelder, Auflagen, Weisungen (§ 4 Abs. 5 Satz 1 Nr. 8 EStG)**

LEXinform
▶ BSt-BG-0710 ◀

Literatur: *Kuhlmann,* Zur Abzugsfähigkeit von Strafverfahrenskosten, DB 1985, 1613; *Forchhammer,* Rückwirkung des Abzugsverbots für Geldbußen verfassungswidrig?, FR 1986, 84; *v. Lishaut,* Verfassungsrechtliche Bedenken gegen die rückwirkende Einfügung des § 4 Abs. 5 Satz 1 Nr. 8 EStG, FR 1986, 452; *Söffing,* Verfassungsmäßigkeit von Geldbußen, NWB F. 3, 6493; *Jesse,* Das Abzugsverbot für Geldbußen nach § 4 Abs. 5 Satz 1 Nr. 8 EStG, DB 1987, 810; *Brosch,* Einkommensteuerliche Behandlung von Rückzahlungen, NWB F. 3, 7339; *Söffing,* Abzug von Geldbußen, NWB F. 3, 7659; *Anders,* Die steuerliche Behandlung von Bußgeldbescheiden, Inf 1991, 169; *Gérard,* Abziehbarkeit von Geldstrafen, Geldbußen, Ordnungsgeldern und Verwarnungsgeldern, NWB F. 3, 7961; *Brandenberg,* Abzug von Geldbußen als Betriebsausgaben, DB 1991, 2103; *Scholtz,* Abzug einer Geldstrafe als Betriebsausgabe, KFR F. 3 EStG § 4 Abs. 4, 2/92, 39; *Sarrazin,* Änderungen des EStG durch das StÄndG 1992 im Bereich der Unternehmensbesteuerung, NWB F. 3b, 3959.

Verwaltungsanweisungen: Abschn. 25 EStR; FM Nordrhein-Westfalen v. 26. 2. 1991, Folgerungen aus dem Beschl. des BVerfG v. 23. 1. 1990, DB S. 575; OFD Nürnberg v. 15. 9. 1992, § 4 Abs. 5 Nr. 8 EStG, DB S. 2112; OFD Kiel v. 13. 10. 1992, Anträge auf Erlaß aus sachlichen Billigkeitsgründen, DB S. 2320.

Nach § 4 Abs. 5 Satz 1 Nr. 8 EStG dürfen die von einem Gericht oder einer Behörde im Geltungsbereich dieses Gesetzes oder von Organen der Europäischen Gemeinschaften festgesetzten Geldbußen, Ordnungsgelder und Verwarnungsgelder den **Gewinn nicht mindern.** Dasselbe gilt für Leistungen zur Erfüllung von Auflagen oder Weisungen, die in einem berufsgerichtlichen Verfahren erteilt werden, **soweit** die Auflagen oder Weisungen **nicht** lediglich der Wiedergutmachung des durch die Tat verursachten Schadens dienen (ausführlich Gérard, NWB F. 3, 7961).

1153

§ 4 Abs. 5 Satz 1 Nr. 8 EStG gilt sinngemäß auch für **Arbeitnehmer** (§ 9 Abs. 5 EStG).

1154

Unter diese Vorschrift fallen nicht Geldstrafen, sonstige Rechtsfolgen vermögensrechtlicher Art, bei denen der Strafcharakter überwiegt, und Leistungen zur Erfüllung von Auflagen und Weisungen, die als Kosten der Lebensführung bereits nach **§ 12 Nr. 4 EStG** vom Abzug ausgeschlossen sind, soweit die Auflagen oder Weisungen nicht lediglich der Wiedergutmachung des durch die Tat verursachten Schadens dienen. § 12 Nr. 4 EStG steht dem Abzug einer Geldstrafe als Betriebsausgabe nicht entgegen, wenn die von einem ausländischen Gericht festgesetzte Geldstrafe wesentlichen Grundsätzen der deutschen Rechtsordnung (ordre public) widerspricht (BFH v. 31. 7. 1991, BStBl 1992 II 85, m. Anm. Scholtz, KFR F. 3 EStG § 4 Abs. 4, 2/92, 39).

1155

§ 4 Abs. 5 Satz 1 Nr. 8 EStG gilt auch **rückwirkend** (§ 52 Abs. 3a EStG 1984). Dies ist verfassungsgemäß (BFH v. 21. 5. 1987, BFH/NV S. 636;

1156

BVerfG v. 23. 1. 1990, BStBl II 483; v. 10. 12. 1990 2 BvR 1374/90 u. a.; vgl. auch v. Lishaut, FR 1986, 452; Forchhammer, FR 1986, 84).

1157 Bislang war umstritten, ob § 4 Abs. 5 Satz 1 Nr. 8 EStG auch insoweit verfassungsmäßig ist, als **vorteilsabschöpfende Geldbußen** unter das Abzugsverbot fallen (verneinend BFH, Vorlagebeschluß an das BVerfG v. 21. 10. 1986, BStBl 1987 II 212, Gründe in BFH/NV 1987, 152; vgl. auch Jesse, DB 1987, 810; Söffing, NWB F. 3, 6493). Dazu hat das BVerfG (v. 23. 1. 1990, BStBl II 483) entschieden, daß – entsprechend der Praxis der Obergerichte – bei der Bemessung der Geldbuße nur der um die absehbare ESt verminderte Betrag zugrunde zu legen und die Regelung damit mit dem GG vereinbar sei. Der auf die Abschöpfung des wirtschaftlichen Vorteils (Mehrerlöses) entfallende Teil einer Geldbuße konnte bis einschließlich 1991 auch dann nicht als Betriebsausgabe abgezogen werden, wenn bei der Bemessung der Geldbuße unter Verstoß gegen den allgemeinen Gleichheitssatz (Art. 3 Abs. 1 GG) die auf den abgeschöpften Mehrerlös entfallende ESt und GewSt nicht berücksichtigt wurde (BFH v. 24. 7. 1990, BStBl 1992 II 508, m. Anm. Söffing, NWB F. 3, 7659; v. 20. 6. 1990, BFH/NV 1991, 32, 38, ggf. Billigkeitsmaßnahme; für § 163 AO Anders, Inf 1991, 169; Brandenberg, DB 1991, 2103; FM Nordrhein-Westfalen v. 26. 2. 1991, DB S. 575, ggf. rückwirkende Gesetzesänderung).

1158 Durch das **StÄndG 1992** wird eine solche Doppelbelastung vermieden. Wenn die auf den abgeschöpften Mehrerlös entfallende Steuer nicht berücksichtigt wurde, kann der Steuerpflichtige den auf die Abschöpfung entfallenden Teil der Geldbuße als Betriebsausgabe abziehen. Nur für diesen Fall wird also das Abzugsverbot für Geldbußen eingeschränkt. Es gilt nur für den Ahndungsteil (OFD Nürnberg v. 15. 9. 1992, DB S. 2112). Dies hat besondere Bedeutung bei Bußgeldbescheiden, die von Organen der EG erlassen werden, weil dort die nationale Steuerbelastung nicht berücksichtigt werden kann (Sarrazin, NWB F. 3 b, 3959, 3962). Die Neuregelung ist auch für die Veranlagungszeiträume **vor 1992** anzuwenden, soweit Steuerbescheide noch nicht bestandskräftig sind, unter dem Vorbehalt der Nachprüfung stehen oder die Steuer hinsichtlich der Abziehbarkeit der festgesetzten Geldbußen als Betriebskosten vorläufig festgesetzt worden ist (§ 52 Abs. 5 a EStG). Ist die Steuerfestsetzung hingegen bestandskräftig, lehnt die Finanzverwaltung Anträge auf Änderung bzw. auf Erlaß aus sachlichen Gründen ab (OFD Kiel v. 13. 10. 1992, DB S. 2320).

Strafverfahrenskosten sind Betriebsausgaben, wenn sie betrieblich veran- 1159
laßt sind, selbst wenn die Geldbuße o. ä. nach § 4 Abs. 5 Satz 1 Nr. 8
EStG vom Abzug ausgeschlossen ist (BFH v. 19. 2. 1982, BStBl II 467,
m. Anm. Gerauer, FR 1982, 811; vgl. auch BFH v. 21. 6. 1989, BStBl II
831, m. w. N; Abschn. 25 Abs. 7, 120 Abs. 2 EStR).

Die **Rückzahlung von Ausgaben** im Sinn von § 4 Abs. 5 Satz 1 Nr. 8 1160
Sätze 1 und 2 EStG darf den Gewinn nicht erhöhen (§ 4 Abs. 5 Satz 1
Nr. 8 Satz 3 EStG; Brosch, NWB F. 3, 7339).

(Einstweilen frei) 1161–1165

• Geringwertige Wirtschaftsgüter
(§§ 6 Abs. 2, 9 Abs. 1 Nr. 7 Satz 2 EStG)

LEXinform
▶ BSt-BG-0715 ◀

Literatur: *Römer,* Zur Neuregelung der Bewertungsfreiheit von geringwertigen Wirtschaftsgütern ab 1977, BB 1980, 774; *Horlemann,* Geringwertige Wirtschaftsgüter (§ 6 Abs. 2 EStG 1983), DStZ A 1985, 22; *Günther,* Geringwertige Wirtschaftsgüter im Bereich der Überschußeinkünfte, FR 1990, 279; *Speich,* Sofortabschreibung für geringwertige Wirtschaftsgüter, NWB F. 3, 7387.

Verwaltungsanweisungen: Abschn. 40, 86 Abs. 5 EStR; Abschn. 44 Abs. 3 LStR.

Die Anschaffungs- oder Herstellungskosten oder – im Fall der Einlage 1166
bzw. der Betriebseröffnung – der an deren Stelle tretende Wert (§ 6
Abs. 1 Nr. 5 und 6 EStG) von abnutzbaren beweglichen Wirtschaftsgütern des Anlagevermögens können **in voller Höhe** als Betriebsausgaben
oder Werbungskosten abgesetzt werden, wenn die Anschaffungs- oder
Herstellungskosten oder der an deren Stelle tretende Wert für das einzelne Wirtschaftsgut **800 DM nicht übersteigen.**

Die Sofortabschreibung gilt bei **selbständiger und nichtselbständiger Tätig-** 1167
keit (§§ 6 Abs. 2, 9 Abs. 1 Nr. 7 Satz 2 EStG). Die Grenze von 800 DM
ist **bei Gewinneinkünften und bei Überschußeinkünften netto,** d. h. ohne
USt, zu verstehen (Abschn. 86 Abs. 5 EStR; Abschn. 44 Abs. 3 Satz 1
LStR).

Die Inanspruchnahme von §§ 6 Abs. 2, 9 Abs. 1 Nr. 7 Satz 2 EStG ist 1168
nur **im Wirtschaftsjahr** der Anschaffung, Herstellung (ebenso bei Überschußeinkünften vgl. Günther, FR 1990, 279; Abschn. 44 Abs. 3 Satz 1
LStR) oder Einlage des Wirtschaftsguts (vgl. auch Rdnr. 667) oder der
Eröffnung des Betriebs möglich. Hat der Unternehmer in diesem Wirtschaftsjahr von der Sofortabschreibung keinen Gebrauch gemacht, so

kann er sie in einem späteren Jahr nicht nachholen (vgl. BFH v. 17. 3. 1982, BStBl II 545). Eine Inanspruchnahme des § 6 Abs. 2 EStG bei Überschußeinkünften mindert jedoch eine AfA bei der Einlage in das Betriebsvermögen (Niedersächsisches FG v. 31. 3. 1992, Revision, EFG S. 585, Az. des BFH: IV R 101/92).

1169 Die Sofortabschreibung ist nur möglich, wenn das **Wirtschaftsgut einer selbständigen Nutzung** fähig ist. Dies ist dann nicht der Fall, wenn es nach seiner betrieblichen Zweckbestimmung nur zusammen mit anderen Wirtschaftsgütern des Anlagevermögens genutzt werden kann und die in den Nutzungszusammenhang eingefügten Wirtschaftsgüter technisch aufeinander abgestimmt sind (§ 6 Abs. 2 Satz 2 EStG; vgl. auch Satz 3; Beispiel: Komponenten einer Computeranlage, FG München v. 30. 6. 1992 rkr., EFG 1993, 214). Selbständig nutzungsfähig sind auch Wirtschaftsgüter, die zur Erstausstattung gehören, z. B. Möbel und die Bibliothek (vgl. BFH v. 29. 7. 1966, BStBl 1967 III 61; v. 17. 5. 1968, BStBl II 566; ausführlich hierzu Speich, NWB F. 3, 7387, 7389).

Beispiele:

Bücher, Möbel, Rechengeräte, Computerprogramme (Abschn. 31 a EStR; a. A. FG München v. 30. 6. 1992 rkr., EFG 1993, 214, da keine beweglichen, sondern immaterielle Wirtschaftsgüter), Lampen; Kanaldielen, wenn sie nach der konkreten betrieblichen Zweckbestimmung auch einzeln – z. B. zum Abdecken von Baugruben, zur Herstellung von Brücken über Gräben oder von Überfahrten und Fahrspuren, zum Bewehren von Grünflächen zum Abstellen schwerer Maschinen und Material – verwendet werden können (Blümich/Ehmcke, § 6 Rz. 1380); entsprechendes gilt für Gerüst- und Schalungsteile.

1170 Bei Gewinneinkünften setzt die Sofortabschreibung voraus, daß die Wirtschaftsgüter unter Angabe des Tages der Anschaffung, Herstellung oder Einlage des Wirtschaftsguts oder der Eröffnung des Betriebs und der Anschaffungs- oder Herstellungskosten oder des nach § 6 Abs. 1 Nr. 5 oder 6 EStG an deren Stelle tretenden Werts in einem besonderen, laufend zu führenden **Verzeichnis** aufgeführt sind. Das Verzeichnis braucht nicht geführt zu werden, wenn diese Angaben aus der Buchführung ersichtlich sind (gesondertes Konto).

1171 Die Finanzverwaltung **verzichtet auf diese Aufzeichnungen**, wenn die Anschaffungs- oder Herstellungskosten, vermindert um einen darin enthaltenen Vorsteuerbetrag (§ 9 b Abs. 1 EStG), für das einzelne Wirtschaftsgut nicht mehr als 100 DM betragen. Diese Erleichterung gilt bei

Gewinnermittlung nach § 4 Abs. 1 und Abs. 3 EStG (Abschn. 31 Abs. 3, 40 Abs. 4 Satz 4, Abs. 5 Satz 2 EStR).

● **Gerüst- und Schalungsteile**
LEXinform
▶ BSt-BG-0720 ◀

Nicht technisch aufeinander abgestimmte Gerüst- und Schalungsteile (Kanthölzer, Gerüstbretter, Bohlen usw.) können je nach Bedarf unterschiedlich und austauschbar bei Bauvorhaben verwendet werden. Sie sind einer **selbständigen Nutzung** fähig und können **geringwertige Wirtschaftsgüter** nach § 6 Abs. 2 EStG sein.

1172

Etwas anderes gilt für **technisch aufeinander abgestimmte** und genormte Gerüst- und Schalungsteile (BFH v. 18. 12. 1956, BStBl 1957 III 27; v. 21. 7. 1966, BStBl 1967 III 59; v. 29. 7. 1966, BStBl 1967 III 151). Sie sind nach ihrer betrieblichen Zweckbestimmung nur **systemgemäß** zu verwenden. Bewertungsfreiheit des § 6 Abs. 2 EStG kommt daher nicht in Betracht. Zugänge sind zu **aktivieren** und nur über ihre betriebsgewöhnliche Nutzungsdauer verteilt abzuschreiben.

Eine **Sachgesamtheit** in diesem Sinne bilden vor allem **Leitergerüste, Stahlrohr-, Kupplungsgerüste,** Horizontal- und Vertikal-Rahmengerüste, Allround- oder Modulgerüste, Rüstmaterial für Brückenlehr-, Ausleger-, Schwebe- und Stangengerüste. Weil eine Abgrenzung nicht immer eindeutig möglich ist, wird zugelassen, für Gerüst- und Schalungsteile jeder Kategorie einen gemeinsamen **Festwert** (Rdnr. 924 ff. und Rdnr. 1122 ff.) zu bilden. Zu den Voraussetzungen vgl. auch BMF v. 8. 3. 1993, BStBl I 276.

Nach der Neufassung des § 6 Abs. 2 EStG ab 1. 1.1977 sind auch **Kanaldielen,** die im Tiefbau zur Zusammensetzung von Trennwänden verwendet werden, nicht mehr als geringwertige Wirtschaftsgüter anzusehen (BMF v. 8. 10. 1981, BStBl I 626).

(Einstweilen frei)

1173–1175

● **Geschäftsgang**

vgl. „Reisekosten", Rdnr. 1544 ff.

1176

● **Geschäftsräume**

vgl. „Betriebs- und Geschäftsräume", Rdnr. 895 ff.

1177

• Geschäftsreise
1178 vgl. „Reisekosten", Rdnr. 1544 ff.

• Geschäftsveräußerung
1179 vgl. „Betriebsveräußerungen", Rdnr. 3016 ff.

• Geschäftswert
1180 vgl. Rdnr. 121 ff.

• Geschenke (§ 4 Abs. 5 Nr. 1 EStG)
LEXinform
▶ BSt-BG-0725 ◀

Literatur: *Brandenberg,* Spenden als nicht abzugsfähige Betriebsausgabe? Ein Beitrag zu § 4 Abs. 5 Nr. 1 EStG, DStR 1985, 722; *xx,* Spenden sind keine Geschenke – Eine Erwiderung zu DStR 1985, 722, DStR 1985, 752; *Schwarz,* Aufwendungen für Geschenke im Einkommensteuer- und Umsatzsteuerrecht, NSt 1989/18 Geschenke – Darstellung 1; *Sarrazin,* Änderungen des EStG durch die Steuerreform 1990 im Bereich der Unternehmensbesteuerung, NWB F. 3 b, 3877; *Schoor,* Abzug von Geschenken, StWK Gruppe 4, 411.

Verwaltungsanweisungen: Abschn. 20 Abs. 2 bis 6 EStR; BMF v. 3. 8. 1981, Aufwendungen für Geschenke als Betriebsausgaben, BB 1981, 1383; OFD Münster v. 14. 4. 1989, dto., S – 2145 – 38 – St 11 – 31.

1181 Geschenke an Personen, die **nicht Arbeitnehmer** des Steuerpflichtigen sind, dürfen den Gewinn nur mindern, wenn die Anschaffungs- oder Herstellungskosten der dem Empfänger im Wirtschaftsjahr zugewendeten Gegenstände insgesamt **75 DM nicht übersteigen** (§ 4 Abs. 5 Nr. 1 EStG). Die Grenze von 75 DM gilt erstmals für Wirtschaftsjahre, die nach dem 31. 12. 1989 enden (§ 52 Abs. 5 EStG i. d. F. des Wohnungsbauförderungsgesetzes v. 22. 12. 1989, BStBl I 505); die bisherige Wertgrenze betrug 50 DM.

1182 Bei den Beträgen von 50 bzw. 75 DM handelt es sich um eine **Freigrenze** und nicht um einen Freibetrag; d. h., wenn die Grenze – auch nur geringfügig – überschritten ist, entfällt der Betriebsausgabenabzug in voller Höhe.

1183 Die Grenze gilt aber nicht, wenn die **Gegenstände ausschließlich betrieblich nutzbar** sind (vgl. z. B. BMF v. 3. 8. 1981. BB S. 1383, und OFD Münster v. 14. 4. 1989, S – 2145 – 38 – St 11 – 31), z. B. wenn der Bauunternehmer einem Architekten, mit dem er zusammenarbeitet, einen Bürostuhl schenkt.

Der Betriebsausgabenabzug setzt eine **betriebliche Veranlassung** voraus. 1184
Privat veranlaßte Geschenke gehören zu den Kosten der Lebensführung;
sie dürfen den Gewinn nicht mindern (vgl. § 12 Nr. 1 EStG). Berühren
die Geschenke den betrieblichen und den privaten Bereich, so sind sie
wegen des Aufteilungs- und Abzugsverbots steuerrechtlich nicht zu
berücksichtigen.

Spenden sind keine Geschenke (BFH v. 25. 11. 1987, BStBl 1988 II 220; 1185
xx, DStR 1985, 752; a. A. z. B. Brandenberg, DStR 1985, 722) da § 10b
EStG als lex specialis vorgeht (vgl. auch § 4 Abs. 6 EStG).

Geschenke sind **unentgeltliche Zuwendungen.** Die Unentgeltlichkeit setzt 1186
objektiv das Fehlen einer Gegenleistung und subjektiv die Einigung der
Parteien hierüber voraus (vgl. § 518 BGB). Werden jedoch Aufwendungen im Hinblick auf eine Gegenleistung des Empfängers gemacht, und
sind diese Aufwendungen betrieblich veranlaßt, so fallen diese nicht
unter § 4 Abs. 5 Nr. 1 EStG; sie sind in vollem Umfang als Betriebsausgaben abziehbar.

Beispiel:
Ein Unternehmer läßt sich von einem Schreiner Einbauten für seinen Betrieb fertigen und verzichtet dafür auf die Bezahlung von Baumaterial.

Gegenstand eines Geschenks können neben **Geld** und **Sachzuwendun-** 1187
gen auch **unentgeltliche Dienstleistungen** oder **andere geldwerte Vorteile**
sein.

Bis einschließlich 1991 galt für **Arbeitnehmer** § 4 Abs. 5 Nr. 1 EStG und 1188
damit die Grenze von 50 bzw. 75 DM nicht (BFH v. 13. 1. 1984, BStBl II
315). **Ab 1992** ist § 4 Abs. 5 Nr. 1 EStG sinngemäß anzuwenden (§§ 9
Abs. 5, 52 Abs. 1 EStG i. d. F. des StÄndG 1992).

(Einstweilen frei) 1189–1190

● Gewerbebetrieb

vgl. „Grundstückshandel", Rdnr. 1246 ff.; „Freiberufliche Tätigkeit", 1191
Rdnr. 1146.

● Gewerblicher Grundstückshandel

vgl. „Grundstückshandel", Rdnr. 1246 ff. 1192

• Gewinnbeteiligung

1193 vgl. Rdnr. 3043.

• Gewinnerzielungsabsicht

Literatur: *Schwarz,* „Liebhaberei" im Bereich der Einkünfte aus Vermietung und Verpachtung, DStR 1991, 401; *Theisen,* Gewinnerzielungsabsicht bei „Verlustzuweisungsgesellschaften", KFR F. 3 EStG § 15, 9/91, 191; *Paus,* Gewinnerzielungsabsicht bei Verlustzuweisungsgesellschaften, DStZ 1991, 565; *G. Söffing,* Einkünfteerzielungsabsicht bei Verlustzuweisungsgesellschaften, NWB F. 3, 7973; *Obermeier,* Die Ferienwohnung und die neueste Rechtsprechung des BFH, DStR 1991, 1613; *Plewka,* Vermutung fehlender Gewinnerzielungsabsicht bei Verlustzuweisungsgesellschaften, KFR F. 3 EStG § 15, 2/92, 71; *G. Söffing,* Gewinnerzielungsabsicht bei Verlustzuweisungsgesellschaften, NWB F. 3, 8217; *Drosdzol,* Die steuerlich relevante Tätigkeit im Einkommen- und Umsatzsteuerrecht, DStZ 1992, 199; *Weber-Grellet,* Wo beginnt die Grenze zur „Liebhaberei"?, DStR 1992, 561, 602; *Paus,* Ungelöste Probleme der Liebhaberei, StVj 1992, 128; *Loritz,* Die angeblich erst später einsetzende Gewinnerzielungsabsicht der Personengesellschaft und die steuerorientierten Kapitalanlagen, DB 1992, 1156; *G. Söffing,* Einkünfteerzielungsabsicht – Kapitalanlagen, DB 1992, 1156; *Stuhrmann,* Einkunftserzielungsabsicht bei Einkünften aus V u V – Anmerkungen zum BMF-Schreiben v. 23. 7. 1992, DStR 1992, 1125; *G. Söffing,* Einkünfteerzielungsabsicht – Liebhaberei, StVj 1992, 235; *Baum,* Verfahrensregelungen für Verlustzuweisungsgesellschaften, NWB F. 2, 5877; *Brandenberg,* Liebhaberei aus Vermietung und Verpachtung, NWB F. 3, 8399; *Kupfer,* Grenzbereich zwischen Einkünfteerzielung und Liebhaberei, KÖSDI 1993, 9212; *Horlemann,* Verluste bei der Vermietung von Immobilien, DStZ 1993, 38; *Speich,* Liebhaberei im Steuerrecht, NWB F. 3, 8481; *Vinzenz,* Der Fiskus noch auf dem Boden des Grundgesetzes?, DStR 1993, 550; *Schuck,* Veranlassung als Kriterium der „Liebhaberei" – Kritische Auseinandersetzung mit der Rechtsprechung des BFH, DStR 1993, 975; *Weber-Grellet,* Die leidige Gewinnerzielungsabsicht – Erwiderung auf Vinzenz, DStR 1993, 980.

Verwaltungsanweisungen: Abschn. 134 b, 136 Abs. 13 EStR; OFD Cottbus v. 11. 6. 1991, Einkunftserzielungsabsicht und Gestaltungsmißbrauch bei Herabsetzung und Vereinbarung von Mieten ab 50 % der Marktmiete und Verhältnis zu § 21 Abs. 2 Satz 2 EStG, DB S. 1494; BMF v. 13. 7. 1992, Verfahren bei der Geltendmachung von negativen Einkünften aus der Beteiligung an Verlustzuweisungsgesellschaften und vergleichbaren Modellen, BStBl I 404; BMF v. 23. 7. 1992, Einkunftserzielung bei den Einkünften aus Vermietung und Verpachtung, BStBl I 434.

1. Allgemeines

LEXinform
▶ BSt-BG-0730 ◀

1194 Eine Voraussetzung für das Vorliegen eines Gewerbebetriebs im Steuerrecht ist die **Gewinnerzielungsabsicht.** Der Gewinnerzielungsabsicht entspricht bei Überschußeinkünften (insbesondere bei Einkünften aus Kapitalvermögen und Vermietung und Verpachtung) die **Überschußerzielungsabsicht**. Fehlt Gewinnerzielungsabsicht bzw. Überschußerzielungsabsicht, so ist die Tätigkeit einkommensteuerrechtlich irrelevant. Sie wird dann gemeinhin als **Liebhaberei** bezeichnet (grundlegend BFH v. 25. 6. 1984, BStBl II 751; Kupfer, KÖSDI 1993, 9212; Speich, NWB F. 3, 8481; Rechtsprechung verfassungsgemäß, BVerfG v. 18. 11. 1986, HFR 1988, 34; a. A. Vinzenz, DStR 1993, 550; gegen Vinzenz Weber-Grellet, DStR 1993, 980).

Die Gewinnerzielungsabsicht kann auch **Nebenzweck** sein (§ 15 Abs. 2 Satz 3 EStG). Eine durch die Betätigung verursachte **Minderung der Steuern vom Einkommen** reicht allerdings nicht aus (§ 15 Abs. 2 Satz 2 EStG). 1195

2. Gewinneinkünfte

LEXinform
▶ BSt-BG-0735 ◀

Gewinnerzielungsabsicht ist das **Streben nach** Betriebsvermögensmehrung in Gestalt eines **Totalgewinns**. Darunter ist das positive Gesamtergebnis des Betriebs von der Gründung bis zur Veräußerung oder Aufgabe oder Liquidation zu verstehen (BFH v. 25. 6. 1984, BStBl II 751). Erstrebt der Unternehmer nur die Deckung der Selbstkosten bzw. einen Ausgleich mit in der Vergangenheit eingetretenen Verlusten oder die Bildung von Rücklagen für drohende Vermögensverluste, ist Gewinnerzielungsabsicht zu verneinen (BFH v. 22. 8. 1984, BStBl 1985 II 61). 1196

In den Totalgewinn sind alle Geschäftsvorfälle einzurechnen, die den steuerlichen Gewinn berühren, z. B. auch die Art der Finanzierung, Entschädigungen, Sonderabschreibungen und Investitionszulagen, nicht aber eine Eigenkapitalverzinsung. Besondere Bedeutung kommt (insbesondere bei Grundeigentum) – selbst ohne Aufgabe- bzw. Veräußerungsabsicht – der Möglichkeit eines **Aufgabe- bzw. Veräußerungsgewinns** zu, der vorhergehende negative Ergebnisse übersteigen kann (BFH v. 25. 6. 1984, BStBl II 751; v. 5. 5. 1988, BStBl II 778; Blümich/Obermeier, § 2 GewStG Rz. 226 ff., m. w. N.). 1197

Die Gewinnerzielungsabsicht ist **nachzuweisen** (kein prima-facie-Beweis; so aber BFH v. 19. 11. 1985, BStBl 1986 II 289). Hierfür sind nicht die Absichtserklärungen des Steuerpflichtigen, sondern äußere Merkmale entscheidend. Ein starkes Indiz für Gewinnerzielungsabsicht ist, wenn über mehrere Wirtschaftsjahre hinweg Gewinne erzielt werden (BFH 1198

v. 22. 8. 1984, BStBl 1985 II 61; vgl. auch „Grundstückshandel", Rdnr. 1276ff.). Werden über mehrere Jahre hinweg Verluste erzielt, spricht dies gegen Gewinnerzielungsabsicht (BFH v. 15. 11. 1984, BStBl 1985 II 205), wobei Anfangsverluste (es ist wohl in der Regel von einem Zeitraum von acht Jahren auszugehen) nicht überbewertet werden dürfen (vgl. Niedersächsisches FG v. 28. 8. 1991 rkr., EFG 1993, 76). Kann der Unternehmer aber seine Anfangsverluste keinesfalls ausgleichen, fehlt die Gewinnerzielungsabsicht (BFH v. 21. 3. 1985, BStBl II 399).

1199 Da die Gewinnerzielungsabsicht ein subjektives Tatbestandsmerkmal ist muß in die Gesamtbeurteilung auch einfließen, ob der Unternehmer die Tätigkeit aus im Bereich seiner Lebensführung liegenden **persönlichen Gründen oder Neigungen ausübt** (BFH v. 13. 12. 1984, BStBl 1985 II 455; vgl. auch BFH v. 31. 3. 1992, BFH/NV 1993, 8; Schuck, DStR 1993, 975), wobei die Art der Tätigkeit auch eine Rolle spielen kann (vgl. BFH v. 28. 8. 1987, BStBl 1988 II 10). Als persönliche Gründe kommen nicht nur Erholung und Freizeitgestaltung, sondern alle einkommensteuerrechtlich unbeachtlichen Motive in Betracht (BFH v. 19. 11. 1985, BStBl 1986 II 289), z. B. lange Familientradition (Niedersächsisches FG v. 20. 8. 1991, Nichtzulassungsbeschwerde, EFG 1992, 329, Az. des BFH: IV B 20/92) oder Mäzenatentum (FG Düsseldorf v. 31. 3. 1992, Nichtzulassungsbeschwerde, EFG S. 522, Az. des BFH: XI B 68/92). Bedeutend z. B. kann auch sein, ob diese Tätigkeit die einzige Erwerbsquelle ist oder ob dem Unternehmer weitere (positive) Einkünfte zur Verfügung stehen, die er durch Verrechnung mit den Verlusten vermindern kann (BFH v. 22. 7. 1982, BStBl 1983 II 2; Weber-Grellet, DStR 1992, 561, 565; Blümich/Obermeier, § 2 GewStG Rz. 231 ff., auch zur Änderung der Verhältnisse; zur Entscheidung des FG vgl. „Grundstückshandel", Rdnr. 1278).

3. Einkünfte aus Vermietung und Verpachtung

LEXinform
▶ BSt-BG-0740 ◀

1200 Der Steuerpflichtige muß einen **Gesamtüberschuß** der Einnahmen über die Werbungskosten erzielen (BFH v. 19. 9. 1990, BStBl II 1030). Veräußerungsgewinne sind nur unter den Voraussetzungen des § 23 EStG in die Berechnung einzubeziehen (Schwarz, DStR 1991, 401, 404f.; Blümich/Obermeier, § 2 GewStG Rz. 227). Entscheidend kommt es nicht auf die Einkunftsart, sondern auf jedes Grundstück an (G. Söffing, StVj 1992, 235, 241 f.).

Die **Totalperiode** entspricht grundsätzlich der tatsächlichen Nutzungsdauer des Objekts. Sie beträgt bei Gebäuden grundsätzlich **100 Jahre** (str.; BMF v. 23. 7. 1992, BStBl I 434, m. Anm. Stuhrmann, DStR 1992, 1125; ausführlich Obermeier, Das selbstgenutzte Wohneigentum, Anm. 86, m. w. N. zum Streitstand; ders., DStR 1991, 1613; vgl. FG Rheinland-Pfalz v. 17. 8. 1992 rkr., EFG 1993, 138, mindestens 50 Jahre). Bei Wohnungsvermietung besteht daher **in der Regel** eine **Einkunftserzielungsabsicht** (BFH v. 15. 1. 1991, BFH/NV S. 533; Schuck, DStZ 1993, 975; Brandenberg, NWB F. 3, 8399; Horlemann, DStR 1993, 38; gilt nach BMF v. 23. 7. 1992, BStBl I 434, entsprechend für Grundstücksverwaltungsgesellschaften, -gemeinschaften und geschlossene Immobilienfonds in den Fällen des § 15 Abs. 3 Nr. 2 EStG), selbst wenn nur ein Mietzins von 50 % der ortsüblichen Marktmiete verlangt wird (OFD Cottbus v. 11. 6. 1991, DB S. 1494).

1201

Bei einer Beteiligung an einem sog. Immobilien-**Mietkauf-Modell** ist die vorgesehene Laufzeit des Optionsvertrags entscheidend (BFH v. 31. 3. 1987, BStBl II 668; II 774; Rechtsprechung zum Mietkauf-Modell verfassungsgemäß, BVerfG v. 24. 4. 1990 2 BvR 177/90, m. Anm. Hardt, KFR F. 2 GG Art. 93, 1/90, 313; anders, wenn nur Wiederverkaufszusage des Initiators vorliegt, FG Münster v. 4. 4. 1991 rkr., EFG 1992, 131; ausführlich, auch zu weiteren Ausnahmen Obermeier, Das selbstgenutzte Wohneigentum, Anm. 86). Gegen Einkunftserzielungsabsicht können außerdem ein entsprechender Zeitmietvertrag, eine entsprechend kurze Fremdfinanzierung oder die Suche nach einem Käufer schon kurze Zeit nach Anschaffung oder Herstellung des Gebäudes bzw. die Ungwißheit über die spätere Nutzung (BFH v. 9. 2. 1993, BStBl II 658) sein. Die Inanspruchnahme von Sonderabschreibungen reicht zur Widerlegung der Einkunftserzielungsabsicht allein nicht aus (BMF v. 23. 7. 1992, BStBl I 434).

1202

4. Einkünfte aus Kapitalvermögen

LEXinform
▶ BSt-BG-0745 ◀

Bei Kapitalerträgen prüft die Finanzverwaltung besonders sorgfältig die Überschußerzielungsabsicht, da als Motiv für die Kapitalanlage auch die Hoffnung auf – steuerfreie – Wertsteigerungen in Betracht kommt. Ebenso wie bei den Einkünften aus Vermietung und Verpachtung ist nicht die Einkunftsart, sondern die **einzelne Kapitalanlage** auf das Merkmal der Überschußerzielungsabsicht zu prüfen (BFH v. 5. 3. 1991, BStBl II 744). Bei kreditfinanzierten Wertpapieren ist die Gewinnerzielungsabsicht regelmäßig dann zu verneinen, wenn der Kredit während der Besitzzeit der Wertpapiere nicht zurückgeführt werden soll.

1203

5. Verlustzuweisungsgesellschaften

LEXinform
▶ BSt-BG-0750 ◀

1204 Bei Personengesellschaften muß die Gewinnerzielungsabsicht hinsichtlich **der Personengesellschaft selbst**, d. h., hinsichtlich der Gesellschafter in ihrer gesamthänderischen Verbundenheit, nicht auf der Ebene der einzelnen Gesellschafter gegeben sein. Diese müssen objektiv an dem von der Personengesellschaft erzielten Gewinn teilhaben können (BFH v. 25. 6. 1984, BStBl II 751, C. IV. 3. a., V. 3. c bb [21]; G. Söffing, NWB F. 3, 7973; ders., StVj 1992, 235, 247, mit Beispiel; a. A. Paus, DStZ 1991, 565).

1205 Bei Verlustzuweisungsgesellschaften ist zu vermuten, daß sie zunächst **keine Gewinnerzielungsabsicht** haben, sondern lediglich die Möglichkeit einer späteren Gewinnerzielung in Kauf nehmen (a. A. Schuck, DStR 1993, 975). Deshalb kann bei ihnen in der Regel eine Gewinnerzielungsabsicht erst von dem Zeitpunkt an angenommen werden, in dem sich die in Kauf genommene Möglichkeit der Erzielung eines Totalgewinns in einer solchen Weise konkretisiert hat, daß nach dem Urteil eines ordentlichen Kaufmanns mit großer Wahrscheinlichkeit ein solcher Totalgewinn erzielt werden kann (BFH v. 21. 8. 1990, BStBl 1991 II 564, m. krit. Anm. Theisen, KFR F. 3 EStG § 15, 9/91, 191; a. A. Paus, DStZ 1991, 565; vgl. auch Söffing, NWB F. 3, 7973). Eine Verlustzuweisungsgesellschaft kann auch dann anzunehmen sein, wenn keine Prospektwerbung mit dem Versprechen von Einkommensminderungen durch Verlustzuweisungen vorhanden ist (BFH v. 10. 9. 1991, BStBl 1992 II 328, m. krit. Anm. Plewka, KFR F. 3 EStG § 15, 2/92, 71; Söffing, NWB F. 3, 8217; kritisch zur Rechtsprechung zu Verlustzuweisungsgesellschaften Loritz, DB 1992, 1156; Verfahrensregelungen vgl. BMF v. 13. 7. 1992, BStBl I 404; Baum, NWB F. 2, 5877).

1206–1210 *(Einstweilen frei)*

• Grundstücke und Gebäude (§§ 6 Abs. 1 Nr. 1 und 4, 7 Abs. 4, 5 und 5 a, 52 Abs. 15 EStG)

Literatur: *Roland,* Die neuen Abschreibungsbedingungen für Wirtschaftsgebäude und für Heizungs- und Warmwasseranlagen, DStZ A 1986, 63; *Zitzmann,* Das Gesetz zur Verbesserung der Abschreibungsbedingungen für Wirtschaftsgebäude und für moderne Heizungs- und Warmwasseranlagen, DB 1986, 103; *Boveleth,* Absetzungen für Abnutzung bei Gebäuden nach einer steuerfreien Entnahme, NWB F. 3, 6579; *Söffing,* Die einkommensteuerrechtliche Behandlung von

Gebäuden und Gebäudeteilen, NWB F. 3, 6783; *Stuhrmann,* AfA-Bemessungsgrundlage einer steuerfrei entnommenen Wohnung bei späterer Vermietung, FR 1988, 18; *Hiller,* Steuerfreie Bodengewinne durch die Steuerreform 1990, Inf 1988, 516; *Seithel,* Neue Möglichkeiten der steuerfreien Entnahme von Grund und Boden nach dem Steuerreform-Gesetz 1990, DStR 1989, 55; *Korn,* Ertragssteuerfreie Grundstücksentnahmen durch Bau einer Eigen- oder Altenteilerwohnung nach dem Steuerreformgesetz 1990, KÖSDI 1989, 7633; *Heisel,* Eigene Wohnung und ertragsteuerliches Betriebsvermögen, NWB F. 17, 1031; *Sarrazin,* Änderungen des EStG durch die Steuerreform 1990 im Bereich der Unternehmensbesteuerung, NWB F. 3 b, 3877, 3882; *Christoffel,* Steuerfreie Entnahme für Wohnungen mit Sozialbindung, StWK Gruppe 5, 521; *Hiller,* Die Buchwertentnahme von Gebäuden nach § 6 Abs. 1 Nr. 4 letzter Satz EStG, Inf 1990, 127; *Freudenberg,* Das Wirtschaftsgut „Grundstück", Inf 1991, 342; *kk,* Entnahmehandlung bei sog. geduldeten gewillkürten Betriebsvermögen eines Überschußrechners, KÖSDI 1991, 8549; *Kohler,* Aufwendungen für Erwerb eines Erbbaurechts, KFR F. 3 EStG § 4, 3/92, 41; Entgeltliche Veräußerung von Grundstücken des Betriebsvermögens, NWB F. 3, 8269; *Obermeier,* Das selbstgenutzte Wohneigentum, 3. Aufl., Herne/Berlin 1992; *Jestädt,* Säumniszuschläge für GrESt als Anschaffungskosten oder Werbungskosten bzw. Betriebsausgaben, DStR 1992, 1011.

Verwaltungsanweisungen: Abschn. 42 ff. EStR; BMF v. 12. 11. 1986, Übergangsregelung nach § 52 Abs. 15 und 21 EStG bei Wohnungen im Betriebsvermögen, BStBl I 528; OFD Münster v. 17. 8. 1987, Absetzungen für Abnutzung bei Gebäuden nach einer steuerfreien Entnahme, BB 1987, 1791; OFD Köln v. 19. 11. 1987, Absetzungen für Abnutzung bei Gebäuden nach einer steuerfreien Entnahme, FR 1988, 72; OFD Münster v. 23. 12. 1987, Absetzungen für Abnutzung bei Gebäuden nach einer steuerfreien Entnahme, DStR 1988, 151; OFD Köln v. 24. 4. 1991, AfA bei Gebäuden nach § 7 Abs. 4 und Abs. 5 EStG, hier: Maßgeblichkeit der Handelsbilanz, FR S. 504; OFD Nürnberg v. 10. 6. 1991, Entnahmemöglichkeit nach § 52 Abs. 15 Satz 10 EStG, DStR S. 1220; Hessisches FM v. 23. 11. 1991, Maßgeblichkeit der Handelsbilanz für die Steuerbilanz nach § 5 Abs. 1 EStG bei Absetzung für Abnutzung nach § 7 Abs. 5 EStG, DB 1992, 301; BMF v. 10. 3. 1992, Zweifelsfragen zur Anwendung des § 6 Abs. 1 Nr. 4 Sätze 4 und 5 EStG, BStBl I 188; BMF v. 20. 7. 1992, AfA bei Gebäuden nach Ablauf eines Begünstigungszeitraums, BStBl I 415; BMF v. 21. 12. 1992, dto., BStBl I 734.

1. Grundstücke

LEXinform
▶ BSt-BG-0755 ◀

Zur **Aktivierung** vgl. „Aktivierung von Anschaffungen und Absetzung für Abnutzung", Rdnr. 542 ff.; bei Miteigentum vgl. auch „Arbeitszimmer", Rdnr. 688 ff.; bei Grundstücksteilen von untergeordneter Bedeutung vgl. „Arbeitszimmer", Rdnr. 678 ff.

1211

Erfüllt ein Grundstück **zu mehr als der Hälfte** die Voraussetzungen für die Behandlung als Betriebsvermögen (vgl. Rdnr. 909 ff.), so können auch

1212

solche Grundstücksteile, die z. B. zu fremden Wohnzwecken oder fremdbetrieblichen Zwecken vermietet sind, als Betriebsvermögen behandelt werden (Abschn. 14 Abs. 4 Satz 1 EStR). Dagegen können Grundstücksteile, die nicht nur vorübergehend eigenen Wohnzwecken dienen oder unentgeltlich zu Wohnzwecken an Dritte überlassen werden, nicht als Betriebsvermögen behandelt werden (Abschn. 14 Abs. 4 Satz 2 EStR). Ausnahmen gelten nur für eine Übergangszeit (vgl. BMF v. 12. 11. 1986, BStBl I 528; ausführlich Obermeier, a. a. O., Anm. 383 ff.). Für die Frage, ob ein Grundstück „zu mehr als der Hälfte die Voraussetzungen für die Behandlung als Betriebsvermögen erfüllt", ist nur auf die dem Betriebsinhaber zuzurechnenden (Miteigentums-)Anteile (vgl. Rdnr. 548 ff.) abzustellen (Niedersächsisches FG v. 23. 1. 1991 rkr., EFG 1992, 8; Abschn. 14 Abs. 4 Satz 4 EStR).

1213 Entschädigungszahlungen, die ein Kaufinteressent für die mehrjährige Bindung des Grundstückseigentümers an ein notariell beurkundetes Angebot zum Abschluß eines Grundstückskaufvertrages zahlt, sind Betriebsausgaben, wenn sie unabhängig vom Zustandekommen des Kaufvertrages zu erbringen sind und weder zurückgefordert noch auf den Kaufpreis angerechnet werden können. Zusätzlich empfiehlt sich eine Vereinbarung zwischen den Vertragsparteien, daß die Entschädigungen nicht eine eventuelle Wertsteigerung ausgleichen, sondern den Verzicht auf die Kapitalnutzung abgelten sollen (BFH v. 4. 6. 1991, BStBl 1992 II 70, m. Anm. Kohler, KFR F. 3 EStG § 4, 3/92, 41; BFH/NV 1992, 163).

1214 Grund und Boden ist mit den Anschaffungskosten anzusetzen (§ 6 Abs. 1 Nr. 2 EStG; vgl. Obermeier, Anm. 144 ff.; auch GrESt einschließlich Säumniszuschläge, BFH v. 14. 1. 1992, BStBl II 464, m. Anm. Grube, DB 1992, 1123; a. A. Jestädt, DStR 1992, 1011). Er **unterliegt nicht der Absetzung für Abnutzung.** Allenfalls kann der niedrigere Teilwert angesetzt werden (§ 6 Abs. 1 Nr. 2 Satz 2, Nr. 1 Satz 3 EStG).

2. Gebäude

a) Allgemeines

LEXinform
▶ BSt-BG-0760 ◀

1215 Zur **Aktivierung** vgl. Rdnr. 542 ff. und 1212.

1216 Gebäude unterliegen der AfA. **Grundstück und Gebäude sind als verschiedene Wirtschaftsgüter jeweils gesondert zu bewerten** (BFH v. 10. 7. 1991, BStBl II 840). Bei Anschaffung eines bebauten Grundstücks ist der

Einkommensteuer/Grundstücke und Gebäude 315

Kaufpreis im betrieblichen Bereich nach dem Verhältnis der Teilwerte und bei Wirtschaftsgütern des Privatvermögens nach dem Verhältnis der Verkehrswerte auf den Grund und Boden und auf das Gebäude aufzuteilen (BFH v. 15. 2. 1989, BStBl II 604; v. 26. 6. 1991, BFH/NV 1992, 99). Dies gilt auch bei der Anschaffung von Eigentumswohnungen (BFH v. 15. 1. 1985, BStBl II 252). Ein kommunales Vorkaufsrecht bleibt ohne Einfluß auf den Bodenwert (FG Düsseldorf v. 23. 4. 1991 rkr., EFG S. 601).

b) Möglichkeiten der Absetzung für Abnutzung LEXinform ▶ BSt-BG-0765 ◀

Die AfA-Möglichkeiten für Gebäude ergeben sich aus § 7 Abs. 1 Satz 5, Abs. 4, 5 und 5a EStG, wobei die Voraussetzungen im einzelnen unterschiedlich sind: 1217

- **§ 7 Abs. 1 Satz 5 EStG:** Betriebs- und Privatvermögen, außergewöhnliche technische (Beeinträchtigung der Substanz des Wirtschaftsgutes) oder wirtschaftliche Abnutzung (Beeinträchtigung der wirtschaftlichen Nutzbarkeit); zum Abbruch eines Gebäudes vgl. BFH v. 7. 10. 1986, BStBl 1987 II 330, m. w. N.; Niedersächsisches FG v. 11. 4. 1991 rkr., EFG S. 655. 1218

- **§ 7 Abs. 4 Nr. 1 EStG:** Betriebsvermögen, keine Wohnzwecke, Bauantrag nach dem 31. 3. 1985: AfA 4 % jährlich; 1219

- **§ 7 Abs. 4 Nr. 2 Buchst. a) EStG:** Wenn Voraussetzungen der Nr. 1 nicht erfüllt und Gebäude nach dem 31. 12. 1924 fertiggestellt: AfA 2 % jährlich; 1220

- **§ 7 Abs. 4 Nr. 2 Buchst. b) EStG:** Wenn Voraussetzungen der Nr. 1 nicht erfüllt und Gebäude vor dem 1. 1. 1925 fertiggestellt sind: AfA 2,5 % jährlich; 1221

- **§ 7 Abs. 5 Nr. 1 EStG** i. d. F. des StandOG: Bei Herstellung oder Anschaffung im Jahr der Fertigstellung und Gebäuden i. S. von § 7 Abs. 4 Nr. 1 EStG sowie Bauantrag vor dem 1. 1. 1994: 1222

  Im Jahr der Fertigstellung oder Anschaffung und
  in den folgenden 3 Jahren   jeweils 10 %,
  in den folgenden 3 Jahren   jeweils 5 %,
  in den folgenden 18 Jahren   jeweils 2,5 %.

- **§ 7 Abs. 5 Nr. 2 EStG:** Bei Herstellung oder Anschaffung im Jahr der Fertigstellung und Gebäuden i. S. von § 7 Abs. 4 Nr. 2 EStG: 1223

Im Jahr der Fertigstellung oder Anschaffung und
in den folgenden 7 Jahren jeweils 5 %,
in den folgenden 6 Jahren jeweils 2,5 %,
in den folgenden 36 Jahren jeweils 1,25 %.

1224 • **§ 7 Abs. 5 Nr. 3 EStG** i. d. F. des StandOG: Bei Herstellung oder Anschaffung im Jahr der Fertigstellung und Gebäuden i. S. von § 7 Abs. 4 Nr. 2 EStG sowie Bauantrag oder Erwerb nach dem 28. 2. 1989 und Dienen von Wohnzwecken:

Im Jahr der Fertigstellung oder Anschaffung und
in den folgenden 3 Jahren jeweils 7 %,
in den folgenden 6 Jahren jeweils 5 %,
in den folgenden 6 Jahren jeweils 2 %,
in den folgenden 24 Jahren jeweils 1,25 %.

1225 AfA nach § 7 Abs. 5 EStG kann nur für Neubauten in Anspruch genommen werden. Ein Neubau liegt nicht allein schon dann vor, wenn sich durch die Umgestaltung die Zweckbestimmung des Gebäudes ändert; entscheidend ist, ob das Gebäude in bautechnischer Hinsicht neu ist (BFH v. 31. 3. 1992, BStBl II 808, m. Anm. Obermeier, NWB F. 3, 8351; v. 24. 11. 1992, BStBl 1993 II 188, m. Anm. Ley, KFR F. 3 EStG § 7, 2/93, 99). Ein Ausbau ist kein Neubau i. S. von § 7 Abs. 5 EStG (vgl. FG München v. 11. 3. 1992, Revision, EFG S. 439, Az. des BFH: IX R 83/92).

1226 Im Fall der Anschaffung ist § 7 Abs. 5 EStG nur anwendbar, wenn der Hersteller für das veräußerte Gebäude weder AfA nach Satz 1 vorgenommen noch erhöhte oder Sonder-AfA in Anspruch genommen hat (§ 7 Abs. 5 Satz 2 EStG).

1227 Die Inanspruchnahme der degressiven AfA-Methode setzt voraus, daß die Methode in der **Handelsbilanz** zugrunde gelegt wird (vgl. BFH v. 24. 1. 1990, BStBl II 681, zur AfA bei beweglichen Wirtschaftsgütern nach § 7 Abs. 2 EStG). Diese Aussage gilt auch für Gebäude (§ 7 Abs. 5 EStG; so nunmehr auch die Finanzverwaltung, OFD Köln v. 24. 4. 1991, FR S. 504; Hess. FM v. 13. 11. 1991, DB 1992, 301).

1228 § 7 Abs. 4 und 5 EStG sind auf **Gebäudeteile,** die selbständige unbewegliche Wirtschaftsgüter sind, sowie auf **Eigentumswohnungen** und auf im Teileigentum stehende Räume entsprechend anzuwenden (§ 7 Abs. 5 a

EStG). Die AfA nach § 7 Abs. 4 und Abs. 5 EStG setzt also nicht voraus, daß das einheitlich geplante Gebäude insgesamt fertiggestellt ist. Es genügt, daß der Teil des Gebäudes, der einem eigenständigen Nutzungs- und Funktionszusammenhang dienen soll, abgeschlossen erstellt ist und genutzt wird. Abschreibungsgrundlage sind die gesamten bisher angefallenen Herstellungskosten des Gebäudes (vgl. BFH v. 9. 8. 1989, BStBl 1991 II 132, zu § 7 Abs. 5 EStG).

Beispiel:
Unternehmer A stellt zunächst die Betriebsräume im Erdgeschoß her und nutzt sie ab 1992. 1993 baut er die Wohnräume aus.

Die AfA nach § 7 Abs. 4 EStG ist im Gegensatz zur AfA bei beweglichen Wirtschaftsgütern (vgl. dazu Abschn. 44 Abs. 2 Satz 2 EStR) auf Monate **aufzuteilen**. Die AfA nach § 7 Abs. 5 EStG ist im Jahr der Anschaffung oder Herstellung des Gebäudes in Höhe des **vollen Jahresbetrags** abzuziehen (BFH v. 19. 2. 1974, BStBl II 704), wenn das Gebäude in diesem Jahr ausschließlich zur Erzielung von Einkünften verwendet wird; entsprechendes gilt für das Jahr der Veräußerung (FG München v. 17. 9. 1991 13 K 3394/89, n. v.). 1229

Der **Wechsel** zwischen den AfA-Methoden nach § 7 Abs. 5 EStG sowie zwischen den AfA-Methoden nach § 7 Abs. 4 EStG und § 7 Abs. 5 EStG ist grundsätzlich unzulässig (BFH v. 10. 3. 1987, BStBl II 618; zu den Ausnahmen vgl. Abschn. 44 Abs. 8 Sätze 2 bis 5 EStR). 1230

Eine **Nachholung** unterlassener AfA (bzw. Kürzung bei überhöhter AfA) ist nicht möglich, da es sich um starre AfA-Sätze handelt. In diesen Fällen ergibt sich dann ein anderer AfA-Zeitraum (BFH v. 20. 1. 1987, BStBl II 491; v. 11. 12. 1987, BStBl 1988 II 335). 1231

Sind für ein Gebäude Sonder-AfA vorgenommen worden, so sind nach Ablauf des maßgeblichen Begünstigungszeitraums die AfA auf den Restwert nach einem neuen Hundertsatz zu bemessen. Dieser errechnet sich aus der § 7 Abs. 4 Satz 1 EStG zugrunde liegende Gesamtnutzungsdauer des Gebäudes abzüglich des Begünstigungszeitraumes (BFH v. 20. 6. 1990, BStBl 1992 II 622). Die Finanzverwaltung folgt dem BFH (anders noch Abschn. 45 Abs. 11 EStR). Ist bisher AfA vom Restwert nach Abschn. 45 Abs. 11 EStR vorgenommen worden, so ist der Restwert bei Beginn des Jahres, in dem diese Regelung erstmals angewendet wird (spätestens für das erste nach dem 31. 12. 1991 endende Wirtschaftsjahr), 1232 linear auf den restlichen AfA-Zeitraum i. S. des § 7 Abs. 4 Satz 1 EStG zu verteilen (BMF v. 20. 7. 1992, BStBl I 415; v. 21. 12. 1992, BStBl I 734).

3. Entnahme

LEXinform
▶ BSt-BG-0770 ◀

a) Allgemeines

1233 Ein Wirtschaftsgut ist insbesondere dann **entnommen,** wenn es aus dem betrieblichen in den privaten Bereich übergeht (zur Entnahme und entsprechende Anwendung des § 6 Abs. 1 Nr. 4 EStG bei Gewinnermittlung nach § 4 Abs. 3 EStG vgl. Schmidt/Heinicke, § 4 Anm. 56). Dies setzt zum einen voraus, daß das zu entnehmende Wirtschaftsgut zum Betriebsvermögen gehört (vgl. Rdnr. 909 ff.), zum anderen, daß das Wirtschaftsgut aus dem sachlichen Betriebszusammenhang gelöst wird.

1234 Wirtschaftsgüter, die zur Zeit der Aufnahme in das Betriebsvermögen zulässigerweise zum Betriebsvermögen gerechnet worden sind, bleiben grundsätzlich so lange Betriebsvermögen, bis sie durch eine eindeutige – ausdrückliche oder schlüssige – **Entnahmehandlung** Privatvermögen werden (vgl. BFH v. 6. 11. 1992, BStBl 1993 II 391, m. Anm. Weber-Grellet, DStR 1993, 646; v. 7. 10. 1974, BStBl 1975 II 168; v. 12. 3. 1992, BFH/NV 1993, 405, zum Umbau; Abschn. 13 a Abs. 2 Satz 1 EStG; zur **Entnahmehandlung** bei sog. geduldetem gewillkürten Betriebsvermögen eines Überschußrechners vgl. kk, KÖSDI 1991, 8549). Wirtschaftsgüter des notwendigen Betriebsvermögens können nur durch endgültige Lösung des betrieblichen Zusammenhangs oder der persönlichen Zurechnung entnommen werden. Auch gewillkürtes Betriebsvermögen verliert diese Eigenschaft nur durch eine eindeutige Entnahmehandlung und nicht etwa dadurch, daß sich die tatsächliche Beziehung zum Betrieb ohne eine hierauf gerichtete Tätigkeit des Steuerpflichtigen so ändert, daß das Wirtschaftsgut nun nicht mehr Betriebsvermögen werden könnte (FG München v. 19. 12. 1991 13 K 13078/87, n. v.). Ein Wirtschaftsgut, das ursprünglich zulässigerweise als Betriebsvermögen ausgewiesen war (z. B. ein zu privaten Wohnzwecken genutzter Gebäudeteil, vgl. Abschn. 14 Abs. 4 EStR 1984), kann daher auch dann nicht durch Bilanzberichtigung aus dem Betriebsvermögen ausgeschieden werden, wenn das Gebäude (der Gebäudeteil) aufgrund der gewandelten Rechtsauffassung nun nicht mehr als gewillkürtes Betriebsvermögen behandelt werden könnte (Hessisches FG v. 18. 10. 1988 rkr., EFG 1989, 273).

Die Bestellung eines **entgeltlichen Nießbrauchs- oder Erbbaurechts** an einem Grundstück des Betriebsvermögens zugunsten eines nahen Angehörigen führt selbst dann nicht zu einer Entnahme, wenn dieser das Grundstück mit einem für seine eigenen Wohnzwecke bestimmten und später genutzten Gebäude bebaut (OFD Nürnberg v. 10. 6. 1991, DStR S. 1220; vgl. BFH v. 10. 12. 1992, BStBl 1993 II 342; v. 10. 4. 1990, BStBl II 961, zur Bestellung eines Erbbaurechts zugunsten eines Gesellschafters, m. Anm. L. Schmidt, FR 1990 676, auch zur teilentgeltlichen Überlassung, unter Heranziehung des Rechtsgedankens aus § 21 Abs. 2 Satz 2 EStG). Bei einer unentgeltlichen Nießbrauchs- oder Erbbaurechtsbestellung wird das Grundstück aber entnommen.

1235

Wird nur ein **Grundstücksteil** (z. B. durch Nutzung zu eigenen Wohnzwecken) **entnommen,** so ist der Buchwert des Wirtschaftsguts eigenbetrieblich genutztes Gebäude wie das Wirtschaftsgut eigenbetrieblich genutzter Grund und Boden nach dem Verhältnis der Nutzflächen auf den ausscheidenden und verbleibenden Teil aufzuteilen (FG Baden-Württemberg, Außensenate Stuttgart, v. 30. 11. 1990 rkr., EFG 1991, 372).

1236

b) Grundsatz: Entnahme steuerpflichtig

Entnahmen sind mit dem **Teilwert** anzusetzen (§ 6 Abs. 1 Nr. 5 EStG). Die im Grund und Boden liegenden stillen Reserven (Teilwert abzüglich Buchwert) sind beim Betriebsvermögen grundsätzlich der Besteuerung zu unterwerfen. Der Entnahmewert des § 6 Abs. 1 Nr. 4 Satz 1 EStG bildet die Bemessungsgrundlage für die AfA (vgl. Anm. 563).

1237

c) Ausnahmen

Von diesem Grundsatz bestehen folgende Ausnahmen:

1238

- **Entnahme zu eigenen Wohnzwecken und zu Wohnzwecken eines Altenteilers** (§ 52 Abs. 15 Sätze 6 bis 9, 11 EStG), letzteres allerdings strittig (für Begünstigung der Altenteilerwohnung z. B. Zeitler, BB 1987, 238, 243; a. A. z. B. Wacker, Inf 1987, 54, 88);
- **Entnahme zum Bau einer Eigen- oder Altenteilerwohnung** (§ 52 Abs. 15 Sätze 10 und 11 EStG);
- **Entnahme zur Vermietung mit Sozialbindung** (§ 6 Abs. 1 Nr. 4 Sätze 4 und 5 EStG).

1239 Zu den einzelnen Voraussetzungen vgl. Obermeier, Das selbstgenutzte Wohneigentum, Anm. 399 ff., und BMF v. 10. 3. 1992, BStBl I 188.

1240-1245 *(Einstweilen frei)*

● **Grundstückshandel**

Literatur (ab 1990): *Enneking,* Die Abgrenzung des gewerblichen Grundstückshandels von der privaten Vermögensverwaltung, FR 1990, 409; *Streck/Schwedhelm,* Aufteilung und Veräußerung eines Mietwohngrundstücks als gewerblicher Grundstückshandel?, DStR 1990, 521; *Beater,* Die Abgrenzung des gewerblichen Grundstückshandels von der privaten Vermögensverwaltung anhand des Quellengedankens, StuW 1991, 33; *Paus,* Spekulationsfrist bei Anteilen an Grundstücksgesellschaften, KFR F. 3 EStG § 23, 1/91, 99; *Schoor,* Abgrenzung zwischen privater Vermögensverwaltung und gewerblichem Grundstückshandel, BuW 1991, 130; *Paus,* Neue Verwaltungsanweisungen zum gewerblichen Grundstückshandel, Inf 1991, 196; *Jehner,* Private Vermögensverwaltung oder gewerblicher Grundstückshandel?, DStR 1991, 565; *Enneking,* Neue Entwicklungen zur Abgrenzung eines gewerblichen Grundstückshandels von privater Vermögensverwaltung, FR 1991, 259; *Fleischmann/Meyer-Scharenberg,* Gewerblicher Grundstückshandel: Neuer Erlaß, neue Rechtsprechung, BB 1991, 955; *Schulze zur Wiesche,* Beteiligung an Grundstücksgesellschaften und gewerblicher Grundstückshandel, DB 1991, 1088; *Mahlow,* Gewerblicher Grundstückshandel oder private Vermögensverwaltung?, DB 1991, 1189; *Freudenberg,* Abgrenzung zwischen privater Vermögensverwaltung und gewerblichem Grundstückshandel, Inf 1991, 289; *Weber-Grellet,* Korsettstangen für den gewerblichen Grundstückshandel, DStZ 1991, 390; *Zacharias/Rinnewitz/Jung,* Die Begründung eines gewerblichen Grundstückshandels durch Beteiligung an mehreren immobilienveräußernden vermögensverwaltenden Personengesellschaften, DStR 1991, 861; *Wichmann,* Die Beteiligung an einer Gesamthand als Wirtschaftsgut, BB 1991, 1545; *Bitz,* Grundstücksgeschäfte: Abgrenzung zwischen privater Vermögensverwaltung und gewerblichem Grundstückshandel nach der neueren Rechtsprechung und Verwaltungsauffassung, FR 1991, 438; *G. Söffing,* Gewerblicher Grundstückshandel durch eine Personengesellschaft, NWB F. 3, 7953; *Graf,* Verkauf von Anteilen an geschlossenen Immobilienfonds – steuerfrei! – Inf 1991, 433; *Neufang,* Abgrenzung zwischen privater Vermögensverwaltung und gewerblichem Grundstückshandel, Inf 1991, 465; G. Söffing, Gewerblicher Grundstückshandel bei Veräußerung von Miteigentumsanteilen, NWB F. 3, 8015; *Obermeier,* Gewerblicher Grundstückshandel – Abgrenzung zur privaten Vermögensverwaltung –, NWB F. 3, 8017; *Jehner,* Das Betriebsvermögen und die Gewinnermittlungsmethoden des fingierten Grundstückshändlers, DStR 1991, 1408; *SP,* Gewerblicher Grundstückshandel bei Beteiligung an mehreren vermögensverwaltenden Personengesellschaften?, DStR 1991, 1450; *Sondergeld,* Zugehörigkeit eines Grundstücks zum Sonderbetriebsvermögen, KFR F. 3 EStG § 15, 13/91, 325; *Paus,* Gewerblicher Grundstückshandel durch Beteiligung an einer Personengesellschaft, DStZ 1991, 740; *Hörmann,* Gewerblicher Grundstückshandel bei Beteiligung an vermögensverwaltenden Personengesellschaften,BB 1992, 191; *Sondergeld,* Gewerblicher Grundstückshandel durch Verkauf von Miteigentumsanteilen an einem Grundstück, KFR F. 3 EStG § 15, 3/92, 73; *Benz,* Gewerblicher Grundstückshandel: Sind Grundstücksverkäufe einer Personengesellschaft den Gesellschaftern anteilig zuzurechnen?, DB 1992, 654; *Obermeier,* Gewerblicher Grundstückshandel, KFR F. 3 EStG § 15, 5/92, 96; *Anders,* Die Grenzen des privaten Grundstückshandels bei Gesellschaften, Inf 1992, 223; *Gast-de-Haan,* Gewerblicher Grundstückshandel durch Beteiligung an BGB-Gesellschaften, DStZ 1992, 289; *Reiss,* Bruchteilsgemeinschaften und gewerblicher Grundstückshandel, FR 1992, 364; *G. Söffing,* Gewerblicher Grundstückshandel, DB 1992, 1846; *Hardt,* Gewerblicher Grundstückshandel, KFR F. 3 EStG § 15, 1/93, 13; *Schmidt-Liebig,* Der „gewerbliche Grundstückshandel" in der neueren Rechtsprechung des BFH, BB 1993, 904.

Verwaltungsanweisungen: BMF v. 20. 12. 1990, Abgrenzung zwischen privater Vermögensverwaltung und gewerblichem Grundstückshandel, BStBl I 884; BMF v. 27. 2. 1992, Spekulationsgeschäfte im Sinne des § 23 Abs. 1 Nr. 1 Buchstabe a EStG bei Veräußerung von Anteilen an einer Personengesellschaft, zu deren Gesamthandsvermögen Grundstücke gehören, BStBl I 125; OFD Frankfurt/Main v. 5. 3. 1992, Feststellung von Besteuerungsgrundlagen bei vermögensverwaltenden Personengesellschaften, DStR S. 755, DB S. 966; Sächsischer FM v. 2. 6. 1992, Einbeziehung von Grundstücksverkäufen im Ausland, DB S. 1268; OFD Berlin v. 12. 8. 1992, Sonderabschreibung nach §§ 3 und 4 FörderGG – Steuerfreie Rücklage nach § 6 FörderGG, DB S. 1859.

1. Allgemeines

LEXinform
▶ BSt-BG-0775 ◀

Wenn die verkauften Objekte zum **Betriebsvermögen** des Unternehmers gehören, sind sie ohne zahlenmäßige Begrenzung dem Gewerbebetrieb zuzurechnen. Es ist jedoch durch die Rechtsprechung anerkannt, daß auch dem Bau- und Grundstücksmarkt nahestehende Personen Grundstücke im **Privatvermögen** halten können (vgl. Rdnr. 1251, 1296 und 1334; vgl. aber Rdnr. 1318). In einem solchen Fall stellt sich bei diesem Personenkreis – ebenso wie bei anderen Steuerpflichtigen – die Abgrenzungsproblematik zwischen privater Vermögensverwaltung und gewerblichem Grundstückshandel.

1246

Um einen gewerblichen Grundstückshandel annehmen zu können, müssen **sämtliche Kriterien eines Gewerbebetriebs** gegeben sein.

1247

Die Definition des Gewerbebetriebs ergibt sich aus **§ 15 Abs. 2 EStG**. Es müssen folgende Voraussetzungen vorliegen:

1248

- **Positiv:** Selbständige Betätigung, Nachhaltigkeit, Gewinnerzielungsabsicht, Beteiligung am allgemeinen wirtschaftlichen Verkehr.

- **Negativ:** Weder Ausübung der Land- und Forstwirtschaft noch Ausübung eines freien Berufs oder anderer selbständiger Tätigkeit; die Beteiligung darf sich außerdem nicht als bloße Vermögensverwaltung darstellen (ständige BFH-Rechtsprechung z. B. v. 25. 6. 1984, BStBl II 751).

1249 Grundstücksveräußerungen führen in der Vielzahl der Fälle zu einem Überschuß der Erlöse über die getätigten Aufwendungen. Da der **gewerbliche Grundstückshandel der Besteuerung** (ESt, GewSt) unterliegt, während **im übrigen** die Überschüsse nur unter den Voraussetzungen des § 23 EStG der ESt unterworfen werden, werden die Steuerpflichtigen in der Regel gegen, das Finanzamt im allgemeinen für den gewerblichen Grundstückshandel argumentieren. In Einzelfällen – wenn die Erlöse die Aufwendungen nicht decken – kann sich eine unterschiedliche Interessenlage ergeben.

2. Selbständigkeit

LEXinform
▶ BSt-BG-0780 ◀

a) Persönliche Selbständigkeit

1250 Persönliche Selbständigkeit ist in der Person desjenigen gegeben, der **auf eigene Rechnung und Gefahr** handelt (vgl. BFH v. 19. 2. 1981, BStBl II 602), d. h., der das Erfolgsrisiko der eigenen Betätigung (Unternehmerrisiko) trägt und Unternehmerinitiative entfalten kann (BFH v. 11. 4. 1989, BFH/NV S. 665). Ob sich nun der Steuerpflichtige der Mithilfe eines nichtselbständig Tätigen (Arbeitnehmers) oder eines selbständig Tätigen (z. B. Maklers) bedient, ist unerheblich (vgl. BFH v. 8. 8. 1979, BStBl 1980 II 106; v. 31. 7. 1990, BStBl 1991 II 66, m. Anm. Brenner, KFR F. 3 EStG § 15, 2/91, 63; vgl. auch Rdnr. 1280 ff.).

b) Sachliche Selbständigkeit

1251 Selbständigkeit bedeutet auch, daß in sachlicher Hinsicht eine selbständige Betätigung vorliegen muß. Die sachliche Selbständigkeit bezieht sich auf den Betrieb. Nach BFH v. 19. 2. 1981 (BStBl II 602) ist ein Unternehmen dann selbständig, wenn es unabhängig von anderen Unternehmen eine wirtschaftliche Einheit bildet. Wenn Grundstückserwerb, Bebauung und Veräußerung im Rahmen des Baugeschäfts erfolgen, sind die Aktivitäten nicht gesondert von diesem zu beurteilen. Anderes würde gelten, wenn der Unternehmer das Grundstück außerhalb seines Baugeschäfts erwerben würde, z. B. weil er das darauf zu errichtende Gebäude privat zu nutzen gedenkt (zur Problematik der sog. branchenüblichen Geschäfte vgl. Rdnr. 1296 und 1353).

3. Nachhaltigkeit

a) **Nachhaltiger Kauf, kein nachhaltiger Verkauf**

LEXinform
▶ BSt-BG-0785 ◀

Beispiel:

Der Steuerpflichtige erwirbt 1990 fünf zusammenhängende, unbebaute Grundstücke von unterschiedlichen Verkäufern. Diese Grundstücke veräußert er 1991 insgesamt an die Baufirma X. Da X keine Baugenehmigung erhält, überträgt X die Grundstücke vertragsgemäß wieder zurück. Der Steuerpflichtige verkauft sie 1992 an den Bauträger Y.

aa) Nachhaltig ist eine Tätigkeit, wenn sie von der Absicht getragen ist, sie zu wiederholen und daraus eine ständige Erwerbsquelle zu machen (**subjektives Tatbestandsmerkmal**), und wenn sie sich objektiv – in der Regel durch Wiederholung – als nachhaltig darstellt (**objektives Tatbestandsmerkmal**; BFH v. 22. 5. 1987, BFH/NV S. 717; v. 21. 8. 1985, BStBl 1986 II 88). 1252

bb) Da die Wiederholungsabsicht eine innere Tatsache ist, die nur anhand äußerer Umstände beurteilt werden kann, kommt den tatsächlichen Umständen besondere Bedeutung zu (BFH v. 23. 10. 1987, BStBl 1988 II 293). Es ist zunächst zu ermitteln, ob der Steuerpflichtige tatsächlich unter Ausnutzung derselben Gelegenheit oder derselben Verhältnisse mehrere aufeinander folgende gleichartige Handlungen vorgenommen hat. Hier ist nicht ein lang andauerndes (BFH v. 31. 7. 1990, BStBl 1991 II 66, m. Anm. Brenner, KFR F. 3 EStG § 15, 2/91, 63) oder ununterbrochenes Tätigsein, sondern das Wiederholen der Tätigkeit entscheidend. Ist danach eine **Tätigkeit objektiv** als **nachhaltig** zu beurteilen, ist die **Prüfung der Wiederholungsabsicht** grundsätzlich entbehrlich. 1253

Ausnahmen bestehen, wenn die Absicht, aus der Tätigkeit eine ständige Erwerbsquelle zu machen, nicht erkennbar ist (z. B. bei einem Erwerb mehrerer Grundstücke ohne anschließende Veräußerung, vgl. BFH v. 15. 7. 1986, BFH/NV 1987, 92) oder wenn feststeht, daß die (erste) Handlung nicht auf Wiederholung angelegt war (BFH v. 28. 6. 1984, BStBl II 798). Bei der Prüfung der Wiederholungsabsicht ist es nicht erforderlich, daß die einzelnen Handlungen auf einem **einheitlichen** 1254

Willensentschluß beruhen, der die schon nach Zeit, Gegenstand und Umfang bestimmten Handlungen umfaßt, oder daß vor Beginn einer jeden Tätigkeit ein neuer Entschluß gefaßt wird, tätig zu sein; es genügt vielmehr, wenn bei der Tätigkeit der allgemeine Wille besteht, gleichartige oder ähnliche Handlungen bei sich bietender Gelegenheit zu wiederholen.

1255 cc) Auch eine **einmalige Tätigkeit kann nachhaltig** sein, wenn man aus den Umständen des Einzelfalls auf die Wiederholungsabsicht schließen kann, selbst wenn es (unerwartet) zu keiner Wiederholung kommt. Eine nachhaltige Tätigkeit liegt auch vor, wenn die Erledigung eines Rechtsgeschäfts mehrere Einzeltätigkeiten erfordert, z. B. bei der Ausführung eines Bauantrags durch Abschluß eines Bauvertrags, Einkauf von Materialien, Einrichtung der Baustelle, Einstellen von Bauarbeitern (BFH v. 23. 2. 1961, BStBl III 194). Das Merkmal der Nachhaltigkeit ist auch dann erfüllt, wenn sich der Verkäufer mehrerer Grundstücke zunächst um Einzelverkäufe bemüht, die Grundstücke dann aber in einem einzigen Veräußerungsgeschäft an nur einen Käufer veräußert (BFH v. 12. 7. 1991, BStBl 1992 II 143, m. Anm. Obermeier, KFR F. 3 EStG § 15, 5/92, 95).

1256 dd) Im **Beispiel** vor Rdnr. 1252 ist **kein Gewerbebetrieb** gegeben, da

- unter Nachhaltigkeit nicht der erneute Verkauf eines Wirtschaftsguts zu verstehen ist, wenn der erste Verkauf gescheitert ist,

- eine wiederholte Tätigkeit auf der Beschaffungsseite nicht ausreicht (vgl. aber FG Hamburg v. 5. 3. 1992 rkr. EFG S. 662) und

- diese einzelnen Anschaffungsgeschäfte auch nicht mehreren gleichartigen Einzelhandlungen (vgl. Rdnr. 1255) gleichzustellen sind (zum Ganzen BFH v. 15. 7. 1986, BFH/NV 1987, 92; vgl. auch Abschn. 8 Abs. 1 Nr. 2 GewStR; Abschn. 134 a EStR).

1257 ee) Das FG hat im Rahmen der **Tatsachenwürdigung** über das Tatbestandsmerkmal Nachhaltigkeit zu entscheiden (vgl. § 118 Abs. 2 FGO). Kann das FG dieses Tatbestandsmerkmal nicht bejahen, geht dies zu Lasten desjenigen, der sich auf die Nachhaltigkeit beruft (bei einem positiven Ergebnis zu Lasten des FA, bei einem negativen Ergebnis zu Lasten des Steuerpflichtigen, BFH v. 28. 4. 1977, BStBl II 728).

Einkommensteuer / Grundstückshandel 325

b) **Mißbrauch von rechtlichen Gestaltungsmöglichkeiten** LEXinform ▶ BSt-BG-0790 ◀

Beispiel:

Der Steuerpflichtige A kennt die Rechtsprechung, daß für die Nachhaltigkeit eine wiederholte Tätigkeit beim Erwerb der Grundstücke nicht ausreicht. Er möchte sich diese Rechtsprechung zunutze machen, indem er im Lauf von mehreren Jahren eine Vielzahl von Grundstücken erwirbt und diese dann in einem Verkaufsakt an seine Ein-Mann-GmbH veräußert. Die GmbH verkauft die Grundstücke an verschiedene Erwerber.

Abwandlung:

D verkauft die Grundstücke an die GmbH zu einem überhöhten Preis.

aa) Da die Nachhaltigkeit auch eine Mehrzahl von Verkäufen voraussetzt, liegt im Erwerb der Grundstücke und in der Veräußerung an die GmbH **kein gewerblicher Grundstückshandel**. Die Verkäufe der GmbH sind auch nicht dem A zuzurechnen, da sich A und die GmbH als verschiedene Rechtspersonen gegenüberstehen. Außerdem fehlt im Beispiel auch die Beteiligung am allgemeinen wirtschaftlichen Verkehr (vgl. Rdnr. 1280 ff.). 1258

bb) Eine andere Beurteilung ergibt sich dann, wenn dem (Zwischen-)Verkauf an die GmbH ein **Mißbrauch von rechtlichen Gestaltungsmöglichkeiten zur Umgehung eines Steuergesetzes,** also zur Vermeidung von Steuer, zu sehen ist (vgl. § 42 AO; BFH v. 3. 3. 1988, BStBl 1989 II 205; v. 12. 7. 1988, BStBl II 942; v. 12. 7. 1989, BStBl 1990 II 113). Dies wird i. e. Tatfrage sein. 1259

Eine Gestaltungsmöglichkeit wird mißbraucht, wenn der Steuerpflichtige eine den wirtschaftlichen Vorgängen unangemessene rechtliche Gestaltung wählt. Eine Rechtsgestaltung ist von vornherein unangemessen, wenn sie überhaupt keinem wirtschaftlichen Zweck dient, wenn ein vernünftiger Grund überhaupt fehlt (Tipke/Kruse, § 42 AO Tz. 12, m. w. N.). Wenn also die Zwischenschaltung der GmbH allein dazu dient, den gewerblichen Grundstückshandel zu umgehen, wird § 42 AO anwendbar sein; A wird also steuerrechtlich so behandelt, als habe er selbst die Grundstücke veräußert (§ 42 Satz 2 AO; BFH v. 12. 7. 1991, BStBl 1992 II 143, m. Anm. Obermeier, KFR F. 3 EStG § 15, 5/92, 95, zur Gesamtproblematik). Besteht jedoch der Grund der Übertragung der Grundstücke an die GmbH in einer Minderung des Haftungsrisikos (z. B. bei Bebauung der Grundstücke), so scheidet § 42 AO aus. 1260

1261 cc) Wenn A durch die Zwischenschaltung der GmbH rechtliche Gestaltungsmöglichkeiten nicht mißbraucht, liegt in einem überhöhten Entgelt für die Grundstücke (Abwandlung) eine verdeckte Gewinnausschüttung.

c) Nachhaltiger Verkauf, kein nachhaltiger Kauf ▶ LEXinform BSt-BG-0795 ◀

1262 aa) Es ist umstritten, ob – ebenso wie auf der Verkaufsseite (vgl. Rdnr. 1252 ff.) – auch auf der Beschaffensseite Nachhaltigkeit erforderlich ist. Hierzu werden zwei Meinungen vertreten:

1263 • Nach Auffassung des **BMF** (Tz. 22) und des BFH (v. 16. 4. 1991, BStBl II 844) ist ein gewerblicher Grundstückshandel anzunehmen, wenn innerhalb eines überschaubaren Zeitraums (in der Regel fünf Jahre) ein oder mehrere bereits in Veräußerungsabsicht erworbene Gebäude aufgeteilt und nach dieser Aufteilung mehr als drei Eigentumswohnungen veräußert werden bzw. wenn Miteigentumsanteile an einem Grundstück unter der Bedingung veräußert werden, daß die Käufer gemeinschaftlich ein Gebäude mit Eigentumswohnungen nach Plänen des Veräußerers zu errichten haben. Eine Veräußerung innerhalb dieses Zeitraums zwinge nach den Regeln der Lebenserfahrung zu der Schlußfolgerung, daß beim Erwerb des Objekts (der Objekte) zumindest eine **bedingte Veräußerungsabsicht** bestanden habe, wenn keine eindeutigen gegenteiligen Anhaltspunkte vorlägen. Der Steuerpflichtige könne sich dabei nicht darauf berufen, die Verkaufsabsicht sei erst später wegen Finanzierungsschwierigkeiten und zu hoher finanzieller Belastungen gefaßt worden (BMF, Tz. 24, 19).

1264 Der BMF vertritt also die Meinung, die **Nachhaltigkeit** müsse sich **nur auf die Verkaufsseite,** nicht aber auf die Beschaffensseite beziehen. Er folgt damit den BFH-Urteilen v. 6. 4. 1990 (BStBl II 1057, und v. 11. 12. 1991, BFH/NV 1992, 464), das nicht auf eine Mehrzahl von Kaufhandlungen, sondern nur auf den zeitlichen Zusammhang des Kaufs mit dem Verkauf der Wohnungen abstellt.

1265 • Dieser Rechtsauffassung vermag ich nicht zu folgen. Der Begriff des Grundstückshandels erfordert grundsätzlich, daß die Betätigung auf den für einen Gewerbebetrieb kennzeichnenden „häufigen und kurzfristigen marktmäßigen Umschlag erheblicher Sachwerte" angelegt ist (vgl. BFH v. 17. 3. 1981, BStBl II 522; v. 28. 6. 1984, BStBl II 798). Es müssen also mehrere **Kauf- und Verkaufsgeschäfte** vorliegen. Der Erwerb eines Mietwohnhauses mit acht Wohnungen, deren Umwandlung in Eigentumswohnungen und die anschließende Veräußerung dieser Wohnungen begründet keine gewerbliche Tätigkeit (im Ergebnis ebenso BFH v. 28. 4. 1988, BFH/NV 1989, 101, 102; Streck/Schwedhelm, DStR 1991, 237; jeweils m. w. N.). In diesen beiden Urteilen zieht der BFH eine Parallele zur Parzellierung eines unbebauten Grundstücks und der Weiterveräußerung der neugebildeten Parzellen und weist darauf hin, daß diese Vorgänge allein wegen der Anzahl der Veräußerungen keinen gewerblichen Grundstückshandel begründen könnten. Die weitere Begründung in diesen BFH-Urteilen, es habe zum Zeitpunkt des Erwerbs keine Veräußerungsabsicht bestanden, ist als zusätzliche, die Entscheidung tragende Begründung anzusehen.

▷ **Hinweis:**

Der Meinungsstreit ist nur dann entscheidend, wenn der Zeitraum zwischen Erwerb, Aufteilung in Eigentumswohnungen und Verkauf von mehr als drei Objekten höchstens fünf Jahre beträgt. In diesen Fällen sollte sich der Steuerpflichtige auf die BFH-Urteile v. 28. 4. 1988 (BFH/NV 1989, 101, 102) berufen. Wenn er beim Erwerb des Hauses keine Veräußerungsabsicht gehabt hat und dies nachweisen kann, wird auch nach der Rechtsmeinung des BMF und BFH v. 6. 4. 1990 (BStBl II 1057) ein gewerblicher Grundstückshandel verneint. Es ist daher zu empfehlen, auf diesen Gesichtspunkt besonderes Gewicht zu legen.

bb) **Die Ausführungen unter aa) gelten auch,** wenn der Steuerpflichtige die Wohnungen vor der anschließenden Veräußerung lediglich in einen zum vertragsgemäßen Gebrauch geeigneten Zustand versetzt, wozu unter Berücksichtigung des bei Mietwohnungen Üblichen auch die Vornahme von **Schönheitsreparaturen** gehören kann (vgl. BFH v. 10. 8. 1983, BStBl 1984 II 137). Beschränkt sich der Steuerpflichtige bei der Aufteilung in Eigentumswohnungen nicht auf die bloße Herstellung der Verkaufsfähigkeit, sondern investiert er zuvor in erheblichem Umfang für **Modernisierungsmaßnahmen,** die zu einem Verkehrsgut anderer Marktgängigkeit führen, so ist ein gewerblicher Grundstückshandel zu bejahen. Dies gilt selbst dann, wenn er die Grundstücke ohne Veräußerungsabsicht erwirbt (BMF, Tz. 23 Satz 1; BFH v. 28. 9. 1987, BStBl 1988 II 65). 1266

Die Nachhaltigkeit auf der Beschaffensseite besteht darin, daß umfangreiche Modernisierungsaufwendungen mehrere Einzeltätigkeiten erfordern (vgl. Rdnr. 1255). Für die Annahme eines gewerblichen Grund- 1267 stückshandels muß daher ein enger zeitlicher Zusammenhang zwischen der Modernisierung und der Veräußerung vorliegen (BMF, Tz. 23 Satz 2).

1268-1275 *(Einstweilen frei)*

4. Gewinnerzielungsabsicht

LEXinform
▶ BSt-BG-0800 ◀

Beispiel:

Bauunternehmer B erwirbt vermietete Altbauten und renoviert diese. Danach teilt er die Gebäude unverzüglich in Eigentumswohnungen auf und möchte sie schnellstmöglich verkaufen. Er macht geltend, er wolle als Verkaufspreis nur die eingesetzten Beträge erzielen. Mit seinen Aktivitäten wolle er aber durch Werbungskostenüberschüsse aus Vermietung und Verpachtung Steuern sparen. Tatsächlich erzielt er beträchtliche Überschüsse bei der Veräußerung.

1276 a) Gewinnerzielungsabsicht, die auch Nebenzweck sein kann (§ 15 Abs. 2 Satz 3 EStG), ist das **Streben nach Betriebsvermögen-Mehrung in Gestalt eines Totalgewinns**. Darunter ist das positive Gesamtergebnis der Betätigung von der Gründung bis zur Veräußerung, Aufgabe oder Liquidation zu verstehen; denn das Abstellen auf einen Periodengewinn würde ein nur begrenzt aussagekräftiges Ergebnis erbringen (BFH v. 25. 6. 1984, BStBl II 751). Erstrebt B nur die Deckung der Selbstkosten, so ist Gewinnerzielungsabsicht zu verneinen (BFH v. 22. 8. 1984, BStBl 1985 II 61). Eine durch die Betätigung verursachte **Minderung der Steuern** vom Einkommen stellt keinen Gewinn i. S. von § 15 Abs. 2 Satz 1 EStG dar (§ 15 Abs. 2 Satz 2 EStG). Dieser Satz, der durch das StEntlG 1984 in das EStG eingefügt wurde, hat deklaratorische, nicht konstitutive Bedeutung (BFH v. 25. 6. 1984, BStBl II 751; v. 19. 11. 1985, BStBl 1986 II 289). Daher gilt die Einschränkung der Gewinnerzielungsabsicht auch für die vor Inkrafttreten des § 15 Abs. 2 EStG liegenden Zeiträume (so auch BVerfG v. 18. 11. 1986, HFR 1988, 34; Groh, DB 1984, 2424; a. A. Schulze-Osterloh, FR 1985, 197; vgl. auch Söffing, FR 1982, 291).

1277 b) Für die Feststellung der Gewinnerzielungsabsicht sind nicht die Absichtserklärungen des Bauunternehmers B, sondern **äußere Merkmale** entscheidend. Hat B die Wohnungen in engem zeitlichem Zusammenhang mit der Anschaffung veräußert (vgl. dazu Rdnr. 1308 ff.) und dabei tatsächlich einen Gewinn erzielt, ist dies ein starkes Indiz für die Gewinnerzielungsabsicht (vgl. BFH v. 31. 7. 1990, BStBl 1991 II 66). Offenbar will der BFH in seinem Urteil v. 23. 10. 1987 (BStBl 1988 II 293) in

Anlehnung an den BFH-Beschluß v. 25. 6. 1984 (BStBl II 751, 767) von einem prima-facie-Beweis für Gewinnerzielungsabsicht ausgehen. Dies erscheint jedoch als zu weitgehend. Vielmehr sind in die Beurteilung alle Umstände des Einzelfalls einzubeziehen. Dies würde auch gelten, wenn B Verluste erzielt hätte. Das Motiv, das zum Anstreben von Gewinnen führt, ist unerheblich (BFH v. 16. 4. 1991, BStBl II 844).

c) Die Frage, ob B mit Gewinnerzielungsabsicht gehandelt hat, hat das FG im Rahmen der Tatsachenwürdigung zu entscheiden (vgl. § 118 Abs. 2 FGO). Kann das FG diese Frage nicht bejahen, geht dies nach allgemeinen Beweisregeln zu Lasten desjenigen, der sich auf das Vorhandensein eines Gewerbebetriebs beruft. Die **objektive Beweislast (Feststellungslast)** trägt der Steuerpflichtige, wenn er aus der Tätigkeit einen Verlust erzielt (a. A. Papist, Inf 1982, 439, 442), das Finanzamt, wenn sich ein Gewinn ergibt (BFH v. 19. 11. 1985, BStBl 1986 II 289, die dagegen gerichtete Verfassungsbeschwerde hat das BVerfG nicht zur Entscheidung angenommen vgl. BVerfG v. 18. 11. 1986, HFR 1988, 34). 1278

d) Das Beispiel im Grenzbereich zwischen **gewerblicher Zimmervermietung und gewerblichem Grundstückshandel** (zur Abgrenzung vgl. BFH v. 17. 3. 1981, BStBl II 522). Es handelt sich hierbei nicht um voneinander getrennt zu beurteilende Rechtsgeschäfte (zur sog. gemischten Tätigkeit vgl. Rdnr. 1283 ff.); da B nach dem Sachverhalt auf einen raschen Umschlag der Grundstücke bedacht ist, steht hier der gewerbliche Grundstückshandel im Vordergrund. Diese Unterscheidung hat Konsequenzen für die Frage, ob die Grundstücke Anlage- oder Umlaufvermögen darstellen (vgl. dazu Rdnr. 1361). 1279

5. Beteiligung am allgemeinen wirtschaftlichen Verkehr LEXinform ▶ BSt-BG-0805 ◀

Beispiel:

Bauunternehmer C bebaut zwei Grundstücke (Privatvermögen) mit je einem Dreifamilienhaus. Eine Wohnung des Hauses 1 verkauft er an ein befreundetes Ehepaar, die anderen zwei Wohnungen veräußert er an Nachbarn, die sich während des Baus an ihn gewandt hatten. Für den Verkauf des zweiten Hauses schaltet er einen Makler ein.

a) Das Tatbestandsmerkmal umfaßt zwei Elemente, nämlich die Beteiligung am wirtschaftlichen Verkehr und die Beteiligung am allgemeinen Verkehr. Eine Beteiligung am „**wirtschaftlichen Verkehr**" ist gegeben, wenn C mit Gewinnerzielungsabsicht (vgl. Rdnr. 1276 ff.) nachhaltig am 1280

Leistungs- und Güteraustausch teilnimmt. Da sich die Bedeutung dieser Voraussetzung in der Abgrenzung zu den nicht dem Leistungsaustausch unterliegenden Tätigkeiten erschöpft, liegt das Hauptgewicht des Tatbestandsmerkmals auf der Teilnahme am „allgemeinen Verkehr" (RFH v. 15. 7. 1942, RStBl S. 989). Die Tätigkeit muß nach außen in Erscheinung treten und sich an eine – evtl. auch nur begrenzte – Allgemeinheit wenden. Beteiligung am allgemeinen wirtschaftlichen Verkehr ist daher zu kennzeichnen als ein **äußerlich erkennbares Anbieten einer entgeltlichen Tätigkeit, das sich an einen nicht abgeschlossenen Kreis von Personen** richtet (ausführlich BFH v. 9. 7. 1986, BStBl II 851; BMF, Tz. 5). Hierbei genügt es, wenn C sich nur an einen **kleinen Kreis** wendet und damit rechnet, daß sich dies bei einem nicht abgeschlossenen Kreis von Personen **herumspricht** (BFH v. 22. 11. 1988, BFH/NV 1989, 726, m. Anm. Hardt, KFR F. 3 EStG § 15, 1/89, 171). Einer besonderen Werbung bedarf es vor allem dann nicht, wenn – wie bei Grundstücksverkäufen – ein starkes Interesse an diesem Angebot besteht (BFH v 22. 5. 1987, BFH/NV S. 717). Entscheidend ist, daß sich der Verkäufer insofern an den allgemeinen Markt wendet, als er an jeden, der die Verkaufsbedingungen erfüllt, verkaufen will (BFH v. 14. 3. 1989, BFH/NV S. 784, m. Anm. Katterbe, KFR F. 3 EStG § 15, 6/89, 2125; zur Veräußerung sämtlicher Grundstücke an die eigene Ein-Mann-GmbH vgl. BFH v. 12. 7. 1991, BStBl 1992 II 143, und Rdnr. 1258 ff.). Bereits nach diesen Ausführungen liegt bei Haus 1 eine Beteiligung am allgemeinen wirtschaftlichen Verkehr vor.

1281 b) Bei Haus 2 ist es für dieses Tatbestandsmerkmal unschädlich, daß C einen **Dritten** (z. B. Makler, BFH v. 17. 3. 1981, BStBl II 522) mit der Werbung beauftragt, da ihm diese Tätigkeiten zuzurechnen sind (BFH v. 19. 11. 1990, BFH/NV 1991, 321; vgl. auch Rdnr. 1250 und BFH v. 31. 7. 1990, BStBl 1991 II 66; zur Zurechnung des Verhaltens eines Dritten im Mißbrauchsfall vgl. BFH v. 12. 7. 1991, BStBl 1992 II 143, m. Anm. Obermeier, KFR F. 3 EStG § 15, 5/92, 95).

1282 c) Unabhängig von den Erwägungen zu a) gibt die Tatsache der **Werbung für einzelne Verkäufe** allen im Zusammenhang zu sehenden Verkäufen das **Gepräge** der Teilnahme am allgemeinen wirtschaftlichen Verkehr, selbst wenn ein Teil der Wohnungen an sich selbst meldende Personen oder in der Wohnung schon lebende Mieter verkauft wird (BFH v. 23. 10. 1987, BStBl 1988 II 293).

6. Weder Ausübung der Land- und Forstwirtschaft noch eines freien Berufs oder anderer selbständiger Tätigkeit ▶ LEXinform BSt-BG-0810 ◀

Beispiel:

Bauunternehmer und Architekt D kauft und verkauft planmäßig Grundstücke unter sog. Architektenbindung.

a) Die Abgrenzung des gewerblichen Grundstückshandels von der Land- und Forstwirtschaft und der selbständigen Arbeit ist problematisch, wenn es sich um land- und forstwirtschaftliche Hilfsgeschäfte (vgl. BFH v. 28. 6. 1984, BStBl II 798; vgl. auch Rdnr. 1322) oder – wie im Beispiel – um die Beurteilung einer sog. **gemischten Tätigkeit** handelt, d. h., wenn ein Zusammenhang zwischen gewerblichen Einkünften und Einkünften aus selbständiger Arbeit besteht. Grundsätzlich sind die **Tätigkeiten getrennt** zu erfassen (BFH v. 3. 10. 1985, BStBl 1986 II 213; vgl. Abschn. 136 Abs. 8 EStR). Wenn sich aber die Tätigkeiten gegenseitig bedingen und derart miteinander verflochten sind, daß sie nach der Verkehrsauffassung als Einheit anzusehen sind, ist eine **einheitliche Beurteilung** angebracht (vgl. BFH v. 9. 8. 1983, BStBl 1984 II 129). In diesen Fällen ist nach den Gesamtumständen zu entscheiden, welche Tätigkeit der Gesamttätigkeit das Gepräge gibt (BFH v. 7. 3. 1974, BStBl II 383). 1283

b) Im Beispiel hängen **Grundstücksverkäufe und Architektenverträge untrennbar miteinander zusammen.** Im Vordergrund stehen bei diesen Verträgen die Grundstücksveräußerungen, die auch nicht als Ausfluß der freiberuflichen Tätigkeit gewertet werden können. Somit werden die ursprünglich freiberuflichen Einnahmen durch den Zusammenhang mit den Einnahmen aus dem gewerblichen Grundstückshandel insgesamt zu gewerblichen Einnahmen. 1284

c) Das Beispiel wäre anders zu behandeln, wenn Grundstückskaufverträge und Architektenaufträge jeweils in **getrennten Verträgen** vereinbart und durchgeführt würden. In diesem Fall wären beide Tätigkeiten getrennt zu erfassen (BFH v. 23. 10. 1975, BStBl 1976 II 152). 1285

(Einstweilen frei) 1286–1290

7. Keine Vermögensverwaltung

a) Die Veräußerung bebauter Grundstücke

aa) Anzahl der Objekte

LEXinform
▶ BSt-BG-0815 ◀

1291 Nach ständiger Rechtsprechung des BFH wird bei der Errichtung und dem Verkauf von Eigentumswohnungen der Bereich der privaten Vermögensverwaltung überschritten, wenn nach dem Gesamtbild der Betätigung und unter Berücksichtigung der Verkehrsauffassung die **Ausnutzung substanzieller Vermögenswerte durch Umschichtung** gegenüber der **Nutzung von Grundbesitz i. S. einer Fruchtziehung aus zu erhaltenden Substanzwerten** entscheidend in den Vordergrund tritt (BFH v. 28. 9. 1987, BStBl 1988 II 65, m. w. N.; v. 16. 4. 1991, BStBl II 844). Unter Ausnutzung substanzieller Vermögenswerte ist dabei eine Vermögensumschichtung zu verstehen, die in erster Linie erfolgt, um vorhandenes Vermögen durch Ausnutzung von Substanzwertsteigerungen zu vermehren. Dagegen ist bei einer Vermögensumschichtung, die lediglich erfolgt, um den Wert des vorhandenen Vermögens besser zu nutzen, also höhere Erträge zu erzielen, Vermögensverwaltung gegeben, weil in diesem Fall die Vermögensnutzung durch Fruchtziehung aus zu erhaltenen Substanzwerten im Vordergrund steht (BFH v. 22. 5. 1987, BFH/NV S. 717).

1292 Nach der **BFH-Rechtsprechung** (z. B. Urteile v. 2. 6. 1976 I R 57/74, n. v.; v. 9. 12. 1986, BStBl 1988 II 244; v. 3. 6. 1987, BStBl 1988 II 277, m. Anm. Obermeier, KFR F. 3 EStG § 15, 1/88, 15; v. 23. 10. 1987, BStBl 1988 II 293, m. Anm. Irrgang/Turnbull, KFR F. 3 EStG § 15, 4/88, 107; v. 1. 12. 1989, BStBl 1990 II 1054; v. 18. 1. 1989, BStBl 1990 II 1051, m. Anm. Irrgang/Turnbull, KFR F. 3 EStG § 15, 5/89, 201) ist bei der Veräußerung von **bis zu drei Wohneinheiten ein gewerblicher Grundstückshandel zu verneinen** (a. A. FG des Saarlands v. 13. 9. 1990, Revision, EFG 1991 S. 123, Az. des BFH: VIII R 100/90, Abgrenzung nach der Anzahl der veräußerten Objekte ungeeignet; Gast-de-Haan, DStZ 1992, 289, 290, Begrenzung willkürlich). Die zahlenmäßige Begrenzung trägt der gebotenen Vereinfachung Rechnung. Der Verkauf von vier Wohneinheiten kann bereits den gewerblichen Grundstückshandel beginnen lassen (BFH v. 23. 1. 1985, BFH/NV S. 14).

1293 Die Zahl der Objekte richtet sich nach den **einzelnen Kauf- und Verkaufshandlungen**. Da Objekt auch ein Miteigentumsanteil sein kann (BFH v. 16. 4. 1991, BStBl II 844, m. Anm. Sondergeld, KFR F. 3 EStG § 15,

3/92, 73; FG Hamburg v. 5. 3. 1992 rkr., EFG S. 662, m. Anm. Hardt, KFR F. 3 EStG § 15, 1/93, 13), ist nicht auf die grundbuch- oder katastermäßigen Einheiten abzustellen (vgl. auch Rdnr. 1252 ff.). Es handelt sich selbst dann um drei Objekte, wenn der Bauunternehmer drei Wohnungen an einem Tag an drei verschiedene Erwerber verkauft (BFH v. 10. 10. 1991, BFH/NV 1992, 238, unter Aufhebung von FG Düsseldorf v. 13. 3. 1990, EFG S. 467; FG Hamburg v. 5. 3. 1992 rkr., EFG S. 662; a. A. Gast-de-Haan, DStZ 1992, 289, 290). Verpflichtet sich der Inhaber von zwei Wohnungseigentumsrechten, eine einheitliche Wohnung zu errichten und an den Erwerber zu übertragen, so ist von einem Objekt auszugehen (BFH v. 11. 3. 1992, BStBl II 1007).

Die „Drei-Objekt-Grenze" gilt auch, wenn zum Verkauf bestimmte Wohngebäude vom Verkäufer mit seiner Familie vorübergehend selbst bewohnt werden (BFH v. 11. 4. 1989, BStBl II 621; v. 23. 1. 1991, BStBl II 519; zur Frage, unter welchen Voraussetzungen – zwischenzeitlich – selbstgenutzte oder vermietete Objekte als Betriebsvermögen beim gewerblichen Grundstückshandel anzusehen sind, vgl. Rdnr. 1355 f. und 1367 ff.). **1294**

Der **BMF folgt** nunmehr dieser **BFH-Rechtsprechung** (BMF, Tz. 7, 8). **1295**

Die „Drei-Objekt-Grenze" gilt auch dann, wenn der veräußernde Steuerpflichtige eine **dem Bau- oder Grundstücksmarkt nahestehende Person** (z. B. Architekt, Bauunternehmer, Immobilienmakler) ist (BMF, Tz. 8; BFH v. 14. 3. 1989, BStBl 1990 II 1053; v. 29. 11. 1989, BStBl 1990 II 1060). Gehören die Objekte aber zu einem Betriebsvermögen des Steuerpflichtigen (z. B. Grundstückshändler), so sind sie ohne zahlenmäßige Begrenzung dem Gewerbebetrieb zuzurechnen (vgl. auch Rdnr. 1251 und 1355 f.). **1296**

Bei der Abgrenzung zwischen privater Vermögensverwaltung und gewerblichem Grundstückshandel anhand der „Drei-Objekt-Grenze" sind auch Grundstücksverkäufe im Ausland zu berücksichtigen. Dies gilt auch für den Fall, daß das Grundstück in einem DBA-Land belegen ist (Sächsisches FM v. 2. 6. 1992, DB S. 1268, DStR S. 984). **1297**

bb) Art der Objekte

LEXinform
▶ BSt-BG-0820 ◀

Objekte i. S. der genannten „Drei-Objekt-Grenze" sind nach BMF (Tz. 9) **Zweifamilienhäuser, Einfamilienhäuser, Eigentumswohnungen** (vgl. **1298** auch BFH v. 20. 11. 1990, BStBl 1991 II 345) sowie die für eine Bebauung mit solchen Objekten vorgesehenen Bauparzellen. Der vom BFH als Begründung für die Rechtfertigung der „Drei-Objekt-Grenze" herangezogene Vereinfachungsgedanke soll danach nur ausreichen, soweit es um Objekte geht, die im Regelfall Wohnzwecken dienen und die auch regelmäßig eine bestimmte Größe nicht überschreiten.

1299 Bei **anderen Objekten** (z. B. Mehrfamilienhäusern, Büro-, Hotel-, Fabrik- oder Lagergrundstücken), können nach **BMF** (Tz. 9; ebenso FG Hamburg v. 5. 3. 1992 rkr., EFG S. 662) – sofern die übrigen Voraussetzungen vorliegen – auch weniger als vier Veräußerungsvorgänge einen gewerblichen Grundstückshandel begründen. Dies bedeute, daß z. B. ein gewerblicher Grundstückshandel vorliegen könne, wenn ein Steuerpflichtiger lediglich zwei Fabrikgrundstücke oder zwei Eigentumswohnungen und ein Fabrikgrundstück veräußere; in derartigen Fällen sei die Abgrenzung zwischen Gewerbebetrieb und privater Vermögensverwaltung ohne Rücksicht auf die „Drei-Objekt-Grenze" nach den allgemeinen Grundsätzen vorzunehmen.

1300 Dieser Rechtsansicht vermag ich nicht zu folgen. M. E. gilt auch bei anderen Objekten die Objektgrenze, wenn sie nicht völlig aus dem Rahmen fallen. Es wäre nicht einsichtig, Zweifamilienhäuser, die in Ballungsgebieten nicht nur in Ausnahmefällen den Verkaufspreis von 2 Mio. DM übersteigen können, in die „Drei-Objekt-Grenze" einzubeziehen, nicht aber z. B. ein Lagergrundstück mit geringem Verkaufspreis. Eine solche Einschränkung ist auch der BFH-Rechtsprechung nicht zu entnehmen (BFH v. 2. 9. 1992, BStBl 1993 II 668; v. 20. 11. 1990, BFH/NV 1991, 304, in einem AdV-Verfahren; kritisch auch kk, KÖSDI 1991, 8381; Mahlow, DB 1991, 1189 f.; Gast-de-Haan, DStZ 1992, 289, 290, 294).

1301 Die Frage, ob der Verkauf von zwei Fabrikgrundstücken einen gewerblichen Grundstückshandel darstellt, hatte die Rechtsprechung – soweit ersichtlich – noch nicht zu entscheiden. Dies ergibt sich wohl daraus, daß es sich – wenn solche Fälle überhaupt vorkommen – um extreme Ausnahmen handeln dürfte. Der Regelfall dürfte vielmehr sein, daß Fabrikgrundstücke nicht zur Weiterveräußerung erworben werden, sondern, daß zum Verkauf von Fabrikgrundstücken ein Makler eingeschaltet wird, der innerhalb seines Gewerbebetriebs einen Käufer zu finden versucht. Sollte jedoch Kauf und Verkauf von zwei völlig aus dem Rahmen fallen-

Einkommensteuer / Grundstückshandel

den anderen Objekten (vgl. vorstehenden Absatz) abgewickelt werden (m. E. allenfalls ab Verkaufspreisen von je 2 Mio. DM zu prüfen), so könnte darin ein gewerblicher Grundstückshandel zu sehen sein. In diesem Fall wären auch Kauf und Verkauf einer Eigentumswohnung zum gewerblichen Grundstückshandel zu zählen. Der Handel mit nur einem völlig aus dem Rahmen fallenden anderen Objekt kann aber – selbst wenn zusätzlich noch zwei Eigentumswohnungen veräußert werden – keinen gewerblichen Grundstückshandel begründen.

cc) **Ehegatten**

LEXinform
▶ BSt-BG-0825 ◀

Beispiel:

Der Steuerpflichtige E hat 1991 bereits drei Objekte gekauft und verkauft. Um den gewerblichen Grundstückshandel zu vermeiden, kommt er mit seiner Ehefrau überein, daß sie Kauf und Verkauf der nächsten drei Objekte abwickelt.

Bei Ehegatten ist eine **Zusammenfassung der Grundstücksaktivitäten im Regelfall nicht zulässig**, da die Vermutung gleichgerichteter Interessen von Ehegatten nicht allein auf das Bestehen der ehelichen Lebens- und Wirtschaftsgemeinschaft gestützt werden darf (vgl. BVerfG v. 12. 3. 1985, BStBl II 475). Das bedeutet, daß jeder Ehegatte bis zu drei Objekte im Bereich der Vermögensverwaltung veräußern kann (BMF, Tz. 11). Die Grundstücksaktivitäten der Ehegatten müssen jedoch zusammengerechnet werden, wenn die Ehegatten eine über ihre Ehe hinausgehende, also zusätzlich enge Wirtschaftsgemeinschaft, z. B. in Gestalt einer GbR, eingegangen sind, in die sie alle bzw. den größeren Teil der Grundstücke eingebracht haben (BMF, Tz. 11; BFH v. 24. 7. 1986, BStBl II 913; zu Grundstücksgesellschaften vgl. Rdnr. 1331 ff.).

1302

▷ **Hinweis:**

Diese Ausführungen bedeuten nicht, daß sich die „Drei-Objekt-Grenze" bei Ehegatten verdoppelt. Um die weiteren drei Objekte der Ehefrau zurechnen zu können, müssen zivilrechtlich die Konsequenzen gezogen werden, daß die Ehefrau als Käuferin und Verkäuferin anzusehen ist. Eine solche Gestaltung wäre nur dann rechtsmißbräuchlich, wenn die Ehefrau den Erwerb nicht aus eigenen Mitteln oder durch Kreditaufnahme finanzieren könnte (vgl. Obermeier, DStR 1989, 764, 766; ders., NWB F. 3, 7845, 7848).

dd) Langjährige Nutzung vor Veräußerung

LEXinform
▶ BSt-BG-0830 ◀

1303 Der gewerbliche Handel mit Eigentumswohnungen kommt in der Regel erst dadurch zustande, daß der Veräußerer die Wohnungen zuvor gekauft oder selbst errichtet bzw. modernisiert hat und sie im Zusammenhang damit veräußert. So hat der BFH bereits im Urteil v. 10. 8. 1983 (BStBl 1984 II 137) zutreffend entschieden, daß der Verkauf langjährig durch Vermietung genutzter Wohnungen (§ 21 EStG) nicht aus dem Rahmen **der Vermögensverwaltung** herausfällt, da dies lediglich den Endpunkt der Vermögensverwaltung darstellt (bestätigt durch BFH v. 6. 4. 1990, BStBl II 1057). Diesen Zeitraum nimmt die Finanzverwaltung (BMF, Tz. 2) mit **mindestens zehn Jahren an.**

1304 Dies gilt auch dann, wenn es sich um umfangreiches Grundvermögen handelt und sämtlich Objekte in einem verhältnismäßig kurzen Zeitraum an verschiedene Erwerber veräußert werden. Bei Grundstücken, die durch **Erbfolge** oder **vorweggenommene Erbfolge** auf den Grundstücksveräußerer übergehen, wird die Nutzungsdauer des Rechtsvorgängers wie eine eigene Nutzungsdauer des Veräußerers gewertet (BMF, Tz. 2).

ee) Umwandlung von Mietwohnungen in Eigentumswohnungen nach langjähriger Nutzung

LEXinform
▶ BSt-BG-0835 ◀

Beispiel:

Bauunternehmer F erhält 1991 im Rahmen der Scheidungsvereinbarung von seiner geschiedenen Ehefrau ein von dieser 1981 erworbenes und seither durch Vermietung (§ 21 EStG) genutztes Vierfamilienhaus. Er wandelt die Mietwohnungen in Eigentumswohnungen um und veräußert diese 1992 an verschiedene Erwerber.

1305 Nach der hier vertretenen Rechtsansicht (vgl. Rdnr. 1262 ff.) scheidet der gewerbliche Grundstückshandel bereits deshalb aus, weil er auch eine Mehrzahl von Kaufhandlungen erfordert (a. A. BMF, Tz. 22). Im Beispiel handelt es sich aber auch nach Meinung des BMF (Tz. 3) um **Vermögensverwaltung.**

1306 Nach zutreffender Auffassung des BMF ist die Aufteilung eines Gebäudes in Eigentumswohnungen für sich allein kein Umstand, der die Veräußerung der durch den Aufteilungsvorgang entstandenen Eigentumswohnungen zu einer gewerblichen Tätigkeit macht. Die Veräußerung von in Eigentumswohnungen umgewandeltes Hauseigentum, das der Verkäufer (BFH v. 2. 3. 1990, BFH/NV 1991, 584) langfristig zur Fruchtziehung,

z. B. durch Eigennutzung, Vermietung oder Verpachtung, genutzt hat, ist daher als **Beendigung der vermögensverwaltenden Tätigkeit** anzusehen (BFH v. 8. 8. 1979, BStBl 1980 II 106). Auch in diesen Fällen ist langfristig eine Nutzungsdauer **von zehn Jahren** (vgl. Rdnr. 1303).

Im Beispiel hat nicht der Veräußerer, sondern der geschiedene Ehegatte das Mietwohngrundstück langfristig genutzt. Auch in diesem Sonderfall der unentgeltlichen Einzelrechtsnachfolge ist die Nutzungsdauer des Rechtsvorgängers wie eine eigene Nutzungsdauer des Rechtsnachfolgers zu werten (vgl. BFH v. 10. 8. 1983, BStBl 1984 II 137). 1307

ff) Errichtung von Objekten

LEXinform
▶ BSt-BG-0840 ◀

Ein gewerblicher **Grundstückshandel** liegt stets vor, wenn 1308

- mehr als drei Objekte

- in engem zeitlichen Zusammenhang mit ihrer Errichtung (Fertigstellung) veräußert (ähnlich wie bei § 23 EStG auf das obligatorische Geschäft – notariellen Kaufvertrag – abzustellen) werden (es ist die Fertigstellung entscheidend) und

- der Steuerpflichtige mit Veräußerungsabsicht handelt.

Es kommt nicht darauf an, ob 1309

- die Objekte zwischenzeitlich vermietet oder selbstgenutzt werden (BFH v. 11. 4. 1989, BStBl II 621; v. 28. 11. 1991, BFH/NV 1992, 310);

- die veräußerten Wohnungen in der rechtlichen Gestalt von Eigentumswohnungen entstanden sind oder ob sie zunächst rechtlich unselbständige, zur Vermietung an verschiedene Interessenten bestimmte Teile eines Gesamtobjekts (z. B. Mehrfamilienhaus) waren (BMF, Tz. 17).

Ein **enger zeitlicher Zusammenhang** zwischen Errichtung und Veräußerung ist dann gegeben, wenn die Zeitspanne zwischen Fertigstellung (1987) und Veräußerung der Objekte (1991) nicht mehr als fünf Jahre beträgt (BFH v. 23. 10. 1987, BStBl 1988 II 293; v. 22. 3. 1990, BStBl II 637; v. 18. 9. 1991, BStBl 1992 II 135) oder wenn die Objekte bereits vor Fertigstellung veräußert werden (BMF, Tz. 18). 1310

Da die Fünfjahresfrist mit der Fertigstellung beginnt, muß zu diesem Zeitpunkt auch eine – zumindest bedingte – Veräußerungsabsicht bestehen. Die **Veräußerungsabsicht** ist anhand äußerer Merkmale zu beurteilen; die bloße Erklärung des Steuerpflichtigen, er habe eine solche 1311

Absicht nicht gehabt, reicht nicht aus. Ein enger Zusammenhang zwischen Fertigstellung und Veräußerung der Objekte zwingt nach den Regeln der Lebenserfahrung zu dem Schluß, daß eine Veräußerungsabsicht bestanden hat, auch wenn die eigentliche Absicht auf eine anderweitige Nutzung (z. B. Vermietung) gerichtet war. Der Steuerpflichtige kann sich dabei nicht darauf berufen, die Verkaufsabsicht sei erst später wegen Finanzierungsschwierigkeiten und zu hoher finanzieller Belastungen gefaßt worden (BMF, Tz. 19; BFH v. 6. 4. 1990, BStBl II 1057; zur Veräußerung von Miteigentumsanteilen vgl. BFH v. 16. 4.1991, BStBl II 844; m. Anm. Söffing, NWB F. 3, 8015 f.).

1312 Aufgrund dieser Ausführungen ist es **grundsätzlich entbehrlich, die Veräußerungsabsicht zu prüfen**. Es gibt aber auch Ausnahmefälle, in denen das FG im Rahmen der Tatsachenwürdigung (vgl. § 118 Abs. 2 FGO) zur Verneinung der Veräußerungsabsicht kommen wird. Dies ist nach BMF (Tz. 18) und BFH v. 6. 4. 1990 (BStBl II 1057) nur dann der Fall, wenn eindeutige Anhaltspunkte gegen eine Veräußerungsabsicht sprechen (vgl. z. B. Rdnr. 1318 ff.).

Beispiel:

Bauunternehmer G errichtet 1981 auf einem ihm gehörenden Grundstück (Privatvermögen) 18 Wohnungen. Davon verkauft er im Jahr 1985 drei, im Jahr 1987 zwei, im Jahr 1988 vier, im Jahr 1989 drei sowie in den weiteren Jahren zwei Wohnungen.

1313 Wenn man den Fünfjahreszeitraum als absolute Grenze nimmt, würde ein gewerblicher Grundstückshandel ausscheiden (so Söffing, FR 1990, 461). Der BFH hat jedoch in seinem Urteil v. 5. 9. 1990 (BStBl II 1060; ebenso v. 11. 12. 1991, BFH/NV 1992, 464; v. 19. 11. 1990, BFH/NV 1991, 321) zutreffend entschieden, das Objekte, die **nach mehr als fünf Jahren seit Errichtung veräußert** werden, nicht generell außer Betracht bleiben. Die Folge eines über fünf Jahre hinausgehenden Zeitraums zwischen Errichtung und Veräußerung ist lediglich, daß sich die von dem zeitlichen Zusammenhang ausgehende Indizwirkung hinsichtlich des Vorliegens einer bedingten Veräußerungsabsicht verringert und ggf. durch andere Anhaltspunkte ergänzt werden muß, z. B. höhere Anzahl der veräußerten Objekte, hauptberufliche Tätigkeit im Baubereich (BFH v. 18. 9. 1991, BStBl 1992 II 135; vgl. auch FG des Saarlandes v. 13. 9. 1990, Revision, EFG 1991, 123, Az. des BFH: VIII R 100/90). Objekte, die aber mindestens zehn Jahre durch Vermietung oder zu eigenen Wohnzwecken genutzt worden sind, können jedoch nicht mitgerechnet werden (BMF, Tz. 10, 2).

gg) Erwerb von Objekten; Auseinanderfallen von Erwerb bzw. Fertigstellung der Objekte
LEXinform
▶ BSt-BG-0845 ◀

Beim Erwerb von Objekten liegt grundsätzlich (zu den Ausnahmen nach BMF vgl. Rdnr. 1262 ff.) ein gewerblicher Grundstückshandel vor, wenn mehr als drei Objekte in engem zeitlichen Zusammenhang mit ihrem Erwerb (wie bei § 23 EStG ist auf das obligatorische Geschäft – notarieller Kaufvertrag – abzustellen) veräußert werden, und der Steuerpflichtige mit Veräußerungsabsicht handelt (BMF, Tz. 21; vgl. BFH v. 16. 4. 1991, BStBl II 844; i. e. Rdnr. 1311 ff.). 1314

Bei Prüfung der Frage, ob die „Drei-Objekt-Grenze" überschritten ist, sind **alle Objektveräußerungen innerhalb eines Fünfjahreszeitraums einzubeziehen** (BMF, Tz. 10). Dieser Zeitraum, der mit dem ersten bzw. – wenn innerhalb von fünf Jahren kein weiterer Verkauft stattgefunden hat – mit dem nächsten Verkauf beginnt, ist dann zu beachten, wenn Erwerb bzw. Fertigstellung der einzelnen Objekte auseinanderfallen. Unter Einbeziehung der Anschaffung oder Errichtung des Einzelobjekts kann sich danach ein Betrachtungszeitraum von zehn Jahren ergeben (BFH v. 18. 9. 1991, BStBl 1992 II 135; BFH/NV 1992, 235). 1315

hh) Modernisierung von Objekten
LEXinform
▶ BSt-BG-0850 ◀

Versetzt der Steuerpflichtige die Objekte vor der Veräußerung lediglich in einen zum vertragsgemäßen Gebrauch geeigneten Zustand, wozu unter Berücksichtigung des bei Mietwohnungen Üblichen auch die Ausführung von Schönheitsreparaturen gehören kann (BFH v. 10. 8. 1983, BStBl 1984 II 137), so beginnt der Fünfjahreszeitraum mit Errichtung bzw. Erwerb der Objekte (BMF, Tz. 20, 22). Wenn jedoch der Steuerpflichtige vor dem Verkauf in erheblichem Umfang modernisiert (vgl. BFH v. 28. 9. 1987, BStBl 1988 II 65), beginnt der Fünfjahreszeitraum mit der Modernisierung (BMF, Tz. 20, 23; vgl. auch Rdnr. 1266). 1316

ii) Mischfälle
LEXinform
▶ BSt-BG-0855 ◀

Es gibt Sachverhalte, in denen bei einem Steuerpflichtigen, der eine bestimmte Anzahl von Objekten veräußert hat, diejenigen Fälle, in denen das veräußerte Objekt vom Steuerpflichtigen selbst errichtet worden ist 1317 (vgl. Rdnr. 1308 ff., 1316), mit solchen Fällen zusammentreffen, in denen das Objekt von einem Dritten erworben worden ist (vgl. Rdnr. 1314, 1316). Die Frage, ob die Veräußerung eines Objekts der einen oder der anderen Gruppe bei Prüfung der „Drei-Objekt-Grenze" mitzuzählen ist, ist bei den Mischfällen jeweils nach den Kriterien zu entscheiden, die für die betreffende Gruppe bei Veräußerung von mehr als drei Objekten gelten (BMF, Tz. 25).

kk) Die Gesamtumstände

LEXinform
▶ BSt-BG-0860 ◀

1318 Die Gesamtumstände spielen vor allem dann eine Rolle, wenn **mehr als drei Einheiten** (vgl. Rdnr. 1291 ff.) **innerhalb von fünf Jahren** (vgl. Rdnr. 1310 ff.) veräußert werden. Es können folgende Gründe für Vermögensverwaltung sprechen (vgl. BFH v. 28. 9. 1987, BStBl 1988 II 65; zur Ausgliederung einzelner Objekte aus dem gewerblichen Grundstückshandel vgl. Rdnr. 1251, 1296, 1334):

- Keine berufliche Verbindung mit dem Bau- und Grundstücksmarkt (BFH v. 11. 10. 1985, BFH/NV 1986, 279; v. 10. 2. 1987, BFH/NV S. 440);

- kein Grundstückskauf, sondern Bebauung eines bereits seit längerem im Eigentum befindlichen Grundstücks;

- keine sofortige Aufteilung in Eigentumswohnungen;

- nicht nur Planung, sondern auch Abschluß langfristiger Mietverträge und Vollzug durch Einzug der Mieter (eine entsprechende Planung allein reicht aber nicht aus; BFH v. 17. 1. 1973, BStBl II 260);

- keine wesentlichen Baumaßnahmen bei der Aufteilung in Eigentumswohnungen (Schönheitsreparaturen wären nicht schädlich, wohl aber umfangreiche Renovierungsarbeiten, vgl. BFH v. 10. 8. 1983, BStBl 1984 II 137, und Rdnr. 1266, 1316);

- nach FG des Saarlandes v. 27. 3. 1991 rkr. (EFG S. 673; v. 30. 9. 1992, Revision, EFG 1993, 77, Az. des BFH: XI R 65/92) Verkauf von Wohnungen oder Einfamilienhäusern im Rahmen eines sog. „Bauherrenmodells" (vgl. BFH v. 14. 11. 1989, BStBl 1990 II 299).

1319 Ob Vermögensverwaltung gegeben ist, richtet sich nach der **Verkehrsanschauung**. Die Verkehrsanschauung ist eine gerichtsbekannte Betrachtung, die urteilsfähige und unvoreingenommene Bürger von der Sache haben oder gewinnen, wenn sie mit ihr befaßt sind (vgl. BFH v. 24. 11. 1978, BStBl 1979 II 255). Einer Beweisaufnahme bedarf es bei einer gerichtlich bekannten Tatsache nicht (BFH v. 17. 3. 1981, BStBl II 522).

Wenn der Steuerpflichtige die Wohnungen nur verkauft, um den Wert des vorhandenen Vermögens besser zu nutzen, also höhere Erträge zu erzielen, liegt Vermögensverwaltung vor; denn in diesem Fall steht die Vermögensnutzung durch Fruchtziehung aus zu erhaltenden Substanzwerten im Vordergrund (vgl. Rdnr. 1291; Ehlers, DStR 1989, 687 ff.). Es dürfte jedoch schwierig sein, diesen Nachweis zu erbringen. 1320

b) Die Veräußerung unbebauter Grundstücke

LEXinform
▶ BSt-BG-0865 ◀

Auch bei der Veräußerung unbebauter Grundstücke gelten die Ausführungen zu Rdnr. 1291 ff., d. h., grundsätzlich kann ein **gewerblicher Grundstückshandel** nur angenommen werden, wenn **mehr als drei Objekte innerhalb eines Jahres erworben und veräußert werden** (BMF, Tz. 5, 7 ff.). 1321

Teilt nun der Steuerpflichtige das bereits seit längerem in seinem Eigentum stehende Grundstück in **Parzellen** auf und veräußert er diese Teilflächen, so liegt **grundsätzlich Vermögensverwaltung** vor (BMF, Tz. 4; BFH v. 5. 10. 1989, BFH/NV 1991, 317). Wenn er jedoch eine über die Parzellierung und Veräußerung hinausgehende Aktivität entfaltet, z. B. wenn er insbesondere die Aufstellung eines **Bebauungsplans** betreibt und/oder sich aktiv an der **Erschließung** des Areals als Baugelände beteiligt, handelt er **gewerblich** (BFH v. 7. 2. 1973, BStBl II 642; v. 12. 2. 1990, BFH/NV S. 640; v. 5. 10. 1989, BFH/NV 1991, 317; v. 16. 4. 1991, BStBl II 844; FG Hamburg v. 5. 3. 1992 rkr., EFG S. 662; ebenso BMF, Tz. 6 und 26; vgl. BFH v. 28. 6. 1984, BStBl II 798; sowie Söffing, NWB F. 3, 6805, für die gleichgelagerte Abgrenzung eines land- und forstwirtschaftlichen Hilfsgeschäfts vom gewerblichen Grundstückshandel). 1322

Alle Aktivitäten des Veräußerers bei der Baureifmachung, Erschließung und Bebauung sind einzeln zu untersuchen und im Zusammenhang zu würdigen (BMF, Tz. 5; BFH v. 29. 8. 1973, BStBl 1974 II 6). Erstrecken sich die zusätzlichen Aktivitäten nur auf eine Parzelle, macht dies nicht zwangsläufig alle Verkäufe zur gewerblichen Tätigkeit (BFH v. 25. 6. 1985, BFH/NV S. 73). 1323

(Einstweilen frei) 1324–1330

8. Personengesellschaften, Grundstücksgemeinschaften

a) Gewerblich tätige Personengesellschaften

LEXinform
▶ BSt-BG-0870 ◀

aa) Personengesellschaft betreibt gewerblichen Grundstückshandel

Beispiel:
Die Steuerpflichtigen H und I gründen eine GbR, die drei bzw. vier unbebaute Grundstücke innerhalb von fünf Jahren kauft und wieder verkauft. H kauft und verkauft innerhalb dieses Zeitraums ein weiteres Objekt bzw. ist an einer zweiten GbR beteiligt, die ein entsprechendes Grundstücksgeschäft tätigt.

1331 Bei der Beteiligung eines Steuerpflichtigen an einer oder mehrerer Grundstücksgesellschaften zur Verwertung von Grundstücken (z. B. durch Kauf und Verkauf bzw. Bebauung und Verkauf) ist zunächst zu prüfen, ob die betreffende **Gesellschaft** (d. h., die Gesellschafter in ihrer gesamthänderischen Verbundenheit) ein **gewerbliches Unternehmen** i. S. von § 15 Abs. 1 Nr. 2 EStG betreibt (BFH v. 25. 6. 1984, BStBl II 751). Dies setzt voraus, daß ihre Gesellschafter gemeinsam die Merkmale des Gewerbebetriebs – Selbständigkeit (Rdnr. 1250 f.), Nachhaltigkeit (Rdnr. 1252 ff.), Gewinnerzielungsabsicht (Rdnr. 1276 ff.), Beteiligung am allgemeinen wirtschaftlichen Verkehr (Rdnr. 1280 ff.), keine Land- und Forstwirtschaft und keine selbständige Tätigkeit (Rdnr. 1283 ff.) und keine Vermögensverwaltung (Rdnr. 1291 ff.) – erfüllen (BFH v. 14. 3. 1989, BStBl 1990 II 1053, m. Anm. Söffing, NWB F. 3, 7145; v. 22. 3. 1990, BStBl II 637; v. 20. 11. 1990, BStBl 1991 II 345; v. 25. 4. 1991, BStBl 1992 II 283).

1332 Für die Beurteilung des gewerblichen Grundstückshandels ist daher die „**Drei-Objekt-Grenze**" zunächst auf der Ebene der Gesellschaft anzuwenden; auf eventuelle Grundstücksveräußerungen durch den einzelnen Gesellschafter kommt es insoweit nicht an (BMF, Tz. 12, 1. Abs.). Auch sind Grundstücke bei der „Drei-Objekt-Grenze" nicht zu berücksichtigen, die von einer anderen GbR, an der der Steuerpflichtige beteiligt ist, angeschafft und veräußert werden; denn bei dieser GbR handelt es sich um ein anderes Subjekt der Einkünfteerzielung als bei jener GbR (BFH v. 20. 11. 1990, BStBl 1991 II 345; v. 25. 4. 1991, BStBl 1992 II 283).

1333 Im Beispiel betreibt die GbR jedenfalls dann keinen gewerblichen Grundstückshandel, wenn sie **nur drei Objekte** erwirbt und veräußert. Kauft und verkauft der **einzelne Gesellschafter** innerhalb der Fünfjahresfrist noch ein weiteres Grundstück bzw. ist ihm dies zuzurechnen, so können auf der Ebene des Gesellschafters die ihm zuzurechnenden Einkünfte aus der vermögensverwaltenden Tätigkeit der Personengesellschaft in gewerbliche Einkünfte umqualifiziert werden (vgl. i.e. Rdnr. 1337 ff.). Auf der Ebene der Personengesellschaft ist eine solche Umqualifizierung nicht möglich, weil – wie bereits ausgeführt – die Art der Einkünfte der Personengesellschaft durch die Tätigkeit ihrer Gesellschafter in ihrer gesamthänderischen Verbundenheit, mithin durch die Tätigkeit der Gesellschaft, bestimmt wird (BFH v. 20. 11. 1990, BStBl 1991 II 345; v. 25. 4. 1991, BStBl 1992 II 283).

Die GbR betreibt jedoch grundsätzlich dann einen gewerblichen Grundstückshandel, wenn sie **vier Objekte** erwirbt und veräußert (zur Ausnahme vgl. Rdnr. 1318 ff.). Dies führt dazu, daß das Grundstücksgeschäft, das H selbst oder im Rahmen einer weiteren GbR abwickelt, im Rahmen der Vermögensverwaltung bleibt; denn die gewerbliche Betätigung der ersten GbR darf H und I für die steuerliche Beurteilung einer außerhalb der Gesamthandsbindung betriebenen Betätigung nicht zugerechnet werden. Ebensowenig wie die Betätigung der Gesamthand allein dadurch als gewerbliches Tun geprägt wird, daß ein Gesellschafter einen Beruf des Baugewerbes oder einen dem Baugewerbe nahestehenden Beruf ausübt (BFH v. 14. 3. 1989, BStBl 1990 II 1053, m. Anm. Söffing, NWB F. 3, 7145), kann der Charakter einer außerhalb ausgeübten Tätigkeit durch eine gewerbliche Betätigung der Gesamthand bestimmt sein (FG Düsseldorf v. 13. 3. 1990, EFG S. 467, aus anderen Gründen aufgehoben durch BFH v. 10. 10. 1991, BFH/NV 1992, 238).

1334

bb) Gemischte Tätigkeit

Beispiel:

Die Steuerpflichtigen K und L gründen eine GbR, die fünf zusammenhängende unbebaute Grundstücke von mehreren Veräußerern erwirbt und diese insgesamt an die Baufirma X verkauft. Nach Erstellung des Gebäudes auf dem Grundstück erhält die GbR einen Alleinverkaufsauftrag für die errichteten Eigentumswohnungen.

Der Grundstücksverkauf an X stellt keinen Gewerbebetrieb dar, da die Nachhaltigkeit fehlt (vgl. Rdnr. 1252 ff.). Die Maklertätigkeit als gewerbliche Tätigkeit führt jedoch dazu, daß auch die grundsätzlich getrennt zu beurteilenden gewerblichen Teile unterschiedslos als Bestandteil des Gewerbebetriebs zu behandeln sind, selbst wenn die gewerbliche Betätigung nur von geringer Bedeutung ist (vgl. FG Hamburg v. 5. 3. 1992 rkr.,

1335

EFG S. 662; zum früheren Rechtszustand vgl. BFH v. 13. 10. 1977, BStBl 1978 II 73; v. 25. 5. 1977, BStBl II 660; v. 15. 7. 1986, BFH/NV 1987, 92; jetzt § 15 Abs. 3 Nr. 1 EStG; zu diesem Problemkreis Blümich/ Obermeier, § 2 GewStG Rz. 600 ff.).

b) Keine gewerblich tätige Personengesellschaft

LEXinform
▶ BSt-BG-0875 ◀

aa) Gewerbliche Beteiligung

1336 Die Betätigung einer vermögensverwaltenden GbR ist den einzelnen Gesellschaftern in gleicher Weise wie bei einer Bruchteilsgemeinschaft **anteilig zuzurechnen** (§ 39 Abs. 2 Nr. 2 AO) und bei diesen einkommensteuerrechtlich nach den für den einzelnen Gesellschafter und seine Betätigung maßgeblichen Kriterien zu beurteilen und zu erfassen (BMF, Tz. 12; BFH v. 20. 11. 1990, BStBl 1991 II 345; a. A. Zacharias/Rinnewitz/Jung, DStR 1991, 861, 864 f.). Wenn eine natürliche Person die Beteiligung an einer nicht gewerblich tätigen Grundstücksgesellschaft in einem bereits bestehenden gewerblichen Unternehmen hält, erzielt sie aus ihrer Beteiligung **gewerbliche Einkünfte** (BMF, Tz. 13).

bb) Keine gewerbliche Beteiligung und Grundstücksveräußerungen durch Gesellschaft

Beispiel:
Der Steuerpflichtige hat bereits drei Grundstücke innerhalb von fünf Jahren gekauft und verkauft. Er gründet mit N eine GbR, die weitere drei entsprechende Grundstücksgeschäfte tätigt.

Abwandlung 1:
Die ersten drei Grundstücksgeschäfte hat M auch über eine GbR abgewickelt.

Abwandlung 2:
M ist an der GbR nur zu 10 % beteiligt.

1337 Es werden folgende **Grundstücksgeschäfte zusammengerechnet:**

- Eigene Geschäfte und

- Geschäfte von einer oder mehreren **(Abwandlung 1)** GbR, an der der Steuerpflichtige beteiligt ist (§ 39 Abs. 2 Nr. 2 AO).

1338 Bei einer Beteiligung ist der **Anteil** des Steuerpflichtigen M an dem Objekt der Gesellschaft für die Ermittlung der „Drei-Objekt-Grenze" **jeweils einem Objekt gleichzustellen** (BMF, Tz. 15; vgl. BFH v. 20. 11.

1990, BStBl 1991 II 345; v. 2. 9. 1992, BStBl 1993 II 668 – Vorlagebeschluß an Großen Senat –; kritisch BFH v. 25. 4. 1991, BStBl 1992 II 283 – obiter dictum –, m. Anm. LS, DStR 1991, 1452; a. A. Zacharias/Rinnewirt/Jung, DStR 1991, 861; Gast-de-Haan, DStZ 1992, 289, 291 ff.; a. A. FG Hamburg v. 11. 3. 1992, Revision, EFG S. 521, Az. des BFH: XI R 21/92: Zurechnung entsprechend dem Anteil der Beteiligung). Über die Umqualifizierung der (anteiligen) Einkünfte des Grundstückshändlers (Gesellschafters) aus der vermögensverwaltenden Tätigkeit der Personengesellschaft ist im Rahmen der persönlichen Veranlagung des Grundstückshändlers zur ESt zu entscheiden (OFD Frankfurt/Main v. 5. 3. 1992, DStR S. 755, DB S. 966).

Eine Anrechnung der Anteile ist nach BMF (Tz. 15) nur möglich, wenn **die Beteiligung an der GbR mindestens 10 % beträgt (Abwandlung 2;** zustimmend Enneking, FR 1991, 259 f.). Diese 10-%-Grenze kann weder aus der BFH-Rechtsprechung noch aus § 39 Abs. 2 Nr. 2 AO hergeleitet werden. Sie ist daher abzulehnen (vgl. Mahlow, DB 1991, 1189, 1195; Scholtz, DStR 1991, 213 f., „Ausfluß einer allgemeinen Billigkeitsregelung"; a. A. Enneking, FR 1991, 259 f. FN 13, „ . . . aus Praktikabilitätsgründen . . . zu rechtfertigen"). Eine Erhöhung kommt keinesfalls in Betracht (so wohl kk, KÖSDI 1991, 8381; a. A. Schulze zur Wiesche, DB 1991, 1088, Zurechnung nur bei beherrschendem Gesellschafter; so wohl auch Gast-de-Haan, DStZ 1992, 289, 294).

1339

▷ **Hinweis:**

Im Beispiel umfaßt der gewerbliche Grundstückshandel des M sechs Objekte. M könnte jedoch die Einbeziehung der ersten drei Grundstücksgeschäfte vermeiden, wenn die **GbR selbst einen gewerblichen Grundstückshandel** betreiben würde. Dazu müßte sie ein weiteres Grundstücksgeschäft tätigen. Die Gewerblichkeit der GbR erfaßt nicht die drei Grundstücksgeschäfte, die M selbst oder über eine weitere GbR abwickelt (vgl. Rdnr. 1334).

cc) Keine gewerbliche Beteiligung und Veräußerung der Anteile an der Gesellschaft

Nach **BMF** (Tz. 16) ist die Veräußerung einer Beteiligung gemäß § 39 Abs. 2 Nr. 2 AO einer anteiligen Grundstücksveräußerung gleichzustellen. Für die „Drei-Objekt-Grenze" soll es daher auf die **Zahl der im Gesamthandsvermögen befindlichen Grundstücke** ankommen. Schädlich

1340

wäre demnach z. B., wenn zwei Beteiligungen an verschiedenen Gesellschaften veräußert werden, zu deren Gesellschaftsvermögen jeweils zwei Grundstücke gehören oder wenn eine Beteiligung veräußert wird, zu deren Gesellschaftsvermögen vier Grundstücke gehören.

1341 Diese **Rechtsauffassung** dürfte durch das BFH-Urteil v. 4. 10. 1990 (BStBl 1991 II 211, m. krit. Anm. Paus, KFR F. 3 EStG § 23, 1/91, 99; Nichtanwendungserlaß, BMF v. 27. 2. 1992, BStBl I 125; kritisch auch Schmidt, FR 12991, 16; Mahlow, DB 1991, 1189 f.; vgl. auch BFH v. 29. 7. 1987, BStBl II 722; v. 23. 1. 1991, BFH/NV S. 413; beide zur GrESt) **überholt** sein. In diesem Urteil hat der BFH ausgeführt, die Zurechnungsregelung des § 39 Abs. 2 Nr. 2 AO erlaube es nicht, Veräußerungsgeschäfte über Gesellschaftsanteile in Veräußerungsgeschäfte über Grundstücke umzuqualifizieren. Diese Entscheidung, die zu § 23 EStG ergangen ist, kann auch auf die Frage übertragen werden, ob die Veräußerung eines Gesellschaftsanteils einen gewerblichen Grundstückshandel begründen kann, wenn zum Gesellschaftsvermögen Grundstücke gehören (Zacharias/Rinnewitz/Jung, DStR 1991, 861, 864; Schulze zur Wiesche, DB 1991, 1088; gegen BMF auch Gast-de-Haan, DStZ 1992, 289, 293; a. A. LS, DStR 1991 S. 309).

c) **Grundstücksgemeinschaften**

LEXinform
▶ BSt-BG-0880 ◀

Beispiel:

Mehrere Steuerpflichtige errichten in ungeteilter Erbengemeinschaft einen Neubau, teilen diesen in Eigentumswohnungen auf und veräußern sechs Eigentumswohnungen alsbald nach ihrer Errichtung. Der Veräußerungserlös dient der Finanzierung je einer Eigentumswohnung eines jeden Miterben in demselben Objekt.

1342 Die Ausführungen zu Personengesellschaften (Rdnr. 1331 ff. und 1336 ff.) gelten auch für **wirtschaftlich vergleichbare Gemeinschaften** (BFH v. 2. 9. 1992, BStBl 1993 II 668), zu denen auch die **Erbengemeinschaft** gehört (BFH v. 22. 3. 1990, BStBl II 637). Sie gelten auch für **Bruchteilsgemeinschaften** (BMF, Tz. 16 a. E.; a. A. Reiss, FR 1992, 364).

1343 Ein Überschreiten der „Drei-Objekt-Grenze" (vgl. Rdnr. 1292 ff.) führt auf der **Ebene der Erbengemeinschaft** grundsätzlich zur Annahme eines gewerblichen Grundstückshandels. Die Beweggründe für diese Sachverhaltsgestaltung (im Beispiel: Finanzierung eigener Wohnungen im selben Haus) sind unerheblich. Es kommt auch nicht darauf an, daß sich eine andere Gestaltung noch im Rahmen der Vermögensverwaltung bewegt hätte; denn die Besteuerung richtet sich nach dem tatsächlich verwirklichten Sachverhalt, nicht nach einem denkbaren, aber nicht verwirklichten anderen Sachverhalt (BFH v. 22. 3. 1990, BStBl II 637; FG München v. 18. 12. 1989 rkr., EFG 1990, 422).

▷ **Hinweis:**
Die richtige Gestaltung wäre im Beispiel, die Eigentumswohnungen nicht auf der Ebene der Erbengemeinschaft zu verkaufen, sondern zunächst die Wohnungen im Wege der **Realteilung** auf die einzelnen Erben zu verteilen (BFH v. 5. 7. 1990, BStBl II 837; vgl. i. e. Obermeier, NWB F. 3, 7661 ff., insbes. 7673 f.). Dann würde die „Drei-Objekt-Grenze" auf der Ebene der Erben gelten.

(Einstweilen frei) 1344–1350

9. Weitere Grundstücksverkäufe nach der dem Urteil des FG zugrundeliegenden mündlichen Verhandlung

LEXinform
▶ BSt-BG-0885 ◀

Im Revisionsverfahren ist grundsätzlich nur zu prüfen, ob die vom FG aus dem ihm vorliegenden Tatbestand gezogenen Schlüsse dem Gesetz entsprechen. Nur ausnahmsweise können neue Tatsachen berücksichtigt werden, wenn ihre Nichtberücksichtigung nach § 134 FGO i. V. mit §§ 578–583 ZPO eine Wiederaufnahme des Verfahrens rechtfertigen könnten (z. B. eine falsche eidliche Zeugenaussage) oder wenn sie die prozessuale Rechtslage erst im Revisionsverfahren grundlegend veränderten (z. B. Tod eines Beteiligten, Erteilung notwendiger behördlicher Bescheinigungen, Fristablauf bei Patenten). Diese Voraussetzungen sind aber nicht gegeben, wenn der Steuerpflichtige nach der mündlichen Verhandlung vor dem FG weitere Grundstücke verkauft. Über diese genannten Möglichkeiten hinaus halte ich die Berücksichtigung neuer Tatsachen im Revisionsverfahren für äußerst problematisch, selbst wenn die Tatsache zwischen den Beteiligten unstreitig sind (Tipke/Kruse, § 118 FGO Anm. 54; offengelassen BFH v. 3. 6. 1987, BStBl 1988 II 277). In diesem Fall kommt auch eine Zurückverweisung wegen nachträglicher Veränderung des entscheidungserheblichen Sachverhalts nicht in Betracht. 1351

Die nachträglichen Grundstücksgeschäfte selbst können gewerblicher Grundstückshandel sein. Wie die Anmerkung in HFR 1988, 17, zutreffend aufzeigt, ist eine Änderung des ursprünglichen Bescheids grundsätz- 1352 lich aufgrund der nach der mündlichen Verhandlung vor dem FG neu eingetretenen Tatsachen nach § 173 Abs. 1 Nr. 1 AO (nicht § 175 Abs. 1 Nr. 1 AO) möglich. Da das Finanzamt jedoch zunächst die Entscheidung des BFH abwarten muß, ist eine Änderung des Bescheids in der Regel ausgeschlossen, da in den meisten Fällen Festsetzungsverjährung eingetreten sein dürfte.

10. Umfang des gewerblichen Grundstückshandels
LEXinform
▶ BSt-BG-0890 ◀

1353 Der Umfang eines bestehenden gewerblichen Grundstückshandels wird grundsätzlich durch das **veräußerte Grundeigentum** bestimmt. Dabei ist auch die Vermutung des § 344 Abs. 1 HGB zu beachten, wonach die von einem Kaufmann vorgenommenen Rechtsgeschäfte als zum Betrieb seines Handelsgewerbes gehörig gelten. Diese Zugehörigkeitsvermutung nimmt der BMF insbesondere bei branchengleichen Wirtschaftsgütern an (BMF, Tz. 28, unter Hinweis auf BFH v. 16. 1. 1969, BStBl II 375; v. 25. 6. 1975, BStBl II 850; vgl. auch BFH v. 27. 2. 1991, BFH/NV S. 524, und Rdnr. 1251, 1296).

1354 Die Prüfung des Umfangs der gewerblichen Tätigkeit eines bereits bestehenden gewerblichen Grundstückshandels richtet sich – abgesehen davon, daß es auf die Anzahl der veräußerten Objekte i. S. der „Drei-Objekt-Grenze" nicht mehr ankommt – nach den Kriterien, die unter Rdnr. 1291 ff. beschrieben sind. Dabei sind Fälle, in denen bebaute Grundstücke bis zum Verkauf während eines langen Zeitraums (mindestens **zehn Jahre) durch Vermietung oder zu eigenen Wohnzwecken** genutzt worden sind, **nicht einzubeziehen** (BMF, Tz. 28, 2. Abs.; vgl. Rdnr. 1303 f. und 1305 ff.).

1355 Die Einbeziehung einzelner Objekte in den gewerblichen Grundstückshandel ist nicht schon allein deshalb ausgeschlossen, weil der Verkäufer die zum Verkauf bestimmten Objekte mit seiner Familie vorübergehend bewohnt (BFH v. 11. 4. 1989, BStBl II 621; v. 28. 11. 1991, BFH/NV 1992, 310) bzw. die Objekte vor dem Verkauf vermietet (BFH v. 23. 10. 1987, BStBl 1988 II 293; v. 13. 3. 1986, BFH/NV, 606). Entscheidend ist vielmehr die Frage, ob der Verkäufer die **Absicht** gehabt hat, trotz zwischenzeitlicher anderer Nutzung die **Grundstücke alsbald wieder zu veräußern.** Bei einer tatsächlichen alsbaldigen Veräußerung ist grundsätzlich auch von einer Veräußerungsabsicht auszugehen (BFH v. 6. 4. 1990, BStBl II 1057; vgl. BFH v. 11. 4. 1989, BStBl II 621, zur Gewinnerzielungsabsicht).

Eine Ausnahme gilt nur für diejenigen Grundstücke, die der Steuerpflichtige nachweisbar zum Zwecke der **Vermögensanlage** bebaut (BFH v. 16. 1. 1969, BStBl II 375; FG des Saarlandes v. 13. 9. 1990, Revision, EFG 1991, 123, Az. des BFH: VIII R 100/90). Diese Rechtsgrundsätze kommen auch zur Anwendung, wenn Gegenstand der gewerblichen Tätigkeit nicht die Errichtung und Veräußerung von Häusern, sondern die von Eigentumswohnungen ist (BFH v. 28. 1. 1988, BFH/NV 1989, 580). Der Steuerpflichtige hat es somit in der Hand, konkrete und nachprüfbare Tatsachen zu schaffen, aus denen sich ergibt, daß einzelne Häuser bzw. Eigentumswohnungen zum Zwecke der Vermögensanlage errichtet wurden. Wenn die nur vorübergehende Nutzung auf außerbetrieblichen Gründen (z. B. Umzug in eine näher am Arbeitsplatz gelegene Wohnung, größerer Platzbedarf durch Familienzuwachs, Trennung der Eheleute) beruht, zählen die Objekte nicht zum gewerblichen Grundstückshandel, sondern zur privaten Vermögensverwaltung (BFH v. 23. 1. 1991, BStBl II 519).

1356

11. Beginn des gewerblichen Grundstückshandels

a) **Vermietung neben Verkauf**

LEXinform
▶ BSt-BG-0895 ◀

Beispiel:

Der Bauunternehmer O errichtet 1988 ein Gebäude mit vier Eigentumswohnungen, die er 1992 verkauft. Daneben ist er Eigentümer eines Vierfamilienhauses, das er langfristig vermietet.

Bei einem gewerblichen Grundstückshandel beginnt der Gewerbebetrieb in der Regel zu dem Zeitpunkt, in dem der **Steuerpflichtige mit Tätigkeiten beginnt, die objektiv erkennbar auf die Vorbereitung der Grundstücksgeschäfte gerichtet** sind (BMF, Tz. 27). Weil die hierbei ausschlaggebende subjektive Willensrichtung nur schwer nachweisbar ist, kommt den objektiven Beweisanzeichen besondere Bedeutung zu. Dabei kann aus dem engen zeitlichen Zusammenhang zwischen Errichtung und Veräußerung auf eine von vornherein bestehende Veräußerungsabsicht geschlossen werden (BFH v. 14. 3. 1989, BFH/NV S. 784, m. Anm. Katterbe, KFR F. 3 EStG § 15, 6/89, 225).

1357

Es sind folgende **Fallgruppen** zu unterscheiden (BMF, Tz. 27):

1358

- Bei Errichtung und Veräußerung in engem zeitlichen Zusammenhang (vgl. Rdnr. 1308 ff.) beginnt der gewerbliche Grundstückshandel spätestens im Zeitpunkt der Errichtung der Objekte (BFH v. 23. 10. 1987, BStBl 1988 II 293), bei zeitlich zusammenhängendem Kauf, Bau, ggf. Aufteilung und Verkauf mit dem Kauf der Grundstücke (FG des Saarlandes v. 28. 2. 1992 rkr., EFG S. 407);

- Bei Erwerb und Veräußerung in engem zeitlichen Zusammenhang (vgl. Rdnr. 1314 f.) beginnt der gewerbliche Grundstückshandel grundsätzlich im Zeitpunkt des Grundstückserwerbs (FG des Saarlandes v. 13. 9. 1990, Revision, EFG 1991, 123, Az. des BFH: VIII R 100/90).

- Bei Modernisierung und Veräußerung in engem zeitlichen Zusammenhang (vgl. Rdnr. 1316) beginnt der gewerbliche Grundstückshandel in dem Zeitpunkt, in dem mit den Modernisierungsmaßnahmen begonnen wird.

1359 Da O innerhalb des Fünfjahreszeitraums die Mindestzahl von vier Verkäufen getätigt hat, sind Errichtung und Verkauf der vier Eigentumswohnungen im Zusammenhang zu sehen. Somit hat der mit dem Verkauf der vier Eigentumswohnungen im Jahr 1991 vollendete gewerbliche Grundstückshandel schon mit **der Fertigstellung der** Eigentumswohnungen (1988) begonnen. Die Veräußerung von mehr als drei Objekten führt daher bei Vorliegen der übrigen Voraussetzungen (§ 15 Abs. 2 EStG) zur Gewerblichkeit aller – d. h. auch der ersten drei – Veräußerungen (BMF, Tz. 8; zu einer Ausnahme vgl. Rdnr. 1363 ff.).

1360 Zu Beginn des gewerblichen Grundstückshandels sind die Grundstücke mit dem **Teilwert einzulegen** (vgl. i. e. § 6 Abs. 1 Nr. 5 und 6 EStG; BFH v. 15. 7. 1986, BFH/NV 1987, 92; in der Regel der gemeine Wert, BFH v. 10. 7. 1991, BStBl II 840). Sie sind jedoch **höchstens mit den Anschaffungskosten** anzusetzen, wenn sie innerhalb der letzten drei Jahre vor dem Zeitpunkt der Zuführung angeschafft worden sind (§ 6 Abs. 1 Nr. 5 Buchst. a i. V. mit Nr. 6 EStG; BFH v. 12. 2. 1990, BFH/NV S. 640).

1361 Die Grundstücke stellen beim gewerblichen Grundstückshandel in der Regel **Umlaufvermögen** dar (Niedersächsisches FG v. 5. 3. 1992 rkr., EFG S. 722; Enneking, FR 1990 S. 409, 412; Mahlow, DB 1991, 1189, 1194). Eine **Ausnahme** besteht, wenn O die Grundstücke eindeutig zum Zweck der Vermögensanlage bebaut hat (BMF, Tz. 6; BFH v. 17. 3. 1981, BStBl II 522; v. 16. 1. 1969, BStBl II 375; vgl. Rdnr. 1353 ff.). Dies ist bei dem Vierfamilienhaus der Fall. Hinzuweisen ist darauf, daß bei Umlaufvermögen z. B. die Möglichkeiten der §§ 7, 6b, 6c EStG und der

§§ 3 und 4 Fördergebietsgesetz (OFD Berlin v. 12. 8. 1992, DB S. 1859) nicht gegeben und die für den Erwerb der Grundstücke aufgenommenen – objektgebundenen – Darlehen nicht als Dauerschuld i. S. der §§ 8 Nr. 1, 12 Abs. 1 Nr. 1 GewStG anzusehen sind (BFH v. 7. 8. 1990, BStBl 1991 II 23; a. A. Mahlow, DB 1991, 1189, 1194 f.). Dies gilt auch bei mehrfacher Verlängerung der Kreditzusage und dann, wenn die Laufzeit des Kredits mit der Lebensdauer des Unternehmens übereinstimmt (BFH v. 18. 4. 1991, BStBl II 584).

Der Steuerpflichtige hat seinen Gewinn nach § 4 Abs. 1, § 5 EStG bzw. nach § 4 Abs. 3 EStG zu ermitteln (vgl. § 141 Abs. 2 Satz 1 AO; zur Wahl der Gewinnermittlungsart vgl. BFH v. 13. 10. 1989, BStBl 1990 II 287). Die ab Beginn des gewerblichen Grundstückshandels erzielten Einnahmen (z. B. aus der zwischenzeitlichen Vermietung der Objekte) zählen zum gewerblichen Gewinn. 1362

b) Ausnahmefall

LEXinform
▶ BSt-BG-0900 ◀

Beispiel

Der Bauunternehmer P errichtet 1989/90 auf einem 1986 erworbenen Grundstück des Privatvermögens neun Eigentumswohnungen. Zwei Wohnungen verkauft er 1989 an enge Bekannte. Die übrigen sieben Wohnungen vermietet er 1990. Eine der übereigneten Wohnungen wird später wieder zurückübertragen und vermietet. 1991 erstellt P auf einem anderen Grundstück sechs Reihenhäuser, die er in den Jahren 1990/91 veräußert.

Beim Verkauf der zwei Eigentumswohnungen liegt kein Gewerbebetrieb vor, da hier wohl schon die Beteiligung am allgemeinen wirtschaftlichen Verkehr fehlt (vgl. Rdnr. 1280 ff.), jedenfalls aber die Grenze von drei Einheiten nicht überschritten ist (vgl. Rdnr. 1292 ff.). **Erstellung und Veräußerung der sechs Reihenhäuser stellen einen gewerblichen Grundstückshandel** dar. 1363

Dadurch, daß die nachfolgenden sechs Verkäufe die Objektgrenze überschreiten, könnten in einer Gesamtschau auch die früheren zwei Verkäufe in den gewerblichen Grundstückshandel einbezogen werden. Voraussetzung für die Rückwirkung ist jedoch, daß bei den ersten Verkäufen noch offen ist, ob sie bei Hinzutreten weiterer Umstände die Grenze zum gewerblichen Grundstückshandel überschreiten. Eine Gesamtschau ist aber **ausgeschlossen,** wenn bei den ersten Verkäufen bereits feststeht, daß sie für sich gesehen keinen gewerblichen Grundstückshandel bilden. Der 1364

BFH hat daher entschieden, daß bei dieser Sachverhaltsgestaltung ein Zusammenhang zwischen den ersten zwei und den folgenden sechs Veräußerungen nicht besteht und damit bei den ersten beiden Verkäufe nicht rückwirkend von einem gewerblichen Grundstückshandel auszugehen ist (BFH v. 22. 5. 1987, BFH/NV S. 717).

1365 Dies ist ein **Ausnahmefall,** der nicht verallgemeinert werden darf: das ergibt sich auch aus dem zitierten BFH-Urteil, das zur Begründung folgende Erwägungen heranzieht:

- Bei einem Verkauf von Immobilien ohne Gewinnerzielungsabsicht im engsten Familienkreis sei kein gewerblicher Grundstückshandel gegeben;
- aus einem Komplex von neun Wohnungen seien nur zwei veräußert worden, wobei davon eine Wohnung wieder zurückübertragen und ebenso wie die sieben anderen vermietet worden sei.

1366 Einen weiteren Ausnahmefall beschreibt das BFH-Urteil v. 19. 12. 1990 (BFH/NV 1991, 381) folgendermaßen:

- Der Steuerpflichtige habe das Grundstück nicht selbst gekauft, sondern im Wege vorweggenommener Erbfolge erworben;
- er habe es mit einem Einfamilienhaus bebaut, das er selbst bewohnt habe;
- er sei mit der Baubranche beruflich nicht verbunden.

12. Ende des gewerblichen Grundstückshandels; Entnahme einzelner Grundstücke

LEXinform
▶ BSt-BG-0905 ◀

Beispiel:

Der Steuerpflichtige Q errichtet 1981/82 ein Gebäude mit 19 Wohnungen und bietet sämtliche Einheiten zum Erwerb als Dauerwohnrecht mit Kaufoption gegen Zahlung von Einmalentgelten für Gebäude- und Grundstücksteil an. Ab Baubeginn bis einschließlich 1987 gelingt es ihm Interessenten für 14 Einheiten zu gewinnen. 1988 teilt er das Gebäude in Eigentumswohnungen auf und überträgt diese auf die Inhaber der Dauerwohnrechte. Von den restlichen fünf Einheiten vermietet er zunächst vier und nutzt eine zu eigenen Wohnzwecken. In den Jahren 1989 bis 1992 veräußert er weitere vier Einheiten, eine bisher vermietete Wohnung behält er zurück.

Abwandlung:

Q teilt das Gebäude bereits 1982 in Eigentumswohnungen auf und veräußert 14 Einheiten bis 1987.

Wird ein eigentumsähnliches **Dauerwohnrecht** i. S. von § 31 WEG entgeltlich bestellt, so geht das wirtschaftliche Eigentum an der jeweiligen Wohnung bereits mit Abschluß des Vertrags über die Nutzung des Dauerwohnrechts über (BFH v. 22. 10. 1985, BStBl 1986 II 258). Somit besteht kein Unterschied zwischen dem Beispiel und dessen Abwandlung. **1367**

Der **Verkauf der 14 Einheiten** stellt einen **gewerblichen Grundstückshandel** dar. Da von der Absicht des Q auszugehen ist, alle Objekte bei günstiger Gelegenheit zu veräußern (zur Frage, unter welchen Voraussetzungen einzelne Objekte auszuklammern sind, vgl. Rdnr. 1251 und 1353 ff.), erstreckt sich der gewerbliche Grundstückshandel **auf sämtliche 19 Wohneinheiten**. Die zu eigenen Wohnzwecken genutzte Wohnung wird durch die Selbstnutzung nicht notwendiges Privatvermögen; denn sie verläßt den betrieblichen Bereich nicht endgültig, sondern wird nur vorübergehend privat genutzt (BFH v. 11. 4. 1989, BStBl II 621; v. 28. 11. 1991, BFH/NV 1992, 310). Entsprechendes gilt für die zwischenzeitlich vermieteten Wohnungen. **1368**

Der beim Verkauf der 14 Wohnungen entstehende Veräußerungsgewinn ist **laufender Gewinn**. **1369**

In der **Veräußerung der 14 Wohnungen ist keine Betriebsaufgabe** zu sehen; denn eine Betriebsaufgabe i. S. von § 16 Abs. 3 EStG liegt erst vor, wenn die gewerbliche Tätigkeit eingestellt wird und die dem Betrieb gewidmeten Wirtschaftsgüter innerhalb kurzer Zeit in einem einheitlichen wirtschaftlichen Vorgang an einen oder mehrere Abnehmer veräußert oder ins Privatvermögen überführt und dadurch die bei der Betriebseinstellung vorhandenen stillen Reserven in einem Zuge aufgedeckt werden (BFH v. 23. 6. 1977, BStBl II 721; FG Berlin v. 10. 12. 1991, Revision, EFG 1992, 353, Az. des BFH: IV R 31/91). **1370**

Aus vorstehenden Ausführungen ergibt sich, daß auch die letzte Wohnung, die Q zurückbehalten hat, Betriebsvermögen geworden ist. Diese Folge hätte Q nur vermeiden können, wenn er diese bestimmte Wohnung von Anfang an nicht zur Veräußerung vorgesehen hätte (vgl. Rdnr. 1353 ff.). Da Q die verbleibende Wohnung nicht mehr veräußern will, ist mit dem Verkauf der vorletzten Wohnung der **gewerbliche Grundstückshandel beendet** und zu diesem Zeitpunkt die Wohnung in das Privatvermögen zu überführen (vgl. BFH v. 11. 4. 1989, BStBl II 621). Auf den bei der Entnahme entstehenden Gewinn ist der ermäßigte Tarif des § 34 **1371**

Abs. 2 Nr. 1 EStG anzuwenden (vgl. ausführlich hierzu BFH v. 28. 1. 1988, BFH/NV 1989, 580).

1372 Der bei dem Verkauf der vorletzten Wohnung entstehende **Veräußerungsgewinn** ist aber grundsätzlich nicht **tarifbegünstigter** laufender Gewinn, obwohl zugleich der Gewerbebetrieb aufgegeben wird (BMF, Tz. 29; vgl. BFH v. 29. 9. 1976, BStBl 1977 II 71; v. 23. 6. 1977, BStBl II 721; v. 20. 8. 1986, BFH/NV 1987, 646; FG Berlin v. 10. 12. 1991, Revision, EFG 1992, 353, Az. des BFH: IV R 31/92; zu einem Ausnahmefall vgl. BFH v. 21. 11. 1989, BFH/NV 1990, 625).

1373–1380 *(Einstweilen frei)*

• Gruppenreise

1381 vgl. „Fortbildungskosten", Rdnr. 1132 ff.

• Gruppenversicherung

1382 vgl. „Versicherungen", Rdnr. 1757.

• Gutachtertätigkeit

1383 vgl. „Nebentätigkeiten", Rdnr. 1510.

• Haftpflichtversicherung

1384 vgl. „Versicherungen", Rdnr. 1747 ff.

• Haftung

1385 vgl. Rdnr. 3056 ff. und „Rückstellungen", Rdnr. 1601 ff.

• Hausratversicherung

1386 vgl. „Versicherungen", Rdnr. 1758.

• Hauswirtschaftliche Beschäftigungsverhältnisse (§ 10 Abs. 1 Nr. 8 EStG)

LEXinform
▶ BSt-BG-0910 ◀

Literatur: *Scheurmann-Kettner,* Sonderausgabenabzug von Aufwendungen für ein hauswirtschaftliches Beschäftigungsverhältnis nach § 10 Abs. 1 Nr. 8 EStG 1990, DB 1989, 2139; *Gérard,* Steuervergünstigung für hauswirtschaftliche Beschäftigungsverhältnisse, NWB F. 3, 7217.

1. Allgemeines

Ab 1990 wurde für sozialversicherungspflichtige Arbeitsverhältnisse in Privathaushalten ein Sonderausgabenabzug von **höchstens 12 000 DM** im Jahr eingeführt, um aus arbeitsmarktpolitischen, volkswirtschaftlichen und sozialpolitischen Gründen zur Schaffung entsprechender Arbeitsplätze in Privathaushalten anzuregen (§ 10 Abs. 1 Nr. 8 EStG; BT-Drucks. 11/4688). § 10 Abs. 1 Nr. 8 EStG geht den §§ 33 ff. EStG in seinem Regelungsbereich vor (§ 33 Abs. 2 Satz 2 EStG). 1387

2. Begriff

a) Hauswirtschaftliche Beschäftigungsverhältnisse

Es muß sich um ein **Arbeitsverhältnis** (zur Abgrenzung zwischen nichtselbständiger und selbständiger Tätigkeit vgl. Rdnr. 1642 ff.) handeln. Begünstigt sind auch Teilzeitarbeitsverhältnisse, Ausbildungsverhältnisse (wenn der Steuerpflichtige die Qualifikation zur Ausbildung besitzt; BT-Drucks. 11/4803, 14), auch sog. Poolbildung (vgl. Scheurmann-Kettner, DB 1989, 2139, 2142, m. w. N. in FN 35). Es können auch nahe Angehörige (zum sog. Fremdvergleich vgl. „Ehegatten-Arbeitsverhältnisse . . .", Rdnr. 1034 ff.; „Kinder-Arbeitsverhältnisse . . .", Rdnr. 1419) und Lebensgefährten beschäftigt werden. 1388

Es müssen **hauswirtschaftliche Tätigkeiten im häuslichen Bereich** verrichtet werden. Die Betreuung der pflegebedürftigen Person oder der Kinder ist aber nicht erforderlich. 1389

Beispiele für typische hauswirtschaftliche Arbeiten:
Einkauf und Zubereitung von Mahlzeiten; Einrichtung, Reinigung und Pflege der Wohnung; Pflege und Instandhaltung der Wäsche und Oberbekleidung; Versorgung von Personen (z. B. Beaufsichtigung der Kinder, BFH v. 8. 3. 1979, BStBl II 410).

b) Entrichtung von Pflichtbeiträgen zur inländischen gesetzlichen Rentenversicherung

Es besteht eine **Pflichtversicherung,** wenn der monatliche Arbeitslohn 530 DM (1992: 500 DM; 1991: 480 DM; 1990: 470 DM; im Beitrittsgebiet 1992: 300 DM; 1991: bis 30. 6. 220 DM, ab 1. 7. 250 DM) übersteigt und die Beschäftigung innerhalb eines Jahres seit ihrem Beginn nicht auf weniger als zwei Monate oder 50 Arbeitstage nach ihrer Eigenart 1390 begrenzt zu sein pflegt oder im voraus vertraglich begrenzt ist (§ 1228 Abs. 1 Nr. 4 RVO, § 4 Abs. 1 Nr. 5 AVG; § 8 SGB IV). Die Pflichtversicherungsgrenze kann auch überschritten sein, wenn mehrere geringfügige Beschäftigungsverhältnisse vorliegen (sog. Poolbildung, § 8 Abs. 2 SGB IV). Altersruhegeldempfänger sind nicht pflichtversichert (§ 1229 Nr. 1 RVO; § 6 Abs. 1 Nr. 1 AVG).

1391 Die Pflichtbeiträge müssen an eine **inländische gesetzliche Rentenversicherung** entrichtet werden. Dies ist durch die Vorlage einer Kopie der Jahresmeldung nachzuweisen (zur Höhe und Abführung der Pflichtbeiträge vgl. Scheurmann-Kettner, DB 1989, 2139, 2145)

c) Kinder oder Hilflose

1392 Der Sonderausgabenabzug setzt außerdem voraus, daß

- zum **Haushalt** des Steuerpflichtigen

- **zwei Kinder, bei Alleinstehenden** (§ 33c Abs. 2 EStG) **ein Kind** i. S. des § 32 Abs. 1 Satz 1 EStG, die zu Beginn des Kalenderjahrs das zehnte Lebensjahr noch nicht vollendet haben, oder

- ein **Hilfloser** i. S. des § 33b Abs. 6 EStG gehören; das ist eine Person, die nicht nur vorübergehend so hilflos ist, daß sie für die gewöhnlichen und regelmäßig wiederkehrenden Verrichtungen im Ablauf des täglichen Lebens in erheblichem Umfang dauernd fremder Hilfe bedarf (zum Nachweis vgl. Abschn. 100 Abs. 2, 5, 6, 15 LStR; ausführlich zu diesen Voraussetzungen Obermeier in Handbuch des Einkommensteuerrechts, § 10 Anm. 11b [3]).

3. Begünstigte Aufwendungen

1393 Die durch das Dienstverhältnis veranlaßten Aufwendungen sind bis zu 12 000 DM im Kalenderjahr abziehbar. Der Betrag ist haushaltsbezogen (§ 10 Abs. 1 Nr. 8 Satz 3 EStG). Für jeden vollen Kalendermonat, in dem die Voraussetzungen des § 10e Abs. 1 Nr. 8 EStG nicht vorgelegen haben, ermäßigt sich der Höchstbetrag um ein Zwölftel (§ 10e Abs. 1 Nr. 8 Satz 4 EStG).

1394–1395 *(Einstweilen frei)*

- **Herstellungskosten**

1396 vgl. „Anschaffungsnaher Aufwand", Rdnr. 595ff., 601, 608ff., 613.

● Hilfsgeschäfte

1397 Zu den betrieblichen Vorgängen (Betriebseinnahmen bzw. Betriebsausgaben) gehören alle mit dem Betrieb verbundenen Handlungen. Die Geschäfte, die über die eigentliche Tätigkeit des Unternehmers hinausgehen, die aber zur Abwicklung dieser Tätigkeit notwendig sind oder die der Geschäftsbetrieb mit sich bringt, nennt man Hilfsgeschäfte. Dazu zählt z. B. der Verkauf von Betriebsgegenständen, z. B. Büro- und Geschäftsausstattung sowie Kraftfahrzeuge (vgl. Rdnr. 1466 ff., auch zur Frage, ob bei Ansatz eines Privatanteils der gesamte Veräußerungserlös als Betriebseinnahme anzusetzen ist).

● Hilfsstoffe

1398 vgl. „Bewertung", Rdnr. 919 ff.

● Hinterziehungszinsen
(§ 4 Abs. 5 Satz 1 Nr. 8 a EStG)

LEXinform
▶ BSt-BG-0915 ◀

Literatur: *Korn*, Ertragsteuerliche Beurteilung von Steuerzinsen, Zuschlägen und Nebenleistungen nach der Steuerreform 1990, KÖSDI 1989, 7596; *Krabbe*, Verzinsung hinterzogener Steuern, NWB F. 2, 5251; *Streck/Mack*, Steuerzinsen – Gestaltungs- und Beratungsempfehlungen für die Praxis, DStR 1989, 119; *Gast-de Haan*, Verfassungswidrigkeit des Abzugsverbots für Hinterziehungszinsen gem. § 4 Abs. 5 Nr. 8 a EStG n. F.?, StVj 1990, 76; *Apitz*, Behandlung steuerlicher Nebenleistungen im betrieblichen und privaten Bereich im Hinblick auf das Steuerreformgesetz 1990, StBp 1990, 91.

1399 Zu den nichtabziehbaren Betriebsausgaben zählen auch **Hinterziehungszinsen auf Betriebssteuern** (z. B. USt, GewSt) i. S. des § 235 AO, § 4 Abs. 5 Satz 1 Nr. 8 a EStG. Diese Regelung, die durch das Steuerreformgesetz 1990 (25. 7. 1988, BGBl I 1093, BStBl I 224) eingefügt wurde, gilt erstmals ab 1990 (§ 52 Abs. 5 EStG).

1400 Das Abzugsverbot für Hinterziehungszinsen ist zu Recht **verfassungsrechtlich umstritten** (vgl. Krabbe, NWB F. 2, 5251, 5254 a. E.; ausführlich Gast-de Haan, StVj 1990, 76).

1401 **Hinterziehungszinsen auf Personensteuern** (ESt, KSt, VSt) sind weder als Sonderausgaben noch als Betriebsausgaben oder Werbungskosten abziehbar (§ 12 Nr. 3 EStG; § 10 Nr. 2 KStG; § 9 Abs. 5 EStG).

1402 Nach dem ab 1990 geltenden **§ 10 Abs. 1 Nr. 5 EStG** sind Zinsen nach den §§ 233 a (für Steuernachforderung), 234 (für Stundung) und 237 AO (für Aussetzung der Vollziehung) als Sonderausgaben abziehbar, **wenn sie nicht bereits Werbungskosten oder Betriebsausgaben** (vgl. hierzu BFH v. 23. 11. 1988, BStBl 1989 II 116, m. w. N.) sind (vgl. auch Abschn. 121 EStR). Bis einschließlich 1989 sind die genannten Zinsen nicht als Sonderausgaben abziehbar (BFH v. 28. 11. 1991, BStBl 1992 II 342; v. 22. 1. 1992, BFH/NV S. 458, unter Bestätigung von Niedersächsisches FG v. 2. 8. 1990, EFG 1991, 386).

1403 In § 10 Abs. 1 Nr. 5 EStG handelt es sich um eine **abschließende Aufzählung**; Bankzinsen zur Finanzierung privater Steuern sind daher keine Sonderausgaben.

• Hochschulstudium

1404 vgl. „Fortbildungskosten", Rdnr. 1130 f. (mit Beispielen).

• Invaliditätsversicherung

1405 vgl. „Versicherungen", Rdnr. 1747 ff., insbes. Beispiele zu Rdnr. 1748.

• Inventur

1406 vgl. „Bewertung", Rdnr. 917.

• Investitionszulagen

1407 vgl. „Beitrittsgebiet", Rdnr. 818 ff., 843 ff.

• Jahresabschluß

1408 vgl. „Rückstellungen", Rdnr. 1601 ff.

• Kanaldielen

1409 vgl. „Geringwertige Wirtschaftsgüter", Rdnr. 1169; „Gerüst- und Schalungsteile", Rdnr. 1172.

• Kaskoversicherung

1410 vgl. „Versicherungen", Rdnr. 1747 ff., 1758 und „Lohnsteuer", Rdnr. 2700.

● Kauf eines Betriebs

vgl. Rdnr. 76 ff., 754 ff., 757, 2986 ff.   1411

● Kinder-Arbeitsverhältnisse, -Darlehens- und -Mietverträge

Literatur: *Neufang,* Steuersparende Arbeitsverhältnisse mit Kindern, Inf 1987, 543; *Brandenberg,* Schenkweise begründete Darlehen zwischen Eltern und Kindern, NWB F. 3, 6773; *Meilicke,* Steuerliche Auswirkung der Mitarbeit von Kindern, NWB F. 3, 7165; *Stuhrmann,* Arbeitsverhältnisse zwischen Eltern und Kindern, NWB F 3, 6757; *Schall,* Arbeitsverhältnisse mit minderjährigen Kindern – Einschaltung eines Ergänzungspflegers für steuerliche Anerkennung?, DStZ A 1989, 616; *Rößler,* Nochmals: Arbeitsverhältnisse mit minderjährigen Kindern – Einschaltung eines Ergänzungspflegers als Voraussetzung der steuerlichen Anerkennung, DStZ A 1990, 141; *Söffing,* Zinsen aus dem Sparguthaben eines minderjährigen Kindes, NWB F. 3, 7439; *Scholtz,* Zinsen aus einem geschenkten Sparguthaben, KFR F. 3 EStG § 20, 1/90, 255; *Assmann,* Arbeitsverträge zwischen Eltern und Kindern, BuW 1991, 402; *Rainer,* Gestaltungsmißbrauch bei Nießbrauchsbestellung und Rückvermietung, KFR F. 2 AO § 42, 1/91, 87; *Obermeier,* Nutzung zu eigenen Wohnzwecken (§ 10e Abs. 1 Satz 2 EStG) bei alleiniger Nutzung der Wohnung durch studierendes Kind?, NWB F. 3, 8317; *Rainer,* Gestaltungsmißbrauch bei Grundstücksverkauf von Eltern an Kinder, KFR F. 2 AO § 42, 1/92, 115; *Paus,* Anerkennung eines Mietvertrages mit einem minderjährigen Kind, KFR F. 3, EStG § 4, 1/93, 5; *ders.,* Übertragung von Einkünften auf Kinder, NWB F. 3, 8441; *ders.,* Verlagerung von Vermietungseinkünften, Inf 1993, 110; *ders.,* Arbeitsverträge mit Kindern, Inf 1993, 158; *Eggers,* Geschenkte typische stille Gesellschaft, KFR F. 3 EStG § 12, 1/93, 157.

Verwaltungsanweisungen: Abschn. 23 Abs. 3, Abs. 4 EStR; OFD Münster v. 20. 2. 1992, Anerkennung von Mietverträgen mit einem Unterhaltsberechtigten, der neben den Unterhaltsleistungen noch über andere Einnahmen verfügt, DB S. 658.

Vgl. auch Literatur zu Ehegatten-Arbeitsverhältnisse (Rdnr. 1031).

1. Allgemeines

LEXinform
▶ BSt-BG-0920 ◀

Für die Anerkennung von Verträgen mit Kindern gelten die Grundsätze, die zu **Verträgen mit Ehegatten** entwickelt wurden (vgl. Rdnr. 1034 ff.), entsprechend (zu Aushilfsarbeitsverhältnissen vgl. BFH v. 25. 1. 1989, BStBl II 453; v. 30. 6. 1989, BFH/NV 1990, 224; FG Rheinland-Pfalz v. 22. 1. 1991, Revision, EFG S. 457, Az. des BFH: IV R 14/92).   1412

Neben den **Vorteilen,** die bereits bei Ehegatten-Arbeitsverträgen beschrieben sind, bestehen noch folgende Kriterien, die aus steuerrechtlicher Sicht für Arbeitsverträge mit Kindern sprechen: 1413

Verlagerung von Einkunftsquellen (vgl. Paus, Inf 1993, 110; NWB F. 3, 8441), daher Milderung der Progression, Inanspruchnahme von Vorsorgepauschale und Grundfreibetrag durch das Kind; Minderung der zumutbaren Belastung gemäß § 33 Abs. 3 EStG; Minderung der ErbSt (ausführlich Scholtz, NWB F. 3, 8073; Paus, Inf 1993, 158).

1414 **Negativ** können sich die eigenen Einkünfte bzw. Bezüge des Kindes beim Unterhaltshöchstbetrag des § 33a Abs. 1 EStG auswirken. Zu den Bezügen, die die Unterhaltshöchstgrenze bzw. Ausbildungsfreibeträge mindern können, gehört auch der gemäß § 40a EStG **pauschal versteuerte Arbeitslohn** (vgl. BFH v. 6. 4. 1990, BStBl II 885, zum Ausbildungsfreibetrag).

▷ **Gestaltungshinweis:**

Bei der Ermittlung der anrechenbaren Bezüge ist lediglich ein Unkostenpauschbetrag von 360 DM abzuziehen (Abschn. 190 Abs. 6 Nr. 2 Satz 6, Abs. 6 Satz 2 EStR, mit Beispiel; Abschn. 191 Abs. 4, Abs. 5 EStR, mit Beispiel). Wenn **statt der Pauschalversteuerung eine Versteuerung „mit Lohnsteuerkarte"** gewählt wird, kann der Unternehmer seinem Kind auch die pauschale LSt zusätzlich zahlen (die er sonst an das Finanzamt abzuführen hätte), das Kind kann von den Einnahmen den Arbeitnehmer-Pauschbetrag von 2 000 DM abziehen (§ 9a Satz 1 Nr. 1 EStG), so daß die Einkünfte geringer als die Bezüge sind.

2. Zivilrechtliche Wirksamkeit

LEXinform
▶ BSt-BG-0925 ◀

1415 Verträge zwischen Eltern und minderjährigen Kindern können darüber hinaus steuerlich nur anerkannt werden, wenn sie **bürgerlich-rechtlich wirksam** vereinbart worden sind (BFH v. 31. 5. 1989, BStBl 1990 II 10).

1416 **Arbeitsverträge** sind ohne Einschaltung eines Ergänzungspflegers wirksam, wenn die Eltern das Kind gemäß § 113 Abs. 1 Satz 1 BGB zum Abschluß eines Dienstvertrages ermächtigt haben (FG Rheinland-Pfalz v. 28. 8. 1986 rkr., EFG 1987, 234; FG Köln v. 12. 12. 1989 rkr., EFG 1990, 344, 1991, 362; Neufang, Inf 1987, 543; Schall, DStZ A 1989, 616; a. A. FG Rheinland-Pfalz v. 12. 12. 1988 rkr., EFG 1989, 274; Rößler, DStZ A 1990, 141).

Beispiele für unwirksame Verträge:

- Gesetzwidrige Arbeitsverhältnisse, z. B. bei Verstoß gegen § 5 Jugendarbeitsschutzgesetz (Niedersächsisches FG v. 14. 10. 1987 rkr., EFG 1988, 599);

- Schenkung von Geld durch bloße Umbuchung vom Kapitalkonto ohne notarielle Beurkundung (vgl. BFH v. 31. 5. 1989, BStBl 1990 II 10);
- Grundstücksgeschäfte, z. B. Nießbrauchsbestellung, ohne Einschaltung eines Ergänzungspflegers, selbst wenn das zuständige Vormundschaftsgericht die Bestellung eines Pflegers abgelehnt hat (BFH v. 31. 10. 1989, BStBl 1992 II 506); Ergänzungspfleger auch bei Abschluß eines Mietvertrags erforderlich (BFH v. 23. 4. 1992, BStBl II 1024, m. Anm. Paus, KFR F. EStG § 4, 1/93, 5).

Wird das minderjährige Kind volljährig und damit unbeschränkt geschäftsfähig, so kann es zivilrechtlich den schwebend unwirksamen Vertrag genehmigen (§ 108 Abs. 3 BGB). Steuerrechtlich wirkt die Genehmigung jedoch nicht zurück (BFH v. 31. 10. 1989, BStBl 1992 II 506; v. 19. 3. 1991, BFH/NV S. 744). 1417

Nach § 41 AO können auch unwirksame Rechtsgeschäfte der Besteuerung zugrunde gelegt werden, soweit und solange die Beteiligten das wirtschaftliche Ergebnis dieses Rechtsgeschäfts gleichwohl eintreten und bestehen lassen. Diese Vorschrift wird aber auf Verträge zwischen nahen Angehörigen **nicht angewendet** (BFH v. 31. 10. 1989, BStBl 1992 II 506; verfassungsgemäß, BVerfG v. 20. 11. 1984, FR 1985, 283). 1418

3. Fremdvergleich

LEXinform
▶ BSt-BG-0930 ◀

a) Allgemeines

Wenn die Verträge bürgerlich-rechtlich wirksam sind, ist außerdem zu prüfen, ob die Verträge dem sog. Fremdvergleich standhalten (vgl. „Ehegatten-Arbeitsverhältnisse . . .", Rdnr. 1034 ff.; „Ehegatten-Mietverträge", vgl. Rdnr. 1054 f.; „Ehegatten-Darlehensverträge", Rdnr. 1057 ff.; „Ehegatten-Kaufverträge", Rdnr. 1066 f.; zu Ausbildungsdienstverhältnissen vgl. Rdnr. 1430 ff.). 1419

b) Zinsen aus geschenktem Sparguthaben

Der Verlagerung von Einkunftsquellen dient auch die Schenkung eines Sparguthabens mit der Folge, daß das Kind die Zinsen aus dem Sparguthaben versteuern muß. Eine solche Vertragsgestaltung zugunsten Dritter ist steuerrechtlich aber nur anzuerkennen, wenn die **Vereinbarung klar und eindeutig** ist. 1420

Die Erträge sind dem Kind zuzurechnen, wenn die Eltern bei **Abschluß des Vertrags** über die Einrichtung des Sparbuchs und bei den Einzahlungen den Willen hatten, die Guthabenforderung dem Kind sofort zuzu- 1421 wenden, und dieser Wille für die Bank erkennbar war. Richten die Eltern zwar ein Sparkonto auf den Namen des Kindes ein, verwalten sie aber dieses Vermögen nicht entsprechend den bürgerlich-rechtlichen Vorschriften über die elterliche Vermögenssorge, sondern wie eigenes Vermögen, so sind die Zinsen den Eltern zuzurechnen.

1422 Grundsätzlich kommt dem **Besitz des Sparbuchs** große Bedeutung zu, da die Bank nach den Geschäftsbedingungen mit befreiender Wirkung grundsätzlich an jeden Inhaber des Sparbuchs das Guthaben auszahlen kann (§§ 808, 362 BGB). Bei der Errichtung von Sparkonten zugunsten minderjähriger Kinder kommt dem Besitz am Sparbuch aber nicht dieses Gewicht zu, da die Eltern aufgrund ihrer Verpflichtung zur elterlichen Sorge zum Besitz des Sparbuchs berechtigt sind (vgl. §§ 1626 ff. BGB; zum Ganzen BFH v. 24. 4. 1990, BStBl II 539, m. Anm. Scholtz, KFR F. 3 EStG § 20, 1/90, 255, und Söffing, NWB F. 3, 7439).

▷ **Gestaltungshinweis:**

Bei **Errichtung des Kontos** müssen die Eltern klarstellen, daß ihre Verfügungsbefugnis nur auf dem elterlichen Sorgerecht beruht. Ein entsprechender Vermerk im Sparbuch ist anzuraten (Scholtz, KFR F. 3 EStG § 20, 1/90, 255). Außerden ist darauf zu achten, daß Abhebungen vom Konto weder (zeitweise) für die Eltern (BFH v. 24. 4. 1990, BFH/NV 1991, 28) noch für Unterhaltszahlungen des Kindes verwendet werden (BFH v. 10. 8. 1988, BStBl 1989 II 137).

4. Gestaltungsmißbrauch

LEXinform
▶ BSt-BG-0935 ◀

1423 Unter dem Gesichtspunkt des Gestaltungsmißbrauchs (§ 42 AO) hat die Rechtsprechung folgende Sachverhaltsgestaltungen steuerrechtlich nicht anerkannt:

1424 • **Mietvertrag mit unterhaltsberechtigtem Kind über eine Wohnung** (BFH v. 23. 2. 1988, BStBl II 604, m. krit. Anm. Rainer, KFR F. 2 AO § 42, 1/88, 211; v. 14. 6. 1988, BFH/NV 1990, 97); in diesem Fall ist jedoch § 10e EStG anwendbar, da eine Selbstnutzung des Eigentümers vorliegt (Obermeier, NWB F. 3, 8317; vgl. BFH v. 18. 12. 1991, DStR 1992, 572; a. A. BMF v. 25. 10. 1990, BStBl I 626, Abs. 10 Satz 2; FG des Saarlandes v. 7. 12. 1990 rkr., EFG 1991, 384; FG München v. 24. 3. 1992 rkr., EFG S. 675). Kein Gestaltungsmißbrauch aber, wenn das Kind aus eigenen Einkünften (z. B. aus Einkünften aus nichtselbständiger Arbeit) oder eigenem Vermögen (z. B. Kapitalvermögen) die Miete zahlen kann (vgl. Hessisches FG v. 13. 9. 1989 rkr., EFG 1990, 317; 1991, 362; OFD Münster v. 20. 2. 1992, DB S. 658);

- Mietvertrag mit minderjährigem, einkommens- und vermögenslosem Kind über eine EDV-Anlage (BFH v. 17. 1. 1991, BStBl II 607; zur USt vgl. BFH v. 21. 11. 1991, BStBl 1992 II 446); 1425

- unentgeltliche, bis zum 27. Lebensjahr des Kindes befristete **Nieß-brauchsbestellung** zugunsten eines minderjährigen Kindes mit Rückvermietung an die Eltern (BFH v. 18. 10. 1990, BStBl 1991 II 205, m. Anm. Rainer, KFR F. 2 AO § 42, 1/91, 87, und Stöcker, DStZ A 1991, 217). 1426

- Grundstückskaufvertrag, **Schenkungsversprechen** in Höhe der Kaufpreisforderung und Aufrechnung beider Forderungen (BFH v. 10. 10. 1991, BStBl 1992 II 239, m. Anm. Rainer, KFR F. 2 AO § 42, 1/92, 115); 1427

- Gründung einer **stillen Gesellschaft** zwischen Eltern und Kindern wegen Vermeidung von Unterhaltsstreitigkeiten (FG des Saarlandes v. 10. 4. 1992 rkr., EFG S. 500); 1428

- Veräußerung eines Grundstücks an ein minderjähriges Kind, wenn dieses den **Kaufpreis** nur **aus dem Erlös** eines ihm vorher vom Steuerpflichtigen geschenkten anderen Grundstücks entrichten kann (FG Münster v. 21. 1. 1992 rkr., EFG S. 535). 1429

5. Sonderproblem bei Studienkosten des Kindes: Verlagerung in den betrieblichen Bereich durch Ausbildungsdienstverhältnis?

LEXinform
▶ BSt-BG-0940 ◀

Literatur: *Hußmann*, Ausbildungskosten als Betriebsausgaben bzw. Unterhalt?, DB 1985, 2225; *Paus*, Abgrenzung zwischen Ausbildung und Fortbildung bei Studienkosten, Inf 1985, 490; *el*, Ausbildungsverträge zwischen Eltern und Kindern, DB 1987, 458; *Henninger*, Arbeitsverhältnisse zwischen Eltern und Kindern, StLex 3, 4 (4−7), 121; *Richter*, Aufwendungen des Arbeitgebers und des Arbeitnehmers im Rahmen eines Ausbildungsdienstverhältnisses, NWB F. 6, 3079; *Obermeier*, Ausbildungs-Dienstverhältnisse mit Kindern, AWA Januar 1991, 14; *Jehle*, Abzugsfähigkeit von Ausbildungskosten an nahe Angehörige, KFR F. 3 EStG § 12, 1/91, 189; *Neufang/Hug*, Fort- und Ausbildungskosten für Kinder als Betriebsausgaben abzugsfähig?, Inf 1991, 565.

a) Ausgangslage

1430 Studienkosten der Kinder wirken sich über den **Kinderfreibetrag** (§ 32 EStG), den **Ausbildungsfreibetrag** (§ 33a Abs. 2 EStG) bzw. über den Unterhaltshöchstbetrag (§ 33a Abs. 1 EStG) nur zu einem geringen Teil steuerrechtlich aus. Es wäre daher verlockend, wenn ein Unternehmer diese Ausbildungskosten in den betrieblichen Bereich verlagern könnte.

b) Möglichkeit über Ausbildungsdienstverhältnis?

1431 Es ist denkbar, mit dem Sohn oder der Tochter ein sog. Ausbildungsdienstverhältnis abzuschließen. Unter einem solchen Vertrag ist ein **Dienstverhältnis** zu verstehen, **dessen Inhalt eine Berufsausbildung ist.** Das Kind müßte sich darin verpflichten, das Ingenieurstudium ordnungsgemäß zu betreiben (insbesondere auch die geforderten Leistungsnachweise vorzulegen), während der Semesterferien in zumutbarem Umfang im Betrieb mitzuhelfen und nach Abschluß der Ausbildung für einen gewissen Zeitraum (5 Jahre) im elterlichen Unternehmen zu arbeiten; letzteres müßte durch eine Vertragsstrafe sichergestellt sein.

c) Rechtsprechung des Bundesfinanzhofs

1432 Ausbildungsdienstverhältnisse haben die Rechtsprechung des BFH unter zwei Gesichtspunkten beschäftigt, zum einen – aus der Sicht des Auszubildenden –, ob Ausbildungskosten – im Gegensatz zur Regelung im Sonderausgabenbereich – Werbungskosten sein können (vgl. „Fortbildungskosten", Beispiele zu Rdnr. 1131), zum anderen – aus der Sicht des Ausbildenden –, ob das Entgelt Betriebsausgabe ist. Die in jüngerer Zeit entschiedenen Fälle der zweiten Gruppe betrafen Ausbildungsdienstverhältnisse in der Land- und Forstwirtschaft (BFH v. 22. 3. 1990, BStBl II 776; v. 13. 11. 1986, BStBl 1987 II 121). In diesen Urteilen hat der BFH zutreffend entschieden, daß **grundsätzlich auch privatrechtliche Ausbildungsdienstverhältnisse steuerrechtlich anzuerkennen** sind, selbst wenn sie zwischen nahen Angehörigen abgeschlossen worden sind.

d) Voraussetzungen für die steuerrechtliche Anerkennung

1433 Das im Rahmen eines Dienstverhältnisses gezahlte Entgelt zählt zu den Betriebsausgaben, wenn es durch den Betrieb veranlaßt ist (§ 4 Abs. 4 EStG). Bei **Verträgen zwischen nahen Angehörigen** ist nur dann von einer betrieblichen Veranlassung auszugehen, wenn sie klar und eindeutig vereinbart und auch tatsächlich vollzogen sind. Vertragsgestaltung und Vertragsdurchführung sind daraufhin zu überprüfen, ob sie auch zwischen fremden Dritten üblich wären (sog. **Fremdvergleich**; vgl. „Ehegatten-Arbeitsverhältnisse", Rdnr. 1034 ff.). Diese Grundsätze gelten auch bei Ausbildungsdienstverhältnissen (BFH v. 13. 11. 1986, BStBl 1987 II 121).

e) Problem: Üblichkeit

Das Arbeitsverhältnis muß inhaltlich (sachlich) dem entsprechen, was auch bei Arbeitsverhältnissen unter Fremden üblich ist. Mit anderen Worten: Wenn ein Unternehmer mit einem fremden Dritten einen solchen Arbeitsvertrag nicht abschließen würde, wird ihn das Finanzamt nicht anerkennen, wenn Vertragspartner ein naher Angehöriger ist. 1434

Danach wird z. B. ein Vertrag mit der Tochter (mit dem Sohn) anerkannt, der die **Ausbildung zur Sekretärin (zum Maurergesellen)** zum Gegenstand hat, da vergleichbare Verträge auch mit fremden Dritten abgeschlossen werden. Höchst zweifelhaft erscheint jedoch die steuerrechtliche Anerkennung, wenn ein Unternehmer dem Sohn oder der Tochter im Rahmen eines Ausbildungsdienstverhältnisses ein Studium finanziert, weil er einen entsprechenden Vertrag einem fremden Dritten wohl nicht anbieten würde. 1435

Dies entspricht auch der früheren finanzgerichtlichen Rechtsprechung. So hat der BFH (v. 10. 5. 1966, BStBl III 490) z. B. Aufwendungen eines Vaters, die mit der **Meisterprüfung seines bei ihm als Gesellen arbeitenden Sohnes** zusammenhingen, nicht als Betriebsausgaben anerkannt, weil die Übernahme der Kosten in erster Linie auf familiären Überlegungen beruht habe und betriebliche Gründe nur mitbestimmend gewesen seien; denn es sei nicht üblich, einen fremden Arbeitnehmer auf Betriebskosten zum Nachfolger heranzubilden (vgl. aber BFH v. 14. 12. 1990, BStBl 1991 II 305). 1436

Auf dieser Linie liegt auch das Urteil des BFH v. 4. 9. 1956 (BStBl III 304). In diesem Urteil hat er die von einem Unternehmer getragenen **Ausbildungskosten des künftigen Schwiegersohns** für den mehrjährigen Besuch einer Fachschule nicht als Betriebsausgaben anerkannt, obwohl der Schwiegersohn später den Betrieb leiten sollte; denn Studienkosten für Kinder seien auch dann keine Betriebsausgaben, wenn die Kinder eine Spezialausbildung erhielten, um später im elterlichen Betrieb tätig sein zu können. 1437

1438 Außerdem ist noch auf das BFH-Urt. v. 11. 10. 1973 (BStBl 1974 II 200) zu verweisen. In diesem Fall ließ der Unternehmer seinen 23 Jahre alten Sohn, der weder über ausreichende kaufmännische noch technische Vorbildung verfügte, ohne vorherige Marktanalyse zur **Erforschung des Absatzmarktes auf die Dauer von 10 Monaten den amerikanischen Kontinent bereisen.** Der BFH hat auch hier die betriebliche Veranlassung verneint, da die Reisekosten und das während dieser Zeit gezahlte Gehalt betrieblich weder notwendig noch üblich gewesen seien.

1439 Diese Rechtsprechung hat der BFH in seinem Urteil v. 14. 12. 1990 (BStBl 1991 II 305, m. Anm. Jehle, KFR F. 3 EStG § 12, 1/91, 189; Neufang/Hug, Inf 1991, 565, insbes. zu Bindungsfristen und Rückzahlungsklauseln) nochmals bestätigt. Es ist auch **nicht damit zu rechnen, daß die Finanzverwaltung die Finanzierung eines Studiums über ein Ausbildungsdienstverhältnis anerkennt** (ebenso el, DB 1987, 458, m. w. N.; Henninger, StLex 3, 4 (4–7), 121, 126 f.; a. A. Hußmann, DB 1985, 2225; vgl. auch Richter, NWB F. 6, 3079).

1440–1445 *(Einstweilen frei)*

● Kongresse

1446 vgl. „Fortbildungskosten", Rdnr. 1132 ff.

● Kontokorrentzinsen

1447 vgl. Rdnr. 225 ff.

● Kraftfahrzeugkosten (§§ 4 Abs. 4, Abs. 5 Nr. 6, 9 Abs. 1 Satz 1, Satz 3 Nr. 4 und 5 EStG)

Literatur: *Seitrich,* Aufwendungen für Fahrten zwischen zwei Arbeits- bzw. Betriebsstätten, FR 1985, 91; *Brosch,* Nichtabziehbare Betriebsausgaben nach § 4 Abs. 5 EStG, BBK F. 13, 3189, VII.; *Landwehr,* Steuerliche Behandlung von Inlandsreisekosten, NSt Nr. 8/1989, Reisekosten – Inland – Darstellung 1, B II. 1.; *Veigel,* Die Kfz-Kosten des Unternehmers nach der Steuerreform, Inf 1989, 289; *Woerner,* Notwendiges und gewillkürtes Betriebsvermögen – eine überholte Entscheidung?, StbJb 1989/90, 207; *Jehner,* Des Kaisers neue Kleider, DStR 1990, 6; *Assmann,* Zur Schätzung der privaten Pkw-Nutzung nach der „1-%-Methode", DB 1990, 76; *Söffing,* Abschreibungsmöglichkeit und Angemessenheit von Aufwendungen für betrieblich genutzte Pkw, NWB F. 3, 7283; *Korn,* Aktuelle Steuerhinweise für die Beratungspraxis und Eigenbesteuerung des Rechtsanwalts,

ZAP F. 20, 33; *Kretzschmar,* Wohnung und Betriebsstätte unter einem Dach – Abzugsfähigkeit der Aufwendungen für Fahrten zu anderen Betriebsstätten, BB 1990, 971; *Freudenberg,* Pkw-Kosten in der Praxis, Inf 1991, 174; *Leu,* Unfallkosten bei Arbeitnehmern, DStZ A 1991, 500; *ders.,* Kfz-Kosten von Behinderten – Gehören die Anschaffungen des Kfz zu den abzugsfähigen Aufwendungen, DStZ A 1991, 592; *Thomas,* Zur zutreffenden Schätzung von Kfz-Kosten, KFR F. 3 EStG § 9, 1/92, 47; *Mathiak,* Rechtsprechung zum Bilanzsteuerrecht, DStR 1992, 449, 454; *Thomas,* Kfz-Kostenermittlung bei Dienstreisen, KFR F. 3 EStG § 9, 5/92, 253; *Grützner,* Private Nutzung betrieblicher Personenkraftwagen, NWB F. 3, 8407; *Assmann,* Kraftfahrzeugkosten bei der Besteuerung, BuW 1993, 9.

Verwaltungsanweisungen: Abschn. 20a, 118, 119 Abs. 3 Nr. 1 EStR; Abschn. 31 Abs. 7, 38 LStR; OFD Hannover v. 27. 7. 1983, Anteil der privaten Nutzung eines betrieblich/beruflich genutzten Pkw, DB 1983, 1682; OFD Kiel v. 14. 3. 1991, Anteil der privaten Nutzung eines betrieblich/beruflich genutzten Pkw, DStR S. 877; BMF v. 8. 1. 1992, Fahrtkosten bei Benutzung eines privaten Beförderungsmittels für Geschäftsreisen und Geschäftsgänge, BStBl I 232; BMF v. 3. 12. 1992, Absetzungen für Abnutzung; Nutzungsdauer von Pkw und Kombifahrzeugen, BStBl I 734.

1. Allgemeines

LEXinform
► BSt-BG-0945 ◄

Personenkraftwagen (Pkw) bzw. Motorrad/Motorroller oder Moped/ Mofa (Kraftfahrzeuge – Kfz) gehören dann zum (**notwendigen**) **Betriebsvermögen** eines Unternehmers, wenn sie zu mehr als 50 % eigenbetrieblich genutzt werden (zur Überlassung an Arbeitnehmer-Ehegatten vgl. FG des Saarlandes v. 4. 2. 1992 rkr., EFG S. 317). Bei einer eigenbetrieblichen Nutzung zwischen 10 und 50 % können sie als **gewillkürtes Betriebsvermögen** behandelt werden (vgl. Abschn. 14a Abs. 1 EStR), wenn der Gewinn nach § 4 Abs. 1 EStG durch Betriebsvermögensvergleich ermittelt wird (vgl. Rdnr. 420 ff.). Die Bildung gewillkürten Betriebsvermögens ist bei der Gewinnermittlung nach § 4 Abs. 3 EStG (vgl. Rdnr. 431 ff.) nach Meinung des BFH und der Finanzverwaltung ausgeschlossen (BFH v. 12. 2. 1976, BStBl II 663; v. 7. 10. 1982, BStBl 1983 II 101; Abschn. 14 Abs. 5, 17 Abs. 7 EStR; kritisch dazu Blümich/ Müller-Gatermann/Dankmeyer, § 4 Rz. 162, m.w.N.; Woerner, StbJb 1989/90, 207, 229f.). Zur Behandlung eines **geleasten** Kfz vgl. Rdnr. 195 ff.

1448

Rechtsprechung und Finanzverwaltung gehen grundsätzlich davon aus, daß ein für betriebliche Zwecke eines Unternehmers angeschaffter Pkw **auch privat mitbenutzt** wird (BFH v. 10. 7. 1986, BFH/NV 1987, 27; vgl. auch BFH v. 11. 12. 1987, BFH/NV 1989, 300; Abschn. 118 Abs. 2

1449

EStR). Die **Kosten** sind daher auf einen betrieblichen und einen privaten Anteil **aufzuteilen** (BFH v. 19. 10. 1970, BStBl 1971 II 17). Der Entnahmewert für die private Nutzung richtet sich nach den im Betrieb entstandenen Selbstkosten (Gesamtaufwendungen; vgl. Rdnr. 1450; BFH v. 18. 2. 1992; BFH/NV S. 590, für Flugzeuge). Buchgewinne, die bei der Veräußerung von auch privat genutzten Kfz entstehen, mindern die Bemessungsgrundlage für den Ansatz der Nutzungsentnahme nicht (FG Münster v. 20. 5. 1992 15 K 624/90 F, NWB-EN Nr. 1227/92).

1450 Gehört der **Pkw nicht zum Betriebsvermögen**, also zum Privatvermögen, so sind **Fahrtkosten in der tatsächlichen Höhe** abziehbar, d. h. der Teilbetrag der jährlichen Gesamtkosten des Pkw, der dem Anteil der betrieblichen/beruflichen Fahrten an der Jahresfahrleistung entspricht. Zu den **Gesamtkosten** gehören die Betriebsstoffkosten, die Wartungs- und Reparaturkosten, die Kosten einer Garage am Wohnort (zur Aufteilung vgl. FG Köln v. 7. 10. 1992, Nichtzulassungsbeschwerde EFG 1993, 294, Az. des BFH: IV B 13/93; FG Hamburg v. 17. 7. 1992 rkr., EFG S. 729), die KraftSt, die Aufwendungen für die Halterhaftpflicht- und Fahrzeugversicherungen, die AfA (vgl. Rdnr. 1461 ff.) sowie die Zinsen für ein Anschaffungsdarlehen (BFH v. 1. 10. 1982, BStBl 1983 II 17), nicht jedoch z. B. Park- und Straßenbenutzungsgebühren, Aufwendungen für Insassen- und Unfallversicherungen, Aufwendungen infolge von Verkehrsunfällen (vgl. Rdnr. 1468 ff.) sowie Verwarnungs- und Bußgelder (vgl. Rdnr. 1153 ff.; zum ganzen Absatz vgl. Abschn. 38 Abs. 1 LStR).

1451 Es ist möglich, daß der Steuerpflichtige einen **Teilnachweis** der ihm tatsächlich entstandenen Kosten erbringt und weitere dem Grunde nach feststehende Aufwendungen (z. B. Kraftstoff) schätzen läßt. Dabei darf das Finanzamt von den für den Steuerpflichtigen ungünstigsten Umständen ausgehen (BFH v. 7. 4. 1992 VI R 113/88, BStBl II 854, m. Anm. Thomas, KFR F. 3 EStG § 9, 5/92, 253).

1452 **Anstelle der tatsächlichen Aufwendungen** können bei einem Pkw 0,42 DM, bei einem Motorrad oder Motorroller 0,18 DM, bei einem Moped oder Mofa 0,11 DM je Fahrtkilometer angesetzt werden (Abschn. 119 Abs. 3 Nr. 1 EStR; Abschn. 38 Abs. 2 LStR). Diese Sätze erhöhen sich ab 1. 10. 1991 bei einem Pkw auf 0,52 DM, bei einem Motorrad oder Motorroller auf 0,23 DM und bei einem Moped oder Mofa auf 0,14 DM je Fahrtkilometer (BMF v. 8. 1. 1992, BStBl I 232).

Bei einer Fahrleistung eines Pkw von mindestens 40 000 km prüft die **1453**
Rechtsprechung, ob die Anwendung der Pauschbeträge zu einer **offensichtlich unzutreffenden Besteuerung** führt. Dies ist z. B. der Fall, wenn
bei einem bereits abgeschriebenen Kfz die Kosten nur etwa die Hälfte der
Pauschbeträge ausmachen (BFH v. 26. 7. 1991, BStBl 1992 II 105,
m. Anm. Thomas, KFR F. 6 EStG § 9, 1/92, 47).

In jedem Fall sind **Fahrten zwischen Wohnung und Betriebs-/Arbeitsstätte** **1454**
nur mit gewissen Kilometersätzen anzusetzen (vgl. Rdnr. 1471 ff.).

LEXinform
2. **Umfang der betrieblichen Nutzung** ▶ BSt-BG-0950 ◀

a) **Nachweis**

Der Unternehmer trägt grundsätzlich die **objektive Beweislast (Feststel-** **1455**
lungslast) für den Umfang der betrieblichen Fahrten (BFH v. 24. 6. 1976,
BStBl II 562; zum Vorrang der Schätzung anhand aufgeschlüsselter
Kosten vgl. FG des Saarlandes v. 4. 2. 1992 rkr., EFG S. 343). Wenn er
mit dem vom Finanzamt vorgeschlagenen Privatanteil (vgl. Rdnr. 1458 f.)
nicht einverstanden ist, kann er die betriebliche Nutzung durch ein **Fahrtenbuch** nachweisen. Dieses muß folgende Angaben enthalten:

- Gesamtfahrleistung;
- Geschäftsfahrten mit Ziel der Reise;
- Privatfahrten (Beispiel für Fahrtenbuch vgl. bei Veigel, Inf 1989, 289).

Bei Ausdrucken von **Bordcomputern** müssen nachträgliche Veränderun- **1456**
gen der aufgezeichneten Angaben ausgeschlossen, in jedem Fall aber
dokumentiert sein (BMF-Finanznachrichten 19/92 v. 21. 2. 1992).

Das Fahrtenbuch ist für einen **repräsentativen Zeitraum** zu führen, wobei **1457**
die meisten Autoren ein Jahr für erforderlich halten (z. B. Grützner,
NWB F. 3, 7089, 7091; vgl. aber auch BFH v. 11. 12. 1987, BFH/NV
1989, 300, der einen Zeitraum von weniger als drei Monate als nicht
repräsentativ ansieht).

b) **Schätzung**

Führt der Unternehmer den Nachweis nicht oder nur unzureichend, so **1458**
schätzt die Finanzverwaltung gemäß Abschn. 118 Abs. 2 EStR (vgl. auch
OFD Kiel v. 14. 3. 1991, DStR S. 877) den **privaten Nutzungsanteil ab**
1990 auf mindestens 30 bis 35 % (bis einschließlich 1989: mindestens

20 bis 25 %). Auch dieser neue Privatanteil dürfte wohl von der Rechtsprechung zugrunde gelegt werden (zum bis 1989 geltenden Satz vgl. BFH v. 10. 7. 1986, BFH/NV 1987, 27; v. 11. 12. 1987, BFH/NV 1989, 300), da ja die Möglichkeit besteht, einen niedrigeren privaten Nutzungsanteil durch die Führung eines Fahrtenbuchs zu erreichen (FG des Saarlandes v. 14. 7. 1992 rkr., EFG S. 728).

1459 Zu diesem Privatanteil kommen in beiden Fällen noch die **nicht absetzbaren Kostenteile für Fahrten zwischen Wohnung und Betrieb** (vgl. Rdnr. 1471 ff.).

c) **Umsatzsteuerrechtliche Behandlung**

1460 vgl. Rdnr. 2103 ff.

3. **Absetzung für Abnutzung**

LEXinform
▶ BSt-BG-0955 ◀

1461 Zu den aufzuteilenden Gesamtkosten zählt auch die Absetzung für Abnutzung (AfA). Die AfA-Bemessungsgrundlage ist nur in ganz seltenen Fällen zu kürzen (zu **unangemessenen Aufwendungen** vgl. „Repräsentationsaufwendungen", Rdnr. 1577 ff.).

1462 Als **AfA-Methode** kommen die lineare (§ 7 Abs. 1 EStG) und die degressive AfA (§ 7 Abs. 2 EStG), daneben die Sonderabschreibung nach § 7 g EStG in Betracht. Der Übergang von der degressiven zur linearen AfA ist möglich, nicht aber umgekehrt. Die Wahl der AfA-Methode hängt von betriebswirtschaftlichen Erwägungen ab (vgl. i. e. Söffing, NWB F. 3, 7283, 7286).

1463 Bis zum BFH-Urteil v. 26. 7. 1991 (BStBl 1992 II 1000) wurde von der Finanzverwaltung bei **Betriebs-Pkw** im Regelfall eine voraussichtliche Nutzungsdauer von vier Jahren angenommen (vgl. AfA-Tabellen für allgemein verwendbare Anlagegüter; a. A. FG Baden-Württemberg, Außensenate Stuttgart, v. 11. 7. 1990 rkr., EFG 1991, 79 – obiter dictum). Bei **Privat-Pkw** mit einer durchschnittlichen Jahresfahrleistung bis zu 15 000 km wurde regelmäßig eine Nutzungsdauer von 8 Jahren zugrunde gelegt (FG Baden-Württemberg, a. a. O.; FG Rheinland-Pfalz v. 17. 12. 1990 nrkr., EFG 1991, 540, Az. des BFH: VI B 22/91; a. A. BFH v. 7. 2. 1975, BStBl II 478, 4 Jahre; ebenso Niedersächsisches FG v. 8. 6. 1990 rkr., EFG 1991, 196, m. krit. Anm. Rößler, DStZ A 1991, 380). Bei einer höheren Fahrleistung war von der voraussichtlichen Nutzungsdauer auszugehen, mindestens aber von 4 Jahren (Abschn. 38 Abs. 1 Sätze 5 und 6 LStR).

Nach dem Urteil des BFH v. 26. 7. 1991 (BStBl 1992 II 1000, m. Anm. Mathiak, DStR 1992, 449, 454; Schmidt, DB 1992, 502, 1212; Rößler, DB 1992, 1211; BFH v. 8. 11. 1991, BFH/NV 1992, 300; v. 11. 12. 1992, BFH/NV 1993, 362) führt ein AfA-Satz von 25 % im Regelfall zu einer offensichtlich unzutreffenden Besteuerung. Der BFH führt zutreffend aus, es sei – bei Betriebs- und Privat-Pkw – in Anlehnung an Abschn. 38 Abs. 1 Satz 5 LStR auch für Kalenderjahre vor 1990 grundsätzlich von einer AfA von 12,5 % entsprechend einer achtjährigen Nutzungsdauer des Fahrzeugs auszugehen. Eine niedrigere Nutzungsdauer sei entsprechend dem Pkw-Typ und der durchschnittlichen Jahresfahrleistung nachzuweisen. **1464**

Die Finanzverwaltung nimmt nunmehr für Betriebs- und Privat-Pkw grundsätzlich eine Nutzungsdauer von fünf Jahren an (BMF v. 3. 12. 1992, BStBl I 734; v. 28. 5. 1993, BStBl I 483). **1465**

Auch bei **Betriebs-Pkw** kann in vielen Fällen die **Verteilung auf eine höhere Nutzungsdauer als fünf Jahre vorteilhafter** sein (vgl. ausführlich Veigel, Inf 1989, 289, 291), da der Veräußerungserlös – nach bedenklicher Auffassung der Finanzverwaltung und des BFH (v. 10. 1. 1991, BFH/NV S. 386) – in voller Höhe zu den Betriebseinnahmen zählt (kritisch dazu auch Jehner, DStR 1990, 6, 9, m. w. N. in FN 10). **1466**

Beispiel:

Bei Anschaffungskosten von 60 000 DM, einer AfA von je 20 % und einem Privatanteil von 30 % haben sich nach fünf Jahren die Anschaffungskosten nur in Höhe von 42 000 DM (70 % von 60 000 DM) ausgewirkt. Wird beim Verkauf noch ein Betrag von 22 500 DM erlöst, so verbleibt eine Auswirkung auf den Gewinn von 19 500 DM.

Hätte in diesem Fall der Unternehmer einen Satz von 12,5 % gewählt, so hätte er keinen Veräußerungsgewinn erzielt. Die Gewinnauswirkung wäre 26 250 DM (70 % von 37 500 DM).

Diese Ausführungen zeigen, daß ein **Veräußerungsgewinn vermieden** werden kann. Bei diesem Beispiel ist zwar der Zinsvorteil, den ein niedrigerer AfA-Zeitraum bietet, nicht berücksichtigt. Andererseits ist aber darauf hinzuweisen, daß ein größerer AfA-Zeitraum und damit eine geringere AfA zu einer kleineren Kürzung der Betriebsausgaben gemäß § 4 Abs. 5 Nr. 6 EStG führt (vgl. Rdnr. 1471 ff.). **1467**

4. Unfallkosten

LEXinform
▶ BSt-BG-0960 ◀

Literatur: *Giloy*, Steuerliche Berücksichtigung von Verkehrsunfallschäden, NWB F. 6, 3059; *Seitrich*, Zur steuerlichen Berücksichtigung eines merkantilen Minderwerts, BB 1990, 1748.

Verwaltungsanweisungen: Abschn. 118 Abs. 3 Sätze 4 bis 7 EStR.

1468 Ein Unfall auf einer **Privatfahrt** führt zu nichtabziehbaren Privataufwendungen (BFH v. 14. 11. 1986, BStBl 1987 II 275; v. 22. 3. 1990, BFH/NV 1991, 512), ein Unfall auf einer **betrieblichen (beruflichen) Fahrt** in voller Höhe zu Betriebsausgaben (Werbungskosten; vgl. BFH v. 12. 7. 1989, BStBl II 967, Fahrt zum Steuerberater wegen Einkünfteermittlung). Dies gilt selbst dann, wenn der Steuerpflichtige grob fahrlässig oder vorsätzlich gegen Verkehrsvorschriften verstößt, solange das Fehlverhalten im Rahmen der betrieblichen/beruflichen Zielvorstellung liegt und zu der betrieblichen/beruflichen Veranlassung keine weitere Veranlassung aus dem Bereich der Lebensführung hinzukommt (BFH v. 28. 11. 1977, BStBl 1978 II 105; z. B. bei Alkoholfahrt, BFH v. 6. 4. 1984, BStBl II 434; v. 27. 3. 1992, BStBl II 837; Abschn. 118 Abs. 3 Sätze 4 bis 7 EStR; vgl. ausführlich Giloy, NWB F. 6, 3059). Betriebliche (berufliche) Fahrten in diesem Sinn sind auch die Fahrten zwischen Wohnung und Betriebs-/Arbeitsstätte (vgl. Rdnr. 1471 ff., 1480).

1469 **Unfallkosten** sind die Reparaturkosten oder – wenn die Reparatur unterblieben ist (z. B. bei Totalschaden) – die unfallbedingte Wertminderung des Kfz (BFH v. 19. 3. 1982, BStBl II 442; Ausgangspunkt bei Betriebs-Pkw bzw. Abrechnung nach den tatsächlichen Kosten ist der „Buchwert", sonst der Zeitwert; vgl. ausführlich Giloy, NWB F. 6, 3059, 3065; zu Unfallkosten bei Arbeitnehmern vgl. auch FG Köln v. 11. 3. 1992 rkr., EFG 1993, 146; Leu, DStZ A 1991, 500), auch Aufwendungen zur Beseitigung der eigenen Gesundheitsschäden (BFH v. 13. 10. 1960, BStBl III 511), Kosten für Taxi, Telefon, Gutachter, Zinsen für aufgenommene Darlehen; Zahlungen an den Geschädigten, um Schadensfreiheitsrabatt zu erhalten sowie für Krankheitskosten, Verdienstausfall und Schmerzensgeld (Giloy, NWB F. 6, 3059, 3065, m. w. N.). Zu den Unfallkosten zählt nicht der **merkantile Minderwert**, wenn sich das Kfz im Privatvermögen befindet (vgl. BFH v. 31. 1. 1992, BStBl II 401, zum Werbungskostenabzug unter Aufhebung von FG Münster v. 26. 1. 1988, EFG S. 558; Hessisches FG v. 5. 7. 1979 rkr., EFG 1980, 70; a. A. Seitrich, BB 1990, 1748, m. w. N. zum Streitstand in FN 11 bis 23; vgl. auch Giloy,

NWB F. 6, 3059, 3067). Eine Nutzungsausfallentschädigung mindert nicht die Unfallkosten (FG Hamburg v. 22. 5. 1992 rkr., EFG S. 735), führt aber bei Betriebs-Kfz zu Betriebseinnahmen.

Zu Geldbußen u. ä., Strafverteidigungs- und Verfahrenskosten vgl. „Geldbußen", Rdnr. 1153 ff. 1470

5. Fahrten zwischen Wohnung und Betriebs-/Arbeitsstätte

a) Grundsatz

LEXinform
▶ BSt-BG-0965 ◀

Solche Fahrten sind zwar betriebliche (berufliche) Fahrten; sie sind aber nur **beschränkt abziehbar**. Die Sätze betragen je Entfernungskilometer bei Benutzung eines **Pkw** bis 1988 0,36 DM, 1989 0,43 DM, 1990 0,50 DM und ab 1992 0,65 DM (geplante Erhöhung ab 1994 auf 0,75 DM durch StMBG), bei Benutzung eines **Motorrads oder Motorrollers** bis 1988 0,16 DM, 1989 0,19 DM, 1990 0,22 DM, 1991 0,26 DM und ab 1992 0,30 DM; geplante Erhöhung ab 1994 auf 0,35 DM (§§ 9 Abs. 1 Satz 3 Nr. 4, 4 Abs. 5 Nr. 6 EStG). 1471

Die Sätze gelten nicht nur für Fahrten mit eigenem, sondern ab 1990 auch für Fahrten mit einem zur Nutzung überlassenen, also auch mit einem **angemieteten oder geleasten Kfz** (ebenso zur früheren Rechtslage BFH v. 11. 9. 1987, BStBl 1988 II 12; FG Hamburg v. 17. 7. 1992 rkr., EFG S. 729; str.). 1472

Erledigt der Unternehmer anläßlich der Fahrten Wohnung – Betriebs-/Arbeitsstätte **sonstige betriebliche Termine** an einem Ort, der nicht an der direkten Fahrtstrecke zwischen Wohnung und Betrieb liegt, so sind die Fahrtkosten nur beschränkt abziehbar (vgl. FG Rheinland-Pfalz v. 3. 2. 1981 rkr., EFG S. 593). Die durch die Umwegstrecke bedingten Mehraufwendungen sind in voller Höhe als Betriebsausgaben/Werbungskosten abziehbar (BFH v. 17. 2. 1977, BStBl II 543; v. 25. 3. 1988, BStBl II 655; vgl. BFH v. 12. 10. 1990, BStBl 1991 II 134; OFD Münster v. 23. 10. 1990, NWB EN-Nr. 1980/90). 1473

Werden die Fahrten mit **anderen Verkehrsmitteln** (z. B. Taxi) durchgeführt, so sind die tatsächlichen Kosten abziehbar (zum Belastungsvergleich von Taxifahrten mit Fahrten mit Geschäfts-Pkw vgl. Veigel, Inf 1989, 289, 293). 1474

Es besteht eine unterschiedliche Interessenlage, wenn der Pkw ein betriebliches oder privates Fahrzeug ist. Bei einem **Betriebs-Pkw** wird der Unternehmer daran interessiert sein, den Anteil der Fahrten zwischen 1475

Wohnung und Betrieb möglichst gering zu halten, da insoweit der betriebliche Aufwand gekürzt wird. Anderes gilt bei einem **privaten Pkw**, bei dem sich hohe Aufwendungen für Fahrten zwischen Wohnung und Betrieb einkünftemindernd auswirken.

1476 Es sind die **tatsächlichen Fahrten** zwischen Wohnung und Betrieb zugrunde zu legen (BFH v. 25. 3. 1988, BStBl II 655). Es ist unerheblich, ob Hin- und Rückfahrt an einem Tag oder an zwei verschiedenen Tagen stattfinden (FG Rheinland-Pfalz v. 3. 4. 1992 rkr., EFG S. 514). Fährt der Unternehmer **an einem Arbeitstag** aber **mehrmals** zwischen Wohnung und Betrieb hin und her (z. B. Mittagsheimfahrten), so sind die zusätzlichen Fahrten nur zu berücksichtigen, soweit sie durch einen zusätzlichen Arbeitseinsatz außerhalb der regelmäßigen Arbeitszeit (z. B. Nachtdienst) oder durch eine Arbeitsunterbrechung von mindestens vier Stunden veranlaßt sind (§§ 9 Abs. 1 Satz 3 Nr. 4 Satz 2, 4 Abs. 5 Nr. 6 EStG). Fahrten zum Mittagessen sind nicht begünstigt (BFH v. 18. 12. 1992, BStBl 1993 II 505, m. Anm. MIT, DStR 1993, 721).

1477 Hat der Unternehmer **mehrere Wohnungen**, so können Fahrten von und zu der von dem Betrieb weiter entfernt liegenden Wohnung nur dann berücksichtigt werden, wenn sich dort der Mittelpunkt der Lebensinteressen befindet und sie nicht nur gelegentlich aufgesucht wird (§§ 4 Abs. 5 Nr. 6, 9 Abs. 1 Nr. 4 Satz 3 EStG, vgl. i. e. Abschn. 20a Abs. 1 Sätze 3 bis 6 EStR; Abschn. 42 Abs. 3 LStR; BFH v. 3. 10. 1985, BStBl 1986 II 95; v. 13. 12. 1985, BStBl 1986 II 221; zur Fahrtunterbrechung vgl. BFH v. 20. 12. 1991, BStBl 1992 II 306).

b) Berechnung

LEXinform
▶ BSt-BG-0970 ◀

1478 Die Finanzverwaltung eröffnet **zwei Möglichkeiten**, um den nichtabziehbaren Teil der Fahrtkosten im Sinn von § 4 Abs. 5 Nr. 6 EStG zu ermitteln. Zum einen kann der Unternehmer die Fahrten Wohnung – Betrieb nach den **Tabellen der deutschen Automobilklubs** errechnen. Der Unterschied zwischen den so ermittelten Aufwendungen und den unter Zugrundelegung der Kilometer-Pauschbeträge errechneten abziehbaren Betriebsausgaben ist als nichtabziehbare Betriebsausgabe dem Gewinn hinzuzurechnen (Abschn. 20a Abs. 4 Sätze 2 und 3 EStG; a. A. FG des Saarlandes v. 2. 7. 1991 nrkr., EFG 1992, 61, jedenfalls dann, wenn die tatsächlichen Kosten ohne weiteres der Buchführung entnommen werden können).

Beispiel:

Fahrten Wohnung – Betrieb	4 000 km
Kosten je km Fahrleistung laut Automobilklub	0,90 DM
Abziehbar nach §§ 9 Abs. 1 Nr. 4, 4 Abs. 5 Nr. 6 EStG ab 1992	0,325 DM

Nichtabziehbar: 4 000 × 0,575 DM = 2 300 DM. Dieser Betrag ist dem Gewinn hinzuzurechnen.

Im Regelfall dürfte die Anwendung dieser Tabellensätze zu ungünstigen Ergebnissen führen. Es ist daher die zweite Möglichkeit zu empfehlen, die die **tatsächlichen Aufwendungen** je km Fahrleistung mit den Pauschbeträgen des § 9 Abs. 1 Nr. 4 EStG vergleicht (Abschn. 20a Abs. 4 Sätze 4 bis 8 EStR). Zu diesen Aufwendungen zählen nicht die Sonder-AfA (BFH v. 25. 3. 1988, BStBl II 655). **1479**

Beispiel:

Gesamtfahrleistung	30 000 km
davon Fahrten Wohnung – Betrieb	4 000 km
Gesamtaufwand (einschließlich AfA)	21 000 DM
tatsächliche Kosten je km (21 000 : 30 000 km) =	0,70 DM
Nichtabziehbar je km im Jahr 1992 (0,70 DM – 0,325 DM) =	0,375 DM

insgesamt also 1 500 DM. Dieser Betrag ist dem Gewinn hinzuzurechnen.

c) Ausnahme: Außergewöhnliche Kosten
LEXinform
▶ BSt-BG-0975 ◀

Mit den Pauschbeträgen sind die gewöhnlichen Kosten des Pkw abgegolten. **1480**

Beispiele für gewöhnliche Kosten:

Parkgebühren für das Abstellen des Pkw während der Arbeitszeit (BFH v. 2. 2. 1979, BStBl II 372); anteilige Zinsen für Anschaffungsdarlehen (BFH v. 30. 11. 1979, BStBl 1980 II 138; v. 1. 10. 1982, BStBl 1983 II 17); grundsätzlich bei Getriebeschaden (FG des Saarlandes v. 21. 1. 1993 rkr., EFG S. 375).

Außergewöhnliche Kosten können **neben den Pauschbeträgen** berücksichtigt werden (BFH v. 13. 11. 1970, BStBl 1971 II 101). **1481**

Beispiele für außergewöhnliche Kosten:

Unfallkosten, wenn der Unfall auf dem Weg Wohnung – Betrieb geschieht (BFH v. 23. 6. 1978, BStBl II 457; v. 14. 7. 1978, BStBl II 595); auf Fahrt zur Einnahme des Mittagessens in der Nähe des Betriebs (BFH v. 18. 12. 1981, BStBl 1982 II 261; BFH v. 22. 3. 1990, BFH/NV 1991, 512; zu Fahrtkosten vgl. aber BFH v. 18. 12. 1992, DB 1993, 1169, m. Anm. MIT, DStR 1993, 721); auf Umwegfahrt zum Betanken des Pkw (BFH v. 11. 10. 1984, BStBl 1985 II 10); zur Abholfahrt bzw. Leerfahrt des Ehegatten vgl. BFH v. 3. 8. 1984, BStBl II 800; v. 26. 6. 1987,

BStBl II 818; v. 11. 2. 1993, BStBl II 518; zur Wertminderung vgl. BFH v. 9. 11. 1979, BStBl 1980 II 71; zu Austauschmotor vgl. BFH v. 29. 1. 1982, BStBl II 325; **keine Anerkennung** der Aufwendungen bei Alkoholfahrt (BFH v. 6. 4. 1984, BStBl II 434); bei Probefahrt (BFH v. 23. 6. 1978, BStBl II 457); bei Fahrt, die nicht von der Wohnung aus angetreten oder an der Wohnung beendet wird (BFH v. 25. 3. 1988, BStBl II 706); bei sog. einseitiger (Gefälligkeits-)Fahrgemeinschaft (FG Schleswig-Holstein v. 11. 3. 1992 rkr., EFG S. 513).

d) Ausnahme: Zwei Betriebsstätten

LEXinform
▶ BSt-BG-0980 ◀

1482 Fahrten zwischen zwei Betriebsstätten (vgl. BFH v. 19. 9. 1990, BStBl 1991 II 97) sind **in vollem Umfang abziehbar**, selbst wenn sich eine Betriebsstätte am Wohnsitz befindet (BFH v. 31. 5. 1978, BStBl II 564; v. 29. 3. 1979, BStBl II 700; v. 13. 7. 1989, BStBl 1990 II 23). Dies setzt jedoch voraus, daß der Steuerpflichtige in seiner mit der Wohnung verbundenen Betriebsstätte vor seiner Abfahrt eine für diese Betriebsstätte typische Tätigkeit ausübt (FG München v. 29. 8. 1990 rkr., EFG 1991, 238).

1483 **Fahrten zwischen Wohnung und Betrieb** sind aber anzunehmen, wenn die auswärtige Betriebsstätte als Mittelpunkt der beruflichen Tätigkeit täglich oder fast täglich angefahren wird und der Betriebsstätte am Hauptwohnsitz nur untergeordnete Bedeutung beizumessen ist, oder wenn sich zwar in der Wohnung eine weitere Betriebsstätte befindet, dieser Teil der Wohnung aber von der übrigen Wohnung baulich nicht getrennt ist und keine in sich geschlossene Einheit bildet (BFH v. 15. 7. 1986, BStBl II 744) oder wenn sich in der Wohnung nur ein häusliches Arbeitszimmer befindet (BFH v. 7. 12. 1988, BStBl 1989 II 421; v. 19. 9. 1990, BStBl 1991 II 97, m. Anm. Kretzschmar, KFR F. 3 EStG § 4, 3/91, 31; BStBl 1991 II 208; v. 26. 5. 1992, BFH/NV S. 661; Niedersächsisches FG v. 2. 8. 1990 rkr., EFG 1991, 460; v. 15. 11. 1990 rkr., EFG 1991, 461; Seitrich FR 1985, 91).

e) Ausnahme: Behinderte

1484 Behinderte, deren Grad der Behinderung mindestens 70 % beträgt, sowie Behinderte, deren Grad der Behinderung weniger als 70 %, aber mindestens 50 % beträgt, und die in ihrer Bewegungsfähigkeit im Straßenverkehr erheblich beeinträchtigt sind, können gemäß §§ 4 Abs. 5 Nr. 6, 9 Abs. 2 EStG die **tatsächlichen Aufwendungen** ansetzen (vgl. Rdnr. 1450 ff.; zur Anerkennung sonstiger Fahrtkosten als außergewöhnliche Belastung vgl. Abschn. 194 Abs. 7 EStR und Leu, DStZ A 1991, 592). Die Behinderung ist durch amtliche Unterlagen nachzuweisen (vgl. Abschn. 194 Abs. 5 und 6 EStR).

6. **Doppelte Haushaltsführung – Familienheimfahrten**
LEXinform ▶ BSt-BG-0985 ◀

Für Familienheimfahrten anläßlich einer anzuerkennenden doppelten Haushaltsführung (vgl. dazu Abschn. 20a Abs. 6 EStR; Abschn. 43 LStR; Rdnr. 1003 ff.) gelten die **Einschränkungen**, die bei Fahrten zwischen Wohnung und Betrieb beschrieben sind, entsprechend (§§ 4 Abs. 5 Nr. 6, 9 Abs. 1 Nr. 4 und 5 EStG; vgl. Rdnr. 1471). Es ist nur eine Fahrt wöchentlich begünstigt (vgl. FG des Saarlandes v. 4. 2. 1992 rkr., EFG S. 514). **1485**

- **Kranken-, Krankentagegeldversicherung**

vgl. „Versicherungen", Rdnr. 1747 ff., 1748. **1486**

- **Kreditoren**

vgl. „Bewertung", Rdnr. 928; „Darlehen", Rdnr. 976 f. **1487**

- **Kundenanzahlungen**
LEXinform ▶ BSt-BG-0990 ◀

Die Abwicklung von Bauaufträgen beinhaltet wegen ihrer **Ausführungsdauer** ein erhebliches Risiko. Unternehmen der Baubranche sind nach dem Vertragsrecht des BGB, aber auch nach den VOB/B **vorleistungspflichtig**. Dem Baufortschritt entsprechende Kundenanzahlungen reduzieren ein mögliches **Ausfallrisiko** und sind eine beachtliche Finanzierungsquelle. **1488**

Solange die Werkleistung bzw. -lieferung aussteht, also noch Nichterfüllung des Vertrages gegeben ist, unterliegen die Anzahlungen der **Rückzahlungspflicht** (BFH v. 16. 5. 1973, BStBl 1974 II 25). Dies ist Ausfluß des **Realisationsprinzips** (BFH v. 8. 10. 1987, BStBl 1988 II 57; vgl. Rdnr. 1531). Erhaltene Kundenanzahlungen sind als Vorleistungen auf schwebende Geschäfte zu **passivieren**. **Aktiv- und Passivanzahlungen** müssen getrennt von Kundenforderungen und Lieferantenverbindlichkeiten **unsaldiert** ausgewiesen werden. Eine Abzinsung ist nicht zulässig.

Der Passivposten dient dazu, der durch die Anzahlung eingetretenen Vermögensmehrung die Auswirkung auf den Gewinn zu nehmen (BFH

v. 26. 6. 1979, BStBl II 625). Ein Ertrag darf erst entstehen, wenn und soweit der Unternehmer leistet. Eine **ertragswirksame Auflösung** hat zu erfolgen, wenn sich ergibt, daß die **Leistung nicht beendet** wird und eine Rückzahlung der Anzahlung nicht in Frage kommt (z. B. Konkurs des Auftraggebers). Anzahlungen sind auch gewinnerhöhend aufzulösen, wenn und soweit einzelne vollständig abgeschlossene **Teilleistungen erbracht** worden sind (FG Berlin v. 29. 4. 1991, EFG 1992, 62; vgl. Rdnr. 1534).

Decken die Anzahlungen den **vereinbarten Leistungsanspruch**, sind sie auch erst zum Zeitpunkt der Abnahme gewinnerhöhend umzubuchen. Die **Höhe der Anzahlungen** im Vergleich zum vereinbarten Gesamtpreis bzw. zu Teilleistungen ist **kein Indiz** für die Entscheidung, ob Gewinnrealisierung (vgl. Rdnr. 1531) zu erfolgen hat (BFH v. 18. 12. 1956, BStBl 1957 III 27). Wurde Gewinn für nicht vereinbarte Teilleistungen ausgewiesen, so ist er passiv abzugrenzen.

1489 Der **Außenprüfer** nimmt die Höhe der Kundenanzahlungen oft als **Meßlatte** für die Beurteilung, ob die ausgewiesenen **teilfertigen Arbeiten** (Rdnr. 1685 ff.) zutreffen. Er geht davon aus, daß der Auftraggeber geforderte Anzahlungen in der Regel nur entsprechend dem tatsächlichen Baufortschritt leistet. Grundsätzlich orientieren sich aber die Anzahlungen am **vereinbarten Gesamtpreis**, müßten also höher sein, als die für teilfertige Arbeiten anzusetzenden Herstellungskosten!

● **Kundenforderungen**

LEXinform
▶ BSt-BG-0995 ◀

1. Allgemeines

1490 Den Kundenforderungen und ihrer **Bewertung** kommt in der Baubranche wegen der langen **Laufzeit der Bauauftragsabwicklung** und des dadurch bedingten hohen **Ausfallwagnisses** große Bedeutung zu. Auch **geringfügige Kundenforderungen** sind auszuweisen (BFH v. 28. 9. 1967, BStBl III 761) und grundsätzlich mit den **Anschaffungskosten** oder dem **niedrigeren Teilwert** zu bewerten (§ 6 Abs. 1 Nr. 2 EStG).

Der **Teilwert** muß vom Unternehmer nach den am Bilanzstichtag vorliegenden Verhältnissen geschätzt werden. Dabei sind **wertaufhellende Tatsachen** zu berücksichtigen, die bis zum Zeitpunkt der Bilanzaufstellung bekannt werden, aber die objektiven Wertverhältnisse zum Bilanzstichtag betreffen (**Aufhellungstheorie**; BFH v. 22. 10. 1991, NWB-EN 443/93).

Die Anschaffungskosten von Kundenforderungen entsprechen in der Regel ihrem **Nennbetrag**. **Wertmindernde Umstände** sind von Vollkaufleuten bei der Bewertung zu beachten. Der Teilwert ist der mit großer Wahrscheinlichkeit **realisierbare Betrag** der Forderung. Zu den wertmindernden Umständen gehören neben dem Ausfallwagnis auch Skontoabzüge, Einzugskosten und Zinsverluste durch späten Geldeingang. Sie lassen sich **einzeln, pauschal** oder **gemischt** bei der Bewertung berücksichtigen.

Uneinbringlichkeit mit der Folge der **vollen Abwertung** der Forderung beschränkt sich in der Regel auf folgende Sachverhalte:

- **Konkurs** des Kunden; meist ist dann keine Quote zu realisieren.
- **Fruchtlose Zwangsvollstreckung** ohne Aussichten auf Besserung.
- Abgabe einer **eidesstattlichen Versicherung** nach § 259 BGB.

Eine **Forsetzung der Geschäftsbeziehungen** rechtfertigt in der Regel nur eine Teilabschreibung (RFH v. 26. 6. 1935, RStBl S. 1449).

Zweifelhafte Forderungen zeichnen sich dadurch aus, daß nur mit dem Ausfall einer Quote zu rechnen ist.

2. Einzelwertberichtigung

Der Ansatz eines niedrigeren Teilwertes hat in der Regel durch **Einzelbewertung** zu erfolgen. Buchtechnisch kann der nicht realisierbare Teil der Nettoforderung (BFH v. 16. 7. 1981, BStBl II 766) ausgebucht (direkte Methode) oder indirekt als Wertberichtigung auf der Passivseite eingestellt werden. Die zweite Methode hat den Vorzug, daß der Nennbetrag der Forderung in der Bilanz präsent bleibt.

1491

Die Einzelwertberichtigung konzentriert sich auf die **besonderen Risiken** bzw. auf hohe Forderungen. Dabei sind die am Bilanzstichtag objektiv vorliegenden Verhältnisse zu berücksichtigen. **Pessimistische Beurteilungen** der Zahlungsmoral und allgemeine Konjunkturrisiken rechtfertigen keine Abwertungen (BFH v. 27. 4. 1965, BStBl III 409; v. 24. 7. 1962, BStBl III 440; v. 19. 1. 1967, BStBl III 335).

Für einzeln wertberichtigte Forderungen wird nach **Sicherheiten** bzw. **Bürgschaften** geforscht. Wertberichtigungen für Ausfallrisiken gegenüber **Bund, Land** oder **Kommunen** werden steuerlich nicht anerkannt. Auch Ansprüche, für die **Debitorenversicherungen** bestehen, rechtfertigen keine Abwertungen.

Forderungsabschläge sind zu schätzen, aber mit objektiven Fakten zu begründen. **Wertaufhellende Tatsachen**, die bis zum Zeitpunkt der Bilanzaufstellung bekannt wurden, sind zu beachten. Sie liegen z. B. vor, wenn der Kunde bis zur **Bilanzaufstellung** ganz oder teilweise gezahlt oder der Unternehmer bis dahin ausreichende **Sicherheiten** erhalten hat.

Bei Einzelwertberichtigung interessieren sich Prüfer für die **Kontenbewegungen** bis zum Zeitpunkt der Bilanzaufstellung. Wurde eine Forderung zu 50 v. H. abgewertet, waren aber bis zur Bilanzaufstellung schon ca. 80 v. H. eingegangen, wird fraglich, ob eine Teilwertabschreibung überhaupt anerkannt wird.

Da der **Zeitpunkt der Bilanzaufstellung** als Tag, an dem die Bilanz im wesentlichen fertiggestellt ist, ein für den Prüfer nur schwer festzulegender **betriebsinterner Zeitpunkt** ist, bestehen für den Unternehmer gute Chancen der Rechtfertigung von Wertberichtigungen.

3. Prüfungsansätze

1492 Das Augenmerk der Prüfer gilt bei Prüfung der Kundenforderungen zuerst den **Forderungsausbuchungen** bzw. -wertberichtigungen. Ihre **Zulässigkeit** wird nach denselben Grundsätzen beurteilt, wie sie für Betriebsausgaben bestehen (FG Köln v. 18. 4. 1986, EFG S. 483). Sie werden anerkannt, wenn und soweit sie **betrieblich veranlaßt** sind (§ 4 Abs. 4 EStG). Die betriebliche Veranlassung ist anhand **objektiver Fakten** nachzuweisen. Der Prüfer zieht Schriftwechsel, Mahnvorgänge, Mahnbescheide, Pfändungen oder sonstige Nachweise zu und prüft den Geschäftsverkehr mit diesem Kunden bis zum Zeitpunkt der Bilanzaufstellung.

Größere Differenzen (Korrekturbuchungen) zwischen Saldenliste und Sachkonto sollten geklärt werden. **Ungeklärte Differenzen** könnten nach den Grundsätzen einer **ergänzenden Schätzung** für den Betrieb nachteilig behandelt werden (BFH v. 13. 10. 1976, BStBl 1977 II 260). **Kundenüberzahlungen** im Zusammenhang mit Abrechnungen von Kundenanzahlungen geht der Prüfer nach. Er schließt bei dieser Konstellation nicht aus, daß Rechnungsausgänge fehlen. Ausbuchungen von sog. **Spitzenbeträgen** müssen nachgewiesen werden. Die Verwaltung argwöhnt **Einbehalte zur Absicherung** möglicher Gewährleistungsansprüche (Kautionen), die nicht ausgebucht werden dürften.

4. Pauschale Wertberichtigung (Delkredere)

Der Forderungsbestand wird auch durch ein Bündel **allgemeiner Wertminderungen** beeinträchtigt (Zinsverluste, Einzugskosten, Skonti, Einbehalte). Dafür darf ein pauschales Delkredere in Höhe eines Prozentsatzes des Forderungsbestandes gebildet werden. Daß auch dabei die **Aufhellungstheorie** zu beachten ist (BFH v. 19. 12. 1972, BStBl 1973 II 218), wird in der Literatur nicht einhellig akzeptiert. Die Tatsache des **Eingangs einer Forderung** bis zur Bilanzaufstellung widerlegt das Ausfallrisiko, neutralisiert aber nicht Wertminderungen durch Skonti, Zinsverluste und Einzugskosten. 1493

Zur Bewertung des **Ausfallrisikos** darf sich der Delkredere-Prozentsatz nur auf die **Nettoforderungen** beziehen (BFH v. 16. 7. 1981, BStBl II 766). Für die anderen wertmindernden Faktoren gilt als Bezugsgröße der Betrag der **Bruttoforderungen**. In der Praxis wird das gesamte pauschale Delkredere abweichend davon vom Nettowert berechnet.

Pauschale Wertberichtigungen dürfen sich nicht auf bereits **einzeln wertberichtigte Forderungen** beziehen. Insoweit würden **doppelte Gewinnminderungen** eintreten.

Pauschale Wertberichtigungen von Kundenforderungen werden nach dem sog. **Rationalisierungserlaß** (v. 25. 9. 1980, Bp-Kartei OFD Hannover I – 2.31) nicht beanstandet, wenn sie 3 v. H. der Nettoforderungen nicht übersteigen, wobei Wertaufhellungen zu berücksichtigen sind. Nach dem StandOG wird diese „Nichtaufgriffsgrenze" auf 1 v. H. abgesenkt.

• Kunstgegenstände

vgl. „Arbeitszimmer", Rdnr. 660 ff., 664 f., „Betriebs- und Geschäftsräume", Rdnr. 901 f., „Repräsentationsaufwendungen", Rdnr. 1577 ff. 1494

• „Lastwagenschlosser"

LEXinform
▶ BSt-BG-1000 ◀

Herumreisende Unternehmer (sog. „Lastwagenschlosser") bieten Betrieben vom Lkw bzw. Wohnwagen aus das **Härten und Schleifen** von Werkzeugen an. Die darüber mit USt-Ausweis ausgestellten Belege erkennt die Verwaltung in vielen Fällen unter Hinweis auf § 160 AO steuerlich nicht an. **Betriebsausgaben- und Vorsteuerabzug** werden versagt, weil die in den Rechnungsköpfen genannten **Anschriften unzutreffend** seien. Die „Lastwagenschlosser" entziehen sich ihrer steuerlichen Erfassung. 1495

Die **Entscheidungen** der bisher mit solchen Fällen befaßten Finanzgerichte (Niedersächsisches FG v. 8. 6. 1989, EFG 1990, 48; FG Bremen v. 21. 4. 1989, EFG 1990, 49) sind zur Zeit **konträr**. Während das FG Bremen das Verlangen der Empfängerbenennung im Verhältnis zu fingierten ausländischen Firmen für **nicht zumutbar** hält und den Abzug als Betriebsausgaben und Vorsteuer versagte, vertrat das FG Niedersachsen den Standpunkt, daß unredliches Verhalten einzelner nicht generell **zu Lasten redlicher Unternehmer** gehen dürfe, wenn es dem Finanzamt selbst nicht gelinge, einen Steuerpflichtigen zur Steuer heranzuziehen. Zur Nichtabziehbarkeit der **Vorsteuer** vgl. BFH v. 17. 9. 1992 (BStBl 1993 II 205).

● Leasing

1496 vgl. Rdnr. 193 ff.

● Lebensversicherung

1497 vgl. „Versicherungen", Rdnr. 1747 ff., 1748; zur Sonderregelung für das Beitrittsgebiet vgl. Rdnr. 827 f.

● Lehrgänge

1498 vgl. „Fortbildungskosten", Rdnr. 1130 ff.

● Leistungsentnahme

1499 vgl. „Eigene Bauten", Rdnr. 1071

● Liebhaberei

1500 vgl. „Gewinnerzielungsabsicht", Rdnr. 1194 ff.

● Lohnfortzahlung

1501 Das **Lohnfortzahlungsgesetz** vom 27. 7. 1969 (BGBl I 946) verpflichtet die Unternehmer, den Arbeitnehmern bei Krankheit bis zu sechs Wochen die Löhne weiter zu zahlen. Betriebe mit bis zu 20 Arbeitnehmern erhalten 80 v. H. der gezahlten Krankheitslöhne auf Antrag von der **Krankenkasse erstattet**. Diese Leistungen finanzieren die Orts- bzw. Innungskrankenkassen durch im Umlageverfahren berechnete **Zusatzbeiträge** zu den

Sozialbeiträgen. Die **Krankenkassenerstattungen** für Lohnfortzahlungen sind Betriebseinnahmen. Sie sollten auf betriebliche Konten geleitet werden. Am Bilanzstichtag noch **ausstehende Erstattungsbeträge** gegenüber der Krankenkasse sind als sonstige Forderungen zu bilanzieren.

Die Finanzverwaltung überprüft die **vollständige Erfassung** nach den Eintragungen auf den Lohnkonten, der Urlaubs- bzw. Krankheitskartei und den in den Personalakten abgehefteten Krankheitsbescheinigungen. Durchschriften der **Erstattungslisten** sind als betriebliche Belege aufbewahrungspflichtig. Bei Unklarheiten richten die Außenprüfer **Auskunftsersuchen an die Krankenkassen** nach § 93 AO.

Die krankheitsbedingte Lohnfortzahlung ist nicht in die steuerlichen **Herstellungskosten** einzubeziehen (Bachem, BB 1991, 380). Sie entsteht nicht aufgrund einer produktiven Leistung des Arbeitnehmers.

• Lohnsteuer

vgl. Rdnr. 2541 ff. **1502**

• Maschinen

vgl. „Aktivierung", Rdnr. 542 ff.; „Betriebs- und Geschäftsräume", **1503**
Rdnr. 898 ff.

• Meisterkurse
LEXinform
▶ BSt-BG-1005 ◀

Aufwendungen für die **Fortbildung Dritter** sind Betriebsausgaben, wenn **1504**
sie aus **betrieblichem Interesse** übernommen werden. Das gilt auch im Verhältnis zu Angehörigen. Es muß auszuschließen sein, daß dies aus verwandtschaftlichen Gründen geschieht. Die **Beweislast** für die betriebliche Veranlassung nach § 4 Abs. 4 EStG trägt der Unternehmer.

Die Übernahme der Aufwendungen für den Besuch einer Meisterschule unter **Fortzahlung der Gehälter** für im Betrieb beschäftigte Kinder qualifiziert der BFH grundsätzlich als unter § 12 Nr. 1 EStG fallende nicht abziehbare **Lebenshaltungskosten** (BFH v. 14. 12. 1990, BStBl 1991 II 305). Auch in früheren Entscheidungen wurde die Übernahme von Aufwendungen für eine Meisterschulung negativ entschieden (BFH v. 10. 5. 1966, BStBl III 490). Der BFH erklärte es für nicht üblich, daß **mittlere Handwerksbetriebe** fremde Arbeitnehmer auf Betriebskosten zum Nachfolger heranbilden. Vergleichbare Rechtsprechung siehe auch FG Rheinland-Pfalz v. 22. 11. 1966 (EFG 1967, 168).

Der BFH (Urteil v. 14. 12. 1990, a. a. O.) bejaht eine betriebliche Veranlassung für den Fall, daß die Kosten übernommen werden, um einen **betrieblichen Nachfolger** heranzubilden. Dazu gehören **besondere Vereinbarungen** zur Kostenübernahme, gekoppelt mit der Gegenverpflichtung, eine gewisse Zeit im Betrieb zu bleiben, mit einer **Rückzahlungsklausel** für vorzeitiges Ausscheiden. Solche klar und eindeutig geschlossenen Verträge hält der BFH auch für zwischen Eltern und Kinder steuerlich beachtlich, wenn sie inhaltlich dem **zwischen Fremden Üblichen** entsprechen und auch mit einem Fremden so geschlossen würden. Zur Erreichung der Abziehbarkeit empfiehlt Neufang (Inf 1991, 565) ein besonderes Vertragsmuster mit **fünfjähriger Bindungsfrist**.

Aufwendungen eines Gesellen für die Meisterausbildung und -prüfung sind **keine vorgezogenen Betriebsausgaben**, wenn der Geselle die Aufwendungen tätigt, um eine von ihm im Angestelltenverhältnis verantwortlich geleitete GmbH zu gründen, an der er Mehrheitsbeteiligung hält (FG des Saarlandes v. 2. 4. 1992, EFG S. 582).

- **Meistgebot**

1505 vgl. „Rettungserwerb", Rdnr. 1590.

- **Mietkaufverträge**

1506 vgl. „Gewinnerzielungsabsicht", Rdnr. 1194 ff., 1202.

- **Mietverträge**

1507 vgl. „Ehegatten-Arbeitsverhältnisse . . .", Rdnr. 1031 ff., insbesondere Rdnr. 1054 f.; „Kinder-Arbeitsverhältnisse . . .", Rdnr. 1412 ff., insbes. Rdnr. 1416 (3. Beispiel), 1424 f.; „Betriebsverpachtungen", Rdnr. 2997 f.

- **Mißbrauch**

1508 vgl. „Grundstückshandel", Rdnr. 1258 ff.; „Kinder-Arbeitsverhältnisse . . . ", Rdnr. 1423 ff.

- **Mofa; Moped; Motorrad; Motorroller**

1509 vgl. „Kraftfahrzeugkosten", Rdnr. 1448 ff.; „Reisekosten", Rdnr. 1548 ff.

• Nebentätigkeiten, Nebeneinnahmen
LEXinform
▶ BSt-BG-1010 ◀

Einnahmen aus Nebentätigkeiten sind **Betriebseinnahmen**, wenn sie im Rahmen des Betriebes anfallen. Ein Indiz dafür ist der Umstand, daß solche Tätigkeiten **berufliche Kenntnisse** und **Fähigkeiten** nutzen, an die unternehmerische Position anknüpfen bzw. im wirtschaftlichen Zusammenhang mit dem Betrieb stehen.

Entschädigungen (Aufwandsentschädigungen) für Bauten betreffende **Gutachtertätigkeit**, berufsbezogene **Ehrenämter** oder die Mitwirkung in **Prüfungsausschüssen** sind betrieblich veranlaßt und damit Betriebseinnahmen. Maßgeblich für die Zuordnung zum betrieblichen/beruflichen Bereich ist die **Gleichstellung mit** den entsprechenden **Beitragszahlungen**. Für die Frage der Zugehörigkeit zu den Betriebseinnahmen kann persönliche Mitarbeit z. B. bei **Verbandstätigkeit** nicht anders eingeordnet werden, als der Beitrag an den Verband selbst (BFH v. 28. 11. 1980, BStBl 1981 II 368).

Aufwandsentschädigungen einer **Berufskammer** für einen ehrenamtlich als Präsident tätigen Inhaber eines einschlägigen Betriebes sind **Betriebseinnahmen** (BFH v. 26. 2. 1988, BStBl II 615). Im Ergebnis gleich einzuordnen sind Entschädigungen anläßlich der einseitigen **Kündigung eines Bauvertrages** durch den Auftraggeber (BFH v. 27. 7. 1978, BStBl 1979 II 69). Ersatzleistungen für im Rahmen des Betriebes geschlossene Verträge sind wie die Erfüllungsleistungen selbst Gegenstand des Betriebes und keine Entschädigungen als **Ersatz für entgangene Einnahmen** i. S. des § 24 Nr. 1 a EStG. Erstellt ein Handwerksmeister oder Bauunternehmer **Gutachten,** so sind die Einnahmen daraus Betriebseinnahmen (FG Bremen v. 25. 8. 1953, EFG S. 56).

Nebenberufliche Lehrtätigkeit von Handwerksmeistern an Berufs- oder Meisterschulen ist als **freiberuflich** anzusehen, wenn sie sich ohne Schwierigkeiten von der Haupttätigkeit trennen läßt (Abschn. 146 Abs. 3 EStR; FG Niedersachsen v. 24. 4. 1980, EFG S. 546).

Nicht gewerbesteuerlich beachtliche sonstige selbständige Tätigkeit i. S. von § 18 Abs. 1 Nr. 3 EStG ist **Aufsichtsratstätigkeit, Hausverwaltung** u. ä. m. Hausverwaltung größeren Umfangs mit Hilfskräften ist gewerbliche Betätigung (BFH v. 25. 11. 1970, BStBl 1971 II 239).

• Nicht abgerechnete Arbeiten
vgl. „Teilfertige Bauten", Rdnr. 1685 ff.

• Nichteheliche Lebensgemeinschaft
1512 vgl. „Ehegatten-Arbeitsverhältnisse . . .", Rdnr. 1068.

• Nichtselbständige Tätigkeit
1513 vgl. „Selbständige Tätigkeit", Rdnr. 1641 ff.; Rdnr. 2541 ff.

• Ordnungsgelder
1514 vgl. „Geldbußen", Rdnr. 1153 ff.

1515 *(Einstweilen frei)*

• Pauschalierung der Lohnsteuer
1516 vgl. Rdnr. 2791 ff.

• Pensionskasse
1517 vgl. „Lohnsteuer", Rdnr. 2849 ff.

• Pensionszusage (§ 6a EStG)
Literatur: *Schoor,* Das Ehegattenarbeitsverhältnis, FR 1988, 573; *Lempenau,* Fremdvergleich als Nachweisvoraussetzungen für Pensionszusage an Arbeitnehmer-Ehegatten, KFR F. 3 EStG § 6a, 1/90, 13; *Koenen,* Betriebliche Altersversorgung – Gestaltungsalternativen und ihre steuerlichen Wirkungen, DB 1990, 1425; *Chevallerie,* Pensionsrückstellungen und Steuerersparnisse, DB 1990, 1676; *Gerstner,* Steuerfragen der betrieblichen Altersversorgung, NWB F. 3, 7685; *Pinkos,* Umgekehrte Maßgeblichkeit und betriebliche Altersversorgung, DB 1991, 361; *Bräsch,* Die verdrehte „umgekehrte Maßgeblichkeit und betriebliche Altersversorgung", DB 1991, 884; *Korn,* Pensionszusagen und betriebliche Versorgungsrenten an tätige Mitunternehmer, KÖSDI 1991, 8507; *Heubeck/Schmauck,* Rückstellungen für Pensionszusagen an Gesellschafter-Geschäftsführer von Personengesellschaften, BB 1991, 1903; *Ahrend/Heger,* Empfehlungen für die Ausgestaltung von Pensionszusagen im Hinblick auf die steuerliche Anerkennung, DStR 1991, 1169; *Förschle/Hildebrand,* Bedeutung der umgekehrten Maßgeblichkeit für die Bilanzierung von Pensionsverpflichtungen und Zuwendungen an Unterstützungskassen, DStR 1991, 1441; *Cisch,* Neue Bundesländer: Pensionsrückstellungen für Zusatzrenten aufgrund der Anordnung vom 9. 3. 1954, DB 1991, 2301; *Bullinger,* Der Einfluß der umgekehrten Maßgeblichkeit auf die Bilanzierung von Pensionsverpflichtungen, DB 1991, 2397; *Bordewin,* Umgekehrte Maßgeblichkeit bei ausschließlich steuerlichem Bilanzierungswahlrecht?, DB 1992, 291; *Authenrieth,* Pensionsrückstellung für Mitunternehmer bei Personengesellschaften, DStZ 1992, 114.

Verwaltungsanweisungen: Abschn. 41 EStR; BMF v. 10. 12. 1990, Berücksichtigung von Sozialversicherungsrenten bei der Berechnung von Pensionsrückstellungen nach § 6a EStG, BStBl I 868; BMF v. 21. 6. 1991, Bilanzsteuerrechtliche Behandlung von Pensionsverpflichtungen im Beitrittsgebiet, BStBl I 559; FM Niedersachsen v. 19. 9. 1991, Einkommensteuerliche Behandlung von Aufwandserstattungen und Zuführungen zu Pensionsrückstellungen bei Entsendung von Führungs- und Fachkräften in das Beitrittsgebiet, DStR S. 1420; FM Niedersachsen v. 10. 3. 1992, Pensionsrückstellung: Ausgeschiedener Mitunternehmer, BB S. 746; BMF v. 11. 6. 1992, Auswirkungen des RentenreformG 1992 auf die Bildung von Pensionsrückstellungen, DB S. 1452, DStR S. 1019.

1. Allgemeines

LEXinform
▶ BSt-BG-1015 ◀

Für unmittelbare Pensionszusagen müssen Rückstellungen in der Handelsbilanz gebildet werden (§ 249 HGB). Nach dem Grundsatz der Maßgeblichkeit der Handelsbilanz hat die handelsrechtliche Passivierungspflicht die **Passivierungspflicht** für Pensionszusagen in der Steuerbilanz zur Folge, wenn die Voraussetzungen des § 6a Abs. 1 Nr. 1 bis 3 EStG vorliegen (zur erstmaligen Bildung einer Pensionsrückstellung vgl. § 6a Abs. 2 EStG; zur Höhe einer Pensionsrückstellung vgl. § 6a Abs. 3 und Abs. 4 EStG; Pinkos, DB 1991, 361; Bräsch, DB 1991, 884; Bullinger, DB 1991, 2397; Bordewin, DB 1992, 291; Förschle/Hildebrand, DStR 1991, 1441; zur Berücksichtigung von Sozialversicherungsrenten bei der Berechnung von Pensionsrückstellungen vgl. BMF v. 10. 12. 1990, BStBl I 868; zum RentenreformG 1992 vgl. BMF v. 11. 6. 1992, DB S. 1452, DStR S. 1019; ausführlich zu den einzelnen Voraussetzungen Gerstner, NWB F. 3, 7685; Ahrend/Heger, DStR 1991, 1169; zu Pensionszusagen zugunsten eines Gesellschafter-Geschäftsführers vgl. Korn, KÖSDI 1991, 8507, und Heubeck/Schmauck, BB 1991, 1903; zugunsten eines Mitunternehmers vgl. Authenrieth, DStZ 1992, 114; zugunsten eines ausgeschiedenen Mitunternehmers: BFH v. 24. 7. 1990, BStBl 1992 II 229, und FM Niedersachsen v. 10. 3. 1992, BB S. 746; zur bilanzsteuerrechtlichen Behandlung von Pensionsverpflichtungen im Beitrittsgebiet vgl. BMF v. 21. 6. 1991, BStBl I 559, und Cisch, DB 1991, 2301; zur Entsendung von Arbeitnehmern in das Beitrittsgebiet vgl. FM Niedersachsen v. 19. 9. 1991, DStR S. 1420).

1518

Für laufende Pensionen und Anwartschaften auf Pensionen, die vor dem 1. 1. 1987 rechtsverbindlich zugesagt worden sind **(Altzusagen)**, gilt nach Art. 28 des Einführungsgesetzes zum HGB in der durch Gesetz v. 19. 12. 1985 (BGBl I 2355, BStBl I 94) geänderten Fassung weiterhin das handels- und steuerrechtliche **Passivierungswahlrecht**; insoweit sind die

1519

Anweisungen in Abschn. 41 EStR 1984 mit Ausnahme des Abs. 24 Sätze 5 und 6 weiter anzuwenden (Abschn. 41 Abs. 1 Satz 3 EStR).

1520 Die Versorgungszusage ist **zu Zukunftssicherungsleistungen abzugrenzen** (vgl. dazu LSt-Pauschalierung nach § 40b EStG, Rdnr. 2846ff.). Zukunftssicherungsleistungen des Arbeitgebers sind gegenwärtig zufließender Arbeitslohn, die späteren Leistungen erhält der Arbeitnehmer im steuerrechtlichen Sinn nicht mehr aufgrund des Dienstverhältnisses. Kein gegenwärtig zufließender Arbeitslohn liegt vor, wenn der Arbeitgeber dem Arbeitnehmer eine Versorgung aus eigenen, erst im Zeitpunkt der Zahlung bereitzustellenden Mitteln zusagt; in diesem Fall unterliegen nur die späteren, aufgrund der Zusage geleisteten Versorgungsbezüge der LSt (BFH v. 7. 2. 1990, BStBl II 1062).

2. Pensionszusage an Arbeitnehmer-Ehegatten

LEXinform
▶ BSt-BG-1020 ◀

1521 Pensionszusagen sind auch zugunsten des im Betrieb mitarbeitenden nahen Angehörigen (insbesondere Ehegatten) im Rahmen eines steuerlich anerkannten Arbeitsverhältnisses (vgl. Rdnr. 1031ff.) möglich. Eine Rückstellung kann aber nur gebildet werden, wenn und soweit die Versorgungszusage eindeutig vereinbart und ernsthaft gewollt, sowie dem Grunde und der Höhe nach ausschließlich betrieblich veranlaßt ist. Die **Ernsthaftigkeit** einer getroffenen Vereinbarung ist insbesondere dann zu verneinen, wenn nach den Umständen des Einzelfalls bereits bei Erteilung der Zusage mit einer späteren Inanspruchnahme aus der Verpflichtung nicht zu rechnen ist (vgl. FG München v. 17. 9. 1991 13 K 764/91 rkr., n. v.).

1522 Die Pensionszusage ist nur dann **betrieblich veranlaßt,** wenn und soweit eine vergleichbare Zusage auch einem vergleichbaren **familienfremden Arbeitnehmer** in dem Betrieb erteilt worden ist (BFH v. 10. 3. 1993, BStBl II 604) oder – bei Beschäftigung nicht vergleichbarer Arbeitnehmer – mit hoher Wahrscheinlichkeit erteilt worden wäre (BFH v. 16. 5. 1990, BStBl II 1044), wobei die entsprechende Prüfung vorrangig nach dem Inhalt der Vereinbarungen vorzunehmen ist. Unabhängig davon kann eine betriebliche Veranlassung auch dann bejaht werden, wenn durch die Versorgungszusage **besondere Arbeitsleistungen** berücksichtigt werden sollen oder die Altersversorgung **an Stelle einer Sozialversicherungsrente** zugesagt wird (BFH v. 10. 12. 1992, DB S. 1650; v. 14. 7. 1989, BStBl II 969, m. w. N.). In letzterem Fall sind die Zuführungen nur insoweit als betrieblicher Aufwand anzuerkennen, als es sich rechnerisch um die Ansammlung der Beträge handelt, die bei der gesetzlichen Rentenversicherung die Funktion von **Arbeitgeberbeiträgen** erfüllen. Fiktive Arbeitnehmerbeiträge sind nicht zu berücksichtigen (BFH v. 7. 2. 1990, BFH/NV 1991, 80; Fremdvergleich verfassungsgemäß, vgl. BVerfG v. 16. 7. 1991 2 BvR 769/90, NWB-EN Nr. 1456/91; v. 9. 10. 1991 1 BvR 1406/89, NWB-EN Nr. 475/92; BFH v. 16. 5. 1990, BFH/NV 1991, 586; v. 21. 6. 1990, BFH/NV 1991, 587). Dies gilt nur für ersparte Arbeitgeberbeiträge, die **ab Erteilung der Pensionszusage** angefallen wären (also keine Nachholung möglich, BFH v. 14. 7. 1989, BStBl II 969).

Nach der Rechtsprechung des BFH (v. 14. 7. 1989, BStBl II 969) ist die Pensionszusage nicht **betrieblich veranlaßt**, wenn einem 36jährigen Arbeitnehmer-Ehegatten eine dienstzeitunabhängige Invaliditätsrente in Höhe von 75 % der Aktivbezüge zugesagt wird (kritisch hierzu Lempenau, KFR F. 3 EStG, § 6a, 1/90, 13). Die betriebliche Veranlassung ist außerdem zu verneinen, wenn der Unternehmer einem im Betrieb mitarbeitenden Angehörigen, der im Zeitpunkt der Zusage bereits 68 Jahre alt ist, eine Pension zusagt (Niedersächsisches FG v. 13. 6. 1991 rkr., EFG 1992, 119; vgl. auch FG Nürnberg v. 22. 6. 1992, EFG S. 730; FG Köln v. 9. 3. 1992 rkr., EFG 1993, 54; vgl. auch Rdnr. 2861 ff.). 1523

● **Personengesellschaft**

vgl. Rdnr. 262 ff.; zur „Ehegattenpersonengesellschaft" vgl. Rdnr. 277 ff. 1524

● **Personenversicherungen**

vgl. „Versicherungen", Rdnr. 1748 ff. 1525

● **Policendarlehen**

vgl. Rdnr. 218 ff. 1526

● **Privatvermögen**

vgl. „Betriebsvermögen", Rdnr. 909 ff.; „Kraftfahrzeugkosten", Rdnr. 1448 ff.; „Versicherungen", Rdnr. 1747 ff. 1527

● **Prozeßkosten**

LEXinform
▶ BSt-BG-1025 ◀

Prozeßkosten teilen als Folgekosten das rechtliche Schicksal der Aufwendungen um die gestritten wurde (vgl. BFH v. 31. 3. 1992, BStBl II 805); vgl. auch „Rückstellungen", Rdnr. 1601 ff. 1528

● Rabatte

1529 vgl. „Bewertung", Rdnr. 917 ff., 920 f.

● Raten für Betriebskauf und -verkauf

1530 vgl. Rdnr. 3038 ff.

● Realisierungszeitpunkt bei Bauausführungen

LEXinform
▶ BSt-BG-1030 ◀

1531 Die Grundsätze der Gewinnrealisierung erst nach Abnahme eines Werkes sind ursächlich dafür, daß in der Baubranche Unstetigkeiten in der **Ertragssituation** ausgeprägt sind. Ob ein gegenseitiger Vertrag am Bilanzstichtag noch ein **schwebendes Geschäft** oder bereits voll oder teilweise erfüllt ist, muß unter Berücksichtigung der für das Geschäft geltenden **bürgerlich-rechtlichen Vorschriften** entschieden werden (BFH v. 8. 12. 1982, BStBl 1983 II 369).

Gewinnrealisierung erfolgt nicht erst bei **Fälligkeit** der Forderung (BFH v. 28. 1. 1960, BStBl III 291; v. 15. 4. 1970, BStBl II 517). Noch **fehlende Rechnungserteilung** für ein abgenommenes Werk kann das Erfordernis der Gewinnrealisierung nicht verhindern (BFH v. 18. 12. 1956, BStBl 1957 III 27).

1532 Erfüllt ist ein Geschäft im bilanzrechtlichen Sinne, wenn und soweit die geschuldete Leistung an den Kunden bewirkt worden ist und der Auftraggeber die **vertragsgemäße Auftragserfüllung** anerkannt hat. Der Anspruch des Unternehmers auf die Gegenleistung muß so gut wie sicher sein (BFH v. 25. 2. 1986, BStBl II 788; v. 27. 2. 1986, BStBl II 552). Das **Preisrisiko** darf sich nur noch auf berechtigte **Gewährleistung** beziehen bzw. darin bestehen, daß der Kunde **zahlungsunfähig** wird (BFH v. 27. 2. 1986, a. a. O.; v. 14. 12. 1988, BStBl 1989 II 323, 324).

Für Bauwerke ist die Leistung bewirkt, wenn dem Auftraggeber die **Verfügungsmacht** am erstellten Werk verschafft wurde. Es müssen das Risiko des zufälligen **Untergangs bzw. einer Verschlechterung** des Werkes und seine Nutzen und Lasten auf den Auftraggeber übergangen sein, um den Zustand eines schwebenden Geschäfts zu beenden. Das ist nach ständiger Rechtsprechung der **Zeitpunkt der Übergabe bzw. Abnahme** nach § 640 BGB (BFH v. 18. 12. 1956, BStBl 1957 III 27), und zwar auch, soweit nach §§ 946, 93, 94 BGB die verwendeten Baustoffe bereits früher in das Eigentum des Auftraggebers übergegangen sind.

Behördliche Abnahmevorgänge sind für die Entscheidung über die Gewinnrealisierung ohne Belang. Die Abnahme kann auch durch **konkludentes Handeln** durch den Auftraggeber z. B. durch faktische Benutzung bzw. **Inbetriebnahme des Werkes** erfolgen, wenn es sich nicht um unselbständige Teile einer Gesamtanlage handelt. Gewinnrealisierung muß auch erfolgen, wenn mit einer formellen **Abnahme nicht zu rechnen** ist bzw. der Auftraggeber sie verweigert. Etwas anderes gilt für den Fall der **Abnahmeverweigerung** wegen noch zu beseitigender wesentlicher Mängel (§ 12 Nr. 3 VOB/B). Gewinnrealisierung führt zur **Auflösung** der aktivierten **Kundenanzahlungen** (vgl. Rdnr. 1488). 1533

Neben der Gewinnrealisierung für das gesamte Werk kann in der Praxis auch eine Verpflichtung zur **Gewinnrealisierung von Teilleistungen** in Frage kommen. Die Frage der Annahme von Teilleistungen ist nach bürgerlichem Recht zu entscheiden (BFH v. 8. 12. 1982, BStBl 1983 II 369). Eine Teilleistung bedeutet Teilerfüllung, wenn die vereinbarte Werklieferung 1534

- wirtschaftlich und **technisch teilbar**,
- ein **abgeschlossener und selbständiger Teil** der Gesamtleistung (bei Reihenhäusern die Einzelfertigstellung),
- **keine Nebenleistung** zur Hauptleistung ist,
- sie **vertraglich vereinbart** und
- **gesondert abgenommen** und auch **endgültig abgerechnet** wird.

Für zur Gewinnrealisierung zwingende Teilleistungen sprechen Aufteilungen der **Positionen „haus- bzw. blockweise"**. Teilleistungen können nicht schon dann angenommen werden, wenn **Leistungsverzeichnisse** die Einzelleistungen (Erdarbeiten, Fundamente, Betonarbeiten usw.) ausweisen, die aber technisch nicht trennbar sind (RFH v. 22. 2. 1935, RStBl S. 709) bzw. für das Gesamtwerk ein **Pauschalpreis** vereinbart wird. Eine Vereinbarung von Pauschalpreisen zeigt, daß die Leistung grundsätzlich **ganz geschuldet** wird und nicht aufteilbar ist. Die Übereinstimmung von **Abschlagszahlungen** mit dem Leistungsverzeichnis ist nicht relevant. Es muß eine **selbständige Teilerfüllung** angenommen werden können. 1535

Für sehr **langfristige Bauvorhaben**, die nicht in selbständige Teilleistungen aufteilbar sind (Talsperren-, Tunnel-, Brückenbauten) duldet die Rechtsprechung ein **Wahlrecht zur Gewinnrealisierung** (RFH v. 11. 1. 1939, 1536

RStBl S. 323). Ein Zwang besteht nicht (BFH v. 18. 12. 1956, BStBl 1957 III 27).

1537 Der gewerbliche Gewinn aus der **Veräußerung schlüsselfertiger Eigentumswohnungen** ist regelmäßig im Zeitpunkt der Übergabe der bezugsfertigen Wohnungen realisiert (BFH v. 31. 1. 1980, BStBl II 318). Ein Kaufvertrag wird seitens des Verkäufers mit der Übergabe der Sache erfüllt (BFH v. 27. 2. 1986, BStBl II 552). Werden gewerbsmäßig **Gebäude zur Veräußerung** errichtet, so darf der Kaufpreisanspruch auch nicht teilweise aktiviert werden, wenn mit den künftigen Erwerbern nur privatschriftliche **Kaufanwartschaftsverträge** bestehen (BFH v. 5. 5. 1976, BStBl II 541). Die aufgrund eines wegen Formmangels **nichtigen Grundstückskaufvertrages** erzielten Gewinne sind verwirklicht, wenn der Erwerber wirtschaftlicher Eigentümer geworden ist, der Veräußerer den Vertrag erfüllt hat und nicht damit rechnen muß, daß der Erwerber seine **Leistung zurückfordern** wird (BFH v. 29. 11. 1973, BStBl 1974 II 202).

- **Rechnungsabgrenzung**

LEXinform
▶ BSt-BG-1035 ◀

1538 Als Rechnungsabgrenzungsposten sind nach § 5 Abs. 5 EStG nur anzusetzen

- auf der Aktivseite Ausgaben vor dem Abschlußstichtag, soweit sie Aufwand für eine bestimmte Zeit nach diesem Tag darstellen;

- auf der Passivseite Einnahmen vor dem Abschlußstichtag, soweit sie Ertrag für eine bestimmte Zeit nach diesem Tag darstellen.

1539 Auf der Aktivseite sind ferner anzusetzen

- als Aufwand berücksichtigte Zölle und Verbrauchsteuern, soweit sie auf am Abschlußstichtag auszuweisende Wirtschaftsgüter des Vorratsvermögens entfallen,

- als Aufwand berücksichtigte USt auf am Abschlußstichtag auszuweisende Anzahlungen.

Beispiele:

Mietvorauszahlungen (BFH v. 11. 10. 1983, BStBl 1984 II 267); im voraus gezahlte Erbbauzinsen und ggf. durch Erbbauberechtigten gezahlte Erschließungskosten (vgl. „Erbbaurecht", Rdnr. 1087; „Schwebende Geschäfte", Rdnr. 1638ff.; im voraus gezahlte Versicherungsprämien bzw. KraftSt (BFH v. 10. 7. 1970, BStBl 1970 II 779); Disagio (vgl. Rdnr. 987); Zahlung eines Kaufinteressenten für mehrjähriges bindendes Verkaufsangebot (BFH v. 4. 6. 1991, BStBl 1992 II 70,

Einkommensteuer / Reisekosten

m. Anm. Kohler, KFR F. 3 EStG § 4, 3/92, 41; BFH/NV 1992, 163; vgl. auch Rdnr. 1243); evtl. Investitionszuschüsse aus öffentlichen Mitteln (vgl. „Zuschüsse", Rdnr. 1799 f.).

- **Rechtsschutzversicherung**

vgl. „Versicherungen", Rdnr. 1747 ff.; insbes. Beispiele zu Rdnr. 1748., Rdnr. 1754.

1540

- **Reisekosten (§§ 4 Abs. 4, Abs. 5 Nr. 5, 9 Abs. 1 Satz 1, Abs. 4 EStG)**

Literatur: *Halaczinsky*, Steuerliche Behandlung der Reisekosten ab 1990 bei Unternehmern und Freiberuflern, Inf 1990, 147; *Kühr*, Reisespesen, Fachtagungen und Umzugskosten im Steuerrecht, 2. Aufl., Neuwied, 1990; *o. V.*, Tabellen zu den Reisekosten und Reisekostenvergütungen bei Geschäftsreisen und Dienstreisen privater Arbeitnehmer ab 1991, DB Beilage Nr. 2/91; *Richter/Richter*, Reise- und Bewirtungskosten, Herne/Berlin 1991; *Schraml*, Urlaubsreisen im zeitlichen Zusammenhang mit Dienstreisen, NWB F. 6, 3331; *Schulz*, Grundzüge des Reisekostenrechts, BuW 1991, 54; *o. V.*, Verpflegungs- und Übernachtungskosten im Ausland, NWB F. 6, 3377; *o. V.*, Reisekosten-Tabellen für Geschäftsreisen und Dienstreisen, NWB F. 3, 8225; *Leu*, Neue Voraussetzungen für den Abzug von Mehraufwendungen für Verpflegung bei einer Dienst- oder Geschäftsreise?, DStZ 1992, 274; *Berwanger*, Aufwendungen für Zwischenheimfahrten bei kurzen Dienstreisen, KFR F. 6 EStG § 9, 3/92, 129; *Stuber/Nägele*, Reisekosten, Bewirtung, Repräsentation, 21. Aufl., Stuttgart 1993.

Verwaltungsanweisungen: Abschn. 20 a, 119 EStR; Abschn. 37 bis 40 LStR; BMF v. 29. 1. 1991, Tabellen für Auslandsdienst- und -geschäftsreisen 1991, BStBl I 227; Änderung BMF v. 10. 4. 1991, BStBl I 477; BMF v. 24. 9. 1991, Besteuerung im Beitrittsgebiet, hier: Verpflegungsmehraufwand bei Geschäftsreisen, BStBl I 894; BMF v. 6. 1. 1992, Steuerliche Behandlung von Reisekosten und Reisekostenvergütungen bei Auslandsdienstreisen und Geschäftsreisen in das Ausland für das Jahr 1992, BStBl I 51; BMF v. 1. 6. 1992, Änderungen ab Mai 1992, DB S. 1265; BMF v. 23. 3. 1993, Dienstreisen und Geschäftsreisen in Länder der Europäischen Gemeinschaft, BStBl I 319.

1. Allgemeines

LEXinform
▶ BSt-BG-1040 ◀

Reisekosten gehören zu den Betriebsausgaben, wenn sie durch den Betrieb veranlaßt sind (§ 4 Abs. 4 EStG; vgl. „Betriebsausgaben", Rdnr. 871 ff.). Sie sind **Werbungskosten** bei nichtselbständiger Arbeit, wenn sie zur Erwerbung, Sicherung und Erhaltung der Einnahmen aufgewendet werden (§ 9 Abs. 1 Satz 1 EStG). Unternimmt der Unternehmer die Reise auch aus **privaten Gründen,** so ist der betriebliche oder berufliche

1541

Anteil nur dann als Betriebsausgaben bzw. Werbungskosten abziehbar, wenn die Aufwendungen – ggf. im Wege der Schätzung – leicht und einwandfrei aufgeteilt werden können (vgl. § 12 Nr. 1 EStG; Abschn. 119 Abs. 2 Sätze 7 und 8 EStR; Abschn. 37 Abs. 1 Sätze 2 und 3 LStR; vgl. Schraml, NWB F. 6, 3331).

1542 Zu den Reisekosten gehören **Fahrtkosten, Verpflegungsmehraufwendungen, Übernachtungskosten,** und **Reisenebenkosten,** nicht aber mittelbare Kosten, z. B. Bekleidungskosten, Aufwendungen für die Anschaffung von Koffern und anderer Reiseausrüstung sowie der Verlust der Geldbörse (BFH v. 4. 7. 1986, BStBl II 771; Abschn. 119 Abs. 1 EStR; Abschn. 37 Abs. 1 Sätze 1 und 4 LStR). Wird der private Pkw eines Arbeitnehmers während einer Dienstreise gestohlen, so sind die Aufwendungen infolge des dadurch verursachten Schadens Werbungskosten (BFH v. 25. 5. 1992, BStBl 1993 II 44, m. Anm. MIT, DStR 1992, 1583). Die Erstattung dieser Aufwendungen durch den Arbeitgeber ist (steuerpflichtiger) Arbeitslohn, der nicht nach § 3 Nr. 16 EStG steuerfrei ist.

1543 Im Bereich der Reisekosten ist **im EStG lediglich die Höhe der Verpflegungsmehraufwendungen geregelt** (§§ 4 Abs. 5 Nr. 5, 9 Abs. 4 EStG). Diese Bestimmungen haben für Wirtschaftsjahre, die nach dem 31. 12. 1989 enden, eine Änderung erfahren (§ 52 Abs. 5 EStG i. d. F. des Wohnungsbauförderungsgesetzes v. 22. 12. 1989, BStBl I 505; im folgenden bezeichnet mit „Rechtslage ab 1990"). Definitionen und die Höhe der übrigen Reisekosten ergeben sich aus den EStR bzw. LStR, die teilweise von den früheren Regelungen abweichen.

2. Geschäftsreise, Geschäftsgang bzw. Dienstreise, Dienstgang

a) Rechtslage bis einschließlich 1989

1544 Eine **Geschäftsreise (Dienstreise)** lag vor, wenn der Unternehmer aus betrieblichen oder beruflichen Gründen in einer Entfernung von mindestens 15 km von seiner regelmäßigen Betriebsstätte oder Stätte der Berufsausübung vorübergehend tätig wurde. Trat er die Reise von der Wohnung aus an, so mußte die Mindestentfernung von 15 km auch von der Wohnung aus gegeben sein (vgl. i. e. Abschn. 119 Abs. 2 Sätze 1 bis 6 EStR 1987; Abschn. 25 Abs. 2 LStR 1987).

1545 Ein **Geschäftsgang (Dienstgang)** lag vor, wenn die Entfernung weniger als 15 km betrug (Abschn. 119 Abs. 2 Sätze 11 und 12 EStR 1987; Abschn. 25 Abs. 4 Sätze 2 und 3 LStR 1987).

Einkommensteuer/Reisekosten

b) Rechtslage ab 1990

Ab 1990 wurden die Voraussetzungen für die Anerkennung von Geschäftsreisen (Dienstreisen) verschärft. So setzt eine Geschäftsreise (Dienstreise) voraus, daß der Unternehmer mindestens 20 km von seiner Wohnung und von seiner regelmäßigen Betriebsstätte oder Stätte der Berufsausübung tätig ist (Abschn. 119 Abs. 2 Sätze 1 bis 5 EStR; Abschn. 37 Abs. 3 LStR). Beträgt die Entfernung weniger als 20 km, so liegt ein **Geschäftsgang (Dienstgang)** vor (Abschn. 119 Abs. 2 Satz 10 EStR; Abschn. 37 Abs. 4 Satz 1 LStR). 1546

Wird ein **Geschäftsgang (Dienstgang) mit einer Geschäftsreise (Dienstreise) oder umgekehrt verbunden,** so gilt die auswärtige Tätigkeit insgesamt als Geschäftsreise (Dienstreise), Abschn. 119 Abs. 2 Satz 11 EStR; Abschn. 37 Abs. 4 Satz 2 LStR; vgl. Leu, DStZ 1992, 274. 1547

3. Fahrtkosten

LEXinform
▶ BSt-BG-1045 ◀

Fahrtkosten sind in der **tatsächlichen Höhe** abziehbar (auch Aufwendungen für Fahrten zum Essen, FG Baden-Württemberg, Außensenate Freiburg v. 8. 4. 1992 rkr., EFG S. 444). Sie können durch Vorlage von Fahrkarten, Quittungen von Reisebüros oder Tankstellen, Fahrtenbücher oder in ähnlicher Weise nachgewiesen werden (Abschn. 119 Abs. 3 Nr. 1 Sätze 1 und 2 EStR; Abschn. 38 Abs. 1 LStR; zu Kraftfahrzeugkosten vgl. Rdnr. 1448 ff.). 1548

Anstelle der tatsächlichen Kosten sind die **Kilometersätze** von 0,42 DM, ab 1. 10. 1991 0,52 DM (Kraftfahrzeug), 0,18 DM, ab 1. 10. 1991 0,23 DM (Motorrad oder Motorroller), 0,11 DM, ab 1. 10. 1991 0,14 DM (Moped oder Mofa) bzw. 0,06 DM (Fahrrad) anzusetzen. Diese Sätze erhöhen sich für jede Person, die bei einer Dienstreise oder einem Dienstgang mitgenommen wird, bei Kraftfahrzeugen und Motorrädern bzw. -rollern um 0,03 DM bzw. 0,02 DM je km. Neben den Kilometersätzen sind außergewöhnliche Aufwendungen zu berücksichtigen, z. B. für Reparaturen, die auf einem Unfall oder nicht auf Verschleiß beruhen (Abschn. 119 Abs. 3 Nr. 1 Sätze 2 ff. EStR; Abschn. 38 Abs. 2 LStR). Verschleiß ist z. B. ein Motorschaden bei einem Kilometerstand von 118 000 (BFH v. 24. 4. 1992, BFH/NV 1993, 291). 1549

Aufwendungen für **Zwischenheimfahrten** aus Anlaß einer Geschäftsreise/ Dienstreise sind auch bei kurzer Dauer der Geschäftsreise/Dienstreise in tatsächlicher Höhe als Betriebsausgaben/Werbungskosten abziehbar 1550

(BFH v. 15. 11. 1991, BStBl 1992 II 266, m. Anm. Berwanger, KFR F. 6 EStG § 9, 3/92, 129). Sie sind auch dann in tatsächlicher Höhe Betriebsausgaben/Werbungskosten, wenn die Entfernung zwischen Dienstreiseort und Ort des Mittelpunkts der Lebensinteressen größer ist als die Entfernung zwischen Dienstreiseort und regelmäßiger Arbeitsstätte (BFH v. 24. 4. 1992, BStBl II 664).

4. Übernachtungskosten

LEXinform
▶ BSt-BG-1050 ◀

1551 Übernachtungskosten werden in der **tatsächlichen Höhe** anerkannt (zur Angemessenheitsprüfung vgl. „Repräsentationsaufwendungen", Rdnr. 1580). Pauschbeträge werden – außer bei Auslandsreisen (vgl. Rdnr. 1565) – nicht gewährt. Allerdings kann die Höhe der Übernachtungskosten geschätzt werden, wenn ihre Entstehung dem Grunde nach unbestritten ist (BFH v. 17. 7. 1980, BStBl 1981 II 14).

1552 Bei einem **Pauschalpreis für Frühstück und Übernachtung** sind die Aufwendungen bei einer Übernachtung im Inland um 7 DM, bei einer Übernachtung im Ausland um 15 % des für den Unterkunftsort maßgebenden Pauschbetrags für Verpflegungsmehraufwendungen bei einer mehrtägigen Geschäftsreise bzw. Dienstreise zu kürzen (Abschn. 119 Abs. 3 Nr. 2 EStR; Abschn. 40 Abs. 1 EStR; zum Werbungskostenabzug bzw. zur Erstattung der Übernachtungskosten vgl. Abschn. 40 Abs. 2 und 3 LStR).

▷ Hinweis:

Bei teuren Hotels empfiehlt sich daher die Vereinbarung eines Pauschalpreises für Übernachtung und Frühstück.

5. Verpflegungsmehraufwendungen

LEXinform
▶ BSt-BG-1055 ◀

a) Allgemeines

1553 Abziehbar sind entweder die **tatsächlichen Aufwendungen**, gekürzt um die Haushaltsersparnis und beschränkt auf einen Höchstbetrag (§§ 4 Abs. 5 Nr. 5, 9 Abs. 5 EStG), oder gewisse **Pauschbeträge** (insoweit keine Einzelaufzeichnungen erforderlich, BFH v. 5. 6. 1991, BFH/NV S. 743; v. 5. 7. 1991, BFH/NV S. 743). Die Pauschbeträge sind jedoch nicht in vollem Umfang anzuerkennen, wenn ihre Anwendung zu einer unzutreffenden Besteuerung führen würde (vgl. BFH v. 11. 5. 1990, BStBl II 777; v. 24. 10. 1991, BFH/NV 1992, 244). Maßgebend für eine

Einkommensteuer / Reisekosten 397

evtl. Kürzung der Pauschbeträge ist das verfügbare Familieneinkommen, wobei auch ESt-Erstattungen der Vorjahre zu berücksichtigen sind (FG Hamburg v. 11. 3. 1992 rkr., EFG S. 512).

b) Rechtslage bis einschließlich 1989

Beispiel:

Aufwendungen für Verpflegung	75 DM
∕. Haushaltsersparnis ⅕ davon: 15 DM	
maximal	6 DM
Mehraufwendungen für Verpflegung	69 DM
Höchstbetrag (§ 8 EStDV, § 5 LStDV)	64 DM

(Abschn. 119 Abs. 3 Nr. 3 Sätze 1 bis 3 EStR 1987; Abschn. 25 Abs. 9 Nr. 1 Sätze 1 und 2 LStR 1987).

Pauschbeträge: Hier war zwischen eintägigen (das sind Reisen, die am selben Kalendertag beginnen und enden) und mehrtägigen Reisen zu unterscheiden. Die Pauschalen der letzteren Reisen stehen in Klammern. Die täglichen Pauschalen betrugen bei Einkünften von 1554

nicht mehr als 25 000 DM oder bei Verlust	31 (42) DM,
mehr als 25 000 DM, aber nicht mehr als 50 000 DM	33 (44) DM,
mehr als 50 000 DM	35 (46) DM

(vgl. i. e. Abschn. 119 Abs. 3 Nr. 3 b) EStR 1987, Abschn. 25 Abs. 9 Nr. 2 LStR 1987).

Die Pauschbeträge galten für einen **vollen Reisetag bei einer ununterbrochenen Abwesenheit von mehr als 12 Stunden.** Sie ermäßigten sich für jeden Reisetag, an dem die Abwesenheit 1555

nicht mehr als 12 Stunden, aber mehr als 10 Stunden gedauert hat, auf $8/10$,
nicht mehr als 10 Stunden, aber mehr als 7 Stunden gedauert hat, auf $5/10$,
nicht mehr als 7 Stunden, aber mehr als 5 Stunden gedauert hat, auf $3/10$
(Abschn. 119 Abs. 3 Nr. 3 b Sätze 5 und 6 EStR 1987; Abschn. 25 Abs. 9 Nr. 3 LStR 1987; BFH v. 17. 10. 1990, BFH/NV 1991, 730).

Zur Kürzung der Pauschbeträge bei ganz oder teilweise unentgeltlicher Verpflegung von Arbeitnehmern vgl. Abschn. 25 Abs. 9 Nr. 5 LStR. 1556

Bei einem **Geschäfts- bzw. Dienstgang** durften Mehraufwendungen für Verpflegung nur bis zu einem Höchstbetrag von 19 DM (§ 8 Abs. 6 EStDV, § 6 Abs. 6 LStDV), bei einem Geschäftsgang ohne Einzelnachweis – bei Abwesenheit von mehr als 5 Stunden – in Höhe von 3 DM angesetzt werden (Abschn. 119 Abs. 5 EStR 1987). 1557

1558 Die Vorsteuer konnte bei Abzug der Pauschbeträge auch pauschal ermittelt werden (vgl. § 36 UStDV).

1559 Bis einschließlich VZ 1989 bestand bei **Arbeitnehmern** die Möglichkeit, daß bei einer mehr als 12stündigen Abwesenheit von der Wohnung arbeitstäglich ein Betrag von 3 DM als Werbungskosten angesetzt werden konnte (BFH v. 30. 3. 1979, BStBl II 498; Abschn. 22 Abs. 4 Nr. 1 LStR 1987). Diese Vergünstigung konnte der Gewerbetreibende nicht in Anspruch nehmen (BFH v. 9. 10. 1974, BStBl 1975 II 203; v. 24. 1. 1985, BFH/NV 1986, 200). Ab 1990 ist der Betrag von 3 DM auch bei Arbeitnehmern nicht mehr abziehbar (FG München v. 17. 11. 1992 Rev., EFG 1993, 217, Az. des BFH: VI R 1/93; FG Baden-Württemberg, Außensenate Stuttgart, v. 25. 9. 1992 Rev., EFG 1993, 218, Az. des BFH: VI R 112/92.

c) **Rechtslage ab 1990**

1560 Ab 1990 entfällt die Begrenzung der **Haushaltsersparnis** auf 6 DM. Wie bisher können höchstens 64 DM je Kalendertag angesetzt werden.

Beispiel:

Aufwendungen für Verpflegung	75 DM
./. Haushaltsersparnis ⅕ davon	15 DM
Mehraufwendungen für Verpflegung	60 DM

(Abschn. 119 Abs. 3 Nr. 3 EStR; Abschn. 39 Abs. 1 LStR)

1561 Der **Höchstbetrag und die Pauschbeträge** vermindern sich für jeden Kalendertag, an dem die Geschäfts- bzw. Dienstreise nicht mehr als 12 Stunden gedauert hat, wie folgt:

Dauer der Reise	Höchst-betrag	Pauschbetrag bei	
		eintägiger Reise	mehrtägiger Reise
mehr als 12 Stunden	64 DM	35 DM	46 DM
mehr als 10 Stunden	51 DM	28 DM	36 DM
mehr als 8 Stunden	32 DM	17 DM	23 DM
mehr als 6 Stunden	19 DM	10 DM	13 DM
bis 6 Stunden	19 DM	0 DM	0 DM

(vgl. i. e. Abschn. 119 Abs. 3 Nr. 3 EStR; Abschn. 39 Abs. 2 und 3 LStR; jeweils auch zur Kürzung bei unentgeltlichen Mahlzeiten; zur Besteuerung im Beitrittsgebiet – vgl. Rdnr. 818 – 1990 vgl. BMF v. 24. 9. 1991, BStBl I 894).

Einkommensteuer / Renten für Betriebskauf und -verkauf

Bei einem **Geschäfts- bzw. Dienstgang** dürfen die Verpflegungsmehraufwendungen höchstens mit 19 DM als Reisekosten angesetzt werden. Ohne Einzelnachweis der tatsächlichen Aufwendungen dürfen sie – bei Abwesenheit von mehr als 6 Stunden – höchstens mit 8 DM angesetzt werden (Abschn. 119 Abs. 5 EStR; Abschn. 39 Abs. 5 LStR). 1562

Die **Vorsteuer** kann bei Abzug der Pauschbeträge auch pauschal ermittelt werden (vgl. § 36 UStDV). 1563

6. Reisenebenkosten

Reisenebenkosten sind abziehbar, wenn sie **nachgewiesen oder glaubhaft gemacht** sind. Hierzu zählen z. B. Aufwendungen für die Beförderung und Aufbewahrung von Gepäck, für Telefon, Telegramme, Porto, Garage, Parkplatz, für Benutzung der Straßenbahn oder Kraftwagen am Reiseort, für Schadensersatzleistungen infolge von Verkehrsunfällen (Abschn. 119 Abs. 3 Nr. 4 EStR; Abschn. 40 Abs. 4 LStR). 1564

7. Auslandsgeschäfts- bzw. Dienstreisen

LEXinform
▶ BSt-BG-1060 ◀

Für Auslandsgeschäftsreisen bis einschließlich 1989 vgl. Abschn. 119 Abs. 4 EStR 1987; für Auslandsdienstreisen bis einschließlich 1989 vgl. Abschn. 25 Abs. 11 LStR 1987; für Auslandsgeschäftsreisen ab 1990 vgl. Abschn. 119 Abs. 4 EStR; für Auslandsdienstreisen ab 1990 vgl. Abschn. 39 Abs. 4, 40 Abs. 2 Sätze 4 ff. LStR; für Pauschbeträge ab 1. 1. 1991 vgl. BMF v. 29. 1. 1991 (BStBl I 227), Änderung ab 1. 5. 1991 durch BMF v. 10. 4. 1991 (BStBl I 477); ab 1. 1. 1992 vgl. BMF v. 6. 1. 1992, BStBl I 51, und NWB F. 6, 3377; ab 1. 5. 1992 vgl. BMF v. 1. 6. 1992, BStBl I 374; keine Änderung durch § 4 Abs. 11 des Haushaltsgesetzes 1993 für Reisen in Länder der Europäischen Gemeinschaft und reisekostenrechtlich gleichgestellte Länder, BMF v. 23. 3. 1993, BStBl I 319; entsprechende Gesetzesänderung durch § 4 Abs. 5 Nr. 5 EStG i. d. F. des StMBG beabsichtigt. 1565

8. Sonstiges

vgl. noch „Doppelte Haushaltsführung", Rdnr. 1003 ff.; „Fortbildungskosten", Rdnr. 1130 ff.; „Kraftfahrzeugkosten", Rdnr. 1448 ff. 1566

(Einstweilen frei) 1567–1575

● Renten für Betriebskauf und -verkauf

vgl. Rdnr. 3037 ff. 1576

- **Repräsentationsaufwendungen
(§ 4 Abs. 4, Abs. 5 Nr. 7 EStG)**

Literatur: *Rutkowski,* Zur Frage unangemessener Betriebsausgaben, StBp 1987, 185; *Dehmer,* Nicht abziehbare Betriebsausgaben/Repräsentationsaufwendungen; Angemessenheit von Büroausstattungen, KFR F. 3, § 4, 4/87, 33; *Langenberg,* Unangemessenheit von Anschaffungskosten eines Pkw, KFR F. 3 EStG § 4, 15/87, 249; *Brosch,* Nichtabziehbare Betriebsausgaben nach § 4 Abs. 5 EStG, BBK F. 13, 3699, 3723 (10, 12/1993); *M. Söffing,* Abschreibungsmöglichkeit und Angemessenheit von Aufwendungen für betrieblich genutzte Personenkraftwagen, NWB F. 3, 7283; *Richter/Richter,* Angemessenheitsprüfung im Werbungskostenbereich, NWB F. 3, 7357; *Thomas,* Kein Werbungskostenzuschuß wegen unangemessener Höhe, KFR F. 6 EStG § 9, 4/90, 231; *Kapp,* Zur Bedeutung des Privatflugzeugurteils, DStR 1991, 408; *Freudenberg,* Pkw-Kosten in der Praxis, Inf 1991, 174; *Steilen,* Unangemessene Repräsentationsaufwendungen, BB 1992, 755; *Stuber/Nägele,* Reisekosten, Bewirtung, Repräsentation, 21. Aufl., Stuttgart 1993.

Verwaltungsanweisungen: Abschn. 20 Abs. 16 bis 18 EStR.

1. **Grundsatz**

LEXinform
▶ BSt-BG-1065 ◀

1577 Nach § 4 Abs. 5 Nr. 7 EStG dürfen andere als die in Nummern 1 bis 6 bezeichneten Aufwendungen, die die Lebensführung des Steuerpflichtigen oder anderer Personen berühren, nicht den Gewinn mindern, soweit sie nach allgemeiner Verkehrsauffassung als **unangemessen** anzusehen sind. Nach Auffassung der Finanzverwaltung ist von dieser Vorschrift nur Gebrauch zu machen, wenn die Aufwendungen ins Gewicht fallen und die Grenze des Angemessenen erheblich überschreiten (Abschn. 20 Abs. 18 Satz 2 EStR).

1578 Nach dem Gesetz sind die **Aufwendungen,** nicht die Anschaffungskosten einer **Angemessenheitsprüfung** zu unterziehen. Wären beispielsweise bei einem Personenkraftwagen (Pkw) die Anschaffungskosten überhöht, so könnte der Unternehmer durch eine Gestaltung der Absetzung für Abnutzung (AfA) die Angemessenheitsprüfung beeinflussen, wenn dies der Nutzungsdauer entspricht; denn es müssen nur die AfA-Beträge angemessen sein (BFH v. 20. 8. 1986, BStBl 1987 II 108; Söffing, NWB F. 3, 7283, 7288; vgl. aber FG des Saarlandes v. 19. 12. 1991 2 K 197/87 nrkr., NWB-EN Nr. 353/92, angemessene Anschaffungskosten bei Facharzt 50 000 DM). Die **Betriebskosten eines Pkw** sieht der BFH im Regelfall nicht als unangemessen an (BFH v. 8. 10. 1987, BStBl II 853, 856; Freudenberg, Inf 1991, 174 f.).

§ 4 Abs. 5 Nr. 7 EStG galt bis einschließlich 1991 nur für Gewinneinkünfte, nicht für **Arbeitnehmer** (BFH v. 12. 1. 1990, BStBl II 423; Richter, NWB F. 3, 7357; Thomas, KFR F. 6 EStG § 9, 4/90, 231; Kapp, DStR 1991, 408). Ab 1992 ist § 4 Abs. 5 Nr. 7 EStG sinngemäß anzuwenden (§ 9 Abs. 1 EStG i. d. F. des StÄndG 1992). 1579

2. Beispiele

LEXinform
▶ BSt-BG-1070 ◀

Die **Finanzverwaltung** zählt in Abschn. 20 Abs. 18 Satz 1 EStR **beispielhaft** die Fälle auf, in denen sie die Angemessenheit prüft: 1580

Beispiele:

- Kosten der Übernachtung anläßlich einer Geschäftsreise (vgl. „Reisekosten", Rdnr. 1551 ff.; hinsichtlich der Mehraufwendungen für Verpflegung Hinweis auf Sonderregelung in § 4 Abs. 5 Nr. 5 EStG);

- Aufwendungen für die Unterhaltung und Beherbergung von Geschäftsfreunden, soweit der Abzug dieser Aufwendungen nicht schon nach § 4 Abs. 5 Nr. 3 und 4 EStG ausgeschlossen ist;

- Aufwendungen für die Ausstattung der Geschäftsräume (vgl. „Betriebs- und Geschäftsräume", Rdnr. 898 ff.; zur Ausstattung eines Arbeitszimmers vgl. Rdnr. 655 ff.);

- Aufwendungen für die Unterhaltung (vgl. aber Rdnr. 1578) von Pkw (vgl. „Kraftfahrzeugkosten", Rdnr. 1461) und für die Nutzung eines Flugzeugs (BFH v. 27. 2. 1985, BStBl II 458) sowie die auf sie entfallende AfA (BFH v. 8. 10. 1987, BStBl II 853; zu Aufwendungen für die Erhaltung einer Privatfluglizenz als Werbungskosten vgl. BFH v. 17. 11. 1989, BStBl 1990 II 306; zu Kosten für Instrumentenflugberechtigung vgl. BFH v. 23. 5. 1991, BFH/NV S. 678).

3. Angemessenheitsprüfung

LEXinform
▶ BSt-BG-1075 ◀

Anders als bei der Investitionszulage (vgl. BFH v. 2. 2. 1979, BStBl II 387; BStBl 1980 II 340) sind bei § 4 Abs. 5 Nr. 7 EStG **feste Wertgrenzen** für die Angemessenheit **abzulehnen** (vgl. z. B. BFH v. 20. 8. 1986, BStBl II 904). 1581

Außerdem ist festzustellen, daß die **BFH-Rechtsprechung** in den letzten Jahren **großzügiger** geworden ist. 1582

Beispiele:

Orientteppich für 23 200 DM (1975) und **Orientbrücke** für 8 180 DM (1978) bei Unternehmensberater von Großbetrieben angemessen (Nutzungsdauer 15 Jahre; BFH v. 20. 8. 1986, BStBl II 904); **Perserteppich** für 22 301 DM (1977) bei Industrievertreter (Jahresumsatz ca. 800 000 DM, Gewinn zwischen 213 000 DM und 306 000 DM jährlich) ggf. angemessen (BFH v. 20. 8. 1986, BStBl 1987 II 108); **Porsche** für 75 180 DM und nach Unfall ein weiterer Porsche für 75 500 DM

(1978) bei Inhaber einer Werbeagentur (Umsatz ca. eine Mio) angemessen (BFH v. 8. 10. 1987, BStBl II 853); Kosten für **Flugzeug** insoweit unangemessen, als sie Kosten für Linienflüge übersteigen (BFH v. 4. 8. 1977, BStBl 1978 II 93); zur Anmietung eines **Hubschraubers** vgl. BFH v. 27. 2. 1985 (BStBl II 458); Aufwendungen für Besuch von **Nachtlokalen** mit Striptease- und anderen Darbietungen bei offensichtlichem Mißverhältnis zum Wert der Speisen und/oder Getränke unangemessen (BFH v. 16. 2. 1990, BStBl II 575; BFH/NV S. 698; Steilen, BB 1992, 755).

1583 Diese Beispiele zeigen, daß es auf die Umstände des jeweiligen Einzelfalls ankommt. Die Rechtsprechung hat daher einige **Merkmale** herausgearbeitet, anhand derer die Angemessenheit geprüft werden kann (vgl. dazu die vorstehenden Zitate):

- Größe des Unternehmens;
- Umsatz und Gewinn auf längere Sicht (BFH v. 13. 11. 1987, BFH/NV 1988, 356);
- Bedeutung des Repräsentationsaufwands für den Geschäftserfolg;
- Üblichkeit des Repräsentationsaufwands in vergleichbaren Betrieben;
- bei Verkehrsmitteln: Umfang der betrieblichen Fahrleistung und Ausstattung;
- Berührung der privaten Lebenssphäre des Steuerpflichtigen.

1584 Bei der Angemessenheitsprüfung ist darauf abzustellen, ob ein **ordentlicher und gewissenhafter Unternehmer** angesichts der erwarteten Vorteile und Kosten die Aufwendungen auf sich genommen haben würde (Dehmer, KFR F. 3 EStG § 4, 4/87, 33).

4. Rechtsfolgen von unangemessenen Aufwendungen

LEXinform
▶ BSt-BG-1080 ◀

1585 Auch die unangemessenen Aufwendungen sind **Betriebsausgaben.** Somit gehen sämtliche Aufwendungen in die Gewinn- und Verlust-Rechnung ein. Der unangemessene Teil ist außerhalb der Bilanz **dem Gewinn wieder hinzuzurechnen** (zur USt vgl. Rdnr. 2112 ff.).

1586 Das Wirtschaftsgut wird in **vollem Umfang Betriebsvermögen** (BFH v. 8. 10. 1987, BStBl II 853). Es ist daher mit den vollen Anschaffungskosten zu bilanzieren. Bei einem Verkauf ist der Veräußerungsgewinn bzw. -verlust wie folgt zu ermitteln: Veräußerungserlös ./. Buchwert. Ein Abzug der unangemessenen AfA-Beträge vom Veräußerungserlös ist nicht möglich, denn sonst würden sich die unangemessenen AfA-Teile entgegen § 4 Abs. 5 Nr. 7 EStG beim Verkauf doch auswirken.

Nimmt der Unternehmer **Sonder-AfA** für das Wirtschaftsgut in Anspruch, so sind die nichtabziehbaren Betriebsausgaben anhand der Normal-AfA zu berechnen (vgl. BFH v. 25. 3. 1988, BStBl II 655, zu § 45 Abs. 5 Nr. 6 EStG; vgl. i. e. Brosch, BBK F. 13, 3189, 3215, auch zum Zusammentreffen unangemessenen Aufwands mit privater Nutzung des Wirtschaftsguts). 1587

(Einstweilen frei) 1588–1589

• Rettungserwerb

LEXinform
▶ BSt-BG-1085 ◀

Auf Grundbesitz durch Grundpfandrecht **abgesicherte betriebliche Bauforderungen** lassen sich bisweilen nur durch **Ersteigerung** bei einer Zwangsversteigerung realisieren (Rettungserwerb). Es handelt sich dabei ohne Rücksicht auf die Art des ersteigerten Objektes in der Regel um einen **betrieblichen Vorgang.** Das Grundstück wird betrieblich veranlaßt ersteigert. Ein solcher Erwerb ist eine besondere Form der **Realisierung betrieblicher Forderungen** (BFH v. 11. 11. 1987, BStBl 1988 II 424). 1590

Das **Meistgebot** markiert nicht die Höhe der Anschaffungskosten. Zu den **Anschaffungskosten** des Grundstücks gehört nicht nur das Bargebot mit den Kosten, sondern auch die nachrangigen **eigenen Grundpfandrechte** des Ersteigerers, soweit deren Einbeziehung durch den Verkehrswert des ersteigerten Grundbesitzes gedeckt ist (BFH v. 26. 4. 1979, BStBl II 667). Anschaffungskosten sind auch alle besonderen Verpflichtungen gegenüber dem Schuldner bzw. einem Dritten. Eine bereits als uneinbringlich abgeschriebene betriebliche Forderung wird auf diese Weise realisiert.

Beispiel:
Eine Forderung von 22 337 DM aus Malerarbeiten am Neubau ist auf dem Grundbesitz des Schuldners nach Vorlasten von 117 100 DM abgesichert. Die Kundenforderung war bereits wegen der schlechten Absicherung ausgebucht.
Das Grundstück wird zwangsversteigert. Der Verkehrswert ist mit 165 000 DM festgelegt. Der Unternehmer erhielt den Zuschlag für sein Meistgebot von 129 000 DM. Kosten entstanden in Höhe von 573 DM. Die Anschaffungskosten belaufen sich auf:

117 100 DM	Vorlasten
573 DM	Kosten
22 337 DM	eigene Forderung
140 010 DM	

Der Betrag von 140 010 DM ist durch den Verkehrswert gedeckt. Die dabei realisierte betriebliche Forderung ist als Betriebseinnahme zu buchen.

• **Rohstoffe**
1591 vgl. „Bewertung", Rdnr. 919 ff.

• **Rücklagen**
(§§ 6 b, 6 c EStG; Abschn. 35 EStR)

LEXinform
▶ BSt-BG-1090 ◀

Literatur: *Bordewin*, Steuererleichterung durch Investitionen nach § 6 b EStG, DStR 1992, 1463; *Schoor*, Die Rücklage für Ersatzbeschaffung, BuW 1993, 101.

Verwaltungsanweisungen: Abschn. 35, Abschn. 41 a bis d EStR; OFD Frankfurt v. 24. 7. 1991, Übertragung von Rücklagen nach § 6 b EStG auf Wirtschaftsgüter in den neuen Bundesländern, DStR S. 1350.

1. Allgemeines

1592 Gewinne können auch entstehen, indem betriebliche Wirtschaftsgüter (insbes. Grund und Boden) veräußert oder aus dem Betriebsvermögen entnommen werden (zur steuerfreien Entnahme vgl. „Grundstücke und Gebäude", Rdnr. 1238 f.). Unter gewissen Voraussetzungen können allerdings die durch Veräußerung aufzudeckenden **stillen Reserven auf ein Ersatzwirtschaftsgut übertragen** bzw. **eine Rücklage für Ersatzbeschaffung gebildet** werden (§§ 6 b, 6 c EStG; Abschn. 35 EStR).

2. §§ 6 b, 6 c EStG

1593 § 6 b EStG ist bei Gewinnermittlung nach den §§ 4, 5 EStG (Regelfall bei Unternehmern; vgl. Rdnr. 420 ff.), § 6 c EStG bei Gewinnermittlung nach § 4 Abs. 3 EStG (vgl. Rdnr. 431 ff.) einschlägig. Die §§ 6 b, 6 c EStG sind nur bei der **Veräußerung bestimmter Anlagegüter** anzuwenden, bei einem Unternehmer insbesondere bei Veräußerung von Grund und Boden und Gebäuden (z. B. bei einer Betriebsverlegung). Eine Veräußerung von Gebäuden i. S. des § 6 b Abs. 1 EStG ist auch dann anzunehmen, wenn der Berechtigte einem Dritten entgeltlich das Recht zu deren Abbruch einräumt (BFH v. 13. 11. 1991, BStBl 1992 II 517).

1594 Die stillen Reserven können übertragen bzw. die Rücklagen aufgelöst werden, wenn die in § 6 b Abs. 1 Satz 2 EStG beschriebenen Wirtschaftsgüter angeschafft oder hergestellt werden; zur Berechnung des Veräußerungsgewinns vgl. § 6 b Abs. 2 EStG und BFH v. 27. 2. 1991, BStBl II 628, m. Anm. Berwanger, KFR F. 3 EStG § 6 b, 1/91, 221; zur Rücklagenbildung und zeitlichen Grenze § 6 b Abs. 3 EStG; zu weiteren Voraussetzungen § 6 b Abs. 4, 8 und 9 EStG; zur gewinnerhöhenden Auflösung der Rücklage § 6b Abs. 7 EStG (vgl. i. e. Abschn. 41a bis 41d EStR; Bordewin, DStR 1992, 1463; für Mitunternehmer vgl. Lemm, DStR 1992, 642).

Eine Rücklagenübertragung setzt u. a. voraus, daß die angeschafften oder hergestellten Wirtschaftsgüter zum **Anlagevermögen einer inländischen Betriebsstätte** des Steuerpflichtigen, der die Rücklage übertragen will, gehören (§ 6b Abs. 4 Nr. 3 EStG). Das Beitrittsgebiet – vgl. Rdnr. 818ff. – zählt vor dem 1. 1. 1991 nicht zum Inland i. S. des EStG. Wirtschaftsgüter, die vor dem 1. 1. 1991 im Beitrittsgebiet erworben wurden, gehören demnach bis zu diesem Zeitpunkt nicht zu einer inländischen Betriebsstätte des bundesdeutschen Unternehmens (OFD Frankfurt/M. v. 24. 7. 1991, DStR S. 1350). 1595

Die **Ersatzbeschaffung** oder **-herstellung** darf der Veräußerung nur dann vorhergehen, wenn sie im Wirtschaftsjahr der Veräußerung stattfindet. Anschaffung i. S. von § 6b EStG ist hierbei der entgeltliche Erwerb des wirtschaftlichen Eigentums. Ein solcher liegt vor, wenn Besitz, Gefahr, Nutzen und Lasten auf den Erwerber übergehen (BFH v. 14. 11. 1990, BStBl 1991 II 222; v. 7. 11. 1991, BStBl 1992 II 398). 1596

3. Rücklage für Ersatzbeschaffung (Abschn. 35 EStR)

Die Rücklage für Ersatzbeschaffung (Abschn. 35 EStR) setzt voraus, daß 1597

- ein **Wirtschaftsgut des Anlage- oder Umlaufvermögens infolge höherer Gewalt** (z. B. Brand, Niedersächsisches FG v. 23. 11. 1990 rkr., EFG 1991, 596; Abriß eines Gebäudes aufgrund erheblicher Baumängel, BFH v. 18. 9. 1987, BStBl 1988 II 330; vgl. Abschn. 35 Abs. 2 EStR) **oder infolge oder zur Vermeidung eines behördlichen Eingriffs** (vgl. BFH v. 14. 11. 1990, BStBl 1991 II 222; Abschn. 35 Abs. 2 EStR) gegen **Entschädigung** (Abschn. 35 Abs. 3 EStR), also nicht bei Entnahme (BFH v. 14. 5. 1974, BStBl II 582) **aus dem Betriebsvermögen ausscheidet** und

- **innerhalb einer bestimmten Frist** (Abschn. 35 Abs. 7 EStR) ein **Ersatzwirtschaftsgut** (Abschn. 35 Abs. 4 EStR) angeschafft oder hergestellt wird.

Eine Rücklage für Ersatzbeschaffung muß gewinnerhöhend aufgelöst werden, wenn die Absicht der Ersatzbeschaffung endgültig aufgegeben wird (BFH v. 17. 10. 1991, BStBl 1992 II 392, m. Anm. Hardt, KFR F. 3 1598

EStG § 16, 3/92, 123; Bordewin, NWB F. 3, 8295; Schoor, BuW 1993, 101).

4. Verhältnis von §§ 6b, 6c EStG zur Rücklage für Ersatzbeschaffung nach Abschn. 35 EStR

1599 Die Voraussetzungen dieser beiden Möglichkeiten sind unterschiedlich; sie können jedoch auch zugleich vorliegen. In diesem Fall besteht ein **Wahlrecht.** Eine Rücklage für Ersatzbeschaffung nach Abschn. 35 EStG entfällt aber bei einem behördlichen Eingriff (z. B. Bebauungsplan), der die bisherige Nutzung des betroffenen Grundstücks unberührt läßt (z. B. wegen des Bestandsschutzes), selbst wenn der Eingriff eine wirtschaftlich sinnvolle Betriebserweiterung oder -umstellung ausschließt; denn Strukturanpassungsprobleme sollen nach dem Willen des Gesetzgebers nach § 6b EStG gelöst werden (BFH v. 14. 11. 1990, BStBl 1991 II 222).

1600 *(Einstweilen frei)*

• Rückstellungen

Literatur: *Döllerer,* Ansatz und Bewertung von Rückstellungen in der neueren Rechtsprechung des BFH, DStR 1987, 67; *Groh,* Verbindlichkeitsrückstellung und Verlustrückstellung: Gemeinsamkeiten und Unterschiede, BB 1988, 27; *Jacobs,* Berechnung von Rückstellungen in der Steuerbilanz, DStR 1988, 238; *Kupsch,* Neuere Entwicklungen bei der Bilanzierung und Bewertung von Rückstellungen, DB 1989, 53; *Hedmeier,* Rückstellungen wegen drohender Haftung bei bestehender Versicherungsdeckung, DB 1989, 2133; *Veit,* Generelle Aufwandsrückstellungen (§ 249 Abs. 2 HGB) als Bilanzierungshilfe?, DB 1991, 2045; *Clemm,* Keine Abzinsung unverzinslicher Verbindlichkeitsrückstellungen, BB 1991, 2115; *Baetge/Roß,* Die Bilanzierung der Rückstellungen in der Handelsbilanz, BuW 1991, 473; 1992, 1; *Bartels,* Öffentlich-rechtliche Umweltschutzverpflichtungen, BB 1991, 2044; *Sondergeld,* Rechtsanspruch auf Ansatz der Gewerbesteuerrückstellung nach der sog. 9/10-Methode, KFR F. 3 EStG § 5, 1/92, 13; *Bordewin,* Umweltschutzrückstellungen – Einzelfragen zur Konkretisierung und wirtschaftlichen Verursachung bei Sanierungs- und Anpassungsverpflichtungen, DB 1992, 1097; *Bartels,* Rückstellungen für öffentlich-rechtliche Umweltschutzverpflichtungen bei Altlastenfällen, BB 1992, 1095; *ders.,* Rückstellungen für öffentlich-rechtliche Umweltschutzverpflichtungen bei Neulastenfällen, BB 1992, 1311; *Crezelius,* Zur Bildung von Rückstellungen für Umweltschutzmaßnahmen, DB 1992, 1353; *Bordewin,* Einzelfragen der Bewertung von Rückstellungen, DB 1992, 1533; *Tonner,* Bilanzierung von Urlaubsansprüchen, DB 1992, 1592.

Verwaltungsanweisungen: Abschn. 31c, 38 EStR; BMF v. 10. 12. 1991, Auflösung von Rückstellungen für Erstattungen des Arbeitgebers nach §§ 128 AFG, 1395b RVO, 117b AVG und 140b RKG, DB 1992, 178; BMF v. 11. 2. 1992, Rückstel-

Einkommensteuer/Rückstellungen

lungen wegen Vernichtung gelagerter Altreifen, DB S. 554; FM Sachsen v. 13. 4. 1992, Rückstellung für drohende Verluste aus schwebenden Veräußerungsgeschäften – Berücksichtigung künftiger Garantiekosten bei der Ermittlung der Selbstkosten, DStR S. 984.

1. Voraussetzungen für Rückstellungen

LEXinform
▶ BSt-BG-1095 ◀

Die Bildung von Rückstellungen kommt nur in Betracht, wenn der Unternehmer seinen Gewinn durch **Betriebsvermögensvergleich** (§§ 4 Abs. 1, 5 EStG, vgl. Rdnr. 420 ff.) ermittelt. Nach den handelsrechtlichen Grundsätzen ordnungsmäßiger Buchführung sind Rückstellungen zu bilden für   1601

- **ungewisse Verbindlichkeiten** (vgl. Rdnr. 1606 und Abschn. 31 c Abs. 2 bis Abs. 7 EStR) und für **drohende Verluste aus schwebenden Geschäften** (§ 249 Abs. 1 Satz 1 HGB; Abschn. 31 c Abs. 9 bis 11 EStR),   1602

- im Geschäftsjahr **unterlassene Aufwendungen für Instandhaltung**, die im folgenden Geschäftsjahr innerhalb von drei Monaten nachgeholt werden (Abschn. 249 Abs. 1 Satz 2 Nr. 1 HGB; Abschn. 31 c Abs. 12 EStR), und   1603

- **Gewährleistungen**, die ohne rechtliche Verpflichtung erbracht werden (§ 249 Abs. 1 Satz 2 HGB; Abschn. 31 c Abs. 13 EStR),   1604

soweit steuerliche Vorschriften, z. B. § 5 Abs. 3, 4 und 6, § 6a EStG, dem nicht entgegenstehen.

Besteht handelsrechtlich ein **Wahlrecht** zur Bildung einer Rückstellung (vgl. § 249 Abs. 1 Satz 3, Abs. 2 HGB; vgl. Veit, DB 1991, 2045), darf die Rückstellung steuerrechtlich nicht gebildet werden (vgl. BFH v. 23. 11. 1983, BStBl 1984 II 277).   1605

Die Bildung einer Rückstellung für **ungewisse Verbindlichkeiten** setzt nach ständiger BFH-Rechtsprechung (vgl. z. B. BFH v. 25. 8. 1989, BStBl II 893) voraus, daß   1606

- es sich um eine **betriebliche Verbindlichkeit** (d. h., gedeckt vom Unternehmenszweck, Hessisches FG v. 25. 3. 1991 rkr., EFG S. 599; 1993, 557) gegenüber einem Dritten (BFH v. 19. 1. 1972, BStBl II 392; v. 26. 5. 1976, BStBl II 622) **oder eine öffentlich-rechtliche Verpflichtung** (BFH v. 20. 3. 1980, BStBl II 297; v. 19. 5. 1983, BStBl II 670; zu Umweltschutzrückstellungen vgl. Bartels, BB 1991, 2044; ders., BB   1607

1992, 1097; Crezelius, DB 1992, 1353; zur Konkretisierung der Verpflichtung vgl. BFH v. 12. 12. 1991, BStBl 1992 II 600; BMF v. 11. 2. 1992, DB S. 554) handelt,

1608 • die **Verbindlichkeit vor dem Bilanzstichtag wirtschaftlich verursacht** ist (BFH v. 24. 6. 1969, BStBl II 581; v. 20. 3. 1980, BStBl II 297; v. 1. 8. 1984, BStBl 1985 II 44) und

1609 • mit einer Inanspruchnahme aus einer nach ihrer Entstehung und Höhe ungewissen Verbindlichkeit **ernsthaft zu rechnen** ist (BFH v. 13. 12. 1966, BStBl 1967 III 187; v. 16. 7. 1969, BStBl 1970 II 15; v. 17. 7. 1980, BStBl 1981 II 669; v. 9. 3. 1988, BStBl II 592, 594, m. w. N; nicht bei künftigen Sonderzuwendungen an Arbeitnehmer vgl. FG Rheinland-Pfalz v. 7. 3. 1991, EFG S. 598, bestätigt durch BFH v. 2. 12. 1992, BStBl 1993 II 109).

2. Höhe der Rückstellungen

LEXinform
▶ BSt-BG-1100 ◀

1610 Rückstellungen sind in Höhe des Betrages zu bilden, der bei vernünftiger Beurteilung **notwendig** ist, um die Verpflichtung nach den Verhältnissen am Bilanzstichtag zu erfüllen (BFH v. 7. 7. 1983, BStBl II 753; v. 12. 12. 1990, BStBl 1991 II 479; 485, BFH/NV 1992, 8, auch zur Berücksichtigung der tatsächlichen Inanspruchnahme in der Vergangenheit sowie zur Abzinsung; Clemm, BB 1991, 2115; vgl. § 253 Abs. 1 Satz 2 HGB; § 6 Abs. 1 Nr. 3 EStG; Abschn. 38 EStR; zur Berücksichtigung sog. **wertaufhellender Umstände** vgl. BFH v. 3. 7. 1991, BStBl II 802; zu **Garantierückstellungen** – als Einzel- oder Pauschalrückstellungen – vgl. Abschn. 31 c, 38 EStR, interne Einzelkosten, nicht interne Gemeinkosten; zur Erteilung einer Gutschrift vgl. BFH v. 13. 11. 1991, BStBl 1992 II 519; zur **Gewerbesteuerrückstellung** vgl. Abschn. 22 Abs. 2 Satz 2 EStR und BFH v. 23. 4. 1991, BStBl II 752, m. Anm. Sondergeld, KFR F. 3 EStG § 5, 1/92, 13, 9/10-Methode). Soweit also die drohende Ersatzverpflichtung durch eine **Haftpflichtversicherung** gedeckt ist, ist eine Rückstellung nicht zulässig (Groh, BB 1988, 27; Kupsch, DB 1989, 53; kritisch Hedmeier, DB 1989, 2133; zu Einzelfragen der Bewertung vgl. Bordewin, DB 1992, 1533).

3. Im Baugewerbe übliche Rückstellungen

• Avalprovision

LEXinform
▶ BSt-BG-1105 ◀

1611 Für die Verpflichtung zur Zahlung, die auf künftige Zeiträume des Avalkredits entfällt, darf ein Bauunternehmer eine Rückstellung selbst dann nicht bilden, wenn der Avalkredit der Ablösung eines Gewährleistungseinbehalts des Kunden dient (BFH v. 12. 12. 1991, BStBl 1992 II 600).

- **Baulastübernahme**
LEXinform
▶ BSt-BG-1110 ◀

Rückstellungen für die sich aus einer **Baulast ergebenden öffentlich-rechtlichen Verpflichtung** hat der BFH nicht für zulässig erklärt (BFH v. 3. 5. 1983, BStBl II 572). Baulasten sind einseitige Verpflichtungen öffentlich-rechtlicher Art, die ein Grundstückseigentümer gegenüber einer Baubehörde übernommen hat und in einem Dulden, Unterlassen oder Tun bestehen kann. 1612

- **Baustellenräumung**
LEXinform
▶ BSt-BG-1115 ◀

Für abgenommene, als Forderungen auszuweisende Bauausführungen können Rückstellungen für am Bilanzstichtag noch **rückständige Baustellenräumungen** gebildet werden (RFH 30. 4. 1930, RStBl S. 402). Gehen die Geräte zu einer **neuen Baustelle,** so sind die Aufwendungen nicht zu erfassen. Es handelt sich bereits um Kosten der neuen Baustelle. Die Bewertung hat zu **Vollkosten** zu erfolgen. 1613

- **Abrechnungspflichten**
LEXinform
▶ BSt-BG-1120 ◀

Den Bauunternehmer trifft nach § 14 VOB/B die Pflicht zur nachprüfbaren **Abrechnung der Bauleistungen.** Soweit diese am Bilanzstichtag für bereits **abgenommene Leistungen** noch aussteht, ist eine Rückstellung zu bilden (BFH v. 25. 2. 1986, BStBl II 788), da die Bauleistungen mit Gewinnrealisierung auszuweisen sind. Die Pflicht aus § 14 VOB/B ist eine **qualifizierte Nebenverpflichtung** aus dem Werkvertrag. Bei der Bewertung der Sachwertschuld sind die gesamten Kosten (Einzel- und Gemeinkosten), also die **Vollkosten** zu berücksichtigen. 1614

- **Bürgschaft**
LEXinform
▶ BSt-BG-1125 ◀

Für eine diesbezügliche Verpflichtung ist eine Rückstellung zulässig (BFH v. 10. 4. 1987, BFH/NV 1988, 22). 1615

- **Gewährleistung**
LEXinform
▶ BSt-BG-1130 ◀

Literatur: *Ritzrow,* Rückstellungen in der Handels- und Steuerbilanz, BBK F. 13, 3531; *Niermeyer,* Rückstellungen für Garantieverpflichtungen, BBK F. 13, 3665; Betriebsprüfungskartei Düsseldorf, Köln, Münster, Teil I Konto Garantierückstellungen; *Anders,* Steuerlexikon II Sachgebiet 3, §§ 5–6 EStG, 607.

1616 **Allgemeines:** Rückstellungen für Gewährleistungsverpflichtungen sind in der Baubranche für Kauf-, Werk- und Werklieferungsverträge ein notwendiges steuerliches **Gewinnregulativ** mit der Wirkung einer **Verlustantizipation.** Gewährleistungsverpflichtungen ergeben sich aus der **Mängelhaftung** für Material- oder Arbeitsfehler gemäß Gesetz, Vertragsabschluß oder auch **Kulanz.** Sie ergeben sich, falls keine abweichenden vertraglichen Abmachungen getroffen wurden, aus den **gesetzlichen Bestimmungen** (§§ 477, 638 BGB). Der Kunde hat Anspruch auf Lieferung einer mangelfreien Sache, kostenlose Nachbesserung, Minderung oder Wandlung des Vertrages, wodurch beim Unternehmer Erlösschmälerungen eintreten. Der **garantiebehaftete Umsatz** bestimmt sich aus der Dauer der Garantieleistung.

Nach § 252 Abs. 1 Nr. 4 HGB sind bei der Bewertung der Vermögensgegenstände und Schulden alle **vorhersehbaren Risiken** und Verluste, die bis zum Bilanzstichtag entstanden sind, zu berücksichtigen. Künftig zu erwartende Verluste aus Garantieleistungen sind daher über § 5 EStG auch steuerlich durch entsprechende Rückstellungen vorwegzunehmen (BFH v. 20. 11. 1962, BStBl 1963 III 113). Sie gehören zu den **ungewissen Verbindlichkeiten.**

Passivierungsvoraussetzungen: Das Vorliegen eines **Rechtsanspruchs** des Kunden auf Garantieleistungen am Bilanzstichtag ist nicht Voraussetzung. Der Unternehmer muß nach der Lebenserfahrung mit einer **Inanspruchnahme** rechnen können (BFH v. 30. 6. 1983, BStBl 1984 II 263). Eine gewisse **Wahrscheinlichkeit** der Inanspruchnahme reicht aus, wenn sie nach den Verhältnissen am Bilanzstichtag objektiv dargetan werden kann.

Garantierückstellungen sind erst passivierbar, wenn der Bauunternehmer seine Ansprüche aus Bauleistungen mit **Gewinnrealisierung** ausgewiesen hat (RFH v. 11. 1. 1939, RStBl S. 323). Die **Berechtigung** entsteht mit der förmlichen Bau- bzw. Teilabnahme. Für noch **teilfertige Bauten** sind Gewährleistungsverpflichtungen nicht passivierbar, allenfalls „drohende Verluste aus schwebenden Geschäften" (vgl. Rdnr. 1623). Die noch nicht ausgewiesene Forderung wird in der Regel die Herstellungskosten zuzüglich des notwendigen Gewährleistungsaufwandes decken.

Bewertungsgrundsätze: Die Garantierückstellung ist zu bewerten in Höhe des vom Kunden **geltendgemachten Schadens** oder der wahrscheinlichen zukünftige Inanspruchnahme. Das Risiko kann wie beim Delkredere einzeln, pauschal oder aus beiden Faktoren kombiniert bewertet werden (BFH v. 1. 4. 1958, BStBl III 291). Eine **pauschale Garantierückstellung** wird mit einem Prozentsatz des noch garantiebehafteten Nettoumsatzes angesetzt. Sie ist zu jedem Bilanzstichtag neu nach gültigen Preisverhältnissen zu bewerten (BFH v. 7. 10. 1982, BStBl 1983 II 104).

Bei **mehrjähriger Garantiefrist** ist die Rückstellung um die **geleisteten Garantiearbeiten** zu mindern und **jährlich neu** an die veränderte Situation anzupassen. Ein **gemischtes Verfahren** bewertet für einen Teil der Umsätze mit Besonderheiten das Risiko einzeln, für den Rest aber pauschal. Für eine den üblichen Rahmen übersteigende Schätzung des Garantierisikos bedarf es **konkreter Angaben** über die tatsächlichen Verhältnisse und Erfahrungen (FG Hamburg v. 27. 5. 1992, EFG 1993, 85).

Rückgriffsrechte auf Vorlieferer bzw. Subunternehmer und **bestehende Versicherungen** sind bei der Bewertung zu berücksichtigen (BFH v. 17. 2 1993, BStBl II 437). Auf die **Anwendung von Erfahrungssätzen** hat der Unternehmer keinen Anspruch. Das gilt vor allem für Garantieleistungen aus Kulanzgründen. Sie sollen nur dann berücksichtigt werden, wenn bis zum Bilanzstichtag dafür eine Zusage gemacht worden ist. Sonst sind Garantierückstellungen für Kulanz nur zulässig, wenn nach den **Erfahrungen der Vergangenheit** davon auszugehen ist, daß mit ihnen auch in Zukunft zu rechnen ist (BFH v. 20. 11. 1962, BStBl 1963 III 113).

Einzelbewertung: Für den Fall der Einzelbewertung besonderer Risiken ist auch zum Vorteil des Betriebes die **Aufhellungstheorie** zu beachten (FG Hamburg v. 27. 5. 1992, EFG 1993, 85). Bis zum Tag der Bilanzaufstellung **geltendgemachte Garantiefälle** und mit Gewißheit **drohende Inanspruchnahme** sind zu berücksichtigen (BFH v. 7. 10. 1982, BStBl 1983 II 104).

Für **Ersatzleistungen bzw. Nachbesserungen** sind die dem Betrieb entstehenden Aufwendungen an Lohn-, Material- und Gemeinkosten in Höhe der Selbstkosten anzusetzen. Kostenloses Nacharbeiten und Ersatzlieferungen sind Erlösschmälerungen, die zu berücksichtigen sind (BFH v. 1. 4. 1958, BStBl III 291; v. 18. 10. 1960, BStBl III 495; v. 26. 3. 1968, BStBl II 533; v. 13. 12. 1972, BStBl 1973 II 217; v. 7. 10. 1982, BStBl 1983 II 104; v. 30. 6. 1983, BStBl 1984 II 263). In die Rückstellung sind **sämtliche Aufwendungen** einzubeziehen, die durch die Erfüllung der

Gewährleistung ausgelöst werden. Bei Erteilung einer Gutschrift sind die **Wiederbeschaffungskosten** der verwendeten Materialien als Garantieaufwand zu erfassen.

Pauschalbewertung: Die pauschale Bewertung der Garantierisiken wird in Höhe eines Prozentsatzes der garantiebehafteten Umsätze bemessen. Die **Inanspruchnahme** eines Betriebes **in der Vergangenheit** ist Maßstab für die pauschale Höhe zukünftiger Erlösschmälerungen. Daher trifft den Betrieb im Rahmen der Zumutbarkeit die Verpflichtung, die **tatsächliche Inanspruchnahme** der Vergangenheit **nachzuweisen** (BFH v. 18. 10. 1960, BStBl III 495). Für Garantieleistungen sind Material-, Materialgemeinkosten, Lohn- und Lohngemeinkosten anzuschreiben (z. B. auf besonderen Konten) und nachprüfbare Unterlagen getrennt abzulegen.

Eine **erhöhte Nachweispflicht** gilt für Rückstellungen aus **Kulanzleistungen** (BFH v. 20. 11. 1962, BStBl 1963 III 113). Der Nachweis kann außerhalb der Buchführung **statistisch** oder über eine gesonderte **Belegablage** bzw. **Aufzeichnungen** erfolgen. Etwas anderes gilt bei **Änderung der betrieblichen Verhältnisse** durch Verwendung anderer Verfahren, Techniken, Materialien oder die Erweiterung des Aufgabengebietes. Hier liegt für die Rechtfertigung gebildeter Rückstellungen ein gutes **Argumentationsreservoire**. Vermutete oder nur mögliche höhere Risiken werden allerdings nicht akzeptiert. Auch hierfür muß der Unternehmer die Umstände darlegen, aus denen sich eine erhöhte Inanspruchnahme objektiv ergibt (BFH v. 18. 10. 1960, BStBl III 495).

Beispiel:

Nettoumsatz der garantiebehafteten Leistungen 1 796 000 DM. Gewährleistung wird für zwei Jahre übernommen. Im Umsatz sind über Subunternehmer erbrachte Leistungen von 990 000 DM enthalten. Nachweise über mehrere Jahre zu Selbstkosten ergaben eine Inanspruchnahme in Höhe von 1,6 v. H. der Garantieumsätze.

Berechnung der Rückstellung:

Garantiebelasteter Umsatz	1 796 000 DM
./. Umsatzanteil mit Rückgriffsrechten	990 000 DM
Eigener garantiebelasteter Umsatz	806 000 DM
Garantierückstellung 1,6 v. H. von 806 000 DM	12 896 DM

Erfahrungssätze: Pauschale Prozentsätze für unbestimmte Risiken aus Garantieverpflichtungen sollen sich stets aus den **Nachweisen des Einzel-**

falles ergeben. Allgemeine Erfahrungssätze können nur der **Groborientierung** dienen. Für die besprochenen Branchen gibt es folgende Erfahrungssätze:

Baugewerbe	0,5 bis 2 v. H. des jährlichen Sollumsatzes
Brückenbau	1 v. H. der Garantiesumme
Dachdecker	1 v. H. vom Sollumsatz zweier Jahre
Fliesenleger	bis 1 v. H. des garantiepflichtigen Umsatzes eines Jahres
Industrieanstrich	0,5 v. H. des Sollumsatzes eines Wirtschaftsjahres
Malergewerbe	1 v. H. des Sollumsatzes eines Wirtschaftsjahres
Straßenbau	1 bis 2 v. H. des garantiepflichtigen Sollumsatzes zweier Jahre
Tiefbau	1 bis 2 v. H. des garantieverpflichteten Sollumsatzes eines Wirtschaftsjahres
Zentralheizungsbau	1 bis 1,5 v. H. des Sollumsatzes von zwei Wirtschaftsjahren

Prüfungs-Ansatzpunkte: Da die Garantierückstellung steuerlich ein **Vorziehen von Verlusten** bedeutet, ist sie, wenn die absoluten Beträge nicht untergeordnet sind, auch **Prüfungsschwerpunkt.** Der Prüfer untersucht den angewendeten **Prozentsatz** und den **Bezugsumsatz** als rückstellungsbildende Größen. Dabei ist er in der Lage, aus der Entwicklung von Jahren **retrospektiv** aus der Inanspruchnahme im Verhältnis zum garantiebehafteten Umsatz einen Prozentsatz abzuleiten. Prüfer haben es leichter, da sie bereits die tatsächliche Entwicklung kennen. Es muß aber abgewehrt werden, daß sich Prüfer wie „**rückschauende Propheten**" verhalten. Auch sie dürfen die Beurteilung der angemessenen Höhe nur mit dem Erkenntnisstand vornehmen, den der Unternehmer bei Bilanzaufstellung hatte.

Rückstellungskürzungen beruhen meist darauf, daß auch **Handelswaren,** Umsätze mit **Rückgriffsrechten** (Subunternehmer) oder andere nicht der Garantie unterliegende Umsatzanteile in der Bemessungsgrundlage enthalten sind oder **Nachweise über die Inanspruchnahme fehlen.** Nacharbeiten werden von den Arbeitnehmern oft ohne Meldung ausgeführt. Diese Praxis muß in einer bestimmten Höhe als glaubhaft anerkannt werden.

Aufstellungen über Inanspruchnahmen können aus dem Gedächtnis auch bei der Prüfung noch erstellt werden. Die Tatsache, daß ein passiviertes

Einzelrisiko nach Bilanzaufstellung nicht wie angenommen eingetreten ist, rechtfertigt die Nichtanerkennung der Garantierückstellung allein nicht. Entscheidend ist, ob der Unternehmer bei Bilanzaufstellung mit dem **damaligen Informationsstand** das passivierte Risiko annehmen konnte.

Bei Prüfungen beruhen die Feststellungen nicht selten darauf, daß Rückstellungen **nicht ordnungsgemäß aufgelöst** wurden. Nach § 249 Abs. 3 Satz 2 HGB sind Garantierückstellungen aufzulösen, sobald der Grund für die Rückstellungsbildung entfallen ist. Spätestens nach Ablauf der Garantiezeit ist der Passivposten aufzulösen. Das gilt vor allem bei mehrjähriger Garantiezeit.

Die Verwaltung praktiziert eine **Nichtbeanstandungsgrenze** nach dem sog. Rationalisierungserlaß v. 25. 9. 1980 (Bp-Kartei OFD Hannover, I, 2.31). Danach werden Garantierückstellungen von Außenprüfern nicht beanstandet, wenn sie **0,5 v. H.** des **garantiebehafteten Umsatzes** des Wirtschaftsjahres ohne Berücksichtigung der Garantiezeiten nicht übersteigen. Der Unternehmer hat keinen Anspruch auf die Anwendung der Nichtbeanstandungsgrenze.

• **Jahresabschluß**

LEXinform
▶ BSt-BG-1135 ◀

1617 Eine Rückstellung ist zulässig für die gesetzliche Verpflichtung zur Aufstellung des Jahresabschlusses (BFH v. 20. 3. 1980, BStBl II 297; nicht für innerbetriebliche Kosten, FG Rheinland-Pfalz v. 16. 5. 1991, Revision, EFG 1992, 318) einschließlich der die Betriebssteuern des abgelaufenen Jahres betreffenden Steuererklärungen. Nicht rückstellbar sind Aufwendungen für private Steuererklärungen (ESt; VSt) sowie für Feststellungserklärungen (BFH v. 24. 11. 1983, BStBl 1984 II 301).

• **Pachterneuerungen**

LEXinform
▶ BSt-BG-1140 ◀

1618 Eine Rückstellung für die noch nicht fällige Verpflichtung zur Erneuerung unbrauchbar gewordener Pachtgegenstände (Gebäudeteile und Betriebsvorrichtungen), ist zulässig (BFH v. 3. 12. 1991, BStBl 1993 II 89, m. Anm. Körner, BBK F. 17, 1471).

• **Pensionssicherungsverein**

LEXinform
▶ BSt-BG-1145 ◀

1619 Für künftige Beiträge an den Verein können keine Rückstellungen gebildet werden (BFH v. 13. 11. 1991, BStBl 1992 II 336).

• Prozeßkosten

LEXinform
▶ BSt-BG-1150 ◀

Aktive bzw. passive Prozesse führen zu müssen, ist im Baugewerbe kaum vermeidbar. Bauverträge und deren zeitgerechte Erfüllung bieten reichlich Ansatzpunkte für **Rechtsstreitigkeiten**. Prozeßkosten für Zivilprozesse sind abziehbare Betriebsausgaben, wenn sie **betrieblich veranlaßt** sind (z. B. Prozesse mit Lieferanten, Kunden, Subunternehmern). **1620**

Das mit der Prozeßführung verbundene betrieblich veranlaßte **Kostenrisiko** (Gerichts-, Anwalts-, Zeugen-, Gutachtergebühren und -kosten) ist grundsätzlich **ab der Rechtshängigkeit** rückstellbar (BFH v. 27. 5. 1964, BStBl III 478). Das gilt für Aktiv- und Passivprozesse (BFH v. 24. 6. 1970, BStBl II 802). Zu **Strafverteidigungskosten** vgl. BFH v. 30. 8. 1962, BStBl 1963 III 5; v. 19. 2. 1982, BStBl II 467; v. 21. 11. 1983, BStBl 1984 II 160).

Rückstellungen können gebildet werden, wenn der Prozeß am Bilanzstichtag bereits läuft und der Unternehmer mit einem **negativen Ausgang mit Kostenfolgen** rechnen muß (BFH v. 24. 6. 1970, BStBl II 802). Rückstellbar sind die ernsthaft zu erwartenden Kosten der am Bilanzstichtag **laufenden Instanz,** nicht aber für denkbare weitere Instanzen (BFH v. 27. 5. 1964, BStBl III 478) oder für künftige Prozesse. Im Einzelfall sind Ausnahmen denkbar. Zu Rückstellungen eines **Finanzgerichtsprozesses** vgl. BFH v. 22. 5. 1987 (BStBl II 711).

• Schadensersatzverpflichtungen

LEXinform
▶ BSt-BG-1155 ◀

Für betriebliche Schadensersatzverpflichtungen aus strafbaren Handlungen sind Rückstellungen zu bilden, wenn mit einiger Wahrscheinlichkeit damit zu rechnen ist, daß der Unternehmer in Anspruch genommen wird (BFH v. 2. 10. 1992, BStBl 1993 II 153). **1621**

• Urlaub

LEXinform
▶ BSt-BG-1160 ◀

Literatur: *Christiansen,* Die Bewertung der Rückstellung für die Verpflichtung zur Gewährung rückständigen Urlaubs, StBp 1989, 221; *Feldmann,* Rückstellungen für Urlaubsverpflichtungen in der Bauwirtschaft, FR 1993, 190.

Haben Arbeitnehmer des Betriebes am Bilanzstichtag den ihnen zustehenden Urlaub nicht oder nicht in vollem Umfang genommen, so hat der Unternehmer dafür eine Rückstellung zu bilden (BFH v. 8. 7. 1992, BStBl II 910). Der Betrieb hat die arbeitsvertragliche Verpflichtung, Urlaub zu gewähren, nicht oder nicht vollständig erfüllt. Bei **abweichendem Wirtschaftsjahr** kann zeitanteilig verfahren werden (BFH v. 26. 6. 1980, BStBl II 506). **1622**

▷ **Achtung:**

Eine Rückstellung ist nicht zulässig für alle Betriebe, die einer Urlaubskasse (Malergewerbe, Zusatzversorgungskasse Baugewerbe; vgl. Rdnr. 1723) angeschlossen sind. Diese Institutionen haben es übernommen, den Betrieben die Urlaubsentgelte zu finanzieren. Die Mittel dafür werden durch Beiträge aufgebracht.

Die Bewertung erfolgt mit den nach **Verhältnissen am Bilanzstichtag** anzusetzenden rückständigen Ausgaben des Arbeitgebers für den während des Urlaub fortzuzahlenden Arbeitslohn. Sie entsprechen der Höhe des anfallenden **Bruttoarbeitsentgelts,** der Arbeitgeberanteile, des Urlaubsgeldes und der weiteren lohnabhängigen Nebenkosten (BFH v. 10. 3. 1993, BStBl II 446). Nicht zu berücksichtigen sind **Sondervergütungen** wie Weihnachtsgeld, Tantiemen und die allgemeinen Verwaltungskosten. Auch **Entgeltsänderungen,** die erst im Folgejahr wirksam werden, bleiben außer Betracht.

In der Praxis kann die Berechnung durch **Multiplikation der rückständigen Urlaubstage** mit den durch Division der Arbeitnehmerjahresaufwendungen durch die Anzahl der tatsächlichen Arbeitstage ermittelten Aufwendungen pro Tag erfolgen.

LEXinform
• **Verluste aus schwebenden Bauverträgen** ▶ BSt-BG-1165 ◀

Literatur: *Rohse,* Rückstellungen für drohende Verluste aus schwebenden Geschäften, StBp 1987, 152; *Schmidt,* Drohende Verluste aus schwebenden Geschäften, StBp 1990, 232; *Schäfer,* Drohende Verluste aus schwebenden Bauverträgen, StBp 1990, 233.

Verwaltungsanweisungen: Abschn. 38 Abs. 5 EStR.

1623 Rückstellungen für drohende Verluste aus schwebenden Verträgen sind in der stark von der Konjunktur abhängigen Baubranche von großer steuerlicher Bedeutung. Sie kommen auch für bewußt und gewollt geschlossene Verträge mit Verlustfolgen, also bei **Vorhersehbarkeit** der Verluste, in Frage. In Phasen der Rezession ist zum Halten von Arbeitskräften bzw. zur Auslastung der Kapazität das gelegentliche Eingehen von **Verlustkontrakten** nicht vermeidbar.

Nach § 249 Abs. 1 Satz 1 HGB ist der buchführende Unternehmer verpflichtet, Rückstellungen für drohende Verluste aus schwebenden Geschäften auszuweisen. Diese Verpflichtung besteht im Rahmen ordnungsmäßiger Gewinnermittlung nach § 5 Abs. 1 Satz 1 EStG über den Grundsatz der Maßgeblichkeit der Handelsbilanz auch steuerlich (BFH

v. 20. 3. 1980, BStBl II 297). Rückstellungen für drohende Verluste sind ein Unterfall der Rückstellung für **ungewisse Verbindlichkeiten.**

Die Rückstellung für drohende Verluste bemißt sich auf den Teil der **eigenen Verbindlichkeit** aus einem schwebenden Geschäft, der den Wert der zu erwartenden **Gegenleistung übersteigt** (BFH v. 19. 7. 1983, BStBl 1984 II 56). Eine Rückstellung aus drohenden Verlusten ist schon **vor Vertragsabschluß** geboten, wenn ein **bindendes Vertragsangebot** besteht, dessen Annahme mit Sicherheit zu erwarten ist (BFH v. 16. 11. 1982, BStBl 1983 II 361). **Wirtschaftliches Entstehen** der Verbindlichkeit reicht aus, nicht aber die bloße Möglichkeit.

Die Bewertung erfolgt nach den Grundsätzen zu Rückstellungen für ungewisse Verbindlichkeiten (BFH v. 11. 2. 1988, BStBl II 661). Anspruch und Verpflichtung aus dem schwebenden Geschäft sind gegenüberzustellen. Die Rückstellung hat dem **Verpflichtungsüberschuß** zu entsprechen (BFH v. 25. 2. 1986, BStBl II 465). Der **Grundsatz der Einzelbewertung** verbietet eine Saldierung mit Gewinnen aus anderen Geschäften (BFH v. 19. 7. 1983, a. a. O.). Auch auf die Summe gleichartiger Verträge kann nicht abgestellt werden (Schmidt, § 5 Anm. 456).

Bei Sachleistungsverpflichtungen sind die für die Erfüllung beim Verpflichteten anfallenden **Aufwendungen maßgebend** (BFH v. 19. 1. 1972, BStBl II 392). Nach h. M. hat die **Bewertung mit Vollkosten** (Einzel- und Gemeinkosten) nach den Verhältnissen am Bilanzstichtag zu erfolgen. Sie markieren den Wert der Aufwendungen, die zur Bewirkung der Bauleistung erforderlich sind (BFH v. 19. 7. 1983, BStBl 1984 II 56; v. 19. 1. 1972, BStBl II 392).

Weder **kalkulatorische Kosten** noch durchschnittlicher Unternehmergewinn sind einzubeziehen (BFH v. 19. 7. 1983, a. a. O.). Die Rückstellung für drohende Verluste soll den Überschuß der Aufwendungen über die Erträge für ein schwebendes Geschäft vorwegnehmen. Sie ist keine Rückstellung für **entgehende Gewinne.** Wurde das Verlustobjekt bereits ganz oder teilweise bilanziert, so ist die Rückstellung nur in Höhe des Betrages zu bilden, um den die Summe des aktivierten Betrages zuzüglich der am Bilanzstichtag noch zu **erwartenden Selbstkosten** den vereinbarten Leistungspreis übersteigt (BMF v. 14. 6. 1974, DB S. 1195). Sie ist an jedem Bilanzstichtag neu zu bewerten und in Höhe der im vergangenen Geschäftsjahr verwirklichten Verluste aufzulösen, um Doppelerfassungen zu vermeiden.

Beispiel:

Die Errichtung eines Rohbaues für vier Eigentumswohnungen wurde vom Bauträger mit Kontrakt vom 19. 12. 01 für 690 000 DM zur Auslastung des Betriebes fest vereinbart. Als Baubeginn war der Herbst 02, die Fertigstellung für den 1. 7. 03 fixiert. Zum 31. 12. 02 wurden steuerliche Herstellungskosten in Höhe von 170 000 DM und Anzahlungen von 14 000 DM ausgewiesen. Zum 31. 12. 03 waren aus der gebuchten Endabrechnung 157 000 DM noch nicht beglichen.

Rückstellung zum 31. 12. 01

Summe der Verpflichtung zu **Selbstkosten**	768 000 DM
Anspruch auf **vereinbarte Gegenleistung**	690 000 DM
Rückstellung für drohende Verluste	78 000 DM

Rückstellung zum 31. 12. 02

Aktivierte Herstellungskosten	170 000 DM
+ nach dem Bilanzstichtag noch anfallende Selbstkosten	580 000 DM
Summe	750 000 DM
Anspruch auf vereinbarte Gegenleistung	690 000 DM
Rückstellung für drohende Verluste 31. 12. 02	60 000 DM

Die Verminderung um 18 000 DM entspricht den im Jahr 02 bereits als Aufwand zum Tragen gekommenen Aufwendungen, die steuerlich nicht als Herstellungskosten gelten (Verwaltungs- und Vertriebskosten).

Rückstellung zum 31. 12. 03

Eine Rückstellung für drohende Verluste ist steuerlich nicht mehr möglich. Es liegt kein schwebendes Geschäft mehr vor. Durch die Endabrechnung wurde der Verlust bereits realisiert.

● **Vorruhestandsleistungen**

LEXinform
▶ BSt-BG-1170 ◀

1624 Das Gesetz zur Erleichterung des Übergangs von Arbeitnehmern in den Ruhestand v. 13. 4. 1984 (BGBl I 601 ff.) schafft die Möglichkeit, Arbeitnehmern unter bestimmten Voraussetzungen Vorruhestandleistungen zu gewähren. Die Arbeitgeberverpflichtung kann sich aus **Tarifvertrag oder Einzelvertrag** ergeben. Für das Baugewerbe ist sie in einem Tarifvertrag über den Vorruhestand geregelt. Entsprechend den **Grundsätzen des § 6a EStG** können für die Verpflichtungen des Arbeitgebers steuerliche Rückstellungen gebildet werden (BMF v. 16. 10. 1984, BStBl I 518). Eine Rückstellung darf erst bei Vorliegen einer **verbindlichen Erklärung des Arbeitnehmers** über die Inanspruchnahme der Vorruhestandsleistungen zum nächsten Bilanzstichtag erfolgen.

Für das Baugewerbe und einige andere Branchen werden die Vorruhestandsleistungen von der **Zusatzversorgungskasse des Baugewerbes VVaG (ZVK-Bau)** bzw. anderen branchengebundenen Institutionen auf Antrag erstattet, wenn der Unternehmer seine erbrachten **Leistungen nachweist.** Die dafür notwendigen Mittel werden von den Unternehmen im **Umlageverfahren** aufgebracht. Der Arbeitgeber ist dadurch nicht frei, die Vorruhestandsleistungen gegenüber den Arbeitnehmern zu erbringen. Die Erstattung der Leistungen durch die ZVK-Bau beeinflußt nicht das Passivierungsrecht. Ab 1. 1. 1987 besteht Passivierungspflicht. Bestehende Ansprüche sind auch nicht bei der Bewertung der Rückstellungen zu berücksichtigen. Gleiches gilt für die **Zuschüsse der Bundesanstalt für Arbeit** nach §§ 1 bzw. 2 Vorruhestandsgesetz (VRG).

Die **Umlagebeiträge** an die ZVK-Bau sind Betriebsausgaben, erstattete Leistungen Betriebseinnahmen. **Erstattungsansprüche** für ausstehende Leistungen der ZVK-Bau müssen als sonstige Forderungen, **rückständige Monatsbeiträge** an die ZVK als **sonstige Verbindlichkeiten** bilanziert werden. Ein Ausweis von zukünftig fällig werdenden Ansprüchen darf nicht erfolgen.

Vgl. auch OFD Köln v. 25. 11. 1988, DStR 1989, 81; Schmidt, § 5 Anm. 57, „Vorruhestandsgeld".

● **Wechseloblig**o

LEXinform
▶ BSt-BG-1175 ◀

Für den Bestand von weitergegebenen Kundenwechseln besteht am Bilanzstichtag das Risiko der Inanspruchnahme weiter, soweit Wechsel noch nicht eingelöst sind. Kundenforderungen leben im Fall der Nichteinlösung des Wechsels wieder auf (Entgegennahme zahlungshalber). Der Unternehmer kann für dieses Risiko Einzel- bzw. Pauschalrückstellungen bilden (BFH v. 27. 4. 1965, BStBl III 409; v. 19. 12. 1972, BStBl 1973 II 218).

Bei der Bewertung des Wechselobligos sind wie beim Delkredere die Verhältnisse am Bilanzstichtag maßgebend. Alle bis zum Tag der Bilanzaufstellung bekanntwerdenden Umstände sind zu berücksichtigen, wenn sie geeignet sind, das **Risiko am Bilanzstichtag** aufzuhellen (BFH v. 19. 12. 1972, BStBl 1973 II 218).

Einzelrückstellungen sind für bis zum Tag der Bilanzaufstellung eingelöste Kundenwechsel nicht zulässig. Wurden bis zur Bilanzaufstellung alle

Wechsel eingelöst, ist auch für eine pauschale Rückstellung kein Raum. Ist nur ein Teil der Wechsel eingelöst, so darf die Rückstellung insgesamt den Betrag der nicht eingelösten Wechsel nicht übersteigen (ESt-Kartei OFD Hannover § 6 Nr. 3.4).

4. Auflösung von Rückstellungen LEXinform ▶ BSt-BG-1180 ◀

1626 Rückstellungen sind aufzulösen, soweit die Gründe hierfür entfallen (Abschn. 31 c Abs. 14 EStR; vgl. auch § 249 Abs. 3 Satz 2 HGB). Ein Grund für die Bildung einer Rückstellung ist z. B. dann entfallen, wenn die **Verpflichtung**, wegen der die Rückstellung gebildet wurde, **weggefallen** ist (zur Auflösung von Rückstellungen für Erstattungen des Arbeitgebers nach §§ 128 AFG, 1395 b RVO, 117 b AVG und 140 b RKG vgl. BMF v. 10. 12. 1991, DB 1992, 178). Nach dem Grundsatz des Bilanzenzusammenhangs sind Rückstellungen auch dann aufzulösen, wenn sie von Anfang an **zu Unrecht gebildet** worden oder die **Voraussetzungen für die Bildung schon in früheren Jahren weggefallen** sind, soweit die entsprechenden Bilanzen und Veranlagungen (z. B. wegen Verjährung oder Bestandskraft) nicht mehr berichtigt werden können (BFH v. 9. 10. 1985, BStBl 1986 II 51, 53). Ebenso können Rückstellungen unzulässig werden, weil sie einer neueren, aus einer **besseren Erkenntnis** geschöpften Rechtsprechung nicht mehr entsprechen bzw. weil sie objektiv von Anfang an nicht rechtmäßig waren und nur von den Beteiligten rechtsirrtümlich für zulässig angesehen wurden (BFH v. 25. 4. 1990, BFH/NV S. 630).

5. Wegfall der Rückstellungen nach Betriebsveräußerung bzw. -aufgabe LEXinform ▶ BSt-BG-1185 ◀

1627 vgl. BFH v. 28. 2. 1990, BStBl II 537, und Schmidt, § 16 Anm. 56 c.

- **Rückzahlung von Betriebsausgaben**

1628 vgl. „Betriebsausgaben", Rdnr. 880 ff.

- **Rückzahlung von Betriebseinnahmen**

1629 vgl. „Betriebseinnahmen", Rdnr. 891.

- **Sachsen und Sachsen-Anhalt**

1630 vgl. „Beitrittsgebiet", Rdnr. 818 ff.

- **Sachspenden**

1631 vgl. „Spenden", Rdnr. 1662.

- **Sachversicherungen**
vgl. „Versicherungen", Rdnr. 1747 ff., 1758 f. 1632

- **Sanierung Altlasten**
vgl. „Rückstellungen", Rdnr. 1606 f. 1633

- **Schadensersatz**
vgl. „Rückstellungen", Rdnr. 1601 ff.; „Bewertung", Rdnr. 920. 1634

- **Schlechtwettergeld**
vgl. „Wintergeld", Rdnr. 1778. 1635

- **Schmiergelder**
  LEXinform
  ▶ BSt-BG-1190 ◀

Literatur: *Schröder/Muuss*, Handbuch der steuerlichen Betriebsprüfung, Kz. 4725; 1636
Bp-Kartei OFD Düsseldorf-Köln-Münster, Teil I, Konto Schmiergelder.

Die Definition von Schmiergeldzahlungen hängt vor allem ab von der zutreffenden Abgrenzung gegenüber **betrieblich veranlaßten Geschenken**. Schmiergeldzahlungen aus betrieblichem Anlaß sind im Gegensatz zu dem für Geschenke nach § 4 Abs. 5 Nr. 1 EStG bestehenden Abzugsverbots als **Betriebsausgaben** abziehbar. Es sind Aufwendungen, um einen einer anderen Person verpflichteten Empfänger zu einem bestimmten Verhalten gegenüber dem Unternehmer zu veranlassen, bestimmte **Geschäfte oder Kontakte** zu realisieren bzw. sich erkenntlich zu zeigen. Es muß eine bestimmte oder **bestimmbare Gegenleistung** vom Empfänger erbracht oder erwartet werden. Zahlungen sind als Geschenke zu werten, wenn sie nur den Zweck haben, Geschäftsbeziehungen anzuknüpfen, zu sichern oder zu verbessern.

Schmiergelder sind in der Regel **Handgelder**, die meist keine „belegmäßigen Spuren" hinterlassen und auch als Provisionen, Spesen, Gebühren oder Darlehen getarnt werden. Das Zahlen, Anbieten oder Versprechen von Schmiergeldern an Angestellte oder Beauftragte eines geschäftlichen Betriebes ist nach § 12 UWG unter Strafe gestellt.

Für die Abziehbarkeit als Betriebsausgabe ist § 160 AO zu beachten. Der Unternehmer trägt die **objektive Beweislast** für die betriebliche Veranlassung der Zahlungen und dafür, daß sie tatsächlich erfolgt sind (BFH

v. 24. 6. 1976, BStBl II 562). Er muß auf Verlangen des Finanzamts den **Empfänger des Geldes** genau benennen. Ob die Behörde ein Benennungsverlangen erläßt, liegt in ihrem pflichtgemäßen Ermessen (BFH v. 25. 11. 1986, BStBl 1987 II 286; BMF v. 24. 9. 1987, BStBl I 664). Der Ermessensspielraum ist für Schmiergelder besonders eng.

Die Tatsache, daß die Zahlungen selbst unstreitig sind, reicht zur Anerkennung nicht aus (BFH v. 29. 11. 1978, BStBl 1979 II 587; v. 9. 8. 1989, BStBl II 995). Der Empfängernachweis kann nicht durch eine **eidesstattliche Versicherung** des Unternehmers ersetzt werden. Hinweise auf Nachteile bzw. Schäden im Fall der Benennung qualifizieren das Benennungsverlangen nicht als ermessensfehlerhaft.

Schmiergeldzahlungen an Ausländer werden nach Sinn und Zweck des § 160 AO meist als abziehbar anerkannt. Das Finanzamt soll auf den Empfängernachweis verzichten, wenn feststeht, daß die Zahlung im Rahmen eines üblichen Handelsgeschäftes erfolgte, der Geldbetrag ins Ausland abgeflossen ist und der Empfänger nicht der deutschen Besteuerung unterliegt (BMF v. 24. 9. 1987, BStBl I 664).

• Schuldzinsen

1637   vgl. „Zinsen", Rdnr. 1796.

• Schwarzarbeiter

1638   vgl. „Selbständige Tätigkeit", Rdnr. 1647.

• Schwebende Geschäfte
LEXinform
▶ BSt-BG-1195 ◀

1639   Rechte und Pflichten aus einem **beiderseits noch nicht erfüllten Vertrag** sind grundsätzlich nicht zu bilanzieren, solange und soweit sie sich gleichwertig gegenüberstehen.

Beispiele:
Vertrag über Bauleistungen; Grundstückskaufverträge; Dauerschuldverhältnisse wie z. B. Mietverhältnisse; Erbbaurechtsverhältnisse.

1640   Bei **Vorleistungen (Anzahlungen)** oder **Erfüllungsrückständen** sind die Ansprüche bzw. Verpflichtungen in der Bilanz auszuweisen (BFH v. 24. 8. 1983, BStBl 1984 II 273; vgl. „Erbbaurecht", Rdnr. 1085 ff.,

m. w. N.; zu drohenden Verlusten vgl. „Rückstellungen", Rdnr. 1613; zur Bilanzierung von realisierten Mieterträgen vgl. BFH v. 20. 5. 1992, BStBl II 904, m. Anm. Lempenau, KFR F. 3 EStG § 5, 1/93, 7; zu Grundstückskaufverträgen vgl. BFH v. 2. 3. 1990, BStBl II 733; zu Arbeitsverträgen vgl. BFH v. 7. 6. 1988, BStBl II 886; zu Ausbildungsverträgen vgl. BFH v. 25. 1. 1984, BStBl II 344; zu Zinsen vgl. BFH v. 24. 5. 1984, BStBl II 747; zu einer „verlorenen" Vorleistung vgl. Baier, DB 1991, 2349). Anzahlungen sind aber dann gewinnerhöhend aufzulösen, wenn und soweit der Empfänger (Unternehmer) einzelne vollständig abgeschlossene **Teilleistungen** erbracht hat (FG Berlin v. 29. 4. 1991 rkr., EFG 1992, 62).

• **Selbständige Tätigkeit**

LEXinform
▶ BSt-BG-1200 ◀

1. Persönliche und sachliche Selbständigkeit

Ein gewerbliches Unternehmen liegt u. a. nur dann vor, wenn die Betätigung in persönlicher und sachlicher Hinsicht selbständig ist. Die **persönliche Selbständigkeit** betrifft die Person des Betriebsinhabers (Handeln auf eigene Rechnung und Gefahr), die **sachliche Selbständigkeit** bezieht sich auf den Betrieb. Ein Unternehmen ist dann selbständig, wenn es unabhängig von anderen Unternehmen eine wirtschaftliche Einheit bildet (BFH v. 19. 2. 1981, BStBl II 602; zur sachlichen Selbständigkeit vgl. i. e. Blümich/Obermeier, § 2 GewStG Rz. 40 ff.). 1641

2. Persönliche Selbständigkeit – Abgrenzung zur nichtselbständigen Tätigkeit

Die persönliche Selbständigkeit ist zur nichtselbständigen Tätigkeit und dem sich aus § 1 LStDV ergebenden Arbeitnehmer-Begriff abzugrenzen. Danach ist ein Dienstverhältnis und damit die Arbeitnehmer-Eigenschaft anzunehmen, wenn die tätige Person in der Betätigung ihres geschäftlichen Willens **unter der Leitung des Arbeitgebers steht oder im geschäftlichen Organismus des Arbeitgebers dessen Weisungen zu folgen verpflichtet ist** (§ 1 Abs. 2 Satz 2 LStDV). Nach ständiger Rechtsprechung des BFH (z. B. v. 14. 6. 1985, BStBl II 661, m. w. N.) ist diese Frage nach dem Gesamtbild der Verhältnisse zu beurteilen, d. h., die für und gegen die Selbständigkeit sprechenden Merkmale sind gegeneinander abzuwägen, wobei es auf die tatsächliche Gestaltung ankommt. Dies bedeutet, daß 1642 bei Vorliegen oder Fehlen eines der unten aufgeführten Abgrenzungskriterien die Arbeitnehmer-Eigenschaft oder die Selbständigkeit nicht eindeutig bejaht oder verneint werden kann (Blümich/Obermeier, § 2 GewStG Rz. 207).

1643 Für die Arbeitnehmer-Eigenschaft können folgende Merkmale sprechen (vgl. BFH v. 14. 6. 1985, BStBl II 661):

1644 • **Äußere Arbeitsbedingungen** (persönliche Abhängigkeit; Weisungsgebundenheit hinsichtlich Ort und Zeit, z. B. fester Dienstort und feste Arbeitszeiten; Eingliederung in den Betrieb und Notwendigkeit der engen ständigen Zusammenarbeit mit anderen Mitarbeitern);

1645 • **Inhalt der Tätigkeit** (Weisungsgebundenheit bei Organisation und Durchführung der Tätigkeit; keine Unternehmerinitiative; Schulden der Arbeitskraft und nicht des Arbeitserfolgs; Ausführen von einfachen Tätigkeiten, bei denen eine Weisungsabhängigkeit die Regel ist);

1646 • **Entgelt für die Leistung** (feste Bezüge, Urlaubsanspruch, Anspruch auf sonstige Sozialleistungen, Fortzahlung der Bezüge im Krankheitsfall, Überstundenvergütung; kein Unternehmerrisiko, kein Kapitaleinsatz, keine Pflicht zur Beschaffung von Arbeitsmitteln).

1647 **Schwarzarbeiter** sind in der Regel keine Arbeitnehmer (BFH v. 21. 3. 1975, BStBl II 513). Die Abgrenzung ist anhand der Weisungsgebundenheit hinsichtlich Ort und Zeit und Tragen eines Unternehmerrisikos vorzunehmen.

1648–1650 *(Einstweilen frei)*

• **Seminare**

1651 vgl. „Fortbildungskosten", Rdnr. 1130 ff.

• **Skonti**

1652 vgl. „Bewertung", Rdnr. 917 ff., 920 f.

• **Software**

1653 vgl. „Betriebs- und Geschäftsräume", Rdnr. 899; „Geringwertige Wirtschaftsgüter", Rdnr. 1169; Kasch, SteuerStud 1993, 178; zur Investitionszulage vgl. „Beitrittsgebiet", Rdnr. 843.

- **Solidaritätszuschlag**　　　　　　　　　　　LEXinform
　　　　　　　　　　　　　　　　　　▶ BSt-BG-1205 ◀

Literatur: *o. V.*, Solidaritätszuschlag: Eine neue Steuer, AWA August 1991, 4; *Wendland*, Der Solidaritätszuschlag zur Einkommen- und Körperschaftsteuer, Inf 1991, 347; *Christoffel*, Solidaritätszuschlag, NWB F. 2, 5681; *Scheurmann-Kettner/ Dötsch*, Das Solidaritätszuschlagsgesetz, DB 1991, 1591, 1644; *Korn*, Der Solidaritätszuschlag in der Beratungspraxis, KÖSDI 1991, 8646; *Wendland*, Einzelfragen zum Solidaritätszuschlag zur Einkommen- und Körperschaftsteuer, Inf 1992, 131; *v. Wedelstädt*, Vorläufige Steuerfestsetzung, DB 1992, 1116.

Verwaltungsanweisungen: BMF v. 19. 3. 1992, Solidaritätszuschlag bei Umstellung des Wirtschaftsjahrs, DB S. 809; BMF v. 10. 7. 1992, Vorläufige Steuerfestsetzungen im Hinblick auf anhängige Musterverfahren (§ 165 Abs. 1 AO), Ruhenlassen von außergerichtlichen Rechtsbehelfsverfahren (§ 363 Abs. 2 AO), BStBl I 402.

1. Rechtslage 1991 und 1992

Der Solidaritätszuschlag wurde als Ergänzungsabgabe zur ESt und KSt 　1654
erhoben. Er betrug **7,5 % der vom 1. 7. 1991 bis zum 30. 6. 1992 zu zahlenden laufenden ESt** (ESt-Vorauszahlung, LSt – vgl. dazu Rdnr. 1655 und 2554 – und Kapitalertragsteuer). Da der Zuschlag aber nur für das zweite Halbjahr 1991 und das erste Halbjahr 1992 erhoben wurde, mußte er bei der veranlagten ESt und beim LSt-Jahresausgleich, die beide auf das volle Jahr abstellen, umgerechnet werden. Der Solidaritätszuschlag betrug daher **3,75 % der für die Veranlagungszeiträume 1991 und 1992 festgesetzten ESt** (Wendland, Inf 1992, 131; bei Umstellung des Wirtschaftsjahrs vgl. BMF v. 19. 3. 1992, DB S. 809). Wurden Vorauszahlungen auf den Solidaritätszuschlag zur ESt festgesetzt, mußten sie sich am Zuschlagssatz von 3,75 % auf die Jahres-ESt-Schuld orientieren (BFH v. 25. 6. 1992, BStBl II 702).

Es ist umstritten, ob der Solidaritätszuschlag **verfassungswidrig** ist. Hier-　1655
bei ist zu unterscheiden (vgl. AWA August 1991, 5):

- Die Erhebung des **laufend zu zahlenden Zuschlags** (also auf die ESt-Vorauszahlung, die LSt und die Kapitalertragsteuer) ist auf jeden Fall verfassungsrechtlich unproblematisch, da das Gesetz vor dem 1. 7. 1991 wirksam zustandegekommen ist, der Solidaritätszuschlag aber erst ab dem 1. 7. 1991 erhoben wird; er wirkt also nicht zurück.

- Durch die Umrechnung des Satzes von 7,5 % bei der **veranlagten ESt und dem LSt-Jahresausgleich** auf 3,75 % werden auch Einkünfte erfaßt, die der Steuerpflichtige vor der Verabschiedung des Solidaritätszuschlags erwirtschaftet hat. Auch hierin ist keine verfassungsrechtlich unzulässige Rückwirkung zu sehen; denn der Gesetzgeber hat die Möglichkeit, die einkommensteuerrechtlichen Vorschriften noch vor Ablauf des jeweiligen Veranlagungszeitraums rückwirkend zu ändern. Es handelt sich dabei um die Neubestimmung einer bislang noch nicht eingetretenen Rechtsfolge (BFH v. 25. 6. 1992, BStBl II 702; BVerfG v. 14. 5. 1986, BStBl II 628; a. A. Wendland, Inf 1991, 347 f., unter Hinweis auf Birk, StEd 1991, 195).

▷ **Gestaltungshinweis:**

In Anbetracht der Rechtsunsicherheit sollte der Unternehmer den ESt-Bescheid mit Rechtsbehelfen angreifen, um bei einer möglichen Verfassungswidrigkeit des Zuschlag an der Änderung teilzuhaben. Die Finanzverwaltung erklärt noch nicht bestandskräftige Bescheide für vorläufig (BMF v. 10. 7. 1992, BStBl I 402; vgl. v. Wedelstädt, DB 1992, 1116).

2. Rechtslage ab 1995

1656   Durch Artikel 32 des FKPG wurde erneut ein Solidaritätszuschlag eingeführt. Er wird ab 1995 auf die Vorauszahlungen und die festgesetzte ESt erhoben und beträgt 7,5 %.

1657   Vgl. auch Lohnsteuer, Rdnr. 2554.

1658–1661   *(Einstweilen frei)*

• Sozialversicherung

1662   vgl. „Versicherungen", Rdnr. 1747 ff.; bei Arbeitnehmern vgl. Rdnr. 2480; bei Pauschalierung der LSt vgl. Rdnr. 2837 ff., 2868.

• Spenden

LEXinform
▶ BSt-BG-1210 ◀

1663   Spenden, die im Rahmen des § 10 b EStG hingegeben werden, mindern die Steuerschuld. Zum Kreis der begünstigten Empfänger gehören auch die gemeinnützigen Körperschaften, z. B. das Deutsche Rote Kreuz. Unternehmer können dem Roten Kreuz auch Wirtschaftsgüter spenden, die zuvor im Betrieb verwendet wurden (z. B. Bürogeräte). Der als Sonderausgaben abziehbare Wert darf aber den bei der Entnahme angesetzten Wert nicht überschreiten (§ 10 b Abs. 3 Satz 2 EStG). Dazu kommt noch die dabei angefallene USt (Sächsisches FM v. 28. 8. 1992, DStR

S. 1476). Zum Nachweis ist grundsätzlich eine Spendenbescheinigung (Muster vgl. Anlage 8, 9 EStR; Anlage 4, 5 LStR) zu erbringen, die zu den materiell-rechtlichen Voraussetzungen für die Abziehbarkeit der Spenden gehört (BFH v. 29. 11. 1989, BStBl 1990 II 570; v. 28. 11. 1990, BFH/NV 1991, 305; ausführlich Obermeier in Handbuch des Einkommensteuerrechts, § 10b Anm. 7, auch zu den Ausnahmen).

- **Sterbegeldumlagen**

vgl. „Versicherungen", Rdnr. 1747 ff., 1749. 1664

- **Steuerermäßigung**

vgl. „Außerordentliche Einkünfte", Rdnr. 725 ff.; zur Steuerermäßigung bei Belastung mit ErbSt vgl. § 35 EStG. 1665

- **Steuernachforderungszinsen**

vgl. „Hinterziehungszinsen", Rdnr. 1402. 1666

- **Steuersatz, ermäßigter**

vgl. „Außerordentliche Einkünfte", Rdnr. 725 ff. 1667

- **Strafverfahrenskosten**

vgl. „Geldbußen . . .", Rdnr. 1159. 1668

- **Studienkosten des Kindes als Betriebsausgaben**

vgl. „Kinder-Arbeitsverhältnisse . . .", Rdnr. 1430 ff. 1669

- **Studienreisen**

vgl. „Fortbildungskosten", Rdnr. 1132 ff. 1670

- **Stundungszinsen**

vgl. „Hinterziehungszinsen", Rdnr. 1402. 1671
(Einstweilen frei) 1672–1679

• Tantieme

1680 vgl. „Außerordentliche Einkünfte", Rdnr. 725 ff.; „Ehegatten-Arbeitsverhältnisse . . .", Rdnr. 1031 ff.; „Kinder-Arbeitsverhältnisse . . .", Rdnr. 1412 ff.

• Tarifbegrenzung bei gewerblichen Einkünften

1681 Zur Absenkung des Spitzensteuersatzes auf 47 % vgl. § 32 c EStG.

• Tariffreibetrag im Beitrittsgebiet

1682 vgl. LSt, Rdnr. 2547 ff.

• Tarifvergünstigung

1683 vgl. „Außerordentliche Einkünfte", Rdnr. 725 ff.

• Teilentgeltliche Rechtsgeschäfte

1684 vgl. Rdnr. 2992 ff..

• Teilfertige Bauten

LEXinform
► BSt-BG-1215 ◄

Literatur: *Anders,* Halbfertige und nicht abgerechnete Arbeiten im Bau- und Baunebengewerbe, Steuerlexikon Teil II Sachgebiet 3, EStG §§ 5-6 EStG, 611; *Nickolay,* Die Bilanzierung von unfertigen Bauten auf fremdem Grund und Boden in der Ertragsteuerbilanz der Bauunternehmung, DStR 1976, 271.

1685 Die **langfristige Auftragsabwicklung** bei Bauleistungen macht die Position „Teilfertige Bauten" zum wichtigsten **Bilanzierungs- und Bewertungsproblem** des Bau- und Baunebengewerbes. Daher ist diese Bilanzposition bei Außenprüfungen ein Prüfungsschwer- und meist auch Beanstandungspunkt mit allerdings nur **gewinnverlagernder Auswirkung**. Das Stadium der Teilfertigkeit als schwebendes Geschäft besteht bis zur Gewinnrealisierung (Rdnr. 1531 ff.). Vorher sind Kauf-, Werk- und Werklieferungsverträge weder rechtlich noch wirtschaftlich erfüllt (BFH v. 27. 2. 1986, BB S. 1343).

Die rechtlich zutreffende **Abgrenzung** der teilfertigen Bauten zu den fertigen, nicht abgerechneten hat wichtige ertragsteuerliche und umsatzsteuerliche Bedeutung. Während für teilfertige Objekte die Bilanzierung mit den **Herstellungskosten** im wesentlichen auf die Neutralisierung des dafür entstandenen Aufwandes hinausläuft, besteht für fertige Bauausführungen die **Pflicht zur Gewinnrealisierung** (Rdnr. 1531 ff.). Auch **umsatzsteuerlich** ist die Leistung ausgeführt und die USt entstanden (§ 13 Abs. 1 Nr. 1a UStG).

Als „teilfertig" gelten am Bilanzstichtag vorhandene Bauten bis zum **Zeitpunkt der Abnahme** (§ 640 BGB). Bis dahin liegt ein **schwebendes Geschäft** vor. Zur Abnahme vgl. RFH v. 30. 10. 1929 (RStBl 1930, 9). Sie markiert die Übergabe des Werkes mit den sich daraus für den Auftraggeber verändernden rechtlichen Konsequenzen. § 12 Nr. 4 VOB/B sieht ein **förmliches Abnahmeverfahren** vor. Der Abnahmebefund ist dabei gemeinsam schriftlich niederzulegen. Der **Vollzug der Abnahme** durch den Auftraggeber kann im Einzelfall auch aus dessen Verhalten geschlossen werden. Bei Verzögerungen genügen **konkludente Handlungen** des Auftraggebers, wie die Verwendung des Bauwerkes für den zugedachten Zweck.

Beispiel:

Am Bilanzstichtag fehlt noch das Feinplanum der erstellten Straße. Sie wurde bereits dem Verkehr übergeben. Der Auftrag ist unter Herauslassung des Aufwandes für das Feinplanum mit Gewinnrealisierung zu bilanzieren.

- **Bewertungsgrundsätze**

Teilfertige Bauten sind **einzeln zu bewerten**. Die Praxis unterscheidet zwischen teilfertigen Bauten auf dem Grundstück des Bauunternehmers und solchen auf dem des Auftraggebers. Während **Bauten auf eigenem Grund** in der Regel als Teil des **Vorrats-** (Rdnr. 751) bzw. **Anlagevermögens** mit den Bewertungsfolgen des § 6 Abs. 1 Nr. 2 EStG mit Herstellungskosten anzusetzen sind, werden die Bauwerke auf dem **Grundbesitz des Auftraggebers** als wesentlicher Bestandteil des Grundstücks (§§ 946, 93, 94 BGB) dessen bürgerlich-rechtliches Eigentum. Der Bauunternehmer erlangt lediglich einen **Vergütungsanspruch** aus dem Werkvertrag nach § 631 BGB und damit eine **Forderung** (BFH v. 28. 11. 1974, BStBl 1975 II 398). Solche Forderungen sind nach h. M. wie teilfertige Arbeiten auf eigenem Grundstück im Rahmen des Vorratsvermögens auszuweisen und bis zur Abnahme mit den **Herstellungkosten** (BFH v. 28. 11. 1974, a.a.O.) zu bewerten. Dem liegt die Unterstellung zugrunde, daß die Herstellungskosten dem **Teilwert der Forderungen** (Wiederbeschaffungskosten) entsprechen. Das beinhaltet die Konsequenz, daß auch für ein teilfertiges Bauwerk eine Abschreibung auf den **niedrigeren Teilwert** möglich sein muß (BFH v. 8. 10. 1957, BStBl III 442).

1686

• Inventurmäßige Erfassung

1687 Die Erfassung und Bewertung in **nachprüfbarer Form** obliegt dem Unternehmer als eine Maßnahme der Bestandsaufnahme (BFH v. 13. 5. 1954, BStBl III 213). Dazu gehört eine sämtliche Baustellen enthaltene **Aufstellung** mit den zur Überprüfung erforderlichen Einzelzahlen. Nach BFH v. 13. 5. 1954 (a. a. O.) sind **folgende Angaben** zu teilfertigen Arbeiten zu machen:

Baustelle, Baustellenlöhne, Bau-, Hilf-, Betriebsstoffe, Kosten der Baustelle, Sonderkosten, Lage und Anschrift des Auftraggebers, Art von Leistung bzw. Bauwerk, Fertigstellungsstand bzw. -grad, Angaben über die Gerätevorhaltung.

Die Unterlagen müssen den für teilfertige Bauten getätigten **Aufwand ausweisen** und eine **Überprüfung ermöglichen**. Werden nach vom Zentralverband des deutschen Baugewerbes empfohlenen Kontenrahmen **Bau- bzw. Baustellenkonten** geführt, so sind sie zusammen mit den Lohnnachweisen, Lieferscheinen und Rapporten Grundlage für die inventurmäßige Erfassung und Bewertung.

Baukonten enthalten in der Regel die **direkten Kosten** wie Baustellenlöhne-, Bau-, Bauhilfs- und Betriebsstoffe, die sonstigen Kosten der Baustelle, die Sonder- und Gemeinkosten des Objekts und können mindestens **Ausgangswerte** für die steuerliche Bewertung sein. Fehlen Baukonten, so muß der Unternehmer mit eigens erstellten **Listen** bzw. **Aufstellungen** die inventurmäßige Erfassung und Überprüfbarkeit sicherstellen (BFH v. 13. 5. 1954, a. a. O.). Bei einer Betriebsprüfung sollte nachprüfbar sein, ob die Aufnahme vollständig und die Bewertung zutreffend ist.

• Umfang der Herstellungskosten

1688 Der Begriff der Herstellungskosten bestimmt sich aus § 6 EStG als der Aufwand, der den vom Bauvorhaben veranlaßten **Verbrauch von Material** und den **Einsatz von Arbeitskräften** umfaßt. Sie beinhalten nicht nur den Lohn- und Materialaufwand, sondern auch die **Material- und Fertigungsgemeinkosten** und **Drittleistungen** von Erdlabors, Architekten, Gutachtern, Ingenieurbüros, Statik sowie die behördlichen Gebühren und die Aufwendungen durch Zuarbeiten von **Subunternehmern**. Die Herstellung beginnt nicht erst mit dem Beginn der eigentlichen Bauarbeiten (BFH v. 11. 3. 1976, BStBl II 614). Daher sind auch die **Planungskosten** und die

Aufwendungen zur **Einrichtung der Baustelle** schon als Herstellungskosten zu erfassen. Nicht zu den Herstellungskosten zählen die **allgemeinen Verwaltungs-** (Personalbüro, Geschäftsleitung, Ausbildung, Buchhaltung usw.) und **Vertriebskosten.** Auch Finanzierungs- und Geldbeschaffungskosten sind keine Herstellungskosten.

Was im einzelnen zu den Herstellungskosten gehört, ergibt sich aus **Abschn. 33 EStR.** Siehe auch BFH-Gutachten v. 26. 1. 1960, BStBl III 191. Neben den üblichen Gemeinkostenpositionen für Betriebsleitung, Werkstätten, Baukontrolle, Geräte-, Werkzeugvorhaltung und -verbrauch sind einzurechnen die anteiligen Aufwendungen für Lohnbüro, Energie, AfA, Versicherungen, Raumkosten, Abschreibungen usw. Aufwendungen für die **Altersversorgung** der Arbeitnehmer dürfen ebenso wie verschiedene soziale Aufwendungen für Weihnachtsgeld, Beihilfen, Betriebsausflüge, Essenszuschüsse usw., obwohl begrifflich Herstellungskosten, steuerlich **unberücksichtigt bleiben** (BFH v. 5. 8. 1958, BStBl III 392).

- **Überprüfungsansatzpunkte**

Die Prüfung von Erfassung und Bewertung fertiger bzw. teilfertiger Arbeiten ist ein **wichtiges Prüfungsfeld** des Außenprüfers. Bei vorhandener mit der Finanzbuchhaltung verbundener **Betriebsabrechnung** sind die Herstellungskosten verläßlich zu erfassen und auch für den Außenprüfer nachprüfbar. Es ist jedoch zu beachten, daß die **betriebswirtschaftlichen Herstellungskosten** zu den steuerlichen in der Regel **nach unten korrigiert** werden müssen.

Kleinere Betriebe arbeiten mit **Erfahrungszahlen** bzw. Zahlen abgelaufener Jahre als Gemeinkostenzuschlagsätzen. In diesen Fällen bleibt den Prüfern nur die **schätzungsweise Aufteilung** des Aufwandes laut Gewinn- und Verlustrechnung, um die Herstellungskosten **retrograd** überschlägig zu ermitteln.

Beispiel:

Folgende teilfertige Arbeiten sind zu bewerten:

Bauvorhaben	Grad der Fertigstellung	Nettoendpreis
Garagenanlage „Anders"	70 v. H.	20 000 DM

Gewinn- und Verlustrechnung

	Aufwendungen	enthaltene (Verwaltungs- und Vertriebskosten)	Erträge
	DM	DM	DM
Gesamterlöse			150 000
Baustoffe	15 000		
Löhne	37 000	(2 000)	
Gehälter	10 000	(8 000)	
Sozialaufwendungen	5 000	(1 000)	
GewSt	1 000	(600)	
Mietaufwand	1 800	(800)	
Sonstige Aufwendungen	60 550	(2 500)	
	130 350	(14 900)	150 000
Reingewinn	19 650		–
	150 000		150 000

Die **Klammerbeträge** sind die in den Aufwendungen enthaltenen Verwaltungs- und Vertriebskosten. Der Reingewinn beläuft sich auf 13,1 v. H. der Nettoerlöse, die Verwaltungs- und Vertriebskosten auf 9,9 v. H.

Retrograde Ermittlung der Herstellungskosten:

Erlöse laut GuV-Rechnung 100 v. H.		Abrechnungspreis des Bauobjekts		20 000 DM
./. Gewinn nach der GuV-Rechnung = 13,1 v. H. der Erlöse	86,9 v. H.	./. nebenstehender Gewinn 13,1 v. H. bezogen auf Abrechnungspreis		2 620 DM
				17 380 DM
./. aus der GuV-Rechnung ermittelte Verwaltungs und Vertriebskosten	9,9 v. H.	./. 9,9 v. H. Verwaltungs- und Vertriebskosten bezogen auf den Abrechnungspreis		1 980 DM
= Herstellungskosten der in Erlösen enthaltenen Bauten in v. H. der Erlöse	77,0 v. H.	= Herstellungskosten des gesamten Bauobjekts		15 400 DM

Gemäß Fertigungsgrad am Bilanzstichtag von 70 v. H. der Herstellungskosten des gesamten Bauobjekts = Herstellungskosten 10 780 DM

Der Außenprüfer wird zur Prüfung der vollständigen Erfassung die **Ausgangsrechnungen des Folgejahres** zuziehen. **Rechnungsausgänge** der ersten Monate zeigen z. B. bei sich aus den Meldungen nach dem AFG für diese Zeit ergebender Schlechtwetterperiode das Vorhandensein von fertigen nicht abgerechneten oder teilfertigen Arbeiten am Bilanzstichtag. **Arbeits-, Wochenzettel** bzw. Arbeitsrapporte der Arbeitnehmer ermöglichen dem Prüfer das Feststellen des Einsatzortes und ein Erfassen der auf teilfertige Arbeiten angefallene Lohnstunden. **Material- und Fremdleistungsrechnungen** enthalten Anlieferungs-, Baustellen- bzw. Kommissionshinweise, die Erfassungs- bzw. Bewertungsdefizite erhellen. Auch die **Anlieferungsvermerke** bzw. **Lieferscheine** der Baustoffhändler ermöglichen eine Überprüfung der Erfassung aller Baustellen am Bewertungsstichtag (Baustellenverprobung). **Kundenanzahlungen** (Rdnr. 1488) geben Hinweise zur Höhe der teilfertigen Arbeiten. Sie tendieren gegenüber den Herstellungskosten nach oben, da Anzahlungen sich an den Abrechnungspreisen ausrichten.

● **Teilleistungen**

vgl. Rdnr. 1685. 1690

● **Telefonkosten**
LEXinform
▶ BSt-BG-1220 ◀

Literatur: *Söhn,* Die Abgrenzung der Betriebs- oder Berufssphäre von der Privatsphäre im Einkommensteuerrecht, Köln 1980, 14 ff., 59 f., Anm. 214; *Balke,* Abzugsfähigkeit der Telefongrundgebühr als Werbungskosten, FR 1980, 459; *Offerhaus,* Anm. zu BFH v. 21. 11. 1980 VI R 202/79, BB 1981, 286; *Schlart,* Nochmals: Abzugsfähigkeit der Telefongrundgebühr als Werbungskosten, FR 1981, 112; *Lohse/Madle,* Rechtsprechungsänderungen des BFH bei Einkommensteuer, Umsatzsteuer und Investitionszulage, DStR 1982, 306, 308; *Assmann,* Fernsprechaufwendungen in der Besteuerungspraxis, BuW 1992, 570.

Verwaltungsanweisungen: Abschn. 117 Abs. 4 EStR; BMF v. 23. 5. 1980, Steuerliche Behandlung der vom Arbeitgeber getragenen Kosten für einen Fernsprechanschluß in der Wohnung des Arbeitnehmers, BStBl I 252; BMF v. 11. 6. 1990, Steuerliche Behandlung der vom Arbeitgeber ersetzten Ausgaben für Telefongespräche in der Wohnung des Arbeitnehmers, BStBl I 290.

Betriebliche/berufliche Telefonkosten des Unternehmers sind **Betriebs-** 1691
ausgaben bzw. Werbungskosten. Dies gilt nicht nur für Fernsprechanschlüsse im Betrieb, sondern auch, wenn sich das Telefon im häuslichen Arbeitszimmer (vgl. dazu Rdnr. 629 ff.) befindet, und in der Wohnung ein privater Zweitanschluß vorhanden ist.

1692 **Fehlt ein privater Zweitanschluß**, so ist – entgegen dem von der Rechtsprechung aus § 12 Nr. 1 EStG entwickelten Aufteilungs- und Abzugsverbot – eine Aufteilung auf den betrieblichen/beruflichen und den privaten Teil vorzunehmen (BFH v. 21. 11. 1980, BStBl 1981 II 131, unter Aufgabe der früheren Rechtsprechung; BFH v. 25. 10. 1985, BStBl 1986 II 200; v. 21. 8. 1990, BFH/NV 1991, 95). Aufzuteilen sind sowohl die Ausgaben für den Telefonanschluß und die Telefoneinrichtung als auch die Grundgebühren und die Gesprächsgebühren entsprechend der betrieblichen/beruflichen und privaten Nutzung. Dabei sind auch ankommende Gespräche zu berücksichtigen (BFH v. 20. 5. 1976, BStBl II 507).

1693 Es besteht die Möglichkeit, den betrieblichen/beruflichen Anteil durch **Aufzeichnungen** (Tag, Gesprächsteilnehmer, Dauer des Gesprächs, Gesprächsgebühren) zu ermitteln. Bei Arbeitnehmern bestehen nach dem BMF (v. 11. 6. 1990, BStBl I 290) keine Bedenken, Aufzeichnungen für einen repräsentativen Zeitraum von mindestens drei Monaten auch für die Folgezeit so lange zugrunde zu legen, bis sich die Verhältnisse wesentlich ändern. Diese Erleichterung muß auch für Gewerbetreibende gelten.

1694 Fehlen geeignete Aufzeichnungen, so ist der betriebliche/berufliche Anteil zu **schätzen** (BFH v. 21. 11. 1980, BStBl 1981 II 131; v. 25. 10. 1985, BStBl 1986 II 200; FG München v. 23. 7. 1992 rkr., EFG 1993, 11). Bei Arbeitnehmern hat der BMF (v. 11. 6. 1990, BStBl I 290) den Finanzämtern folgende Schätzung des betrieblichen/beruflichen Anteils vorgeschrieben, die diese wohl auch bei Einkünften aus Gewerbebetrieb anwenden werden:

- Wenn die Grund- und Gesprächsgebühren nicht mehr als 130 DM monatlich betragen, 20 % des Gebührengesamtbetrags,

- wenn die Grund- und Gesprächsgebühren mehr als 130 DM, aber nicht mehr als 230 DM monatlich betragen, 26 DM zuzüglich 40 % des über 130 DM hinausgehenden Gebührenteilbetrags,

- wenn die Grund- und Gesprächsgebühren mehr als 230 DM monatlich betragen, 66 DM zuzüglich des über 230 DM hinausgehenden Gebührenteilbetrags.

1695 Diese Regelung, die im Gegensatz zur früheren Verwaltungsanweisung (BMF v. 23. 5. 1980, BStBl I 252) eine Verschärfung gebracht hat, gilt **ab dem Kalenderjahr 1990.**

Bei **Arbeitnehmern** sind Erstattungen des Arbeitgebers für Telefongespräche nach § 3 Nr. **50 EStG steuerfrei,** soweit der Arbeitnehmer dem Arbeitgeber die Ausgaben für betrieblich veranlaßte Gespräche in Rechnung gestellt hat. Der Arbeitnehmer kann sämtliche Ausgaben (für Telefonanschluß, Telefoneinrichtung und laufende Grund- und Gesprächsgebühren) in Rechnung stellen, wenn der Telefonanschluß als **Zweitanschluß so gut wie ausschließlich für betrieblich veranlaßte Gespräche** genutzt wird. Dies setzt nach BMF (v. 11. 6. 1990, BStBl I 290) voraus, daß der Arbeitgeber die private Nutzung des Telefonanschlusses untersagt hat und er ernstlich auf die Beachtung des Verbots gedrungen hat. 1696

In **anderen Fällen** kann der Arbeitnehmer nur die Gesprächsgebühren für betrieblich veranlaßte Gespräche in Rechnung stellen. Auch in diesen Fällen ist dieser Anteil anhand von **Aufzeichnungen** (vgl. Rdnr. 1693) oder einer **Schätzung** nach BMF (v. 11. 6. 1990, BStBl I 290) wie folgt zu ermitteln: 1697

- wenn die Gesprächsgebühren nicht mehr als 100 DM betragen, 20 % der Gesprächsgebühren,
- wenn die Gesprächsgebühren mehr als 100 DM, aber nicht mehr als 200 DM monatlich betragen, 20 DM zuzüglich 40 % des über 100 DM hinausgehenden Teilbetrags der Gesprächsgebühren,
- wenn die Gesprächsgebühren mehr als 200 DM monatlich betragen, 60 DM zuzüglich des über 200 DM hinausgehenden Teilbetrags der Gesprächsgebühren.

- **Teppiche**

vgl. „Arbeitszimmer", Rdnr. 629 ff., insbes. Beispiele vor Rdnr. 658 ff.; „Repräsentationsaufwendungen", Rdnr. 1577 ff., insbes. Beispiele in Rdnr. 1582. 1698

- **Thüringen**

vgl. „Beitrittsgebiet", Rdnr. 818 ff. 1699

(Einstweilen frei) 1700–1705

- **Übernachtungskosten**

vgl. „Reisekosten", Rdnr. 1551 f.; „Repräsentationsaufwendungen", Rdnr. 1577 ff., 1580. 1706

• Umsatzbeteiligung

1707 vgl. Rdnr. 3043.

• Umwidmung von Wirtschaftsgütern

1708 vgl. „Arbeitszimmer", Rdnr. 665 ff.

• Umzugskosten

LEXinform
▶ BSt-BG-1225 ◀

1709 Bei einem **Arbeitnehmer** sind Umzugskosten als Werbungskosten abziehbar, wenn die berufliche Tätigkeit des Steuerpflichtigen den entscheidenden Grund für den Umzug darstellt, wenn also Umstände der allgemeinen Lebensführung (vgl. § 12 Nr. 1 Satz 2 EStG) allenfalls eine ganz untergeordnete Rolle spielen. Eine berufliche Veranlassung wird angenommen, wenn die Ortsveränderung auf einem Berufs- oder Stellungswechsel des Arbeitnehmers beruht oder der Wohnungswechsel zu einer wesentlichen Verkürzung der Fahrtzeit zur Arbeitsstätte führt (BFH v. 16. 10. 1992, BStBl 1993 II 610; v. 10. 9. 1982, BStBl 1983 II 16; FG Bremen v. 17. 12. 1991 rkr., EFG 1992, 735) bzw. wenn er im ganz überwiegenden Interesse des Arbeitgebers durchgeführt wird oder wenn er das Beziehen oder die Aufgabe der Zweitwohnung bei einer beruflich veranlaßten doppelten Haushaltsführung betrifft (BFH v. 29. 4. 1992, BStBl II 667). Schädlich ist nicht der Umzug in ein Eigenheim (BFH v. 6. 11. 1986, BStBl 1987 II 81; v. 22. 11. 1991, BStBl 1992 II 494).

1710 Für die Berücksichtigung von Umzugskosten als **Betriebsausgaben** eines **Unternehmers** gelten entsprechende Grundsätze (BFH v. 28. 4. 1988, BStBl II 777).

1711 Zur **Höhe** der steuerrechtlich anzuerkennenden Umzugskosten vgl. Abschn. 41 Abs. 2 LStR; ab 1. 7. 1990 vgl. BMF v. 3. 1. 1991, BStBl I 156 i. V. m. der Neufassung des Bundesumzugskostengesetzes v. 11. 12. 1990 (BGBl I 2682, BStBl 1991 I 154); ab 1. 6. 1991 vgl. BMF v. 22. 5. 1991, BStBl I 565; ab 1. 6. 1992 vgl. BMF v. 6. 8. 1992, BStBl I 526; ab 1. 5. 1993 vgl. BMF v. 10. 5. 1993, BStBl I 344.

1712 Erstattet werden danach u. a.: Beförderungsauslagen; Reisekosten (vgl. Rdnr. 1541 ff.) für sämtliche Personen und zwei Reisen für Besichtigen/Suchen einer Wohnung mit öffentlichen Verkehrsmitteln; Mietausfallentschädigung (vgl. FG Baden-Württemberg, Außensenate Stuttgart v. 1. 7.

1992, Nichtzulassungsbeschwerde, EFG 1993, 69, Az. des BFH: I B 162/ 92; entgegen § 8 Abs. 3 BUKG aber nicht der Mietwert einer leerstehenden Wohnung im eigenen Haus, FG Baden-Württemberg, Außensenate Stuttgart v. 6. 4. 1990 rkr., EFG 1991, 20); Maklerkosten nur insoweit, als sie beim Beschaffen einer angemessenen Mietwohnung entstanden wären (Abschn. 41 Abs. 2 Satz 4 LStR; vgl. BFH v. 15. 11. 1991, BStBl 1992 II 492; v. 22. 11. 1991, BFH/NV 1992, 584; a. A. Hessisches FG v. 29. 10. 1991 rkr., EFG 1992, 183); Kochherd (450 DM) und folgende weitere **Pauschbeträge:**

	ab 1.6.1991	ab 1.6.1992	ab 1.5.1993
Umzugsbedingte Unterrichtskosten je Kind	1 777 DM	1 873 DM	1 929 DM
Pauschbeträge für sonstige Umzugsauslagen			
Verheiratete	1 669 DM	1 759 DM	1 812 DM
Ledige	834 DM	879 DM	906 DM
jede weitere Person	368 DM	387 DM	399 DM

Es kann jedoch auch aufgrund von **Einzelnachweisen** abgerechnet werden; der Arbeitgeber kann nach § 3 Nr. 16 EStG entsprechende Beträge erstatten (BMF v. 25. 9. 1991, DB S. 2161). Vermögensverluste können nicht angesetzt werden (OFD Hannover v. 15. 5. 1992, DStR S. 948); ebenso nicht Aufwendungen für die Anschaffung von „Sonderbekleidung" anläßlich eines Umzugs (BFH v. 20. 3. 1992, BStBl 1993 II 192; a. A. BMF v. 8. 2. 1993, BStBl I 247).   1713

Ist der **Umzug privat veranlaßt**, so können die anteiligen Aufwendungen, die auf den Transport von Arbeitsmitteln (z. B. Einrichtung des häuslichen Arbeitszimmers) entfallen, nicht als Betriebsausgaben bzw. Werbungskosten abgezogen werden (BFH v. 21. 7. 1989, BStBl II 972; ausführlich zu Umzugskosten Fella, NWB F. 3, 8595).   1714

(Einstweilen frei)   1715

● **Unangemessene Aufwendungen**

vgl. „Repräsentationsaufwendungen", Rdnr. 1577 ff.   1716

● **Unfallkosten**

1717 vgl. „Kraftfahrzeugkosten", Rdnr. 1450, 1468 ff., 1481.

● **Unfallversicherung**

1718 vgl. „Versicherungen", Rdnr. 1747 ff., insbes. Beispiele zu Rdnr. 1748, 1754 ff.

● **Unterhaltsrenten**

1719 vgl. Rdnr. 3046.

● **Unterhaltung von Geschäftsfreunden**

1720 vgl. „Betriebsausgaben", Rdnr. 877; „Bewirtungskosten", Rdnr. 942; „Repräsentationsaufwendungen", Rdnr. 1577 ff., 1580.

● **Unterstützungskasse (§ 4 d EStG)**   LEXinform
▶ BSt-BG-1230 ◀

Literatur: *Gerstner,* Steuerfragen der betribllichen Altersversorgung, NWB F. 3, 7685; *er,* Steuersparmodell „Unterstützungskasse" – Reagiert der Gesetzgeber?, DB 1991, 1146; *Griebeling,* Arbeits- und insolvenzrechtliche Fragen zur Unterstützungskasse, DB 1991, 2336; *Ahrend/Heger,* Die steuerrechtlichen Grundlagen einer über Pensions- oder Unterstützungskassen finanzierten betrieblichen Altersversorgung, DStR 1991, 1101; *Sarrazin,* Änderungen des EStG durch das StÄndG 1992, NWB F. 3 b, 3959; *Pinkos,* StÄndG 1992: Auswirkungen auf die betriebliche Altersversorgung, DB 1992, 802; *Förster/Heger,* Die gesetzliche Neuregelung der Unterstützungskassenfinanzierung, DStR 1992, 969.

Verwaltungsanweisungen: Abschn. 27 a EStR; Abschn. 70 Abs. 2 Nr. 7 LStR; BMF v. 14. 8. 1992, Zuwendungen an Unterstützungskassen – Änderungen des § 4 d EStG im Rahmen des StÄndG 1992, DB S. 1857; BMF v. 29. 10. 1992, Zuwendung an rückgedeckte Unterstützungskasse, DB 1993, 69.

1721 Eine Unterstützungskasse ist eine Versorgungseinrichtung zur Durchführung der betrieblichen Altersversorgung, die **keinen Rechtsanspruch** auf ihre Leistungen gewährt (§ 1 Abs. 4 BetrAVG; vgl. i. e. BFH v. 5. 11. 1992, BStBl 1993 II 185, sowie die angegebene Literatur und die Verwaltungsanweisungen). Zuwendungen an eine Unterstützungskasse sind nur begrenzt als Betriebsausgaben abziehbar.

1722 Zuwendungen an Unterstützungskassen stellen **keinen Arbeitslohn** dar. Erst die späteren laufenden Bezüge oder einmaligen Zahlungen, insbesondere die Altersrenten, die die Arbeitnehmer aus der Unterstützungskasse erhalten, sind Arbeitslohn (Abschn. 70 Abs. 2 Nr. 7 LStR; zur Neuregelung durch das StÄndG 1992 vgl. Sarrazin, NWB F. 3b, 3959, 3962; Pinkos, DB 1992, 802; Förster/Heger, DStR 1992, 969; BMF v. 14. 8. 1992, DB S. 1857).

• Urlaubs- und Lohnausgleichskasse

Bauwirtschaft, Maler- und Lackierer- und das Dachdeckerhandwerk unterhalten **Urlaubs-, Lohnausgleichs-** und **Zusatzversorgungskassen** als selbständige Einrichtungen der Tarifparteien. Die Zusatzversorgungskasse des Baugewerbes (ZVK) z. B. übernimmt den Ersatz von Urlaubsgeld, Lohnausgleich und Zusatzversorgung.

Die Arbeitgeber der Branchen sind nach den **Bundesrahmentarifverträgen** verpflichtet, an sie die erforderlichen Mittel über einen Beitrag in Höhe eines Prozentsatzes der Bruttolohnsumme aller Arbeitnehmer zur Verfügung zu stellen. Lohnausgleich und Urlaubslöhne müssen sie den Arbeitnehmern zunächst **direkt leisten.** Sie erhalten die Beträge **auf Antrag** von der ZVK erstattet. Die **Erstattungsansprüche** sind von den Arbeitgebern mit Zahlungsnachweisen bzw. Erstattungslisten geltend zu machen.

Die Erstattungen sind **Betriebseinnahmen.** An den Bilanzstichtagen bestehende Erstattungsansprüche müssen als **sonstige Forderungen** bilanziert werden.

Beispiel:

Zahlungen des Betriebes	44 314,69 DM
Erstattungen der ZVK	38 811,13 DM
Erstattungsanspruch 31. 12.	5 503,56 DM

Urlaubslöhne sind zum Jahresende in der Regel bereits erstattet. Auszuweisende sonstige Forderungen betreffen meist **Lohnausgleichsbeträge.** Der Lohnausgleich soll den jährlich in der Zeit vom 1. 4. bis 31. 10. wegen ungünstiger Witterung eingetretenen Lohnausfall ausgleichen. Die Beträge werden vom Arbeitgeber in der Weihnachtszeit gezahlt, aber oft erst **nach dem Bilanzstichtag** von der ZVK **erstattet.** Die Erstattungen belaufen sich auf den an den Arbeitnehmer gezahlten Bruttobetrag zuzüglich eines Zuschlags für dem Arbeitgeber entstandene Sozialaufwendungen.

- **Veräußerung des Betriebs**
1724 vgl. Rdnr. 3016 ff.

- **Veräußerungsrenten**
1725 vgl. Rdnr. 3040 ff.

- **Verbindlichkeiten**
1726 vgl. „Bewertung", Rdnr. 929.

- **Vergebliche Planungskosten**   LEXinform
                                     ▶ BSt-BG-1235 ◀

1727 Aufwendungen für **Fehlplanungen** sind keine Herstellungskosten, wenn sie für das geplante Wirtschaftsgut ohne Auswirkungen bleiben. Das gilt grundsätzlich für **nicht verwirklichte Baupläne** (BFH v. 11. 3. 1976, BStBl II 614). Es muß sich bei dem geplanten und später errichteten Gebäude nach Zweck und Bauart um verschiedene Bauwerke handeln.

Die **erste Planung** darf in keiner Weise der Errichtung des neuen Gebäudes dienen (BFH v. 29. 11. 1983, BStBl 1984 II 306). Um Anschaffungs- oder Herstellungskosten zu sein, müssen die Aufwendungen in das Objekt **wertbestimmend** eingehen (BFH v. 4. 7. 1990, BStBl II 830). Die Rechtsprechung geht davon aus, daß bei gleichem Zweck und gleicher Bauart auch die Kosten der ursprünglichen Planung, wenn auch nur in der Weise, daß Erfahrungen gewonnen und verwertet werden, wertbestimmend in das neue Gebäude eingehen.

1728–1729 *(Einstweilen frei)*

- **Verkauf von Betriebsgegenständen**
1730 vgl. „Hilfsgeschäfte", Rdnr. 1397.

- **Verlustausgleich, Verlustabzug**   LEXinform
  (§§ 2, 10 d EStG)   ▶ BSt-BG-1240 ◀

Literatur: *Baum,* Die gesonderte Feststellung des verbleibenden Verlustabzugs, DStZ A 1988, 512; *Kuchenreuther,* Probleme des Verlustvortrags beim Steuerreformgesetz 1990, DStR 1988, 638; *Sarrazin,* Probleme des Verlustvortrages beim Steuerreformgesetz 1990, DStR 1988, 639; *Bahlau,* Der Verlustabzug nach dem Steuerreformgesetz 1990, FR 1988, 565; *B. Meyer,* Die gesonderte Feststellung vortragsfähiger Verluste gemäß § 10 d Abs. 3 EStG i. d. F. des Steuerreformgesetzes 1990, DStR 1989, 191, 238; *Katterbe,* Berichtigung eines bereits gewährten Verlustabzugs im Rücktragungs-/Vortragungsjahr, KFR F. 3 EStG § 10 d, 1/90, 323.

Verwaltungsanweisungen: Abschn. 115 EStR.

Negative Einkünfte einer Einkunftsart sind mit positiven Einkünften zu verrechnen (**Verlustausgleich**). Dies geschieht bei der Ermittlung des Gesamtbetrags der Einkünfte (§ 2 Abs. 3 EStG). 1731

Da die ESt eine Jahressteuer ist, und die Grundlagen für ihre Festsetzung jeweils für ein Kalenderjahr zu ermitteln sind (§ 2 Abs. 7 Sätze 1 und 2 EStG; vgl. auch § 25 EStG), ist der Verlustausgleich nur **innerhalb eines Kalenderjahres** (Veranlagungszeitraums) möglich. Verbleibt dennoch ein negativer Betrag (Verlust), so ist ein Verlustabzug nach § 10 d EStG vorzunehmen. 1732

Der Verlustabzug, der alle Einkunftsarten betrifft, findet in Form des **Verlustrücktrags** (§ 10 d Abs. 1 EStG) und des **Verlustvortrags** (§ 10 d Abs. 2 EStG) durch einen Abzug wie Sonderausgaben statt. Die Reihenfolge der Berücksichtigung der negativen Einkünfte ist zwingend. 1733

Die Begrenzung des Verlustvortrags auf 5 Jahre ist ab 1985 entfallen. Sie gilt für noch nicht ausgeglichene Verluste des Jahres 1984, also bis 1989 (verfassungsgemäß, BVerfG v. 22. 7. 1991, DStR S. 1278). 1734

Beispiel:

Verlust aus gewerblicher Tätigkeit in 1992 (Anfangsverlust).
Prüfungsreihenfolge: – Ausgleich mit positiven Einkünften 1992;
– Verlustrücktrag 1990;
– Verlustrücktrag 1991;
– Verlustvortrag 1993, 1994 usw.

Der Verlustabzug ist **so frühzeitig und weitgehend wie möglich** vorzunehmen (FG Rheinland-Pfalz v. 10. 3. 1988 rkr., EFG S. 416), d. h. ggf. bis zu einem Einkommen von 0 DM. Dadurch können Freibeträge (z. B. der Grundfreibetrag) verlorengehen. Erstmals für nicht ausgeglichene Verluste des **Veranlagungszeitraums 1994** kann der Steuerpflichtige zwischen Verlustrücktrag und Verlustvortrag wählen (§ 10 d Abs. 1 Satz 4 EStG i. d. F. des StandOG). 1735

Hinsichtlich des Verlustrücktrags ist § **10 d Abs. 1 Sätze 2 und 3 EStG** neben den abgaberechtlichen Vorschriften eine **eigenständige Korrekturvorschrift.** Somit kann ein bereits gewährter Verlustabzug im Rücktrags- 1736 jahr wegen eines Rechtsfehlers berichtigt werden (BFH v. 14. 11. 1989, BStBl 1990 II 620, m. Anm. Katterbe, KFR F. 3 EStG § 10 d, 1/90, 323).

1737 Nach dem – **erstmals für den Stichtag 31. 12. 1990** geltenden – § 10 d Abs. 3 EStG ist der am Schluß eines Veranlagungszeitraums verbleibende Verlustabzug **gesondert festzustellen.** Hierbei handelt es sich um einen **Grundlagenbescheid,** der für die ESt-Bescheide der Verlustvortragsjahre und für die Feststellungsbescheide gemäß § 10 d Abs. 3 Satz 1 EStG auf spätere Stichtage bindend ist (Blümich/Horlemann, § 10 d EStG Rz. 149).

1738 Da die gesonderte Feststellung erstmals zum 31. 12. 1990 durchzuführen ist, fehlt die verbindliche Feststellung hinsichtlich des verbleibenden Verlustabzugs der Vorjahre. Im Ergebnis ist daher zum 31. 12. 1990 der verbleibende Verlustabzug aus den Jahren 1985 bis 1989 festzustellen (Baum, DStZ A 1988, 512; Sarrazin, DStR 1988, 639; kritisch Kuchenreuther, DStR 1988, 638).

1739 Durch diese Gesetzesänderung ist die Rechtsprechung des BFH (v. 14. 11. 1989, BStBl 1990 II 618), nach der die Korrekturvorschrift des § 10 d Abs. 1 Sätze 2 und 3 EStG auf den Verlustvortrag entsprechend anwendbar ist, ab 31. 12. 1990 obsolet. Nunmehr befinden sich in § **10 d Abs. 3 Sätze 4 und 5 EStG eigenständige Korrekturvorschriften** (vgl. B. Meyer, DStR 1989, 238).

- **Verlustzuweisungsgesellschaften**

1740 vgl. „Gewinnerzielungsabsicht", Rdnr. 1204 f.

- **Verpachtung**

1741 vgl. Rdnr. 2997 ff.

1742–1745 *(Einstweilen frei)*

- **Verpflegungsmehraufwendungen**

1746 vgl. „Reisekosten", Rdnr. 1553 ff.

- **Versicherungen**

Literatur: *Koewius,* Die ertragsteuerliche Behandlung von Beiträgen zu Rechtsschutzversicherungen, FR 1986, 584; *Offerhaus,* Lebensversicherung ist regelmäßig ein privater Vorgang, StBp 1987, 244; *Kottke,* Versicherungsprämien und Versicherungsleistungen, DStZ A 1987, 585, 605; *Gassner,* Risikolebensversicherung auf das Leben eines Gesellschafters, KFR F. 3 EStG § 4, 11/89, 345; *Söffing,* Lebensversicherungsleistungen als Betriebseinnahmen, NWB F. 3, 7653; *Reuter,* Die steuerliche Behandlung von Unfallversicherung von Mitarbeitern, DStR 1990, 757; *ders.,* Die Besteuerung der Leistungen aus einer Kapital-Lebensversicherung, NWB F. 3, 7711; *Kessler,* Zur Zugehörigkeit einer Lebensversicherung zu einem Betriebsvermögen, FR 1991, 290; *Reuter,* Die steuerliche Behandlung der Teilhaberversicherung, NWB F. 3, 8149; *Brandt,* Zugehörigkeit einer Lebensversicherung auf das Leben der Gesellschafter einer Personengesellschaft zum Betriebsvermögen, KFR F. 3 EStG § 4, 8/92, 273.

Verwaltungsanweisung: Abschn. 88 Abs. 3 EStR; OFD Frankfurt v. 21. 10. 1986, Einkommensteuerrechtliche Behandlung der Beiträge zu einer Praxisgründungs- oder Betriebsunterbrechungsversicherung, S – 2134 A – 10 St II 20; OFD Münster v. 19. 3. 1991, Ertragsteuerliche Behandlung von Teilhaberversicherungen, hier: Auswirkungen der BFH-Urteile v. 11. 5. 1989, BStBl II 657, und v. 10. 4. 1990, BStBl II 1017, DStR 1991, 547, DB S. 944; FM Sachsen-Anhalt v. 7. 4. 1992, Zuordnung von Lebensversicherungsverträgen zum Betriebs- oder Privatvermögen, DStR S. 754.

1. Allgemeines

LEXinform
▶ BSt-BG-1245 ◀

Versicherungen können zum **Betriebsvermögen oder zum Privatvermögen** gehören. Beiträge zu Versicherungen sind **Betriebsausgaben bzw. Werbungskosten,** wenn sie durch den Betrieb bzw. Beruf veranlaßt sind (§§ 4 Abs. 4, 9 Abs. 1 Satz 1 EStG); soweit sie privat veranlaßt sind, können sie ggf. als **Sonderausgaben** abgezogen werden (§ 10 Abs. 1 Nr. 2 EStG; zur Sonderregelung bei Lebensversicherungen im Beitrittsgebiet vgl. Rdnr. 827 ff.). Die Abgrenzung erfolgt danach, ob durch den Versicherungsabschluß betriebliche bzw. berufliche oder private Risiken abgedeckt werden sollen (ständige BFH-Rechtsprechung, z. B. v. 11. 5. 1989, BStBl II 657).

1747

2. Personenversicherungen

a) Private Versicherungen für Betriebsinhaber

LEXinform
▶ BSt-BG-1250 ◀

Risiken, die in der Person des Betriebsinhabers begründet sind, werden regelmäßig der **privaten Sphäre** zugerechnet.

1748

Beispiele:

Kranken- und Krankentagegeldversicherung (BFH v. 22. 5. 1969, BStBl II 489; v. 7. 10. 1982, BStBl 1983 II 101) einschließlich Pflegeversicherung (vgl. BFH v. 6. 4. 1990 III R 120/86, BFH/NV 1991, 84, auch keine außergewöhnliche Belastung nach § 33a Abs. 1 EStG); Lebensversicherung (BFH v. 21. 5. 1987, BStBl II 710; v. 29. 10. 1985, BStBl 1986 II 143; auch in Form der Betriebsgründungsversicherung, OFD Frankfurt v. 21. 10. 1986 S – 2134 A – 10 – St II 20; FG des Saarlandes v. 7. 3. 1991 2 K 105/85 rkr., NWB-EN Nr. 102/92; zu Finanzierungen unter Einsatz von Lebensversicherungen (vgl. Rdnr. 218 ff.); Unfall-, Invaliditäts- und Berufsunfähigkeitsversicherung (BFH v. 13. 4. 1976, BStBl II 599), anders wohl nach Offerhaus, StBp 1987, 244, für Unfallversicherung bei Geschäftsreisen (vgl. Rdnr. 1754 ff.); private Haftpflichtversicherung, private Rechtsschutzversicherung (Koewius, FR 1986, 584); Sozialversicherung (vgl. BFH v. 30. 1. 1980, BStBl II 320; bei Pauschalierung der LSt vgl. Rdnr. 2837 ff., 2868).

1749 Dies gilt auch, wenn der Unternehmer zur Leistung bestimmter **Versorgungsbeiträge** gesetzlich verpflichtet ist. Solche Zwangsbeiträge stellen, auch soweit sie auf die sog. „alte Last" entfallen, keine Betriebsausgaben dar, wenn sie gleichzeitig der eigenen Versorgung oder der Versorgung der Angehörigen dienen (BFH v. 13. 4. 1972, BStBl II 728, 730; Abschn. 88 Abs. 3 EStR; ebenso zu Sterbegeldumlagen, BFH v. 28. 4. 1960, StRK EStG § 4 R. 318; FG Rheinland-Pfalz v. 27. 5. 1981 rkr., EFG 1982, 70).

1750 Nur ausnahmsweise zählen die Versicherungen zum **Betriebsvermögen**, wenn durch die Ausübung des Berufs ein erhöhtes Risiko geschaffen wird, und der Abschluß des Versicherungsvertrags entscheidend der Abwendung dieses Risikos dient (BFH v. 15. 12. 1977, BStBl 1978 II 212, für Unfallversicherung).

1751 Unbedeutend für die Abgrenzung des betrieblichen vom privaten Bereich sind Vereinbarungen, daß die Versicherungsleistung für den Betrieb **verwendet** werden soll, z. B. wenn Leistungen einer Krankentagegeldversicherung in das Gesellschaftsvermögen einer Gesellschaft fließen sollen (BFH v. 7. 10. 1982, BStBl 1983 II 101), wenn Leistungen aus einer Lebensversicherung an den überlebenden Gesellschafter (BFH v. 21. 5. 1987, BStBl II 710) oder die Hinterbliebenen eines Gesellschafters zu erbringen sind (BFH v. 6. 2. 1992, BStBl II 653, m. Anm. Brandt, KFR F. 3 EStG § 4, 8/92, 273; FG Düsseldorf v. 11. 9. 1990 rkr., EFG 1991, 179). Der BFH hat selbst den von einer Personengesellschaft abgeschlossenen Vertrag über eine Risikolebensversicherung auf das Leben eines Gesellschafters dem notwendigen Privatvermögen der Gesellschafter zugeordnet, obwohl die Versicherung der Absicherung eines Bankkredits diente (BFH v. 11. 5. 1989, BStBl II 657; kritisch Gassner, KFR F. 3 EStG § 4, 11/89, 345). Die Versicherung eines Gesellschafters auf den Lebens- oder Todesfall gehört selbst dann nicht zum betrieblichen

Bereich, wenn die Versicherung zur Absicherung betrieblicher Schulden der Gesellschaft dient und diese bezugsberechtigt ist (BFH v. 10. 4. 1990, BStBl II 1017, m. Anm. Söffing, NWB F. 3, 7653; BFH v. 13. 3. 1991, BFH/NV S. 736; keine Übergangsregelung für Altfälle, OFD Münster v. 19. 3. 1991, DStR S. 547; a. A. Kessler, FR 1991, 290; vgl. Reuter, NWB F. 3, 8149).

b) Private Versicherungen für Ehegatten und Kinder LEXinform ▶ BSt-BG-1255 ◀

Versicherungsbeiträge i. S. von § 10 Abs. 1 Nr. 2 EStG sind grundsätzlich nur dann als **Sonderausgabe** abziehbar, wenn sie der **Versicherungsnehmer zahlt** (st. Rspr. des BFH, z. B. v. 19. 4. 1989, BStBl II 683, 862). Dies hat zur Folge, daß der Aufwand anderer Personen (sog. Drittaufwand) im Rahmen von § 10 Abs. 1 Nr. 2 EStG in der Regel nicht abziehbar ist. 1752

Beispiel:

Ein Unternehmer zahlt die Versicherungsbeiträge seines Kindes, das Versicherungsnehmer ist.

Eine Ausnahme besteht bei der **Zusammenveranlagung von Ehegatten**, die nach Zusammenrechnung der Einkünfte wie ein Steuerpflichtiger behandelt werden (§ 26 b EStG). Bei **getrennter Veranlagung** von Ehegatten können bis einschließlich 1989 die Sonderausgaben beliebig verteilt werden (§ 26 a Abs. 2 Satz 1 EStG). Ab dem Veranlagungszeitraum 1990 können die Aufwendungen nur beim Zahlenden abgezogen werden (§ 26 a Abs. 2 EStG i. d. F. des Art. 1 Nr. 24 des SteuerreformG 1990 v. 25. 7. 1988, BGBl I 1093, BStBl I 224). 1753

▷ **Hinweis:**

Vorstehendes Beispiel muß der Unternehmer richtig so gestalten, daß er seinem **Kind die Mittel für die Beitragsleistung zunächst schenkt.** Bei einer solchen Sachverhaltsgestaltung wäre das Vermögen des Kindes vermehrt und durch die Zahlung der Versicherungsbeiträge vermindert worden. Die Beiträge sind dann im Rahmen der Höchstbeträge beim Kind als Sonderausgaben abziehbar. Entsprechendes gilt auch im umgekehrten Fall.

c) Betriebliche/berufliche Versicherungen LEXinform ▶ BSt-BG-1260 ◀

Betriebliche Versicherungen **zugunsten des Unternehmers** bzw. berufliche Versicherungen zugunsten des nichtselbständig Tätigen gehören zum 1754

Betriebsvermögen (Betriebsausgaben; vgl. Reuter, DStR 1990, 757) bzw. zum beruflichen Bereich (Werbungskosten).

Beispiele:

Betriebs- bzw. Berufshaftpflichtversicherungen; Betriebs- bzw. Berufsrechtsschutzversicherungen; betriebliche bzw. berufliche Unfallversicherungen.

1755 Aufwendungen für betrieblich veranlaßte Versicherungen **zugunsten anderer Personen** (z. B. Arbeitnehmer) zählen zu den Betriebsausgaben, selbst wenn private Risiken versichert werden (FM Sachsen-Anhalt v. 7. 4. 1992, DStR S. 754).

Beispiele:

Unfall-, Berufsunfähigkeits-, Invaliditätsversicherung, Direktversicherung (§ 4 b EStG).

1756 Unfallversicherungsleistungen sind steuerfrei (§ 3 Nr. 1 a EStG), obwohl die Prämien Betriebsausgaben sind.

d) **Gruppenversicherung**

LEXinform
▶ BSt-BG-1265 ◀

1757 Decken Gruppenversicherungen sowohl **private Risiken des Unternehmers als auch betriebliche Risiken** ab, so zählt der Vertrag insoweit zum Betriebsvermögen, als betriebliche Risiken versichert sind (BFH v. 10. 11. 1988, BFH/NV 1989, 499). Die Prämien sind (z. B. nach Köpfen) aufzuteilen.

3. **Sachversicherungen**

LEXinform
▶ BSt-BG-1270 ◀

1758 Zum Betriebsvermögen zählen nur **betriebliche, nicht aber private Sachversicherungen.**

Beispiele für betriebliche Sachversicherungen:

Brandversicherung für Betriebsgebäude (BFH v. 3. 10. 1985, BFH/NV 1986, 208), Diebstahlversicherung für Betrieb, Betriebsunterbrechungsversicherung (BFH v. 9. 12. 1982, BStBl 1983 II 371; anders jedoch, wenn auch die durch Unfall oder Krankheit des Unternehmers verursachten Unterbrechnungsschäden versichert sind, OFD Frankfurt v. 21. 10. 1986 S – 2134 A – 10 – St II 20, vgl. dazu auch Beispiele zu Rdnr. 1748 ff.), Kaskoversicherung für Betriebs-Pkw.

Beispiele für private Sachversicherungen:

Brandversicherung für Privatgebäude, private Hausratversicherung, Kaskoversicherung für Privat-Pkw.

Bei **gemischtgenutzten Wirtschaftsgütern** (z. B. Gebäuden, Pkw) sind die Versicherungen insoweit Betriebsvermögen, als sie auf die betriebliche Nutzung entfallen, wenn es sich um teilbare Wirtschaftsgüter – z. B. Gebäude (vgl. „Aktivierung...", Rdnr. 556) – handelt. Sind die Wirtschaftsgüter nicht teilbar (z. B. Pkw), so zählt die Versicherung insgesamt zum Betriebsvermögen, wenn das Wirtschaftsgut zum Betriebsvermögen (vgl. Rdnr. 909 ff.) gehört. Die Prämien wirken sich aber nur in Höhe des betrieblichen Anteils als Betriebsausgaben aus (vgl. „Kraftfahrzeugkosten", Rdnr. 1448 ff., 1455 ff.). 1759

4. Eintritt des Schadens

LEXinform
▶ BSt-BG-1275 ◀

Der Schadensfall führt bei **Betriebsvermögen** zur Ausbuchung des Wirtschaftsgutes bzw. zur Änderung des Bilanzansatzes oder – bei § 4 Abs. 3 EStG – zur Absetzung in Höhe des Restwerts bzw. in Höhe des Schadens. Wird das Wirtschaftsgut repariert, so sind die Reparaturkosten betrieblicher Aufwand. 1760

Dies gilt auch bei einer **Schädigung aus privatem Anlaß** (Beispiel: Unfall mit Betriebs-Pkw auf einer Privatfahrt). Die in diesem Fall zu sehende Nutzungsentnahme ist mit den Selbstkosten, also dem buchmäßigen Betriebsvermögen, zu bewerten. Bezüglich der stillen Reserven, die sich in dem Wirtschaftsgut bis zu seiner Zerstörung gebildet haben, tritt keine Gewinnrealisierung ein. Besteht für das während der privaten Nutzung zerstörte Wirtschaftsgut eine Schadensersatzforderung, so ist sie unter dem Gesichtspunkt des „stellvertretenden commodum" im Betriebsvermögen erfolgswirksam zu erfassen (BFH v. 24. 5. 1989, BStBl 1990 II 8). 1761

5. Versicherungsleistungen

LEXinform
▶ BSt-BG-1280 ◀

Die Versicherungsleistungen sind grundsätzlich **insoweit Betriebseinnahmen, als die Versicherungen Betriebsvermögen sind** (vgl. z. B. zu den Leistungen einer Gruppenunfallversicherung wegen eines Schadens auf einer Privatfahrt, BFH v. 10. 11. 1988, BFH/NV 1989, 499; v. 10. 4. 1990, BStBl II 1017), wenn nicht andere Personen begünstigt sind. (vgl. Rdnr. 1755 f.). Sie können nicht mit der Absetzung für außergewöhnliche Abnutzung verrechnet werden (vgl. BFH v. 1. 12. 1992, DB 1993, 862, DStR 1993, 565; DB 1993, 863, DStR 1993, 564). 1762

Problematisch ist die Behandlung der Versicherungsleistungen aber bei **unteilbaren Wirtschaftsgütern** (Beispiel: Kaskoversicherung bei Betriebs- 1763

Pkw mit Privatanteil). Nach der hier vertretenen Ansicht zählen – ebenso wie bei der Veräußerung (vgl. dazu „Kraftfahrzeugkosten", Rdnr. 1466) – die Versicherungsleistungen nur in Höhe des betrieblichen Anteils zu den Betriebseinnahmen. Im Gegensatz dazu geht die BFH-Rechtsprechung jedoch davon aus, daß die Ersatzleistung nach einer Zerstörung auf einer Privatfahrt zu Privateinnahmen führt (BFH v. 28. 11. 1977, BStBl 1978 II 105; v. 15. 12. 1977, BStBl 1978 II 212). Bei Zerstörung ohne besondere Veranlassung soll die Kaskoleistung im Nutzungsverhältnis des Pkw aufzuteilen sein (Schmidt/Heinicke, § 4 Anm. 47 d a. E.).

1764–1765 *(Einstweilen frei)*

- **Versorgungsbeiträge**

1766 vgl. „Versicherungen", Rdnr. 1747 ff., 1749.

- **Versorgungsrenten**

1767 vgl. Rdnr. 3044 f.

- **Versorgungszusage**

1768 vgl. „Pensionszusage", Rdnr. 1518 ff.

- **Verwarnungsgelder**

1769 vgl. „Geldbußen", Rdnr. 1153 ff.

- **Vorab entstandene Betriebsausgaben**

1770 vgl. „Beginn der gewerblichen Tätigkeit", Rdnr. 760 f.

- **Vorruhestandsgeld**

1771 vgl. „Rückstellungen", Rdnr. 1624.

- **Vorschüsse**

1772 vgl. „Schwebende Geschäfte", Rdnr. 1639 ff.

- **Vorsorgeaufwendungen für Ehegatten und Kinder**

  vgl. „Versicherungen", Rdnr. 1752 ff.   1773

- **Warenlager**

  vgl. „Aktivierung . . .", Rdnr. 545; „Bewertung", Rdnr. 917 ff.   1774

- **Weisungen**

  vgl. „Geldbußen", Rdnr. 1153 ff.   1775

- **Wertberichtigung**

  vgl. „Bewertung", Rdnr. 917 ff., 928; „Kundenforderungen", Rdnr. 1490 ff.   1776

- **Wettbewerbsverbot**

  vgl. Rdnr. 126; zur KSt vgl. Rdnr. 1946 ff.   1777

- **Winter-, Schlechtwettergeld**

  Ansprüche auf Winter- bzw. Schlechtwettergeld ergeben sich unter besonderen Voraussetzungen nach Maßgabe des **Arbeitsförderungsgesetzes** (AFG). Die nach den Tarifverträgen zu erbringenden Leistungen müssen von den Betrieben vorgelegt werden. Sie werden dem Unternehmer **auf Antrag** von den zuständigen Arbeitsämtern erstattet. Sie sind **Betriebseinnahmen**. Ausstehende Ansprüche gegenüber dem Arbeitsamt sind als **sonstige Forderungen** zu bilanzieren.   1778

- **Wochenend-Eigentumswohnung, -Haus**

  vgl. „Ferien-Eigentumswohnung . . .", Rdnr. 1107 ff.   1779

  (Einstweilen frei)   1780

- **Zeitschriften, Zeitungen**

  vgl. „Forbildungskosten", Rdnr. 1139 f.   1781

● **Zinsbesteuerung ab 1993**
▶ BSt-BG-1285 ◀
LEXinform

Literatur: *o. V.,* Neue Zinsbesteuerung ab 1993, AWA November 1992, 13; *Paus,* Die neue Zinsbesteuerung, Herne/Berlin 1992.

1782 Auf Vorschlag des Vermittlungsausschusses hat der Bundestag am 24. 9. 1992 das Gesetz zur Neuregelung der Zinsbesteuerung (**Zinsabschlaggesetz**) beschlossen. Der Bundesrat hat am 25. 9. 1992 zugestimmt. Durch das Gesetz ändert sich die Rechtslage **ab 1. 1. 1993.**

1783 Kernstück des Gesetzes ist eine neue **Quellensteuer** auf Zinserträge (Zinsabschlag), die durch sogenannte **Freistellungsaufträge** in Höhe der neuen Freibeträge vermieden werden kann. Der **Sparer-Freibetrag** von zur Zeit 600 DM (Einzelveranlagung) bzw. 1 200 DM (Zusammenveranlagung) wird ab 1. 1. 1993 auf **6 000 DM bzw. 12 000 DM** verzehnfacht. Außerdem ist – wie bisher – ein Werbungskosten-Pauschbetrag von 100 DM (Einzelveranlagung) bzw. 200 DM (Zusammenveranlagung) zu berücksichtigen.

1. Zinsabschlag

1784 Kapitalerträge unterliegen grundsätzlich der ESt (zur – umstrittenen – steuerlichen Behandlung verschiedener Formen von Kapitalanlagen durch die Finanzverwaltung vgl. BMF v. 30. 4. 1993, BStBl I 343; geplante Gesetzesänderung durch StMBG). Daran ändert sich durch das Zinsabschlaggesetz nichts. Der Zinsabschlag ist deshalb keine neue Steuer, sondern lediglich eine **Vorauszahlung** – wie z. B. die ESt-Vorauszahlung – auf die bei der Veranlagung festzusetzende ESt. Die Vorauszahlung wird bei der zu zahlenden Steuer angerechnet.

1785 Der Zinsabschlag erfaßt grundsätzlich nur Personen mit inländischem Wohnsitz (**Steuerinländer**). **Abzugspflichtig** ist die auszahlende Stelle (z. B. Kreditinstitut, Bausparkasse). Ausschüttungen auf Anteile an ausländischen Investmentfonds, die nach dem 30. 6. 1993 zufließen, werden dem Zinsabschlag von 30 % durch die auszahlende Stelle unterworfen (Neuregelung durch das FKPG).

2. Stückzinsen

1786 Der Zinsabschlag erstreckt sich auch auf die sogenannten **Stückzinsen,** die beim Verkauf von Wertpapieren zwischen den Zinsterminen beim Verkäufer anfallen, wobei das Entgelt für den Erwerb der Zinsscheine abzuziehen ist (Nettolösung). Der Zinsabschlag auf Stückzinsen tritt erst ab 1. 1. 1994 in Kraft. Eine entsprechende Regelung gilt für vergleichbare Erträge bei auf- und abgezinsten Wertpapieren.

3. Ausnahmen vom Zinsabschlag

Für **Privatpersonen** (z. B. Zinszahlungen aufgrund Privatdarlehen, Zahlung von Schuldzinsen an Banken) besteht keine Abzugspflicht.   1787

Vom Zinsabschlag sind außerdem ausgenommen: 1788

- **Bausparzinsen,** wenn der Sparer im laufenden Kalenderjahr eine Arbeitnehmer-Sparzulage oder im laufenden oder vorangegangenen Kalenderjahr eine Wohnungsbauprämie erhält (erhalten hat) oder die Verzinsung nicht mehr als 1 % beträgt;
- Zinsen auf **Sichteinlagen (Girokonten),** wenn nicht mehr als 1 % Zins oder Bonus gezahlt werden;
- Zinsen in **Bagatellfällen;** darunter fallen Konten, auf denen Zinsen nur einmal im Jahr gutgeschrieben werden, wenn diese nicht mehr als 20 DM betragen;
- Zinsen aus **steuerbegünstigten Lebensversicherungen.**

4. Höhe des Zinsabschlags

Der Zinsabschlag beträgt 30 % für   1789

- Zinsen auf Spareinlagen;
- Zinsen auf Bausparguthaben;
- Zinsen auf festverzinsliche Wertpapiere;
- Erträge aus Anteilscheinen an Investmentfonds.

Bei Einlösung der Zinsscheine am Bankschalter (sogenannte Tafelgeschäfte) werden **35** % berechnet. Bei Dividenden bleibt es beim bisherigen Abzug von **25** % (Kapitalertragsteuer).   1790

5. Sparer-Freibetrag

Durch den auf **6 000 DM** (Einzelveranlagung) bzw. **12 000 DM** (Zusammenveranlagung) erhöhten Sparer-Freibetrag und dem Werbungskosten-Pauschbetrag von 100 DM (Einzelveranlagung) bzw. 200 DM (Zusammenveranlagung) bleiben künftig die **Erträge** folgender Kapitalanlagen **steuerfrei.**   1791

Zinssatz in %	Einzelveranlagung	Zusammenveranlagung
3	203 333 DM	406 666 DM
4	152 500 DM	305 000 DM
5	122 000 DM	244 000 DM
6	101 666 DM	203 333 DM
7	87 142 DM	174 285 DM
8	76 250 DM	152 500 DM
9	67 777 DM	135 555 DM
10	61 000 DM	122 000 DM

6. Freistellungsauftrag

1792 Sparer-Freibetrag und Werbungskosten-Pauschbetrag können bereits beim Steuerabzug berücksichtigt werden. Der Sparer kann gegenüber der auszahlenden Stelle durch einen sogenannten **Freistellungsauftrag** (Muster erhältlich z. B. bei Banken, Sparkassen und Bausparkassen) erklären, welche Beträge vom Zinsabschlag ausgenommen werden sollen. Der Freistellungsauftrag kann auf mehrere Konten aufgeteilt werden. Er steht den Finanzämtern zu Prüfzwecken zur Verfügung. Alle Freistellungsaufträge zusammen dürfen den Betrag von 6 100 DM (Einzelveranlagung) bzw. 12 200 DM (Zusammenveranlagung) nicht übersteigen. Die Erteilung von Freistellungsaufträgen über insgesamt höhere Beträge ist als Steuerhinterziehung strafbar.

1793 Die Freistellungsaufträge, die vor der ersten Zinsgutschrift im Jahre 1993 vorliegen sollten, wirken erst ab 1. 1. 1993 und **gelten** bis zu ihrer Änderung bzw. ihrem Widerruf, also auch **über das Jahr 1993** hinaus.

1794 Auch bei **Dividenden** kann der Sparer einen Freistellungsauftrag erteilen. Der Auftrag erfaßt neben der Dividende die auf der Dividende lastende KSt. Im Ergebnis werden dann die Dividende und das Körperschaftsteuerguthaben ausbezahlt.

Beispiel:

Gesamtbetrag	3 125 DM
darin enthaltene KSt 36 %	1 125 DM
Dividende	2 000 DM
KapESt 25 %	500 DM
Auszahlung (ohne Freistellung)	1 500 DM

Anstelle des bisherigen Auszahlungsbetrags von 1500 DM und einer Steuerbescheinigung über 1625 DM (KSt 1125 DM und KapESt 500 DM) erhält der Sparer bei einem Freistellungsauftrag 3125 DM ausbezahlt. Diesen Betrag muß er auch in seiner Einkommensteuererklärung angeben.

Für sogenannte **Tafelgeschäfte** kann kein Freistellungsauftrag erteilt werden. Auch bei diesen Geschäften wird der Zinsabschlag bei der Veranlagung angerechnet. 1795

▷ **Hinweis:**

Das Freistellungsverfahren kann ziemlich aufwendig sein, vor allem wenn mehrere Konten mit Zinserträgen unterhalten werden! In solchen Fällen könnte es ggf. günstiger sein, wenn der Unternehmer auf die Freistellung verzichtet und sich statt dessen **niedrigere ESt-Vorauszahlungen** festsetzen läßt. Bei Zinserträgen über 6100 (Einzelveranlagung) bzw. 12 200 DM (Zusammenveranlagung) und einem Steuersatz von 50 % ergibt sich eine Minderung der ESt-Vorauszahlungen von insgesamt 3 050 DM (Einzelveranlagung) bzw. 6 100 DM (Zusammenveranlagung) pro Jahr.

● **Zinsen**

bei Kontokorrentkonto vgl. Rdnr. 225 ff.; „Hinterziehungszinsen", Rdnr. 1399 ff. 1796

● **Zinsersparnisse, Zinszuschüsse**

vgl. Lohnsteuer, Rdnr. 2751. 1797

● **Zukunftssicherungsleistungen**

vgl. „Versicherungen", Rdnr. 1747, 1748 ff., 1754 ff.; Lohnsteuer, Rdnr. 2846 ff. 1798

● **Zuschüsse**

LEXinform
▶ BSt-BG-1290 ◀

Literatur: *Laicher,* Zur bilanziellen Behandlung von Investitionszuschüssen und Investitionszulagen in Steuer- und Handelsbilanz, DStR 1993, 292; *Sell,* Behandlung von öffentlichen Zuschüssen zu Herstellungskosten im privaten Wohnungsbau, BuW 1993, 320.

Investitionszuschüsse aus öffentlichen Mitteln sind in der Regel selbst dann **nicht passiv abzugrenzen** (vgl. „Rechnungsabgrenzung", Rdnr. 1538 f.), wenn mit ihnen zeitbegrenzt auch der Arbeitsplatz an einer 1799 bestimmten Maschine gefördert werden soll (BFH v. 22. 1. 1992, BStBl II 488, m. Anm. Kohler, KFR F. 3 EStG § 5, 3/92, 211). Es ist jedoch möglich, daß sog. Vorauszahlungsmittel für Zwecke der Wohnungsbaumodernisierung im Hinblick auf befristete Rückzahlungsverpflichtungen zu passivieren sind (BFH v. 21. 6. 1990, BStBl II 980; ebenso FG Baden-Württemberg v. 3. 5. 1991 rkr., EFG S. 600, m. Anm. Depping, FR 1992, 94, zu einem Zuschuß für nichtaktivierbare Aufwendungen).

1800 Nach Abschn. 34 EStR besteht bei Anschaffung von Anlagegütern mit Zuschüssen aus öffentlichen Mitteln ein **Wahlrecht**, die Zuschüsse als Betriebseinnahmen zu behandeln oder von den Anschaffungs- bzw. Herstellungskosten des bezuschußten Wirtschaftsguts abzusetzen (BFH v. 22. 1. 1992, BStBl II 488; OFD Düsseldorf v. 13. 1. 1993, DB S. 303; Sell, BuW 1993, 320; Laicher, DStR 1993, 292; vgl. aber BFH v. 14. 7. 1988, BStBl 1989 II 189, unter 3b und c; v. 28. 4. 1989, BStBl II 618; v. 26. 3. 1991, BStBl 1992 II 999; vgl. Horn/Maertius, BuW 1992, 337).

1801–1805 *(Einstweilen frei)*

II. Körperschaftsteuer

1806 Zur Systematik des KSt-Rechts vgl. Rdnr. 248 ff. Für in der **Rechtsform einer GmbH** oder anderen Kapitalgesellschaft betriebene Bau- bzw. Baunebenbetriebe kommen zu den einkommensteuerlichen Fragen wichtige **körperschaftsteuerliche Besonderheiten**. Vor allem die vertraglichen Gestaltungen werden bei Außenprüfungen im Hinblick auf **verdeckte Gewinnausschüttungen** einer kritischen Überprüfung unterzogen. Ihnen wird in der Gestaltungsphase nicht die **Sorgfalt** zugewendet, die ihrer Bedeutung zukommt.

1807 Nachfolgend werden wichtige körperschaftsteuerliche Fragen in **ABC-Form** dargestellt.

Körperschaftsteuer in ABC-Form

Inhaltsübersicht

Rdnr.
1. Angemessenheitserfordernis 1808
2. Arbeitnehmerstellung des Gesellschafter-Geschäftsführers . 1815
3. Anstellungs-, Geschäftsführerverträge 1818
4. Ausschüttungsverhalten 1830
5. Beherrschung der Kapitalgesellschaft 1841
6. Bürgschaften 1845

7. Direktversicherung	1851
8. Geburtstagsfeier	1856
9. Geschäftsführervertrag	1857
10. Gesellschafter-Geschäftsführer	1858
11. Gesellschafter-Geschäftsführervertrag	1859
12. Gesellschafterverträge mit der Kapitalgesellschaft	1860
13. Miet- und Pachtverträge	1871
14. Nachzahlungsverbot	1876
15. Organschaft	1886
16. Pensionszusagen an Gesellschafter-Geschäftsführer	1896
17. Schütt-Aus-Hol-Zurück-Verfahren	1906
18. Selbstkontrahierungsverbot	1907
19. Steuerlicher Ausgleichsposten	1909
20. Steuer- und Satzungsklauseln	1910
21. Umsatztantieme	1911
22. Verdeckte Einlagen	1916
23. Verdeckte Gewinnausschüttungen	1921
24. Verlustverwertung	1935
25. Verrechnungskonten mit Gesellschaftern	1938
26. Vorgründergesellschaft – Gründergesellschaft	1940
27. Wettbewerbsverbot; Befreiung	1946

1. Angemessenheitserfordernis

LEXinform
▶ BSt-BG-1295 ◀

Die einem Gesellschafter oder einer nahestehenden Person von der Kapitalgesellschaft in schuldrechtlichen Verträgen zugesagten **Vergütungen** für Dienste oder Nutzungsmöglichkeiten werden, wenn keine anderen Hinderungsgründe vorliegen, steuerlich anerkannt, soweit sie **angemessen sind**. Dem steuerlichen **Angemessenheitserfordernis** unterliegen die **Gesamtvergütungen**. Für Geschäftsführervergütungen bezieht sich die Angemessenheitsbeurteilung daher auf das Gehalt **zzgl. aller Nebenleistungen**, auch Tantiemen (Rdnr. 1911) und Pensionszusagen (Rdnr. 1896; BFH v. 11. 9. 1968, BStBl II 809).

1808

Bei **Nutzungsentgelten** ist die Angemessenheit aus den kalkulatorischen Faktoren **Wertverzehr** und **Kapitalverzinsung**, nicht in erster Linie aus den **Renditeerwartungen** zu beurteilen (BFH v. 4. 5. 1977, BStBl II 679). Der **Wertverzehr** kann nach Maßgabe der steuerlichen linearen Absetzungen (ohne Sonderabschreibungen) bezogen auf die tatsächlichen Anschaffungs- oder Herstellungskosten (nicht Wiederbeschaffungskosten) ermittelt werden. Die **Kapitalverzinsung** richtet sich nach der Art der Wirtschaftsgüter (Immobilien, bewegliche, immaterielle Wirtschaftsgüter), der Höhe des **allgemeinen Zinsniveaus** und dem **tatsächlichen Wert** der zur Nutzung überlassenen Wirtschaftsgüter.

1809

1810 Angemessenheit wird allgemein durch den Betrag bestimmt, den ein an der Gesellschaft **nicht beteiligter** ordentlicher und gewissenhafter **Geschäftsführer** auch einem Dritten gezahlt hätte (BFH v. 5. 10. 1977, BStBl 1978 II 234). **Anhaltspunkte** dafür können die Vergütungen an **andere Gesellschafter-Geschäftsführer** und fremde Angestellte sein (BFH v. 25. 2. 1958, BStBl III 229). Die Angemessenheit von Gehältern an Gesellschafter-Geschäftsführer von Kapitalgesellschaften wird im einzelnen Fall unter **Berücksichtigung aller Umstände** geschätzt (BFH v. 28. 6. 1989, BStBl II 854). Eine rechnerische Ermittlung nach **bestimmten Formeln** ist nicht möglich (BFH v. 25. 2. 1958, BStBl III 229.

1811 Hauptbeurteilungskriterien sind

- Art und **Umfang der Tätigkeit,**
- die **Ertragsaussichten** des Unternehmens,
- das **Verhältnis** zwischen Geschäftsführergehalt und Gesamtgewinn,
- die der Gesellschaft **verbleibende Kapitalverzinsung** und
- Art und Höhe der Vergütung, die **vergleichbare Betriebe** ihren Geschäftsführern für entsprechende Leistungen gewähren.

1812 Die Annahme einer verdeckten Gewinnausschüttung (Rdnr. 1921 ff.) ist gerechtfertigt, wenn der Gesellschaft selbst nur ein **geringer Gewinn verbleibt,** der zudem noch in früheren Bilanzverlusten untergeht (FG des Saalandes v. 5. 10. 1990, EFG 1991, 144).

1813 Die Frage der **Angemessenheit** einer Gesamtvergütung ist in der Praxis nur **schwer zu beurteilen.** Die von der Rechtsprechung immer wieder betonte **Einzelfallermittlung** ermöglicht es dem Geschäftsführer, sein **Wirken für die GmbH** und die **Besonderheiten** für seinen Fall **darzutun** und zu begründen.

1814 Auch die **Finanzverwaltung** tut sich mit der Angemessenheitsbeurteilung schwer. Sie erfolgt, wenn überhaupt, meist anläßlich von **Außenprüfungen.** Die **Qualifizierung** einer Gesamtvergütung als unangemessen ist relativ **selten.** Empirische Erhebungen unter 1 065 GmbH-Geschäftsführern aus Groß-, Einzelhandel, Handwerk, Gastronomie und anderen Branchen zeigten **im Bauhandwerk** ein **Höchstgehalt von 214 680 DM.**

2. Arbeitnehmerstellung des Gesellschafter-Geschäftsführers

LEXinform
▶ BSt-BG-1300 ◀

Der Gesellschafter-Geschäftsführer wird steuerlich in der Regel als Arbeitnehmer der GmbH behandelt. Nach Rechtsprechung des **Bundessozialgerichtes** (Urteile v. 22. 11. 1974, BB 1975, 282; v. 24. 6. 1982, BB 1984, 1049) ist er im sozialrechtlichen Sinne bei einer **Beteiligung von mindestens 50 v. H.** oder bei Halten einer **Sperrminorität als Selbständiger** anzusehen, mithin nicht als Arbeitnehmer sozialversicherungspflichtig. Darüber hinaus wird nach den **Gegebenheiten des Einzelfalles** geprüft, ob der Gesellschafter-Geschäftsführer eine **weisungsgebundene Tätigkeit** ausübt. 1815

Im Regelfall ist der beherrschende Gesellschafter-Geschäftsführer **nicht versicherungspflichtig** (LSt-Kartei OFD Hannover § 3 F. 6 Nr. 26). Das bedeutet steuerlich, daß **freiwillige Arbeitgeberleistungen** zur Kranken-, Renten- und Arbeitslosenversicherung nicht nach § 3 Nr. 62 EStG steuerfrei sind (OFD Köln v. 16. 3. 1988, DB S. 1140). Sie sind **verdeckte Gewinnausschüttungen** oder steuerpflichtiger Arbeitslohn. 1816

Sollen Ansprüche aus der gesetzlichen Sozialversicherung geschaffen bzw. die Familie kostengünstig in einer Ersatzkasse krankenversichert werden, so sind beherrschende Beteiligungsverhältnisse zu vermeiden. 1817

3. Anstellungs-, Geschäftsführerverträge

LEXinform
▶ BSt-BG-1305 ◀

Literatur: *Tillmann,* Anstellungsvertrag des GmbH-Geschäftsführers, NWB F. 18, S. 2883.

Anstellungsverträge mit Gesellschafter-Geschäftsführern, vor allem bei beherrschender Beteiligung, und mit Geschäftsführern, die **Angehörige von beherrschenden Gesellschaftern** sind, haben große Bedeutung bei Außenprüfungen. Sie sollten einer **kritischen Überprüfung** standhalten. Ihnen wird nicht immer die Sorgfalt zugewendet, die ihrer **zentralen steuerlichen Bedeutung** entspricht. Für die in der Rechtsform von Kapitalgesellschaften betriebenen Unternehmen sind sie wichtigstes **steuerliches Regulativ** zur Beeinflussung der GewSt. 1818

Anstellungsverträge eines entgeltlich tätigen Geschäftsführers sind **zivilrechtlich Dienstverträge,** die eine Geschäftsführung zum Gegenstand haben (§§ 611, 675 BGB). Steuerlich begründen sie regelmäßig ein **Arbeitsverhältnis zur Kapitalgesellschaft** mit der Folge der **Lohnsteuer-** 1819 pflicht der darin vereinbarten Vergütungen (BFH v. 5. 5. 1959, BStBl III 369; v. 26. 6. 1970, BStBl II 824). Ein **Anstellungsvertrag ist Voraussetzung** dafür, daß die vereinbarten Vergütungen steuerlich als Betriebsausgaben abziehbar sind und ein **entscheidendes Indiz** dafür, daß die Tätigkeit des Gesellschafter-Geschäftsführers nicht unentgeltlich auf **gesellschaftlicher Grundlage** beruht (BFH v. 18. 5. 1972, BStBl II 721).

1820 Beim **beherrschenden Gesellschafter-Geschäftsführer** (Rdnr. 1841) ist eine Veranlassung der Tätigkeit durch das Gesellschaftsverhältnis auch dann anzunehmen, wenn es an klaren im voraus getroffenen Vereinbarungen fehlt (BFH v. 22. 2. 1989, BStBl II 631; vgl. Rdnr. 1876). Ist eine Gehaltsauszahlung erst vorgesehen, sobald die Firma dazu in der Lage ist, liegt eine verdeckte Gewinnausschüttung vor (BFH v. 13. 12. 1989, BStBl 1990 II 454).

1821 Vertraglich **regelungsbedürftig** ist neben dem **Gehalt** des Gesellschafter-Geschäftsführers die Vielzahl von üblichen **Zusatzleistungen**, wie Weihnachts-, Urlaubsgeld, Sachbezüge, Nutzungsvorteile, Lohnfortzahlung bei Krankheit, Kündigungsschutz, Gewinnbeteiligung, Wettbewerbssuspens (Rdnr. 1946 ff.), Befreiung vom Verbot des Selbstkontrahierens (Rdnr. 1907), Altersversorgung (Rdnr. 1896), Arbeitgeberbeitrag zur Sozialversicherung, Dienstwagen, Telefonnutzung und sonstige Zuschläge. Es ist für den **beherrschenden** Gesellschafter-Geschäftsführer eine im voraus zu treffende Regelung auch aller Nebenleistungen (Rdnr. 1876) **unverzichtbar**. Zum Weihnachtsgeld vgl. BFH v. 15. 12. 1965, BStBl 1966 III 202. Zahlungen, die **über** die mit dem Gesellschafter-Geschäftsführer **vereinbarte Vergütung** hinaus erfolgen, sind bei der GmbH nicht abziehbar (BFH v. 15. 12. 1965, BStBl 1966 III 202). **Sondervergütungen** an den beherrschenden Gesellschafter-Geschäftsführer für die Vergangenheit (Rdnr. 1876) sind auch dann verdeckte Gewinnausschüttungen, wenn zur gleichen Zeit **Vergütungen gleicher Art** auch **an leitende Angestellte** gezahlt werden (BFH v. 10. 7. 1974, BStBl II 719; vgl. Rdnr. 1880).

1822 Es besteht **keine Vermutung** dafür, daß ein Gesellschafter-Geschäftsführer seine Dienste der GmbH **entgeltlich erbringt** (BFH v. 10. 11. 1965, BStBl 1966 III 73). Es ist ihm freigestellt, **ob und inwieweit** er **als Angestellter** entgeltlich oder in seiner Eigenschaft als Gesellschafter unentgeltlich tätig sein will (BFH v. 26. 7. 1972, BStBl II 949).

Sollen die Gesellschafter-Geschäftsführerbezüge **abzugsfähige Betriebs-** 1823
ausgaben sein, bedarf es eines als **Dienstvertrag** zu qualifizierenden
Anstellungsvertrages, der nach den Regelungen und Zuständigkeiten des
Gesellschaftsvertrages **zivilrechtlich wirksam** zustande gekommen ist
(BFH v. 22. 9. 1976, BStBl 1977 II 15). Obwohl weder zivil- noch steuerrechtlich die **Schriftform** verlangt wird, muß sie zum **Zweck des Nachweises** auch für alle folgenden Änderungen **dringend empfohlen** werden. Für
den Abzug der Zahlungen an den beherrschenden Gesellschafter-Geschäftsführer als Betriebsausgaben stellt das Steuerrecht an **Nachweis**
(BFH v. 18. 5. 1972, BStBl II 721) und Klarheit der Vereinbarungen
strenge Anforderungen. Ohne Nachweis vertraglicher Abmachungen
nimmt die Verwaltung bei Gehaltszahlungen an den beherrschenden
Gesellschafter-Geschäftsführer grundsätzlich verdeckte Gewinnausschüttungen an. Nur in Ausnahmefällen kann aus der Durchführung auf das
vertraglich Gewollte geschlossen werden (BFH v. 4. 12. 1991, DB 1992,
923).

Der **Fiskus prüft**, ob 1824

- zivilrechtlich **wirksame Vereinbarungen** vorliegen, die

- **klar und eindeutig** die Leistungen und Gegenleistungen festlegen und

- nach dem Vertrag **wie unter Fremden** verfahren worden ist.

Er prüft für Anstellungsverträge mit beherrschenden Gesellschafter- 1825
Geschäftsführern zusätzlich, ob nicht gegen das **strenge Nachzahlungsverbot** (Rdnr. 1876) verstoßen worden ist, und ob die **Gesamtvergütung** an
den Gesellschafter-Geschäftsführer innerhalb der **Angemessenheitsgrenze**
(Rdnr. 1808) liegt.

Der **Vergütungsregelung** kommt steuerlich eine **zentrale Bedeutung** zu. 1826
Auch Sachbezüge, Nutzungen und Vorteile müssen im Anstellungsvertrag als **zusätzliche Leistungsvergütung** festgelegt werden. Besondere
Bedeutung hat dabei die genaue Vereinbarung hinsichtlich der Tantieme
als wichtigstem Gewinnregulativ der GmbH (Rdnr. 1911). **70 v. H. aller
Gesellschafter-Geschäftsführer erhalten Tantiemen** von bis zu ⅓ ihrer
Gesamtbezüge. Wegen der großen Abhängigkeit der Betriebe des Bau-
und Baunebengewerbes von der schwankenden **Konjunktur- und Auftragslage** ist der Tantiemevereinbarung besondere Aufmerksamkeit zu
widmen. Die Erträge der Branche sind ungleichmäßig und nicht selten
sprunghaft.

1827 **Zivilrechtlich** kann sich die Unwirksamkeit eines Anstellungsvertrages auch aus einem **Verstoß gegen das Selbstkontrahierungsverbot** nach § 181 BGB (Rdnr. 1907) ergeben. Der Geschäftsführer darf nicht wirksam **als Vertreter der GmbH mit sich** selbst ein Rechtsgeschäft vereinbaren, ohne daß es ihm ausdrücklich gestattet ist. Das gilt in der Regel noch nicht für den Anstellungsvertrag selbst, da er von der Gesellschafterversammlung als Vertretungsorgan abgeschlossen wird, aber für **spätere Änderungen** oder Vertragsergänzungen. Daher muß beachtet werden, daß die Beschränkung der Vertretungsmacht des Gesellschafter-Geschäftsführers durch **Befreiung vom Verbot** des Selbstkontrahierens von vornherein beseitigt wird. Nachträgliche Genehmigung eines Insichgeschäftes ist steuerlich unbeachtlich.

1828 Im Gegensatz zur Personengesellschaft sind **Tätigkeitsvergütungen** an den Gesellschafter-Geschäftsführer als Löhne bzw. Gehälter bei der GmbH als Betriebsausgaben abziehbar. Die Grenzen der Abziehbarkeit liegen dort, wo die „verdeckte Gewinnausschüttung" (Rdnr. 1921 ff.) anfängt.

1829 Enthält der Vertrag die Klausel, daß **Vertragsveränderungen der Schriftform** bedürfen und eine nur mündlich vereinbarte Gehaltserhöhung zivilrechtlich unwirksam ist, so sind auch mündlich vereinbarte **Aufhebungen des Schriftformzwanges** zivilrechtlich unwirksam und die erhöhten Beträge verdeckte Gewinnausschüttungen (BFH v. 31. 7. 1991, BStBl II 933). Andererseits kann eine mündliche Vereinbarung über monatlich wiederkehrende Leistungen wirksam sein, wenn davon auszugehen ist, daß die Vertragsparteien die Bindung an die Schriftform aufheben wollten (BFH v. 24. 1. 1990, BStBl II 645). Eine mündliche Vereinbarung über wiederkehrende Leistungen kann nach Maßgabe der **tatsächlichen Durchführung** als klar angesehen werden.

4. Ausschüttungsverhalten

1830 Die Besteuerung der **thesaurierten Gewinne** der GmbH mit 50 v. H. (ab 1. 1. 1994 45 v. H.) hat nur **vorläufigen Charakter**. Sie wird bei Vornahme von Ausschüttungen auf die **Ausschüttungsbelastung von 36 v. H.** (ab 1. 1. 1994 30 v. H.) abgesenkt.

1831 Von besonderer steuerlicher Bedeutung ist bei Kapitalgesellschaften das **Ausschüttungsverhalten**. Ausschüttungen wirken über das **Anrechnungsverfahren** entlastend, wenn die ESt-Sätze des Gesellschafters niedrig sind. Unterliegt das Einkommen des Gesellschafters dem **Höchststeuersatz**, so ist einem Belassen der Gewinne in der GmbH der Vorzug zu geben.

Werden die Gewinne beim Gesellschafter **unter dem Steuersatz** von 50 v. H. (ab 1. 1. 1994 45 v. H.) versteuert, wird dadurch auch gegen die Liquiditäts- und Investitionsbedürfnisse der GmbH eine volle **Gewinnausschüttung sinnvoll**. Hier hilft das „Schütt-Aus-Hol-Zurück-Verfahren". Dem Verfahren liegt die Überlegung zugrunde, daß **Eigenkapitalbildung der GmbH** durch Thesaurierung zum Steuersatz von 50 v. H. (ab 1. 1. 1994 45 v. H.) zu teuer ist. 1832

Eine Ausschüttung bewirkt einen **niedrigeren Steuersatz** beim Anteilseigner. Der für die GmbH unentbehrliche, weil zur Erhaltung der Liquidität bzw. für Investitionen erforderliche Betrag der Nettoausschüttung wird der GmbH danach wieder **über Kapitalerhöhung, Einlage oder Darlehen** überlassen. Das Verfahren ist **steuerlich anerkannt** (Abschn. 77 Abs. 7 KStR), sollte aber nur in Übereinstimmung mit dem Berater praktiziert werden. 1833

Der **Ausschüttungszeitpunkt** ist in Familienkapitalgesellschaften und bei kleineren GmbH **steuerbar** und kann auf unter Progressionsgesichtspunkten **günstige Zeitpunkte** gelegt werden. Ausschüttungen lassen sich gezielt in für den Anteilseigner **ertragsschwachen Jahren** vornehmen. Sie können unterbleiben, wenn steuerliche **Zusatzbelastungen,** wie der Solidaritätszuschlag ab 1995 bestehen oder vorgezogen werden, sobald Steuererhöhungen drohen. Einzelunternehmen und Personengesellschaften lassen solche Steuerungen nicht zu. Sie müssen ihren Gewinn in dem Veranlagungszeitraum versteuern, in dem er entstanden ist. Zu Verlusten vgl. Rdnr. 1935. 1834

(Einstweilen frei) 1835–1840

5. Beherrschung der Kapitalgesellschaft

LEXinform
▶ BSt-BG-1310 ◀

Literatur: *Wassermeyer,* Verdeckte Gewinnausschüttungen im Zusammenhang mit Gesellschafter-Geschäftsführung, DStR 1991, 1065.

Für die steuerlichen Konsequenzen ist die Frage wichtig, ob ein Gesellschafter-Geschäftsführer die GmbH beherrscht. Der BFH nimmt nur dann **betrieblich veranlaßte Leistungen** der GmbH an den oder die beherrschenden Gesellschafter an, wenn sie auf zivilrechtlich wirksamen, von vornherein (**absolutes Rückwirkungsverbot** vgl. Rdnr. 1038, 1876) abgeschlossenen, klaren und tatsächlich durchgeführten Vereinbarungen beruhen (BFH v. 22. 9. 1976, BStBl 1977 II 15; v. 5. 10. 1977, BStBl 1978 II 234; v. 24. 1. 1990, BStBl II 645). 1841

1842 Beherrschung ist gegeben, wenn ein Gesellschafter die absolute **Mehrheit der Stimmrechte** der Gesellschaft besitzt (BFH v. 13. 12. 1989, BStBl 1990 II 454). Meist ist dann auch die **finanzielle Beherrschung** über einen Anteilsbesitz von mehr als 50 v. H. gegeben. Eine Beherrschung nimmt die Rechtsprechung auch an, wenn mehrere zusammen mehr als 50 v. H. Anteil am Stammkapital haben, aber konkrete Anhaltspunkte für **gleichgerichtete Interessen** bestehen (BFH v. 1. 2. 1989, BStBl II 522).

1843 Beherrschender Gesellschafter ist auch ein Anteilseigner, der nur zu 50 v. H. an der GmbH beteiligt ist, wenn die Gesellschaft nach der Satzung ausschließlich für ihn tätig sein darf (BFH v. 23. 10. 1985, BStBl 1986 II 195).

1844 Für die Frage der Beherrschung werden **Anteile von Ehegatten** nur zusammengerechnet, wenn konkrete Anhaltspunkte für **gleichgerichtete Interessen** der Eheleute bestehen (BFH v. 1. 2. 1989, BStBl II 522).

6. Bürgschaften

LEXinform
▶ BSt-BG-1315 ◀

Literatur: *Meermann,* Kapitalersetzende Darlehen und Bürgschaften des GmbH-Gesellschafters, StBp 1988, 110; *Koops,* Bürgschaft des Gesellschafters einer GmbH, DStR 1991, 533; *Bilsdorfer,* Steuerliche Auswirkungen von Bürgschaften eines GmbH-Gesellschafters, NWB F. 3, 7955.

1845 Die Haftungsbeschränkung der GmbH bringt es mit sich, daß GmbH-Gesellschafter **für Bankkredite** in der Regel **persönlich bürgen** müssen. Inanspruchnahmen daraus sind im Wirtschaftsleben nicht selten.

1846 Die BFH-Rechtsprechung zur steuerlichen Behandlung von Bürgschaftsaufwendungen ist uneinheitlich und richtet sich danach, zu **welcher Einkunftsart** die Beteiligung beim Gesellschafter gehörte, und ob die **Beteiligungsquote** wesentlich oder unwesentlich war.

1847 Grundsätzlich wird davon ausgegangen, die Übernahme einer Bürgschaft durch Gesellschafter habe ihre **Ursache im Gesellschaftsverhältnis** (BFH v. 14. 8. 1974, BStBl 1975 II 123). Darauf aufbauend führt eine Inanspruchnahme zu nachträglichen **Anschaffungskosten der Beteiligung** (BFH v. 2. 10. 1984, BStBl 1985 II 320). Dies führt dazu, daß verlorene Anschaffungskosten bei einer **nicht unter § 17 EStG** fallenden **Beteiligung im Privatvermögen** nicht abziehbar sind. Fällt eine zum Privatvermögen gehörende Beteiligung unter § 17 Abs. 1 EStG, so werden die Bürgschaftszahlungen bei Veräußerung, Liquidation oder Konkurs **als Verlust abziehbar**.

Bei Zugehörigkeit der GmbH-Anteile zu einem **Betriebsvermögen** kann eine Inanspruchnahme über **Teilwertabschreibungen** oder eine **Rückstellung für drohende Verluste** zum Tragen kommen (BFH v. 12. 12. 1963, BStBl 1964 III 299; v. 9. 9. 1986, BStBl 1987 II 257; v. 10. 4. 1987, BFH/NV 1988, 22). 1848

Bürgschaften, die die Kapitalgesellschaft **ohne betriebliche Veranlassung** für einen Gesellschafter übernimmt, sind verdeckte Gewinnausschüttungen (BFH v. 19. 3. 1975, BStBl II 614). 1849

(Einstweilen frei) 1850

7. Direktversicherung

Direktversicherungen weisen die **Kapitalgesellschaft als Versicherungsnehmer, den Gesellschafter als Versicherten** und ihn oder seine Angehörigen als unmittelbar **Bezugsberechtigte** aus. Gelegentlich wird die Direktversicherung zur Sicherstellung der Versorgung der Pensionsrückstellung (Rdnr. 1896) vorgezogen. 1851

Ist diese Form der Altersvorsorge vertraglich klar, eindeutig und im Verhältnis zu beherrschenden Gesellschafter-Geschäftsführern auch von vornherein als Gegenleistung der GmbH vereinbart, so sind die **Versicherungsprämien** bei der GmbH **Betriebsausgaben,** ohne daß dafür ein Anspruch zu bilanzieren ist. Bei Zusage einer Direktversicherung an einen beherrschenden Gesellschafter-Geschäftsführer im schon **vorgerückten Alter** besteht die Gefahr, daß sie wegen **Verstoßes gegen das Nachzahlungsverbot** (Gegenleistung für schon erbrachte Dienste) ganz oder teilweis als verdeckte Gewinnausschüttung qualifiziert wird (Rdnr. 1876). 1852

Die Beiträge zur Direktversicherung sind für den Berechtigten Bestandteil des **lohnsteuerpflichtigen Arbeitslohnes.** Anders als bei einer Pensionszusage (Abschn. 106 Abs. 2 EStR) erfolgt bei einer Altersversorgung über Direktversicherung für den rentenversicherungsfreien Gesellschafter-Geschäftsführer **keine Sonderausgabenkürzung** nach § 10 Abs. 3 Nr. 2b, bb EStG. Sie dürfen bis zu 3 000 DM jährlich nach § 40b EStG pauschal versteuert werden. Übersteigende Beträge unterliegen dem LSt-Tabellensatz. Hierin liegt neben dem Liquiditätsverlust durch die Beitragszahlung der Nachteil der Direktversicherung gegenüber einer Pensionszusage (Rdnr. 1896), die sich im allgemeinen durch die Steuerersparnis selbst finanziert. 1853

(Einstweilen frei) 1854–1855

8. Geburtstagsfeier
LEXinform
▶ BSt-BG-1320 ◀

1856 Von der GmbH übernommene Aufwendungen für die Geburtstagsfeier des Gesellschafter-Geschäftsführers sind auch dann **verdeckte Gewinnausschüttungen**, wenn Geschäftsfreunde und leitende Angestellte geladen worden sind (BFH v. 24. 9. 1980, BStBl 1981 II 108). Das gilt auch, wenn damit ein **Geschäfts- und Firmenjubiläum** verbunden ist (BFH v. 28. 11. 1991, BStBl 1992 II 359).

9. Geschäftsführervertrag

1857 Vgl. Anstellungsvertrag Rdnr. 1818 ff.

10. Gesellschafter-Geschäftsführer
LEXinform
▶ BSt-BG-1325 ◀

1858 Geschäftsführer **vertreten die GmbH** im Rechtsverkehr (§ 35 Abs. 1 GmbHG). Eine GmbH kann nach § 6 Abs. 1 GmbHG **einen oder mehrere Geschäftsführer** haben. Es gibt keine Vermutung dafür, daß ein Geschäftsführer Angestellter der GmbH und seine **Vergütungen deren Betriebsausgaben** sind (BFH v. 11. 10. 1955, BStBl III 397; v. 10. 4. 1962, BStBl III 318; v. 26. 7. 1972, BStBl II 949). Ein Abzug der Bezüge als Betriebsausgaben der GmbH setzt einen Anstellungsvertrag (Rdnr. 1818 ff.) zwischen GmbH und Gesellschafter-Geschäftsführer voraus. Zur **Arbeitnehmerstellung** vgl. Rdnr. 1815.

11. Gesellschafter-Geschäftsführervertrag

1859 Vgl. Rdnr. 1818 ff.

12. Gesellschafterverträge mit der Kapitalgesellschaft
LEXinform
▶ BSt-BG-1330 ◀

Literatur: *Borst,* Ertragsteuerliche Folgen von Vereinbarungen zwischen einer Kapitalgesellschaft und deren Gesellschaftern, BB 1989, 38; *Gosch,* Verdeckte Gewinnausschüttungen und Insichgeschäfte des beherrschenden Gesellschafters mit der GmbH, DStR 1991, 765; *Streck,* Der „Vertrag" zur Vermeidung verdeckter Gewinnausschüttungen bei beherrschenden Gesellschaftern aus Beratersicht, DStR 1991, 1645.

1860 Die Vielfalt der **steuerlichen Probleme** zwischen Kapitalgesellschaften und ihren Gesellschaftern entspringt der Tatsache, daß Gesellschafter ihre Leistungen gegenüber der Kapitalgesellschaft auf **gesellschaftsrechtlicher**

Ebene oder über **obligatorische Verträge** steuerlich wirksam erbringen können (BFH v. 10. 11. 1965, BStBl 1966 III 73). Geld- oder Vermögensflüsse können **betrieblich bedingt** und daher **steuerlich wirksam** oder gesellschaftsrechtlich und dann ertragsteuerlich in der Regel unwirksam ablaufen. Diese Gegebenheiten werden noch verschärft, da beherrschende Gesellschafter Raum für **steuerliche Manipulationen** haben. Diese Situation zwingt zu klaren Vereinbarungen unter Beachtung der umfangreichen Rechtsprechung.

Jeder Gesellschafter ist bestrebt, mit vertraglichen Gestaltungen (Anstellungs-, Arbeits-, Berater-, Darlehens-, Miet-, Pacht-, Lizenz-, Vertreterverträge) Einkünfte **aus dem gewerbesteuerpflichtigen Gewinnbereich** der Kapitalgesellschaft in die **gewerbesteuerfreie Einkunftssphäre** zu transferieren. 1861

Die von den Verträgen zwischen der GmbH und ihren Gesellschaftern ausgehenden **Rechtsbeziehungen** unterzieht der Betriebsprüfer bei Außenprüfungen in der Regel einer **kritischen Beurteilung**. Das gilt vor allem bei vorliegender **Beherrschung der Gesellschaft** (Rdnr. 1841). 1862

Zur Frage der **steuerlichen Anerkennung** gelten die gleichen **Grundsätze, wie zu Anstellungsverträgen** (Rdnr. 1818 ff.). Steuerlich beachtliche Verträge müssen **zivilrechtlich wirksam** und zulässig sein. Üblicherweise sind **außergewöhnliche Rechtsgeschäfte** im Gesellschafts- oder Anstellungsvertrag (z. B. Anteilsveräußerungen oder Pensionszusagen) der **Gesellschafterversammlung** vorbehalten. Solche Rechtsgeschäfte werden nur anerkannt, wenn sie auch von den dafür **befugten Organen** beschlossen wurden. Behält der **GmbH-Gesellschaftsvertrag** die Veräußerung von Stammanteilen der Gesellschafterversammlung vor, so ist eine Veräußerung durch den Gesellschafter-Geschäftsführer rechtlich nicht wirksam zustande gekommen. 1863

Enthält ein Vertrag zwischen GmbH und beherrschendem Gesellschafter die **Klausel**, daß **Vertragsänderungen der Schriftform** bedürfen, so sind **mündliche Vereinbarungen unwirksam** (BFH v. 31. 7. 1991, BStBl II 933). Außerdem verlangt der BFH (Urteil v. 20. 9. 1967, BStBl 1968 II 49; v. 21. 7. 1976, BStBl II 761), daß Verträge, die der Gesellschafter-Geschäftsführer mit sich selbst abschließt, nach außen durch Eingang in die Buchführung deutlich gemacht werden (BFH v. 21. 7. 1976, BStBl II 761). 1864

1865 Die zwischen GmbH und Gesellschafter-Geschäftsführer geschlossenen Verträge müssen **wie vereinbart** auch **zur Durchführung** gelangen, wenn sie nicht auf steuerliche Schwierigkeiten stoßen sollen.

1866 Weiteres Grunderfordernis sind **Klarheit und Eindeutigkeit** geschlossener Verträge. Vereinbarte Vergütungen müssen im Verhältnis zu beherrschenden Gesellschafter-Geschäftsführern allein **durch Rechenoperationen bestimmbar** sein (BFH v. 30. 1. 1985, BStBl II 345). Eröffnen Willensentscheidungen manipulative Möglichkeiten, so liegen **verdeckte Gewinnausschüttungen** (Rdnr. 1921) vor.

1867–1870 *(Einstweilen frei)*

13. Miet- und Pachtverträge

1871 Es ist sinnvoll, **Grundbesitz nicht in die GmbH** einzubringen, wenn es sich vermeiden läßt. Ein Zurückbehalten im Privateigentum bei gleichzeitiger **Nutzung** durch die GmbH über Miet- oder Pachtverträge hat die folgenden Vorteile:

- Der Grundbesitz **haftet nicht** für die GmbH.
- Eine **Doppelbelastung** bei VSt und Gewerbekapitalsteuer wird vermieden.
- Die **Miet- und Pachtzahlungen** mindern den gewerbesteuerpflichtigen Gewinn der GmbH.
- Nichteinbringung **spart Grunderwerbsteuer**.
- Die **Wertzuwächse sind bei Realisierung nicht steuerpflichtig**.

1872 Zu den **Vertragserfordernissen** siehe Rdnr. 1818 ff.

1873 Als Vermietungs- bzw. Verpachtungsvarianten an eine GmbH kommen in Frage:

- Vermietung von zum Privatvermögen gehörenden Wirtschaftsgütern im Rahmen der **Einkunftsart „Vermietung und Verpachtung"**,
- **Betriebsverpachtung** als **Gewerbebetrieb** („ruhender Gewerbebetrieb"; vgl. Rdnr. 2999),
- Gewerbliche Vermietung und Verpachtung im Rahmen einer **Betriebsaufspaltung** (Vgl. Rdnr. 331 ff., 2417 ff.).

1874–1875 *(Einstweilen frei)*

14. Nachzahlungsverbot

LEXinform
▶ BSt-BG-1335 ◀

Das **Rückwirkungsverbot** (Nachzahlungsverbot) betrifft den **beherrschenden Gesellschafter-Geschäftsführer** (Rdnr. 1841). Das für diesen Personenkreis von der Rechtsprechung aufgestellte strenge Nachzahlungsverbot verlangt, daß klare schuldrechtliche Vereinbarungen stets **am Anfang** der vereinbarten Leistungen **stehen müssen** (BFH v. 30. 1. 1985, BStBl II 345). Nachzahlungen, Nachbewilligungen und **rückwirkende Erhöhungen** werden steuerlich grundsätzlich als verdeckte Gewinnausschüttung eingestuft (FG des Saarlandes v. 15. 11. 1989, EFG 1990, 196). Die Regelung soll erreichen, daß manipulative **Gestaltungen ausscheiden.** 1876

Im **voraus gegebene** Klarheit und Eindeutigkeit bedeutet, daß die Vergütungen **allein durch Rechenvorgänge** ohne Entscheidungs- bzw. Ermessensakte von Geschäftsführung oder Gesellschafterversammlung **ermittelt werden können** und **nicht auslegungsfähig** sind (BFH v. 6. 3. 1968, BStBl II 482; v. 8. 1. 1969, BStBl II 347; v. 30. 1. 1985, BStBl II 345). **Unklare Vereinbarungen** können erst später mit Wirkung „ex nunc" beseitigt werden (BFH v. 4. 12. 1991, DB 1992, 923). Aus einer **jahrelangen Übung** kann eine klare mündliche Vereinbarung erst ab dem Zeitpunkt abgeleitet werden, an dem sie objektiv erkennbar nach außen in Erscheinung tritt (BFH v. 4. 12. 1991, a. a. O.). 1877

Vertragspflege ist steuerlich von **größter Wichtigkeit**. Hinweise auf **Üblichkeit** (z. B. beim Weihnachtsgeld) und **Tarifverträge** (z. B. beim Urlaubsgeld) können verdeckte Gewinnausschüttungen nicht verhindern, wenn die Veränderungen nicht **vor der Leistung** durch **Gesellschafterbeschluß** oder **Vertragsänderung** festgelegt werden. 1878

Leistungen und Entgelt müssen **dem Grunde und der Höhe nach** bestimmt bzw. bestimmbar sein, **ohne daß Ermessensakte** erforderlich sind. Die **Frage der Angemessenheit** (Rdnr. 1808) ist beim Verstoß gegen das Rückwirkungsverbot **ohne Bedeutung.**

Eine kurz **vor dem Ende des Wirtschaftsjahres** vorgenommene **Erhöhung** der Gehaltsbezüge eines beherrschenden Gesellschafter-Geschäftsführers fällt auch dann unter das Rückwirkungsverbot, wenn die Gehaltserhöhung nicht über das laufende Geschäftsjahr zurückgreift und **tantiemeartige Bezüge** beinhaltet (BFH v. 31. 7. 1963, BStBl III 440). 1879

Tantiemen (Rdnr. 1911 ff.) dürfen nicht erst kurz vor Ablauf des Geschäftsjahres, für das sie gewährt werden, vereinbart werden (BFH 1880

v. 6. 3. 1968, BStBl II 482). Schreibt eine GmbH ihrem Alleingesellschafter jährlich **bei Bilanzaufstellung** einen als Gehalt bezeichneten Betrag gut, so liegt verdeckte Gewinnausschüttung vor (BFH v. 18. 5. 1972, BStBl II 721). Ebenso wird bei **Weihnachtsgeld** verfahren, über das **erst im Dezember** dem Grunde und der Höhe nach entschieden wird (FG des Saarlandes v. 15. 11. 1989, EFG 1990, 196). Alle **Sondervergütungen** an einen Gesellschafter-Geschäftsführer müssen zur Vermeidung von verdeckten Gewinnausschüttungen **im voraus geregelt** sein (BFH v. 30. 1. 1985, BStBl II 345). Zum Rückwirkungsverbot bei **Bauleistungen an beherrschende Gesellschafter** vgl. Schäfer, DStZ 1993, 558.

1881 Nur **ausnahmsweise** begründen nachträglich beschlossene gewinnabhängige Tätigkeitsvergütungen an den Gesellschafter-Geschäftsführer **keine verdeckten Gewinnausschüttungen,** wenn die zugrundeliegenden Vereinbarungen nicht als Ausdruck der Beherrschung im Sinne gleichgerichteter Interessen (BFH v. 26. 7. 1978, BStBl II 659) angesehen werden können (BFH v. 11. 12. 1985, BStBl 1986 II 469).

1882-1885 *(Einstweilen frei)*

15. Organschaft
LEXinform
▶ BSt-BG-1340 ◀

Literatur: *Veigel,* Die Organschaft im Steuerrecht, Inf 1986, 435; *Hubel,* Körperschaftsteuerliche Organschaft, StBp 1991, 151; *L. Schmidt/Müller/Stöcker,* Die Organschaft im Körperschaftsteuer-, Gewerbesteuer- und Umsatzsteuerrecht, Herne/Berlin 1992.

Verwaltungsanweisungen: Abschn. 48 bis 65 KStR; Bp-Kartei der OFD Köln–Düsseldorf–Münster Teil I, Organschaft.

1886 Die Institution der **körperschaftsteuerlichen Organschaft** durchbricht den Grundsatz, daß jede Kapitalgesellschaft ihr Einkommen zu versteuern hat. Das Einkommen einer abhängigen Kapitalgesellschaft (Organ) wird bei gleichzeitigem Vorliegen eines **Gewinnabführungsvertrages** i. S. des § 291 AktG vom **Organträger versteuert** (§§ 14 bis 19 KStG). Nach § 14 KStG wird darüber hinaus auch das gesamte steuerliche **Einkommen des Organes beim Organträger** erfaßt.

1887 Die **ertragsteuerlichen Vorteile** dieser Gestaltung kommen vor allem zum Tragen, wenn Organ oder Organträger **Verluste erwirtschaften** (vgl. „Verlustverwertung" Rdnr. 1935 ff.) Es entfällt dann allerdings nach § 15 Nr. 1 KStG ein Verlustabzug nach § 10 d EStG.

1888 Organschaft setzt **finanzielle, wirtschaftliche und organisatorische Eingliederung** einer Kapitalgesellschaft (Organ) in ein anderes **gewerbliches**

Unternehmen (Organträger) voraus. Als **Organ** kommt körperschaftsteuerlich **nur eine Kapitalgesellschaft** in Frage. **Organträger** können gewerblich tätige Einzelunternehmen, Personengesellschaften oder nicht steuerbefreite Körperschaften sein.

Ein **Gewinnabführungsvertrag** bewirkt, daß ein Organ **Gewinne** an den Organträger **abführen** bzw. **Verlust übernehmen** muß. Zur **steuerlichen Wirksamkeit** vgl. BdF v. 31. 10. 1989, BStBl I 430. Der Gewinnabführungsvertrag muß zivilrechtlich gültig für **mindestens fünf Jahre** abgeschlossen sein (§ 14 Nr. 4 KStG). | 1889

Finanzielle Eingliederung setzt die Mehrheit der Stimmrechte (mehr als 50 v. H.) des Organträgers am Organ voraus. Weicht die Verteilung der Stimmrechte von den Beteiligungsverhältnissen ab, so ist der Stimmrechtsanteil maßgebend. | 1890

Ist die beherrschte Kapitalgesellschaft nach Art und Umfang einer **unselbständigen Betriebsabteilung** in den Unternehmensaufbau des beherrschenden Unternehmens eingegliedert, wird von **wirtschaftlicher Eingliederung** gesprochen (BFH v. 21. 1. 1976, BStBl II 389). Die Tätigkeit der Organgesellschaft muß das Unternehmen des gewerblich tätigen Organträgers **fördern und ergänzen,** ohne der gleichen Geschäftsbranche zugehören zu müssen (BFH v. 21. 1. 1970, BStBl II 348). Der Abschluß eines Beherrschungsvertrages allein reicht nicht aus (BFH v. 13. 9. 1989, BStBl 1990 II 24). Zur **geschäftsführenden Holding** vgl. Abschn. 50 Abs. 2 KStR. | 1891

Organisatorische Eingliederung setzt die tatsächliche Durchführung des Organträgerwillens durch die Geschäftsführung des Organes voraus (Abschn. 51 KStR). Ein **Beherrschungsvertrag** nach § 291 Abs. 1 AktG schafft die **unwiderlegbare Vermutung** der organisatorischen Eingliederung. | 1892

(Einstweilen frei) | 1893–1895

16. Pensionszusagen an Gesellschafter-Geschäftsführer

LEXinform
▶ BSt-BG-1345 ◀

Literatur: *Lange,* Verdeckte Gewinnausschüttungen, 5. Aufl., Herne/Berlin 1987; *Kohler,* Selbstkontrahierungsverbot bei Gesellschafter-Geschäftsführer von Gesellschaften mit beschränkter Haftung, StW 1988, 217; *Ahrend/Förster/Rößler,* Leitsätze über Pensionsrückstellungen für Gesellschafter-Geschäftsführer, NWB F. 17 a, S. 989; *Höfer/Kistres-Kölkes,* Zur steuerlichen Anerkennung von Versorgungszusagen an beherrschende Gesellschafter-Geschäftsführer einer GmbH, BB 1989, 1157; *Borst,* Ertragsteuerliche Folgen von Vereinbarungen zwischen einer Kapitalgesellschaft und deren Gesellschaftern, BB 1989, 38.

1896 Die Bildung von Pensionrückstellungen ist **handels- und steuerrechtlich zulässig.** Pensionszusagen sind ertragsteuerlich wirksam rückstellbar, wenn eine **rechtsverbindliche Verpflichtung** besteht. Sie wirken sich schon vor Eintritt des Versorgungsfalles als **langfristige Steuerstundung** aus. Bis zur gewinnerhöhenden Auflösung bewirkt die Steuerverlagerung einen **Liquiditätsvorteil.** In Höhe der **Zinsersparnis** für die aufgeschobenen Steuerzahlungen wird die **Selbstfinanzierung** gestützt. Gewerbesteuerlich wirkt sich die Pensionsrückstellung für den Gesellschafter-Geschäftsführer steuerreduzierend aus.

1897 Pensionsverpflichtungen gegenüber Gesellschafter-Geschäftsführern werden nach **strengen Anerkennungsgrundsätzen** überprüft. Zivilrechtliche **Wirksamkeit des Vertrages,** Nachzahlungsverbot, Angemessenheit und Üblichkeit im Fremdvergeich werden von der Verwaltung geprüft. Der Fiskus geht bei Pensionsrückstellungen gegenüber Gesellschafter-Geschäftsführern von vorherrschend **steuerlicher Motivation** der Zusage aus. § 6a EStG ermöglicht eine beachtliche Einflußnahme auf das körperschaftsteuerliche Einkommen der Gesellschaft.

1898 Die **steuerliche Anerkennung** von Pensionsverpflichtungen der Kapitalgesellschaft gegenüber Gesellschafter-Geschäftsführern verlangt im Rahmen eines bestehenden Arbeitsverhältnisses getroffene klare und eindeutige **schriftliche** (§ 6a Abs. 1 EStG) Vereinbarungen. **Unklarheiten** gehen zu Lasten der Kapitalgesellschaft (BFH v. 11. 10. 1955, BStBl III 397). Zur zivilrechtlichen Wirksamkeit der Zusage, die der Gesellschafter-Geschäftsführer mit sich selbst abschließt, muß er vom Verbot des Selbstkontrahierens nach § 181 BGB befreit sein (BFH v. 22. 9. 1976, BStBl 1977 II 15; Rdnr. 1907). **Nachträgliche Heilung** der zivilrechtlich schwebenden Unwirksamkeit ist **steuerlich unbeachtlich** (BFH v. 8. 1. 1969, BStBl II 347; FG Düsseldorf v. 29. 7. 1963, EFG S. 573).

1899 Für **beherrschende Gesellschafter-Geschäftsführer** versagt das zur Verhütung von Gewinnmanipulationen bestehende Nachzahlungsverbot rückwirkende Erhöhungen von Vergütungen die steuerliche Anerkennung und führt zu verdeckten Gewinnausschüttungen (BFH v. 31. 7. 1963, BStBl III 440; v. 6. 3. 1968, BStBl II 482; v. 8. 1. 1969, BStBl II 268; v. 10. 7. 1974, BStBl II 719; v. 30. 1. 1985, BStBl II 345). **Zuführungen** zur Pensionsrückstellung für eine rückwirkend gegebene Zusage sind ebenso wie Pensionszahlungen ohne klare und wirksame Zusage verdeckte Gewinnausschüttungen (BFH v. 31. 7. 1963, BStBl III 440; v. 10. 7. 1974, BStBl II 719).

Auch eine **Zusage im vorgerückten Alter** des Gesellschafter-Geschäftsführers oder erst **bei Eintritt des Versorgungsfalles** gilt als Verstoß gegen das Rückwirkungsverbot (BFH v. 13. 12. 1961, BStBl 1962 III 243; FG des Saarlandes v. 10. 9. 1986, EFG S. 619; v. 20. 5. 1992, BFH/NV 1993, 52), weil sie **nicht durch künftige Tätigkeit** als **erdienbar** angesehen werden kann. Pensionszusagen dürfen an beherrschende Gesellschafter-Geschäftsführer **nur für zukünftige Dienste** gegeben oder erhöht werden. Es herrscht keine Klarheit darüber, wie lange **vor dem vertragsmäßigen Endalter** eine Zusage gegeben sein muß, um noch als in der Zukunft erdienbar zu gelten. 1900

Die steuerliche Anerkennung der Pensionszusage setzt für einen zu mehr als 25 v. H. beteiligten Gesellschafter-Geschäftsführer **Angemessenheit der Gesamtvergütung** voraus. Das gilt auch, wenn nahen Angehörigen von Gesellschaftern Pensionszusagen erteilt werden. Bei **Prüfung der Angemessenheit** wird der Wert der Pensionszusage mit der **fiktiven Nettoprämie** einbezogen. Das ist die Versicherungsprämie, die jährlich aufgebracht werden müßte, um eine vergleichbare Rückdeckungsversicherung zu bedienen (BFH v. 4. 8. 1959, BStBl III 374). Das Verhältnis zwischen laufenden Bezügen und zugesagter Pension ist ohne Belang. **Auch ohne Aktivbezüge** des Gesellschafter-Geschäftsführers kann mit steuerlicher Wirkung eine Pensionszusage erteilt werden (BFH v. 12. 2. 1974, BStBl II 363). Hierin liegt ein besonderer steuerlicher Effekt. 1901

Angemessenheit ist gegeben, wenn einem **nicht beteiligten Geschäftsführer** gleiche Zusagen auch zugebilligt wurden (BFH v. 25. 2. 1958, BStBl III 229). Als Maßstab werden äußerer **Betriebsvergleich mit gleichartigen Betrieben** und die besonderen betrieblichen Gegebenheiten herangezogen.

(Einstweilen frei) 1902–1905

17. Schütt-Aus-Hol-Zurück-Verfahren

Vgl. Ausschüttungsverhalten, Rdnr. 1830 ff. 1906

18. Selbstkontrahierungsverbot
LEXinform
▶ BSt-BG-1350 ◀

Literatur: *Gosch,* Verdeckte Gewinnausschüttungen und Insichgeschäfte des beherrschenden Gesellschafters einer GmbH, DStR 1991, 765.

1907 Rechtsgeschäfte, die der Gesellschafter-Geschäftsführer als Vertreter der GmbH mit sich selbst im eignen Namen regelt (Insichgeschäfte, Selbstkontrahieren) verstoßen grundsätzlich gegen § 181 BGB. Ein dennoch geschlossener Vertrag ist **zivilrechtlich unwirksam.** Der Gesellschafter-Geschäftsführer muß vom Verbot des Selbstkontrahierens ausdrücklich und nach außen erkennbar **befreit sein** (BFH v. 11. 4. 1990, BFH/NV 1991, 704). Dies ist nach § 35 Abs. 4 GmbHG auch für eine **Einmann-GmbH** erforderlich (BFH v. 13. 3. 1991, BStBl II 597). Späterer Suspens durch eine zivilrechtlich mögliche **nachträgliche Genehmigung** hat steuerlich **keine Rückwirkung** (BFH v. 10. 7. 1974, BStBl II 719). Darauf vor allem für Altfälle zu achten, ist Aufgabe des Steuerberaters. § 41 Abs. 1 Satz 1 AO steht der Annahme einer verdeckten Gewinnausschüttung auch dann nicht entgegen, wenn die auf den unwirksamen Vereinbarungen beruhenden Zahlungen nicht rückgängig gemacht werden.

1908 Vgl. „Gesellschafterverträge mit der Kapitalgesellschaft", Rdnr. 1860 ff.

19. Steuerlicher Ausgleichsposten

1909 Das gesellschaftsrechtlich **festgestellte Kapital** von Kapitalgesellschaften ist **in Betriebsprüferbilanzen unverändert** zu übernehmen. Aus steuerlichen Bewertungs- und Bilanzierungsnotwendigkeiten sich ergebende **Abweichungen** gegenüber der genehmigten Handelsbilanz sind in der Prüferbilanz als „steuerlicher Ausgleichsposten" auszuweisen. Die Firma kann ihn später im Wege der Übernahme auflösen oder wegen seiner steuerlichen Bedeutung als bilanzielle Sonderpositionen weiterentwickeln.

20. Steuer- und Satzungsklauseln
LEXinform
▶ BSt-BG-1355 ◀

Literatur: *Kottke,* Steuerklauseln und Satzungsklauseln, Inf 1982, 224; *Lange,* Verdeckte Gewinnausschüttungen, NWB F. 4, 3697.

1910 Zur **Vermeidung von verdeckten Gewinnausschüttungen** wird die Aufnahme von Steuer- und Satzungsklauseln in die Gesellschaftsverträge empfohlen. Sie **verpflichten** für den Fall der Annahme von verdeckten Gewinnausschüttungen den **bevorteilten Gesellschafter zur Rückerstattung** des Vorteils an die GmbH. Der **BFH versagt** der Satzungsklausel die **steuer-**

liche Anerkennung, indem er die Rückforderung als **Einlageforderung** qualifiziert (BMF v. 6. 8. 1981, BStBl I 599; BFH v. 23. 5. 1984, BStBl II 723; v. 29. 4. 1987, BStBl II 733). **Zu Steuerklauseln bei Pachtverträgen** vgl. BFH v. 14. 8. 1975, BStBl 1976 II 88; v. 23. 9. 1970, BStBl 1971 II 64.

21. Umsatztantieme

LEXinform
▶ BSt-BG-1360 ◀

Tantiemezusagen sollen zur Vermeidung von verdeckten Gewinnausschüttungen in einem **Anteil vom Jahresgewinn** bestehen (BFH v. 5. 10. 1977, BStBl 1978 II 234). **Umsatzabhängige Tantiemen werden steuerlich nur in Ausnahmefällen anerkannt** (BFH v. 28. 6. 1989, BStBl II 854). Zu einem solchen Ausnahmefall siehe Hessisches FG v. 27. 6. 1991, EFG 1992, 32. 1911

Eine **Gewinntantieme in Höhe von 95 v. H.** zugunsten des Gesellschafter-Geschäftsführers ist eine **verdeckte Gewinnausschüttung**, wenn nicht feststellbar ist, daß damit eine besondere Leistung des Geschäftsführers honoriert wird (FG des Saarlandes v. 15. 11. 1989, EFG 1990, 199). 1912

Schließt eine Kapitalgesellschaft zeitgleich zwei **widerstreitende Tantiemevereinbarungen** mit ihrem Gesellschafter-Geschäftsführer, ohne daß erkennbar ist, welche gültig sein soll, so fehlt es an klaren von vornherein getroffenen Vereinbarungen (BFH v. 24. 5. 1989, BStBl II 800). 1913

(Einstweilen frei) 1914–1915

22. Verdeckte Einlagen

LEXinform
▶ BSt-BG-1365 ◀

Literatur: *Felder,* Einlagen bei Kapitalgesellschaften, Inf 1990, 244; *Seibold,* Die ertragsteuerliche Behandlung sog. verdeckter Einlagen, DStR 1990, 719; *Wassermeyer,* Verdeckte Gewinnausschüttungen und verdeckte Einlagen, DStR 1990, 158.
Verwaltungsanweisungen: Abschn. 36a KStR.

Verdeckte Einlagen sind aus dem Gesellschaftsverhältnis resultierende **Vorteilszuwendungen eines Gesellschafters** oder einer nahestehenden Person an die Kapitalgesellschaft **ohne Gegenleistung**. Sie führen beim Gesellschafter nicht zu Betriebsausgaben bzw. Werbungskosten, sondern zu **Anschaffungskosten der Beteiligung**. Die Kapitalgesellschaft hat das eingelegte Wirtschaftsgut **zugunsten des Gesellschafterkontos** zu bilanzieren. 1916

1917 Nach der BFH-Rechtsprechung liegen verdeckte Einlagen vor, wenn der Gesellschafter seiner GmbH **ein Wirtschaftsgut zuwendet** und dies seine **Ursache im Gesellschaftsverhältnis** hat (BFH v. 26. 10. 1987, BStBl 1988 II 348; v. 23. 8. 1990, BStBl 1991 II 172; v. 18. 12. 1990, BStBl 1991 II 512; v. 26. 10. 1987, BStBl 1988 II 348; v. 27. 7. 1988, BStBl 1989 II 271). Dabei ist zu beachten, daß **nur bilanzierungsfähige Wirtschaftsgüter** einlagefähig sind, nicht aber Nutzungen und Leistungen.

1918 **Verzichte von Gesellschaftern** auf zukünftige Vergütungen z. B. für Nutzungsüberlassungen können **nicht** zur Annahme **verdeckter Einlagen** führen (vgl. „Verlustverwertung", Rdnr. 1935 ff.) **Nutzungsvorteile** fallen dann originär **bei der Kapitalgesellschaft** an.

1919 Eine im voraus vereinbarte **unentgeltliche oder verbilligte** Überlassung der **Nutzung von Wirtschaftsgütern** an die Gesellschaft ist bei Verzicht auf angemessene Mieten, Pachten oder Zinsen durch die Gesellschafter ebenso wie **unentgeltliche** oder zu **niedrig vergütete Mitarbeit keine verdeckte Einlage** (BFH v. 3. 2. 1971, BStBl II 408; v. 22. 11. 1983, BStBl 1984 II 513). Das eröffnet dem Gesellschafter den Weg, Gewinne vom Gesellschafter auf die Gesellschaft für beide **erfolgswirksam** zu **übertragen**.

1920 Der **spätere Verzicht des Gesellschafters** auf Ansprüche ist dagegen verdeckte Einlage (BFH v. 9. 3. 1977, BStBl II 515). Das gilt, soweit ein Gesellschafter auf **entstandene Ansprüche** (Forderungen) verzichtet (BFH v. 29. 5. 1968, BStBl II 722). Die **Vermögensvermehrung** der GmbH erhöht dann nicht das körperschaftsteuerpflichtige Einkommen der GmbH. Der Verzicht erhöht für den Gesellschafter den **Wert der Beteiligung** und ist kein Aufwand.

23. Verdeckte Gewinnausschüttungen

LEXinform
▶ BSt-BG-1370 ◀

Literatur: Borst, Ertragsteuerliche Fragen von Vereinbarungen zwischen der Kapitalgesellschaft und deren Gesellschafter, BB 1989, 38; *Lange,* Verdeckte Gewinnausschüttungen, NWB F. 4, S. 3697.

1921 Die **GmbH zahlt** ohne Rücksicht auf die Art ihrer Tätigkeit **Gewerbesteuern**. Gesellschaft und Gesellschafter sind **verschiedene Rechtssubjekte**. Das hindert den beherrschenden Gesellschafter-Geschäftsführer bzw. Gesellschafter von Familienkapitalgesellschaften in der Regel nicht daran, über die GmbH seine und auch der GmbH **steuerliche Verhältnisse zu** optimieren.

Körperschaftsteuer 475

Da der GmbH der **Freibetrag beim Gewerbeertrag** von 36 000 DM (ab 1. 1. 1993 48 000 DM) nicht zusteht, dienen steuerliche Gestaltungen zwischen Gesellschaftern und GmbH primär der **Einsparung von Gewerbesteuern.** Offene Ausschüttungen nach § 8 Abs. 2 KStG mindern das der GewSt unterliegende körperschaftsteuerpflichtige **Einkommen nicht.** Daher wird das Ziel über „**verdeckt bleibende**" Gewinnausschüttungen zu erreichen versucht. Dazu dienen **vertragliche Gestaltungen** jeder Art. 1922

Es gilt, **Gewinnanteile** aus der gewerbesteuerpflichtigen Gesellschaftssphäre verdeckt **in die gewerbesteuerfreie Gesellschaftersphäre** zu transferieren. Erkannte Gewinnausschüttungen mindern das körperschaftsteuerliche Einkommen nicht (§ 8 Abs. 3 KStG). Die **als Betriebsausgaben gebuchten** Vertragsleistungen werden bei **Qualifizierung als verdeckte Gewinnausschüttung** dem Einkommen der GmbH **wieder hinzugerechnet.** Der Vermögensvorteil ist **beim Gesellschafter** meist im Rahmen des § 20 Abs. 1 Nr. 1 EStG als **Gewinnausschüttung** zu erfassen. 1923

Die **Besteuerung verdeckter Gewinnausschüttungen** beim Gesellschafter hängt von der Frage ab, ob die Gesellschafts-Anteile bei ihm zum **Betriebs-** (wie bei Betriebsaufspaltung) oder **Privatvermögen** gehören. Im ersten Fall liegen einschließlich der anrechenbaren KSt Betriebseinnahmen vor. Bei Zugehörigkeit zum Privatvermögen sind die gewährten Vorteile Einkünfte aus Kapitalvermögen i. S. des § 20 EStG. 1924

Verdeckte Gewinnausschüttungen treten in der Praxis, wie sich aus Abschn. 32 Abs. 2 KStR ergibt, **in vielen Variationen** auf. Die Besteuerungspraxis differenziert folgende zwei Fallgruppen: 1925

- Vorteilsgewährungen
- Verstöße gegen das Nachzahlungsverbot (Rdnr. 1876)

Verdeckte Gewinnausschüttungen sind **Vermögensminderungen** oder **verhinderte Vermögensmehrungen** einer Kapitalgesellschaft, die durch das Gesellschaftsverhältnis veranlaßt sind, sich auf die Höhe des Einkommens auswirken und in keinem Zusammenhang mit einer offenen Ausschüttung stehen (BFH v. 22. 2. 1989, BStBl II 631). 1926

Bei einem **beherrschenden Gesellschafter-Geschäftsführer** ist eine Veranlassung im Gesellschaftsverhältnis auch dann anzunehmen, wenn es an einer klaren und von vornherein abgeschlossenen Vereinbarung darüber fehlt, ob und in welcher Höhe ein Entgelt von der Kapitalgesellschaft 1927 gezahlt wird (BFH v. 22. 2. 1989, BStBl II 631). Die **Vorteilsgewährung an einen beherrschenden Gesellschafter oder eine ihm nahestehende Person** ist steuerlich gleich zu behandeln (BFH v. 1. 10. 1986, BStBl 1987 II 459; v. 29. 4. 1987, BStBl II 797; v. 2. 3. 1988, BStBl II 786).

1928 **Vorteilsgewährung** liegt vor, wenn die Kapitalgesellschaft ihren Gesellschaftern **außerhalb der gesellschaftsrechtlichen Gewinnverteilung** einen **Vermögensvorteil zuwendet** und diese Zuwendung ihren Anlaß im Gesellschaftsverhältnis hat (BFH v. 10. 1. 1973, BStBl II 322; v. 24. 1. 1989, BStBl II 419; v. 19. 3. 1991, BFH/NV 1992, 19). Vorteilsgewährungen können vor allem im **Zusammenhang mit schuldrechtlichen Verträgen** (Miet-, Pacht-, Kauf-, Dienst-, Darlehens-, Lizenzverträgen usw.) in Form unangemessen hoher Vergütungen auftreten.

1929 Wichtig ist, daß für verdeckte Gewinnausschüttungen die **Finanzbehörde** die **objektive Beweislast** hat (BFH v. 16. 3. 1967, BStBl III 626; v. 20. 3. 1974, BStBl II 430; v. 16. 2. 1977, BStBl II 568).

1930 Eine Zuwendung gilt als **durch das Gesellschaftsverhältnis** begründet, wenn ein ordentlicher und **gewissenhafter Geschäftsführer** diesen Vorteil einem Nichtgesellschafter unter gleichen Umständen nicht gewährt hätte. Das **Spektrum** der verdeckten Gewinnausschüttungen aus Vorteilsgewährungen **ist umfangreich** und – wie die Rechtsprechung zeigt – äußerst vielfältig. Auch bei **angemessener Gesamtausstattung** (vgl. Rdnr. 1808 ff.) kann verdeckte Gewinnausschüttung vorliegen, wenn andere Umstände erkennen lassen, daß eine entsprechende Entgeltsvereinbarung mit einem fremden Dritten nicht getroffen worden wäre (FG des Saarlandes v. 9. 2. 1990, EFG S. 382).

1931 Übernimmt die Gesellschaft nach dem Tod des Gesellschafter-Geschäftsführers die **Kosten der Trauerfeier**, so liegt insoweit eine verdeckte Gewinnausschüttung vor (BFH v. 31. 7. 1990, BStBl 1991 II 28).

1932 Veränderungen des Gesellschaftsvermögens ausgelöst durch **unerlaubte Handlungen** des beherrschenden Gesellschafter-Geschäftsführers sind verdeckte Gewinnausschüttungen (BFH v. 18. 7. 1990, BStBl 1991 II 484). Eine verdeckte Gewinnausschüttung kann nur angenommen werden, wenn die Vermögensminderung auf einer Rechtshandlung der Organe der Kapitalgesellschaft beruht (BFH v. 13. 9. 1989, BStBl II 1029).

1933 Verdeckte Gewinnausschüttung ist **nicht nur,** was dem Gesellschafter als **Vorteil** zufließt. Entscheidend ist die sich auf die Höhe des Einkommens auswirkende Vermögensminderung (BFH v. 22. 2. 1989, BStBl II 475). Verdeckte Gewinnausschüttung liegt auch vor, wenn Leistungen an dem beherrschenden Gesellschafter nahestehende Personen nicht auf von vornherein getroffenen klaren Vereinbarungen beruhen (BFH v. 2. 3. 1988, BStBl II 786). Auch zur **Verzinsung einer Forderung** bedarf es klarer und eindeutiger Vereinbarungen (BFH v. 2. 3. 1988, BStBl II 590). Fehlen von **Detailvereinbarungen** über vertragliche Nebenpflichten führt nicht zur verdeckten Gewinnausschüttung des Entgelts insgesamt (BFH v. 28. 10. 1987, BStBl 1988 II 301).

Erhält der Gesellschafter-Geschäftsführer von Lieferanten der GmbH **1934** **Schmiergeldzahlungen,** so ist verdeckte Gewinnausschüttung gegeben (BFH v. 29. 4. 1987, BStBl II 733). Gewinnlosigkeit einer **Kapitalgesellschaft** für ihre Gesellschafter ist verdeckte Gewinnausschüttung (BFH v. 19. 3. 1975, BStBl II 722).

24. Verlustverwertung

Literatur: *Heidemann,* Verlustverwertungsmöglichkeiten bei der GmbH, Inf 1990, 491.

Die **Verlustverrechnung** ist bei Kapitalgesellschaften **auf die Gesellschaft** **1935** fixiert. Sie können **nur auf der eigenen Ebene** die Möglichkeiten von **Verlustrück- und -vortrag** nach § 10d EStG unter den Bedingungen des § 8 Abs. 4 KStG ausschöpfen. Verluste der Kapitalgesellschaft lassen sich daher **nicht** ohne weiteres mit den **Einkünften des Anteilseigners** ausgleichen.

Begrenzte Steuerminderungen beim Gesellschafter sind allenfalls durch **1936** **gestalterische Maßnahmen** zu erreichen. Vor allem die Organschaft (Rdnr. 1886 ff.) eignet sich, um Verluste auf die Gesellschafter zu transferieren. Zusätzlich kommen auch **vertragliche Möglichkeiten** z. B. über Arbeits- bzw. Pachtveträge in Frage. Erfolgsorientierte **Tantiemen entfallen** bei erwirtschafteten Verlusten. Steuerlich anerkannt werden auch (typische) **stille Beteiligungen an der GmbH,** die eine **Verlustbeteiligung** vorsehen. Zusätzlich kann ein **Vergütungsverzicht** des Gesellschafters erwogen werden. Dies erspart der GmbH Aufwendungen und verbessert so ihre Ertragschancen.

Ein **Verzicht auf Vergütungen** der GmbH führt nicht zur Annahme ver- **1937** deckter Einlagen (Rdnr. 1916 ff.) Dies beeinflußt den Gewinn der Gesellschaft und ist Aufwand bzw. fehlende Einnahme beim Gesellschafter. Auch **begrenzter zukünftiger Pachtverzicht** der Besitzgesellschaft gegenüber der verlustbedrohten GmbH im Rahmen einer **Betriebsaufspaltung** führt nicht zur verdeckten Einlage mit der dabei ausbleibenden Einkommensbeeinflussung bei der GmbH.

25. Verrechnungskonten mit Gesellschaftern

LEXinform
▶ BSt-BG-1375 ◀

1938 Zinslosigkeit oder niedrige Verzinsung von Verrechnungskonten der Gesellschafter können in Höhe des **Zinsverzichtes der GmbH** die Annahme **verdeckter Gewinnausschüttungen** rechtfertigen (BFH v. 23. 6. 1981, BStBl 1982 II 245). **Sollsalden** gegenüber den Gesellschaftern bedeuten grundsätzlich **Kreditgewährung**. Der BFH verneint eine verdeckte Gewinnausschüttung in **Höhe der Forderung** (BFH v. 8. 10. 1985, BStBl 1986 II 481), wenn die Aussicht erkennbar ist, daß die **Darlehen zurückgezahlt** werden.

1939 Bei Anhaltspunkten für **fehlende Rückzahlungsbereitschaft** oder **Uneinbringlichkeit** sind die Darlehensvaluten insgesamt als verdeckte Gewinnausschüttung anzusehen (BFH v. 6. 12. 1955, BStBl 1956 III 80). Auch **fehlende Bonität** des Gesellschafters und ein **Verzicht der GmbH auf Sicherheiten** beinhalten die Gefahr der Annahme von verdeckten Gewinnausschüttungen (BFH v. 16. 9. 1958, BStBl III 451). Es ist daher von großer Bedeutung, daß die GmbH in diesen Fällen **ausdrückliche Rückzahlungsvereinbarungen** trifft.

26. Vorgründergesellschaft – Gründergesellschaft

LEXinform
▶ BSt-BG-1380 ◀

1940 Kapitalgesellschaften erlangen ihre **Rechtsfähigkeit** zivilrechtlich mit der **Eintragung ins Handelsregister** (§ 11 GmbHG) erst zu einem Zeitpunkt, zu dem die **Geschäftstätigkeit** bereits **längere Zeit besteht**. Mit Blick auf den Beginn der KSt-Pflicht unterscheidet man **drei Stadien** im „Werden" einer GmbH

- die Vorgründergesellschaft,
- die Gründergesellschaft und die
- Kapitalgesellschaft.

1941 Man spricht von der **Vorgründergesellschaft,** wenn der formgültige Gesellschaftsvertrag noch geschlossen werden soll, die Gesellschafter aber schon tätig werden. Die Vorgründergesellschaft ist zivil- und steuerrechtlich eine **Gesellschaft des bürgerlichen Rechts** und noch **nicht körperschaftsteuerpflichtig**.

Die **Gründergesellschaft** existiert ab dem Abschluß des Gesellschaftsvertrages bis zur Eintragung ins Handelsregister. Sie ist, ohne schon Kapitalgesellschaft zu sein, mit der später entstehenden **GmbH identisch** und schon **körperschaftsteuerliches Rechtssubjekt** (BFH v. 11. 4. 1973, BStBl II 568). Auch sie ist steuerlich eine **BGB-Gesellschaft**, wenn die GmbH nicht im Handelsregister zur Eintragung kommt. 1942

(Einstweilen frei) 1943–1945

27. Wettbewerbsverbot; Befreiung

LEXinform
▶ BSt-BG-1385 ◀

Literatur: *Neufang,* GmbH-Geschäftsführer – Befreiung vom Wettbewerbsverbot, Inf 1988, 289; *Eppler,* Der Geschäftsführer und der beherrschende Gesellschafter als Konkurrenten der GmbH, DStR 1990, 198; *Meier,* Die zivil- und steuerrechtliche Zulässigkeit von Eigengeschäften des beherrschenden Gesellschafter-Geschäftsführers einer GmbH, StBp 1990, 61; *Pelka,* Wettbewerbsverbot und verdeckte Gewinnausschüttung, DStR 1991, 578; *Lange,* Nebentätigkeiten von Gesellschafter-Geschäftsführern, NWB F. 4, 3647; *Neufang,* Wettbewerbsverbot und verdeckte Gewinnausschüttung, Inf 1992, 181.

Verwaltungsanweisungen: BMF v. 4. 2. 1992, Verdeckte Gewinnausschüttung bei der Verletzung des Wettbewerbsverbots durch den beherrschenden Gesellschafter oder den Geschäftsführer einer GmbH, DB 1992, 404.

Nach der Rechtsprechung des BFH liegt eine **Verletzung des Wettbewerbsverbotes** vor, wenn der beherrschende Gesellschafter oder der Gesellschafter-Geschäftsführer im Geschäftszweig der Gesellschaft **ohne Erlaubnis** Geschäfte für eigene Rechnung macht. Bei einer Verletzung des Wettbewerbsverbots steht der Gesellschaft **Schadensersatz oder ein Herausgabeanspruch** des erlangten Vorteils zu. **Verzichtet die Gesellschaft** auf diesen Anspruch, so liegt eine verdeckte Gewinnausschüttung vor (BFH v. 11. 2. 1981, BStBl II 448; v. 26. 4. 1989, BStBl II 673). Das gleiche gilt für die **Konkurrenztätigkeit des Gesellschafters,** der im Verhältnis zum beherrschenden Gesellschafter nahestehende Person ist (BFH v. 11. 2. 1987, BStBl II 461). 1946

Die Gesellschaft kann dem beherrschenden Gesellschafter und dem Geschäftsführer eine **Konkurrenztätigkeit** durch Vereinbarung gestatten **(Befreiung vom Wettbewerbsverbot)**. Die Voraussetzungen zur Vermei- 1947 dung verdeckter Gewinnausschüttungen ergeben sich aus BMF v. 4. 2. 1992, DB S. 404.

1948 GmbH-Gesellschafter unterliegen bereits aus ihrer **Treuepflicht** einem Verbot, im eigenen oder fremden Namen Geschäfte zu tätigen, die ihrer GmbH im Bereich ihres **satzungsmäßigen Aufgabenbereichs** Konkurrenz machen. Er hat sein ganzes Wissen und Können in den **Dienst seiner Gesellschaft** zu stellen. Das Wettbewerbsverbot gilt unabhängig davon, ob es in der Satzung oder im Anstellungsvertrag ausdrücklich formuliert wurde.

1949 Verstößt ein **Geschäftsführer** (beherrschender oder nicht beherrschender) oder eine ihm nahestehende Person gegen das Wettbewerbsverbot, so ergeben sich bei Verzicht auf Geltendmachung des Ersatzanspruchs durch die Gesellschaft verdeckte Gewinnausschüttungen (BFH v. 11. 2. 1987, BStBl II 461).

1950 Um diese Konsequenz zu vermeiden, bedarf es grundsätzlich einer **im voraus getroffenen Vereinbarung** über eine **Befreiung vom Wettbewerbsverbot** (BFH v. 1. 10. 1986, BFH/NV 1987, 242; v. 11. 2. 1987, BStBl II 461; v. 12. 4. 1989, BStBl II 636; v. 26. 4. 1989, BStBl II 673; v. 8. 3. 1989, BStBl II 572). Außerdem sollte der **Geschäftszweck** der GmbH im **Gesellschaftsvertrag eingrenzend,** genau, auch negativ abgrenzend festgelegt werden.

1951 Eine **Befreiung vom Wettbewerbsverbot** kann in der Satzung oder als förmlicher Gesellschafterbeschluß vereinbart werden. Eine Vereinbarung im **Anstellungsvertrag ist nicht ausreichend.** Ein Dispens muß den Bereich der persönlichen Tätigkeit von den GmbH-Aufgaben von vornherein **eindeutig abgrenzen.** Zur Vermeidung von verdeckten Gewinnausschüttungen darf dem Gesellschafter-Geschäftsführer keine freie Hand darüber gelassen werden, welche Geschäfte er als eigene und welche er über die GmbH abwickelt, damit **nicht die Risikogeschäfte der GmbH** verbleiben und die **lukrativen selbst** gemacht werden.

1952 **Nicht klar zuzuordnende Geschäfte** werden nach der Rechtsprechung steuerlich als **Geschäfte der GmbH** behandelt (BFH v. 1. 10. 1986, BFH/NV 1987, 242; v. 12. 4. 1989, BStBl II 636). Ein Verstoß gegen das Wettbewerbsverbot liegt vor, wenn der Gesellschafter-Geschäftsführer **Leistungen aus dem Geschäftsbereich** der GmbH entgeltlich anbietet (BFH v. 26. 4. 1989, BStBl II 673). Er darf die von der GmbH abgeschlossenen

Geschäfte **nicht auf eigene Rechnung** abwickeln, beeinträchtigen oder gar verhindern (BFH v. 11. 2. 1981, BStBl II 448; v. 26. 4. 1989, BStBl II 673).

Bei erhaltenem Dispens darf er außerhalb seiner Gesellschafter-Geschäfts- 1953 führertätigkeit auch persönlich **selbständig oder gewerblich tätig** sein. Die Vertragsfreiheit beinhaltet auch das Recht zu vereinbaren, daß der Gesellschafter-Geschäftsführer für die GmbH als **freier Gewerbetreibender** tätig wird (BFH v. 23. 11. 1965, HFR 1966, 178).

(Einstweilen frei) 1954–1955

III. Umsatzsteuer

Nachfolgend werden spezielle umsatzsteuerrechtliche Fragen des Bau- 1956 haupt- und Baunebengewerbes in ABC-Form behandelt.

ABC der umsatzsteuerlichen Fragen

Inhaltsübersicht

	Rdnr.
1. Abbruchmaterial als Entgelt	1958
2. Abschlagszahlungen	1959
3. Anzahlungen	1960
4. Arbeitergestellung	1961
5. Arbeitsgemeinschaften	1963
6. Beginn und Ende unternehmerischer Tätigkeit	2011
7. Durchschnittsätze	2016
8. EG-Binnenmarkt	2031
9. Ehrenamtliche Tätigkeit	2066
10. Eigenverbrauch	2076
11. Entgelt	2131
12. Entstehung der Steuer	2132
13. Gasgeräte; Lieferung durch Installateur	2136
14. Glasbruchversicherung	2138
15. Kleinunternehmer	2141
16. Konkurs	2146
17. Materialbeistellung	2156
18. Mindest-Istversteuerung	2166
19. Organschaft	2171
20. Propangas-Verkauf im eigenen Laden durch Installateur	2186
21. Rechnungserteilung bei Mindest-Istversteuerung	2188
22. Sachzuwendungen an Arbeitnehmer	2201
23. Sollbesteuerung	2236
24. Steuersatz	2281
25. Teilleistungen	2284
26. Umsatzsteuervoranmeldung; Umsatzsteuererklärung	2316

27. Unentgeltliche Lieferungen und sonstige Leistungen
zwischen Vereinigungen und ihren Mitgliedern 2319
28. Unternehmer-Begriff 2333
29. Veräußerung eines Unternehmens des Bauhauptoder Baunebengewerbes 2341
30. Verdeckte Gewinnausschüttung 2356
31. Vereinnahmte Entgelte 2358
32. Verrechnungsgeschäfte 2361
33. Vorauszahlungen 2364
34. Vorschüsse 2365
35. Vorsteuerabzug 2371
36. Werklieferung; Werkleistung 2386
37. Zuschüsse der Bundesanstalt für Arbeit 2402

1957 Der USt unterliegen u. a. gemäß § 1 Abs. 1 Nr. 1 Satz 1 UStG die **Lieferungen und sonstigen Leistungen,** die ein Unternehmer im Inland gegen Entgelt im Rahmen seines Unternehmens ausführt, gemäß § 1 Abs. 1 Nr. 1 Satz 2 b UStG die **Sachzuwendungen an Arbeitnehmer,** gemäß § 1 Abs 1 Nr. 2 UStG der **Eigenverbrauch,** gemäß § 1 Abs. 1 Nr. 3 UStG die unentgeltlichen **Leistungen von Vereinigungen** an ihre Mitglieder und diesen nahestehende Personen und ab 1. 1. 1993 gemäß § 1 Abs. 1 Nr. 5 UStG der **innergemeinschaftliche Erwerb** im Inland gegen Entgelt.

1. Abbruchmaterial als Entgelt

LEXinform
▶ BSt-BG-1390 ◀

Verwaltungsanweisungen: Abschn. 149–159 UStR.

1958 Die bei Abbrucharbeiten anfallenden Baumaterialien werden dem Bau-(Abbruch-)Unternehmer vom Auftraggeber vielfach ohne Preisberechnung überlassen. Diese Arbeiten würden nicht geleistet, wenn der Bauunternehmer kein Entgelt dafür bekommen würde. Dieses Entgelt ist zu versteuern, ganz gleich, ob es in Geld oder Gegenlieferungen oder sonstigen Leistungen des Bestellers besteht. Überläßt der Besteller dem Bau-(Abbruch-)Unternehmer das anfallende Altmaterial, so vergütet er damit – je nach dem Wert dieses Materials – ganz oder teilweise die Leistung des Abbruchs. Daher ist der reine Wert der beim Abbruch anfallenden überlassenen Baustoffe als Teil des vereinnahmten Entgelts den **Geldvergütungen hinzuzurechnen und der Umsatzsteuer zu unterwerfen** (RFH v. 4. 6. 1935, RStBl S. 1087).

2. Abschlagszahlungen

1959 Durch das UStG 1980 ist die sog. **Mindest-Istversteuerung** eingeführt worden. Sie enthält Besonderheiten zur Besteuerung von Abschlagszahlungen/Anzahlungen sowie von Vorauszahlungen. Vgl. hierzu „Sollbesteuerung" (Rdnr. 2236 ff.) und „Rechnungserteilung bei Mindest-Istversteuerung" (Rdnr. 2188).

3. Anzahlungen

Vgl. „Abschlagszahlungen" (Rdnr. 1959). 1960

4. Arbeitergestellung

LEXinform
▶ BSt-BG-1395 ◀

Ein Unternehmer des Bauhaupt- und Baunebengewerbes, der Arbeitnehmer einem anderen Unternehmer gegen **Erstattung der Löhne und Zahlung eines Aufschlags** zur Verfügung stellt, ist auch mit der **Lohnerstattung umsatzsteuerpflichtig,** wenn die Arbeitnehmer für die Zeit ihrer Beschäftigung bei dem anderen Unternehmer in ihrer vertraglichen Bindung zu dem gestellten Unternehmer verbleiben. Es kommt nicht darauf an, ob der die Arbeitnehmer gestellende Unternehmer für einen Arbeitserfolg seiner Arbeitnehmer haftet oder nicht (RFH v. 24. 1. 1941, RStBl S. 133). USt-Pflicht besteht auch, wenn lediglich der tatsächlich gezahlte Lohn dem Gesteller der Arbeitskräfte vergütet wird. Ebenso ist zu entscheiden, wenn ein Unternehmer einem anderen Unternehmer die Arbeitskraft seiner Arbeitnehmer gegen Erstattung der entsprechenden Lohnteile – z. B. zur Hälfte – überläßt, es sei denn, daß es sich nur um eine gelegentliche kurzfristige Aushilfe handelt (FG Stuttgart v. 18. 12. 1953, EFG 1954, 91). 1961

Werden die Arbeitnehmer dagegen in ein **Vertragsverhältnis zu dem übernehmenden Unternehmer übergeführt,** so sind die Löhne, sofern sie durch den gestellenden Unternehmer im Auftrag des anderen Unternehmers bezahlt und ihm von dem anderen ersetzt werden, bei dem **Gesteller durchlaufende Posten.** Der gestellende Unternehmer hat dann nur eine etwaige Vergütung für die Zurverfügungstellung der Arbeitskräfte der USt zu unterwerfen. 1962

5. Arbeitsgemeinschaften

Literatur: *Mösslang,* Nichtsteuerbare Gesellschaftsleistungen und Leistungsaustausch bei Arbeitsgemeinschaften des Baugewerbes, UR 1970, 335.
Verwaltungsanweisungen: Abschn. 6 Abs. 11 UStR.

a) Allgemeines

1963 Arbeitsgemeinschaften (Argen) kommen insbesondere im Bauhaupt- und Baunebengewerbe vor. Vor dem 1. 1. 1968 waren Bauleistungen, bei denen Hauptunternehmer und Unterunternehmer beteiligt waren, durch die USt-Kumulation mit USt doppelt belastet. Wegen der geringeren umsatzsteuerlichen Belastung wurden Bauarbeiten daher vielfach durch eine Arge ausgeführt. Diese unterschiedlichen Belastungen bestehen im MwSt-Recht nicht mehr. Die Steuerbelastung wird gleichmäßig sein, wobei es ohne Bedeutung ist, ob die Bauarbeiten durch den Bauunternehmer allein oder durch Haupt- und Unterunternehmer oder durch eine Arge ausgeführt werden.

1964 Trotz der steuerlichen Entwicklung hat die Arge ihre **wirtschaftliche Bedeutung** behalten, da bei der Ausführung größerer Aufträge der Zusammenschluß mehrerer Unternehmer zu einer Arge unerläßlich ist. Bei der Verschiedenheit der tatsächlichen Verhältnisse für die im Bauhaupt- und Baunebengewerbe auftretenden Argen läßt sich eine einheitliche Entscheidung nicht treffen. Man wird jedoch in den meisten Fällen bei der rechtlichen Beurteilung auf eine der folgenden Grundformen zurückgehen.

1965 Die Umsätze zwischen einer Arge und ihren Mitgliedern oder umgekehrt werden mit gesondertem Ausweis der Vorsteuer getätigt. Die gesondert ausgewiesene Vorsteuer ist entweder bei der Arge oder bei ihren Gesellschaftern abzugsfähig. Nach Inkrafttreten des UStG 1967 ff. dürften die bisherigen kostenlosen Beistellungen entfallen, da die Arge nicht mehr daran interessiert sein wird, nur statistisch geführte Gesellschafterbeiträge wegen des damit verbundenen Ausfalls von verrechenbarer Vorsteuer zu erhalten. Es ist daher sogar überlegenswert, ob die Gesellschafter nicht auch Geschäftskosten den Beteiligungsverhältnissen entsprechend an die Arge weiterberechnen sollten.

b) Grundformen von Arbeitsgemeinschaften

LEXinform
▶ BSt-BG-1400 ◀

1966 aa) Der **Auftraggeber schließt mit den einzelnen Unternehmern Verträge** zur Ausführung eines größeren Auftrags ab. Jeder Einzelunternehmer verpflichtet sich dem Auftraggeber gegenüber im eigenen Namen zur Ausführung von Arbeiten an dem Auftrag und übernimmt damit die Gewähr für die vertragsmäßige Erfüllung dieser Verpflichtung. Die Fertigstellung des Bauwerks bzw. der Anlage macht aber wegen der Beteiligung der mehreren Unternehmer die **Einrichtung einer besonderen Bauleitung** (Unternehmer-Bauleitung) erforderlich. In diesem Fall sind bei der Vergabe der Arbeiten unmittelbare Rechtsbeziehungen nur zwischen dem Auftraggeber und den einzelnen Unternehmern entstanden. **Steuerpflichtig** ist deshalb grundsätzlich der **Einzelunternehmer** mit den von ihm ausgeführten Arbeiten. Übernimmt ein Einzelunternehmer noch Lieferungen oder sonstige Leistungen an einen anderen beteiligten Unternehmer, z. B. Vermietung von Geräten oder Maschinen, oder erledigt er zugleich bei der Bauleitung für die anderen Unternehmer gemeinschaftliche Arbeiten gegen Entgelt, so ist er auch mit diesen Umsätzen steuerpflichtig. Eine Arge als selbständiges Steuersubjekt ist nicht vorhanden. Es handelt sich hier um eine **Art Baustelle,** die die technische Gleichstellung der Arbeiten sichert.

bb) Die Arge tritt allein nach außen hervor. Sie schließt als Arge die Verträge mit dem Auftraggeber ab. Hier entstehen **unmittelbare Rechtsbeziehungen nur zwischen dem Auftraggeber und der Arge,** nicht aber zwischen dem Auftraggeber und den einzelnen Mitgliedern dieser Gemeinschaft. Die Arge schiebt sich zwischen den Auftraggeber und die Einzelunternehmer. Die Ausführung des Werks im einzelnen bleibt der internen Regelung innerhalb der Arge vorbehalten. 1967

In diesem Fall unterliegt bei der **Arge** die **Gesamtleistung** der **Umsatzsteuer.** Außerdem aber sind die Einzelunternehmer insoweit noch gesondert zur USt heranzuziehen, als sie gegen Entgelt Lieferungen oder sonstige Leistungen an die Arge bewirken, z. B. Vermietung von Geräten und Maschinen, Gestellung von Arbeitnehmern. Soweit die Arge selbst Personal einstellt, Material beschafft oder Gerät veräußert, werden die einzelnen Unternehmer umsatzsteuerrechtlich nicht berührt. Hier liegt eine **eigentliche Arge** vor. Leistungen, die die Gesellschafter nach dem Gesellschaftsvertrag zu bewirken haben und die nicht durch Sonderentgelte, sondern durch ihre Beteiligung am Gewinn und Verlust abgegolten werden, sind gesellschaftliche Leistungen. Die **Gewinne** sind **nicht zur Umsatzsteuer heranzuziehen** (BFH v. 25. 3. 1954, BStBl III 162). 1968

cc) Der Auftraggeber schließt mit einem Unternehmer einen Vertrag über die Ausführung des gesamten Werks ab. Der **Unternehmer (Hauptunternehmer) verpflichtet** sich, einen **Teil der Arbeiten** im Namen des Auftraggebers **an andere Unternehmer (Nebenunternehmer) weiterzuvergeben.** Diese Weitervergabe erfolgt in der Weise, daß der Hauptunternehmer im 1969

Namen des Auftraggebers mit dem Nebenunternehmer verhandelt und abschließt. Es entstehen dann **insoweit unmittelbare Rechtsbeziehungen zwischen dem Auftraggeber und den einzelnen Nebenunternehmern.** Jeder Nebenunternehmer übernimmt damit auch dem Auftraggeber gegenüber die Gewähr für die ordnungsmäßige Ausführung seiner Teilarbeit. Der **Hauptunternehmer** ist **insoweit Vermittler.** Er kann als solcher aber dem Auftraggeber gegenüber für die Gesamtausführung neben den einzelnen Nebenunternehmern haften. Er kann die **Bauleitung** (Unternehmer-Bauleitung) übernehmen und auch befugt sein, die Zahlungen für die Nebenunternehmer entgegenzunehmen.

1970 **Steuerpflichtig** ist der **Hauptunternehmer** mit den von ihm bewirkten entgeltlichen Lieferungen und sonstigen Leistungen. Die Umsätze bestehen in der Ausführung der von ihm selbst übernommenen Arbeiten, in der Bauleitung, in der Erledigung gemeinschaftlicher Verwaltungsarbeiten und in etwaigen Leistungen den einzelnen Nebenunternehmern gegenüber, z. B. Bereitstellung von Maschinen und Geräten. Bei dem Hauptunternehmer sind jedoch nicht steuerpflichtig die Lieferungen oder Leistungen der Nebenunternehmer, soweit diese in Erfüllung ihrer unmittelbaren Verpflichtungen gegenüber dem Auftraggeber bewirkt werden. Die **Nebenunternehmer** sind mit ihren **eigenen Umsätzen steuerpflichtig.** Dieser Fall ist von der sog. **Generalenterprise zu unterscheiden** (vgl. Rdnr. 1971 f.).

1971 dd) Der **Auftraggeber überträgt** einem Unternehmer die **gesamte Ausführung des Werks.** Dieser **Unternehmer – Gesamtunternehmer – bedient** sich **zur Erfüllung** des von ihm **übernommenen Auftrags** anderer Unternehmer – Unterunternehmer –. Diese Unterunternehmer treten mit dem Auftraggeber in keine unmittelbaren Rechtsbeziehungen. Der Auftraggeber will es nur mit dem Gesamtunternehmer zu tun haben. Der **Gesamtunternehmer** schließt deshalb mit dem Auftraggeber und mit dem Unterunternehmer **nur im eigenen Namen und auf eigene Rechnung** ab. Rechtsbeziehungen entstehen nur zwischen dem Auftraggeber und dem Gesamtunternehmer einerseits und dem Gesamtunternehmer und dem Unterunternehmer andererseits.

1972 **Steuerpflichtig** ist hier der **Gesamtunternehmer** mit der **Gesamtausführung** des Werks. Hinzutreten können noch Lieferungen oder sonstige Leistungen, die von dem Gesamtunternehmer den einzelnen Unterunternehmern gegenüber bewirkt werden, z. B. Verkauf von Material, Vermietung von

Maschinen und Gerät. Der einzelne **Unterunternehmer** ist mit der von ihm an dem Werk geleisteten **Teilarbeit steuerpflichtig**. Es ist dies der Fall der sog. **Generalenterprise**.

c) Umsätze zwischen Mitgliedern von Arbeitsgemeinschaften und den Arbeitsgemeinschaften sowie umgekehrt

LEXinform
▶ BSt-BG-1405 ◀

aa) Vermietung von Großgeräten

Vertragsgemäß haben die Argen (GbR, § 705 BGB) die für die Ausführung der Arbeiten erforderlichen Großgeräte in erster Linie von ihren Mitgliedern gegen Miete zu entnehmen. Haben die Beteiligten keine entsprechenden Geräte zur Verfügung, dann sind sie durch die Arge anderweitig zu mieten oder zu kaufen. Während der Dauer und bei Abwicklung der gemeinsamen Tätigkeit kommen bei **Ausführung der Mietverträge** hauptsächlich folgende **Umsätze** vor. 1973

(1) Die eigentliche Miete

Diese wird regelmäßig in Prozenten des von Sachverständigen geschätzten (Gebrauchswert) Mietwerts der Geräte bestimmt. Sie ist **steuerpflichtig**. 1974

(2) Entgelte für Reparaturen an den Geräten durch die Vermieter

In den Gerätemietverträgen ist regelmäßig bestimmt, daß die Instandhaltung während der Mietdauer und die Instandsetzung der Geräte nach Ablauf der Mietdauer von den Mietern (Arge) zu besorgen ist. In vielen Fällen lassen nun die Argen die Reparaturen in den Werkstätten der Vermieter ausführen. Die für solche **Reparaturen** gezahlten **Entgelte** sind bei den **Vermietern steuerpflichtig**. 1975

(3) Übernahme der Unterhaltungskosten gemieteter Geräte

Übernimmt der Mieter entsprechend dem Einheitsmietvertrag der Bauindustrie die Kosten der Unterhaltung gemieteter Baugeräte, so bewirkt er damit **keine Gegenleistung** gegenüber dem Vermieter für die Vermietung der Mietsache (BFH v. 11. 10. 1962, BStBl 1963 III 77). 1976

(4) Ersatz für verlorengegangene oder verbrauchte Geräte

Soweit Geräte oder Teile davon bei den Mietern untergehen, haben diese sie in Natur oder durch Zahlung des Gebrauchswerts zu ersetzen. Bei 1977

Zahlung des Gebrauchswerts handelt es sich **nicht** um **Schadensersatzleistungen,** sondern um den entgeltlichen Verzicht des Mieters auf die Rückgabe der Mietsache, der einem Verkauf gleichkommt. Diese Vereinnahmungen sind **steuerpflichtig.**

bb) Verkauf von verbrauchbaren Materialien, Kleingeräten, Werkzeugen

1978 Diese Gegenstände werden vielfach von den Mitgliedern der Arge zu einem vereinbarten Prozentsatz des Neuwerts an die Arge verkauft. Die Entgelte sind bei den verkaufenden Mitgliedern **steuerpflichtig.**

cc) Verladen und Entladen von Geräten und Material sowie Fuhrleistungen durch Mitglieder der Arbeitsgemeinschaft

1979 Soweit Mitglieder der Arge auf ihren Lagerplätzen mit ihren Arbeitern Material und Geräte für die Arge verladen oder ausladen, sind sie mit den dafür vereinnahmten Entgelten **umsatzsteuerpflichtig.** Das gleiche gilt für Fuhrleistungen durch Mitglieder der Arge.

dd) Ersatz von Verwaltungskosten

(1) Federführung

1980 Besorgt ein Mitglied der Arge für diese die Rechnungslegung und sonstige Verwaltungsarbeit (Federführung), dann ist es mit den dafür vereinnahmten Entgelten **umsatzsteuerpflichtig.**

(2) Allgemeine Verwaltungsarbeit

1981 Die Mitglieder der Arge erhalten meist für die Tätigkeit im Interesse der Arge (Beaufsichtigung, Tätigkeit der leitenden Personen und Angestellte mit Spezialkenntnissen, Schriftwechsel sowie Inanspruchnahme der sonstigen Organisation der Mitgliedsfirmen) pauschale Unkostenentschädigungen. Diese sind ebenfalls **steuerpflichtig.**

ee) Gestellung von Angestellten und Arbeitern der Mitglieder für zeitweise Tätigkeit bei den Arbeitsgemeinschaften

1982 Die leitenden und bei den Argen vollbeschäftigten Angestellten werden nach Möglichkeit von den Mitgliedsfirmen aus ihrem Personalbestand gestellt. Sie gelten dann als Angestellte der Argen. Darüber hinaus stellen einzelne Mitglieder den Argen eigene Angestellte oder Arbeitnehmer mit Spezialkenntnissen gegen Berechnung von Gehalts- und Lohnanteilen entsprechend der Dauer der Beschäftigung vorübergehend (1 Tag, 3 Tage usw.) zur Verfügung. Die von den Mitgliedern für die Tätigkeit ihrer Angestellten und Arbeiter vereinnahmten Entgelte sind **steuerpflichtig.**

d) Steuerfähigkeit der Arbeitsgemeinschaft; vertraglich vereinbarte Leistungen (Gesellschafterleistungen) LEXinform ▶ BSt-BG-1410 ◀

Die **nach außen auftretende Arge** ist **Unternehmer** in der Form einer GbR i. S. des § 705 BGB. Die **Gesellschafter (= Arge-Partner)** sind regelmäßig gleichfalls Unternehmer. Sie sind daher mit ihren **Leistungen an** die **Arge steuerbar** (RFH v. 12. 6. 1936, RStBl S. 1164), soweit für die Leistungen besondere Entgelte gezahlt werden und die Leistungen nicht als Beitrag zur Förderung des Gesellschaftszwecks dienen (vgl. Burhoff in Peter/Burhoff/Stöcker, a. a. O., § 2 Rdnr. 24). Die **nicht nach außen auftretende Arge** ist als **Innengesellschaft** umsatzsteuerrechtlich unbeachtlich (BFH v. 11. 8. 1960, HFR 1961, 138). 1983

Dagegen sind **gesellschaftliche Leistungen,** die vertraglich nicht durch Sonderentgelte, sondern durch eine unabänderliche prozentuale Beteiligung am Gewinn und Verlust abgegolten werden, **nichtsteuerbar** (BFH v. 25. 3. 1954, BStBl III 162). Gesellschaftliche Leistungen können z. B. in der Leistung von Einlagen, in der Übernahme von Bürgschaften und in der Gestellung von Geräten, Stoffen und Personal usw. bestehen. Die in den Rdnr. 1973 ff. genannten Vorgänge sind demnach nur dann steuerbar, wenn sie über die vertraglich festgelegten Gesellschafterleistungen hinausgehen. Werden dagegen Tätigkeiten des Mitgliedsunternehmens durch eine vertraglich vereinbarte Beteiligung am Gewinn und Verlust abgegolten, so unterliegen sie **nicht** der **Umsatzsteuer.** 1984

Die Beurteilung der Frage, ob **Leistungsaustausch oder Gewinnbeteiligung** vorliegt, hängt grundsätzlich von den Vereinbarungen der Gesellschafter untereinander und deren tatsächlicher Durchführung ab. Die in den Urteilen des BFH v. 18. 7. 1968 (BStBl 1969 II 606) und v. 23. 10. 1969 (BStBl 1970 II 233) enthaltenen Grundsätze zur Frage des Leistungsaustausches zwischen einer Personengesellschaft und deren Gesellschafter können sinngemäß angewendet werden. Danach liegt ein Leistungsaustausch vor, wenn der Gesellschafter **neben** seinem dem Gesellschaftsvertrag entsprechenden Gewinnanteil Sonderentgelte unabhängig davon erhält, ob die Gesellschaft einen Gewinn erzielt oder nicht (OFD Düsseldorf v. 18. 3. 1981, UR S. 156): 1985

1986 Die **Verteilung von Vermögensgegenständen** einer **Arge** an ihre **Gesellschafter** stellt jedoch sowohl während des **Bestehens** der Arge als auch im Zuge der **Auseinandersetzung steuerbare Umsätze** dar, bei denen die Belastung der Konten der Gesellschafter deren Gegenleistung für die Überlassung ist (BFH v. 19. 6. 1969, BStBl II 572).

1987 Wird die Überlassung von Baugerät durch einen Bauunternehmer an die Arge **vor** der Verteilung des Gewinns **entsprechend** dem **Geräteeinsatz ausgeglichen** oder wird der Gewinn entsprechend der Gerätevorhaltung aufgeteilt, obwohl sie nach dem Vertrag „kostenlos" zu erbringen ist, so handelt es sich im wirtschaftlichen Ergebnis um **besonders berechnete sonstige Leistungen** (BFH v. 7. 12. 1967, BStBl 1968 II 398). Das gilt auch dann, wenn die Differenz zwischen vereinbarter und tatsächlicher Geräteüberlassung unmittelbar zwischen den Argepartnern abgegolten (**Spitzenausgleich**) und der Gewinn formell von Ausgleichszahlungen unbeeinflußt verteilt wird (BFH v. 21. 3. 1968, BStBl II 449; v. 11. 12. 1969, BStBl 1970 II 356). In den Fällen, in denen im Arge-Vertrag ein Spitzenausgleich der Mehr- und Minderleistungen und der darauf entfallenden Entgelte außerhalb der Arge zwischen den Partnern unmittelbar vereinbart und tatsächlich dementsprechend durchgeführt wird, ist ein **Leistungsaustausch** zwischen den Arge-Mitgliedern und der Arge **nicht feststellbar**. Die Leistungen (Gerätevorhaltungen) der Partner an die Arge sind in diesen Fällen nicht steuerbare echte Mitgliederbeiträge (BFH v. 11. 12. 1969, BStBl 1970 II 358; Abschn. 6 Abs. 11 UStR).

e) Übertragung von Geschäftsführeraufgaben auf einzelne Gesellschafter

LEXinform
▶ BSt-BG-1415 ◀

1988 **Geschäftsführungsaufgaben** (technische Geschäftsführung, kaufmännische Geschäftsführung, Bauleitung) werden nach dem Muster-Arge-Vertrag der bauwirtschaftlichen Spitzenverbände **auf einzelne Gesellschafter der Arge übertragen**. Umsatzsteuerrechtlich ist die Übernahme der Geschäftsführungsaufgaben beim einzelnen Gesellschafter folgendermaßen zu behandeln (BMF v. 12. 9. 1988, UR S. 362):

1989 Die Geschäftsführertätigkeit eines Gesellschafters (nachfolgend: geschäftsführender Gesellschafter) einer Personengesellschaft, die sich darin erschöpft, die eigene gesellschaftsrechtliche Rechtsposition zu verwirklichen, ist keine Tätigkeit gegen Entgelt im Rahmen eines Leistungsaustausches (BFH v. 17. 7. 1980, BStBl II 622). Die **Ausübung von Mitgliedschaftsrechten** kann **nicht** als **entgeltliche Leistung** angesehen werden.

Vielmehr liegt in diesen Fällen ein **nicht steuerbarer Gesellschafterbeitrag** vor. Die Höhe der Arge-Beteiligung hat auf diese Beurteilung keinen Einfluß. Werden bei sog. Eintopf-Argen die technischen Federführungsaufgaben um die technische Planung für **alle beteiligten Arge-Gesellschafter** erweitert, wobei die Vergütung dafür in der Regel in der vereinbarten Federführungsgebühr enthalten ist, ist die Vergütung für Planungsleistungen an die anderen Gesellschafter – unabhängig vom Beteiligungsverhältnis – als steuerpflichtiges Sonderleistungsentgelt zu beurteilen (OFD Saarbrücken v. 16. 4. 1992, UR S. 315).

Im Gegensatz dazu ist ein **Leistungsaustausch** zwischen dem geschäftsführenden Gesellschafter und der Gesellschaft dann zu bejahen, wenn er eine **Leistung gegen** ein **Sonderentgelt erbringt**. Dabei ist es gleichgültig, ob diese Leistung auf gesellschaftsrechtlicher Verpflichtung beruht oder nicht (vgl. Abschn. 6 Abs. 9 UStR). In diesen Fällen handelt der geschäftsführende Gesellschafter nicht zugleich für die Gesellschaft, sondern erbringt eine eigene steuerbare Leistung.

Die Unterscheidung zwischen einer echten Geschäftsführungsaufgabe des geschäftsführenden Gesellschafters und den Tätigkeiten, in denen eine Leistung gegen Sonderentgelt erbracht wird, ist vom Einzelfall abhängig. In den §§ 7 bis 9 des Muster-Arge-Vertrages werden im einzelnen die Aufgaben aufgeführt, die der jeweilige Geschäftsführungsbereich umfaßt. Der BdF läßt es in seiner Beurteilung dahinstehen, ob in dieser Aufzählung Leistungen, die durch Sonderentgelt abgegolten werden, enthalten sind. Aus **Vereinfachungsgründen** sind die in den §§ 7 bis 9, a. a. O., enthaltenen Tätigkeiten als **nicht steuerbare Leistungen** anzusehen (so BMF v. 12. 8. 1988, a. a. O.). Vereinbarungen im Arge-Vertrag, wonach der Federführungsgebührenanteil direkt an den jeweiligen Gesellschafter abzurechnen ist, also nicht über die Arge und ohne Eigenanteil des Federführers (Leistung für Gesamtauftrag abzüglich Arge-Beteiligung des Federführers), entsprechen nicht der rechtlichen Beurteilung im BMF v. 12. 9. 1988 (UR S. 362). Durch eine derartige Vereinbarung würde der vorerwähnte Vereinfachungseffekt zunichte gemacht (OFD Saarbrücken v. 16. 4. 1992, UR S. 315).

Dem **geschäftsführenden Gesellschafter** steht der **Vorsteuerabzug** nach § 15 Abs. 1 Nr. 1 UStG aus Bezügen zu, die er zur Durchführung der Geschäftsführung benötigt. Leistungen an den geschäftsführenden Gesellschafter werden für dessen Unternehmen ausgeführt. Das BFH-Urteil

v. 17. 7. 1980 (vgl. Rdnr. 1989) findet hier keine Anwendung, weil ihm ein anderer Sachverhalt zugrunde lag. Hauptaufgabe des geschäftsführenden Gesellschafters ist hier nicht – wie in dem vom BFH entschiedenen Falle – die Wahrnehmung gesellschaftsrechtlicher Funktionen. Vielmehr dient die Geschäftsführungstätigkeit in der Arge den Zwecken des eigenen Unternehmens des geschäftsführenden Gesellschafters (vgl. auch BFH v. 20. 1. 1988, BStBl II 537).

1993 Diese Regelung ist erstmals ab **1. 1. 1989** anzuwenden. Sofern die Geschäftsführertätigkeit vor diesem Zeitpunkt umsatzsteuerlich anders behandelt wurde, wird das von der Finanzverwaltung nicht beanstandet (so BMF v. 12. 8. 1988, a. a. O.).

f) Beteiligungs-/Beihilfevertrag oder Arbeitsgemeinschaftsvertrag

LEXinform
▶ BSt-BG-1420 ◀

1994 Die umsatzsteuerliche Behandlung von Gewinnanteilen bei Gesellschaftsverhältnissen macht immer wieder Schwierigkeiten. Das ist auch teilweise darauf zurückzuführen, daß das jeweils vorliegende Gesellschaftsverhältnis nicht zutreffend beurteilt wird. So werden nach den Feststellungen der Finanzverwaltung (vgl. i. e. OFD Düsseldorf v. 18. 3. 1981 S 7104 A – St 141) z. B. in der Bauwirtschaft Verträge mit fast gleichlautendem Text abgeschlossen, die teilweise als Beteiligungs- oder Beihilfevertrag und teilweise als Arge-Vertrag bezeichnet werden.

1995 Während die **Beteiligungs- und Beihilfeverträge** im Regelfall auf die Errichtung einer **Innengesellschaft** gerichtet sind, betreffen die abgeschlossenen **Arbeitsgemeinschaftsverträge** regelmäßig die Errichtung einer **Außengesellschaft,** bei der unter Umständen einzelne Firmen als „stille Beteiligte" bezeichnet werden, obwohl es sich um normale Gesellschafter der Arge handelt. Bei der Beurteilung ist von folgenden Grundsätzen auszugehen:

1996 Die **typische und atypische stille Gesellschaft** (hierzu rechnen z. B. die oben genannten Beteiligungs- und Beihilfegesellschaften), die nach außen **nicht in Erscheinung treten,** sind als **Innengesellschaften** für das USt-Recht unbeachtlich (BFH v. 11. 11. 1965, BStBl 1966 III 28). Die Leistungen stiller Gesellschafter sind daher in diesen Fällen nach BFH v. 12. 2. 1970, BStBl II 477, und v. 17. 8. 1972, BStBl II 922, umsatzsteuerlich folgendermaßen zu behandeln.

1997 Dienen die **Leistungen des Gesellschafters** (z. B. Warenlieferungen, Werkleistungen, Gewährung von Lizenzen usw.) dazu, **weitere Umsätze an**

Dritte zu bewirken, so kann Empfänger dieser Gesellschafterleistungen nur ein Unternehmer sein, und zwar nur derjenigen Unternehmer, der die weiteren Umsätze ausführt. Wegen fehlender Unternehmereigenschaft der Innengesellschaft richten sich solche Leistungen des Gesellschafters daher nicht an die Gesellschaft, sondern unmittelbar an das andere Mitglied der Gesellschaft. Das hat zur Folge, daß die an den leistenden Gesellschafter verteilten Reinerlöse **keine Gewinnausschüttungen der Innengesellschaft** an ihre Mitglieder, sondern Entgelt darstellen. Leistung und Gegenleistung stehen einander so gegenüber, daß ein **Leistungsaustausch zwischen den Gesellschaftern** stattfindet.

Dienen die **Leistungen des Gesellschafters nicht** dazu, **weitere Umsätze an** Dritte zu bewirken, so kann Leistungsempfänger auch ein Nichtunternehmer sein, mithin auch die Innengesellschaft. Dies ist dann der Fall, wenn die Innengesellschaft „das letzte Glied der Umsatzkette" ist. Solche Leistungen des Gesellschafters (z. B. Kapitaleinlage, Überlassung der Arbeitskräfte) sind an die Innengesellschaft gerichtet. Hier kommt es allein darauf an, ob die Leistungen des Gesellschafters an die Gesellschaft durch ein **Leistungsentgelt** abgegolten werden oder ob der Gesellschafter lediglich **am Gewinn** der stillen Gesellschaft **beteiligt** ist und daher **keine Gegenleistung** im Sinn des USt-Rechts erhält. Dabei ist zu beachten, daß auch ohne eine gesellschaftsrechtliche Vermögensbeteiligung des stillen Gesellschafters nach den Vorschriften des HGB (§§ 335 ff.) ausdrücklich eine Gewinnbeteiligung vorgesehen ist.

1998

Die Beurteilung der Frage, ob **Leistungsaustausch oder Gewinnbeteiligung** vorliegt, hängt grundsätzlich von den Vereinbarungen der Gesellschafter untereinander und deren tatsächlichen Durchführung ab. Die in den Urteilen des BFH v. 18. 7. 1968 (BStBl II 702), v. 19. 6. 1969 (BStBl II 606) und v. 23. 10. 1969 (BStBl 1970 II 233) enthaltenen Grundsätze zur Frage des Leistungsaustausches zwischen Personengesellschaft und deren Gesellschaftern können nach OFD Düsseldorf v. 18. 3. 1981 (S 7104 A – St 141) sinngemäß angewendet werden. Danach liegt ein **Leistungsentgelt** vor, wenn der Gesellschafter **neben** seinem dem Gesellschaftsvertrag entsprechenden **Gewinnanteil Sonderentgelte** unabhängig davon erhält, ob die Gesellschaft einen Gewinn erzielt oder nicht.

1999

Bei **Außengesellschaften** (hierzu rechnen die **Arbeitsgemeinschaften**) richtet sich die umsatzsteuerliche Behandlung der von der Gesellschaft an

2000

den Gesellschafter gezahlten Beträge ausschließlich nach den in Rdnr. 1997 dargelegten Grundsätzen.

2001–2010 *(Einstweilen frei)*

6. Beginn und Ende unternehmerischer Tätigkeit

LEXinform
▶ BSt-BG-1425 ◀

Verwaltungsanweisungen: Abschn. 19 UStR.

2011 Die unternehmerische Tätigkeit eines Bauunternehmers bzw. Handwerksmeisters **beginnt** mit dem **„Tätigwerden"** zur späteren Bewirkung von Umsätzen, also nicht erst mit dem Leistungsaustausch. **Vorbereitungshandlungen** zählen deshalb bereits zur unternehmerischen Tätigkeit. Ob im Einzelfall echte Vorbereitungshandlungen oder nur sog. **Scheinhandlungen** vorliegen, muß nach Lage des einzelnen Falles entschieden werden.

Beispiel:

Ein Bauunternehmer eröffnet seinen Betrieb am 1. 1. Entgeltlich wird er erstmalig im Juli tätig. Er hat demnach im ersten Vierteljahr keine umsatzsteuerlichen Entgelte vereinnahmt. Trotzdem kann er die im ersten Vierteljahr für die Anschaffung von Maschinen in Rechnung gestellte USt als Vorsteuer geltend machen. Es ergibt sich ein Erstattungsanspruch an das Finanzamt.

2012 Die unternehmerische Tätigkeit eines Bauunternehmers bzw. Handwerksmeisters **„endet"** mit dem **„letzten Tätigwerden"**, nicht bereits mit der Unterbrechung oder Einstellung des Betriebs.

Beispiel:

Ein Heizungsinstallateur hat seinen Betrieb eingestellt. Er veräußert im Laufe von zwei Jahren nach und nach an verschiedene Abnehmer Gegenstände seines Betriebsvermögens. Solange er noch Gegenstände des Betriebsvermögens veräußert, ist er als Unternehmer tätig. Das Entgelt aus der Veräußerung hat er der USt zu unterwerfen.

2013 Die spätere Veräußerung von Gegenständen des Betriebsvermögens und die **nachträgliche Vereinnahmung von Entgelten** gehören also noch zur Unternehmertätigkeit.

2014 **Keine Einstellung** einer unternehmerischen Tätigkeit liegt aber vor, wenn den Umständen zu entnehmen ist, daß der Unternehmer die Absicht hat, das **Unternehmen weiterzuführen** oder in **absehbarer Zeit wiederaufleben** zu lassen; es ist nicht erforderlich, daß laufend Umsätze bewirkt werden (BFH v. 13. 12. 1963, BStBl 1964 III 90).

2015 *(Einstweilen frei)*

7. Durchschnittsätze

Verwaltungsanweisungen: Abschn. 260 bis 263 UStR.

Zur **Vereinfachung** des Besteuerungsverfahrens kann der BdF gemäß § 23 UStG für Gruppen von Unternehmen, bei denen hinsichtlich der Besteuerungsgrundlagen annähernd gleiche Verhältnisse vorliegen und die nicht verpflichtet sind, Bücher zu führen und aufgrund jährlicher Bestandsaufnahmen regelmäßig Abschlüsse zu machen (§ 140, § 141 Abs. 1 AO; vgl. Rdnr. 464 ff.) durch Rechtsverordnung Durchschnittsätze festsetzen für 2016

a) die nach § 15 UStG abziehbaren **Vorsteuerbeträge** oder die Grundlagen ihrer Berechnung oder

b) die zu entrichtende Steuer oder die Grundlage ihrer Berechnung.

Aufgrund dieser Ermächtigung hat der BdF in § 69 UStDV **allgemeine Durchschnittsätze** festgesetzt. In der Anlage zu den §§ 69, 70 UStDV, Abschn. A I sind enthalten: 2017

Nr. 2: Bau- und Möbeltischlerei: 8,4 v. H. des Umsatzes. 2018

Handwerksbetriebe, die Bauelemente und Bauten aus Holz, Parkett, Holzmöbel und sonstige Tischlereierzeugnisse herstellen und reparieren, ohne daß bestimmte Erzeugnisse klar überwiegen.

Nr. 6: Elektroinstallation: 8,5 v. H. des Umsatzes. 2019

Handwerksbetriebe, die die Installation von elektrischen Leitungen sowie damit verbundenen Geräten einschließlich der Reparatur- und Unterhaltungsarbeiten ausführen.

Nr. 7: Fliesen- und Plattenlegerei, sonstige Fußbodenlegerei und -kleberei: 8,1 v. H. des Umsatzes. 2020

Handwerksbetriebe, die Fliesen, Platten, Mosaik und Fußböden aus Steinholz, Kunststoffen, Terrazzo und ähnlichen Stoffen verlegen, Estricharbeiten ausführen sowie Fußböden mit Linoleum und ähnlichen Stoffen bekleben, einschließlich der Reparatur- und Instandhaltungsarbeiten.

Nr. 10: Glasergewerbe: 8,6 v. H. des Umsatzes. 2021

Handwerksbetriebe, die Glaserarbeiten ausführen, darunter Bau-, Auto-, Bilder- und Möbelarbeiten.

2022 **Nr. 11: Hoch- und Ingenieurhochbau:** 5,9 v. H. des Umsatzes.

Handwerksbetriebe, die Hoch- und Ingenieurhochbauten, aber nicht Brücken- und Spezialbauten ausführen, einschließlich der Reparatur- und Unterhaltungsarbeiten.

2023 **Nr. 12: Klempnerei, Gas- und Wasserinstallation:** 7,9 v. H. des Umsatzes.

Handwerksbetriebe, die Bauklempnerarbeiten und die Installation von Gas- und Flüssigkeitsleitungen sowie damit verbundener Geräte einschließlich der Reparatur- und Unterhaltungsarbeiten ausführen.

2024 **Nr. 13: Maler- und Lackierergewerbe; Tapezierer:** 3,5 v. H. des Umsatzes.

Handwerksbetriebe, die folgende Arbeiten ausführen:

1. Maler- und Lackiererarbeiten, einschließlich Schiffsmalerei und Entrostungsarbeiten. Nicht dazu gehört das Lackieren von Straßenfahrzeugen.

2. Aufkleben von Tapeten, Kunststoffolien und ähnlichem.

2025 **Nr. 14: Schlosserei und Schweißerei:** 7,4 v. H. des Umsatzes.

Handwerksbetriebe, die Schlosser- und Schweißarbeiten einschließlich der Reparaturarbeiten ausführen.

2026 **Nr. 20: Steinbildhauerei und Steinmetzerei:** 7,9 v. H. des Umsatzes.

Handwerksbetriebe, die Steinbildhauer- und Steinmetzerzeugnisse herstellen, darunter Grabsteine, Denkmäler und Skulpturen einschließlich der Reparaturarbeiten.

2027 **Nr. 21: Stukkateurgewerbe:** 4,1 v. H. des Umsatzes.

Handwerksbetriebe, die Stukkateur-, Gipserei- und Putzarbeiten, darunter Herstellung von Rabitzwänden, ausführen.

2028 **Nr. 23: Zimmerei:** 7,6 v. H. des Umsatzes.

Handwerksbetriebe, die Bauholz zurichten, Dachstühle und Treppen aus Holz herstellen sowie Holzbauten errichten und entsprechende Reparatur- und Unterhaltungsarbeiten ausführen.

2029–2030 *(Einstweilen frei)*

8. EG-Binnenmarkt

Literatur: *Klezath*, Umsatzsteuer und Binnenmarkt – Die Übergangsregelung zum 1. 1. 1993, UR 1992, 61; *Rokos*, Die Übergangsregelung bei der Umsatzsteuer für grenzüberschreitende Umsätze im Europäischen Binnenmarkt ab 1993 – Änderung der 6. EG-Richtlinie. Innergemeinschaftlicher Erwerb, steuerfreie innergemeinschaftliche Lieferung und EDV-gestützter Informationsaustausch, UR 1992, 89 ff.; *ders.*, Die Übergangsregelung bei der Umsatzsteuer für grenzüberschreitende Umsätze im Europäischen Binnenmarkt ab 1993 – Änderung der 6. EG-Richtlinie (Teil II): Besteuerung „grenzüberschreitender" sonstiger Leistungen und ergänzende Bestimmungen der Übergangsregelung, UR 1992, 129 ff.; *Schlienkamp*, EG-Binnenmarkt-Richtlinie vom 16. 12. 1991: Endgültige Regelungen zur Änderung des gemeinsamen Mehrwertsteuersystems, UR 1992, 157 ff. 189 ff.; *Widmann*, Das Umsatzsteuer-Binnenmarktgesetz, UR 1992, 249; *Sikorski*, Änderungen des Umsatzsteuerrechts durch das Umsatzsteuer-Binnenmarktgesetz, NWB F. 7, 4077 ff.; *Bayer-FM*, Steuerservice, Informationen des Bayerischen Staatsministeriums der Finanzen Nr. 2/92, Umsatzsteuer im EG-Binnenmarkt ab 1. 1. 1993 (Zitierweise: „Steuerservice"); *Langer*, Umsatzsteuer im Binnenmarkt, Herne/Berlin 1992.

a) Allgemeines

Die EG-Mitgliedstaaten haben sich in Art. 8 a des EWG-Vertrages verpflichtet, bis zum 31. 12. 1992 den Binnenmarkt schrittweise zu verwirklichen. Der **Binnenmarkt** soll einen Raum ohne **Binnengrenzen** umfassen, in dem der freie Verkehr von Waren, Personen, Dienstleistungen und Kapital gewährleistet ist.

Ab 1. 1. 1993 entfallen deshalb innerhalb der EG **(innergemeinschaftlich)** die USt-Grenzen; ab diesem Zeitpunkt wird für den **innergemeinschaftlichen Warenverkehr keine Einfuhrumsatzsteuer mehr** erhoben.

Für den **gewerblichen innergemeinschaftlichen Handel** gilt wie bisher das **Bestimmungslandprinzip**: Die Ware gelangt unbelastet über die innergemeinschaftliche Grenze, besteuert wird erst im Bestimmungsland. Da eine physische (Steuer-)Grenze nicht mehr besteht, muß die **Überwachung** dieses Warenverkehrs im Rahmen des Besteuerungsverfahrens und durch **neue Kontrollmaßnahmen** sichergestellt werden.

Das vom EG-Ministerrat beschlossene neue Besteuerungssystem ist eine **Übergangsregelung**, die grundsätzlich auf vier Jahre beschränkt ist. Ab dem 1. 1. 1997 soll diese Übergangsregelung durch eine Besteuerung im Ursprungsland ersetzt werden.

Eine Gesamtdarstellung der Neuregelung würde über die Zielsetzung dieses Buches im Rahmen der Reihe „Beruf und Steuern" hinausgehen. Wer sich umfassend informieren will, wird auf die einschlägige Spezialliteratur hingewiesen. Vgl. dazu die vor Rdnr. 2031 angegebene Literatur.

Nachfolgend geben wir Hinweise zu den neuen Begriffen „Innergemeinschaftlicher Erwerb" und „Innergemeinschaftliche Lieferung".

b) Die künftig maßgeblichen umsatzsteuerlichen Gebietseinteilungen

2036 Die folgende Übersicht (vgl. Steuerservice S. 7) veranschaulicht die im USt-Recht künftig maßgeblichen Gebietseinteilungen und die darin möglichen grenzüberschreitenden Warenbewegungen:

A + B = Gemeinschaftsgebiet		
A Inland	B übriges Gemeinschaftsgebiet	C Drittlandsgebiet
	B + C = Ausland	

Warenbewegungen

- von B nach A: innergemeinschaftlicher Erwerb (neu)
- von A nach B: innergemeinschaftliche Lieferung (neu)
- von A nach C: Ausfuhr in ein Drittlandsgebiet (wie bisher)
- von C nach A: Einfuhr aus einem Drittlandsgebiet (wie bisher)

c) Innergemeinschaftlicher Erwerb

2037 Die Steuer auf den Erwerb ersetzt die Besteuerung der Einfuhr an der Grenze.

2038 Bei Warenbezügen aus dem übrigen Gemeinschaftsgebiet tritt ab 1993 an die Stelle der Einfuhrumsatzsteuer (EUSt) die Besteuerung des innergemeinschaftlichen Erwerbs (§ 1 Abs. 1 Nr. 5 UStG). Diese USt auf den Erwerb (kurz: **Erwerbsteuer**) kann unter den **Voraussetzungen** des § 15 UStG als Vorsteuer abgezogen werden. EUSt wird nur noch bei Warenbezügen aus dem Drittlandsgebiet erhoben.

2039 Ein **innergemeinschaftlicher Erwerb** liegt vor (§ 1 a UStG), wenn

- ein Gegenstand aus dem übrigen Gemeinschaftsgebiet in das Inland oder in ein Zollfreigebiet (ausgenommen Helgoland) **befördert** oder **versendet** wird,

Umsatzsteuer 499

- der **Erwerber** entweder ein **Unternehmer** ist, der den Gegenstand für sein Unternehmen erwirbt, oder eine juristische Person, und
- der **Lieferer Unternehmer** ist und als solcher handelt.

Beispiel:
Ein deutscher Bauunternehmer erwirbt in Frankreich eine Maschine und holt diese mit eigenem Lkw aus Frankreich ab.

Der französische Unternehmer erbringt eine Lieferung, die in Frankreich steuerbar und steuerfrei ist. Der deutsche Abnehmer hat den Erwerbsvorgang im Inland zu versteuern (§ 1 Abs. 1 Nr. 5 UStG); denn der Ort des Erwerbs liegt dort, wo die Beförderung endet (§ 3d Satz 1 UStG). Das Beispiel zeigt, daß im Ergebnis die Einfuhr der inländischen Besteuerung unterliegt.

Als innergemeinschaftlicher Erwerb **gilt** u. a. auch das **Verbringen** eines zum Unternehmen gehörenden Gegenstandes aus dem übrigen Gemeinschaftsgebiet in das Inland zur nicht nur vorübergehenden Verwendung im inländischen Unternehmensbereich (grenzüberschreitender Innenumsatz; § 1a Abs. 2 Nr. 1 UStG). 2040

Beispiel:
Ein deutscher Bauunternehmer läßt durch einen Angestellten seiner niederländischen Zweigstelle eine Maschine in seine deutsche Betriebsstätte bringen, wo sie nunmehr für die Produktion eingesetzt werden soll.

Nach geltendem Recht stellt die Überführung von der niederländischen in die deutsche Betriebsstätte einen sog. nicht steuerbaren Innenumsatz dar, der umsatzsteuerrechtlich unbeachtlich ist, da der Gegenstand das Unternehmen nicht verlassen hat. Bislang unterlag der Vorgang der EUSt. Ab 1993 stellt das Verbringen aus der niederländischen Zweigstelle einen (fiktiven) Erwerb in Deutschland dar, der von dem deutschen Bauunternehmer im Inland zu versteuern ist (§ 1a Abs. 2 Nr. 1 i. V. mit § 3d UStG). Dem deutschen Unternehmer steht jedoch in gleicher Höhe ein Vorsteuerabzug zu, sofern er regelbesteuerter Unternehmer ist (§ 15 Abs. 1 Nr. 3 UStG).

Ausnahmetatbestände vom innergemeinschaftlichen Erwerb enthält § 1 Abs. 3 Nr. 1 UStG. 2041

Steuerbefreiungen für den innergemeinschaftlichen Erwerb, der gegenüber Einfuhren aus Drittländern sowie inländischen Lieferungen nicht benachteiligt werden soll, enthält § 4b UStG für bestimmte Gegenstände. 2042

Bemessungsgrundlage beim innergemeinschaftlichen Erwerb ist das vom Erwerber an den Lieferer gezahlte Entgelt. Wegen der Einbeziehung von **Verbrauchsteuern** in die Bemessungsgrundlage vgl. § 10 Abs. 1 Satz 4 UStG. 2043

2044 Die **Steuerschuld entsteht** beim innergemeinschaftlichen Erwerb von Gegenständen mit Ausstellung der Rechnung, spätestens jedoch mit Ablauf des auf den innergemeinschaftlichen Erwerb folgenden Monats (§ 13 Abs. 1 Nr. 6 UStG).

Beispiel:
Ein deutscher Bauunternehmer erhält am 20. 7. 1993 eine Baumaschine von einem belgischen Lieferanten. Die Rechnung wird am 15. 9. 1993 ausgestellt. Die Erwerbsteuer entsteht mit Ablauf des Monats August.

2045 **Steuerschuldner** beim innergemeinschaftlichen Erwerb ist der Erwerber im Bestimmungsland (§ 13 Abs. 2 Nr. 2 UStG).

2046 Der Erwerber kann die **Erwerbsteuer als Vorsteuer** abziehen, wenn er den Gegenstand für sein Unternehmen bezogen hat (§ 15 Abs. 1 Nr. 3 UStG. Weitere Anforderungen für den Vorsteuerabzug werden nicht gestellt. Selbst eine Rechnung braucht nicht vorzuliegen, zumal die Erwerbsteuer darin nicht ausgewiesen wäre (Steuerservice S. 10).

2047 Im Ergebnis wird also ein **Unternehmer**, der zum vollen Vorsteuerabzug berechtigt ist, mit der **Erwerbsteuer nicht belastet**. Lediglich bei Unternehmern, die ganz oder teilweise vom Vorsteuerabzug ausgeschlossen sind, und bei juristischen Personen im nichtunternehmerischen Bereich wird der nichtabziehbare Teil der Erwerbsteuer entsprechend der Systematik der USt zum Kostenfaktor (vgl. Steuerservice S. 10).

2048 Eine **Aufzeichnungspflicht** für die Bemessungsgrundlagen des innergemeinschaftlichen Erwerbs von Gegenständen sowie die hierauf entfallenden Steuerbeträge besteht nach § 22 Abs. 2 Nr. 7 UStG.

d) Innergemeinschaftliche Lieferung

2049 Die Steuerbefreiung für innergemeinschaftliche Lieferungen im Ursprungsland bildet das **Gegenstück** zur Besteuerung des innergemeinschaftlichen Erwerbs im Bestimmungsland.

2050 Eine innergemeinschaftliche Lieferung ist steuerfrei, wenn

- Ware aus dem Inland in das übrige Gemeinschaftsgebiet **befördert** oder **versendet** wird,

- ein **Unternehmer** den Gegenstand **für** sein **Unternehmen erwirbt** oder eine juristische Person ist, und

- der Erwerb beim **Abnehmer** der **Erwerbsbesteuerung** unterliegt.

Die letzten beiden Voraussetzungen können in der Regel als erfüllt ange- 2051
sehen werden, wenn der Abnehmer seine **Umsatzsteuer-Identifikations-
nummer** angibt (vgl. § 27a UStG) und sich aus Art und Menge der erworbenen Gegenstände keine Zweifel an der unternehmerischen Verwendung ergeben.

In der zu erteilenden **Rechnung** hat der Unternehmer auf die Steuerfrei- 2052
heit hinzuweisen und seine USt-Identifikationsnummer sowie die des
Erwerbers anzugeben (vgl. § 14a UStG).

Als innergemeinschaftliche Lieferung gilt auch das **Verbringen von Gegen-** 2053
ständen zu einer nicht nur vorübergehenden Verwendung im übrigen
Gemeinschaftsgebiet (§ 3 Abs. 1 Nr. 1 UStG).

Beispiel:
Ein deutscher Bauunternehmer bringt mit seinem Lkw eine Baumaschine im Wert
von 100 000 DM zu einer niederländischen Betriebsstätte. Die Maschine soll dort
für drei Monate auf einer Baustelle eingesetzt werden.
Obwohl kein Entgelt gezahlt wird, handelt es sich grundsätzlich um eine fiktive
Lieferung des Unternehmers an seine ausländische Betriebsstätte (§ 3 Abs. 1a
Nr. 1 UStG). Diese Lieferung wäre grundsätzlich steuerbar (§ 1a UStG), aber
steuerfrei (§ 4 Nr. 1b i.V. mit § 6a Abs. 2 Nr. 1 UStG). Da im Beispiel die
Maschine nur vorübergehend in das übrige Gemeinschaftsgebiet gelangt, ist der
Vorgang nicht steuerbar.

Eine **Vertrauensschutzregelung** für den Fall, daß der Abnehmer gegen- 2054
über dem liefernden Unternehmer falsche Angaben über die Verwendung der Ware bzw. über seine USt-Identifikationsnummer macht, enthält § 6a Abs. 4 UStG.

Buch- und belegmäßiger Nachweis ist in § 6a Abs. 3 UStG geregelt. 2055

e) Auswirkungen auf die Besteuerung der Kleinunternehmer

Es bestehen regelmäßig keine zusätzlichen Pflichten für Kleinunter- 2056
nehmer.

aa) Innergemeinschaftlicher Erwerb

Kleinunternehmer bleiben von der Neuregelung der Umsatzbesteuerung 2057
im Binnenmarkt **weitgehend unberührt**. Kauft ein Kleinunternehmer im
übrigen Gemeinschaftsgebiet Waren (außer neue Fahrzeuge oder ver-
brauchsteuerpflichtige Waren) ein, bleibt es bei der **Besteuerung im**
Ursprungsland, sofern er die Erwerbsschwelle nicht überschreitet und

auch nicht auf ihre Anwendung verzichtet hat. Andernfalls muß er den innergemeinschaftlichen Erwerb versteuern (vgl. Steuerservice S. 19).

bb) Innergemeinschaftliche Lieferungen

2058 Bei Kleinunternehmern ist die Steuerbefreiung für innergemeinschaftliche Lieferungen (vgl. Rdnr. 2049 ff.) nicht anzuwenden. Hierdurch wird vermieden, daß ein Kleinunternehmer für seine innergemeinschaftlichen Lieferungen „Zusammenfassende Meldungen" (§ 18a UStG) abgeben muß (Steuerservice S. 19).

2059–2065 *(Einstweilen frei)*

9. Ehrenamtliche Tätigkeit

LEXinform
▶ BSt-BG-1430 ◀

2066 Die **ehrenamtliche Tätigkeit** ist gemäß § 4 Nr. 26 UStG von der **Umsatzsteuer befreit**, wenn sie in einem Gesetz oder einer VO als solche ausdrücklich benannt oder im allgemeinen Sprachgebrauch herkömmlicherweise so bezeichnet wird. Nach dem **allgemeinen Sprachgebrauch** ist ehrenamtlich tätig, wer außerhalb seines Haupterwerbs oder Hauptberufs uneigennützig einer Tätigkeit nachgeht, die im allgemeinen Interesse liegt. Die Befreiungsvorschrift ist nicht auf öffentliche Ehrenämter beschränkt (BFH v. 27. 7. 1972, BStBl II 844).

2067 **Umsatzsteuerfrei** sind nach der genannten Vorschrift die Entgelte für die ehrenamtliche Tätigkeit,

- wenn die ehrenamtliche Tätigkeit für **juristische Personen des öffentlichen Rechts** ausgeübt wird, oder

- wenn das Entgelt für die ehrenamtliche Tätigkeit nur in **Auslagenersatz** und einer angemessenen Entschädigung für **Zeitversäumnis** besteht.

2068 Unter einer **ehrenamtlichen Tätigkeit für eine juristische Person des öffentlichen Rechts** ist die Ausübung eines Amts im öffentlichen Bereich ohne Berufung in ein abhängiges Arbeitnehmerverhältnis lediglich gegen eine **Aufwandsentschädigung** zu verstehen. Auf die Höhe der Aufwandsentschädigung kommt es nicht an.

Beispiel:

Eine **Handwerkskammer** gehört zu den juristischen Personen des öffentlichen Rechts.

Wird die ehrenamtliche Tätigkeit für Institutionen ausgeübt, die **keine** 2069
juristischen Personen des öffentlichen Rechts sind, so tritt USt-Befreiung
nur ein, wenn das Entgelt für dieses Ehrenamt in Auslagenersatz und
einer angemessenen Entschädigung für Zeitversäumnis besteht. Die
Tätigkeit darf demnach nicht leistungsbezogen sein.

Auslagenersatz ist der Ersatz der Aufwendungen für Reise, Übernach- 2070
tung und Verpflegung in der tatsächlich entstandenen Höhe. Eine
Abrechnung dieser Aufwendungen nach **Pauschsätzen** wird für unschädlich gehalten, wenn sie die für die ESt und LSt geltenden Pauschbeträge
nicht überschreitet.

Was als **angemessene Entschädigung für Zeitversäumnis** anzusehen ist, 2071
muß nach den Verhältnissen des Einzelfalles beurteilt werden. Dabei sind
die berufliche Stellung des ehrenamtlich Tätigen, insbesondere der tatsächliche Verdienstausfall zu berücksichtigen (Abschn. 120 Abs. 3 UStR).

Geht das **Entgelt über Auslagenersatz und** die angemessene **Zeitverlustent-** 2072
schädigung hinaus, so besteht für die ehrenamtliche Tätigkeit **Steuerpflicht in vollem Umfang** also nicht nur für den übersteigenden Entgeltteil.

Beispiele:

- Ein Handwerksmeister ist Mitglied einer Handwerkskammer. Er erhält eine monatliche Aufwandsentschädigung von 800 DM. Der Betrag ist umsatzsteuerfrei.
- Ein Handwerksmeister ist für einen Handwerkerverein ehrenamtlich tätig. Er erhält Auslagenersatz und Zeitverlustentschädigung von 1 200 DM jährlich, die angemessen sein sollen. Der Betrag ist umsatzsteuerfrei.
- Ein Handwerksmeister ist ehrenamtlich für einen Handwerkerverein tätig. Er erhält Auslagenersatz und Zeitverlustentschädigung von 1 500 DM jährlich. Es sind aber nur 1 200 DM angemessen. Der Betrag von 1 500 DM unterliegt voll der USt.

(Einstweilen frei) **2073–2075**

10. Eigenverbrauch

Literatur: *Wagner*, Eigenverbrauch bei Erwerbsgesellschaften, NWB, F. 7, 3471 ff.; *Breitenbach*, Die Eigenverbrauchsbesteuerung bei privater Pkw- und Telefonnutzung, DB 1984, 2011; *Eimig*, Sind Privatgespräche über das Geschäftstelefon Eigenverbrauch im Sinne des UStG 1980, DStR 1984, 616; *Ammann*, Vorsteuerabzug und Eigenverbrauch bei gemischtgenutzten Gegenständen, UR 1985, 267.

Verwaltungsanweisungen: Abschn. 7 bis 10 UStR.

2076 Der Eigenverbrauch als **zusätzlicher** selbständiger USt-Tatbestand umfaßt folgende drei Tatbestände:

a) die **Entnahme von Gegenständen** aus dem Unternehmen für Zwecke, die außerhalb des Unternehmens liegen (§ 1 Abs. 1 Nr. 2a UStG; vgl. Rdnr. 2077 ff.),

b) die **Ausführung sonstiger Leistungen** der in § 3 Abs. 9 UStG bezeichneten Art für Zwecke, die außerhalb des Unternehmens liegen (§ 1 Abs. 1 Nr. 2b UStG; vgl. Rdnr. 2103 ff.) sowie

c) die **Aufwendungen**, die unter das **Abzugsverbot** des § 4 Abs. 5 Nr. 1 bis 7 oder Abs. 7 UStG oder § 12 Nr. 1 EStG fallen (§ 1 Abs. 1 Nr. 2c UStG; vgl. Rdnr. 2111 ff.).

a) Eigenverbrauch durch Entnahme von Gegenständen
LEXinform
▶ BSt-BG-1435 ◀

2077 Eigenverbrauch durch Entnahme ist möglich bei **Einzelunternehmern**, **nichtrechtsfähigen Personengesellschaften**, **Gesellschaften bürgerlichen Rechts**, **Offenen Handelsgesellschaften**, Kommanditgesellschaften, echten typischen stillen Gesellschaften, atypischen stillen Gesellschaften sowie **Kapitalgesellschaften** z. B. Aktiengesellschaften, Gesellschaften mit beschränkter Haftung (vgl. i. e. Burhoff in Peter/Burhoff/Stöcker, a. a. O., § 1 Rdnr. 204/2 ff.).

2078 **Gegenstand** i. S. des § 1 Abs. 1 Nr. 2a UStG ist nur das, was auch Gegenstand einer **Lieferung** oder einer **Werklieferung**, nicht aber Inhalt einer sonstigen Leistung sein kann. Sonstige Leistungen fallen nicht unter § 1 Abs. 1 Nr. 2a UStG, auch wenn dafür Gegenstände verbraucht werden (BFH v. 7. 11. 1963, BStBl III 55).

2079 Für den Eigenverbrauch durch Entnahme können **Gegenstände aller Art** – nicht jedoch **Rechte** – in Betracht kommen, z. B. Grundstücke, Gas, Wasser, Elektrizität, Wärme usw. Die Rechtsüberlassung ist als Eigenverbrauch nach § 1 Abs. 1 Nr. 2b UStG steuerbar, ebenso die Entnahme einer Forderung, die allerdings nach § 4 Nr. 8 UStG steuerfrei ist.

2080 **Nur** ein **Unternehmer** kann die Eigenverbrauchstatbestände des § 1 Abs. 1 Nr. 2a bis c UStG verwirklichen. Unternehmer wird man u. a. durch Ausführung entgeltlicher Lieferungen und sonstige Leistungen, nicht jedoch durch Ausführung von Eigenverbrauch.

Die Entnahme eines Gegenstandes aus dem Unternehmen setzt die vor- 2081
herige **Zugehörigkeit des Gegenstandes zum Unternehmen** voraus (§ 1
Abs. 1 Nr. 2 a und b UStG voraus; vgl. Abschn. 8 Abs. 1 UStR).

Die Auffassung, die Besteuerung des Eigenverbrauchs hänge nicht davon 2082
ab, daß dem Unternehmer für die Gegenstände, sonstigen Leistungen
oder Aufwendungen ein **Vorsteuerabzug** zugestanden habe (BFH v. 28. 1.
1971, BStBl II 218), dürfte im Hinblick auf EuGH v. 27. 6. 1989 (vgl.
Rdnr. 2110) überholt sein. Aus der Entscheidung und aus Art. 5 Abs. 6
Satz 1 der 6. USt-Richtlinie (EWG) läßt sich entnehmen, daß der für den
Verwendungseigenverbrauch aufgestellte Grundsatz – keine Einbeziehung der AfA eines Betriebsgegenstandes in die Bemessungsgrundlage
bei dessen Erwerb ohne USt-Belastung – auch auf den Entnahmeeigenverbrauch anzuwenden ist (Hoelscher in Peter/Burhoff/Stöcker, a. a. O.,
§ 10 Rdnr. 284; Clausnitzer, KFR F. 7 UStG § 1, 1/90, 63).

Die **Zuordnung** eines Gegenstandes zum Unternehmen richtet sich **nicht** 2083
nach **ertragsteuerlichen Merkmalen,** also nicht nach der Einordnung als
Betriebs- oder Privatvermögen (BFH v. 19. 4. 1979, BStBl II 420). Maßgebend ist, ob der Unternehmer den Gegenstand dem unternehmerischen
oder nichtunternehmerischen Tätigkeitsbereich zugewiesen hat (Abschn.
8 Abs. 1 Satz 3 UStR). Hierüber entscheidet der Unternehmer. In Zweifelsfällen muß er darlegen können, daß die bezogenen Leistungen seine
gewerbliche oder berufliche Tätigkeit fördern sollen (BFH v. 12. 12.
1985, BStBl 1986 II 2156 = UR 1986, 54, m. Anm. Weiß).

Bei **gemischtgenutzten Gegenständen,** die sowohl unternehmerisch als 2084
auch nichtunternehmerisch genutzt werden sollen, hat der Unternehmer
unter den Voraussetzungen und Grenzen, die durch die Auslegung des
Tatbestandsmerkmals „für sein Unternehmen" in § 15 Abs. 1 UStG zu
bestimmen sind, die **Wahl der Zuordnung** (Abschn. 8 Abs. 1 Satz 4 i. V.
mit Abschn. 192 Abs. 17 UStR). Die Zuordnung eines Gegenstandes
zum Unternehmen kann danach angenommen werden, wenn die unternehmerische Nutzung **10 v. H. nicht unterschreitet** (vgl. OFD Hannover
v. 25. 6. 1980, UR 1981, 85 sowie Übersicht der OFD Koblenz v. 18. 7.
1979, UR S. 198).

Beispiel:

Holzarbeiten eines selbständigen Schreiners im **Wohnbereich seines gemischtgenutzten Grundstücks** sind ein Entnahmeeigenverbrauch und kein Innenumsatz,

wenn das gemischtgenutzte Gebäude in vollem Umfang als Betriebsvermögen anzusehen ist. Das ist der Fall, wenn die unternehmerische Nutzung von über 40 v. H. deutlich über der 10-%-Grenze liegt (OFD Koblenz v. 17. 11. 1986, UR 1987, 116).

2085 Die Entnahme muß nach § 1 Abs. 1 Nr. 2 a UStG (bzw. die Ausführung sonstiger Leistungen nach § 1 Abs. 1 Nr. 2 b UStG) **für Zwecke außerhalb des Unternehmens** erfolgen. Außerhalb des Unternehmens liegt alles, was außerhalb der gewerblichen oder beruflichen Tätigkeit des Unternehmers liegt, z. B. Haushalt, Familienangehörige, Hausangestellte, Liebhaberei, Sport, Erholung usw.

2086 Sind für die Entnahme eines Gegenstandes **teils persönliche und teils geschäftliche Zwecke** maßgebend, so wird entsprechend dem Grundsatz der Unteilbarkeit einheitlicher Vorgänge keine Aufteilung in Betracht kommen. Vielmehr wird man darauf abstellen müssen, welcher Zweck überwiegt (BFH v. 3. 11. 1983, BStBl 1984 II 169).

2087 Kein Eigenverbrauch liegt vor, wenn **Gegenstände für gewerbliche Zwecke entnommen** werden.

Beispiel:

Der Inhaber eines Installationsbetriebs baut sanitäre Anlagen in ein ihm gehörendes Mietwohngrundstück ein. Es liegt kein Eigenverbrauch vor, weil sein **Unternehmen die gesamte gewerbliche und berufliche Tätigkeit umfaßt,** und zwar sowohl den Installationsbetrieb als auch die Vermietung. Auch die **Vermietung und Verpachtung** ist eine **nachhaltige Tätigkeit** zur Erzielung von Einnahmen (RFH v. 6. 3. 1928 V A 74/28).

2088 Bei **unentgeltlicher Errichtung von Gebäuden durch Bauunternehmer** zur eigenen Nutzung lassen sich folgende Fälle unterscheiden (vgl. Völkel/Karg, UR 1982, 21, 42, 65; Walkhoff, UR 1979, 209; A. Schmidt, UR 1975, 169; Mößlang, StW 1971, 131; Weiß, UR 1965, 5; Matheja, UR 1974, 271; Abschn. 8 Abs. 4 UStR):

2089 • Bei einem **Rohbauunternehmer,** der für eigene Wohnzwecke ein schlüsselfertiges Haus mit Mitteln des Unternehmens errichtet, ist Gegenstand der Entnahme das **schlüsselfertige Haus,** nicht lediglich der Rohbau (BFH v. 3. 11. 1983, BStBl 1984 II 169).

2090 • Errichtung eines **Betriebsgebäudes** für eigenbetriebliche Zwecke ist kein steuerbarer Eigenverbrauch, da das Gebäude nicht für außerbetriebliche Zwecke entnommen wird.

- Errichtung eines **Mietwohngrundstücks** ist kein steuerbarer Eigenverbrauch, da auch die Vermietungstätigkeit zum Unternehmen des Bauunternehmers gehört (vgl. auch Rdnr. 2087). Nutzt er jedoch eine Wohnung selbst, liegt insoweit ein steuerfreier Eigenverbrauch nach § 1 Abs. 1 Nr. 2b i. V. mit § 4 Nr. 12a UStG vor. 2091

- Entnimmt ein Bauunternehmer ein unbebautes oder bebautes **Grundstück** seinem Betriebsvermögen, so handelt es sich um keinen steuerpflichtigen Eigenverbrauch; denn auch eine entsprechende Lieferung wäre gemäß § 4 Nr. 9a UStG steuerbefreit. 2092

Tatfrage ist es, ob im Falle der Entnahme eines Grundstücks aus dem Betriebsvermögen für private Zwecke, auf dem der entnehmende Unternehmer ein Haus errichtet hat oder errichtet, die **Bebauung vor oder nach der Entnahme** des Grundstücks erfolgt. Bei Errichtung eines Hauses für betriebsfremde Zwecke kann man regelmäßig davon ausgehen, daß das Grundstück schon mit Baubeginn entnommen, das Haus demnach auf einem steuerfrei entnommenen Privatgrundstück errichtet wird. Es liegt demnach bezüglich des Hauses ein steuerpflichtiger Eigenverbrauch vor. Vgl. hierzu auch Matheja, UR 1974, 271 ff. 2093

- Errichtet ein Bauunternehmer ein **Einfamilienhaus** auf seinem **Privatgrundstück**, dann ist ein steuerpflichtiger Eigenverbrauch gegeben. 2094

- Bei Errichtung eines Wohngebäudes auf einem einem Bauunternehmer und seiner Ehefrau gemeinsam gehörenden Grundstück liegt gleichfalls steuerpflichtiger Eigenverbrauch vor, da die **Ehegattengemeinschaft** ein von ihm unabhängiger Unternehmer ist (BFH v. 9. 3. 1972, BStBl II 511). 2095

- Bei Errichtung eines Gebäudes durch den Unternehmer auf dem Grundstück seiner **Ehefrau** und anschließender Vermietung zum ortsüblichen Mietpreis liegt Eigenverbrauch nach § 1 Abs. 1 Nr. 2a UStG vor (FG Nürnberg v. 10. 12. 1974, EFG 1975, 234), nicht jedoch bei zwischen den Ehegatten vereinbartem wirtschaftlichem Eigentum des Ehemannes an dem Gebäude, da es an einer Entnahme i. S. des § 1 Abs. 1 Nr. 2a UStG fehlt (Schmidt, UR 1975, 169). 2096

Der **Ort** des Eigenverbrauchs nach § 1 Abs. 1 Nr. 2a UStG muß im **Inland** liegen. Entnahmen außerhalb des Inlands sind nicht steuerbar, ausgenommen die Zollausschlüsse und Zollfreigebiete (§ 1 Abs. 3 UStG). 2097

2098 Die **Steuerbefreiungsvorschriften** sind entsprechend § 4 UStG auf den Eigenverbrauch anzuwenden (Abschn. 7 Abs. 3 Satz 2 UStR). Ein **Verzicht** auf Steuerbefreiung nach § 9 UStG ist nicht möglich.

2099 Der **Regelsteuersatz** des § 12 Abs. 1 UStG ist grundsätzlich auch auf den Eigenverbrauch anzuwenden.

2100 Ab 1. 1. 1990 gilt für die **Bemessungsgrundlage** des Entnahmeeigenverbrauchs § 10 Abs. 4 Nr. 1 UStG i. d. F. des Art. 7 Nr. 2 WoBauFG. Danach wird für Gegenstände, die im Unternehmen **nicht selbst hergestellt,** also erworben wurden, als Bemessungsgrundlage der **Einkaufspreis zuzüglich der Nebenkosten** für den Gegenstand oder für einen gleichartigen Gegenstand angesetzt. Dagegen wird der Entnahmeeigenverbrauch von im Unternehmen **selbst hergestellten Gegenständen** nach den **Selbstkosten** bemessen. Maßgeblich für die Ermittlung beider Werte sind die Verhältnisse des **Zeitpunktes,** an dem der Entnahmeeigenverbrauch **ausgeführt** wird. Diese Werte entsprechen nicht immer den tatsächlichen Einkaufspreisen bzw. Selbstkosten. Die USt gehört **nicht** zur Bemessungsgrundlage.

2101 Der **Nettoeinkaufspreis** für einen Gegenstand zuzüglich der Nebenkosten zum Zeitpunkt des Entnahmeeigenverbrauchs entspricht regelmäßig den **Wiederbeschaffungskosten.** Beim Eigenverbrauch von **gebrauchten Gegenständen** sind die **derzeitigen Preise** für gebrauchte Gegenstände, z. B. bei einem Pkw, die Preise für Gebrauchtfahrzeuge heranzuziehen.

2102 Die **Selbstkosten** für einen Gegenstand entsprechen regelmäßig den ertragsteuerlichen Herstellungskosten. **Nicht** zu den Selbstkosten gehört der **Unternehmergewinn.** Bei **ungebrauchten Gegenständen,** die bereits **längere Zeit auf Lager** gelegen haben, müssen die Material- und Fertigungskosten mit den Werten zum Zeitpunkt des Eigenverbrauchs angesetzt werden.

b) Eigenverbrauch durch Ausführung sonstiger Leistungen der in § 3 Abs. 9 UStG bezeichneten Art　　LEXinform
▶ BSt-BG-1440◀

2103 Eigenverbrauch liegt ferner nach § 1 Abs. 1 Nr. 2 b UStG vor, wenn ein Unternehmer im Inland im Rahmen seines Unternehmens Leistungen i. S. des § 3 Abs. 9 UStG ausführt, die außerhalb des Unternehmens liegen. Steuerbar sind danach sonstige Leistungen, die der Unternehmer selbst für private Zwecke ausführt oder die er durch Mitarbeiter seines Unternehmens ausführen läßt.

Eigenverbrauch im vorerwähnten Sinne kann u. a. durch **Einzelunter-** 2104
nehmer und Erwerbsgesellschaften (Personen- und Kapitalgesellschaften)
verwirklicht werden.

Unter die Vorschrift fällt der **Gebrauch von Gegenständen** aus dem Unter- 2105
nehmen für außerbetriebliche Zwecke. Dabei kann es sich um bewegliche
oder unbewegliche aktivierungspflichtige oder geringwertige Wirtschaftsgüter jeder Art des Anlagevermögens oder des sonstigen Betriebsvermögens handeln. Hierher gehört insbesondere die Mitverwendung für außerbetriebliche Zwecke sonst gewerblich genutzter **Kraftfahrzeuge** durch den
Unternehmer selbst oder seine Angehörigen (auch die Benutzung eines
auf Kosten des Unternehmens angemieteten Fahrzeugs), die Verwendun-
gen von **Geräten und Maschinen** durch Unternehmer des Bauhaupt- und
Baunebengewerbes für Zwecke, die außerhalb ihrer Unternehmen liegen.
Unter die Vorschrift fallen aber auch **Werkleistungen** für Zwecke, die
außerhalb des Unternehmens liegen.

Beispiel:

- Ausbesserung unter Verwendung von unternehmenseigenen Zutaten oder
  Nebensachen durch den Unternehmer oder seine Arbeitnehmer an der Wasser-
  leitung, Heizung usw. seines Einfamilienhauses;

- unentgeltliche Reparatur an einem dem Sohn gehörenden Gebäude durch einen
  Bauunternehmer;

- unentgeltliche Dienstleistungen für unternehmensfremde Zwecke, z. B. Umgra-
  ben des privaten Gartens durch einen Arbeitnehmer des Unternehmens;

- unentgeltliche Gestellung von Bauhandwerkern eines Bauunternehmers an seinen Bruder zur Hilfeleistung bei der Errichtung eines Gebäudes;

- unentgeltliche Anfertigung einer Bauzeichnung durch einen Bauunternehmer
  und Architekten für einen Angehörigen oder Bekannten.

Setzt der Unternehmer bei sonstigen Leistungen zu privaten Zwecken 2106
ausschließlich seine **eigene Arbeitskraft** ein, so kommt eine Besteuerung
nicht in Betracht, weil dabei keine Kosten i. S. des § 10 Abs. 4 Nr. 3
UStG anfallen.

Auch beim Eigenverbrauchstatbestand des § 1 Abs. 1 Nr. 2 b UStG blei- 2107
ben etwaige **Befreiungsvorschriften** und **Begünstigungsvorschriften** unberührt.

Der Umsatz wird in den Fällen der Verwendung von den dem Unterneh- 2108
men dienenden Gegenständen für außerhalb des Unternehmens liegende

Zwecke nach den auf die Verwendung des Gegenstandes entfallenden **Kosten** (ohne USt) bemessen (§ 10 Abs. 4 Nr. 2 UStG).

2109 Bei der **Verwendung eines betrieblichen Pkw** für unternehmensfremde Zwecke (Privatfahrten) gehören nach Abschn. 155 Abs. 2 Sätze 7 bis 10 UStR anteilig zur **Bemessungsgrundlage** für den Verwendungseigenverbrauch nicht nur die zum Vorsteuerabzug berechtigten Kosten, z. B. für die Inspektion, die laufende Instandhaltung und die Betriebsstoffe, sondern z. B. auch die Versicherungsprämie, die KraftSt und die Garagenmiete. Ferner gehören zu den Kosten sowohl die unternehmerisch als auch nichtunternehmerisch veranlaßten Unfall- und Reparaturkosten, jedoch abzüglich der von dritter Seite erlangten und dem Unternehmen zugeführten Ersatzleistungen (BFH v. 28. 2. 1980, BStBl II 309).

2110 Nach EuGH v. 27. 6. 1989 (HFR S. 518; Clausnitzer, KFR F. 7 UStG § 1, 1/90, 63) darf die AfA eines Betriebsgegenstandes wegen Art. 6 Abs. 2 Buchst. a der 6. USt-Richtlinie (EWG) dann nicht in die Bemessungsgrundlage des Verwendungseigenverbrauchs einbezogen werden, wenn dieser Gegenstand ohne USt-Belastung erworben worden ist. EuGH v. 25. 5. 1993 (UR S. 309, m. Anm. Widmann) bezieht ferner auch die **Kosten** für **Steuern, Finanzierung und Versicherung nicht** mehr in die **Besteuerung** des (Kraftfahrzeug-)**Eigenverbrauchs** ein. Dem stimmt BMF v. 28. 9. 1993 (NWB-EN Nr. 1473/93 zu und läßt außerdem auch die **Garagenmiete**, soweit sie ausnahmsweise nach § 4 Nr. 12 Satz 1 UStG steuerfrei ist, und die **Rundfunkgebühren** für das **Autoradio** außer Ansatz.

2111 Die umsatzsteuerliche Behandlung **privater Telefonkostenanteile** wird nach Meinung der Finanzverwaltung weder durch EuGH v. 27. 6. 1989 (a. a. O.; so BMF v. 29. 12. 1989, a. a. O.) noch durch EuGH v. 25. 5. 1993 (a. a. O.; so BMF v. 28. 9. 1993, a. a. O.) berührt. Sie sind nach wie vor steuerbarer **Eigenverbrauch** (vgl. BFH v. 2. 10. 1986, BStBl 1987 II 42, m. w. N. zur Rechtsprechung).

c) Eigenverbrauch durch Aufwendungen, die unter das Abzugsverbot des § 4 Abs. 5 Nr. 1 bis 7 oder Abs. 7 EStG oder § 12 Nr. 1 EStG fallen

LEXinform
▶ BSt-BG-1445 ◀

Eigenverbrauch i. S. des § 1 Abs. 1 Nr. 2c UStG liegt vor, wenn ein Unternehmer Aufwendungen tätigt, die unter das **Abzugsverbot** des § 4

Abs. 5 Nr. 1 bis 7 oder Abs. 7 oder § 12 Nr. 1 EStG fallen. Es kommen folgende Aufwendungen in Betracht für

- **Geschenke** an Personen, die nicht Arbeitnehmer des Unternehmers sind. Das gilt nicht, wenn die Anschaffungs- oder Herstellungskosten der dem Empfänger im Jahr zugewendeten Gegenstände insgesamt 75 DM ohne USt nicht übersteigen. 2112

Beispiel:

Ein Bauunternehmer schenkt einem Auftraggeber am Jahresende einen Wandkalender für das folgende Jahr im Wert von 10 DM. Die Aufwendungen für die Anschaffung des Kalenders fallen nicht unter das Abzugsverbot des § 4 Abs. 5 Nr. 1 EStG. Sie sind daher nicht als Eigenverbrauch i. S. des § 1 Abs. 1 Nr. 2c UStG zu behandeln.

- **Bewirtung** von Personen aus geschäftlichem Anlaß. § 4 Abs. 5 Nr. 2 EStG schließt den Abzug von 20 v. H. der angemessenen und nachgewiesenen Aufwendungen aus. Dieser Ausschluß gilt nach § 1 Abs. 1 Nr. 2c Satz 2 UStG nicht für die USt. 2113

Beispiel:

- Angemessene Bewirtungsaufwendungen in Höhe von 200 DM. Umsatzsteuerlich kein Eigenverbrauch, auch nicht in Höhe von 20 v. H.
- Unangemessene Bewirtungsaufwendungen in Höhe von 500 DM. Es liegt Eigenverbrauch i. S. des § 1 Abs. 1 Nr. 2c UStG vor.

- **Gästehäuser;** 2114

- **Jagd, Fischerei, Segeljachten, Motorjachten;** 2115

- **Mehraufwendungen für Verpflegung** sind Eigenverbrauch nach § 1 Abs. 1 Nr. 2c i. V. mit § 4 Abs. 5 Nr. 5 EStG, **soweit** sie die durch Rechtsverordnung der Bundesregierung mit Zustimmung des Bundesrates bestimmten **Höchstbeträge** übersteigen. Diese Höchstbeträge dürfen 140 v. H. der pauschalen Tagegeldbeträge nicht übersteigen. Von dieser Regelung sind die **Pauschsätze**, die der Unternehmer zur Abgeltung des bei Geschäftsreisen entstehenden Mehraufwandes für Verpflegung in Anspruch nehmen kann, ausgenommen. Eigenverbrauch liegt daher nach § 1 Abs. 1 Nr. 2c UStG bei Inanspruchnahme der Pauschsätze des Abschn. 119 Abs. 3 EStR nicht vor. 2116

- **Fahrten zwischen Wohnung und Betriebsstätte** und für **Familienheimfahrten.** Diese Aufwendungen sind nach § 4 Abs. 5 Nr. 6 EStG **nicht** 2117 abzugsfähig, soweit sie die sich in entsprechender Anwendung von § 9 Abs. 1 Nr. 4 und 5 und Abs. 2 EStG ergebenden Beträge übersteigen. Die nicht abzugsfähigen Beträge sind Eigenverbrauch nach § 1 Abs. 1 Nr. 2c UStG. Die **Kilometerpauschale** beträgt bei Benutzung eines Kraftwagens 0,65 DM, eines Motorrades oder Motorrollers 0,30 DM.

2118 • **Andere die Lebensführung berührende Aufwendungen** sind nach § 4 Abs. 5 Nr. 7 EStG i. V. mit § 1 Abs. 1 Nr. 2c UStG **insoweit** Eigenverbrauch, als sie nach der allgemeinen Verkehrsauffassung als **unangemessen** anzusehen sind. Betriebsausgaben, die die Lebensführung des Unternehmers oder anderer Personen berühren, sind Aufwendungen, die, wenn sie nicht durch den Betrieb veranlaßt wären, zu den Kosten der Lebensführung des Unternehmers oder anderer Personen gehören würden (vgl. BFH v. 4. 8. 1977, BStBl 1978 II 93; v. 20. 8. 1986, BStBl II 904).

2119 Als die Lebensführung berührende Aufwendungen, die auf ihre **Angemessenheit** zu prüfen sind, kommen insbesondere in Betracht

• **Übernachtungskosten** anläßlich einer Geschäftsreise,

• **Unterhaltung und Beherbergung von Geschäftsfreunden,** soweit der Abzug dieser Aufwendungen nicht schon nach Rdnr. 2113 ff. ausgeschlossen ist,

• Unterhaltung von **Kraftfahrzeugen,**

• **Ausstattung der Geschäftsräume,** z. B. Chefzimmer u. ä.

Beispiel:

• Übernachtungskosten 1 200 DM (Suite). Angemessen wären 300 DM. In Höhe von 900 DM liegt Eigenverbrauch vor.

• Ausstattungskosten des Chefzimmers 70 000 DM. Angemessen wären 50 000 DM. In Höhe von 20 000 DM liegt Eigenverbrauch vor.

• **Verstoß gegen die Aufzeichnungspflichten** des § 4 Abs. 7 Satz 1 EStG. Die an sich abziehbaren Aufwendungen können dann ebenfalls nicht abgezogen werden. Es liegt dann Eigenverbrauch vor.

• **Lebenshaltungskosten** i. S. des § 12 Nr. 1 EStG können steuerlich nicht abgezogen werden. Die nicht abziehbaren Aufwendungen sind Eigenverbrauch.

2120 **Umsatzsteuerbefreiungen** – ausgenommen § 4 Nr. 19b, aa UStG – können auf den Eigenverbrauch nach § 1 Abs. 1 Nr. 2c UStG **nicht angewendet** werden, da die Vorschrift keine Tatbestände besteuert, die mit den in § 4 UStG erwähnten Tatbeständen vergleichbar sind (vgl. Burhoff in Peter/ Burhoff/Stöcker, a. a. O., § 1 Rdnr. 234).

Bemessungsgrundlage des Eigenverbrauchs ist die Höhe der Aufwendungen ohne USt (§ 10 Abs. 4 Nr. 3 UStG). 2121

Steuersatz ist der Regelsteuersatz nach § 12 Abs. 1 UStG. 2122

(Einstweilen frei) 2123–2130

11. Entgelt

LEXinform
▶ BSt-BG-1450 ◀

Verwaltungsanweisungen: Abschn. 149 UStR.

Der Umsatz wird bei Lieferungen und sonstigen Leistungen i. S. des § 1 Abs. 1 Satz 1 UStG nach dessen Entgelt berechnet. Entgelt ist alles, was der Leistungsempfänger aufwendet, um die Leistung zu erhalten, jedoch abzüglich der USt (§ 10 Abs. 1 UStG). Um Entgelt handelt es sich auch, wenn ein Teil der Gegenleistung ertragsteuerrechtlich als **verdeckte Gewinnausschüttung** zu behandeln ist (BFH v. 25. 11. 1987, BStBl 1988 II 210; vgl. i. e. „Verdeckte Gewinnausschüttung", Rdnr. 2356 f.). 2131

12. Entstehung der Steuer

Bei Versteuerung nach **vereinbarten Entgelten (Sollbesteuerung)** entsteht die USt gem. § 13 Abs. 1 Nr. 1a Sätze 1–3 UStG grundsätzlich mit Ablauf des Voranmeldungszeitraums, in dem die Leistung/Teilleistung ausgeführt worden ist. Vgl. hierzu i. e. „Sollbesteuerung" (Rdnr. 2236 ff.). 2132

Bei der Versteuerung nach **vereinnahmten Entgelten** entsteht die Steuer für Lieferungen und sonstige Leistungen mit Ablauf des Voranmeldungszeitraums, in dem das Entgelt vereinnahmt worden ist. Vgl. hierzu i. e. „Vereinnahmte Entgelte" (Rdnr. 2358 ff.). 2133

(Einstweilen frei) 2134–2135

13. Gasgeräte, Lieferung durch Installateur

Gastinstallateure in Städten haben mit den Stadtwerken **Gemeinschaften zum Vertrieb von Gasgeräten** gegründet **(Gasgemeinschaft)**. Die Gasgeräte 2136 werden vom Lager der Gasgemeinschaft im Namen und für Rechnung des Mitglieds verkauft, das vom Abnehmer beim Kauf benannt wird. Der Kaufpreis wird vom Abnehmer an die Stadtwerke gezahlt. Etwaige **Teilzahlungszuschläge** werden von den Stadtwerken finanziert. Die Installateure erhalten von den Stadtwerken eine **Rabattgutschrift**.

2137 Beim Verkauf von Gasgeräten entstehen demnach **Rechtsbeziehungen** nur zwischen dem Abnehmer und dem vom Abnehmer benannten Mitglied der Gasgemeinschaft. Das Mitglied der Gasgemeinschaft hat daher den Verkaufspreis einschließlich etwaiger Zinszahlungen des Abnehmers der USt zu unterwerfen (Bp-Kartei, a. a. O., Teil III, Klempner, Abschn. IV, 1 e).

14. Glasbruchversicherung

2138 Bei **Schäden**, die eine **Versicherung** übernimmt, nehmen Glaser gelegentlich Bruchstücke zurück und vergüten diese dem Auftraggeber durch **Rechnungskürzungen**. Diese Kürzungen sind **keine Entgeltsminderungen,** sondern Teile des Entgelts, die der USt zu unterwerfen sind (Bp-Kartei, a. a. O., Teil III, Glaserei, Abschn. IV, 1 c).

2139–2140 *(Einstweilen frei)*

15. Kleinunternehmer
Verwaltungsanweisungen: Abschn. 246 bis 253 UStR.

2141 Im Bauhaupt- und Bauausbaugewerbe wird eine Besteuerung der Umsätze nach § 19 UStG in der Regel nicht in Betracht kommen. Eine Ausnahme kann sich unseres Erachtens wohl nur bei kleineren und mittleren Betrieben des Bauausbaugewerbes ergeben, wenn der Betrieb erst einige Tage oder Wochen vor Ablauf des Jahres neu eröffnet worden ist. Dann könnte bei Vorliegen der Voraussetzungen des § 19 UStG eine Besteuerung als sog. Kleinunternehmer in Betracht kommen.

2142 **Ab 1. 1. 1990** wird gemäß § 19 Abs. 1 Satz 1 UStG für Umsätze i. S. des § 1 Abs. 1 Nr. 1 bis 3 UStG die **geschuldete Umsatzsteuer nicht erhoben,** wenn der nach vereinnahmten Entgelten bemessene **Gesamtumsatz,** gekürzt um die darin enthaltenen Umsätze von Wirtschaftsgütern des Anlagevermögens, **zuzüglich** der darauf entfallenden Steuer im vorangegangenen Kalenderjahr **25 000 DM nicht überstiegen** hat und im laufenden Kalenderjahr 100 000 DM voraussichtlich nicht übersteigen wird.

Umsatzsteuer 515

Kleinunternehmer haben **nicht** die Berechtigung zum **Verzicht auf Steuer-** 2143
befreiungen, zum **Vorsteuerabzug** und zum **gesonderten Ausweis der Steuer**
in einer Rechnung.

Wird die **Bagatellgrenze überschritten**, gelten die **Steuersätze des § 12** 2144
UStG. Gleichzeitig erhalten diese Unternehmer das Recht zum Verzicht
auf Steuerbefreiungen, zum Vorsteuerabzug und zum gesonderten Ausweis der Steuer in einer Rechnung.

Der Unternehmer kann dem Finanzamt **bis** zur **Unanfechtbarkeit** der 2145
Steuerfestsetzung (§ 18 Abs. 3 und 4 UStG) **erklären**, daß er seine
Umsätze nach den allgemeinen Vorschriften des UStG **versteuern** will.
Nach Eintritt der Unanfechtbarkeit der Steuerfestsetzung **bindet** die
Erklärung den Unternehmer mindestens 5 Jahre. Sie kann nur mit Wirkung vom Beginn eines Jahres **widerrufen** werden. Der Widerruf ist
spätestens bis zur Unanfechtbarkeit der Steuerfestsetzung des Jahres, für
das er gelten soll, zu erklären (§ 19 Abs. 2 UStG).

Mit der Neuregelung ab 1. 1. 1990 ist der Steuerabzugsbetrag der zur
wirtschaftlichen Unterstützung von Unternehmern mit einem Jahresumsatz bis zu 60 000 DM eingeführt worden war, abgeschafft worden.
Wegen der Auswirkung des EG-Binnenmarkts vergl. Rdnr. 2056 ff.

16. Konkurs
LEXinform
▶ BSt-BG-1455 ◀

Literatur: *Weiß*, Inhalt des Leistungsaustausches bei Konkurs des Bestellers einer
Werklieferung, UR 1980, 223; *Wilke*, Umsatzsteuer im Konkurs, DStZ 1983, 208;
Boochs, Verkehrsteuern im Konkurs, DVStR 1984, 130; *List*, Umsatzsteuer im
Konkurs, Einzelfragen aus der Rechtsprechung, NWB F. 7, 3475.
Verwaltungsanweisungen: Abschn. 178 Abs. 1 Nr. 1 UStR.

Fällt ein **(Bau-)Unternehmer** in Konkurs, bevor er die Lieferung (des 2146
Bauwerks) vollständig erbracht hat und lehnt der Konkursverwalter die
weitere Erfüllung des Werkvertrages nach § 17 KO ab, so ist **neu**
bestimmter Gegenstand der **Werklieferung** das nicht fertiggestellte (Bau-)-
Werk (BFH v. 2. 2. 1978, BStBl II 483). Der **Wert** dieses neuen (halbfertigen) Leistungsgegenstandes stellt das Entgelt dar und tritt an die
Stelle des ursprünglich vereinbarten Entgelts. Entgelt sind deshalb nicht
etwa die vom Besteller geleisteten Anzahlungen. Der Wert wird zwischen
dem Konkursverwalter und dem Besteller als besonderer Abrechnungsposten innerhalb der Schadenberechnung ermittelt, die der Besteller dem

Konkursverwalter aufmacht (vgl. Anm. Weiß, UR 1978, 172). Der dem Besteller erwachsene **Schaden** infolge Nichterfüllung des ursprünglichen Vertrags ist nicht in die Bemessungsgrundlage einzubeziehen.

2147 Fällt der **Besteller** eines **Werks** vor dessen Erfüllung in Konkurs und lehnt der Konkursverwalter die weitere Erfüllung des Werkvertrages nach § 17 KO ab, so ist auch hier neu bestimmter Gegenstand der Werklieferung das nicht fertiggestellte Werk (BFH v. 24. 4. 1980, BStBl II 541). Auf die Erklärung des Konkursverwalters nach § 17 KO kommt es nicht an, wenn der Werkunternehmer gegenüber dem Auftraggeber seine Leistung beendet hat (BFH v. 9. 5. 1985, BFH/NV S. 56). Das Entgelt dieses neuen Leistungsgegenstandes ist nach den **anteiligen Vertragspreisen** des ursprünglichen Vertrags zu bestimmen. Die USt ist darin enthalten und deshalb herauszurechnen (BFH v. 24. 4. 1980 und v. 9. 5. 1985, a. a. O.; Anm. Weiß, UR 1980, 224).

2148 Hat der Werkunternehmer bereits **Anzahlungen** vom Besteller erhalten, ist zu unterscheiden:

- **Überschießende Anzahlungen** sind in der Regel als **Schadensersatz** nicht in die Bemessungsgrundlage einzubeziehen.

- Sind die geleisteten **Anzahlungen geringer** als die anteiligen Vertragspreise, so sind sie um diejenige Quote zu erhöhen, die der Werkunternehmer aufgrund des zur Konkurstabelle angemeldeten restlichen Vergütungsanspruchs (neu bestimmtes zivilrechtliches Entgelt abzüglich Anzahlungen) erhält. Aus Anzahlungen und Quote ist dann die USt herauszurechnen (vgl. Hoelscher in Peter/Burhoff/Stöcker, a. a. O., § 10 Rdnr. 42; Weiß a. a. O.).

2149 Bei **teilweisem Zahlungsausfall** im Konkurs des Leistungsempfängers ist die USt aus den erhaltenen Abschlagszahlungen zu ermitteln, da diese anteilig die USt enthalten und sich die Gegenleistung nach dem tatsächlichen Aufwand des Leistungsempfängers richtet (BFH v. 10. 11. 1983, BStBl 1984 II 120; vgl. aber § 13 Abs. 1 Nr. 1 a UStG).

2150 In den Fällen des **Werkunternehmer-Konkurses** (Rdnr. 2146) und des **Besteller-Konkurses** (Rdnr. 2147) ist die **Lieferung im Zeitpunkt** der **Konkurseröffnung bewirkt**. Gleiches gilt im Falle der **Kündigung des Werkvertrages** mit der Maßgabe, daß hier der Tag des Zugangs der Kündigung maßgebend ist. **Stellt der Werkunternehmer die Arbeiten** an dem vereinbarten Werk **vorzeitig ein**, weil der Besteller – ohne eine eindeutige

Erklärung abzugeben – nicht willens und in der Lage ist, seinerseits den Vertrag zu erfüllen, so wird das bis dahin errichtete **halbfertige** Werk zum Gegenstand der Werklieferung; es wird in dem **Zeitpunkt** geliefert, in dem für den Werkunternehmer nach den gegebenen objektiven Umständen feststeht, daß er wegen fehlender Aussicht auf die Erlangung weiteren Werklohns nicht mehr leisten werde (BFH v. 28. 2. 1980, BStBl II 535, und v. 24. 4. 1980, BStBl II 541; Abschn. 178 Abs. 1 Nr. 1 UStR). Der Werkunternehmer (Bauunternehmer) hat nach BFH v. 8. 5. 1985 (BFH/NV 1986, 60) im Verhältnis zu seinem Auftraggeber seine **Leistung** auch dann **beendet, wenn** er **keine Erklärung des Konkursverwalters** gemäß § 17 KO herbeigeführt hat (Fortführung der Grundsätze von BFH v. 28. 2. 1980, a. a. O., und v. 24. 4. 1980, a. a. O.). **Bemessungsgrundlage** der auf das abgebrochene Werk entfallenden USt ist der Betrag, der zuzüglich der USt dem Betrag entspricht, den der Bauunternehmer als Vorauszahlung auf die Vergütung für das versprochene Werk erhalten hat.

(Einstweilen frei) 2151–2155

17. Materialbeistellung

LEXinform
▶ BSt-BG-1460 ◀

Literatur: *Schuwardt,* Abrechnung der Materialbeistellungen bei der Mehrwertsteuer, UR 1969, 196; *Ratzka,* Beisteuerungsanlagen im neuen Umsatzsteuerrecht – Vermeidung der zusätzlichen Umsatzsteuerbelastung, UR 1969, 291; *Mathiak,* Die Materialbeistellung im Mehrwertsteuerrecht, UR 1971, 163; *Reichardt,* Stoffaustausch bei der Materialbeistellung und § 3 Abs. 9 UStG 1967, UR, 1971, 279.

Verwaltungsanweisungen: Abschn. 27 Abs. 2–4 UStR.

Im Bauhaupt- und Bauausbaugewerbe können Materialbeistellungen in Betracht kommen. 2156

Von einer **echten Materialbeistellung** spricht man, wenn der Auftraggeber dem Unternehmer (Werkhersteller) **Material zur Verfügung stellt,** das der Unternehmer zur Herstellung eines bestimmten Werkes **vereinbarungsgemäß verwendet,** das Werk Gegenstand einer Werklieferung ist oder sein kann und der Werkhersteller an der Beschaffung des beigestellten Materials zur Durchführung eines einheitlich zu beurteilenden Werklieferungsvertrags nicht maßgeblich mitgewirkt hat (Burhoff in Peter/Burhoff/Stökker, a. a. O., § 3 Rdnr. 51). 2157

Bei der echten Materialbeistellung ist der **beigestellte Stoff nicht in** den **Leistungsaustausch einzubeziehen.** Der Auftraggeber will dem Hersteller 2158 die Verfügungsmacht an dem beigestellten Stoff nicht verschaffen. Insoweit liegt hinsichtlich der Beistellung weder eine Lieferung noch eine Rücklieferung vor.

2159 Hinsichtlich der **Stoffbeschaffung** steht die Materialbeistellung zwischen Werklieferung und Werkleistung. Bei der Werklieferung stellt der Abnehmer keinen Stoff für die Herstellung des Liefergegenstandes, bei der Werkleistung den gesamten Hauptstoff (vgl. Rdnr. 2389 ff.) und bei der Materialbeistellung einen **Teil des Stoffes**.

2160 Der beigestellte Stoff kann **Hauptstoff, Zutat oder Nebensache** sein. Als **Beistellungen** kommen u. a. in Betracht:

- **Fahrzeuge,**
- **Maschinen,**
- **Arbeitskräfte** (vgl. BFH v. 10. 9. 1959, BStBl III 435),
- **Strom,**
- **Kohle,**
- ähnliche **Betriebsmittel** oder **Hilfsstoffe** (BFH v. 12. 3. 1959, BStBl III 227).

2161 Der **geistige Stoff** zur Konkretisierung des Auftrags ist keine Materialbeistellung; er scheidet schon nach den allgemeinen Grundsätzen des USt-Rechts aus dem Leistungsaustausch aus.

2162 Den beigestellten Stoff kann der Auftraggeber selbst **erworben** oder **hergestellt haben**.

2163 In der Regel muß der Unternehmer den beigestellten Stoff auch tatsächlich bei der Herstellung des Werks verwenden. Anfallende **Abfälle** können in seine Verfügungsmacht übergehen (BFH v. 14. 5. 1964, BStBl III 395). Von der erforderlichen **Stoffidentität** kann bei wirtschaftlicher Betrachtungsweise abgesehen werden, wenn der vom Auftraggeber zur Verfügung gestellte Stoff gegen gleichartigen oder gleichwertigen Stoff ausgetauscht wird (BFH v. 10. 2. 1966, BStBl III 257). Nur der Unternehmer, der aus wirtschaftlich vernünftigen Gründen davon absehen muß, den bestellten Gegenständen den beigestellten Stoff beizugeben, und statt dessen gleichartige und gleichwertige andere Stoffe verwendet, soll begünstigt werden. Eine Materialbeistellung ist jedoch zu verneinen, wenn der beigestellte Stoff **ausgetauscht** wird **und** der mit der Herstellung des Gegenstandes beauftragte Unternehmer den **Auftrag weitergibt** (BFH v. 21. 9. 1970, BStBl 1971 II 77).

Keine Materialbeistellung liegt vor, wenn der Werkunternehmer an der Beschaffung der Werkstoffe als **Kommissionär** (vgl. § 3 Abs. 3 UStG) mitgewirkt hat. In diesem Fall umfaßt die Lieferung des Werkunternehmers auch die beschafften Stoffe. Eine Materialbeistellung ist aber anzunehmen, wenn der Werkunternehmer nur als **Agent** oder **Berater** an der Stoffbeschaffung beteiligt ist und dementsprechend zwischen Lieferer und dem Besteller der Werkstoffe unmittelbare Rechtsbeziehungen begründet werden (vgl. Abschn. 27 Abs. 4 UStR). 2164

Die **Annahme einer Materialbeistellung** hat zur **Folge**, daß der Umsatz des Werkunternehmers sich nicht auf die vom Besteller eingekauften Stoffe erstreckt. Wenn dagegen unmittelbare Rechtsbeziehungen zwischen dem Lieferer der Werkstoffe und dem Werkunternehmer entstehen, so ist davon auszugehen, daß eine Lieferung der Stoffe vom Lieferer an den Werkunternehmer und eine Werklieferung dieses Unternehmers an den Besteller vorliegt. In einem derartigen Fall schließt die Werklieferung den vom Werkunternehmer beschafften Stoff ein (vgl. Abschn. 27 Abs. 4 UStR). 2165

Beispiele:

- Der Auftraggeber A beauftragt den Bauunternehmer B, ein Wohnhaus zu erstellen. B beschafft die Baustoffe im Namen und für Rechnung des A beim Baustoffhändler C. Es liegt eine Lieferung der Baustoffe von C an A vor. Die Hingabe der Baustoffe von A an B kann als Materialbeistellung behandelt werden, so daß die Baustoffe aus dem Leistungsaustausch zwischen B und A ausscheiden.

- Der Auftraggeber A beauftragt den Bauunternehmer B, ein Wohnhaus zu erstellen. B beschafft die Baustoffe im eigenen Namen für Rechnung des A beim Baustoffhändler C. In diesem Fall liefert C die Baustoffe an B. B erbringt eine Werklieferung an A, die auch die Baustoffe umfaßt. Es liegt keine echte Materialbeistellung vor.

18. Mindest-Istversteuerung

Literatur: *Baumann*, Die Mindest-Istversteuerung – Kundenanzahlungen in der neuen Umsatzsteuer, BiBuPr 1980 F. 67 315, 67 381.

In den Fällen, in denen Umsätze sich über einen längeren (Erstellungs-)-Zeitraum erstreckten und die Leistungsempfänger nach Erbringungsfort- 2166 schritt laufend Zahlungen bewirkten, ohne daß es zur Entstehung der USt im Rahmen der Sollversteuerung kam, bestand für den Steuergläubiger ein besonderes Steuerausfallrisiko. Deshalb wurde die sofortige **Steuerpflicht von Zahlungen vor Ausführung des Umsatzes im Rahmen der Sollversteuerung** eingeführt (sog. Mindest-Istversteuerung). Soweit bei einem Umsatz das Entgelt oder auch nur ein Teil des Entgelts **vor** Ausführung der Leistung vereinnahmt wird, entsteht die Steuerschuld hinsichtlich dieses Entgeltteils nach dem Ist (Zahlungseingang), hinsichtlich des restlichen Entgeltteils nach dem **Soll** (Leistungsbewirkung); gleichgültig, wann letztlich die Zahlungen nach Ausführung des Umsatzes später tatsächlich vereinnahmt werden. Der Unternehmer muß deshalb für USt-Zwecke den Geldeingang überwachen, was – entsprechend den gesetzlichen Vorschriften – äußerst genaue Aufzeichnungen und Gestaltungen des Rechnungswesens notwendig macht. Vgl. hierzu „Sollbesteuerung" (Rdnr. 2236 ff.) sowie „Rechnungserteilung bei Mindest-Istversteuerung" (Rdnr. 2188 ff.).

2167–2170 *(Einstweilen frei)*

19. Organschaft

LEXinform
▶ BSt-BG-1465 ◀

Literatur: *Ludwig Schmidt/Müller/Stöcker*, Die Organschaft im Körperschaftsteuer-, Gewerbesteuer- und Umsatzsteuerrecht, Herne/Berlin 1992.

Verwaltungsanweisungen: Abschn. 21 UStR.

2171 Die gewerbliche oder berufliche Tätigkeit wird gemäß § 2 Abs. 2 Nr. 2 UStG nicht selbständig ausgeübt, wenn eine **juristische Person** nach dem Gesamtbild der tatsächlichen Verhältnisse, **finanziell, wirtschaftlich** und **organisatorisch** in ein Unternehmen eingegliedert ist. Eine derartige **Eingliederung, Organschaft** genannt, kann vorliegen, wenn z. B. eine Hochbau GmbH in einen Baustoffgroßhandel eingegliedert ist.

2172 **Organträger** – auch Muttergesellschaft, beherrschendes bzw. übergeordnetes Unternehmen oder Obergesellschaft genannt – muß **ein** Unternehmer i. S. des § 2 Abs. 1 UStG sein. Organträger kann eine natürliche oder juristische Person oder eine nichtrechtsfähige Personengesellschaft sein.

2173 **Organgesellschaft** – auch Organ, Tochtergesellschaft, beherrschtes bzw. untergeordnetes Unternehmen oder Untergesellschaft genannt – kann **nur** eine **juristische Person** des Zivil- oder Handelsrechts sein.

Bei Organschaft besteht zwischen Organträger und Organgesellschaft Über- und Unterordnung (BFH v. 24. 10. 1963, BStBl 1964 III 222). Organschaft und **Nebenordnung** schließen sich einander aus (BFH v. 23. 4. 1959, BStBl III 256). Nebenordnung liegt vor, wenn die Gesellschaften rechtlich und in ihrer wirtschaftlichen Betätigung gleichgestellte Partner sind. 2174

Bei **Betriebsaufspaltung** in eine Besitz- und Betriebsgesellschaft kann zwischen den beiden Gesellschaften Organschaft bestehen, wenn die Gesellschaften zueinander im Verhältnis der Über- und Unterordnung stehen (BFH v. 6. 12. 1962, BStBl 1963 III 107; v. 16. 12. 1965, BStBl 1966 III 300; vgl. zur „Betriebsaufspaltung" i. e. Rdnr. 2421 ff.). Das gilt selbst dann, wenn das beiderseitige Recht, das Pachtverhältnis zu kündigen, auf die Dauer von vielen Jahren vertraglich ausgeschlossen ist (BFH v. 28. 1. 1965, BStBl III 243). 2175

Die in Rdnr. 2171 erwähnten drei **Eingliederungsmerkmale** brauchen nicht gleichermaßen ausgeprägt zu sein. Tritt auf einem der drei Gebiete die Eingliederung weniger stark in Erscheinung, so hindert dies nicht, trotzdem Organschaft anzunehmen, wenn sich die Eingliederung deutlich auf den beiden anderen Gebieten zeigt (BFH v. 22. 6. 1967, BStBl III 715). 2176

Finanzielle Eingliederung liegt vor, wenn der Besitz der entscheidenden Anteilsmehrheit an der Organgesellschaft gegeben ist, die es ermöglicht, Beschlüsse in der Organgesellschaft durchzusetzen. Entsprechen die Beteiligungsverhältnisse den Stimmrechtsverhältnissen, so ist die finanzielle Eingliederung gegeben, wenn die **Beteiligung mehr als 50 v. H.** beträgt. Eine **mittelbare** Beteiligung reicht aus (RFH v. 12. 7. 1940, RStBl S. 910). Eine **Verschuldung**, z. B. durch Hingabe von Darlehen stellt keine finanzielle Beherrschung dar, wohl aber eine **finanzielle Verflechtung** von Organträger und Organ (BFH v. 17. 4. 1969, BStBl II 505). 2177

Wirtschaftliche Eingliederung liegt vor, wenn Organträger und Organ eine **wirtschaftliche Einheit** bilden, die durch vertragliche Manipulationen nicht beseitigt wird (FG Rheinland-Pfalz v. 25. 10. 1983, EFG S. 525). **Beweisanzeichen** für das Vorliegen einer wirtschaftlichen Eingliederung ist das Tätigwerden nach dem Willen des Organträgers. Die Tätigkeit des Organträgers und des Organs müssen aufeinander abgestimmt sein und sich gegenseitig ergänzen (BFH v. 26. 7. 1962, HFR 1963, 157). Wirtschaftliche Eingliederung ist u. a. gegeben, wenn **Wareneinkauf, Preisfest-** 2178 setzung sowie **Geschäftsführung** durch den Organträger erfolgt (BFH v. 26. 2. 1959, BStBl III 204) oder die zur Führung des Betriebs des Organs notwendigen Anlagegegenstände pachtweise von dem Organträger zur Verfügung gestellt werden (BFH v. 30. 6. 1960, HFR 1961, 114; v. 26. 10. 1961, HFR 1962, 211;, v. 16. 12. 1965, BStBl 1966 III 300).

2179 Die **organisatorische Eingliederung** soll die Durchführung des Willens des Organträgers sicherstellen. Es soll keine von dem Willen des Organträgers abweichende Willensbildung bei dem Organ möglich sein. Eine derartige Eingliederung liegt vor, wenn die Bücher beider Firmen in denselben Räumen von denselben Angestellten geführt werden (BFH v. 16. 12. 1965, BStBl 1966 III 300), bei **Personalunion** der Geschäftsführer bei Organträger und Organ (BFH v. 23. 4. 1959, BStBl III 256; v. 23. 7. 1959, BStBl III 376), wenn der persönlich haftende Gesellschafter der Kommanditgesellschaft (Organträger) zugleich Geschäftsführer des Organs ist (BFH v. 13. 4. 1961, BStBl III 343), Organträger und Organ einen gemeinsamen Vorstand und Aufsichtsrat haben (RFH v. 13. 1. 1933, RStBl 1934, 556) oder bei Personengleichheit der Direktoren, Prokuristen (BFH v. 16. 12. 1965, BStBl 1966 III 300) usw.

Beispiel:

(1) Bauunternehmer A, ein Einzelunternehmer, ist zu 80 v. H. an der A-Baustoff-GmbH beteiligt. Bei Vorliegen der drei Eingliederungsmerkmale bestehen zwischen dem Einzelunternehmen A und der A-Baustoff-GmbH Organschaft.

(2) Sachverhalt wie zu Beispiel (1). Bauunternehmer A ist jedoch nur zu 48 v. H. an der A-Baustoff-GmbH beteiligt. Keine Organschaft, weil es an der finanziellen Eingliederung fehlt.

2180 Die **Organgesellschaft** wird wie ein **unselbständiger Betriebsteil** eines Unternehmens behandelt. Das ganze Organverhältnis bildet umsatzsteuerrechtlich ein durch den Organträger verkörpertes Unternehmen (vgl. Abschn. 21 Abs. 1 Satz 3 UStR). **Umsätze zwischen dem Organträger und seiner Organgesellschaft** oder zwischen den Organgesellschaften desselben Organträgers sind **innerbetriebliche Vorgänge** und damit nicht steuerbar. Niemand kann an sich selbst leisten. Ohne Bedeutung ist es, ob gegenseitig Rechnungen ausgestellt und Vergütungen, z. B. Pacht, u. ä. gezahlt werden (RFH v. 13. 10. 1933, RStBl 1934, 556).

Beispiel:

Im Beispiel (1) (Rdnr. 2179) „liefert" die Organgesellschaft, A-Baustoff-GmbH, an Bauunternehmer A Baustoffe. Es handelt sich um innerbetriebliche Vorgänge, die nicht steuerbar sind.

Umsatzsteuer

Im **Außenverhältnis** sind die Umsätze der Organgesellschaft an **fremde Dritte** Umsätze des Organträgers. Sie gehören zu seinem Umsatz. Der Organträger kann von seiner USt seine eigenen Vorsteuern einschließlich der Vorsteuern abziehen, die sein Organ an fremde Lieferanten gezahlt hat. Die eigene Steuerschuld wird unter Anwendung des jeweiligen Steuersatzes auf die Außenumsätze einschließlich der ihm zugerechneten Außenumsätze der Organgesellschaft ermittelt. Steuerfreiheit nach § 4 UStG steht nicht dem Organ zu, soweit es die sich darauf beziehenden Leistungen vollbringt, sondern nur dem Organträger als dem Unternehmer. 2181

Steuerliche Auswirkungen sind mit der Organschaft wegen des Vorsteuerabzugs grundsätzlich nicht verbunden. Den bisher bedeutendsten Vorzug, nämlich Einsparung von USt, hat sie durch das UStG 1967 ff. verloren. Ihre Vorteile liegen fast ausschließlich in einer gewissen **Verwaltungsvereinfachung**, z. B. in der Abgabe einer gemeinsamen Steuererklärung usw. 2182

(Einstweilen frei) 2183–2185

20. Propangas-Verkauf im eigenen Laden durch Installateur

In ländlichen Gegenden vertreiben Gas- und Wasserinstallateure mit eigenem Ladengeschäft Propangas in Flaschen. Mit der das Propangas anliefernden Großvertriebsstelle haben sie zum Teil **Agenturverträge** abgeschlossen. Danach dürfen sie die Verkäufe nur im eigenen Namen und für eigene Rechnung der Großvertriebsstelle tätigen. Daher schließen sie die Geschäfte unter Verwendung der von der Lieferfirma zur Verfügung gestellten Vertrags- und Rechnungs-(Quittungs-)Vordrucke ab. Auf ihnen sind im Kopf Name und Anschrift der Lieferfirma aufgedruckt. Die Gas- und Wasserinstallateure werden in den Vordrucken ausdrücklich als **Agent oder Vertriebsstelle** bezeichnet. 2186

In einem derartigen Sonderfall ist nach RFH v. 21. 11. 1941 V 5/40, n. v., die **Agentureigenschaft** des Ladeninhabers **anzuerkennen**. Diese Rechtsprechung ist auch heute noch anzuwenden. Voraussetzung ist allerdings, daß die Propangas-Verkäufer in jedem einzelnen Falle beim Verkauf nach außen hin ihre Agentureigenschaft klar zu erkennen geben, insbesondere die entsprechenden Rechnungsvordrucke mit den Namen der Lieferfirmen benutzen. Insoweit haben die Installateure als Agenten nur die erhaltene **Provision** zu versteuern. Verwenden allerdings die Installa- 2187 teure die von der Großvertriebsstelle zur Verfügung gestellten Rechnungs-(Quittungs-)Vordrucke ohne Abschluß eines Agenturvertrages mit der Großvertriebsstelle, so sind die Installateure als Eigenhändler zu behandeln (vgl. Bp-Kartei, a. a. O., Teil III, Klempnerei, Abschn. IV, 1 d).

21. Rechnungserteilung bei Mindest-Istversteuerung

LEXinform
▶ BSt-BG-1470 ◀

Verwaltungsanweisungen: Abschn. 187 UStR.

2188 Nach § 14 Abs. 1 Sätze 3 und 4 UStG gelten die für Rechnungen getroffenen Regelungen auch bei der sog. **Mindest-Istversteuerung.**

2189 Aus Rechnungen über **Voraus- und Anzahlungen** muß hervorgehen, daß damit solche Zahlungen abgerechnet werden, z. B. durch Angabe des voraussichtlichen Zeitpunkts der Leistung. Werden in diesen Fällen die berechneten Voraus- oder Anzahlungen nicht geleistet, tritt eine Besteuerung nach § 14 Abs. 3 UStG nicht ein (Abschn. 187 Abs. 2 UStR). Das gilt auch dann, wenn der Unternehmer die vereinbarte Leistung nicht ausführt; es sei denn, die Leistung war von vornherein nicht beabsichtigt (BFH v. 21. 2. 1980, BStBl II 283).

● **Inhalt der Rechnung über Voraus- und Anzahlungen**

2190 Rechnungen über Voraus- und Anzahlungen müssen sinngemäß die in § 14 Abs. 1 Satz 2 UStG geforderten **Angaben** enthalten.

Statt des **tatsächlichen Zeitpunkts der Leistung** ist in der Rechnung über eine Voraus- oder Anzahlung der **voraussichtliche Zeitpunkt der Leistung** anzugeben. Ausreichend ist Angabe des Kalendermonats, in dem die Leistung erbracht werden soll (§ 31 Abs. 4 UStDV).

An die Stelle des Entgelts für den Umsatz tritt in einer Rechnung über Voraus- oder Anzahlungen die Angabe des **vor der Ausführung der Leistung vereinnahmten Entgelts oder Teilentgelts.**

Außerdem ist in einer derartigen Rechnung der auf das vereinnahmte Entgelt oder Teilentgelt entfallende **Umsatzsteuerbetrag auszuweisen.**

● **Zeitpunkt der Rechnungserteilung über Voraus- und Anzahlungen**

2191 Rechnungen mit gesondertem Steuerausweis brauchen **nicht** jeweils für die **einzelnen** Voraus- und Anzahlungen erteilt zu werden. Es kann auch eine **Rechnung** erteilt werden, in der **mehrere oder alle** im Zusammenhang mit einer Leistung **vereinbarten Voraus- oder Anzahlungen** enthalten sind. Es genügt, wenn in ihr der Gesamtbetrag der im voraus geleisteten Entgeltsteile und die auf diesen Betrag entfallende USt angegeben wird (Abschn. 187 Abs. 5 UStR).

Rechnungen mit gesondertem Steuerausweis können schon erteilt werden, **bevor eine Voraus- oder Anzahlungen** vereinnahmt worden ist. Ist das im voraus vereinnahmte Entgelt oder Teilentgelt **niedriger** als in der Rechnung angegeben, so entsteht die USt nur insoweit, als sie auf das tatsächlich vereinnahmte Entgelt oder Teilentgelt entfällt. Eine **Berichtigung** der Rechnung ist in diesem Falle nicht erforderlich (Abschn. 187 Abs. 5 UStR). 2192

Der **vorgezogene Vorsteuerabzug** setzt jedoch immer voraus, daß eine Rechnung mit gesondertem Steuerausweis vorliegt und die Zahlung geleistet worden ist. Sind diese Voraussetzungen nicht gleichzeitig gegeben, kommt der Vorsteuerabzug erst für den Besteuerungszeitraum in Betracht, in dem **beide** Voraussetzungen erfüllt sind (Abschn. 193 Abs. 1 UStR). 2193

Dem Unternehmer steht es im übrigen frei, über die **gesamte Leistung** im voraus Rechnung zu erteilen, in der der **Gesamtbetrag der Umsatzsteuer** für diese Leistung gesondert ausgewiesen wird. In diesen Fällen bedarf es keiner Rechnung über Voraus- und Anzahlungen (Abschn. 187 Abs. 6 UStR). 2194

- **Gutschriften über Voraus- und Anzahlungen**

Über Voraus- und Anzahlungen kann auch mit Gutschriften abgerechnet werden, sofern die Voraussetzungen des § 15 Abs. 5 Satz 2 UStG erfüllt sind (Abschn. 187 Abs. 3 UStR). 2195

- **Endrechnungen**

In einer Endrechnung, mit der ein Unternehmer über die ausgeführte Leistung **insgesamt** abrechnet, sind die **vor** der Ausführung der Leistung vereinnahmten Entgelte oder Teilentgelte sowie die hierauf entfallenden Steuerbeträge abzusetzen, wenn über die Entgelte oder Teilentgelte Rechnungen mit gesondertem Steuerausweis erteilt worden sind (§ 14 Abs. 1 letzter Satz UStG). Zweck dieser Vorschrift ist es, einen doppelten Vorsteuerabzug durch einen Leistungsempfänger auszuschließen. 2196

Vgl. hierzu die **Beispiele** von Endabrechnungen in Abschn. 187 Abs. 7 UStR sowie wegen **vereinfachter Erteilung** Abschn. 187 Abs. 8 UStR.

• Restrechnungen

2197 Statt einer Endrechnung, die gesetzlich nicht vorgeschrieben ist, kann der Unternehmer über das **restliche Entgelt** oder den **verbliebenen Restpreis** eine Rechnung erteilen (**Restrechnung**). In ihr sind die im voraus vereinnahmten Teilentgelte und die darauf entfallenden Steuerbeträge nicht anzugeben. Es wird jedoch nicht beanstandet, wenn zusätzlich das Gesamtentgelt (ohne Steuer) abgesetzt wird und davon die im voraus vereinnahmten Teilentgelte (ohne Steuer) abgesetzt werden (Abschn. 187 Abs. 11 UStR).

2198–2200 *(Einstweilen frei)*

22. Sachzuwendungen an Arbeitnehmer

Literatur: *Widmann,* Zur Umsatzbesteuerung von betrieblichen Sachzuwendungen, DStR 1981, 703; *Güldennagel,* Sachzuwendungen und sonstige Leistungen an Arbeitnehmer nach dem UStG 1980, DB 1982, 763; *Niemann,* Zur Umsatzbesteuerung von Sachzuwendungen an Arbeitnehmer, StBp 1984, 244; *Horn,* Zur Umsatzsteuerpflicht von Sachzuwendungen, UR 1985, 55; *Reiprich,* Verbilligte und unentgeltliche Leistungen an Arbeitnehmer und ihre Bemessungsgrundlage, UR 1985, 82; *Husmann,* Sachzuwendungen an Arbeitnehmer, UR 1985, 105; *Reiprich,* Die Kehrseite des § 1 Abs. 1 Nr. 3 UStG 1980, UR 1985, 267; *Burhoff,* Umsatzsteuerliche Behandlung von Sachzuwendungen und sonstigen Leistungen an Arbeitnehmer, NWB F. 7, 3557; *Hünnekens,* Umsatzsteuer bei Sachzuwendungen und sonstigen Leistungen an Arbeitnehmer, NWB F. 7, 3993 ff.; *Giloy,* Zuwendungen bei Betriebsveranstaltungen, NWB F. 6, 3451; *Korn,* Umdenken bei Betriebsveranstaltungen, NWB Blickpunkt Steuern, 9/92.

Verwaltungsanweisungen: Abschn. 12 und 158 Abs. 2 UStR; BMF v. 16. 10. 1989 betr. Umsatzsteuer bei Sachzuwendungen und sonstigen Leistungen an Arbeitnehmer, BStBl I 410; BMF v. 7. 2. 1991 betr. die Behandlung von Sachzuwendungen und sonstigen Leistungen an Arbeitnehmer, BStBl I 267.

2201 Bei der umsatzsteuerlichen Behandlung von Sachzuwendungen und sonstigen Leistungen an Arbeitnehmer ist zu unterscheiden zwischen

• **entgeltlichen Leistungen,** für die der Arbeitnehmer **tatsächlich etwas zahlt** (vgl. Rdnr. 2202) und Zuwendungen **verbilligter** Lieferungen und sonstiger Leistungen, die der Arbeitnehmer **besonders bezahlt** (vgl. Rdnr. 2203) sowie

• **Leistungen ohne besonders berechnetes Entgelt** (vgl. Rdnr. 2204).

Umsatzsteuer

a) Entgeltliche Leistungen

LEXinform
▶ BSt-BG-1475 ◀

Wendet der Unternehmer (Arbeitgeber) seinen Arbeitnehmern als Vergütung für geleistete Dienste neben dem **Barlohn** auch einen **Sachlohn** zu, bewirkt der Unternehmer mit dieser Sachzuwendung eine entgeltliche Leistung i. S. des § 1 Abs. 1 Nr. 1 Satz 1 UStG, für die der Arbeitnehmer einen Teil seiner Arbeitsleistung als Gegenleistung erbringt. Eine Vergütung für geleistete Dienste liegt vor, wenn der Arbeitnehmer nach den arbeitsvertraglichen Vereinbarungen neben dem Barlohn einen zusätzlichen Lohn in Form von Sachzuwendungen erhält (vgl. hierzu die Erläuterungen in Abschn. 103 Abs. 5 UStR zu § 4 Nr. 18 UStG zum Begriff „Vergütung für geleistete Dienste"). Der Unternehmer gewährt in diesem Fall die Sachleistung in der Absicht, die Gegenleistung in Form der anteiligen Arbeitsleistung des Arbeitnehmers zu erhalten (vgl. BFH v. 7. 5. 1981, BStBl II 495; v. 6. 6. 1984, BStBl II 686, 688, und v. 4. 10. 1984, BStBl II 808).

2202

Ebenfalls nach § 1 Abs. 1 Nr. 1 Satz 1 UStG steuerbar sind Sachzuwendungen in Form **verbilligter Lieferungen und sonstiger Leistungen**, die der Arbeitnehmer **besonders bezahlt**. Von einer entgeltlichen Leistung in diesem Sinne ist auszugehen, wenn der Unternehmer für die Leistung gegenüber dem einzelnen Arbeitnehmer einen **unmittelbaren Anspruch auf eine Geldzahlung** oder eine andere – nicht in der Arbeitsleistung bestehende – **Gegenleistung in Geldeswert** hat. Für die Steuerbarkeit kommt es nicht darauf an, ob der Arbeitnehmer das Entgelt gesondert an den Unternehmer entrichtet, oder ob der Unternehmer den entsprechenden Betrag vom Barlohn einbehält.

2203

b) Leistungen ohne besonders berechnetes Entgelt

LEXinform
▶ BSt-BG-1480 ◀

Sachzuwendungen sind nach § 1 Abs. 1 Nr. 1 Satz 2b UStG auch dann steuerbar, wenn die Leistungsempfänger dafür **kein besonders berechnetes Entgelt** aufwenden. Ein Leistungsaustausch ist hier kein Tatbestandsmerkmal. Für die Steuerbarkeit kommt es auch nicht darauf an, ob die Zuwendung des Arbeitgebers eine Vergütung für geleistete Dienste des Arbeitnehmers ist. Voraussetzung ist lediglich, daß Leistungen aus unternehmerischen (betrieblichen) Gründen für den privaten, außerhalb des Dienstverhältnisses liegenden Bedarf des Arbeitnehmers ausgeführt werden (vgl. BFH v. 11. 3. 1988, BStBl II 643, 651).

2204

2205 Steuerbar sind auch Leistungen an **ausgeschiedene Arbeitnehmer** aufgrund eines früheren Dienstverhältnisses sowie an die in der Vorschrift genannten **Angehörigen** (i. S. des § 15 AO) des Arbeitnehmers. Auch Sachzuwendungen an **Auszubildende** unterliegen der USt, da ein Ausbildungsverhältnis ein Dienstverhältnis i. S. des § 1 Abs. 2 LStDV ist (BFH v. 18. 7. 1985, BStBl II 644). Daher sind Sachzuwendungen an Auszubildende umsatzsteuerlich Lieferungen oder sonstige Leistungen aufgrund des Dienstverhältnisses (vgl. i. e. Hünnekens, NWB F. 7, 3993, 3995).

2206 Keine steuerbaren Sachzuwendungen i. S. des § 1 Abs. 1 Nr. 1 Satz 2b Satz 2 UStG sind

- **Aufmerksamkeiten** (vgl. Rdnr. 2207) und

- **Leistungen**, die überwiegend durch das **betriebliche Interesse** des Arbeitgebers veranlaßt sind (vgl. Rdnr. 2208).

c) **Aufmerksamkeiten**

LEXinform
▶ BSt-BG-1485 ◀

2207 Die Nichtsteuerbarkeit der Aufmerksamkeiten beruht auf der ausdrücklichen Regelung in § 1 Abs. 1 Nr. 1 Satz 2 UStG. Der Begriff entspricht dem lohnsteuerlichen Begriff (vgl. i. e. Abschn. 73 LStR). Aufmerksamkeiten sind **Zuwendungen** des Arbeitgebers, die nach Art und nach ihrem Wert **Geschenken** entsprechen, die im gesellschaftlichen Verkehr üblicherweise ausgetauscht werden und zu **keiner ins Gewicht fallenden Bereicherung** des Arbeitnehmers führen (vgl. BFH v. 22. 3. 1985, BStBl II 641). Zu den Aufmerksamkeiten rechnen danach gelegentliche Sachzuwendungen bis zu einem Wert von **60 DM** (bis 1992: 30 DM), z. B. Blumen, Genußmittel, ein Buch oder eine Schallplatte, die dem Arbeitnehmer oder seinen Angehörigen aus Anlaß eines besonderen persönlichen Ereignisses zugewendet werden. Gleiches gilt für Getränke und Genußmittel, die der Arbeitgeber den Arbeitnehmern zum Verzehr im Betrieb unentgeltlich überläßt, sowie für Speisen, die der Arbeitgeber den Arbeitnehmern anläßlich und während eines **außergewöhnlichen Arbeitseinsatzes** zum Verzehr unentgeltlich überläßt.

d) **Leistungen im überwiegenden betrieblichen Interesse**

LEXinform
▶ BSt-BG-1490 ◀

2208 Die Ausnahmeregelung für Leistungen, die überwiegend durch das betriebliche Interesse des Arbeitgebers veranlaßt sind, ergibt sich nicht aus dem UStG. Sie beruht vielmehr auf der Rechtsprechung des BFH (vgl. Abschn. 70 Abs. 1 Satz 7 LStR), wo allerdings der Begriff „ganz überwiegendes betriebliches Interesse" verwendet wird. Nichtsteuerbare Leistungen im überwiegenden betrieblichen Interesse liegen vor, wenn betrieblich veranlaßte Maßnahmen zwar auch die Befriedigung eines privaten Bedarfs der Arbeitnehmer zur Folge haben, diese Folge aber durch die mit den Maßnahmen angestrebten betrieblichen Zwecke überlagert wird. Dies ist regelmäßig anzunehmen, wenn die Maßnahme die dem Arbeitgeber obliegende **Gestaltung der Dienstausübung** betrifft (BFH v. 11. 3. 1988, BStBl II 463). Damit sind vor allem die Fälle gemeint, in denen ein Vorteil der Belegschaft als Gesamtheit zugewendet wird und eine „Bereicherung" des einzelnen Arbeitnehmers in den Hintergrund tritt.

Nichtsteuerbar sind insbesondere:

- Leistungen zur **Verbesserung der Arbeitsbedingungen**, z. B. die Bereitstellung von Aufenthalts- und Erholungsräumen sowie von betriebseigenen Dusch-, Bade- und Sportanlagen, die grundsätzlich von allen Betriebsangehörigen in Anspruch genommen werden können,   2209

- die **betriebliche Betreuung** sowie die vom Arbeitgeber übernommenen Kosten einer **Vorsorgeuntersuchung** des Arbeitnehmers, wenn die Vorsorgeuntersuchung im überwiegenden betrieblichen Interesse des Arbeitgebers liegt (vgl. BFH v. 17. 9. 1982, BStBl 1983 II 39),   2210

- betriebliche **Fort- und Weiterbildungsleistungen**,   2211

- die Überlassung von **Arbeitsmitteln** zur beruflichen Nutzung einschließlich der **Arbeitskleidung**, wenn es sich um typische Berufskleidung, insbesondere **Arbeitsschutzkleidung** handelt, deren private Nutzung so gut wie ausgeschlossen ist,   2212

- das Zurverfügungstellen von **Parkplätzen** auf dem Betriebsgelände. Unerheblich dürfte es nach Hünnekens (NWB F. 7, 3993, 3996) sein, ob es sich um Parkplätze auf eigenem oder angemietetem Gelände handelt, soweit die Parkflächen nicht zugunsten bestimmter Arbeitnehmer besonders angemietet werden,   2213

- Zuwendungen im Rahmen von **Betriebsveranstaltungen,** soweit sie sich im üblichen Rahmen halten. Die Üblichkeit der Zuwendungen wird bis zu einer Höhe von 60 DM je Arbeitnehmer und Betriebsveranstaltung nicht überprüft. Darüber hinaus ist eine Prüfung im Einzelfall erforderlich. Die Betragsgrenze gilt nicht für mehrtägige Betriebsveranstaltungen sowie bei mehr als zwei Veranstaltungen im Jahr. Die lohnsteuerliche Beurteilung gilt entsprechend (vgl. Abschn. 72 LStR). BFH   2214

v. 25. 5. 1992 (BStBl II 655) hat den Höchstbetrag im Urteilsfall für die Streitjahre 1983, 1985 und 1986 auf 150 DM festgesetzt. Dieser Höchstbetrag müßte für Betriebsveranstaltungen in späteren Jahren angepaßt werden. **Ab 1993 gilt ein Höchstbetrag von 200 DM** (Abschn. 72 Abs. 4 Satz 2 LStR). Wegen weiterer Einzelheiten vgl. Rdnr. 2623 ff.

e) **Steuerbefreiungen**

LEXinform
▶ BSt-BG-1495 ◀

2215 Steuerbare Sachzuwendungen an Arbeitnehmer können steuerfrei sein. In Betracht kommen im Bauhaupt- und Bauausbaugewerbe:

2216 • Steuerbefreiung nach § 4 Nr. 10b UStG für Leistungen, die in der **Verschaffung von Versicherungsschutz** bestehen. Dies ist der Fall, wenn der Arbeitgeber mit einem Versicherungsunternehmen einen Versicherungsvertrag zugunsten seines Arbeitnehmers abschließt.

2217 • Steuerbefreiung nach § 4 Nr. 12 UStG für die **Vermietung von Grundstücken**. Darunter fällt die Überlassung von **Werkdienstwohnungen** durch Arbeitgeber an ihre Arbeitnehmer (vgl. BFH v. 30. 7. 1986, BStBl II 877), z. B. für den Platzmeister, Lagerverwalter u. ä.

f) **Bemessungsgrundlage**

LEXinform
▶ BSt-BG-1500 ◀

aa) **Entgeltliche Sachzuwendungen**

2218 Bemessungsgrundlage bei den entgeltlichen Sachzuwendungen ist für die USt das **Entgelt** i. S. von § 10 Abs. 1 UStG. Es ist jedoch die Vorschrift über die **Mindestbemessungsgrundlage** in § 10 Abs. 5 Nr. 2 UStG zu beachten. Danach ist als Bemessungsgrundlage mindestens der in § 10 Abs. 4 Nr. 1 oder 2 UStG bezeichnete Wert (Einkaufspreis, Selbstkosten, Kosten, vgl. Rdnr. 2219) abzüglich der USt anzusetzen, wenn dieser den vom Arbeitnehmer tatsächlich aufgewendeten (gezahlten) Betrag abzüglich der USt übersteigt. Wegen Einzelheiten vgl. BMF v. 7. 2. 1991, a. a. O., Abs. 6.

bb) **Unentgeltliche Sachzuwendungen**

2219 Bei der Ermittlung der Bemessungsgrundlage für unentgeltliche **Lieferungen** (§ 10 Abs. 4 Nr. 1 UStG) ist vom Einkaufspreis zuzüglich der Nebenkosten für den Gegenstand oder für einen gleichartigen Gegenstand oder mangels Einkaufspreises von den **Selbstkosten** jeweils zum Zeitpunkt des Umsatzes auszugehen. Der Einkaufspreis entspricht in der Regel dem Wiederbeschaffungspreis des Unternehmers. Die Selbstkosten umfassen alle durch den betrieblichen Leistungsprozeß entstehenden Kosten. Bei der Ermittlung der Bemessungsgrundlage für unentgeltliche **sonstige Leistungen** (§ 10 Abs. 4 Nr. 2 UStG) ist von den bei der Ausführung dieser Leistungen entstandenen **Kosten** auszugehen. Hierzu gehören auch die anteiligen Gemeinkosten.

cc) Berücksichtigung lohnsteuerlicher Werte

Die Werte des § 10 Abs. 4 UStG weichen grundsätzlich von den für lohnsteuerliche Zwecke anzusetzenden Werten ab. Nach BMF v. 7. 2. 1991 (a. a. O.) wird es von der Finanzverwaltung jedoch aus Vereinfachungsgründen nicht beanstandet, wenn für die umsatzsteuerliche Bemessungsgrundlage von den lohnsteuerlichen Werten ausgegangen wird. Diese Werte sind dann als **Bruttowerte** anzusehen, aus denen zur Ermittlung der Bemessungsgrundlage die USt herauszurechnen ist. 2220

g) Sachzuwendungen im Bauhaupt- und Baunebengewerbe

aa) Unentgeltliche Arbeitnehmer-Sammelbeförderung

(1) Steuerbarkeit

Beförderungen der Arbeitnehmer von ihrem Wohnsitz, gewöhnlichen Aufenthalt oder von einer Sammelhaltestelle, z. B. einem Bahnhof, zum Arbeitsplatz durch betriebseigene Kraftfahrzeuge oder durch vom Arbeitgeber beauftragte Beförderungsunternehmen sind nach § 1 Abs. 1 Nr. 1 Satz 2 b UStG steuerbar und **keine Aufmerksamkeiten** des Arbeitgebers. Sie ermöglichen es den Arbeitnehmern, auf Kosten des Arbeitgebers an den Ort zu gelagen, an dem die aufgrund des Dienstverhältnisses geschuldete Leistung zu erbringen ist. Hieran ändert sich nichts, wenn die Arbeitsstelle sich nicht an einem bestimmten Ort, sondern an **ständig wechselnden Orten** befindet. Denn die Fahrten von der Wohnung zur Arbeitsstelle sind, auch wenn sie bei den Arbeitnehmern beruflich veranlaßt sind, grundsätzlich Sache der Arbeitnehmer, die die Arbeit erst an der jeweiligen Arbeitsstelle zu leisten haben (BFH v. 11. 3. 1988, BStBl II 651). Die Fahrten betreffen nicht die Gestaltung der Dienstausübung selbst. Das gilt auch, wenn 2221

- es für die Arbeitnehmer aus zeitlichen und örtlichen Gründen besonders beschwerlich ist, zu den Arbeitsstellen zu gelangen, und eine Beförderung der Arbeitnehmer durch den Einsatz an Orten bedingt ist, die mit öffentlichen Verkehrsmitteln nicht erreichbar sind,

- der Arbeitgeber die Arbeitnehmer zur Vermeidung einer tarifvertraglich geregelten Fahrtkostenabgeltung befördert oder befördern läßt. Vgl. auch Rdnr. 2729.

2222 Etwas anderes kann gelten, wenn die Beförderungsleistungen wegen eines **außergewöhnlichen Arbeitseinsatzes** erforderlich werden oder wenn sie hauptsächlich dem **Materialtransport an die Arbeitsstelle** dienen und der Arbeitgeber dabei einige Arbeitnehmer unentgeltlich mitnimmt. Insoweit kann im Einzelfall eine Leistung im überwiegenden betrieblichen Interesse anzunehmen sein (vgl. BMF v. 7. 2. 1991, a. a. O., Abs. 14).

Beispiel:
Es werden Baumaterialien an eine Baustelle geliefert und dabei einige Arbeitnehmer von einem Sammelpunkt an die Baustelle mitgenommen.

(2) Bemessungsgrundlage

2223 Die Bemessungsgrundlage für die unentgeltlichen Beförderungsleistungen des Arbeitgebers richtet sich nach den bei der Ausführung der Umsätze entstandenen Kosten (§ 10 Abs. 4 Nr. 2 UStG). Die Finanzverwaltung beanstandet nicht, wenn der Arbeitgeber die **entstandenen Kosten schätzt**, soweit er die Beförderung mit betriebseigenen Fahrzeugen durchführt. Die Bemessungsgrundlage für die Beförderungsleistungen eines Monats kann z. B. pauschal aus der Zahl der durchschnittlich beförderten Arbeitnehmer und aus dem Preis für eine Monatskarte der Deutschen Bundesbahn für die kürzeste und weiteste gefahrene Wegstrecke (Durchschnitt) abgeleitet werden (vgl. BMF v. 7. 2. 1991, a. a. O., Abs. 15).

Beispiel:
Ein Unternehmer hat in einem Monat durchschnittlich sechs Arbeitnehmer mit einem betriebseigenen Fahrzeug unentgeltlich von ihrer Wohnung zur Arbeitsstätte befördert. Die kürzeste Strecke von der Wohnung eines Arbeitnehmers zur Arbeitsstätte beträgt 10 km, die weiteste 30 km (Durchschnitt 20 km). Die Bemessungsgrundlage für die Beförderungsleistungen in diesem Monat berechnet sich folgendermaßen:
6 Arbeitnehmer × 114 DM (Monatskarte Deutsche Bundesbahn 2. Klasse für 20 km) = 684 DM abzüglich 44,73 DM USt (Steuersatz 7 v. H.) = 639,27 DM.

(3) Ermäßigter Steuersatz

2224 Die Beförderungsleistung mit **betriebseigenen Fahrzeugen** des Unternehmers zu wechselnden Arbeitsstellen unterliegt als genehmigungsfreier Linienverkehr dem ermäßigten Steuersatz nach § 12 Abs. 2 Nr. 10 b UStG, sofern die weiteren Voraussetzungen dieser Vorschrift erfüllt sind (BFH v. 11. 3. 1988, BStBl II 651).

Hat der Arbeitgeber einen **selbständigen Beförderungsunternehmer** mit der Beförderung seiner Arbeitnehmer zwischen Wohnung und Arbeitsstelle beauftragt, und erfüllt der Beförderungsunternehmer die Voraussetzungen des genehmigungsfreien Linienverkehrs, so ist seine Leistung als Beförderungsleistung i. S. des § 12 Abs. 2 Nr. 10 b UStG anzusehen. Diese Steuerermäßigung kommt für die Beförderungsleistung des Arbeitgebers, der den Linienverkehr nicht selbst betreibt, dagegen nicht in Betracht (BFH v. 11. 3. 1988, BStBl II 643). Vgl. hierzu auch Abschn. 175 UStR sowie BMF v. 7. 2. 1991, a. a. O., Abs. 16. 2225

bb) Unentgeltliche Überlassung eines Kraftwagens

Überläßt der Arbeitgeber dem Arbeitnehmer einen Kraftwagen **unentgeltlich zur privaten Nutzung**, z. B. für Fahrten zwischen Wohnung und Arbeitsstätte, so bemißt sich die nach § 1 Abs. 1 Nr. 1 Satz 2 b UStG steuerbare sonstige Leistung nach den Kosten (§ 10 Abs. 4 Nr. 2 UStG). Aus Vereinfachungsgründen ist nach BMF v. 7. 2. 1991 (a. a. O., Abs. 18) von den für LSt-Zwecke anzusetzenden Werten auszugehen (vgl. Abschn. 31 Abs. 7 LStR). 2226

Der darin liegende **geldwerte Vorteil** (Arbeitslohn) kann mit monatlich 1 v. H. des sog. Listenpreises des Kraftfahrzeugs berechnet werden. Die ggf. niedrigeren tatsächlichen Anschaffungskosten des Arbeitgebers für das Fahrzeug sind nicht zu berücksichtigen (BFH v. 25. 5. 1992, BStBl II 700, Bestätigung von Tz. 7.4 BMF v. 8. 11. 1982, BStBl I 814). Vgl. zu den möglichen **Berechnungsmethoden** i. e. Rdnr. 2771 ff. 2227

Steht einem **Außendienstmonteur der Sanitär- und Heizungsbranche** ein Fahrzeug zur Verfügung, das ausschließlich nach Art eines Werkstattwagens für Kundenbesuche benutzt wird, ist in dieser Benutzung des Fahrzeugs auf der Strecke zwischen Unternehmenssitz (Werkstatt) und Wohnung **keine** durch den Arbeitgeber gewährte betriebliche **Sachzuwendung** zu sehen. Die gewährte Benutzung des Fahrzeugs auf der Strecke zwischen Werkstatt und Wohnung ist weder Vergütung für geleistete Dienste noch steuerbare freiwillige Sachzuwendung (BFH v. 6. 6. 1984, BStBl II 688). 2228

h) Anwendungsregelung

LEXinform
▶ BSt-BG-1505 ◀

Das BMF-Schreiben v. 7. 2. 1991 tritt **mit Wirkung v. 1. 1. 1991** an die Stelle des BMF-Schreibens v. 16. 10. 1989 (BStBl I 410). 2229

Für den **Besteuerungszeitraum 1990** kann noch nach den bisherigen Regelungen in den Abschn. 12 und 158 Abs. 2 UStR verfahren werden, soweit dem nicht gesetzliche Regelungen entgegenstehen (vgl. BMF v. 7. 2. 1991, a. a. O., Abs. 18).

Das bedeutet u. a. vgl. i. e. Hünnekens, NWB F. 7, 3993, 4002), daß

- die **Neuregelung der Bemessungsgrundlage** durch Art. 7 Abs. 2 WoBauFG (vgl. Rdnr. 2100) bereits ab 1. 1. 1990 zu beachten ist und
- Sachzuwendungen an **Auszubildende** in 1990 noch als nicht steuerbar behandelt werden können (Abschn. 12 Abs. 1 Satz 7 UStR).

2230–2235 *(Einstweilen frei)*

23. Sollbesteuerung

LEXinform
▶ BSt-BG-1510 ◀

Verwaltungsanweisungen: Abschn. 178, 181 UStR; OFD Bremen v. 21. 8. 1990, Merkblatt über die Sollbesteuerung in der Bauwirtschaft (§§ 13, 15 und 18 UStG), UR 1991, 151.

2236 Die Bauwirtschaft führt Werklieferungen und Werkleistungen auf dem Grund und Boden der Auftraggeber im allgemeinen nicht in Teilleistungen (vgl. Rdnr. 2284 ff.), sondern als einheitliche Leistungen aus. Wie sich gezeigt hat, melden Unternehmer der Bauwirtschaft, die ihre Umsätze nach vereinbarten Entgelten versteuern (Sollbesteuerung), die Umsätze **häufig verspätet** zur USt an. Das ist im Ergebniös eine unzulässige **Selbststundung**. Hinzu kommt, daß durch das UStG 1980 Besonderheiten zur Besteuerung von Voraus- und Anzahlungen eingeführt worden sind (sog. **Mindest-Istversteuerung**; vgl. Rdnr. 2166).

2237 In den nachfolgenden Randnummern werden daher die Grundsätze über die Umsatzbesteuerung von Bauleistungen im Fall der **Sollbesteuerung** sowie von **Voraus- und Anzahlungen** (vgl. Rdnr. 2258), insbesondere der Zeitpunkt der **Entstehung der Steuer** (vgl. Rdnr. 2243) und die sich daraus ergebenden **Anmeldungs- und Zahlungspflichten** erörtert.

a) Werklieferung, Werkleistung, Teilleistungen

2238 Bauleistungen der Bauwirtschaft liegen in der Regel Werklieferungs- oder Werkverträge i. S. des bürgerlichen Rechts zugrunde. Auch umsatzsteuerrechtlich wird zwischen Werklieferungs- und Werkleistungsverträgen unterschieden.

Eine **Werklieferung** liegt vor, wenn der Unternehmer ein bestelltes Werk 2239
unter Verwendung eines oder mehrerer von ihm selbst beschaffter Hauptstoffe erstellt (§ 3 Abs. 4 UStG; vgl. i. e. Rdnr. 2386 ff.)

Eine **Werkleistung** liegt vor, wenn für eine Leistung kein Hauptstoff 2240
benötigt wird, z. B. Aushub einer Baugrube, Erdbewegungen oder wenn die benötigten Hauptstoffe vom Auftraggeber gestellt werden. Die Verwendung von Nebenstoffen aus den Beständen des Unternehmers hat auf die Beurteilung keinen Einfluß (vgl. i. e. Rdnr. 2389 ff.)

Wie Werklieferungen oder Werkleistungen werden umsatzsteuerrechtlich 2241
auch die Teile einer Leistung behandelt, für die das Entgelt gesondert vereinbart und abgerechnet wird **(Teilleistungen)**. Voraussetzung ist, daß die Leistung nach wirtschaftlicher Betrachtungsweise teilbar ist und daß sie nicht als Ganzes, sondern in Teilen geschuldet und bewirkt wird (vgl. i. e. Rdnr. 2284 ff.)

Beispiel:
Ein Unternehmer ist beauftragt worden, mehrere Wohnhäuser schlüsselfertig zu erstellen. Für die einzelnen Häuser sind Pauschalpreise vereinbart worden. Jedes einzelne Haus wird gesondert abgenommen und getrennt abgerechnet. Die Lieferung jedes einzelnen Hauses ist eine Teilleistung i. S. des USt-Rechts.

Eine Teilleistung ist z. B. auch bei **Erdarbeiten, Außenputzarbeiten, Zim-** 2242
merarbeiten und **Dachdeckerarbeiten** nach Häusern oder Blöcken, bei **Innenputz-** und **Materialarbeiten** nach Geschossen oder Wohnungen und bei **Tischler-** und **Glaserarbeiten** nach einzelnen Stücken möglich (BdF v. 28. 12. 1970, USt-Kartei § 27 K. 11; vgl. i. e. Rdnr. 2284 ff.).

b) Entstehung der Steuer

Gemäß § 13 Abs. 1 Nr. 1a Sätze 1–3 UStG entsteht bei Versteuerung 2243
nach vereinbarten Entgelten (Sollbesteuerung) die USt grundsätzlich mit Ablauf des Voranmeldungszeitraums, in dem die Leistung/ Teilleistung ausgeführt worden ist. Davon abweichend entsteht die USt bei Voraus- und Anzahlungen.

Bei **Werklieferungen** gilt die Leistung als ausgeführt, wenn dem Auftrag- 2244
geber (Bauherrn) die Verfügungsmacht an dem erstellten Werk verschafft worden ist.

Verschaffung der Verfügungsmacht bedeutet, den Auftraggeber zu befähi- 2245
gen, im eigenen Namen über das auftragsgemäß fertiggestellte Werk ver-

fügen zu können. Nach ständiger Rechtsprechung wird die Verfügungsmacht bei Werklieferungen grundsätzlich mit der Übergabe und Abnahme des fertigen Werks verschafft.

2246 Unter **Abnahme** ist die Billigung der ordnungsgemäßen vertraglichen Leistungserfüllung i. S. des § 640 BGB durch den Auftraggeber zu verstehen. Nicht maßgebend ist die baubehördliche Abnahme. Soweit vertraglich keine besonderen Formvorschriften für die Abnahme vereinbart wurden, z. B. nach VOB/B kann die Abnahme in jeder möglichen Form erfolgen, in der der Auftraggeber die Anerkennung der vertragsgemäßen Erfüllung vornimmt (u. a. auch durch stillschweigendes Handeln des Auftraggebers, z. B. durch Benutzung). Bei Vereinbarung einer förmlichen Abnahme wird die Verfügungsmacht im allgemeinen am Tag der förmlichen Abnahmeverhandlung verschafft. Das gilt nicht, wenn eine Abnahme durch stillschweigende Billigung stattfindet.

2247 Eine solche **stillschweigende Billigung** ist immer anzunehmen, wenn das Werk durch den Auftraggeber bereits bestimmungsgemäß genutzt wird. Fehlende Restarbeiten oder Nachbesserungen schließen eine wirksame Abnahme nicht aus, wenn das Werk ohne diese Arbeiten seinen bestimmungsgemäßen Zwecken dienen kann.

Beispiel:

Ein Bauunternehmer hat sich verpflichtet, auf dem Grundstück des Auftraggebers (Bauherren) ein Wohngebäude schlüsselfertig zu errichten. Das Gebäude wird im Juli fertiggestellt und vom Bauherrn im August abgenommen. Die baubehördliche Abnahme erfolgt im Oktober. Die Schlußrechnung wird im Dezember erstellt. Die Abschlußzahlung wird erst im Folgejahr geleistet.

Umsatzsteuerrechtlich ist die Lieferung des Gebäudes mit der Abnahme durch den Bauherrn im August ausgeführt worden. Die USt ist mit Ablauf des Monats August entstanden. Hätte der Bauherr das Gebäude schon unmittelbar nach der Fertigstellung im Juli in Nutzung genommen, z. B. durch Einzug, so wäre die Abnahme durch die schlüssige Handlung des Bauherrn vollzogen und das Gebäude im Juli geliefert worden. Entsprechend wäre die USt-Schuld mit Ablauf des Monats Juli entstanden.

2248 **Werkleistungen** sind dagegen grundsätzlich bereits mit der Fertigstellung, d. h. mit der Vollendung des Werks ausgeführt. Die Vollendung des Werks wird zwar im Regelfall mit der Abnahme zusammenfallen, diese ist hier aber nicht Voraussetzung.

Beispiel:

Ein Bauunternehmer hat die Aushebung einer Baugrube übernommen. Die Arbeit wird im Mai beendet, die Rechnung im November erstellt. Die Zahlung erfolgt im Dezember.

Umsatzsteuerrechtlich ist die Leistung im Zeitpunkt ihrer Vollendung im Mai ausgeführt. Die USt ist mit Ablauf des Monats Mai entstanden.

Die USt entsteht in den Fällen, in denen das **Entgelt oder ein Teil des Entgelts** (Voraus- und Abschlagszahlungen) **vor Ausführung der Leistung/ Teilleistung gezahlt** wird, bereits mit Ablauf des Voranmeldungszeitraums, in dem das Entgelt/Teilentgelt vereinnahmt worden ist (§ 13 Abs. 1 Nr. 1a Satz 4 UStG), und zwar unabhängig davon, ob die beteiligten Unternehmen von der Möglichkeit der Rechnungserteilung mit gesondertem Steuerausweis und des Vorsteuerabzugs Gebrauch machen oder nicht. Das gilt jedoch nur, wenn 2249

- das vor Ausführung der Leistung jeweils gezahlte Entgelt/Teilentgelt 10 000 DM (ausschließlich der USt) und mehr beträgt oder

- der leistende Unternehmer über die vor Ausführung der Leistung vereinnahmte Zahlung eine Rechnung mit gesondertem Ausweis der Steuer erteilt hat. Das ist auch dann der Fall, wenn in einer Vorausrechnung die Steuer für die gesamte Leistung ausgewiesen ist. Deshalb haben Unternehmer, die Vorauszahlungen mit gesondertem Steuerausweis erteilen, die vor Ausführung der Leistung vereinnahmten Zahlungen auch dann zu versteuern, wenn sie weniger als 10 000 DM betragen.

Die **10 000-DM-Grenze** bezieht sich auf jede einzelne Zahlung, die für eine bestimmte Lieferung der sonstigen Leistung entrichtet wird. Wegen weiterer Einzelheiten vgl. Abschn. 181 UStR. 2250

Beispiel:

- **Werklieferung**

Ein Bauunternehmer hat sich im Januar vertraglich verpflichtet, auf dem Grundstück des Auftraggebers ein Wohngebäude schlüsselfertig zu errichten. Der vereinbarte Preis beträgt 300 000 DM (einschließlich USt). Er erhält Anzahlungen in Höhe von 100 000 DM zuzüglich in einer Rechnung gesondert ausgewiesener USt in Höhe von 15 000 DM im Februar und in Höhe von 150 000 DM (ohne Rechnung mit gesondertem Steuerausweis) im April. Das Gebäude ist im Juli fertiggestellt und vom Bauherrn abgenommen worden. Die Restzahlung laut Schlußrechnung vom August erfolgt im September.

Umsatzsteuerrechtlich handelt es sich bei der Leistung des Bauunternehmers um eine Werklieferung, die im Zeitpunkt der Abnahme durch den Bauherrn (= Verschaffung der Verfügungsmacht), also im Juni als ausgeführt gilt. Spätestens mit Ablauf des Voranmeldungszeitraums Juni ist die USt insgesamt entstanden. Soweit Anzahlungen geleistet worden sind, ist die USt bereits früher (mit Ablauf des Februar und des April) entstanden, da in beiden Fällen die 10 000-DM-Grenze überschritten ist. Auf den gesonderten Steuerausweis in einer Rechnung kommt es daher hier nicht an.

Der Bauunternehmer hat daher die erste Anzahlung mit 100 000 DM (115 000 DM ./. USt 15 000 DM) in der USt-Voranmeldung für Februar, die zweite Anzahlung mit 130 440 DM (150 000 DM ./. darin enthaltener USt 19 560 DM) in der USt-Voranmeldung für April und den Restbetrag mit 31 580 DM (300 000 DM ./. Anzahlungen von insgesamt 265 000 DM = 35 000 DM ./. darin enthaltene USt 4 564 DM) in der USt-Voranmeldung für Juni der USt zu unterwerfen.

- **Werkleistung**

Ein Bauunternehmer hat im Januar vertraglich zu einem Preis von 22 600 DM (einschließlich 15 v. H. USt) die Aushebung einer Baugrube übernommen. Die Arbeiten werden im Mai abgeschlossen. Der Bauunternehmer erhält im Februar eine Anzahlung in Höhe von 5 000 DM zuzüglich 750 DM USt (in einer Rechnung gesondert ausgewiesen) und im April eine weitere Anzahlung in Höhe von 9 000 DM (ohne Rechnung mit gesondertem Steuerausweis). Die Restzahlung erfolgt aufgrund der Schlußrechnung vom Juli im August.

Umsatzsteuerrechtlich bewirkt der Bauunternehmer eine Werkleistung, die im Zeitpunkt ihrer Vollendung, also im Mai als ausgeführt gilt. Spätestens mit Ablauf des Voranmeldungszeitraums Mai ist demnach die USt insgesamt entstanden. Lediglich hinsichtlich der ersten Anzahlung (5 750 DM) liegt dieser Zeitpunkt bereits früher (Februar), denn die Anzahlung beträgt zwar weniger als 10 000 DM, die darauf entfallende Steuer ist jedoch gesondert in einer Rechnung ausgewiesen. Dagegen ist die auf die zweite Anzahlung entfallende USt nicht mit Entrichtung im April, sondern erst mit Vollendung der Arbeiten im Mai entstanden, weil die Zahlung weniger als 10 000 DM beträgt und auch ein gesonderter Steuerausweis nicht vorliegt.

Der Bauunternehmer hat deshalb die erste Anzahlung mit 5 000 DM (5 750 DM ./. USt 750 DM) in der USt-Voranmeldung für Februar und die zweite Anzahlung sowie den Restbetrag mit insgesamt 14 653 DM (22 600 DM ./. erste Anzahlung 5 750 DM = 16 850 DM ./. darin enthaltene USt 2 197 DM) in der USt-Voranmeldung für Mai der USt zu unterwerfen.

c) Voranmeldung und Vorauszahlung der Umsatzsteuer

2251 Gemäß § 18 Abs. 1 UStG ist die USt binnen 10 Tagen nach Ablauf des Voranmeldungszeitraums (Kalendermonat oder Kalendervierteljahr) voranzumelden und zu entrichten, in dem die **Leistungen/Teilleistungen aus-**

geführt bzw. die **Voraus-** oder **Abschlagszahlungen vereinnahmt worden** sind. Bei **Dauerfristverlängerung** (§§ 46–48 UStDV) verlängert sich die Frist um einen Monat.

d) Ermittlung des Entgelts

Soweit die Leistung nach den Ausführungen in Rdnr. 2243 ff. als ausgeführt anzusehen ist, ist die Steuer aufgrund des vereinbarten Leistungsentgelts zu entrichten. Die bereits entrichtete Steuer auf Voraus- und Anzahlungen ist abzuziehen. 2252

Bei **Preisvereinbarungen** nach VOB/A gilt für die Entrichtung der USt folgendes (vgl. Abschn. 178 Abs. 2 UStR):

Sind für Leistungen **Einheitspreise** (vgl. § 5 Ziff. 1a VOB/A) vereinbart worden, so erteilt der Auftragnehmer die Schlußrechnung im allgemeinen erst mehrere Monate nach Entstehung der Steuer, weil die Ermittlung des genauen Entgelts längere Zeit erfordert. In solchen Fällen ist im Rahmen der Sollbesteuerung bei der Steuerberechnung folgendermaßen zu verfahren: 2253

- Hat der Auftragnehmer (Bauunternehmer) **Voraus- und Abschlagszahlungen** erhalten, hat er zunächst nur die Summe der erhaltenen Voraus- und Abschlagszahlungen der USt zu unterwerfen (vgl. BFH v. 18. 5. 1961, BStBl III 301), soweit diese Voraus- und Abschlagszahlungen nicht bereits der Mindest-Istversteuerung unterlegen haben. Werden nach der Entstehung der Steuer weitere Abschlagszahlungen geleistet, die nicht nur dazu bestimmt sind, die entstandene USt zu decken, so sind diese Abschlagszahlungen nachträglich in die Bemessungsgrundlage einzubeziehen. Die USt ist aus diesem Betrag herauszurechnen, wenn sie bereits in ihm erhalten ist. Ergeben sich in der Schlußrechnung Abweichungen von der vorläufigen Bemessungsgrundlage, so hat der Auftragnehmer den geschuldeten Steuerbetrag zu berichtigen. 2254

Beispiel:
Ein Bauunternehmer erstellt auf dem Grundstück des Auftraggebers (Bauherr) ein Hochhaus. Es sind Einheitspreise nach § 5 Ziff. 1a VOB/A vereinbart worden. Die Abnahme erfolgt im September. An Voraus- und Abschlagszahlungen wurden bis zur Abnahme 8,5 Mio. DM geleistet, die der Bauunternehmer bereits im Zeitpunkt der Zahlung zutreffend der USt unterworfen hatte (§ 13 Abs. 1 Nr. 1a Satz 4 UStG). Im Dezember wird die Schlußrechnung über 10 Mio. DM zuzüglich 14 v. H. USt (= 1,4 Mio. DM) erstellt.

Die Werklieferung ist mit der Abnahme im September ausgeführt. Da der Bauunternehmer die bisher erhaltenen Voraus- und Abschlagszahlungen bereits sämtlich versteuert hat, ist für die Werklieferung in der USt-Voranmeldung für September keine USt auszuweisen. Die sich aus der Schlußrechnung ergebende Berichtigung der USt ist in der USt-Voranmeldung für Dezember zu berücksichtigen.

2255 • Hat der Auftragnehmer ausnahmsweise **keine Voraus- oder Abschlagszahlungen** erhalten, so ist das Entgelt ggf. auf der Grundlage des Angebots oder eines Voranschlags zu schätzen. Weicht der Rechnungsbetrag von dieser geschätzten Bemessungsgrundlage ab, so ist die Versteuerung ebenfalls zu berichtigen. Stehen bei Abnahme, d. h. bei Verschaffung der Verfügungsmacht an dem bestellten Werk noch Restarbeiten aus, so sind diese stets in die Bemessungsgrundlage einzubeziehen.

2256 Der Auftragnehmer ist berechtigt, entsprechend der vorläufigen Bemessungsgrundlage eine Rechnung (besondere **Abschlagsrechnung**) mit gesondertem Steuerausweis zu erteilen, soweit dies nicht bereits im Rahmen der Anforderungen von Voraus- und Abschlagsrechnungen geschehen ist. Diese Rechnung muß ggf. durch die Schlußrechnung berichtigt werden.

2257 Die vorstehende Regelung gilt nicht,

- wenn für die einheitliche Leistung ein **Pauschalpreis** (vgl. § 5 Ziff. 1 b VOB/A) vereinbart worden ist. Der Auftragnehmer hat auf der Grundlage des vereinbarten Pauschalentgelts die Leistung sofort zu versteuern,

- für **Stahlbauunternehmen,** die ihre Schlußrechnung gleich nach Ausführung des Umsatzes erteilen (OFD Bremen v. 21. 8. 1990, UR 1991, 151, 153).

e) Ausstellung von Rechnungen und Vorsteuerabzug bei Voraus- und Anzahlungen

(1) Ausstellung von Rechnungen

2258 Der Unternehmer ist gemäß § 14 Abs. 1 Satz 3 UStG **berechtigt und ggf. verpflichtet,** über das **vor** der Ausführung der umsatzsteuerpflichtigen Leistung vereinnahmte Entgelt eine **Rechnung** mit gesondert ausgewiesener USt zu erteilen. In der Rechnung ist u. a. der voraussichtliche Zeitpunkt der Lieferung anzugeben. Außerdem muß aus ihr hervorgehen, daß damit Voraus- oder Anzahlungen abgerechnet werden.

In den **Endrechnungen,** mit denen der Unternehmer über die ausgeführ- 2259
ten Leistungen insgesamt abrechnet, sind nach § 14 Abs. 1 letzter Satz
UStG die vor Ausführung der Leistung vereinnahmten Entgelte sowie die
hierauf entfallenden USt-Beträge abzusetzen, wenn über diese Entgelte
Rechnungen mit gesondertem Steuerausweis erteilt worden sind. Unterläßt der Unternehmer dies, so hat er den in dieser Rechnung ausgewiesenen gesamten USt-Betrag an das Finanzamt abzuführen. Es besteht
jedoch die Möglichkeiten, die **Endrechnung zu berichtigen.**

Vgl. wegen weiterer Einzelheiten Abschn. 187 UStR.

(2) Vorsteuerabzug bei Voraus- und Anzahlungen

Nach § 15 Abs. 1 Nr. 1 Satz 2 UStG kann der Unternehmer, sofern auch 2260
die übrigen Voraussetzungen für den Vorsteuerabzug vorliegen, die von
anderen Unternehmern, z. B. Subunternehmern, gesondert in Rechnung
gestellte USt, soweit sie auf eine Zahlung vor Ausführung einer Lieferung oder sonstigen Leistung entfällt, bereits für den Besteuerungszeitraum als **Vorsteuer** abziehen, in dem die Rechnung vorliegt und die Zahlung geleistet worden ist. Zahlt der Unternehmer einen geringeren als
den in der Rechnung angeforderten Betrag, kann er nur die Vorsteuer
abziehen, die auf seine Zahlung entfällt.

Ist die gesamte Leistung ausgeführt worden, kann der Unternehmer die 2261
Vorsteuer hieraus erst dann abziehen, wenn er über die Leistung eine
Rechnung mit gesondertem Steuerausweis erhalten hat. Hat er bereits
Anzahlungen geleistet und darüber Rechnungen mit Steuerausweis erhalten, kann er aus der Endrechnung nur den Betrag als Vorsteuer abziehen, der auf das restliche zu entrichtende Entgelt entfällt. Das gilt auch
dann, wenn der leistende Unternehmer in der Endrechnung die angezahlten Beträge und die darauf entfallende Steuer nicht abgesetzt hat.

Beispiel:

(1) Ein Bauunternehmer erteilt seinem Auftraggeber, für den er eine Lagerhalle
erstellt, im Juni eine Rechnung über eine zu leistende Anzahlung in Höhe von
100 000 + 15 000 DM USt. Der Auftraggeber entrichtet den Gesamtbetrag im
August.

Der Bauunternehmer hat die Anzahlung mit 100 000 DM in der USt-Voranmeldung für August der USt zu unterwerfen. Entsprechend kann der Auftraggeber
für den Voranmeldungszeitraum August den darauf entfallenden Steuerbetrag von
15 000 DM als Vorsteuer abziehen.

(2) Sachverhalt wie zu (1). Der Auftraggeber zahlt im August jedoch nur einen Betrag von insgesamt 90 000 DM. Beim Bauunternehmer entsteht die USt mit Ablauf des Monats August nur insoweit, als sie auf das tatsächlich vereinnahmte Teilentgelt entfällt. In der Voranmeldung für diesen Monat sind 78 264 DM (90 000 DM ∕. USt 11 736 DM) der Steuer zu unterwerfen. Der Auftraggeber kann für diesen Voranmeldungszeitraum auch nur einen Vorsteuerabzug von 11 736 DM geltend machen.

(3) Sachverhalt wie zu (1). Die Halle wird im Januar des Folgejahrs vom Auftraggeber abgenommen. Im selben Monat erhält er vom Bauunternehmer auch die Endrechnung über 500 000 DM + 75 000 DM USt. Der Bauunternehmer unterläßt es aber, die bereits erhaltene und mit gesondertem Steuerausweis in Rechnung gestellte Anzahlung von insgesamt 100 000 DM = 15 000 DM USt in der Endrechnung abzusetzen. Die Restzahlung in Höhe von 400 000 DM + 60 000 DM USt entrichtet der Auftraggeber im März.

Der Bauunternehmer schuldet für den Voranmeldungszeitraum Januar den in seiner Rechnung ausgewiesenen und gesamten USt-Betrag in Höhe von 75 000 DM (15 v. H. von 500 000 DM); der auf die vereinnahmte und bereits versteuerte Anzahlung von 115 000 DM entfallende USt-Betrag von 15 000 DM wird nach § 14 Abs. 2 UStG nochmals geschuldet. Erst wenn der Bauunternehmer dem Auftraggeber eine berichtigte Endrechnung erteilt, kann er die von ihm geschuldete USt in entsprechender Anwendung des § 17 Abs. 1 UStG berichtigen.

Der Auftraggeber kann für den Voranmeldungszeitraum Januar nur den Steuerbetrag als Vorsteuer abziehen, der auf die verbliebene Restzahlung in Höhe von 460 000 DM entfällt. Für ihn ergibt sich somit unabhängig von einer eventuellen Rechnungsberichtigung durch den Bauunternehmer aufgrund der Endrechnung lediglich ein Vorsteuerabzug in Höhe von 60 000 DM.

f) Umsatzsteuer im Abzugsverfahren

2262 Auch Unternehmer der Bauwirtschaft, die von nicht im Erhebungsgebiet (oder ab 1. 7. 1990 in der DDR) ansässigen Unternehmern, z. B. aus Belgien, Frankreich oder – bis 30. 6. 1990 – aus der DDR steuerpflichtige Werklieferungen und steuerpflichtige sonstige Leistungen empfangen, haben die darauf entfallende USt von der Gegenleistung einzubehalten und an das für sie zuständige Finanzamt abzuführen (§§ 51–58 UStDV). Diese Verpflichtung besteht u. a. dann nicht, wenn der Leistungsempfänger keine Rechnung mit gesondertem Ausweis der USt erhält und im Falle des gesonderten Steuerausweises den Vorsteuerabzug voll in Anspruch nehmen könnte. Die Steuer im Abzugsverfahren ist binnen 10 Tagen nach Ablauf des Voranmeldungszeitraums, in dem das Entgelt ganz oder teilweise an den leistenden Unternehmer gezahlt worden ist, anzumelden und abzuführen. Der Leistungsempfänger haftet für die anzumeldende und abzuführende Steuer (vgl. Abschn. 233–239 UStR).

Umsatzsteuer 543

Beispiel:

Ein in Brüssel ansässiges Bauunternehmen errichtet in Köln für einen Generalunternehmer Rohbauten und erteilt darüber Rechnungen mit gesondertem Ausweis der USt.
Der Generalunternehmer hat als Leistungsempfänger die auf diese steuerpflichtigen Werklieferungen entfallende USt einzubehalten und an das zuständige Finanzamt abzuführen.

Das gleiche gilt auch für den Empfang sonstiger Leistungen wie z. B. **Tiefbauarbeiten, Montagearbeiten** und **Verleih von Arbeitskräften,** wenn diese durch nicht in der Bundesrepublik Deutschland und Berlin-West (oder ab 1. 7. 1990 in der DDR einschließlich Berlin-Ost) ansässige Unternehmer ausgeführt werden. 2263

g) Berichtigungspflicht

Nach § 153 AO ist ein Steuerpflichtiger, der nachträglich vor Ablauf der Festsetzungsfrist erkennt, daß eine **Steuererklärung unrichtig oder unvollständig** ist und daß es dadurch zu einer Verkürzung von Steuern kommen kann oder bereits gekommen ist, verpflichtet, dies **unverzüglich anzuzeigen** und die erforderliche **Richtigstellung vorzunehmen.** 2264

Die **Umsatzsteuererklärung** ist eine **Steuererklärung** (§§ 150 Abs. 1 AO, 18 Abs. 2 UStG). 2265

h) Umsatzsteuerhinterziehung bei Werklieferungen

Literatur: *Hein,* Umsatzsteuerhinterziehung bei Werklieferungen in der Bauwirtschaft, StB 1981, 274.

Bei Werklieferung ist die Gefahr, der Hinterziehung von USt durch Verzögerung der Anmeldung gegeben. 2266

Beispiel:

Ein Bauunternehmer hat Finanzierungs- und insbesonder Liquiditätsprobleme. Vielfach kann er nicht fristgerecht seine Gläubiger befriedigen. Es drängen nicht nur die privaten Gläubiger. Auch das Finanzamt würde, sofern er über seine Umsätze eine USt-Voranmeldung abgeben würde, auf fristgerechte Zahlung bestehen. Daher gibt der Unternehmer keine Voranmeldung ab. Er will damit aber die USt nicht für immer nicht zahlen, sondern lediglich die Zahlung auf einen späteren Termin verschieben.

Ein Bauunternehmer macht sich aber bereits dann einer **Steuerhinterziehung** strafbar, wenn er die nach erfolgter Verschaffung der Verfügungs- 2267 macht an einem Werklieferungsgegenstand fällige USt nicht in der nach dem UStG vorgeschriebenen Frist anmeldet und auf diese Weise durch das Hinausschieben der Fälligkeit der USt eine **Steuerverkürzung auf Zeit** herbeiführt. Die Absicht einer späteren Voranmeldung ist insoweit für die Verwirklichung des Tatbestandes des § 370 AO unbeachtlich. Die förmliche Abnahme der Werklieferung durch die Baubehörde ist kein Kriterium für den Zeitpunkt der Voranmeldung (Hanseatisches OLG v. 26. 5. 1980, StB 1981, 274).

2268 Das Urteil des OLG ist zu § 13 UStG 1967/1973 ergangen. Damals waren vor Entstehung der USt-Schuld gezahlte Vorauszahlungen oder Abschlagszahlungen zum Zeitpunkt ihrer Vereinnahmung umsatzsteuerlich ohne Bedeutung. Nach § 13 UStG 1980 müssen jetzt auch Unternehmer, die nach dem Soll versteuern, Anzahlungen und Abschlagszahlungen, die sie vor Ausführung der Leistung – also vor Verschaffung der Verfügungsmacht vom Auftraggeber – vereinnahmen, der USt unterwerden, wenn die einzelne vereinnahmte Zahlung mindestens 10 000 DM (ohne USt) beträgt (wegen Einzelheiten vgl. Rdnr. 2249 f.). Anzahlungen oder Abschlagszahlungen sind im Baugewerbe üblich. Sie dürften den genannten Betrag im allgemeinen wohl erreichen. Das Urteil des OLG ist daher schon nicht mehr ganz aktuell (vgl. dazu Hein, a. a. O.).

2269 Vgl. zur Frage der Hinterziehung von USt bei Bauleistungen – **vorzeitige Rechnungserteilung; Abbruch des Bauvorhabens** – BGH v. 4. 11. 1980 (StRK AO 1977 § 370 R. 32) sowie BFH v. 28. 2. 1980 (BStBl II 535, zitiert in Rdn. 2150) und v. 24. 4. 1980 (BStBl II 541, zitiert in Rdnr. 2150).

2270–2280 *(Einstweilen frei)*

24. Steuersatz

LEXinform
▶ BSt-BG-1515 ◀

Verwaltungsanweisungen: Abschn. 160 UStR.

2281 Steuersatz für die Lieferung und sonstigen Leistungen des Bauhaupt- und -nebengewerbes ist der **Regelsteuersatz** des § 12 Abs. 1 UStG.

2282 Bei **Änderung der Steuersätze** sind die **neuen Steuersätze** auf Umsätze anzuwenden, die **vom** Inkrafttreten der jeweiligen Änderungsvorschrift an **bewirkt** werden. Auf den Zeitpunkt der Vereinnahmung des Entgelts kommt es für die Frage, welchem Steuersatz eine **Leistung oder Teilleistung** unterliegt, ebensowenig an wie auf den Zeitpunkt der **Rechnungs-**

Umsatzsteuer

erteilung. Auch bei **Istbesteuerung** (§ 20 UStG) und **Mindest-Istbesteuerung** (§ 13 Abs. 1 Nr. 1a Satz 4 UStG) ist entscheidend, wann der Umsatz bewirkt wird. Das gilt unabhängig davon, wann die Steuer nach § 13 Abs. 1 Nr. 1 UStG entsteht (Abschn. 160 Abs. 3 UStR). Zur **Übergangsregelung** wegen der Erhöhung des allgemeinen Steuersatzes **ab 1. 1. 1993** vgl. BMF v. 7. 12. 1992 (UR 1993, 26 ff.)

Für Leistungen, die in wirtschaftlich abgrenzbaren Teilen (**Teilleistungen**, vgl. Abschn. 180 UStR; Rdnr. 2284) geschuldet werden, können bei einer Steuersatzänderung **unterschiedliche Steuersätze** in Betracht kommen. Vor dem Inkrafttreten der Steuersatzänderung bewirkte Teilleistungen sind nach dem bisherigen Steuersatz zu versteuern. Auf die **danach** bewirkten Teilleistungen ist der neue Steuersatz anzuwenden. Entsprechendes gilt bei der Einführung und Aufhebung von Steuervergünstigungen und steuerpflichtigen Tatbeständen (Abschn. 160 Abs. 4 UStR). 2283

25. Teilleistungen

LEXinform
▶ BSt-BG-1520 ◀

Literatur: *Strunz*, Kriterien zur Abgrenzung von Teilleistungen in der Bauwirtschaft (§ 13 Abs. 1 Nr. 1a UStG), UR 1978, 227.

Verwaltungsanweisungen: Abschn. 180 UStR.

a) Allgemeines

Teilleistungen setzen voraus, daß eine Leistung nach wirtschaftlicher Betrachtungsweise überhaupt **teilbar** ist. Voraussetzung ist ferner, daß sie **nicht** als **Ganzes**, sondern **in Teilen geschuldet und bewirkt** wird. Eine Leistung ist in Teilen geschuldet, wenn für bestimmte **Teile** das **Entgelt gesondert vereinbart** ist (§ 13 Abs. 1 Nr. 1a Satz 3 UStG). Vereinbarungen dieser Art werden im allgemeinen anzunehmen sein, wenn für einzelne Leistungsteile **gesonderte Entgeltsabrechnungen** durchgeführt werden. Wegen der **Mindest-Istversteuerung** bei Anzahlungen vgl. Rdnr. 2249. 2284

Beispiele:

- Ein Bauunternehmer verpflichtet sich, zu Einheitspreisen (§ 5 Ziff. 1a VOB/A) die Maurer- und Betonarbeiten sowie den Innen- und Außenputz an einem Bauwerk auszuführen. Die Maurer- und Betonarbeiten werden gesondert abgenommen und abgerechnet. Die Innen- und Außenputzarbeiten werden später ausgeführt, gesondert abgenommen und abgerechnet. Die Leistungen werden in Teilen geschuldet.

- Ein Unternehmer wird beauftragt, in einem Wohnhaus Parkettfußböden zu legen. In der Auftragsbestätigung sind die Materialkosten getrennt ausgewiesen. Der Unternehmer versendet die Materialien zum Bestimmungsort und führt dort die Arbeiten aus.

  Gegenstand der vom Auftragnehmer auszuführenden Werklieferung ist der fertige Parkettfußboden. Die Werklieferung bildet eine Einheit, die nicht in eine Materiallieferung und in eine Werklieferung zerlegt werden kann (vgl. Abschn. 27 UStR).

- Eine Gebietskörperschaft überträgt einem Bauunternehmer nach Maßgabe der VOB als Gesamtleistung die Maurer- und Betonarbeiten an einem Hausbau. Sie gewährt dem Bauunternehmer auf Antrag nach Maßgabe des § 16 Ziff. 1 VOB/B „in Höhe der jeweils nachgewiesenen vertragsgemäßen Leistungen" Abschlagszahlungen.

  Die Abschlagszahlungen sind ohne Einfluß auf die Haftung und gelten nicht als Abnahme von Teilleistungen. Der Bauunternehmer erteilt die Schlußrechnung erst, wenn die Gesamtleistungen ausgeführt ist. Hiernach entsteht die Steuer im vorliegenden Fall, soweit nicht bei der Vereinnahmung der Abschlagszahlungen die Mindest-Istversteuerung eingreift (vgl. Abschn. 181 UStR sowie Rdnr. 2249), mit Ablauf des Voranmeldungszeitraums, in dem der Bauunternehmer die gesamte, vertragliche geschuldete Werklieferung bewirkt hat.

b) Teilbarkeit von Bauleistungen

Für Bauleistungen kommen folgende **Teilungsmaßstäbe** in Betracht (Bp-Kartei, a. a. O., Teil IV, Umsatzsteuer (Bauwirtschaft):

Art der Arbeit	Teilungsmaßstäbe
(1) Erdarbeiten	Gegen eine haus- oder blockweise Aufteilung bestehen keine Bedenken.
(2) Maurer- und Betonarbeiten	Bei Neubauten können Teilleistungen im allgemeinen nur haus- oder blockweise bewirkt werden. Insbesondere bei herkömmlicher Bauweise und Skelettbauweise erscheint eine geschoßweise Aufteilung grundsätzlich nicht zulässig.
(3) Naturwerkstein- und Betonwerksteinarbeiten	Bei Objekten, die miteinander nicht verbunden sind, kann eine stückweise Aufteilung vorgenommen werden.

Art der Arbeit	Teilungsmaßstäbe	
(4) Außenputzarbeiten	Es bestehen keine Bedenken gegen eine haus- oder blockweise Aufteilung bzw. gegen eine Aufteilung bis zur Dehnungsfuge.	2288
(5) Zimmerarbeiten	Aufteilung haus- oder blockweise zulässig.	2289
(6) Dachdeckerarbeiten	Aufteilung haus- und blockweise zulässig.	2290
(7) Klempnerarbeiten	Aufteilung ist je nach Art der Arbeit haus- oder stückweise zulässig, z. B. Regenrinne mit Abfallrohr hausweise, Fensterabdeckungen (außen) stückweise.	2291
(8) Putz- und Stuckarbeiten (innen)	Gegen eine Aufteilung nach Wohnungen oder Geschossen bestehen keine Bedenken.	2292
(9) Fliesen- und Plattenlegerarbeiten	Vgl. BdF v. 23. 11. 1967, Abschn. 2 Nr. 2 Beispiel 4, USt-Kartei § 27 S 7440 K. 2. Aufteilung je Wohnung oder Geschoß möglich.	2293
(10) Tischlerarbeiten	Aufteilung erscheint je nach Art der Arbeit im Regelfall stückweise zulässig (z. B. bei Tischlerarbeiten je Tür und Fenster, bei Schlosserarbeiten je Balkongitter).	2294
(11) Schlosserarbeiten		2295
(12) Glaserarbeiten		2296
(13) Maler- und Tapeziererarbeiten	Die Aufteilung nach Wohnungen ist im Regelfall zulässig. Eine raumweise Aufteilung erscheint nicht vertretbar, wenn die Arbeiten untrennbar ineinanderfließen.	2297
(14) Bodenbelagarbeiten	Im allgemeinen bestehen gegen eine Aufteilung je Wohnung oder Geschoß keine Bedenken (vgl. auch BdF v. 23. 11. 1967, Abschn. 2 Nr. 2 Beispiel 1, USt-Kartei § 27 S 7440 K. 2).	2298
(15) Ofen- und Herdarbeiten	Gegen eine stück- oder wohnungsweise Aufteilung bestehen keine Bedenken.	2299
(16) Gas-, Wasser- und Abwasserinstallation	Aufteilung der Installationsanlagen ist haus- oder blockweise zulässig. Bei der Installation z. B. von Waschbecken, Badewannen und WC-Becken bestehen im allgemeinen auch gegen eine stückweise Aufteilung keine Bedenken.	2300

	Art der Arbeit	Teilungsmaßstäbe
2301	(17) Elektrische Anlagen	Eine Aufteilung ist bei Gesamtanlagen im allgemeinen blockweise vorzunehmen.
2302	(18) Anschlüsse an Entwässerungs- und Versorgungsanlagen	Aufteilung erfolgt je Anlage.
2303	(19) Gartenanlagen	Aufteilung erfolgt je nach Art der Arbeit.
2304	(20) Straßenbau	Fertige Straßenbauabschnitte stellen Teilleistungen dar. Die Finanzverwaltung ist damit einverstanden, daß auch der bis auf die Feinschicht fertiggestellte Straßenoberbau einerseits und die Feinsschicht andererseits als Teilleistungen angenommen werden. Ebenfalls kann es sich bei größeren Erdarbeiten um Teilleistungen handeln.
2305	(21) Kanalbau	Eine abschnittsweise Aufteilung, z. B. von Schacht zu Schacht, ist zulässig.
2306	(22) Heizungsanlagen	Die Aufteilung kann haus- oder blockweise je Anlage vorgenommen werden. Bei selbständigen Etagenheizungen kann nach Wohnungen aufgeteilt werden.

c) **Gerätegestellung an Arbeitsgemeinschaften**

2307 Bei Beurteilung der Frage, ob bei der Gerätegestellung an Arbeitsgemeinschaften des Baugewerbes Teilleistungen im oben erörterten Sinne vorliegen, ist in der Regel auf die **Überlassung des einzelnen Geräts** als die in Betracht kommende Leistung abzustellen. Dabei ist die **Teilbarkeit** der Leistung grundsätzlich zu **bejahen**. Werden die Geräte aber für die **Dauer der Bauausführung** überlassen und wird **erst nach Beendigung** der Arbeiten **abgerechnet,** so stellt die Gerätegestellung eine einheitliche sonstige Leistung dar, die erst nach Beendigung der Arbeiten ausgeführt worden ist. Wird dabei ein **Bauwerk in Abschnitten** erstellt und vereinbarungsgemäß auch abschnittsweise abgenommen und abgerechnet, so liegen hinsichtlich der Geräteüberlassung Teilleistungen vor. Ist im Einzelfall für die Gerätegestellung unabhängig vom Baufortschritt für bestimmte **Zeit-**

abschnitte, z. B. Monate, das Entgelt gesondert vereinbart, liegen insoweit auch Teilleistungen vor (Lucas in Peter/Burhoff/Stöcker, a. a. O., § 13 Rdnr. 50).

d) Sollbesteuerung in der Bauwirtschaft

Vielfach bestehen Unklarheiten über den Zeitpunkt der **Entstehung der** 2308 **Steuer** und den sich daraus ergebenden **Anmeldungs- und Zahlungsverpflichtungen.** Die Oberfinanzdirektionen im Bundesgebiet haben daher „Merkblätter" herausgegeben, die grundsätzlich Ausführungen für die Umsatzbesteuerung der Bauwirtschaft und des Baunebengewerbes enthalten. Es werden u. a. Fragen der **Abgrenzung zwischen Werklieferungs- und Werkleistungsverträgen** behandelt und Probleme erörtert, die sich aus den **Preisvereinbarungen** nach der VOB ergeben. Auch zum Bereich der **Voraus- und Abschlagszahlungen** sowie von **Pauschalpreisvereinbarungen** wird Stellung genommen. Ferner wird auf das **Umsatzsteuer-Abzugsverfahren** hingewiesen. Schließlich werden die Unternehmer darauf aufmerksam gemacht, daß nach § 153 AO die Verpflichtung besteht, unrichtige oder unvollständige Voranmeldungen und Jahreserklärungen unverzüglich zu berichtigen und Mehrsteuern nachzuentrichten. Ausführungen zu den vorerwähnten Fragen enthält das Stichwort „Sollbesteuerung" (vgl. Rdnr. 2236 ff.).

(Einstweilen frei) 2309–2315

26. Umsatzsteuervoranmeldung, Umsatzsteuererklärung

LEXinform
▶ BSt-BG-1525 ◀

Verwaltungsanweisungen: Abschn. 225–245 UStR.

Der Unternehmer muß USt-Voranmeldungen und USt-Erklärungen 2316 abgeben (§ 18 UStG).

a) Umsatzsteuervoranmeldung

Der Unternehmer hat bis zum 10. Tag nach Ablauf jedes Kalender- 2317 monats (**Voranmeldungszeitraum**) – zuzüglich einer Schonfrist von fünf Tagen, deren Beginn und Ende durch Samstage und Sonn- und Feiertage verlängert wird – eine Voranmeldung nach amtlich vorgeschriebenem Vordruck abzugeben. Dies soll nicht bei Zahlung nach § 224 Abs. 2 Nr. 1 AO gelten (Art. 17 FKPG v. 23. 6. 1993, BGBl I 944). In der Voranmeldung hat er die Steuer für den Voranmeldungszeitraum (**Vorauszahlung**) selbst zu berechnen. Gibt der Unternehmer die Voranmeldung nicht ab oder hat er die Vorauszahlung nicht richtig berechnet, so kann das Finanzamt die Vorauszahlung festsetzen. Die Vorauszahlung ist am 10. Tag nach Ablauf des Voranmeldungszeitraums **fällig**, zuzüglich einer Schonfrist von fünf Tagen, vgl. oben (§ 18 Abs. 1 UStG).

Beträgt die Steuer für das vorangegangene Kalenderjahr nicht mehr als 6 000 DM, so ist das **Kalendervierteljahr** Voranmeldungszeit (§ 18 Abs. 2 Satz 1 UStG). Diese Grenze wird allerdings von Unternehmern des Bauhaupt- und Baunebengewerbes in der Regel überschritten werden.

b) Umsatzsteuererklärung

2318 Der Unternehmer hat nach Ablauf des Kalenderjahres eine **Steuererklärung** nach amtlich vorgeschriebenem Vordruck abzugeben, in der er die zu entrichtende Steuer selbst zu berechnen hat (§ 18 Abs. 3 Satz 1 UStG).

Für das **Verhältnis** zwischen USt-Vorauszahlungsbescheid und USt-Jahresbescheid ist folgendes von Bedeutung: Ein **Rechtsstreit** über einen **Umsatzsteuervorauszahlungsbescheid** ist mit der **Wirksamkeit des Jahressteuerbescheides erledigt**. Denn die Steuer für den Voranmeldungszeitraum (§ 18 Abs. 2 Satz 1 UStG) geht in der Steuer für den Besteuerungszeitraum des Kalenderjahres (§ 16 UStG) auf. Die materiell zutreffende Jahressteuer ist gleich der Summe der materiell zutreffenden (positiven oder negativen) Steuern der Voranmeldungszeiträume. Die nicht mehr auf bloße „Vorauszahlungen" bezogene Jahressteuerfestsetzung löst somit die auf Voranmeldungen oder Vorauszahlungsbescheiden beruhenden Steuerfestsetzungen für die Voranmeldungszeiträume ab (BFH v. 29. 11. 1984, BStBl 1985 II 370). Deshalb muß der USt-Jahresbescheid angegriffen werden, wenn während eines Streits über einen USt-Vorauszahlungsbescheid der Jahresbescheid ergeht.

27. Unentgeltliche Lieferungen und sonstige Leistungen zwischen Vereinigungen und ihren Mitgliedern

LEXinform
▶ BSt-BG-1530 ◀

Verwaltungsanweisungen: Abschn. 11 UStR.

2319 Die Lieferungen und sonstige Leistungen, die Körperschaften und Personenvereinigungen des § 1 Abs. 1 Nr. 1 bis 5 KStG, nichtrechtsfähige Personenvereinigungen sowie Gemeinschaften im Inland im Rahmen ihres Unternehmens an ihre Anteilseigner, Gesellschafter, Mitglieder, Teilhaber oder diesen nahestehenden Personen ausführen, für die die Leistungsempfänger keine Entgelt aufwenden, unterliegen gemäß § 1 Abs. 1 Nr. 3 UStG der **Umsatzsteuer**. Dieser Steuertatbestand kommt auch im Bauhaupt- und Bauausbaugewerbe bei Vorliegen der genannten Voraussetzungen in Betracht.

Körperschaften und Personenvereinigungen i. S. des § 1 Abs. 1 Nr. 1 bis 5 KStG sind insbesondere die Kapitalgesellschaften, z. B. Aktiengesellschaft, Gesellschaft mit beschränkter Haftung. 2320

Nichtrechtsfähige Personenvereinigungen sind die Handelsgesellschaften – Offene Handelsgesellschaft und Kommanditgesellschaft – sowie die Gesellschaft des bürgerlichen Rechts. 2321

Zu den **Gemeinschaften** gehört u. a. die Arge. 2322

Nicht dazu gehören reine nach außen nicht in Erscheinung tretende **Innengesellschaften**. Sie sind keine Unternehmer i. S. des § 2 UStG. Sie können daher keine Umsätze im Rahmen ihres Unternehmens ausführen (vgl. Burhoff in Peter/Burhoff/Stöcker, a. a. O., § 1 Rdnr. 238). 2323

Leistungsempfänger können Privatpersonen, Einzelunternehmer oder Gesellschaften (Personenvereinigungen, Gemeinschaften) sein. In Betracht kommen ferner die den Mitgliedern usw. der leistenden Personenvereinigungen und Gemeinschaften nahestehenden Personen. Dazu gehören insbesonders die **Angehörigen** i. S. des § 15 AO, soweit die Mitglieder usw. natürliche Einzelpersonen sind, oder Gesellschafter usw. von Gesellschaften usw., soweit die Gesellschaften usw. Anteilseigner, Gesellschafter, Mitglieder oder Teilhaber von Personenvereinigungen oder Gemeinschaften sind, die die Leistungen erbringen. 2324

Ohne Bedeutung ist es, ob der jeweilige Leistungsempfänger die unentgeltlichen Lieferungen oder sonstigen Leistungen **betrieblich** oder **privat** verwendet oder nutzt. 2325

Die unentgeltlichen Lieferungen oder sonstigen Leistungen sind nur dann **steuerbar**, wenn sie „im **Rahmen**" des **Unternehmens** der Vereinigung erbracht werden. Leistungen, die Vereine aufgrund ihrer **Satzung** zur Erfüllung ihres Vereinszwecks für die Belange aller Mitglieder erbringen und die durch die **Mitgliederbeiträge** abgegolten sind, fallen nicht unter § 1 Abs. 1 Nr. 3 UStG, da sie nicht im Rahmen einer unternehmerischen 2326

Tätigkeit anfallen. Diese Leistungen sind nicht steuerbar (BFH v. 12. 4. 1962, BStBl III 260; v. 5. 12. 1968, BStBl 1969 II 302).

2327 § 1 Abs. 1 Nr. 3 UStG erfaßt ferner nicht **entgeltliche Leistungen** der Personenvereinigungen und Gemeinschaften an ihre Gesellschafter, die unter § 1 Abs. 1 Nr. 1 UStG fallen. Bei unangemessen niedrigen Entgelten ist die USt von einer **Mindestbemessungsgrundlage** zu berechnen (vgl. § 10 Abs. 5 Nr. 1 UStG).

2328 Ist der Gesellschafter eine Personenvereinigung und sind beide Gesellschaften – Leistender, Leistungsempfänger – **organschaftlich** verbunden, so sind jegliche Leistungen untereinander als **innerbetriebliche** Vorgänge nicht steuerbar.

2329 **Unentgeltlich** ist der Umsatz dann, wenn der Leistungsempfänger (Gesellschafter usw. oder diesen nahestehende Personen) hierfür **kein Entgelt** aufwendet.

Beispiel:

Unentgeltliche Lieferungen der Gesellschafter sind u. a.:

- unentgeltliche Lieferung von **Grundstücken, Baumaterialien** und von allen sonstigen **Sachen,**

- **Werklieferungen** sind gleichgestellt, wie die Erstellung eines Gebäudes auf dem Grundstück des Gesellschafters ohne Entgelt.

Unentgeltliche sonstige Leistungen der Gesellschaft an die Gesellschafter sind u. a.:

- kostenlose **Gestellung eines Pkw** zur privaten Nutzung,

- Zurverfügungstellung eines **Telefons** für Privatgespräche,

- Gestellung von **Arbeitskräften** für private oder eigenunternehmerische Zwecke des Gesellschafters,

- kostenlose Bereitstellung von **Handwerkszeug, Maschinen** und sonstigen Anlagegegenständen der Gesellschaft für Arbeiten des Gesellschafters oder ihm nahestehenden Personen,

- Durchführung von **Reparaturarbeiten** mit bloßen Zutaten oder Nebensachen am gesellschaftereigenen Grundstück usw.

2330 Von der **Besteuerung** der Zuwendungen ist aus Vereinfachungsgründen **abzusehen,** soweit die Ausgaben ertragsteuerlich als Betriebsausgaben anzuerkennen sind (Abschn. 11 Abs. 2 UStR).

Beispiel:
Bewirtung von Gesellschaftern bei einer Generalversammlung.

Die **Befreiungsvorschriften** des UStG und die **ermäßigten Steuersätze** des 2331
§ 12 Abs. 2 UStG sind bei Vorliegen der Voraussetzungen anzuwenden.

Der Umsatz wird bei den Lieferungen und sonstigen Leistungen nach 2332
§ 10 Abs. 5 i. V. mit Abs. 4 UStR bemessen.

28. Unternehmer-Begriff

LEXinform
▶ BSt-BG-1535 ◀

Verwaltungsanweisungen: Abschn. 16—23 UStR.

Unternehmer ist gemäß § 2 Abs. 1 Satz 1 UStG, wer eine gewerbliche 2333
oder berufliche Tätigkeit selbständig ausübt. Unternehmer i. S. des UStG
ist danach nur, wer **Leistungen gegen Entgelt nachhaltig und selbständig
ausführt** (vgl. Wagner, NWB F. 7a, 291 f.).

Unternehmer im vorstehenden Sinne kann ein **Einzelunternehmer oder** 2334
eine juristische Person des privaten Rechts, z. B. eine GmbH sein. Es
kommen aber auch nichtrechtsfähige **Personenvereinigungen** in Betracht,
wenn sie selbständig durch gewerbliche oder berufliche Lieferungen oder
sonstige Leistungen am wirtschaftlichen Verkehr teilnehmen. Sie müssen
demnach als solche nach außen in Erscheinung treten (BFH v. 25. 7.
1968, BStBl II 731). Hierzu gehören u. a. GbR, OHG und Kommanditgesellschaften. Schließlich kann auch ein **Unternehmerzusammenschluß**
Unternehmer sein, wenn er als solcher Lieferungen und sonstige Leistungen bewirkt und damit als solcher erkennbar nach außen hervortritt oder
wenn einer der Beteiligten sich im Namen des Zusammenschlusses
gewerblich oder beruflich betätigt (vgl. Burhoff in Peter/Burhoff/Stöcker,
a. a. O., § 2 Rdnr. 22). Hierzu gehört u. a. die Arge (vgl. i. e. Rdnr. 1963
ff.).

Die vorstehend erwähnten Organisationsformen kommen auch im Bau- 2335
haupt- und -nebengewerbe vor, wobei vor allem größere und mittlere
Betriebe als juristische Person organisiert sind.

Juristische Personen können bei Vorliegen bestimmter Voraussetzungen 2336
unselbständig sein. Man spricht von **Organschaft** (vgl. Rdnr. 2171 ff.).

Wegen **Beginn und Ende** unternehmerischer Tätigkeit vgl. Rdnr. 2011 ff. 2337

(Einstweilen frei) 2338—2340

29. Veräußerung eines Unternehmens des Bauhaupt-oder Baunebengewerbes

LEXinform
▶ BSt-BG-1540 ◀

Verwaltungsanweisungen: Abschn. 154 UStR.

2341 Die Veräußerung eines Unternehmens oder eines in der Gliederung eines Unternehmens gesondert geführten Betriebs im ganzen unterliegt der USt, da das USt-Recht in der Geschäftsveräußerung einen Geschäftsvorfall sieht. Bei der Veräuuerung eines Unternehmens handelt es sich um den letzten Akt der beruflichen Tätigkeit, der einen steuerbaren Umsatz auslöst. Nach § 1 Abs. 1a Satz 1 UStG, der durch Art. 15 Nr. 1b des Entwurfs eines StMBG (BT-Drucks. 12/5630 v. 7. 9. 1993) in das UStG mit Wirkung vom 1. 1. 1994 eingefügt werden soll, unterliegen die Umsätze im Rahmen einer Geschäftsveräußerung an einen anderen Unternehmer für dessen Unternehmen **nicht** der **Umsatzsteuer**.

a) Geschäftsveräußerung im ganzen

2342 Eine Geschäftsveräußerung im ganzen liegt vor, wenn **sämtliche** Wirtschaftsgüter, die die wesentlichen Grundlagen des bisherigen Unternehmens bilden, **an ein und denselben Erwerber** veräußert werden, der entweder schon Bauunternehmer usw. sein muß oder durch den Erwerb des Unternehmens zumindest selbständiger Bauunternehmer usw. wird (BFH v. 23. 4. 1964, HFR 1965, 190).

2343 Was die **wesentlichen Grundlagen** eines Bauunternehmens usw. sind, ist nach dem Gesamtbild des Einzelfalles zu entscheiden, wobei maßgebend die tatsächlichen Verhältnisse im Zeitpunkt der Übereignung sind (BFH v. 25. 11. 1965, BStBl 1966 III 333).

Beispiel:

Bauunternehmer A veräußert an Bauingenieur B, der selbständiger Bauunternehmer werden will, sein Bauunternehmen mit allen Maschinen usw., nicht jedoch den ausschließlich betrieblich genutzten Pkw. B hat trotz Zurückbehaltung des Pkw die wesentlichen Grundlagen seines Bauunternehmens an ein und denselben Erwerber, nämlich Bauingenieur B veräußert, der durch den Erwerb des Bauunternehmens selbständiger Bauunternehmer wird. Es liegt demnach eine Geschäftsveräußerung im ganzen i. S. des § 10 Abs. 3 UStG vor.

2344 Eine Geschäftsveräußerung im ganzen liegt jedoch **nicht** vor, wenn ein Bauunternehmer an den Erwerber nur einige Maschinen und die Firmenbezeichnung veräußert, den Materialbestand und das übrige Betriebsvermögen dagegen in sein neu eröffnetes, anders strukturiertes Bauunternehmen übernimmt (FG des Saarlandes v. 26. 3. 1965, EFG S. 357).

b) Bemessungsgrundlage der Umsatzsteuer

Bemessungsgrundlage der Umsatzsteuer bei Geschäftsveräußerung im ganzen ist das Entgelt für die auf den Erwerber übertragenen Gegenstände (**Besitzposten**), **nicht** der Unterschied zwischen Aktiven und Passiven (= tatsächlicher Kaufpreis). Besitzposten sind die **Anlage- und Umlaufgüter**, evtl. auch ein **Geschäftswert**. Die übernommenen **Schulden** können nicht abgezogen werden (§ 10 Abs. 3 Satz 3 UStG; § 10 Abs. 3 UStG soll durch das StMBG ab 1. 1. 1994 aufgehoben werden). Ist das Entgelt höher als der letzte Buchwert, muß der Mehrbetrag nach Maßgabe der gemeinen Werte auf die einzelnen Wirtschaftsgüter aufgeteilt werden. Der Restbetrag entfällt dann auf den Geschäftswert. 2345

Bei einer Geschäftsveräußerung gegen **Rente** ist diese nach den Grundsätzen der Einheitbewertung (§ 14 BewG) zu kapitalisieren. 2346

Eine Geschäftsveräußerung gegen ein **unangemessenes niedriges Entgelt** an nahestehende Personen des Unternehmers ist gemäß § 10 Abs. 5 Nr. 1 UStG mit dem Teilwert zu bemessen. 2347

c) Steuersätze und Steuerbefreiungen

Der Steuersatz ist der **gesetzliche Steuersatz** von 15 v. H. (bis 31. 12. 1992: 14 v. H.) oder 7 v. H. 2348

Das **Gesamtentgelt** ist entsprechend **aufzuteilen** auf

- steuerpflichtige Umsätze, die mit 15. v. H. (§ 12 Abs. 1 UStG; bis 31. 12. 1992: 14 v. H.) und
- steuerpflichtige Umsätze, die mit 7. v. H. (§ 12 Abs. 2 UStG) zu versteuern sind, sowie auf
- steuerfreie Umsätze.

Die **Umsatzsteuer-Befreiungsvorschriften** bleiben unberührt (§ 10 Abs. 3 Satz 2 UStG; vgl. Rdnr. 2345). In Betracht kommen insbesondere 2349

- **§ 4 Nr. 8 UStG** für Geldbestände und Forderungen,
- **§ 4 Nr. 9 UStG** für Grundstücke und Gebäude.

Auf die Anwendung der Befreiungsvorschriften kann nach **§ 9 UStG verzichtet** werden. Das hat zur Folge, daß der Veräußerer dadurch insoweit das Recht zum Vorsteuerabzug erlangt.

d) Entstehung der Steuerschuld und Haftung

2350 Die USt-Schuld **entsteht** mit Ablauf des Veranlagungszeitraums, in dem das Bauunternehmen veräußert worden ist. Das gilt auch, wenn dem Bauunternehmer die Ist-Versteuerung gestattet worden ist. § 20 Abs. 1 UStG ist nämlich bei Geschäftsveräußerungen nicht anzuwenden (§ 20 Abs. 2 UStG).

2351 Der **Erwerber haftet** neben dem Veräußerer für die USt, die auf die Geschäftsveräußerung entfällt (§ 75 AO; vgl. a. Rdnr. 3056 ff.).

e) Beispiel für die Berechnung der Umsatzsteuer

2352 Die Berechnung der USt verdeutlicht das folgende

Beispiel:

Bauunternehmer verkauft sein Unternehmen im ganzen an Bauingenieur B zum 2. Januar. Es sind folgende Besitzposten vorhanden:

Betriebsgebäude	200 000 DM
Maschinen, Betriebseinrichtungen	1 000 000 DM
Pkw	10 000 DM
	1 210 000 DM

Bauingenieur B ist bereit, für das Bauunternehmen 1 300 000 DM und für die Modernisierung des Betriebsgebäudes 170 000 DM zu bezahlen.

Das Gesamtentgelt beträgt demnach 1 380 000 DM (1 210 000 DM + 170 000 DM).

Das für die Geschäftsveräußerung im ganzen unter Berücksichtigung der übernommenen Schulden ermittelte Gesamtentgelt von 1 380 000 DM ist auf die einzelnen Besitzposten nach Maßgabe der gemeinen Werte zu verteilen. Danach sollen sich im einzelnen ergeben.

Betriebsgebäude	220 000 DM	steuerfrei gem. § 4 Nr. 9 UStG		
Maschinen, Betriebseinrichtungen	1 110 000 DM	15 % USt	=	166 500 DM
Pkw	10 000 DM	15 % USt	=	1 500 DM
Summe	1 340 000 DM	USt	=	168 000 DM
Der Rest entfällt auf den Geschäftswert	40 000 DM	15 % USt	=	6 000 DM
USt Geschäftsveräußerung insgesamt				174 000 DM

f) Vertragsgestaltung

2353 Die Vertragspartner sollten im Vertrag über die Veräußerung eines Bauunternehmens klarstellen, daß **zum Kaufpreis zusätzlich** vom Käufer die **Umsatzsteuer** zu entrichten ist. Würde ein derartiger Hinweis im Kaufvertrag fehlen, müßte der Erwerber aus dem Gesamtbetrag des Kaufpreises die darin enthaltene USt bei einem Steuersatz von 15 v. H. mit 13,04 **herausrechnen.**

Wie sich aus dem Berechnungsbeispiel in Rdnr. 2352 ergibt, ist die USt-Belastung wegen der allgemein hohen Werte eines veräußerten Bauunternehmens hoch. So müßte in dem Berechnungsbeispiel der Käufer 174 000 DM USt zusätzlich zum Kaufpreis zahlen, die er allerdings als **Vorsteuer** von seiner späteren USt abziehen kann, die in seinem Bauunternehmen anfällt. Andererseits hat der Veräußerer des Baubetriebs nach Abschluß des Kaufvertrages die in Rechnung gestellte USt von 174 000 DM an das Finanzamt abzuführen. Der Erwerber des Bauunternehmens kann seinen Vorsteuererstattungsanspruch an den Veräußerer des Baubetriebs abtreten. Eine derartige Abtretung muß gemäß § 46 Abs. 3 AO auf einem amtlich vorgeschriebenen Vordruck dem Finanzamt angezeigt werden. Durch eine Abtretung des Vorsteuererstattungsanspruchs kann die oben erwähnte liquiditätsmäßige Belastung vermieden werden. 2354

(Einstweilen frei) 2355

30. Verdeckte Gewinnausschüttung
LEXinform
▶ BSt-BG-1545 ◀

Ein umsatzsteuerliches Entgelt ist auch dann Bemessungsgrundlage i. S. des § 10 UStG, wenn es überhöht und zum Teil verdeckte Gewinnausschüttung ist. 2356

Beispiel:

Die als Kapitalgesellschaft geführte Bau-GmbH liefert ihrer Tochtergesellschaft der Kies-GmbH eine Verladerampe zu überhöhtem Preis.

Liefert eine Kapitalgesellschaft einer Tochtergesellschaft einen Gegenstand zu einem überhöhten Preis, so bildet dieser grundsätzlich selbst dann das Entgelt i. S. des § 10 Abs. 1 UStG, wenn ein **Teil der Gegenleistung** ertragsteuerrechtlich als **verdeckte Gewinnausschüttung** zu beurteilen ist. Dieses Entgelt bildet die Bemessungsgrundlage (BFH v. 25. 11. 1987, BStBl 1988 II 210). Sei der objektive Wert der Leistung geringer als die Gegenleistung (das Entgelt), so bilde dennoch das vereinbarte Entgelt grundsätzlich die Bemessungsgrundlage für die steuerbaren Umsätze. Für das USt-Recht sei es im allgemeinen unerheblich, ob das gewährte Entgelt höher sei als der Wert der Leistung. Auf die Motive, die für die Erhöhung der Gegenleistung ausschlaggebend seien, komme es nicht an. 2357

Es sei daher grundsätzlich ohne Belang, ob die Höhe des Entgelts z. B. durch Fehlbewertungen oder durch ein zwischen den Vertragsparteien bestehendes Gesellschaftsverhältnis mitbestimmt sei; die innere Verknüpfung zwischen Leistung und Gegenleistung werde dadurch allein nicht aufgehoben. Daher spiele es für die Bemessung des Entgelts gemäß § 10 UStG in der Regel keine Rolle, ob ein Teil der Gegenleistung nach ertragsteuerlichen Grundsätzen als verdeckte Gewinnausschüttung zu beurteilen sei (so BFH, a. a. O., m. w. N.).

31. Vereinnahmte Entgelte

LEXinform
▶ BSt-BG-1550 ◀

Verwaltungsanweisungen: Abschn. 182 UStR.

2358 Bei der Besteuerung nach vereinnahmten Entgelten (§ 20 UStG) entsteht die Steuer für Lieferungen und sonstige Leistungen gemäß § 13 Abs. 1 Nr. 1 b UStG mit Ablauf des Voranmeldungszeitraums, in dem die **Entgelte vereinnahmt** worden sind.

2359 **Teilzahlungen** und **Vorschüsse** sind im Voranmeldungszeitraum ihrer Vereinnahmung zu versteuern (RFH v. 20. 4. 1923, RStBl S. 195, und v. 2. 7. 1937, RStBl S. 999).

2360 Als **Zeitpunkt der Vereinnahmung** gilt

- bei Überweisungen auf ein **Bank- oder Postgirokonto** grundsätzlich der Zeitpunkt der Gutschrift. Zur Vereinnahmung auf ein **gesperrtes Konto** vgl. BFH v. 27. 11. 1958, BStBl 1959 III 64);

- beim **Kontokorrentverkehr** die Einstellung des Entgelts in das Kontokorrent (RFH v. 10. 10. 1924, RStBl S. 270);

- bei Inzahlungnahme eines **Wechsels** der Tag der Einlösung oder – bei Weitergabe – der Tag der Gutschrift oder Wertstellung (BFH v. 5. 5. 1971, BStBl II 624);

- bei Zahlung mit **Scheck** ist der Betrag grundsätzlich nicht erst mit der Einlösung, sondern bereits mit dessen Hingabe zugeflossen, wenn der sofortigen Vorlage des Schecks keine zivilrechtlichen Abreden entgegenstehen und wenn davon ausgegangen werden kann, daß die bezogene Bank im Falle der sofortigen Vorlage des Schecks den Scheckbetrag auszahlen oder gutschreiben wird (BFH v. 30. 10. 1980, BStBl 1981 II 305).

32. Verrechnungsgeschäfte

Im Bauhaupt- und Baunebengewerbe können Verrechnungsgeschäfte vorkommen. 2361

Beispiel 1:

Ein Bauunternehmer tauscht bei einer Maschinenhandlung eine fabrikneue Baumaschine gegen eine gleichfalls fabrikneue andere Baumaschine eines anderen Fabrikats ein. Es handelt sich umsatzsteuerlich um einen **Tausch** i. S. des § 3 Abs. 12 Satz 1 UStG, der vorliegt, wenn das Entgelt für eine Lieferung in einer Lieferung besteht. Der Wert jedes Umsatzes gilt als Entgelt für den anderen Umsatz. Die USt gehört nicht zum Entgelt (§ 10 Abs. 2 Sätze 2 und 3 UStG).

Beispiel 2:

Sachverhalt wie im Beispiel 1. Der Wert der gegenseitigen Umsätze ist jedoch nicht gleich hoch. Der Bauunternehmer leistet daher noch eine zusätzliche Zahlung.

Es handelt sich umsatzsteuerrechtlich um einen sog. **Tausch gegen Baraufgabe**. Es gelten die Ausführungen über die gegenseitigen Sachleistungen (Lieferungen). Die Baraufgabe ist beim Empfänger dem Wert der erhaltenen Sachleistung zuzurechnen, beim Geber vom Wert der erhaltenen Sachleistung abzurechnen. 2362

Beträgt der Wert der vom Bauunternehmer gelieferten Baumaschine 1 000 DM und der Wert der von der Maschinenhandlung gelieferten anderen Baumaschine 1 100 DM, so daß der Bauunternehmer 100 DM zuzahlt, so berechnet sich der Wert der Umsätze folgendermaßen:

Umsatz des Bauunternehmers   1 100 DM ./. 100 DM = 1 000 DM
Umsatz der Maschinenhandlung   1 000 DM + 100 DM = 1 100 DM

Beispiel 3:

Ein Klempner entfernt aus einem Gebäude die sanitären Anlagen. Der Grundstückseigentümer überläßt ihm dafür das angefallene Material.

Es handelt sich um einen **tauschähnlichen Umsatz** i. S. des § 3 Abs. 12 Satz 2 UStG, der vorliegt, wenn das Entgelt für eine sonstige Leistung in einer Lieferung oder sonstigen Leistung besteht. Auch bei tauschähnlichen Umsätzen gilt der Wert jeden Umsatzes als Entgelt für den anderen Umsatz (§ 10 Abs. 2 Sätze 2 und 3 UStG). 2363

33. Vorauszahlungen

2364 Durch das UStG 1980 ist die sog. **Mindest-Istversteuerung** eingeführt worden. Sie enthält Besonderheiten zur Besteuerung von Abschlagszahlungen/Anzahlungen sowie von Vorauszahlungen. Vgl. hierzu „Sollbesteuerung" (Rdnr. 2236 ff.) und „Rechnungserteilung bei Mindest-Istversteuerung" (Rdnr. 2188 ff.).

34. Vorschüsse

2365 Vorschüsse und Anzahlungen werden umsatzsteuerrechtlich **nicht unterschiedlich** behandelt. Vgl. daher zur umsatzsteuerrechtlichen Behandlung „Abschlagszahlungen/Anzahlungen" (Rdnr. 1959 f.).

2366–2370 *(Einstweilen frei)*

35. Vorsteuerabzug

LEXinform
▶ BSt-BG-1555 ◀

Literatur: *Haus,* Entschädigungsleistungen aus umsatzsteuerlicher Sicht, Inf 1985, 457; *Enders,* Zur Vorsteuer auf Kreditoren im Konkurs, BB 1986, 854; *Traut,* Problematik des Vorsteuerabzugs im Btx, BB 1986, 1691; *Berning/Faustmann,* Wird das FA in Zukunft auch die Angemessenheit des Entgelts bei geltend gemachtem Vorsteuerabzug überprüfen?, DB 1986, 1364, 2253; *Ammann/Duske,* Umsatzsteuer und Schadensersatz, UR 1986, 228, 1987, 7, 162; *Rüttinger,* Gebäude auf fremdem Grund und Boden – Stellungnahme zu den BMF-Schreiben v. 23. 7. 1986, UR 1987, 1: *Horn,* Vorsteuerabzug aus Leistungen zur Schadensbeseitigung, UR 1987, 248; *Friedl,* Abzug der Vorsteuer für unentgeltliche und verbilligte Lieferungen und sonstige Leistungen von einem anderen Unternehmer, UR 1987, 346; *Siegmund,* Zur Anrechenbarkeit des Steuerabzugsbetrags auf die zurückzuzahlende Vorsteuer, DB 1987, 250; *Rüttinger,* Der Vorsteuerabzug für (teil)-unentgeltliche, überdurchgängig unternehmerisch verwendete Leistungsbezüge, UR 1988, 143; *Amman,* Zum Vorsteuerabzug und zur Steuerentstehung bei der Erteilung von Gutschriften, in denen eine überhöhte Steuer ausgewiesen ist, UR 1988, 173; *Birkenfeld,* Überlegungen beim Vorsteuerabzug, UR 1990, 33; *Lohse,* Vorsteuerabzug ohne Vorliegen einer Rechnung?, UR 1990, 77; *Wilke,* Die Rechtsprechung des Bundesfinanzhofes zum Vorsteuerabzug, UVR 1990, 99, 139; *Reiss,* Vorsteuerabzug aus der Mindestbemessungsgrundlage, UR 1990, 243.

Verwaltungsanweisungen: Abschn. 191–213.

a) Der Grundsatz des Umsatzsteuergesetzes

2371 Unternehmer des Bauhaupt- und Baunebengewerbes können nach § 15 UStG die ihnen von anderen Unternehmern gesondert in Rechnung gestellten Steuern von ihrer USt abziehen (§ 15 UStG). Dieser sog. **Vor-**

steuerabzug ist das **Kernstück des USt-Systems.** Die Begriffe „Rechnung" und „in Rechnung gestellt" sind weit auszulegen. Nach § 14 UStG Abs. 5 UStG gehören hierzu auch **Gutschriften,** die im Geschäftsverkehr an die Stelle von Rechnungen treten, das sind Urkunden, mit denen ein Unternehmer über eine Leistung abrechnet, die an ihn ausgeführt wird, ferner nach § 34 UStDV Fahrausweise, die für die Beförderung im Personenverkehr ausgegeben werden. Nach § 35 UStDV berechtigen alle unter Anwendung der Vereinfachungsvorschriften gemäß §§ 31 bis 34 UStDV ausgestellten Rechnungen den Abnehmer der betreffenden Leistung auch zum Vorsteuerabzug. Insbesondere kann der Unternehmer bei Rechnungen i. S. des § 33 UStDV – das sind solche, deren Gesamtbetrag **200 DM nicht übersteigt** und die infolgedessen das Entgelt und den Steuerbetrag in einem Betrag ausweisen können – den Vorsteuerabzug in Anspruch nehmen. Er muß allerdings den **Gesamtrechnungsbetrag** in Entgelt und Steuerbetrag **aufteilen.**

Voraussetzung für die Berechtigung zum Vorsteuerabzug ist stets, daß die Leistungen für das Unternehmen des Bauunternehmers usw. bestimmt sind. Bei der Entscheidung, ob Vorbezüge für das Unternehmen bestimmt sind, ist davon auszugehen, ob sie unter ertragsteuerlichen Gesichtspunkten als Betriebsausgaben anzusehen sind. Ist diese Frage zu bejahen und treffen die übrigen in § 15 Abs. 1 UStG aufgeführten Voraussetzungen zu, so kann der Unternehmer die auf diese Bezüge entfallende, in Rechnung gestellte USt als abziehbare Vorsteuer behandeln. 2372

Soweit Leistungen sowohl für **Zwecke des Unternehmens wie auch für außerhalb** des Unternehmens liegende Zwecke verwendet werden und sich eine Aufteilung ohne Schwierigkeiten durchführen läßt, ist eine solche für die Zwecke der Vorsteuerermittlung bereits beim Bezug vorzunehmen, notfalls durch Schätzung. 2373

b) Vorsteuerabzug bei Fahrausweisen

Bei Fahrausweisen, die die Voraussetzungen des § 34 UStDV erfüllen, kann der Unternehmer den Vorsteuerabzug vornehmen bei **Aufteilung des Beförderungspreises** in Entgelt und USt. 2374

Ist in der Fahrkarte der Deutschen Bundesbahn und der nichtbundeseigenen Eisenbahnen eine **Tarifentfernung von mehr als 50 km** aufgedruckt, beträgt die in dem Fahrpreis enthaltene **Vorsteuer 15 v. H.** – Faktor für die Herausrechnung 13,04 v. H. (bis 31. 12. 1992; 14 v. H./12,28 v. H.). 2375

2376 Fehlt in dem Fahrausweis die Angabe über den **Steuersatz** oder beträgt die in der Fahrkarte der Deutschen Bundesbahn und der nichtbundeseigenen Eisenbahnen eingetragene **Tarifentfernung 50 km oder weniger,** beträgt die im Fahrpreis enthaltene **Vorsteuer** 7 v. H. – Faktor für die Herausrechnung 6,54 v. H.

Beispiel:
Fahrt mit der Bundesbahn von Köln nach München zur Teilnahme an einer Vortragsveranstaltung. Fahrpreis 300 DM. Aufgedruckte Tarifentfernung 600 km. Steuersatz 15 v. H. Faktor für die Herausrechnung der Vorsteuer 13,04 v. H. Demnach Vorsteuer 38,12 DM.

c) Vorsteuerabzug bei Reisekosten

2377 Aufwendungen für Reisekosten berechtigen zum Vorsteuerabzug. Das gilt sowohl für Reisekosten, die für den Unternehmer selbst als auch für solche, die für seine Arbeitnehmer anfallen. Zu den Reisekosten gehören nach Abschn. 119 Abs. 3 Nr. 1 bis 4 EStR die Fahrtkosten, die Unterbringungskosten in der nachgewiesenen Höhe, die Mehraufwendungen für Verpflegung aus Anlaß der Geschäftsreise und die Nebenkosten. Beim **Einzelnachweis** ist zu beachten, daß unter Mehraufwand für Verpflegung nur der Betrag der Einzelaufwendungen verstanden wird, der sich nach Abzug der **Haushaltsersparnis** ab 1990 mit ⅕ (bis einschließlich 1989 in Höhe von 6 DM) je Tag von den tatsächlichen Aufwendungen ergibt. Die **Vorsteuer** wird durch Anwendung des Multiplikators von 13,04 v. H. (bis 31. 12. 1992: 12,28 v. H.) beim Regelsteuersatz und 6,54 v. H. beim ermäßigten Steuersatz herausgerechnet.

2378 Der Verpflegungsmehraufwand kann aber auch in **Pauschbeträgen** abgerechnet werden. Nach § 36 Abs. 5 UStDV können die aus Pauschbeträgen errechneten Vorsteuern nur dann abgezogen werden, wenn über die Reise ein Beleg ausgestellt wird, der Zeit, Ziel und Zweck der Reise, die Person, von der die Reise ausgeführt worden ist, und den Betrag angibt, aus dem die Vorsteuer errechnet wird. Sie kann nach § 36 Abs. 1 UStDV mit 12,3 v. H. (bis 31. 12. 1992: 11,4 v. H.) der für einkommensteuerliche Zwecke gewährten Pauschbeträge angesetzt werden. Haushaltsersparnis wird nicht abgezogen. Der Vorsteuerabzug bei Reisekosten nach Pauschbeträgen ist nur bei Reisen im Inland zulässig.

Beispiel:
Ein Unternehmer fährt mit der Bundesbahn von Köln nach Stuttgart zur Teilnahme an einer Vortragsveranstaltung. Hin- und Rückfahrt an einem Tag. Er

kann für die Mehraufwendungen für Verpflegung die Pauschbeträge nach den einkommensteuerlichen Vorschriften auch für die Berechnung der Vorsteuer ansetzen.

Anstelle eines gesonderten Vorsteuerabzugs bei den einzelnen Reisekosten kann der Unternehmer eine **Gesamtpauschalierung** mit einem Pauschbetrag von 9,8 v. H. (bis 31. 12. 1992: 9,2 v. H.) der aus Anlaß einer im Inland ausgeführten Geschäftsreise insgesamt entstandenen Reisekosten als Vorsteuer abziehen. 2379

Beispiel:

Ein Unternehmer aus Köln nimmt drei Tage an einer Berufsveranstaltung in München teil. Die Abrechnung der Reisekosten kann wie folgt vorgenommen werden:

		USt	Vorsteuer
Mehraufwand für Verpflegung	138,00 DM	12,3 v. H.	16,97 DM
Übernachtungskosten	300,00 DM	13,04 v. H.	38,12 DM
Fahrtkosten Bundesbahn	300,00 DM	13,04 v. H.	39,12 DM
U-Bahn München	20,00 DM	6,54 v. H.	1,30 DM
zusammen	758,00 DM		96,51 DM

Anstelle der Einzelberechnung hätte der Unternehmer auch eine **Gesamtpauschalierung** folgendermaßen durchführen können:

Reisekosten 758 DM × 9,8 v. H. = 74,28 DM Vorsteuer.

d) Vorsteuerabzug bei Leistungsreduktion

Literatur: *Matheja*, Leistungsreduktion und Vorsteuerabzug, UR 1981, 219.

Den Vorsteuerabzug im Fall der sog. Leistungsreduktion behandelt das folgende 2380

Beispiel:

Aufgrund eines Werkvertrages hat ein Bauunternehmer mehrere schlüsselfertige Einfamilienhäuser zu erstellen. Er beauftragt einen Subunternehmer, die Betonarbeiten für das Kellergeschoß auszuführen. Als Entgelt werden 80 000 DM zuzüglich 12 000 DM USt vereinbart. Die Ausführung der Betonarbeiten ist mangelhaft. Der Subunternehmer hilft dem Mangel nicht ab, so daß der Bauunternehmer einen zweiten Subunternehmer mit der Mangelbeseitigung beauftragt. Hierfür werden dem Bauunternehmer 30 000 DM zuzüglich 4 500 DM USt in Rechnung gestellt. Der erste Subunternehmer erhält daher nur 57 500 DM ([80 000 DM + 12 000 DM USt] = 92 000 DM ./. 34 500 DM [30 000 DM + 4 500 DM USt]).

2381 Das Entgelt und damit die Bemessungsgrundlage für ein einwandfreies und ordnungsmäßiges Werk sind 80 000 DM. Die Mängel reduzieren dessen Wert und damit die Bemessungsgrundlage für dieses Werk um 30 000 DM. Dieser Betrag muß anderweitig aufgewendet werden, um die Mängel zu beseitigen. Der Wert – das Entgelt, die Bemessungsgrundlage – des mangelhaften Werkes kann deshalb nur 50 000 DM sein. Der Gedanke der Leistungsreduktion wird aus BFH v. 28. 2. 1980 (BStBl II 535; vgl. Rdnr. 2150) abgeleitet. Was die Vorsteuer angeht, hat der Bauunternehmer für zwei abgenommene Werklieferungen (oder aus einer Werklieferung und einer Werkleistung) insgesamt 80 000 DM aufwenden müssen. Aus diesem Betrag ist die abziehbare Vorsteuer zu errechnen. Vgl. i. e. Matheja, UR 1981, 219.

2382–2385 *(Einstweilen frei)*

36. Werklieferung; Werkleistung

LEXinform
▶ BSt-BG-1560 ◀

Literatur: *Lindemann,* Umsatzsteuer bei Werklieferungen in der Bauwirtschaft, BB 1971, 433.

Verwaltungsanweisungen: Abschn. 27 und 178 Abs. 1 Nr. 1 UStR.

a) Allgemeines

2386 Eine Werklieferung liegt vor, wenn der Unternehmer den zur Bearbeitung oder Verarbeitung **erforderlichen Hauptstoff ganz oder zum Teil selbst beschafft** (vgl. § 3 Abs. 4 UStG; BFH v. 3. 12. 1970, BStBl 1971 II 355).

2387 Das gilt auch dann, wenn die Gegenstände mit dem Grund und Boden fest verbunden sind. Es bestehen zwar Parallelen zum Werklieferungsvertrag nach § 651 BGB, jedoch ist die Auslegung des umsatzsteuerrechtlichen Begriffs vom bürgerlichen Recht unabhängig.

Beispiel:

Ein Bauunternehmer errichtet auf dem Grundstück seines Auftraggebers ein Einfamilienhaus aus Material, das er bei einem Baustoffhändler gekauft hat. Abweichend vom bürgerlichen Recht liegt umsatzsteuerrechtlich eine Werklieferung über das fertige Werk (Lieferungsgegenstand ist das schlüsselfertige Haus) vor.

2388 Die **Werklieferungen** i. S. des § 3 Abs. 4 UStG sind **Lieferungen** im umsatzsteuerlichen Sinne. Deshalb sind darauf grundsätzlich alle Vorschriften des USt-Rechts, die für Lieferungen gelten, z. B. über den Ort der Lieferung, anzuwenden. Von der reinen Lieferung, z. B. Warenlieferung, unterscheiden sie sich oft nur unwesentlich.

Beispiel:

Ein Bauschreiner stellt ohne besonderen Auftrag Kunststoffenster in Serie her. Beim Verkauf der Fenster bewirkt er reine Warenlieferungen.

Bei einer Werklieferung wird der Unternehmer dagegen im **ausdrücklichen Auftrag** des Bestellers tätig.

Eine **Werkleistung** liegt dagegen vor, wenn der Unternehmer bei der auftragsgemäß durchzuführenden Be- oder Verarbeitung, z. B. Herstellung, eines Gegenstandes entweder **keine selbstbeschafften Stoffe oder nur selbstbeschaffte Nebenstoffe** („Zutaten oder sonstige Nebensachen") verwendet. 2389

Beispiel:

Ein Sägewerk stellt aus Rundholz des auftraggebenden Bauunternehmers Bretter her.

Die **Werkleistung** ist eine Unterart der **sonstigen Leistung**. Sie unterliegt deshalb allen für sonstige Leistungen geltenden Vorschriften. 2390

Für die **Abgrenzung** der Werklieferung von der Werkleistung ist es von Bedeutung, wer von den Beteiligten den zu be- oder verarbeitenden Stoff beschafft und welche Bedeutung dem Stoff (Hauptstoff oder Nebenstoff) zukommt. Für die Annahme einer **Werklieferung** genügt es, daß der Werkunternehmer einen **Teil des Hauptstoffs** beschafft. Die Abgrenzung zwischen Werklieferung und Werkleistung richtet sich jedoch nicht allein nach der Stoffbeschaffung, sondern ist **entscheidend** vom **Vertragsinhalt** abhängig. 2391

Für die **Unterscheidung**, ob bei der Werkherstellung (Be- oder Verarbeitung) ein **Stoff** als **Hauptstoff oder als Nebenstoff** – Zutaten oder sonstige Nebensachen – anzusehen ist, ist **maßgebend**, welche **Bedeutung** der einzelne Stoff für den herzustellenden Gegenstand hat sowie der Wille der Beteiligten. 2392

Hauptstoffe bestimmen die Eigenart des aus ihnen herzustellenden Gegenstandes. 2393

Ein **Nebenstoff** kann daher nur dann vorliegen, wenn der Stoff nicht mitbestimmend für das Wesen des herzustellenden Gegenstandes ist und ihm im Verhältnis zu diesem nur eine untergeordnete Bedeutung zukommt. 2394

In Zweifelsfällen entscheidet hierüber die Verkehrsauffassung (BFH v. 28. 5. 1953, BStBl III 217). Es ist darauf abzustellen, ob es nach dem Willen der Beteiligten dem Besteller hauptsächlich darauf ankommt, den vom Unternehmer beschafften Stoff in verarbeiteter Form und in Verbindung mit dem eigenen Stoff zu erwerben (BFH v. 24. 6. 1955, BStBl III 287). Ist das der Fall, liegt eine Werklieferung vor. Kommt es dem Besteller dagegen darauf an, seinen eigenen Stoff durch den Unternehmer in Verbindung mit dessen Stoff eine bestimmte Form zu geben, dann handelt es sich um eine Werkleistung (BFH v. 28. 5. 1953, BStBl III 217).

2395 Verwendet der Unternehmer bei einer **Reparatur** keinerlei eigenen Stoff, so liegt eine reine Werkleistung vor. Eine Werkleistung ist aber auch dann anzunehmen, wenn der Unternehmer nur Zutaten oder sonstige Nebensachen, die er selbst beschafft hat, verwendet. Beschafft der Unternehmer nicht nur Zutaten oder sonstige Nebensachen, sondern auch Hauptstoffe, so liegt eine Werklieferung vor. Für die **Abgrenzung** der **Werklieferung** von der **Werkleistung** bei Reparaturen ist daher entscheidend, ob der vom Unternehmer zugegebene Stoff als Hauptstoff oder als Nebenstoff anzusehen ist (BFH v. 25. 3. 1965, BStBl III 338). Ob der Stoff als Hauptstoff oder als Nebenstoff anzusehen ist, hängt davon ab, ob diesem im Vergleich zu dem auszubessernden Gegenstand bzw. Teilstück nur eine nebensächliche Bedeutung zukommt. Bei **kleineren technischen Hilfsmitteln,** wie z. B. Schrauben, Nägeln, Splinten usw. wird das regelmäßig der Fall sein. Andere Stoffe werden in der Regel als Nebenstoffe angesehen werden können, wenn sie der Menge und dem Wert nach gegenüber dem auszubessernden Gegenstand bzw. Teilstück nur geringfügig sind.

2396 Stellt ein Unternehmer, der sich zur Durchführung bestimmter Baumaßnahmen unter Verwendung selbstbeschaffter Hauptstoffe (Werklieferung) verpflichtet hat, die Arbeiten vorzeitig und endgültig ein, kann das bis dahin errichtete **halbfertige Werk** Gegenstand einer anderweitigen, hinter der ursprünglichen Vereinbarung zurückbleibenden Leistung sein (BFH v. 28. 2. 1980, BStBl II 535).

2397 Die Vergütung, die der Unternehmer nach **Kündigung** oder **vertraglicher Auflösung** eines Werklieferungsvertrages vereinnahmt, ohne an den Besteller die bereitgestellten Werkstoffe oder das teilweise vollendete Werk geliefert zu haben, ist kein Entgelt im Sinne des USt-Rechts (BFH v. 27. 8. 1970, BStBl 1971 II 6).

b) Verschaffung der Verfügungsmacht

aa) Werklieferungen

Werklieferungen sind ausgeführt, wenn dem Auftraggeber die **Verfügungsmacht verschafft** wird. Das gilt auch dann, wenn das Eigentum an den verwendeten Baustoffen gemäß § 946, 93, 94 BGB zur Zeit der Verbindung mit dem Grundstück auf den Auftraggeber übergeht. Der Werkvertrag wird mit der **Übergabe und Abnahme** des fertiggestellten Werks erfüllt; der Auftraggeber erhält die Verfügungsmacht mit der Übergabe des fertiggestellten Werks (vgl. BFH v. 26. 2. 1976, BStBl II 309). Auf die Form der Abnahme kommt es dabei nicht an. Insbesondere ist eine Verschaffung der Verfügungsmacht bereits dann anzunehmen, wenn der Auftraggeber das Werk durch **schlüssiges Verhalten**, z. B. durch Benutzung, abgenommen hat und eine förmliche Abnahme entweder gar nicht oder erst später erfolgen soll. 2398

So spricht die **Übergabe einer fertiggestellten Straße** für den öffentlichen Verkehr, auch wenn später noch kleinere Restarbeiten auszuführen sind, für die Verschaffung der Verfügungsmacht und somit für eine Lieferung i. S. des § 3 Abs. 1 UStG. Die Straße ist „funktionell" fertig. Allerdings kann in den Arbeiten zu den **einzelnen Teilen der Erschließungsanlage** (Kanalbau, Bürgersteige, Stützmauern, Beleuchtung usw.) nicht jeweils eine Teilleistung i. S. des § 13 Abs. 1 Nr. 1 a Sätze 2 und 3 UStG gesehen werden, wenn die Erstellung der Erschließungsanlage Gegenstand der Parteienvereinbarung ist. Auch die **abschnittsweise Herstellung** der Straße erfüllt nach Meinung der Finanzverwaltung (so OFD Saarbrücken v. 9. 3. 1978 S – 7100 b – 79 – St 241) nur dann den Begriff der Teilleistung hinsichtlich einzelner Abschnitte, wenn die Arbeiten an der Straße nicht als Ganzes, sondern in Teilen geschuldet werden (mit gesondert vereinbartem Entgelt) und hinsichtlich dieses Teiles bereits eine bestimmungsgemäße Nutzung durch Freigabe für den öffentlichen Verkehr vorliegt. Vgl. wegen „Teilleistungen" Rdnr. 2284 ff. 2399

Wird das vertraglich vereinbarte **Werk nicht fertiggestellt** und ist eine **Vollendung** des Werkes durch den Werkunternehmer **nicht** mehr **vorgesehen**, entsteht ein neuer Leistungsgegenstand (Abschn. 178 Abs. 1 Nr. 1 UStR). Vgl. hierzu in den Fällen des Konkurses von Werkunternehmer oder Besteller „Konkurs" (Rdnr. 2146). 2400

bb) Werkleistungen

2401 **Werkleistungen** sind grundsätzlich im Zeitpunkt ihrer **Vollendung** ausgeführt. Dieser Zeitpunkt wird häufig mit dem Zeitpunkt der **Abnahme** zusammenfallen.

37. Zuschüsse der Bundesanstalt für Arbeit
LEXinform
▶ BSt-BG-1565 ◀

Verwaltungsanweisungen: Abschn. 150 UStR; BMF v. 21. 3. 1983, Erhöhung der Steuersätze mit Wirkung vom 1. 7. 1983 (§ 12 UStG), UR S. 116.

2402 Der Umsatz wird bei Lieferungen und sonstigen Leistungen nach dem Entgelt bemessen. **Entgelt** ist alles, was der Leistungsempfänger aufwendet, um die Leistung zu erhalten, jedoch abzüglich der USt. Zum Entgelt gehört auch, was ein anderer als der Leistungsempfänger dem Unternehmer für die Leistung gewährt (§ 10 Abs. 1 Sätze 1 bis 3 UStG).

Zahlungen unter der Bezeichnung „Zuschuß" können entweder

- Entgelt für eine Leistung an den Zuschußgeber,
- zusätzliches Entgelt eines Dritten oder
- echter, nicht steuerbarer Zuschuß

sein (vgl. Abschn. 150 Abs. 1 UStG).

2403 **Zusätzliches Entgelt** i. S. des § 10 Abs. 1 UStG sind solche Zuschüsse, die von einem anderen als dem Leistungsempfänger für die Lieferung oder sonstige Leistung des Unternehmers gewährt werden. Erforderlich ist, daß ein unmittelbarer wirtschaftlicher Zusammenhang zwischen der Leistung des Unternehmers und der Zuwendung des Dritten feststellbar ist.

2404 **Echte, nichtsteuerbare Zuschüsse** liegen vor, wenn die Zuwendungen nicht an bestimmte Umsätze anknüpfen, sondern unabhängig von einer bestimmten Leistung gewährt werden, um dem Empfänger die Mittel zu verschaffen, die er z. B. zur Erfüllung von im **allgemeinen öffentlichen Interesse** liegenden Aufgaben benötigt (BFH v. 23. 8. 1967, BStBl III 717).

2405 In der Bauwirtschaft werden **Zuschüsse der Bundesanstalt für Arbeit** nach dem **Arbeitsförderungsgesetz** gewährt zu

- **Löhnen** und **Ausbildungsvergütungen**,
- bestimmten **Baumaßnahmen**,
- Kosten für **Arbeitserprobungen** und **Probebeschäftigung** sowie
- zur **Winterbauförderung**.

Die gewährten Zuschüsse bzw. Zuwendungen sind echte nicht steuerbare Zuschüsse. Sie sollen den Unternehmer zu einem im öffentlichen Interesse liegenden Handeln anregen, Ausbildungsverhältnisse einzugehen oder bestimmte Baumaßnahmen durchzuführen oder eine notwendige berufliche Eignung von (arbeitslosen) Arbeitnehmern für eine Arbeitsaufnahme festzustellen bzw. durch eine Probebeschäftigung die Vermittlungsaussichten von Arbeitslosen zu verbessern oder den Winterbau zu fördern (vgl. Abschn. 150 Abs. 4 Nr. 1 UStR; BMF v. 21. 3. 1983, UR S. 116).

(Einstweilen frei) 2406–2410

IV. Gewerbesteuer

1. Arbeitsgemeinschaften

LEXinform
▶ BSt-BG-1570 ◀

Literatur: *Heinike,* Arbeitsgemeinschaft, LSW Gruppe 4/23, 1; *Mittermüller,* Die steuerliche Behandlung von Arbeitsgemeinschaften, NWB F. 2, 4289.

Verwaltungsanweisungen: Abschn. 24a GewStR.

a) Allgemeines

Argen, die nach außen hin im eigenen Namen auftreten, sind in der Regel **Gesellschaften bürgerlichen Rechts** (vgl. dazu Rdnr. 1963 ff. hinsichtlich der umsatzsteuerrechtlichen Beurteilung). Sie sind als **Unternehmergemeinschaften** i. S. des § 2 Abs. 2 Nr. 1 GewStG selbst gewerbesteuerpflichtig. 2411

Aus Vereinfachungsgründen bestimmt jedoch § 2a GewStG für nach dem 31. 12. 1984 gegründete Argen, daß von einer selbständigen Heranziehung zur GewSt nach dem Gewerbeertrag und dem Gewerbekapital abzusehen und statt dessen die Besteuerung bei dem Partner vorzunehmen ist. Voraussetzung ist, daß 2412

- **Zweck** der Arge die Durchführung **eines einzigen** Werkvertrages oder Werklieferungsvertrages ist und

- dessen **Erfüllung innerhalb** von **drei Jahren** angenommen werden kann (vgl. auch Rdnr. 2414).

b) Zweck der Arbeitsgemeinschaft

Der alleinige Zweck der Arge darf nur die Ausführung eines einzigen Werkvertrages i. S. von § 631 BGB oder Werkvertrag nach § 651 BGB 2413 sein. Diese Beschränkung muß eindeutig und unzweifelhaft in geeigneter Form **nachweisbar** sein, was allerdings nicht durch ausdrückliche Vertragsklauseln erforderlich ist. Bezweckt die Arge die Durchführung von mehr als einem Werkvertrag oder Werklieferungsvertrag so fällt sie nicht unter § 2a GewStG. Das gilt auch, wenn sie darüber hinausgehende Ziele verfolgt (Meyer-Scharenberg/Popp/Woring, a. a. O., § 2a Rdnr. 3).

Beispiel 1:

Die Bauunternehmer A und B gründen eine Arge zur Durchführung des Bauvorhabens Hochbau X. Fertigstellung in 30 Monaten. Die Voraussetzungen des § 2a GewStG liegen vor.

Argen zum **gemeinsamen Einkauf** fallen jedoch nicht unter § 2a GewStG.

Beispiel 2:

Die Installateure A und B gründen eine Arge zum gemeinsamen Einkauf von Installationsmaterial. Die Arge fällt nicht unter § 2a GewStG, da sie nicht die Durchführung eines Werk- oder Werklieferungsvertrags bezweckt.

Unschädlich ist es jedoch, wenn **mehrere Argen hintereinander** oder **nebeneinander** zur Durchführung folgender Werk- und Werklieferungsverträge oder nebeneinander zur Durchführung jeweils eines Objekts gegründet werden.

Beispiele 3:

(1) Bauunternehmer A und B gründen eine Arge zur Durchführung eines Bauvorhabens in der Zeit von April 01 bis Mai 02. Für die Zeit von Juni 02 bis Oktober 03 schließen sie sich erneut zu einer Arge zur Durchführung eines weiteren Bauvorhabens zusammen.

(2) Bauunternehmer A und B gründen je eine Arge zur Durchführung des Bauvorhabens I und des Bauvorhabens II in der Zeit von Januar 01 bis Mai 02.

In den vorstehenden Beispielen findet § 2a GewStG Anwendung. Außer der Beschränkung auf den Zweck der Arge und der zeitlichen Komponente enthält die Vorschrift keine sonstigen Beschränkungen. Erforderlich ist aber, daß die Argen vertraglich und in ihrer praktischen Durchführung voneinander getrennt und im Verkehr mit den Auftraggebern individualisierbar sind (so Meyer-Scharenberg/Popp/Woring, a. a. O., § 2a Rdnr. 3).

Die Frage, ob die Arge den **alleinigen Zweck** hat, sich auf die **Erfüllung eines einzigen Werk- oder Werklieferungsvertrages** zu beschränken, berührt die auf tatsächlichem Gebiet liegende Vertragsauslegung (BFH v. 2. 12. 1992, BStBl 1993 II 577). Im Streitfall hatte das FG dazu festgestellt, daß die Arge nicht auf die Erfüllung eines einzigen Werkvertrages beschränkt war, so daß die Arge mit ihrer inländischen Betriebsstätte der GewSt unterlag.

c) Zeitliches Moment

Die Anwendung des § 2a GewStG setzt voraus, daß bei Abschluß des Werk- oder Werklieferungsvertrags seine **Erfüllung innerhalb von drei Jahren** angenommen werden kann. **Fristbeginn** ist der **Abschluß** des in Betracht kommenden **Vertrags, nicht** jedoch die davor liegende **Gründung** der Arge (Meyer-Scharenberg/Popp/Woring, a.a.O., § 2a Rdnr. 4). Die Erfüllung der zeitlichen Voraussetzungen ergibt sich in der Regel aus den Terminvereinbarungen zwischen Auftraggeber und Auftragnehmer. Bei deren Fehlen kommt es auf den normalen Wirtschaftsablauf an. Bei Vorliegen der zeitlichen Voraussetzungen besteht auch dann keine GewSt-Pflicht, wenn der Werk- oder Werklieferungsvertrag nicht innerhalb der Frist von drei Jahren abgewickelt werden kann, wobei es auf die Gründe der sich später herausstellenden Verzögerungen nicht ankommt (vgl. Meyer-Scharenberg/Popp/Woring, a.a.O., § 2a Rdnr. 4). Das zeitliche Moment soll i.d.F. der Vorschrift gemäß Art. 11 Nr. 1 Entwurf eines StMBG (BT-Drucks. 12/5630 v. 7.9.1993) nach Verkündung des Gesetzes entfallen.

2414

d) Fiktion der Betriebsstätte

Liegen die Voraussetzungen des § 2a GewStG vor, **gelten** nach dem letzten Satz der Vorschrift die Betriebsstätten der Arge **insoweit anteilig** als Betriebsstätten der Beteiligten. Durch diese Regelung wird die GewSt-Berechtigung der Gemeinden bei Argen gesichert, die in mehreren Gemeinden tätig sind.

2415

e) Rechtsfolgen

Die Arge i.S. des § 2 ist **nicht** gewerbesteuerpflichtig. Ertrag und Kapital der Arge gehören originär und anteilig zum Gewerbeertrag und Gewerbekapital jedes der beteiligten Unternehmer. Jeder, der an der Arge beteiligt ist, ist für sich Unternehmer im Sinne des GewSt-Rechts.

2416

2. Betriebsaufspaltung

Literatur: *Barth,* Ein bemerkenswertes Jubiläum – fünfzig Jahre Sonderbehandlung der Betriebsaufspaltung ohne gesetzlich normierten Tatbestand. BB 1985, 1861; *Felix,* Zur Einkünftequalifikation des Nur-Besitzgesellschafters, BB 1985, 1970; *-en-,* Beherrschung bei Beteiligung von Ehegatten, DB 1985, 1320; *Felix,* Inhalt und Auswirkung des Beschlusses des Bundesverfassungsgerichts vom 12. März 1985 zu Ehegatten-Betriebsaufspaltungen, KÖSDI 1985, 5976; *Schneeloch,* Die Betriebsaufspaltung weiterhin ein Mittel der betrieblichen Steuerpolitik,

DStR 1986, Beihefter Heft 10; *Paus,* Die sog. mitunternehmerische Betriebsaufspaltung, DStZ 1986, 319; *Herzig/Kessler,* Neue Tendenzen der Betriebsaufspaltungs-Rechtsprechung, DB 1986, 2402; *Woerner,* Neues zur Betriebsaufspaltung, DStR 1986, 735; *Kratzer,* Die Betriebsaufspaltung, NWB F. 18, 2093; *Söffing,* Neue Grundsatzentscheidungen zur Betriebsaufspaltung, NWB F. 18, 2793; *Kaligin,* Diffuse Erosionsprozesse beim Rechtsinstitut der Betriebsaufspaltung von der Mitunternehmerschaft, Inf 1986, 176; *Herzig,* Neue Tendenzen der Betriebsaufspaltungsrechtsprechung, BB 1986, 2402; *Winter,* Die Ehegatten-Betriebsaufspaltung, GmbHR 1972, 281; *Barth,* Das steuerliche Dilemma für Ehegatten im Zusammenhang mit der Betriebsaufspaltung, DStR 1987, 211; *Schulze zur Wiesche,* Betriebsaufspaltung und Minderheitsgesellschafter, BB 1987, 1301; *von Hayningen-Huene,* Verbundene Unternehmen im HGB bei der Betriebsaufspaltung, BB 1987, 999; *Hartmann,* Steuerliche Konsequenzen nach dem Wegfall der „mitunternehmerischen Betriebsaufspaltung" unter besonderer Berücksichtigung des § 15 a EStG, FR 1987, 273; *Mahrenholtz,* Gewerblich geprägte Betriebsaufspaltung?, FR 1987, 185; *Ranft,* Grenzfälle der Betriebsaufspaltung, DStZ 1988, 79; *Pollmann,* Die wesentliche Betriebsgrundlage im Rahmen der Betriebsaufspaltung, DB 1988, 723.

a) **Allgemeines**

LEXinform
▶ BSt-BG-1575 ◀

2417 Eine **echte Betriebsaufspaltung** liegt vor, wenn ein Unternehmen (Besitzunternehmen) Wirtschaftsgüter, die zu den wesentlichen Grundlagen des Betriebs gehören, z. B. Grundstücke, Maschinen, miet- oder pachtweise einer von ihm gegründeten und beherrschten Kapitalgesellschaft (Betriebsunternehmen) zum Zwecke der Weiterführung des Betriebs überläßt.

2418 Eine **unechte Betriebsaufspaltung** liegt vor, wenn das Besitzunternehmen und das Betriebsunternehmen nicht durch Betriebsaufspaltung entstanden, sondern als zwei getrennte Betriebe errichtet worden sind.

2419 In beiden Fällen der Betriebsaufspaltung besteht nach ständiger Rechtsprechung des BFH (vgl. BFH v. 8. 11. 1971, BStBl 1972 II 63; v. 12. 11. 1985, BFH/NV 1986, 360; v. 12. 11. 1985, BStBl 1986 II 299; v. 10. 11. 1982, BStBl 1983 II 136; v. 28. 1. 1982, BStBl II 479, m. Anm. Fichtelmann, StRK-Anmerkungen GewStG § 2 Abs. 1 R. 384; Leingärtner, RWP SG 1.3, 118; Offerhaus StBp 1982, 179; Schwendy, LSW Gruppe 3, 1827) eine **Ausnahme** von dem Grundsatz, daß die Verpachtung eines Gewerbebetriebs nicht gewerbesteuerpflichtig ist. Nach der von ihm entwickelten **Durchgriffstheorie** beteiligt sich das **Besitzunternehmen über das Betriebsunternehmen** weiterhin **am allgemeinen wirtschaftlichen Verkehr** (vgl. z. B. BFH v. 28. 1. 1965, BStBl III 261).

2420 Zu den **Voraussetzungen** der „Betriebsaufspaltung i. e. vgl. Rdnr. 332 ff.

b) Organschaft und Betriebsaufspaltung

LEXinform
▶ BSt-BG-1580 ◀

Bei einer **typischen Betriebsaufspaltung** – das Besitzunternehmen (Personengesellschaft) verpachtet ihr gesamtes Betriebsvermögen an das Betriebsunternehmen (Kapitalgesellschaft) und beschränkt sich auf die Verwaltung ihres Betriebsvermögens – liegt keine wirtschaftliche Eingliederung in die Besitzgesellschaft vor. Im Regelfall ist damit **keine Organschaft** gegeben (BFH v. 25. 6. 1957, BStBl III 303; v. 9. 3. 1962, BStBl III 199; v. 24. 4. 1966, BStBl III 426; v. 21. 1. 1988, BStBl II 456). **2421**

Das **Besitzunternehmen** kann jedoch **Organträger** sein, wenn es **über die gewerbliche Verpachtung hinaus** eine nach außen in Erscheinung tretende **gewerbliche Tätigkeit** entfaltet, die durch den Betrieb der Kapitalgesellschaft (Organgesellschaft) gefördert wird und im Rahmen des Gesamtunternehmens (Organkreis) nicht von untergeordneter Bedeutung ist. Dabei ist die Entwicklung innerhalb eines mehrjährigen Zeitraums zu berücksichtigen (vgl. BFH v. 18. 4. 1973, BStBl II 740; BFH v. 26. 4. 1966, BStBl III 426, m. Anm. Gollup, StRK-Anmerkungen GewStG § 2 R. 2; BFH v. 25. 7. 1963, BStBl III 505, m. Anm. Felix/Heinemann, StRK-Anmerkungen Gew-StG § 2 Abs. 1 R. 76). Eine gewerbliche Betätigung von einigem Gewicht kann z. B. der Vertrieb der Produkte der Betriebsgesellschaft sein. **2422**

Wegen der Fälle, in denen eine Betriebsgesellschaft in das **Besitzunternehmen** wirtschaftlich **eingegliedert** sein kann, wenn das Besitzunternehmen sich als geschäftsleitende **Holding** betätigt, vgl. BFH v. 17. 12. 1969, BStBl 1970 II 257. **2423**

Zur **Organschaft** vgl. i. e. Rdnr. 2491 ff. **2424**

c) Erweiterte Kürzung des Gewerbeertrags nach § 9 Nr. 1 Satz 2 GewStG

LEXinform
▶ BSt-BG-1585 ◀

Das Besitzunternehmen kann die **erweiterte Kürzung des Gewerbeertrags** nach § 9 Nr. 1 Satz 2 GewStG in Anspruch nehmen (BFH v. 1. 8. 1979, BStBl 1980 II 77). Nach ständiger Rechtsprechung (vgl. BFH v. 8. 11. 1971, BStBl 1972 II 63; v. 29. 7. 1976, BStBl II 750, mit Rechtsprechungsübersicht) übt die Besitzgesellschaft eine den Rahmen einer privaten Vermögensverwaltung überschreitende gewerbliche Tätigkeit aus, weil sie in diesem Falle durch ihre Vermietungs- oder Verpachtungstätigkeit über die Betriebsgesellschaft am allgemeinen wirtschaftlichen Verkehr teilnimmt. **2425**

d) Einheitsbewertung/Vermögensteuer
LEXinform
▶ BSt-BG-1590 ◀

2426 Bei einer Betriebsaufspaltung bleiben die **Gegenstände des Anlagevermögens**, z. B. Maschinen, Grundstücke, die von dem bisherigen Betriebsinhaber an eine zur Fortführung des Betriebs gegründete Kapitalgesellschaft vermietet oder verpachtet werden, auch dann **Betriebsvermögen**, wenn die verpachteten Wirtschaftsgüter zwar nicht die wesentliche Betriebsgrundlage darstellen, der bisherige Betriebsinhaber aber **maßgebend** an der Kapitalgesellschaft **beteiligt** ist (BFH v. 22. 1. 1954, BStBl III 91). Auch die **Anteile** an der Kapitalgesellschaft gehören zu seinem Betriebsvermögen (BFH v. 13. 1. 1961, BStBl III 333). Diese Grundsätze gelten auch für die **unechte** Betriebsaufspaltung (BFH v. 14. 11. 1969, BStBl 1970 II 302; v. 12. 12. 1969, BStBl 1970 II 395; vgl. auch BVerfG v. 14. 1. 1969, BStBl II 389, ergangen zur Ertragsbesteuerung).

2427 In den ersten Jahren **nach** der Gründung ist der **Wert der Anteile** an der Betriebsgesellschaft nicht auf 100 v. H. des eingezahlten Stammkapitals zu begrenzen, wenn sich nach dem **Stuttgarter Verfahren** ein höherer Wert ergibt (BFH v. 23. 4. 1986, BStBl II 594).

2428 Die **Überlassung von Warenvorräten** an die Betriebs-GmbH bei einer Betriebsaufspaltung mit der **Abrede**, daß die GmbH das Warenlager in gleicher Größe und gleich guter Menge bei Ablauf des Pachtvertrages zurückgeben muß, begründet eine **abzugsfähige** Betriebsschuld (BFH v. 10. 3. 1972, BStBl II 518).

2429–2935 *(Einstweilen frei)*

3. Betriebsstätte
LEXinform
▶ BSt-BG-1595 ◀

Literatur: *Brendle/Schaaf,* Gewerbesteuerliche Behandlung von inländischen Bauunternehmen mit Ergebnissen aus einer Tätigkeit im Ausland, FR 1975, 589; *Feuerbaum,* Der Betriebsstättenbegriff bei Bauausführungen, Montagen und ähnlichen Tätigkeiten, DB 1977, 2401; *Hildesheim,* Zum Umfang der Gewerbesteuerfreiheit bei im Ausland erzielten Gewerbeerträgen gem. § 9 Nr. 3 GewStG, DStR 1989, 138.

a) Allgemeines

2436 Der Begriff „Betriebsstätte" ist im GewStG nicht geregelt. Er ergibt sich aus § 12 AO.

Für ihn sind im Bauhaupt- und Baunebengewerbe die Begriffe „**Bauausführung**" sowie „**Montage**" (vgl. Rdnr. 2439 ff.) von Bedeutung.

Für Zwecke der **Zerlegung** des einheitlichen Steuermeßbetrags enthält § 28 Abs. 2 GewStG ergänzenden Regelungen.

b) Begriff „Betriebsstätte"

Unter „Betriebsstätte" ist jede feste Geschäftseinrichtung oder Anlage zu verstehen, die der Tätigkeit eines Unternehmens dient (§ 12 AO). Im Bauhaupt- und Baunebengewerbe sind als solche anzusehen (§ 12 Nr. 8 AO): 2437

Bauausführungen (vgl. Rdnr. 2439 ff.) oder **Montagen** (vgl. Rdnr. 2440 ff.), auch örtlich fortschreitende oder schwimmende, wenn 2438

- die einzelne Bauausführung oder Montage oder
- eine von **mehreren zeitlich nebeneinander bestehenden** Bauausführungen oder Montagen (vgl. Rdnr. 2439 ff.) oder
- **mehrere ohne Unterbrechung** aufeinander folgende Bauausführungen oder Montagen (vgl. Rdnr. 2439 ff.)

länger als 6 Monate dauern.

Unter Bauausführung sind **Arbeiten aller Art** zu verstehen, die zur Errichtung von Hoch- und Tiefbauten **im weitesten Sinn** ausgeführt werden (vgl. BFH v. 30. 10. 1956, BStBl 1957 III 8; v. 22. 9. 1977, BStBl 1978 II 140; v. 7. 3. 1979, BStBl II 527; v. 21. 10. 1981, BStBl 1982 II 241, m. w. N.). Der Begriff ist also weit auszulegen. Auch der **Abbruch** von Baulichkeiten gehört zu den Bauausführungen, also nicht nur die Errichtung von Baulichkeiten. 2439

Dem **Montagebegriff** i. S. des § 12 Satz 2 Nr. 8 AO kommt neben dem Begriff „Bauausführungen" selbständige Bedeutung zu. Dies ergibt bereits die wörtliche Auslegung des Wortes „oder". Aus ihm folgt, daß die Montage als selbständiger Begriff neben der Bauausführung steht. Die Montage ist kein Unterfall der Bauausführung. Unter den Begriff „Montage" fallen nur das Zusammenfügen oder der Umbau von vorgefertigten Einzelteilen, nicht dagegen bloße Reparatur- oder Instandsetzungsarbeiten. Dabei erfüllen untergeordnete Einzelleistungen für sich allein noch nicht den Begriff „Montage". Die Tätigkeit muß vielmehr zumindest die wesentlichen Arbeiten des Zusammenfügens zu einer Sache umfassen (vgl. BFH v. 16. 5. 1990, BStBl II 983). 2440

Um Bauausführungen oder Montagen handelt es sich auch, wenn es nicht feste Baustellen sind, sondern diese **fortschreiten**, z. B. im Straßenbau, oder diese **schwimmen**. 2441

2442 Montagen sind (Übersicht nach Meyer-Scharenberg/Popp/Woring, a. a. O., § 2 Rdnr. 844; Lenski/Steinberg, a. a. O., § 2 Anm. 80 b):

- Brückenbauten,
- Bergwerksschächte,
- Fenster- und Türeinbauten (BFH v. 21. 10. 1981, BStBl 1982 II 241),
- Gasbehälter,
- Gebäude aller Art,
- Gerüstbau (BFH v. 22. 9. 1977, BStBl 1978 II 140)
- Heizungsanlagen,
- Hochöfen,
- Hydrieranlagen,
- Kanäle,
- Malerarbeiten
- Plätze,
- Raffinerien,
- Sanitäre Einrichtungen,
- Schächte,
- Schleusen,
- Straßen,
- Straßenüber- und -unterführungen,
- Trocknungs- und Kühltürme,
- Tunnel,
- Wasserstraßen,
- Wege

nicht jedoch **Instandsetzung und Reparaturarbeiten** an bestehenden Hoch- und Tiefbauten.

2443 **Örtlich fortschreitende Baustellen** können vorkommen bei der Verlegung von Leitungsrohren, Kabeln, Hochspannungsleitungen, Oberleitungen, Schienen usw. (Tipke/Kruse, a. a. O., § 12 AO Tz. 12).

2444 **Schwimmende Bauausführungen** sind z. B. Bauvorhaben von schwimmenden Pontons, Verlegungsarbeiten von Schiffen, Ausbaggern von Fahrrinnen, Bohrvorhaben von Schiffen aus (Tipke/Kruse, a. a. O.).

2445 Auch **Erkundungsstätten von Bodenschätzen**, z. B. Versuchsbohrungen, sind bei Vorliegen der Voraussetzungen des § 12 AO Betriebsstätten (Abschn. 24 Abs. 3 letzter Satz GewStR).

c) Zeitliche Voraussetzung – Sechs-Monate-Frist

2446 Weitere Voraussetzungen für das Vorliegen einer Betriebsstätte ist, daß die **Dauer** der **einzelnen** Bauausführung oder Montage oder **mehrerer ohne Unterbrechung aufeinanderfolgenden** Bauausführungen oder Montagen **6 Monate überstiegen** hat.

2447 Bestehen **mehrere** Bauausführungen oder Montagen **zeitlich nebeneinander**, so reicht es für die Annahme einer Betriebsstätte für alle Bauausführungen oder Montagen aus, wenn nur eine davon länger als 6 Monate besteht (Abschn. 24 Abs. 3 Satz 4 GewStR).

Der Sechsmonatszeitraum kann sich über mehrere Erhebungszeiträume erstrecken (BFH v. 22. 9. 1977, BStBl 1978 II 140; v. 21. 10. 1981, BStBl 1982 II 241). 2448

Für die steuerliche **Zusammenfassung mehrerer Bauausführungen** kommt es nicht auf deren wirtschaftlichen Zusammenhang, sondern nur darauf an, ob die einzelnen Bauausführungen in einer Gemeinde **ohne zeitliche Unterbrechung aufeinanderfolgen.** 2449

Werden bei einer Bauausführung die **Bauarbeiten unterbrochen**, z. B. durch ungünstige Witterungsverhältnisse, Streik, Materialmangel oder aus bautechnischen Gründen, so wird die **Frist** von 6 Monaten **gehemmt** (BFH v. 22. 9. 1977, BStBl 1978 II 140). **Kurze Unterbrechungen** bis zu 2 Wochen hemmen die Frist jedoch nicht. 2450

Bei einem **einheitlichen Bauauftrag** ist auch die Zeit der Bauausführungen zu berücksichtigen, in der an der Baustelle **selbständige Subunternehmer** tätig waren, deren Tätigkeit der Bauunternehmer **überwacht** hat (vgl. BFH v. 13. 11. 1962, BStBl 1963 III 71). 2451

Werden im Zusammenhang mit Bauausführungen oder Montagen **feste Geschäftseinrichtungen oder Anlagen errichtet,** wie Baubuden, Baukantinen, Geräteschuppen, Unterkunftsbaracken usw., so begründen auch diese eine Betriebsstätte nur dann, wenn die Bauausführungen oder Montagen länger als 6 Monate bestanden haben (RFH v. 22. 1. 1941, RStBl S. 90). Die Sechsmonatsfrist (§ 12 Nr. 8 AO) bietet auch einen Anhalt für die Beurteilung der Frage, ob nach der genannten Vorschrift eine Betriebsstätte bei festen Geschäftseinrichtungen oder Anlagen anzunehmen ist, die im Zusammenhang mit Arbeiten errichtet werden, die nicht zu den eigentlichen Bauausführungen oder Montagen gehören (vgl. BFH v. 27. 4. 1954, BStBl III 179; Abschn. 24 Abs. 3 Satz 17 GewStR). 2452

d) Beispiel für Berechnung des Sechsmonatszeitraums

Das folgende Berechnungsbeispiel ist BFH v. 21. 10. 1981 (BStBl 1982 II 241) entnommen. 2453

Beispiel:
Die OHG in P betreibt u. a. eine Bau- und Möbelschreinerei. Sie war im Stadtgebiet von X u. a. auf Baustellen der Arge C und der D-KG wie folgt tätig:

01: Vom 20. 4. bis 21. 12. mit vier über zwei Wochen hinausgehenden Unterbrechungen (12. 6. bis 25. 7., 28. 7. bis 25. 8., 7. 10. bis 26. 10., 1. 12. bis 19. 12.), und zwar im einzelnen an folgenden Kalendertagen:

Baustelle Arge C: 20. bis 22., 27. 4.; 3. bis 6., 13., 17., 18. 5.; 2. bis 4., 7. bis 11. 6.; 26. und 27. 7.; 26. und 27. 8.; 31. 8. bis 2. 9., 10., 13., 20. bis 24. 9., 27. 9. bis 1. 10., 6., 27. bis 29. 10.; 1. bis 5., 9. bis 12., 18., 19., 29. und 30. 11.; 20. und 21. 12.

Baustelle D-KG: 8., 15., 19., 20., 25. bis 29. 10; 1. bis 4., 18., 19., 23. bis 25. 11.; 1. bis 3., 6. bis 10., 22. 12.

02: vom 14. 1. bis 25. 10. mit drei Unterbrechungen von mehr als 14 Tagen (29. 3. bis 12. 4.., 17. 5. bis 11. 6., 24. 6. bis 9. 10.), und zwar im einzelnen an folgenden Kalendertagen:

Baustelle D-KG: 14. und 24. 1.; 11., 14., 16. bis 21. 2.; 2. bis 8. 3.; 14., 15., 20. und 28. 3.; 18. 4.; 8. 5.

Baustelle Arge C: 8. bis 10. 2.; 13. bis 15., 24. und 28. 3.; 13., 14., 17. bis 20., 24. und 25. 4.; 12., 15. und 16. 5.; 12. bis 14., 20. bis 23. 6.; 10. bis 13., 16. bis 20., 23. und 25. 10.

Die OHG hat allein an der Baustelle der Arge C in X, von den längeren, in den Sechsmonatszeitraum nicht einzubeziehenden Unterbrechungen abgesehen, insgesamt 198 Tage – also mehr als 6 Monate – fortlaufend gearbeitet.

BFH v. 21. 10. 1981 (a. a. O.) hat es dahinstehen lassen, ob die OHG die Einbauarbeiten auf dieser Baustelle aufgrund eines einzigen Bauauftrags oder mehrerer Bauaufträge desselben Bauherrn durchgeführt hat.

Handelte es sich um nur einen Bauauftrag, so ergibt sich bereits hieraus der für die Annahme einer einheitlichen Bauausführung erforderliche innere Zusammenhang zwischen den einzelnen Arbeiten (vgl. BFH v. 30. 10. 1956, BStBl 1957 III 8).

Lagen den Einbauarbeiten mehrere Aufträge desselben Bauherrn zugrunde, so ist eine einheitliche Bauausführung deshalb gegeben, weil die Arbeiten auf derselben Baustelle in zeitlichem Zusammenhang ausgeführt wurden.

e) Inländische Bauunternehmen mit Ergebnissen aus einer Betriebsstätte im Ausland

2454 Die Summe des Gewinns und der Hinzurechnungen wird nach § 9 Nr. 3 GewStG um den Teil des Gewerbeertrags eines inländischen Unternehmens **gekürzt**, der auf eine **nicht im Inland belegene Betriebsstätte** entfällt. Nach BFH v. 28. 3. 1985 (BStBl II 405) folgt aus § 2 Abs. 1 Satz 3 GewStG, daß ein Unternehmen, das nur im Inland eine Betriebsstätte unterhält, mit seiner gesamten Tätigkeit der GewSt unterliegt, auch wenn diese im Ausland ausgeübt oder verwertet wird. Begründe ein Unternehmen auch im Ausland eine Betriebsstätte, so folge daraus nicht notwendig eine Kürzung um den gesamten, aus der ausländischen Betätigung herrührenden Ertrag. Dies gelte nach § 9 Nr. 3 GewStG nur für den Teil des Gewerbeertrages, der auf die ausländische Betriebsstätte entfalle, d. h. der durch die in der ausländischen Betriebsstätte ausgeübte oder ihr zuzurechnende unternehmerische Betätigung erzielt worden sei.

Voraussetzung für die Anwendung der Kürzungsvorschrift ist das Vorliegen einer Betriebsstätte im Ausland, wobei dieser Begriff **nicht nach DBA**, sondern nach § 12 AO zu bestimmen ist (Meyer-Scharenberg in Meyer-Scharenberg/Popp/Woring, a. a. O., § 9 Nr. 3 Rdnr. 3). Es dürfen aber nicht alle in der ausländischen Betriebsstätte erzielten Gewerbeerträge gekürzt werden, sondern nur die, die der **Betriebsstätte zugeordnet** werden können. 2455

Beispiel:
Eine inländische Bau-GmbH hat eine ausländische Betriebsstätte. Es besteht kein DBA. Die GmbH unterhält in dem ausländischen Staat ein Festgeldkonto mit hohem Bestand. Dieses Konto hat mit der Bautätigkeit der GmbH sachlich nichts zu tun. Es ist auch in deren Buchführung nicht erfaßt. Die Kapitalerträge aus dem Festgeldkonto unterliegen der GewSt (vgl. Meyer-Scharenberg, a. a. O.).

Die Ermittlung des auf die ausländische Betriebsstätte entfallenden Gewerbeertrages soll nach BFH v. 28. 5. 1985 (a. a. O.) grundsätzlich nach der sog. **direkten Methode** unter der Annahme erfolgen, daß die ausländische Betriebsstätte eine gleiche oder ähnliche Tätigkeit unter gleichen oder ähnlichen Bedingungen als selbständiges Unternehmen – wie eine rechtlich selbständige Tochtergesellschaft – entfaltet. 2456

Kann das Ergebnis der ausländischen Betriebsstätte nicht gesondert ermittelt werden, kann der Ertrag unter entsprechender Anwendung der §§ 29 ff. GewStG im Wege der sog. **indirekten Methode** ermittelt werden (BFH v. 28. 5. 1985, a. a. O.; zulässig gleichfalls nach Abschn. 62c Abs. 2 Satz 2 GewStR). Allerdings ist dieses Verfahren nur zulässig bei **gleichartigen** Verhältnissen in der inländischen und ausländischen Betriebsstätte (BFH v. 21. 4. 1971, BStBl II 743). 2457

Eine **Vermischung beider Methoden** wird für unzulässig gehalten (Meyer-Scharenberg, a. a. O., § 9 Nr. 3 Rdnr. 5, unter Hinweis auf Lenski/Steinberg/Stäuber, a. a. O., § 9 Nr. 3 GewStG Anm. 3).

Die Kürzung ist auch bei **Verlusten** der ausländischen Betriebsstätte vorzunehmen (BFH v. 21. 4. 1971, a. a. O.; Abschn. 62c Abs. 1 GewStR).

(Einstweilen frei) 2458–2460

4. Dauerschulden/Dauerschuldzinsen

LEXinform
▶ BSt-BG-1600 ◀

Literatur: *Neuhäuser,* Gewerbesteuerliche Behandlung von Hypothekenschulden und Hypothekenzinsen bei Bauunternehmern, BB 1976, 125.

Verwaltungsanweisungen: Abschn. 47 GewStR.

2461 Die GewSt ist eine sog. Objektsteuer. Die objektive Ertragskraft eines Betriebs zeigt sich erst, wenn man diesen unabhängig von der Art und Weise seiner Finanzierung betrachtet. Da Kosten der Fremdfinanzierung das objektive Bild verfälschen, müssen sie bei Vorliegen bestimmter Voraussetzungen bei der Ermittlung des Gewerbeertrags ausgeschieden werden. Das hat zur Folge, daß betrieblich veranlaßte Zinsaufwendungen bei der Gewerbeertragsteuer teilweise nicht abzugsfähig sind (Meyer-Scharenberg in Meyer-Scharenberg/Popp/Woring, a. a. O., § 8 Nr. 1 Rdnr. 2).

a) Anzahlungen als Dauerschulden?

2462 Der Begriff „Dauerschuld" wird zwar in § 35c Nr. 2 GewStG erwähnt, nicht aber näher definiert.

2463 Dauerschulden sind von den Schulden des laufenden Geschäftsverkehrs (= **laufende Schulden**) abzugrenzen (vgl. Meyer-Scharenberg in Meyer-Scharenberg/Popp/Woring, a. a. O., § 8 Nr. 1 Rdnr. 7.) Darunter versteht man Schulden, die nicht der dauerhaften Verstärkung des Betriebskapitals dienen.

2464 **Anzahlungen** auf noch zu erbringende Lieferungen und Leistungen sind in der Regel Schulden des **laufenden Geschäftsverkehrs**. Derartige Schulden aus Anzahlungen stehen mit einem bestimmten Geschäftsvorfall in unmittelbarem Zusammenhang und werden in der Regel in der nach Art des Geschäftsvorfalls üblichen Frist beglichen. **Hinzurechnungen** für die Ermittlung des Gewerbeertrags und des Gewerbekapitals nach § 8 Nr. 1 GewStG und § 12 Abs. 2 Nr. 1 GewStG dürfen sich deshalb nur **in Ausnahmefällen** ergeben (vgl. Meyer-Scharenberg, a. a. O.; Bp-Kartei, a. a. O., Teil I, Konto: Anzahlungen, Abschn. V).

2465 Ein derartiger Ausnahmefall liegt z. B. nach FG Berlin v. 15. 7. 1972 (EFG 1973, 36) vor, wenn eine Anzahlung für einen langfristigen Großauftrag, aus der sämtliche für die Auftragsausführung benötigten Werkstoffe zu beschaffen sind, dem Unternehmer mehr als 12 Monate zur Verfügung steht (a. A. Meyer-Scharenberg in Meyer-Scharenberg/Popp/Woring, a. a. O., § 8 Nr. 1 Rdnr. 61, der es für entscheidend hält, ob es tatsächlich zur Ausführung des Auftrags kommt). Ein Ausnahmefall und damit eine Dauerschuld ist gleichfalls zu bejahen, wenn die Ausführung des Auftrags, auf den Anzahlungen geleistet wurden, im gegenseitigen Einverständnis zwischen Lieferer und Auftraggeber auf unbestimmte Zeit verschoben wird und eine Rückzahlung der angezahlten Beträge nicht erfolgt (vgl. RFH v. 11. 1. 1944, RStBl S. 693).

b) Vorschüsse als Dauerschulden?

Erhaltene Vorschüsse begründen im allgemeinen **keine Dauerschulden;** 2466
denn die durch erhaltene Vorschüsse begründeten Verpflichtungen stehen mit bestimmten Geschäftsvorfällen in unmittelbarem Zusammenhang und werden in der nach der Art der Geschäftsvorfälle üblichen Frist getilgt.

Hinzurechnungen für die Ermittlung des Gewerbeertrags oder des Ge- 2467
werbekapitals gemäß §§ 8 Nr. 1 und 12 Abs. 2 Nr. 1 GewStG kommen daher im allgemeinen **nicht** in Betracht (vgl. Bp-Kartei, a. a. O., Teil I, Konto: Vorschüsse, Abschn. IV).

c) Substanzausbeuteverträge

Zur Behandlung der abgezogenen Kaufpreisschuld bei Substanzausbeute- 2468
verträgen als Dauerschuld vgl. Rdnr. 2520 und der Rekultivierungsverpflichtungen als Dauerschuld vgl. Rdnr. 2522.

d) Haftpflicht- und Gewährleistungsverbindlichkeiten

Werden bei der Feststellung des Einheitswertes des Betriebsvermögens 2469
Rückstellungen wegen **drohender Haftpflicht- und Gewährleistungsverbindlichkeiten** als Betriebsschuld abgezogen, so besteht im GewSt-Meßbetragsverfahren wegen der Frage, ob Verbindlichkeiten vorliegen, **Bindung** an diese Feststellung. Derartige Rückstellungen gehören in der Regel bei Betrieben, bei denen sich die den Rückstellungen zugrundeliegenden Schulden aus dem laufenden Geschäftsverkehr ergeben, zu den sog. laufenden Verbindlichkeiten (Bp-Kartei, a. a. O., Teil I, Konto: Garantierückstellungen, Abschn. III). Sie können zu **Dauerschulden** werden, wenn die ihnen zugrundeliegenden Verbindlichkeiten nicht innerhalb von 12 Monaten nach dem Wegfall der Ungewißheit getilgt werden (BFH v. 13. 3. 1964, BStBl III 344).

e) Hypothekenschulden und Hypothekenzinsen

2470 Hypothekenschulden sind in der Regel Dauerschulden. Eine Ausnahme gilt für **Hypotheken** von Bauunternehmen – **Bauträgern** –, die auf eigene Rechnung Gebäude zum alsbaldigen Verkauf erstellen. Hier erkennt die Finanzverwaltung allgemein an, daß derartige Hypotheken **keine Dauerschulden** sind (vgl. Neuhäuser, BB 1976, 125).

5. Grundstückshandel

Literatur: Vgl. hierzu die Literaturangaben vor Rdnr. 1246.

Verwaltungsanweisungen: Abschn. 15 GewStR.

2471 Bauunternehmer, aber auch Unternehmer des Bauausbaugewerbes, üben eine Tätigkeit aus, die ihnen bei Grundstücksgeschäften zugute kommt. Es spricht eine gewisse Vermutung dafür, daß die Grundstücksgeschäfte entweder einen eigenständigen Gewerbebetrieb bilden oder aber im Fall des sonst gewerblichen Bauunternehmers zu dessen Gewerbebetrieb gehören. Wegen Einzelheiten der Abgrenzung vgl. Rdnr. 1246 ff.

6. Mehrheit von Betrieben

LEXinform
▶ BSt-BG-1605 ◀

Literatur: *Horn*, Mehrere Betriebe eines Unternehmers als selbständige Gewerbebetriebe, BB 1984, 134; *Milatz*, Nochmals: Mehrere Betriebe eines Unternehmers als selbständige Gewerbebetriebe, BB 1985, 522; *Schuhmacher*, Mehrheit von Gewerbebetrieben einer natürlichen Person im Gewerbesteuerrecht, StuW 1987, 111.

Verwaltungsanweisungen: Abschn. 19 GewStR.

a) Allgemeines

2472 Jeder **einzelne** Gewerbebetrieb bildet nach § 2 Abs. 1 GewStG einen selbständigen Steuergegenstand.

2473 Die Frage, ob **mehrere nebeneinander ausgeübte** gewerbliche Betätigungen bei einem Einzelunternehmer zu **mehreren selbständigen Gewerbebetrieben** führen, richtet sich nach der sachlichen Selbständigkeit der einzelnen Betätigungen. Liegen **unterschiedliche** gewerbliche Tätigkeiten des Einzelunternehmers vor, die, für sich gesehen, sachlich selbständig sind, dann sind auch mehrere Gewerbebetriebe i. S. des § 2 Abs. 1 GewStG gegeben (vgl. BFH. v. 19. 11. 1985, BStBl 1986 II 719, m. w. N.).

Was unter **sachlicher Selbständigkeit** zu verstehen ist, ergibt sich nicht aus dem Gesetz. Die Rechtsprechung hat hierzu jedoch einige Merkmale hervorgehoben, von denen aber keines allein entscheidend ist, wenngleich ihnen unterschiedliches Gewicht zukommt (BFH v. 19. 11. 1985, a. a. O.), und zwar: 2474

- **Gleichartigkeit oder Ungleichartigkeit** der Betätigungen und
- **sachlich innerlicher Zusammenhang** der Betätigungen, insbesondere wenn die Betätigungen **finanziell, organisatorisch** und vor allem **wirtschaftlich** zusammenhängen.

b) Gleichartigkeit oder Ungleichartigkeit der Betätigungen

Insbesondere die Gleichartigkeit oder Ungleichartigkeit der Betätigung sind von großer Bedeutung (vgl. BFH v. 17. 3. 1981, BStBl II 746). Je gleichartiger die Tätigkeiten sind, um so eher ist ein einheitlicher Gewerbebetrieb anzunehmen. Trotz gleichartiger Betätigungen können aber bei Fehlen des inneren Zusammenhalts der Betriebe zwei Gewerbebetriebe und andererseits trotz wesentlicher Verschiedenheit der Unternehmensgegenstände nur ein Gewerbebetrieb gegeben sein, wenn die Betätigungen finanziell, organisatorisch und vor allem wirtschaftlich zusammenhängen (BFH v. 19. 11. 1985, a.a.O., m.w.N.; Meyer-Scharenberg in Meyer-Scharenberg/Popp/Woring, a.a.O., § 2 Rdnr. 709 ff.). 2475

Die Frage, ob Gleichartigkeit oder Ungleichartigkeit der Betätigungen vorliegt, ist nach dem Verständnis der am Wirtschaftsverkehr beteiligten Kreise zu entscheiden und nicht eng zu beurteilen (vgl. Meyer-Scharenberg, a.a.O.; Milatz, BB 1985, 522). 2476

c) Finanzieller, organisatorischer und wirtschaftlicher Zusammenhang

Die Antwort auf die Frage des finanziellen, organisatorischen und wirtschaftlichen Zusammenhangs hat entscheidende Bedeutung; denn je nach Beurteilung der Umstände und dementsprechender Beantwortung können verschiedenartige Gewerbebetriebe als einheitlicher Gewerbetrieb und gleichartige Gewerbebetriebe als zwei selbständige Gewerbebetriebe erscheinen (vgl. Meyer-Scharenberg, a.a.O., § 2 Rdnr. 712 ff.; Horn, BB 1986, 134; a. A. Milatz BB 1985, 522). 2477

Ein **finanzieller** Zusammenhang mehrerer Betätigungen kann sich daraus ergeben, daß der Gewinn für beide Betätigungen einheitlich in einer 2478

Bilanz und in einer Gewinn- und Verlustrechnung zusammengefaßt wird (BFH v. 19. 11. 1985, a. a. O.). Dafür sprechen ferner finanzielle Transaktionen und gegenseitige Verrechnungsgeschäfte (FG Hamburg v. 28. 5. 1980 rkr., EFG 1981, 32) sowie eine Verlustübernahme (BFH v. 14. 9. 1965, BStBl III 656).

2479 Ein **organisatorischer** Zusammenhang kann sich darin zeigen, daß beide Unternehmensbereiche in denselben Geschäftsräumen unter Einsatz derselben Arbeitskräfte ausgeübt werden (vgl. BFH v. 19. 11. 1985, a. a. O.), z. B. ein gemeinsamer Prokurist eingesetzt wird (BFH v. 14. 9. 1965, a. a. O.). Für eine organisatorische Trennung sprechen zwar getrennte Handelsregistereintragungen, unterschiedliche Firmennamen und Geschäftsformulare. Für sich allein genommen stehen sie jedoch nicht der Annahme eines einheitlichen Gewerbebetriebes entgegen (BFH v. 16. 12. 1964, HFR 1965, 224). Von Bedeutung kann auch sein, ob die mehreren Betriebe in derselben Gemeinde liegen (Abschn. 18 Abs. 1 Satz 3 GewStR; nach Meyer-Scharenberg, a. a. O., „nicht ausschlaggebend").

2480 Ein **wirtschaftlicher** Zusammenhang zwischen verschiedenen Geschäftsbereichen ist gegeben, wenn sich die gewerblichen Tätigkeiten gegenseitig ergänzen und unterstützen (BFH v. 19. 11. 1985, a. a. O.).

2481 Sind **nicht alle Merkmale** der Selbständigkeit gegeben, dann ist das Gesamtbild der tatsächlichen Verhältnisse maßgebend (BFH v. 14. 9. 1965, BStBl III 656; BFH v. 19. 11. 1985, a. a. O.).

d) Rechtsfolgen

2482 Ob mehrere gewerbliche Geschäftsbereiche eines Einzelunternehmers zu mehreren selbständig und getrennt der GewSt unterliegenden Gewerbebetrieben oder ob die ungleichartigen Geschäftsbereiche zu einem einheitlichen Gewerbebetrieb führen, hat erhebliche gewerbesteuerrechtliche Auswirkungen (vgl. Meyer-Scharenberg, a. a. O., § 2 Rdnr. 708), und zwar für

- **Verlustausgleich** zwischen Gewinnen und Verlusten verschiedener Geschäftsbereiche innerhalb des Kalenderjahres und für den **Verlustabzug** des § 10 a GewStG; einheitlicher Gewerbebetrieb muß vorliegen;
- **Gewerbesteuerfreibetrag** von 36 000 DM nach § 11 Abs. 1 GewStG und **Freibetrag** beim **Gewerbekapital** von 120 000 DM gemäß § 13 Abs. 1 GewStG sowie

- Freibeträge bei **Hinzurechnung** von Dauerschulden und Dauerschuldzinsen nach § 8 Nr. 1 und § 12 Abs. 2 Nr. 1 GewStG;
- **Berücksichtigung der Freibeträge** mehrfach nur bei Vorliegen mehrerer sachlich selbständiger Gewerbebetriebe.

e) Beispiele

Die Problematik der Mehrheit von Betrieben sowie die Entscheidungskriterien werden im folgenden veranschaulicht: 2483

Beispiele:

- Zwei getrennte Gewerbebetriebe bei einem Bohrunternehmen und einem Unternehmen für den Bau von Anlagen zur Wasseraufbereitung. Da diese trotz enger finanzieller und organisatorischer Zusammenhänge im Handelsregister wie im Rechtsverkehr mit den Kunden – also nach außen – als zwei getrennte Betriebe in Erscheinung getreten waren (BFH v. 14. 9. 1965, BStBl III 656).
- Zwei Gewerbebetriebe bei dem Betrieb eines Kunststeinwerks und eines Baugeschäfts (FG Karlsruhe v. 7. 11. 1961, EFG 1962, 156).
- Ein einheitlicher Gewerbebetrieb bei dem Betrieb eines Einzelhandelsgeschäftes mit Lebensmitteln und einem Installationsgeschäft, da zwar verschiedene gewerbliche Tätigkeiten vorlagen, eine organisatorische, finanzielle und wirtschaftliche Verflechtung jedoch gegeben war.
- Bauunternehmen und Baustoffhandel; kein finanzieller, organisatorischer und wirtschaftlicher Zusammenhang. Daher zwei selbständige Geschäftsbereiche mit zwei selbständigen Gewerbebetrieben.
- Tiefbauunternehmen mit Kiesgrube; enge finanzielle, organisatorische und wirtschaftliche Verflechtung. Die angeführten Abgrenzungskriterien führen trotz ungleichartiger Geschäftsbereiche zur Annahme eines einheitlichen Gewerbebetriebs.

(Einstweilen frei) 2484–2490

7. Organschaft

LEXinform
▶ BSt-BG-1610 ◀

Literatur: *Müller*, Die Konzerne im Handels- und Steuerrecht, DStR 1975, 3; *Rinas*, Die Gewerbesteuer der Organgesellschaft, DB 1978, 1608; *Kreuzer*, Die Mehrmüttergemeinschaft – insbesondere gewerbesteuerliche Gestaltungsmöglichkeiten bei Darlehensgewährung an die Organgesellschaft, FR 1981, 398; *Reuter*, Die heutige Bedeutung der steuerlichen Organschaft, DStR 1982, 155; *Rinas*, Verrechnungen des Gewerbeertrages/-verlustes im Organkreis, DB 1983, 309; *Schwend/Hall*, Voraussetzungen für die Anerkennung der gewerbesteuerlichen Organschaft, DStR 1984, 99; *Höhnle*, Gewerbesteuerliche Organschaft, Konzernrecht der Personengesellschaften und Ungleichheiten im Gewerbesteuerrecht, DB 1986, 1246; *Veigel*, Die Organschaft im Steuerrecht, Information StW 1986, 435;

Reuter, Gewerbesteuerliche Organschaft und Aktiengesetz, in: Der BFH und seine Rechtsprechung; Grundfragen – Grundlagen, Festschrift für v. Wallis; *Schulze zur Wiesche,* Die Personengesellschaft als Holdinggesellschaft, DB 1988, 252; *Heidner,* Grundzüge der Organschaft im Körperschaft-, Gewerbe- und Umsatzsteuerrecht, DStR 1988, 87; *Zacharias/Suttmeyer/Rinnewitz,* Zur gewerbesteuerlichen Organschaft unter Beteiligung einer GmbH & atypisch Still, DStR 1988, 128.

Verwaltungsanweisungen: Abschn. 17 GewStR; Abschn. 48−53 KStR.

a) Begriff der „Organschaft" bei der Gewerbesteuer

2491 Die **Voraussetzungen** der Organschaft im GewSt-Recht sind gemäß § 2 Abs. 2 Satz 2 GewStG **die gleichen wie in** § 14 Nr. 1 und 2 KStG. Daher ist auch die zur Einkommensbesteuerung von Körperschaften ergangene Rechtsprechung für die GewSt von Bedeutung, sofern § 14 KStG mit der bisherigen Rechtslage übereinstimmt.

2492 Zu den **Voraussetzungen** für das Vorliegen einer Organschaft vgl. **Abschn. 48 bis 53 KStR** sowie Rdnr. 1886 ff. Gewerbesteuerlich führt die Anerkennung der Organschaft **ohne Vorliegen eines Ergebnisabführungsvertrages** zur Organbesteuerung.

2493 Auch eine **ausländische Kapitalgesellschaft** kann abweichend vom KSt-Recht Organgesellschaft i. S. des § 2 Abs. 2 Satz 2 GewStG sein. Der Bezug zum Inland wird dadurch hergestellt, daß sie durch eine inländische Betriebsstätte einen Gewerbebetrieb im Inland betreibt (§ 2 Abs. 1 Satz 1 i. V. mit Satz 3; BFH v. 28. 3. 1979, BStBl II 447, m. Anm. v. Wallis, DStZ A 1979, 319).

2494 Die **wirtschaftliche Eingliederung** in ein gewerbliches Unternehmen liegt vor, wenn die Obergesellschaft und das Organ wirtschaftlich eine Einheit bilden und die Organgesellschaft im Gefüge des übergeordneten Organträgers als dessen Bestandteil erscheint (BFH v. 12. 1. 1977, BStBl II 357; v. 18. 4. 1973, BStBl II 740).

2495 Im GewSt-Recht gilt die **Organgesellschaft** als **Betriebsstätte des Organträgers.** Man spricht von „Betriebsstättenfiktion". Das bedeutet aber nicht, daß Organträger und Organgesellschaft als einheitliches Unternehmen anzusehen sind. Vielmehr sind **Gewerbeertrag** (vgl. Rdnr. 2501) und **Gewerbekapital** (vgl. Rdnr. 2502) **getrennt** zu ermitteln. Zur Berechnung der entsprechenden Steuermeßbeträge sind sie dem Organträger zuzurechnen. Die Gemeinde, in deren Bezirk die Organgesellschaft liegt, nimmt dann im Wege der **Zerlegung** des einheitlichen GewSt-Meßbetrags am Gesamtgewerbeaufkommen des Organkreises teil (vgl. i. e. Kratzer, NWB F. 5, 1009).

Eine gewerbesteuerliche Organschaft ist – ebenso wie bei der KSt – nur gegenüber **einem** anderen gewerblichen Unternehmen möglich (vgl. § 2 Abs. 2 Satz 2 GewStG). Aber auch **mehrere** gewerbliche Untgernehmen können gemeinsam als Organträger ein steuerlich wirksames Organschaftsverhältnis zu einer Kapitalgesellschaft begründen, wenn sie sich zu einem besonderen gewerblichen Unternehmen zusammenschließen. Bei einem Zusammenschluß mehrerer gewerblicher Unternehmer zu einer GbR lediglich zwecks einheitlicher Willensbildung gegenüber einer Kapitalgesellschaft wird die GbR als Organträger anerkannt, wenn jeder Gesellschafter der GbR an der Organgesellschaft beteiligt ist und die Beteiligung aller Gesellschafter die Mehrheit der Stimmrechte an der Organschaft gewährt. Als ausreichend wird es angesehen, wenn nicht die GbR, sondern deren Gesellschafter ein gewerbliches Unternehmen betreiben, das von der Organschaft gefördert und ergänzt wird (vgl. Popp in Meyer-Scharenberg/Popp/Woring, § 2 Rdnr. 663 ff.). 2496

b) Beginn und Ende der Organschaft bei der Gewerbesteuer

Wird ein Organschaftsverhältnis **begründet,** dann wird dadurch nicht die Beendigung der Steuerpflicht der jetzigen Organgesellschaft bewirkt. 2497

Wird ein Organschaftsverhältnis **beendet,** dann wird dadurch nicht die Steuerpflicht der bisherigen Organgesellschaft neu begründet. 2498

Der **Wechsel des Organträgers** hat keinen Einfluß auf die Steuerpflicht der Organgesellschaft. 2499

Besteht ein Organschaftsverhältnis **nicht während des ganzen Wirtschaftsjahrs,** so treten die steuerlichen Wirkungen des § 2 Abs. 2 Satz 2 GewStG für dieses Wirtschaftsjahr nicht ein. Die Organgesellschaft wird vielmehr insoweit selbst zur GewSt herangezogen. 2500

c) Gewerbeertrag bei Organschaft

Für den Organträger und für die Organgesellschaft sind die Gewerbeerträge getrennt zu ermitteln, wie wenn die Organgesellschaft selbst Steuergegenstand wäre. Das Bestehen einer Gewinnabführungsvereinbarung 2501 ist ohne Bedeutung. **Hinzurechnungen nach § 8 GewStG** sind nicht vorzunehmen, soweit die für die Hinzurechnung in Betracht kommenden Beträge bereits in einem der zusammenzurechnenden Gewerbeerträge enthalten sind. Dadurch wird eine doppelte steuerliche Belastung vermieden.

d) Gewerbekapital bei Organschaft

2502 Das Gewerbekapital des Organträgers und das der Organgesellschaften sind bei Vorliegen von Organschaft **getrennt zu ermitteln** und sodann zusammenzurechnen. Das Gewerbekapital ist auf volle 1 000 DM nach unten abzurunden und um einen Freibetrag von 120 000 DM, höchstens jedoch in Höhe des abgerundeten Gewerbekapitals zu kürzen (§ 13 Abs. 1 GewStG).

2503 **Hinzurechnungen** nach § 12 Abs. 2 GewStG sind insoweit nicht vorzunehmen, als die in Betracht kommenden Beträge bereits zu einem der zusammenzurechnenden Gewerbekapitalien gehören.

Beispiel:

Eine Organgesellschaft hat von dem Organträger einen Dauerkredit erhalten. Dieser Betrag gehört als Forderung an die Organgesellschaft zum Gewerbekapital des Organträgers. Eine Hinzurechnung bei der Organgesellschaft entfällt daher.

e) Betriebsaufspaltung und Organschaft

2504 Hierzu vgl. die Ausführungen in Rdnr. 2421 ff.

2505 *(Einstweilen frei)*

8. Substanzausbeuterechte

Verwaltungsanweisungen: Abschn. 57 Abs. 2 GewStR.

2506 Verschiedentlich entnehmen Bau-, Tief- bzw. Straßenbauunternehmen Kies bzw. Sand aus gepachteten Kies- oder Sandgruben. Gewerbesteuerrechtlich sind bei Vorliegen der Voraussetzungen die Hinzurechnungsvorschriften der §§ 8 Nr. 7 und 12 Abs. 2 Nr. 2 GewStG zu beachten.

a) Gewerbeertrag

LEXinform
▶ BSt-BG-1615 ◀

2507 Die **Hälfte der Miet- und Pachtzinsen** für die Benutzung der nicht in Grundbesitz bestehenden Wirtschaftsgüter des Anlagevermögens, die im Eigentum eines anderen stehen, wird gem. § 8 Nr. 7 GewStG dem

Gewinn aus Gewerbebetrieb **hinzugerechnet,** soweit sie nicht beim Verpächter zur GewSt herangezogen werden.

Bei Verträgen über die **Ausbeutung von Mineralvorkommen,** die unter 2508
§ 100 BewG fallen, ist die Überlassung der Grundstücke zur Ausbeutung der Vorkommen gewerbesteuerrechtlich **nicht** als Verpachtung von im Grundbesitz bestehenden Wirtschaftsgütern des Anlagevermögens, sondern als entgeltliche Überlassung des Rechts des Grundstückseigentümers auf Ausbeutung des Vorkommens anzusehen (BFH v. 7. 10. 1958, BStBl 1959 III 5, und v. 12. 5. 1960, BStBl III 466). Beim **Ausbeutevertrag** ist Gegenstand der Überlassung abweichend vom bürgerlichen Recht nicht das Grundstück, sondern das nur steuerlich verselbständigte Ausbeuterecht. Das gilt nicht nur für Bodenschätze, bei denen das Recht zur Gewinnung von dem Eigentum am Grundstück getrennt und als selbständiges Recht behandelt wird, sondern auch für solche Bodenbestandteile, deren Abbau dem unbeschränkten Verfügungs- und Ausbeuterecht des Eigentümers unterliegt, z. B. Kies, Sand, Basalt und Ton (vgl. BFH v. 12. 1. 1972, BStBl II 433, und v. 26. 5. 1976, BStBl II 721).

Bei einem Betrieb, der aufgrund von Verträgen mit Grundstückseigen- 2509
tümern durch **Naßbaggerei Sand und Kies an Flußufern** abbaut, entfallen regelmäßig die Vergütungen in voller Höhe auf die Kies- und Sandausbeute, so daß ein Betrag für die Verpachtung der Bodenoberfläche nicht auszusondern ist (vgl. BFH 21. 8. 1964, BStBl III 557).

Ausbeuterechte dienen dem Betrieb in der Regel langfristig und gehören 2510
deshalb zum **Anlagevermögen.**

Der Begriff „**Eigentum**" in § 8 Nr. 1 GewStG ist weit auszulegen. Er 2511
umfaßt nicht nur das Eigentum im bürgerlich-rechtlichen, sondern auch im wirtschaftlichen Sinne (Eigenbesitz gemäß § 30 Abs. 2 Nr. 1 AO). Wenn also das Wirtschaftsgut „Ausbeuterecht" nicht im Eigentum eines anderen steht, sondern dem Pächter als wirtschaftlichem Eigentümer zuzurechnen ist, kommt eine Hinzurechnung nach § 8 Nr. 7 GewStG nicht in Betracht (BFH v. 6. 7. 1966, BStBl III 599). Die **Feststellung der Zurechnung** des Mineralgewinnungsrechts im Einheitswertverfahren ist auch beim Gewerbeertrag und Gewerbekapital einheitlich bindend (BFH v. 6. 3. 1968, BStBl II 478).

Kiesausbeuteverträge, bei denen von vornherein feststeht, zum Teil durch 2512
unwiderrufliche Auflassung, daß die Grundstücke nach dem Abbau an

den Abbauberechtigten bzw. an einen Dritten veräußert werden sollen und es damit an einer Rückgabeverpflichtung fehlt, sind Verträge eigener Art (vgl. BFH v. 25. 11. 1966, BStBl 1967 III 226). Es sind keine Vereinbarungen mit überwiegend miet- oder pachtrechtlichem Charakter. Eine Hinzurechnung nach § 8 Nr. 7 GewStG kommt daher nicht in Betracht. In den in der Entscheidung behandelten Verträgen war eine Oberflächenpacht vereinbart. Der Ausbeuteberechtigte hatte alle mit der Förderung verbundenen Auflagen auf eigene Kosten zu erfüllen.

2513 Zu den **Pachtzinsen** i. S. des § 8 Nr. 7 GewStG gehören alle einmaligen und fortlaufenden Entgelte und Nebenleistungen, soweit sie auf den Pachtgegenstand entfallen, z. B. Vermessungskosten, Wartegelder und Abfindungen für Vorpachtverträge (BFH v. 12. 5. 1960, BStBl III 466; vgl. auch Rdnr. 2932). Nicht hinzurechnungspflichtig sind anteilige Pachtzinsen für die Überlassung der Grundstücksoberfläche.

2514 Die Hinzurechnung ist nicht davon abhängig, ob für das Mineralgewinnungsrecht ein **Einheitswert** festgestellt wurde (BFH v. 6. 7. 1961, HFR 1962, 8; vgl. auch Rdnr. 2932).

2515 Pachtzinsen enthalten – auch bei wirtschaftlichem Eigentum – **keinen Zinsanteil für Dauerschulden** nach § 8 Nr. 1 GewStG (BFH v. 6. 3. 1968, BStBl II 478). Die Verpflichtung zur Zahlung von Pachtzinsen für die Gewinnung von Bodenschätzen begründet für sich allein weder ein Rentenstammrecht noch ein sonstiges selbständiges Recht, das als eine dauernde Last i. S. von § 8 Nr. 2 GewStG die Grundlage ihrer Zahlung sein könnte (BFH v. 20. 12. 1972, BStBl 1973 II 266).

2516 Die **Hinzurechnung entfällt,** wenn bereits der Verpächter die Pachteinnahme der inländischen GewSt unterwirft, es sei denn, daß ein ganzer Gewerbebetrieb oder ein Teilbetrieb Pachtobjekt ist und die Jahrespacht 250 000 DM übersteigt. Im letzteren Fall ist der Gewerbeertrag des Verpächters nach § 9 Nr. 4 GewStG entsprechend zu kürzen (vgl. Bp-Kartei, a. a. O., Teil I, Konto: Substanzausbeuteverträge, Abschn. VII, 1).

b) **Gewerbekapital**

LEXinform
▶ BSt-BG-1620 ◀

2517 Bei Vorliegen der Voraussetzungen des § 12 Abs. 2 Nr. 2 GewStG sind bei der Ermittlung des Gewerbekapitals des Pächters die Werte der nicht in Grundbesitz bestehenden Wirtschaftsgüter, die dem Betrieb dienen, aber im Eigentum eines Mitunternehmers oder eines Dritten stehen, hinzuzurechnen, soweit sie nicht im Einheitswert des gewerblichen Betriebs enthalten sind. Ebenso wie bei § 8 Nr. 7 GewStG kann die **Hinzurechnung des Ausbeuterechts** nach § 12 Abs. 2 Nr. 2 GewStG nur erfolgen, wenn der Überlassung ein Vertrag zugrunde liegt, der seinem wesentlichen rechtlichen Inhalt nach ein Miet- oder Pachtvertrag ist.

Eine Hinzurechnung zum Gewerbekapital kommt insoweit in Betracht, als sich das Recht auf Parzellen bezieht, die der Pächter an dem für das Gewerbekapital maßgebenden Bewertungsstichtag tatsächlich ausbeutet (BFH v. 6. 7. 1966, BStBl III 599). Der für das Mineralgewinnungsrecht anzusetzende Wert ist der **gemeine Wert** (§ 100 Abs. 2 BewG). Er wird durch den Preis bestimmt, der im gewöhnlichen Geschäftsverkehr nach der Beschaffenheit des Wirtschaftsgutes bei einer Veräußerung zu erzielen wäre. Dabei sind alle Umstände, die den Preis beeinflussen, zu berücksichtigen (§ 9 Abs. 2 BewG; vgl. auch Rdnr. 2932). Das tatsächliche oder ein vergleichbares Entgelt, das um die Zeit des Feststellungszeitpunktes im Verkehr erzielt worden ist, bieten den besten Maßstab für die Ermittlung des gemeinen Werts. Besteht das Entgelt nicht in einem festen Betrag, sondern in wiederkehrenden Leistungen, die auf bestimmte Zeit beschränkt sind, wird der gemeine Wert nach § 13 Abs. 1 BewG i. V. mit der Hilfstafel 2 ermittelt werden müssen. Die maßgebende Anzahl der Jahre bestimmt sich dabei nach dem am Bewertungsstichtag noch verbleibenden Pachtzeitraum oder, wenn das Vorkommen nach der durchschnittlichen jährlichen Förderung vorzeitig abgebaut wäre, nach diesem kürzeren Zeitraum. Als Jahreswert sind die jährlichen Pachtentgelte unter entsprechender Anwendung des § 15 Abs. 3 BewG zugrunde zu legen. Falls der gemeine Wert weder durch Kaufpreis noch durch Pachtentgelte ermittelt werden kann, ist er zu **schätzen** (vgl. BFH v. 12. 1. 1972, BStBl II 433; Bp-Kartei, a. a. O., Teil I, Konto: Substanzausbeuterechte, Abschn. VII, 2).

2518

Für die **Bewertung** des Mineralgewinnungsrechts bestehen materiellrechtlich im gewerblichen Bereich des Verpächters wie des Pächters **weitgehend übereinstimmende Grundsätze**. Verfahrensrechtlich besteht für die Höhe der Hinzurechnung nach § 12 Abs. 2 Nr. 2 GewStG beim Pächter keine Bindung an einen gegenüber dem Verpächter festgestellten Einheitswert. Entspricht der für den Verpächter festgestellte Einheitswert hinsichtlich Bestand und Wert am maßgebenden Stichtag den Verhältnissen beim Pächter, so bestehen gegen die Übernahme des Einheitswerts

2519

keine Bedenken (BFH v. 27. 7. 1961, BStBl III 470). Geringfügige Wertabweichungen können dabei unberücksichtigt bleiben (Bp-Kartei, a. a. O., Teil I, Konto: Substanzausbeuteverträge, Abschn. VII, 2).

2520 Ist der **Pächter als wirtschaftlicher Eigentümer** anzusehen, so wird der Einheitswert des Mineralgewinnungsrechts ihm bereits aus diesem Grunde zugerechnet. Eine Hinzurechnung nach § 12 Abs. 2 Nr. 2 GewStG entfällt daher. Die abgezogene Kaufpreisschuld ist in der Regel als **Dauerschuld** zu behandeln. Die Zinslosigkeit der Schuld steht dem nicht entgegen. Dies gilt auch dann, wenn ein Abnehmer den Kredit mit Kaufpreisen für gelieferte Bodenschätze verrechnet (vgl. BFH v. 28. 7. 1976, BStBl II 789).

2521 Den Zurechnungen beim Pächter stehen **analoge Kürzungen** beim Verpächter gegenüber, sofern er gewerbesteuerpflichtig ist (§ 12 Abs. 3 Nr. 3 GewStG).

2522 Rückstellungen für **Rekultivierungsverpflichtungen** haben in der Regel **keinen Dauerschuldcharakter**. Sie gehören zum laufenden Geschäftsbetrieb und verstärken deshalb das Betriebskapital nur vorübergehend (BFH v. 8. 9. 1976, BStBl 1977 II 9). Die Verbindlichkeit kann sich zur Dauerschuld entwickeln, wenn der Unternehmer nach Beendigung des Abbaues seinen Verpflichtungen nicht nachkommt (BFH v. 26. 11. 1957, BStBl 1958 III 39; vgl. Bp-Kartei, a. a. O., Teil I, Konto: Substanzausbeuteverträge, Abschn. VII, 2).

c) Arbeitsgemeinschaften und Substanzausbeuteverträge

2523 Argen, die unter § 2a GewStG bzw. unter § 98 BewG fallen, gelten als anteilige Betriebsstätten der Arge-Partner. Bei diesen Argen beschränkt sich der alleinige Zweck auf die Erfüllung eines einzigen Werkvertrags oder Werklieferungsvertrags, es sei denn, daß bei Abschluß des Vertrages anzunehmen ist, daß er nicht innerhalb von 3 Jahren erfüllt wird. Bei Argen des Baugewerbes ist das nach den Feststellungen der Finanzverwaltung weit überwiegend der Fall (Bp-Kartei, a. a. O., Teil I, Konto: Substanzausbeuterechte, Abschn. VII, 3).

2524 **Gewinnanteile** und **Betriebsvermögensanteile** werden in den Gewerbebetrieben der Partner erfaßt. Eine gesonderte Gewinnfeststellung wird nicht durchgeführt (§ 180 Abs. 2 AO).

2525 **Buchführung** und **Gewinnermittlung** werden von dem Partner der Arge erledigt, der mit der kaufmännischen Verwaltung beauftragt ist. Es handelt sich oft nicht um eine ordnungsmäßige Buchführung und Gewinnermittlung im Sinne des Steuerrechts. Dazu ist die Arge rechtlich nicht verpflichtet. Die Aufzeichnungen dienen nur der Abrechnung und Auseinandersetzung der Partner. Diese erfahren aus Übersichten, die ihnen üblicherweise in regelmäßigen Zeitabständen übermittelt werden, nur Zusammenfassungen von Kosten und Leistungen, Aktiven und Passiven, Partnerleistungen und Gewinnanteile, nicht jedoch Einzelheiten über Substanzausbeuterechte (anteilige Pachtzinsen und gemeiner Wert der Bodenschätze). Vergleiche Bp-Kartei, a. a. O.

Die Finanzverwaltung erkennt bei Außenprüfungen die vorgenannten relevanten Sachverhalte nicht und kann sie daher nicht beurteilen. Deshalb sollen die Finanzämter bei Prüfungen von Argen bzw. der mit der kaufmännischen Verwaltung betrauten Firma auf diese **Vorgänge achten**. Die Betriebsfinanzämter der Arge-Partner müssen ggf. durch **Berichtsauszüge** bzw. **Kontrollmitteilungen** über Hinzurechnungsanteile für Gewerbesteuerzwecke informiert werden (so Bp-Kartei, a. a. O.).

9. Gewerbesteuerliche Förderungsmaßnahmen in dem Gebiet der ehemaligen DDR

Literatur: *Paus,* Steuerliche Förderungsmaßnahmen in den neuen Ländern, Herne/Berlin 1991.

Die GewSt setzt sich aus der Steuer auf den **Gewerbeertrag** und der Steuer auf das **Gewerbekapital** zusammen.

a) Gewerbeertrag

Für bestimmte Gewerbebetriebe, die „im Erhebungszeitraum **überwiegend** die Geschäftsleitung" im Gebiet der ehemaligen DDR gehabt haben, wird die GewSt auf den Gewerbeertrag in einem **Übergangsbereich** zwischen 36 000 DM und 84 000 DM ermäßigt (§ 11 Abs. 2 GewStG i. d. F. des Art. 3 Nr. 1 StÄndG 1991).

Die Vergünstigung kann nur von **natürlichen Personen** (Einzelunternehmen) und Personengesellschaften, nicht jedoch von Kapitalgesellschaften in Anspruch genommen werden.

Das **Überwiegen** bezieht sich auf das zeitliche Moment.

Die Vergünstigung hat folgende **betragsmäßige Auswirkungen**: Die Steuermeßzahl, die in anderen Fällen einheitlich 5 % beträgt, wächst für die begünstigten Betriebe in 5 Stufen von 0 über 1 %, 2 %, 3 %, 4 % auf 5 %

an, wobei die 4 niedrigeren Prozentsätze, 1, 2, 3 und 4 jeweils für einen Teilbetrag des Gewerbeertrags von 12 000 DM gelten.

2532 Die **niedrigere Besteuerung** des Gewerbeertrags gilt schon für das Jahr **1991**. Eine **zeitliche Begrenzung** sieht das Gesetz bisher nicht vor.

Ab 1993 wird der Staffeltarif durch einen im gesamten Bundesgebiet geltenden erhöhten Staffeltarif abgelöst (§ 11 Abs. 2 GewStG i. d. F. des Art. 10 Nr. 5 StÄndG 1992, BGBl I 297; vgl. i. e. Christoffel, NWB F. 5, 1195), wobei darüber hinaus der Freibetrag bei der GewSt zusätzlich angehoben wurde.

b) Gewerbekapital

2533 Für Betriebe im Gebiet der ehemaligen DDR, also ohne Berlin (West), wird für die Jahre **1991** bis 31. 12. **1995** auf die Steuer nach dem Gewerbekapital **ganz verzichtet** (§ 37 GewStG i. d. F. des Art. 3 Nr. 4 StandOG). Ausgenommen sind Organgesellschaften mit Geschäftsleitung außerhalb des begünstigten Gebiets.

2534 Bei **Betriebsstätten** eines Unternehmens in den **alten Bundesländern** und im Gebiet der ehemaligen **DDR** bleibt das **Gewerbekapital** der Betriebsstätten in der ehemaligen DDR außer Ansatz.

2535 Für Betriebe im Gebiet der ehemaligen DDR wird **vor dem 1. 1. 1993 kein Einheitswert** des Betriebsvermögens festgestellt. Bei Einheitswertfeststellungen für andere Betriebe wird das Vermögen der Betriebsstätten im Gebiet der ehemaligen DDR nicht angesetzt, ebenso wenn keine Betriebsstätte begründet, in dem Gebiet der ehemaligen DDR jedoch ein ständiger Vertreter bestellt wurde.

2536 Für Betriebsstätten außerhalb des Gebiets der ehemaligen DDR bleiben ferner bestimmte **Wirtschaftsgüter** bei der **Einheitswertfeststellung** außer Ansatz (vgl. dazu die Auflistung bei Paus, a. a. O., Rdnr. 625, 666 ff.).

2537–2540 *(Einstweilen frei)*

V. Lohnsteuer (§§ 38 ff. EStG)

1. Allgemeiner Teil und Verfahren

Literatur: *Richter,* Lohngestaltung und Steuervorteile nach der Steuerreform 1990, Herne/Berlin 1989, *Offerhaus/E. Schmidt,* Lohnsteuerrecht für Arbeitgeber, München 1990; *Assmann,* Das Lohnsteuerabzugs- und -ermäßigungsverfahren 1991, BuW 1991, 223; *App,* Der Arbeitgeber im Lohnsteuerverfahren, BuW 1992, 227; *Seidelmann,* Die Bedeutung der Lohnsteuerklasse für die Höhe des Arbeitslosengeldes, NWB F. 27, 3997; *Klöckner,* Änderungen der Lohnsteuer durch die Lohn-

Lohnsteuer

steuer-Richtlinien NWB F. 6, 3479; *ders.,* Steuerfreistellung des Existenzminimums beim Lohnsteuerabzug 1993, NWB F. 6, 3493; *Oppermann,* Erläuterungen zur Steuerfreistellung des Existenzminimums, BuW 1993, 74; v. Bornhaupt, BFH-Rechtsprechung zur Lohnsteuer im 1. Halbjahr 1992, NWB F. 6a, 129; *Korn,* Zu den LStR 1993 und anderen aktuellen LSt-Änderungen, KÖSDI 1993, 9258; *Malten,* Tabelle der Lohnsteuerbelastung 1993 für sozialversicherungspflichtige Arbeitnehmer, NWB F. 6, 3501; *Müller,* Praxisfragen zur Lohnsteuerkarte, DStZ 1993, 307; *Stuber/Nägele,* Reisekosten – Bewirtung – Repräsentation im Steuerrecht, 21. Aufl., Stuttgart 1993; *Kühr,* Die Lohnsteuer 1993, Neuwied/Kriftel/Berlin 1993.

Verwaltungsanweisungen: Abschn. 104 ff. LStR; BMF v. 22. 1. 1991, Behandlung der Winterbeihilfen im Baugewerbe, DStZ 1991, 221; BMF v. 20. 6. 1991, Merkblatt für Arbeitgeber, BStBl I 567; OFD Münster v. 17. 9. 1991, Prüfung des Solidaritätszuschlags bei LSt-Außenprüfungen, DB S. 2162; BMF v. 2. 1. 1992, Erhebung des Solidaritätszuschlags im LSt-Verfahren, DB S. 114; OFD Köln v. 3. 1. 1992, Tariffreibetrag, DB S. 657; FM Hessen v. 27. 7. 1992, Urlaubsabgeltung durch gemeinnützige Urlaubskasse für das Maler- und Lackiererhandwerk, S 2370 A – 26 – II B 21; BMF v. 8. 10. 1992, Steuerklassenwahl bei Arbeitnehmer-Ehegatten, DStR S. 1726; BMF v. 3. 12. 1992, Steuerfreistellung des Existenzminimums im LSt-Abzugsverfahren für 1993, BStBl I 736; BMF v. 20. 7. 1993, dto., BStBl I 559; BMF v. 17. 8. 1993, dto., BStBl I 703; BMF v. 9. 9. 1993, LSt-Zusatztabellen für 1994, BStBl I 807.

Vgl. auch Literatur und Verwaltungsanweisungen zu den einzelnen Kapiteln.

a) Erhebung der Lohnsteuer (§ 38 EStG)

LEXinform
▶ BSt-BG-1625 ◀

Die LSt ist eine Quellensteuer, die der **Arbeitgeber** für Rechnung des Arbeitnehmers bei jeder Lohnzahlung vom Arbeitslohn einzubehalten hat (§ 38 Abs. 3 EStG). Der **Arbeitnehmer** ist grundsätzlich Schuldner der LSt (§ 38 Abs. 2 Satz 1 EStG; Ausnahme bei pauschal versteuertem Arbeitslohn, vgl. Rdnr. 2791 ff.). Die LSt entsteht in dem Zeitpunkt, in dem der Arbeitslohn dem Arbeitnehmer zufließt (§ 38 Abs. 2 Satz 2 EStG). 2541

b) Höhe der Lohnsteuer

aa) Allgemeines (§§ 38a ff. EStG)

Die Höhe der LSt richtet sich nach dem Arbeitslohn (§ 38a EStG), der LSt-Klasse (§ 38b EStG) und den etwaigen auf der LSt-Karte (§ 39 EStG) eingetragenen Freibeträgen (§ 39a EStG). Die LSt wird anhand der LSt-Tabellen ermittelt (§ 38c EStG). 2542

Arbeitslohn sind alle Einnahmen, die dem Arbeitnehmer aus dem Dienstverhältnis zufließen (vgl. i.e. § 2 LStDV; Abschn. 70 Abs. 1 und 2 LStR), auch bei Zahlung aufgrund gesetzlichen Forderungsübergangs gemäß § 115 Abs. 1 SGB X (BFH v. 16. 3. 1993, BStBl II 507). Ein 2543 bedingungsfreier Lohnverzicht schließt einen Zufluß aus (FG Köln v. 13. 2. 1992, Revision, EFG 1993, 20). Bei den **Winterhilfen** an Arbeitnehmer des Baugewerbes aus der Urlaubs- und Lohnausgleichskasse der Bauwirtschaft (ULAK) handelt es sich um Lohnzahlungen eines Dritten. Eine Pauschalbesteuerung ist nicht zulässig. Da der Empfänger im Zeitpunkt der Zahlung in keinem Dienstverhältnis steht, kann auch kein Arbeitgeber den LSt-Abzug durchführen. Die Winterbeihilfen müssen aber im Rahmen der ESt-Veranlagung berücksichtigt werden. Dazu ist eine Bescheinigung über die Höhe der Winterbeihilfe auszustellen, in der auch ein Hinweis darauf enthalten sein muß, daß der Betrag in der ESt-Erklärung anzugeben ist (BMF v. 22. 1. 1991, DStZ 1991, 221). Entsprechendes gilt für **Zahlungen durch die Gemeinnützige Urlaubskasse für das Maler- und Lackiererhandwerk.** Soweit der Anspruch auf Urlaubsentschädigung jedoch vom (letzten) Arbeitgeber abgegolten wird, der dann bei der Urlaubskasse einen Erstattungsantrag stellt, hat dieser Arbeitgeber den LSt-Abzug vorzunehmen. Eine Bescheinigung der Kasse an den Arbeitnehmer entfällt in diesem Fall (koordinierter Ländererlaß, z. B. FM Hessen v. 27. 7. 1992 S 2370 A – 26 – II B 21).

2544 Die **Jahres-LSt** bemißt sich nach dem Arbeitslohn, den der Arbeitnehmer im Kalenderjahr bezieht (Jahresarbeitslohn, § 38a Abs. 1 Satz 1 EStG). Im Einzelfall kann die periodengerechte Zuordnung problematisch sein.

Beispiel:

Das Dezembergehalt wird erst Mitte Februar des folgenden Jahres gezahlt.

Es handelt sich um laufenden Arbeitslohn. Er gilt in dem Kalenderjahr als bezogen, in dem der Lohnzahlungszeitraum endet (§ 38a Abs. 1 Satz 2 EStG). Eine analoge Anwendung der in § 39b Abs. 5 EStG bestimmten Fristen scheidet aus (FG Münster v. 14. 11. 1991 rkr., EFG 1991, 567; a. A. Abschn. 115 Abs. 1 Nr. 6 LStR).

2545 Zum Arbeitslohn zählen auch **Sachbezüge** (Abschn. 31 LStR; zur Gewährung von Kost und Wohnung vgl. Rdnr. 2747 f.; zur Gestellung von Kraftwagen vgl. Rdnr. 2771 ff.; zur unentgeltlichen oder verbilligten Essensabgabe vgl. Rdnr. 2811 ff.; zur Abgrenzung zu den steuerfreien Leistungen vgl. Husmann, DB 1991, 1951, und Rdnr. 2591 ff.).

Der LSt unterliegen auch nicht steuerfreie Einnahmen (vgl. Rdnr. 2591 ff.).

bb) Steuerfreistellung des Existenzminimums

2546 Am 25. 9. 1992 hat das BVerfG entschieden, daß der Grundfreibetrag zu niedrig und damit verfassungswidrig ist (BStBl 1993 II 413). Im Vorgriff auf die gesetzliche Regelung hat der BMF mit Schreiben v. 3. 12. 1992

(BStBl I 736) für das LSt-Abzugsverfahren eine vorläufige Regelung getroffen. Sie sieht **für 1993 ein Existenzminimum von 12 000 DM** für Ledige und **19 000 DM** für nicht dauernd getrennt lebende Ehegatten vor (vgl. Klöckner, NWB F. 6, 3493; Oppermann, BuW 1993, 74).

Für die Jahre **1993 bis 1995** wird das steuerlich zu verschonende Existenzminimum in folgender Höhe festgesetzt:

	Alleinstehende	nicht dauernd getrennt lebende Ehegatten
1993	10 500 DM	21 000 DM
1994	11 000 DM	22 000 DM
1995	11 500 DM	23 000 DM

Für die Jahre ab 1996 ist eine weitere Neuregelung vorgesehen, deren Inhalt aber noch nicht feststeht.

Die Neuregelung für 1993 ergibt sich aus § 52 Abs. 21 f Nr. 1 EStG i. V. mit Anlagen 4a und 5a, für 1994 aus § 32d EStG i. V. mit Anlagen 4 und 5, für 1995 aus § 52 Abs. 21 f Nr. 2 EStG i. V. mit Anlagen 4b und 5b. Die Grundsätze für das LSt-Verfahren 1993 sind nun in § 61 EStG und Anlagen 6 bis 6b enthalten. Eine **Sonderregelung für das LSt-Verfahren 1993** war notwendig, da das vorläufig festgelegte Existenzminimum von 12 000 DM höher als das gesetzlich festgelegte Existenzminimum von 10 500 DM ist. Für das LSt-Verfahren 1994 gelten § 61 EStG i. V. mit Anlagen 4 und 5 – Zusatztabellen BMF v. 9. 9. 1993, BStBl I 807, für das LSt-Verfahren 1995 § 61 EStG i. V. mit Anlagen 4b und 5b.

▷ **Hinweis:**
Da bei der Veranlagung jedoch das niedrigere Existenzminimum zugrunde gelegt wird, kann es zu einer Steuernachzahlung kommen. Insoweit ist ein Erlaß der Steuer möglich. Darauf kann der Arbeitnehmer hingewiesen werden.

Bei niedrigem Arbeitslohn ist der Arbeitgeber **verpflichtet**, die LSt entsprechend den Zusatztabellen zu mildern. Sie sind **nicht anzuwenden** bei der Ermittlung der LSt für Arbeitslöhne oder Arbeitslohnteile, für die der Arbeitgeber vereinbarungsgemäß die LSt zu übernehmen hat (vgl. Abschn. 122 LStR) oder die nach § 40 Abs. 1 EStG pauschal besteuert werden sollen (vgl. Abschn. 126 LStR). Der Arbeitgeber hat die Zusatztabellen auch nicht anzuwenden, wenn der Arbeitnehmer dies bei ihm bis zu der Lohnabrechnung beantragt hat, bei der erstmals die Voraussetzungen für die Anwendung der Zusatztabelle vorliegen; der Antrag kann nicht zurückgenommen werden (§ 61 Abs. 2 EStG). Wenn der Arbeitgeber die LSt nach der Zusatztabelle ermittelt, muß er im Lohnkonto und in der LSt-Bescheinigung den **Großbuchstaben Z** angeben (§ 61 Abs. 4 EStG; BMF v. 20. 7. 1993, BStBl I 559; v. 17. 8. 1993, BStBl I 703).

cc) Tariffreibetrag im Beitrittsgebiet (§§ 32 Abs. 8, 60 EStG)

2547 Für die Veranlagungszeiträume **1991 bis 1993** wurde ein Tariffreibetrag eingeführt (§ 32 Abs. 8 EStG i. d. F. des StÄndG 1991 v. 24. 6. 1991, BGBl I 1322, BStBl I 665). Dieser wird vom Einkommen eines Steuerpflichtigen abgezogen, der

- seinen ausschließlichen Wohnsitz im Beitrittsgebiet (fünf neue Bundesländer und ehemaliges Gebiet von Berlin-Ost) hat oder ihn im Lauf des Kalenderjahrs begründet oder

- bei mehrfachem Wohnsitz einen Wohnsitz im Beitrittsgebiet hat und sich dort überwiegend aufhält oder

- ohne die vorstehenden Voraussetzungen zu erfüllen, **Arbeitslohn im Beitrittsgebiet** bezieht; in diesem Fall darf der Tariffreibetrag den begünstigten Arbeitslohn nicht übersteigen.

2548 Der Tariffreibetrag beträgt **600 DM**. Bei **Ehegatten,** die beide unbeschränkt einkommensteuerpflichtig sind und nicht dauernd getrennt leben, erhöht sich der Freibetrag auf **1 200 DM**; es genügt für die Erhöhung, wenn einer der Ehegatten die oben beschriebenen Voraussetzungen erfüllt.

2549 Der Tariffreibetrag ist **auch im LSt-Verfahren** zu berücksichtigen, wenn der Arbeitslohn für eine **Beschäftigung** gezahlt wird, die im Lohnzahlungszeitraum (in der Regel ein Monat) **überwiegend im Beitrittsgebiet ausgeübt** worden ist; diese Frage ist nach der Zahl der Arbeitstage des Lohnzahlungszeitraums zu entscheiden (vgl. BMF v. 20. 6. 1991, BStBl I 567, 569, Anlage 1).

2550 • Die überwiegende Beschäftigung im Beitrittsgebiet während eines Lohnzahlungszeitraums wird grundsätzlich geprüft, indem die Zahl der im Lohnzahlungszeitraum vereinbarten Arbeitstage (= Sollarbeitstage) der Zahl der **tatsächlichen Arbeitstage** gegenübergestellt wird. Als tatsächliche Arbeitstage in diesem Sinne gelten grundsätzlich auch Anreisetage (wenn das Beitrittsgebiet noch an diesem Kalendertag erreicht wird) und Abreisetage. Arbeitsfreie Tage (z. B. Samstage, Sonntage und gesetzliche Feiertage), an denen der Arbeitnehmer im Beitrittsgebiet tatsächlich arbeitet und An- und Abreisetage, die auf arbeitsfreie Tage entfallen, gehören grundsätzlich nicht zu den tatsächlichen Beschäftigungstagen im Beitrittsgebiet.

- Statt dessen kann aber auch auf die tatsächlichen Arbeitstage im Beitrittsgebiet unter **Einschluß der auf an sich arbeitsfreie Tage fallenden An- und Abreisetage** abgestellt werden. Allerdings erhöhen diese Tage dann folgerichtig die Zahl der für den Lohnzahlungszeitraum anzusetzenden Sollarbeitstage. Entsprechendes gilt für an sich **arbeitsfreie Tage**, an denen der Arbeitnehmer aber tatsächlich im Beitrittsgebiet gearbeitet hat (OFD Düsseldorf v. 4. 3. 1992, FR S. 309, mit Beispiel und zum Nachweis). 2551

Durch § 60 EStG wird sichergestellt, daß im LSt-Abzugsverfahren für das **zweite Halbjahr 1991** Tariffreibeträge in einer Höhe gewährt werden, die regelmäßig den Jahresbetrag für das ganze Jahr abdecken. 2552

Der Arbeitslohn, für den ein Tariffreibetrag gewährt wird, ist im Lohnkonto kenntlich zu machen und in der LSt-Bescheinigung gesondert einzutragen („TA"). 2553

dd) Solidaritätszuschlag

Zusätzlich war im LSt-Verfahren nach dem Solidaritätszuschlagsgesetz ein Solidaritätszuschlag von **7,5 %** 2554

- vom laufenden Arbeitslohn zu erheben, der für einen nach dem 30. 6. 1991 und vor dem 1. 7. 1992 endenden Lohnzahlungszeitraum gezahlt wurde,
- von sonstigen Bezügen zu erheben, die nach dem 30. 6. 1991 und vor dem 1. 7. 1992 zuflossen (vgl. i. e. BMF v. 20. 6. 1991, BStBl I 567; v. 2. 1. 1992, DB S. 114; zur Verfassungsmäßigkeit des Solidaritätszuschlags vgl. BFH v. 25. 6. 1992, BStBl II 702; FG Baden-Württemberg, Außensenate Stuttgart, v. 19. 9. 1991 rkr., EFG 1992, 93).

Durch Artikel 32 FKPG wurde erneut ein Solidaritätszuschlag eingeführt. Er ist in Höhe von 7,5 %

- vom laufenden Arbeitslohn zu erheben, der für einen nach dem 31. 12. 1994 endenden Lohnzahlungszeitraum gezahlt wird;
- von sonstigen Bezügen zu erheben, die nach dem 31. 12. 1994 zufließen;

- soweit ein LStJA durchzuführen ist, nach der Jahres-LSt für Ausgleichsjahre ab 1995 zu erheben.

c) Durchführung des Lohnsteuerabzugs (§§ 39 ff. EStG)

LEXinform
▶ BSt-BG-1630 ◀

aa) Allgemeines

2555 Für die Durchführung des LSt-Abzugs hat der unbeschränkt einkommensteuerpflichtige Arbeitnehmer dem Arbeitgeber vor Beginn des Kalenderjahres oder beim Eintritt in das Dienstverhältnis eine **LSt-Karte** vorzulegen. Die Eintragung eines Freibetrags regelt § 39a EStG, die Einzelheiten des LSt-Abzugs § 39b EStG, die Durchführung des LSt-Abzugs ohne LSt-Karte § 39c EStG, für beschränkt einkommensteuerpflichtige Arbeitnehmer § 39d EStG.

2556 Besonderen Regeln unterliegt die **Pauschalierung** der LSt (vgl. dazu Rdnr. 2791 ff.).

bb) Nettolohnvereinbarung

2557 Bei einer **Nettolohnvereinbarung** erhält der Arbeitnehmer vereinbarungsgemäß einen Nettolohn ausbezahlt, während der Arbeitgeber die gesetzlichen Abgaben (LSt, Sozialversicherung) trägt. Diese sind auch Arbeitslohn. Die steuerrechtliche Anerkennung einer Nettolohnvereinbarung setzt den Nachweis voraus, daß der Arbeitgeber abredegemäß – ggf. neben den Arbeitnehmerbeiträgen zur Sozialversicherung – auch die LSt des Arbeitnehmers tragen soll und der Arbeitnehmer den vorschriftsmäßigen LSt-Abzug durch Übergabe einer **LSt-Karte** ermöglicht hat (BFH v. 28. 2. 1992, BStBl II 733). Somit handelt es sich nicht um eine Nettolohnvereinbarung, wenn Arbeitgeber und Arbeitnehmer einvernehmlich zur **Hinterziehung** der LSt und der Gesamtbeiträge zur Sozialversicherung zusammenwirken (BGH v. 13. 5. 1992, DB S. 1788, auch zur Berechnung der verkürzten LSt). Wird in einem solchen Fall der Arbeitgeber auf Zahlung der hinterzogenen Gesamtsozialversicherungsbeiträge in Anspruch genommen, so liegt darin in Höhe der Arbeitnehmeranteile eine Lohnzuwendung des Arbeitgebers an seine Arbeitnehmer, die ihrerseits dem LSt-Abzug unterliegt (BFH v. 21. 2. 1992, BStBl II 443).

Für einen Anspruch des Arbeitnehmers gegen den Arbeitgeber auf Abführung von LSt oder Erteilung einer zutreffenden LSt-Bescheinigung ist der Rechtsweg zu den Arbeitsgerichten, nicht zu den Finanzgerichten, gegeben (FG München v. 30. 6. 1992 nrkr. EFG S. 756; Müller, DStZ 1993, 307).

cc) Bedeutung der Lohnsteuerkarte (§ 39 EStG)

Die LSt-Karte stellt für den Arbeitgeber die **bindende Grundlage** für den von ihm vorzunehmenden LSt-Abzug dar (ausführlich zur LSt-Karte Müller, DStZ 1993, 307). Sie wird jedes Jahr durch die Gemeindebehörde ausgeschrieben und dem Arbeitnehmer zugestellt. Der Arbeitnehmer ist verpflichtet, die LSt-Karte seinem Arbeitgeber auszuhändigen. Der Arbeitgeber muß den LSt-Abzug stets nach den Merkmalen der LSt-Karte vornehmen, und zwar auch dann, wenn die Eintragungen nach seiner Kenntnis unrichtige Angaben enthalten (Prinzip der Maßgeblichkeit der LSt-Karte für den Arbeitgeber).   2558

Änderungen hinsichtlich der Eintragungen auf der LSt-Karte dürfen nur von den dazu zuständigen Behörden (Gemeindebehörde und Finanzamt) durchgeführt werden. Weder der Arbeitgeber noch der Arbeitnehmer sind zu solchen Änderungen befugt (§ 39 Abs. 6 Satz 4 EStG). Die LSt-Karte ist ihrer Art nach eine öffentlich-rechtliche Urkunde; eine Änderung durch eine nichtzuständige Stelle ist eine Urkundenfälschung.   2559

Legt der Arbeitgeber der Lohnbesteuerung eines Arbeitnehmers dessen LSt-Kartenmerkmale zugrunde, so haftet er insoweit nicht für eine wegen **fehlerhafter Eintragung** zu niedrig einbehaltene LSt. Wird eine fehlerhafte Eintragung auf der LSt-Karte eines Arbeitnehmers festgestellt, so ist diese ggf. durch die zuständige Behörde zu ändern.   2560

Die LSt-Karte ist nach Ablauf des Kalenderjahrs, für das sie ausgeschrieben war, an den Arbeitnehmer bzw. an das Finanzamt **zurückzugeben**. Der Arbeitgeber ist deshalb verpflichtet, alle Eintragungen auf der LSt-Karte für Zwecke späterer Nachprüfung festzuhalten. Das geschieht auf den **Lohnkonten**, die alle entsprechenden Eintragungen beinhalten müssen.   2561

dd) Eintragungen auf der Lohnsteuerkarte – Steuerklassen, Kinderfreibeträge (§ 39 Abs. 3 ff. EStG)

Auf der LSt-Karte werden von der Gemeindehörde die **Steuerklasse**, die Zahl der **Kinderfreibeträge** nach dem Stand zu Beginn des Kalenderjahres eingetragen, für das die LSt-Karte gilt (§ 39 Abs. 3 EStG). Es gilt das sog. **Stichtagsprinzip**, d. h., die Lohnbesteuerung richtet sich grundsätzlich nach den Verhältnissen zu Beginn des Kalenderjahres (§ 39 Abs. 3 b EStG). Da aber die LSt-Karten von den Gemeinden bereits vor dem 1. 1.   2562 ausgeschrieben werden, kann der Fall eintreten, daß sich die Verhältnisse geändert haben. Diese Änderungen können eine für den Arbeitnehmer günstigere Steuerklasse (z. B. Eheschließung, Geburt eines Kindes usw.) oder ungünstigere Steuerklasse (z. B. Tod eines Kindes, Ehescheidung usw.) zur Folge haben.

2563 Sind in dieser Zeitspanne **Änderungen** im Familienstand des Arbeitnehmers eingetreten, die eine für ihn günstigere Steuerklasse bringen, so ist der Arbeitnehmer nicht verpflichtet, aber berechtigt, diese Änderungen durchführen zu lassen. Ändert sich bei einem Arbeitnehmer die Zahl der berücksichtigungsfähigen Kinder, so kann er dies auf der LSt-Karte durch die zuständige Gemeinde (§ 39 Abs. 3 EStG) bzw. das Finanzamt (§ 39 Abs. 3a EStG) eintragen lassen. Das Finanzamt kann auf nähere Angaben des Arbeitnehmers verzichten, wenn er höchstens die auf seiner LSt-Karte für das vorangegangene Kalenderjahr eingetragene Zahl der Kinderfreibeträge beantragt und versichert, daß sich die maßgeblichen Verhältnisse nicht wesentlich geändert haben. Ändern sich aber die Steuerklasse/Familienstand/Kinderzahl zuungunsten des Arbeitnehmers, so ist er verpflichtet, die Änderungen der Gemeinde bzw. dem Finanzamt anzuzeigen, die sodann eine Änderung der LSt-Karteneintragungen vornehmen (§ 49 Abs. 4 EStG).

Nach Abschn. 107 Abs. 3 LStR konnte auf der LSt-Karte eines unbeschränkt einkommensteuerpflichtigen Arbeitnehmers die Steuerklasse III eingetragen werden, wenn sein nicht dauernd getrennt lebender Ehegatte u. a. in einem der in § 1 Abs. 2 Nr. 3 BVG bezeichneten Gebiete wohnte, deren Behörden die Anreise des Ehegatten aus politischen Gründen verweigerten. Die Aufhebung dieser Billigkeitsvorschrift ab 1991 (BMF v. 16. 7. 1990, BStBl I 1358) verstößt nicht gegen das Grundgesetz (FG Nürnberg v. 15. 1. 1992 rkr., EFG S. 283).

ee) Änderungen der Lohnsteuerkarteneintragungen nach § 39a EStG

2564 Jeder Arbeitnehmer hat bei Vorliegen der Voraussetzungen nach § 39a EStG (z. B. bei hohen Werbungskosten, Sonderausgaben und der Wohneigentumsförderung nach § 10e EStG) die Möglichkeit, sich von seinem zuständigen Finanzamt **Steuerfreibeträge auf der LSt-Karte** eintragen zu lassen. Das Finanzamt kann auf nähere Angaben des Arbeitnehmers verzichten, wenn er höchstens den auf seiner LSt-Karte für das vorangegangene Kalenderjahr eingetragenen Freibetrag beantragt und versichert,

Lohnsteuer 603

daß sich die maßgeblichen Verhältnisse nicht wesentlich geändert haben (§ 39a Abs. 2 Satz 5 EStG). Ein solcher Freibetrag muß auch vom Arbeitgeber berücksichtigt werden. Ändern sich die Aufwendungen des Arbeitnehmers während des Kalenderjahres, so kann der Arbeitnehmer seine Freibeträge durch das Finanzamt ändern lassen.

ff) Nichtvorlage der Lohnsteuerkarte (§ 39c EStG)

Legt ein Arbeitnehmer seinem Arbeitgeber trotz entsprechender Aufforderung schuldhaft eine LSt-Karte nicht vor, so ist der Arbeitgeber verpflichtet, die LSt nicht unter Anwendung der LSt-Tabelle (familiengerechte Steuerklasse), sondern nach **Steuerklasse VI** einzubehalten (§ 39c EStG). 2565

Diese Vorschrift, die grundsätzlich eine steuerliche Benachteiligung der Arbeitnehmer bringt, soll für den Arbeitgeber ein **Druckmittel** sein, den Arbeitnehmer zur Vorlage seiner LSt-Kartei zu zwingen. 2566

gg) Mehrere Lohnsteuerkarten (§ 39 Abs. 1 Satz 2 EStG)

Steht ein Arbeitnehmer gleichzeitig in mehreren Dienstverhältnissen, so muß er **jedem Arbeitgeber eine LSt-Karte vorlegen.** Die Gemeindebehörde schreibt dem Arbeitnehmer auf entsprechenden Antrag hin mehrere LSt-Karten aus. Besitzt der Arbeitnehmer mehrere LSt-Karten, so trägt die zuerst ausgeschriebene Steuerkarte die familiengerechte Steuerklasse und alle übrigen Steuerkarten die **Steuerklasse VI.** Es steht dem Arbeitnehmer frei zu bestimmen, welchem Arbeitgeber er die Steuerkarte mit der Steuerklasse VI vorlegt. Ein Wechsel der Steuerkarte während des Kalenderjahres ist aber möglich. 2567

hh) Ausländische Arbeitnehmer (§ 39d EStG)

Ausländische Arbeitnehmer werden, wenn sie **in der BRD einen Wohnsitz oder gewöhnlichen Aufenthalt** (wenn sie sich länger als sechs Monate im Inland aufhalten) begründet haben, lohnsteuerlich ebenso behandelt wie deutsche Arbeitnehmer, die im Inland wohnen. Diese Arbeitnehmer erhalten dann ebenfalls eine LSt-Karte und haben die gleichen steuerlichen Möglichkeiten wie ein deutscher Arbeitnehmer. 2568

Begründen diese ausländischen Arbeitnehmer wegen ihres kurzen Aufenthalts im Inland **keinen Wohnsitz (gewöhnlichen Aufenthalt),** so sind sie beschränkt steuerpflichtig. Sie werden in Steuerklasse I, bei mehreren 2569

Dienstverhältnissen hierfür in Steuerklasse VI eingereiht. Soweit Steuerfreibeträge zu gewähren sind, werden diese dem Arbeitnehmer vom Finanzamt auf einer **besonderen Bescheinigung** (anstelle der LSt-Karte) bescheinigt, die er seinem Arbeitgeber vorlegen und die der Arbeitgeber als Beleg zum Lohnkonto nehmen muß (vgl. Abschn. 125 LStR).

2570 Für beschränkt steuerpflichtige Arbeitnehmer kann vom Arbeitgeber **kein LSt-Jahresausgleich** durchgeführt werden. Die einbehaltenen Steuerabzüge sind zugleich die maßgebliche Jahressteuer.

ii) Ehegatten (§ 38b EStG)

2571 Stehen Ehegatten gleichzeitig in einem Dienstverhältnis, so muß für jeden Ehegatten eine LSt-Karte ausgeschrieben werden. Für Arbeitnehmer-Ehegatten kommen grundsätzlich die **Steuerklassen IV oder die Steuerklassen III und V** in Betracht (zur Steuerklassenwahl vgl. BMF v. 8. 10. 1992, DStR 1992, 1726; zur Bedeutung der LSt-Klasse für die Höhe des Arbeitslosengeldes vgl. Seidelmann, NWB F. 27, 3997). Auch die erstmalige Wahl einer Steuerklassenkombination nach der Eheschließung kann hinsichtlich des Zuschusses zum Mutterschaftsgeld rechtsmißbräuchlich sein (BAG v. 18. 9. 1991, DB 1992, 787, DStR 1992, 957). Die Ehegatten haben nunmehr die Möglichkeit, die auf ihren Steuerkarten bescheinigten Steuerklassen während eines Kalenderjahres einmal ändern zu lassen. Ein weiterer Steuerklassenwechsel ist zulässig, wenn ein Ehegatte während des Kalenderjahres aus dem Dienstverhältnis ausscheidet oder verstorben ist oder nach einer Arbeitslosigkeit wieder ein Arbeitsverhältnis begonnen hat (Abschn. 109 Abs. 5 LStR) bzw. wenn sich die Ehegatten trennen (Koordinierter Ländererlaß, DB 1993, 712). Diese Steuerklassenänderungen werden ausschließlich durch die Gemeinde auf Antrag des Arbeitnehmers vorgenommen.

d) Aufzeichnung, Anmeldung und Abführung der Lohnsteuer (§§ 41 ff. EStG)

LEXinform
▶ BSt-BG-1635 ◀

aa) Lohnkonto

2572 Der Arbeitgeber hat am Ort der Betriebsstätte für jeden Arbeitnehmer und jedes Kalenderjahr ein **Lohnkonto** zu führen (§ 41 EStG). Er muß dort alle Zahlungen vermerken. Daneben muß das Lohnkonto alle Eintragungen der LSt-Karte enthalten. Der Arbeitgeber gibt die ihm während eines Kalenderjahres von seinen Arbeitnehmern vorgelegten LSt-

Lohnsteuer 605

Karten nach Ablauf dieses Kalenderjahres an diese oder an das Finanzamt zurück. Das Lohnkonto ist damit die einzige Grundlage des Arbeitgebers für die geleisteten Zahlungen. Da es auch Grundlage für eine spätere Prüfung durch das Finanzamt ist, kommt dem Lohnkonto eine große Bedeutung zu. Zu den Einzelheiten vgl. § 4 LStDV.

Das Lohnkonto besteht in der Praxis meist aus einem **Anschreibeblatt**, auf dem alle notwendigen Eintragungsspalten vorgedruckt sind. Bei Betrieben, die ihre Lohnabrechnung maschinell durchführen, besteht das Lohnkonto aus einer Zahl von **Maschinenausdrucken** (Personalkarte, Steuerkarte, monatliche Lohnabrechnungen usw.). Gegen eine solche Art von Lohnkontoführung ist grundsätzlich nichts einzuwenden, wenn die in § 4 LStDV genannten Angaben leicht und einwandfrei festgestellt und nachgeprüft werden können. 2573

Lohnkonten sind grundsätzlich zehn Jahre, sonstige Unterlagen (z. B. Lohnbelege, Lohnlisten, LSt-Unterlagen, Lohnvorschußkonten) sind sechs Jahre **aufzubewahren** (§ 257 HGB, § 147 AO). Vernichtet werden können 1993 Lohnkonten aus dem Jahr 1982 und früher, sonstige Unterlagen aus dem Jahr 1986 und früher. 2574

bb) Anmeldung und Abführung

Der Arbeitgeber hat spätestens am **zehnten Tag nach Ablauf eines jeden LSt-Anmeldungszeitraums** 2575

- dem Finanzamt, in dessen Bezirk sich die Betriebsstätte (§ 41 Abs. 2 EStG; Abschn. 132 LStR) befindet (Betriebsstätten-Finanzamt) eine **Steuererklärung einzureichen,** in der er die Summe der im LSt-Anmeldungszeitraum einzubehaltenden und zu übernehmenden LSt angibt (LSt-Anmeldung) und

- die im LSt-Anmeldungszeitraum insgesamt einbehaltene und übernommene **LSt an das Betriebsstätten-Finanzamt abzuführen** (§ 41 a Abs. 1 Satz 1 EStG; zur Fälligkeit vgl. BFH v. 17. 11. 1992, BStBl 1993 II 471). Der Arbeitgeber kann grundsätzlich keine Stundung erhalten (vgl. Carl, DB 1988, 826). Gegenüber dem Arbeitnehmer kommt eine Stundung nur aus persönlichen Gründen in Betracht (BFH v. 12. 3. 1993, DStR S. 721, m. Anm. MIT, DStR 1993, 723).

Die LSt-Anmeldung ist nach amtlich vorgeschriebenem **Vordruck** abzugeben und vom Arbeitgeber oder von einer zu seiner Vertretung berechtigten Person zu **unterschreiben** (§ 41 a Abs. 1 Satz 2 EStG). 2576

2577 LSt-Anmeldungszeitraum ist grundsätzlich der **Kalendermonat**, bei einer abzuführenden LSt für das vorangegangene Kalenderjahr von mehr als 1200 DM, aber nicht mehr als 6 000 DM das Kalendervierteljahr, bei einer abzuführenden LSt für das vorangegangene Kalenderjahr von nicht mehr als 1 200 DM das Kalenderjahr (§ 41 a Abs. 2 EStG, auch für Ausnahmefälle).

2578 Die verspätete Abgabe von LSt-Anmeldungen kann zur Festsetzung von **Verspätungszuschlägen** führen. Die Finanzverwaltung räumt grundsätzlich eine **Schonfrist** von fünf Tagen ein, es sei denn, der Steuerpflichtige mißbraucht die Schonfrist.

2579 Zum Abschluß des LSt-Abzugs vgl. § 41 b EStG, zur Änderung des LSt-Abzugs vgl. § 41 c EStG.

cc) **Lohnsteuer-Jahresausgleich durch den Arbeitgeber** (§ 42 b EStG)

2580 Nach Ablauf eines Kalenderjahres **muß** der Arbeitgeber, wenn er am 31. 12. des Kalenderjahres mindestens 10 Arbeitnehmer beschäftigt hatte, für diese den Jahresausgleich durchführen. Hatte der Arbeitgeber weniger als 10 Arbeitnehmer beschäftigt, **kann** er den Ausgleich durchführen; eine Verpflichtung besteht nicht.

2581 Eine Durchführung des Jahresausgleichs durch den Arbeigeber ist auf die Fälle beschränkt, in denen der Arbeitgeber **keine besonderen Kenntnisse** lohnsteuerlicher Spezialvorschriften haben muß. In § 42 b EStG sind all die Fälle aufgezählt, in denen der Arbeitgeber den Ausgleich nicht durchführen darf (Abschn. 121 Abs. 2 LStR). Die Durchführung des Ausgleichs durch den Arbeitgeber hat für den Arbeitnehmer den Vorteil, daß dieser erheblich früher zu seinen Erstattungsbeträgen kommt, als wenn er den Ausgleich durch das Finanzamt durchführen läßt.

2582 Wenn der Arbeitgeber für den Arbeitnehmer einen LStJA durchführt, ist auch für den **Solidaritätszuschlag** ein Jahresausgleich vorzunehmen. Der Solidaritätszuschlag beträgt 3,75 % der Jahres-LSt für 1991 oder 1992 (vgl. i. e. BMF v. 20. 6. 1991, BStBl I 567), 7,5 % der Jahres-LSt ab 1995.

e) **Haftung des Arbeitgebers** (§ 42 d EStG)

LEXinform
▶ BSt-BG-1640 ◀

2583 Der Arbeitgeber haftet
- für die LSt, die er einzubehalten und abzuführen hat,
- für die LSt, die er beim LStJA zu Unrecht erstattet hat,

- für die ESt (LSt), die aufgrund fehlerhafter Angaben im Lohnkonto oder in der LSt-Bescheinigung verkürzt wird (§ 42 d Abs. 1 EStG),
- bei Arbeitnehmer-Überlassung (§ 42 d Abs. 6 und 8 EStG).

Zur Haftung vgl. BFH v. 24. 1. 1992, BStBl II 696; Beermann, FR 1992, 262; Thomas, DStR 1992, 837, 896; Rainer, DStR 1992, 1156, 1192.

2584

Soweit die Haftung des Arbeitgebers reicht, sind Arbeitgeber und Arbeitnehmer Gesamtschuldner (§ 42 d Abs. 3 Satz 1 EStG). Für die Nachforderung ist grundsätzlich das für die Einkommensbesteuerung des Arbeitnehmers zuständige Finanzamt zuständig (BFH v. 21. 2. 1992, BStBl II 565; Abschn. 139 Abs. 3 LStR). Für die Nachforderung zuwenig einbehaltener LSt von beschränkt einkommensteuerpflichtigen Arbeitnehmern ist stets das Betriebsstättenfinanzamt zuständig (BFH v. 20. 6. 1990, BStBl 1992 II 43; Abschn. 139 Abs. 3 Satz 3 LStR).

f) Anrufungsauskunft (§ 42 e EStG)

LEXinform
▶ BSt-BG-1645 ◀

In Zweifelsfällen besteht die Möglichkeit, in LSt-Fällen das Betriebsstätten-Finanzamt um eine Auskunft zu bitten (ausführlich App, BuW 1992, 227). Das Finanzamt ist zur Auskunftserteilung **verpflichtet**. Nach einer dem Arbeitgeber gegenüber erteilten Anrufungsauskunft ist das Finanzamt nicht daran gehindert, im LSt-Verfahren dem Arbeitnehmer gegenüber einen anderen ungünstigeren Rechtsstandpunkt zu vertreten als im Auskunftsverfahren (BFH v. 28. 8. 1991, BStBl 1992 II 107); denn die Anrufungsauskunft bindet nur für den LSt-Abzug (BFH v. 9. 10. 1992, BStBl 1993 II 166).

2585

▷ **Hinweis:**

Es empfiehlt sich daher, daß Arbeitgeber und Arbeitnehmer gemeinsam um eine Auskunft bitten.

g) Lohnsteuer-Außenprüfung (§ 42 f EStG)

LEXinform
▶ BSt-BG-1650 ◀

Einbehaltung, Übernahme und Abführung der LSt werden durch die **LSt-Außenprüfung** überwacht. Wenn sich die Prüfung auch auf den **Solidaritätszuschlag** erstrecken soll, ist eine entsprechende Aufnahme in die Prüfungsanordnung (§ 194 Abs. 1 AO) erforderlich (OFD Münster v. 17. 9. 1991, DB S. 2162).

2586

(Einstweilen frei)

2587–2590

2. Ausgewählte steuerfreie Leistungen in ABC-Form

Inhaltsübersicht

	Rdnr.
Abfindungen und Entschädigungen	2591
Arbeitgeber-Anteile zur Sozialversicherung	2606
Arbeitgeber-Jubiläum	2607
Arbeitnehmer-Jubiläum	2608
Arbeitsbedingungen	2609
Aufmerksamkeiten	2610
Auslagenersatz	2612
Ausland	2613
Auslösungen	2614
Berufskleidung	2621
Beteiligungen	2622
Betriebsveranstaltungen	2623
Betriebsversammlungen	2635
Bewerbungen	2636
Bewirtung	2637
Darlehen	2641
Doppelte Haushaltsführung	2642
Durchlaufende Gelder	2644
Entschädigungen	2645
Feiertagsarbeit	2646
Fortbildung, betriebliche	2647
Freiflüge	2648
Geburtsbeihilfen	2649
Geldersatz	2650
Heirats- und Geburtsbeihilfen	2651
Incentive-Reisen	2654
Job-Ticket	2655
Jubiläumszuwendungen	2657
Kinderbetreuung	2664
Nachtarbeit	2676
Preisnachlaß	2678
Rabatt	2679
Reisekosten	2682
Rentenversicherung	2723
Sammelbeförderung	2729
Schadensersatz	2730
Sonntagsarbeit	2731
Speisen	2732
Telefonkosten	2733
Umzugskosten	2734
Verlosungen	2735
Vermögensbeteiligungen	2736
Verzicht	2743
Vorsorgeuntersuchung	2744
Weiterbildung, betriebliche	2745

	Rdnr.
Werkzeuggeld	2746
Wohnung	2747
Zinsersparnisse, Zinszuschüsse	2751
Zuschläge	2760

- **Abfindungen und Entschädigungen (§§ 3 Nr. 9, 34 EStG)**

Literatur: *App*, Steuerliche Behandlung von Abfindungszahlungen an ausscheidende Arbeitnehmer, BuW 1991, 229; *Offerhaus*, Zur Besteuerung von Arbeitgeberleistungen bei Auflösung und Änderung eines Dienstverhältnisses, DB 1991, 2456; *Weber-Grellet*, Abfindungen und Entschädigungen in Vergangenheit, Gegenwart und Zukunft, DStR 1993, 261; *Offerhaus*, Zu den Voraussetzungen für eine „Zusammenballung" von Arbeitgeberentschädigungsleistungen, DB 1993, 651; *Hartmann*, Vorteilhafte Gestaltungen von Abfindungszahlungen, Inf 1993, 228.

Verwaltungsanweisungen: Abschn. 9, 102 LStR; Abschn. 197 ff. EStR.

a) Allgemeines

Scheidet ein Arbeitnehmer auf Veranlassung des Arbeitgebers vorzeitig aus einem Dienstverhältnis aus, so können die gewährten Ausgleichszahlungen des Arbeitgebers 2591

- steuerfreie Abfindungen (§ 3 Nr. 9 EStG),

- steuerbegünstigte Entschädigungen (§ 34 Abs. 1 und 2 EStG),

- steuerbegünstigte Leistungen für eine mehrjährige Tätigkeit (§ 34 Abs. 3 EStG) oder

- (normal) steuerpflichtiger Arbeitslohn sein.

b) Abfindungen nach § 3 Nr. 9 EStG

LEXinform
▶ BSt-BG-1655 ◀

Steuerfrei sind Abfindungen wegen einer vom Arbeitgeber veranlaßten oder gerichtlich ausgesprochenen Auflösung des Dienstverhältnisses, **höchstens** jedoch **24 000 DM**. Hat der Arbeitnehmer das 50. Lebensjahr vollendet und hat das Dienstverhältnis mindestens 15 Jahre bestanden, so beträgt der Höchstbetrag **30 000 DM**, hat der Arbeitnehmer das 55. Lebensjahr vollendet und hat das Dienstverhältnis mindestens 20 Jahre bestanden, so beträgt der Höchstbetrag **36 000 DM** (§ 3 Nr. 9 EStG). Hinsichtlich der Altersgrenze kommt es auf den Zeitpunkt an, zu dem das Arbeitsverhältnis aufgelöst wird (FG Köln v. 1. 8. 1991 13 V 547/91, NWB-EN Nr. 1608/91; Abschn. 9 Abs. 3 Satz 1 LStR). 2592

2593 Abfindungen sind solche Zuwendungen in Geld oder Sachwerten (z. B. Uhr, Reise, Auto), die ein Arbeitgeber einem Arbeitnehmer anläßlich der Auflösung des Dienstverhältnisses zahlt und die in kausalem Zusammenhang mit der von ihm veranlaßten Vertragsauflösung stehen, selbst wenn auch ein damit für den Arbeitnehmer verbundener Ortswechsel maßgeblich war (Niedersächsisches FG v. 17. 6. 1992 rkr., EFG S. 719). Zu den Abfindungen gehören auch Vorruhestandsleistungen (BFH v. 11. 1. 1980, BStBl II 205; vgl. auch BFH v. 18. 9. 1991, BStBl 1992 II 34; Abschn. 9 Abs. 1 Satz 8 LStR). Der Arbeitgeber hat die Auflösung des Dienstverhältnisses dann **veranlaßt**, wenn er die für dessen Auflösung entscheidenden Ursachen gesetzt hat, so daß dem Arbeitnehmer im Hinblick auf dieses Verhalten eine weitere Zusammenarbeit nicht mehr zugemutet werden kann (BFH v. 21. 6. 1990, BStBl II 1020; v. 18. 9. 1991, BStBl 1992 II 34). Die **Weiterbeschäftigung** des Arbeitnehmers aufgrund eines nach Beendigung des Dienstverhältnisses abgeschlossenen neuen Dienstvertrages beeinträchtigt die Steuerfreiheit der Abfindung nicht (BFH v. 10. 10. 1986, BStBl 1987 II 186). Bei einer Umsetzung innerhalb eines Konzerns ist nach den Verhältnissen des Einzelfalls zu prüfen, ob die Umsetzung als Fortsetzung eines einheitlichen Dienstverhältnisses oder als neues Dienstverhältnis zu beurteilen ist (BFH v. 21. 6. 1990, BStBl II 1021; Abschn. 9 Abs. 2 LStR).

2594 Der BFH unterstellt den Zusammenhang zwischen Zuwendungen und Vertragsauflösung regelmäßig für alle Zuwendungen, die der Arbeitnehmer **über die vertragsgemäß erdienten Arbeitnehmeransprüche hinaus** erhält (BFH v. 24. 4. 1991, BStBl II 723). Eine Abfindung kann sowohl in einem Einmalbetrag als auch in laufenden Bezügen gewährt werden.

2595 Es liegt **keine Abfindung** i. S. von § 3 Nr. 9 EStG vor, wenn

- ein Zeitarbeitsverhältnis aufgrund Zeitablaufs beendet wird (BFH v. 18. 9. 1991, BStBl 1992 II 34);
- der Arbeitnehmer aus persönlichen Gründen das Arbeitsverhältnis nicht fortsetzt (BFH v. 21. 6. 1990, BStBl II 1020);
- maßgeblicher Grund der Leistung die Begründung eines neuen Dienstverhältnisses ist und die Abfindung vom neuen Arbeitgeber erbracht wird (BFH v. 16. 12. 1992, BStBl 1993 II 477);
- der Arbeitnehmer im Zeitpunkt der Beendigung des Arbeitsverhältnisses bereits einen unverfallbaren Anspruch auf die entsprechende Leistung hat (BFH v. 24. 4. 1991, BStBl II 723);

• die Kündigung darauf beruht, daß der Arbeitnehmer vergeblich versucht hat, das Arbeitsverhältnis als Teilzeitarbeitsverhältnis fortzusetzen (BFH v. 28. 11. 1991, BFH/NV 1992, 305).

Der Freibetrag nach § 3 Nr. 9 EStG steht jedem Arbeitnehmer aus demselben Dienstverhältnis nur einmal zu (Hessisches FG v. 30. 1. 1991 rkr., EFG S. 721; Abschn. 9 Abs. 3 Satz 2 LStR). 2596

c) **Entschädigungen nach § 34 Abs. 1 und 2 EStG** LEXinform
▶ BSt-BG-1660 ◀

Entschädigungen sind solche Zahlungen, die als **Ersatz für Einnahmen** geleistet werden, die entweder entgangen sind oder noch entgehen (§ 24 Nr. 1 Buchst. a EStG) und die nunmehr an deren Stelle treten (vgl. BFH v. 9. 7. 1992, BStBl 1993 II 27). Zahlungen, die nicht für weggefallene oder wegfallende Einnahmen erbracht werden, sondern bürgerlich-rechtlich auf dem Arbeitsverhältnis beruhen, zählen nicht zu den Entschädigungen (Beispiel: Lohnnachzahlung, BFH v. 16. 3. 1993, BStBl II 507). Dies gilt auch dann, wenn zukünftige Pensionsansprüche in eine Abfindungszahlung umgewandelt werden, und die Vertragsänderung vom Berechtigten aus freien Stücken herbeigeführt wird (BFH v. 9. 7. 1992, BStBl 1993 II 27; v. 30. 1. 1991, BFH/NV 1992, 646). Eine Entschädigung i. S. von § 34 Abs. 1 und 2 EStG kann also nur angenommen werden, wenn die an die Stelle der bisherigen Einnahmen tretende Ersatzleistung auf einer neuen Rechts- oder Billigkeitsgrundlage beruht (BFH v. 27. 2. 1991, BStBl II 703). 2597

d) **Zusammenhang zwischen Abfindungen und Entschädigungen** LEXinform
▶ BSt-BG-1665 ◀

Die Voraussetzungen für die Steuerfreiheit der Abfindung und für die Steuerbegünstigung der Entschädigung stimmen daher grundsätzlich überein. Soweit eine Zahlung des Arbeitgebers an seinen Arbeitnehmer dem Grunde nach eine **Abfindung** darstellt, ist grundsätzlich der Betrag, der den steuerfreien Höchstbetrag des § 3 Nr. 9 EStG übersteigt, **als Entschädigung steuerbegünstigt**. 2598

Davon gibt es aber eine wichtige **Ausnahme:** Nach § 34 Abs. 2 EStG kommen Entschädigungen „als außerordentliche Einkünfte . . . in Betracht". Aus diesem Wortlaut und aus der Tatsache, daß es sich bei § 34 EStG um eine Tarifvorschrift handelt, folgert der BFH, daß **Entschädigungen** nur unter der Voraussetzung dem ermäßigten Steuersatz des § 34 Abs. 1 EStG unterworfen werden dürfen, daß sie sich als **zusam-** 2599 mengeballter Zufluß von Einnahmen darstellen, die sich bei normalem Ablauf der Dinge auf mehrere Jahre verteilt hätten. Dies ergibt sich aus dem Sinn und Zweck des § 34 Abs. 1 EStG, der die tarifliche Progressionswirkung mildern soll, wenn Einnahmen, die sonst in mehreren Jahren zugeflossen wären, in einem Jahr zufließen und dadurch ein Progressionseffekt eintreten kann (BFH v. 21. 11. 1980, BStBl 1981 II 214; v. 18. 9. 1991, BFH/NV 1992, 102) oder wenn die Entschädigung entgangene Einnahmen nur eines Jahres ersetzt, sofern sie im Jahr der Zahlung mit weiteren Einkünften zusammentrifft und der Steuerpflichtige im Jahr der entgangenen Einnahmen keine weiteren (nennenswerten) Einnahmen gehabt hat (BFH v. 2. 9. 1992, BFH/NV 1993, 23; v. 21. 1. 1993, BFH/NV S. 413; ebenso in den Fällen des § 24 Nr. 1 Buchst. b EStG, BFH v. 16. 3. 1993, BStBl II 497).

2600 Obwohl **laufende (wiederkehrende) Zahlungen** begrifflich Abfindungen und Entschädigungen sein können, sind sie regelmäßig also keine steuerbegünstigten Entschädigungen.

2601 Von dieser Ausnahme gibt es aber wiederum eine **Ausnahme:** Fließen die laufenden Bezüge nur in einem Veranlagungszeitraum zu – z. B. monatlich vom April bis zum Dezember eines Jahres – und handelt es sich dabei um Bezüge, die bei normalem Ablauf der Dinge in mehreren Jahren zugeflossen wären, tritt der zu mildernde Progressionseffekt ebenso ein, wie wenn der Arbeitgeber diese Bezüge in demselben Kalenderjahr in einem Einmalbetrag gezahlt hätte. Auch bei dieser Gestaltung ist daher die Steuerbegünstigung des § 34 Abs. 1 EStG anzuwenden.

2602 Maßgebend für die Tarifbegünstigung des § 34 Abs. 1 EStG ist also nicht, daß die Bezüge, die sich bei normalem Ablauf der Dinge über mehrere Jahre verteilt hätten, in einem Einmalbetrag, sondern, daß sie **innerhalb eines Veranlagungszeitraums** gezahlt worden sind. So ist auch dann § 34 Abs. 1 EStG auf den zweiten Teilbetrag anzuwenden, wenn der im vorhergehenden Veranlagungszeitraum gezahlte erste Teilbetrag in vollem Umfang nach § 3 Nr. 9 EStG steuerfrei war (BFH v. 23. 6. 1992, BStBl 1993 II 52, unter Bestätigung Niedersächsisches FG v. 8. 8. 1991, EFG 1992, 198). Fließen die Zahlungen in zwei verschiedenen Veranlagungszeiträumen zu, fehlt es an der für die Tarifermäßigung vorausgesetzten Zusammenballung. **Ausnahmen** bestehen, wenn die Entschädigung von vornherein in einer Summe festgesetzt war und nur wegen ihrer ungewöhnlichen Höhe und der besonderen Verhältnisse des Zahlungspflichtigen auf 2 Jahre verteilt wurde oder wenn der Entschädigungsempfänger – bar aller Existenzmittel – dringend auf den baldigen Bezug einer Vorauszahlung angewiesen war (BFH v. 18. 9. 1991, BFH/NV 1992, 102; v. 2. 9. 1992, BFH/NV 1993, 23; ausführlich zur Frage der Zusammenballung Offerhaus, DB 1993, 651, mit Beispielen; zur Zusammenfassung der Rechtsprechung zu Abfindungen und Entschädigungen Weber-Grellet, DStR 1993, 261; zu Gestaltungen vgl. Hartmann, Inf 1993, 228).

e) Zahlung für mehrjährige Tätigkeit nach § 34 Abs. 3 EStG

Ist die Ausgleichszahlung an den Arbeitnehmer weder eine steuerfreie Abfindung noch eine steuerbegünstigte Entschädigung, so kann es sich bei ihr um eine Zahlung für eine mehrjährige Tätigkeit handeln, für die allerdings nur eine relativ geringfügige Steuerbegünstigung nach § 34 Abs. 3 EStG (Drittelungsverfahren) in Betracht kommt (ausführlich zu Abfindungen vgl. Offerhaus, DB 1991, 2456; Rechenbeispiel bei Abschn. 102 Abs. 6 LStR). 2603

(Einstweilen frei) 2604–2605

● **Arbeitgeber-Anteile zur Sozialversicherung** LEXinform
▶ BSt-BG-1670 ◀

Steuerfrei sind Ausgaben des Arbeitgebers für die Zukunftssicherung des Arbeitnehmers, soweit der Arbeitgeber dazu nach sozialversicherungsrechtlichen oder anderen gesetzlichen Vorschriften oder nach einer auf gesetzlicher Ermächtigung beruhenden Bestimmung verpflichtet ist (§ 3 Nr. 62 EStG, auch zu gleichgestellten Zuschüssen des Arbeitgebers; § 2 Abs. 2 Nr. 3 LStDV; Abschn. 24 LStR; keine Steuerfreiheit bei Zuschüssen des Arbeitgebers zur Lebensversicherung eines Vorstandsmitglieds einer AG, BFH v. 9. 10. 1992, BStBl 1993 II 169; bei überhöhtem Beitragszuschuß für Krankenversicherung, Hessisches FG v. 24. 3. 1992 rkr., EFG 1993, 56). Sie sind aber dann kein Arbeitslohn, wenn sie in der rechtsirrtümlichen Annahme der Versicherungspflicht an die gesetzliche Renten- und Arbeitslosenversicherung geleistet und dem Arbeitgeber später erstattet werden (BFH v. 27. 3. 1992, BStBl II 663; FG Rheinland-Pfalz v. 9. 8. 1991 rkr., EFG 1992, 116). Bei einem Kommanditisten gehören sie zu den Vergütungen gemäß § 15 Abs. 1 Nr. 2 EStG (BFH v. 8. 4. 1992, BStBl II 812). 2606

Ist eine Person zu **weniger als 50 % an einer GmbH beteiligt,** so ist aufgrund der Vertragsgestaltung und der tatsächlichen Verhältnisse zu prüfen, ob sie als Arbeitnehmer anzusehen ist. Wenn die Frage zu bejahen ist, ist § 3 Nr. 62 EStG anzuwenden (FG Rheinland-Pfalz v. 18. 5. 1992 rkr., EFG S. 721). Zuschüsse des Arbeitgebers zu den Sozialversicherungsbeiträgen von **Gesellschafter-Geschäftsführern** sind nicht nach § 3 Nr. 62 EStG steuerbefreit, da die Begünstigten keine Arbeitnehmer i. S. der gesetzlichen Rentenversicherung sind (Niedersächsisches FG v. 15. 10. 1992 rkr., EFG 1993, 412).

Vermögenswirksame Leistungen sind nicht nach § 3 Nr. 62 EStG steuerfrei, sondern gehören zum steuerpflichtigen Arbeitslohn nach § 2 Abs. 6 des 5. Vermögensbildungsgesetzes (FG Münster v. 17. 3. 1992 rkr., EFG S. 639).

• Arbeitgeber-Jubiläum

2607 vgl. „Jubiläumszuwendungen", Rdnr. 2660 ff.

• Arbeitnehmer-Jubiläum

2608 vgl. „Jubiläumszuwendungen", Rdnr. 2657 ff.

• Arbeitsbedingungen

2609 Steuerfrei sind Leistungen des Arbeitgebers zur Verbesserung der Arbeitsbedingungen, z. B. die Bereitstellung von Aufenthalts- und Erholungsräumen sowie von betriebseigenen Dusch- und Badeanlagen (Abschn. 70 Abs. 3 Nr. 1 LStR).

• Aufmerksamkeiten

2610 Sachleistungen des Arbeitgebers, die auch im gesellschaftlichen Verkehr üblicherweise ausgetauscht werden und zu keiner ins Gewicht fallenden Bereicherung des Arbeitnehmers führen, gehören als bloße Aufmerksamkeiten nicht zum Arbeitslohn. Nach Abschn. 73 LStR sind **steuerfrei**

- Sachzuwendungen bis zu einem Wert von 60 DM (bis 1992: 30 DM), z. B. Blumen, Genußmittel, ein Buch oder eine Schallplatte, die dem Arbeitnehmer oder seinen Angehörigen aus Anlaß eines besonderen persönlichen Ereignisses zugewendet werden;

- Getränke und Genußmittel zum Verzehr im Betrieb;

- Speisen im Betrieb bei außergewöhnlichem Arbeitseinsatz, z. B. während einer betrieblichen Besprechung, bis zu einem Wert von 60 DM (Grenze gilt ab 1993).

Bei dem Betrag von 60 DM handelt es sich nicht um eine strikte Freigrenze, sondern um einen Anhaltspunkt für die Beurteilung des Charakters der Zuwendungen (**Nichtbeanstandungsgrenze**). Übersteigt die Zuwendung 60 DM, so ist grundsätzlich der gesamte Betrag der LSt zu unterwerfen. 2611

- **Auslagenersatz**

vgl. „Durchlaufende Gelder", Rdnr. 2644. 2612

- **Ausland** LEXinform
▶ BSt-BG-1675 ◀

Zur Besteuerung mit Auslandsbeziehung vgl. DBA-Zusammenstellung des BMF v. 4. 1. 1993, BStBl I 4; zur rückwirkenden Anwendung des DBA mit Italien (BStBl 1993 I 172) vgl. FM Nordrhein-Westfalen v. 7. 2. 1991, DB S. 626; BMF v. 14. 1. 1992, DStR S. 218; v. 19. 11. 1922, DB S. 2528; Sächsisches FM v. 26. 5. 1993, DB S. 1265; Lüdicke, DB 1991, 1491; DB 1993, 908; zum DBA mit Italien ausführlich Neyer, DStR 1992, 1117; gegen AdV FG München v. 22. 7. 1993 rkr., EFG S. 636; Hessisches FG v. 26. 5. 1993 rkr., EFG S. 638; anders OFD München v. 29. 9. 1993 S 1301 It – 18/5 St 43; zur Beschäftigung österreichischer Studenten vgl. BFH v. 22. 1. 1992, BStBl II 546; zur Steuerbefreiung für Studenten aufgrund von DBA und nach Abschn. 125 Abs. 4 LStR vgl. FM Niedersachsen v. 12. 5. 1993, DB S. 1116. 2613

- **Auslösungen**

vgl. „Reisekosten", Rdnr. 2681 ff. 2614

(Einstweilen frei) 2615–2620

- **Berufskleidung** LEXinform
▶ BSt-BG-1680 ◀

Steuerfrei ist nicht nur die Gestellung, sondern auch die Übereignung typischer Berufskleidung (§ 3 Nr. 31 EStG). Tropenkleidung ist keine typische Berufskleidung (BFH v. 24. 4. 1992, BFH/NV 1993, 12). 2621

- **Beteiligungen**

vgl. „Vermögensbeteiligungen", Rdnr. 2736 ff. 2622

● **Betriebsveranstaltungen** LEXinform
▶ BSt-BG-1685 ◀

Literatur: *Giloy,* Zuwendungen bei Betriebsveranstaltungen, NWB F. 6, 3451; *o. V.,* Betriebsveranstaltungen, AWA September 1992, 14; *Kluting,* Sind Aufwendungen des Arbeitgebers für Betriebsveranstaltungen, die länger als einen Tag dauern, nach BFH v. 25. 5. 1992 ausnahmslos lohnsteuerpflichtig?, DStR 1992, 1311; *Richter,* Die betriebliche Weihnachtsfeier in neuem steuerlichen Glanze, DStR 1992, 1424; *Rößler,* Steuerpflichtiger Arbeitslohn durch Aufwendungen des Arbeitgebers für Betriebsveranstaltungen, DStZ 1993, 210.
Verwaltungsanweisungen: Abschn. 72 LStR; OFD Münster v. 26. 4. 1993, Betriebsveranstaltungen, DB S. 1058.

a) Allgemeines

2623 Zuwendungen des Arbeitgebers an die Arbeitnehmer bei Betriebsveranstaltungen gehören nach BFH v. 22. 3. 1985 (BStBl II 529, 532) als Leistungen im ganz überwiegenden betrieblichen Interesse des Arbeitgebers **nicht zum Arbeitslohn,** wenn es sich um herkömmliche (übliche) Betriebsveranstaltungen und um bei diesen Veranstaltungen übliche Zuwendungen handelt.

b) Betriebsveranstaltung

2624 Betriebsveranstaltungen sind **Veranstaltungen auf betrieblicher Ebene,** die gesellschaftlichen Charakter haben, z. B. Betriebsausflüge, Weihnachtsfeiern, Jubiläumsfeiern. Eine Betriebsveranstaltung setzt grundsätzlich voraus, daß die Möglichkeit der Teilnahme allen Betriebsangehörigen offensteht (vgl. BFH v. 9. 3. 1990, BStBl II 711). Veranstaltungen für einen **beschränkten Kreis** von Arbeitnehmern können auch Betriebsveranstaltungen sein, wenn sich die Begrenzung des Teilnehmerkreises nicht als eine Bevorzugung bestimmter Arbeitnehmergruppen darstellt (vgl. i. e. Abschn. 72 Abs. 2 LStR; FG Baden-Württemberg v. 22. 4. 1993 Rev., EFG S. 610).

c) Bisherige Beurteilung von Betriebsveranstaltungen

2625 Nach der bisherigen Rechtsprechung des BFH gehörten die Zuwendungen bei Betriebsveranstaltungen nicht zum steuerpflichten Arbeitslohn, wenn die Zuwendungen üblich waren. Betrug der Wert sämtlicher üblicher Zuwendungen insgesamt nicht mehr als **60 DM** je Teilnehmer und Veranstaltung, so wurde die Üblichkeit der Zuwendungen vom Finanzamt nicht weiter geprüft.

2626 Im Einzelfall konnten übliche Zuwendungen auch dann noch anzunehmen sein, wenn die Grenze von 60 DM überschritten war. Üblich und in die 60-DM-Grenze nicht einzubeziehen waren **Aufwendungen für den äußeren Rahmen**, z. B. Räume, Musik, Kegelbahn, für künstlerische und artistische Darbietungen, wenn die Darbietungen nicht der wesentliche Zweck der Betriebsveranstaltung waren.

d) Rechtsprechungsänderung

In seinem Urteil v. 25. 5. 1992 (BStBl II 655) hat der BFH seine bisherige Rechtsprechung geändert. Er prüft nicht mehr die Üblichkeit der Zuwendungen, sondern setzt den steuerfreien Höchstbetrag je Arbeitnehmer auf **150 DM** fest (a. A. Rößler, DStZ 1993, 210). Bei der Ermittlung des Betrags von 150 DM sind **alle Aufwendungen des Arbeitgebers einzubeziehen**, auch die für den äußeren Rahmen.

2627

e) Hinweise

- Die Grenze von 150 DM gilt für **alle Arten von Betriebsveranstaltungen**, also nicht nur für (ganztägige) Betriebsausflüge, sondern auch z. B. für ein gemeinsames Abendessen.

2628

- Begünstigt sind nur **eintägige Betriebsveranstaltungen** ohne Übernachtung (BFH v. 6. 2. 1987, BStBl II 355; v. 25. 5. 1992, BStBl II 700, m. Anm. MIT, DStR 1992, 1131; FG Hamburg v. 5. 3. 1991 rkr., EFG 1992, 365; a. A. Klüting, DStR 1992, 1311, für 150-DM-Grenze), wenn sie **nicht öfter als zweimal im Jahr** durchgeführt werden (BFH v. 18. 3. 1986, BStBl II 575; v. 25. 5. 1992, BStBl II 655; zur Pauschalierung bei sonstigen Betriebsveranstaltungen vgl. Rdnr. 2633 und 2816). Ein zweitägiger Betriebsausflug stellt auch dann einen geldwerten Vorteil dar, wenn dafür eine andere Betriebsveranstaltung (z. B. Weihnachtsfeier) ausfällt oder wenn nur alle zwei Jahre ein Betriebsausflug unternommen wird (FG Hamburg v. 30. 9. 1991 rkr., EFG 1992, 264).

2629

- Die Gesamtkosten sind zu gleichen Teilen **sämtlichen Teilnehmern** ohne Rücksicht auf die im Einzelfall tatsächlich entstandenen Verzehrkosten zuzurechnen. Aufzuteilen ist der Gesamtbetrag auch auf Familienangehörige und Gäste, die die Arbeitnehmer zur Betriebsveranstaltung mitgebracht haben. Deren Anteil ist den jeweiligen Arbeitnehmern zuzurechnen (BFH v. 25. 5. 1992, BStBl II 655).

2630

- Nehmen an einer Betriebsveranstaltung Arbeitnehmer einer **auswärtigen Niederlassung** des Unternehmens teil, so können nach Abschn. 72

2631

Abs. 5 Nr. 3 LStR die Aufwendungen für die Fahrt zur Teilnahme als Reisekosten behandelt werden (OFD Münster v. 26. 4. 1993, DB S. 1058; a. A. BFH v. 25. 5. 1992 VI R 91/89, DStR S. 1236, m. Anm. MIT, DStR 1992, 1236).

2632 • Der BFH hat den Höchstbetrag von 150 DM für die Streitjahre 1983, 1985 und 1986 festgelegt. Dieser Höchstbetrag müßte für Betriebsveranstaltungen in späteren Jahren angepaßt werden. **Ab 1993 gilt ein Höchstbetrag von 200 DM** (Abschn. 72 Abs. 4 Satz 2 LStR) einschließlich USt (OFD Münster v. 26. 4. 1993, DB S. 1058).

2633 • Bei den Beträgen von 150 DM bzw. 200 DM handelt es sich um einen **Höchstbetrag** und nicht um einen Freibetrag. Wird der **Betrag überschritten,** so gehören die gesamten Aufwendungen zum steuerpflichtigen Arbeitslohn (BFH v. 25. 5. 1992, BFH/NV 1993, 91). In diesem Fall ist eine **Pauschalierung** mit einem Pauschsteuersatz von 25 % (in Berlin: 1993 21,3 %, 1994 23,1 %, Abschn. 127 Abs. 4 LStR) möglich (§ 40 Abs. 2 Nr. 2 EStG; vgl. Rdnr. 2816).

2634 • Es kann der Fall eintreten, daß Zuwendungen bei bereits durchgeführten Betriebsveranstaltungen durchschnittlich 150 DM übersteigen, nach der bisherigen Rechtslage aber lohnsteuerfrei gewesen wären. Für solche Fälle muß die Finanzverwaltung eine **Übergangsregelung** schaffen, nach der die bisherige Rechtslage angewendet wird.

LEXinform
• **Betriebsversammlungen** ▶ BSt-BG-1690 ◀

2635 Ersatzleistungen für Wegezeiten und Fahrtkosten, die an Arbeitnehmer anläßlich der Teilnahme an Betriebsversammlungen nach § 44 BetrVG vom Arbeitgeber gezahlt werden müssen, sind grundsätzlich laufender Arbeitslohn. Aufwendungen für zusätzliche Fahrten zum Betrieb sind Werbungskosten. Eine Pauschalierung der Fahrtkostenzuschüsse nach § 40 Abs. 2 Satz 2 EStG mit 15 % ist möglich. Bei Betriebsversammlungen außerhalb des Betriebs können die Aufwendungen nach § 3 Nr. 16 EStG steuerfrei erstattet werden (koordinierter Ländererlaß, z. B. FM Niedersachsen v. 21. 10. 1992, DB S. 2368).

LEXinform
• **Bewerbungen** ▶ BSt-BG-1695 ◀

2636 Der von einem Arbeitgeber an einen Stellenbewerber geleistete Reisekostenersatz bleibt steuerfrei, soweit er sich im Rahmen des § 3 Nr. 16

Lohnsteuer

EStG bewegt (BMF v. 13. 11. 1991, DStR S. 1658; Abschn. 37 Abs. 1 Satz 2 LStR). Erhält der Bewerber einen höheren Reisekostenersatz, so stellt der übersteigende Betrag eine steuerpflichtige Einnahme aus nichtselbständiger Arbeit dar. Ein LSt-Abzug wird hiervon nicht vorgenommen (OFD Erfurt v. 29. 1. 1992, BuW S. 196).

● Bewirtung

Steuerfrei ist die Beteiligung des Arbeitnehmers an einer geschäftlich veranlaßten Bewirtung betriebsfremder Personen (Abschn. 70 Abs. 3 Nr. 2 LStR). 2637

(Einstweilen frei) 2638–2640

● Darlehen

vgl. „Zinsersparnisse, Zinszuschüsse", Rdnr. 2751 ff. 2641

● Doppelte Haushaltsführung

LEXinform
▶ BSt-BG-1700 ◀

vgl. Rdnr. 1003 ff. 2642

Führt der Arbeitnehmer mehr als eine Familienheimfahrt wöchentlich durch, so kann er **wählen**, ob er die Mehraufwendungen wegen doppelter Haushaltsführung oder die Fahrtkosten als Aufwendungen für Fahrten zwischen Wohnung und Arbeitsstätte in Anspruch nehmen will (BFH v. 13. 12. 1985, BStBl 1986 II 221; v. 9. 6. 1988, BStBl II 990; v. 2. 10. 1992, BStBl 1993 II 113; Abschn. 43 Abs. 6 Satz 2 LStR). Dieses Wahlrecht des Arbeitnehmers hat der Arbeitgeber nicht zu beachten (Abschn. 43 Abs. 10 Satz 4 LStR). Somit kann dieser auch dann die Mehraufwendungen wegen doppelter Haushaltsführung steuerfrei erstatten, wenn der Arbeitnehmer den Werbungskostenabzug der Aufwendungen für Fahrten zwischen Wohnung und Arbeitsstätte wählt. Die steuerfreien Arbeitgeberleistungen sind auf den Werbungskostenabzug der Fahrtkosten anzurechnen (OFD Münster v. 28. 4. 1992, DStR S. 864). 2643

● Durchlaufende Gelder

Steuerfrei sind die Beträge, die der Arbeitnehmer vom Arbeitgeber erhält, um sie für ihn auszugeben **(durchlaufende Gelder)**, und die 2644

Beträge, durch die Auslagen des Arbeitnehmers für den Arbeitgeber ersetzt werden (**Auslagenersatz**); § 3 Nr. 50 EStG. Der Arbeitnehmer muß mit dem Arbeitgeber über die Ausgaben im einzelnen abrechnen. **Pauschaler Aufwendungsersatz** führt regelmäßig zu Arbeitslohn. Aus Vereinfachungsgründen läßt die Finanzverwaltung auch pauschalen Auslagenersatz steuerfrei, wenn die pauschal gezahlten Beträge auf Umständen beruhen, die nicht vom Ermessen des Arbeitnehmers abhängen, die zweckentsprechende Verwendung sichergestellt ist und es sich insbesondere um kleinere Beträge handelt, die erfahrungsgemäß den Aufwand nicht übersteigen (Abschn. 22 Abs. 2 LStR).

• Entschädigungen
2645 vgl. „Abfindungen und Entschädigungen", Rdnr. 2591 ff.

• Feiertagsarbeit
2646 vgl. „Zuschläge", Rdnr. 2760 ff.

• Fortbildung, betriebliche
2647 Berufliche Fort- und Weiterbildungsmaßnahmen des Arbeitgebers führen nicht zu Arbeitslohn, wenn diese Bildungsmaßnahmen im ganz überwiegenden betrieblichen Interesse des Arbeitgebers durchgeführt werden (vgl. i. e. Abschn. 74 LStR).

• Freiflüge
2648 Freiflüge von Arbeitnehmern nach dem Miles & More-Programm der Lufthansa sind kein Arbeitslohn (v. Bornhaupt, FR 1993, 326).

• Geburtsbeihilfen
2649 vgl. „Heirats- und Geburtsbeihilfen", Rdnr. 2651 ff.

• Geldersatz
LEXinform
▶ BSt-BG-1705 ◀

2650 Ersatzleistungen des Arbeitgebers in Geld für auf Dienstreisen durch Diebstahl abhanden bekommene Gegenstände gehören zum steuerpflichtigen Arbeitslohn. Es ist auch nicht Abschn. 70 Abs. 3 Nr. 7 LStR einschlägig, da hierunter nur Schadensersatzleistungen des Arbeitgebers fallen, die ihren Rechtsgrund im weiteren Sinn nicht im Arbeitsverhältnis haben (FG Baden-Württemberg, Außensenate Stuttgart, v. 4. 12. 1991, Revision, EFG 1992, 263, Az. des BFH: VI R 21/92).

• Heirats- und Geburtsbeihilfen

Steuerfrei sind Zuwendungen, die Arbeitnehmer anläßlich ihrer Eheschließung oder der Geburt eines Kindes von ihrem Arbeitgeber erhalten, soweit sie jeweils **700 DM** nicht übersteigen (§ 3 Nr. 15 EStG). Heirats- und Geburtsbeihilfen müssen innerhalb von drei Monaten vor oder nach der Eheschließung bzw. der Geburt des Kindes gezahlt werden (Abschn. 15 LStR). 2651

Die Steuerfreiheit für die Heiratsbeihilfe steht neben der für die Geburtsbeihilfe zu. Bei **Mehrlingsgeburten** bleibt die Geburtsbeihilfe steuerfrei, soweit sie 700 DM je Kind nicht übersteigt. Erhält jeder der **Ehegatten**, die beide Arbeitslohn beziehen, eine Beihilfe, so steht der Freibetrag jedem Ehegatten zu, auch wenn sie bei demselben Arbeitgeber beschäftigt sind (Abschn. 15 Abs. 3 LStR). 2652

Der Betrag von 700 DM ist ein **Freibetrag**. Der 700 DM übersteigende Betrag ist nach den allgemeinen Vorschriften zu versteuern. Eine Barlohnumwandlung ist ausgeschlossen (T. Offerhaus, DB 1993, 1113). 2653

• Incentive-Reisen
LEXinform
▶ BSt-BG-1710 ◀

Veranstaltet der Arbeitgeber sog. Incentive-Reisen, um bestimmte Arbeitnehmer für besondere Leistungen zu belohnen und zu weiteren Leistungssteigerungen zu motivieren, so erhalten die Arbeitnehmer damit einen **steuerpflichtigen geldwerten Vorteil**, wenn auf den Reisen ein Besichtigungsprogramm angeboten wird, das einschlägigen Touristikreisen entspricht, und der Erfahrungsaustausch zwischen den Arbeitnehmern demgegenüber zurücktritt (BFH v. 9. 3. 1990, BStBl II 711; vgl. auch BFH v. 16. 4. 1993 BStBl II 640). Die Aufwendungen des Arbeitgebers sind auch dann ein geldwerter Vorteil, wenn der Arbeitnehmer zur Wahrnehmung von Repräsentationsaufgaben als Begleit- und Betreuungsperson mitfährt, aber auf der Reise von seinem Ehepartner begleitet wird (BFH v. 25. 3. 1993, BStBl II 639, unter Aufhebung von FG Rheinland-Pfalz v. 10. 3. 1992, EFG S. 524; vgl auch BFH v. 30. 4. 1993, BStBl II 674). 2654

• Job-Ticket
LEXinform
▶ BSt-BG-1715 ◀

Literatur: *Hartmann,* Lohnsteuerfreier oder lohnsteuerpflichtiger Arbeitgeberersatz von Fahrtkosten, Inf 1993, 193; *o. V.,* Einsatz der BahnCard auf Dienstreisen, NWB F. 28, 683.

Verwaltungsanweisungen: FM Brandenburg v. 10. 4. 1992, Sondertarife für das sog. Job-Ticket im öffentlichen Personennahverkehr, DB S. 1214; FM Nordrhein-Westfalen v. 2. 10. 1992, dto., DB 1993, 19; OFD Hannover, Aufwendungen für eine „BahnCard" der Deutschen Bundesbahn, DStR 1993, 19; FM Sachsen v. 5. 2. 1993, Behandlung der unentgeltlichen oder verbilligten Überlassung von Fahrausweisen für den öffentlichen Personennahverkehr (sog. Job-Tickets), DStR S. 437.

a) Rechtslage bis einschließlich 1993

2655   Erhält der Arbeitnehmer von seinem Arbeitgeber einen für die Fahrt zur Arbeit im Linienverkehr bestimmten Fahrausweis eines Betriebs des öffentlichen Personennahverkehrs zu einem von der Aufsichtsbehörde genehmigten Preis, so ist der Vorteil, der in der **Ermäßigung gegenüber einem normalen Fahrausweis** liegt, **nicht zu besteuern** (FM Brandenburg v. 10. 4. 1992, DB S. 1214). Dies gilt selbst dann, wenn der Inhaber des Job-Tickets seinen Fahrausweis im gesamten Verkehrsgebiet nutzen kann, obwohl für die Fahrt zwischen Wohnung und Arbeitsstätte eine niedrigere Tarifzone ausgereicht hätte (FM Nordrhein-Westfalen v. 2. 10. 1992, DB 1993, 19).

Zahlungen des Arbeitgebers führen zu einem geldwerten Vorteil beim Arbeitnehmer (zur BahnCard vgl. OFD Hannover v. 16. 11. 1992, DStR 1993, 19), der nach § 40 Abs. 2 Satz 2 EStG pauschal versteuert werden kann (vgl. Rdnr. 2818). Es spielt hierbei keine Rolle, ob der Fahrausweis auf den erforderlichen Tarifbereich ausgestellt ist oder weitergehende Nutzungen im Gebiet des Verkehrsverbundes zuläßt (FM Nordrhein-Westfalen v. 2. 10. 1992, DB 1993, 19; Hartmann, Inf 1993, 193).

b) Rechtslage ab 1994

2656   **Zuschüsse des Arbeitgebers,** die zusätzlich zum ohnehin geschuldeten Arbeitslohn zu den Aufwendungen des Arbeitnehmers für Fahrten zwischen Wohnung und Arbeitsstätte mit öffentlichen Verkehrsmitteln im Linienverkehr gezahlt werden, sind ab 1994 **steuerfrei.** Dem Arbeitgeber steht es frei, nur einen Teil oder die vollen Kosten zu übernehmen (§ 3 Nr. 34 EStG i. d. F. des StandOG; vgl. Hartmann, Inf 1993, 193).

● **Jubiläumszuwendungen**

LEXinform
▶ BSt-BG-1720 ◀

Literatur: *Niermann,* Lohnsteuerfreiheit von Zuwendungen aus Anlaß eines Geschäftsjubiläums an ehemalige Arbeitnehmer, DB 1991, 2260; *T. Offerhaus,*

Barlohnumwandlung in steuerfreie oder steuerbegünstigte Zuwendungen, DB 1993, 1113.
Verwaltungsanweisungen: Abschn. 23 Abs. 5 LStR; FM Sachsen v. 30. 9. 1991, Lohnsteuerfreiheit von Jubiläumsleistungen an ehemalige Mitarbeiter, DB 1991, 2262; OFD Hannover v. 27. 11. 1991, Zuwendungen aus Anlaß von Geschäftsjubiläen, DStR 1992, 145.

a) Arbeitnehmerjubiläum (§ 3 Nr. 52 EStG, § 3 Abs. 1 LStDV)

Steuerfrei sind Jubiläumszuwendungen des Arbeitgebers an Arbeitnehmer, die bei ihm in einem gegenwärtigen Dienstverhältnis stehen, im zeitlichen Zusammenhang mit einem Arbeitnehmer-Jubiläum, soweit sie die folgenden Beträge nicht übersteigen: 2657

- bei einem 10jährigen Arbeitnehmer-Jubiläum 600 DM,
- bei einem 25jährigen Arbeitnehmer-Jubiläum 1 200 DM,
- bei einem 40-, 50- oder 60jährigen Arbeitnehmer-Jubiläum 2 400 DM,

auch wenn die Jubiläumszuwendung innerhalb eines Zeitraums von fünf Jahren vor dem jeweiligen Jubiläum gegeben wird. Eine Barlohnumwandlung führt nicht zur Steuerfreiheit (BFH v. 12. 3. 1993, DStR S. 944, m. Anm. MIT, DStR 1993, 945; T. Offerhaus, DB 1993, 1113).

Der **zeitliche Zusammenhang** zwischen der Jubiläumszuwendung und dem Arbeitnehmerjubiläum ist im allgemeinen gewahrt, wenn die Jubiläumszuwendung innerhalb von drei Monaten vor oder nach dem Jubiläum oder anläßlich einer Betriebsfeier zur Ehrung aller Jubilare innerhalb von zwölf Monaten nach dem Jubiläum gewährt wird (Abschn. 23 Abs. 2 LStR, auch zu weiteren Einzelheiten). Voraussetzung für die Steuerfreiheit ist, daß der Arbeitgeber bei der Berechnung der maßgebenden Dienstzeiten für alle Arbeitnehmer und bei allen Jubiläen eines Arbeitnehmers nach **einheitlichen Grundsätzen** verfährt. 2658

Wird einem Arbeitnehmer eine Jubiläumszuwendung für 25jährige Betriebszugehörigkeit gezahlt und waren die vom Arbeitnehmer in diesem Zeitraum bezogenen Einkünfte aus nichtselbständiger Arbeit nach einem **DBA** teilweise steuerfrei, so ist die Steuerbefreiung anteilig auf die Jubiläumszuwendung anzuwenden (BFH v. 5. 2. 1992, BStBl II 660). 2659

b) Arbeitgeberjubiläum (§ 3 Nr. 52 EStG, § 3 Abs. 2 LStDV)

Steuerfrei sind Jubiläumszuwendungen des Arbeitgebers an seine Arbeitnehmer im zeitlichen Zusammenhang mit seinem Geschäftsjubiläum, 2660 soweit sie bei dem einzelnen Arbeitnehmer 1 200 DM nicht übersteigen und gegeben werden, weil das Geschäft 25 Jahre oder ein Mehrfaches von 25 Jahren besteht. Voraussetzung für die Steuerfreiheit ist, daß der Arbeitgeber bei der Berechnung der maßgebenden Zeiträume bei allen Geschäftsjubiläen nach **einheitlichen Grundsätzen** verfährt.

Für die **Berechnung des Geschäftsjubiläums** ist nach Abschn. 23 Abs. 5 Satz 1 LStR der Zeitpunkt der Gründung des Unternehmens maßgebend. Grundsätzlich ist hiermit der Zeitpunkt der Entstehung des Unternehmens als funktionsfähiger Organismus (organisatorische Einheit) gemeint. Bei verbundenen Unternehmen ist grundsätzlich auf die Gründung des einzelnen Unternehmens abzustellen. Es ist jedoch nicht zu beanstanden, wenn der Arbeitgeber einen anderen plausiblen Anknüpfungspunkt für die Berechnung des Geschäftsjubiläums wählt. Die getroffene Wahl ist dann für weitere Geschäftsjubiläen des jeweiligen Unternehmens bindend (OFD Hannover v. 27. 11. 1991, DStR 1992, 145). Zum zeitlichen Zusammenhang vgl. Rdnr. 2658; zur Barlohnumwandlung vgl. Rdnr. 2657.

2661 Eine als Jubiläumszuwendung bezeichnete Zahlung des Arbeitgebers ist nicht steuerfrei, wenn sie **auf** den den Arbeitnehmern zustehenden **tarifvertraglichen Anspruch** auf betriebliche Sonderzahlung (13. Monatseinkommen) **angerechnet** wird. Dies gilt auch dann, wenn die Jubiläumszuwendung auf einer Betriebsvereinbarung beruht und im Tarifvertrag eine sog. Öffnungsklausel enthalten ist (Hessisches FG v. 24. 4. 1991 rkr., EFG 1991, 647, gegen BFH v. 31. 10. 1986, BStBl 1987 II 139).

2662 Werden im Rahmen einer Betriebsfeier aus Anlaß des 80. Geburtstags des Unternehmensgründers vom Arbeitgeber finanzielle Zuwendungen an die durch Dauer der Betriebszugehörigkeit und Stellung für den Erfolg des Betriebs mitverantwortlichen Betriebsangehörigen in nicht ungewöhnlicher Höhe geleistet, stehen diese Geldgeschenke als Bestandteil der **Jubiläumsfeier** für Zwecke der LSt-Pauschalierung nach § 40 Abs. 2 Satz 1 EStG in ausreichendem inneren Zusammenhang mit der Jubiläumsveranstaltung (FG Baden-Württemberg, Außensenate Stuttgart, v. 31. 10. 1990 rkr., EFG 1991, 278).

c) Problem: Gegenwärtiges Dienstverhältnis

2663 Jubiläumszuwendungen aus Anlaß eines Geschäftsjubiläums können nach Maßgabe des § 3 Abs. 2 LStDV auch **früheren Arbeitnehmern** (Niermann, DB 1991, 2260; anders noch LStR 1990 und FM Sachsen v. 30. 9. 1991, DB 1991, 2262: Steuerfreiheit nur bei Erreichen der Altersgrenze und bei Berufsunfähigkeit) und Arbeitnehmern steuerfrei gewährt werden, deren Dienstverhältnis ruht; das gilt entsprechend für Jubiläumszuwendungen an die Hinterbliebenen dieser Arbeitnehmer (Abschn. 23 Abs. 5 Satz 8 LStR).

● **Kinderbetreuung**

LEXinform
▶ BSt-BG-1725 ◀

Literatur: *o. V.*, Kindergarten-Unterbringung von Arbeitnehmer-Kindern, AWA September 1992, 15; *Bilsdorfer,* Zur Steuerfreiheit von Arbeitgeber-Leistungen für Kindergartenunterbringung, BB 1993, 1189; *T. Offerhaus,* Barlohnumwandlung in steuerfreie oder steuerbegünstigte Zuwendungen, DB 1993, 1113.

Verwaltungsanweisungen: BMF v. 13. 4. 1992, StÄndG 1992; hier: LSt-Verfahren, BStBl 271; Abschn. 21a LStR.

a) **Allgemeines**

Nach § 3 Nr. 33 EStG sind **Leistungen des Arbeitgebers zur Unterbringung und Betreuung von nicht schulpflichtigen Kindern der Arbeitnehmer in Kindergärten oder vergleichbaren Einrichtungen steuerfrei.** Diese Regelung gilt ab 1. 1. 1992 (§ 52 Abs. 1 EStG). Der Unternehmer kann entweder den vollen Kindergartenbeitrag oder nur einen Teil steuerfrei zahlen. Nach Abschn. 21a Abs. 1 Satz 2 LStR muß es sich bei den Arbeitgeberleistungen um Aufwendungen handeln, die **zusätzlich** zu dem ohnehin geschuldeten Arbeitslohn erbracht werden (a. A. – zutreffend – T. Offerhaus, DB 1993, 1113, unter Hinweis auf BFH v. 12. 3. 1993, DB S. 1121; Bilsdorfer, BB 1993, 1189). Durch das StandOG wird § 3 Nr. 33 EStG ab 1994 an Abschn. 21a Abs. 1 Satz 2 LStR angepaßt.

2664

b) **Kindergärten oder vergleichbare Einrichtungen**

Die Kinder können in **betrieblichen oder außerbetrieblichen Kindergärten** untergebracht werden. **Vergleichbare Einrichtungen** sind z. B. Schulkindergärten, Kindertagesstätten, Kinderkrippen, Tagesmütter, Wochenmütter und Ganztagspflegestellen. Die Einrichtung muß gleichzeitig zur **Unterbringung und Betreuung** von Kindern geeignet sein.

2665

Die alleinige **Betreuung** z. B. durch Kinderpflegerinnen, Hausgehilfinnen oder Familienangehörige genügt nicht. Soweit Arbeitgeberleistungen

2666

auch den **Unterricht** eines Kindes ermöglichen, sind sie nicht steuerfrei. Das gleiche gilt für Leistungen, die nicht unmittelbar der Betreuung eines Kindes dienen, z. B. die **Beförderung** zwischen Wohnung und Kindergarten.

c) Nicht schulpflichtige Kinder

2667 Begünstigt sind nur Leistungen für die Unterbringung und Betreuung von **nicht schulpflichtigen Kindern.** Das sind Kinder, die

- das 6. Lebensjahr noch nicht vollendet haben oder
- im laufenden Kalenderjahr das 6. Lebensjahr nach dem 30. Juni vollendet haben, es sei denn, sie werden vorzeitig eingeschult, oder
- im laufenden Kalenderjahr das 6. Lebensjahr bis zum 30. Juni vollendet haben, bis zum 31. Juli dieses Jahres.

2668 Den nicht schulpflichtigen Kindern stehen schulpflichtige Kinder gleich, solange sie **mangels Schulreife** vom Schulbesuch zurückgestellt sind.

d) Sach- und Barleistungen; Aufzeichnungspflichten

2669 Sachleistungen an den Arbeitnehmer, die über den nach § 3 Nr. 33 EStG steuerfreien Bereich hinausgehen, sind regelmäßig mit dem ortsüblichen Wert (§ 8 Abs. 2 Satz 1 EStG) dem Arbeitslohn hinzuzurechnen. Barzuwendungen an den Arbeitnehmer sind nur steuerfrei, soweit der Arbeitnehmer dem Arbeitgeber die zweckentsprechende Verwendung nachgewiesen hat. Der Arbeitgeber hat die Nachweise im Original als Belege zum Lohnkonto aufzubewahren.

▷ **Gestaltungshinweis:**

- Steuerfreie Kindergartenzuschüsse können auch bei pauschal versteuertem Arbeitslohn (§ 40a Abs. 2 EStG) ohne Anrechnung auf die Höchstgrenzen gezahlt werden;
- bei einem Ehegatten-Arbeitsverhältnis sind die Zuschüsse nur steuerfrei, wenn die entsprechende Leistung auch den familienfremden Arbeitnehmern mit vergleichbaren Tätigkeits- und Leistungsmerkmalen eingeräumt wird (Fremdvergleich);
- es besteht auch die Möglichkeit, daß Eltern wechselseitig ihre Kinder gegen Entgelt betreuen (z. B. jeweils eine halbe Woche) und dieses Entgelt nach § 3 Nr. 33 EStG begünstigt ist (Bilsdorfer, BB 1993, 1189).

2670–2675 *(Einstweilen frei)*

● Nachtarbeit

vgl. „Zuschläge", Rdnr. 2760 ff.; vgl. dort auch zur Sonntagsarbeit.   2676

(Einstweilen frei)   2677

● Preisnachlaß

vgl. „Rabatt", Rdnr. 2679 ff.   2678

● Rabatt
LEXinform
▶ BSt-BG-1730 ◀

Literatur: *v. Bornhaupt,* Rabattgewährung und Rabattfreibetrag bei Arbeitnehmern im Konzernbereich, BB 1993, 912.

Einnahmen, die nicht in Geld bestehen (**Wohnung, Kost, Waren und sonstige Sachbezüge**), sind mit den üblichen Endpreisen am Abgabeort anzusetzen. Grundsätzlich gilt die SachbezVO (§ 8 Abs. 2 EStG; zur unentgeltlichen oder verbilligten Essensabgabe vgl. Rdnr. 2811 ff.).   2679

Personalrabatte auf Waren und Dienstleistungen (Abschn. 32 Abs. 1 Nr. 2 LStR) zählen ab 1990 zum steuerbaren Arbeitslohn. Eine Entreicherung des Arbeitgebers ist nicht zu prüfen (FG Hamburg v. 3. 7. 1992 Rev., EFG 1993, 155). Entscheidend kommt es darauf an, ob ein entsprechender Preisnachlaß gewöhnlichen Kunden nicht eingeräumt wird (BFH v. 22. 5. 1992, BStBl II 840, m. Anm. MIT, DStR 1992, 1203). Ein **Rabatt von 4 %** der Endabgabepreise an Letztverbraucher am Abgabeort und **zusätzlich 2 400 DM** pro Kalenderjahr bleiben **steuerfrei** (§ 8 Abs. 3 EStG; BFH v. 4. 6. 1993, BStBl II 687). Konzernrabatte sind nicht nach § 8 Abs. 3 EStG begünstigt (BFH v. 15. 1. 1993, BStBl II 356, m. krit. Anm. v. Bornhaupt, BB 1993, 912; FG Baden-Württemberg, Außensenate Stuttgart, v. 21. 5. 1992, Rev., EFG S. 525, m. w. N., Az. des BFH: VI R 62/92).   2680

In der Weitergabe von Subventionen durch den Arbeitgeber ist kein Arbeitslohn zu sehen (BFH v. 25. 5. 1992, BStBl 1993 II 45).

Vgl. auch „Wohnung", Rdnr. 2747 f.; „Zinsersparnisse, Zinszuschüsse", Rdnr. 2751 ff.   2681

● Reisekosten

Literatur: *Thomas,* Arbeitslohn und Werbungskosten, wenn der Arbeitgeber die Kfz-Kaskoversicherung direkt oder mittelbar trägt, DStR 1991, 1369; *Hartmann,* Steuerfreie Auslösungen bei Auswärtstätigkeiten, Inf 1992, 243; *Albert/Heitmann,* Überlegungen zu einer Neuregelung der lohnsteuerlichen Behandlung von Auswärtstätigkeiten, FR 1993, 285; *o. V.*, Einsatz der BahnCard auf Dienstreisen, NWB F. 28, 683.

Verwaltungsanweisungen: Abschn. 37 bis 40 LStR; BMF v. 21. 2. 1991, Steuerliche Behandlung von Aufwendungen, die Auszubildenden während der mehrjährigen Ausbildung mit wechselnden Ausbildungsstätten entstehen, BStBl I 265; BMF v. 22. 4. 1991, Fiktive regelmäßige Arbeitsstätte bei Fahrtätigkeit, DStR S. 684; BMF v. 21. 5. 1991, Dienstreisen und Geschäftsreisen in das Beitrittsgebiet: Sonderregelung zur Drei-Monats-Frist, DStR S. 775; FM Schleswig-Holstein v. 24. 6. 1991, Begriff der regelmäßigen Arbeitsstätte nach Abschn. 37 Abs. 2 LStR, DStR S. 1052; BMF v. 11. 10. 1991, Neue lohnsteuerliche Bewertung von Fahrtkosten, BStBl I 925; BMF v. 4. 11. 1991, Sonderregelung zur Drei-Monats-Frist bei Dienst- und Geschäftsgängen sowie bei einer Einsatzwechseltätigkeit im Beitrittsgebiet, DStR S. 1659; FM Sachsen v. 18. 2. 1992, Steuerfreie Erstattung von Übernachtungskosten eines Dienstreisenden bei Mitnahme des Ehegatten oder einer anderen Person, BB S. 841; OFD Karlsruhe v. 3. 6. 1992 S 2353 A – 17 – St 241, Studium an einer Berufsakademie, NWB-EN Nr. 1047/92; BMF v. 23. 9. 1992, Dienst- und Geschäftsreisen; Dienst- und Geschäftsgänge in das Beitrittsgebiet sowie Einsatzwechseltätigkeit im Beitrittsgebiet – Sonderregelungen zur Dreimonatsfrist, DStR S. 1476; OFD Hannover v. 16. 11. 1992, Aufwendungen für eine „BahnCard" der Deutschen Bundesbahn, DStR 1993, 19; FM Brandenburg, Ersatz der Anschaffungskosten einer „BahnCard" durch Arbeitgeber, DB S. 305; OFD Erfurt v. 13. 7. 1993, Aufwendungen des Arbeitgebers zu einer Unfallversicherung, die sowohl den beruflichen als auch den privaten Bereich umfaßt, DB S. 1597.

Vgl. auch Literatur und Verwaltungsanweisungen vor Rdnr. 1541.

a) Allgemeines

LEXinform
▶ BSt-BG-1735 ◀

2682 Steuerfrei sind die Vergütungen, die Arbeitnehmer außerhalb des öffentlichen Dienstes von ihrem Arbeitgeber zur Erstattung von Reisekosten erhalten, soweit sie die beruflich veranlaßten Mehraufwendungen, bei Verpflegungsmehraufwendungen die Höchstbeträge nach § 9 Abs. 4 EStG nicht übersteigen (§ 3 Nr. 16 EStG). Der Arbeitgeber kann also nur insoweit die **Reisekosten steuerfrei erstatten, als sie beim Arbeitnehmer Werbungskosten sind** (hierzu vgl. i. e. Rdnr. 1541 ff.; zur „BahnCard" vgl. OFD Hannover v. 16. 11. 1992, DStR 1993, 19; FM Brandenburg v. 19. 1. 1993, DB S. 305; o. V., NWB F. 28, 683; Rdnr. 2698).

b) Begriffserläuterungen

LEXinform
▶ BSt-BG-1740 ◀

aa) Dienstreise, Dienstgang, Fahrtätigkeit, Einsatzwechseltätigkeit

2683 Eine **Dienstreise** ist ein Ortswechsel einschließlich der Hin- und Rückfahrt aus Anlaß einer vorübergehenden Auswärtstätigkeit.

2684 • Eine **Auswärtstätigkeit** liegt vor, wenn der Arbeitnehmer mehr als 20 km von seiner Wohnung und von seiner regelmäßigen Arbeitsstätte entfernt beruflich tätig wird. Hat der Arbeitnehmer bei einem Dienstverhältnis mehrere Wohnungen oder mehrere regelmäßige Arbeitsstätten, muß die Entfernungsvoraussetzung für sämtliche Wohnungen und Arbeitsstätten erfüllt sein. Bei Benutzung des eigenen Kfz ist grundsätzlich die kürzeste benutzbare Straßenverbindung, ausnahmsweise eine offensichtlich verkehrsgünstigere Straßenverbindung maßgebend. Bei einem weiträumigen Arbeitsgelände ist für die Entfernungsberechnung die Stelle maßgebend, an der das Arbeitsgelände verlassen wird (Abschn. 37 Abs. 3 Satz 2 Nr. 1 LStR).

- Eine Auswärtstätigkeit ist **vorübergehend**, wenn der Arbeitnehmer voraussichtlich an die regelmäßige Arbeitsstätte zurückkehren und dort seine berufliche Tätigkeit fortsetzen wird. Eine Auswärtstätigkeit ist nicht vorübergehend, wenn nach dem Gesamtbild der Verhältnisse anzunehmen ist, daß die auswärtige Tätigkeitsstätte vom ersten Tag an regelmäßige Arbeitsstätte geworden ist, z. B. bei einer Versetzung. Bei einer längerfristigen vorübergehenden Auswärtstätigkeit an derselben Tätigkeitsstätte ist **nur für die ersten drei Monate** eine Dienstreise anzuerkennen; nach Ablauf der Dreimonatsfrist ist die auswärtige Tätigkeitsstätte als neue regelmäßige Arbeitsstätte anzusehen (Abschn. 37 Abs. 3 Satz 2 Nr. 2 LStR). 2685

Eine urlaubs- oder krankheitsbedingte **Unterbrechung** der Auswärtstätigkeit an derselben Tätigkeitsstätte hat auf den Ablauf der Dreimonatsfrist keinen Einfluß. Andere Unterbrechungen, z. B. durch vorübergehende Tätigkeit an der regelmäßigen Arbeitsstätte, führen nur dann zu einem Neubeginn der Dreimonatsfrist, wenn die Unterbrechung mindestens vier Wochen gedauert hat (Abschn. 37 Abs. 3 Nr. 2a LStR). 2686

Ein **Wechsel** des Arbeitnehmers von einer auswärtigen Tätigkeitsstätte zu einer weiteren auswärtigen Tätigkeitsstätte, die ebenfalls mehr als 20 km von seiner Wohnung und seiner regelmäßigen Arbeitsstätte entfernt ist, hat auf den Ablauf der Dreimonatsfrist keinen Einfluß, wenn die weitere Tätigkeitsstätte nicht mehr als 20 km von der auswärtigen Tätigkeitsstätte entfernt ist, die für den Beginn der Dreimonatsfrist maßgebend war. Ist eine neue Tätigkeitsstätte mehr als 20 km sowohl von der Wohnung und von der regelmäßigen Arbeitsstätte als auch von der auswärtigen Tätigkeitsstätte entfernt, die für den Beginn der Dreimonatsfrist maßgebend war, so beginnt mit dem Wechsel eine neue Dreimonatsfrist. Bei auswärtigen Tätigkeitsstätten, die sich infolge der Eigenart der Tätigkeit laufend 2687 örtlich verändern, z. B. bei dem Bau einer Autobahn oder der Montage von Hochspannungsleitungen, liegt jeweils eine neue Tätigkeitsstätte vor, wenn die Entfernung von der vorhergehenden Tätigkeitsstätte 20 km überschritten hat (Abschn. 37 Abs. 3 Satz 2 Nr. 2b LStR).

2688 Ein **Dienstgang** liegt vor, wenn der Abeitnehmer vorübergehend außerhalb seiner regelmäßigen Arbeitsstätte und seiner Wohnung beruflich tätig wird und die Voraussetzungen einer Dienstreise nicht erfüllt sind, insbesondere, wenn die 20 km nicht überschritten werden. Wird ein Dienstgang mit einer Dienstreise oder umgekehrt verbunden, so gilt die Tätigkeit insgesamt als Dienstreise (Abschn. 37 Abs. 4 LStR).

2689 Eine **Fahrtätigkeit** liegt bei Arbeitnehmern vor, die eine regelmäßige Arbeitsstätte auf einem Fahrzeug haben, z. B. Berufskraftfahrer, Beton- und Kiesfahrer (vgl. BFH v. 8. 8. 1986, BStBl II 824, 826; BStBl 1987 II 184; v. 18. 9. 1986, BStBl 1987 II 128). Dies gilt auch dann, wenn der Arbeitnehmer an einer ortsgebundenen Arbeitsstätte regelmäßig fahrtypische Arbeiten durchführt, z. B. bestimmte regelmäßig nur kurze Zeit beanspruchende Wartungsarbeiten oder die für die Verkehrssicherheit vorgeschriebenen Kontrollmaßnahmen (Abschn. 37 Abs. 5 LStR).

2690 Eine **Einsatzwechseltätigkeit** liegt bei Arbeitnehmern vor, die bei ihrer individuellen beruflichen Tätigkeit typischerweise nur an ständig wechselnden Tätigkeitsstellen eingesetzt werden, z. B. Bau- und Montagearbeiter sowie Leiharbeitnehmer. In diesen Fällen gilt die jeweilige Tätigkeitsstätte als regelmäßige Arbeitsstätte. Für die Anerkennung einer Einsatzwechseltätigkeit ist die Anzahl der während eines Kalenderjahres erreichten Tätigkeitsstätten ohne Bedeutung. Der Einsatz an verschiedenen Stellen innerhalb eines weiträumigen Arbeitsgeländes ist keine Einsatzwechseltätigkeit (BFH v. 20. 11. 1987, BStBl 1988 II 443; FG des Saarlandes v. 4. 2. 1992 rkr., EFG S. 450; Abschn. 37 Abs. 6 LStR).

▷ **Hinweis:**

Bei einer Auswärtstätigkeit bietet eine **Dienstreise** die Möglichkeit, dem Arbeitnehmer eine **höhere steuerfreie Erstattung** seiner Aufwendungen zu zahlen als bei einer Fahr- oder Einsatzwechseltätigkeit. Der Tatbestand einer Dienstreise setzt jedoch eine regelmäßige Arbeitsstätte im Betrieb voraus (zur Gestaltung vgl. Rdnr. 2690 ff.).

bb) Regelmäßige Arbeitsstätte

Regelmäßige Arbeitsstätte ist der Mittelpunkt der dauerhaft angelegten beruflichen Tätigkeit des Arbeitnehmers, z. B. **Betrieb oder Zweigbetrieb**. Der Arbeitnehmer muß an diesem Mittelpunkt wenigstens einen Teil der ihm insgesamt übertragenen Arbeiten verrichten. Es muß sich aus der Häufigkeit des Aufenthalts im Betrieb und dem Umfang der dort ausgeübten Tätigkeiten ergeben, daß der Betrieb beruflicher Mittelpunkt des Arbeitnehmers ist. Dieser muß durchschnittlich **mindestens vier Stunden wöchentlich** oder **an mindestens 40 Arbeitstagen im Kalenderjahr jeweils mindestens vier Stunden** im Betrieb eine nicht witterungs- oder saisonbedingte Tätigkeit ausüben (Abschn. 37 Abs. 2 LStR; a. A. FG Baden-Württemberg, Außensenate Freiburg, v. 12. 8. 1991 rkr., EFG 1992, 184). Der 40-Tage-Zeitraum muß nicht zusammenhängend sein (OFD Köln v. 30. 6. 1992, DB S. 2064).

2691

Bei einer **Fahrtätigkeit** (Rdnr. 2689) muß es sich um eine fahruntypische oder ortsgebundene Tätigkeit handeln, insbesondere Lade- und Lagerarbeiten, Reparaturarbeiten, Verpackungsarbeiten, Abrechnungs- und sonstige Büroarbeiten. Ausreichend ist auch das Verbringen von Wartezeiten im Betrieb während einer Einsatzbereitschaft.

2692

Bei einer **Einsatzwechseltätigkeit** (Rdnr. 2690) muß der Arbeitnehmer eine mit dieser zusammenhängende Arbeit verrichten, z. B. Vorbereitung oder Abschluß der Einsatzwechseltätigkeit oder Berichterstattung. Nicht ausreichend ist, daß er vom Betrieb aus zur jeweiligen Tätigkeitsstätte befördert wird, dort eingestellt wird, seinen Lohn dort erhält oder an Betriebsversammlungen teilnimmt.

2693

cc) Vorübergehende Auswärtstätigkeit bei Auszubildenden

Der BFH hat mit Urteilen v. 4. 5. 1990 (BStBl II 859, 861) entschieden, daß bei einem Auszubildenden, der vorübergehend von seiner regelmäßigen Arbeitsstätte an auswärtige Ausbildungsstätten abgeordnet wird, jeweils **für die ersten drei Monate eine Dienstreise** anzunehmen ist, auch wenn die auswärtige Ausbildung länger als drei Monate dauert (BFH v. 8. 11. 1991, BFH/NV 1992, 103). Die Finanzverwaltung wendet daher Abschn. 34 Abs. 3 Satz 3, 37 Abs. 3 Nr. 2 Satz 2 LStR 1990 nicht mehr an. Bei Ausbildungsdienstverhältnissen ist hiernach jeweils zu prüfen, ob die Auszubildenden einen dauerhaften Mittelpunkt ihrer beruflichen Tätigkeit haben mit der Folge, daß eine auswärtige Ausbildung bis zu

2694

drei Monaten als Dienstreise/Dienstgang anerkannt werden kann, oder ob eine Einsatzwechseltätigkeit vorliegt (BFH v. 4. 5. 1990, BStBl II 856; Schleswig-Holsteinisches FG v. 13. 11. 1991 Rev., EFG 1993, 219, Az. des BFH: VI R 2/92; BMF v. 21. 2. 1991, BStBl I 265).

2695 *(Einstweilen frei)*

dd) Vorübergehende Auswärtstätigkeit bei Arbeitnehmern aus den alten Bundesländern im Beitrittsgebiet

2696 Bei einer längerfristigen vorübergehenden Auswärtstätigkeit an derselben Tätigkeitsstätte ist nach Abschn. 37 Abs. 3 Nr. 2 LStR nur für die ersten drei Monate eine Dienstreise anzuerkennen; **nach Ablauf der Dreimonatsfrist** ist die auswärtige Tätigkeitsstätte als regelmäßige Arbeitsstätte anzusehen.

2697 Bei **Dienstreisen aus den alten Bundesländern in das Beitrittsgebiet** ist aus Billigkeitsgründen auch nach Ablauf der Dreimonatsfrist die auswärtige Tätigkeitsstätte **nicht als neue regelmäßige Arbeitsstätte** anzusehen. Diese Regelung gilt für nach dem 31. 12. 1989 begonnene Dienstreisen bis zum 31. 12. 1994 (BMF v. 21. 5. 1991, DStR S. 775), auch für Dienstgänge und Einsatzwechseltätigkeit (BMF v. 4. 11. 1991, BStBl I 1022; zur Verlängerung BMF v. 23. 9. 1992, BStBl I 627), wenn der Arbeitnehmer seinen Hauptwohnsitz in den alten Bundesländern oder Berlin (West) hat.

c) Fahrtkosten

LEXinform
▶ BSt-BG-1745 ◀

aa) Allgemeines

2698 Fahrtkosten sind in der **tatsächlichen Höhe** abziehbar. Sie können durch Vorlage von Fahrkarten, Quittungen von Reisebüros oder Tankstellen, Fahrtenbüchern oder in ähnlicher Weise nachgewiesen werden (Abschn. 38 Abs. 1 LStR). Aufwendungen für eine „BahnCard" sind als Werbungskosten abziehbar, wenn sie erworben wird, um die Aufwendungen für Dienstreisen insgesamt zu mindern (OFD Hannover v. 16. 11. 1992, DStR 1993, 19; o. V., NWB F. 28, 683).

bb) Fahrzeugkosten

2699 Bei **Fahrzeugkosten** bestehen nach Abschn. 38 LStR mehrere Möglichkeiten der steuerlichen Behandlung:

- Ansatz des Teilbetrags der jährlichen Gesamtkosten (vgl. Rdnr. 1450; nicht: merkantiler Minderwert des reparierten und weiterbenutzten Fahrzeugs, BFH v. 31. 1. 1992, BStBl II 401; v. 26. 6. 1992, BFH/NV S. 815), der dem Anteil der zu berücksichtigenden Fahrten an der Jahresfahrleistung entspricht (Abschn. 38 Abs. 1 Satz 3 ff. LStR).

- Ermittlung eines durchschnittlichen km-Satzes auf der Basis der Gesamtkosten eines Jahres und Weiterführung des Satzes, bis sich die Verhältnisse wesentlich ändern, z. B. bis zum Ablauf des Abschreibungszeitraums (Abschn. 38 Abs. 2 Satz 1 LStR).

- km-Sätze ohne Einzelnachweis (vgl. Rdnr. 1549); zur Frage der offensichtlich unzutreffenden Besteuerung vgl. Rdnr. 1453.

cc) Kaskoversicherung

Die Prämienzahlung für eine **von Arbeitgeber abgeschlossene Dienstreise-Kaskoversicherung** führt nicht zum Lohnzufluß. Bei **pauschaler Fahrtkostenerstattung** kann der Arbeitgeber nach BFH v. 27. 6. 1991 (BStBl 1992 II 365) jedoch nur die um die Kosten für die Dienstreise-Kaskoversicherung geminderten km-Pauschbeträge nach § 3 Nr. 16 EStG steuerfrei ersetzen (Nichtanwendungserlaß durch BMF v. 31. 3. 1992, BStBl I 270; Abschn. 38 Abs. 2 LStR). Eine Kürzung der km-Pauschsätze kommt bei den Arbeitnehmern nicht in Betracht, die selbst eine Fahrzeug-Vollversicherung abgeschlossen haben (BFH v. 27. 6. 1991, BStBl 1992 II 365). Die **Erstattung der Prämien für die private Fahrzeug-Vollversicherung** durch den Arbeitgeber stellt aber steuerpflichtigen Arbeitslohn dar (BFH v. 21. 6. 1991, BStBl II 814; zu beiden Urteilen vgl. Thomas, DStR 1991, 1369), auch wenn die Versicherungsprämien auf Privatfahrten und auf Fahrten zwischen Wohnung und Arbeitsstätte entfallen (BFH v. 8. 11. 1991, BStBl 1992 II 204).

2700

dd) Dienstreise, Dienstgang

Es können nach Abschn. 38 Abs. 3 LStR die Fahrtkosten für folgende **Fahrten als Reisekosten** angesetzt werden:

2701

- für die Fahrten zwischen Wohnung oder regelmäßiger Arbeitsstätte und auswärtiger Tätigkeitsstätte oder Unterkunft einschließlich sämtlicher Zwischenheimfahrten (BFH v. 24. 4. 1992, BStBl II 664; BFH/NV 1993, 291), auch bei kurzer Dauer der Dienstreise (BFH v. 15. 11. 1991, BStBl 1992 II 266);

- innerhalb desselben Dienstverhältnisses für die Fahrten zwischen mehreren auswärtigen Tätigkeitsstätten, mehreren regelmäßigen Arbeitsstätten (BFH v. 9. 12. 1988, BStBl 1989 II 296) oder innerhalb eines weiträumigen Arbeitsgeländes und

- für die Fahrten zwischen einer Unterkunft am Ort der auswärtigen Tätigkeitsstätte oder in ihrem Einzugsbereich und auswärtiger Tätigkeitsstätte.

2702 **Fahrten zwischen Wohnung und regelmäßiger Arbeitsstätte** können nur mit den Pauschbeträgen des § 9 Abs. 1 Satz 3 Nr. 4 EStG angesetzt werden (vgl. dazu Rdnr. 1471 ff. und Abschn. 42 LStR).

ee) **Fahrtätigkeit**

2703 Bei nicht ständig wechselndem Einsatzort sind die Fahrten wie Fahrten zwischen Wohnung und Arbeitsstätte zu behandeln, im übrigen wie Fahrten bei einer Einsatzwechseltätigkeit (Abschn. 38 Abs. 4 LStR).

ff) **Einsatzwechseltätigkeit**

2704 Bei einer Einsatzwechseltätigkeit können die Fahrtkosten für Fahrten zwischen Wohnung und Einsatzstelle sowie für Fahrten zwischen mehreren Einsatzstellen als Reisekosten angesetzt werden (vgl. aber Schleswig-Holsteinisches FG v. 13. 11. 1991 Rev., EFG 1993, 219, Az. des BFH: VI R 2/92). Dabei sind die Aufwendungen für **Fahrten zwischen Wohnung und Einsatzstelle** nur dann als Reisekosten zu behandeln, wenn die Entfernung die übliche Fahrtstrecke zwischen Wohnung und regelmäßiger Arbeitsstätte überschreitet, d. h. mehr als 20 km beträgt, und soweit die Dauer der Tätigkeit an derselben Einsatzstelle nicht über drei Monate hinausgeht. Der vorstehende Satz gilt nicht, wenn an einem Arbeitstag mehrere Einsatzstellen aufgesucht werden, von denen mindestens eine mehr als 20 km von der Wohnung entfernt ist (Abschn. 38 Abs. 5 LStR).

2705 Die übrigen Fahrten sind mit den Pauschbeträgen des § 9 Abs. 1 Satz 3 Nr. 4 EStG (**Fahrten zwischen Wohnung und Arbeitsstätte**) anzusetzen. Diese Sätze gelten auch insoweit, als die Fahrten von der Wohnung ständig zu einem gleichbleibenden Treffpunkt führen, von dem der Arbeitnehmer vom Arbeitgeber zur jeweiligen Einsatzstelle weiterbefördert wird (BFH v. 11. 7. 1980, BStBl II 653).

Lohnsteuer 635

gg) Erstattung durch den Arbeitgeber

Im Rahmen vorstehender Ausführungen – mit Ausnahme von Rdnr. 2699 a. E. – kann der Arbeitgeber die **Fahrtkosten steuerfrei erstatten** (vgl. BFH v. 21. 6. 1991, BStBl II 814). Die Regelungen zur Vermeidung einer offensichtlich unzutreffenden Besteuerung sind nicht zu beachten. Die Nachweise des Arbeitnehmers hat der Arbeitgeber zum **Lohnkonto** zu nehmen (Abschn. 38 Abs. 6 LStR). 2706

d) Übernachtungskosten

LEXinform
▶ BSt-BG-1750 ◀

Übernachtungskosten werden in der **tatsächlichen Höhe** anerkannt (bei Vereinbarung eines Pauschalpreises für Übernachtung und Frühstück vgl. Rdnr. 1552 f.). Benutzt der Arbeitnehmer ein Mehrbettzimmer gemeinsam mit Personen, die zu seinem Arbeitgeber in keinem Dienstverhältnis stehen (z. B. mit Ehefrau und Kindern), so sind die Aufwendungen maßgebend, die bei Inspruchnahme eines Einzelzimmers im selben Haus entstanden wären (Abschn. 40 Abs. 1 LStR). **Pauschsätze** werden – außer bei Auslandsreisen (vgl. Rdnr. 1565) – nicht gewährt. Allerdings kann die Höhe der Übernachtungskosten geschätzt werden, wenn ihre Entstehung dem Grunde nach unbestritten ist (BFH v. 17. 7. 1980, BStBl 1981 II 14; vgl. i. e. Abschn. 40 Abs. 2 LStR, auch zur Frage einer offensichtlich unzutreffenden Besteuerung). 2707

Im Rahmen des möglichen Werbungskostenabzugs durch den Arbeitnehmer darf der Arbeitgeber eine steuerfreie Erstattung durchführen. Für **jede Übernachtung** im Inland darf der **Arbeitgeber einen Pauschbetrag von 39 DM steuerfrei** zahlen; dies gilt nicht, wenn der Arbeitnehmer die Unterkunft vom Arbeitgeber oder aufgrund seines Dienstverhältnisses von einem Dritten erhalten hat (zu weiteren Einzelheiten vgl. Abschn. 40 Abs. 3 LStR). Erstattet nun der Arbeitgeber nur den Pauschbetrag von 39 DM, so kann der **Arbeitnehmer** den Differenzbetrag zu höheren tatsächlichen Aufwendungen als Werbungskosten ansetzen. Dies gilt auch dann, wenn der Arbeitgeber einen niedrigeren Betrag als 39 DM als Pauschbetrag gewährt. In diesem Fall kann nicht der Unterschiedsbetrag zwischen dem Erstattungsbetrag und dem zugelassenen Übernachtungs-Pauschbetrag beansprucht werden. Es ist auch nicht zulässig, die gezahlten Auslösungen des Arbeitgebers zunächst auf den Pauschbetrag von 39 DM und den darüber hinausgehenden Auslösungsbetrag auf die Verpflegungsmehraufwendungen anzurechnen (BFH v. 15. 11. 1991, BStBl 1992 II 367, m. Anm. v. Bornhaupt, FR 1992, 410). 2708

e) Verpflegungsmehraufwendungen   LEXinform
▶ BSt-BG-1755 ◀

2709 Zur **Höhe** der Verpflegungsmehraufwendungen bei Dienstreisen vgl. Rdnr. 1553, 1560 f.

2710 Bei **unentgeltlicher Abgabe von Mahlzeiten** sind die Beträge für ein Frühstück um 15 % und für ein Mittag- oder Abendessen um jeweils 30 % des vollen Höchst- oder Pauschbetrags zu kürzen (höchstens 75 %). Die Kürzung entfällt, soweit der Arbeitnehmer die Mahlzeiten aus Anlaß gesellschaftlicher Veranstaltungen erhalten hat (Abschn. 39 Abs. 3 Nr. 1 LStR).

2711 Bei **Gemeinschaftsverpflegung** gilt nach BFH v. 18. 5. 1990 (BStBl II 909; v. 6. 12. 1991, BFH/NV 1992, 585; ebenso Abschn. 39 Abs. 3 Nr. 2 LStR) folgendes:

- Wird einem Steuerpflichtigen bei einer doppelten Haushaltsführung und bei Dienstreisen Gemeinschaftsverpflegung für Frühstück, Mittag- und Abendessen ganz oder teilweise unentgeltlich angeboten, so stehen ihm in der Regel nur 25 % der in den LStR genannten Pauschbeträgen für Verpflegungsmehraufwand zu.

- Behauptet der Steuerpflichtige, an der Gemeinschaftsverpflegung nicht teilgenommen, sondern sich selbst verpflegt zu haben, hat er ein Wahlrecht, entweder den gekürzten Pauschbetrag geltend zu machen oder seinen Mehraufwand im einzelnen nachzuweisen.

- Die gekürzten Pauschbeträge sind zu erhöhen um die vom Steuerpflichtigen tatsächlich geleisteten Aufwendungen für die Gemeinschaftsverpflegung und zu mindern um die entsprechenden Erstattungen des Arbeitgebers hierfür. Der Ansatz einer Haushaltsersparnis hat insoweit zu unterbleiben.

2712 Bei einem **Dienstgang** dürfen die Verpflegungsmehraufwendungen (tatsächliche Aufwendungen abzüglich einer Haushaltsersparnis von ⅕ der tatsächlichen Aufwendungen, Abschn. 39 Abs. 1 LStR) höchstens mit 19 DM als Reisekosten angesetzt werden. Ohne Einzelnachweis der tatsächlichen Aufwendungen dürfen sie (ohne Anrechnung einer Haushaltsersparnis) – bei Abwesenheit von mehr als 6 Stunden – höchstens mit 8 DM angesetzt werden (Abschn. 39 Abs. 5 LStR).

2713 Bei einer **Fahrtätigkeit** dürfen die Verpflegungsmehraufwendungen wie bei einer Dienstreise angesetzt werden, wenn die Fahrt nicht am selben

Kalendertag angetreten und beendet wird und die Entfernung sowohl vom Betrieb als auch von der Wohnung 20 km überschreitet. Andernfalls dürfen die Verpflegungsmehraufwendungen (tatsächliche Aufwendungen abzüglich einer Haushaltsersparnis von ⅕ der tatsächlichen Aufwendungen, Abschn. 39 Abs. 1 LStR) als Reisekosten höchstens mit 19 DM für jeden Kalendertag angesetzt werden. Ohne Einzelnachweis beträgt der Satz (ohne Anrechnung einer Haushaltsersparnis) bei ununterbrochener Fahrtätigkeit von mehr als sechs Stunden 8 DM, bei ununterbrochener Fahrtätigkeit von mehr als zwölf Stunden 16 DM (vgl. i. e. Abschn. 39 Abs. 6 LStR).

Bei einer **Einsatzwechseltätigkeit** dürfen – wie bei einer Fahrtätigkeit – für jeden Kalendertag höchsten 19 DM angesetzt werden (vgl. aber Schleswig-Holsteinisches FG v. 13. 11. 1991 Rev., EFG 1993, 219, Az. des BFH: VI R 2/92). Bei mehr als sechsstündiger Abwesenheit von der Wohnung beträgt der Satz 8 DM (vgl. i. e. Abschn. 39 Abs. 7 LStR). 2714

Bei einer mehrtägigen Dienstreise, einer Fahrtätigkeit oder einer Einsatzwechseltätigkeit dürfen die Verpflegungsmehraufwendungen jeweils für sämtliche Tage **einheitlich nur aufgrund eines Einzelnachweises oder mit den Pauschbeträgen** angesetzt werden; das Verfahren darf während der jeweiligen beruflichen Tätigkeit nicht gewechselt werden (Abschn. 39 Abs. 8 LStR, auch zu weiteren Konkurrenzregelungen). 2715

Der **Arbeitgeber** darf im Rahmen vorstehender Beträge eine **steuerfreie Erstattung** vornehmen. Die Regelungen zur Vermeidung einer offensichtlich unzutreffenden Besteuerung sind nicht zu beachten. Evtl. Nachweise des Arbeitnehmers hat der Arbeitgeber als Belege zum **Lohnkonto** aufzubewahren (Abschn. 39 Abs. 9 LStR). 2716

Das **Betriebsstättenfinanzamt** kann auf Antrag des Arbeitgebers zulassen, daß bei Dienstreisen Vergütungen aufgrund **besonderer Pauschbeträge** steuerfrei geleistet werden. Die besonderen Pauschbeträge dürfen die entsprechenden Höchstbeträge nicht überschreiten und nur so lange angesetzt werden, bis sich die Verhältnisse wesentlich ändern, höchstens für vier Jahre. Der Arbeitgeber hat mit dem Antrag die in Betracht kommenden Arbeitnehmer namhaft zu machen und deren tatsächliche Verpflegungsmehraufwendungen bei Dienstreisen für einen Zeitraum von mindestens sechs Monaten nachzuweisen (Abschn. 39 Abs. 10 LStR). 2717

f) Reisenebenkosten

2718 Reisenebenkosten sind abziehbar, wenn sie **nachgewiesen oder glaubhaft gemacht** sind. Hierzu zählen z. B. Aufwendungen für die Beförderung und Aufbewahrung von Gepäck, für Telefon, Telegramme, Porto, Garage, Parkplatz, für Benutzung von Straßenbahn oder Kraftwagen am Reiseort, für Schadensersatzleistungen infolge von Verkehrsunfällen (Abschn. 40 Abs. 4 LStR; zur Reisegepäckversicherung vgl. BFH v. 19. 2. 1993, BStBl II 519; zur Unfallversicherung vgl. OFD Erfurt v. 13. 7. 1993, DB S. 1597).

g) Auslandsdienstreisen
LEXinform
▶ BSt-BG-1760 ◀

2719 vgl. zunächst Rdnr. 1565.

2720 Die Frage, in welcher Höhe die Aufwendungen für Auslandsdienstreisen abziehbar sind, ist zur Frage der **ausländischen Besteuerung** abzugrenzen.

2721 Bei nichtselbständiger Arbeit steht dem **Wohnsitzstaat** im Regelfall das alleinige Besteuerungsrecht zu. Eine Ausnahme besteht, wenn die Tätigkeit im anderen Vertragsstaat ausgeübt wird. Es verbleibt jedoch bei der ausschließlichen Besteuerung durch den Wohnsitzstaat, wenn der Arbeitnehmer seine Tätigkeit nicht länger als 183 Tage im anderen Vertragsstaat ausübt (Art. 15 OECD-Musterabkommen DBA; vgl. i. e. die Zusammenstellung der DBA in BStBl 1993 I 4; wenn kein DBA besteht vgl. Auslandstätigkeitserlaß in BStBl 1983 I 470). Die 183-Tage-Klausel gilt nicht im Verhältnis zu Italien.

2722 Ausländische Einkünfte, die aufgrund eines DBA steuerfrei sind, fallen unter den Progressionsvorbehalt (§ 32 b EStG; Ausnahme bei DBA Italien a. F., BFH v. 12. 1. 1983, BStBl II 382, Abschn. 185 Abs. 1 Satz 3 EStR).

• Rentenversicherung
LEXinform
▶ BSt-BG-1765 ◀

2723 Die Umbuchung von Verwaltungsmitteln zur Sicherstellung von Pensionsansprüchen der Arbeitnehmer in den Rentenversicherungsfond sind keine Leistung von Arbeitslohn (FG Münster v. 7. 11. 1991 rkr., EFG 1992, 461).

2724–2728 *(Einstweilen frei)*

• Sammelbeförderung
LEXinform
▶ BSt-BG-1770 ◀

2729 Kein Arbeitslohn ist die betrieblich notwendige Sammelbeförderung des Arbeitnehmers zwischen Wohnung und Arbeitsstätte mit einem vom

Arbeitgeber oder in dessen Auftrag von einem Dritten eingesetzten Omnibus, Kleinbus oder für mehrere Personen zur Verfügung gestellten Pkw. Die Notwendigkeit einer Sammelbeförderung ist z. B. in den Fällen anzunehmen, in denen

- die Beförderung mit öffentlichen Verkehrsmitteln nicht oder nur mit unverhältnismäßig hohem Zeitaufwand durchgeführt werden könnte,

- die Arbeitnehmer an ständig wechselnden Tätigkeitsstellen oder verschiedenen Stellen eines weiträumigen Arbeitsgeländes eingesetzt werden oder

- der Arbeitsablauf eine gleichzeitige Arbeitsaufnahme der beförderten Arbeitnehmer erfordert (Abschn. 21 LStR).

Die kostenlose Arbeitnehmerbeförderung ist umsatzsteuerpflichtig (BFH v. 6. 2. 1992, BFH/NV S. 845). Kfz, die ausschließlich oder überwiegend im Linienverkehr für Arbeitnehmer-Sammelbeförderungen eingesetzt werden, sind von der Kfz-Steuer befreit, wenn ein buchmäßiger Nachweis vorliegt (§ 3 Nr. 6 KraftStG; OFD Berlin v. 10. 10. 1991 St 457 – S 6105 – 2/91; St 431 – S 7100 – 6/91, NWB-EN Nr. 114/92).

• Schadensersatz

vgl. „Verzicht", Rdnr. 2743.   2730

• Sonntagsarbeit

vgl. „Zuschläge", Rdnr. 2760 ff.   2731

• Speisen

vgl. „Aufmerksamkeiten", Rdnr. 2610 f.   2732

• Telefonkosten

vgl. Rdnr. 1696 f.   2733

• Umzugskosten

vgl. Rdnr. 1709 ff.   2734

• Verlosungen
▶ BSt-BG-1775 ◀ LEXinform

2735 Gewinne aus Verlosungen, die vom Arbeitgeber veranstaltet werden, können zum steuerpflichtigen Arbeitslohn gehören, wenn maßgebliches Motiv eine Entlohnung für bestimmte Tätigkeiten aus dem Arbeitsverhältnis ist. Wenn jedoch die Gewinnchancen des einzelnen Arbeitnehmers so gering sind, daß ein Losgewinn in erster Linie auf das jeder Verlosung innewohnende Zufallsmoment zurückzuführen ist, gehört der Gewinn nicht zum Arbeitslohn (BFH v. 15. 12. 1977, BStBl 1978 II 239; a. A. FG Münster v. 26. 6. 1992 Rev., EFG 1993, 154, Az. des BFH: VI R 88/92). Das FG Baden-Württemberg (Außensenate Stuttgart, v. 21. 10. 1992 rkr., EFG 1993, 253) nimmt bei einer Gewinnchance von ca. 2 %, die Finanzverwaltung bei einer Gewinnchance von 0,5 % keinen Arbeitslohn an.

• Vermögensbeteiligungen
▶ BSt-BG-1780 ◀ LEXinform

Literatur: *o. V.*, Motivation durch steuerfreie oder steuerbegünstigte Sozialleistungen, AWA Mai 1992, 8; *E. Schmidt,* Beruflich veranlaßte Beteiligungen von Arbeitnehmern, FR 1992, 401

Verwaltungsanweisungen: Abschn. 77 LStR.

a) Allgemeines

2736 Die **steuerfreie** Überlassung von Vermögensbeteiligungen an Arbeitnehmer regelt weiterhin § 19 a EStG. Die vorgesehene Streichung dieser Vorschrift durch das StÄndG 1992 ist unterblieben.

b) Begünstigte Vermögensbeteiligungen

2737 In § 19 a Abs. 3 EStG sind elf Arten begünstigter Vermögensbeteiligungen aufgeführt. Die wichtigsten sind

- **Aktien,** die von einem Unternehmen mit Sitz und Geschäftsleitung im Inland ausgegeben werden (§ 19 a Abs. 3 Nr. 1 EStG);

- **Aktienfondsanteile** (§ 19 a Abs. 3 Nr. 4 EStG) und

- **gesicherte Darlehensforderungen gegen den Arbeitgeber** (§ 19 a Abs. 3 Nr. 10 EStG).

2738 Die Begünstigung setzt voraus, daß der Arbeitgeber dem Arbeitnehmer die Vermögensbeteiligung überläßt, d. h., der Arbeitgeber muß zuvor die Aktien bzw. die Aktienfondsanteile erwerben. Die **Hingabe von Geld** mit

Lohnsteuer 641

der Zweckbestimmung, daß der Arbeitnehmer die Aktien bzw. die Aktienfondsanteile kauft, ist nicht begünstigt (FG Baden-Württemberg, Außensenate Stuttgart, v. 10. 10. 1991, EFG 1992, 266, rkr., 430.)

c) **Höhe der Begünstigung**

Die Beförderung ist auf den **halben Wert der Vermögensbeteiligung** und auf **500 DM je Kalenderjahr** begrenzt (§ 19 a Abs. 1 EStG). Der Vorteil ist steuerfrei und sozialabgabenfrei. Den übrigen Teil muß der Arbeitnehmer aus seinem versteuerten Arbeitslohn zahlen. 2739

Die höchstmögliche Förderung wird bei einer Vermögensbeteiligung von 1 000 DM erreicht, wenn der steuerfreie geldwerte Vorteil 500 DM betragen soll. Sie können jedoch von dem Betrag von 1 000 DM auch weniger als 500 DM steuerfrei zuwenden. 2740

d) **Sperrfrist**

Verbriefte Vermögensbeteiligungen (von den vorstehend genannten Beispielen Aktien und Aktienfondsanteile) müssen **bis zum Ablauf von sechs Jahren (Sperrfrist)** festgelegt werden. Über die anderen Vermögensbeteiligungen darf bis zum Ablauf der Sperrfrist nicht durch Rückzahlung, Abtretung, Beleihung oder in anderer Weise verfügt werden (§ 19 a Abs. 1 EStG). Die Frist beginnt am 1. Januar des Kalenderjahres, in dem der Arbeitnehmer die Vermögensbeteiligung erhalten hat (§ 19 a Abs. 2 Satz 1 EStG). 2741

e) **Nachversteuerung**

Eine **Verfügung vor Ablauf der Sperrfrist** führt grundsätzlich zu einer **Nachversteuerung** des Vorteils. Die Nachversteuerung unterbleibt nach § 19 a Abs. 2 Satz 5 EStG z. B. bei 2742

- Tod oder völliger Erwerbsunfähigkeit des Arbeitnehmers oder seines von ihm nicht dauernd getrennt lebenden Ehegatten oder
- bei Heirat, wenn mindestens zwei Jahre seit Beginn der Sperrfrist vergangen sind oder
- bei ununterbrochener Arbeitslosigkeit von mindestens einem Jahr.

● **Verzicht**　　　　　　　　　　　　　　LEXinform
　　　　　　　　　　　　　　　　　　▶ BSt-BG-1785 ◀

Literatur: *E. Schmidt,* Schadensersatz und Lohnsteuer, DB 1993, 957.

2743　Kein Arbeitslohn sind Schadensersatzleistungen des Arbeitgebers, soweit dieser zur Leistung gesetzlich verpflichtet ist (Abschn. 70 Abs. 3 Nr. 7 LStR). Ist jedoch der Arbeitnehmer schadensersatzpflichtig, so begründet der Verzicht des Arbeitgebers auf die ihm zustehende Schadensersatzforderung einen geldwerten Vorteil des Arbeitnehmers.

Beispiel:

Arbeitnehmer beschädigt auf einer beruflichen Fahrt im Zustand absoluter Fahruntüchtigkeit ein firmeneigenes Kfz (BFH v. 27. 3. 1992, BStBl II 837; kritisch E. Schmidt, DB 1993, 957).

● **Vorsorgeuntersuchung**　　　　　　　LEXinform
　　　　　　　　　　　　　　　　　　▶ BSt-BG-1790 ◀

2744　Zum Arbeitslohn zählen auch nicht die vom Arbeitgeber übernommenen Kosten einer Vorsorgeuntersuchung des Arbeitnehmers, wenn die Untersuchung im ganz überwiegenden betrieblichen Interesse des Arbeitgebers liegt (BFH v. 17. 9. 1982, BStBl 1983 II 39).

● **Weiterbildung, betriebliche**

2745　vgl. „Fortbildung, betriebliche", Rdnr. 2647.

● **Werkzeuggeld**

2746　Die Steuerbefreiung nach § 3 Nr. 30 EStG beschränkt sich auf die **Erstattung der Aufwendungen,** die dem Arbeitnehmer durch die betriebliche Nutzung eigener Werkzeuge entstehen. Ohne Einzelnachweis der tatsächlichen Aufwendungen sind pauschale Entschädigungen steuerfrei, soweit sie die regelmäßigen Abschreibungen der Werkzeuge, die üblichen Betriebs-, Instandhaltungs- und Instandsetzungskosten der Werkzeuge sowie die Kosten der Beförderung der Werkzeuge zwischen Wohnung und Einsatzstelle betreffen (Abschn. 19 LStR).

● **Wohnung**　　　　　　　　　　　　　　LEXinform
　　　　　　　　　　　　　　　　　　▶ BSt-BG-1795 ◀

2747　Für die Bewertung von Kost und Wohnung sind die amtlichen **Sachbezugswerte** (SachbezVO v. 18. 12. 1984 – BStBl I 565 –, zuletzt geändert durch VO v. 18. 12. 1992 – BStBl 1993 I 26) maßgebend. Die **Überlas-**

sung einer Wohnung ist mit der **ortsüblichen Miete** zu bewerten (BFH v. 23. 6. 1992, BStBl 1993 II 47; Abschn. 31 Abs. 4 und 5 LStR; auch bei Einräumung eines Nießbrauchs, BFH v. 26. 5. 1993, BStBl II 686). Für eine Werks- oder Dienstwohnung, die nach Art und Ausstattung einer im **sozialen Wohnungsbau** erstellten Wohnung entspricht, kann als ortsüblicher Mietwert längstens bis zum 31. 12. 1995 die Miete angesetzt werden, die für eine nach Baujahr, Ausstattung und Lage vergleichbare, im sozialen Wohnungsbau erstellte Wohnung zu zahlen wäre. Dies gilt nicht für eine Wohnung, die einem Arbeitnehmer erstmals nach dem 31. 12. 1992 überlassen wird (BMF v. 23. 10. 1992, BStBl I 658). Im Beitrittsgebiet sind, wenn in einer Gemeinde kein Mietspiegel vorliegt, die durch die kommunale Wohnungsverwaltung festgesetzten Mietpreise heranzuziehen. Für nach dem 2. 10. 1990 fertiggestellte Wohnungen sind die Mietpreise grundsätzlich bis auf das Zweifache der o. g. Mietpreise zu erhöhen (FM Sachsen-Anhalt v. 26. 10. 1992, DStR S. 1725). Eine verbilligte Wohnungsüberlassung unterliegt ebenso wie ein Wohngeldzuschuß (vgl. § 3 Nr. 58 EStG; zu Zinszuschüssen vgl. Rdnr. 2751) der LSt. **Ausnahmsweise** nimmt die Finanzverwaltung keine verbilligte Wohnungsüberlassung an, wenn der ortsübliche Mietwert nur im Schätzungswege unter Ableitung von anderen Mietwerten am Ort ermittelt werden kann und innerhalb des Schätzungsrahmens ein Spielraum verbleibt, der **40 DM** nicht übersteigt. Die 40-DM-Freigrenze findet nach wie vor keine Anwendung, wenn der ortsübliche Mietwert unschwer zu ermitteln ist (OFD Münster v. 5. 7. 1990, DB S. 1490).

Die verbilligte Wohnungsüberlassung ist **kein Personalrabatt i. S. von § 8 Abs. 3 EStG**, da es sich nicht um die Überlassung von Waren oder Dienstleistungen handelt (Abschn. 32 Abs. 1 Nr. 2 Satz 5 LStR). 2748

(Einstweilen frei) 2749–2750

LEXinform
• Zinsersparnisse, Zinszuschüsse ▶ BSt-BG-1800 ◀

Literatur: *Obermeier,* Das selbstgenutzte Wohneigentum, 3. Aufl., Herne/Berlin 1992; *T. Offerhaus,* Barlohnumwandlung in steuerfreie oder steuerbegünstigte Zuwendungen, DB 1993, 1113.

Verwaltungsanweisungen: Abschn. 28 LStR.

Beispiel:
Der Arbeitnehmer erhält am 1. 7. 1988 von seinem Arbeitgeber ein Darlehen über 100 000 DM zu einem Zinssatz von 2 % zum Kauf einer eigengenutzten Wohnung, daneben ein Darlehen von 50 000 DM zum Kauf eines Pkw zum Zins-

satz von 4 %. Zum 31. 12. 1990 wird das Arbeitsverhältnis aufgelöst. Der neue Arbeitgeber gewährt entsprechende Darlehen.

Abwandlung:

Der frühere Arbeitgeber gibt dem Arbeitnehmer einen Zinszuschuß ab 1. 7. 1988 von 2 % für ein Darlehen von 100 000 DM. Vom 1. 1. 1991 bis 30. 9. 1991 ist der Arbeitnehmer arbeitslos. Der neue Arbeitgeber zahlt ab 1. 10. 1991 den Zinszuschuß weiter.

a) Wegfall des § 3 Nr. 68 EStG 1987

2751 § 3 Nr. 68 EStG 1987 ist letztmals für das Kalenderjahr 1988 anzuwenden. Diese Vorschrift gilt also nur für 1987 und 1988.

b) Übergangsregelung (§ 52 Abs. 2j EStG)

aa) Allgemeines

2752 § 3 Nr. 68 EStG 1987 ist für die Kalenderjahre 1989 bis 2000 weiter anzuwenden auf Zinsersparnisse und Zinszuschüsse bei Darlehen, die der Arbeitnehmer vor dem 1. 1. 1989 erhalten hat, soweit die Vorteile nicht über die im Kalenderjahr 1988 gewährten Vorteile hinausgehen (§ 52 Abs. 2j EStG). Ein Zinszuschuß setzt keine zusätzliche Leistung des Arbeitgebers voraus, so daß auch eine Gehalts- oder Lohnumwandlung anzuerkennen ist (BFH v. 12. 3. 1993, DB S. 1121, DStR S. 719, m. Anm. MIT, DStR 1993, 720; T. Offerhaus, DB 1993, 1113; a. A. Abschn. 28 Abs. 8 LStR). Ab 1994 ist eine Gehalts- oder Lohnumwandlung nicht mehr begünstigt (§ 52 Abs. 2j EStG i. d. F. des StandOG).

bb) Vor dem 1. 1. 1989 aufgenommene Darlehen

2753 Das Darlehen muß vor dem 1. 1. 1989 aufgenommen worden sein. Deshalb kann § 3 Nr. 68 EStG 1987 nach der Umschuldung eines Darlehens nach dem 31. 12. 1988 nicht mehr angewendet werden (Abschn. 28 Abs. 13 Sätze 1 und 2 LStR; Beispiel: Neuer Arbeitgeber gibt ein zinsverbilligtes Darlehen zu denselben Bedingungen wie der alte Arbeitgeber). Die **vom neuen Arbeitgeber gezahlten Zinszuschüsse** sind aber im Rahmen von § 3 Nr. 68 EStG 1987 steuerfrei, wenn es sich um das vor dem 1. 1. 1989 erhaltene Darlehen handelt (Abwandlung; vgl. Abschn. 28 Abs. 13 Satz 4 LStR). Wenn ein solches Darlehen fortbesteht, das Objekt aber verkauft oder durch ein anderes Objekt ersetzt wird, ist § 3 Nr. 68 EStG 1987 weiter anwendbar (vgl. Abschn. 28 Abs. 5 Satz 5 LStR; a. A. Abschn. 28 Abs. 13 Satz 3 LStR).

cc) Höhe der Steuerbegünstigung

Zinsersparnisse sind anzunehmen, soweit der **Zinssatz für das Darlehen** 4 % unterschreitet. Dies gilt auch ab 1990 (1993), obwohl nach Abschn. 31 Abs. 8 Satz 3 LStR Zinsvorteile schon insoweit anzunehmen sind, als der Effektivzins für das Darlehen 5,5 (6) % unterschreitet (Abschn. 28 Abs. 13 Satz 6 LStR). Eine evtl. nach dem 31. 12. 1988 vereinbarte Zinssatzsenkung berührt den Satz von 4 %, ab dem Zinsvorteile anzunehmen sind, nicht (a. A. Abschn. 28 Abs. 13 Satz 7 LStR); denn § 3 Nr. 68 EStG 1987 und Abschn. 31 Abs. 8 LStR sind eigenständige Begünstigungsvorschriften (vgl. auch Abschn. 28 Abs. 12 LStR). 2754

Die Steuerbegünstigung ist zum einen auf den **Höchstbetrag** des § 3 Nr. 68 EStG 1987, zum anderen auf den Betrag begrenzt, der 1988 **tatsächlich steuerfrei** gewährt worden ist. Da der Arbeitnehmer im Beispielsfall 1988 lediglich einen Zinsvorteil von 1 000 DM erhalten hat, ist in den Jahren 1989 und 1990 auch nur ein Zinsvorteil von je 1 000 DM steuerfrei; denn der im Jahr 1988 nur zeitweise zugeflossene Zinsvorteil darf nicht auf einen Jahresbetrag umgerechnet werden (Abschn. 28 Abs. 13 Satz 8 LStR). 2755

In der Abwandlung erhält der Arbeitnehmer im Jahr 1991 nur einen Zinsvorteil von 500 DM, da der Arbeitgeber den Zinszuschuß erst ab 1. 10. 1991 zahlt. Gleichwohl ist in den Jahren bis 2000 ein Zinsvorteil bis 1 000 DM steuerfrei, weil der Höchstbetrag auf den im Jahr 1988 gewährten Vorteil beschränkt ist (Abschn. 28 Abs. 13 Satz 5 LStR). 2756

c) Abzug von Schuldzinsen durch den Arbeitnehmer

Nach den §§ 3 Nr. 68, 52 Abs. 2 j EStG sind Zinszuschüsse in der dort genannten Höhe steuerfrei. Eine **Verrechnungspflicht** mit den gezahlten Schuldzinsen ergibt sich weder aus diesen Vorschriften noch aus § 3 c EStG. Grundgedanke des § 3 c EStG ist, daß bei steuerfreien Einnahmen kein doppelter steuerlicher Vorteil durch den zusätzlichen Abzug der mit den Einnahmen unmittelbar zusammenhängenden Aufwendungen erzielt werden soll. Dieser unmittelbare Zusammenhang ist jedoch nicht gegeben. Der Arbeitgeber zahlt den Zuschuß wegen der Arbeitsleistung, während die Schuldzinsen mit dem Hausbau zusammenhängen (Stuhrmann, FR 1989, 41; FG München v. 14. 8. 1990, Revision, EFG 1991, 304; a. A. BFH v. 27. 4. 1993, DB S. 2108, unter Aufhebung von FG Rheinland-Pfalz v. 14. 1. 1991, EFG S. 527; 1992, 306). 2757

d) Andere Darlehen (Abschn. 31 Abs. 8 LStR)

2758 Andere Darlehen sind **unabhängig** von den Darlehen zu behandeln, die mit der Errichtung oder dem Erwerb einer eigengenutzten Wohnung zusammenhängen. Somit ist einerseits auf den steuerpflichtigen Teil eines Darlehens nach § 3 Nr. 68 EStG 1987 nicht Abschn. 31 Abs. 8 LStR anzuwenden. Andererseits sind bei der Prüfung der Frage, ob Zinsersparnisse nach Abschn. 31 Abs. 8 LStR steuerfrei sind, Darlehen nicht zu berücksichtigen, bei denen Zinsersparnisse nach § 3 Nr. 68 EStG 1987 steuerfrei sind (Abschn. 28 Abs. 12 LStR).

2759 Für andere Darlehen gilt weiterhin die Vereinfachungsregel, daß Zinsvorteile nur dann als Sachbezüge zu versteuern sind, wenn die Summe der noch nicht getilgten Darlehen am Ende des Lohnzahlungszeitraums **5 000 DM übersteigt**. Ab 1993 sind Zinsvorteile aber anzunehmen, soweit der **Effektivzins für ein Darlehen 6 %** unterschreitet (Abschn. 31 Abs. 8 LStR). Im Beispiel beträgt der steuerpflichtige Zinsvorteil für das Kfz-Darlehen 1 000 DM.

• **Zuschläge**

LEXinform
▶ BSt-BG-1805 ◀

2760 Steuerfrei und sozialversicherungsfrei sind nach § 3 b Abs. 1 EStG Zuschläge, die für tatsächliche geleistete Sonntags-, Feiertags- oder Nachtarbeit neben dem Grundlohn gezahlt werden, soweit sie

- für **Nachtarbeit** (Arbeit in der Zeit von 20 Uhr bis 6 Uhr) 25 % des Grundlohns,

- für **Sonntagsarbeit** 50 % des Grundlohns,

- für Arbeit **am 31. 12. ab 14 Uhr und an den gesetzlichen Feiertagen** 125 % des Grundlohns,

- für Arbeit am **24. 12. ab 14 Uhr, am 25. und 26. 12. sowie am 1. 5.** 150 % des Grundlohns nicht übersteigen.

Pauschale Zuschläge können nur dann als Abschlagszahlungen oder Vorschüsse auf Zuschläge für tatsächlich geleistete Sonntags-, Feiertags- oder Nachtarbeit nach § 3 b EStG steuerfrei sein, wenn sie mit den tatsächlich erbrachten Arbeitsstunden an Sonntagen, Feiertagen und zur Nachtzeit verrechnet werden. Allein die Aufzeichnung der tatsächlich erbrachten Arbeitsstunden ersetzt diese Verrechnung nicht (BFH v. 23. 10. 1992, BStBl 1993 II 315).

Lohnsteuer

▷ **Hinweis:**
Wenn mehrere Begünstigungen zusammenfallen, gilt der höhere Satz. Ist der 1. Mai ein Sonntag, bleiben Zuschläge in Höhe von 150 % des Grundlohns steuerfrei.

Grundlohn ist der laufende Arbeitslohn, der dem Arbeitnehmer bei der für ihn maßgebenden regelmäßigen Arbeitszeit für den jeweiligen Lohnzahlungszeitraum – dies ist in der Regel ein Monat – zusteht. Er ist in einen Stundenlohn umzurechnen (§ 3b Abs. 2 EStG). 2761

Wenn der Arbeitnehmer die **Nachtarbeit vor 0 Uhr aufgenommen** hat, gilt abweichend von den vorstehenden Ausführungen folgendes: 2762

- Für Nachtarbeit in der Zeit von 0 Uhr bis 4 Uhr erhöht sich der Zuschlagssatz auf 40 %,
- als Sonntagsarbeit und Feiertagsarbeit gilt auch die Arbeit in der Zeit von 0 Uhr bis 4 Uhr des auf den Sonntag oder Feiertag folgenden Tages (§ 3b Abs. 3 EStG; ausführlich zu § 3b EStG vgl. Abschn. 30 LStR; zur Übergangsregelung vgl. § 52 Abs. 3 EStG; Änderung durch StMBG berücksichtigt).

(Einstweilen frei) 2763–2770

3. Gestellung von Kraftwagen

LEXinform
▶ BSt-BG-1810 ◀

Literatur: *Thomas*, Geldwerter Vorteil bei Kfz-Überlassung durch den Arbeitgeber, KFR F. 6 EStG § 19, 2/92, 325; *Bein*, Gestellung eines Fahrers für Fahrten zwischen Wohnung und Arbeitsstätte mit Dienstwagen, DB 1992, 964; *Assmann*, Kraftfahrzeugkosten bei der Besteuerung, BuW 1993, 9; *Thomas*, Ermittlung des geldwerten Vorteils einer Kfz-Gestellung bei Zuzahlungen des Arbeitnehmers zu den Anschaffungskosten, KFR F. 6 EStG § 19, 1/93, 113; *FM*, Zur Erfassung des lohnsteuerlichen Vorteils der unentgeltlichen Nutzung eines gekauften oder geleasten Firmenwagens für Privatfahrten unter Berücksichtigung der LStR 1993, DStR 1993, 469.

Verwaltungsanweisungen: Abschn. 31 Abs. 7 LStR; BMF v. 21. 1. 1991, Lohnsteuerliche Behandlung des geldwerten Vorteils aus der Gestellung von Kraftfahrzeugen des Arbeitgebers für Privatfahrten der Arbeitnehmer; hier: Gestellung eines Fahrers, BStBl I 157; BMF v. 11. 10. 1991, Neue Lohnsteuerliche Bewertung von Fahrtkosten, BStBl I 925.

a) Allgemeines

Überläßt der Arbeitgeber oder aufgrund des Dienstverhältnisses ein Dritter dem Arbeitnehmer einen Kraftwagen unentgeltlich zur privaten Nutzung, so ist der darin liegende **Sachbezug** mit dem Betrag zu bewerten, 2771 der dem Arbeitnehmer für die Haltung und den Betrieb eines eigenen Kraftwagens des gleichen Typs an Aufwendungen entstanden wäre. Als private Nutzung gelten hierbei auch Fahrten zwischen Wohnung und Arbeitsstätte, soweit nicht entsprechende Aufwendungen des Arbeitnehmers nach Abschn. 38 Abs. 5 LStR als Reisekosten zu berücksichtigen wären (Abschn. 31 Abs. 7 Sätze 1 und 2 LStR). Die Gestellung eines Dienstfahrzeugs durch den Arbeitgeber ist auch dann steuerpflichtiger Arbeitslohn, wenn der Arbeitnehmer das Fahrzeug wegen Sondereinsätzen außerhalb der Dienstzeit ständig zur Verfügung haben muß (BFH v. 20. 12. 1991, BStBl 1992 II 308).

b) Beispiel

2772 Die vier möglichen Berechnungsmethoden, die bei demselben Kraftwagen während des Kalenderjahres nicht gewechselt werden können (Abschn. 31 Abs. 7 Nr. 5 LStR), sollen anhand eines Falles durchgespielt werden (zur Gestaltung vgl. FM, DStR 1993, 469):

Beispiel:
Kaufpreis 30 000 DM
Gesamtkosten 20 000 DM
Jahresfahrleistung 40 000 km (km-Satz = 0,50 DM), davon
Dienstfahrten 25 000 km
Fahrten Wohnung − Arbeitsstätte 10 000 km
(200 Tage, 25 km einfache Entfernung)
Privatfahrten 5 000 km

aa) Methode 1 (Abschn. 31 Abs. 7 Nr. 1 LStR)

2773 Die Berechnung ist danach folgendermaßen durchzuführen:

- **Nachweis der dienstlich und privat zurückgelegten Fahrtstrecken** durch laufend zu führendes Fahrtenbuch oder Fahrtenschreiber

- **Nachweis der Gesamtkosten**

  Zu den Gesamtkosten gehören die Summe der Nettoaufwendungen + USt + AfA (vgl. Rdnr. 1450). Unfallkosten zählen nicht zu den Geamtkosten, sondern in vollem Umfang entweder zu den privaten oder den beruflichen Aufwendungen.

- **Aufteilung** auf Nutzungsarten. Private Nutzung ist Sachbezug.

Lohnsteuer

• **Berechnung des geldwerten Vorteils**   2774

| Fahrten Wohnung – Arbeitsstätte | 10 000 km |
| + sonstige Privatfahrten | 5 000 km |

15 000 km × 0,50 DM = 7 500 DM
= monatlich 625 DM

Kürzung möglich um pauschale Nutzungsvergütungen und km-bezogene Vergütungen des Arbeitnehmers; Anrechnung von Zuschüssen des Arbeitnehmers zu den Anschaffungskosten im Zahlungsjahr (Abschn. 31 Abs. 7 Nr. 6 LStR).

bb) Methode 2 (Abschn. 31 Abs. 7 Nr. 2 LStR)

Die Berechnung ist danach vorzunehmen wie folgt: 2775

• **Nachweis der privat gefahrenen km** (wie Methode 1)

• **Ansatz dieser km mit einem Satz von 0,52 DM** (BMF v. 11. 10. 1991, BStBl I 925)

• **Berechnung des geldwerten Vorteils**   2776

Privatfahrten (wie Methode 1)
15 000 km × 0,52 DM = 7 800 DM = monatlich 650 DM

Keine Kürzung möglich bei Übernahme eines Teils der Kosten (z. B. Treibstoff) durch Arbeitnehmer. Kürzung aber möglich um pauschale Nutzungsvergütungen und km-bezogene Vergütungen des Arbeitnehmers; Anrechnung von Zuschüssen des Arbeitnehmers zu den Anschaffungskosten im Zahlungsjahr (Abschn. 31 Abs. 7 Nr. 6 LStR).

cc) Methode 3 (Abschn. 31 Abs. 7 Nr. 3 LStR)

Die Berechnung erfordert danach folgende Schritte: 2777

• **Kein Nachweis der tatsächlich gefahrenen km**

• **Nachweis der Gesamtkosten** (vgl. Methode 1)

• **Privatfahrten** 30–35 % der Gesamtkosten zuzüglich Fahrten Wohnung – Arbeitsstätte (180 Tage) mit einem km-Satz von 0,52 DM

• **Berechnung des geldwerten Vorteils**   2778

Fahrten Wohnung – Arbeitsstätte 180 Tage × 50 km × 0,52 DM =	4 680 DM
+ sonstige Privatfahrten 30 % von 20 000 DM =	6 000 DM
	10 680 DM
= monatlich	890 DM

Kürzung möglich um pauschale Nutzungsvergütungen des Arbeitnehmers; bei km-bezogenen Vergütungen nur Kürzung bei Fahrten Wohnung – Arbeitsstätte; Anrechnung von Zuschüssen des Arbeitnehmers zu den Anschaffungskosten im Zahlungsjahr (Abschn. 31 Abs. 7 Nr. 6 LStR).

dd) Methode 4 (Abschn. 31 Abs. 7 Nr. 4 LStR)

2779 Die Berechnung ist danach folgendermaßen zu gestalten:

- Kein Nachweis der gefahrenen km
- Kein Nachweis der Gesamtkosten
- **Privater Nutzungswert = monatlich 1 % des auf volle 100 DM abgerundeten Kaufpreises.** Kaufpreis ist – auch bei Gebrauchtwagen – der Listenpreis im Zeitpunkt der Erstzulassung zuzüglich Kosten für die Sonderausstattung und USt (BFH v. 25. 5. 1992, BStBl II 700, m. Anm. Thomas, KFR F. 6 EStG § 9, 2/92, 325; Hessisches FG v. 25. 9. 1991 rkr., EFG 1992, 121; Niedersächsisches FG v. 16. 10. 1991 VIII 451/87 rkr., NWB-EN Nr. 966/91), nicht aber Autotelefon. Bei Erstzulassung im Beitrittsgebiet vor dem 1. 7. 1990 wird der Listenpreis in DDR-M halbiert und ergibt den Wert in DM (FM Sachsen-Anhalt v. 24. 9. 1991, DStR S. 1494).
- zuzüglich **Fahrten Wohnung–Arbeitsstätte** (180 Tage) mit einem km-Satz von 0,52 DM

2780 • **Berechnung des geldwerten Vorteils**

Fahrten Wohnung – Arbeitsstätte	
180 Tage × 50 km × 0,52 DM =	4 680 DM
= monatlich	390 DM
+ 1 % des Kaufpreises monatlich	300 DM
monatlich	690 DM

Kürzung möglich um pauschale Nutzungsvergütungen des Arbeitnehmers, bei km-bezogenen Vergütungen nur Kürzung bei Fahrten Wohnung – Arbeitsstätte; Anrechnung von Zuschüssen des Arbeitnehmers zu den Anschaffungskosten im Zahlungsjahr (Abschn. 31 Abs. 7 Nr. 6 LStR), nicht in einem späteren Jahr (BFH v. 23. 10. 1992, BStBl 1993 II 195, m. Anm. Thomas, KFR F. 6 EStG § 19, 1/93, 113).

c) Zusätzliche Gestellung eines Fahrers (Abschn. 31 Abs. 7a LStR)

aa) Fahrten Wohnung — Arbeitsstätte

Bei Methode 1 und 2 ist der Nutzungswert um 50 % zu erhöhen. Bei Methode 3 und 4 erhöht sich der km-Satz auf 0,78 DM (Abschn. 31 Abs. 7a Nr. 1 LStR).   2781

bb) Sonstige Privatfahrten

Es ist der private Nutzungswert wie folgt zu erhöhen (Abschn. 31 Abs. 7a Nr. 2 LStR):   2782

- um 50 %, wenn der Fahrer überwiegend in Anspruch genommen wird,
- um 40 %, wenn der Arbeitnehmer den Kraftwagen häufig selbst steuert,
- um 25 %, wenn der Arbeitnehmer den Kraftwagen weit überwiegend selbst steuert.

cc) Werbungskosten

Der Wert der Fahrergestellung zu Fahrten zwischen Wohnung und Arbeitsstätte kann nicht neben dem km-Pauschbetrag nach § 9 Abs. 1 Nr. 4 Satz 4 als Werbungskosten berücksichtigt werden (BMF v. 21. 1. 1991, BStBl I 157).   2783

d) Geldwerter Vorteil bei Pauschalierung der Fahrten Wohnung — Arbeitsstätte

Entfernungs-km 1,04 DM ./. 0,65 DM (Pauschalierung, vgl. Rdnr. 2818) = 0,39 DM (Regelversteuerung); kein Werbungskostenabzug beim Arbeitnehmer.   2784

e) Familienheimfahrten im Rahmen einer doppelten Haushaltsführung

Bei der Überlassung eines Dienstwagens zu Familienheimfahrten im Rahmen einer doppelten Haushaltsführung hat der Arbeitgeber abweichend von Abschn. 43 Abs. 10 Nr. 1 Satz 2 LStR dem Arbeitslohn des Arbeitnehmers   2785

- für jede wöchentliche Familienheimfahrt einen Betrag von 0,39 DM je Entfernungs-km (nicht bei Behinderten) und
- für jede weitere Familienheimfahrt einen Betrag von 1,04 DM je Entfernungs-km hinzuzurechnen (BMF v. 11. 10. 1991, BStBl I 925).

2786 Die zusätzlichen Familienheimfahrten sind ebenso wie zusätzliche Mittagsheimfahrten bei Methode 3 und 4 enthalten.

2787–2790 *(Einstweilen frei)*

4. Lohnsteuer-Pauschalierung

a) Allgemeines

Literatur: *Kloubert,* Die Lohnsteuerpauschalierung durch den Arbeitgeber, FR 1988, 237; *Milatz/Bethge,* Zum Entstehungspunkt der pauschalierten Lohnsteuer nach § 40 EStG, BB 1989, 1802; *Neufang/Ladra,* Nutzen Sie alle Vorteile der Lohnsteuerpauschalierung, Inf 1990, 106; *Gosch,* Nochmals: Zum Entstehungszeitpunkt der pauschalierten Lohnsteuer nach § 40 EStG, BB 1990, 1110; *ders.,* Der Zeitpunkt der Rücknahme eines Lohnsteuer-Pauschalierungsantrags nach § 40 Abs. 1 EStG, FR 1991, 6; *o. V.,* Lohnsteuerpauschalierung: Fahrtkostenersatz, AWA August 1991, 11; *o. V.,* Lohnsteuerpauschalierung: Übernahme der pauschalen Steuerbeträge durch den Arbeitnehmer, AWA August 1991, 12; *Offerhaus,* Pauschal lohnbesteuerter Fahrtkostenersatz auch durch Umwandlung von Arbeitslohn erreichbar, DB 1991, 207; *Hartmann,* Vorteile durch das Steueränderungsgesetz bei der Arbeitnehmerbesteuerung, Inf 1991, 361; *T. Offerhaus,* Barlohnumwandlung in steuerfreie oder steuerbegünstigte Zuwendungen, DB 1993, 1113.

Verwaltungsanweisungen: BMF v. 13. 2. 1990, Änderungen des EStG nach Veröffentlichung der LStR, BStBl I 112; BMF v. 20. 11. 1990, Überwälzung der pauschalierten Steuerbeträge auf den Arbeitnehmer, BStBl I 776; BMF v. 2. 7. 1991, Änderungssperre nach § 173 Abs. 2 Satz 2 AO für LSt-Haftungs- und LSt-Pauschalierungsbescheide aufgrund ergebnisloser LSt-Außenprüfungen, Nichtanwendung des BFH-Urt. v. 31. 8. 1990, BStBl I 654.

aa) Arbeitgeber Schuldner der pauschalen Lohnsteuer

LEXinform
▶ BSt-BG-1815 ◀

2791 Bei der Pauschalierung nach den §§ 40 bis 40b EStG ist der **Arbeitgeber Schuldner der pauschalen Lohnsteuer** (§§ 40 Abs. 3 Satz 2, 40a Abs. 5, 40b Abs. 4 Satz 1 EStG). Daraus ergibt sich, daß die Pauschalierung im Belieben des Arbeitgebers steht. Sie kann daher nicht im Rahmen der ESt-Veranlagung des Arbeitnehmers erfolgen (BFH v. 15. 12. 1989, BStBl 1990 II 344, zu § 40b EStG).

2792 Bei **fehlgeschlagener Pauschalierung** ist der Arbeitgeber Gläubiger der Erstattungsbeträge (BFH v. 3. 11. 1972, BStBl 1973 II 128). In diesen Fällen kann keine Nettolohnvereinbarung zwischen Arbeitgeber und Arbeitnehmer unterstellt werden (vgl. BFH v. 13. 10. 1989, BStBl 1990 II 30, zur Pauschalierung nach § 40a EStG; zur Vorausabtretung von ESt-

Erstattungsansprüchen bei Nettolohnvereinbarung vgl. BFH v. 22. 6. 1990, BFH/NV 1991, 156).

bb) Pauschal besteuerte Lohnteile bei Arbeitnehmer nicht zu berücksichtigen
LEXinform
▶ BSt-BG-1820 ◀

Der pauschal besteuerte Arbeitslohn und die pauschale LSt bleiben bei einer Veranlagung zur ESt außer Ansatz. Die pauschale LSt ist weder auf die ESt noch auf die Jahres-LSt anzurechnen (§ 40 Abs. 3 Sätze 3 und 4 EStG). Wird aber auf den Einspruch des Arbeitgebers ein gegen ihn ergangener LSt-Pauschalierungsbescheid aufgehoben, so kann der dort berücksichtigte Arbeitslohn nunmehr bei der Veranlagung des Arbeitnehmers erfaßt werden (BFH v. 18. 1. 1991, BStBl II 309), ebenso unzutreffend pauschal besteuerte Lohnteile (BFH v. 13. 1. 1989, BStBl II 1030; v. 10. 6. 1988, BStBl II 981). 2793

cc) Umwandlung von Arbeitslohn
LEXinform
▶ BSt-BG-1825 ◀

Die Umwandlung von Arbeitslohn in pauschal besteuerte Lohnteile ist für Arbeitgeber und Arbeitnehmer **vorteilhaft**, da hierauf keine Sozialversicherungsbeiträge zu erbringen sind (andererseits besteht natürlich – insoweit – kein Versicherungsschutz). Insbesondere aber bei einer hohen Progression kann die Umwandlung für den Arbeitnehmer zu einer beträchtlichen Steuerersparnis führen. Die Finanzverwaltung läßt in folgenden Fällen eine Umwandlung von Arbeitslohn zu: 2794

- Pauschal zu besteuernde Sachbezüge in Form der unentgeltlichen oder verbilligten **Beförderung eines Arbeitnehmers zwischen Wohnung und Arbeitsstätte** (§ 40 Abs. 2 Satz 2, 1. Alternative EStG; BMF v. 13. 2. 1990, BStBl I 112).

- Pauschalierung bei bestimmten **Zukunftssicherungsleistungen** (§ 40b EStG; BFH v. 29. 4. 1991, BStBl II 647; Abschn. 129 Abs. 2 LStR; zu § 40b EStG vgl. Rdnr. 2846 ff.).

Es ist umstritten, ob auch eine Pauschalierung des **Fahrtkostenersatzes** durch Umwandlung von Arbeitslohn möglich ist. Nach BMF v. 13. 2. 1990 (BStBl I 112) sind als Fahrtkostenzuschüsse nur solche Leistungen des Arbeitgebers anzusehen, die zusätzlich zu dem ohnehin geschuldeten Arbeitslohn erbracht werden (ab 1994 entprechende Gesetzesänderung durch StMBG geplant). Diese Rechtsmeinung ist abzulehnen, weil auch in anderen Fällen der Arbeitslohn umgewandelt werden kann (vgl. die in Rdnr. 2794 genannten Fälle) und der Vergleich des BMF mit einer Jubi- 2795 läumszuwendung bzw. einem Zinszuschuß nicht zutreffend ist; denn der Fahrtkostenersatz wird besteuert, während Jubiläumszuwendungen bzw. Zinszuschüsse steuerfrei sind, wenn bestimmte Grenzen nicht überschritten sind (Offerhaus, DB 1991, 207; T. Offerhaus, DB 1993, 1113). In vielen Fällen sind Umwandlung von Arbeitslohn und Pauschalierung des Fahrtkostenersatzes für den Arbeitnehmer nicht vorteilhaft (Schneider, Inf 1992, 86).

dd) Übernahme der pauschalen Lohnsteuer durch den Arbeitnehmer

LEXinform
▶ BSt-BG-1830 ◀

2796 Eine pauschale Besteuerung kann vor allem bei hoher Progression selbst dann für den Arbeitnehmer **günstiger** sein, wenn er die pauschale LSt übernimmt. Dies steht einer Rückzahlung des der pauschalen LSt zugrunde liegenden Arbeitslohns gleich. Die Überwälzung der pauschalen LSt wirkt also wie eine Minderung der vom Arbeitgeber erbrachten Barleistung. Entsprechendes gilt für die pauschale KiLSt.

2797 Bei Übernahme der pauschalen LSt darf der Arbeitgeber auf der LSt-Karte nur den Betrag als pauschalbesteuerte Arbeitgeberleistung **bescheinigen**, auf den der gesetzliche Pauschsteuersatz angewendet worden ist (BMF v. 20. 11. 1990, BStBl I 776).

Beispiel:
Pauschal besteuerter Arbeitslohn: 1 150 DM; Bruttosteuersatz (100 × 15) : (100 + 15) = 13,0435; Steuer = 150 DM; Bescheinigung auf der LSt-Karte: 1 000 DM (AWA August 1991, 12).

ee) Steuersatz

LEXinform
▶ BSt-BG-1835 ◀

2798 Während in den §§ 40 Abs. 2, 40a und 40b EStG feste Steuersätze vorgesehen sind, ist der Steuersatz des § 40 Abs. 1 EStG ein von den Umständen des Einzelfalls abhängiger **variabler Steuersatz**. Diesen Steuersatz hat der Gesetzgeber als Nettosteuersatz ausgestaltet (zur Abgrenzung vom Bruttosteuersatz in Übergangsfällen vgl. BFH v. 26. 8. 1988, BStBl 1989 II 304).

ff) Entstehung der pauschalen Lohnsteuer; Rücknahme des Antrags

LEXinform
▶ BSt-BG-1840 ◀

2799 Die pauschale LSt entsteht im **Zeitpunkt der Pauschalierung** (vgl. BFH v. 28. 11. 1990, BStBl 1991 II 488, zu § 40 Abs. 1 Nr. 2 EStG). Die Bekanntgabe des Nachforderungsbescheids hat keinen Einfluß auf den Entstehungszeitpunkt der pauschalen LSt insgesamt, wenn die Pauschalierung dem Grunde nach bereits in der entsprechenden LSt-Anmeldung enthalten war (FG München v. 16. 3. 1990 rkr., EFG S. 598; zu dieser Problematik vgl. Milatz/Bethge, BB 1989, 1802, und Gosch, BB 1990, 1110).

Der **Antrag auf Pauschalierung** kann (jedenfalls) nach Beendigung der mündlichen Verhandlung vor dem FG nicht mehr zurückgenommen werden (vgl. BFH v. 21. 9. 1990, BStBl 1991 II 262; zu Bindung an den Antrag, Rücknahme bzw. Anfechtung des Antrags vgl. BFH v. 5. 3. 1993, BStBl II 692; Abschn. 126 Abs. 6 LStR; jeweils zu § 40 Abs. 1 EStG; vgl. Gosch, FR 1991, 6). 2800

Zur pauschalen KiLSt vgl. Rdnr. 2836.

LEXinform
gg) Änderung nach Lohnsteuer-Außenprüfung ▶ BSt-BG-1845 ◀

LSt-Pauschalierungsbescheide aufgrund einer Außenprüfung sind schriftlich zu erteilen. Sie müssen die festgesetzte Steuer nach **Art und Betrag bezeichnen** und angeben, wer die Steuer schuldet (§ 157 Abs. 1 Satz 2 AO). Die Steuer ist nach ihrer Art hinreichend bezeichnet, wenn sich aus dem Bescheid eindeutig ergibt, daß eine pauschale Steuer i. S. der Pauschalierungsvorschriften des EStG geltend gemacht wird. Es muß betragsmäßig auf die pauschale LSt und die pauschale KiLSt aufgeteilt und der Sachkomplex bezeichnet sein, der der pauschalen LSt zugrunde liegt. Eine Aufteilung nach Jahren ist nicht erforderlich (vgl. BFH v. 28. 11. 1990, BStBl 1991 II 488; BFH/NV 1991, 665, 666; jeweils zu § 40 Abs. 1 Satz 1 Nr. 2 EStG). 2801

Die Pauschalierung nach § 40 EStG betrifft jeweils eine **Gruppe** von Arbeitnehmern, während der Arbeitgeber bei den §§ 40 a und 40 b EStG hinsichtlich der **einzelnen Arbeitnehmer** – ggf. in einem Sammelbescheid – in Anspruch genommen wird. Somit kann bei den §§ 40 a und 40 b EStG trotz der Änderungssperre des § 173 Abs. 2 AO ein weiterer LSt-Nachforderungsbescheid wegen eines anderen Sachverhalts des damaligen Prüfungszeitraums erlassen werden, wenn der zweite Bescheid die pauschalierte Besteuerung bisher nicht berücksichtigter Arbeitnehmer betrifft (BFH v. 30. 8. 1988, BStBl 1989 II 193). Das gleiche gilt, wenn der aufgrund einer erneuten Außenprüfung festgestellte Sachverhalt zwar dieselben Arbeitnehmer wie ein vorhergehender LSt-Nachforderungs- oder LSt-Haftungsbescheid, aber einen anderen Zeitraum betrifft (BFH v. 21. 6. 1988, BStBl 1989 II 909). Hat das Finanzamt dem Arbeitgeber aber schriftlich mitgeteilt, daß die LSt-Außenprüfung nicht zu einer Änderung der Besteuerungsgrundlagen geführt hat (§ 202 Abs. 1 Satz 3 2802

AO), so ist es nach § 173 Abs. 2 Satz 2 AO gehindert, beim nachträglichen Bekanntwerden neuer Tatsachen erstmals LSt-Haftungs- oder LSt-Nachforderungsbescheide bezüglich dieses Prüfungszeitraums zu erlassen (BFH v. 31. 8. 1990, BStBl 1991 II 537; BMF v. 2. 7. 1991, BStBl I 654, Nichtanwendungserlaß).

b) **Lohnsteuer-Pauschalierung nach § 40 EStG**

LEXinform
▶ BSt-BG-1850 ◀

Literatur: *Buschmann,* Pauschalierung der LSt nach § 40 EStG, DB 1984, 798; *Gail,* Zeitliche Anwendung des Nettosteuersatzes bei LSt-Pauschalierung, BB 1987, 2346; *Mundt,* LSt-Pauschalierung mit einem variablen Steuersatz, DB 1988, 1035; *Veigel,* Die Pauschalierung der Kfz-Überlassung, Inf 1990, 368; *Albert,* Auswirkungen der Verfassungswidrigkeit der Grund- und Kinderfreibeträge auf den Pauschsteuersatz gemäß § 40 Abs. 1 EStG, FR 1991, 486; *Schneider,* „Steuerfalle" bei Pauschalversteuerung des Fahrtkostenersatzes für Fahrten zwischen Wohnung und Arbeitsstätte, Inf 1992, 86; *Schmücker,* Zusatzfahrten zwischen Wohnung und Arbeitsstätte bei Bereitschaftsdienst, NWB F. 6, 3473; *E. Schmidt,* Lohnsteuer auf nachgeforderte Sozialversicherungsbeiträge, BB 1993, 1188.

Verwaltungsanweisungen: Abschn. 126, 127 LStR; BMF v. 7. 2. 1990, Lohnsteuerliche Behandlung von Mahlzeiten, BStBl I 111; BMF v. 13. 2. 1990, Änderungen des EStG nach Veröffentlichung der LStR, BStBl I 112; Bayer. FM v. 28. 10. 1991, Solidaritätszuschlag und Pauschsteuersatz nach § 40 Abs. 1 EStG, DB S. 2414; BMF v. 4. 1. 1993, Lohnsteuerliche Behandlung von unentgeltlichen oder verbilligten Mahlzeiten im Betrieb ab 1. 1. 1992, BStBl I 26.

Vgl. auch Literatur und Verwaltungsanweisungen vor Rdnr. 2541 und 2791.

aa) Allgemeines

2803 Hinweis auf LSt-Pauschalierung – Allgemeines (Rdnr. 2791 ff.).

bb) § 40 Abs. 1 EStG

2804 Eine Pauschalierung mit dem **Nettosteuersatz** (§ 40 Abs. 1 Satz 2 EStG; vgl. i. e. Abschn. 126 Abs. 3 bis 5 LStR; zu den Auswirkungen einer eventuellen Verfassungswidrigkeit der Grund- und Kinderfreibeträge vgl. Albert, FR 1991, 486) ist bei folgenden Voraussetzungen möglich:

2805 • Gewährung sonstiger Bezüge oder Nacherhebung von LSt in einer größeren Zahl von Fällen (§ 40 Abs. 1 Satz 1 EStG; vgl. Abschn. 126 Abs. 1 LStR);

2806 • Ermittlung der LSt nach den §§ 39b bis 39d EStG muß schwierig sein oder einen unverhältnismäßigen Arbeitsaufwand erfordern (§ 40 Abs. 1 Satz 3 EStG); diese Voraussetzung entfällt bei laufendem Arbeitslohn, der für einen nach dem 31. 12. 1991 endenden Lohnzahlungszeitraum gezahlt wird, und bei sonstigen Bezügen, die nach dem 31. 12. 1991 zufließen (§ 40 Abs. 1 EStG i. d. F. des StÄndG 1992);

- Höchstgrenze: 2 000 DM bei einem Arbeitnehmer (§ 40 Abs. 1 Satz 4 EStG; vgl. Abschn. 126 Abs. 2 LStR); hierauf werden nicht die nach § 40 Abs. 2 EStG pauschal besteuerten sonstigen Bezüge angerechnet (Abschn. 127 Abs. 2 LStR); 2807

- Antrag des Arbeitgebers (FG Berlin v. 28. 5. 1990 rkr., EFG S. 598) und Genehmigung durch das Betriebsstättenfinanzamt (§ 40 Abs. 1 Satz 1 EStG). Grundsätzlich ist der Arbeitgeber an seinen Antrag auf Pauschalierung der LSt gemäß § 40 Abs. 1 EStG gebunden, sobald der Pauschalierungsbescheid wirksam wird. War sich aber der Arbeitgeber über die Bedeutung und Rechtsfolgen des Pauschalierungsauftrags nicht im klaren und sind seine Ausführungen zur Begründung des Einspruchs gegen den Pauschalierungsbescheid als Rücknahme oder Anfechtung des Antrags zu verstehen, so ist es in der Regel ermessensfehlerhaft, wenn das Finanzamt den Bescheid aufrechterhält, obwohl es den Steueranspruch durch einen Haftungsbescheid gegenüber dem Arbeitgeber realisieren könnte (BFH v. 5. 3. 1993, DStR S. 834, m. Anm. MIT, DStR 1993, 835). 2808

Bei Ermittlung des Pauschsteuersatzes nach § 40 Abs. 1 Nr. 1 EStG sind KiSt und Solidaritätszuschlag (vgl. Anm. 1578) dem zu versteuernden Betrag nicht hinzuzurechnen. Bei der pauschalen Nachversteuerung von vor dem 1. 7. 1991 und nach dem 30. 7. 1992 zugeflossenen Löhnen nach § 40 Abs. 1 Nr. 2 EStG fällt kein Solidaritätszuschlag an (Bayer. FM v. 28. 10. 1991, DB S. 2414). Auf nachgeforderte Sozialversicherungsbeiträge ist keine LSt zu erheben (E. Schmidt, BB 1993, 1188; a. A. FG München v. 18. 5. 1990 rkr., EFG S. 621). 2809

cc) § 40 Abs. 2 EStG

Die LSt kann mit einem **Pauschsteuersatz von 25 %** (in Berlin: 1993 21,3 %, 1994 23,1 %, Abschn. 127 Abs. 4 LStR) erhoben werden 2810

(1) bei unentgeltlicher oder verbilligter **Abgabe von Mahlzeiten bzw. bei Essenszuschüssen** (§ 40 Abs. 2 Nr. 1 EStG; vgl. i. e. Abschn. 127 Abs. 1 Nr. 1, 31 Abs. 6 LStR; BMF v. 7. 2. 1990, BStBl I 111); ab 1. 1. 1993 beträgt der Wert einer Mahlzeit (Mittag- oder Abendessen) bei unent- 2811

geltlicher Abgabe einheitlich in allen Bundesländern 4,20 DM; für Jugendliche unter 18 Jahren und Auszubildende ermäßigt sich der Wert auf 3,50 DM (BMF v. 4. 1. 1993, BStBl 1993 I 26);

2812 Bei **eigener Kantine** (vgl. Abschn. 31 Abs. 6 Nr. 2 LStR) und **Beauftragung eines Dritten** (vgl. Abschn. 31 Abs. 6 Nr. 2) sind Mahlzeiten mit dem anteiligen amtlichen Sachbezugswert nach der Sachbezugsverordnung zu bewerten. Geldwerter Vorteil (Arbeitslohn) ist die Differenz zwischen Sachbezugswert und eigener Leistung des Arbeitnehmers (Abschn. 31 Abs. 6 Nr. 4 LStR).

Beispiel 1:

Preis der Mahlzeit	7,00 DM
Sachbezugswert der Mahlzeit	4,20 DM
Zahlung des Arbeitnehmers	3,00 DM
geldwerter Vorteil	1,20 DM

2813 Bei **Essensmarken** ist der Wert der Essensmarke anzusetzen, wenn dieser Wert die Differenz zwischen Sachbezugswert und eigener Leistung des Arbeitnehmers (geldwerter Vorteil) unterschreitet (Abschn. 31 Abs. 6 Nr. 5 LStR).

Beispiel 2:

Preis der Mahlzeit	4,00 DM
Sachbezugswert der Mahlzeit	4,20 DM
Wert der Essensmarke	1,50 DM
Zahlung des Arbeitnehmers	2,50 DM
geldwerter Vorteil	1,70 DM
anzusetzender Wert	1,50 DM

Beispiel 3:

Preis der Mahlzeit	5,00 DM
Sachbezugswert der Mahlzeit	4,20 DM
Wert der Essensmarke	5,00 DM
Zahlung des Arbeitnehmers	0,00 DM
geldwerter Vorteil	4,20 DM
anzusetzender Wert	4,20 DM

2814 Bei pauschaler LSt-Erhebung kann ein **Durchschnittswert** gebildet werden (vgl. i. e. Abschn. 31 Abs. 6 Nr. 6 LStR).

2815 Der Arbeitgeber muß die **Arbeitnehmerzahlungen grundsätzlich nachweisen** (Ausnahmen: Arbeitnehmer zahlt mindestens den amtlichen Sachbezugswert; Wert der Essensmarke ist Arbeitslohn; Durchschnittsberechnung, vgl. Rdnr. 2814).

(2) für Zuwendungen bei **Betriebsveranstaltungen**, wenn die Betriebsveranstaltung oder die Zuwendung nicht üblich ist (§ 40 Abs. 2 Nr. 2 EStG; z. B. bei zweitägigen Betriebsausflügen, BFH v. 25. 5. 1992, BStBl II 700; FG Baden-Württemberg, Außensenate Stuttgart, v. 31. 10. 1990 rkr., EFG 1991, 278; zur Üblichkeit vgl. Rdnr. 2623 ff.), nach Abschn. 72 Abs. 6 Satz 3 LStR wohl auch bei mehrtägigen Betriebsveranstaltungen (a. A. MIT, DStR 1992, 1131); wohl auch, wenn Betriebsveranstaltungen nicht allen Arbeitnehmern offenstehen; 2816

(3) für **Erholungsbeihilfen**, soweit sie nicht ausnahmsweise als steuerfreie Unterstützungen anzusehen sind (vgl. Abschn. 11 Abs. 3 LStR) und wenn sie nicht die in § 40 Abs. 2 Nr. 3 EStG genannten Grenzen übersteigen (Abschn. 127 Abs. 3 LStR). 2817

Eine **Pauschbesteuerung mit einem Satz von 15 %** (in Berlin: 1993 12,9 %, 1994 13,9 %; Abschn. 127 Abs. 5 LStR) kann durchgeführt werden 2818

- bei unentgeltlicher oder verbilligter **Beförderung** eines Arbeitnehmers zwischen Wohnung und Arbeitsstätte und

- für **Zuschüsse** zu den Aufwendungen des Arbeitnehmers für Fahrten zwischen Wohnung und Arbeitsstätte in den Grenzen des § 9 Abs. 1 Nr. 4 und Abs. 2 EStG (vgl. Rdnr. 1471 ff., 1484; Hartmann, Inf 1991, 361, 366, mit Beispiel; auch für Zusatzfahrten zwischen Wohnung und Arbeitsstätte bei Bereitschaftsdiensten, BFH v. 20. 3. 1992, BStBl II 835, m. Anm. Schmücker, NWB F. 6, 3473; vgl. Abschn. 42 Abs. 2 Nr. 1 LStR; auch wenn die Fahrt an einer näher zum Arbeitsplatz gelegenen Wohnung des Arbeitnehmers unterbrochen wird, BFH v. 20. 12. 1991, BStBl 1992 II 306); diese Zuschüsse mindern die Werbungskosten (§ 40 Abs. 2 Sätze 2 und 3 EStG; vgl. i. e. BMF v. 13. 2. 1990, BStBl I 112, Tz. 5; Veigel, Inf 1990, 368; zur Gestellung von Kraftwagen vgl. Rdnr. 2771 ff.; zur Steuerfreiheit des sog. Job-Tickets vgl. Rdnr. 2655 f.). Ab 1994 soll Gehaltsumwandlung gesetzlich ausgeschlossen werden (Entwurf des StMBG).

(Einstweilen frei) 2819–2825

c) Lohnsteuer-Pauschalierung nach § 40a EStG

Literatur: *Felix/Korn*, Zweifelsfragen zur Lohnsteuerpauschalierung für „laufende" und „kurzfristige" Beschäftigung von Aushilfskräften, BB 1976, 546; *Langheim*, Gesetzliche Aufzeichnungspflicht bei der Pauschalierung der Lohnsteuer für geringfügig entlohnte Teilzeitbeschäftigte, DB 1981, 1746; *Maier*, Die Begriffe „Lohnzahlungszeitraum", „Beschäftigungsdauer" und „Tätigkeit" bei der Lohn-

steuerpauschalierung für gering entlohnte Teilzeitbeschäftigte, DB 1982, 1592; *Baumdicker,* Probleme bei der Pauschalierung der Lohnsteuer für Teilzeitbeschäftigte, DStZ A 1987, 424; *Nägele,* Pauschalierung der Lohnsteuer bei Teilzeitbeschäftigten, Inf 1988, 202, 230; *Stark,* Rechtliche Grundlagen der Pauschalierung von KiLSt-Forderungen, DStR 1989, 3; *Giloy,* Pauschalierung der Lohnsteuer für Teilzeitbeschäftigte, NWB F. 6, 3035; *Korn,* Zur Lohnsteuerpauschalierung: Zweifelsfragen sowie Rechtsänderungen durch die Steuerreform 1990, KÖSDI 1989, 7679; *Daniel,* Beschäftigung von Teilzeitkräften mit und ohne Lohnsteuerkarte, DB 1990, 1368; *Sterner,* Weiterhin Unsicherheit bei der pauschalen Kirchensteuer, DStR 1991, 1240; *Meyer,* Kirchensteuersätze 1993, NWB F. 12, 1371.
Verwaltungsanweisungen: Abschn. 128 LStR; BMF v. 11. 12. 1989, Sonderzuwendungen, BStBl I 489; koordinierter Ländererlaß v. 10. 9. 1990, KiSt bei Pauschalierung der LSt, BStBl I 773; OFD Hannover v. 18. 6. 1991, Prüfung der Pauschalierungsgrenzen nach § 40a EStG bei Sonderzuwendungen, die nach Ablauf des Kalenderjahres, in dem die Arbeitsleistung erbracht wurde, gezahlt werden, DStR S. 1251; OFD Münster v. 22. 7. 1991, Pauschalierung der LSt nach § 40a EStG bei teilzeitbeschäftigten Vorruheständlern, DStR S. 1220; FM Sachsen v. 2. 12. 1991, KiSt bei Pauschalierung der LSt, DStR 1992, 145.
Vgl. auch Literatur und Verwaltungsanweisungen vor Rdnr. 2541 und Rdnr. 2791.

aa) Allgemeines

2826 Hinweis auf LSt-Pauschalierung – Allgemeines (vgl. Rdnr. 2791 ff.).

bb) Pauschalierungsgrenzen

LEXinform
▶ BSt-BG-1855 ◀

2827 Der bedeutendste Anwendungsfall der LSt-Pauschalierung sind Teilzeitbeschäftigte (§ 40a EStG). Hierbei ist zwischen kurzfristiger (§ 40a Abs. 1 EStG) und geringfügiger Beschäftigung (§ 40a Abs. 2 EStG) zu unterscheiden.

2828 Eine **kurzfristige Beschäftigung** (§ 40a Abs. 1 EStG) liegt vor, wenn der Arbeitnehmer bei dem Arbeitgeber gelegentlich, nicht regelmäßig wiederkehrend beschäftigt ist, die Dauer der Beschäftigung 18 zusammenhängende Arbeitstage und der Arbeitslohn während der Beschäftigungsdauer 18 DM je Arbeitsstunde (§ 40a Abs. 4 EStG) sowie 120 DM durchschnittlich je Arbeitstag nicht übersteigen oder die Beschäftigung zu einem unvorhersehbaren Zeitpunkt sofort erforderlich wird (vgl. FG Baden-Württemberg, Außensenate Stuttgart, v. 25. 1. 1991 rkr., EFG S. 628). Der Begriff „Arbeitsstunde" ist als Zeitstunde zu verstehen (vgl. BFH v. 10. 8. 1990, BStBl II 1092).

2829 Eine **Beschäftigung in geringem Umfang und gegen geringen Arbeitslohn** (§ 40a Abs. 2 EStG) liegt vor, wenn bei monatlicher Lohnzahlung die Beschäftigungsdauer 86 Stunden und der Arbeitslohn 520 DM nicht übersteigen. Bei kürzeren Lohnzahlungszeiträumen darf die Beschäftigungsdauer 20 Stunden und der Arbeitslohn 120 DM wöchentlich nicht übersteigen. Der Arbeitslohn darf 18 DM durchschnittlich je Arbeitsstunde nicht übersteigen (§ 40a Abs. 4 EStG). Der Begriff „Arbeitsstunde" ist als Zeitstunde zu verstehen. Wird der Arbeitslohn für kürzere Zeiteinheiten, z. B. für 45 Minuten, gezahlt, so ist der Lohn zur Prüfung der Pauschalierungsgrenzen von 18 DM entsprechend umzurechnen (vgl. BFH v. 10. 8. 1990, BStBl II 1092). Die Pauschalierung nach § 40a Abs. 2 EStG setzt nicht eine laufende Beschäftigung voraus (BFH v. 24. 8. 1990, BStBl 1991 II 318; BFH/NV 1991, 443; nunmehr § 40a Abs. 2 i. d. F. des StÄndG 1992). Es ist beabsichtigt, durch das StMBG ab 1993 die Grenze von 520 DM der Regelung in der Sozialversicherung (vgl. Rdnr. 2838) anzupassen. Die neuen Grenzen können bereits jetzt beachtet werden (BMF v. 9. 9. 1993, BstBl I 812).

▷ **Gestaltungshinweis:**
Der Unternehmer kann den Arbeitslohn von **Aushilfskräften** einem Pauschsteuersatz von 15 % unterwerfen, wenn Beschäftigungsdauer und Arbeitslohn die vorstehend beschriebenen Grenzen für eine geringfügige Beschäftigung nicht übersteigen. Werden diese Grenzen überschritten, so muß der Unternehmer eine pauschale LSt von 25 % zahlen, wenn die Voraussetzungen für eine kurzfristige Beschäftigung nach § 40a Abs. 1 EStG gegeben sind. Sind auch diese Voraussetzungen nicht erfüllt, so ist § 40a EStG nicht anzuwenden.

Der dem normalen LSt-Abzug unterliegende Bezug von betrieblichen **Ruhegeldern** steht der Pauschalierung nach § 40a EStG des von demselben Arbeitgeber erhaltenen Lohns für eine tatsächlich ausgeübte Aushilfstätigkeit nicht entgegen (BFH v. 27. 7. 1990, BStBl II 931). Dies gilt auch bei teilzeitbeschäftigten Vorruheständlern (OFD Münster v. 22. 7. 1991, DStR S. 1220). 2830

cc) Bemessungsgrundlage
LEXinform
▶ BSt-BG-1860 ◀

Zur Bemessungsgrundlage der pauschalen LSt gehören **alle Einnahmen,** die dem Arbeitnehmer aus der Teilzeitbeschäftigung zufließen (vgl. § 2 LStDV). Steuerfreie Einnahmen bleiben **außer Betracht** (Abschn. 128 Abs. 3 Satz 3 LStR; a. A. Littmann/Bitz/Hellwig, § 40a Rz. 24ff.); ebenso Zuschüsse zu den Aufwendungen für Fahrten zwischen Wohnung und Arbeitsstätte (§ 40 Abs. 2 Satz 3, letzter Halbsatz EStG) sowie pauschale LSt und KiLSt sowie Kranken-, Renten- und Arbeitslosenversiche- 2831 rungsbeiträge, selbst dann, wenn der Arbeitnehmer im Innenverhältnis diese Beträge übernimmt (Abschn. 128 Abs. 3 Satz 5 LStR).

2832 Die Bemessungsgrundlage darf **weder um Werbungskosten noch um den Arbeitnehmerpauschbetrag** (vgl. BFH v. 21. 7. 1989, BStBl II 1032) **oder den Altersentlastungsbetrag gekürzt** werden (Abschn. 128 Abs. 3 Sätze 4 und 6 LStR).

2833 Zu dem für die Pauschalierungsgrenzen maßgeblichen Lohn zählen neben dem laufenden Lohn auch die **Sonderzuwendungen,** wie z. B. Beiträge für eine Direktversicherung (vgl. § 40 b EStG, BFH v. 13. 1. 1989, BStBl II 1030), Weihnachtsgeld (BFH v. 21. 7. 1989, BStBl II 1032) und Urlaubsgeld. Da solche Sonderzuwendungen Arbeitsentgelt für eine ganzjährige Arbeitsleistung darstellen, sind die Beträge – unabhängig vom Zahlungszeitpunkt – gleichmäßig auf die Lohnzahlungszeiträume zu **verteilen** (BFH v. 13. 1. 1989, BStBl II 1030; v. 21. 7. 1989, BStBl II 1032; Abschn. 128 Abs. 4 Satz 2 LStR; BMF v. 11. 12. 1989, BStBl I 489, auch zur Übergangsregelung für vor dem 1. 1. 1990 zugeflossenen Arbeitslohn); ausnahmsweise keine Verteilung, wenn Sonderzuwendungen erst nach Ablauf des Kalenderjahres, in dem die Arbeitsleistung erbracht wurde, gezahlt werden (Abschn. 128 Abs. 4 Satz 4 LStR; OFD Hannover, v. 18. 6. 1991, DStR S. 1251).

2834 Vorstehende Grundsätze können dazu führen, daß bei einer Verteilung der Sonderzuwendungen die Voraussetzungen für die Pauschalierung gemäß § 40 a EStG in einem ganzen Jahr nicht (mehr) vorliegen. Wenn also der Unternehmer bei einem entsprechenden Arbeitsverhältnis (z. B. mit dem Ehegatten) einen monatlichen Arbeitslohn von 520 DM vereinbart hat, ist § 40 a EStG nur dann anwendbar, wenn keine Sonderzuwendungen bezahlt werden.

2835 Die Überschreitung der Monats- oder Wochenlohngrenze für bestimmte Monate oder Wochen läßt jedoch die Wirksamkeit der Pauschalierung für andere Monate oder Wochen, in denen die Monats- oder Wochenlohngrenze nicht überschritten ist, unberührt (BFH v. 21. 7. 1989, BStBl II 1032; v. 24. 8. 1990, BFH/NV 1991, 443; vgl. auch ausführliches Beispiel in Abschn. 128 Abs. 5 LStR).

▷ **Gestaltungshinweis:**

Eine **Kombination** der Pauschalierung nach § 40 a EStG mit einer Versteuerung mit LSt-Karte (Vorteil: Arbeitnehmer-Pauschbetrag von

2 000 DM, § 9 a Satz 1 Nr. 1 EStG) wird nur anerkannt, wenn die Besonderheiten des Arbeitsverhältnisses dies rechtfertigten (BFH v. 20. 12. 1991, BStBl 1992 II 695, m. Anm. MIT, DStR 1992, 713); z. B. bei unterschiedlicher Arbeitsleistung.

dd) **Steuersatz**

LEXinform
▶ BSt-BG-1865 ◀

Der Steuersatz beträgt **bei kurzfristig Beschäftigten** (§ 40 a Abs. 1 EStG) 25 % (Berliner Pauschsteuersatz: 1993 21,3 %, 1994 23,1 %), **bei geringfügig Beschäftigten** (§ 40 a Abs. 2 EStG) **ab 1990 15 % des Arbeitslohns** (Berliner Pauschsteuersatz: 1993, 12,9 %, 1994 13,9 %). Dazu kommt noch die **pauschale KiLSt** (zur Höhe vgl. i. e. Meyer, NWB F. 12, 1371), wenn der Arbeitgeber nicht nachweist, daß die betroffenen Arbeitnehmer keine Kirchenmitglieder sind (BFH v. 30. 11. 1989, BStBl 1990 II 993; koordinierter Ländererlaß v. 10. 9. 1990, BStBl I 773; a. A. FG Köln v. 9. 9. 1992, Revision, EFG 1993 398, Az. des BFH: I R 26/93; zum Nachweis vgl. § 4 Abs. 2 Nr. 8 Satz 5 LStDV; Abschn. 130 Abs. 4 LStR). Führt der Arbeitgeber für einzelne Arbeitnehmer einen solchen Nachweis, so ist für die anderen Arbeitnehmer bei der Pauschalierung nach § 40 a EStG dennoch eine Pauschalierung der KiLSt durchzuführen, nicht aber bei der Pauschalierung nach den §§ 40 und 40 b EStG (koordinierter Ländererlaß v. 10. 9. 1990, BStBl I 773; a. A. FM Schleswig-Holsteinisches VerwG v. 6. 9. 1990 1 A 135/89 und 1 A 92/88, NWB-EN Nr. 580/ 92, dann Verzicht auf Pauschalierung). Bei der **Aufteilung in evangelische und katholische KiLSt** kann der Schlüssel zugrunde gelegt werden, auf den sich die kirchensteuererhebungsberechtigten Körperschaften geeinigt haben (vgl. Meyer, NWB F. 12, 1297), wenn der Arbeitgeber keinen anderen Nachweis führt (BFH v. 30. 11. 1989, BStBl 1990 II 993; koordinierter Ländererlaß v. 10. 9. 1990, BStBl I 773; vgl. auch OVG Lüneburg v. 17. 7. 1991 13 L 96/89, NWB Aktuelles Nr. 38/91; Meyer, NWB F. 12, 1345, 1355; kritisch zur Erhebung der pauschalen KiSt Sterner, DStR 1991, 1240).

2836

ee) **Grenzen bei Sozialversicherung**

Literatur: *Marburger*, Sozialversicherungsrechtliche Behandlung von Aushilfs- oder Nebenbeschäftigung, NWB F. 27, 3841.

Pauschal besteuerter Arbeitslohn kann der Kranken-, Renten- und Arbeitslosenversicherung unterliegen. Bei geringfügiger Beschäftigung wird jedoch Sozialversicherung nicht erhoben (§ 8 SGB IV). Geringfügig

2837

Beschäftigte müssen seit 1990 (im Beitrittsgebiet ab 1. 7. 1992) trotz Versicherungsfreiheit derjenigen Krankenkasse gemeldet werden, die im Fall der Versicherungspflicht zuständig wäre.

2838 **Geringfügige Beschäftigung** liegt vor, wenn 1993 die Beschäftigung regelmäßig weniger als 15 Stunden in der Woche ausgeübt wird, das Entgelt (ohne pauschale LSt und KiLSt) nicht mehr als 530 DM – geplant 1994: 560 DM – (1992: 500 DM; 1991: 480 DM; 1990: 470 DM; im Beitrittsgebiet – vgl. Rdnr. 818 ff. – 390 DM; 1992: 300 DM – geplant 1994: 440 DM –; 1991: bis 30. 6. 220 DM, ab 1. 7. 250 DM) monatlich beträgt bzw. bei höherem Arbeitsentgelt dieses ein Sechsel des Gesamteinkommens nicht übersteigt (vgl. i. e. Nägele, Inf 1988, 202, 230; Marburger, NWB F. 27, 3841). Mehrere geringfügige Beschäftigungen sind zusammenzurechnen (§ 8 Abs. 2 SGB IV).

2839 Eine Beschäftigung ist auch dann geringfügig, wenn diese innerhalb eines Jahres seit ihrem Beginn auf längstens zwei Monate oder 50 Arbeitstage nach ihrer Eigenart begrenzt zu sein pflegt oder im voraus vertraglich begrenzt ist, es sei denn, daß die Beschäftigung berufsmäßig ausgeübt wird und ihr Entgelt die in Rdnr. 2838 beschriebenen Grenzen übersteigt (vgl. i. e. Marburger, NWB F. 27, 3841). Für Studenten gilt die Frist von zwei Monaten oder 50 Arbeitstagen nicht, solange die Beschäftigung ausschließlich auf die vorlesungsfreie Zeit während der Semesterferien beschränkt ist (DB 1992, 1423). Vgl. zur Lohnsteuer Rdnr. 2829. Zur Entgeltfortzahlung im Krankheitsfall vgl. EuGH, DB 1989, 1574 und BAG v. 9. 10. 1991, DB 1992, 330; zur Lohnfortzahlungsversicherung vgl. DB 1992, 2091. Der Grenzwert für die alleinige Beitragspflicht des Arbeitgebers beträgt 1993 610 DM (unverändert) im Beitrittsgebiet 490 DM (bisher 370 DM).

ff) Sozialversicherungsausweis

2840 **Zum 1. 7. 1991** wurde der **Sozialversicherungsausweis** eingeführt, den grundsätzlich jeder – auch der geringfügig – Beschäftigte erhält (Ausnahmen: Versicherungsfreie Beschäftigte, von der Krankenversicherung befreite Arbeitnehmer, Beschäftigte im Haushalt). Künftig muß sich jeder Arbeitgeber spätestens beim Beginn der Beschäftigung den Sozialversicherungsausweis vorlegen lassen. Wenn der Unternehmer sicherstellen will, daß der Arbeitnehmer bei geringfügiger Beschäftigung keine weitere geringfügige Beschäftigung mehr ausübt, kann er mit dem Arbeitnehmer vereinbaren, daß der Ausweis während der Dauer der Beschäftigung der

Lohnsteuer 665

Personalakte beigefügt wird. Überdies sollte sich der Unternehmer schriftlich bestätigen lassen, daß der Arbeitnehmer keine weiteren bzw. vorherigen versicherungsfreien Beschäftigungen ausübt bzw. ausgeübt hat. So kann der Unternehmer erschweren, daß nachträgliche Beitragsforderungen entstehen (vgl. ausführlich Herder, Inf 13/1991, V; ArbG Bonn v. 8. 1. 1993, DB S. 1148; auch zu Rückgriff auf den Arbeitnehmer).

gg) Besonderheiten in der Arbeitslosenversicherung

In der Arbeitslosenversicherung bleiben Beschäftigungen steuerfrei, die 2841
weniger als 18 Stunden in der Woche ausgeübt werden. Mehrere kurzfristige Beschäftigungen sind nicht zusammenzurechnen.

(Einstweilen frei) 2842–2845

d) Lohnsteuer-Pauschalierung nach § 40 b EStG

Literatur: *Nägele,* Zukunftssicherung durch Direktversicherung, Inf 1988, 131; *Richter,* Lohngestaltung und Steuervorteile nach der Steuerreform 1990, Herne/Berlin 1989; *Gerstner,* Steuerfragen der betrieblichen Altersversorgung, NWB F. 3, 7685; *Ahrend/Heger,* Betriebliche Altersversorgung, Barlohnumwandlung und Pauschalierung nach § 40 b EStG, DStR 1991, 1008; *dies.,* Die steuerrechtlichen Grundlagen einer über Pensions- oder Unterstützungskassen finanzierten betrieblichen Altersversorgung, DStR 1991, 1101; *Niermann,* Anwendung der Vervielfältigungsregelung des § 40 b Abs. 2 EStG nur bei engem zeitlichen Zusammenhang zwischen der Beitragsleistung des Arbeitgebers und der Beendigung des Dienstverhältnisses?, DB 1992, 349.

Verwaltungsanweisungen: Abschn. 129 LStR; BMF v. 4. 9. 1984 betriebliche Altersversorgung bei Ehegatten-Arbeitsverhältnis, BStBl I 495; BMF v. 9. 1. 1986, dto., BStBl I 7; BMF v. 6. 11. 1989, Anhebung der Beiträge zu Direktversicherungen im Zusammenhang mit der Änderung des § 40 b EStG ab 1990, Verlängerung der Laufzeit von Darlehensverträgen im Zusammenhang mit der Aufhebung des § 2 Abs. 3 Nr. 2 LStDV ab 1990, DStR 1990, 86; BMF v. 13. 2. 1990, Änderung des EStG nach Veröffentlichung der LStR, BStBl I 112; OFD Münster v. 12. 2. 1991, Anhebung der Beiträge zu Direktversicherungen im Zusammenhang mit der Änderung des § 40 b EStG ab 1990, hier: Steuerfreiheit der Erträge gemäß § 20 Abs. 1 Nr. 6 EStG, DStR S. 576; OFD Hannover v. 26. 6. 1991, Anwendung der Vervielfältigungsregelung des § 40 b Abs. 2 Satz 3 EStG bei Barlohnumwandlung, DStR S. 1251; BMF v. 9. 2. 1993, Einkommensteuerrechtliche (lohnsteuerrechtliche) Behandlung von Direktversicherungen, BStBl I 248. Vgl. auch Literatur und Verwaltungsanweisungen vor Rdnr. 2541 und Rdnr. 2791.

LEXinform
aa) Allgemeines ▶ BSt-BG-1870 ◀

Hinweis auf LSt-Pauschalierung – Allgemeines (Rdnr. 2791 ff.); zur 2846
Umwandlung von Arbeitslohn vgl. Rdnr. 2794 f.

Beiträge des Arbeitgebers für eine Direktversicherung sind steuerrechtlich so zu behandeln, als ob sie der Arbeitnehmer geleistet und der Arbeitgeber einen entsprechend höheren Barlohn gezahlt habe (BMF v. 9. 2. 1993, BStBl I 248, Tz. 1). Als Arbeitslohn ist die gesamte Beitragsleistung des Arbeitgebers an das Versicherungsunternehmen zu erfassen (BMF, a. a. O., Tz. 2.1). Zum Arbeitslohn gehören nicht Gewinnanteile (BMF, a. a. O., Tz. 2.2).

2847 **Verliert der Arbeitnehmer sein Bezugsrecht** aus der Direktversicherung ersatzlos (z. B. bei vorzeitigem Ausscheiden aus dem Dienstverhältnis), so ist von einer Arbeitslohnrückzahlung auszugehen. Die pauschale LSt ist zu erstatten (vgl. i. e. BMF v. 9. 2. 1993, BStBl I 248, Tz. 4; Nägele, Inf 1988, 131).

2848 In vielen Versicherungsverträgen ist vorgesehen, daß der Arbeitnehmer bei einem Wechsel des Arbeitgebers die Versicherung auf den neuen Arbeitgeber übertragen lassen kann, wenn der Arbeitnehmer die Versicherung ablöst. **Zahlungen an den Arbeitgeber** in Höhe des Rückkaufswerts und der pauschalen LSt und KiLSt mindern die Einkünfte des Arbeitnehmers aus nichtselbständiger Arbeit nicht (FG München v. 9. 10. 1990 13 K 13298/87 rkr., n. v.).

bb) Begünstigte Zukunftssicherungsleistungen

LEXinform
▶ BSt-BG-1875 ◀

2849 Begünstigt sind nur Beiträge für eine Direktversicherung des Arbeitnehmers und Zuwendungen an eine Pensionskasse (vgl. § 4c EStG; zur Pensionszusage vgl. Rdnr. 1518 ff.). Die **pauschale Erhebung der LSt** von Beiträgen für eine **Direktversicherung** ist nur zulässig, wenn die Versicherung nicht auf den Erlebensfall eines früheren als des 60. Lebensjahrs abgeschlossen und eine vorzeitige Kündigung des Versicherungsvertrags durch den Arbeitnehmer ausgeschlossen worden ist (§ 40b Abs. 1 EStG; vgl. i. e. Abschn. 129 Abs. 6 LStR; zur Anhebung der Beiträge im Zusammenhang mit der Änderung des § 40b EStG ab 1990 vgl. BMF v. 6. 11. 1989, DStR 1990, 86; OFD Münster v. 12. 2. 1991, DStR S. 576).

2850 Eine **Direktversicherung** ist eine vom Arbeitgeber (Versicherungsnehmer) auf das Leben des Arbeitnehmers (Versicherter) abgeschlossene Versicherung, bei der der Arbeitnehmer oder seine Hinterbliebenen ganz oder zum Teil bezugsberechtigt sind (Legaldefinition § 1 Abs. 2 Satz 1 BetrAVG v. 19. 12. 1974, BStBl 1975 I 22; vgl. i. e. Abschn. 129 Abs. 3 LStR; zur Abgrenzung zur Rückdeckungsversicherung vgl. Abschn. 129

Abs. 4 LStR). Eine Versicherung, bei der das typische Todesfallwagnis und – bereits bei Vertragsschluß – das Rentenwagnis ausgeschlossen worden sind, ist keine Direktversicherung (BFH v. 9. 11. 1990, BStBl 1991 II 189; Abschn. 129 Abs. 3 Satz 3 LStR). Auch eine Gruppenunfallversicherung ohne Prämienrückgewähr ist keine Direktversicherung i. S. des § 40 b Abs. 1 EStG (BFH v. 24. 10. 1991, BFH/NV 1992, 242); vgl. dazu Rdnr. 2854.

Eine **Pensionskasse** ist gemäß § 1 Abs. 3 Satz 1 BetrAVG eine rechtsfähige Versorgungseinrichtung zur Durchführung der betrieblichen Altersversorgung, die dem Arbeitnehmer oder seinem Hinterbliebenen einen Rechtsanspruch auf ihre Leistung gewährt. Unter betrieblicher Altersversorgung versteht § 1 Abs. 1 Satz 1 BetrAVG Leistungen der Alters-, Invaliditäts- oder Hinterbliebenenversorgung aus Anlaß eines Arbeitsverhältnisses (vgl. Abschn. 129 Abs. 5 LStR und Ahrend/Heger, DStR 1991, 1101). 2851

Anders als bei der Direktversicherung, die voraussetzt, daß der **Arbeitgeber** der **Versicherungsnehmer** ist, kann der bei einer Pensionskasse versicherte Arbeitnehmer auch selbst der Versicherungsnehmer sein. Es ist also für die Anwendung des § 40 b Abs. 1 EStG nicht schädlich, daß auch der versicherte Arbeitnehmer als Versicherungsnehmer gilt. Die Zuwendung kann jedoch nur pauschaliert werden, wenn es sich um eine eigene Zuwendung des Arbeitgebers an die Pensionskasse handelt. Ein sich auf § 40 b EStG auswirkender Barlohnverzicht erfordert daher, daß der Arbeitnehmer als Leistungsverpflichteter ausscheidet, so daß die Zuwendungen an die Pensionskasse als eigene Leistungen des Arbeitgebers und nicht primär als solche des Arbeitnehmers zu bewerten sind (BFH v. 29. 4. 1991, BStBl II 647; Abschn. 129 Abs. 2 Satz 3 LStR). Diese Möglichkeit muß sich aus der Satzung oder den Versicherungsbedingungen der Pensionskasse ergeben (vgl. Ahrend/Heger, DStR 1991, 1008). 2852

Leistungen an die **Bundesanstalt für Arbeit zur Nachversicherung** sind keine Aufwendungen i. S. von § 40 b Abs. 1 EStG. Den Zahlungen liegt kein Lebensversicherungsvertrag zugrunde. Im übrigen ist die BfA keine Pensionskasse, denn die Leistungen stellen keine zusätzliche Altersversorgung dar (BFH v. 25. 1. 1989, BFH/NV S. 577). 2853

Begünstigt sind außerdem Beiträge für eine **gemeinsame Unfallversicherung**, wenn der auf den einzelnen Arbeitnehmer entfallende Betrag 120 DM im Kalenderjahr nicht übersteigt (§ 40 b Abs. 3 EStG; BMF 2854

v. 13. 2. 1990, BStBl I 112, Tz. 6; vgl. Reuter, DStR 1990, 757). Die Versicherungsteuer bleibt ab 1. 7. 1991 bei der Berechnung des maßgeblichen Durchschnittsbetrags außer Betracht; sie zählt zum lohnsteuerpflichtigen Teil des Arbeitslohns. Sie kann auch pauschaliert werden.

cc) **Pauschalierungsgrenzen**   LEXinform ▶ BSt-BG-1880 ◀

2855 Eine Pauschalierung nach § 40b EStG ist nicht möglich, soweit die zu besteuernden Beiträge und Zuwendungen für den Arbeitnehmer **3 000 DM im Kalenderjahr** übersteigen (§ 40b Abs. 2 Satz 1 EStG); bei Gruppenversicherungsverträgen vgl. § 40b Abs. 2 Satz 2 EStG und Abschn. 129 Abs. 10 und Abs. 11 LStR sowie Richter a. a. O., Rdnr. 202 (Beispiel). Da beim Arbeitslohn das Zuflußprinzip (§ 11 Abs. 1 EStG) gilt, ist eine Verteilung des Einmalbetrags auf zwei Kalenderjahre nicht zu beanstanden (BFH v. 8. 12. 1987, BFH/NV 1988, 499).

2856 Die **Pauschalierungsgrenzen erhöhen sich,** wenn der Arbeitgeber die Beiträge und Zuwendungen aus Anlaß der Beendigung des Dienstverhältnisses erbracht hat (vgl. i. e. § 40b Abs. 2 Sätze 3 und 4 EStG, Abschn. 129 Abs. 12 LStR; Beispiel bei Richter, a. a. O., Rdnr. 202; gegen engen zeitlichen Zusammenhang Niermann, DB 1992, 349; auch bei Barlohnumwandlung, OFD Hannover v. 26. 6. 1991, DStR S. 1251). Eine Erhöhung scheidet aber aus, wenn Beiträge für zurückliegende Jahre nachzuzahlen sind (BFH v. 18. 12. 1987, BStBl 1988 II 379) oder wenn Direktversicherungen rückwirkend abgeschlossen werden (BFH v. 10. 6. 1988, BFH/NV 1989, 23).

dd) **Erstes Dienstverhältnis**   LEXinform ▶ BSt-BG-1885 ◀

2857 Die Pauschalierung der Beiträge für eine Direktversicherung bzw. an eine Pensionskasse (§ 40b Abs. 1 EStG) setzt voraus, daß es sich um das erste Dienstverhältnis des Arbeitnehmers handelt. Diese Voraussetzung ist auch erfüllt, wenn der Beitrag zu einer Direktversicherung (wegen der Besonderheiten des Beteiligungsmodells) erst zu einem Zeitpunkt erbracht wird, in dem der **Arbeitnehmer aus dem Betrieb ausgeschieden** und bereits bei einem neuen Arbeitgeber beschäftigt ist; denn in § 40b Abs. 2 Satz 3 EStG hat der Gesetzgeber auch ausscheidende Arbeitnehmer begünstigt (BFH v. 18. 12. 1987, BStBl 1988 II 554).

2858 Die Vorlage einer LSt-Karte ist nicht materielle Voraussetzung einer Pauschalierung nach § 40b Abs. 1 EStG. Somit ist eine Pauschalierung der Zukunftssicherungsleistungen nach § 40b EStG auch möglich, wenn es sich bei dem ersten Dienstverhältnis um ein **Teilzeitarbeitsverhältnis** handelt (BFH v. 13. 1. 1989, BFH/NV 1990, 84; v. 8. 12. 1989, BStBl 1990 II 398; Abschn. 129 Abs. 7 Satz 2 LStR). Legt der Arbeitnehmer dem Arbeitgeber aber eine LSt-Karte mit der Steuerklasse VI vor, so ist eine Pauschalierung nach § 40b Abs. 1 EStG nicht zulässig (FG des Saarlandes v. 27. 8. 1991 rkr., EFG 1992, 296).

Scheidet eine Pauschalierung nach § 40b EStG aus, weil es sich nicht um das erste Dienstverhältnis handelt, so kann eine **Pauschalierung nach § 40a EStG** in Betracht kommen, wenn die Grenzen nicht überschritten sind (BFH v. 13. 1. 1989, BFH/NV 1990, 84). 2859

ee) **Steuersatz**

Der Steuersatz beträgt **ab 1990 15 % der Beiträge und Zuwendungen** (Berliner Pauschsteuersatz: 1993 12,9%, 1994, 13,9%; Abschn. 129 Abs. 14 LStR). Zur pauschalen KiLSt vgl. bei § 40a EStG (Rdnr. 2836). 2860

ff) **Ehegatten-Arbeitsverhältnisse**

LEXinform
▶ BSt-BG-1890 ◀

Die betriebliche Veranlassung von Vorsorgeaufwendungen zugunsten eines Arbeitnehmer-Ehegatten setzt nach der Rechtsprechung (z. B. BFH v. 8. 10. 1986, BStBl 1987 II 205; vgl. auch BMF v. 4. 9. 1984, BStBl I 495; v. 9. 1. 1986, BStBl I 7) folgendes voraus: 2861

• **Ernsthaft gewolltes und tatsächlich durchgeführtes Arbeitsverhältnis** (vgl. „Ehegatten-Arbeitsverhältnisse . . .", Rdnr. 1031 ff.) 2862

• **Vergleichbarkeit im Betrieb** 2863

Es ist interner, kein externer Vergleich (mit vergleichbarem Betrieb derselben Branche) durchzuführen (FG des Saarlandes v. 19. 12. 1991 2 K 180/87, NWB-EN Nr. 355/92; vgl. aber Niedersächsisches FG v. 22. 2. 1990 rkr., EFG S. 567). Dabei ist es steuerrechtlich unschädlich, wenn der Arbeitgeber eine betriebliche Altersversorgung nur einem bestimmten Kreis von Arbeitnehmern verspricht (vgl. BFH v. 28. 7. 1983, BStBl 1984 II 60).

Werden vergleichbare Arbeitnehmer nicht beschäftigt, so genügt es, wenn andere betriebliche Erwägungen dafür sprechen, diesen Teil des Arbeitsentgelts für Versorgungszwecke zu verwenden.

2864 • **Keine Überversorgung**

Gegen eine betriebliche Veranlassung spricht, wenn die betriebliche Altersversorgung einschließlich der Direktversicherung eine Überversorgung des Arbeitnehmer-Ehegatten bewirkt. Die Obergrenze einer angemessenen Altersversorgung liegt bei 75 % der letzten Aktivbezüge (kritisch hierzu FG Münster v. 8. 11. 1989 rkr., EFG 1990, 100).

2865 Von einer solchen Berechnung kann abgesehen werden, wenn die Aufwendungen für die Altersversorgung des Arbeitnehmer-Ehegatten (das sind: der Arbeitgeber- und der Arbeitnehmeranteil zur gesetzlichen Sozialversicherung, freiwillige Leistungen des Arbeitgebers für Zwecke der Altersversorgung, ggf. pauschale LSt und Zuführungen zu einer Pensionsrückstellung) **30 % des steuerpflichtigen Jahresarbeitslohns nicht übersteigen.** Wird ein Teil des Barlohns und die hierauf entfallende LSt zur Leistung von Direktversicherungsprämien verwendet **(Barlohnumwandlung)** oder auf fällige Lohnerhöhungen ganz oder zum Teil zugunsten dieser Beitragsleistungen verzichtet (BFH v. 5. 2. 1987, BStBl II 557), so sind die Versicherungsprämien nicht in die Berechnung der 30-%-Grenze einzubeziehen (FG Münster v. 8. 11. 1989 rkr., EFG 1990, 100; vgl. auch BFH v. 11. 9. 1987, BFH/NV 1988, 225; vgl. auch Rdnr. 1521 ff.).

gg) Verhältnis zu den §§ 40 Abs. 1 und 40a EStG

LEXinform
▶ BSt-BG-1895 ◀

2866 Auf begünstigte Bezüge i. S. des § 40b Abs. 1 Satz 1 und Abs. 3 EStG (vgl. Rdnr. 2846 ff.) ist § 40 Abs. 1 Nr. 1 EStG nicht anwendbar (§ 40b Abs. 4 Satz 2 EStG), wohl aber auf andere Zukunftssicherungsleistungen (z. B. wenn die Direktversicherung auf den Erlebensfall eines früheren als des 60. Lebensjahrs abgeschlossen ist).

2867 Die Gewährung von Zukunftssicherungsleistungen nach **§ 40b EStG** kann dazu führen, daß die Voraussetzungen des § 40a EStG nicht mehr gegeben sind, da diese Sonderzuwendung auf die gesamte Beschäftigungsdauer des Kalenderjahres zu verteilen ist (BFH v. 13. 1. 1989, BFH II 1030). Wenn der Unternehmer also bei Teilzeitarbeitsverhältnissen (z. B. mit seiner Ehefrau) Zukunftssicherungsleistungen von 3 000 DM im Kalenderjahr vereinbart hat, kann er daneben im Rahmen von § 40a EStG nur noch höchstens 270 DM monatlich bezahlen.

hh) Sozialversicherung

Die nach § 40b EStG pauschal besteuerten Direktversicherungsbeiträge gehören nach § 2 Abs. 1 Satz 1 Nr. 3 ArEV nicht zum Arbeitsentgelt im Sinn der Sozialversicherung, wenn es sich um zusätzliche Leistungen des Arbeitgebers handelt oder wenn die Beiträge aus Sonderzuwendungen finanziert werden. Lohnumwandlung führt nicht zu einer Minderung des beitragspflichtigen Arbeitsentgelts. Entsprechendes gilt für die ggf. vom Arbeitnehmer im arbeitsrechtlichen Innenverhältnis getragene pauschale LSt und KiLSt (DB 1990, 379, auch zur Behandlung der Altfälle). 2868

(Einstweilen frei) 2869–2875

VI. Einheitsbewertung und Vermögensteuer

1. Allgemeines

Literatur: *Brühl*, Steuerbereinigungsgesetz 1986: Änderungen des Bewertungsgesetzes, DB 1986, 248.

Eine wichtige Änderung, die zu einer **Steuervereinfachung** führen wird, ist die **Übernahme der Steuerbilanzwerte für die VSt** durch das StÄndG 1992 v. 25. 2. 1992 (BGBl I 297; BStBl I 146; vgl. Halaczinsky, NWB F. 9, 2553 ff.). Diese Änderung ist bei der nächsten Hauptfeststellung der Einheitswerte des Betriebsvermögens sowie bei der nächsten **Hauptveranlagung der VSt** jeweils auf den 1. 1. 1993 anzuwenden (vgl. Halaczinsky, NWB F. 9, 2554, 2569). Die folgenden branchenspezifischen Hinweise betreffen die Rechtslage bis einschließlich 1992 unter Berücksichtigung der VStR 1989. 2876

Eine **tabellarische Übersicht** über die wichtigsten Positionen der **Vermögensaufstellung** entsprechend der oben erwähnten Änderung enthalten die Aufsätze von Halaczinsky, NWB F. 9, 2558, sowie von Küffner, DStR 1993, 463. 2877

2. Anzahlungen/Vorschüsse

Verwaltungsanweisungen: Abschn. 44 Abs. 4 VStR.

Geleistete oder empfangene Anzahlungen sind mit den Steuerbilanzwerten anzusetzen. 2878

Bei Unternehmern, die ihren Gewinn nach § 4 Abs. 1 oder 5 EStG ermitteln und ihre Umsätze nach vereinnahmten Entgelten versteuern, kann 2879 die **Umsatzsteuer** bei der Bewertung der Kundenforderungen **nicht wertmindernd** berücksichtigt werden. Bei nichtbilanzierenden gewerblichen Unternehmen kann in diesem Fall die USt bei der Bewertung der Kundenforderungen **wertmindernd** berücksichtigt werden (Bp-Kartei, a. a. O., Teil I, Konto: Anzahlungen, Abschn. VI).

Für **Vorschüsse** gelten die vorstehenden Grundsätze entsprechend.

3. Betriebsgrundstücke

LEXinform
▶ BSt-BG-1900 ◀

Verwaltungsanweisungen: Abschn. 21, 22 VStR.

2880 Betriebsgrundstücke gehören zum Grundbesitz. Es werden so die wirtschaftlichen Einheiten bezeichnet, die zu einem Gewerbebetrieb gehören. Nach § 99 Abs. 1 BewG sind zwei Gruppen von Betriebsgrundstücken zu unterscheiden, und zwar

- Grundbesitz, der losgelöst von seiner Zugehörigkeit zum gewerblichen Betrieb zum Grundvermögen gehören würde, und

- Grundbesitz, der einen Betrieb der Land- und Forstwirtschaft bilden würde.

2881 Diese Unterscheidung ist vor allem wegen der Bewertung der Betriebsgrundstücke von Bedeutung; denn sie werden wie Grundvermögen bewertet, sodaß die Vorschriften der §§ 68 bis 94 BewG gelten (vgl. Glier in Moench/Glier/Knobel/Werner, § 99 BewG Rdnr. 1, 2, 9).

Grundstücke, die einem Bauunternehmer gehören, sind im allgemeinen dem **Betrieb gewidmet** (RFH v. 9. 3. 1926, RStBl S. 148; v. 19. 10. 1928, RStBl 1929, 51; v. 29. 4. 1929, RStBl S. 484; v. 28. 11. 1929, RStBl 1930, 33). Ob das im Einzelfall so ist, ist im wesentlichen Frage der tatsächlichen Feststellung (RFH v. 28. 11. 1929, RStBl 1930, 33). **Ausnahmen** von der Annahme der betrieblichen Widmung sind aber nicht ausgeschlossen, so z. B. wenn der Erwerb und die Festhaltung von Grundstücken und Häusern erfolgte, um sie als sichere Anlage des Privatvermögens eines Bauunternehmers seiner zahlreichen Familie zu hinterlassen (RFH v. 9. 3. 1926, RStBl S. 148), oder um sie als sichere Anlage des Vermögens zum Schutz gegen Entwertung zu halten (RFH v. 29. 4. 1929, RStBl S. 484).

4. Betriebsvorrichtungen

BSt-BG-1905

Literatur: *Eberhard Schmidt,* Forschung, Entwicklung und Investitionszulage, FR 1978, 405.

Verwaltungsanweisungen: Abschn. 1 BewRGr.

Betriebsvorrichtungen sind nach § 68 Abs. 2 Nr. 2 BewG die Maschinen und sonstigen Vorrichtungen aller Art, die zu einer Betriebsanlage gehören, auch wenn sie wesentliche Bestandteile sind. Eine als Hofbefestigung dienende **beheizbare Rasenfläche,** die ein **Installationsmeister** auf seinem Grundstück errichtet, um das technische Verfahren zu verbessern und um sie seinen Kunden vorzuführen, stellt eine **Betriebsvorrichtung** zu seinem auf dem Grundstück ausgeübten Gewerbebetrieb dar (BFH v. 30. 4. 1976, BStBl II 527; vgl. auch Eberhard Schmidt, FR 1978, 405). Es handelt sich um keine **Außenanlage,** die bei der Ermittlung des Werts eines Betriebsgrundstücks im Ertrags- oder Sachwertverfahren neben dem Boden- und Gebäudewert im Einheitswert zu erfassen ist (vgl. §§ 78 Satz 1, 83 Satz 1 BewG).

2882

Bei einer „Produktionsabfallbeseitigungs-Energieerzeugungsanlage", die aus einem Silo und einer Heizungsanlage (Brennkessel) besteht, handelt es sich nach bewertungsrechtlichen Grundsätzen um zwei selbständige Wirtschaftsgüter. Der **Silo** ist eine selbständige **Betriebsvorrichtung,** weil ein enger Zusammenhang zwischen der Anlage und dem Betriebsablauf gegeben ist. Ob der **Brennkessel** eine Betriebsvorrichtung ist, ließ der BFH dahingestellt (BFH v. 25. 8. 1989, BStBl II 79, betr. Anlage in einer Tischlerei).

2883

(Einstweilen frei) 2884–2885

5. Freibeträge und Freigrenzen

Verwaltungsanweisungen: Abschn. 118–121a VStR.

Die folgenden Tabellen geben einen Überblick über die persönlichen und sachlichen Freibeträge und Freigrenzen bei der VSt.

2886

a) Persönliche Freibeträge

2887

Begünstigte Personen	Höhe des Freibetrages	Voraussetzungen	Rechtsgrundlage
1. Stpfl. selbst	70 000 DM ab 1995: 120 000 DM	unbeschränkte Steuerpflicht	§ 6 Abs. 1 VStG
2. Stpfl. und Ehegatte	140 000 DM ab 1995: 240 000 DM	Zusammenveranlagung (§ 14 Abs. 1 Nr. 1 VStG)	
3. Kinder	je 70 000 DM ab 1995: je 120 000 DM	Zusammenveranlagung (§ 14 Abs. 1 Nr. 2 VStG)	§ 6 Abs. 2 VStG
4. Stpfl. selbst	10 000 DM ab 1993: 50 000 DM	über 60 Jahre oder voraussichtlich für mindestens 3 Jahre erwerbsunfähig und Gesamtvermögen nicht mehr als 150 000 DM bzw. ab 1993 behindert i. S. des Schwerbehindertengesetzes mit einem Grad der Behinderung von 100. Bei Zusammenveranlagung Vervielfachung des Freibetrages, wenn Voraussetzungen vorliegen.	§ 6 Abs. 3 VStG Gleitklausel § 6 Abs. 3 Satz 4 VStG
5. Stpfl. und Ehegatte	10 000 DM	Zusammenveranlagung; ein Ehegatte über 60 Jahre oder voraussichtlich für mindestens 3 Jahre erwerbsunfähig und Gesamtvermögen nicht mehr als 300 000 DM	
6. Stpfl. und Ehegatte	20 000 DM	wenn Voraussetzungen zu 5. bei beiden **Ehegatten** gegeben	
7. Stpfl. selbst	50 000 DM	über 65 Jahre oder voraussichtlich für mindestens 3 Jahre erwerbsunfähig und Gesamtvermögen nicht mehr als 150 000 DM und Rentenansprüche bis 4 800 DM jährlich	§ 6 Abs. 4 VStG Gleitklausel § 6 Abs. 4 Satz 4 VStG
8. Stpfl. und Ehegatte	50 000 DM	Zusammenveranlagung: ein Ehegatte über 65 Jahre oder voraussichtlich für mindestens 3 Jahre erwerbsunfähig und Rentenansprüche bis 4 800 DM jährlich und Gesamtvermögen nicht mehr als 300 000 DM	
9. Stpfl. und Ehegatte	100 000 DM	wenn Voraussetzungen zu 8. bei **beiden** Ehegatten gegeben	

Die unter Ziffer 5 bis 9 aufgeführten Freibeträge sind durch Art. 5 Nr. 1 Zinsabschlaggesetz v. 9. 11. 1992 (BGBl I 1853) mit Wirkung ab 1993 aufgehoben worden.

Einheitsbewertung und Vermögensteuer

b) Sachliche Freibeträge

2888

Wirtschaftsgüter	Höhe des Freibetrages bei Einzelveranlagung	Höhe des Freibetrages bei Zusammenveranlagung	Rechtsgrundlage
1. Auf DM lautendes Geldvermögen	1 000 DM	Vervielfachung nach Personenzahl	§ 110 Abs. 1 Nr. 2 BewG
2. Kapitalvermögen (§ 110 Abs. 1 Nr. 1–3 BewG)	10 000 DM	Vervielfachung nach Personenzahl	§ 110 Abs. 2 BewG
3. Noch nicht fällige Ansprüche aus Lebens-, Kapital-, Rentenversicherung	10 000 DM	Vervielfachung nach Personenzahl	§ 110 Abs. 1 Nr. 6c BewG
4. Ansprüche auf Renten und andere wiederkehrende Nutzungen und Leistungen, wenn der Berechtigte über 60 Jahre alt oder voraussichtlich für mindestens 3 Jahre erwerbsunfähig bzw. ab 1993 behindert i. S. des Schwerbehindertengesetzes mit einem Grad von 100 ist.	4 800 DM ab 1993: 100 000 DM	4 800 DM für jede Person, die solche Ansprüche hat (keine Vervielfachung nach Personenzahl) keine Vervielfachung nach Personenzahl	§ 111 Nr. 9 BewG

c) Sachliche Freigrenzen

2889

Wirtschaftsgüter	Höhe des Freibetrages bei Einzelveranlagung	Höhe des Freibetrages bei Zusammenveranlagung	Rechtsgrundlage
1. Bestimmungsgemäß zum land- und forstwirtschaftlichen oder gewerblichen Vermögen gehörige WG	10 000 DM	Vervielfachung nach Personenzahl	§ 110 Abs. 1 Nr. 8 BewG
2. WG in möbliert vermieteten Wohnungen	10 000 DM	Vervielfachung nach Personenzahl	§ 110 Abs. 1 Nr. 9 BewG
3. Edelmetalle, Edelsteine, Perlen, Münzen und Medaillen jeglicher Art	1 000 DM	Vervielfachung nach Personenzahl	§ 110 Abs. 1 Nr. 10 BewG
4. Schmuckgegenstände, Gegenstände aus edlem Metall und Luxusgegenstände	10 000 DM	Vervielfachung nach Personenzahl	§ 110 Abs. 1 Nr. 11 BewG
5. Kunstgegenstände und Sammlungen	20 000 DM	Vervielfachung nach Personenzahl	§ 110 Abs. 1 Nr. 12 BewG

6. Halbfertige (teilfertige) Bauten

LEXinform
▶ BSt-BG-1910 ◀

Literatur: *Schmidt,* Bewertung unfertiger Erzeugnisse, DB 1977, 1068; *ders.,* Die Einheitsbewertung unfertiger Arbeiten im Baugewerbe – Wertermittlung im Rahmen einer Betriebsprüfung, StBp 1982, 275.

Verwaltungsanweisungen: Abschn. 42, 44 VStR.

2890 Bei halbfertigen (teilfertigen) Bauten eines Bauunternehmers auf dem Grund und Boden des Bauherrn (Auftraggeber) hat der Unternehmer das Eigentum an den verwendeten Materialien infolge der festen Verbindung mit dem Grund und Boden verloren. Die Ansprüche sind **nicht** mit dem **Teilwert,** sondern als **Kapitalforderung** gemäß § 109 Abs. 4 BewG mit den Werten **anzusetzen,** die sich nach den Grundsätzen über die steuerliche Gewinnermittlung für die **Steuerbilanz** ergeben würden (vgl. Glier in Moench/Glier/Knobel/Werner, a. a. O., § 109 BewG Rdnr. 17). Es finden die Grundsätze des **Abschn. 33 EStR** Anwendung. Dieser Steuerbilanzwert für halbfertige Bauten auf fremdem Grund und Boden ist grundsätzlich als Wert für die Forderungen aus halbfertigen Bauleistungen in die Vermögensaufstellung zu übernehmen (FM Nordrhein-Westfalen v. 3. 3. 1977, VSt-Kartei § 109 Abs. 1 BewG A. 127). Vgl. zur Wertermittlung im Rahmen einer Betriebsprüfung Schmidt, 1982, 275. Der Ansatz der Ansprüche als Kapitalforderungen gilt sowohl für die Leistungen des **Bauhauptgewerbes** als auch die des **Bauausbaugewerbes** (Glier, a. a. O.).

7. Musterhäuser

LEXinform
▶ BSt-BG-1915 ◀

Verwaltungsanweisungen: Abschn. 1 BewR; OFD Frankfurt/M v. 11. 9. 1984, NWB DokSt F. 9 §§ 68–71 BewG, 4/84, betr. Abgrenzung Grundvermögen von den Betriebsvorrichtungen und Grundsteuervergünstigung nach dem II. WoBauG.

2891 Zum **Grundvermögen** gehören u. a. nach § 68 Abs. 1 Nr. 1 BewG der Grund und Boden, die Gebäude sowie die sonstigen Bestandteile. **Nicht einzubeziehen** in das Grundvermögen sind nach § 68 Abs. 2 Nr. 2 BewG dagegen die **Betriebsvorrichtungen.** Das sind die Maschinen und sonstigen Vorrichtungen aller Art, die zu einer Betriebsanlage gehören, auch wenn sie wesentliche Bestandteile sind. Merkmal für ein Gebäude ist u. a. die Beständigkeit des Bauwerks. Hierfür ist es unerheblich, ob das Bauwerk nur behelfsmäßig oder für einen vorübergehenden Zweck errichtet worden ist (BFH v. 3. 3. 1954, BStBl III 130, betr. ein nur zu Ausstellungszwecken errichtetes Gebäude). Das gilt auch für Musterhäuser der Bauindustrie. Beim Aussteller handelt es sich nach vollendetem Aufbau um ein bezugsfertiges Gebäude, auch wenn der Anschluß an Versorgungsleitungen fehlt (ggf. Gebäude auf fremdem Grund und Boden). Das Grundstück ist als **Geschäftsgrundstück** im **Sachwertwertverfahren** zu bewerten (§ 76 Abs. 3 Nr. 2 BewG). Da das Grundstück Ausstellungszwecken und nicht Wohnzwecken dient, scheidet **Grundsteuervergünstigung** nach dem II. WoBauG aus.

Musterhäuser, die **dauernd** Ausstellungszwecken dienen, sind auch ohne Anschluß an Versorgungsleitungen bezugsfertige Gebäude. Dementsprechend kommt Bewertung im Sachwertverfahren, nicht jedoch Grundsteuervergünstigung in Betracht. 2892

Bei Verminderung des Gebäudewerts durch **Abschläge wegen Abbruchverpflichtung** ist bei Musterhäusern der Fertigbauindustrie auf fremdem Grund und Boden als **verkürzte Gesamtlebensdauer** die vertraglich vereinbarte Ausstellungszeit zugrunde zu legen (FM Nordrhein-Westfalen v. 10. 12. 1985, NWB DokSt F. 9 §§ 91–94 BewG, 2/86). Bei Bewertung im **Ertragswertverfahren** bemißt sich die Höhe des Abschlags stets nach dem Zeitraum vom Feststellungszeitpunkt bis zum Zeitpunkt des Abbruchs (Knobel in Moench/Glier/Knobel/Werner, § 94 BewG Rdnr. 10, 11). 2983

(Einstweilen frei) 2894–2895

8. Rückstellungen

Literatur: *Knepper,* Rückstellungen bei der Einheitsbewertung des Betriebsvermögens, BB 1983, 1208; *Rudolph,* Rückstellungen und Rechnungsabgrenzungen bei der Vermögensaufstellung, DB 1983, 576; *Kramer,* Rückstellungen und Stichtagsprinzip, FR 1983, 464; *Christiansen,* Die Bewertung der Rückstellung für die Verpflichtung zur Gewährung rückständigen Urlaubs, StBp 1989, 221.

Verwaltungsanweisungen: Abschn. 26–36, 42, 44 VStR.

a) Rückstellung für Garantie und Gewährleistung

LEXinform
▶ BSt-BG-1920 ◀

Bei der Ermittlung des Einheitswerts für gewerbliche Betriebe sind die **Betriebsschulden** von der Summe der einzelnen (positiven) Wirtschaftsgüter **abzuziehen** (§ 98a BewG). Unter Schulden i. S. des § 103 Abs. 1 BewG sind Verpflichtungen zur Zahlung eines Geldbetrags, Sachleistungen und Verpflichtungen zu verstehen, die sich aus wiederkehrenden Leistungen (Lasten) ergeben. Ein **wirtschaftlicher Zusammenhang** mit dem gewerblichen Betrieb oder mit einzelnen Teilen eines gewerblichen 2896

Betriebs liegt dann vor, wenn die Entstehung der Schuld ursächlich und unmittelbar auf Vorgänge zurückzuführen ist, die das Betriebsvermögen betreffen (vgl. RFH v. 14. 11. 1935, RStBl S. 1465; Glier in Moench/ Glier/Knobel/Werner, a. a. O., § 103 BewG Rdnr. 1, 2). Nach BFH v. 30. 4. 1959 (BStBl III 315) und v. 14. 7. 1967 (BStBl III 770) wird eine Last, deren Entstehung vom Eintritt einer aufschiebenden Bedingung abhängt, nicht dadurch zu einer auflösend bedingten Last, daß der Eintritt der Bedingung wahrscheinlich ist und der Verkehr mit der Schuld als ihrem Grunde nach gegenwärtig schon bestehend rechnet. Dies gilt auch, wenn in der Steuerbilanz für diese Last eine **Rückstellung** zugelassen ist. Bei Rückstellungen ist daher immer zu prüfen, ob sie nach **bewertungsrechtlichen Grundsätzen** angesetzt werden können (vgl. Glier, a. a. O., § 103 BewG Rdnr. 11).

2897 Verbindlichkeiten aus **Garantieverträgen** und aus **Gewährleistungsverpflichtungen** können erst berücksichtigt werden, wenn der **Schuldner** dafür **in Anspruch genommen** wird (BFH v. 22. 5. 1964, BStBl III 402; v. 7. 10. 1960, BStBl III 508).

2898 Für Gewährleistungsverpflichtungen kann allerdings ein Schuldposten auch schon dann abgezogen werden, wenn bei **serienmäßiger Herstellung** ein **Mangel** bei **allen Stücken** gleichmäßig vorhanden ist, dieser bis zum Stichtag nur von einzelnen Abnehmern beanstandet worden ist, mit der Beanstandung der anderen Abnehmer aber gerechnet werden muß (vgl. Abschn. 29 Abs. 3 Satz 2 VStR).

Beispiel:

Die Bauschreinerei B hat für die Bauvorhaben von C, D, E, F und G gleichartige Fenster serienmäßig hergestellt und eingebaut. Alle Fenster haben denselben Mangel. C beanstandet bis zum Stichtag den Mangel. Mit der Beanstandung der anderen Bauherrn muß jedoch gerechnet werden. Bewertungsrechtlich kann B eine Gewährleistungsverpflichtung ansetzen.

b) Rückstellungen für noch nicht genommenen Urlaub sowie Weihnachtsgratifikation

Verwaltungsanweisungen: FM Nordrhein-Westfalen v. 22. 5. 1989, Bp-Kartei, a. a. O., Teil III, Hochbau, Abschn. D, 2.

aa) Rückstellung für noch nicht genommenen Urlaub

2899 Die „Urlaubs- und Lohnausgleichskasse der Bauwirtschaft" hat insbesondere die Aufgabe, die Auszahlung des Urlaubsentgelts und des zusätzlichen Urlaubsgelds zu sichern. Sie ist eine gemeinsame Einrichtung der Tarifvertragsparteien in der Bauwirtschaft. Die Arbeitgeber leisten wegen des betrieblichen Aufwands für den Urlaub der Arbeitnehmer regelmäßige Beiträge an die Kasse und können damit ihre Belastung durch die Urlaubsabgeltung gleichmäßig auf das Jahr verteilen. Die Urlaubskasse erstattet den Arbeitgebern die von diesen tatsächlich an Arbeitnehmer verauslagten Urlaubsbeträge, **nicht** aber den auf die Urlaubstage entfallenden **Sozialaufwand** (Arbeitgeberanteile zur gesetzlichen Sozialversicherung u. ä.).

Für Urlaub, den ein Arbeitnehmer am Bewertungsstichtag noch nicht genommen hat, kann bewertungsrechtlich eine **Rückstellung** nur in Höhe des **nichterstattungsfähigen Sozialaufwands** anerkannt werden. Der bewertungsrechtliche Grundsatz, daß eine Betriebsschuld nur abzugsfähig ist, wenn sie am Bewertungsstichtag bestanden hat und eine wirtschaftliche Belastung darstellt (Abschn. 28 Abs. 1 und 2 VStR), ist nur in diesem Umfang erfüllt; denn es steht nach FM Nordrhein-Westfalen v. 22. 5. 1989 (a. a. O.) fest, daß dem Arbeitgeber seine Aufwendungen für jeden Arbeitnehmer, dem er bei Urlaubsantritt auch Urlaubsgeld zahlt, von der Urlaubskasse – mit Ausnahme des Sozialaufwands – erstattet werden. In keinem Fall wird der Arbeitgeber über den Sozialaufwand hinaus belastet (a. A. Christiansen, StBp 1989, 221). 2900

Ein weiterer Schuldposten in Höhe des nichterstattungsfähigen Sozialaufwands kann sich ggf. ergeben, wenn der **Arbeitnehmer** am Bewertungsstichtag den **Urlaub** bereits **angetreten,** der **Arbeitgeber** das **Urlaubsgeld** aber noch **nicht ausgezahlt** hat.

Für am Bewertungsstichtag gegenüber der Urlaubskasse bereits **entstandene Erstattungsansprüche,** die erst **danach beglichen** werden, ist ein **aktiver Rechnungsabgrenzungsposten** anzusetzen. Der Erstattungsanspruch entsteht, wenn der Arbeitgeber die Urlaubsbeträge an den Arbeitnehmer ausgezahlt hat (FM Nordrhein-Westfalen v. 22. 5. 1989, a. a. O.). 2901

bb) Rückstellung für Weihnachtsgratifikation

Eine **Weihnachtsgratifikation** kann dann als **Schuld abgezogen** werden, wenn sie bereits vor dem jeweiligen Stichtag **rechtsverbindlich zugesagt und bekanntgemacht** worden ist. Die ungekündigte Zugehörigkeit zum Betrieb am Auszahlungsstichtag kann nur dann als auflösende Bedingung 2902 angesehen werden, wenn die Gewährung der Weihnachtsgratifikation an keine weiteren einengenden Bedingungen geknüpft ist. Bei Betrieben mit einem vom Kalenderjahr abweichenden Wirtschaftsjahr kann die Verpflichtung zur Zahlung der Gratifikation nur dann als Schuld abgezogen werden, wenn bis zum Abschlußzeitpunkt bereits ein entsprechender Beschluß vorliegt (vgl. Glier, a. a. O., § 103, Rdnr. 29; BFH v. 16. 6. 1976, BStBl II 821).

c) Rückstellung für Rekultivierung

2903 Die Verpflichtung, z. B. eine **Kiesgrube** wieder **aufzufüllen,** die auf einer Nebenabrede im Kiesausbeutevertrag oder auf öffentlichem Recht beruht, ist als **Betriebsschuld abzugsfähig** (BFH v. 26. 10. 1970, BStBl 1971 II 82).

Rückstellungen für privatrechtliche und öffentlich-rechtliche Auffüll- und Rekultivierungsverpflichtungen sind bei der Feststellung des Einheitswerts mit dem Teilwert zu bewerten. Dabei ist von dem Betrag auszugehen, den der Unternehmer zum Bewertungsstichtag entsprechend den privatrechtlichen oder öffentlich-rechtlichen Verpflichtungen zur Auffüllung eines bis zu diesem Zeitpunkt ausgebeuteten Teils des Geländes und zur Rekultivierung einer bis zu diesem Zeitpunkt abgeräumten Fläche aufwenden müßte. Maßgebend sind die Preisverhältnisse vom Bewertungsstichtag. Zukünftige Preisveränderungen dürfen nicht berücksichtigt werden (BFH v. 7. 8. 1970, BStBl II 842; v. 26. 9. 1975, BStBl 1976 II 110). Aufwendungen für Auffüll- und Rekultivierungsmaßnahmen, die innerhalb von **4 Jahren nach** dem Bewertungsstichtag geleistet werden, sind mit dem **Nennbetrag** auszusetzen (vgl. Glier in Moench/Glier/Knobel/Werner, a. a. O., § 103 BewG Rdnr. 25).

2904 Erst in einem **späteren** Zeitraum geleistete Aufwendungen sind dagegen **abzuzinsen** (vgl. Glier, a. a. O.). Aus Vereinfachungsgründen ist davon auszugehen, daß die in den einzelnen Jahren geleisteten Aufwendungen zu Beginn des jeweiligen Kalenderjahres fällig werden. Wegen Einzelheiten vgl. die gleichlautenden Erlasse der obersten Finanzbehörden v. 21. 4. 1986 (BStBl I 260). Dort ist auch ausführlich zur Frage der Abzinsung Stellung genommen worden.

2905–2910 *(Einstweilen frei)*

9. Schwebende Geschäfte

LEXinform
▶ BSt-BG-1925 ◀

Literatur: Bp-Kartei, a. a. O., Teil I, Konto: Schwebende Geschäfte, Abschn. IV.
Verwaltungsanweisungen: Abschn. 34, 35 VStR.

a) Gleichwertigkeit von Anspruch und Verpflichtung

aa) Mit Erfüllung noch nicht begonnen

Bei einem schwebenden Vertrag, bei dem noch von **keiner Vertragspartei** mit der Erfüllung begonnen worden ist, brauchen die gegenseitigen Rechte und Verbindlichkeiten bei der Ermittlung des Einheitswerts des Betriebsvermögens nicht berücksichtigt zu werden. Die Rechte und Pflichten stehen sich **gleichwertig** gegenüber (Abschn. 34 Abs. 1 VStR; BFH v. 27. 2. 1976, BStBl II 529). 2911

Hat jedoch eine Partei die ihr **zustehende Leistung** ganz oder teilweise **erhalten,** so ist ihr vertraglicher Anspruch insoweit erloschen. Bestehen bleibt dagegen ihre Verpflichtung, ihrerseits noch die vertragliche Leistung zu erbringen. Diese ist bei der Ermittlung der Einheitsbewertung des Betriebsvermögens als Schuld zu berücksichtigen (Abschn. 34 Abs. 1 Sätze 6–8 VStR). 2912

bb) Bereits teilweise oder ganze Erfüllung des Zahlungsverpflichteten, jedoch noch kein Erfüllungsbeginn des Partners

- **Zahlungsverpflichteter**

Beim Zahlungsverpflichteten ist zum Bewertungsstichtag die vertragliche Verpflichtung bereits teilweise oder ganz **erloschen.** Es besteht jedoch noch ein **Anspruch** auf die zu erbringende **Gegenleistung.** Dieser Anspruch ist bei Ermittlung des Betriebsvermögens zu berücksichtigen. 2913

- **Sachleistungsverpflichteter**

Hat bei einem schwebenden Geschäft auf **Übertragung eines Grundstücks** der Erwerber den Kaufpreis ganz oder teilweise entrichtet, sind der Teilwert der Forderung des Vorausleistenden und der Teilwert der Schuld des Empfängers der Vorausleistung in **gleicher Höhe** zu bemessen wie die erbrachte oder empfangene Vorausleistung (BFH v. 10. 4. 1991, BStBl II 620, unter Aufgabe von BFH v. 3. 3. 1978, BStBl II 398). 2914

• Vorauszahlungen

2915 Wurden im Zusammenhang mit schwebenden Verträgen für im voraus geleistete Zahlungen in der Steuerbilanz **transitorische Rechnungsabgrenzungsposten** gebildet, so können diese aus Vereinfachungsgründen im Regelfall für die Bewertung des Anspruchs beim Zahlenden und der Verpflichtung beim anderen Vertragspartner übernommen werden (Abschn. 48 Abs. 3 VStR).

cc) Erfüllungsbeginn beim Sachleistungsverpflichteten, noch nicht jedoch beim anderen Partner

2916 Bis zum Bewertungsstichtag von dem zur Sachleistung verpflichteten Partner bereits angeschaffte oder (teil-)hergestellte Wirtschaftsgüter sind bei ihm mit dem **Teilwert** anzusetzen.

2917 In Höhe der erbrachten Teilleistung besteht bei dem zur Sachleistung Verpflichteten am Feststellungszeitpunkt der Anspruch, bei dem anderen Partner die Verpflichtung für die noch **zu erbringende Gegenleistung** (Zahlung). Es gelten sinngemäß die Ausführungen in Rdnr. 2913 ff.

2918 Hat der Sachleistungsverpflichtete am Feststellungszeitpunkt seine Verpflichtung **voll erfüllt** und hat der andere Partner die **Leistung abgenommen**, so ist an diesem Stichtag der Schwebezustand beendet. In diesem Fall haben der Partner, der die Leistung bereits voll erbracht hat, die Forderung, der andere die Verpflichtung aus der Leistung anzusetzen.

b) Keine Gleichwertigkeit von Anspruch und Verpflichtung

aa) Allgemeines

2919 Erst bei fehlender Gleichwertigkeit von Leistung und Gegenleistung müssen bei jeder Vertragspartei **Anspruch und Verpflichtung** aus diesem Geschäft **gesondert bewertet** werden. In diesen Fällen, in denen praktisch von den Wertansätzen der Steuerbilanz ausgegangen werden kann, gelten die Grundsätze über die Bewertung von Forderungen und Schulden (Bp-Kartei, a. a. O., Teil I, Konto: Schwebende Geschäfte, Abschn. IV, 2 a).

bb) Gewinn

2920 **Nicht realisierte Gewinne** aus schwebenden Geschäften dürfen bei der Einheitsbewertung des Betriebsvermögens **nicht berücksichtigt** werden (BFH v. 16. 5. 1973, BStBl 1974 II 25).

cc) Verlust

Gleichen sich bei einem gegenseitigen Vertrag Anspruch und Verpflichtung nicht mehr aus, kann eine **höhere** Verpflichtung bei der Einheitsbewertung des Betriebsvermögens berücksichtigt werden (Glier in Moench/Glier/Knobel/Werner, a. a. O., § 103 BewG Rdnr. 16). Das ist z. B. der Fall, wenn bei Einkaufskontrakten infolge Sinkens der Marktpreise mit einem erheblichen Verlust zu rechnen ist, ohne daß ein Rücktritt vom Vertrag oder eine Vertragsänderung möglich ist (Bp-Kartei, a. a. O., Teil I, Konto: Schwebende Geschäfte, Abschn. IV, 2 c). Rechte und Verbindlichkeiten müßten deshalb jeweils gesondert bewertet werden. An Stelle dieser besonderen Bewertung kann jedoch aus **Vereinfachungsgründen** die in der Steuerbilanz für den nichtrealisierbaren Verlust ausgewiesene Rückstellung in die Vermögensaufstellung übernommen werden (Abschn. 35 Abs. 1 VStR).

2921

dd) Keine Saldierung

Bei schwebenden Geschäften dürfen **nicht realisierte Gewinne nicht mit noch nicht realisierten Verlusten ausgeglichen** werden. Dies würde gegen den auch bei der Feststellung des Einheitswerts des Betriebsvermögens zu beachtenden Grundsatz der Einzelbewertung verstoßen (BFH v. 17. 5. 1974, BStBl II 508).

2922

ee) Halbfertige (teilfertige) Arbeiten

Wegen des Ansatzes der halbfertigen (teilfertigen) Arbeiten bei der Einheitsbewertung des Betriebsvermögens vgl. Rdnr. 2890 ff.

2923

(Einstweilen frei)

2924–2925

10. Substanzausbeuterechte

LEXinform
▶ BSt-BG-1930 ◀

Literatur: *A. Voss*, Die bewertungsrechtliche Behandlung von Eigentümer-Mineralien, DStR 1965, 97; *Förger*, Zur Frage der Zurechnung von Mineralgewinnungsrechten, Inf 1969, 1; *Heberer*, Zur Einheitsbewertung der Abbaurechte für Steine und Erden, StBp 1969, 283; *Brosch*, Zur Besteuerung der Mineralgewinnungsrechte, StBp 1971, 145; *Theß*, Die Einheitsbewertung der Mineralgewinnungsrechte, Inf 1980, 272; Bp-Kartei, a. a. O., Teil I, Konto: Substanzausbeuterechte, Abschn. V.

Verwaltungsanweisungen: Abschn. 23 VStR; gleichlautende Ländererlasse v. 21. 4. 1986, betr. Rückstellungen für Auffüll- und Rekultivierungsverpflichtungen bei Tagebauen, Abgrabungen und Abfallhalden, BStBl I 260.

a) Bewertung

aa) Allgemeines

2926 Bei Bodenschätzen, die ohne besondere staatliche Verleihung bereits aufgrund des Eigentums am Grundstück aufgesucht und gewonnen werden können, ist die aus dem Eigentum fließende Berechtigung zur Gewinnung der Bodenschätze wie ein **Mineralgewinnungsrecht** mit dem gemeinen Wert zu bewerten, sobald mit der Aufschließung der Lagerstätte begonnen oder die Berechtigung in sonstiger Weise als selbständiges Wirtschaftsgut zum Zweck einer nachhaltigen gewerblichen Nutzung in den Verkehr gebracht worden ist (§ 100 Abs. 2 BewG). Unter den Begriff des Mineralgewinnungsrechts fallen u. a. auch **Kies, Sand und Lehm** (vgl. BFH v. 26. 6. 1964, BStBl III 521; Glier in Moench/Glier/Knobel/Werner, § 100 BewG Rdnr. 1).

2927 Unter § 100 Abs. 2 BewG fällt der sog. **Eigentumsbergbau.** Darunter versteht man, daß bei Bodenschätzen, zu deren Gewinnung es keiner Verleihung oder Übertragung des Bergwerkseigentums oder einer Erlaubniserteilung durch den Staat bedarf, das Recht zur Gewinnung aus dem bürgerlich-rechtlichen Eigentum fließt. Dem steht allerdings nicht entgegen, wenn das Aufsuchen und die Gewinnung solcher Bodenschätze durch bergpolizeiliche Vorschriften eingeschränkt ist (vgl. Glier, a. a. O., § 100 BewG Rdnr. 5)

bb) Entstehung der wirtschaftlichen Einheit

2928 Ein Mineralgewinnungsrecht ist zu bewerten, sobald ein selbständiges Wirtschaftsgut entstanden ist. Beim Eigentumsbergbau ist die Berechtigung zur Ausbeute nach § 100 Abs. 2 BewG zu bewerten, sobald mit der Aufschließung der Lagerstätte begonnen oder die Berechtigung in sonstiger Weise als selbständiges Wirtschaftsgut zum Zwecke einer nachhaltigen gewerblichen Nutzung in den Verkehr gebracht ist. **Aufschließung der Lagerstätte** ist anzunehmen, wenn die zum Abbau erforderlichen Vorarbeiten wie Errichtung von Versuchsstollen, Versuchsstrecken und Schächten begonnen worden ist. **Nachhaltige gewerbliche Nutzung** liegt bei Verpachtung eines Grundstücks zur Substanzausbeute oder beim Erwerb eines Grundstücks mit abbauwürdigen Bodenschätzen durch ein Abbauunternehmen zu einem Kaufpreis vor, in dem der Wert der Bodenschätze mit berücksichtigt worden ist (Abschn. 23 Abs. 2 VStR; Glier, a. a. O., § 100 BewG Rdnr. 7).

cc) Umfang der wirtschaftlichen Einheit

Bei einer einem Mineralgewinnungsrecht gleichstehenden Berechtigung zur Ausbeutung von Bodenschätzen i. S. des § 100 Abs. 2 BewG werden nicht die Bodenschätze **bewertet**, sondern das **Recht**, die **Bodenschätze aufzusuchen und zu gewinnen**. Der **Wert** der Bodenschätze bildet lediglich die **rechnerische** Grundlage für die Bewertung dieses Rechts (RFH v. 11. 2. 1943, RStBl S. 649). Nach § 100 BewG ist nur das Mineralgewinnungsrecht selbst als selbständiges Wirtschaftsgut anzusetzen. 2929

Nicht beim Mineralgewinnungsrecht zu **erfassen** sind (vgl. Glier, a. a. O., § 100 BewG Rdnr. 8): 2930

- der **Grund und Boden** und die **aufstehenden Gebäude**. Sie gehören entweder zum Grundvermögen oder als Betriebsgrundstück zu einem gewerblichen Betrieb;

- **Maschinen** und **sonstige Betriebsvorrichtungen**. Sie sind Betriebsvermögen,

- **Sonstiges Zubehör;**

- **Erschließungskosten** der Lagerstätte, wie Planungs-, Versorgungs- und Abraumarbeiten;

- **Abraumvorrat;**

- **Abraumrückstand**. Er ist als Schuld anzusetzen, wenn die Deckschicht nach dem Aufschluß des Vorkommens, um den Sicherheitsanforderung zu entsprechen, weiter als bisher abgeräumt werden muß;

- **selbstgewonnene Vorräte** (vgl. BFH v. 29. 4. 1970, BStBl II 614);

- **Rückstellungen für Rekultivierungskosten;** sie können bewertungsrechtlich in der Höhe abgezogen werden, in der sie ertragsteuerlich zulässig gebildet worden sind, sofern die Rekultivierung Zug um Zug nach dem Abbaufortschritt durchgeführt wird. Wird die Rekultivierung nach teilweisem oder völligem Abbau vorgenommen, ist die Rückstellung lediglich mit dem abgezinsten Gegenwartswert anzusetzen. Voraussetzung für die **Abzinsung** ist jedoch stets, daß die Verpflichtung zur Rekultivierung voraussichtlich nicht innerhalb von 24 Monaten nach dem Abbau erfüllt wird (FM Nordrhein-Westfalen v. 30. 7. 1982 S 3232 – 43 – V A 4, VSt-Kartei § 103 Abs. 1 BewG A 51);

- **Rückstellungen für Auffüll- und Rekultivierungsverpflichtungen** bei Tagebauen, Abgrabungen und Abfallhalden. Hierzu vgl. die gleichlautenden Ländererlasse v. 21. 4. 1986 (BStBl I 260) mit Berechnungsbeispielen.

dd) Wertermittlung

2931 Mineralgewinnungsrechte werden mit dem **gemeinen Wert** gemäß § 9 BewG bewertet, auch wenn sie zu einem Betriebsvermögen gehören (BFH v. 13. 1. 1961, BStBl III 122). Der Umfang des Vorkommens bestimmt den Wert des Mineralgewinnungsrechts. Das Vorkommen bildet bewertungsrechtlich die rechnerische Grundlage (BFH v. 22. 7. 1960, BStBl III 420). Der gemeine Wert kann nach **Kaufpreis, Förderzins** oder **Richtsätzen** ermittelt werden. Im einzelnen wird hierzu auf die **Richtlinien** für die Einheitsbewertung der Berechtigung zur Gewinnung von Steinen und Erden 1983 (StuER 1983) der **OFD Köln** verwiesen.

ee) Feststellungsverfahren

2932 Für Mineralgewinnungsrechte war bisher ein Einheitswert nach § 19 Abs. 1 Nr. 3 BewG festzustellen, und zwar gemäß § 21 Abs. 1 Nr. 1 BewG alle 6 Jahre. Mit Wirkung auf den **1. 1. 1993 entfällt die Feststellung** von **Einheitswerten für Mineralgewinnungsrechte**. Ab diesem Zeitpunkt werden die alten Einheitswerte nicht mehr angewendet. **Künftig** werden für **Bodenschätze im Betriebsvermögen** die **ertragsteuerlichen Werte übernommen** (vgl. Halaczinsky, NWB F. 9, 2569).

b) Zurechnung

2933 Wird die **Berechtigung** zur Gewinnung von Bodenschätzen aus dem **Eigentumsrecht** abgeleitet, dann ist sie steuerlich grundsätzlich dem **Eigentümer** des **Grundstücks zuzurechnen,** demnach z. B. einem Bauunternehmer, Tiefbauunternehmer oder Straßenbauunternehmer mit einer Kies- oder Sandgrube auf eigenem Grundstück.

2934 Bei der **Verpachtung** einer aus dem Eigentumsrecht abgeleiteten **Berechtigung** nutzt der Pächter das Recht in der Regel in Ausübung seines Pachtrechts und damit in Anerkennung fremden Eigentums. Der Einheitswert des Mineralgewinnungsrechts ist deshalb regelmäßig dem **Verpächter zuzurechnen** (vgl. Bp-Kartei, a. a. O., Teil I, Konto: Substanzausbeuterechte, Abschn. V, 2).

Ausnahmsweise kann bei der Verpachtung von Mineralgewinnungsrechten der **Pächter wirtschaftlicher Eigentümer** (§ 39 Abs. 2 Nr. 1 AO) sein, wenn ihm durch langfristigen und bedingungslosen Vertrag unter Ausschaltung der Verfügung des Verpächters die Befugnis zur vollen Ausbeutung der vorhandenen abbaufähigen Mineralien übertragen worden ist (BFH v. 22. 7. 1960, BStBl III 420; v. 20. 12. 1967, BStBl 1968 II 303). Es kommt darauf an, ob dem Pächter das Abbaurecht für so lange und unter solchen Bedingungen überlassen wird, daß er tatsächlich als Inhaber mit eigener freier Verfügungsmacht über das Recht und das Vorkommen angesehen werden kann. Nicht bedingungsfrei ist ein auf unbestimmte Zeit geschlossener Pachtvertrag, der eine Kündigungsmöglichkeit des Grundstückseigentümers enthält (Bp-Kartei, a. a. O.). Fehlende Beschränkungen über Reihenfolge und Umfang der Ausbeute, die Verpflichtung des Pächters zur Rekultivierung des Grundstücks sowie die Haftung für Schäden durch Inanspruchnahme des Geländes bewirken an sich kein wirtschaftliches Eigentum (BFH v. 8. 3. 1974, BStBl II 504). 2935

Wird die Berechtigung als wirtschaftliches Eigentum dem Pächter zugerechnet, so sind die vereinbarten **Förderzinsen als Kaufpreisraten** zu behandeln, die nach § 12 BewG zu bewerten sind. Sehen die Verträge jedoch Förderzinsen in unbestimmter Höhe vor, die sich über einen jahrzehntelangen Zeitraum erstrecken, dann sind die Zahlunen als **wiederkehrende Leistungen von ungewisser Höhe** i. S. der §§ 13 und 15 Abs. 3 BewG zu behandeln. Der **Gegenwartswert** nach § 12 Abs. 3 BewG bzw. der **Kapitalwert** nach § 13 BewG ist bei der Feststellung des Einheitswerts des Betriebsvermögens des Ausbeuteberechtigten („Pächter") als Schuld abzusetzen. 2936

c) Zuständigkeit

Für **Bewertung und Zurechnung** der Mineralgewinnungsrechte ist nach § 18 Abs. 1 AO das **Lagefinanzamt zuständig**. Die Zurechnung kann nur **einheitlich** erfolgen. Sie ist für **alle Steuerarten bindend** (BFH v. 6. 7. 1966, BStBl III 599; v. 6. 3. 1968, BStBl II 478). 2937

d) Vermögensteuer

Das Mineralgewinnungsrecht ist in der Regel als wirtschaftliche Untereinheit im **Einheitswert des Betriebsvermögens** enthalten. Es wird daher mit diesem der VSt unterworfen. 2938

2939 Ist das Mineralgewinnungsrecht als **Privatvermögen** ungenutzt oder verpachtet, ist es sonstiges Vermögen i. S. des § 110 Abs. 1 Nr. 8 BewG. Es ist mit dem festgestellten Einheitswert gemäß § 114 Abs. 3 BewG anzusetzen.

2940 Bei Zurechnung des Mineralgewinnungsrechts als **wirtschaftliches Eigentum** beim „Pächter" muß der **Gegenwartswert der Kapitalforderung** nach § 110 Abs. 1 Nr. 1 BewG bzw. der **Kapitalwert** des Rechts auf wiederkehrende Leistungen nach § 110 Abs. 1 Nr. 4 BewG beim sonstigen Vermögen des „Verpächters" erfaßt werden (vgl. Bp-Kartei, a. a. O., Teil I, Konto: Substanzausbeuterechte, Abschn. VI).

2941 Gehört das Mineralgewinnungsrecht zu einem **Gewerbebetrieb**, der **im ganzen verpachtet** ist, besitzt der Unternehmer Betriebsvermögen, in das das Recht einbezogen wird.

11. Betriebsaufspaltung bei Einheitsbewertung/ Vermögensteuer

2942 Vgl. hierzu die Ausführungen in Rdnr. 2426 ff.

2943–2950 *(Einstweilen frei)*

12. Vermögensteuerliche Förderungsmaßnahmen in den neuen Bundesländern

Literatur: *Paus,* Steuerliche Förderungsmaßnahmen in den neuen Ländern, Herne/ Berlin 1991.

2951 Das StÄndG 1991 enthält als vermögensteuerliche Förderungsmaßnahme für die neuen Bundesländer eine **persönliche** und für die hiervon nicht betroffenen Personen eine **sachliche Steuerbefreiung**.

a) Persönliche Steuerbefreiung

2952 Die Aussetzung der VSt für **natürliche Personen** mit **Wohnsitz** oder **gewöhnlichem Aufenthalt** in dem Gebiet der ehemaligen **DDR** einschließlich **Berlin (Ost)** wurde auf den 1. 1. 1995 verlängert, wenn sie ihn auch schon dort vor dem 1. 1. 1991 hatten (§ 24c Abs. 1 Nr. 1a und Nr. 3 VStG i. d. F. des StandOG).

2953 Bei **Personenvereinigungen** ist Voraussetzung der persönlichen Steuerbefreiung, daß die **Geschäftsleitung** im Gebiet der ehemaligen DDR liegt,

Einheitsbewertung und Vermögensteuer 689

und zwar schon seit vor dem 1. 1. 1991 (§ 24c Abs. 1 Nr. 1a und Nr. 3 VStG i. d. F. des StandOG).

Die Steuerbefreiung erstreckt sich auf das **gesamte Vermögen** belegen im Gebiet der ehemaligen DDR, in den alten Bundesländern oder im Ausland. Die Steuerbefreiung kommt jedoch nicht zum Zuge, wenn Wohnsitz, gewöhnlicher Aufenthalt oder Geschäftsleitung im Gebiet der ehemaligen DDR nicht schon vor dem 1. 1. 1991 bestanden haben. 2954

b) Sachliche Steuerbefreiung

Fallen Personen nicht unter die persönliche Steuerbefreiung, werden einige, dem Gebiet der ehemaligen DDR zuzuordnenden Vermögensteile von der VSt befreit. Nach § 24c Nr. 4 VStG gilt die sachliche Steuerbefreiung auch für **beschränkt steuerpflichtige** natürliche Personen, Personenvereinigungen usw. 2955

Befreit sind unter anderem 2956

- **Grundbesitz** belegen im Gebiet der ehemaligen DDR (§ 136 Nr. 4a BewG),

- **Ansprüche auf Rückübertragung von Grundbesitz** bzw. auf Entschädigungen nach dem Gesetz zur Regelung offener Vermögensfragen v. 29. 9. 1990 (§ 136 Nr. 4d BewG).

13. Ansprüche und Verpflichtungen aufgrund des Vorruhestandsverfahrens im Baugewerbe

LEXinform ▶ BSt-BG-1935 ◀

Literatur: *Rudloff*, Zur Behandlung von Ansprüchen und Verpflichtungen aufgrund des Vorruhestandsverfahrens im Baugewerbe bei der Einheitsbewertung des Betriebsvermögens und der Anteilsbewertung, BB 1993, 769 ff.; *Kißmann*, Erwiderung auf Rudloff, BB 1993, 1632 ff.
Verwaltungsanweisungen: Niedersächsisches FinMin v. 15. 5. 1991, Beitragspflicht gegenüber der Zusatzversorgungskasse des Baugewerbes (ZKV), BB S. 1181.

Zur Frage, wie Ansprüche und Verpflichtungen im Rahmen des Vorruhestandsverfahrens bei der Einheitsbewertung des Betriebsvermögens und bei der Anteilsbewertung behandelt werden sollen, äußert sich ein koordinierter Ländererlaß (vgl. z. B. Niedersächsisches FinMin v. 15. 5. 1991, BB S. 1181), der bei den Interessenverbänden des Baugewerbes auf Kritik gestoßen ist (vgl. Rudloff, BB 1993, 769 ff.) 2957

2958 Bei der **Einheitsbewertung des Betriebsvermögens** darf die ertragsteuerlich höchstmögliche Rückstellung gemäß § 6a EStG i. V. mit § 104 BewG als Schuldposten angesetzt werden. Die die Arbeitnehmer betreffenden Erstattungsansprüche gegenüber der ZVK, für die diese bereits einen Erstattungsbescheid nach § 8 Tarifvertrag über das Verfahren für den Vorruhestand im Baugewerbe v. 12. 12. 1984 erlassen hat, sind als Forderung anzusetzen, die nach der Anlage der tarifvertraglichen Regelung unter einer auflösenden Bedingung steht. Der Ansatz der Erstattungsansprüche als Aktivposten ist auch deshalb vorzunehmen, weil die Finanzierung der Erstattungsleistungen von Vorruhestandsgeldern durch die ZVK in einem **Anwartschaftsdeckungsverfahren** – nicht im Umlageverfahren – erfolgt. Die beim Arbeitgeber als Besitzposten zu erfassenden Erstattungsleistungen der ZVK sind mit dem Kapitalwert gemäß § 13 Abs. 1 BewG zu bewerten. Die **Beiträge** an die ZVK sind keine Schuldposten (Rudloff, BB 1993, 769, 775; Niedersächsisches FinMin v. 15. 5. 1991, BB S. 1181).

2959 Bei der **Anteilsbewertung** ist der Einheitswert des Betriebsvermögens der Ausgangspunkt, wobei der Einheitswert nach wirtschaftlichen Gesichtspunkten zu berichtigen ist, und zwar einmal durch Ansatz der Ansprüche der Arbeitnehmer nur mit ihrer wirtschaftlichen Belastung von 10% des Gesamtaufwandes und zum anderen durch Ansatz des Beitragsaufwandes an die ZVK über die gesamte Laufzeit. Dieser Aufwand ist zu schätzen, wobei die Tatsache zu berücksichtigen ist, daß etwa „95% des Aufwands bis 1993 angefallen sein werden, da sich zu diesem Zeitpunkt nach vorhersehbaren Erfahrungen der Vergangenheit die meisten Vorruheständler bereits in Rente befinden" (so Rudloff, BB 1993, 769, 775).

2960 *(Einstweilen frei)*

VII. Schenkung-/Erbschaftsteuer

Bei Schenkung oder Erbschaft (vgl. Rdnr. 400 ff.) kommen folgende Steuerklassen, Steuertarife sowie Steuerbefreiungen in Betracht.:

2961

1. Steuerklassen

2962

Steuer-klasse	Personenkreis
I	Ehegatte, Kinder (eheliche/nichteheliche), Adoptivkinder, Stiefkinder, Enkel (soweit sie Kinder verstorbener Kinder sind)
II	Enkel (soweit nicht in I) und Urenkel, Eltern und Großeltern (bei Erwerben von Todes wegen)
III	Eltern, Großeltern (bei Schenkungen unter Lebenden), Schwiegereltern, Geschwister, Neffen, Nichten, Stiefeltern, Schwiegerkinder, geschiedener Ehegatte
IV	alle übrigen Erwerber; Zweckzuwendungen

2. Steuertarif

2963

Wert des steuerpflichtigen Erwerbs bis einschließlich Deutsche Mark	Vomhundertsatz in der Steuerklasse			
	I	II	III	IV
50 000	3	6	11	20
75 000	3,5	7	12,5	22
100 000	4	8	14	24
125 000	4,5	9	15,5	26
150 000	5	10	17	28
200 000	5,5	11	18,5	30
250 000	6	12	20	32
300 000	6,5	13	21,5	34
400 000	7	14	23	36
500 000	7,5	15	24,5	38
600 000	8	16	26	40
700 000	8,5	17	27,5	42
800 000	9	18	29	44
900 000	9,5	19	30,5	46
1 000 000	10	20	32	48
2 000 000	11	22	34	50
3 000 000	12	24	36	52
4 000 000	13	26	38	54

Wert des steuer- pflichtigen Erwerbs bis einschließlich Deutsche Mark	Vomhundertsatz in der Steuerklasse			
	I	II	III	IV
6 000 000	14	28	40	56
8 000 000	16	30	43	58
10 000 000	18	33	46	60
25 000 000	21	36	50	62
50 000 000	25	40	55	64
100 000 000	30	45	60	67
über 100 000 000	35	50	65	70

3. Steuerbefreiungen

a) Persönliche Freibeträge

2964 Ehegatte 250 000 DM
übrige Personen der Steuerklasse I 90 000 DM
Personen der Steuerklasse II 50 000 DM
Personen der Steuerklasse III 10 000 DM
Personen der Steuerklasse IV 3 000 DM

b) Besondere Versorgungsfreibeträge

2965 Ehegatte 250 000 DM
Kinder der Steuerklasse I bis zum
vollendetem Lebensjahr von 5 Jahren 50 000 DM
 10 Jahren 40 000 DM
 15 Jahren 30 000 DM
 20 Jahren 20 000 DM
 27 Jahren 10 000 DM

c) Sachliche Steuerbefreiungen

2966

	Steuerklasse	
	I, II	III, IV
Hausrat (einschl. Wäsche und Kleidung), Kunstgegenstände, Sammlungen	40 000 DM	10 000 DM
andere bewegliche körperliche Gegenstände (z. B. Schmuck, Kfz)	5 000 DM	2 000 DM
Zuwendungen wegen unentgeltlicher Pflege	2 000 DM	2 000 DM

Wegen weiterer Steuerbefreiungen, die ohne Begrenzung möglich sind, vgl. § 13 ErbStG.

2967–2970 *(Einstweilen frei)*

VIII. Kraftfahrzeugsteuer

LEXinform
▶ BSt-BG-1940 ◀

Literatur: *Strodthoff,* Kommentar zum Kraftfahrzeugsteuer-Gesetz, Loseblatt, Neuwied.

Im Bauhauptgewerbe werden **Kraftfahrzeuge** gehalten, die von den Vorschriften über das **Zulassungsverfahren ausgenommen** sind. Derartige Fahrzeuge sind nach § 3 Nr. 1 **KraftStG** von der **Kraftfahrzeugsteuer befreit.** Durch die Steuerbefreiung werden insbesondere folgende Fahrzeuge begünstigt, die nach § 18 Abs. 1 StVZO von den Vorschriften über das Zulassungsverfahren ausgenommen sind:

Selbstfahrende Arbeitsmaschinen (Fahrzeuge, die nach ihrer Bauart und ihren besonderen, mit dem Fahrzeug fest verbundenen Einrichtungen zur Leistung von Arbeit, nicht zur Beförderung von Personen oder Gütern bestimmt, und geeignet sind), die zu einer vom Bundesminister für Verkehr bestimmten Art solcher Fahrzeuge gehören (vgl. dazu die nachfolgend aufgeführten Fahrzeuge aus dem amtlichen Anerkennungsverzeichnis):

- Anhänger hinter Straßenwalzen;
- Maschinen für den Straßenbau, die von Kraftfahrzeugen mit einer Geschwindigkeit von nicht mehr als 25 km/h mitgeführt werden;
- fahrbare Baubuden, die von Kraftfahrzeugen mit einer Geschwindigkeit von nicht mehr als 25 km/h mitgeführt werden;
- Fördermaschinen (z. B. Förderbänder, Betonförderpumpen, Verkehrsblatt 1969, 411);
- Bagger (Reichsverkehrsblatt Bd. 37, 1);
- Straßenwalzen (Reichsverkehrsblatt Bd. 37, 1);
- Kocher und Spritzmaschinen für Teer und Asphalt (Reichsverkehrsblatt Bd. 37, 1);
- Bodenrüttler (Reichsverkehrsblatt Bd. 37, 1);
- Bodenstampfer (Reichsverkehrsblatt Bd. 37, 1);
- Motorsägen (Reichsverkehrsblatt Bd. 37, 1);
- Motorspaltmaschinen (Reichsverkehrsblatt Bd. 37, 1);
- Maschinen zur Durchführung von Bodenverbesserungen (z. B. Grabenreinigungsmaschinen, Grabenherstellungsmaschinen, Drainagepflüge, Reichsverkehrsblatt Bd. 37, 1);

- selbstfahrende Betonmischmaschinen, wenn die Mischvorrichtung durch die Antriebsmaschine des Fahrzeugs betrieben wird (Reichsverkehrsblatt Bd. 41, 197);
- selbstfahrende Steinrecher (Reichsverkehrsblatt Bd. 42, 111);
- selbstfahrende Seilwinden (Verkehrsblatt 1953, 314);
- selbstfahrende Kräne (Verkehrsblatt 1955, 266; vgl. auch Verkehrsblatt 1951, 148; 1952, 82);
- selbstfahrende Planierungsmaschinen (Verkehrsblatt 1956, 658), auch mit Aufreißbalken (Verkehrsblatt 1953, 214);
- Kraftfahrzeuge mit fest eingebautem Heißwassergerät zur Reinigung von Maschinen und Geräten (Verkehrsblatt 1958, 261);
- Kraftfahrzeuge mit fest eingebauten Rüttelsiebanlagen (Verkehrsblatt 1959, 398);
- Kraftfahrzeuge mit fest eingebauten Vorrichtungen zur Markierung von Straßenfahrbahnen (Straßenmarkierungsmaschinen, Verkehrsblatt 1961, 25);
- selbstfahrende Maschinen für den Straßenbau und die Straßenunterhaltung (Verkehrsblatt 1961, 192);
- Straßenreinigungsmaschinen (Verkehrsblatt 1982, 31). Hierzu gehören auch Straßensprengmaschinen und Straßenkehrmaschinen.

2973 Die Zulassungsfreiheit eines Fahrzeugs als selbstfahrende Arbeitsmaschine wird nicht dadurch ausgeschlossen, daß die zur Verrichtung der Arbeit erforderlichen **Begleitmannschaften** und **Arbeitsgeräte** und die **sonstigen Hilfsmittel** für die Arbeitsmaschinen mitbefördert werden.

2974 Nicht anerkannt sind jedoch fahrbare Betonmischmaschinen, die an einer anderen Stelle als der Baustelle die zur Herstellung des Betons erforderlichen Materialien aufnehmen und zur Baustelle verbringen, wobei bereits während der Fahrt die Mischmaschine in Tätigkeit gesetzt wird (BFH v. 23. 11. 1960, BStBl 1961 III 71).

2975 Ist die Arbeitsmaschine zur **Mitführung eines Anhängers** eingerichtet, so ist sie zur Beförderung von Personen oder Gütern geeignet und deshalb **nicht zulassungsfrei.** Dies gilt nicht, wenn die Anhängerkupplung zur Verrichtung von Arbeiten erforderlich ist, z. B. bei Abschleppwagen. Das Abschleppen betriebsunfähiger Fahrzeuge ist verkehrsrechtlich zulässig,

Kraftfahrzeugsteuer 695

gleichgültig, ob das beschädigte Fahrzeug gezogen oder aufgesetzt wird. Dementsprechend sind Abschleppwagen häufig mit einer Anhängerkupplung versehen. Diese Kupplung ist erforderlich, um noch rollfähige Fahrzeuge mit Hilfe einer Schleppstange abzuschleppen. Sofern derartige Kupplungen nur zum Abschleppen beschädigter Fahrzeuge dienen, wird die Zulassungsfreiheit des Abschleppwagens nicht beeinträchtigt. Das gleiche gilt, wenn eine Arbeitsmaschine eine Anhänger-Arbeitsmaschine zieht oder einen Anhänger mitführt, auf dessen Ladefläche sich nur Hilfsmittel für die von der Maschine auszuführenden Arbeiten befinden (so OFD Hannover v. 18. 5. 1981 S 6105 – 106 – StO 412/ S 6105 – 114 – StH 433).

Erdschürfwagen (Scraper) sind nicht als Arbeitsmaschinen i. S. des § 18 Abs. 2 Nr. 1 StVZO anerkannt, weil sie nicht nur zur Leistung von Arbeit, sondern auch zur Beförderung von Gütern – nämlich der geschürften Erdmasse – geeignet und bestimmt sind. Sie fallen deshalb nicht unter die Befreiungsvorschriften des § 3 Nr. 1 KraftStG (OFD Hannover v. 19. 5. 1981 S 6105 – 104 – StO 412/ S 6105 – 112 – StH 433). **2976**

Steuerbefreiung nach § 3 Nr. 3 KraftStG kommt nur für Fahrzeuge in Betracht, die zum Wegebau verwendet werden. Nach der Vorschrift sind nur **Wegebaufahrzeuge** von Gebietskörperschaften, **nicht** aber z. B. von Tiefbau-Unternehmen befreit. **2977**

Nach § 3 Nr. 4b KraftStG sind Fahrzeuge, solange sie ausschließlich zur **Abfallbeseitigung** i. S. des Abfallgesetzes i. d. F. der Bekanntmachung v. 5. 1. 1977 (BGBl I 41, 288) verwendet werden, von der KraftSt befreit. **Ausgenommen** ist u. a. die Beseitigung von Bodenaushub, Abraum und **Bauschutt**. Nach BFH (v. 19. 12. 1989, BStBl 1990 II 397) darf der Begriff „Bauschutt" nicht einengend verstanden werden. Auch durch Schadstoffe verunreinigter Bauschutt fällt unter die gesetzliche Ausnahme. Im abfallrechtlichen Sinne sind gleichfalls sämtliche einschlägig anfallenden unbrauchbaren und zu entsorgenden Materialien unter „Bauschutt" zu verstehen, neben Putz, Mörtel, Steinen und Ziegeln auch Auslegeware, Holzverschalungen, Tapetenreste, Plastikgegenstände, Paletten, Drähte, Heizkörper, Rohre und ähnliche Gegenstände (BFH v. 19. 12. 1989, a. a. O., S. 398, linke Spalte, m. w. N.). **2978**

Keine Steuerbefreiung nach § 3 Nr. 7b KraftStG kommt für das Halten eines **Tiefladeanhängers** in Betracht, den ein Bauunternehmer verwendet, **2979**

um Planierraupen, Zugraupen und Tiefpflüge an den Arbeitsplatz zu befördern und dort (im Auftrage von Teilnehmergemeinschaften der Flurbereinigung, von Wasser- und Bodenverbänden und von anderen Verbänden) Arbeiten zur Bodenverbesserung durchzuführen (BFH v. 23. 1. 1980, BStBl II 253).

2980–2985 *(Einstweilen frei)*

Abschnitt D:
Betriebsverpachtung, Betriebsübergabe, Betriebsaufgabe, Betriebsveräußerung; Haftung des Erwerbers eines Unternehmens

Literatur: *Neufang*, Steuern sparen durch Betriebsverpachtung, Inf 1987, 443; *Fella*, Die Verpachtung von Gewerbebetrieben, NWB F. 3, 7021

Verwaltungsanweisungen: Abschn. 139 Abs. 5 EStR.

1. Allgemeines

LEXinform
► BSt-BG-1945 ◄

Sich von einem Betrieb zu trennen, bedarf ebenso gründlicher, auch steuerlicher Erwägungen, wie der Betriebsbeginn. Fachliche Beratungen vor Abschluß von Verträgen sind wichtig, um auch die steuerlich besten Möglichkeiten erkennen und bei den Gestaltungen einplanen zu können. Die geltende **Veräußerungsgewinnbesteuerung** (§§ 16 und 34 EStG) und die rechtlichen Möglichkeiten der **Betriebsverpachtung** bieten steuerlich attraktive Möglichkeiten. Sie sind im Verhältnis zu einem fremden Interessenten ebenso nutzbar, wie innerhalb der **familiären Nachfolgeplanung.** „Veräußern oder verpachten?" ist eine Frage, die eine Antwort für ein vielschichtiges Problem verlangt. Dabei sind **Interessenkonflikte** unternehmerischer, familiärer und steuerlicher Art des Betriebsabgebers und -nachfolgers in Einklang zu bringen. Veräußern läßt sich ein Betrieb nur einmal. Stellt der Unternehmer seine gewerbliche Betätigung ein, so kann er sein Betriebsvermögen verpachten, veräußern, einem Nachfolger unentgeltlich übergeben oder es ins Privatvermögen überführen.

2986

Gewinne bzw. Erträge aus Betriebsverpachtung, -veräußerung oder -aufgabe unterliegen **nicht der Gewerbesteuer.** Sie erfaßt nur die vom laufenden, sog. werbenden Betrieb erzielten Erträge. Betriebsaufgabe bzw. -veräußerung beenden grundsätzlich die Existenz von Betriebsvermögen. Das bedeutet z. B., betriebliche Schulden und als Betriebsausgaben abziehbare Schuldzinsen gibt es im Normalfall nicht mehr. Eine Ausnahme bilden **Betriebsschulden,** die bei einer Betriebsaufgabe zurückbleiben oder vom Erwerber nicht übernommen werden. Sie bleiben über den

2987

Veräußerungs- oder Aufgabezeitpunkt hinaus insoweit Betriebsvermögen, die Zinsen also abziehbar, wie der bei der Veräußerung erzielte Erlös bzw. die bei der Aufgabe vorhandenen Aktivwerte **zur Tilgung nicht ausreichten** (BFH v. 11. 12. 1980, BStBl 1981 II 460; v. 11. 12. 1980, BStBl 1981 II 463; v. 20. 4. 1982, BStBl II 521).

2988 Zinsen sind nicht mehr abziehbar, soweit der Unternehmer den erzielten **Erlös nicht zur Tilgung** seiner betrieblichen Darlehen einsetzt, sondern z. B. für private Anschaffungen verwendet. Fälle von Umwidmungen vgl. BFH v. 7. 8. 1990, BStBl 1991 II 14; v. 14. 7. 1992, BFH/NV 1993, 16.

2. Steuervergünstigungen für Betriebsaufgabe bzw. -veräußerung

LEXinform
▶ BSt-BG-1950 ◀

a) Freibeträge

2989 Veräußerungs- und Aufgabegewinne werden nach § 16 Abs. 4 EStG zur Besteuerung herangezogen, soweit sie **30 000 DM** und bei Veräußerung eines Teilbetriebes oder eines Anteils am Betriebsvermögen den entsprechenden Anteil davon übersteigen. Der **Freibetrag** ermäßigt sich um den Betrag, um den der Veräußerungsgewinn des ganzen Betriebes 100 000 DM oder bei Teilbetrieb den entsprechenden Teil davon übersteigt.

2990 Der Freibetrag von 30 000 DM **erhöht sich auf 120 000 DM,** der von 100 000 DM auf 300 000 DM, wenn der Unternehmer seinen Gewerbebetrieb nach **Vollendung des 55. Lebensjahres** oder wegen dauernder Berufsunfähigkeit veräußert oder aufgibt. Wird der Betrieb **von den Erben** veräußert, so müssen die vorgenannten Voraussetzungen bei ihnen als Gesamtrechtsnachfolger erfüllt sein (Niedersächsisches FG v. 2. 9. 1987, EFG 1988, 120).

b) Tarifvergünstigung nach § 34 EStG

2991 Veräußerungs- und Aufgabegewinne sind nach § 34 Abs. 2 Nr. 1 EStG **außerordentliche Einkünfte,** die nach § 34 Abs. 1 EStG auf Antrag nur dem **ermäßigten Steuersatz** unterliegen. Er beträgt die Hälfte des durchschnittlichen Steuersatzes, der sich nach dem Tarif für das gesamte zu versteuernde Einkommen ergeben würde. Die Anwendung dieses Tarifes wurde ab 1990 auf einen Betrag von 30 Mio. DM beschränkt. Darüber hinausgehende Veräußerungs- oder Aufgabegewinne sind zum normalen Tarif steuerpflichtig.

3. Betriebsübergabe

LEXinform
▶ BSt-BG-1955 ◀

Literatur: *Halbig,* Rechtsfolgen der BFH-Rechtsprechung zur vorweggenommenen Erbfolge, Inf 1991, 529; *Schoor,* Betriebsübertragungen im Wege der vorweggenommenen Erbfolge, StBp 1992, 29; *ders.,* Steuerfolgen bei Vererbung eines Gewerbebetriebes, StBp 1992, 77.

a) Allgemeines

Für die Betriebsübergabe im Wege der vorweggenommenen Erbfolge sind mehrere Möglichkeiten denkbar. Bei zwischen **Familienangehörigen** ablaufenden Betriebsübertragungen wird vermutet, daß die wechselseitigen Leistungen **nicht kaufmännisch** gegeneinander abgewogen werden (§ 7 EStDV; Abschn. 139 Abs. 6 EStR; BFH v. 11. 9. 1991, BFH/NV 1992, 168). Ein Übergang der Betriebsschulden ist kein Entgelt. Es entsteht weder Aufgabe- noch Veräußerungsgewinn. 2992

Voraussetzung ist, daß zumindest die **wesentlichen Grundlagen** des Betriebes, Teilbetriebs oder Anteils am Betrieb unentgeltlich übertragen werden. Auch die Vereinbarung von Versorgungsleistungen ändern an der Unentgeltlichkeit nichts. Das ist so lange der Fall, wie die Leistung und Gegenleistung nicht nach kaufmännischen Gesichtspunkten gegeneinander abgewogen wurden. Der Übernehmer hat dabei die Buchwerte fortzuführen. Die Beteiligten können steuerlich auch Kaufverträge wie unter Fremden miteinander schließen. 2993

Erfolgt eine Übertragung des Betriebes im Wege vorweggenommener Erbfolge unter Zahlung von **Gleichstellungsgeldern, Ausgleichszahlungen** an Miterben bzw. Übernahme von mit dem Betrieb nicht zusammenhängenden Verbindlichkeiten, so liegt insoweit für den bisherigen Betriebsinhaber ein **entgeltliches Geschäft** vor (BFH v. 5. 7. 1990, BStBl II 837). § 7 EStDV ist nicht anwendbar. Beim Übernehmer stellen die Zahlungen **Anschaffungskosten** dar. Beim Übergeber entsteht ein meist einkommensteuerlich unbeachtlicher Veräußerungsgewinn. 2994

b) Abgrenzung zur Betriebsveräußerung

Die **Vermögensübertragung** im Wege der vorweggenommenen Erbfolge ist abzugrenzen zur Betriebsveräußerung. Vermögensübertragungsverträge **gelten als unentgeltlich** mit den Rechtsfolgen des § 7 EStDV. Der Übernehmer hat die Buchwerte fortzuführen. Laufende Zahlungen sind dann als private Versorgungsrente (Rdnr. 3040 ff.) mit dem Ertragsanteil 2995 bzw. als dauernde Lasten (Rdnr. 3047 ff.) als Sonderausgaben nach § 10 Abs. 1 Nr. 1 a EStG abziehbar. Beim Übergeber sind die laufenden Zahlungen **wiederkehrende Bezüge** i. S. von § 22 EStG (BFH v. 11. 3. 1992, BStBl II 469).

2996 Unabhängig vom Wert des übertragenen Vermögens wird die Gegenleistung in der Regel nach dem Versorgungsbedürfnis der Eltern und/oder nach der Ertragskraft des übertragenen Vermögens bemessen. Zahlungen des Übernehmenden haben daher in der Regel familiären, außerbetrieblichen Charakter (BFH v. 9. 10. 1985, BStBl 1986 II 51). Eine solche Vermutung besteht nicht, wenn übertragene Vermögenswerte und übernommene Verpflichtungen in etwa **gleichwertig sind**. Beruft sich der Unternehmer darauf, so hat er die Widerlegung der Vermutung substantiiert darzutun (BFH v. 9. 10. 1985, BStBl 1986 II 51). Die Vermutung für die private Veranlassung ist widerlegt, wenn feststeht, daß die gegenseitigen Leistungen wie unter Fremden gegeneinander abgewogen worden sind (BFH v. 28. 7. 1983, BStBl 1984 II 97). Bei vorweggenommener Erbfolge stellt eine zugesagte Versorgungsrente auch dann kein Entgelt dar, wenn sie nicht aus den Erträgen des übertragenen Vermögens geleistet werden kann (BFH v. 23. 1. 1992, BStBl II 526).

4. Betriebsverpachtungen

LEXinform
▶ BSt-BG-1960 ◀

a) Allgemeines

2997 Der Verpachtung gegenüber Veräußerung oder Aufgabe den Vorzug zu geben, kann auf persönlichen (Altersgründen), wirtschaftlichen oder steuerlichen Gründen des Bauunternehmers bzw. Baunebengewerbehandwerkers beruhen. Dazu gehören Gesichtspunkte der Versorgung, Ermöglichung der Rechtsnachfolge, Risikobeschränkung ebenso wie die Vermeidung der Aufdeckung stiller Reserven. Der Unternehmer kann den gesamten Betrieb oder seine wesentlichen Grundlagen auf Dauer oder bis Kinder zur Übernahme in der Lage sind auf Zeit verpachten.

2998 Betriebsverpachtungen bieten Pächtern und Verpächtern **attraktive Gestaltungen**. Eine Verpachtung führt nicht zwangsläufig zur Einkunftsart Vermietung und Verpachtung. Steuergesetz und Rechtsprechung ermöglichen unter bestimmten Voraussetzungen eine **Fortsetzung in der gewerblichen Einkunftsart** des § 15 EStG, wenn die Verpachtung als „Betriebsunterbrechung" anzusehen ist. Besteht diese Möglichkeit nicht, so wird die betriebliche Betätigung durch **Betriebsaufgabe** nach § 16 Abs. 3 EStG beendet. Dies löst zwangsläufig die **Aufdeckung aller stiller Reserven** aus. Der dabei entstehende Aufgabegewinn bzw. -verlust unterliegt bei Überschreiten der Freibeträge nach § 16 Abs. 4 EStG der Besteuerung, eventuell zum günstigeren Tarif nach § 34 Abs. 2 EStG (Rdnr. 3020 ff.). Erst danach erfolgt eine Verpachtung als Einkunftsart nach § 21 EStG.

b) Verpächterwahlrecht

Eine Betriebsverpachtung der **wesentlichen Betriebsgrundlagen** im ganzen und Betriebsfortführung durch den Pächter bietet dem Verpächter ein vorteilhaftes **Wahlrecht** (BFH v. 13. 11. 1963, BStBl 1964 III 124; gleichlautender Ländererlaß v. 28. 12. 1964, BStBl 1965 II 5): 2999

- Er kann die **Aufgabe** i. S. des § 16 Abs. 3 EStG erklären; dann ist der Aufgabegewinn bzw. -verlust nach § 16 Abs. 3 EStG festzustellen; der Verpächter bezieht danach Einkünfte nach § 21 EStG.

- **Ohne Aufgabeerklärung** gilt die Verpachtung weiter als gewerblich (sog. **ruhender Gewerbebetrieb**). Die Versteuerung der stillen Reserven wird auf einen **späteren Zeitpunkt** in die Zukunft verschoben.

Das Verpächterwahlrecht gilt auch, wenn eine **Personengesellschaft** ihren Betrieb im ganzen verpachtet, bzw. der Betrieb auf eine **Erbengemeinschaft** übergeht, die ihn fortführt. Kapitalgesellschaften haben kein Verpächterwahlrecht, weil sie kraft Rechtsform gewerbesteuerpflichtig sind. 3000

c) Vorteile der Betriebsverpachtung im ganzen

Das Verpächterwahlrecht eignet sich vor allem für die Fälle, in denen der Betrieb später unentgeltlich auf den Pächter übergehen soll. Betriebsverpachtung im ganzen hat vor allem folgende Vorteile: 3001

- Eine **Aufdeckung der stillen Reserven** tritt **nicht** ein.
- Der finanzielle **Unterhalt (Versorgung)** der sich aus dem aktiven Erwerbsleben zurückziehenden Generation **wird gesichert**.
- Die Zahlungen mindern beim Pächter – teilweise nur zur Hälfte (§ 8 Nr. 7 GewStG) – die gewerbesteuerliche Bemessungsgrundlage, ohne beim Verpächter der GewSt zu unterliegen.
- **Vergünstigungen** für steuerliches Betriebsvermögen bleiben dem Verpächter erhalten (§ 7 Abs. 4 Nr. 1, Abs. 5 Nr. 1, § 7g EStG).

- Eine **Betriebsaufgabe kann jederzeit** erklärt werden, ohne daß die Vergünstigungen nach §§ 16, 34 EStG gefährdet sind.
- Der Betrieb kann später ohne Aufeckung von Reserven durch Erbgang oder Schenkung auf den Pächter übergehen.

d) Voraussetzungen des Verpächterwahlrechts

3002 Das Verpächterwahlrecht gilt nur, wenn die beim bisherigen Eigentümer verbleibenden und verpachteten Wirtschaftsgüter (**wesentliche Betriebsgrundlagen**) es erlauben, die unterbrochene betriebliche Tätigkeit jederzeit wieder aufzunehmen und fortzuführen. Wesentliche Betriebsgrundlagen dürfen nicht an verschiedene Pächter verpachtet werden. Umlaufvermögen und Einrichtungsgegenstände könnten veräußert werden (BFH v. 14. 12. 1978, BStBl 1979 II 300). Das **Betriebsgrundstück** allein kann zusammen mit Betriebsvorrichtungen wesentliche Betriebsgrundlage sein (BFH v. 14. 6. 1967, BStBl III 724). Wann wesentliche Betriebsgrundlagen vorliegen, ist eine **Entscheidung des Einzelfalls**. Betrieblich genutzte Grundstücke gehören im Baugewerbe in der Regel dazu.

3003 Die **Aufgabeerklärung** kann formlos dem Finanzamt gegenüber abgegeben, aber auch durch **schlüssiges Verhalten** realisiert werden. Dafür reicht die Zuordnung allein nicht aus. Es müssen andere Umstände dazu kommen (BFH v. 20. 4. 1989, BStBl II 863; BMF v. 23. 11. 1990, BStBl I 770). Eine Fortführung des Betriebes durch Verpachtung ist steuerlich nicht möglich, wenn wesentliche betriebliche Wirtschaftsgüter dem Verpächter und Pächter **gemeinsam (als Miterben)** gehören (BFH v. 22. 5. 1990, BStBl II 780).

3004 Werden einzelne Gegenstände, die nicht die wesentlichen Grundlage des Betriebes darstellen, nicht mitverpachtet, so schließt dies die Ausübung des Wahlrechts nicht aus. Die **Zurückbehaltung unbedeutender Wirtschaftsgüter** hindert nicht die Annahme einer Verpachtung des Betriebs im ganzen.

e) Zwangsaufgabe

3005 Vorsicht ist geboten bei **Umgestaltungen durch den Pächter**. Dieser Gefahr sollte der Verpächter durch entsprechende Klauseln im Pachtvertrag begegnen. Das kann z. B. durch die Vereinbarung geschehen, daß den Pächter eine **Substanzerhaltungsverpflichtung** trifft, damit bei Pachtende ein **funktionierender Betrieb** übergeben wird. Es kann eine Zwangsaufgabe anzunehmen sein, wenn der Betrieb vom Pächter so umgestaltet wird, daß ihn der Verpächter nicht mehr in der bisherigen Form nutzen kann (BFH v. 4. 11. 1965, BStBl 1966 II 49; v. 26. 6. 1975, BStBl II 885; v. 16. 11. 1967, BStBl 1968 II 78; v. 19. 1. 1983, BStBl II 412; v. 23. 6. 1977, BStBl II 719).

Andererseits kann **Betriebsaufgabe unvermeidbar** sein, wenn wesentliche Teile des Betriebsvermögens veräußert werden. Duldet der Verpächter, daß der Pächter auf dem mitverpachteten Grundbesitz ein Wohnzwecken des Pächters dienendes Einfamlienhaus errichtet, so tritt dadurch allein eine Zwangsentnahme nicht ein. Allerdings kann darin eine Entnahme des Verpächters anzunehmen sein (BFH v. 18. 11. 1986, BStBl 1987 II 261). 3006

(Einstweilen frei) 3007–3010

5. Betriebsaufgabe

LEXinform
▶ BSt-BG-1965 ◀

Eine Betriebsaufgabe setzt voraus, daß der Betrieb als **selbständiger Organismus** des Wirtschaftslebens zu bestehen aufhört (BFH v. 5. 6. 1991, BFH/NV 1992, 97). Sie kommt in Betracht, wenn der **Bauunternehmer keinen Nachfolger** findet bzw. der Betrieb **nicht mehr veräußer- oder verpachtbar** ist oder der Pachtvertrag ausläuft. Betriebsaufgabe wird angenommen, wenn der Unternehmer aufgrund eines Entschlusses seine **werbende betriebliche Tätigkeit** einstellt und das Betriebsvermögen auf einen Nachfolger überträgt, ins Privatvermögen überführt oder im Zusammenhang einzeln veräußert und dadurch der Betrieb als selbständiger Organismus zu bestehen aufhört. Als Veräußerungspreise gelten die erzielten Einzelveräußerungspreise zuzüglich des gemeinen Wertes der nicht veräußerten Wirtschaftsgüter. 3011

Der Pkw, den der Unternehmer im Rahmen der Betriebsaufgabe **ins Privatvermögen** übernimmt, führt zur Aufdeckung von stillen Reserven, soweit sein Buchwert unter dem dafür am Markt erzielbaren Einzelveräußerungspreis (gemeiner Wert; ggf. gemäß Schwackeliste) liegt. Zum Zeitpunkt der Aufgabe sind die Buchwerte den Veräußerungspreisen bzw. gemeinen Werten gegenüberzustellen. Der Aufgabegewinn errechnet sich als Differenz nach Abzug der Veräußerungskosten. 3012

Der Unternehmer hat einen **Entscheidungsspielraum** zwischen der **begünstigten Betriebsaufgabe** in einem einheitlichen Vorgang und der steuerlich nicht begünstigten **schrittweisen Betriebsabwicklung** (BFH v. 29. 11. 1988, 3013

BStBl 1989 II 602; v. 1. 12. 1988, BStBl 1989 II 368). Die sukzessive Aufgabe des Betriebes über einen längeren Zeitraum führt zu laufenden Gewinnen, zu versteuern zum **Normaltarif.**

3014 Betriebsaufgabe bzw. -veräußerung mit der Folge der Inanspruchnahme der Freibeträge nach § 16 Abs. 4 EStG und der Tarifvergünstigung nach § 34 EStG (Rdnr. 3020 ff.) haben zur Voraussetzung, daß der Unternehmer seine selbständige Tätigkeit endgültig aufgibt. Es muß aber geprüft werden, ob nicht nur eine **Betriebsverlegung** vorliegt. Davon ist auszugehen, wenn sich alter und neuer Betrieb bei wirtschaftlicher Betrachtung unter Berücksichtigung der Verkehrsauffassung als **wirtschaftlich identisch** darstellen (gleicher Kundenkreis vgl. BFH v. 24. 6. 1976, BStBl II 670, 672).

3015 Betriebsaufgabe und **keine Betriebsverlegung** liegen vor, wenn der Pächter nach Aufgabe den restlichen Warenbestand und geringes Inventar in einen neuen Betrieb übernimmt, aber den **Kundenstamm** verliert. Der Veräußerungsgewinn aus dem Verkauf des Inventars aus dem alten Betrieb unterliegt dem ermäßigten Steuersatz (FG Münster, v. 9. 9. 1966, EFG 1967, 284).

6. Betriebsveräußerungen

LEXinform
▶ BSt-BG-1970 ◀

Literatur: *App,* Feststellungen zur Betriebsveräußerung und Betriebsaufgabe im Rahmen der Außenprüfung, StBp 1990, 241; *Paus,* Veräußerungs- und Einbringungsgewinne, NWB F. 3, 8203.

Verwaltungsanweisungen: Abschn. 139 Abs. 1 EStR.

a) Allgemeines

3016 Betriebs- oder Teilbetriebsveräußerung sind im modernen Geschäftsleben **keine Ausnahmetatbestände** mehr. Sie führen über die Aufdeckung der stillen Reserven in der Regel zu **Veräußerungsgewinnen.** Grundsätzlich hat der Unternehmer dafür ein Wahlrecht, ihn im Zeitpunkt der Entstehung zu versteuern oder die Möglichkeiten der **Reinvestition nach § 6b EStG** zu nutzen, falls der Bauunternehmer noch einen anderen Betrieb unterhält (Einzelunternehmen bzw. als Mitunternehmer einer Personengesellschaft).

3017 Ein **Veräußerungsgewinn** entsteht, wenn das vereinbarte Entgelt zuzüglich übernommenen Schulden abzüglich der Veräußerungskosten höher ist, als die Buchwerte der übernommenen Wirtschaftsgüter. Auch bei **Gewinn-**

ermittlung nach § 4 Abs. 3 EStG ist dafür der Wert des Betriebsvermögens nach den Grundsätzen von § 4 Abs. 1 EStG zu berechnen. Das Gesetz sieht bei entgeltlichen Betriebsübertragungen für den Übertragenden die Vergünstigungen der §§ 16 und 34 EStG (Rdnr. 3020 ff.) vor.

Freibeträge und Tarifvergünstigungen sind so attraktiv, daß auch zwischen Familienmitgliedern Veräußerungen zu Bedingungen wie zwischen Fremden aus steuerlichen Gründen nicht selten vorkommen. Der Käufer erhält so **Abschreibungen zu Normalsteuersätzen**, während die Gewinne daraus beim Veräußerer entweder unter den Freibeträgen steuerfrei oder nur zum **halben Steuertarif** steuerpflichtig sind. Zum Geschäftswert vgl. Rdnr. 121 ff. 3018

Zur Abgrenzung zur unentgeltlichen Betriebsübertragung vgl. Rdnr. 2995. 3019

b) Betriebsveräußerungen im ganzen

Bei Veräußerungen des gesamten Gewerbebetriebes, eines Teilbetriebs und bei Betriebsaufgabe werden die daraus enstandenen Gewinne wegen der Vergünstigungen nach §§ 16 und 34 EStG sorgfältig zu den **laufenden Gewinnen abgegrenzt**. Begünstigt sind nur Vorgänge, die mit Veräußerung oder Aufgabe in wirtschaftlichem, rechtlichem oder ursächlichem Zusammenhang stehen; vgl. Rdnr. 105 ff. 3020

Eine **begünstigte Veräußerung** ist gegeben, wenn der Unternehmer die wesentlichen Betriebsgrundlagen, wie Organisation, Kundschaft, materielle und immaterielle Wirtschaftsgüter auf einen Erwerber **gegen Entgelt überträgt** und der Betrieb fortgeführt werden kann. Es ist nicht erforderlich, daß der Erwerber den Betrieb tatsächlich fortführt. Die Zurückbehaltung, private Nutzung oder spätere Einzelveräußerung von Wirtschaftsgütern ist schädlich, wenn sie wesentliche Betriebsgrundlagen sind. Der Veräußerer darf nur Wirtschaftsgüter von untergeordneter Bedeutung zurückbehalten. Was wesentliche Betriebsgrundlagen sind, läßt sich nur für den Einzelfall entscheiden. 3021

Es ist zu unterscheiden zwischen einer begünstigten Betriebsveräußerung, verbunden mit einer anschließenden Neueröffnung eines anderen Betriebes, und der bloßen **innerbetrieblichen Strukturveränderung** oder **Betriebsverlegung**. Der BFH hat einen Standortwechsel um 200 bis 300 m als Betriebsverlegung angesehen (BFH v. 3. 10. 1984, BStBl 1985 II 131). 3022

c) Teilbetriebsveräußerung

3023 Die Veräußerung eines Unternehmens als Teilbetrieb setzt voraus, daß dieser ein organisatorisch abgeschlossener, verselbständigter Teil des Gesamtbetriebes und **für sich lebensfähig** ist (BFH v. 24. 8. 1989, BStBl 1990 II 55; v. 3. 10. 1984, BStBl 1985 II 245). Die §§ 16 und 34 EStG sind auch auf **im Aufbau befindliche Teilbetriebe** anzuwenden, die ihre werbende Tätigkeit noch nicht aufgenommen haben (BFH v. 1. 2. 1989, BStBl II 458).

d) Veräußerung bei Gewinnermittlung nach § 4 Abs. 3 EStG

3024 Bei **Gewinnermittlung nach § 4 Abs. 3 EStG** ist eine Veräußerung oder Betriebsaufgabe so zu behandeln, als wäre der Unternehmer zum Veräußerungszeitpunkt **zum Bestandsvergleich übergegangen**. Das bedeutet, es werden auch die üblichen **Übergangskorrekturen** nach Abschn. 19 Abs. 1 EStR erforderlich. Ihre Auswirkungen gelten als laufender Gewinn (BFH v. 23. 11. 1961, BStBl 1962 III 199). Eine Verteilung auf drei Jahre entfällt (BFH v. 3. 8. 1967, BStBl III 755).

e) Veräußerung von Mitunternehmeranteilen

3025 Zu den Gewinnen aus Gewerbebetrieb gehört nach § 16 Abs. 1 Nr. 2 EStG auch der Gewinn aus der Veräußerung eines Mitunternehmeranteils. Der Freibetrag nach § 16 Abs. 4 EStG ist **anteilig** zu gewähren. Ein Veräußerungsgewinn ist grundsätzlich nach § 34 EStG tarifbegünstigt. GewSt fällt nicht an.

3026 Als Erwerber kommen die übrigen Gesellschafter oder, bei Einverständnis, ein sich beteiligender Dritter in Betracht. **Veräußerungsgewinn** ist der Unterschiedsbetrag zwischen dem vereinbarten Kaufpreis und dem Buchwert der Beteiligung. Für den Übernehmer des Anteils ist der **Kaufpreis als Anschaffungskosten** für die übernommene Beteiligung anzusehen. Bei Verzicht auf Ausgleich eines **negativen Kapitalkontos** des ausscheidenden Gesellschafters liegt insoweit grundsätzlich ein Veräußerungsgewinn vor (BFH v. 5. 10. 1989, BFH/NV 1990, 496).

3027 Die Veräußerung von Anteilen an Personengesellschaften löst **keine Grunderwerbsteuer** aus, wenn die Personengesellschaft Grundbesitz hat.

f) Veräußerungszeitpunkt

Üblicherweise wird in Kaufverträgen als **Übergabezeitpunkt** der 1. 1. des Folgejahres vereinbart. Diese Vereinbarung hat in erster Linie **zivilrechtliche Bedeutung**. Daraus läßt sich nicht ohne weiteres ableiten, daß das Finanzamt den Veräußerungsvorgang auch steuerlich dem Folgejahr zuordnet. Dafür maßgebend ist der Zeitpunkt des tatsächlichen **Übergangs der Verfügungsmacht**. 3028

Entscheidend ist, ab wann der Erwerber wirtschaftlich über das Objekt verfügen konnte (BFH v. 30. 10. 1973, BStBl 1974 II 255; FG Berlin v. 23. 3. 1987, EFG S. 505). Es wird vom Finanzamt regelmäßig ermittelt, wann sich der Veräußerer durch die **Schlüsselübergabe** der Verfügungsmacht über das Objekt begeben hat. War das bereits unmittelbar nach Vertragsabschluß z. B. am 27. 12., so ist der Veräußerungsgewinn abweichend vom Kaufvertrag steuerlich vorgezogen zu versteuern (BFH v. 7. 11. 1991, BBK F. 17, 1459). 3029

g) Veräußerungskosten

Abziehbare Veräußerungskosten sind alle Aufwendungen, die zum Veräußerungsgeschäft in **unmittelbarer sachlicher Beziehung** standen (Abschn. 139 Abs. 13 EStR). Das sind die durch die Veräußerung veranlaßten Kosten entsprechend § 4 Abs. 4 EStG wie Annoncen, Gutachter, Schätzer, Reisekosten, Makler-, Anwaltskosten usw. 3030

Es besteht kein Interesse, Aufwendungen, die beim laufenden Gewinn abziehbar sind, als Veräußerungskosten zu behandeln. Sie mindern dann einen begünstigt zu besteuernden Gewinn. 3031

(Einstweilen frei) 3032–3035

7. Einkommensteuerliche Behandlung von anläßlich einer Veräußerung gezahlten Beträgen

LEXinform
▶ BSt-BG-1975 ◀

Die Veräußerung eines Betriebes löst **Gegenleistungen in unterschiedlichen Varianten** aus. Jede Vereinbarung sollte die steuerlichen Aspekte nicht außer acht lassen. Die Form der Kaufpreiszahlung soll häufig die **Versorgung** des Veräußerers sicherstellen. Bisweilen ist der Erlös auch als Finanzierung für ein anderes Vorhaben gedacht. Schwieriger wird es 3036 regelmäßig, wenn **Kaufpreisraten, Renten** oder dauernde Lasten vereinbart werden.

3037 **Eine Leibrente** ist die einzige Möglichkeit für den Veräußerer, sein Vermögen bis zum Tode für die Sicherstellung der eigenen Versorgung zu verbrauchen. Zu bedenken ist, daß dabei beide Parteien Risiken eingehen, aber auch Vorteile haben. Für den Erwerber ist der betriebswirtschaftlich angenehme Stundungseffekt über die Verrentung mit dem Risiko einer hohen, aber auch kurzen Lebenserwartung des Veräußerers verbunden. Der Veräußerer geht ein Sicherheitsrisiko ein. Ein **Zusammenbruch der Firma** löscht seinen Rentenanspruch aus. Dazu kommt eine schwierige steuerliche Entscheidung hinsichtlich des Tarifes (Rdnr. 3040).

3038 Folgende Übersicht von Jansen (NWB F. 3, 6473 ff.) gibt Hinweise zur steuerlichen Behandlung von Kaufpreisraten und Renten beim Veräußerer und Erwerber.

a) Kaufpreisraten

3039 Kaufpreisraten liegen vor, wenn der Kaufpreis lediglich zum Zwecke der Zahlungserleichterung gestundet ist.

Behandlung beim Berechtigten (Veräußerer)	Behandlung beim Verpflichteten (Erwerber)
Es gibt kein Wahlrecht. Zwingend ist die sofortige Versteuerung des Veräußerungsgewinns nach §§ 14, 16, 18 Abs. 3 EStG (mit Gewährung der Freibeträge und der Tarifvergünstigung des § 34 Abs. 1 EStG). Die in den Ratenzahlungen enthaltenen Zinsen sind nach § 20 Abs. 1 Nr. 7 EStG zu versteuern.	Behandlung wie Rdnr. 3040.

b) Betriebliche Veräußerungsleibrenten bei Gewinnermittlung nach § 4 Abs. 1 EStG

3040 Gehen die Vertragsparteien von der Gleichwertigkeit des Rentenbarwerts und der veräußerten Gegenstände aus, so handelt es sich um eine Veräußerung, die betrieblich ist, wenn zum Betriebsvermögen gehörende Wirtschaftsgüter veräußert werden.

Einkommensteuerliche Behandlung gezahlter Beträge

Behandlung beim Berechtigten (Veräußerer)	Behandlung beim Verpflichteten (Erwerber)
(1) Es handelt sich um Gewinneinkünfte nach § 24 Nr. 2 EStG, sobald die Zahlungen das Kapitalkonto und die vom Berechtigten getragenen Veräußerungskosten übersteigen. Keine Freibeträge für Veräußerungsgewinne und keine Tarifermäßigung nach § 34 Abs. 1 EStG. (2) Nach Abschn. 139 Abs. 12 EStR kann der Berechtigte sofortige Versteuerung des Gewinns nach §§ 14, 16, 18 Abs. 3 EStG i. V. m. 34 Abs. 1 EStG wählen. Dann ist der Rentenbarwert als Veräußerungspreis anzusehen. Die laufenden Rentenzahlungen sind mit Ertragsanteil nach § 22 Nr. 1 Satz 3 a EStG zu versteuern.	Versicherungsmathematisch zu ermittelnder Rentenbarwert wird in Eröffnungsbilanz aktiviert (verteilt auf übernommene Wirtschaftsgüter – ggf. auch auf Geschäftswert –, und zwar nach Verhältnis der Teilwerte der Wirtschaftsgüter untereinander) und passiviert. Jährliche Rentenleistung ist Aufwand, die jährliche Barwertminderung Ertrag; damit wirkt sich nur die Differenz zwischen Rentenleistung und Barwertminderung gewinnmindernd oder gewinnerhöhend aus. Nach weit verbreiteter Meinung können laufende Rentenleistungen auch gegen die Rentenverpflichtung verbucht werden (sog. buchhalterische Methode). Die Rentenleistungen mindern dann den Gewinn erst in dem Zeitpunkt, in dem sie Rentenverpflichtung übersteigen.

c) Betriebliche Veräußerungsleibrenten bei Gewinnermittlung nach § 4 Abs. 3 EStG

Behandlung beim Berechtigten (Veräußerer)	Behandlung beim Verpflichteten (Erwerber)
Durch Veräußerung Übergang zum Betriebsvermögensvergleich nach § 4 Abs. 1 EStG (Abschn. 17 Abs. 6 EStR). Versteuerung der Renten wie in Ziff. 2 Rdnr. 3040. Veräußerer hat also Wahlrecht.	Rentenbarwert und Rentenleistungen sind nach Verhältnis der Teilwerte der einzelnen Wirtschaftsgüter auf diese aufzuteilen. Soweit Rentenleistungen auf Umlaufvermögen entfallen, sind sie in vollem Umfang Betriebsausgaben. Soweit sie auf abnutzbare Wirtschaftsgüter des Anlagevermögens entfallen, ist Barwert AfA-Bemessungsgrundlage; Zinsanteil, der wie in Rdnr. 3040 zu berechnen ist, ist Betriebsausgabe. Bei nichtabnutzbaren Wirtschaftsgütern des Anlagevermögens ist § 4 Abs. 3 Satz 5 EStG zu beachten. Siehe auch Abschn. 17 Abs. 3 EStR wegen Vereinfachungsregelung.

3041

d) Betriebliche Veräußerungszeitrenten

3042 Veräußerungszeitrenten – das sind Renten mit einer Laufzeit von mindestens zehn Jahren – sind von Kaufpreisraten abzugrenzen. Die Zeitrente ist mit einem Wagnis behaftet und/oder dient der Versorgung des Veräußerers (Jansen, a. a. O.).

Behandlung beim Berechtigten (Veräußerer)	Behandlung beim Verpflichteten (Erwerber)
Es besteht Wahlrecht zwischen sofortiger Versteuerung des Veräußerungsgewinns (mit Gewährung der Freibeträge und der Tarifermäßigung nach § 34 Abs. 1 EStG) oder nachträglicher Versteuerung. Vgl. Ziff. 2 Rdnr. 3040. Bei sofortiger Versteuerung sind die in den Rentenleistungen enthaltenen Zinsen Einnahmen i. S. des § 20 Abs. 1 Nr. 7 EStG.	Behandlung wie in Rdnr. 3040. Der Rentenbarwert ist nach den Hilfstafeln des BewG zu ermitteln.

e) Gewinn- und Umsatzbeteiligung

Behandlung beim Berechtigten (Veräußerer)	Behandlung beim Verpflichteten (Erwerber)
3043 Berechtigter kann nach h. M. zwischen nachträglicher Versteuerung und Sofortversteuerung wählen. Behandlung dieselbe wie in Ziff. 2 Rdnr. 3040. Bei Sofortversteuerung ist Barwert der Gewinn- und Umsatzbeteiligung zu schätzen. Streitige Behandlung der laufenden Leistungen. Nach Jansen (a. a. O.) ist der in ihnen steckende Zinsanteil der jährlich zu ermitteln ist, Einnahme i. S. des § 20 Abs. 1 Nr. 7 EStG.	Barwert der Gewinn- und Umsatzbeteiligung ist zu aktivieren. Bei schwer bewertbaren immateriellen Wirtschaftsgütern kann Verpflichteter zwischen sofortiger und nachträglicher Aktivierung wählen. Entsprechend ist Passivierung vorzunehmen. Streitig Behandlung der laufenden Bezüge. Nach Jansen (a. a. O.) ist buchhalterische Methode (vgl. Rdnr. 3040) zu bevorzugen. Nach anderer Meinung ist jährlicher Zinsanteil zu ermitteln.

f) Betriebliche Versorgungsrenten

3044 Die betriebliche Versorgungsrente wird aus betrieblichem (beruflichen) Anlaß der Übertragung eines Betriebes, Teilbetriebes oder Betriebsanteils zur Versorgung des Berechtigten geleistet. Die betriebliche Veräußerungsrente soll dagegen das angemessene Entgelt für die Übertragung von Betriebsvermögen sein.

Behandlung beim Berechtigten (Veräußerer)	Behandlung beim Verpflichteten (Erwerber)
Die Rentenbezüge sind mit Zufluß voll stpfl. nachträgliche Einnahmen nach § 24 Nr. 2 EStG, die nicht in Höhe des Kapitalkontos steuerfrei sind.	Rentenbarwert ist nicht zu passivieren. Laufende Zahlungen in voller Höhe Betriebsausgaben, sie sind nicht mit dem Kapitalkonto zu verrechnen. Da Betrieb, Teilbetrieb, Betriebsanteil unentgeltlich erworben wurde, sind die Buchwerte des Vorgängers fortzuführen (§ 7 Abs. 1 EStDV).

g) Private Versorgungsleibrenten

Eine private Versorgungsleibrente wird aus privatem Anlaß zur Versorgung gegeben. Sie kommen insbesondere bei Vereinbarung zwischen Eltern und Kindern vor, wenn aus Anlaß der Versorgung eine Gegenleistung erbracht wird (kein kaufmännisches Abwägen von Leistung und Gegenleistung) und der Wert der Gegenleistung bei überschlägiger Berechnung mindestens die Hälfte des Barwerts der Rente ausmacht (vgl. Abschn. 123 Abs. 3 EStR).

Behandlung beim Berechtigten (Veräußerer)	Behandlung beim Verpflichteten (Erwerber)
Die Rente ist mit dem Ertragsanteil stpfl. nach § 22 Nr. 1 Satz 3 a EStG bei Leibrenten, anderenfalls mit vollem Betrag der wiederkehrenden Bezüge. Bei Vereinbarung einer Zeitrente sind die vollen Beträge zu versteuern.	Bei Leibrenten ist der Ertragsanteil Sonderausgabe nach § 10 Abs. 1 Nr. 1a EStG, bei Zeitrenten in voller Höhe (Jansen/Wrede, a. a. O., S. 202).

h) Unterhaltsleibrenten

Behandlung beim Berechtigten (Veräußerer)	Behandlung beim Verpflichteten (Erwerber)
Die Rente ist nach § 22 Nr. 1 EStG nicht zu versteuern, wenn Verpflichteter unbeschränkt stpfl. ist. Vgl. ferner § 10 Abs. 1 Nr. 1 EStG.	Erwerber kann wiederkehrende Bezüge nach § 12 Nr. 2 EStG nicht abziehen. Vgl. aber § 10 Abs. 1 Nr. 1 EStG.

i) Dauernde Lasten

Literatur: *Fischer,* Renten und dauernde Lasten bei Vermögensübertragungen, DStR 1992, Beihefter zu Heft 17.

3047 Die in sachlichem Zusammenhang mit Vermögensübertragungen vereinbarten wiederkehrenden Geld- und Sachleistungen können **Leibrenten** oder **dauernde Lasten** sein (BFH v. 15. 7. 1991, BStBl 1992 II 78). **Vermögensübertragungsverträge** haben eine zivil- und steuerrechtliche Sonderstellung (BFH v. 5. 7. 1990, BStBl II 847). Sie sind in zivilrechtlicher Hinsicht Vereinbarungen, in denen Eltern ihr Vermögen mit Rücksicht auf die künftige Erbfolge übertragen und dabei für sich **ausreichenden Lebensunterhalt** bzw. Ausgleichszahlungen für weitere Abkömmlinge ausbedingen. Die steuerrechtliche Wertung der Leistungen aus solchen Verträgen hängt im wesentlichen an den vertraglichen Abmachungen. Sie enthalten entscheidende **gestalterische Möglichkeiten.**

3048 Die Zurechnung von Versorgungsleistungen aufgrund von Vermögensübertragungen zu den Sonderausgaben bzw. wiederkehrenden Bezügen beruht darauf, daß sich der Übergeber diese Beträge als Vermögenserträge zur Versorgung **vorbehält.** Hier liegt der Unterschied zu den **nicht abziehbaren Unterhaltsleistungen** nach § 12 Nr. 1 EStG. Solche Versorgungsleistungen sind weder Veräußerungsentgelt noch Anschaffungskosten (BFH v. 10. 4. 1991, BStBl II 791; v. 24. 4. 1991, BStBl II 794).

3049 Versorgungsleistungen in Geld sind als dauernde Lasten in vollständiger Höhe Sonderausgaben, wenn sich ihre Abänderbarkeit aus einer ausdrücklichen **Bezugnahme auf § 323 ZPO** oder auf andere Weise aus dem Vertrag ergibt (BFH v. 15. 7. 1991, a. a. O.). Wird Vermögen im Wege vorweggenommener Erbfolge u. a. gegen lebenslängliche Geldrente übertragen, so ist deren Höhe auch dann regelmäßig abänderbar, wenn eine ausdrückliche Änderungsklausel fehlt (BFH v. 11. 3. 1992, BStBl II 469). Die Abänderbarkeit gezahlter Leistungen folgt aus der Rechtsnatur eines Übergabevertrages als Versorgungsvertrag.

3050–3055 *(Einstweilen frei)*

8. Haftung des Erwerbers eines Unternehmens

LEXinform
▶ BSt-BG-1980 ◀

3056 Wird ein Unternehmen oder ein in der Gliederung eines Unternehmens gesondert geführter Betrieb im ganzen übereignet, so haftet der Erwerber gemäß § 75 AO für Steuern, bei denen sich die Steuerpflicht auf den

Betrieb des Unternehmens gründet, und für Steuerabzugsbeträge. Die Haftung setzt das Vorliegen folgender Tatbestandsmerkmale voraus:

a) Unternehmen oder in der Gliederung eines Unternehmens gesondert geführter Betrieb

Die Haftung hat zur Voraussetzung, daß ein **Unternehmen** oder ein in der Gliederung eines Unternehmens **gesondert geführter Betrieb** im ganzen übereignet wird. 3057

Als **Unternehmen** i. S. des § 75 Abs. 1 AO bezeichnet man die organisierte Zusammenfassung von Einrichtungen und dauernden Maßnahmen zur Erzielung von wirtschaftlichen Zwecken. Unter diesen Begriff fallen u. a. **gewerbliche Betriebe** im engeren Sinne. 3058

Ein Unternehmen kann aus **einem** Betrieb bestehen, es kann aber auch **mehrere** Betriebe umfassen. Die Haftung nach § 75 Abs. 1 AO greift auch dann ein, wenn ein in der Gliederung eines Unternehmens gesondert geführter Betrieb im ganzen übereignet wird. Ein derartiger **Teilbetrieb** muß bereits in der Hand des Veräußerers gesondert geführt worden sein und für sich einen lebensfähigen Organismus darstellen, so daß er vom Erwerber ohne erhebliche Veränderungen selbständig fortgeführt werden kann. 3059

Beispiel:
Tiefbauunternehmen und selbständig betriebene Sandgrube.

b) Übereignung

Der Begriff „Übereignung" ist in erster Linie nach **bürgerlich-rechtlichen Gesichtspunkten** auszulegen. Voraussetzung ist, daß der Eigentümer wechselt. Dies ist z. B. nicht der Fall, wenn eine **Beteiligung** an einer juristischen Person oder einer Personengesellschaft übertragen wird, da das Betriebsvermögen hier in der Hand der Gesellschaft verbleibt (Burhoff/Charlier, a. a. O., S. 164). Auch ein **Pachtvertrag** begründet, selbst wenn es sich um eine langfristige Pachtung handelt, keine Haftung nach § 75 Abs. 1 AO. Ebensowenig löst der **Rückfall des Unternehmens** nach Ablauf der Pacht eine Haftung aus, selbst dann nicht, wenn der Verpächter vertragsgemäß die vom Pächter angeschafften Betriebsvorrichtungen übernimmt. 3060

In der Regel wird der Übereignung eines Unternehmens ein **Kaufvertrag** zugrunde liegen. Ein Erwerb im Wege des **Erbgangs** begründet keine 3061

Haftung nach § 75 Abs. 1 AO, da hier keine Übereignung, sondern ein Eigentumsübergang kraft Gesetzes vorliegt.

3062 Die Übertragung des Eigentums im Wege der **Sicherungsübereignung** sowie die **treuhänderische Eigentumsübertragung** scheiden als Haftungstatbestände in der Regel aus, da der Erwerber in diesen Fällen wirtschaftlich nicht die Stellung eines Eigentümers erlangt (Burhoff/Charlier, a. a. O., S. 165).

3063 Bei **mehrfacher Übertragung** haftet auch jeder weitere Erwerber. Die Haftung erstreckt sich auch auf etwaige Haftungsschulden des Vorbesitzers.

Beispiel:
A verkauft sein Bauunternehmen an Bauunternehmer B, der es im selben Jahr an Bauunternehmer C weiterveräußert. C haftet im Rahmen des § 75 Abs. 1 AO sowohl für die betrieblichen Schulden des B als auch für die Haftungsschulden des B, die durch den ersten Eigentumsübergang ausgelöst worden sind.

c) Übereignung des Betriebs „im ganzen"

3064 Von einer Übereignung im ganzen kann nur dann gesprochen werden, wenn die **wesentlichen Grundlagen** des Betriebs auf den Erwerber übergehen. Daran fehlt es, wenn wesentliche Betriebsgrundlagen nicht vom Vorunternehmer, sondern von einem **Dritten** übernommen werden (BFH v. 5. 2. 1985, BFH/NV S. 2). Wesentliche Grundlagen des Betriebs gehen ferner dann nicht über, wenn **vor** der Veräußerung wesentliche Betriebsgegenstände – wie z. B. die Baumaschinen und Fahrzeuge – aus dem Unternehmen **entfernt** wurden (BFH v. 2. 6. 1987, BFH/NV S. 140).

3065 Die Haftung wird zwar nicht dadurch ausgeschlossen, daß einzelne Gegenstände nicht mitveräußert werden. Es muß aber immer ein **lebender und lebensfähiger Betrieb** übertragen werden (BFH v. 23. 10. 1985, BFH/NV 1986, 381).

3066 **Geschäftsgrundstücke,** die eigens für den Betrieb hergerichtet sind, z. B. Bauhof mit Büro- und Lagergebäude, wird man in der Regel als wesentliche Betriebsgrundlage anzusehen haben. Ob auch die beweglichen Anlagegüter, der Materialbestand und der Kundenkreis zu den wesentlichen Betriebsgrundlagen gehören, kann nur nach den Verhältnissen des Einzelfalls entschieden werden.

3067 Die Übertragung von **Forderungen und Schulden** ist ebensowenig wie die Fortführung der **Firmenbezeichnung** Voraussetzung für die Haftung nach § 75 Abs. 1 AO (Burhoff/Charlier, a. a. O., S. 165).

Das Bauunternehmen muß **fortsetzbar** sein, d. h. der Erwerber muß in der Lage sein, das Unternehmen ohne größere Umstellungen fortzuführen (BFH v. 23. 10. 1985, BFH/NV 1986, 381; v. 14. 1. 1986, BFH/NV S. 384). Es kommt jedoch nicht darauf an, daß der Betrieb wirtschaftlich fortgeführt wird (BFH v. 12. 3. 1985, BFH/NV 1986, 62). Auch wenn ein Bauunternehmen vom Erwerber, etwa um einen Konkurrenten auszuschalten, sofort nach dem Erwerb stillgelegt wird, haftet der Erwerber nach § 75 Abs. 1 AO. 3068

d) Umfang der Haftung

Die Haftung des Erwerbers eines Unternehmens oder eines in der Gliederung eines Unternehmens gesondert geführten Betriebs ist beschränkt. 3069

aa) Die im Betrieb des Unternehmens begründeten Steuern

Der Übernehmer haftet nach § 75 Abs. 1 AO **nur für die im Betrieb begründeten Steuern** sowie für die **Erstattung von Steuervergütungen**. Es kommen folgende Steuern in Betracht: 3070

- Gewerbesteuer,
- Umsatzsteuer.

Eine Haftung kommt auch für **Vorauszahlungen** auf diese betrieblichen Steuern in Frage. 3071

Für **Gemeindesteuern** haftet der Erwerber nur, soweit auf sie § 75 AO anwendbar ist und dessen Voraussetzungen erfüllt sind. 3072

Der Erwerber haftet jedoch **nicht für Personensteuern**, z. B. ESt, KSt, ErbSt, VSt, Zölle, Abschöpfungen. 3073

bb) Steuerabzugsbeträge

Der Unternehmer haftet ferner nach § 75 Abs. 1 AO für die Steuerabzugsbeträge. Hierzu gehört u. a. die **LSt**. 3074

cc) Zeitliche Beschränkung

Weitere Voraussetzung für die Haftung des Übernehmers ist, daß die Steuern und Erstattungsansprüche seit dem Beginn des letzten, vor der Übertragung liegenden Kalenderjahres entstanden und **innerhalb eines Jahres nach Anmeldung des Betriebs** durch den Erwerber festgesetzt oder 3075 angemeldet worden sind. Die Jahresfrist beginnt frühestens mit dem Zeitpunkt der Betriebsübernahme. Es ist ausreichend, wenn die Steuern gegenüber dem Veräußerer innerhalb der Jahresfrist festgesetzt worden sind. Der Haftungsbescheid kann später erlassen werden. In Fällen von Betriebsübernahmen ist nach den Weisungen der Finanzbehörden die **Steuerfestsetzung beschleunigt durchzuführen,** ggf. **ist zu schätzen.**

Beispiel:
Bauunternehmer A übereignet am 20. 12. 1990 sein Bauunternehmen an B. B haftet als Erwerber für die Betriebssteuern, z. B. USt sowie für Steuerabzugsbeträge (LSt) des Jahres 1989 und für die Zeit vom 1. 1. bis 20. 12. 1990. Erfolgt die Anmeldung des Bauunternehmens durch den Erwerber am 30. 12. 1990, so muß die Finanzbehörde spätestens bis zum 30. 12. 1991 die Steuern gegen den Veräußerer A festsetzen, wenn sie einen Haftungsbescheid gegen den Erwerber B erlassen will.

dd) Beschränkung auf übernommenes Vermögen

3076 Die Haftung des Übernehmers beschränkt sich nach § 75 Abs. 2 Satz 2 AO auf den Bestand des **übernommenen Vermögens** einschließlich der Surrogate entsprechend § 419 Abs. 2 Satz 1 BGB (Burhoff/Charlier, a. a. O., S. 166).

e) Haftungsausschluß

3077 § 75 Abs. 2 AO enthält einen **Haftungsausschluß** für Erwerbe aus einer **Konkursmasse,** aus einer **Liquidationsmasse,** beim **Liquidationsvergleich** im gerichtlichen Vergleichsverfahren und für Erwerbe im **Vollstreckungsverfahren.**

3078–3080 *(Einstweilen frei)*

Abschnitt E:
Außenprüfung, Steuerfahndung, Selbstanzeige

I. Außenprüfung

Literatur: *Wenzig*, Prüfungshandlungen, StBp 1981, 73, 117, 193, 242; 1982, 1, 49, 99; *Wittkowski*, Die steuerliche Betriebsprüfung, BBK F. 27, 2049; *Bilsdorfer*, Die Außenprüfung, NWB F. 17 S. 1109; *Assmann*, Die steuerliche Betriebs- und Außenprüfung, BuW 1992, 348, 382, 447, 479; *Assmann*, Checkliste Außenprüfung, NWB F. 17, 1181.

1. Bedeutung, Zweck, Folgen

LEXinform
▶ BSt-BG-1985 ◀

a) Allgemeine Bedeutung

Auch Bauunternehmen und Ausbauhandwerker können sich der steuerlichen Betriebsprüfung (Außenprüfung) nicht entziehen. Weil durch starke Konjunkturabhängigkeit und die lange Abwicklungszeit der Aufträge Umsätze und Gewinne oft ungleichmäßig ausfallen, werden Baubetriebe und Betriebe des Baunebengewerbes häufig von Prüfungen „heimgesucht". Die allgemeine **Rechtfertigung für Außenprüfungen** ist die Tatsache, daß der Unternehmer „**Herr seiner Zahlen**" ist, die der Fiskus daher für überprüfungsbedürftig hält. 3081

Während die Abgabenordnung von „**Außenprüfungen**" spricht, verwendet die Betriebsprüfungsordnung (BpO, Rdnr. 3094) nahezu ausschließlich den Begriff „**Betriebsprüfungen**". Beide Begriffe sind **zweckorientiert identisch**, weichen aber in der Zielgruppe (Rdnr. 3148 ff.) ab. „**Außenprüfung**" ist der **Oberbegriff** für Prüfungen aller Art. Aus diesem Spektrum sind „Betriebsprüfungen" Prüfungen bei Steuerpflichtigen mit Gewinneinkünften nach § 2 Abs. 1 Nr. 1–3 EStG, „Außenprüfungen" im engerem Sinne aber Prüfungen nach Maßgabe von § 193 Abs. 2 Nr. 2 AO (Rdnr. 3155 ff.). 3082

Außenprüfungen sind ein vom **Finanzamt beherrschtes** Verfahren und ein **tiefer Eingriff** in die Rechts- und Privatsphäre des Steuerbürgers. Wegen unseres komplizierten Steuerrechts ist ihr **Ausgang** auch bei qualifizierter Steuerberatung bisweilen **unberechenbar**. Die Palette der dabei auftreten- 3083 den **Probleme** ist **breit gefächert** und hat als Schwerpunkte Abgrenzungs-, Anerkennungs- und Bewertungsfragen (Rdnr. 3339 ff.) mit einem vorwiegend **branchenorientierten Spektrum** von Prüfungsfeststellungen.

3084 Die Außenprüfungen binden **Personal** an den Prüfer. Betriebliche **Arbeitsabläufe werden unterbrochen**. Nicht selten bringt eine Außenprüfung auch Platzprobleme, vor allem aber **drohen Steuernachzahlungen** (Rdnr. 3090).

3085 Der Bauunternehmer bzw. Handwerksmeister steht in der Regel **qualifizierten Branchenprüfern** gegenüber, die einige Tage nur die Zahlen seines Betriebes mustern. Je nach Betriebsgröße muß er sich auf eine Prüfungsdauer von **sieben bis fünfzehn Tagen** einstellen.

3086 Die Betriebe des Handwerks und der Baubranche werden, wie andere auch, meist nur überprüft, wenn sie auffällig („**prüfungswürdig**"; Rdnr. 3141 ff.) werden. Die Grundsätze von **Zulässigkeit und Gesetzmäßigkeit** von Prüfungsabläufen zu beherrschen, ist mit Blick auf die drohenden **Steuernachzahlungen** von besonderer Bedeutung. Ein- oder gar **Übergriffe von Außenprüfern** gilt es abzuwehren.

b) Aufgabe

3087 **Zweck** der Außenprüfung ist die richtige Ermittlung und Beurteilung steuerlich relevanter Sachverhalte, nicht die **Erzielung von Mehrsteuern**. Sie läuft aber meist darauf hinaus. Die Möglichkeiten, etwas falsch zu machen, sind vielfältig. Schuld ist unser kompliziertes und **unüberschaubares Steuerrecht**, auch zu riskantes steuertaktisches Verhalten, vereinzelt aber auch eine schlechte Steuermoral.

3088 Die Außenprüfung ist zentraler **Bestandteil des Besteuerungsverfahrens**. Damit will die Finanzverwaltung im Sinne ihres Gesetzesauftrages aus § 85 AO sicherstellen, daß Steuern nicht verkürzt, zu Unrecht erhoben oder Steuererstattungen und -vergütungen zu Unrecht gewährt oder versagt werden. Sie ist eine besonders intensive Form der **Überprüfung an der Steuerquelle** nach den Grundsätzen des Amtsermittlungsprinzips des § 88 AO.

3089 Eine Realisierung **gesetzmäßiger Besteuerung** liegt auch im Interesse von Bürger und Gemeinschaft. In diese Richtung wirkt die Institution der Außenprüfung bereits dadurch, daß es sie gibt (**präventiv**). Der BFH (17. 9. 1974, BStBl 1975 II 197) rechtfertigt die Bedeutung der Außenprüfung als das bei den heutigen komplizierten Verhältnissen einzige geeignete und **erforderliche Mittel,** die tatsächlichen und rechtlichen Verhältnisse in steuerlicher Hinsicht einigermaßen zufriedenstellend aufzuklären.

Hauptanliegen der Außenprüfung ist die Überprüfung im Betrieb zur **Verbesserung der Informationslage** der Behörde. Dies führt zu einer **Verschlechterung der Position** des Bauunternehmers bzw. Ausbauhandwerkers und vergrößert die Gefahr drohender Steuernachzahlungen. Circa 95 v. H. aller Außenprüfungen enden mit **Steuernachzahlungen.** 3090

c) Rechtsanspruch auf Außenprüfung

Außenprüfungen werden von der Verwaltung nach eigenem **Auswahlermessen** angeordnet (Rdnr. 3144). Der Unternehmer hat **keinen Rechtsanspruch** auf ihre Durchführung (BFH v. 13. 8. 1970, BStBl II 767; v. 24. 10. 1972, BStBl 1973 II 275; v. 8. 11. 1984, BStBl 1985 II 352), aber einen Anspruch auf eine **ordnungsgemäße Ermessensausübung** (FG Hamburg v. 5. 9. 1986, EFG 1987, 8). Er hat keinen Anspruch auf eine „Prüfungspause" (BFH v. 2. 10. 1991, BStBl 1992 II 220), auch nicht darauf, von einem **bestimmten Finanzamt** geprüft zu werden (FG Rheinland-Pfalz v. 6. 5. 1991, EFG 641). 3091

In der Regel wird sich ein Unternehmer nicht nach einer Außenprüfung drängen. Es gibt jedoch Situationen (Veräußerung, Verpachtung, Betriebsübergabe, Erbauseinandersetzung), für die eine Außenprüfung **steuerrechtliche Klarheit** schafft, um **disponieren** zu können. Auch bei erwarteten **Steuererstattungen** kann eine Prüfung erwünscht sein. Im Zweifel wird das Finanzamt daher einem Antrag auf Durchführung einer Außenprüfung entsprechen. 3092

▷ **Wichtig:**

Die Behörde ist **ausnahmsweise verpflichtet,** eine Außenprüfung durchzuführen, wenn sie durch Verwaltungsrichtlinien (USt-Sonderprüfung als Erstprüfung; BMWF-Erlaß v. 5. 5. 1972, USt-Kartei S – 7420 K. 2) bestimmt wird. Hier bietet ein Unterlassen der Außenprüfung Chancen für den Bauunternehmer bzw. Handwerker. Unterläßt sie das Finanzamt, so kann die Versäumnis einen **Erlaß von Steuernachforderungen** wegen Unbilligkeit rechtfertigen (FG Hamburg v. 5. 9. 1986, EFG 1987, 8).

d) Verfahren

3093 Das **Außenprüfungsverfahren** wurde durch die Abgabenordnung im Interesse größerer **Rechtssicherheit und Legalität** stark formalisiert. Dadurch entstand eine deutlich klarere Abgrenzung von Rechten und Pflichten. Seitdem ist es für den Bürger **transparenter und beherrschbarer,** wenn auch nicht einfacher. Als Folge entwickelte sich eine **umfangreiche Rechtsprechung.**

▷ Fazit:

Der Unternehmer sollte seine **Rechte** bei einer Außenprüfung kennen, **handhaben und durchsetzen.** Die Beratung und Begleitung von Außenprüfungen ist eine der wichtigsten **Aufgaben der Steuerberatung.** Abwehr unberechtigter und Abmilderung überzogener Prüfungsergebnisse verlangt Fachkompetenz.

2. Rechtsgrundlagen

Literatur: *Wilke,* Die neue BpO, NWB F. 17, 947.

3094 Die **Rechtsgrundlagen** für die Außenprüfung finden sich in den **§§ 193—207 AO.** Sie werden ergänzt durch die **allgemeine Verwaltungsvorschrift Betriebsprüfung (BpO)** vom 17. 12. 1987 (BStBl I 802). In der BpO sind Fragen der Zulässigkeit, Rechtmäßigkeit, des Umfangs, der Zuständigkeit, des Verfahrens und die gegenseitigen Pflichten bundeseinheitlich geregelt.

Außenprüfungen sind **zulässig bei:**

3095
- **Gewerbetreibenden,** Land- und Forstwirten und Freiberuflern (allgemeine Betriebsprüfung, § 193 Abs. 1 AO, Rdnr. 3150 ff.).

- **Anderen Steuerpflichtigen,** wenn sie verpflichtet sind für Rechnung eines Dritten Steuern einzubehalten und abzuführen oder zu entrichten (z. B. LSt-Außenprüfungen, § 193 Abs. 2 Nr. 1 AO, Rdnr. 3103).

- Wenn für die **Besteuerung erhebliche Verhältnisse** der Klärung bedürfen und eine Prüfung an Amtsstelle nach Art und Umfang des Sachverhaltes nicht zweckmäßig ist (§ 193 Abs. 2 Nr. 2 AO, Rdnr. 3155 ff.).

Außenprüfung

3. Allgemeine Außenprüfungen – Einzelermittlungen nach § 88 AO

LEXinform
▶ BSt-BG-1990 ◀

Literatur: *Notthoff*, Abgrenzung der Außenprüfung von den sonstigen Ermittlungen, DB 1985, 1497.

a) Bedeutung der Abgrenzung

Die Formalisierung des Außenprüfungsverfahrens und die durch sie eintretenden **Rechtsfolgen** (Rdnr. 3126 ff.) verlangen im Interesse des Rechtsschutzes des Steuerbürgers eine **klare Abgrenzung** gegenüber Einzelermittlungen i. S. von §§ 88 ff. AO. Wurde eine umfassende Prüfung **ohne Prüfungsanordnung** (Rdnr. 3186 ff.) vorgenommen, so droht dem Fiskus hinsichtlich der getroffenen Prüfungsfeststellungen ein **Verwertungsverbot** (Rdnr. 3525 ff.). Außerdem sind zugunsten des Unternehmers die **Rechtsfolgen von Außenprüfungen** (Rdnr. 3126 ff.) zu beachten. Bei einer Prüfung ohne Prüfungsanordnung wäre dem Bürger z. B. rechtswidrig die Chance, Selbstanzeige zu erstatten, genommen. 3096

Beispiel:

Anläßlich der Außenprüfung wird vom Betriebsprüfer im Jahr vor dem Prüfungszeitraum eine **Kongreßreise der Straßenbauingenieure** in die Türkei als Einzelermittlung nach § 88 AO geprüft und nach § 12 Nr. 1 Satz 2 EStG nicht als Betriebsausgabe anerkannt.

Liegt zwischen der Prüfung und dem Ergehen des Berichtigungsbescheides ein Jahreswechsel, so kann einer Berichtigung der Eintritt der **Festsetzungsverjährung** nach § 169 Abs. 2 Nr. 2 AO entgegenstehen. Da das Beanstandungsjahr nicht zum Prüfungszeitraum gehörte, setzte dafür die Ablaufhemmung nach § 171 Abs. 4 AO nicht ein.

Einzelermittlungen sind keine Außenprüfung, auch nicht, wenn sie bei Außenprüfungen erfolgen (FG Münster v. 7. 5. 1981, EFG 1982, 111). 3097

b) Allgemeine Außenprüfungen

Eine allgemeine Außenprüfung bezweckt für den in der Prüfungsanordnung genannten Zeitraum (Prüfungszeitraum; Rdnr. 3163 ff.) und die darin aufgeführten Steuerarten eine **umfassende Überprüfung.** Sie ist grundsätzlich eine **Schwerpunktprüfung** (Rdnr. 3336 ff.). Der Unternehmer muß in der Regel **keine Totalprüfung** über sich ergehen lassen. Dies könnte im Einzelfall ein Verstoß gegen das **Übermaßverbot** sein (Rdnr. 3151). 3098

3099 Nach der AO 1977 sind Außenprüfungen alle **mit einer Prüfungsanordnung** durchgeführten Ermittlungen, aber auch Maßnahmen der Finanzbehörde, die trotz Fehlens einer Prüfungsanordnung auf eine **umfassende Überprüfung** der Besteuerungsgrundlagen gerichtet sind (BFH v. 5. 4. 1984, BStBl II 790).

c) Einzelermittlungen nach §§ 88 ff. AO

3100 Einzelermittlungen haben ihre rechtliche Legitimation in §§ 88 ff. AO und bedürfen **keiner Prüfungsanordnung**. Im Gegensatz zur umfassenden Prüfung von Besteuerungsgrundlagen durch eine Außenprüfung sind sie **begrenzte Überprüfungen** steuerlich bedeutsamer Sachverhalte. Sie haben nicht die **Rechtsfolgen von Außenprüfungen**, können aber anläßlich einer Außenprüfung vorgenommen werden (BFH v. 5. 4. 1984, BStBl II 790; FG Baden-Württemberg v. 10. 12. 1985, EFG 1986, 323).

3101 Der Außenprüfer kann die Möglichkeit des § 88 AO subsidiär ausschöpfen. Er muß aber deutlich machen, daß es **sich um eine Maßnahme außerhalb der Außenprüfung handelt**.

Beispiel:

Der Prüfer hat als **Kontrollmaterial** für ein Jahr vor dem Prüfungszeitraum eine **Bonusgutschrift** des Baustoffhändlers.

Er darf die **Überprüfung bei der Außenprüfung** als Einzelermittlung nach § 88 AO vornehmen, wenn er dem Unternehmer mitteilt, daß er insoweit außerhalb der Prüfungsanordnung tätig wird.

4. Sonderprüfungen

LEXinform
▶ BSt-BG-1995 ◀

3102 Neben **allgemeinen** Außenprüfungen (Rdnr. 3098) führen die Finanzbehörden **Sonderprüfungen** als Außenprüfungen durch. Ihre **Rechtsgrundlagen** befinden sich meist in den **Einzelsteuergesetzen**. Für das **Verfahren** gelten immer auch die Regelungen der §§ 193 ff. AO, in begrenztem Umfang auch die BpO (§ 1 Abs. 2 BpO). In der Praxis haben die **folgenden Sonderprüfungen** für den Bau- bzw. Ausbauhandwerker steuerliche Bedeutung:

a) Lohnsteueraußenprüfungen

3103 Die Rechtsgrundlagen finden sich in § 193 Abs. 1, 193 Abs. 2 Nr. 1 AO und § 42 f. EStG. Die Finanzbehörde überprüft mit der LSt-Außenprüfung bei Arbeitgebern **Einbehalt und Abführung** von LSt und KiLSt (für die Zeit vom 1. 7. 1991 bis 30. 6. 1992 und ab 1995 auch Solidaritätsabgabe) der Arbeitnehmer, auch für im Privatbereich beschäftigtes Personal (Haushälterin, Hausmeister, Gärtner usw.).

b) Umsatzsteuersonderprüfungen

Literatur: *Assmann,* Recht und Praxis der Umsatzsteuersonderprüfung, BuW 1992, 45.

Dabei werden für USt-Voranmeldungen oder -Jahreserklärungen **umsatzsteuerliche Besonderheiten** (Steuerfreiheit, Steuersätze, Vorsteuerabzug o. a. m.) geprüft. 3104

Für die USt-Sonderprüfung **fehlt** eine **eigenständige Rechtsnorm.** Soweit § 193 Abs. 1 AO anwendbar ist, wird sie darauf gestützt. Darüber hinaus läßt sie sich nur unter den Voraussetzungen des § 193 Abs. 2 Nr. 1 AO durchführen (Rdnr. 3157). 3105

Der Erlaß des BdF v. 17. 9. 1968 (BStBl I 1125) ist keine Rechtsgrundlage. 3106

Die Anwendbarkeit der **Betriebsprüfungsordnung** (BpO, Rdnr. 3094) ist durch § 1 Abs. 2 BpO eingeschränkt. Es gelten nur die §§ 5 bis 12 mit Ausnahme des § 5 Abs. 4 Satz 2 BpO (UStR Abschn. 232). 3107

Nach Sonderprüfungen von USt-Jahreserklärungen ohne punktuelle Begrenzung muß die Finanzbehörde gemäß § 164 Abs. 3 AO **ohne Vorbehalt** veranlagen bzw. Vorbehalte aufheben, auch wenn die Prüfungen nicht zu Änderungen der Steuerfestsetzungen führten. Außerdem tritt, soweit die Prüfungsanordnung reicht, die **Änderungssperre** des § 173 Abs. 2 AO ein (Rdnr. 3189). 3108

Stehen **Umsatzsteuerjahreserklärungen** nicht unter Vorbehalt der Nachprüfung nach § 164 Abs. 1 AO, so müssen für Änderungen durch die Prüfung die Tatbestandsmerkmale des § 173 AO vorliegen (Rdnr. 3502 ff.). 3109

c) Kapitalverkehrsteuerprüfungen

Die gesetzliche Rechtfertigung dafür ergibt sich aus § 40 KVStDV. Dabei werden in der Rechtsform von Kapitalgesellschaften geführte Betriebe hinsichtlich der Kapitalverkehrsteuern überprüft (auch GmbH & Co KG). Ab 1. 1. 1992 wurde die Gesellschaftsteuer abgeschafft. 3110

d) Andere Prüfungen

3111 Keine Außenprüfungen und wegen fehlender Rechtsgrundlagen **unzulässig** sind:

- Bestandsaufnahmeprüfungen (BFH v. 25. 4. 1985, BStBl II 702).

- **Liquiditäts- und Richtsatzprüfungen**
  Sie dienen nicht der Ermittlung steuerlicher Verhältnisse des Steuerbürgers. Die Finanzämter sammeln daher das benötigte Material in beiden Fällen anläßlich allgemeiner Außenprüfungen.

5. Größenklassen der Betriebe

LEXinform
▶ BSt-BG-2000 ◀

3112 Die der Außenprüfung nach § 193 Abs. 1 AO unterliegenden Betriebe werden vom BdF (§ 3 BpO) jeweils für einen drei Jahre dauernden Prüfungsturnus in **Groß- (G), Mittel- (M), Klein- (K) und Kleinstbetriebe (Kst)** eingeordnet. Das geschah zuletzt für den XIV. Prüfungsturnus auf den 1. 1. 1992 (BStBl 1991 I 707). Danach ergeben sich für Baubetriebe und das Baunebenhandwerk folgende Einstufungen:

Betriebsmerkmale	Großbetriebe (G) DM	Mittelbetriebe (M) DM	Kleinbetriebe (K) DM
Gesamtumsatz oder	über 5,5 Mio	über 600 000	über 200 000
steuerlicher Gewinn	über 300 000	über 75 000	über 36 000

3113 Maßgebend für die Einstufung waren die Ergebnisse des Jahres 1989. Der Unternehmer kann nach den vorgenannten Zahlen seinen Betrieb **selbst einstufen.** Die Größenmerkmale haben nicht nur organisatorische Bedeutung innerhalb der Verwaltung. Sie beeinflussen auch den Prüfungszeitraum (Rdnr. 3163 ff.) und somit die rein **statistische Prüfungshäufigkeit.**

3114 Die Außerachtlassung geänderter Abgrenzungskriterien der Betriebsgröße für die Prüfungsanordnung ist rechtswidrig (Hessisches FG v. 25. 10. 1984 rkr., EFG 1985, 161).

6. Abgekürzte Außenprüfung

LEXinform
▶ BSt-BG-2005 ◀

Literatur: *Assmann*, Die abgekürzte Außenprüfung, NWB F. 17, 1239.

Die AO 1977 hat die Möglichkeit der abgekürzten Außenprüfung neugeschaffen (§ 203 AO). Sie ist als sog. „**Schnellprüfungsvariante**" gedacht für Steuerpflichtige, bei denen die Finanzverwaltung eine Prüfung in regelmäßigen Abständen (turnusmäßig) nicht für erforderlich hält. Ihre **Anwendungspraxis** ist zwiespältig und uneinheitlich. — 3115

Der Anwendungserlaß (AEAO) vom 24. 9. 1987, BStBl I 664, nennt als Zielgruppe dafür **alle Steuerpflichtigen**, die unter § 193 AO fallen. Daher kommen grundsätzlich **alle Betriebsgrößen** und auch die Steuerpflichtigen i. S. des § 193 Abs. 2 Nr. 2 AO dafür in Frage. § 203 AO sanktioniert die Eingrenzung der Prüfung „auf wesentliche Besteuerungsgrundlagen", die über § 6 BpO für die allgemeine Außenprüfung ebenso gilt. — 3116

§ 203 AO schafft **keine eigenständige Prüfungsberechtigung**. Sie ist nur zulässig, wenn die Voraussetzung nach § 193 AO gegeben sind (BFH v. 25. 1. 1989, BStBl II 483). Der BFH erklärte die abgekürzte Außenprüfung ausdrücklich für „nicht verfassungswidrig und unanwendbar" (BFH v. 25. 1. 1989, a. a. O.). Ihre Anordnung liegt im **Ermessen der Finanzbehörde** (Kannvorschrift). Der Steuerpflichtige hat auch darauf **keinen Rechtsanspruch** (Rdnr. 3091). — 3117

Die abgekürzte Außenprüfung hat **gleiche Rechtsfolgen** (Rdnr. 3126 ff.) wie die allgemeine Außenprüfung und **unterscheidet sich** von ihr lediglich **im Verfahren**. Nach § 5 Abs. 2 Satz 3 BpO ist der Unternehmer von der Durchführung einer abgekürzten Außenprüfung zu unterrichten. Das geschieht in der Praxis durch die Aufnahme der Rechtsgrundlage des § 203 AO in die **Prüfungsanordnung**. Eine offene und nachvollziehbare Festlegung einer Prüfungsbeschränkung in der Prüfungsanordnung ist nicht erforderlich. — 3118

Die abgekürzte Außenprüfung **verzichtet auf** eine **formelle Schlußbesprechung** (Rdnr. 3458 ff.). § 203 Abs. 2 Satz 1 AO verlangt lediglich, daß der Steuerpflichtige vor Abschluß der Prüfung auf die Abweichungen von den Steuererklärungen hinzuweisen ist. Meist wird auch **kein Prüfungsbericht** (Rdnr. 3491 ff.) in der üblichen Form erstellt. § 203 Abs. 2 Satz 2 AO fordert nur, daß die **Prüfungsfeststellungen** dem Steuerpflichtigen spätestens im Steuerbescheid **schriftlich mitzuteilen** sind. Eine Antrags- — 3119 möglichkeit nach § 202 Abs. 2 AO auf die Zusendung eines Prüfungsberichtes zur **Stellungnahme entfällt.**

▷ **Hinweis:**
Die abgekürzte Außenprüfung **beschneidet die Rechte** des Bürgers. Möglichkeiten zu **rechtlichem Gehör** werden eingeengt. Meist werden die Prüfungen nach § 193 Abs. 1 AO angeordnet, durchgeführt und erst danach in abgekürzte Außenprüfungen umgewandelt.

Der **Übergang zur abgekürzten** Außenprüfung muß wegen der Einschränkung der Rechte wirksam durch eine **neue Prüfungsanordnung** angeordnet werden (§ 5 Abs. 2 Satz 3 BpO). Die Umwandlung kann gesondert angefochten werden. Zur Frage der Prüfungsanordnung bei Umwandlungen Rdnr. 3207.

7. Zuständigkeiten

LEXinform
▶ BSt-BG-2010 ◀

3120 Zur Durchführung von Außenprüfungen **befugt sind** die örtlich zuständigen Finanzbehörden, Oberfinanzdirektionen und der Bundesminister der Finanzen. Eine **Beauftragung** anderer Finanzämter (§ 195 Satz 2 AO) ist möglich, aber in der Prüfungsanordnung zu **begründen** (BFH v. 10. 12. 1987, BStBl 1988 II 322; Rdnr. 3205 ff.).

Folgende Behörden führen Außenprüfungen durch:

3121 • **Amtsbetriebsprüfungsstellen.** Sie prüfen die Mittel-, Klein-, Kleinst- und auch Großbetriebe.

3122 • **Finanzämter für Groß- und Konzernprüfung.** Es handelt sich dabei um selbständige Länderbehörden, die zur Prüfung nach § 17 Abs 2 FVG beauftragt sind.

3123 • **Zentrale Sonderprüfstellen.** Sie sind meist in Finanzämtern integriert und prüfen spezielle Steuern bzw. Steuerfälle (z. B. ErbSt, LSt, Land- und Forstwirte usw.).

3124 • **Bundesamt für Finanzen.** Es ist mit einer speziellen Außenprüfungsabteilung nach § 19 FVG nur zur Mitwirkung an Prüfungen der Landesbehörden berechtigt. Diese besteht in der **Mithilfe bei Auslandsbeziehungen,** einer Teilnahme an Besprechungen und Entscheidungen.

3125 • **Finanzämter für Fahndung und Strafsachen.** Sie leiten ihre Sonderaufgaben aus § 208 AO ab. In der Regel sind Prüfungen der Steuerfahndung „Verdachtsprüfungen", Außenprüfungen dagegen „Routineprüfungen".

▷ **Wichtig:**

Zuständigkeiten haben im Außenprüfungsverfahren nicht nur interne Bedeutung. Eine von einem örtlich **unzuständigen Finanzamt** erlassene Prüfungsanordnung ist als **rechtswidrig** aufzuheben (BFH v. 25. 1. 1989, BStBl II 483).

8. Rechtsfolgen von Außenprüfungen

LEXinform
▶ BSt-BG-2015 ◀

Außenprüfungen enden nach einer Untersuchung der OFD Köln bei 91 v. H. der **Mittelbetriebe** und 89 v. H. der **Klein- und Kleinstbetriebe** mit **Mehrsteuern**. Neben den drohenden finanziellen Konsequenzen haben Außenprüfungen bedeutende Rechtsfolgen: 3126

- Mit **Erscheinen des Prüfers** erlischt die Möglichkeit zur **strafbefreienden Selbstanzeige** (§ 371 Abs. 2 Nr. 1a AO; Rdnr. 3596 ff.). 3127

▷ **Hinweis:**

Ein Steuerberater, der bei seinem Mandanten Steuerhinterziehungen feststellt, hat nach dem **Grundsatz der Mandantentreue** sein Wissen für sich zu behalten. Er kann aber sein Mandat niederlegen, wenn der Mandant seinem Vorschlag, Selbstanzeige zu erstatten, nicht folgt.

- Durch den **Beginn der Außenprüfung** oder die Verlegung ihres Beginns auf **Antrag des Steuerpflichtigen** (§ 197 Abs. 2 AO) tritt **Ablaufhemmung der Festsetzungsfrist** für die Steuern ein, auf die sich die Außenprüfung laut Prüfungsanordnung erstreckt (§ 171 Abs. 4 AO). 3128

▷ **Achtung:**

Nur bei tatsächlichem Beginn der Außenprüfung setzt Ablaufhemmung ein. Ausnahmsweise kann ein Prüfungsbeginn schon in **intensiven Prüfungsvorbereitungen** im Finanzamt zu sehen sein (BFH v. 7. 8. 1980, BStBl 1981 II 409). **Allgemeines Aktenstudium** des Prüfers ist kein Prüfungsbeginn (FG Bremen v. 26. 10. 1984, EFG 1985, 101).

- Nach einer Außenprüfung ist ein bestehender **Vorbehalt der Nachprüfung** i. S. des § 164 Abs. 1 AO auch aufzuheben, wenn sich Änderungen nicht ergeben haben (§ 164 Abs. 3 AO). 3129

▷ **Ausnahme:**

Teil- bzw. Sonderprüfungen, die sich nach Maßgabe der Prüfungsanordnung nur auf **begrenzte Sachverhalte** beschränken.

3130 • Bescheide aufgrund einer Außenprüfung haben besondere Bestandskraft. Sie sind nur noch **eingeschränkt berichtigungsfähig** (bei Steuerhinterziehung und leichtfertiger Steuerverkürzung; 173 Abs. 2 AO). Das gilt zugunsten wie zuungunsten (BFH v. 29. 1. 1987, BStBl II 490).

3131 • Nach einer Außenprüfung besteht die Möglichkeit einer **verbindlichen Zusage** (§ 204 AO). Die Entscheidung, ob eine verbindliche Zusage im Anschluß an eine Außenprüfung zu erteilen ist, steht im **pflichtgemäßen Ermessen** der Finanzbehörde (Niedersächsisches FG v. 19. 8. 1982, EFG S. 170).

3132–3140 *(Einstweilen frei)*

9. Wann droht eine Außenprüfung?

LEXinform
▶ BSt-BG-2020 ◀

Literatur: *Ronig,* Bestimmen Sie, wie oft der Prüfer kommt, Inf 1987, 176.

3141 Den Außenprüfer zu bekommen ist kein Ereignis, das Unternehmer herbeisehnen. Geprüft wird, wer **auffällig** wurde oder gegen den etwas vorliegt (z. B. Kontrollmaterial), wenn also aus Sicht der Behörde **Prüfungsbedürftigkeit** gegeben ist.

3142 Das **Personal der Betriebsprüfung** reicht zur regelmäßigen Prüfung aller Betriebe nicht aus. Viele Fachleute sind dem Fiskus in die freie Wirtschaft davongelaufen, andere haben in den neuen Bundesländern Aufgaben übernommen. Die Zahlen des Steueraufkommens der **neuen Bundesländer** signalisieren, daß die Wirtschaft dort deutlich **prüfungsbedürftiger** ist.

3143 Von den ca. 4 Mio. der Außenprüfung unterliegenden Betrieben konnten bisher jährlich nur ca. 185 000 überprüft werden. Daher stehen die Chancen rechnerisch gut, längere Zeit **nicht geprüft** zu werden.

3144 Die zu prüfenden Betriebe werden unter Gesichtspunkten der Prüfungsrelevanz nach **pflichtgemäßem Ermessen** der Finanzbehörde ausgesucht (§ 5 AO, § 2 Abs. 4 BpO; BFH v. 24. 10. 1972, BStBl 1973 II 275). Eine **Auswahl nach Zufallsgesichtspunkten** wird vom BFH nicht als sachwidrig oder willkürlich angesehen (BFH v. 2. 9. 1988, a. a. O.). Unterschiedliche

Außenprüfung

Prüfungshäufigkeit und abweichender Prüfungsrhythmus verstoßen nicht gegen das Gleichheitsgebot (BFH v. 2. 9. 1988, a. a. O.). Betriebe, die wiederholt auffällig werden, müssen öfter mit Prüfungen rechnen. Ein **Anspruch auf eine „Prüfungspause"** besteht nicht (BFH v. 2. 10. 1991, BStBl 1992 II 220).

Es gibt keinen Grundsatz, wonach die Einsichtnahme in Geschäftsunterlagen nur in Form einer Außenprüfung zu erfolgen hat. Das Ermessen gestattet auch, statt einer Außenprüfung die **Unterlagen an Amtsstelle** vorlegen zu lassen (FG des Saarlandes v. 24. 8. 1990, EFG 1991, 55). 3145

Geprüft wird, wenn **Besteuerungsgrundlagen** nicht, **nicht vollständig** oder mit **unrichtigem Inhalt** angegeben wurden oder **Bewertungs- bzw. Beurteilungsspielräume** offensichtlich zu subjektiv genutzt worden sind. Über die **Kriterien der Prüfungswürdigkeit** kommen meist Fälle zur Prüfung, die keine reinen Routineprüfungen mehr sind. Es gibt Berater und Betriebe, die das **Vermeiden von Auffälligkeiten** zur Ersparung von Außenprüfungen zur Taktik erhoben haben. 3146

▷ **Hinweis:**

Eine **Prüfung** läßt sich **vorhersehen.** Eindeutiges Indiz einer ins Haus stehenden Prüfung sind **Veranlagungen unter Vorbehalt** der Nachprüfung nach § 164 AO. Sind drei Veranlagungszeiträume vorläufig ergangen, ist es bald soweit.

Manche Berater bauen in dieser Phase für den Prüfer einen **Pseudoerfolg** gezielt in die Gewinnermittlung ein. Sie hoffen, der Prüfer begnügt sich damit und macht eine Kurzprüfung. Diese **Praxis enthält Gefahren,** die vom Prüfercharakter (Rdnr. 3252 ff.) bestimmt werden (Kumulierungsgefahr; mögliche steuerstrafrechtliche Konsequenzen). 3147

▷ **Tip:**

Wurde vom Finanzamt nachgefragt, **beanstandet** und von den abgegebenen Steuererklärungen abgewichen, so kann unter Umständen von einer „**abschließenden Überprüfung**" im Amt ausgegangen werden (FG Münster v. 17. 2. 1981, EFG S. 324). Gegen eine Festsetzung unter Vorbehalt der Nachprüfung sollte dann wegen Unzulässigkeit des Vorbehalts Einspruch eingelegt werden.

10. Zulässigkeit und Umfang von Außenprüfungen

a) Grundsätze der Rechtsprechung

LEXinform
▶ BSt-BG-2025 ◀

3148 § 194 Abs. 1 Satz 2 AO stellt klar, daß eine Außenprüfung keine **Totalprüfung** bedeutet. Die Abgabenordnung (§ 6 BpO) legalisiert die **Schwerpunktprüfung** und läßt so gut wie alle sachlichen und zeitlichen **Eingrenzungen der Prüffelder** zu. Eine Beschränkung kann offen in der Prüfungsanordnung ausgewiesen, aber auch nur faktisch vollzogen werden. Im letzteren Fall treten dennoch die **uneingeschränkten Rechtsfolgen** einer Außenprüfung ein (Rdnr. 3126 ff.).

3149 Auch die Prüfung bereits **verjährter Steueransprüche** ist zulässig (BFH v. 23. 7. 1985, BStBl 1986 II 433). Endgültige, **vorbehaltlose Steuerfestsetzungen** stehen der Anordnung einer Außenprüfung nicht entgegen (BFH v. 13. 3. 1987, BStBl II 664). Auch eine **erneute Prüfung** bereits **geprüfter Zeiträume** ist zulässig (BFH v. 24. 1. 1989, BStBl II 440; v. 31. 3. 1976, BStBl II 510; v. 21. 6. 1989, BStBl II 909).

b) Prüfungen nach § 193 Abs. 1 AO

LEXinform
▶ BSt-BG-2030 ◀

3150 Betriebsprüfungen nach § 193 Abs. 1 AO bedürfen **keiner besonderen Voraussetzungen** bzw. Begründungen (BFH v. 13. 3. 1987, BStBl II 664; BFH v. 2. 10. 1991, BStBl 1992 II 220). Das gilt auch, wenn bei einem Klein- oder Mittelbetrieb die Prüfung an den **Vorprüfungszeitraum** anschließt (BFH v. 2. 10. 1991; BStBl 1992 II 274). Die Rechtslage fordert nur, daß ein gewerblicher oder land- und forstwirtschaftliche **Betrieb unterhalten wird** bzw. der Steuerpflichtige freiberuflich tätig ist. Es muß ein Betrieb existieren (BFH v. 5. 11. 1981, BStBl 1982 II 208), reicht aber aus, wenn es **Ziel der Prüfung** ist, festzustellen, ob der Unternehmer einen der vorgenannten Betriebe tatsächlich unterhält (BFH v. 23. 10. 1990, BStBl 1991 II 278). Auch bei einem **Kleinstbetrieb** kann **jederzeit** eine Prüfung angeordnet werden (BFH v. 28. 10. 1988, BFH/NV 1990, 4).

3151 Nach dem übergesetzlichen **Grundsatz der Verhältnismäßigkeit** soll von einer Außenprüfung abgesehen werden, wenn die erforderliche Aufklärung auch mit einer **weniger belastenden Maßnahme** erreicht werden kann (BFH v. 28. 10. 1988, BFH/NV 1990, 4).

3152 Unerheblich ist, ob es sich um eine **natürliche Person**, eine **Personen- oder Kapitalgesellschaft** handelt. Eine Prüfung ist auch noch **nach Schließung** des Betriebes zulässig, wenn sie sich auf Zeiträume erstreckt, in denen noch ein Betrieb existierte (BFH v. 30. 3. 1989, BStBl II 592). Die **Pflicht zur Duldung** einer Prüfung gilt auch für den **Gesamtrechtsnachfolger** (BFH v. 24. 8. 1989, BStBl 1990 II 2). Eine Prüfung ist zulässig, wenn der **Betriebsinhaber verstorben** ist oder der **Betrieb veräußert**, aufgegeben oder **liquidiert** wurde (BFH v. 24. 8. 1989, a. a. O.).

Bei einer Außenprüfung dürfen nur die **steuerlich bedeutsamen Verhältnisse** geprüft und beurteilt werden, nicht auch die **Verhältnisse Dritter** (§ 194 Abs. 1 AO; BFH v. 11. 4. 1990, BStBl II 772). Das Recht zur Überprüfung beschränkt sich **nicht auf betriebliche Vorgänge**. Ist eine Prüfung nach § 193 Abs. 1 AO zulässig, so kann sie sich auch auf **nichtbetriebliche Sachverhalte** erstrecken. Der Prüfer darf also auch die Einkünfte aus Vermietung und Verpachtung (§ 21 EStG), Kapitalvermögen (§ 20 EStG), die sonstigen Einkünfte (§ 22 EStG), die Sonderausgaben und außergewöhnlichen Belastungen mitprüfen (BFH v. 5. 11. 1981, BStBl 1982 II 208; v. 28. 11. 1985, BStBl 1986 II 437). Einzige **Voraussetzung** ist die steuerliche Relevanz der geprüften Vorgänge. Das Vorliegen der Voraussetzungen nach § 193 Abs. 2 Nr. 2 AO (Rdnr. 3157) ist nicht zusätzlich erforderlich. 3153

Auch für **Kontrollrechnungen und Schätzungen** (z. B. Vermögenszuwachs- und Geldverkehrsrechnungen) erklärt der BFH das **Heranziehen des privaten Bereichs** für erforderlich und zulässig (BFH v. 5. 11. 1981, BStBl 1982 II 208). 3154

▷ **Beratungshinweis:**

Der Außenprüfer darf im Rahmen der Überprüfung der ESt auch die Zulässigkeit der **pauschalen Besteuerung** (§ 40 a bzw. b EStG) des Arbeitslohns der im Betrieb beschäftigten Ehefrau überprüfen und **unzutreffend pauschal** versteuerte Löhne in die ESt einbeziehen (BFH v. 13. 1. 1989, BStBl II 1030). Das gilt auch, wenn zuvor eine **Lohnsteueraußenprüfung** (Rdnr. 3103) zu keinen Beanstandungen geführt hatte (BFH v. 10. 6. 1988, BStBl II 981).

c) **Prüfungen nach § 193 Abs. 2 Nr. 2 AO**

LEXinform
▶ BSt-BG-2035 ◀

aa) **Allgemeine Rechtslage**

Der Gesetzgeber hat erstmals mit der AO 1977 die **Prüfungskompetenz** auch auf Bürger **ohne Gewinneinkünfte** erweitert. 3155

732 E: Außenprüfung, Steuerfahndung, Selbstanzeige

3156 Weil die Außenprüfung ein schwerer Eingriff ist, müssen besondere **gesetzliche Voraussetzungen** erfüllt sein. Ihr Vorliegen hat die Behörde in der Prüfungsanordnung als **Begründung** darzutun (BFH v. 7. 11. 1985, BStBl 1986 II 435; Rdnr. 3205 ff.).

3157 Nach § 193 Abs. 2 Nr. 2 AO ist eine Prüfung zulässig, wenn

- steuerlich **erhebliche Verhältnisse** vorliegen, die der Aufklärung bedürfen und

- eine Prüfung an Amtsstelle nach Art und Umfang des zu prüfenden Betriebes **nicht zweckmäßig** ist.

▷ **Hinweis:**

Im Zweifel muß die Behörde von einer Außenprüfung **Abstand nehmen**. Die Chancen einer **erfolgreichen Anfechtung** der auf § 193 Abs. 2 Nr. 2 gestützten Prüfungsanordnung sind günstig. Die geforderten Begründungen lassen sich **leicht angreifen**.

3158 Ein **Aufklärungsbedürfnis** wird bejaht, wenn es Anhaltspunkte möglich erscheinen lassen, daß der Unternehmer erforderliche **Steuererklärungen nicht, unvollständig** oder mit **unrichtigem Inhalt** abgegeben hat (BFH v. 5. 11. 1981, BStBl 1982 II 208; v. 17. 11. 1992, BStBl 1993 II 146; v. 28. 10. 1988, BFN/NV 1990, 4).

3159 Prüfungen an Amtsstelle sind nicht zweckmäßig, wenn **umfangreiche Ermittlungen** oder **Inaugenscheinnahmen** erforderlich sind.

3160 Wegen der nach **§ 193 Abs. 2 Nr. 2 AO erschwerten Prüfungsvoraussetzungen** sind folgende Prüfungen nur noch in Ausnahmefällen zulässig

- Grundstücksgemeinschaften,

- Mitunternehmer von Personengesellschaften,

- Gesellschafter von Kapitalgesellschaften (BFH v. 16. 12. 1986, BStBl 1987 II 248),

- Ehegatten von Steuerpflichtigen mit Gewinneinkünften (vgl. Rdnr. 3161).

bb) Prüfungen bei Ehegatten

3161 Prüfungen bei **Ehegatten eines Betriebsinhabers** sind nur zulässig, wenn auch in der Person des Ehegatten die **gesetzlichen Voraussetzungen** nach

§ 193 AO gegeben sind (BFH v. 25. 5. 1976, BStBl 1977 II 18) und eine auch an den Ehegatten gerichtete Prüfungsanordnung vorliegt. Unterhält der Ehegatte **keinen Betrieb,** so ist eine Prüfung bei ihm nur bei Vorliegen der Voraussetzungen des § 193 Abs. 2 Nr. 2 AO möglich. Eine „**Mitprüfung**" der Ehegatteneinkünfte anläßlich der Außenprüfung beim anderen Ehegatten ist **nicht zulässig** (BFH v. 13. 3. 1987, BStBl II 664).

Die Einkünfte des Ehegatten können im Rahmen „**sonstiger Ermittlungen**" nach § 88 AO (Rdnr. 3096) **punktuell überprüft** werden, wenn das keine umfassenden Prüfungsmaßnahmen erforderlich macht (BFH v. 5. 4. 1984, BStBl II 790; v. 7. 11. 1985, BStBl 1986 II 435). 3162

11. Prüfungszeitraum

a) Rechtslage

LEXinform
▶ BSt-BG-2040 ◀

Der zeitliche Umfang einer Außenprüfung (Regelprüfungszeitraum) hängt ab von der **Größenklasse** des Betriebes (vgl. Rdnr. 3112). Er ergibt sich aus § 4 Abs. 2 und 3 BpO. Danach soll bei Großbetrieben der Prüfungszeitraum an die Vorprüfung anschließen (**Anschlußprüfung;** BFH v. 17. 9. 1974, BStBl 1975 II 197; v. 7. 11. 1985, BStBl 1986 II 435; v. 10. 4. 1990, BStBl II 721). Sie kann bis zur Festsetzungsverjährung zurückgehen und auch fünf oder mehr Jahre umfassen. 3163

Bei **anderen Betrieben** prüft die Finanzbehörde die letzten **drei Besteuerungszeiträume,** für die bis zur Unterzeichnung der Prüfungsanordnung Ertragssteuererklärungen abgegeben wurden (§ 4 Abs. 3 BpO; BFH v. 20. 6. 1984, BStBl II 815). Bei **erstmaliger Prüfung** bestimmt die Behörde den Prüfungszeitraum nach pflichtgemäßem Ermessen (FG Rheinland-Pfalz v. 18. 9. 1985, EFG 1986, 215). 3164

Für **Kleinstbetriebe** gibt es **keine Selbstbindung** auf einen kürzeren Zeitraum. Bisweilen werden sie und Fälle nach § 193 Abs. 2 Nr. 2 AO nur zwei Jahre geprüft. 3165

Werden nach Bekanntgabe der Prüfungsanordnung oder während der Außenprüfung **weitere Steuererklärungen** abgegeben, so verändert sich der Prüfungszeitraum dadurch nicht. Das Jahr der nachgereichten Steuererklärungen **bleibt ungeprüft,** wenn der Unternehmer eine Mitprüfung als weiteres Prüfungsjahr nicht ausdrücklich wünscht. Eine **Erweiterung** (Rdnr. 3168 ff.) zurück oder nach vorn ist der Verwaltung bei Vorliegen der Voraussetzungen des § 4 Abs. 3 BpO gestattet. 3166

3167 Hat eine Personengesellschaft zunächst gewerbliche, später aber nur noch Vermietungseinkünfte, so kann die Prüfung für die letzten drei Jahre **mit gewerblichen Einkünften** angeordnet werden. Dem steht nicht entgegen, wenn danach schon für z. B. drei Jahre Feststellungserklärungen mit Vermietungseinkünften vorliegen (BFH v. 30. 3. 1989, BStBl II 592). Wird eine **Personengesellschaft** in eine **GmbH umgewandelt**, so darf das Finanzamt die letzten drei Jahre der Personengesellschaft und die letzten drei Jahre der GmbH prüfen (FG Bremen v. 18. 1. 1983, EFG S. 394).

b) **Prüfungserweiterungen**

LEXinform
▶ BSt-BG-2045 ◀

3168 Ausdehnungen der Prüfungen über den Selbstbindungszeitraum hinaus sind **nach § 4 Abs.** 3 BpO unter den dort genannten Voraussetzungen zulässig. Eine Erweiterung muß durch **zusätzliche Prüfungsanordnung** bekanntgegeben (§ 5 Abs. 2 BpO) und **begründet** werden (BFH v. 13. 10. 1972, BStBl 1973 II 74; v. 10. 2. 1983, BStBl II 286). Eine Erweiterung **ohne begründete Prüfungsanordnung** ist **rechtswidrig** (BFH v. 14. 8. 1985, BStBl 1986 II 2).

3169 Bei **Ehegatten** muß das Vorliegen der Erweiterungsvoraussetzungen nach den individuellen **Verhältnissen jedes Ehegatten** beurteilt werden (BFH v. 7. 11. 1985, BStBl 1986 II 435). Das bedeutet, liegen bei einem Ehegatten die Erweiterungsvoraussetzungen vor, so gilt das nicht automatisch auch für den anderen.

3170 Es drohen **Prüfungserweiterungen** nach § 4 Abs. 3 BpO zurück bis zum ersten noch nicht verjährten Veranlagungszeitraum, wenn

- die **Besteuerungsgrundlagen nicht** ohne Erweiterung **festgestellt** werden können oder

- mit **erheblichen Steuernachforderungen** oder nicht unerheblichen Steuererstattungen oder -vergütungen zu rechnen ist oder

- der **Verdacht einer Steuerstraftat** oder -ordnungswidrigkeit besteht.

3171 Die Aufzählung der **Erweiterungsgründe** wird als **abschließend** angesehen (FG Köln v. 28. 7. 1989, EFG 1990, 7). Eine **umfangreiche Rechtsprechung** zeigt, daß Prüfungserweiterungen in der Praxis häufig zu Meinungsverschiedenheiten führen.

3172 Die Ausdehnung des Prüfungszeitraumes kann **zu Beginn** oder **während der Prüfung** erfolgen. Maßgebend dafür ist, wann die Erweiterungsvoraussetzungen erkannt werden. Eine **fehlende Begründung** kann bis zum

Abschluß eines außergerichtlichen Beschwerdeverfahrens **nachgeholt werden.** Das Vorliegen der Erweiterungsbedingungen kann noch nach den Umständen im **Zeitpunkt der Beschwerdeentscheidung** beurteilt werden (BFH v. 28. 4. 1988, BStBl II 857).

Die **Berechtigung,** den Prüfungszeitraum zu erweitern, ist grundsätzlich 3173 aus der Sicht der Verhältnisse zu beurteilen, die dem Finanzamt im Zeitpunkt der Anordnung der Erweiterung bekannt sind (BFH v. 13. 10. 1972, BStBl 1973 II 74).

Auch bei **Vorbehaltsveranlagungen** müssen die Erweiterungsvoraussetzun- 3174 gen des § 4 Abs. 3 BpO gegeben sein (BFH v. 24. 2. 1989, BStBl II 445). Das Vorliegen von Vorbehalten darf **nicht zu automatisch längeren Prüfungszeiträumen** führen. Sonst würde die Selbstbindung von der Verwaltung unterlaufen (Rdnr. 3510). Aus im Rahmen einer Außenprüfung erlangten Kenntnissen über betriebliche Verhältnisse im Prüfungszeitraum dürfen **Schlußfolgerungen** auf andere Jahre vor oder nach dem Prüfungszeitraum gezogen werden, um einen unter Vorbehalt der Nachprüfung stehenden Bescheid entsprechend zu ändern (BFH v. 28. 8. 1987, BStBl 1988 II 2; Rdnr. 3511).

Häufigster Erweiterungstatbestand sind „**nicht unerhebliche Steuernach-** 3175 **forderungen**". Mit ihnen ist zu rechnen, wenn sie **wahrscheinlich** sind (BFH v. 1. 8. 1984, BStBl 1985 II 350). **Vage Vermutungen** reichen nicht aus. Eine Prüfungsausdehnung wegen nicht unerheblicher Steuernachforderungen setzt bei einem **Mittelbetrieb Mehrsteuern von mindestens 3 000 DM** im Jahr voraus (BFH v. 24. 2. 1989, BStBl II 445).

Die Verwaltung geht davon aus, daß für **Klein- und Kleinstbetriebe** nicht 3176 unerhebliche **Steuernachforderungen bei 1 000 DM** je Steuerart und -jahr gegeben sind (Schleswig-Holsteinisches FG v. 10. 7. 1968, EFG S. 543).

Hat das Finanzamt bei einem **Kleinbetrieb** die Prüfung zunächst nur für 3177 **ein Jahr** angeordnet, so müssen für eine Ausdehnung auf drei Jahre nicht die Tatbestände des § 4 Abs. 3 BpO vorliegen (FG Berlin v. 19. 2. 1990, NWB-EN Nr. 1990/90).

Macht ein Steuerpflichtiger im Prüfungszeitraum **Verlustabzüge aus Vor-** 3178 **jahren** geltend, so kann das Finanzamt das Bestehen und die Höhe der Verluste in die Prüfung einbeziehen (BFH v. 29. 4. 1970, BStBl II 714). Wegen **Rechtsmitteln** vgl. Rdnr. 3212 ff.

(Einstweilen frei) 3179–3185

12. Die Prüfungsanordnung

a) Bedeutung

LEXinform
► BSt-BG-2050 ◄

3186 Die Prüfungsanordnung ist ein **Verwaltungsakt** (Rdnr. 3358 ff.) nach § 118 AO. Sie bezweckt den **Schutz des Steuerpflichtigen**, soll Klarheit zu **Umfang und Ablauf** schaffen, die **Vorbereitung ermöglichen** und ihm die Möglichkeit geben, sich mit rechtsstaatlichen Mitteln (z. B. Beschwerde nach § 349 AO; Rdnr. 3212) dagegen zur Wehr setzen.

3187 Die Prüfungsanordnung weist den Unternehmer an, die Prüfung durch den namentlich genannten Prüfer **zu dulden** und dabei mitzuwirken (Rdnr. 3311 ff.; OFD Münster v. 16. 1. 1992, DB S. 352). Sie soll vor Beginn der Prüfung klarstellen, nach welcher **Rechtsgrundlage** sie zulässig ist, welchen **Umfang** sie hat und welche wesentlichen **Rechte und Pflichten** sich für den Unternehmer daraus ergeben (§ 5 Abs. 2 BpO). Soweit dafür keine Sonderregelungen bestehen, gelten zusätzlich auch die Vorschriften für Verwaltungsakte in §§ 118 bis 132 AO.

b) Rechtswirkungen

3188 Die Prüfungsanordnung ist für den Steuerpflichtigen auch ein **Signal**, seine Steuerehrlichkeit für eine **Selbstanzeige** letztmals **zu überprüfen** und markiert den Umfang der eintretenden Rechtswirkungen (Rdnr. 3189). Sie **steckt auch den Rahmen** ab, in dem sich der Prüfer bewegen darf, um sich nicht rechtswidrig zu verhalten.

▷ **Hinweis:**

Für Steuern und Jahre, die die Prüfungsanordnung **nicht als Prüfungsfeld** ausweist, kann der Steuerpflichtige auch nach Erscheinen des Prüfers noch Selbstanzeige erstatten.

3189 Die **Prüfungsanordnung bestimmt** den Umfang von

- Ablaufhemmung (Rdnr. 3128),
- Änderungssperre (Rdnr. 3130),
- Mitwirkungspflichten (Rdnr. 3311 ff.),
- Selbstanzeigesperre (Rdnr. 3127, 3617 ff.).

3190 Sie **gestattet Prüfungsmaßnahmen** bis zum **Eintritt der Bestandskraft** der aufgrund der Prüfung ergehenden Bescheide bzw. bis zur Freistellungsmitteilung nach § 202 Abs. 1 Satz 3 AO (Tipke/Kruse, § 196 AO Tz. 1).

Außenprüfung

c) Zuständigkeit

LEXinform
▶ BSt-BG-2055 ◀

3191 Zuständig für den **Erlaß der Prüfungsanordnung** ist das für die Besteuerung zuständige oder mit der Prüfung **beauftragte Finanzamt** (§ 195 AO; BFH v. 10. 12. 1987, BStBl 1988 II 322). Die den **Verwaltungsakt erlassende Behörde** soll sich aus der Prüfungsanordnung ergeben (§ 119 Abs. 3 AO). Sie muß die **Unterschrift des Behördenleiters**, seines Vertreters oder Beauftragten enthalten. Das kann auch der **Leiter der Betriebsprüfungsstelle** sein (BFH v. 12. 1. 1983, BStBl II 360). Die Unterschrift eines unzuständigen Beamten einer zuständigen Behörde beeinträchtigt nicht die Wirksamkeit der Prüfungsanordnung (BFH v. 16. 12. 1987, BStBl 1988 II 233).

d) Bekanntgabe

LEXinform
▶ BSt-BG-2060 ◀

3192 Die Prüfungsanordnung ist dem Steuerpflichtigen **angemessene Zeit vor Prüfungsbeginn** bekanntzugeben (§ 197 Abs. 1 AO; § 5 Abs. 4 BpO). Als angemessen nennt die BpO für **Großbetriebe** einen Zeitraum von **vier Wochen**, für **Mittelbetriebe** von **zwei Wochen**.

3193 Für **Klein- und Kleinstbetriebe** fehlen Zeitvorgaben. In der Praxis haben sich **ein bis zwei Wochen** als vertretbar erwiesen. Eine kürzere Frist ist wegen der geringen Betriebsgröße gerechtfertigt.

3194 Die rechtzeitige Bekanntgabe soll **Gelegenheit geben zu**

- **rechtlichem Gehör** (Geltendmachung von Einwendungen),
- zur **Beantragung der Verlegung** des Prüfungsbeginns (§ 197 Abs. 2 AO; § 5 Abs. 5 BpO; Rdnr. 3215 ff.),
- zur **Vorbereitung**, Personaldisposition, Abstimmung mit dem Berater, Bereitstellung der Bücher und Belege.

3195 Der Unternehmer kann auf die Einhaltung der **Frist verzichten**. Ausnahmen vom Grundsatz der vorherigen Bekanntgabe sind zulässig (**Überraschungsmoment**), wenn der Prüfungszweck **gefährdet** ist, wie bei

- begründetem **Verdacht** steuerlicher Vergehen,
- drohendem **Eintritt der Festsetzungsverjährung** (BFH v. 24. 2. 1989, BStBl II 445),
- **Erweiterungen** bereits begonnener Prüfungen (BFH v. 4. 2. 1988, BStBl II 413).

3196 Eine Bekanntgabe der Prüfungsanordnung hat **spätestens bei Prüfungsbeginn** zu erfolgen (FG Nürnberg v. 25. 10. 1988, EFG 1989, 211).

3197 Der Unternehmer sollte nach Eingang der Prüfungsanordnung seinen **Berater verständigen.** Es ist wichtig, daß ihm eine **Kopie** zugeleitet wird. Er muß ihre Rechtmäßigkeit bzw. Anfechtbarkeit überprüfen, den Beginn und Ablauf mit seinen Terminen in Einklang bringen und rechtzeitig einen **Antrag auf Verlegung** (Rdnr. 3215 ff.) stellen können.

3198 Die Prüfungsanordnung soll dem **Bevollmächtigten bekanntgegeben** werden, wenn dem Finanzamt eine **schriftliche Vollmacht** des Beraters vorliegt (BFH v. 30. 7. 1980, BStBl 1981 II 3; FG Berlin v. 26. 6. 1985, EFG 1986, 162). **Prüfungsanordnungen an Eheleute** können in einer Verfügung zusammengefaßt werden. Es genügt dem Bestimmtheitserfordernis, wenn die Adressaten mit dem gemeinsamen Nachnamen, aber nur mit einem Vornamen bezeichnet werden. Zur **Wirksamkeit der Bekanntgabe** reicht die Übergabe einer Ausfertigung aus (BFH v. 14. 2. 1978, BStBl II 416; v. 5. 11. 1981, BStBl 1982 II 208; v. 28. 10. 1988, BStBl 1989 II 257; v. 14. 3. 1990, BStBl II 612).

e) **Anforderungen**

LEXinform
▶ BSt-BG-2065 ◀

3199 Jede Außenprüfung ist durch eine Prüfungsanordnung **schriftlich** anzuordnen (§ 5 BpO). Die Mitteilungen des **Beginns** der Prüfung, des **Prüfernamens,** des **Prüfungsortes** usw. sind **nicht notwendiger Bestandteil** der Prüfungsanordnung, werden aber oft mit ihr verbunden (§ 5 Abs. 3 BpO).

3200 Das Gesetz schreibt die **Schriftform als zwingend** nur für die Prüfungsanordnung selbst vor. Die Festsetzung des Beginns der Außenprüfung kann daher auch fernmündlich erfolgen (BFH v. 18. 10. 1988, BStBl 1989 II 76). Gleiches gilt für den Prüfungsort (vgl. Rdnr. 3231 ff.).

3201 Die Prüfungsanordnung wird erst **durch ihre Bekanntgabe** wirksam (§ 124 AO). Sie muß zur Rechtswirksamkeit:

- inhaltlich **hinreichend bestimmt** (§ 119 Abs. 1 AO; BFH v. 3. 12. 1985, BStBl 1986 II 439) und

- **begründet** sein (Rdnr. 3205 ff.).

3202 **Unverzichtbar sind** die folgenden Angaben:

- **Name** des betroffenen Steuerbürgers (Inhaltsadressat),

- die **Rechtsgrundlage** für die Prüfungsberechtigung,
- die zu prüfenden **Steuerarten, -vergütungen oder besonderen Sachverhalte** und
- der **Prüfungszeitraum.**

Die auf § 193 Abs. 1 AO gestützte Prüfungsanordnung gegen eine **gewerblich tätige GbR** muß **an die Gesellschaft** gerichtet und ihr bekanntgegeben werden. Dazu reicht die Bekanntgabe **an einen Gesellschafter** (Bekanntgabeadressat) aus (BFH v. 13. 9. 1990, BFH/NV 1991, 716). 3203

Seit dem 1. 1. 1987 hat die Prüfungsanordnung eine **Rechtsmittelbelehrung** zu enthalten (§ 196 AO). Danach kann der Steuerpflichtige innerhalb von vier Wochen gegen sie Beschwerde einlegen. **Ohne Rechtsmittelbelehrung** sind Einwendungen nach § 356 Abs. 2 Satz 1 AO noch binnen eines Jahres nach Bekanntgabe zulässig. 3204

f) Begründungspflichten

LEXinform
▶ BSt-BG-2070 ◀

Die formgebundene Prüfungsanordnung ist von der sie erlassenden Behörde grundsätzlich **schriftlich zu begründen** (§ 121 AO). Die Begründungspflicht reicht so weit, wie sie zum Verständnis der Hoheitsmaßnahme erforderlich ist (BFH v. 10. 2. 1983, BStBl II 286). 3205

Der **Personenkreis nach § 193 Abs. 1 AO** unterliegt der Außenprüfung **ohne besondere Voraussetzungen.** Daher reicht als Begründung die **Angabe der Rechtsgrundlage** aus (BFH v. 16. 12. 1987, BStBl 1988 II 233; v. 2. 10. 1991, BStBl 1992 II 220; v. 2. 10. 1991, BStBl II 274). Das gilt auch, wenn der Steuerpflichtige nur **geringe Gewinne** hat (BFH v. 5. 11. 1981, BStBl 1982 II 208). 3206

Besondere Begründungen sind erforderlich für: 3207

- Prüfungen nach **§ 193 Abs. 2 Nr. 2 AO** (Rdnr. 3155 ff.; BFH v. 28. 10. 1988, BFH/NV 1990, 4; v. 16. 12. 1986, BStBl 1987 II 248; v. 7. 11. 1985, BStBl 1986 II 435; v. 24. 2. 1989, BStBl II 445),
- **Prüfungserweiterungen** bei Vorliegen der Voraussetzungen nach § 4 Abs. 3 BpO (Rdnr. 3168 ff.; BFH v. 24. 2. 1989, BStBl II 445; v. 10. 2. 1983, BStBl II 286),
- **Auftragsprüfungen** (§ 195 Satz 2 AO; BFH v. 10. 12. 1987, BStBl 1988 II 322),

• **Prüfungsumwandlungen** von abgekürzten Außenprüfungen nach § 203 AO (Rdnr. 3115 ff.) in Vollprüfungen und umgekehrt (Tipke/Kruse, § 203 AO Tz. 4).

3208 **Fehlende Begründungen** und **Begründungsmängel** können bis zum Abschluß eines außergerichtlichern Rechtsbehelfsverfahrens nachgeholt bzw. geheilt werden (BFH v. 10. 2. 1983, BStBl II 286; v. 28. 4. 1983, BStBl II 621; v. 20. 6. 1984, BStBl II 815). Auch eine **mündliche Erläuterung** des Betriebsprüfers reicht aus (BFH v. 16. 12. 1986, BStBl 1987 II 248; v. 28. 4. 1983, a. a. O.). Tipke/Kruse (§ 196 AO Tz. 4) folgen dem nicht, da § 121 Abs. 1 AO eine **schriftliche Begründung** verlangt.

▷ **Fazit:**

Begründungsmängel mit der Beschwerde anzufechten macht **steuertaktisch** nur Sinn, wenn die Möglichkeit besteht, daß der Behörde eine wirksame Begründung **nicht möglich** ist, z. B. bei **Ermessensfehlgebrauch**.

g) **Mangelhafte Prüfungsanordnungen**
LEXinform
▶ BSt-BG-2075 ◀

3209 Fehlerhafte Prüfungsanordnungen haben **vielfältige Folgewirkungen**. Die Palette reicht von einer **Heilbarkeit** der Mängel bis zur **Nichtigkeit** der Prüfungsanordnung. Schlimmstenfalls droht **Verwertungsverbot** (Rdnr. 3525 ff.) der Prüfungsfeststellungen. Nach § 125 Abs. 1 AO ist ein **Verwaltungsakt nichtig**, also **von vornherein wirkungslos**, wenn er offenkundig an einem besonders **schwerwiegenden Fehler** leidet (BFH v. 18. 10. 1988, BStBl 1989 II 76). Das ist der Fall, wenn er mit **tragenden Verfassungsprinzipien** oder der Rechtsordnung in **wesentlichen Wertvorstellungen** unvereinbar ist.

h) **Fälle aus der Rechtsprechung**
LEXinform
▶ BSt-BG-2080 ◀

3210 Nichtig sind Prüfungsanordnungen z. B., wenn sie

• **nicht schriftlich** erteilt wurden (BFH v. 18. 10. 1988, BStBl 1989 II 76).

• an ein **nicht existierendes Steuersubjekt** gerichtet sind (BFH v. 10. 4. 1987, BStBl 1988 II 165).

• erst **nach Abschluß** der Prüfungshandlungen **erlassen** werden (FG Rheinland-Pfalz v. 18. 10. 1983, EFG 1984, 380).

• **nicht erkennen lassen**, ob sie an eine Person als Prüfungssubjekt oder als Zustellungsbevollmächtigter gerichtet sind (Hessisches FG v. 6. 10. 1989, EFG 1990, 148).

Außenprüfung

- als Prüfungsort **nicht mehr bestehende Geschäftsräume** bestimmen (FG Rheinland-Pfalz v. 23. 3. 1987, EFG S. 389).
- gegen Eheleute gerichtet sind, aber eine **Ehefrau nicht existiert** (FG Rheinland-Pfalz v. 27. 1. 1986, EFG S. 378).

Prüfungsanordnungen sind z. B. **als rechtswidrig aufzuheben,** weil 3211

- sie **von unzuständiger Stelle** erlassen wurden (BFH v. 25. 1. 1989, BStBl II 483).
- die **Frist** nach § 197 Abs. 1 AO **nicht eingehalten** ist.
- sie **nicht bereits bei Prüfungsbeginn bekanntgegeben** waren (FG Nürnberg v. 25. 10. 1988, EFG 1989, 211).
- eine **Prüfungserweiterung ohne Prüfungsanordnung** erfolgte (BFH v. 13. 3. 1987, BStBl II 664).
- sie einen aus **unzutreffender Betriebsgröße** resultierenden Prüfungszeitraum benennen (Hessisches FG v. 25. 10. 1985, EFG S. 101).

i) **Rechtsmittel gegen Prüfungsanordnungen**   LEXinform
▶ BSt-BG-2085 ◀

Der Bauunternehmer bzw. Handwerker des Baunebengewerbes kann 3212
gegen eine Prüfungsanordnung innerhalb von vier Wochen **Beschwerde einlegen.** Die Behörde kann der **Beschwerde abhelfen.** Eine Entscheidung fällt die **zuständige Oberfinanzdirektion.** Dagegen ist der **Rechtsweg der Klage** gegeben.

Das **Anfechtungsrecht** wird nicht verwirkt, wenn der Steuerpflichtige sich 3213
zunächst widerspruchslos auf die Prüfung einläßt (BFH v. 7. 11. 1985, BStBl 1986 II 435).

Die Beschwerde allein **hindert die Finanzverwaltung nicht,** die Prüfung 3214
durchzuführen. Will der Unternehmer den Beginn der Prüfung verhindern, so muß er beim Finanzamt gleichzeitig die Aussetzung der Vollziehung des angeordneten Verwaltungsaktes beantragen.

LEXinform
13. Verlegung des Außenprüfungsbeginns   ▶ BSt-BG-2090 ◀

In der Regel spricht der Außenprüfer den **Prüfungsbeginn** mit dem 3215
Steuerpflichtigen oder seinem Berater ab. Der Steuerbürger kann bei Vorliegen **wichtiger Gründe** die Verlegung der Außenprüfung **beantragen** (§ 197 Abs. 2 AO; § 5 Abs. 5 BpO).

3216 **Als wichtig** werden z. B. Urlaub oder Krankheit des Unternehmers, seines Beraters oder der Auskunftsperson, beträchtliche Betriebsstörungen durch Umbau oder höhere Gewalt, Weihnachts-, Saisongeschäft u. a. m. akzeptiert. Die Gründe können **auch fernmündlich** geltend gemacht werden. Ein schriftlicher Antrag ist nicht vorgesehen. Die Behörde kann einer Verlegung des Prüfungsbeginns **auch unter Auflage**, z. B. Erledigung bestimmter Vorbereitungsarbeiten für die Prüfung, zustimmen.

3217 **Bei langer Krankheit** kann der Steuerpflichtige nicht immer wieder eine Verlegung des Prüfungsbeginns verlangen. Ihm ist zuzumuten, einen Vertreter zu bestellen (FG Nürnberg v. 17. 4. 1985, EFG S. 478). Gegen die Ablehnung des Verlegungsantrages ist als Rechtsbehelf die Beschwerde möglich.

3218–3230 *(Einstweilen frei)*

14. Prüfungsort

LEXinform
▶ BSt-BG-2095 ◀

3231 Der **Prüfungsort** ergibt sich aus § 200 Abs. 2 Satz 1 AO. Der Gesetzgeber hat diese Festlegung offensichtlich für nebensächlich gehalten. Er fixiert den Ort der Prüfung, indem er bestimmt, daß der Unternehmer seine Unterlagen **in den Geschäftsräumen,** oder, soweit ein zur Durchführung einer Prüfung geeigneter Geschäftsraum nicht vorhanden ist, **in den Wohnräumen** bzw. **an Amtsstelle** vorzulegen hat.

3232 In der Praxis kommen neben den gesetzlichen fixierten Orten auch **Prüfungen beim Steuerberater** oder **an einem anderen Ort** (z. B. Gaststätte, andere Firma usw.) in Frage. Der BFH (Urteil v. 10. 2. 1987, BStBl II 360) versteht die **Aufzählung** des Gesetzgebers in § 200 Abs. 2 Satz 1 AO als **nicht abschließend.**

3233 In der Praxis führt die **Festlegung des Prüfungsortes** bereits zu Meinungsverschiedenheiten bevor die Prüfung begonnen hat. Hier zeigt sich eine **Interessenkollision.** Steuerpflichtiger und Berater wollen den Prüfer von der Steuer- und Informationsquelle abdrängen. Daher versuchen sie zu erreichen, daß im Finanzamt oder **beim Steuerberater** geprüft wird.

3234 Die **Festlegung des Prüfungsortes** ist **nicht notwendiger Bestandteil** der Prüfungsanordnung. Die von der Verwaltung verwendeten Vordrucke enthalten **keine ausdrückliche Festlegung.** Die darin enthaltene Formulierung „bei Ihnen" versteht der BFH (Urteil v. 5. 11. 1981, BStBl 1982 II 208) nur als **Anknüpfung an den Gesetzestext** des § 193 AO.

Außenprüfung

Eine Festlegung kann mit der Prüfungsanordnung verbunden (BFH v. 24. 2. 1989, BStBl II 445) und mit der Beschwerde selbständig angefochten werden. Die Festlegung des Prüfungsortes geschieht in der Praxis selten formal. **3235**

Wenn mündliche oder fernmündliche Absprachen nicht zur Vereinbarung von abweichenden Prüfungsorten führen, erscheint der Prüfer zu Prüfungsbeginn in den **Geschäftsräumen** des Betriebes. Sie sind **Regelprüfungsort** (BFH v. 20. 10. 1988, BStBl 1989 II 180). **3236**

Nur soweit **keine geeigneten** Geschäftsräume vorhanden sind, kommen **andere Möglichkeiten subsidiär** nach Ermessensgesichtspunkten in Frage (§ 200 Abs. 2 Satz 1 AO). Die Prüfer sollen auf einer Prüfung im Betrieb bestehen, um die **größere Informationsnähe** zu nutzen. Eine Durchführung der Außenprüfung in den Betriebsräumen ist **kein Verstoß gegen Art. 13 GG** (BFH v. 20. 10. 1988, a. a. O.). Dieser Schutz gilt für die Wohnräume. Eine Prüfung in den Wohnräumen ist daher nur eine Wahlmöglichkeit des Steuerpflichtigen. Sie ist zulässig, wenn der Unternehmer es wünscht oder dieser Möglichkeit ausdrücklich zustimmt. **3237**

An einer **Prüfung beim Steuerberater** kann der Steuerbürger ein **schützenswertes Interesse** haben. Über einen Antrag, die Prüfung an einem anderen Ort durchzuführen, muß die Finanzverwaltung nach Ermessen entscheiden (BFH v. 10. 2. 1982, BStBl II 360). **3238**

15. Prüfungsgrundsätze
LEXinform
▶ BSt-BG-2100 ◀

a) **Untersuchungsgrundsatz; Pflicht zur Objektivität**

Die Tätigkeit des Außenprüfers vollzieht sich nach dem **Amtsermittlungsprinzip** (§ 88 AO). Er hat die tatsächlichen und rechtlichen **steuerlich bedeutsamen Verhältnisse** (Besteuerungsgrundlagen) zugunsten wie zuungunsten zu prüfen (§ 199 Abs. 1 AO). Auf eine **objektive Prüfung** auch zu Lasten des Fiskus, hat der Steuerpflichtige einen **Rechtsanspruch**. Ein Verstoß dagegen gilt als **Dienstpflichtverletzung**. Profiskalisches Verhalten disqualifiziert den Prüfer und sollte beanstandet werden. **3239**

Die **Prüfungsanordnung** enthält auch die **Ermächtigung**, bei **Verdacht einer Steuerstraftat** oder -ordnungswidrigkeit nach den in §§ 9 bzw. 10 BpO festgelegten Regelungen zu verfahren. **3240**

▷ **Tip:**

Der Unternehmer sollte sich stets **für die Prüfungshandlungen** und ihr Ziel **interessieren.**

Die Frage: „Was machen Sie denn da jetzt?" kann wichtige Hinweise auf Entwicklungen des Prüfungsablaufs geben.

3241 Der Bauunternehmer bzw. Baunebenhandwerker sollte seinen steuerlichen **Berater einschalten** (§ 80 AO). Die Finanzbehörden haben kein Recht, ihn von der Prüfung **auszugrenzen.** Sie haben sich im Regelfall an ihn zu halten, können sich aber auch an den Steuerpflichtigen selbst wenden, soweit er Mitwirkungspflichten hat (Rdnr. 3311 ff.).

b) Beschränkungspflicht auf steuerlich Relevantes und Wesentliches

3242 **Prüfungsverfahren,** -umfang, -handlungen und -methoden **bestimmt der Prüfer** nach Ermessensgrundsätzen. Darauf hat der Steuerpflichtige wenig Einfluß.

3243 § 6 BpO verpflichtet ihn, die Prüfung **auf das Wesentliche abzustellen** und auf das **notwendige Maß** zu beschränken. Sie hat sich in erster Linie auf Sachverhalte zu erstrecken, die **endgültige Steuerausfälle** oder **Steuererstattungen** bzw. -vergütungen auslösen. Treten nur Gewinnverlagerungen ein, so sollen sie nicht unbedeutend sein, wenn er sie aufgreift.

c) Kritikansätze

3244 Der Unternehmer sollte beachten, daß der Prüfer von **kleinlichen Beanstandungen** Abstand nimmt. Das ist ein Punkt, bei dem es mit **jüngeren** noch **unerfahrenen Prüfern** Reibungen gibt. Sie verbeißen sich nicht selten in **Kleinigkeiten.** Mit solchen Prüfern wird der Unternehmer möglicherweise Ärger bekommen. Eine Bemerkung, wie „Sie sind aber kleinlich", könnte hilfreich sein.

3245 Was nicht in irgendeiner Form **steuerlich von Belang** ist, hat den Prüfer nicht zu interessieren. Bei Anordnung und Durchführung von Prüfungsmaßnahmen sind die **Grundsätze von Verhältnismäßigkeit** und **geringstmöglichem Eingriff** zu beachten (§ 2 Abs. 3 BpO). Verstöße gegen das **Übermaßverbot** sind Dienstpflichtverletzungen und Ansatzpunkte für **Dienstaufsichtsbeschwerden.**

3246 Das Amtsermittlungsprinzip (Rdnr. 3239) ermächtigt den Prüfer weder zu **Eigenmächtigkeiten** noch zum **Selbstbedienen.**

d) Keine Mitprüfung von Dritten

Es ist **unzulässig**, die steuerlichen **Verhältnisse Dritter**, z. B. der **Lebensgefährtin oder Eltern**, die Darlehen oder Unterstützung gewährt haben, ohne entsprechende Prüfungsanordnung in die Prüfung einzubeziehen. Nur eine Auswertung von Informationen über steuerliche Verhältnisse anderer Personen z. B. durch die **Fertigung von Kontrollmitteilungen** (§ 194 Abs. 3 AO; Rdnr. 3293 ff.) ist zulässig. 3247

e) Rechtliches Gehör

Das Recht des Bürgers auf **rechtliches Gehör** zu ihn betreffenden Vorgängen ist ein das ganze Rechtsleben beherrschender allgemeiner **verfassungsrechtlicher Grundsatz** (§ 91 AO). Er ist um so stärker ausgeprägt, je intensiver ein Eingriff in die Rechtspäre ist, also besonders wichtig im **Außenprüfungsverfahren**. 3248

Die Möglichkeit zu rechtlichem Gehör besteht 3249

- **gegen die Prüfungsanordnung** hinsichtlich Zulässigkeit, Umfang und Zeitpunkt der Prüfung,
- anläßlich der **Ausweispflicht des Prüfers** (§ 198 AO) wegen der Möglichkeit einer Ablehnung;
- **aus der Informationspflicht** des Prüfers in jedem Stadium des Prüfungsablaufes;
- **bei Bekanntgabe** des Termins, der Sachverhalte und Besprechungspunkte angemessene Zeit vor der Schlußbesprechung (§ 11 BpO);
- in der **Schlußbesprechung** (§ 201 Abs. 1 AO);
- bei **Hinweis in der Schlußbesprechung** auf Prüfungsfeststellungen, die die Möglichkeit der Einleitung eines Straf- und Bußgeldverfahrens beeinhalten (§ 201 Abs. 2 AO);
- durch **Übersendung des Außenprüfungsberichtes** (§ 202 Abs. 1 AO);
- durch **Antrag auf Vorwegübersendung** des Außenprüfungsberichtes zur Stellungnahme (§ 202 Abs. 2 AO);
- gegen die aufgrund der Außenprüfung erlassenen Steuerbescheide **im Rechtsbehelfsverfahren**.

Ein Außenprüfer darf **nicht tagelang „vor sich hin prüfen"**, ohne über Zwischenergebnisse zu informieren. Der Steuerbürger hat einen 3250

Anspruch, die festgestellten Sachverhalte und ihre steuerlichen **Auswirkungen laufend zu erfahren** (§ 199 Abs. 2 AO). Rechtzeitige und vollständige Unterrichtung ermöglicht eine schnellere Klärung während der Außenprüfung.

3251 Für das rechtliche Gehör gibt es **keine festen Regeln.** Wenn der Unternehmer nicht ausdrücklich eine schriftliche Niederlegung des Sachstandes wünscht, sind **mündliche Informationen ausreichend.** Unterläßt der Prüfer regelmäßige Unterrichtungen, so kann sich der Unternehmer dagegen mit der Dienstaufsichtsbeschwerde wenden. Die Rüge der **Verletzung rechtlichen Gehörs** kann auch noch im Steuerfestsetzungsverfahren (Einspruch) erhoben werden (BFH v. 27. 3. 1961, BStBl III 290).

16. Prüfungsablauf

a) Prüferperson

3252 Zu Prüfungszielen und -praktiken vgl. Rdnr. 3364 ff. In der Bundesrepublik gibt es etwa **11 500 Betriebsprüfer** für ca. **vier Millionen Betriebe.** Das entspricht der **größten Prüferdichte** der Welt. Andere Länder prüfen deutlich weniger. Der trotzdem schlechte Prüfungsturnus bestimmt die derzeitige **Tendenz der Verwaltung,** mehr Betriebe notfalls weniger gründlich zu prüfen. Aber: Prüfer tun sich schwer damit!

3253 Nach einer Umfrage vom **Bund der Steuerzahler** Nordrhein-Westfalen **erhielten Betriebsprüfer** durchschnittlich **gute Noten** für ihr Auftreten. Sie sind weder, wie oft behauptet wird, „besonders psychologisch geschult", noch sind sie ehrgeiziger als andere Berufstätige. Die Mär vom „**Mehrergebnisjäger**" entspricht nicht der Realität, aber es gibt sie, obwohl Außenprüfer nicht nach ihren erzielten Mehrsteuern beurteilt werden.

3254 Manche Prüfer **arbeiten „großzügig",** andere „**zählen Fliegenbeine**".

▷ **Wichtig:**

Außenprüfer sind steuerlich **gut geschult.** Man sollte sie **ernst nehmen.** In seinem Auftreten ist jeder nur so **forsch,** wie man ihn sein läßt. **Gefährlich** ist der steuerrechtlich versierte, gut informierte, junge Prüfer. Wer viel weiß, wird auch viel finden. Die **hohen Ergebnisse** derzeitiger Außenprüfungen sind die Früchte unseres schwierigen **Steuerrechts,** nicht die Böswilligkeit eines Betriebsprüfers.

Auch der Prüfer liebt eine **angenehme Atmosphäre**. Sie veranlaßt ihn eher zu **wohlwollendem Verhalten**. Gerade im Steuerrecht ist der Bürger darauf angewiesen. Es enthält **Ermessensspielräume** wie selten ein anderes Rechtsgebiet. 3255

b) Prüfungsbeginn

Die Außenprüfung findet nach **Maßgabe der Prüfungsordnung** innerhalb der **üblichen Geschäftszeiten** statt. Besonderheiten der Branche müssen dabei soweit möglich berücksichtigt werden. Das zeitliche Erscheinen des Prüfers im Betrieb wird üblicherweise **fernmündlich** abgestimmt. 3256

Der Außenprüfer hat sich zu Prüfungsbeginn unaufgefordert durch **Vorlage des Dienstausweises** auszuweisen (§ 198 AO). Die Vorschrift dient der **Identitätsprüfung**. Bei Nichtbeachten der Ausweispflicht braucht der Unternehmer den Prüfer **nicht in die Räume** zu lassen und kann seine **Mitwirkungspflichten** (Rdnr. 3311 ff.) verweigern. Gestattet er Zutritt und Prüfungshandlungen, so hat die Nichtvorlage des Dienstausweises keinen Einfluß auf deren Rechtmäßigkeit. 3257

Bei **Besorgnis der Befangenheit** des Prüfers hat der Unternehmer die Möglichkeit, den Prüfer abzulehnen (§ 83 AO). **Rechtfertigende Gründe** können Äußerungen, Vorfälle, Kleinlichkeit, zu befürchtende Parteilichkeit, **fehlende Objektivität** oder persönliche **Kenntnisse über den Prüfer** sein. Die Ablehnungsgründe sind dem Leiter des Finanzamt vorzutragen. Er entscheidet über einen möglichen Austausch. 3258

Der Unternehmer ist vom Prüfer darauf hinzuweisen, daß er **Auskunftspersonen benennen** darf (§ 7 Abs. 1 Satz 1 BpO). Dafür kann auch der Steuerberater in Frage kommen. Die **Auskunfts- und Mitwirkungspflicht** des Steuerpflichtigen **erlischt** dadurch **nicht**. Die Benennung einer Auskunftsperson regelt aber die **Befragungsreihenfolge**. Sie verschafft dem Unternehmer Zeitgewinn und Bedenkfrist. 3259

Der **tatsächliche Beginn** der Außenprüfung hat rechtliche Auswirkungen (Rdnr. 3128). **Datum und Uhrzeit** sind daher vom Prüfer in den Arbeitsakten festzuhalten (§ 198 Satz 2 AO; § 7 Abs. 1 Satz 1 BpO). 3260

c) Das Einführungsgespräch

Das **Einführungsgespräch** ist meist der erste **persönliche Kontakt** der an der Prüfung beteiligten Personen. Der Unternehmer, sein Berater und die Auskunftsperson sollten daher teilnehmen. 3261

3262 Diese Phase der Prüfung ist wichtig (**erster Eindruck**). Nicht selten **bestimmen** die ersten Minuten **Klima und die Atmosphäre** der gesamten Außenprüfung. Probleme und mögliche Streitpunkte gehören nicht in das Einführungsgespräch. Es dient außer dem Kennenlernen zu **Absprachen über die Planungen** des Prüfers und Hinweisen zum Prüfungsablauf, wie

- voraussichtlicher Zeitbedarf,
- tägliche Arbeitszeit,
- benötigte Unterlagen; Verfahren der Anforderung und Rückgabe,
- Beraterkontakte,
- Betriebsbesichtigung,
- Verfahren der Zwischeninformationen,
- Anfertigung von Fotokopien,
- Vorbesprechung,
- Schlußbesprechung usw.

▷ **Hinweis:**

Berater und Bauunternehmer dürfen im Einführungsgespräch das **Gesetz des Handels** nicht dem Prüfer überlassen! Der Unternehmer erhält **Zugang zum Menschen** und tut etwas für die **Atmosphäre**, wenn er für die Tätigkeit des Prüfers Verständnis zeigt.

d) Betriebsbesichtigung

3263 Der Prüfer ist berechtigt, die **Betriebsräume** zu **besichtigen** (§ 200 Abs. 3 AO). Er wird von der Verwaltung angehalten, diese Chance zu Informationen und Beobachtungen zu nutzen (Inaugenscheinnahme; § 92 Nr. 4 AO). Der **Betriebsinhaber** oder ein von ihm Beauftragter sollte **teilnehmen**.

3264 Zum **Alleingang durch den Betrieb** ist der Prüfer nicht berechtigt. Das Besichtigungsrecht erstreckt sich auch nicht auf die Privaträume (Art. 13 GG), aber nach Sinn und Zweck auf Räumlichkeiten, die z. B. als **häusliches Arbeitszimmer** oder Büro genutzt werden.

3265–3275 *(Einstweilen frei)*

17. Rechte und Pflichten des Prüfers

LEXinform
▶ BSt-BG-2105 ◀

a) Allgemeines

3276 Alle **Mitwirkungspflichten** des Unternehmers (Rdnr. 3311 ff.) sind zugleich **Rechte des Prüfers**. Wichtig sind Auskunfts- und Befragungsrechte und ihre Grenzen.

b) Beratungspflicht (§ 89 AO)

3277 Ein Außenprüfer ist nach § 89 AO auch zu **objektiver steuerlicher Auskunft** verpflichtet. Hat der Unternehmer mögliche Erklärungen oder **Anträge aus Unkenntnis** oder versehentlich nicht oder **nicht richtig** gestellt, soll der Prüfer die richtigen Anträge oder auch mögliche **Bewertungswahlrechte anregen**.

c) Befragung des Beteiligten

3278 Alle Maßnahmen des Prüfers dürfen nur erfolgen, wenn sie zur steuerlichen Aufklärung **notwendig, verhältnismäßig, erfüllbar und zumutbar** sind (FG Nürnberg v. 13. 6. 1989, EFG S. 609).

3279 Der Unternehmer darf in Fragen seiner Besteuerung uneingeschränkt **befragt werden**. Das gilt **nicht auch für seine Ehefrau** (Rdnr. 3326). Vor Befragungen von **Betriebsangehörigen** oder **Dritten** (Rdnr. 3281 ff.) hat der Steuerpflichtige ein **Recht auf Erstbefragung**. Er trägt die finanziellen Konsequenzen daraus. Eine **unmittelbare Befragung** anderer Personen kommt nur **bei Ausnahmetatbeständen** in Frage, wie bei Hinhalte- bzw. Verzögerungstaktiken, fehlender Mitarbeit, unglaubwürdigen Auskünften usw.

d) Bedeutung der Auskunftsperson (§ 7 Abs. 1 BpO)

3280 Das Benennen einer Auskunftsperson bedeutet zugleich die **Festlegung einer Legitimation**. Dies stellt sicher, daß andere **Firmenmitglieder** nicht ohne weiteres befragt werden dürfen. Verstöße dagegen sollten nicht hingenommen werden.

e) Befragung von Betriebsangehörigen (§ 200 Abs. 1 AO; § 7 Abs. 2 BpO)

3281 Vor einer Befragung von Betriebsangehörigen ist der Unternehmer rechtzeitig zu **unterrichten**. Der Unternehmer muß Gelegenheit bekommen, zur Abwendung eine **andere Auskunftsperson** zu benennen (§ 7 Abs. 2 BpO) oder selbst die erwartete Auskunft zu geben. Ein **Befragungsrecht** von Betriebsangehörigen ist nur gerechtfertigt, wenn:

- der Steuerpflichtige oder die benannte Auskunftsperson **nicht in der Lage** ist, anstehende Auskünfte zu erteilen (z. B. wegen Abwesenheit, Krankheit, Unkenntnis) oder

- die erteilten Auskünfte **zur Klärung** des Sachverhaltes **unzureichend** sind oder

- die Auskünfte des Steuerpflichtigen **keinen Erfolg versprechen** (ausweichende, widersprüchliche, verschleiernde, nicht akzeptable oder unglaubwürdige Antworten).

3282 § 7 Abs. 2 BpO stellt sicher, daß der Prüfer Personal **nicht hinter dem Rücken** des Steuerpflichtigen befragen darf. Bei einer Befragung von Betriebsangehörigen dürfen der Unternehmer und sein Berater zugegen sein.

f) Auskünfte von Dritten (§ 93 Abs. 1 AO)

3283 Im Außenprüfungsverfahren kann der Außenprüfer auch **Personen,** die keine Betriebsangehörigen sind, hören oder von ihnen die Vorlage von Urkunden bzw. Unterlagen verlangen. § 93 Abs. 1 AO gilt auch für die Außenprüfung.

3284 Zur Einholung solcher Auskünfte besteht eine **Rechtfertigung,** wenn die Sachaufklärung durch die Beteiligten selbst nicht zum Ziel führt oder **keinen Erfolg verspricht.** Dies ist stets nur eine **subsidiäre Möglichkeit.**

3285 Das Vorliegen der **Voraussetzungen** nach § 93 Abs. 1 Satz 1 AO muß dargetan werden. Auskünfte von Dritten **verdeckt** einzuholen, ist im Festsetzungsverfahren **nicht zulässig.** Das Auskunftsersuchen an einen Dritten ist ein mit der Beschwerde **anfechtbarer Verwaltungsakt** (BFH v. 5. 4. 1984, BStBl II 790).

g) Bankauskünfte (§ 30 a AO)

3286 Die verbreitete Ansicht, daß die Finanzbehörden von Banken keine **Auskünfte einholen** dürfen, trifft so nicht zu. Sie können nach § 30 a Abs. 5 AO **im konkreten Einzelfall** auch über § 93 AO gefordert werden. Voraussetzung ist, die Auskünfte des Steuerpflichtigen führen nicht zum Ziel oder **versprechen keinen Erfolg.**

Außenprüfung 751

Steuerfahndungsstellen dürfen an Kreditinstitute sogar **Sammelauskunfts-** **3287**
ersuchen richten, um Provisionszahlungen an Kreditvermittler auf ihre
Versteuerung überprüfen zu können (BFH v. 24. 3. 1987, BStBl II 484).
Nach **Einleitung eines Verfahrens** wegen einer Steuerstraftat bzw. -ord-
nungswidrigkeit **verliert der Unternehmer** den gesamten **Schutz des Bank-**
geheimnisses.

Banken steht in diesem Verfahren **kein Auskunfts-** bzw. **Zeugenverweige-** **3288**
rungsrecht zu. Nach dem Tode des Bankkunden haben Banken nach § 33
Abs. 1 ErbStG eine **Meldepflicht** an das ErbSt-Finanzamt für **Guthaben-**
konten und **Wertpapierdepots** (Rdnr. 3299). Der Schutz der Bankkunden
endet mit dem Tode.

Zur **Form von Auskunftsersuchen** an Sparkassen vgl. BFH v. 23. 10. 1990, **3289**
BStBl 1991 II 277. Ein Auskunftsersuchen ist dann **nicht rechtmäßig,**
wenn Anhaltspunkte für **steuererhebliche Umstände** fehlen. Auskunftsver-
langen im Rahmen von Rasterfahndungen ähnlichen Ermittlungen und
Auskünfte „ins Blaue" darf die Finanzbehörde nicht verlangen (BFH
v. 18. 3. 1987, BStBl II 419).

Hohe ungebundene Entnahmen ohne Vermögensbildung sind steuererheb- **3290**
liche Umstände, die **Bankauskünfte rechtfertigen** (BFH v. 23. 10. 1990,
BStBl 1991 II 277). Der Hinweis auf einen aufwendigen Lebensstil steht
dem nicht entgegen.

Kontrollmitteilungen sollen bei Prüfungen von Banken nach § 30a Abs. 3 **3291**
AO für Guthabenkonten und Depots unterbleiben, bei deren Errichtung
eine **Legitimationsprüfung** nach § 154 Abs. 2 AO vorgenommen wird. Für
andere Konten wie z. B. **Cpd-Konten,** Eigenkonten der Banken und Kre-
ditkonten dürfen Kontrollmitteilungen erstellt werden.

h) Form und Kostenersatz bei Auskunftsersuchen

Auskünfte dürfen **mündlich und schriftlich** erteilt werden. **3292**

▷ Hinweis:

Beim schriftlichen Auskunftsersuchen sollte ein **frankierter Rückumschlag**
beiliegen. Auskunftspflichtige Dritte können nach § 107 AO **Aufwen-**
dungsersatz verlangen (BFH v. 23. 12. 1980, BStBl II 302; v. 24. 3. 1987,
BStBl 1988 II 163).

i) Fertigung von Kontrollmitteilungen

3293 Bei einer Außenprüfung darf der Prüfer über die steuerlichen Verhältnisse Dritter **Kontrollmaterial fertigen** (§ 194 Abs. 3 AO; § 5 BpO). Die Kontrollmitteilungen werden dem für die Besteuerung des Dritten zuständigen **Finanzamt zugeleitet.**

3294 Die Außenprüfung nutzt über das Kontrollmaterial die **Wechselwirkungen der Besteuerung:** Was der eine Steuerbürger absetzt, sollte beim anderen **korrespondierend** als Einnahme in Erscheinung treten. Der BFH (Urteil v. 13. 12. 1973, BStBl 1974 II 210) läßt offen, ob es einen einkommensteuerlichen **allgemeinen Grundsatz** gibt, daß betriebliche Vorgänge bei den beteiligten Personen korrespondierend behandelt werden müssen. Teilweise werden vom Prüfer bei abfließenden Zahlungen auch **Empfängerkonten notiert** oder **Belege fotokopiert.**

3295 Das Schreiben von Kontrollmaterial leitet ein **gefürchtetes Verfahren** ein. Der Prüfer erstellt es in der Regel ohne Kenntnis des Unternehmers. Die **Erfolge** der Finanzverwaltung damit **sind beachtlich.** Viele **Unregelmäßigkeiten** (falsche Namen, vorgetäuschte Betriebsausgaben, nicht erfaßte Einnahmen, Belegfälschungen usw.) werden so offenbar.

3296 Auch wenn der Geschäftspartner zusagt, einen Vorgang **nicht zu buchen,** geschieht das, wie die Erfahrung zeigt, in der Praxis meist dennoch. Auf **absetzbare Aufwendungen** (Werbungskosten, Betriebsausgaben) wird nur ungern verzichtet.

3297 Als **erfolgversprechende Vorgänge** für Kontrollmitteilungen sieht die Finanzverwaltung an:

- **Schmiergeldzahlungen** (z. B. an Bauamtsmitarbeiter),
- **Provisionen** jeder Art (z. B. für Auftragserteilung, Finanzierungsvermittlung, Grundstücksverkäufe),
- **Rückvergütungen,** Nachlässe, Boni, Geschenke (vor allem in Sachwerten),
- **Honorare** an Mitarbeiter und Dritte (Architekten, Gutachter usw.),
- Zahlungen für **nebenberufliche Leistungen,** Hilfsgeschäfte, Anlagenverkäufe,
- **Barzahlungen** jeder Art,
- **Überweisungen** auf nicht im Rechnungsvordruck enthaltene Konten.

Beliebt ist Kontrollmaterial für die **Empfänger von Provisionen,** Honoraren und Rabatten ebenso wie für die Verkäufer von gebrauchten Wirtschaftsgütern.

Der Prüfer darf **kein Kontrollmaterial** fertigen, soweit **Auskunftsverweige-** 3298
rungsrechte nach §§ 101 ff. AO bestehen (§ 8 Abs. 1 Satz 2 BpO).

Das Kontrollmitteilungsverfahren verstößt nicht gegen das **Steuergeheim-** 3299
nis des § 30 AO. Es soll sich auf **gelegentliche Beobachtungen** beschränken. Prüfungen nur zur Fertigung von Kontrollmaterial sind nicht zulässig. Prüfer werden gedrängt, **umfangreiches Kontrollmaterial** zu schreiben.

▷ Wichtig:

Die zuständigen ErbSt-Finanzämter geben ihr nach § 33 ErbStG erhaltenes Material (BMF-Erlaß v. 17. 2. 1986, BStBl I 82) für die **laufende Besteuerung** intern an die Besteuerungsfinanzämter weiter. Die Erben müssen daher mit **Nachversteuerungen** rechnen. Der Außenprüfer hat in der Regel während der Außenprüfung Material zum Auswerten bei sich.

Das **Kontrollmitteilungsverfahren** der Finanzverwaltung **versagt,** wenn 3300
Aufwendungen in die **Privatsphäre** verlegt oder, **aus verdeckten Mitteln** (Schwarzgeldern) bestritten werden.

Beispiel:

Die dem Finanzamt vorgelegten Rechnungen über **Reparaturen oder Ausbaukosten,** die steuerlich als Betriebsausgaben oder Werbungskosten geltend gemacht werden, geben Hinweise auf die bei leistenden Handwerkern zu erfassenden **Betriebseinnahmen.** Die Rechnungskopien oder ihre wichtigen Daten werden als Kontrollmaterial **den Handwerkersteuerakten zugeleitet,** vor allem wenn sie **bar bezahlt** worden sind.

Zur Zeit ist der BMF-Entwurf einer **Kontrollmitteilungsverordnung** 3301
(KMVO) in Arbeit. Damit soll das bisherige Verfahren rechtlich abgesichert, transparenter und berechenbarer gemacht werden.

(Einstweilen frei) 3302–3310

LEXinform
18. Mitwirkungspflichten des Unternehmers ▶ BSt-BG-2110 ◀

Literatur: *Assmann,* Rechte und Mitwirkungspflichten bei Geldverkehrsrechnung bzw. Vermögensvergleich, DB 1989, 851; *App,* Mitwirkungspflichten bei einer Außenprüfung und Vorgehen im Fall der Notwendigkeit der Erzwingung, StBp 1991, 49.

a) Allgemeines

3311 Eine Außenprüfung läßt sich nur schwer durchführen, wenn der geprüfte Steuerbürger nicht mitarbeitet. Seine **Verpflichtung zur Mitarbeit** ergibt sich aus § 200 Abs. 1 AO. Die Aufzählung der **Mitwirkungspflichten** ist **nicht abschließend** wie der Wortlaut „insbesondere" zeigt. Mitwirkung ist zugleich eine Chance, auf die Ergebnisse **Einfluß zu nehmen**. Mitwirkungspflichten bestehen nur, wenn und soweit die Prüfung nach gesetzlichen Vorschriften unter einer Prüfungsanordnung abläuft.

3312 Für das Ergebnis der Prüfung von **entscheidender Bedeutung** ist, was der Prüfer während der Prüfung an Unterlagen und Informationen erhält. Die **Informationsübermittlung** ist daher von großer Wichtigkeit.

3313 Im einzelnen treffen den Unternehmer bei der Außenprüfung die **folgenden Pflichten:**

- **Vorlagepflichten** für Bücher, Aufzeichnungen, Belege, Urkunden, Schriftwechsel usw.

- **Auskunfts- und Erläuterungspflichten,**

- **Duldungspflichten;** ein für die Durchführung der Prüfung geeigneter Geschäftsraum und Arbeitsplatz ist zu stellen,

- **Sonstige Pflichten;** Hilfsmittel können gefordert werden; der Begriff ist in der AO nicht näher definiert.

3314 Der Unternehmer muß seine Mitwirkung **nicht persönlich** erfüllen. Er kann sich **anderer Person bedienen**. Seine Auskunfts- und Mitwirkungspflicht erlischt durch eine Delegation nicht.

3315 Die **tatsächliche Mitwirkung** hat in der Praxis **viele Gesichter**. Der Unternehmer soll seinen Mitwirkungspflichten **in angemessener Zeit** nachkommen. Das zu gewährleisten dient auch die Frist zwischen Bekanntgabe der Prüfungsanordnung und tatsächlichem Prüfungsbeginn (§ 197 Abs. 1 AO; § 5 Abs. 4 BpO).

3316 Der Steuerpflichtige sollte keine Maßnahmen treffen, um die Prüfung zu behindern. Unvermeidliche Maßnahmen müssen vom Prüfer hingenommen werden, auch wenn sie Unbequemlichkeiten bereiten.

b) Vorlagepflichten

3317 Eine „en-bloc-Vorlage-Pflicht" für alle steuerlich bedeutsamen Unterlagen besteht nicht. Die **Grenzen der Mitwirkung** für den Unternehmer liegen dort, wo sie nicht notwendig, verhältnismäßig, erfüllbar bzw. nicht mehr zumutbar sind. Er braucht dem Prüfer nur solche Unterlagen vorzulegen, die er **im Besitz** und für die er **Aufbewahrungspflichten** hat (Rdnr. 473 ff.); FG Rheinland-Pfalz vom 25. 4. 1988, EFG S. 502, Nichtzulassungsbeschwerde vom BFH mit Beschluß v. 23. 10. 1989 als unzulässig verworfen).

Nach § 5 Abs. 7 BpO können ohne Erweiterung der Prüfungsanordnung auch Bücher, Aufzeichnungen, Geschäftspapiere und andere Unterlagen verlangt werden, die nicht unmittelbar den Prüfungszeitraum betreffen, wenn dies zur Feststellung von **Sachverhalten des Prüfungszeitraumes** erforderlich ist. 3318

c) Vorlage privater Unterlagen

Literatur: *Bilsdorfer*, Private Konten und Außenprüfung, NWB F. 17, 1097; *Wittkowski*, Vorlagepflicht privater Unterlagen im Rahmen von Außenprüfungen, NWB F. 17, 2101.

Zu den vorzulegenden Unterlagen gehören **auch private Unterlagen** bzw. Urkunden (z. B. private Spar- bzw. Bankkonten). Der Gesetzgeber unterscheidet in § 200 Abs. 1 AO nicht zwischen betrieblichen und privaten Unterlagen. Wichtig ist, daß es **Vorlagepflichten** nur für **steuerlich relevante Unterlagen** gibt (Rdnr. 3153 f.; § 199 Abs. 1 AO). Private Konten sind z. B. zur Prüfung der Einkünfte nach § 20 EStG erforderlich. Häufig laufen Mieterlöse, Werbungskosten, Sonderausgaben und außergewöhnliche Belastungen über private Konten. Nicht immer werden private und betriebliche Vorgänge **exakt getrennt.** 3319

▷ **Wichtig:**

Ein Prüfer, der stets auch die Vorlage der privaten Konten verlangt, **handelt rechtswidrig** (FG Rheinland-Pfalz v. 25. 4. 1988, EFG S. 502, Nichtzulassungsbeschwerde vom BFH mit Beschluß v. 23. 10. 1989 als unzulässig verworfen).

Ein Steuerpflichtiger mit **Gewinnermittlung** nach § 4 Abs. 3 EStG hat die **Kontoauszüge** eines Girokontos **vollständig vorzulegen,** wenn darüber **betriebliche und private** Vorgänge (Vermischung) abgewickelt wurden. Es handelt sich dann um ein **betriebliches Konto.** Im Falle einer Vernichtung trifft ihn die Pflicht zur Beschaffung von Ersatzbelegen (FG Hamburg v. 22. 3. 1991, Revision, EFG S. 636). 3320

3321 Auch für **Zwecke einer Schätzung** oder **Kontrollrechnung** (Geldverkehrsrechnung) können private Konten steuerliche Relevanz haben (Niedersächsisches FG v. 7. 2. 1986 XI 389/81, Nichtzulassungsbeschwerde wurde vom BFH am 4. 8. 1987 als unbegründet zurückgewiesen).

▷ **Zu beachten:**

Im privaten Bereich **kollidieren Vorlagepflichten** privater Unterlagen mit dafür nicht bestehenden Aufbewahrungspflichten (Rdnr. 473 ff.) **Private Unterlagen** sind nur vorlagepflichtig, wenn sie **vorlagefähig** sind (FG Nürnberg v. 13. 6. 1989, EFG S. 609). Für private Unterlagen bestehen **keine gesetzlichen Aufbewahrungspflichten.** Die Vorlage nicht aufbewahrter Privatbelege ist weder erfüll- noch zumutbar. Der Steuerpflichtige hat Unterlagen i. S. des § 147 Abs. 1 AO nur aufzubewahren, soweit er nach §§ 140, 141 AO oder nach anderen Gesetzen buchführungs- bzw. aufzeichnungspflichtig ist (Tipke/Kruse, § 147 AO Tz. 1).

3322 **Private Kontoauszüge,** Verträge, Schriftwechsel, Belege, Sparkonten usw. fallen **nicht unter § 147 AO.** Das gilt auch für Unterlagen, die vielleicht später einmal für eine Verprobung oder Schätzung Bedeutung haben könnten. Werden private Unterlagen nicht aufbewahrt, so darf dem Unternehmer daraus **kein steuerlicher Nachteil** erwachsen. Zwangsmittel nach § 328 AO wären ermessensfehlerhaft, weil sie sich auf für den Unternehmer **Unmögliches** beziehen. Diese Situation berechtigt den Prüfer nach Ermessenskriterien aber, benötigte Unterlagen im Wege der **Drittauskunft nach § 93 AO** (Rdnr. 3283 ff.) selbst zu beschaffen.

d) Sonstige Pflichten

3323 Der **Arbeitsplatz** soll dem Prüfer ein **ungestörtes Arbeiten** ermöglichen. Am besten ist ein **gesonderter** mindestens mit einem Tisch und einer Sitzgelegenheit **möblierter Raum.** Soweit erforderlich muß er beleuchtbar und heizbar sein. Die Zurverfügungstellung hat **unentgeltlich** zu erfolgen. Steht **kein geeigneter Raum** zur Verfügung, so braucht der Unternehmer weder einen Raum anzumieten noch sein Personal zu verdrängen.

3324 Der Prüfer kann nicht verlangen, daß ihm eine **Schreib- oder Rechenmaschine** gestellt wird. Auch **Hilfe bei Prüfungshandlungen** oder Mitarbeit z. B. einer **Schreibkraft** zur Berichterstellung darf er nicht fordern. In Grenzfällen entscheiden die Grundsätze von Billigkeit und Angemessenheit.

e) Mitwirkungsverweigerungen, -verweigerungsrechte

Verweigerungen der verfassungsrechtlich unbedenklichen Mitwirkungspflichten können durch **Zwangsgeld** nach § 328 AO erzwungen werden (BVerfG-Beschluß v. 24. 7. 1984 1 BvR 934/84). Zwangsgeld wird im Prüfungsverfahren selten festgesetzt. Der Prüfer ist bei Verletzung von Mitwirkungspflichten durch den Steuerpflichtigen auch zur **Schätzung nach § 162 AO** berechtigt. Die Pflicht des Finanzamts zur Sachverhaltsermittlung ist dann herabgesetzt und ein ihm eventuell obliegendes **Beweismaß** reduziert. Der Außenprüfer kann aus dem Verhalten auch **nachteilige Schlüsse** ziehen (BFH v. 15. 2. 1989, BStBl II 462). 3325

Die **Auskunfts- und Vorlageverweigerungsrechte** nach §§ 101 bis 106 AO gelten auch bei der Außenprüfung. Der Unternehmer selbst hat **als Beteiligter** grundsätzlich **kein Verweigerungsrecht**. Seine **Angehörigen** dürfen die Auskunft nach § 101 Abs. 1 AO in Fragen verweigern, die allein den Unternehmer betreffen. Beabsichtigt der Prüfer dennoch z. B. die **Ehefrau zu befragen,** so ist sie auf ihr Auskunftsverweigerungsrecht **hinzuweisen**. Die Belehrung muß der Prüfer **aktenkundig machen** (§ 101 Abs. 2 AO). Eine unterlassene Belehrung führt zum **Verwertungsverbot** der erhaltenen Aussage (FG Rheinland-Pfalz v. 25. 10. 1984, EFG 1985, 266). 3326

f) Das Problem „Fotokopieren"

Literatur: *Meier,* Ist der Steuerpflichtige verpflichtet, dem Außenprüfer Geschäftsunterlagen und Urkunden zwecks Erstellung von Fotokopien an Amtsstelle zu überlassen?, StBp 1987, 156.

Ein **Fotokopiergerät** gehört nicht zu den Hilfsmitteln i. S. von § 200 Abs. 2 AO. Der Unternehmer ist daher **nicht verpflichtet,** unentgeltlich **Kopien bereitzustellen** (Hübschmann/Hepp/Spitaler, § 200 AO Rdnr. 235 u. 376). Die Frage, ob bei dieser Sachlage der Prüfer nach Abstimmung mit dem Steuerpflichtigen berechtigt ist, die Unterlagen zum Kopieren ins Finanzamt mitzunehmen, wird in der Literatur bejaht. 3327

Eine Übergabe sollte formal mit **Empfangsbestätigung** abgewickelt werden. 3328

19. Arbeitsakten, Akteneinsicht

LEXinform
▶ BSt-BG-2115 ◀

Prüfungshandlungen und -ergebnisse finden ihren unmittelbaren Niederschlag in den **Arbeitsakten des Außenprüfers.** Er ist zu ihrer Führung ver- 3329 pflichtet. Der Unternehmer hat im **außergerichtlichen Verfahren** keinen Rechtsanspruch darauf, daß das Finanzamt die Arbeitsakten zu den Steuerakten nimmt und ihm so die **Einsichtnahme** ermöglicht wird (BFH v. 27. 3. 1961, BStBl III 290). Ob das Finanzamt dennoch Einsicht gewährt, liegt in seiner Entscheidungsbefugnis.

3330 Im **gerichtlichen Verfahren** besteht **Vorlagepflicht** der Arbeitsakten (BFH v. 17. 11. 1981, BStBl 1982 II 430). Soweit die Akten dem **Gericht vorgelegt** werden, hat der Unternehmer nach § 78 Abs. 1 FGO auch ein **Einsichtsrecht**. Das Finanzamt kann sich der Vorlage der Arbeitsakten an das Finanzgericht nicht dadurch entziehen, daß es die anläßlich der Prüfung entstandenen Akten als „intern" bezeichnet (FG Münster v. 16. 9. 1988, EFG 1989, 28). Die Vorlagepflicht folgt bereits aus § 86 Abs. 1 FGO.

3331–3335 *(Einstweilen frei)*

20. Prüfungsschwerpunkte der Branche

a) Allgemeines

3336 **Saubere Buchführung,** geordnetes Belegwesen und ein **guter Steuerberater** schützen nicht vor Nachzahlungen bei Außenprüfungen. Eine intakte Buchführung reduziert zwar die Ansatzpunkte des Prüfers, aber erfahrene Prüfer lassen sich davon nicht beeindrucken. Entscheidend ist die in der Buchführung immanente **sachliche Richtigkeit.** Unser Steuerrecht ist so kompliziert, daß die Möglichkeiten, Fehler zu machen, grenzenlos sind. Prüfungen **ohne Steuernachzahlungen** sind daher die **Ausnahme.**

b) Bedeutung von Prüfungsschwerpunkten

3337 Gemäß § 6 BpO ist die Betriebsprüfung auf **das Wesentliche** abzustellen und ihre Dauer auf das **notwendige Maß zu beschränken.** Der Außenprüfer soll aus der Sicht der Verwaltung mehr Betriebe weniger gründlich prüfen. Er hat daher für den Einzelfall **wenig Zeit.** Darauf stellen sich verschiedene Berater taktisch ein (Rdn. 3456 f.).

3338 Ein Prüfer kann unter Schwerpunktgesichtspunkten ganze **Steuerarten** und **Prüfungsjahre weglassen.** In der Praxis bestimmt die **Größe des Betriebes,** wie genau geprüft wird und wie umfangreich der nicht zu prüfende Bereich ist.

Außenprüfung

▷ **Bedauerliches Fazit:**
Je kleiner ein Betrieb, um so intensiver wird er geprüft; **je größer** er ist, desto punktueller ist die Prüfung.

c) Übliche und branchenspezifische Prüfungsschwerpunkte

Literatur: *App,* Vorkehrungen des Steuerpflichtigen vor einer Außenprüfung, Inf 1991, 170.

aa) Übliche Prüfungsschwerpunkte

Die Prüfungsschwerpunkte differieren nach **Größe, Branche** und **Rechtsform** des Betriebes. Bei kleineren Familienbetrieben der Baubranche bzw. des Baunebenhandwerks als Einzelfirma oder Personengesellschaft beachtet der Prüfer vor allem, ob

3339

- alle **betrieblichen Lieferungen und Leistungen** als Betriebseinnahmen erfaßt sind (Materiallieferungen bzw. Bauleistungen für die **private Sphäre** und für **Angehörige** erfaßt? Wurden betriebliche Leistungen ohne Buchung mit **Gegenleistungen** Dritter für den Privatbereich verrechnet?).

- die **Bareinnahmen vollständig** erfaßt wurden (für Abgaben von Materialien, kleinere Reparaturen usw.).

- private **Lebenshaltungskosten** als Betriebsausgaben kaschiert sind (Bewirtungskosten, Berufskleidung, Arbeitszimmer, Literatur).

- **Privatentnahmen** von den Betriebsausgaben abgegrenzt wurden (private Einkäufe, Sachentnahmen, private Nutzungen).

- **vertragliche Zahlungen** an Familienmitglieder betrieblich veranlaßt sind oder z. B. Unterhalt darstellen (Löhne, Pachten, Mieten, Provisionen, Beraterverträge usw.).

- **teilfertige Arbeiten, Garantierückstellungen** und die Forderungsbewertung nach steuerlichen Vorschriften **zutreffend und zulässig** sind.

- das Privatvermögen betreffende **Risikogeschäfte** zu Unrecht dem betrieblichen Bereich zugeordnet wurden (Geldanlagen, Bürgschaften, private Darlehen).

Die o. a. Prüfungsschwerpunkte verlieren an Relevanz je mehr **familienfremdes Personal** beschäftigt wird, ein betriebsinternes **Revisionswesen** besteht und die Abschlüsse von einem **Wirtschaftsprüfer** testiert werden.

3340

Mit zunehmender **Betriebsgröße** treten Fragen der **Vertragsgestaltungen,** Gewinnrealisierung sowie Bewertungs- und Bilanzierungsprobleme in den Mittelpunkt des Prüferinteresses (Kauf- und Investitionsvorgänge richtig bilanziert und abgeschrieben? Vorratsvermögen zutreffend bewertet? Rückstellungen zulässig? usw.).

3341 Bei **Personengesellschaften** werden besonders geprüft:

- Gesellschaftsverträge,
- Vertragsgestaltungen mit Gesellschaftern,
- richtige Gewinnerfassung und -verteilung,
- Betriebsaufspaltungen,
- Umwandlungssachverhalte,
- Gesellschafterwechsel,
- Sondervergütungen und -betriebsausgaben usw.

3342 Vorgenannte Prüfungsfelder verändern sich bei Prüfung von **Kapitalgesellschaften.** Es beherrschen dann die Fragen von verdeckten **Gewinnausschüttungen** (Rdnr. 1921 ff.), verdeckten **Einlagen** (Rdnr. 1916 ff.) und die Maßnahmen von GewSt-Einsparungen die Prüfung. Bedeutung gewinnen **Verträge jeder Art** mit beherrschenden Gesellschaftern (Rdnr. 1841 ff.). Aus diesem Gesamtspektrum interessiert sich der Prüfer für

- **Anstellungs-** (Rdnr. 1818 ff.), Beratungs-, Miet-, Pacht- und sonstige **Verträge,**
- **Fragen der Rückwirkung** (Rdnr. 1876 ff.), Rechtswirksamkeit, und Ernsthaftigkeit der Vereinbarungen,
- mögliche **Gewinnmanipulationen,**
- **Fragen der Zulässigkeit** von Pensions- (Rdnr. 1896 ff.) und Tantiemezusagen (Rdnr. 1911 ff.),
- **Sachbezüge,** Vermögensvorteile und Angemessenheit (Rdnr. 1808 ff.) von Vergütungen an Gesellschafter oder ihnen nahestehende Personen,
- **Einlagevorgänge** usw.

bb) **Branchenspezifische Prüfungsschwerpunkte**

3343 Jede Branche hat ihre **speziellen Angriffspunkte** und steuerlichen Besonderheiten. Auf sie ist der erfahrene Prüfer fixiert. Es sind die branchenspezifischen Steuerfragen. Ein **branchenerfahrener Prüfer** bedeutet eine

Außenprüfung

erhebliche Gefahr für den Unternehmer. Er kennt sich in den **branchenbedingten Besonderheiten** und -typischen **Fehlerquellen** aus und klopft sie regelmäßig ab. Aus seiner Prüfung drohen deutlich höhere steuerliche Konsequenzen. Nur einem Branchenneuling kann der Unternehmer noch „etwas vormachen".

▷ **Fazit:**
Je höher der **Informationsstand des Prüfers**, desto gefährlicher ist er.

Richtig verhalten und argumentieren ist oft das **Erfolgsrezept**. Nicht selten hängt ein steuerliches Ergebnis an einer nicht oder nicht richtig erfolgten **Argumentation** bzw. Darstellung. Versierte Taktiker verhindern durch ihre Antworten und Darstellungen die **Subsumtion** eines Sachverhaltes unter den zutreffenden Gesetzestatbestand. Nuancen sind bisweilen für das Ergebnis entscheidend. 3344

Die **Dauer der Prüfung** hängt von Größe und Organisation des Bau- bzw. Handwerksbetriebes ab. Der Unternehmer muß mit **fünf bis fünfzehn Prüfungstagen** rechnen. Gerüchte, der Prüfer habe pro Prüfungstag ein **festes Mehrsteuersoll**, sind unzutreffend. Die Prüfungsdauer hängt auch ab vom **Zustand des Rechnungswesens**, Informationsfluß, der Mitarbeitsintensität des Unternehmers, aber auch von der **Qualifikation des Prüfers**. Dem guten Prüfer liegt daran, schnell fertig zu werden. Er mag nicht, wenn man ihn fragt „Sind Sie denn immer noch da?". Manchen Prüfer ermuntern gutes Klima und ansprechende Versorgung eher zum längeren Bleiben. 3345

Bei Betrieben der Baubranche und des handwerklichen Baunebengewerbes widmet der Prüfer sein **Hauptaugenmerk** der **Auftragsabrechnung, Erfassung und Bewertung** der **fertigen und teilfertigen Arbeiten** (Rdnr. 1685 ff., 2890). Dabei beurteilt er die zeitlich zutreffende **Gewinnrealisierung** (Rdnr. 428 ff.), forscht nach **Leistungsverrechnungen** und sucht aus dem Verhältnis von **Kundenanzahlungen** zu teilfertigen Arbeiten Schwachpunkte zu erkennen, die auf eine unzutreffende Bilanzierung hindeuten. Er prüft diesen Komplex unter **Hinzuziehung der Baustellenkonten**, Lieferanten-, und Ausgangsrechnungen, Betriebsabrechnung bzw. Verlust- und Gewinnrechnung, der Arbeitszettel der Arbeitnehmer und beurteilt die vollständige Erfassung von Materialien, Lohnstunden und die Höhe der erfaßten **Fertigungsgemeinkostenzuschläge** (Rdnr. 428 ff.). 3346

3347 Weitere **Branchenschwerpunkte** sind das Anlagevermögen, Kundenanzahlungen, **Rückstellungen** (Garantie-, Tantieme-, Prozeßkosten-, Pensionsrückstellungen, Rückstellungen für rückständigen Urlaub), Delkredere und die Bewertung von **Kundenforderungen**.

3348 Einer regelmäßigen steuerlichen Beurteilung unterliegen die **Verträge mit Angehörigen** (Ehefrau, Kinder, Eltern; Rdnr. 1031 ff.), die Abgrenzungen von **Betriebs- und Privatausgaben** bei Eigenverbrauch, Telefon-, Pkw- und Energie-, Bewirtungskosten, Berufskleidung, Arbeitszimmer usw.

3349 **Umsatzsteuerlich** schließt der Prüfer keine Prüfung ohne **Vorsteuerverprobung** ab. Abweichungen, die er dabei feststellt, finden oft ihre Erklärung bei Miet-, Pachtverträgen und Baumaßnahmen, die hinsichtlich der Vorsteuer nicht richtig behandelt worden sind. Auf der **Leistungsseite** interessieren ihn die zeitlich zutreffende Erfassung von Lieferungen und Leistungen (Mindest-Istbesteuerung) bzw. Teilleistungen (§ 13 Abs. 1 Nr. 1a UStG).

3350–3355 *(Einstweilen frei).*

21. Prüfungshandlungen, Rechtsbehelfe

LEXinform
▶ BSt-BG-2120 ◀

3356 Das **Amtsermittlungsprinzip** ermächtigt den Prüfer weder zu **Eigenmächtigkeiten** noch zum **Selbstbedienen**.

3357 Das Spektrum der **Eingriffsmöglichkeiten** des Außenprüfers in die Rechtssphäre des Steuerpflichtigen ist vielfältig. Nicht alle Maßnahmen müssen hingenommen werden. Prüfungshandlungen sind **Verwaltungs- oder Realakte**. Die **Unterscheidung** ist wegen der unterschiedlichen Möglichkeiten **rechtlicher Gegenwehr** wichtig (Rdnr. 3359, 3362 f.).

3358 **Verwaltungsakte** sind alle Maßnahmen, die dem Steuerpflichtigen ein bestimmtes, **zwangsweise durchsetzbares** Tun, Dulden oder Unterlassen aufgeben. Es sind **hoheitliche Maßnahmen**, durch die die Finanzbehörde gegenüber dem Unternehmer **steuerliche Angelegenheiten** regelt und die über die Mitwirkungspflichten des Unternehmers hinausgehen (§ 118 Abs. 1 AO).

3359 Als **Verwaltungsakte** bei der Außenprüfung sind z. B. anfechtbar:

- Die **Anordnung** der Außenprüfung (BFH v. 28. 4. 1988, BStBl II 858),
- ihre **Terminierung** (BFH v. 4. 2. 1988, BStBl II 413, 414),

Außenprüfung 763

- die **Unterbrechung** bzw. **Wiederaufnahme** einer unterbrochenen Prüfung,
- der **Abbruch** (z. B. um Feststellungen zugunsten zu vermeiden),
- die **Ablehnung einer** beantragten **Prüfung** (Rdnr. 3092),
- die Ablehnung eines **Antrags auf Verschiebung** des Prüfungsbeginns (§ 197 Abs. 2 AO; Rdnr. 3215 ff.),
- **Auskunftsersuchen** an den Steuerpflichtigen, sonstige Beteiligte oder Dritte (§§ 93, 200 Abs. 1 AO; BFH v. 24. 3. 1987, BStBl II 484; Rdnr. 3278 ff.),
- Anforderungen von **Hilfskräften** bzw. **Hilfsmitteln** (§ 200 AO; z. B. Fotokopien; Rdnr. 3327 f.),
- **Anforderung der Vorlage von Unterlagen** (Sparbücher, private Konten; Rdnr. 3319 ff.),
- die **Ablehnung einer Schlußbesprechung** (BFH v. 24. 10. 1972, BStBl 1973 II 542; Rdnr. 3458 ff.),
- eine Ablehnung eines Antrags auf **Übersendung** eines **Prüfungsberichtes** (Rdnr. 3491),
- eine Verweigerung der **Übersendung** des Prüfungsberichtes zur **Stellungnahme** (§ 202 Abs. 2 AO; Rdnr. 3495),
- die **Beschlagnahme** (BFH v. 11. 7. 1979, BStBl II 704),
- die **Durchsuchung** (FG Hamburg v. 9. 1. 1986, EFG S. 244, 245; Rdnr. 3572 ff.),
- **Verletzungen von Rechtsvorschriften,**
- der Nichtaustausch eines als **befangen** erklärten Prüfers usw. (Rdnr. 3258).

Gegen **alle Verwaltungsakte** kann der Steuerpflichtige **Beschwerde einlegen** (§ 349 AO). Sind sie **ohne Rechtsbehelfsbelehrung** ergangen, ist die Beschwerde noch **binnen Jahresfrist** zulässig (§ 356 Abs. 2 AO). Sonst beträgt die Beschwerdefrist **einen Monat** nach Bekanntgabe. Sie kann schriftlich oder zur Niederschrift des Finanzamtes erklärt werden. 3360

Nicht anfechtbare Realakte sind (BFH v. 14. 8. 1985, BStBl 1986 II 2; v. 20. 4. 1988, BStBl II 927) z. B. folgende Prüferhandlungen: 3361

- **Prüferanfragen,**
- **Einsichtnahme** in Unterlagen,

- Inaugenscheinnahmen, z. B. **Betriebsbesichtigung,**
- **Ausschaltung** bzw. **Umgehung des Steuerberaters,**
- **Rechtsansichten** des Prüfers,
- Anfertigung von **Kontrollmaterial,**
- **Berechnung** der Besteuerungsgrundlagen,
- Abhaltung einer **Schlußbesprechung,**
- **Übersenden** des Außenprüfungsberichtes,
- Verlangen nach **Empfängerbenennung** nach § 160 AO (BFH v. 20. 4. 1988, BStBl II 927) usw.

3362 **Rechtswidrige Realakte** sind mit Rechtsbehelfen der AO und FGO nicht gesondert anfechtbar. Sie können im Einspruchsverfahren zum Steuerbescheid geprüft werden (Niedersächsisches FG v. 5. 12. 1984, EFG 1985, 266, vom BFH bestätigt durch Beschl. v. 27. 1. 1988 IX R 49/85, n. v.).

3363 Der Unternehmer kann sich gegen Realakte mit einer **Dienstaufsichtsbeschwerde** oder **Gegenvorstellung** wenden. Dabei läßt sich z. B. geltend machen, der Prüfer habe sich **ungebührlich benommen,** prüfe zur Unzeit oder verlange **unzumutbare Hilfsdienste** bzw. Hilfsmittel. Die Dienstaufsichtsbeschwerde ist an **keine Frist** gebunden. Sie kann schriftlich aber auch mündlich erhoben werden.

22. Prüferziele, Prüferpraktiken, Prüfermethoden   LEXinform ▶ BSt-BG-2125 ◀

3364 Zur Prüferperson vgl. Rdnr. 3252 ff. Die **Tätigkeit von Außenprüfern** besteht selten im „Nachrechnen" oder „Abhaken". Ihr Ziel, die vom Steuerbürger vorgegebenen Besteuerungsgrundlagen auf ihre Richtigkeit abzuklopfen, verfolgt er, indem er **andere Wege** geht, wie sie der Betrieb vorgegeben hat.

3365 Er setzt **direkte** (Prüfung von Sachverhalten, Belegen, Bilanzposten, Geschäftsvorfällen, Bewertungen usw.) und **indirekte Revisionsmethoden** als auf Plausibilität ausgerichtete Kontrollrechnungen ein (Betriebsvergleiche, Richtsatzverprobungen, Mengenrechnungen, **Nachkalkulationen,** Vermögensvergleiche, Geldverkehrsrechnungen, Umsatzabgleichungen und **Vorsteuerverprobungen).** Mit ihrer Hilfe findet er die zu überprüfenden Zahlen bestätigt oder versucht, die **Anscheinsvermutung** ihrer sachlichen Richtigkeit (§ 158 AO) zu beseitigen. So erreicht er vom betroffe-

Außenprüfung 765

nen Steuerbürger **aktive Mitarbeit** oder er schafft eine **Schätzungsrechtfertigung** für die Finanzverwaltung nach § 162 AO.

a) Verprobungsmethoden

Rechtlich ist **jede Prüfungsmethode** zulässig, die auf steuerlich relevante 3366
Sachverhalte abzielt und den Unternehmer nicht in unverhältnismäßiger
Weise belastet. **Intensivere Methoden** wird der Prüfer immer dann anwenden, wenn er zuvor Mängel oder **fehlende Plausibilität** festgestellt hat.
Gleiches gilt bei Anhaltspunkten für eine unvollständige Erfassung von
Betriebseinnahmen (unklare Einlagen, geringe ungebundene Entnahmen,
unklare Finanzierungen usw.). Oft hat der Unternehmer intensivere
Methoden **selbst zu verantworten** und muß sie auch über sich ergehen lassen. Erfahrungsgemäß sind Buchführungen, Aufzeichnungen und Steuererklärungen nicht immer vollständig und richtig. Der Prüfer sieht seine
Hauptaufgabe darin, die **richtigen Besteuerungsgrundlagen** freizulegen.

Um die Dauer von Außenprüfungen zu beschränken, geht die Tendenz 3367
weg von unmittelbaren Einzelpostenprüfungen hin zu **streuenden und
effektiveren** Revisionsmethoden. Sie basieren auf **Plausibilitätsbetrachtungen** und decken ganze Prüfungsfelder ab.

Verprobung heißt Überprüfung der den Steuererklärungen zugrundeliegenden Buchführungsergebnisse durch **Rechen- und Denkschemata**. Verprobungsmethoden sind **selbst Schätzungen** (BFH v. 26. 4. 1983, BStBl II 618), die mit Unterstellungen arbeiten und auch **Unschärfen enthalten**, wie die Nachkalkulation und verschiedene Spielarten der Vermögenszuwachsrechnungen. Die **Richtsätze** (Rdnr. 3371 ff.) haben als **externe Kennzahlen** nur Bedeutung als Mittel zur **Groborientierung.** 3368

Mit dem **inneren Betriebsvergleich** grenzt der Prüfer im Rahmen der Vorbereitung Prüfungsfelder ein oder aus. Er stellt dabei die **betrieblichen Kennzahlen** bzw. die Zahlen der Gewinn- und Verlustrechnungen mehrerer Jahre gegenüber und drückt sie prozentual zum wirtschaftlichen Umsatz aus, um ihnen **relative Aussagekraft** zu verleihen. So erkennt er **Abweichungen von der Norm**, die er auf ihre Ursachen untersucht. Verprobungen darf er nicht auf den Unternehmer abwälzen (BFH v. 17. 11. 1981, BStBl 1982 II 430). 3369

Es ist wichtig, die Ergebnisse von Verprobungen auf ihre **Richtigkeit zu überprüfen.** Dazu hat sie der Prüfer dem Unternehmer auch bei Nichtmit- 3370 wirkung offenzulegen (BFH v. 17. 11. 1981, BStBl 1982 II 430). Sie sollten in Kopie verlangt werden und müssen von einem sachverständigen Dritten in angemessener Zeit überprüfbar sein (FG des Saarlandes v. 28. 7. 1983, EFG 1984, 5).

b) Bedeutung der steuerlichen Richtsätze

3371 Die „amtlichen Richtsätze" sind externe statistische Zahlen, gewonnen aus einer Vielzahl von Außenprüfungen. Es gibt sie für **61 verschiedene Gewerbeklassen.**

3372 Von der hier abgehandelten Branche gehören dazu: Bauunternehmen, Bautischlereien, Dachdecker, Dämmung, Elektroinstallateure, Fliesenleger, Gasinstallateure, Gerüstbau, Gipsereien, Glaser, Heizungsinstallationen, Klempnereien, Malergewerbe, Schlossereien, Schreiner, Straßenbau, Tiefbau, Stukkateure, Tischlereien, Verputzereien, Wasserinstallateure und Zimmereien.

3373 Die **steuerliche Bedeutung** der Richtsätze wird in der Praxis häufig **überschätzt.** Sie sind gegenüber allen Beteiligten **unverbindlich.** Die Rechtsprechung zu ihrer Funktion ist nicht einheitlich. Der RFH (Urteil v. 28. 1. 31, RStBl S. 257) hat den Richtsätzen die Rechtsvermutung der Richtigkeit zuerkannt. Allerdings wurde diese Rechtsansicht bisher nicht mehr bestätigt. Statt dessen entschied der BFH (Urteil v. 17. 11. 1981, BStBl 1982 II 430), daß eine Schätzung nicht wegen der **Abweichung des Buchführungsergebnisses** von den amtlichen Richtsätzen gerechtfertigt ist.

3374 Umgekehrt hat der Unternehmer **keinen Anspruch** auf eine Besteuerung nach den Richtsätzen. Für die Finanzverwaltung sind sie ein Hilfsmittel, Umsätze und Gewinne zu verproben, aber nur ausnahmsweise bei Fehlen geeigneter Unterlagen ein **Schätzungsmaßstab.**

3375 Bei **formell ordnungsmäßiger** Buchführung berechtigt ein Unterschreiten des untersten Rohgewinnsatzes der **Richtsatzsammlung** eine Schätzung nur, wenn zusätzliche **konkrete Hinweise** auf die **sachliche Unrichtigkeit** des Ergebnisses vorliegen oder der Unternehmer Unredlichkeiten zugesteht (BFH v. 18. 10. 1983, BStBl 1984 II 88). Der BFH (Urteil v. 20. 8. 1964, HFR 1965, 472) bezeichnet die Richtsätze als ein geeignetes und von der Rechtsprechung anerkanntes Mittel der Verprobung und Schätzung von Umsätzen und Gewinnen. **Zuschätzungen** nach Maßgabe der Richtsätze vgl. BFH v. 12. 9. 1990, BFH/NV 1991, 573.

3376–3380 *(Einstweilen frei)*

23. Schätzungsberechtigung, Schätzungsverfahren

Im Außenprüfungsverfahren haben **Schätzungen** große Bedeutung. Der 3381
Außenprüfer setzt dies Instrument nicht selten auch unberechtigter Weise
ein. **Finanziell** können Schätzungen für den Unternehmer **erhebliche Konsequenzen** bedeuten. Schätzungen dürfen **keinen Strafcharakter** haben.

a) Grundsätze

LEXinform
▶ BSt-BG-2130 ◀

Ziel einer Schätzung muß die Ermittlung des Betrages sein, der unter 3382
Berücksichtigung aller feststellbaren Umstände die größte **Wahrscheinlichkeit der Richtigkeit** für sich hat (RFH v. 4. 11. 1925, RStBl S. 257).

Grundsätzlich sind **Schätzungen zulässig,** 3383

- wenn die Finanzbehörde die **Besteuerungsgrundlagen nicht** oder nur mit unverhältnismäßigen Anstrengungen **ermitteln oder berechnen** kann (BFH v. 24. 10. 1985, BStBl 1986 II 233),

- bei **Verletzung der Mitwirkungspflichten** durch den Steuerpflichtigen (Rdnr. 3311 ff.; BFH v. 17. 11. 1981, BStBl 1982 II 430; FG des Saarlandes v. 28. 7. 1983, EFG 1984, 5),

- wenn **Bücher** bzw. Aufzeichnungen **nicht vorgelegt werden** oder nach § 158 AO nicht der Besteuerung zugrunde gelegt werden können (BFH v. 9. 8. 1991, BStBl 1992 II 55).

Ausgangssituation jeder Überprüfung von Besteuerungsgrundlagen ist die 3384
Anscheinsvermutung des § 158 AO. Diese Rechtsgrundlage hat **zweischneidige** Funktion.

Sie bietet dem loyalen Bürger, der seine gesetzlichen Pflichten nach 3385
§§ 140–148 AO erfüllt, den **Schutz** der widerlegbaren Anscheinsvermutung sachlicher Richtigkeit. Umgekehrt wird § 158 AO i. V. mit § 162
AO zur **Handhabe der Verwaltung** gegen ihn, wenn er seine steuerlichen
Pflichten nicht, nicht ausreichend oder nur in **unkorrekter Weise erfüllt.**

Dieser Effekt tritt auch ein, wenn das Rechnungswesen zwar **förmlich in** 3386
Ordnung ist (Rdnr. 473 ff.), die Finanzbehörde aber die sachliche Richtigkeit der Besteuerungsgrundlagen durch Einzelfeststellungen oder mit
indirekten Revisionsmethoden, wie Nachkalkulationen (Rdnr. 3390 ff.),
Vermögensvergleich (Rdnr. 3433 ff.) bzw. Geldverkehrsrechnungen
(Rdnr. 3404 ff.) nach den Regeln der **objektiven Beweislast** (BFH v. 9. 8.
1991, BStBl 1992 II 55) widerlegt hat (Niedersächsisches FG v. 13. 9.
1990, NWB-EN Nr. 1128/91). **Grundvoraussetzung** ist, daß der Unterneh-

mer seine steuerlichen **Pflichten erfüllt** hat (Rdnr. 3311 ff.). Die Besteuerungsgrundlagen müssen mit **an Sicherheit grenzender Wahrscheinlichkeit** materiall unrichtig sein (BFH v. 9. 8. 1991, BStBl 1992 II 55).

3387 Schätzungen sind nur **zulässig, wenn eine der Voraussetzungen des § 162 AO** gegeben ist. Die **Schätzungsberechtigung** muß der Fiskus vor einer Schätzung **dartun** (BFH v. 18. 5. 1986, BStBl II 732). Dabei kommt es nach ständiger Rechtsprechung nur auf das **sachliche Gewicht** eines festgestellten Mangels an (BFH v. 15. 3. 1972, BStBl II 488; v. 13. 10. 1972, BStBl 1973 II 114; v. 12. 12. 1972, BStBl 1973 II 555). Das bedeutet, **Mängel müssen Sachmängel** sein. **Formelle Mängel** rechtfertigen eine Schätzung nur, wenn dadurch auch **sachliche Mängel** für **wahrscheinlich** gehalten werden müssen. Jede denkbare Ermittlungsmöglichkeit schließt eine Schätzung aus. Mögliche **Berichtigung** geht **vor Schätzung**.

b) Schätzungseinwendungen

3388 Es herrscht die **verbreitete Ansicht**, der Unternehmer müsse den **Gegenbeweis antreten**, wenn er Schätzungen des Finanzamtes vermeiden wolle. Eine Pflicht dazu kennt das Steuerrecht nicht. Der Unternehmer braucht **nur glaubhaft** zu machen, daß das vom Finanzamt ermittelte Schätzungsergebnis **nicht die größere Wahrscheinlichkeit** für ein richtigeres Ergebnis für sich hat. Es reicht aus, die **Indizienkette zu erschüttern.** Wenn ein anderer Ansatz ebenso wahrscheinlich ist, kann das Finanzamt die Schätzung nicht halten.

3389 Um **Nachkalkulationen** (Rdnr. 3390 ff.) zu erschüttern, genügt der Nachweis, daß die tatsächlichen **Annahmen des Prüfers** zur Höhe von Materialeinkauf, produktivem Lohneinsatz bzw. die Annahme der produktiven Meister- und/oder Lehrlingsstungen nicht den **höchsten Wahrscheinlichkeitsgrad** haben. Das könnte auch über eine ergänzende **Vermögenszuwachsrechnung** (Rdnr. 3404 ff.) geschehen. Wenn die Schätzung des Finanzamtes zuträfe, müßten auch Privatverbrauch bzw. Vermögensanlagen das ausweisen, falls keine Anhaltspunkte dafür sprechen, daß der Unternehmer **Geld „verjubelt"** oder **verdeckt angelegt** hat.

c) Nachkalkulation

LEXinform
▶ BSt-BG-2135 ◀

aa) Allgemeines

3390 Die Nachkalkulation **folgt der Vorgehensweise** des Unternehmers bei seiner **Preisbildung.** Der **Umsatz eines Betriebes** umfaßt seine Lieferungen und sonstigen Leistungen zu den im Betrieb üblichen Abrechnungspreisen. Nachkalkulationen schließen aus Material- und Leistungsverbrauch auf den Gesamtumsatz. Dabei wird näherungsweise ermittelt, welcher wirtschaftliche Umsatz mit den als richtig angenommenen Einsatzzahlen unter Berücksichtigung der betrieblichen Besonderheiten zu erzielen gewesen wäre.

Handwerksbetriebe bilden ihre Preise in der Regel nach dem Schema der Zuschlagskalkulation: 3391

   Fertigungsmaterialeinsatz
+ Materialgemeinkostenzuschlag (Einkauf, Transport, Lagerung, Verschnitt)
+ Fertigungslöhne (einschl. produktiver Meister- und Lehrlingsstundenlohnsätze)
+ Fertigungslohngemeinkostenzuschlag (Lohnnebenkosten, allgemeine Unkosten)
= **Selbstkosten**
+ Zuschlag für Risiko und Gewinn
= **Nettopreis**
+ Umsatzsteuer
= **Bruttopreis**

bb) Steuerliche Bedeutung

Aus den **Kalkulationen der Einzelaufträge** sind im Handwerk **Rückschlüsse** auf den wirtschaftlichen Umsatz **nur bedingt** möglich. Die **Hochrechnung** von Materialeinsatz und produktiven Arbeitsstunden ist nicht nur bei zusätzlichem Einzelhandel und wegen Bestehens teilfertiger Arbeiten **problematisch**.   3392

Für **Dienstleistungsbetriebe** hat der Waren- und **Materialeinsatz** nur untergeordnete Bedeutung. Lohneinsatz und die Größe „**produktive Mitarbeit**" des Unternehmers und seiner Ehefrau sind Kalkulationsgrundlagen von wenig verläßlichem Aussagewert. Es liegt in der Hand des Unternehmers, ob er bei z. B. drei Gesellen überhaupt, nur etwa 700 Stunden im Jahr oder **voll mitarbeitet** und die **kaufmännischen Arbeiten** nach Feierabend verrichtet oder auf die Wochenenden verlegt.   3393

Von Bedeutung sind außerdem die **folgenden Unsicherheiten**:   3394

- **nicht produktive Tätigkeiten** der Gesellen (Schreibarbeiten, Pausen, Gerätepflege, Reparaturen, Bauhof säubern usw.);
- produktiver **Einsatz der Lehrlinge**;
- der **Materialverbrauch** für Reparaturen, Garantiearbeiten, Verschnitt, Diebstahl usw.;

- die aus Konkurrenzgründen **variable Angebotspraxis** (z. B. bei Ausschreibungen, öffentlichen Aufträgen, Privatkundschaft, Stundenlohnvereinbarungen, Festpreisen, Mengenpreisen usw.).

3395 Im **Dienstleistungsbereich** enthält die Nachkalkulation **große Unschärfen**. Die Rechtsprechung hat sie **nur eingeschränkt** als Methode zur Begründung der Schätzungsberechtigung und Schätzung anerkannt. **Höchstrichterliche Rechtsprechung** mit eindeutigen Aussagen zur allgemeinen Verwertbarkeit für den Dienstleistungsbereich **ist spärlich**. Die nahezu gesamte Rechtsprechung betrifft **Handelsbetriebe**. Daraus kann der Schluß gezogen werden, daß die Nachkalkulation für Handwerksbetriebe zwar eine **Verprobungsmethode** (Rdnr. 3366 ff.), aber **nur bedingt** auch **Schätzungsmethode** sein kann.

3396 **Nachkalkulationen können** unter bestimmten Voraussetzungen die **sachliche Richtigkeit** von auch formell ordnungsmäßigen Gewinnermittlungen **widerlegen** (BFH v. 26. 2. 1953, BStBl III 323; v. 18. 3. 1964, BStBl II 381; v. 25. 6. 1970, BStBl II 838; v. 31. 1. 1974, BStBl 1975 II 96; v. 17. 11. 1981, BStBl 1982 II 430; v. 26. 4. 1983, BStBl II 618).

3397 Sie sind ihrem Wesen nach **selbst Schätzungen** und **mit Unsicherheiten behaftet**. Um Schätzungen rechtfertigen zu können, sollen sie daher **strengen Anforderungen** genügen (BFH v. 25. 6. 1970, BStBl II 838). Sie müssen auf **internen Zahlen** des Betriebes basieren, wie betriebsinternen Kalkulationen, Preisen, Material- und Lohneinsätzen.

3398 **Unklarheiten** bei den Preisen stellen die steuerliche Verwertbarkeit als **Schätzungsmethode in Frage**. Die Nachkalkulation muß **wesentliche Abweichungen** vom erklärten Ergebnis aufzeigen (BFH v. 17. 11. 1981, BStBl 1982 II 430). Was im Einzelfall wesentlich ist und was **noch im Unschärfenbereich liegt** bewegt sich **bei Handelsbetrieben** nach verschiedenen BFH-Urteilen in einer breiten und „schwammigen" Zone **zwischen 3 und 10 v. H.** der Umsatzabweichungen.

3399 Für den **handwerklichen Bereich** gibt es **keine prozentualen Aussagen**. Abweichungen dabei müßten wegen der deutlich größeren Unsicherheiten höher liegen. Der BFH rückt allerdings immer deutlicher von einer „**Prozentsatzrechtsprechung**" ab (BFH v. 26. 4. 1983, BStBl II 618). Bei Streit entscheiden die **Gegebenheiten des Einzelfalls** (RFH v. 30. 9. 1936, RStBl S. 996; BFH v. 18. 3. 1964, BStBl III 381; v. 26. 2. 1953, BStBl III 323).

Außenprüfung 771

Nachkalkulationen sind **Maximalrechnungen.** Sie zeigen Umsätze, die unter optimalen Voraussetzungen erzielbar sind. Die fehlenden Umsätze sind **Sollbeträge,** die die **Obergrenze** eventuell fehlender Betriebseinnahmen markieren. Sie zeigen als Differenzen auch Beträge, die in unbekannter Höhe durch Veruntreuung, Diebstahl, Sonderpreise, Garantiearbeiten, unproduktive Tätigkeiten, Verschnitt, teilfertige Arbeiten nicht oder noch **nicht Umsatz geworden** sind. 3400

Der **Unternehmer ist verpflichtet,** den Außenprüfer bei der Erstellung der Nachkalkulation zu **unterstützen.** Das ist zugleich seine **Chance zur Einflußnahme.** Er hat **sachdienliche Unterlagen** vorzulegen und auch die Preisgestaltung bzw. seine **Kalkulation zu erläutern.** Ein Hinweis, man habe kein Kalkulationsschema, weil die Konkurrenz die Preise bestimme, wird nicht akzeptiert. Der Prüfer kann die Nachkalkulation **auch ohne Mitwirkung erstellen,** wenn der Unternehmer Auskünfte und **Mitwirkung verweigert.** Dann sind die Anforderungen an die Nachkalkulation weniger streng. 3401

▷ **Empfehlung:**

Lassen Sie sich die Nachkalkulation des Prüfers **offenlegen und erläutern.** Der Außenprüfer ist dazu auch verpflichtet, wenn sie ohne unternehmerische Mitwirkung erstellt worden ist (BFH v. 17. 11. 1981, BStBl 1982 II 430). Der Unternehmer muß in jedem Fall **Gelegenheit erhalten,** seine Einwendungen geltend machen zu können.

Grundsätzlich hat der Unternehmer für die kalkulativ festgestellten „**Fehlumsätze**" die in betrieblichen Besonderheiten liegenden **Ursachen** vorzubringen. Das wird bei den vielen im Handwerk möglichen Faktoren **nicht schwierig** sein. Erst wenn und soweit es **nicht gelingt,** befriedigende Begründungen zu geben, kann die **Vermutung,** daß **Einnahmen nicht vollständig gebucht** worden sind, aufgestellt werden. 3402

Nachkalkulationen sind gegenüber anderen Verprobungsmethoden **rückläufig.** Die **strenger werdende BFH-Rechtsprechung** zur revisionstechnischen Bedeutung der Nachkalkulation (Rdnr. 3396 ff.) hat diese Tendenz noch beschleunigt. Ihre **Schwäche** besteht auch im **großen Zeitbedarf** und den durch die Systematik bestimmten Nachteilen (Rdnr. 3392 ff.). Das macht **Nachkalkulationsdifferenzen** zu Zahlen, die deutlich **besser angreifbar** sind, als Differenzen aus Geldverkehrsrechnungen (Rdnr. 3404 ff.). 3403

d) Vermögenszuwachsrechnungen, Geldverkehrsrechnungen

Literatur: *Assmann,* Die Geldverkehrsrechnung in der Außenprüfungspraxis, StBp 1989, 252, 269 und 1990, 1.

3404 Vermögenszuwachsrechnungen in Form von **Geldverkehrsrechnungen** werden von Außenprüfern **öfter eingesetzt.** Die Rechtsprechung des **BFH favorisiert diese Methode.** Es gibt inzwischen eine umfangreiche und **gefestigte Rechtsprechung.** Von der Geldverkehrsrechnung geht eine deutlich höhere **Gefahr für den Unternehmer** aus, als von irgendeiner anderen Methode. Es ist daher ratsam, ihre **Grundsystematik zu kennen.**

3405 Losgelöst von Buchführung und Gewinnermittlung **vergleicht sie die aus bekannten Quellen versteuerten verfügbaren Mittel** mit den für **Konsum und Vermögensbildung** verwendeten.

3406 Zum Verhältnis zwischen **Geldverkehrsrechnung und Vermögensvergleich** vgl. BFH v. 8. 11. 1989, BStBl 1990 II 268; Rdnr. 3435 f.

aa) Systematik und Funktion
LEXinform
▶ BSt-BG-2140 ◀

3407 Die Geldverkehrsrechnung beruht auf der Binsenweisheit, daß der Unternehmer in einem bestimmten Zeitraum **(Vergleichszeitraum) nicht mehr** für Konsum und Vermögensbildung **ausgeben konnte,** als ihm **zur Verfügung stand.** In der Regel werden **Unterhalt und Vermögen** durch die im ESt-Recht geregelten **Einkünfte finanziert.** Daneben ist es aber denkbar, daß auch auf **andere Art und Weise** Vermögen **hinzuerworben** wurde.

3408 **Verfügbare Mittel** können nur aus folgenden **fünf Quellen** stammen:

- **steuerpflichtige Einkünfte,**

- **steuerfreie Einnahmen,** z. B. aus steuerfreien Renten, Verkäufen privater Wirtschaftsgüter (Häuser, Möbel, Schmuck, usw.),

- **einmalige Vermögenszuflüsse,** wie Zuwendungen, Erbschaft, Schenkung, Glücksspiel usw.,

- **Erspartes Vermögen,** wie Sparkonten, Bargeld, Wertpapiere usw.,

- **Kredite, Darlehen, Schulden** gegenüber Banken, Verwandten usw.

3409 Die Geldverkehrsrechnung stellt für einen bestimmten Zeitraum von **mindestens einem Jahr** (Vergleichszeitraum) die steuerlich **bekannten** „**verfügbaren Mittel**" der „**Mittelverwendung**" **gegenüber.** Mittelverwendung ist die Summe der dem Finanzamt bekannten **Ausgaben für Konsum**

(Privatverbrauch) und **Vermögensbildung.** Zeigt sich dabei die **Mittelverwendung höher** als die Summe der verfügbaren Mittel, so obliegt es dem Unternehmer, darzulegen, aus welchen Quellen die **Mehrverwendung stammt** (BFH v. 13. 11. 1969, BStBl 1970 II 189). Kann er diesen „Beweis" nicht überzeugend antreten, so zeigt ein **ungeklärter Vermögenszuwachs,** daß höhere **Betriebseinnahmen** erzielt und höhere Privatentnahmen getätigt als gebucht worden sind. Dies ist auch bei formell ordnungmäßiger Buchführung ein **eigenständiger Schätzungsgrund** und **sicherer Anhalt für die Höhe der Schätzung** (BFH v. 17. 1. 1956, BStBl III 68; v. 3. 8. 1966, BStBl III 650; v. 20. 10. 1966, BStBl 1967 III 201; v. 13. 11. 1969, BStBl 1970 II 189; v. 21. 2. 1974, BStBl II 591; v. 8. 7. 1981, BStBl 1982 II 369; v. 2. 3. 1982, BStBl 1984 II 504; v. 28. 5. 1986, BStBl II 732).

(Einstweilen frei) 3410

Die **Geldverkehrsrechnung ist** in einem Verfahren 3411

- **Verprobungsmethode** (Rdnr. 3366 ff.),
- **Schätzungsrechtfertigung** (§ 158 AO i. V. mit § 162 AO) und
- **Schätzungsmethode.**

Nach BFH v. 2. 3. 1982 (s. o.) **weist** die Geldverkehrsrechnung unabhängig vom Buchführungsergebnis eine **Gewinnverkürzung nach.** Sie muß daher **strengen Anforderungen** genügen. Die Besteuerung kennt kein stärkeres **Mittel zur Widerlegung** der **sachlichen Richtigkeit** der dem Finanzamt erklärten Zahlen (§ 158 AO.) 3412

Die genannte Bedeutung entsteht nicht aus der errechneten Mehrverwendung, sondern erst, **wenn und soweit** der Unternehmer über die Herkunft der verwendeten Mittel **keine ausreichenden Aufklärungen** zu geben vermag. Je **schwächer die Glaubhaftigkeit** seiner Erklärungen und je schwächer seine Nachweise dazu, um so **stärker wird die Plausibilität** der mit der Geldverkehrsrechnung ausgewiesenen Einnahmeverkürzungen. 3413

Für die Praxis kann man sagen, daß ein **Verwendungsüberhang** der Geldverkehrsrechnung **wie eine Beweislastumkehr** wirkt. Die bei formell ordnungsmäßiger Buchführung bzw. Aufzeichnungen nach § 158 AO bei den Finanzbehörden liegende „Beweislast" der **Widerlegung** der sachlichen Richtigkeit gilt als mit der Geldverkehrsrechnung **erbracht.** 3414

3415 Vermögenszuwachsrechnungen werden in **folgenden Varianten** fallspezifisch angewendet:

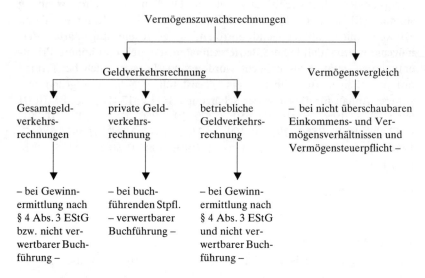

3416 Zur **Unterscheidung** vgl. BFH v. 8. 11. 1989, BStBl 1990 II 268. Eine Geldverkehrsrechnung als Voraussetzung für eine Schätzung von Besteuerungsgrundlagen kann auch als **private Geldverkehrsrechnung** ausgestaltet sein (BFH v. 24. 11. 1988, BFH/NV 1989, 416).

bb) **Grundsätzliche Hinweise**

LEXinform
▶ BSt-BG-2145 ◀

3417 Der BFH hat in seinem Urteil v. 2. 3. 1982 (BStBl 1984 II 504) zum **Schema der Geldverkehrsrechnung** und den **unverzichtbaren Anforderungen lehrbuchmäßige Ausführungen** gemacht. Daraus ergibt sich auch, was als verfügbare Mittel und als Mittelverwendung anzusehen ist. Im Gegensatz zu eher schematisch erstellten Nachkalkulationen muß der Prüfer auf Geldverkehrsrechnungen viel **Sorgfalt verwenden**. Die zugrundeliegende Ausgangsüberlegung läßt **viele Fehlermöglichkeiten** zu. Sie muß vom Berater stets **gründlich überprüft** werden, bevor er ihr Ergebnis zum Gegenstand der Verhandlung macht.

3418 Der Grundgedanke von Geldverkehrsrechnungen ist die **Abgleichung von Einnahmen und Ausgaben** (reine Geldflüsse) für einen Vergleichszeitraum. Die **Erfassung von Vermögen** findet dabei nur statt, soweit es **als**

Außenprüfung

Korrektivposten zu angesetzten Ausgaben und Einnahmen erforderlich ist. Deswegen sind Zweifelsfragen bei allen Verfahren immer nach dem Gedanken der Einnahme-Ausgabe-Rechnung zu lösen.

Steuerliche Ansätze, wie Pauschbeträge, Abgrenzungen, Freibeträge usw. finden in der Geldverkehrsrechnung keine Verwendung. 3419

Geldverkehrsrechnungen erlangen ihren **Erkenntniswert** vor allem aus Zahlen und **Daten der privaten Sphäre** des Unternehmers. Nur die vollständige Erfassung von 3420

- privaten Guthaben,

- privaten Geldanlagen,

- sonstiger privater Vermögensbildung und

- des privaten Verbrauchs

garantieren ihre Effizienz. Daher ist ein **Eindringen in die private Sphäre** unerläßlich.

Die **private Sphäre** ist für den Prüfer **nicht grundsätzlich „tabu".** Der BFH erklärt das **Heranziehen des privaten Bereichs** im Einzelfall für **erforderlich und zulässig** (BFH v. 5. 11. 1981, BStBl 1982 II 208; v. 28. 11. 1985, BStBl 1986 II 437). Der Unternehmer muß solche Ermittlungen grundsätzlich hinnehmen. 3421

Wichtige und zugleich **problematische Größe** ist der sog. **„private Verbrauch".** Mit seiner zutreffenden Erfassung und Bewertung zusammen mit der privaten Vermögensbildung steht und fällt die Verwendbarkeit der Geldverkehrsrechnung. Privater Verbrauch sind die **Kosten des Lebensunterhalts** in ihrer üblichen Vielfalt. Ohne **Schätzungen** kommt der Prüfer dabei nicht aus. Er verwendet meist **statistische Zahlen,** da er das tatsächliche Volumen nicht greifen kann. Der **private Verbrauch** ist daher die am besten **angreifbare Zahl.** Die Geldverkehrsrechnung versagt, wenn privater Verbrauch und Vermögensbildung nicht annähernd ermittelt werden können. 3422

Differenzen aus der Geldverkehrsrechnung sind **Istdifferenzen,** die die USt enthalten. Wenn der Privatverbrauch auf der Basis eines **Mindestverbrauchs** geschätzt wird, sind sich dabei zeigende **Differenzen Mindestbeträge.** Im Vergleich mit Differenzen aus Nachkalkulationen markieren sie den unteren Pol eines Schätzungsrahmens. 3423

3424 Die Geldverkehrsrechnung ist vom Prüfer in **nachprüfbarer Weise** zu erstellen, dem Unternehmer offenzulegen, zu erläutern und auf Wunsch dem Berater vollständig in Kopie zur Nachprüfung zu überlassen.

cc) **Mitwirkungspflichten**
LEXinform
▶ BSt-BG-2150 ◀

3425 Auch wenn sich Maßnahmen intensiv gegen den Unternehmer richten, wie es bei Geldverkehrsrechnungen der Fall ist, treffen ihn **Mitwirkungspflichten**. Er ist nach § 90 Abs. 1 i. V. mit § 200 Abs. 1 AO zu **Auskünften, zur Vorlage von Unterlagen** und zur **Beantwortung von Fragen** verpflichtet. **Mitwirkungsverweigerung** berechtigt die Verwaltung zu gröberen Verprobungsmethoden (FG des Saarlandes v. 28. 7. 1983 rkr., EFG 1984, 5). Für **private Unterlagen,** die vor allem für Geldverkehrsrechnungen bedeutsam sind, besteht **keine gesetzliche Aufbewahrungspflicht**. Die **Mitwirkungsmöglichkeiten** des Unternehmers sind insoweit **deutlich begrenzt** (vgl. Assmann, DB 1989, 851). Er braucht **nur vorzulegen,** was er **im Besitz hat**. Eine Beschaffungspflicht für vernichtete private Unterlagen trifft ihn nicht.

3426 Für Verwendungsüberhänge aus Geldverkehrsrechnungen trifft den Unternehmer eine **Aufklärungspflicht besonderer Art**. Wegen der Bedeutung wird eine allgemein gehaltene Begründung nicht genügen. Die Verwaltung stellt **hohe Nachweisansprüche**. So wird nicht akzeptiert, die Mehraufwendung stamme aus größeren im Hause **aufbewahrten Barmitteln** (BFH v. 28. 5. 1986, BStBl II 732). Ebenso ungeeignet ist der Hinweis auf **Herkunft aus Spielbankgewinnen** (BFH v. 13. 11. 1969, BStBl 1970 II 189; v. 3. 8. 1966, BStBl III 650). Bei **Darlehen** oder „verwahrten Fremdgeldern" verlangt das Finanzamt die Nennung der Geldgeber (BFH v. 17. 1. 1956, BStBl III 68; v. 29. 10. 1959, BStBl 1960 III 26; v. 27. 9. 1967, BStBl 1968 II 67). Kommt der Unternehmer seiner **Nachweispflicht** nicht nach oder kann er sie **nicht erfüllen,** so trifft ihn **die Zuschätzung** der Differenzen nach § 162 AO (BFH v. 29. 10. 1959, BStBl 1960 III 26; v. 27. 9. 1967, BStBl 1968 II 67; v. 2. 3. 1982, BStBl II 504). Diese Pflicht rechnet der BFH zu den dem Unternehmer obliegenden Mitwirkungspflichten (BFH v. 13. 11. 1969, BStBl 1970 II 189). Eine solche Pflicht setzt die Überprüfbarkeit der Verprobung voraus (Rdnr. 3370).

3427 Das **Verlangen der Finanzbehörde,** den errechneten Verwendungsüberhang aufzuklären, ist **kein Verwaltungsakt** nach § 118 AO. Es ist daher **nicht erzwingbar**. Im Falle der Verweigerung trägt der Unternehmer ohnehin die Konsequenzen. Dieser Umstand kann bei Gefahr strafrechtlicher Belastung von Bedeutung sein.

dd) Einwendungsmöglichkeiten

Geldverkehrsrechnungen sind ein sehr **großer Eingriff** in die Rechtssphäre des Unternehmers. Sie sind der **intensivste Versuch der Wahrheitsfindung** während einer Außenprüfung. Es muß daher erwogen werden, ob die Maßnahme wegen des Grundsatzes des **geringstmöglichen Eingriffs** und des **Übermaßverbotes** im Einzelfall eine **Beschwer** darstellt. Der Prüfer hätte sein Vorgehen zu rechtfertigen. Dafür würden **Besonderheiten und Auffälligkeiten** des Steuerfalls bereits ausreichen. 3428

An zweiter Stelle sind **Einwendungen zur Systematik** und zu den **verwendeten Schätzungen** möglich. Hauptansatzpunkt ist der „private Verbrauch". Dazu hat der Prüfer Herkunft und Berechnung **besonders zu erläutern**. Es muß ausgeschlossen werden können, daß diese geschätzte Größe überhöht ist. Besonderheiten beim Sachverhalt, wie z. B. Selbstversorgung durch einen Garten **müssen beachtet werden**. **Haushaltsgemeinschaften** mit Eltern und Lebenspartnern erschweren ein verläßliches Bewerten des privaten Verbrauchs. 3429

Beim Privatverbrauch lassen sich nicht selten **Doppelerfassungen** des Prüfers feststellen. Wenn Telefon-, Pkw- bzw. Energiekosten im Betrieb anfallen, sind **zusätzliche**, geschätzte **statistische Ansätze** dafür im Rahmen des Privatverbrauchs **Doppelerfassungen**. Da steuerliche **Privatanteile unberücksichtigt** bleiben, haben sich die vorgenannten Aufwendungen voll im betrieblichen Bereich niedergeschlagen. Gleiches gilt für den Eigenverbrauch. 3430

Beachtet werden muß, daß **Geldflüsse**, die mit zu erfassenden Beständen korrespondieren, **nicht doppelt berücksichtigt werden**: Darlehenstilgungen sind kein Privatverbrauch, wenn die veränderten Schuldstände erfaßt werden. Gleiches Augenmerk muß **Sparkonten** und **Bausparkonten** gelten. 3431

Mehrverwendungen lassen sich bis zu einem gewissen Grad durch Geldgeschenke bzw. **Unterstützungen durch Eltern** oder Geschwister finanzieren. 3432

Wichtig ist, daß die Tatsache von **aufgedeckten Fehlern** insgesamt ein **negatives Schlaglicht** auf die Geldverkehrsrechnung des Prüfers wirft. Hier liegt ein Argument, das bei richtiger Verwendung etwas Wert ist. 3433

▷ Fazit:

Die Systematik der Verprobung kann veranlassen, das **private Ausgabenverhalten nicht transparent werden** zu lassen. Das geschieht in der Praxis dadurch, daß im Privatbereich **zu Barzahlungen übergegangen** wird, um **keine Ausgabenspuren** zu legen. In diesen Fällen muß die Verwaltung von den statistischen Mindestbeträgen ausgehen.

e) Vermögensvergleich

LEXinform
▶ BSt-BG-2155 ◀

3434 Die **Begriffe** „Geldverkehrsrechnung" und „Vermögensvergleich" suggerieren, es handele sich bei der einen Methode nur um eine **reine Geldflußrechnung**, während die **andere nur die Vermögensveränderung** verarbeite. Diese Annahme ist unzutreffend. Die Geldverkehrsrechnung kommt nicht ohne Berücksichtigung von Vermögensänderungen, der Vermögensvergleich auch nicht ohne Verarbeitung der Einnahmen und Ausgaben aus. Zur Unterscheidung vgl. BFH v. 8. 11. 1989, BStBl 1990 II 268. Für Vermögensvergleich und Geldverkehrsrechnung gilt die **gleiche Ausgangsüberlegung** (Rdnr. 3418). Innerhalb eines Haushalts bzw. Teilhaushalts muß die Verwendung von Mitteln für Verbrauch und Vermögensbildung durch steuerpflichtige Einkünfte oder andere Vermögenszugänge belegt sein.

3435 Der **Grundgedanke** jeder Form von Vermögenszuwachsrechnung ist die Abgleichung von **versteuerten Einnahmen mit den Ausgaben** für den Vergleichszeitraum. Die Erfassung von Vermögen findet dabei statt, soweit es als Korrektivposten zu angesetzten Ausgaben und Einnahmen erforderlich ist.

3436 In der **Systematik** gehen Geldverkehrsrechnung und Vermögensvergleich **unterschiedliche Wege**. Die Gegebenheiten des Falles bestimmen die jeweils anzuwendende Methode. Die Geldverkehrsrechnung stellt nach dem **Schema einer Gewinn- und Verlustrechnung** die bekannten verfügbaren Mittel nach ihren Quellen der Mittelverwendung gegenüber.

3437 **Ganz anders verfährt** der Vermögensvergleich. Er erweitert die Darstellung der Mittelverwendung für Vermögensanlagen zu einer **Vermögensrechnung**. Für die Berechnung der Vermögensveränderungen kann er sich an Anfang und Ende des sog. Vergleichszeitraumes an die **Zahlen der Vermögensteuer** anlehnen. Er wird deshalb zweckmäßigerweise für einen Zeitraum zwischen zwei **Hauptveranlagungsstichtagen** erstellt. Die sich aus der Vermögensgegenüberstellung ergebende Zunahme oder Abnahme wird durch Zu- oder Abrechnungen zur Erfassung von Privatverbrauch, von Mitteln und Quellen und zur Anpassung der Zahlen an die tatsächlichen Wertverhältnisse nach Geldflüssen zu einer **mit den Veranlagungseinkünften** des Vergleichszeitraumes **abzustimmenden Zahl** verändert. Dabei **festgestellte Mehreinkünfte** sind den Veranlagungsjahren zuzuordnen. Der Vermögensvergleich ist daher zweckmäßig bei Vorliegen von **Vermögensteuerpflicht**, also umfangreicherer Vermögensbildung.

(Einstweilen frei) 3438–3450

24. Prüfungsklima

Ein **positives Prüfungsklima** nützt beiden Seiten. **Persönliche Attacken,** die Berater und Mandant gelegentlich gegen den Prüfer ausführen, sind unklug und nicht selten für den Unternehmer schädlich. Auch unangenehme Dinge lassen sich sachlich abhandeln. Die Stimmung bestimmt das Ergebnis mit. Auch Prüfer reagieren auf **Komplimente.** 3451

Polemiken, Konfrontation und Provokationen verletzen das „Ichgefühl". Sie stacheln „menschliche" Reaktionen an, und **wecken Ehrgeiz im Prüfer.** 3452

▷ Merke:

Je länger der Unternehmer angeforderte Unterlagen dem Prüfer vorenthält, **desto neugieriger** macht er ihn. Er weiß aus Erfahrung: Wenn etwas hakt, wird es interessant!

Sachliches Verhalten darf nicht bedeuten, daß der Klügere nachgibt. Vermeintlich richtige Standpunkte müssen konsequent vertreten werden. Auch **schwache Argumente** werden stark, wenn sie oft genug wiederholt werden. Nachgeben sollte der Unternehmer, wenn die **Situation aussichtslos** ist. Selbst diese Situation hat in unserem **überbetonten Rechtsstaat** noch ihre Chancen. Manchmal nutzt es allein, **Zeit zu gewinnen.** Die Rechtsprechung ist einem **ständigen Wandel** unterworfen. 3453

Versucht der Unternehmer mit dem **Kopf des Prüfers** zu denken, kann er vorhersehen und zuvorkommen. Argumente vorwegzunehmen hat bisweilen den **Effekt der Entwaffnung.** 3454

780 E: *Außenprüfung, Steuerfahndung, Selbstanzeige*

▷ **Hinweis:**

Annehmlichkeiten für den Prüfer (Kaffee, Tee, Wasser) sind durchaus angebracht. Sie werden nicht mißverstanden. Einladungen und Bewirtungen dagegen sind bereits problematisch.

3455 Ein von Sachlichkeit geprägtes Prüfungsklima läßt Zugeständnisse bei Ermessenssachverhalten eher möglich werden. Ermessensspielräume kennt das Steuerrecht wie kein anderes Rechtsgebiet.

25. Antistrategien – Taktiken

3456 Die Prüfung hängt in Ablauf und Klima von den **beteiligten Menschen** ab. Keinesfalls sollte der Unternehmer unsicher auftreten: „**Selbstsicherheit erzeugt Unsicherheit**". Das Gefühl, der Außenprüfung ausgeliefert bzw. „bedroht" zu sein, führt dazu, daß in der Praxis **Abwehrtechniken** empfohlen werden. Hauptzweck der in Verhaltensweisen des Steuerpflichtigen **manifestierten Taktiken** besteht darin, dem Prüfer die **Informationsbeschaffung zu erschweren** und ihm die Chance zur Gewinnung verläßlicher Erkenntnisse zu begrenzen. Dazu werden die **unterschiedlichsten Empfehlungen** gegeben, wie

- den Prüfer von **Informationsquellen** abschneiden,
- ihn sich selbst überlassen,
- keine klaren Aussagen machen,
- **ausweichende Antworten** geben,
- ihn durch Hinweise auf Beziehungen **verunsichern,**
- den Prüfer durch ständige Anwesenheit **von der Arbeit** abhalten,
- geforderte Unterlagen gar nicht oder verzögert herausgeben.

3457 **Taktiken beeindrucken den Mandanten,** den Prüfer veranlassen sie zu Reaktionen. Strategien werden schnell **als Taktiken erkannt.** Die **erhoffte Resignation** tritt selten ein. Meist wird der Prüfer mit **Gegentaktiken** antworten, weil er für solche Verhaltensweisen **Gründe** wittert, die er freilegen möchte. Er wird konsequenter fordern und kritischer vorgehen.

▷ **Wichtig:**

In einem **mit Antistrategien angereicherten Klima** ahnen Prüfer Unregelmäßigkeiten. Die Schwelle der Kontaktbereitschaft mit der Steuerfahndung ist herabgesetzt. Wenn schon heikle Sachverhalte angesprochen

Außenprüfung

wurden, könnte ein Steuerfahndungseinsatz drohen. Eine **Prüfungsunterbrechung** kann das Signal sein.

26. Schlußbesprechung

LEXinform
▶ BSt-BG-2160 ◀

a) Zweck

Prüfungsfeststellungen sind die finale Essenz der Prüfertätigkeit. Die Schlußbesprechung beendet in der Regel das Prüfungsgeschäft der Außenprüfung. Nach § 201 Abs. 1 AO hat der Unternehmer einen **Rechtsanspruch** darauf (BFH v. 23. 4. 1980, BStBl II 751). Sie dient der Erörterung der **strittigen Sachverhalte**, ihrer rechtlichen Beurteilung und der Darlegung der steuerlichen Auswirkungen. Die **Ablehnung einer Schlußbesprechung** ist ein Verwaltungsakt, gegen den die Beschwerde offensteht (BFH v. 24. 10. 1972, BStBl 1973 II 541; Rdnr. 3360). 3458

Hat der Prüfer Feststellungen getroffen, die die Möglichkeit eines **Straf- oder Bußgeldverfahrens** beinhalten, so ist von ihm darauf besonders hinzuweisen (strafrechtlicher Vorbehalt gem. § 201 Abs. 2 AO; Rdnr. 3480 ff.). 3459

b) Bedeutung

Da es um Geld geht, sind Schlußbesprechungen **ernste Verhandlungen**. Sie dienen der Verwaltung dazu, den aus ihrer Sicht **richtigen Steueranspruch** zu vertreten und durchzusetzen, möglichst ohne Rechtsstreit. Der Unternehmer möchte andererseits die drohenden **finanziellen Folgen** beseitigen oder **reduzieren**. Dieses Spannungsfeld bewirkt, daß es nicht immer sachlich zugeht. 3460

c) Teilnehmer

Die Schlußbesprechung ist für den Unternehmer eine **reelle Chance** zur **Minimierung der Steuerfolgen**. Am **Verhandlungstisch** läßt sich vieles erreichen, was im schriftlichen Verfahren nicht mehr möglich wäre. Dennoch besteht für den Unternehmer **keine Pflicht zur Teilnahme**. Er kann sie seinem Berater überlassen. 3461

▷ **Hinweis:**

Der **Einsatz des Beraters** wird höher sein, wenn der Mandant an der Schlußbesprechung teilnimmt. Die Schlußbesprechung ist die seltene

Gelegenheit, auch die **Qualität des Beraters** zu erleben. Nach Betriebsprüfungen werden statistisch die meisten **Berater gewechselt**.

3462 Die **Teilnahme** an der Schlußbesprechung beinhaltet für den Unternehmer **auch Gefahren**. Manch einer hat sich dabei schon „**um Kopf und Kragen**" geredet. Bereits Nuancen im Sachverhalt können das steuerliche Ergebnis bestimmen oder verändern.

3463 **Von der Verwaltung** nimmt in jedem Fall der Prüfer teil. Der Unternehmer kann verlangen, daß ein zur Entscheidung befugter Beamter (**Sachgebietsleiter**) anwesend ist (§ 11 Abs. 2 BpO).

d) Vorbedingungen, Zeitpunkt, Ort

3464 Schlußbesprechungen geben nur dann einen Sinn, wenn sie nach einer vorgeschalteten Erörterung aller anstehenden Feststellungen (**Vorbesprechung**) anberaumt wird. Der Bauunternehmer bzw. Baunebenhandwerker muß sich auf die für ihn entscheidende Besprechung **vorbereiten** können. Für die Schlußbesprechung sollten nach dieser Erörterung nur die **strittigen Punkte** bzw. Rechtsfragen bleiben.

▷ **Empfehlung:**

Handelt es sich um **komplizierte Sachverhalte,** kann zur besseren Vorbereitung der Schlußbesprechung eine schriftliche **Zusammenstellung** (Vorbericht) verlangt werden. Es ist wichtig, sich gründlich vorzubereiten.

3465 **Termin und Besprechungspunkte** sind dem Unternehmer **angemessene Zeit** vor der Schlußbesprechung mitzuteilen (§ 11 Abs. 1 BpO). Ort und Zeitpunkt müssen **klar und eindeutig** festgelegt werden. Der **Ort der Schlußbesprechung** kann frei vereinbart werden. Es kommen neben dem **Betrieb** auch die Wohnung, das **Finanzamt** oder die **Beraterkanzlei** in Frage. Zweckmäßig ist es, sie dort durchzuführen, wo sich die geprüften Unterlagen befinden, um bei Zweifelsfragen **Einsicht nehmen** zu können.

▷ **Hinweis:**

Nach **Prüfungen im Finanzamt** verlangt der Prüfer meist, auch die Schlußbesprechung dort anzusetzen. Der Unternehmer kann ein **berechtigtes Interesse** daran haben, sie in seiner **heimischen Umgebung** im Betrieb durchzuführen. Psychologische Momente sind dafür nicht unbeachtlich.

e) Prüfungen ohne Schlußbesprechung

Außenprüfungen enden in den folgenden Fällen **ohne Schlußbesprechung**: 3466
- Es haben sich **keine Änderungen** der Besteuerungsgrundlagen ergeben.
- Die Prüfung wird als „**abgekürzte Außenprüfung**" (Rdnr. 3115 ff.) nach § 203 AO durchgeführt.
- Der Steuerpflichtige hat auf eine Schlußbesprechung ausdrücklich **verzichtet**, z. B. weil in allen Punkten Übereinstimmung erzielt wurde. In solchen Fällen spart der Unternehmer das **Beraterhonorar**.

▷ Achtung:
Unterbleibt eine Schlußbesprechung ohne ausdrücklichen Verzicht, so liegt ein **Verfahrensfehler** vor. Dieser kann nach § 126 Abs. 1 Nr. 3 AO **durch Nachholung geheilt** werden.

Bescheide aufgrund einer Außenprüfung sind **weder nichtig noch anfechtbar**, wenn die zugrundeliegenden Feststellungen ohne Abhaltung einer Schlußbesprechung ausgewertet worden sind (BFH v. 24. 5. 1989, BFH/NV 1990, 273). 3467

Eine Schlußbesprechung dient eher den **Interessen des Unternehmers** als denen der Verwaltung. Ein Verzicht sollte daher im Zweifel nicht ausgesprochen werden. 3468

f) Hinweise zur Schlußbesprechung

Literatur: *Schmäche*, Verhandlungstechnik bei der steuerlichen Betriebsprüfung, Berlin 1978.

Die Schlußbesprechung soll **Einigkeit und Übereinstimmung** über die Prüfungsfeststellungen **erreichen**, um **Rechtsstreitigkeiten zu vermeiden**. Weder Verwaltung noch Unternehmer haben Interesse an einem jahrelangen Rechtsstreit. Fachleute bezeichnen die Schlußbesprechung auch ironisch als die „**orientalische Phase**" der Außenprüfung. Dieser Hinweis trägt der Sachlage Rechnung, daß bei vielen Sachverhalten **keine Seite** die zutreffenden **Ansätze** kennt. Es sollte beachtet werden, daß der Prüfer rechtlich **keinen kaufmännischen Freiraum** besitzt. 3469

Kaum eine Schlußbesprechung kommt dennoch ohne **Kompromisse** aus. **Bereitschaft** ist auch beim Prüfer da, wenn das **Verhandlungsklima** es zuläßt. **Erfahrene Berater** sorgen für ein Kompromisse ermöglichendes 3470

Klima und suchen zu allen Punkten die **Widerstandslinie der Gegenseite**. Dies gestattet **optimale Verhandlungsergebnisse**.

3471 **Psychologisch** ist die Schlußbesprechung **vielfältig belastet**. Sie ist ein **Zielkonflikt**, bei dem jeder Teilnehmer auf dem Prüfstand steht:

- Der **Berater mit seiner Arbeit** und seinem Einsatz für die Interessen seines Mandanten; manchmal droht ihm Mandatsverlust.

- Der **Steuerpflichtige** mit der Erfüllung seiner steuerlichen Pflichten; er trägt die **finanziellen Folgen** der Prüfung und Geldverlust ist Machtverlust.

- Der **Prüfer** mit seiner Sachverhaltsermittlung, seinen Steuerrechtskenntnissen und seinem Durchsetzungsvermögen. Der Sachgebietsleiter hat seine Qualifikation zu beurteilen.

▷ Empfehlung:

Mit **Fingerspitzengefühl** zu argumentieren ist der Erhaltung eines sachlichen Klimas dienlich. Junge **ehrgeizige Prüfer**, die **kleinlich vorgehen**, sollten sachlich **zurechtgewiesen werden**.

g) Die „tatsächliche Verständigung"

Literatur: *Geimer*, Die tatsächliche Verständigung im Steuerrecht, NWB F. 17, 969; *Streck*, Praxis des Steuerstreits und der steuerlichen Einigung, Stbg 1988, 47; *Pump*, Vorteilhafte Gestaltungen durch es. tatsächliche Verständigung im Steuerrecht, Inf 1990, 485; *Bilsdorfer*, Die tatsächliche Verständigung – ein Mittel zur Streitvermeidung, DStR 1991, 195; *Meyding/Bühler*, Wertungsspielräume im Steuerrecht, DStR 1991, 488.

3472 **Berater und Steuerbeamte** arbeiten grundsätzlich nach der Devise „**Einigung geht vor Streit**". Auch die Rechtsprechung erklärt Einigungen zwischen Finanzamt und Bürger inzwischen für möglich, zulässig und sogar verbindlich (BFH v. 11. 12. 1984, BStBl 1985 II 354; v. 6. 2. 1991, BStBl II 673). Die OFD Hamburg (Vfg. v. 23. 3. 1989 S 0223 – 1/89 – St 22, Stbg. 1990, 66) hat dafür **Grundsätze erarbeitet**.

3473 **Tatsächliche Verständigungen** sind für Fälle **erschwerter Sachverhaltsermittlungen** zulässig bei

- **überdurchschnittlichem Arbeitsaufwand** bzw.

- **großem Zeitaufwand** oder

- langer **Zeitdauer** der einzelnen Abläufe.

Keine Verständigungen sind zulässig: 3474

- bei zweifelhaften **Rechtsfragen**,
- über den Eintritt von **Rechtsfolgen**,
- zur Anwendung bestimmter **Rechtsvorschriften**.

Grundsätzlich eignen sich tatsächliche Verständigungen für **Schätzungs-, 3475 Bewertungs-, Beurteilungs-** und **Beweiswürdigungsspielräume**.

Beispiel:
Für die Bewertung **teilfertiger Arbeiten** ist die Höhe der Lohngemeinkostenzuschläge strittig. Der Betrieb hat **keine Betriebsabrechnung**. Eine **retrograde Ermittlung** des Zuschlags aus der Verlust- und Gewinnrechnung macht bei der Zuordnung von Löhnen und Gehältern zu den Bereichen Herstellung, Vertrieb und Verwaltung **zeitaufwendige Ermittlungen** notwendig. Der Lohngemeinkostenzuschlag kann innerhalb eines realistischen Rahmens durch Verständigung festgelegt werden.

Die **Rechtsnatur** der „tatsächlichen Verständigung" ist durch ständige 3476 Rechtsprechung **rechtstheoretisch** stabilisiert. Die beteiligten Personen müssen zu einer abschließenden Regelung **legitimiert** sein. Das bedeutet, die Durchführung einer **Schlußbesprechung** in **Anwesenheit des Sachgebietsleiters** ist dafür unverzichtbar. Der Inhalt der Verständigung ist in **beweiskräftiger Form**, möglichst **schriftlich festzuhalten**. Viele Einigungen der Praxis sind bei kritischer Betrachtung rechtlich einer „tatsächliche Verständigung" nicht zugänglich.

h) Bindungswirkung der Schlußbesprechung

Abgesehen von der Ausnahme einer „tatsächlichen Verständigung" ist 3477 eine Schlußbesprechung **ohne Bindungswirkung**. Die Finanzbehörde kann danach ihre Ansicht ebenso ändern wie der Bauunternehmer, und zwar auch, wenn ein **entscheidungsbefugter Beamter** teilgenommen hat (BFH v. 1. 3. 1963, BStBl III 212).

▷ **Wichtig:**
Der Außenprüfer vertritt, wenn er **allein** ist, seinen Rechtsstandpunkt stets **unter Vorbehalt der Zustimmung** des Sachgebietsleiters.

Bindungswirkung tritt nur dann ein, wenn das Finanzamt einem Steuer- 3478 pflichtigen **zugesichert** hat, einen bestimmten Sachverhalt, der zur **wirtschaftlichen Disposition** bedeutsam ist, steuerlich in einem bestimmten

Sinne zu beurteilen und er im Vertrauen darauf auch disponiert hat (BFH v. 22. 8. 1990, BFH/NV 1991, 572).

3479 Die **Verwaltung beabsichtigt** stets, sich an die **Ergebnisse zu halten.** Erkennt sie aber nachträglich, daß eine in der Schlußbesprechung getroffene Absprache mit den tatsächlichen Verhältnissen oder der **Rechtslage unvereinbar** und damit **gesetzwidrig** ist, muß sie die Veranlagung abweichend, dem Gesetz entsprechend durchführen. Sie sollte dem Bauunternehmer vorher aber rechtliches Gehör geben.

▷ **Hinweis:**

Eine **Einigung in der Schlußbesprechung** hindert den Unternehmer nicht, gegen die darauf beruhenden Bescheide **Einspruch** einzulegen (BFH v. 1. 3. 1963, BStBl II 271).

i) Straf- und bußgeldrechtliche Würdigung in der Schlußbesprechung

3480 Falls aufgrund der Prüfungsfeststellungen die **Möglichkeit** der Einleitung **eines Straf- oder Bußgeldverfahrens** droht, soll der Unternehmer darauf hingewiesen werden, daß dies einem **besonderen Verfahren** vorbehalten ist (§ 201 Abs. 2 AO). Dieser Hinweis ist vom Prüfer **aktenkundig zu machen** (§ 11 Abs. 3 BpO). Er dient dem **Rechtsschutzinteresse des Steuerpflichtigen** und ist ein Akt der Fairneß und Offenheit.

▷ **Wichtig:**

Der Vorbehalt darf auch **dem Berater gegenüber** ausgesprochen werden (Niedersächsisches FG v. 10. 10. 1990, Stbg. 1991, 470).

3481 Zur **steuerstrafrechtlichen Bedeutung** von Prüfungsfeststellungen vgl. Rdnr. 3539 ff.

3482 Der **strafrechtliche Hinweis** ist, weil noch kein konkreter Verdacht vorliegt, **keine Einleitung** eines Steuerstrafverfahrens. Es besteht lediglich die Möglichkeit aus bestimmten Prüfungsfeststellungen heraus. Er hat die Bedeutung einer „Vorwarnung". Die Entscheidung über eine Verfahrenseinleitung treffen die **Finanzämter für Fahndung und Strafsachen.** Beim **Vorliegen der Vermutung,** daß Feststellungen steuerstrafrechtliche Relevanz haben, müßte der Außenprüfer bereits das Steuerstrafverfahren einleiten bzw. einleiten lassen.

3483–3490 *(Einstweilen frei)*

Außenprüfung

27. Der Prüfungsbericht

LEXinform
▶ BSt-BG-2165 ◀

Literatur: Bp-Kartei der OFD Hannover, Karte I – 2.82.

§ 202 AO verpflichtet den Außenprüfer, über das Ergebnis der Prüfung dem Unternehmer einen **schriftlichen Bericht** zu erstellen (Prüfungsbericht). Der **Anspruch auf Zusendung** eines Außenprüfungsberichts kann im Finanzgerichtswege verfolgt werden (BFH v. 11. 12. 1980, BStBl 1981 II 457). 3491

Der Gesetzgeber nennt als **notwendigen Berichtsinhalt** Mindestbestandteile. Es sind die 3492

- besteuerungserheblichen **Prüfungsfeststellungen**
- in **tatsächlicher** und
- **rechtlicher** Hinsicht und die
- Änderungen der Besteuerungsgrundlagen darzustellen.

Ob ein Bericht diesem **Erfordernis entspricht**, sollte der Unternehmer **kritisch prüfen** (BFH v. 27. 4. 1977, BStBl II 623). Die Gesetzesvorgaben zielen darauf ab, daß der Bericht aus sich heraus **verständlich** ist. Er hat die **Ergebnisse der Schlußbesprechung** widerzuspiegeln und muß auch die Punkte offen und sachlich herausstellen, die ohne Übereinstimmung geblieben sind. Für noch strittige Fragen hat der Prüfer Sachverhalte und Rechtslage **umfassend und objektiv** darzustellen (§ 12 Abs. 1 BpO). Manche „Kurzberichte" werden diesem **Grunderfordernis** nicht gerecht. Berater wenden sich oft gegen einen solchen „Berichtstorso". 3493

Eine **Rechtswirkung** nach außen geht vom Prüfungsbericht nicht aus. Er ist **kein** anfechtbarer **Verwaltungsakt** (Rdnr. 3358 ff.) Dagegen sind **weder Beschwerde noch Einspruch** möglich. Eine darin geäußerte Rechtsauffassung bedeutet für den Bauunternehmer **keine verbindliche Auskunft** der Verwaltung (BFH v. 16. 7. 1964, BStBl III 634). 3494

Die Finanzbehörde hat dem Unternehmer den Prüfungsbericht auf Antrag **vor seiner Auswertung** zur **Stellungnahme** zu übersenden (§ 202 Abs. 2 AO). Dafür soll eine **angemessene Frist**, üblicherweise **vier Wochen**, gegeben werden. Im Falle einer Stellungnahme ist in einem Bearbeitungsvermerk darauf einzugehen, falls ihr nicht gefolgt wird. 3495

▷ **Tip:**
Der **Antrag auf Vorabzusendung** kann bei der Schlußbesprechung **mündlich gestellt** werden. Berater nutzen diese Frist auch zum **Hinausschieben**

der **Fälligkeit** der sich aus der Prüfung ergebenden Steuernachzahlungen um vier Wochen.

28. Verfahren bei ergebnisloser Prüfung
LEXinform
▶ BSt-BG-2170 ◀

3496 Ergeben sich aus einer Prüfung **keine Änderungen** der Besteuerungsgrundlagen, so ist dies dem Steuerpflichtigen **schriftlich mitzuteilen**, (§ 202 Abs. 1 Satz 3 AO). Eine solche „**Freistellungsmitteilung**" ist kein anfechtbarer Verwaltungsakt (BFH v. 23. 4. 1987, BStBl 1988 II 163).

▷ **Wichtig:**

Die **Übersendung** eines Prüfberichtes **ohne Hinweis**, daß die Prüfung zu keinen Änderungen der Besteuerungsgrundlagen geführt hat, ist **keine konkludente Handlung** i. S. von § 202 Abs. 1 Satz 3 AO (BFH v. 14. 12. 1989, BStBl II 283). Die Rechtswirkung nach § 173 Abs. 2 AO (Rdnr. 3130) tritt daher nicht ein.

29. Interne Prüfungsvermerke zur steuerstrafrechtlichen Beurteilung („Rotbogen")

3497 Das Gesetz verlangt vom Außenprüfer nicht nur die Richtigstellung der Besteuerungsgrundlagen. Er ist auch verpflichtet, **steuerstrafrechtliche** Feststellungen zur **Frage des Verschuldens** zu treffen. In jeder Phase seiner Prüfung hat er abzuwägen, ob ihn ein **Anfangsverdacht** zur Einleitung von steuerstrafrechtlichen Maßnahmen zwingt.

▷ **Wichtig:**

Die Unternehmer sollten **Zurückhaltung üben**, wenn vom Prüfer **nach dem Verursacher** von festgestellten Fehlern geforscht wird.

3498 Ein sog. „**Geheim- oder Rotbogen**" existiert in den Ländern der Bundesrepublik nicht mehr. Der Prüfer ist aber gehalten, in einem Vordruck objektive **Fakten zusammenzutragen**, die für bzw. gegen eine **steuerstrafrechtliche Relevanz** seiner Prüfungsfeststellungen sprechen. Die Angaben haben **verwaltungsinterne Bedeutung**.

3499 Sie **rechtfertigen** die **Vornahme oder Nichtvornahme** eines Vorbehalts nach § 201 Abs. 2 AO bzw. die **Nichteinleitung** eines Steuerstrafverfahrens. Dem Finanzamt für Fahndung und Strafsachen soll damit die **Beurteilung ermöglicht** werden, ob die **Einleitung** eines Steuerstrafverfahrens **gerechtfertigt** ist.

30. Auswertung des Prüfungsberichts

Der Außenprüfungsbericht ist die Grundlage für die Umsetzung der Prüfungsfeststellungen in geänderte Steuerfestsetzungen. Bei wesentlichen **Abweichungen** gegenüber dem **Ergebnis der Schlußbesprechung** zuungunsten des Steuerpflichtigen soll der Steuerpflichtige erneut Gelegenheit bekommen, sich zu äußern (§ 12 Abs. 2 BpO). Bei den **Veranlagungsberichtigungen** sind viele rechtliche Gesichtspunkte zu beachten (Rdnr. 3501 ff.). 3500

31. Berichtigungsveranlagungen nach Prüfungsfeststellungen

LEXinform
▶ BSt-BG-2175 ◀

a) Berichtigung von Vorbehaltsveranlagungen (§ 164 Abs. 1 AO)

Veranlagungen unter Vorbehalt der Nachprüfung können grundsätzlich **in vollem Umfang** berichtigt werden. Der Prüfer setzt seine Feststellungen dabei **ohne rechtliche Beschränkungen** in Berichtigungsveranlagungen um. Außenprüfungen werden meist erst angesetzt, wenn mindestens drei Veranlagungsjahre unter Vorbehalt der Nachprüfung ergangen sind. 3501

b) Berichtigung von endgültigen Veranlagungen

Auch endgültige Veranlagungen können mit einer Außenprüfung überzogen werden. Dann liegt **Kontrollmaterial** vor, das Finanzamt bezweckt eine „**verdeckte**" Richtsatzprüfung (Rdnr. 3111), die Prüfung beruht auf einem **Organisationsversehen** oder die Betriebsprüfung soll eine **Vorklärung** im internen **Auftrag der Steuerfahndung** vornehmen, um zu erkunden, ob ein bekanntgewordener Sachverhalt einen **Fahndungseinsatz** rechtfertigt. 3502

Endgültige Veranlagungen lassen sich nur unter den Voraussetzungen des § 173 Abs. 1 Nr. 1 oder 2 AO berichtigen. Für beide Fälle müssen die Feststellungen des Prüfers **nachträglich bekanntgewordene Tatsachen** oder Beweismittel sein. Zum Begriff „steuererhöhende" bzw. „steuermindernde" Tatsachen vgl. BFH v. 24. 4. 1991, BStBl II 606; v. 28. 3. 1985, BStBl 1986 II 120; v. 30. 10. 1986, BStBl 1987 II 161. 3503

▷ **Wichtig:**

Eine Berichtigung nach o.a. Rechtsgrundlagen **setzt grundsätzlich** voraus, daß

- die Finanzbehörde bei der Durchführung der endgültigen Veranlagung ihrer **Ermittlungspflicht** nach § 88 AO genügt und

- der Bürger zuvor auch seine **Mitwirkungspflicht erfüllt** hat (BFH v. 13. 11. 1985, BStBl 1986 II 241).

3504 Der Handwerker bzw. Bauunternehmer muß in seinen der Veranlagung zugrundeliegenden Steuererklärungen die steuerlich relevanten Sachverhalte dem Finanzamt **richtig, vollständig und deutlich** zur Prüfung unterbreitet haben. Unvollständige Steuererklärungen und unrichtige vorgreifliche Wertungen verschaffen möglicherweise eine spätere Berichtigungsrechtfertigung wegen **nicht erfüllter Mitwirkungspflicht** (BFH v. 18. 3. 1988, BFH/NV 1990, 1; v. 11. 11. 1987, BStBl 1988 II 115).

3505 § 88 AO gebietet es, daß das Finanzamt, bevor es endgültig veranlagt, allen **offenkundigen Zweifelsfragen** nachgeht **(Ermittlungspflicht)**. Ignoriert es **konkrete Anhaltspunkte** für Zweifel an der Richtigkeit und Vollständigkeit der Steuererklärungen, so muß es sich auch später bekanntwerdende Tatsachen **als bekannt anrechnen** lassen (Niedersächsisches FG v. 6. 8. 1987, EFG 1988, 153).

▷ **Beachte:**

Mangelhafte Ermittlungspflicht des Finanzamts bietet Chancen zur **Abwehr von Berichtigungsveranlagungen**. Bei **beiderseitigen Verstößen** stehen dem Erlaß eines Änderungsbescheides die Grundsätze von Treu und Glauben entgegen, wenn der **Pflichtverstoß des Finanzamts** deutlich **überwiegt** (BFH v. 20. 12. 1988, BStBl 1989 II 585; Niedersächsisches FG v. 27. 2. 1986, EFG 1987, 4).

3506 Berichtigungen **zugunsten** des Unternehmers nach § 173 Abs. 1 Nr. 2 AO aufgrund nachträglich bekannt gewordener Tatsachen oder Beweismittel sind **nur zulässig**, wenn dafür **nicht grobes Verschulden** verantwortlich ist (BFH v. 21. 2. 1991, BStBl II 496; v. 19. 8. 1983, BStBl 1984 II 48; v. 26. 8. 1987, BStBl 1988 II 109; v. 13. 6. 1989, BStBl II 789; v. 9. 3. 1990, BFH/NV S. 619).

3507 **Grobes Verschulden** des Steuerbürgers bejaht die Rechtsprechung z. B., wenn

- **Fragen** im Steuererklärungsformular **nicht beantwortet** wurden (Niedersächsisches FG v. 6. 2. 1987, EFG S. 476; BFH v. 29. 6. 1984, BStBl II 693);

- **Steuererklärungen erst nach** angekündigter, bestandskräftiger **Schätzung eingereicht** wurden (FG Bremen v. 28. 1. 1988, EFG S. 277);

- der Berater gegen einen Bescheid **keinen Einspruch eingelegt** hat (BFH v. 25. 11. 1983, BStBl 1984 II 256).

Ein **Verschulden des Beraters** muß sich der Unternehmer anrechnen lassen (BFH v. 3. 2. 1983, BStBl II 324; v. 26. 8. 1987, BStBl 1988 II 109). Grobes **Verschulden ist unbeachtlich,** wenn die steuermindernden Tatchen im Zusammenhang mit anderen steuererhöhenden Tatsachen stehen (BFH v. 30. 10. 1986, BStBl 1987 II 161). Diese Konstellation liegt vor, falls der steuererhöhende Vorgang nicht ohne den steuermindernden denkbar ist (BFH v. 28. 3. 1985, BStBl 1986 II 120): Ein **Mehrgewinn** des Jahres 01 ist ursächlich für einen **Mindergewinn** des Jahres 02. 3508

Nach einer bestandskräftigen **Richtsatzschätzung** sind die sich bei einer späteren Außenprüfung nach **Schätzung durch Vermögensvergleich** ergebenden höheren Besteuerungsgrundlagen Tatsachen i. S. von § 173 Abs. 1 Nr. 1 AO (BFH v. 2. 3. 1982, BStBl 1984 II 504; v. 24. 10. 1985, BStBl 1986 II 233). Eine Schätzung ist **keine Tatsache,** sondern Schlußfolgerung aus Tatsachen. Bekannt werdende neue Schätzungsgrundlagen sind daher grundsätzlich neue Tatsachen. 3509

c) Berichtigungen von Jahren außerhalb des Prüfungszeitraums

Bisweilen stehen vor dem auf drei Jahre beschränkten Prüfungszeitraum weitere nicht verjährte Jahre **unter Vorbehalt der Nachprüfung.** Berichtigungen dieser Jahre als Ausfluß der Außenprüfung haben oft **erhebliche finanzielle Bedeutung.** Die Selbstbeschränkung der Verwaltung nach § 4 Abs. 3 BpO darf **nicht** dadurch **unterlaufen werden,** daß der Prüfer **automatisch** seine Feststellungen in den Vorzeitraum überträgt. 3510

Der Fiskus hat **für die Vorjahre** die **folgenden drei Möglichkeiten:** 3511

- Bei **Vorliegen der Erweiterungsvoraussetzungen** des § 4 Abs. 3 BpO darf die Prüfung auf die Vorjahre **formal** (Rdnr. 3168) **erweitert** werden.

- Ohne Erweiterung des Prüfungszeitraumes sind im Vorzeitraum **keine selbständigen Prüfungshandlungen** zulässig. Die Vorbehalte der Vorjahre sind dann ohne Veränderungen der Besteuerungsgrundlagen aufzuheben.

- Der Prüfer darf **solche Tatsachen** auch für den Vorprüfungszeitraum berücksichtigen, die ein Veranlagungsbeamter auch ohne Außenprüfung bei sorgfältiger Prüfung der Aktenlage beanstanden würde.

3512 Im letzten Fall handelt es sich in der Regel um sog. **Dauersachverhalte,** wie private Pkw-, Telefonnutzung, Energieabgrenzungen usw.

▷ **Wichtiger Hinweis:**

„**Dauersachverhalte**" dürfen für die Vorjahre nur berücksichtigt werden, wenn von **gleichen Voraussetzungen** wie im Prüfungszeitraum ausgegangen werden kann.

3513 Für **endgültige Steuerfestsetzungen** der Vorjahre sind Berichtigungen nur unter den Voraussetzungen des § 173 Abs. 1 AO (Rdnr. 3503) möglich. **Ohne Prüfungserweiterung** sind in den genannten Jahren während der Außenprüfung allenfalls **Einzelermittlungen** nach § 88 AO (Rdnr. 3100 f.) zulässig.

3514–3520 *(Einstweilen frei)*

32. Bescheide aufgrund einer Außenprüfung

LEXinform
▶ BSt-BG-2180 ◀

3521 Bescheide aufgrund einer Außenprüfung haben **erhöhte Bestandskraft.** Sie sind nach § 173 Abs. 2 AO nur noch **eingeschränkt berichtigungsfähig** bei Steuerhinterziehung oder leichtfertiger Steuerverkürzung. Hier entfaltet eine stattgefundene Außenprüfung für den Unternehmer eine **positive Konstellation.** Nach einer Außenprüfung soll **Rechtsfrieden** eintreten. Zu den Rechtswirkungen bei ergebnisloser Prüfung (§ 202 Abs. 2 AO) vgl. Rdnr. 3496.

▷ **Achtung:**

§ 173 Abs. 2 AO gilt nur für **Berichtungen** nach § 173 Abs. 1 AO (BFH v. 29. 4. 1987, BStBl 1988 II 168). Bei Bescheiden nach einer Außenprüfung sind daher Änderungen wegen „offenbarer Unrichtigkeiten" nach § 129 AO möglich (BFH v. 10. 9. 1987, BStBl II 834).

3522 Liegen **Veranlagungen** zur ESt **nach einer Außenprüfung** vor und werden bei einer **Lohnsteueraußenprüfung** des Arbeitgebers für den Betroffenen **weitere Einkünfte** aus nichtselbständiger Arbeit bekannt, so dürfen Mehrsteuern gegen ihn auch nicht mehr im LSt-Nachforderungsbescheid festgesetzt werden (BFH v. 13. 1. 1989, BStBl II 447). Der ESt-Bescheid ist **nicht mehr änderbar** (§ 173 Abs. 2 AO).

3523 Die **Änderungssperre** gilt **für und gegen** Steuerbürger in gleicher Weise, also auch für nachträglich bekanntwerdende Tatsachen oder Beweismittel **zugunsten** des Unternehmers.

33. Vorzeitige Auswertungen von Prüfungsfeststellungen

Verwaltungsanweisungen: FM Niedersachsen v. 15. 10. 1991, Grundsätze zur Rationalisierung der steuerlichen Betriebsprüfung – Vorzeitige Auswertung von Prüfungsfeststellungen, DB 1991, 2365.

Bei **lang dauernden Außenprüfungen** sind erhebliche Verzögerungen bis zur Festsetzung und Fälligkeit der Mehrsteuern denkbar. Dafür sind sog. **Vorabfestsetzungen** in Teilbeträgen als vorzeitige Auswertungen zulässig, wenn die vorangegangenen Steuerfestsetzungen unter Vorbehalt der Nachprüfung stehen. Davon wird Gebrauch gemacht, wenn sich **hohe unstreitige Steuernachzahlungen** abzeichnen und die Prüfung nicht in absehbarer Zeit zu beenden ist. Die Vorabfestsetzungen haben ebenfalls unter Vorbehalt der Nachprüfung nach § 164 Abs. 2 AO zu ergehen.

3524

34. Das Problem „Verwertungsverbot"

a) **Bedeutung**

LEXinform
▶ BSt-BG-2185 ◀

Verwertungsverbote sind nicht das „Sesam-öffne-dich" für die Neutralisierung von Prüfungsfeststellungen. Dennoch haben sie **bei Außenprüfungen** größere **Bedeutung** erlangt. Sie beinhalten für den Bauunternehmer bzw. Handwerker des Baunebengewerbes die Chance, dem Fiskus zu verwehren, z. B. bei der Außenprüfung **rechtswidrig gewonnene Erkenntnisse** in Steuern umzusetzen. Die Grundsätze hat die höchstrichterlichen Rechtprechung (z. B. BFH v. 7. 6. 1973, BStBl II 716) entwickelt.

3525

▷ **Wichtig:**

Verwertungsverbote treten **nicht automatisch** ein. Der Weg dazu ist zeitraubend und seine Früchte sind möglicherweise **nicht von Dauer (Wiederholungsprüfung** durch einen anderen Prüfer; BFH v. 7. 11. 1985, BStBl 1986 II 435; v. 20. 10. 1988, BStBl 1989 II 180).

b) **Nichtigkeit – Rechtswidrigkeit**

LEXinform
▶ BSt-BG-2190 ◀

Sind Prüfungsanordnungen **nichtig** oder werden **rechtswidrige** durch ein Gericht aufgehoben oder als rechtswidrig eingestuft, so dürfen nach ständiger BFH-Rechtsprechung darunter erlangte Prüfungsfeststellungen **nicht** für Berichtigungsveranlagungen **verwertet werden** (BFH v. 18. 10. 1988, a. a. O.; v. 7. 11. 1985, BStBl 1986 II 435; v. 24. 6. 1982, BStBl II 659).

3526

3527 **Nichtige Verwaltungsakte** leiden an einem besonders **schweren Mangel** und sind **von vornherein unwirksam** (§ 124 Abs. 3 AO), können also auch **nicht bestandskräftig** werden. Nichtigkeit führt zu einem Verwertungsverbot (BFH v. 10. 4. 1987, BStBl 1988 II 165).

3528 Eine **nichtige Prüfungsanordnung** setzt **keine Ablaufhemmung** der Festsetzungsfrist in Lauf (BFH v. 10. 4. 1987, BStBl 1988 II 165). Durch Nichteinsetzen der Ablaufhemmung der Verjährung nach § 171 Abs. 4 AO mit Beginn der Außenprüfung kann aufgrund einer nichtigen Prüfungsanordnung **Verjährung eintreten.** Der nur **rechtswidrige Beginn** einer Außenprüfung beeinträchtigt die Hemmung der Festsetzungsfrist nicht (BFH v. 18. 10. 1988, BStBl 1989 II 76).

c) **Verfahrensvoraussetzungen**

LEXinform
▶ BSt-BG-2195 ◀

3529 Feststellungen aufgrund **rechtswidriger Prüfungshandlungen** lösen **kein automatisches** Verwertungsverbot aus. Rechtswidrige Prüfungsanordnungen **bleiben wirksam,** wenn sie nicht **aufgehoben oder widerrufen** werden (§ 124 Abs. 2 AO). Eine Verwertung solcher Prüfungsfeststellungen kann verhindert werden, wenn die Rechtswidrigkeit der Prüfungshandlungen **gerichtlich festgestellt** wird (BFH v. 9. 5. 1978, BStBl II 501).

3530 Ein **Verwertungsverbot** für rechtswidrig erlangte Außenprüfungsergebnisse erfordert, daß der Bauunternehmer zuvor erfolgreich **gerichtlich** gegen die Prüfungsmaßnahme vorgegangen ist (BFH v. 27. 7. 1983, BStBl 1984 II 413). Ein Gericht muß die strittige Maßnahme **als rechtswidrig aufgehoben** und festgestellt haben (BFH v. 4. 2. 1988, BStBl II 413). In der **zweiten Stufe** ist vom Unternehmer das Verwertungsverbot im Festsetzungs-, Feststellungs- bzw. Rechtsbehelfsverfahren **geltend zu machen.** Die Rechtsprechung zum Verwertungsverbot ist nicht einheitlich.

d) **Rechtsprechungshinweise**

LEXinform
▶ BSt-BG-2200 ◀

3531 Ein **berechtigtes Interesse** des Unternehmers an der Feststellung der Rechtswidrigkeit einer „erledigten" Prüfungsanordnung ist nicht gegeben, wenn er einerseits fehlerhafte Bekanntgabe und ungenügende Begründung der Prüfungsanordnung beklagt, andererseits die bei der Prüfung ermittelten Tatsachen jedoch bei der erstmaligen Veranlagung **verwerten läßt** (BFH v. 10. 5. 1991, BStBl II 825).

Außenprüfung

Ein **Verwertungsverbot** tritt auch ein, wenn die Behörde selbst den 3532
Verwaltungsakt aufhebt (BFH v. 9. 5. 1985, BStBl II 579). Nichtigkeit
oder Unwirksamkeit einer Prüfungsanordnung sind, wenn die Prüfungsfeststellungen bereits **in Steuerbescheiden umgesetzt** sind, auch im **Rechtsbehelfsverfahren** gegen den Steuerbescheid zu prüfen (BFH v. 20. 2.
1990, BStBl II 789). Es bedarf dazu **keines besonderen Verfahrens**. In
einer Vielzahl von Fällen ist es sinnvoll, erst die **Ergebnisse** der Prüfung
abzuwarten und danach Überlegungen anzustellen, wie man ihnen entgehen kann.

Wird eine **Prüfungsanordnung aufgehoben** oder für nichtig erklärt, so 3533
kann die Finanzbehörde eine **neue korrekte Prüfungsanordnung** erlassen.
Das gilt auch, wenn aufgrund der früheren Prüfungsanordnung bereits
Prüfungshandlungen vorgenommen worden sind (BFH v. 7. 11. 1985,
BStBl 1986 II 435; v. 20. 10. 1988, BStBl 1989 II 180; v. 24. 8. 1989,
BStBl 1990 II 2).

Eine **Wiederholungsprüfung** ist zulässig, soweit nicht inzwischen Verjäh- 3534
rung eingetreten ist. Ein davor **bestehendes Verwertungsverbot** wird dabei
hinfällig. Vor einer „Wiederholungsprüfung" besteht erneut die Möglichkeit, **Selbstanzeige** (Rdnr. 3596 ff.) zu erstatten.

Zu **Verwertungsverboten** sind die **folgenden Entscheidungen** bedeutsam:

- Das **Fehlen oder Überschreiten einer Prüfungsanordnung** rechtfertigt ein 3535
  Verwertungsverbot (BFH v. 14. 8. 1985, BStBl 1986 II 2). Geltendmachung im Einspruchsverfahren führt bereits zum Ziel.

- Die **Überprüfung von Einzelvorgängen** außerhalb der Prüfungsanord- 3536
  nung rechtfertigt kein Verwertungsverbot (BFH v. 5. 4. 1984, BStBl II
  790), da eine Einzelmaßnahme keine Ausdehnung der Prüfung bedeutet.

- Die **Nichtigkeit einer Prüfungsanordnung** löst Verwertungsverbot aus. 3537
  Dies kann im Veranlagungsverfahren verfolgt werden (BFH v. 10. 4.
  1988, BStBl II 165).

- Die Ergebnisse einer Außenprüfung dürfen nicht verwertet werden, 3538
  wenn ihre **Rechtswidrigkeit gerichtlich festgestellt** wird (BFH v. 7. 6.
  1973, BStBl II 716; v. 9. 5. 1978, BStBl II 501; v. 11. 7. 1979, BStBl
  II 704).

35. Außenprüfung und Steuerstrafverfahren

Literatur: *Lohmeyer,* Aufdeckung von Steuerverfehlungen bei der Außenprüfung, NWB F. 13, 737.

3539 Es ist nicht Zweck der Außenprüfung, Steuerstraftaten oder -ordnungswidrigkeiten zu ermitteln. **Außenprüfer tun sich schwer mit steuerstrafrechtlich relevanten Feststellungen** (§ 369 AO). Das Steuerstrafrecht ist für sie ein weitgehend unbekanntes und nur **selten beherrschtes Rechtsgebiet**, das sie deshalb scheuen und zu vermeiden suchen. Eine Kontaktaufnahme mit dem **Finanzamt für Fahndung und Strafsachen** ist meist die „ultima ratio". Das kann dem Unternehmer nur recht sein. Die Einleitung des Steuerstrafverfahrens wird oft **zu spät oder überhaupt nicht** durchgeführt.

▷ **Wichtig:**

Eine **verspätete oder unterlassene** Einleitung des Steuerstrafverfahrens bietet die Chance eines steuerstrafrechtlichen **Verwertungsverbots**, wenn der Prüfer seine Sachverhaltsermittlungen fortsetzt (§ 136 a StPO; Art. 1 GG), ohne die Belehrungen nach § 393 Abs. 1 Satz 4 AO ausgesprochen zu haben.

3540 Der Unternehmer hätte in der vorgenannten Situation bestimmte **Auskünfte nicht mehr erteilt**, wenn er gewußt hätte, daß der Prüfer bereits **steuerstrafrechtlich ermittelt**. Dem strafprozessualen Verwertungsverbot kann ein steuerliches folgen.

3541 Die Prüfungsanordnung **verpflichtet**, bei **Verdacht** einer Steuerstraftat oder -ordnungswidrigkeit **nach den in §§ 9 und 10 BpO** getroffenen Regelungen **zu verfahren.** Der Prüfer kann im Extremfall ein Steuerstraf- bzw. Bußgeldverfahren auch **selbst einleiten.**

3542 Ist **Verdacht gegeben,** so wird **verdeckt** das Finanzamt für Fahndung und Strafsachen davon **unterrichtet** und die Prüfung erst einmal **unter einem Vorwand** abgebrochen.

▷ **Hinweis:**

Prüft der Prüfer in vorgenannter Situation weiter, so darf er hinsichtlich des verdachtsbefangenen Sachverhaltes seine **Ermittlungen** zunächst **nicht fortsetzen.**

Bereits **einfacher Tatverdacht** (konkrete Anhaltspunkte) verpflichtet ihn zur **Unterrichtung** des Finanzamts für Fahndung und Strafsachen. Es **genügt der Anschein** des Vorliegens eines Steuervergehens. Ein Steuerstrafverfahren **ist eingeleitet,** sobald die Behörde eine Maßnahme trifft, die erkennbar darauf abzielt, gegen jemanden wegen einer Steuerstraftat strafrechtlich vorzugehen (§ 397 Abs. 1 AO). Eine **vollzogene Einleitung** des Steuerstrafverfahrens führt nicht immer auch zu steuerstrafrechtlichen Konsequenzen. Verschiedene Verfahren werden **wieder eingestellt.** 3543

Im Zuge der **Mitteilung** der Verfahrenseinleitung ist die Behörde verpflichtet, den Unternehmer über folgende im Steuerstrafverfahren **veränderte Rechte** zu belehren: 3544

- Es **steht** ihm nach dem Gesetz **frei,** sich **zur Beschuldigung zu äußern** oder nicht zur Sache auszusagen. Der Unternehmer darf jederzeit, auch schon vor der Vernehmung, einen **Verteidiger** befragen.

- Der Unternehmer ist für Zwecke der Besteuerung **zur Mitwirkung verpflichtet.** Sie entfällt nicht dadurch, daß ein Ermittlungsverfahren eingeleitet worden ist. Die Mitwirkung kann aber nicht erzwungen werden.

Gibt der Außenprüfer die Einleitung des Steuerstrafverfahrens selbst bekannt, so kann er die Außenprüfung anschließend im Steuerstrafverfahren **weiterführen,** auch seine Ermittlungen zum kritischen Sachverhalt fortsetzen. 3545

Meint die Verwaltung, daß sie mit den **begrenzten Mitteln der Außenprüfung** den steuerstrafrechtlich bedeutsamen Sachverhalt nicht klären kann, so wird die Steuerfahndung mit ihren deutlich **weitergehenden Möglichkeiten** die Prüfung nach Maßgabe des § 208 AO fortsetzen. Außenprüfungen münden in solchen Fällen in Steuerfahndungsprüfungen (Rdnr. 3556 ff.) ein. 3546

Ergeben sich aus einer Prüfung Vermutungen bzw. **Hinweise zur Möglichkeit** von Steuerverfehlungen, muß der strafrechtliche Vorbehalt (Rdnr. 3480) in der Schlußbesprechung erfolgen. 3547

(Einstweilen frei) 3548–3555

36. Steuerfahndung

LEXinform
▶ BSt-BG-2205 ◀

a) Allgemeines

3556 Die Steuerfahndung ist die „**Kriminalpolizei**" der Finanzbehörde. Steuerfahnder sind **Hilfsbeamte der Staatsanwaltschaft**. Ihre Aufgabe hat die Doppelfunktion der

- Erforschung von **Steuerstraftaten** und der
- **Ermittlung der Besteuerungsgrundlagen.**

3557 Eine Steuerfahndungsprüfung ist durchaus **kein seltenes Ereignis**. Diese Tatsache ist Ausfluß einer **schlechten Steuermoral**. Presseveröffentlichungen wie „Hinterzogen wird rund um die Uhr" qualifizieren die Steuerhinterziehung als **Massendelikt**.

3558 Über den **Verfahrensablauf** ist nur wenig bekannt. Selbst für den Steuerberater gehört der Umgang mit der Steuerfahndung nicht zur Berufsroutine. Es gibt kaum ein steuerliches Gebiet, auf dem so **viel Unsicherheit** existiert, wie bei einem Steuerfahndungseinsatz. Die Fahndungsbeamten beherrschen das Verfahren (Rdnr. 3570 ff.).

3559 1988 waren etwa **1 000 Fahndungsbeamte** in der Bundesrepublik mit ca. 15 000 Fällen befaßt. Oft beginnen sie im **Gefolge von Betriebsprüfungen**. Dann hat sie der **Prüfer um Hilfe** gerufen.

3560 **Anstöße zur Steuerfahndungseinsätzen** geben

- die Finanzämter bei **Auffälligkeiten** in den Steuererklärungen (z. B. zu **niedrige Entnahmen** für Unterhalt und Vermögensbildung),
- offensichtlich **unvollständige Selbstanzeigen,**
- **Kontrollmitteilungen**, die erkennbar nicht erfaßt sind,
- **Denuntiationen** von Verwandten, Mitarbeitern, Nachbarn, Geschäftspartnern usw.,
- **Eigenermittlungen** der Fahndungsbehörden (z. B. Ausflüsse bereits anhängiger Fälle),
- **Zeitungsanzeigen,** Chiffreanzeigen und Pressemeldungen über Diebstahl von Bargeld, Bildern, Schmuck, Wertgegenständen, wenn die Angaben nicht zu den Steuererklärungen passen.

3561 Es ist keine Besonderheit, wenn Steuerfahndungsverfahren **drei und mehr Jahre** dauern. **Schlußbesprechung** und **Fahndungsbericht** sind für dieses

Verfahren nicht gesetzlich vorgeschrieben, aber analog dem Außenprüfungsverfahren in der Regel üblich.

Einstellung des Verfahrens wegen **Geringfügigkeit** (§ 398 AO) wird auch im Steuerstrafverfahren praktiziert. 3562

(Einstweilen frei) 3563

b) Anzeichen einer drohenden Steuerfahndung

Fahndungseinsätze resultieren oft aus **Streitigkeiten** in Familie oder Betrieb. Angehörige, Nachbarn oder Arbeitnehmer machen **namentlich oder anonym** dem Finanzamt Angaben bzw. überlassen ihm **Material zur Auswertung**. Auch **Streitigkeiten mit Geschäftspartnern** beinhalten solche Gefahren. 3564

Bei **drohender Steuerfahndung** ist noch bis zum Erscheinen der Beamten **strafbefreiende Selbstanzeige** nach § 371 AO (vgl. Rdnr. 3596 ff.) möglich, wenn keine Außenprüfung mehr läuft. 3565

Von der **Anregung einer Steuerfahndung** durch den Prüfer bis zum Erscheinen der Beamten vergeht mindestens **eine Woche**. So lange dauern die Verfahren der Wertung der Informationen, die Entscheidungen, eine eventuelle **Observation**, die Beschaffung der Durchsuchungsbeschlüsse und das Erstellen der Einsatzpläne. Fahndungseinsätze sind sehr **personalintensiv**. Zeitlich parallel mit der Anregung einer Steuerfahndung **unterbricht der Außenprüfer** meist seine Prüfung. Er nennt dafür in der Regel unverfängliche, nicht nachprüfbare, **behördeninterne Gründe**. Zum Einsatzablauf vgl. Rdnr. 3574 ff. 3566

Vorangegangen sind **gezielte Ermittlungsversuche** des Außenprüfers. Geraten sie ins Stocken, sind Antworten unbefriedigend oder die **Mitwirkung verschleiernd**, so fühlt sich der Prüfer mit seinem „Latein am Ende". In diesem Stadium könnte für den Bürger nur die **Flucht nach vorn** eine andere Entwicklung auslösen. 3567

c) Aufgaben und Rechtsgrundlagen

Anders als Außenprüfungen sind Fahndungsprüfungen **Verdachtsprüfungen** zur Bekämpfung der Steuerkriminalität. Die Steuerfahndung wird bei der Ermittlung von **Steuerstraftaten und -ordnungswidrigkeiten** im Steuerstraf- und Besteuerungsverfahren tätig (BFH v. 29. 10. 1986, BStBl II 440; Rdnr. 3541 ff.) Steuerfahndungsbeamte sind vielfach zuvor Betriebs- 3568 prüfer gewesen. Ihre Aufgaben und Befugnisse ergeben sich auch §§ 208 und 404 AO. Auch für das Steuerstrafverfahren gilt die Strafprozeßordnung (§ 385 Abs. 1 AO).

3569 Mit den sog. „Vorfeldermittlungen" (§ 208 Abs. 1 Satz 1 Nr. 3 AO) geht die Steuerfahndung **unbekannten Steuerfällen** aufgrund von Anhaltspunkten nach. Solche Ermittlungen zählen noch zum Besteuerungsverfahren.

d) Befugnisse

3570 Die **Befugnisse** der Fahndungsbeamten gehen weit über die des Außenprüfers hinaus. Sie beinhalten eine „**Machtfülle**", die der Bauunternehmer bzw. Handwerker des Baunebengewerbes zu Recht **fürchten muß**. Nach § 404 Abs. 1 AO haben Fahndungsbeamte **Rechte und Pflichten** wie die Beamten des **Polizeidienstes**. Daneben haben sie auch die **Aufgabe eines Finanzbeamten** aus § 85 AO, § 88 AO und auch alle Möglichkeiten eines Außenprüfers.

3571 Unzulässig sind Ermittlungen **ins „Blaue hinein"**. Bloße **Vermutung** ist weniger als Anfangsverdacht, reicht daher für Einsätze nicht aus. Steuerfahnder kommen **selten aus „heiterem Himmel"** (Rdnr. 3546 ff.). Für den aufmerksamen Beobachter sind meist **Anhaltspunkte** für diese Entwicklung erkennbar. Um Ersatzansprüche aus Amtshaftung möglichst zu vermeiden, werden Steuerfahndungseinsätze sehr **überlegt veranlaßt**. Zufallsfunde haben nicht selten streuende Wirkung.

3572 **Fahndungsbeamte** haben das Recht

- auf Durchführung von **Durchsuchungen** und **Beschlagnahmen** (§§ 161, 102 ff. StPO; bei Gefahr im Verzuge nach §§ 105 Abs. 1, 98 Abs. 1 StPO);

- des **ersten Zugriffs** (§ 163 Abs. 1 StPO);

- der **Vernehmung des Beschuldigten** (§§ 161, 163 a Abs. 4 StPO);

- zur **Festnahme** des Beschuldigten (§ 164 StPO);

- zur **vorläufigen Festnahme**, wenn die Voraussetzungen eines Haftbefehls vorliegen (§ 127 Abs. 2 StPO);

- zur **Anhörung von Zeugen** (§§ 161, 163 a Abs. 5 StPO).

3573 Es gilt das Verbot der **Vernehmungsmethoden nach § 136 a StPO**. Dazu gehören **Maßnahmen der Druckausübung** auf den Steuerpflichtigen oder

Steuerfahndung

die Auskunftsperson z. B. durch Drohung, Täuschung, Schlafentzug, Mißhandlung, Vorteilszusage usw.

e) Einsatzablauf

Die Steuerfahndungsbeamten kommen eventuell mit polizeilicher **Unterstützung** meist am **Vormittag** mit gerichtlichen **Hausdurchsuchungsbeschlüssen**. Sie erscheinen nicht nur im Betrieb, sondern **gleichzeitig** an den **verschiedenen Punkten**, wie 3574

- Wohnung
- Feriendomizil,
- Zweigbetrieben,
- Banken,
- Steuerberater usw.

Nicht zu **öffnen** hat keinen Sinn. Wird nicht geöffnet, so geschieht es gewaltsam. 3575

Die **Durchsuchungsbeschlüsse** werden vor Beginn der Maßnahme vorgelegt. Die darin angegebenen **Gründe geben Hinweise** auf Umfang und **Ziel des Einsatzes**. Nach einer **Belehrung über die Rechte** des Beschuldigten (Rdnr. 3544) 3576

- werden die anwesenden **Personen erfaßt**,
- das **Objekt gesichert**,
- die Personen veranlaßt, die Räume **nicht zu verlassen**.

Der Unternehmer kann sich telefonisch mit seinem **Steuerberater** oder einem **Anwalt in Verbindung** setzen. Meist setzt der Durchsuchungsablauf ein, ohne daß der verlangte Anwalt oder Steuerberater abgewartet wird (Rdnr. 3544, 3586). Der Unternehmer hat bei **Durchsuchungen** Anspruch auf ein **Verzeichnis** der **beschlagnahmten Gegenstände** (§ 107 StPO). **Verteidiger** haben **kein Recht auf Anwesenheit** bei der Durchsuchung (§ 105 und 106 StPO). 3577

Es ist wichtig, den Durchsuchungsbeschluß **genau zu lesen**. Bei einer Durchsuchung wird auch **Material gegen Dritte** sichergestellt. Mancher Einsatz hat schon „Lawinen" ausgelöst. 3578

Die Durchsuchung konzentriert sich auf **Beweismittel** zur angenommenen Steuerstraftat. Daher werden auch **Behältnisse**, wie Schränke, Koffer, Taschen, Brieftaschen **nicht verschont**. 3579

3580 **Verdächtiges Material** wird zur späteren Durchsicht und Auswertung **beschlagnahmt** und mitgenommen. Das sind nicht selten Briefe, Notizbücher, Kalender, Zettel, Telefonnotizen, Verträge, Lieferantenrechnungen, Quittungen, Kontoauszüge, Kreditunterlagen, Bankschriftwechsel, Safeschlüssel, Sparbücher, größere Bargeldbestände und Hinweise auf Geldanlagen. **Benötigte Unterlagen** können auf Antrag **vorzeitig** wieder **herausgegeben werden**.

3581 **Safe-Schlüssel** sind ein begehrtes Objekt. Sind sie gefunden, so wird der **Safe ausfindig** gemacht. Fehlt dafür ein Durchsuchungsbeschluß, wird er zunächst versiegelt.

3582 Die Steuerfahndung geht einher mit umfangreichen **Ermittlungen bei Banken** (Rdnr. 3286 ff.). Einen Schutz bei den Banken genießt der Unternehmer in diesem Verfahren nicht mehr.

f) Rechtliche Möglichkeiten

3583 **Rechtliche Maßnahmen gegen Durchsuchung** und Beschlagnahme sind formal gegeben. Nach § 304 StPO kann sich der Unternehmer über die belastenden Abläufe beschweren. Da die Beschwerde erst **später wirksam** wird, ist damit **faktisch kein Aufschub** zu erreichen. Das gilt genauso für **Dienstaufsichtsbeschwerden**.

g) Verhaltenshinweise

3584 Es gibt keinen Sinn, im Augenblick eines bevorstehenden Fahndungseinsatzes die **Nerven zu verlieren**. Ist die Maßnahme nicht angreifbar, so muß sie durchgestanden werden. **Körperlicher Widerstand** ist sinnlos und das Schlechteste, was getan werden könnte.

3585 **Zeit und innere Ruhe** lassen sich gewinnen, wenn der Unternehmer nach sofortiger Information seines Beraters den richterlichen **Durchsuchungsbeschluß**, die Beschlagnahmeanordnung und das „Merkblatt über die Rechte und Pflichten des Steuerpflichtigen bei Prüfung durch die Steuerfahndung nach § 208 Abs. 1 Nr. 3 AO" durchliest.

3586 Es kann im Einzelfall nützlich sein, seinen **Anwalt zuzuziehen**. Der Unternehmer hat einen Anspruch darauf. Der Anwalt kann die Maßnahmen zwar meist nicht verhindern, aber die **Einhaltung von Recht und Gesetz** kontrollieren und den **Eifer** der Beamten **regulieren**.

Selbstanzeige

Der Unternehmer soll sich den **federführenden Beamten** nennen lassen. Es ist zweckmäßig, sich die **Personalien** aller teilnehmenden Beamten zu notieren. So erhöht sich die Chance eines korrekten Einsatzablaufes. 3587

(Einstweilen frei) 3588–3595

II. Selbstanzeige

LEXinform
▶ BSt-BG-2210 ◀

Literatur: *Von Fürstenberg*, Vermeidung des Steuerstrafverfahrens durch rechtzeitige Selbstanzeige, NWB F. 13, 643; *Obermeier*, Gesetz über die strafbefreiende Erklärung von Einkünften aus Kapitalvermögen und von Kapitalvermögen, NWB F. 2, 5349.

Ein Unternehmer, der sich einer Steuerhinterziehung oder einer leichtfertigen Steuerverkürzung schuldig gemacht hat, hat die Möglichkeit, sich durch Selbstanzeige Straffreiheit zu verschaffen. 3596

Selbstanzeige besteht darin, daß unrichtige oder unvollständige Angaben bei der Finanzbehörde berichtigt oder ergänzt oder unterlassene Angaben nachgeholt werden (§ 371 Abs. 1 AO). Zur **strafbefreienden Nacherklärung** bei nicht deklarierten Kapitaleinkünften siehe Art. 17 StRG 1990 v. 25. 7. 1988, BStBl I 224. 3597

1. Wer kann Selbstanzeige erstatten?

Selbstanzeige kann erstatten: 3598

- der **Täter** – auch mittelbarer Täter oder Nebentäter (§ 25 Abs. 1 StGB),
- der **Mittäter** (§ 25 Abs. 2 StGB),
- der **Anstifter** (§ 26 StGB),
- der **Gehilfe** (§ 27 StGB).

In der Regel wird der Unternehmer **persönlich** Selbstanzeige erstatten. Er kann sie aber auch durch einen **bevollmächtigten Vertreter** abgeben lassen. Eine derartige Selbstanzeige ist aber nur dann wirksam, wenn sie aufgrund eines nach der Tat erteilten ausdrücklichen Auftrags abgegeben wird. Die Vorschriften über die Geschäftsführung ohne Auftrag (§ 677 ff. BGB) können nicht angewandt werden. 3599

Die Selbstanzeige gibt dem Täter einer Steuerhinterziehung oder leichtfertigen Steuerverkürzung einen **persönlichen Strafaufhebungsgrund**. Daraus folgt, daß die von einem Mittäter erklärte Selbstanzeige regelmäßig nicht zugunsten des anderen Mittäters wirkt. Etwas anderes gilt nur dann, wenn der Erstatter der Anzeige ausdrücklich und nachweislich vom Mittäter beauftragt worden ist, sie auch mit Wirkung für ihn abzugeben.

3600 Wenn für das Finanzamt nicht sofort erkennbar ist, ob der Auftrag zur Erstattung einer Selbstanzeige für einen Mittäter oder sonstige Tatbeteiligten gilt, so bedeutet das noch nicht, daß die von einem Beteiligten erklärte Selbstanzeige für den Dritten nicht wirkt. Nach dem **Untersuchungsgrundsatz** hat das Finanzamt die Aufklärungspflicht, ob Mittäter oder sonstige Tatbeteiligte an der Steuerhinterziehung beteiligt waren und ob die Selbstanzeige ggf. in deren Auftrag abgegeben wurde (von Fürstenberg, a. a.O., S. 645).

3601 Ob tatsächlich ein Auftrag zur Selbstanzeige bereits erteilt war oder nicht, wird sich in der Praxis nachträglich kaum feststellen lassen. Daher muß der Berater – bis zum Beweis des Gegenteils – im Mandanteninteresse darauf bestehen, daß tatsächlich ein Auftrag zur Selbstanzeige vorlag und daß die diesbezügliche Behauptung des Mandanten keine bloße **Schutzbehauptung** ist; denn Selbstanzeige ist auch in verdeckter Stellvertretung möglich (von Fürstenberg, a. a. O., S. 645).

2. Wo ist Selbstanzeige zu erstatten?

3602 Nach § 371 Abs. 1 AO ist die Selbstanzeige „bei der **Finanzbehörde**" zu erstatten, die **örtlich und sachlich zuständig** ist. Finanzbehörde in diesem Sinne sind der Bundesminister der Finanzen, die Länderfinanzminister bzw. -senatoren, die Oberfinanzdirektionen sowie die Finanzämter und Hauptzollämter. Ob Selbstanzeige auch wirksam gegenüber **Außenprüfern und Steuerfahndungsprüfern** der Finanzbehörden erstattet werden kann, ist streitig. Auch wenn in der Praxis eine Selbstanzeige gegenüber diesen Personen als wirksam angesehen wird, ist Vorsicht geboten. Ratsam ist vielmehr immer Abgabe vor den oben genannten Finanzbehörden. Wird eine Selbstanzeige bei anderen Behörden abgegeben, z. B. Polizei, Staatsanwaltschaft, Strafrichter usw., so erfolgt keine Abgabe „bei der Finanzbehörde". Straffreiheit tritt in derartigen Fällen nur ein, wenn die Selbstanzeige von der unzuständigen Behörde an die zuständige Finanzbehörde weitergeleitet wird und dort rechtzeitig eintrifft. Die Wahl des unrichtigen Weges geht zu Lasten des Täters.

3603 Eine wirksame Selbstanzeige liegt **bei Übergabe an irgendeinen Behördenangestellten** – Außenprüfer, Fahndungsprüfer, Beamter der Straf- und

Bußgeldsachenstelle – nur dann vor, wenn dieser die Anzeige als Bote des Selbstanzeige erstattenden Unternehmers rechtzeitig bei der zuständigen Finanzbehörde abliefert (von Fürstenberg, a. a. O., S. 646).

Bezieht sich die Selbstanzeige auf **mehrere Steuerarten,** für die **verschiedene Finanzbehörden** sachlich und örtlich zuständig sind und kennt sich der Unternehmer, der Selbstanzeige erstattet, in der Organisation der Finanzverwaltung nicht aus, so muß es nach von Fürstenberg (a. a. O., S. 646) genügen, wenn die Selbstanzeige bei einer Finanzbehörde erstattet wird, von der erwartet werden kann, daß sie sie an die zuständige Finanzbehörde weiterleitet. 3604

3. Form der Selbstanzeige

Eine besondere Form ist für die Selbstanzeige nicht vorgeschrieben. Sie kann daher mündlich oder zur Niederschrift erstattet werden. Zur Vermeidung von Zweifeln und aus Beweisgründen ist auf jeden Fall **Schriftform** oder Erklärung zur Niederschrift ratsam. Die Erklärung braucht weder das Wort „Selbstanzeige" noch einen Hinweis auf § 371 AO zu enthalten. Eine Unterschrift soll gleichfalls nicht erforderlich sein (von Fürstenberg, a. a. O., S. 646). 3605

4. Inhalt der Selbstanzeige

Der eine Selbstanzeige erstattende Unternehmer muß unrichtige oder unvollständige Angaben berichtigen oder ergänzen oder unterlassene Angaben nachholen (§ 371 Abs. 1 AO). Er muß unrichtige oder unvollständige Angaben **richtigstellen** oder, soweit bisher keine Angaben gemacht worden sind, **richtige und vollständige Angaben** machen. Er muß „Material liefern". Ein Antrag auf Durchführung einer Außenprüfung oder keine näheren Einzelheiten enthaltenden Erklärungen reichen nicht aus. 3606

Die **Angaben** des Unternehmers müssen so **vollständig** sein, daß das Finanzamt ohne weiter auf den guten Willen des Unternehmers angewiesen zu sein, ohne langwierige Ermittlungen die Steuer festsetzen oder frühere Steuerfestsetzungen berichtigen kann. Sind derartige Angaben wegen mangelhafter Aufzeichnungen und Buchführungsunterlagen nicht möglich, kann der Unternehmer dem Finanzamt einen schlüssig begründeten **Schätzungsvorschlag** machen, der eher zu hoch als zu niedrig sein 3607 sollte; denn wenn sich später eine zu hohe Schätzung herausstellen sollte, kann gegen berichtigte Steuerbescheide immer noch Einspruch eingelegt werden (von Fürstenberg, a. a. O., S. 647).

3608 Nicht ungefährlich ist die sog. **gestufte Selbstanzeige,** bei der zunächst dem Grunde nach Selbstanzeige erstattet wird mit dem Hinweis, bestimmte Angaben unverzüglich nachzuholen und genauer darzulegen. Denn ob das Finanzamt mit einer derartigen Selbstanzeige einverstanden sein wird, läßt sich vorher nicht sagen.

5. Fristgerechte Nachzahlung

3609 Sind Steuerverkürzungen bereits eingetreten und Steuervorteile erlangt, tritt für den an der Tat Beteiligten Straffreiheit nur ein, soweit er die zu seinen Gunsten **hinterzogenen Steuern** innerhalb der ihm bestimmten angemessenen Frist **entrichtet** (§ 371 Abs. 3 AO). Wird nicht oder nicht in voller Höhe gezahlt, kann in Höhe der nicht gezahlten Beträge Bestrafung oder Ahndung erfolgen.

3610 Auch wenn die gesetzte **Zahlungsfrist ohne Schuld** des Unternehmers **versäumt** wird, tritt keine Straffreiheit ein. Bei Fristversäumnis kann auch keine Wiedereinsetzung in den vorherigen Stand (§ 110 AO) gewährt werden. Vor Fristablauf kann jedoch ein Antrag auf **Fristverlängerung** oder auf Bewilligung von **Teilzahlungen** gestellt werden.

3611 Werden **Nebenleistungen,** wie Säumniszuschläge, Hinterziehungszinsen oder Verspätungszuschläge nicht fristgerecht gezahlt, so tritt trotzdem Straffreiheit ein, da steuerliche Nebenleistungen keine Steuern sind (vgl. § 3 AO).

3612 Die Frist zur Nachzahlung der hinterzogenen Steuer bestimmt die **Straf- und Bußgeldsachenstelle** im allgemeinen einvernehmlich mit der Veranlagungsstelle. Die Steuerfestsetzung braucht nicht rechtskräftig zu sein. Durch Einlegung eines **Rechtsbehelfs** wird die Zahlungsfrist nicht hinausgeschoben.

3613 Es muß eine „**angemessene Frist**" gesetzt werden. Bei dieser Frage ist die wirtschaftliche Lage des Täters mit zu berücksichtigen. Für die Angemessenheit der Frist kommt es auf die Umstände des Einzelfalles an.

Gegen die Fristsetzung ist der **Finanzrechtsweg nicht gegeben** (BFH v. 17. 12. 1981, BStBl 1982 II 352).

Auf die **Bedeutung der Zahlungsfrist** muß in dem berichtigten Steuer- 3614
bescheid hingewiesen werden. Fehlt ein diesbezüglicher Hinweis, wird
keine Zahlungsfrist in Lauf gesetzt (von Fürstenberg, a. a. O., S. 649).

Eine **unangemessene**, also kurze **Frist**, hat keine Rechtswirkungen. Wird 3615
eine zu kurze unangemessene Fristsetzung im Verfahren festgestellt, so
wird das Strafverfahren bis zum Ablauf einer angemessenen Frist ausgesetzt (vgl. § 228 StPO).

Wird die Steuer innerhalb der angemessenen Frist nicht nachentrichtet, 3616
tritt keine Straffreiheit ein. Die Frist kann **nachträglich nicht verlängert**
werden. Aussetzung der Vollziehung (§ 361 AO) und Stundung im
Besteuerungsverfahren (§ 222 AO) **verlängern nicht** die strafrechtliche
Zahlungsfrist (von Fürstenberg, a. a. O., S. 650).

6. Für Selbstanzeige kann es zu spät sein

Die Möglichkeit, **Straffreiheit** wegen Steuerhinterziehung durch Selbstan- 3617
zeige zu erlangen, besteht **nicht** mehr, wenn

- vor der Berichtigung, Ergänzung oder Nachholung

  – ein **Amtsträger der Finanzbehörde** zur steuerlichen Prüfung oder zur
  Ermittlung einer Steuerstraftat oder einer Steuerordnungswidrigkeit
  erschienen ist (§ 371 Abs. 2 Nr. 1 a AO) oder

  – dem Täter oder seinem Vertreter die **Einleitung des Straf- oder Bußgeldverfahrens** wegen der Tat **bekanntgegeben** worden ist (§ 371
  Abs. 2 Nr. 1 b AO) oder

- die **Tat** im Zeitpunkt der Berichtigung, Ergänzung oder Nachholung
  ganz oder zum Teil bereits entdeckt war und der Täter dies wußte oder
  bei verständiger Würdigung der Sachlage damit rechnen mußte (§ 371
  Abs. 2 Nr. 2 AO).

Die vorgenannten Tatbestände haben für die strafbefreiende Selbstanzeige eine sog. **Sperrwirkung.**

a) Erscheinen des Prüfers

Wenn **vor** Berichtigung, Ergänzung oder Nachholung ein Amtsträger zur 3618
steuerlichen Nachprüfung oder zur Ermittlung einer Steuerstraftat oder
einer Steuerordnungswidrigkeit erscheint, tritt Straffreiheit nicht ein
(§ 371 Abs. 2 Nr. 1a AO).

3619 **Amtsträger** sind u. a. Beamte und alle anderen Personen, die sonst dazu bestellt sind, Aufgaben der öffentlichen Verwaltung wahrzunehmen (§ 7 AO). Wegen der in Betracht kommenden **Finanzbehörden** vgl. Rdnr. 3602. Ein Amtsträger kann demnach sowohl ein beamteter als auch nichtbeamteter, also ein angestellter Betriebsprüfer sein.

3620 „**Erschienen**" ist der Amtsträger, wenn er am Prüfungsort ins Blickfeld des Unternehmers tritt, wobei er dessen Betrieb bzw. Wohnung noch nicht betreten zu haben braucht. Eine telefonische oder schriftliche **Ankündigung**, z. B. durch Übersenden der Prüfungsordnung, reicht nicht aus. Wird der Unternehmer zur Vorlage und Prüfung von Unterlagen zum Finanzamt bestellt, so ist sein **Eintreten** in das **Dienstzimmer** des zuständigen Prüfers als dessen Erscheinen beim Unternehmer anzusehen, so daß keine Selbstanzeige mehr möglich ist (von Fürstenberg, a. a. O., S. 650).

3621 Die **Sperrwirkung** ist grundsätzlich persönlich auf den Täter **begrenzt**, bei dem der Amtsträger erschienen ist. Demnach kann ein Mittäter bzw. Teilnehmer an der Steuerhinterziehung noch wirksam Selbstanzeige erstatten, sofern kein anderer Ausschlußgrund vorliegt.

3622 Der Prüfer muß mit der ernsthaften Absicht zu prüfen erschienen sein. **Scheinhandlungen** reichen nicht aus. Eine derartige Handlung liegt vor, wenn ein Prüfer nur zum Schein einige Prüfungshandlungen kurz vor Jahresende vornimmt und dann die Prüfung abbricht, um sie im nächsten Jahr fortzusetzen.

3623 **Sachlich** erstreckt sich die Sperrwirkung nicht auf alle Steuerarten und Steuerabschnitte, sondern nur auf die Steuerverfehlungen, die in der angeordneten Prüfung entdeckt werden können. Erscheint z. B. ein LSt-Außenpüfer zur LSt-Prüfung beim Unternehmer, so ergibt sich daraus keine Sperrwirkung für eine Selbstanzeige auf dem Gebiet der GrESt (von Fürstenberg, a. a. O., S. 652).

3624 Der **Umfang** der Sperrwirkung ergibt sich aus der Prüfungsanordnung, die die Steuerarten, Sachverhalte und Prüfungszeiträume bestimmt. In dem vorgenannten Umfang ist nach Erscheinen des Prüfers eine Selbstanzeige ausgeschlossen.

Nach **Abschluß der Außenprüfung**, d. h., wenn das Finanzamt die Steuerbescheide usw. abgesandt hat, die aufgrund der Prüfung berichtigt oder erstmalig erlassen wurden, kann Selbstanzeige jedoch für solche Steuerhinterziehungen bzw. leichtfertige Steuerverkürzungen wieder erstattet werden, die der Prüfer nicht entdeckt hat.

b) Bekanntgabe der Einleitung eines Straf- oder Bußgeldverfahrens

Straffreiheit tritt ferner nicht ein, wenn dem Täter oder seinem Vertreter die Einleitung des Straf- oder Bußgeldverfahrens wegen der Tat bekanntgegeben worden ist (§ 371 Abs. 2 Nr. 1 b AO). 3625

Tat ist der strafprozessuale Tatbegriff i. S. des § 264 StPO. 3626

Das **Strafverfahren ist eingeleitet,** sobald die Finanzbehörde, die Polizei, die Staatsanwaltschaft, einer ihrer Hilfsbeamten oder der Strafrichter Maßnahmen trifft, die erkennbar darauf abzielen, gegen jemanden wegen einer Steuerstraftat strafrechtlich vorzugehen (§ 397 Abs. 1 AO). Das gilt auch für das Bußgeldverfahren (§ 410 Abs. 1 Nr. 6 AO). 3627

Die Maßnahme ist unter Angabe des Zeitpunkts unverzüglich in den **Akten zu vermerken** (§ 397 Abs. 2 AO). 3628

Die **Einleitung** des Strafverfahrens ist dem Beschuldigten **spätestens mitzuteilen,** wenn er dazu aufgefordert wird, Tatsachen darzulegen oder Unterlagen vorzulegen, die im Zusammenhang mit der Straftat stehen, derer er verdächtigt ist (§ 397 Abs. 3 AO). Eine bestimmte Form ist für die Bekanntgabe nicht vorgeschrieben; sie kann mündlich, schriftlich oder auch durch konkludente Handlungen erfolgen. 3629

Die Einleitung des Straf- oder Bußgeldverfahrens muß dem **Täter** oder **seinem Vertreter** bekanntgegeben worden sein. Täter in diesem Sinne können auch Teilnehmer der Tat sein. Vertreter sind nicht nur gesetzliche Vertreter oder Bevollmächtigte, sondern auch Personen, die wegen ihrer besonderen Beziehungen zum Täter als Adressat für die Bekanntgabe der Einleitung eines Steuerstrafverfahrens in Betracht kommen. Es ist demnach keine rechtsgeschäftliche oder gesetzliche Vertretungsmacht notwendig (von Fürstenberg, a. a. O., S. 654). 3630

Die Tat, derentwegen ein Verfahren eingeleitet wird, muß nach Art und Umfang möglichst **genau bezeichnet** werden; denn je enger die Tat umschrieben ist, um so weiter reicht die Möglichkeit, wegen anderer Steuerverfehlungen Selbstanzeige noch erstatten zu können (von Fürstenberg, a. a. O.). 3631

3632 Nach Einstellung des Straf- und Bußgeldverfahrens lebt die Möglichkeit zur Selbstanzeige wieder auf, wenn kein Verdacht auf eine Steuerstraftat oder eine Steuerordnungswidrigkeit bestehen bleibt.

c) Entdeckung der Tat

3633 Straffreiheit tritt schließlich nicht ein, wenn die Tat im Zeitpunkt der Berichtigung, Ergänzung oder Nachholung ganz oder zum Teil bereits entdeckt war und der Täter dies wußte oder bei verständiger Würdigung der Sachlage damit rechnen mußte (§ 371 Abs. 2 Nr. 2 AO).

3634 Entdeckt ist die Tat, wenn eine nicht zum Täterkreis gehörende Person das Vorliegen einer Steuerverfehlung erkannt hat. Zu diesem Kreis gehören aber nicht die Ehefrau oder der steuerliche Berater, da dies Personen sind, die das Vertrauen des Täters besitzen. Entdeckung der Tat liegt aber z. B. vor, wenn die Behörde davon soviel weiß, daß sie nach ihrem pflichtgemäßen Ermessen die Strafverfolgung betreiben muß (von Fürstenberg, a. a. O., S. 654).

3635 Kenntnis hat der Täter von der Entdeckung, wenn er aus ihm bekannten Tatsachen folgern kann, daß die Tat nicht verborgen geblieben ist. Dieser positiven Kenntnis von der Entdeckung ist gleichgestellt, wenn der Täter bei verständiger Würdigung der Sachlage mit der Entdeckung rechnen muß (von Fürstenberg, a. a. O., S. 655). Die **irrige Annahme der Entdeckung** allein hindert die Wirksamkeit der Selbstanzeige jedoch nicht.

7. Selbstanzeige bei leichtfertiger Steuerverkürzung

3636 Eine Geldbuße wird nicht festgesetzt, wenn der Täter unrichtige oder unvollständige Angaben bei einer Finanzbehörde **berichtigt** oder **ergänzt** oder unterlassene Angaben **nachholt**, bevor ihm oder seinem Vertreter die Einleitung eines Straf- oder Bußgeldverfahrens wegen der Tat bekanntgegeben worden ist und er die verkürzten Steuern **fristgerecht nachzahlt** (§ 378 Abs. 3 AO).

3637 Bei einer leichtfertigen Steuerverkürzung, die z. B. bei einer Prüfung aufgedeckt wird, ist für den Unternehmer eine ordnungsmäßige Berichtigung besonders schwierig, da er etwas berichtigen muß, von dem er positiv – im Gegensatz zum Vorsatzdelikt Steuerhinterziehung – keine Kenntnis hat. Er kann abweichend von der Selbstanzeige bei Steuerhinterziehung (vgl. Rdnr. 3617) noch **nach Erscheinen des Prüfers Selbstanzeige** bei

Selbstanzeige

leichtfertiger Steuerverkürzung erstatten. Das ist selbst dann noch möglich, wenn der Prüfer die Tat in ihrem gesamten Ausmaß bereits entdeckt hat (von Fürstenberg, a. a. O., S. 655, mit Hinweisen zur Rechtsprechung).

Eine **Anerkennung des Prüfungsberichts** ohne jede weitere berichtigende Mitwirkung reicht indessen als Selbstanzeige nicht aus. 3638

Eine **ausreichende Aufklärungshilfe** leistet der Unternehmer, wenn er durch eigene Tätigkeit einen wesentlichen Beitrag zur Ermöglichung einer richtigen Steuerfestsetzung leistet. Dabei ist die **Mitverwertung** des vom Prüfer ohne Mitwirkung des Unternehmers festgestellten Materials möglich, wenn er darüber hinaus durch eigene Tätigkeit **weiteres Material liefert**. 3639

Keine ausreichende Aufklärungshilfe des Unternehmers liegt z. B. vor, wenn er nur einen Antrag auf Durchführung der Prüfung stellt oder wenn er lediglich zu Beginn der Prüfung erklärt, seine Buchführung sei stark vernachlässigt und dadurch seien Steuerverkürzungen möglich oder wenn er zu Beginn der Prüfung freiwillig seine Buchführung vorlegt oder wenn er die durch die Prüfung festgestellten Steuern sofort bezahlt. 3640

Nach Einleitung des Straf- oder Bußgeldverfahrens ist in Fällen leichtfertiger Steuerverkürzung keine Selbstanzeige mehr möglich (§ 378 Abs. 3 Satz 1 AO). Leistet der Unternehmer **Aufklärungshilfe während der Prüfung** und wird erst **danach** das Straf- oder Bußgeldverfahren eröffnet, bleibt die durch die Mitarbeit des Unternehmers erstattete Selbstanzeige rechtswirksam, weil sie bereits **vor** Einleitung des Verfahrens erstattet worden war. 3641

8. Beispiele

Die folgenden Beispiele richtiger bzw. fehlerhafter Selbstanzeige sind dem Beitrag von von Fürstenberg „Vermeidung des Steuerstrafverfahrens durch rechtzeitige Selbstanzeige", NWB F. 13, 643 ff. entnommen. 3642

- **Form und Inhalt der Selbstanzeige** 3643
  - Ein Unternehmer hatte die Aufnahme seines Betriebs dem Finanzamt nicht angezeigt. Die Abgabe seiner Steuererklärung ist eine Selbstanzeige.

- Gibt ein Unternehmer eine LSt-Anmeldung verspätet ab, enthält sie konkludent die entsprechende Selbstanzeige
- Ein Unternehmer schreibt dem Finanzamt mit der Überschrift „Selbstanzeige gemäß § 371 AO". Er teilt mit, daß seine vor vier Jahren abgegebene Steuererklärung falsch gewesen sei. Keine wirksame Selbstanzeige, weil sein Schreiben keine berichtigenden und ergänzenden Angaben enthält, aus denen sich die früher verkürzte Steuer ergibt.

3644 • **Keine wirksame Selbstanzeige**
- Erklärung des Unternehmers „Selbstanzeige erstatten zu wollen"
- Antrag auf Durchführung einer Außenprüfung
- Mitteilung, abgegebene Steuererklärungen seinen unrichtig
- Zurverfügungstellung der Buchhaltung
- Anerkennung eines Prüfungsergebnisses als richtig
- stillschweigende Nachzahlung verkürzter Steuerbeträge

3645 • **Beginn der Sperrwirkung**
- Prüfer P will beim Bauunternehmer A prüfen. Er begibt sich deshalb in das Betriebsgebäude, in dem A in den oberen Stockwerken seine Wohnung hat. Er trifft niemanden an. Er hinterläßt daher eine schriftliche Nachricht, daß er am übernächsten Tag wiederkommen werde. Dieses Schreiben gibt P
- einer im Betrieb tätigen Angestellten mit der Bitte, es an ihren Chef weiterzuleiten;
- in den an der Haustür befindlichen Briefkasten des A, weil das Betriebsgebäude verschlossen ist.

In beiden Fällen ist die Sperrwirkung eingetreten. P war zur Prüfung an dem hierfür geeigneten Ort „Betrieb" erschienen. Hieran ändert nichts, daß er im Fall der Alternative das Betriebsgebäude nicht hat betreten können.

- Prüfer P erscheint gelegentlich einer Dienstfahrt am Montag bei Bauunternehmer A und kündigt ihm an, er wolle am Mittwoch der gleichen Woche die dem A bereits vor Wochen angekündigte Außenprüfung durchführen. Ursprünglich war für diese Prüfung ein anderer Termin vereinbart worden. Unternehmer A kann hier am Montag und auch noch am Dienstag wirksam Selbstanzeige erstatten; denn P war am Montag gelegentlich einer anderen Diensthandlung, nicht zum Zwecke der Durchführung der Außenprüfung bei A erschienen.

- **Scheinhandlungen** 3646
- Eine Prüfung wird nur deshalb kurz vor Jahresende angesetzt, um den mit Jahresende erfolgenden Ablauf der Festsetzungsfrist zu hemmen (§ 171 Abs. 4 AO). Das bloße Erscheinen des Prüfers bewirkt noch keine Sperrwirkung. Es handelt sich um eine Scheinhandlung. Der Prüfer hat nicht in Prüfungsabsicht gehandelt.

- Ebenso handelt es sich um eine Scheinhandlung, wenn ein Prüfer kurz vor Jahresende einige Prüfungshandlungen vornimmt, dann aber die Prüfung abbricht, um sie im nächsten Jahr fortzusetzen.

(Einstweilen frei) 3647–3655

Abschnitt F:
Branchenspezifische Hinweise für Dachdeckerei; Dämmung und Abdichtung; Elektroinstallateure; Fliesenleger; Gerüstbau; Glaserei; Heizungs-, Gas- und Wasserinstallation, Klempnerei; Hochbau; Maler, Lackierer, Anstreicher; Schlosserei; Schreiner, Tischler; Steinmetze; Straßenbaubetriebe; Stukkateure; Tiefbau; Zimmerei

I. Betriebsformen und Betriebsarten

Inhaltsübersicht

	Rdnr.
Dachdeckerei – Wirtschaftszweig 308504	3656
Dämmung und Abdichtung – Wirtschaftszweig 302034, 302054	3659
Elektroinstallateure – Wirtschaftszweig 310504	3661
Fliesenleger – Wirtschaftszweig 316514	3664
Gerüstbau – Wirtschaftszweig 300814	3667
Glaserei – Wirtschaftszweig 316214	3669
Heizungs-, Gas- und Wasserinstallation, Klempnerei – Wirtschaftszweig 310104, 310304	3672
Hoch- und Ingenieurhochbau – Wirtschaftszweig 300404	3677
Maler, Lackierer, Anstreicher – Wirtschaftszweig 316244, 316274	3682
Schlosserei – Wirtschaftszweig 239114	3684
Schreiner, Tischler, Bau- und Möbelschreiner – Wirtschaftszweig 261314, 316314	3686
Steinmetze – Wirtschaftszweig 222854	3688
Straßenbaubetriebe – Wirtschaftszweig 300754	3695
Stukkateure, Gipser, Putzarbeiter, Verputzer – Wirtschaftszweig 305004	3699
Tiefbau – Wirtschaftszweig 300794	3702
Zimmerei – Wirtschaftszweig 308104	3705

- **Dachdeckerei – Wirtschaftszweig 308504**

3656 Bei den Betrieben handelt es sich überwiegend um Einzelunternehmen. Vereinzelt sind durch Aufnahme erwachsener Söhne GbR gegründet worden. Die Rechtsform der GmbH hat ansteigende Bedeutung (vgl. Rdnr. 303).

Betriebsformen und Betriebsarten 815

Bei den Betrieben handelt es sich fast in allen Fällen um reine Handwerksbetriebe. 3657

Erheblich zugenommen hat der **Flachdachbau**. In der Regel werden damit verbundene Klempnerarbeiten durchgeführt. 3658

- **Dämmung und Abdichtung – Wirtschaftszweig 302034, 302054**

Es kommen alle **Betriebsarten** vor. Einzelunternehmen findet man überwiegend bei Klein- und Kleinstbetrieben vor. Bei Mittel- und Großbetrieben herrschen Personen- und Kapitalgesellschaften vor. 3659

Neben Betrieben, die sich ausschließlich mit Isolierarbeiten beschäftigen, sind folgende Branchen im Rahmen ihrer Haupttätigkeit auch auf diesem Sektor tätig, z. B. 3660

- Bauunternehmer bei Gebäuden,
- Dachdecker speziell bei Flachdächern,
- Heizungsunternehmen bei Heizungsanlagen,
- Anstreicher bei Bauabdichtungen,
- Stukkateurunternehmen bei Putzarbeiten sowie Fassadenverblendung.

- **Elektroinstallateure – Wirtschaftszweig 310504**

Bei den Betrieben handelt es sich überwiegend um Einzelunternehmen, vereinzelt auch um GbR oder OHG. 3661

Reine Handelsbetriebe gibt es nur selten. Vielmehr wird häufig **neben** dem Handwerksbetrieb noch ein Einzelhandel mit Beleuchtungskörpern, Elektrogeräten, Haushaltsartikeln usw. betrieben. 3662

Zum **Arbeitsgebiet** der Elektroinstallateure gehören: 3663

- Ausführung von Installationen für
  - Starkstromanlagen (Licht, Kraft, Wärme),
  - Schwachstromanlagen (Klingelanlagen u. ä.) und
- Reparaturleistungen an Lichtanlagen, elektrischen Geräten usw.

- **Fliesenleger – Wirtschaftszweig 316514**

Als **Betriebsarten** kommen Einzelunternehmen, Personalgesellschaften (OHG, KG, GbR) sowie GmbH vor. Es überwiegen die Einzelunternehmen. 3664

3665 Das Fliesenlegergewerbe ist ein Spezialzweig des Maurerhandwerks. Vereinzelt wird zusätzlich mit Baustoffen gehandelt.

3666 Es werden folgende Arbeiten ausgeführt: Verlegen von Platten an Fußböden und Wänden, Fassadenverkleidung mannigfacher Art unter Verwendung von Keramik-, Kunst- und Natursteinplatten.

- **Gerüstbau – Wirtschaftszweig 300814**

3667 Gerüstbaubetriebe sind überwiegend Einzelunternehmen. Verschiedentlich sind – meist durch Aufnahme Angehöriger – Personengesellschaften gegründet worden.

3668 In der **Betriebsstruktur** wird zwischen Stahlrohrgerüstbau, Leitergerüstbau, Fassadengerüstbau, Modulgerüstbau und sonstigem Gerüstbau unterschieden.

- **Glaserei – Wirtschaftszweig 316214**

3669 **Betriebsformen** sind überwiegend das Einzelunternehmen und Personengesellschaften. Kapitalgesellschaften kommen selten vor.

3670 Glaserbetriebe sind in der Regel reine Handwerksbetriebe. Es handelt sich um Klein- und Mittelbetriebe. Der **Handel** ist beschränkt auf den Verkauf von im Betrieb auf Festmaß zugeschnittene Scheiben an andere Handwerker, z. B. Anstreicher, Schreiner, Dachdecker und an Private.

3671 Es werden folgende Arbeiten durchgeführt: Verglasung von Fenstern, Türen, Glasabschlüssen und Zwischenwänden, Dächern, Kuppeln, Fußböden, Lichtbändern, Zwischen- und Staubdecken, Treppen- und Balkonbrüstungen, Badeanlagen, Schaufenster- und Ladeneinrichtungen, Aufzüge, Schalteranlagen, Fahrzeuge u. ä., Herstellung von Ganzglaskonstruktionen (Vitrinen u. ä.), Herstellung von Glasschildern und Glasbuchstaben, Kunstverglasungen, Einrahmungen von Bildern.

- **Heizungs-, Gas- und Wasserinstallation, Klempnerei – Wirtschaftszweig 310104, 310304**

3672 **Betriebsformen** sind Einzelunternehmen, GbR und sonstige Personengesellschaften, Kapitalgesellschaften kommen selten vor.

3673 Reine Heizungsinstallationsbetriebe kommen selten vor. In der Regel handelt es sich um **Mischbetriebe**, die sowohl Arbeiten für den Heizungs-

Betriebsformen und Betriebsarten 817

als auch für die Gas- und Wasserinstallation ausführen. Das ist rechtlich nach § 7 HandO nicht zulässig. Da in der Praxis jedoch die Arbeit der einen Branche in die der anderen übergeht, sichern sich die Unternehmen rechtlich gegenüber dem Innungsverband, der Handwerkskammer und den Regreßansprüchen Dritter durch Ablegung der Meisterprüfung für beide Branchen ab.

Das Arbeitsgebiet „Heizungsinstallation" umfaßt Montage und Reparatur von 3674

- zentralen Warmwasser- und Warmluftheizungsanlagen (betrieben als Koks-, Öl- oder Gasheizung),
- Nachtstromspeicheranlagen (Einzel- oder Blockspeicherheizungen),
- Gaseinzelheizungen,
- Be- und Entlüftungsanlagen (in Küchen des Gaststättengewerbes, in Imbißstuben, Hallen und Tiefgaragen) und Entstaubungs- (Zyklon-) Anlagen für Schleifereien,
- Luftbefeuchtungsanlagen,
- Klimaanlagen,
- Abwärmeverwertungsanlagen,
- Hallenbäder,
- Saunaanlagen.

Das Arbeitsgebiet **Gas- und Wasserinstallation** umfaßt die Montage und Reparatur von 3675

- Abflußleitungen,
- sanitären Installationen (Bäder, Küchen usw.) einschließlich Lieferung kompletter Badezimmereinrichtungen und Fertigspülen.

Das Arbeitsgebiet **Klempnerei** umfaßt 3676

- Ausführung sämtlicher Blecharbeiten, die mit der Dachentwässerung zu tun haben (Regenrinnen, Regenrohre, Abdeckungen) sowie deren Reparatur. Diese Arbeiten werden allerdings in der Regel von Dachdeckerbetrieben ausgeführt.

- **Hoch- und Ingenieurhochbau – Wirtschaftszweig 300404**

Es kommen alle **Betriebsformen** vor. Klein- und Kleinstbetriebe sind fast immer Einzelunternehmen, die vorwiegend Umbau- und Reparaturarbei- 3677 ten ausführen. Mittel- und Großbetriebe kommen als Einzelunternehmen, Personengesellschaft oder Kapitalgesellschaft vor.

3678 Es werden alle branchentypischen Arbeiten ausgeführt. Vereinzelt werden auch Spezialfirmen tätig, die teilweise als **Subunternehmer** besondere Teilleistungen wie Putz-, Fug-, Stuck- oder andere Arbeiten übernehmen.

3679 Vielfach werden auch kleinere **Tiefbauarbeiten**, wie z. B. Ausschachtungsarbeiten, im Rahmen von Hochbauarbeiten übernommen.

3680 Als **Nebenbetriebe** sind teilweise angeschlossen Sandgruben, Kalkbrennereien, Steinbrüche oder Betriebe zur Herstellung von Leichtbauplatten, Zementformsteinen und Betonfertigteilen, Handel mit Baustoffen.

3681 **Arbeitsgemeinschaften** (Argen, vgl. Rdnr. 1963 ff.) werden bei großen Bauaufträgen gebildet.

- **Maler, Lackierer, Anstreicher – Wirtschaftszweig 316244, 316274**

3682 Bei den Betrieben handelt es sich überwiegend um Einzelunternehmen. Durch Aufnahme erwachsener Söhne sind in einzelnen Fällen GbR gegründet worden. Andere Personengesellschaften sowie Kapitalgesellschaften kommen selten vor.

3683 Mit wenigen Ausnahmen sind die Malerbetriebe reine Handwerksbetriebe. In Stadtrandgebieten und in ländlichen Gegenden ist vereinzelt **Einzelhandel** mit Fußbodenbelag, Farben, Lacken, Anstrichbedarf und Tapeten angeschlossen.

- **Schlosserei – Wirtschaftszweig 239114**

3684 Schlossereibetriebe werden hauptsächlich als Einzelunternehmen geführt, in wenigen Fällen auch als GbR.

3685 Es handelt sich um reine Handwerksbetriebe, in ländlichen Gegenden auch in Verbindung mit Handel.

- **Schreiner, Tischler, Bau- und Möbelschreiner – Wirtschaftszweig 261314, 316314**

3686 Es handelt sich vorwiegend um Einzelunternehmen. Vereinzelt als Personengesellschaften auftretende Betriebe sind fast ausschließlich Familiengesellschaften.

Betriebsformen und Betriebsarten 819

Es sind im Schreinergewerbe Bau-und Möbelschreiner zu unterscheiden. 3687
Der **Bauschreiner** befaßt sich mit der Ausführung der Holzarbeiten (ausgenommen Zimmerei), die bei Baumaßnahmen notwendig sind. Die meisten Schreiner versuchen, der Konkurrenz der von Spezialfirmen serienmäßig hergestellten Fertigfenstern und -türen aus Kunststoff und Holz und dem Ausfall der Eigenherstellung durch Spezialisierung und Rationalisierung zu begegnen. Teilweise führen Betriebe auch Innenausbau, z. B. Vertäfelungen, aus. Reparaturarbeiten kommen nur in geringem Umfang vor.

• Steinmetze – Wirtschaftszweig 222854

Bei den Betrieben handelt es sich überwiegend um Einzelunternehmen 3688
und Personengesellschaften.

Das Steinmetzgewerbe umfaßt die **Betriebsarten** Steinbildhauer, Grab- 3689
malgeschäft und Bausteinmetze.

Bei **Bausteinmetzen** ist der Mittelbetrieb mit Umsätzen zwischen 800 000 3690
DM und 1 Mio. DM branchentypisch.

Größte Gruppe des Steinmetzgewerbes sind die Bausteinmetze mit einem 3691
Anteil von 60 bis 70 v. H. des Gesamtumsatzes. Es werden alle Arbeiten ausgeführt, bei denen Werksteine verwendet werden, z. B. Verkleidung von Bauten mit Steinplatten oder Steinblöcken, Marmortäfelungen oder Marmorverkleidungen, Treppen, Fensterbänke, Säulen.

Mindestens zehn Arbeitskräfte erfordert ein wirtschaftlich arbeitendes 3692
Bausteinmetzunternehmen.

Auftraggeber sind in der Regel Behörden und größere Privatunterneh- 3693
men.

Die Vergabe der Arbeiten erfolgt vielfach auf dem Submissionswege. 3694

• Straßenbaubetriebe – Wirtschaftszweig 300754

Die Betriebe werden als Einzelunternehmen, Personengesellschaft oder 3695
Kapitalgesellschaft geführt.

Kleinere Betriebe – im wesentlichen Einzelunternehmen – führen über- 3696
wiegend Reparaturarbeiten, Straßenverbreiterungen und -umlegungen durch. Neue Straßen werden meistens von größeren Unternehmen gebaut, die den erforderlichen Maschinenpark besitzen.

3697 Schwarzdeckenbau wird meistens durch größere Betriebe mit entsprechendem Maschinenpark ausgeführt. Daneben erfolgt verstärkt der Ausbau von Stadt- und Gemeindestraßen und -plätzen mit Beton-Verbundsteinpflaster. Diese Arbeiten führen auch kleinere Betriebe aus. Reine Pflasterbetriebe gibt es nicht mehr.

3698 Die Unternehmen sind nach Möglichkeit auf alle vorkommenden Straßenbauarbeiten eingestellt, wie z. B. Pflaster, Schotter, Kleinpflaster, Mosaik, Schwarzdecke, Beton, Holzpflaster und Platten.

- **Stukkateure, Gipser, Putzarbeiter, Verputzer – Wirtschaftszweig 305004**

3699 Die Betriebe werden in der Regel als Einzelunternehmen oder Personengesellschaft, insbesondere GbR geführt.

3700 Folgende branchentypischen Arbeiten werden ausgeführt: Innen- und Deckenputz, Rabitzarbeiten, Außenputz (auch Fassadenputz genannt), Sgraffito, Fugarbeiten (Fugenverstrich), Stuck- und Steinmetzarbeiten.

3701 Bei der **Altbaurenovierung** werden vermehrt Gipsdielen, Leichtbauplatten und Gipskartonplatten verarbeitet.

- **Tiefbau – Wirtschaftszweig 300794**

3702 Handwerksbetriebe gibt es praktisch nicht mehr. Fast alle Betriebe haben sich zu größeren Mittelbetrieben bzw. Großbetrieben entwickelt. Ursächlich dafür ist der heute geforderte erhöhte Einsatz moderner Baumaschinen.

3703 Betriebe in der Entwicklung sind oft noch der Handwerksinnung angeschlossen, obgleich sie den Rahmen eines Handwerksbetriebes überschreiten.

3704 Handelsumsätze sind gering. **Großhandel** kommt bei Betrieben vor, die eigene Steinbrüche haben.

- **Zimmerei – Wirtschaftszweig 308104**

3705 **Betriebsform** ist im allgemeinen das Einzelunternehmen.

3706 Reine Zimmereibetriebe sind selten. Sowohl in Städten als auch in ländlichen Gemeinden wird das Gewerbe fast stets in **Verbindung mit** einen **Bauschreiner- oder Tischlergewerbe** ausgeübt. Mittlere und größere Bau-

Materialbezug, Materialarten, Lagerhaltung

unternehmen führen die im Rahmen ihres Unternehmens anfallenden Zimmereiarbeiten durch eigene Kräfte aus.

Das Arbeitsgebiet des Zimmererhandwerks umfaßt hauptsächlich die Herstellung von

- Dachstühlen einschl. Dachhäuschen,
- Treppen und Geländern,
- Fußböden und Fußleisten,
- Kellerverschlägen.

(Einstweilen frei) 3707–3715

II. Materialbezug, Materialarten, Lagerhaltung, Preisentwicklung

Inhaltsübersicht

	Rdnr.
Dachdeckerei – Wirtschaftszweig 308504	3716
Dämmung und Abdichtung – Wirtschaftszweig 302034, 302054	3720
Elektroinstallateure – Wirtschaftszweig 310504	3726
Fliesenleger – Wirtschaftszweig 316514	3732
Gerüstbau – Wirtschaftszweig 300814	3736
Glaserei – Wirtschaftszweig 316214	3739
Heizungs-, Gas- und Wasserinstallation, Klempnerei – Wirtschaftszweig 310104, 310304	3744
Hoch- und Ingenieurhochbau – Wirtschaftszweig 300404	3754
Maler, Lackierer, Anstreicher – Wirtschaftszweig 316244, 316274	3759
Schlosserei – Wirtschaftszweig 239114	3762
Schreiner, Tischler, Bau- und Möbelschreiner – Wirtschaftszweig 261314, 316314	3767
Steinmetze – Wirtschaftszweig 222854	3773
Straßenbaubetriebe – Wirtschaftszweig 300754	3777
Stukkateure, Gipser, Putzarbeiter, Verputzer – Wirtschaftszweig 305004	3782
Tiefbau – Wirtschaftszweig 300794	3785
Zimmerei – Wirtschaftszweig 308104	3790

- **Dachdeckerei – Wirtschaftszweig 308504**

Der gesamte **Materialbezug** erfolgt in der Regel vom Baustoff- oder Bedachungsmaterial-Großhandel. 3716

An **Materialarten** werden hauptsächlich verwendet: Bitumenpappe, Bitumenklebemasse, Teer (Dachlack), Drahtstifte, Pappnägel, Schiefernägel 3717 verzinkt, Pappnägel verzinkt, Strohdecken, Falzziegel, Hohlziegel, Firstziegel, Falzziegelfenster, Dachlatten, Walzblei. Hohlziegelfenster werden kaum noch verarbeitet,

3718 Die **Lagerhaltung** ist nicht nennenswert. Bei größeren Aufträgen wird das Material vom Lieferanten unmittelbar an die Baustelle gebracht.

3719 Bei der **Preisentwicklung** gibt es keine Besonderheiten gegenüber den allgemeinen Preissteigerungen.

- **Dämmung und Abdichtung – Wirtschaftszweig 302034, 302054**

3720 Der **Materialbezug** erfolgt beim Großhändler bzw. Hersteller. Größere Mengen werden frei Lager oder frei Baustelle geliefert.

3721 An **Materialarten** werden im Bereich der Dämmung hauptsächlich feste Materialien verwendet. Dagegen finden bei der Abdichtung flüssige Materialien ihre Anwendung.

3722 Zu den festen Materialien gehören z. B. Mineralfaserplatten – zur Wärme- und Schalldämmung-, Mineralfaserplatten – Wärme- und Schallschutz bei Außen- und Zwischenwänden-, Wärmeschutzmatten – Isolierung von Rohren und Kesseln-, Isolierschalen – zeitsparende Rohrisolierungen –, Mineralwolle – Auffüllen von Hohlräumen –, Schaumstoff – wie Styropor.

3723 Zu den flüssigen Materialien gehören z. B. Dichtungsschlämme – Flächenabdichtung gegen Feuchtigkeit –, Kunststoffanstriche mit Versiegeler – wie Epoxidharze, die beständig gegen chemische, mechanische und thermische Einflüsse sind –, Kunstharzputze – innen und außen im Baugewerbe –, Bitumenbeschichtungsmasse – Schutz gegen Feuchtigkeit und Druckwasser –, Fugendichtungsmasse –, wie Kitt bzw. Vergußmasse.

3724 **Lagerhaltung** unterschiedlich nach Betriebsgröße.

3725 Als **Hilfsstoffe** werden benötigt Kleber, Schweißspinne, Schrauben, Bleche, Folien, usw.

- **Elektroinstallateure – Wirtschaftszweig 310504**

3726 Der **Materialbezug** erfolgt im wesentlichen vom Großhandel.

3727 Die bezogenen **Materialarten** sind sehr vielgestaltig. Auf den Einkaufs- und Ausgangsrechnungen werden unterschiedliche Bezeichnungen verwen-

Materialbezug, Materialarten, Lagerhaltung 823

det, und zwar auf den Einkaufsrechnungen meist bestimmte Typenbezeichnungen, wie z. B. NGA oder NYA.

Auf den Ausgangsrechnungen wird dagegen das gleiche Material in der Regel mit einer dem Kunden verständlichen Bezeichnung genannt, z. B. Stegleitung, Klingelleitung usw. Deshalb kann der steuerliche Berater ohne Unterstützung des Unternehmers häufig nicht den Rohaufschlag auf den Materialeinsatz für Zwecke der Nachkalkulation feststellen. Daher nachfolgend eine Übersicht über die gebräuchlichsten Typenbezeichnungen für Leitungsmaterial (Leitungsdrähte) mit den entsprechenden Erläuterungen:

NYA	Kunststoffaderleitungen
NYAF	Kunststoffaderleitungen feindrähtig
NSYA	Sonder-Kunststoffaderleitungen
NSYAF	Sonder-Kunststoffaderleitungen, feindrähtig
NYIF	Stegleitungen
LIY	Kunststofflitze
NYFA	Fassungsader
NYFAZ	Kunststoff-Fassungsader
NYZ	Kunststoff-Zwillingsleitungen
NFA	Gummifassungsader
NSA	Gummiaderschnur
NLH	Leichte-Gummischlauchleitungen
NLH öu	Leichte-Gummischlauchleitungen, ölfest
NYLHY	Leichte-Kunststoffschlauchleitungen
NYMHY	Mittlere-Kunststoffschlauchleitungen
NMH öu	Mittlere-Gummischlauchleitungen, ölfest
NSH	Schwere-Gummischlauchleitungen
NSH öu	Schwere-Gummischlauchleitungen, ölfest
NSSH öu	Starke-Sonder-Gummischlauchleitungen, ölfest
NSLF öu	Schweißleitungen; feindrähtig, ölfest
NSLFF öu	Schweißleitungen; feindrähtig, ölfest
YFLY	Spezial-Flachkabel-Steuerleitungen
Flexol	Flexible-Kunststoff-Steuerleitungen
NYM	Feuchtraum-Mantelleitungen
NYRUZY	Feuchtraum-Mantelleitungen mit Metallmantel
NYBUY	Feuchtraum-Mantelleitungen mit Bleimantel
Flexibil	Steuerleitungen mit Tragorgan
NYM(Z)	Zugentlastete Kunststoffmantelleitungen
NYLHY(Z)	Leuchtenleitungen zugfest
NIFL	Gummi-Illuminationsleitungen
NYL	Leuchtröhrenleitungen (Buchstabenkabel)
NYRZY	Leuchtröhrenleitungen (Außenkabel)
BiAIA	Asbestisolierter-Kupferdraht

SiF	Silikon-Leitungen
Y-Draht	Klingeldrähte
IFY	Klingelstegleitungen
YR	Kunststoffklingelmantelleitungen
NYR	Kunststoff-Erdkabel
NYKY	Kunststoff-Erdkabel (Tankstellen)

3728 **Hilfsstoffe** bei der Verarbeitung und Bearbeitung des Materials und der Ware sind hauptsächlich Zement, Gips, Kalk, Nägel, Schrauben und sonstiges Kleinmaterial.

3729 Bei der **Lagerhaltung** wird kein größerer Lagerbestand unterhalten. Der Bestand reicht im allgemeinen nur für einen kürzeren Zeitraum bzw. für die Installation des nächsten größeren Bauvorhabens aus. Bei reinen Handwerksbetrieben ist der Materialbestand in den letzten Jahren sehr niedrig gewesen. Er wurde in etwa gleichbleibender Höhe gehalten. Warenbestände der gemischten Betriebe (Installationsbetrieb mit Ladengeschäft) sind in den Jahren der Erweiterung des Handelsbetriebes erheblich angestiegen.

3730 Die **Preisentwicklung** der Einkaufspreise für Material zeigt entsprechend der allgemeinen Preisentwicklung eine steigende Tendenz. Vom Großhändlerverband sind die Preise festgelegt in

- Bruttolistenpreise (Verkaufspreis des Handwerkers),
- Nettolistenpreise (Einkaufspreis des Handwerkers).

3731 Aus fast allen Einkaufsrechnungen sind entsprechende Angaben ersichtlich. Bei den Einkaufsrechnungen für Handelswaren verhält es sich ähnlich.

- **Fliesenleger – Wirtschaftszweig 316514**

3732 Der **Materialbezug** der Mitglieder des Bundes deutscher Fliesenleger (Gruppe I) erfolgt beim Hersteller. Alle anderen Betriebe (Gruppe II) haben die gleichen Einkaufsmöglichkeiten. Sie kaufen überwiegend beim Hersteller und haben dabei preislich die gleichen Vorteile.

3733 An **Materialarten** werden folgende Werkstoffe bezogen: Platten aus natürlichem Stein, künstliche Platten, Fliesen und Leisten, ungebrannte Platten, Kalk (Weißkalk), Portlandzement, Hochofenzement, **Hilfsstoffe** bei Isolierpappe, Drahtgeflechte, Drahtanker und Steinschrauben, Kitte und Bitumenklebmasse für säurefeste Arbeiten (z. B. säurefeste Fugenverstreichmittel u. a. „Asplitt"), Isoliermittel wie Inertol, Palesit usw.

Materialbezug, Materialarten, Lagerhaltung 825

Keine größere **Lagerhaltung** bei Betrieben der Gruppe I. Meist wird nur das für den laufenden Auftrag benötigte Material gekauft. 3734

Die **Preisentwicklung** der Einkaufspreise für Material entspricht der allgemeinen Preisentwicklung. Sie zeigt steigende Tendenz. 3735

- **Gerüstbau – Wirtschaftszweig 300814**

Der **Materialbezug** der Hilfsstoffe (vgl. Rdnr. 3737) erfolgt entweder vom Großhandel oder vom Hersteller. 3736

Als **Material** werden hauptsächlich Hilfsstoffe wie Dübel, Ösen, Gerüststricke, Beschläge, Nägel, Unterlegkeile und sonstiges Befestigungsmaterial verwendet. 3737

Es besteht keine nennenswerte **Lagerhaltung**. 3738

- **Glaserei – Wirtschaftszweig 316214**

Der **Materialbezug** erfolgt ausschließlich beim Großhandel überwiegend nach festen Maßen. 3739

Als **Materialarten** kommen in Betracht: 3740

Glasarten: Isolierglas (bis zu 90 v.H.), Floatglas, Bauglas, Dickglas, Siegelglas, Drahtglas, Antikglas, Ornamentglas, Sicherheitsglas, Feuerschutzglas, einbruchs- und schußhemmende Verglasungen als Einfach- oder Isolierglas, Gartenbauglas (nur für Treibhäuser und dergleichen käuflich), Ganzglastüren und Profilglas, Glasbausteine.

Hilfsstoffe: Kitte, Schrauben, Nägel, Stiftdraht, Holzleisten, Klotzhölzer, Blei, Messing- und sonstige Metallsprossen, Einfaßprofile, Lüftungsrahmen, Lüftungsbahnen, Tesamollstreifen, Gummiprofile, Versiegelungsmassen, Windeisen, Petroleum, Terpentin, Kreide, Leinöl, Karbid, Lötzinn, Lötwasser und Stearinöl. 3741

Die **Lagerhaltung** beträgt etwa 5 bis 8 v. H. vom Umsatz, da überwiegend nach festen Maßen für bestimmte Aufträge bestellt wird. 3742

Die **Preisentwicklung** ist nicht einheitlich. Die Einkaufspreise weichen bei den verschiedenen Glasstärken stark voneinander ab. Sie sind abhängig von der bezogenen Menge, der Bezugsart und der Marktlage. Der Händler gewährt auf den Bruttolistenpreis unterschiedliche **Rabatte** (10 bis 20 v.H.). Die Einkaufspreise beziehen sich auf Quadratmeter. Isolierglas wird nach Stückpreis berechnet. 3743

- **Heizungs-, Gas- und Wasserinstallation, Klempnerei – Wirtschaftszweig 310104, 310304**

3744 Die Struktur des Betriebs bestimmt die Materialarten. In der Hauptsache werden folgende Materialien verwendet:

- **Bauklempnerei**

3745 Tafelzinkblech, Kupfer, verzinktes Stahlblech, verzinktes Bandeisen, Rohre und Dachrinnen aus Kunststoff.

- **Gasinstallationen**

3746 Gasrohr (Eisen- und Kupferrohr), Formstücke, Abgasrohre, Gasgeräte, Anschlüsse, Absperrhähne.

- **Wasserinstallation**

3747 Stahlrohr, Kunststoffrohr, Polyäthylen-Rohr, Tonrohr, Gußeisenrohr, Kunststoffabflußrohr.

- **Sanitäre Installation**

3748 Spülstein, Doppelspülsteine Klosetteinrichtungen, Waschtische, Handwaschbecken } aus Feuerton, Kristallporzellan (Kerma) oder Steingut

Badewannen und Einbauwannen aus Gußeisen oder Stahl, Bade- und Brausewannenträger aus Polystyrol-Hartschaum, Gasbadeöfen und Kohlebadeöfen aus Kupfer oder Eisen emailliert, Wannenfüll- und Brausebatterien mit Stand- und Schlauchbrausen, Automaten, Boiler, Chromstahlspülbecken, Gußrohre für Abflüsse und sonstiges Kleinmaterial.

- **Heizungsinstallation**

3749 • Koks-, Öl- und Gasheizungen:
 - Öfen: Guß-Öfen mit Brenner;
 - Kessel: Guß- oder Stahl- (Klein-)Kessel, Guß-Glieder-Großkessel, Spezialkessel

• Heizkörper mit Zubehör:

Guß- und Stahlheizkörper, Platten- und Profilheizkörper, Konvektoren, Standkonsolen, Regulierventile, thermostatische Ventilköpfe, Lufthähne.

• Sonstiges:

Verzinktes Stahlrohr, Kupferrohr, schwarzes Gasrohr, Formstücke, verbleites Stahlblech, Anschlüsse, Absperrhähne, Schalttafeln.

Materialbezug, Materialarten, Lagerhaltung 827

• **Behälteranlagen**
Gasbehälter, Ölbehälter mit Ölauffangvorrichtungen und vorgeschriebenen Kontrollsicherungsgeräten (Leckanzeigegeräte).

• **Luft- und gesundheitstechnische Anlagen**
Geräte: Wand- und Deckenlufterhitzer, Lüftungstruhen, Dunstabzugsvorrichtungen, Verdunstungsbefeuchter, Klimageräte. 3750
Leitungsmaterial: Vgl. Elektroinstallateure Rdnr. 3727.
Sonstiges: Bleche unterschiedlicher Stärke, Stab- und Winkeleisen, Motore, Schalttafeln.

• **Hilfsstoffe und Kleinmaterial**
Lötzinn, Benzin, Salzsäure, Propangas, Acetylengas in Flaschen, Elektroden, Hanf, Karbid, Sauerstoff, Schweißdraht, Wasserstoff, Gips, Zement, Nägel, Schrauben, Rohrschellen mit Gummieinlagen und sonstiges Befestigungsmaterial. 3751

Im allgemeinen keine größere **Lagerhaltung**, allerdings wegen häufig schwankender Weltmarktpreise nach Möglichkeit Lagerung von Kupferrohren. 3752

In der **Preisentwicklung** sind Preiserhöhungen von 6 bis 8 v. H. jährlich zu verzeichnen. Starken Schwankungen unterliegen die vom Weltmarkt abhängigen Preise für Nichteisenmetalle. Großhändler gewähren **Rabatte** in unterschiedlicher Höhe. Kleinunternehmer kaufen hier zum Ausgleich aus **Sonderangeboten** ein. 3753

• **Hoch- und Ingenieurhochbau – Wirtschaftszweig 300404**
Der **Materialbezug** erfolgt beim Baustoffgroßhandel bzw. Hersteller. Oft werden Baustoffe auch ab Hersteller mit eigenen oder fremden Fahrzeugen bezogen, sofern die Entfernung zum Herstellungsort günstig ist. 3754

Wohnungsbaugesellschaften, öffentliche Auftraggeber und Industrieunternehmen kaufen die Hauptbaustoffe vielfach selbst ein. 3755

Als **Materialarten** kommen hauptsächlich folgende Baustoffe in Betracht: Steine wie Kalksand-, Ziegel-, Schwemm-, Hohlblock-, Natursteine; Mörtel- und Betonstoffe wie Gruben-, Flußsand, Gruben- und Flußkies, gemahlener Kalk, Zementkalk, Gips, Edelputz; Baustahl wie Rund- und Bandstahl, Baustahlgewebe, Stahlträger; Putzträger wie Rohrgewebe mit Holzleisten, Ziegeldrahtgewebe, Leichtbauplatten, Streckmetall. 3756

3757 Die **Lagerhaltung** bei Mittel- und Kleinbetrieben ist nicht nennenswert. Baustahl wird vielfach zur Ausnutzung des Mengenrabatts oder zur Sicherung gegen Lieferverzögerungen für das Lager eingekauft. Er wird im Betrieb geschnitten und gebogen. Die Anlieferung von Steinen, Kies, Sand, Zement und Kalk erfolgt direkt zur Baustelle. Nur die diesbezüglichen Materialreste werden auf das Lager genommen. Die Finanzverwaltung achtet darauf, daß das nicht verarbeitete Material auf den Baustellen nicht den halbfertigen Arbeiten zugerechnet wird. Materialbeistellungen durch öffentliche Auftraggeber kommen selten vor. Siedlungsunternehmen liefern dagegen häufig Mauersteine selbst aus den von ihnen bei den Herstellern vorbestellten Kontingenten. Dadurch sollen Verzögerungen in der Hochsaison bei den Bauvorhaben vermieden werden.

3758 Als **Hilfs- und Betriebsstoffe** werden bezogen: Nägel für Schalungsarbeiten und Befestigungen von Putzträgern, Draht und Klammern für Betonbewehrung, Dübelsteine, Schalungsöl, Frostschutzmittel und sonstige Wasserzusätze, Benzin, Diesel- und Schmieröle, Maschinenfette.

- **Maler, Lackierer, Anstreicher –
Wirtschaftszweig 316244, 316274**

3759 Der **Materialbezug** erfolgt fast ausschließlich vom Großhandel oder durch Einkaufsgenossenschaften.

3760 An **Materialarten** kommen in Betracht Trockenfarben, Farben in Ölpaste, wässerige Bindemittel, Klebemittel, ölhaltige Bindemittel und Verdünnungsmittel, farblose Lacke, Lackfarben, Spirituslacke, Zellulose-Grundiermittel, Teerprodukte, Bronzen und dazugehörige Bindemittel, Hilfsstoffe wie Spachtelkitt, Ölkitt usw., Verputzmaterial, Faserstoffe (Hilfsmittel), Tapeten.

3761 Die **Lagerhaltung** ist im allgemeinen nicht groß. Der Einkauf erfolgt je nach Bedarf.

- **Schlosserei – Wirtschaftszweig 239114**

3762 Der **Materialbezug** erfolgt im wesentlichen vom Eisenhandel.

3763 **Materialarten** sind Normalformeisen, Stabeisen, Bandeisen, jeweils in verschiedenen Stärken und Formen, Grobbleche sowie Mittelbleche.

3764 Eine nennenswerte **Lagerhaltung** besteht in der Regel nicht.

Materialbezug, Materialarten, Lagerhaltung

An **Hilfsstoffen** werden verwendet Schmiedekohlen, Schweißdraht, Sauerstoff, Wasserstoff, Acytelengas in Flaschen, Elektroden. 3765

Preisentwicklung: Es ist eine Preiserhöhung von 5 bis 8 v. H. im Jahr zu verzeichnen. **Rabatte** werden gewährt. Die Rabattsätze richten sich nach den Einkaufsmengen. 3766

- **Schreiner, Tischler, Bau- und Möbelschreiner –**
  Wirtschaftszweig 261314, 316314

Der **Materialbezug** des zu verarbeitenden Holzes erfolgt im allgemeinen je nach Bedarf beim Großhandel. Es wird fast ausschließlich in geschnittenem Zustand als Blockware oder Dielen, häufig auch in Fixmaßen, vom Großhändler oder von Sägewerken erworben. Schreinereien, insbesondere auf bestimmte Arbeiten spezialisierte Unternehmen, kaufen auch häufiger als früher größere Posten Rundholz ein. Sie lassen es an Sägewerke ausliefern und rufen von dort Posten nach Bedarf in geschnittenem Zustand ab. 3767

Als **Materialarten** kommen in Betracht: 3768

- Holz als Hauptstoff,
- Zutaten wie Nägel, Schrauben, Bau- und Möbelbeschläge und **Hilfsstoffe** wie Leim, Beizen, Farben usw.

Je nach der Art der auszuführenden Arbeiten können besondere Werkstoffe hinzukommen, z. B. Fenster- und Spiegelglas, Marmor, Linoleum usw. Der Holzverbrauch teilt sich auf in Schnittholz, Sperrholz und Furniere. Es besteht keine nennenswerte Lagerhaltung. 3769

Die **Preisentwicklung** ist den Einkaufsrechnungen zu entnehmen. Schnitthölzer werden zum größten Teil aus dem Ausland bezogen. Kontinuierliche Preiserhöhung in den letzten Jahren bei den meisten Holzarten um 10 v. H., bei Eichenholz von 10 bis 20 v. H. Ursächlich für diese Preisentwicklung ist die laufende Verteuerung der importierten Hölzer, insbesondere der Tropenhölzer. 3770

Die Preise für Spanplatten sind konstant geblieben. 3771

Für sonstige Materialien (Beschläge, Farben, Nägel usw.) hat die Finanzverwaltung Preiserhöhungen von 10 bis 20 v. H. festgestellt. 3772

• Steinmetze – Wirtschaftszweig 222854

3773 Der **Materialbezug** erfolgt überweigend aus in der Eifel und in Mittel- und Süddeutschland liegenden Steinbrüchen. Ausländisches Material wird von oberitalienischen, belgischen, französischen, schwedischen und südamerikanischen Steinbrüchen geliefert.

3774 In den **Materialarten** unterscheidet man bei Natursteinen Weich- und Hartgestein. Hartgestein sind Granit, Syenit und Diabas. Typische Weichsteine sind Muschelkalk und Marmor. Hartgestein liegt bei den Gestehungskosten höher als Weichgestein.

3775 Außer Natursteinen werden auch Kunststeine verarbeitet. Sie werden aus Steinmehl, Zement und Wasser häufig selbst hergestellt. Die Gestehungskosten liegen unter denen der Natursteine. Das Material wird entweder als Bruchstein (roh), als Rohplatte oder bereits gesägt, geschliffen und poliert bezogen. Bruchsteine und Rohplatten werden im Betrieb weiterbearbeitet.

3776 Die **Lagerhaltung** in Steinmetzbetrieben ist gering, da diese Betriebe sich das Material im allgemeinen in versetzbarem Zustand zur jeweiligen Baustelle liefern lassen.

• Straßenbaubetriebe – Wirtschaftszweig 300754

3777 Der **Materialbezug** erfolgt in der Regel beim Baustoffgroßhandel bzw. beim Hersteller, bei größeren Unternehmen häufig auch aus eigenen Steinbrüchen. Vereinzelt wird das Material auch von Auftraggeber bereitgestellt.

3778 An **Materialarten** werden verwendet: Bitukies, Splitte, Edelsplitte aus Kalkstein, Diabas und Basalt, Pflastersand, Schlackensand, Schmiersand, Putzsand, Rheinsand, Betonkies, Kesselasche, Zement, Teersand, Teergroßschlag, Ziegelsteine, Bordsteine, Basamentsteine, Packlage, Pflastersteine, Kleinpflaster, Mosaikpflaster, Platten.

3779 **Hilfsstoffe** sind Dieseltreibstoffe, Motoren- und Getriebeöl, Abschmierstoffe, Kohlen und Briketts.

3780 Es besteht im allgemeinen keine nennenswerte **Lagerhaltung**. Das Material wird in der Regel zur sofortigen Verarbeitung zu den Baustellen geliefert bzw. gefahren. Eine größere Lagerhaltung ist dagegen bei den Betrieben erforderlich, die über eigene Mischanlagen für Bitumen- bzw. Teermaterial verfügen.

Materialbezug, Materialarten, Lagerhaltung 831

Die **Preisentwicklung** ist nicht einheitlich. Steinbruchmaterial und Beton- 3781
waren weisen je nach Fundort und Hersteller unterschiedliche Qualitäten
auf. Außerdem sind die Preise abhängig von der Entfernung zur Baustelle und der abgenommenen Menge des Materials. Die Preise frei Baustelle werden ferner durch die Frachtkosten beeinflußt. Fuhrunternehmer gewähren bei Daueraufträgen Preisnachlässe. Hersteller liefern ab und an zur Auslastung ihres Fuhrparks auch frei Baustelle.

- **Stukkateure, Gipser, Putzarbeiter, Verputzer – Wirtschaftszweig 305004**

Der **Materialbezug** erfolgt vom Großhändler bzw. Hersteller oder von 3782
Kies- und Sandbaggereien.

An **Materialarten** kommen in Betracht: 3783

- Baustoffe
  Sie sind als Bindemittel untereinander zu verwenden. Als Zuschlagstoffe sind immer Sand und Wasser nötig. Baustoffe sind Klumpenoder Stückkalk, Ätzkalk, Kalkhydrat, Gips, Zement, Edelputz, Kunststoffputze, Maschinenfertigputze.

- Zuschlagstoffe sind Sande, Dichtungsmittel und Farben.

- Werkstoffe (Putzträger) sind Holzlattungen, Rabitz- und Drahtgewebe, Streckmetalle, Gipsdielen und Leichtbauplatten, Gipskartonplatten.

Es besteht keine **Lagerhaltung**, da die Materialien zur sofortigen Verar- 3784
beitung an die Baustelle geliefert werden.

- **Tiefbau – Wirtschaftszweig 300794**

Der **Materialbezug** an Steinen, Kies, Asphalt, Teer und Zement erfolgt in 3785
der Regel vom Hersteller, von Kanalisationsartikeln, Bordsteinen usw. meist vom Großhandel.

Folgende **Materialarten** werden verarbeitet: Bruchsteine (Packlage), Pfla- 3786
stersteine (Grauwacke, Granit, Basament), Schotter, Teer- und Asphaltsplitt, Kies, Sand, Teer, Ton- und Zementrohre, Zement, Kalk, Ziegelsteine, Schachtringe, Bordsteine und Rinnsteine.

Als **Hilfsstoffe** kommen in Betracht Dieseltreibstoffe, Motoren- und 3787
Getriebeöl, Abschmierstoffe, Kohlen und Briketts sowie Schalhölzer.

3788 Die **Lagerhaltung** ist gering, da das Material je nach Bedarf bestellt und meist direkt zur Baustelle geliefert wird.

3789 Die **Preise** sind nicht einheitlich. Das hängt mit den unterschiedlichen Qualitäten je nach Fundort und Hersteller bei Steinbruchmaterial und Betonwaren zusammen. Sie werden außerdem beeinflußt von der Entfernung zur Baustelle und der Menge des bezogenen Materials. Frei Baustelle werden die Preise ferner erheblich durch die Frachtkosten beeinflußt. Fuhrunternehmer gewähren bei Daueraufträgen Preisnachlässe. Hersteller liefern verschiedentlich zur Auslastung ihres Fuhrparks auch frei Baustelle.

• Zimmerei – Wirtschaftszweig 308104

3790 **Materialbezug** überwiegend vom Großhandel, nur vereinzelt unmittelbar von den Sägewerken.

3791 **Materialarten** sind

- Bauschnittholz: Kantholz, Balken, Bretter, Bohlen, Latten und Leisten.

- Baurundholz: ungeschnittenes und ein- oder mehrseitig geschnittenes oder behauenes Rundholz.

- vergütete Hölzer: Sperrholz, Verbundplatten, Holzspanplatten und Holzfaserplatten.

3792 Hauptsächlich werden Nadelhölzer, seltener Laubhölzer verwendet. Bevorzugt für die Herstellung von Dachkonstruktionen und Balkenlage Fichte, Kiefer oder Rottanne, Weißtanne oder Edeltanne, Lärche.

Für den Treppenbau werden Buche und Eiche wegen ihrer Härte verwendet. Holzeinteilung in Klassen, die durch Holzart, Ausmaße und Beschaffenheit des Holzes bedingt sind. Bauholz wird in den Klassen A bis C, das übrige Schnittholz und Blockwaren in den Klassen 0 bis IV gehandelt.

3793 **Kleineisenzeug** sind Balkenanker, Balkenschuhe, Bauklammern, Bolzen, Unterlegscheiben, Laschen und Schlüsselschrauben.

3794 **Hilfsstoffe** sind Nägel und Holzschutzmittel.

3795 Die **Lagerhaltung** ist gering, da Holz grundsätzlich für den jeweiligen Auftrag entsprechend den Holzlisten des Bauherrn oder Architekten bestellt wird.

Löhne, Gehälter, Abgaben 833

Die **Preise** sind unterschiedlich. Es kommt auf die Art des bezogenen 3796
Holzes, die Abnahmemenge sowie ferner darauf an, ob das Holz vom
Großhandel oder vom Sägewerk bezogen wird.

(Einstweilen frei) 3797–3805

III. Löhne, Gehälter, Abgaben, Ausbildungsbeihilfen, Auslösungen, Erziehungsbeihilfen, Unterhaltsbeihilfen und sonstige Zulagen und Zuschläge

Inhaltsübersicht

	Rdnr.
Dachdeckerei – Wirtschaftszweig 308504	3807
Dämmung und Abdichtung – Wirtschaftszweig 302034, 302054	3810
Elektroinstallateure – Wirtschaftszweig 310504	3812
Fliesenleger – Wirtschaftszweig 316514	3814
Gerüstbau – Wirtschaftszweig 300814	3819
Glaserei – Wirtschaftszweig 316214	3823
Heizungs-, Gas- und Wasserinstallation, Klempnerei – Wirtschaftszweig 310104, 310304	3825
Hoch- und Ingenieurhochbau – Wirtschaftszweig 300404	3828
Maler, Lackierer, Anstreicher – Wirtschaftszweig 316244, 316274	3833
Schlosserei – Wirtschaftszweig 239114	3836
Schreiner, Tischler, Bau- und Möbelschreiner – Wirtschaftszweig 261314, 316314	3837
Steinmetze – Wirtschaftszweig 222854	3839
Straßenbaubetriebe – Wirtschaftszweig 300754	3840
Stukkateure, Gipser, Putzarbeiter, Verputzer – Wirtschaftszweig 305004	3845
Tiefbau – Wirtschaftszweig 300794	3848
Zimmerei – Wirtschaftszweig 308104	3852
Zusatzversorgung, Lohnausgleich und Urlaub sowie vermögenswirksame Leistungen	3854

Merkblätter über Tariflöhne können im allgemeinen in den Bertrieben 3806
eingesehen werden. Die Finanzverwaltung macht hierzu in der Bp-Kartei
z. B. der Oberfinanzdirektionen Düsseldorf, Köln, Münster bei den
nachfolgend genannten Gewerbezweigen in Abschnitt I folgende Angaben:

● Dachdeckerei – Wirtschaftszweig 308504

Die jeweiligen **Tariflöhne** können den im Betrieb einzusehenden Tarifver- 3807
trägen entnommen werden.

3808 Überwiegend werden jedoch **übertarifliche Löhne** gezahlt, die in Zuschlägen bis zu 25 v. H. der Tariflöhne betragen.

3809 Folgende **Zulagen** werden zum Ausgleich von Mehraufwendungen gezahlt:

- Zuschläge für Wegezeit und Fahrgeldentschädigungen,
- Auslösungen für etwaige Übernachtungen,
- Gefahrenzulagen für Turmarbeiten ohne festes Gerüst.

- **Dämmung und Abdichtung – Wirtschaftszweig 302034, 302054**

3810 Die jeweiligen **Tariflöhne** können den im Betrieb einzusehenden Tarifverträgen entnommen werden.

3811 In der Regel werden jedoch **übertarifliche Löhne** bzw. **Akkordlöhne** gezahlt.

- **Elektroinstallateure – Wirtschaftszweig 310504**

3812 In der Regel werden **übertarifliche Löhne** gezahlt, die in Zuschlägen bis zu 20 v. H. der Tariflöhne betragen. Bei Arbeitnehmern ohne Gesellenprüfung werden jeweils 90 v. H. der Stundenlöhne bezahlt.

3813 **Lohnzuschläge** werden frei vereinbart.

- **Fliesenleger – Wirtschaftszweig 316514**

3814 Die jeweiligen **Tariflöhne** können den im Betrieb einzusehenden Tarifverträgen entnommen werden. In der Regel werden **übertarifliche Löhne** gezahlt. Fliesenlegerarbeiten werden jedoch in der Regel nur noch im Akkordlohn ausgeführt. Stundenlöhne werden nur noch bei Reparaturarbeiten gezahlt. Bei diesen Arbeiten erhalten die Gesellen zusätzlich einen „Akkordausgleich" von 25 v. H. des Tariflohnes.

3815 Der **Akkordlohn** richtet sich nach der Art der ausgeführten Arbeit. Für Wandbekleidung ist er höher als für Fußbodenbelag. Auch die Größe der Fliesen hat Einfluß auf die Höhe des Akkordlohnes.

3816 Beim Verlegen der Fliesen entstehen **Sonderarbeiten**, z. B. Hauen von Löchern in Fliesen, die in Baderäumen für den Wasserleitungs-, Gas- oder Stromanschluß erforderlich sind. Dafür erhalten die Gehilfen Zulagen zu den Akkordlöhnen. Der Zuschlagkatalog ist in den einzelnen Ländern bzw. Landesteilen unterschiedlich.

Löhne, Gehälter, Abgaben

Die **Errechnung des Akkordlohnes** erfolgt durch Multiplikation des Leistungswertes mit dem jeweiligen Stundenlohn des Fliesenlegers. 3817

Unter **Leistungswerten** versteht man Wertzahlen, die den Arbeitsaufwand für die verschiedenen Leistungen, auf einen Quadratmeter bezogen, ausdrücken. 3818

• Gerüstbau – Wirtschaftszweig 300814

Die jeweiligen **Tariflöhne** können den im Betrieb einzusehenden Tarifverträgen entnommen werden. Sie werden abgeschlossen zwischen dem Bundesverband Gerüstbau und der Industriegewerkschaft Bau-Steine-Erden. Die tarifvertraglichen Bestimmungen gelten für die Bundesrepublik. Sie sind maßgebend für alle Betriebe des gesamten Gerüstbaugewerbes einschließlich der Gemischtbetriebe. Gesonderte lohntarifliche Vereinbarungen gelten für die Bauindustrie und das Baugewerbe. Sie schließen für ihre Mitgliedsbetriebe, das sind Bauunternehmungen mit eigener Gerüstbauabteilung, die erwähnten gesonderten Vereinbarungen ab. 3819

Eine **Fahrzulage** in Höhe von 100 v. H. ihres tariflichen Stundenlohnes erhalten Arbeitnehmer, die neben ihrer Tätigkeit im Gerüstbau vom Arbeitgeber mit dem Fahren eines Lkw über 6 t Gesamtgewicht beauftragt werden, für jeden Arbeitstag, an dem diese Tätigkeit zusätzlich ausgeübt wird. 3820

In vielen Fällen werden **übertarifliche Löhne** gezahlt. 3821

Ein **Erschwerniszuschlag** zum tariflichen Stundenlohn wird gezahlt bei 3822

- Arbeiten in Räumen und Öfen,
  in denen eine Temperatur über 40° C herrscht   15 v. H.

- Arbeiten, in denen die Arbeitnehmer durch Dämpfe,
  Dünste oder ätzende Gerüche in erheblichem Umfang
  belästigt werden   15 v. H.

- Demontage von Gerüsten an Hochdruckleitungen,
  in Kühl- oder Tankanlagen, bei denen die Gerüste mit
  Isolierstoffen behaftet sind. z. B. Glaswolle, Steinwolle,
  Bitumen, Teer, Öl   10 v. H.

- Arbeiten in Schächten und Tunneln und Klärbehältern
  (als Tunnel gelten nicht Bauwerke, die in offener
  Baugrube erstellt werden)   15 v. H.

- Arbeiten an oder in Bauten oder Anlagen mit außergewöhnlicher Staub- und Schmutzentwicklung   10 v. H.
- Arbeiten, bei denen der Arbeitnehmer im Wasser oder im Schlamm steht und in erheblichem Maße mit Wasserschlamm in Berührung kommt   10 v. H.

- **Glaserei – Wirtschaftszweig 316214**

3823 Die jeweiligen **Tariflöhne** und Erziehungsbeihilfen können den Tarifverträgen entnommen werden. Der tatsächlich gezahlte Lohn liegt jedoch vielfach über dem Tariflohn.

3824 Für außergewöhnliche **Arbeitserschwernis** werden tariflich folgende Zuschläge gezahlt

- Arbeiten auf Dächern mit mehr als 35 v. H. Neigung   10 v. H.
- Arbeiten von Hänge- und Schwebegerüsten   25 v. H.
- bei Arbeiten in Fahrkästen   25 v. H.
- Arbeiten, die mit Rettungsgurt und Rettungsleine ausgeführt werden müssen   30 v. H.
- für besonders schwierige Verglasungen bzw. Transporte ohne technische Hilfsmittel ist arbeitstäglich ein Zuschlag zu zahlen.

- **Heizungs-, Gas- und Wasserinstallation, Klempnerei – Wirtschaftszweig 310104, 310304**

3825 Die jeweiligen **Tariflöhne** können den im Betrieb einzusehenden Tarifverträgen entnommen werden.

3826 Die **übertariflichen Löhne** liegen im Durchschnitt um 10 bis 20 v. H. über den Tariflöhnen.

3827 Für außergewöhnliche **Arbeitserschwernis** werden folgende Zuschläge auf den Lohn gezahlt für

- besonders schmutzige und ekelerregende Arbeiten (Reinigung von Klosett-, Kanal-, Boiler-, Fettopfanlagen, Grubenanschlüssen, Fäkalienkesseln) für die auf die Schmutzarbeit unmittelbar aufgewandte Zeit   100 v. H.
- Arbeiten, bei denen das Leben oder die Gesundheit gefährdet sind, z. B. das Schweißen von verzinkten Roh-

Löhne, Gehälter, Abgaben

ren, das Auskochen von Kesseln mit Chemikalien, ferner für Arbeiten an im Betrieb befindlichen oder ungereinigten Säureleitungen, an Säurebottichen und Apparaten   30 v.H.

- Arbeiten in einer Höhe von mehr als 25 m über Flurhöhe auf Leitern oder auf Gerüsten, deren Bodenbelag weniger als 90 cm breit ist   25 v. H.
- Reinigen und Ausbessern von Kesseln, sofern sie nur von innen zu besteigen sind; für Arbeiten in geschlossenen Kanälen, für das Auswechseln von Nippeln und Kesselgliedern an gebrauchten Kesseln sowie für den Abbau alter Kessel und isolierter Leitungen, wenn die Isolierung von den Rohren entfernt werden muß   20 v. H.
- Zulöten von Särgen   10 DM.

• Hoch- und Ingenieurhochbau – Wirtschaftszweig 300404

Die jeweiligen **Tariflöhne** können den im Betrieb einzusehenden Tarifverträgen entnommen werden.   3828

Überwiegend werden **übertarifliche Löhne** gezahlt, insbesondere um die Facharbeiter zu halten. Die Vereinbarungen betreffen Zulagen zum Stundenlohn, Einstufungen in höhere Tätigkeitsgruppen, freiwillige Wegegelder für die Abfahrt von der Wohnung, häufigere Naturalleistungen wie Getränke, Verpflegung und Tabakwaren.   3829

Zuschläge für **Arbeitserschwernis** durch Schmutz und Wasser, für Kompressorarbeit, Nachtarbeit, Mehrarbeit, Sonn- und Feiertagsarbeit werden gewährt.   3830

Bestimmte Arbeiten wie Mauern, Putzen usw. werden in vielen Betrieben durch sog. Kolonnen ausgeführt. Der **Akkordlohn** (Leistungslohn) richtet sich nach der Art der ausgeführten Arbeit.   3831

Tariflich festgelegt sind auch Leistungen an **Lohnausgleich, Zusatzversorgung** und **Urlaub** sowie **vermögenswirksame Leistungen.**   3832

• Maler, Lackierer, Anstreicher – Wirtschaftszweig 316244, 316274

Die jeweiligen **Tariflöhne** können den Lohntarifverträgen entnommen werden.   3833

3834 **Übertarifliche Löhne** werden in vielen Betrieben gezahlt. Darüber hinaus wird der größte Teil der geleisteten Arbeitszeit nach dem Umfang der erbrachten Arbeitsleistung, d. h. als **Akkordlohn**, erbracht.

3835 Folgende **Zulagen** werden zum Ausgleich von Mehraufwendungen gezahlt:

- Auslösungen,
- Erschwerniszuschläge,
- Fahrgeldausgaben zu den Arbeitsstellen bzw. Erstattungen der Kfz-Kosten.

- **Schlosserei – Wirtschaftszweig 239114**

3836 Es werden kaum Überstunden geleistet. In fast allen Schlossereibetrieben werden übertarifliche Löhne gezahlt. Leistungszulagen sind nur bei Akkordarbeiten üblich.

- **Schreiner, Tischler, Bau- und Möbelschreiner – Wirtschaftszweig 261314, 316314**

3837 Die jeweiligen Tariflöhne können den im Betrieb einzusehenden Tarifverträgen entnommen werden.

3838 Es werden jedoch fast ausschließlich **übertarifliche Löhne** gezahlt, die bis zu 10 v. H., bei Maschinenstunden bis zu 20 v.H. über dem Tariflohn liegen.

- **Steinmetze – Wirtschaftszweig 222854**

3839 Die jeweiligen **Tariflöhne** können den im Betrieb einzusehenden Tarifverträgen entnommen werden. Die Tariflöhne werden unterschiedlich angewandt. Teilweise wird nur tariflich gezahlt, dafür werden die Arbeitnehmer auch in den umsatzschwachen Wintermonaten voll bezahlt. Die **Lohnwerte** für Werkstatt und Bau sind gleich. Überwiegend werden jedoch **übertarifliche Löhne** gezahlt.

- **Straßenbaubetriebe – Wirtschaftszweig 300754**

3840 Die jeweiligen **Tariflöhne** können den im Betrieb einzusehenden Tarifverträgen entnommen werden. In der Regel werden Tariflöhne gezahlt.

Löhne, Gehälter, Abgaben

Poliere sowie technische Angestellte erhalten nach den Tarifverträgen Monatsgehälter die aufgrund jährlicher Tarifvereinbarungen erhöht werden. 3841

Übertarifliche Löhne sind die Ausnahme. 3842

Zuschläge für **Arbeitserschwernis** durch Schmutz, Wasser, für Kompressorarbeit, Nachtarbeit, Mehrarbeit, Sonn- und Feiertagsarbeit werden entsprechend den Rahmentarifverträgen gezahlt. 3843

Bestimmte Arbeiten wie Pflastern, Setzen von Bordsteinen usw. werden in vielen Betrieben durch sog. Kolonnen im Akkord ausgeführt. Der Akkordlohn (Leistungslohn) richtet sich nach der Art der ausgeführten Arbeit. Er wird von Fall zu Fall vereinbart. 3844

- **Stukkateure, Gipser, Putzarbeiter, Verputzer – Wirtschaftszweig 305004**

Die jeweiligen **Tariflöhne** können den im Betrieb einzusehenden Tarifverträgen entnommen werden. 3845

Vielfach werden **übertarifliche Löhne** und **Akkordlöhne** gezahlt. 3846

Die **Errechnung des Akkordlohnes** wird durch Multiplikation des für die jeweilige Arbeit geltenden Stundensatzes mit dem jeweiligen Tarifstundenlohn entweder des Maurers oder des Baustukkateurs vorgenommen. 3847

- **Tiefbau – Wirtschaftszweig 300794**

Die jeweiligen **Tariflöhne** können den im Betrieb einzusehenden Tarifverträgen entnommen werden. 3848

Überwiegend werden **übertarifliche Löhne** gezahlt, insbesondere um die Facharbeiter zu halten. Die Vereinbarungen betreffen Zulagen zum Stundenlohn, Einstufungen in höhere Tätigkeitsgruppen, freiwillige Wegegelder für die Anfahrt von der Wohnung, häufigere Naturalleistungen wie Getränke, Verpflegung und Tabakwaren. 3849

Zuschläge für **Arbeitserschwernisse** durch Schmutz und Wasser, für Kompressorarbeiten, Nachtarbeit, Mehrarbeit, Sonn- und Feiertagsarbeit werden gewährt. 3850

Tariflich festgelegt sind auch Leistungen an **Lohnausgleich, Zusatzversorgung** und **Urlaub** sowie **vermögenswirksame Leistungen.** 3851

• Zimmerei – Wirtschaftszweig 308104

3852 Die jeweiligen **Tariflöhne** können den im Betrieb einzusehenden Tarifverträgen entnommen werden.

3853 In der Regel werden **übertarifliche Löhne** gezahlt.

• Zusatzversorgung, Lohnausgleich und Urlaub sowie vermögenswirksame Leistungen

3854 Einzelheiten hierzu können den Tarifverträgen entnommen werden.

3855–3860 *(Einstweilen frei)*

IV. Wirtschaftliche Überprüfung des Umsatzes; Richtsätze

Das Material zur wirtschaftlichen Überprüfung des Umsatzes ist in der zur Veröffentlichung freigegebenen Bp-Kartei, a. a. O., Teil III, bei den nachfolgend genannten Wirtschaftszweigen aufgeführt. Angaben zur produktiven Arbeitszeit von Meistern und Gesellen sind daher **nur Hinweise zur Kalkulationssystematik** und vor ihrer Anwendung an die gültigen **Tarifverhältnisse anzupassen**. Aktuelle Zeitvorgaben enthält die „Umsatzverprobung Baugewerbe" in Rdnr. 4086 ff.

Gewinnermittlungsrichtsätze für die neuen Bundesländer befinden sich noch in der Planungsphase (NWB-EN Nr. 1466/93).

Inhaltsübersicht

	Rdnr.
Dachdeckerei – Wirtschaftszweig 308504	3861
Dämmung und Abdichtung – Wirtschaftszweig 302034, 302054	3876
Elektroinstallateure – Wirtschaftszweig 310504	3886
Fliesenleger – Wirtschaftszweig 316514	3901
Gerüstbau – Wirtschaftszweig 300814	3916
Glaserei – Wirtschaftszweig 316214	3926
Heizungs-, Gas- und Wasserinstallation, Klempnerei – Wirtschaftszweig 310104, 310304	3941
Hoch- und Ingenieurhochbau – Wirtschaftszweig 300404	3961
Maler, Lackierer, Anstreicher – Wirtschaftszweig 316244, 316274	3976
Schlosserei – Wirtschaftszweig 239114	3991
Schreiner, Tischler, Bau- und Möbelschreiner – Wirtschaftszweig 261314, 316314	4006
Steinmetze – Wirtschaftszweig 222854	4021
Straßenbaubetriebe – Wirtschaftszweig 300754	4036
Stukkateure, Gipser, Putzarbeiter, Verputzer – Wirtschaftszweig 305004	4046
Tiefbau – Wirtschaftszweig 300794	4061
Zimmerei – Wirtschaftszweig 308104	4071

• Dachdeckerei – Wirtschaftszweig 308504

1. Kalkulation

a) Allgemeines

Im Dachdeckerhandwerk wird der Preis für eine Arbeit grundsätzlich durch eine Zuschlagskalkulation ermittelt. 3861

b) Kalkulationsgrundlagen

Grundlagen der Kalkulation sind: 3862

aa) Materialeinsatz
bb) Fremdleistungen (Leistungen der Subunternehmer)
cc) produktiver Lohneinsatz

zu aa) Bei der Ermittlung des Materialeinsatzes muß darauf geachtet werden, daß die Frachtkosten zugerechnet werden und für Bruch und Verschnitt eine entsprechende Kürzung vorgenommen wird.

Materialverluste entstehen
bei Schiefer durch Bruch in Höhe von 3–4 v. H.
bei Ziegeln durch Bruch in Höhe von 2–3 v. H.
bei Dachpappe durch Verschnitt 2 v. H.
bei Dachlatten durch Verschnitt bis zu 3 v. H.

zu cc) Zum produktiven Lohneinsatz gehören auch die an Gelegenheitsarbeiter für das Abladen und Heraufschaffen der Ziegel gezahlten Löhne.

c) Kalkulationsschema

Materialeinsatz 3863
(einschl. Frachtkosten)
gekürzt um Materialverluste   ....
+ Fremdleistungen   + ... = ...
+ Aufschlag auf Materialeinsatz u. Fremdleistungen   + ... = ...
Produktiver Lohneinsatz   ....
+ Aufschlag auf Lohneinsatz + ... = ...
= Wirtschaftlicher Umsatz   ....

d) Aufschlag auf Materialeinsatz und Fremdleistungen

3864 Rahmensatz 5 bis 15 v. H.
Durchschnittsatz 10 v. H.
Bei Großaufträgen untere Grenze, bei Reparaturen obere Grenze des Rahmensatzes.

e) Lohneinsatz

3865 aa) Produktiver Lohneinsatz der Gesellen

Ein Geselle leistet im Durchschnitt 1950 Arbeitsstunden im Jahr; die produktiven Arbeitsstunden betragen dabei in der Regel 1750 Arbeitsstunden.

bb) Produktive Meisterkraft

Die produktive Arbeitszeit des Meisters beträgt durchschnittlich:

mit 1 Arbeitskraft	2 000 Std.
mit 2 Arbeitskräften	1 500 Std.
mit 3 Arbeitskräften	1 200 Std.
mit 4 Arbeitskräften	900 Std.
mit 5 Arbeitskräften	600 Std.
mit 6 Arbeitskräften	300 Std.

cc) Lohnwerte der Lehrlinge

1. und 2. Lehrjahr im Durchschnitt	25 v. H.
3. Lehrjahr im Durchschnitt	50 v. H.

einer Gesellenkraft.

f) Aufschlag auf den produktiven Lohneinsatz

3866 Rahmensatz 130–200 v. H.
Durchschnittsatz 150 v. H.

2. Kennzahlen

3867 Umsatzwert je produktive Arbeitskraft im Durchschnitt 80 000 bis 110 000 DM, wenn keine Materialbeistellung des Auftraggebers erfolgt.

3. Richtsätze
a) Gruppe West
Ab 1990:   3868
Wirtschaftlicher Umsatz

aa) bis 400 000 DM: Rohgewinn I 66; Rohgewinn II 36−47−58;
Halbreingewinn 17−28−40; Reingewinn 13−22−35

bb) über 400 000 DM: Rohgewinn I 62; Rohgewinn II 31−38−45;
Halbreingewinn 13−19−25; Reingewinn 8−14−20

b) Gruppe Nord-West
Wie Gruppe West   3869

c) Gruppe Süd
Ab 1992:   3870
Wirtschaftlicher Umsatz

aa) bis 500 000 DM: Rohgewinn II 36−47−57;
Halbreingewinn 15−26−38; Reingewinn 11−19−30

bb) über 500 000 DM: Rohgewinn II 31−38−47;
Halbreingewinn 12−20−28; Reingewinn 7−14−21

(Einstweilen frei)   3871−3875

• Dämmung und Abdichtung − Wirtschaftszweig 302034, 302054

1. Kalkulationsgrundlage

Materialeinsatz incl. Fremdleistungen   3876
+ Aufschlag   + ... = ...

produktiver Lohneinsatz   ....
+ Aufschlag   + ... = ...

    ....

ggf. Gewinnaufschlag   + ...
= Wirtschaftlicher Umsatz   + ...

2. Aufschlag auf Materialeinsatz
Rahmensatz 10 bis 20 v. H.   3877
Durchschnitt 15 v. H.

3. Lohneinsatz

3878 **a) Produktiver Lohneinsatz der Gesellen**
Ein Geselle arbeitet im Durchschnitt 1 800 Stunden jährlich produktiv.

b) Produktive Meisterleistung
Unterschiedlich, je nach Betriebsgröße

c) Lohnwerte der Lehrlinge
1. Lehrjahr 25 v. H. einer Gesellenkraft
2. Lehrjahr 50 v. H. einer Gesellenkraft
3. Lehrjahr 65 v. H. einer Gesellenkraft

4. Aufschlag auf den Lohneinsatz
3879 Rahmensatz 100 bis 140 v. H.
Diese Sätze werden bei Festpreisen und größeren Aufträgen nicht erreicht.

3880-3885 *(Einstweilen frei)*

• Elektroinstallateure – Wirtschaftszweig 310504

1. Kalkulationsgrundlagen

3886 Im Elektroinstallationshandwerk ist wie in anderen Branchen des Handwerks die Zuschlagskalkulation üblich.

Grundlagen der Kalkulation sind:
a) Materialeinsatz einschl. der Fremdleistungen,
b) produktiver Lohneinsatz.

Zu a) Zu dem Materialeinsatz gehören die Kosten für verbrauchtes Material, Hilfsstoffe, Bauteile und Betriebsstoffe. Sie sind mit dem Einstandspreis frei Baustelle anzusetzen, d.h. einschl. der Lieferkosten (Frachten, Rollgeld, Verpackung und ähnlicher Kosten). Preisnachlässe und Mengenrabatte sind bei der Ermittlung des Einstandspreises abzusetzen, nicht dagegen Skonti.

Zu b) Zum produktiven Lohneinsatz gehören die Löhne der an der Leistung auf der Baustelle beteiligten Fach- und Hilfskräfte einschl. der die Aufsicht führenden Meister. Ferner gehören dazu die tariflichen Beiträge zur Zusatzversorgungskasse des Baugewerbes, lohnsteuerpflichtige Wege- und Zeitentschädigung sowie Löhne für Tarif- und Fahrtzeiten, die innerhalb der Arbeitszeit durch die Arbeit notwendig geworden sind. Es fallen ferner hierunter Leistungszulagen sowie Zuschläge für Mehrarbeit, Nacht-, Feiertags- und Sonntagsarbeit und Erschwerniszuschläge. Schlechtwetter-Ausfallentschädigungen und Vergütungen für Urlaubs- und Krankheitstage gehören nicht zum Lohneinsatz.

Zu den Kosten, die der Steuerpflichtige weiter berechnen darf, gehören ferner die Lohn- und Gehaltsnebenkosten, wie Auslösungen, Wegegelder, Unterkunfts- und Übernachtungsgelder sowie die vom Steuerpflichtigen zu tragenden Kosten für An- und Rückreise der auf der Baustelle beschäftigten Arbeitnehmer.

2. Kalkualtionsschema

Materialeinsatz 3887
+ Fremdleistungen ....
= ....
+ Aufschlag auf Material und
Fremdleistungen .... = ...
Lohneinsatz ....
+ Aufschlag auf Lohneinsatz .... = ...
Wirtschaftlicher Umsatz ....

Der Handelsumsatz ist unter Berücksichtigung der besonderen Verhältnisse gesondert zu kalkulieren.

3. Aufschlag auf Materialeinsatz und Fremdleistungen

Folgende Durchschnittsaufschläge werden im allgemeinen angesetzt: 3888

Aufschlag auf Material 20–50 v. H.
Durchschnittssatz 25 v. H.
Aufschlag auf Fremdleistungen 25–30 v. H.

4. Lohneinsatz

a) Produktiver Lohneinsatz der Gesellen

Die hierfür in Betracht kommenden Bruttolöhne im Sinne von Rdnr. 3889 3886 können dem Lohnbuch oder den entsprechenden Konten der Buchführung entnommen werden.

Außerdem ist bei der Ermittlung des produktiven Lohneinsatzes zu berücksichtigen:

aa) Überstundenzuschläge,

bb) Urlaub
Der Mindesturlaub ist zu beachten.

cc) Unproduktive Gesellenstunden
Im allgemeinen wird für unproduktive Gesellenstunden ein Abschlag von 5 bis 8 v. H. ausreichend sein.

b) Produktive Meisterkraft

Die produktive Meisterkraft beträgt im Durchschnitt bei einem

Meister ohne fremde Arbeitskräfte	2 200 Stunden
Meister mit 1 Gesellen	2 000 Stunden
Meister mit 2 Gesellen	1 800 Stunden
Meister mit 3 Gesellen	1 600 Stunden
Meister mit 4 Gesellen	1 400 Stunden
Meister mit 5 und mehr Gesellen	1 000 Stunden

Bei Beschäftigung von Lehrlingen sind die Meisterstunden für jeden Lehrling um 100 Stunden zu kürzen. Der maßgebende Meister-Stundenlohn beträgt durchweg 10 v. H. mehr als der höchste Gesellenlohn.

c) Lohnwerte der Lehrlinge

Die tatsächlich gezahlten Lehrlingslöhne entsprechen nicht dem kalkulatorischen Lohnwert der Tätigkeit der Lehrlinge. Sie sind je nach Eignung des Lehrlings im Verhältnis zu einem durchschnittlichen Gesellenlohn zu normalisieren.

Man erhält einen Anhaltspunkt für den Lohnwert der Lehrlingslöhne, wenn die tatsächlich gezahlten Lehrlingslöhne

im 1. Lehrjahr um 25 v. H.
im 2. Lehrjahr um 50 v. H.
im 3. und 4. Lehrjahr um 100 v. H.
erhöht werden.

5. Aufschlag auf den produktiven Lohneinsatz

Die Aufschlagsätze sind bei Installationsarbeiten und bei Reparaturleistungen im wesentlichen gleich hoch, soweit es sich bei Installationsarbeiten nicht um Submissionsarbeiten handelt, die sehr oft mit einem erheblich niedrigeren Aufschlag kalkuliert werden.

Geeignete Unterlagen zur Ermittlung der Aufschlagsätze bilden die

a) Kalkulationsbücher,
b) Kostenvoranschläge,
c) Rechnungsdurchschriften.

Die Feststellung der Aufschlagsätze bei Reparaturarbeiten ergibt sich durch Gegenüberstellung der gezahlten Löhne und des eingekauften Materials mit den in Rechnung gestellten Löhnen und Materialien an Hand der Rechnungsdurchschriften.

Schwieriger ist die Errechnung der Aufschläge bei Neubauten, weil in den meisten Fällen die Preise für Lohn und Material in einer Summe für die offerierte Position zusammengefaßt sind. Es ergibt sich hier für den Handwerker oft die Notwendigkeit, unter der Einzelkalkulation zu bleiben, um konkurrenzfähig zu sein. Im Laufe der Zeit haben sich für einzelne Arbeiten gewisse Standardpreise entwickelt, für die der Unternehmer kaum noch Einzelkalkulationen benötigt.

Folgender durchschnittlicher Aufschlagsatz wurde festgestellt:

Aufschlag auf Lohn 100 bis 130 v. H.

Es kommen erhebliche Abweichungen nach oben und nach unten vor (auch örtlich verschieden). Durch die Zuschläge sind sämtliche dem Handwerker entstandenen Einzel- und Gemeinkosten sowie Unternehmerwagnis und Gewinn abgegolten. Ein besonderer Aufschlag für Risiko und Gewinn ist nicht üblich.

6. Kalkulationsbeispiele

Nur in sehr wenigen Fällen weisen die Leistungsverzeichnisse (Angebote, Offerten) heute Preise aus, die an Hand von Einzelkalkulationen unter Zugrundelegung des Lohn- und Materialeinsatzes errechnet worden sind. Behörden verlangen diese Einzelkalkulationen grundsätzlich, von den privaten Auftraggebern sind nur wenige, die genaue Kalkulationen anfordern. Meist haben die Handwerksmeister für bestimmte Arbeiten aufgrund ihrer Erfahrungen Festpreise, die je nach Bedarf ausgependelt werden können (Angebot der Konkurrenzbetriebe). Es wird immer erforderlich sein, die für eine genaue Kalkulation erforderlichen Grundlagen den Ein- und Verkaufsrechnungen des jeweils zu prüfenden Betriebes zu entnehmen.

Beispiel einer Brennstellenkalkulation:

Elektroinstallation im Neubau (1978)			Nettobetrag DM
2,80 m	Hauptzuleitung 4 × 16 mm² fertig verlegt und angeschlossen	14,70	41,16
1 Stck	Dotentiolausgleich zwischen Bade- und Duschwannen, Heizung und Wasserleitung		157,50
1 Stck	Zählerschrank mit 2 Zählerplätzen bestehend aus 1 Fr./Schalter, 4/40 A, 2 Sicherungsautomaten 16 A, 3 Sicherungen 25 A, fertig verdrahtet und montiert		771,—
1 Stck	Klingelanlage lt. Angebot		86,—
9 m	Leerrohr für Telefon und Antenne	3,70	33,30
1 Stck	Anschluß der Gasheizung mit Anschluß der Umlaufpumpe		97,—
1 Stck	Fensterventilator mit Anschlußleitung fertig montiert		196,50
4 Stck	Kraftleitung für E-Herd, Keller und Garage fertig verlegt	57,80	231,20
3 Stck	Perrilexsteckdosen fertig montiert		17,90
1 Stck	Schukosteckdose mit separatem Stromkreis für die Waschmaschine		28,90
5 Stck	Stromkreiszuleitungen in NY i F 3 × 15	18,60	93,—
27 Stck	Schukosteckdosen in NY i F 3 × 1,5	19,70	531,90
11 Stck	Brennstellen in Ausschaltung	29,50	324,50
4 Stck	Brennstellen in Wechselschaltung	38,60	154,40
2 Stck	Brennstellen in Kurzschaltung	52,10	104,20
8 Stck	Contiplatten 2fach als Zulage	5,30	42,40
1 Stck	Wandbrennstelle mit örtlicher Schaltung		9,20
3 Stck	Brennstellen in Feuchtraumleitung	24,60	98,40
2 Stck	Leuchtstofflampen 40 W mit Röhre 40 W/23 fertig montiert	31,50	63,—
	Endsumme		3 220,06
	+ 15 v. H. MwSt		483,—
			4 703,06

7. Richtsätze

a) Gruppe West

Elektroinstallation (auch Einzelhandel mit elektrotechnischen Erzeugnissen und Leuchten) 3892

Ab 1991:

Wie Gruppe Nord-West

b) Gruppe Nord-West

Ab 1991: 3893

Wirtschaftlicher Umsatz

aa) bis 250 000 DM: Rohgewinn I 58; Rohgewinn II 36−50−62; Halbreingewinn 21−33−44; Reingewinn 17−27−38

bb) über 250 000 bis 500 000 DM: Rohgewinn I 56; Rohgewinn II 32−42−53; Halbreingewinn 17−27−36; Reingewinn 13−20−27

cc) über 500 000 DM: Rohgewinn I 57; Rohgewinn II 28−37−47; Halbreingewinn 14−22−30; Reingewinn 8−15−23

c) Gruppe Süd

Ab 1991: 3894

Wirtschaftlicher Umsatz

aa) bis 250 000 DM: Rohgewinn II 36−50−62; Halbreingewinn 21−33−44; Reingewinn 17−27−38

bb) über 250 000 bis 500 000 DM: Rohgewinn II 32−42−53; Halbreingewinn 17−27−36; Reingewinn 13−20−27

cc) über 500 000 DM: Rohgewinn II 28−37−47; Halbreingewinn 14−22−30; Reingewinn 8−15−23

(Einstweilen frei) 3895−3900

● Fliesenleger − Wirtschaftszweig 316514

1. Kalkulation

Fliesenleger erstellen ihre Kalkulation in der Regel nach den Empfehlungen ihres Fachverbandes, enthalten in der Broschüre „Tarifbroschüre für 3901 das nordrheinische Fliesen- und Plattenlegergewerbe", herausgegeben und mit Anmerkungen versehen durch: Baugewerbe-Verband Nordrhein, Düsseldorf.

a) Grundlagen der Kalkulation sind der Materialeinsatz und der produktive Lohneinsatz

3902 **Kalkulationsschema**

Materialeinsatz einschl. Fremdleistungen	…………	
+ Aufschlag	+ …………	= …………
Lohneinsatz	…………	
+ Aufschlag	+ …………	= …………
+ Aufschlag für Risiko und Gewinn		…………
= Wirtschaftlicher Umsatz		…………

b) Aufschlag auf den Materialeinsatz

3903 In der Regeln 10 bis 15 v. H.

c) Lohneinsatz

aa) Produktiver Lohneinsatz der Gesellen

3904 Der produktive Lohneinsatz eines Gesellen wird unter Berücksichtigung von Urlaub und Feiertagen mit durchschnittlich 1 900 Arbeitsstunden pro Jahr angesetzt.

bb) Produktive Meisterkraft

Die produktive Arbeitsleistung des Meisters beträgt durchschnittlich

Alleinmeister	bis 2 400 Stunden
Meister mit 1 Gesellen	2 200 Stunden
Meister mit 2 Gesellen	1 900 Stunden
Meister mit 3 Gesellen	900 Stunden
Meister mit 4 Gesellen und mehr	0 Stunden

Der Wert der produktiven Meisterkraft bestimmt sich nicht nur nach der Anzahl der beschäftigten Arbeitskräfte, sondern auch nach der Lage und Entfernung der Arbeitsstätte.

cc) Lohnwerte der Lehrlinge

1. Lehrjahr 30 v. H.
2. Lehrjahr 60 v. H.
3. Lehrjahr 80 v. H.

d) Aufschlag auf den produktiven Lohneinsatz

Der durchschnittliche Aufschlag auf den Tarif-Akkordlohn bzw. auf die Lohnbasis beträgt: 3905

14,25 v. H. für unprodukt. Löhne
(z. B. tarifliche und gesetzliche Ausfalltage, Bildungsurlaub)

49,36 v. H. für gesetzlich und tariflich bedingte Sozialkosten

3,50 v. H. für sonstige Sozialkosten
(z. B. Sicherheitskleidung, Jubiläumsgeschenke)

3,70 v. H. für lohnabhängige Kosten
(z. B. Beiträge zu Berufsorganisationen)

51,20 v. H. für allgemeine Betriebskosten

122,01 v. H.

Verschiedentlich wird pauschal bis zu 130 v. H. gerechnet.

e) Aufschlag für Risiko und Gewinn

Der Aufschlag für Risiko und Gewinn wird in der Regel nur noch mit 5 v. H. angesetzt. In Konkurrenzfällen wird in der Regel kein Aufschlag erhoben. 3906

2. Kennzahlen

a) Faustregel

Umsatz = Materialeinsatz × 2,5–3   3907

b) Verhältnis Lohneinsatz zum Materialeinsatz in v. H.

Der Durchschnittssatz verhält sich etwa wie folgt:

Betriebe Gruppe I (vgl. Rdnr. 3732) 55 : 45
Betriebe Gruppe II (vgl. Rdnr. 3732) 55 : 45

3. Richtsätze

a) Gruppe West

3908 Ab 1992:

aa) Wirtschaftlicher Umsatz bis 150 000 DM:
Rohgewinn I 74; Rohgewinn II 56−71−84;
Halbreingewinn 32−47−65; Reingewinn 26−41−59

bb) Wirtschaftlicher Umsatz über 150 000 DM bis 300 000 DM:
Rohgewinn I 68; Rohgewinn II 40−54−68;
Halbreingewinn 22−35−52; Reingewinn 16−29−43

cc) Wirtschaftlicher Umsatz über 300 000 DM:
Rohgewinn I 65; Rohgewinn II 31−41−51;
Halbreingewinn 13−23−34; Reingewinn 9−17−26

b) Gruppe Nord-West

3909 Ab 1992:

Wirtschaftlicher Umsatz

aa) bis 150 000 DM:
Rohgewinn I 74; Rohgewinn II 56−71−84;
Halbreingewinn 32−47−65; Reingewinn 26−41−59

bb) über 150 000 DM bis 300 000 DM:
Rohgewinn I 68; Rohgewinn II 40−54−68;
Halbreingewinn 22−35−52; Reingewinn 16−29−43

cc) über 300 000 DM:
Rohgewinn I 65; Rohgewinn II 31−41−51;
Halbreingewinn 13−23−34; Reingewinn 9−17−26

c) Gruppe Süd

3910 Ab 1992:

Wirtschaftlicher Umsatz

aa) bis 150 000 DM: Rohgewinn II 56−71−84;
Halbreingewinn 32−47−66; Reingewinn 26−41−59

Wirtschaftliche Überprüfung des Umsatzes

bb) über 150 000 DM bis 300 000 DM:
Rohgewinn II 40−54−68; Halbreingewinn 22−35−52;
Reingewinn 16−29−43

cc) über 300 000 DM: Rohgewinn II 31−41−51;
Halbreingewinn 13−23−34; Reingewinn 9−17−26

(Einstweilen frei) 3911−3915

● **Gerüstbau − Wirtschaftszweig 300814**

Preisgestaltung

1. Allgemeines

Bei der Preisgestaltung geht der Gerüstbauer im allgemeinen von der eingerüsteten Wandfläche und einer Vorhaltezeit (Verleihdauer) des Gerüstes von 4 Wochen aus (vgl. VOB DIN 18451). 3916

Die Länge wird horizontal von der größten Abmessung des Baues, die Höhe von Oberkante Standfläche des Gerüstes bis Oberkante Hauptgesims (Traufe) gemessen. Bei Teilrüstungen wird die Höhe bis 2 m über die letzte Arbeitsbühne gemessen. Die Giebel werden nach den Ansichtsfläche gemessen. Die Abrechnung nach stgm ist selten.

Der Grundpreis, der für das Einrüsten von 1 qm Wandfläche verlangt wird, umfaßt in der Regel: Hin- und Rücktransport der Gerüste, soweit die Entfernung nicht mehr als 8 km beträgt, Auf- und Abbaukosten einschließlich eines Gemeinkostenzuschlags und Vorhaltung des Gerüstes für die Dauer von 4 Wochen (Grundeinsatzzeit). Das Vorhalten der Gerüste beginnt mit ihrer Benutzbarkeit, jedoch frühestens mit dem Tage, zu dem die Benutzbarkeit vereinbart ist, und endet mit der Freigabe zum Abbau des Gerüstes durch den Auftraggeber. Die üblichen Nebenleistungen sind im Grundpreis eingeschlossen, z. B. Schutz- und Sicherheitsmaßnahmen und laufende Unterhaltung der Gerüste für ihre Standsicherheit während der Vorhaltezeit.

Nach Ablauf von 4 Wochen wird für jede weitere angefangene Woche eine Überleihgebühr von etwa 5 v. H. bei Leitergerüsten und von etwa 6 v. H. bei Stahlrohrgerüsten berechnet.

Außerdem können noch verschiedene andere Sonderleistungen besonders berechnet werden, z. B.

- Beleuchtung,
- Kosten aus der Inanspruchnahme fremden Grund und Bodens, das Sichern der Gebäudeteile und besondere Maßnahmen zum Herrichten des Untergrundes, auf denen Gerüste errichtet wurden,
- das Aufstellen, Vorhalten und Beseitigen von Blenden, Bauzäunen und Schutzgerüsten zur Sicherung des öffentlichen Verkehrs sowie von Einrichtungen außerhalb der Baustelle zur Umleitung und Regelung des öffentlichen Verkehrs.

Im übrigen Hinweis auf DIN 1854 der VOB.

Preisnachlässe werden in der Regel nicht gewährt (lohnintensive Betriebe). Preiskonzessionen wurden lediglich bei Großaufträgen beobachtet, wenn beim Unternehmer tatsächlich eine Kostenverbilligung eintrat (z. B. dann, wenn keine weiteren Transportkosten entstehen – Umstellung von Gerüsten). Vereinzelt ermäßigt der Gerüstbauer die Überleihgebühr, wenn die Standdauer bei der Dauerkundschaft nur geringfügig überschritten wird oder die Baustelle durch Witterungseinflüsse für längere Zeit stilliegt.

2. Grundpreis

3917 Die Preise richten sich nach der Art des Gerüstes und der Höhe der einzurüstenden Fläche.

Als Anhaltspunkt für die Preisgestaltung der Gerüstbaufirmen können die Leistungsverzeichnisse für Bauunterhaltungsarbeiten „97 Gerüstarbeiten", aufgestellt von den Finanzbauverwaltungen und herausgegeben vom Bundesministerium für Raumordnung, Bauwesen und Städtebau, dienen. Auf der Grundlage dieser Leistungsverzeichnisse geben die Gerüstfirmen ihre Angebote an öffentliche Auftraggeber für die „sog. Hausmeisterverträge" ab. Zu den vorgegebenen Preisen werden Auf- bzw. Angebote abgegeben, die in der Höhe stark schwanken können. Die Preise für öffentliche Auftraggeber entsprechen in etwa den Preisen für private Auftraggeber.

3. Besonderheiten

3918 Die aufgeführten Preise gelten für den Normalfall. Bei schwierigen Gelände- und Gebäudeflächen werden Preiszuschläge erhoben.

Offen ausgewiesene Preisnachlässe bei den Grundpreisen werden in der Regel nicht gewährt. Bei Großaufträgen wird teilweise die Überleihgebühr ermäßigt oder die Grundpreise gelten für einen längeren Zeitraum als 4 Wochen.

4. Kennzahlen

Der Umsatz pro produktive Arbeitskraft beträgt ca. 70 000 bis 120 000 DM pro Jahr. 3919

Bei Arbeiten im Tagelohn, die allerdings selten vorkommen, beträgt der Aufschlag auf den Bruttolohn ca. 120−180 v. H.

(Einstweilen frei) 3920–3925

• Glaserei − Wirtschaftszweig 316214

1. Kalkulation

a) Allgemeines

Grundlage für die Preiserrechnung bildet das auf m² als Leistungseinheit abgestellte Entgelt. Eine Zeitlohnberechnung ist nicht üblich. Jeder Ausführung von Glaserarbeiten liegt grundsätzlich ein Leistungsvertrag zugrunde; dieser verpflichtet den Glasermeister zur Abgabe eines Angebotspreises aufgrund eines Leistungsverzeichnisses, angegebener Maße und der Preise je Leistungseinheit. 3926

b) Kalkulationsschema

Glas zum Einstandspreis pro m²	....
+ Bruch und Verschnitt (bis zu 20 v. H.)	....
+ Hilfsstoffe pro m²	....
Materialsumme	
+ Einsetzkosten pro m² (Fertigungslohn, Gemeinkosten, Sonderlohn)	....
Selbstkosten	....
+ Zuschlag für Risiko und Gewinn (∅ 10 v. H.)	....
Verglaserpreis pro m²	
+ MwSt	....
Rechnungssumme einschl. MwSt	....

3927

Nach diesem Schema wird in der Regel kalkuliert. Der Zuschlag für Risiko und Gewinn wird häufig bereits bei den Einsetzkosten berücksichtigt und nicht gesondert ausgewiesen.

Verschnitt ist bei Floatglas verhältnismäßig gering, da es in alle Richtungen geschnitten werden kann.

2. Lohneinsatz

a) Produktiver Lohneinsatz der Facharbeiter

3928 aa) Der Facharbeiter leistet im Durchschnitt jährlich 2 080 Arbeitsstunden, falls noch 40-Stunden-Woche besteht.

bb) Der Urlaubsanspruch ist zu beachten.

cc) Die unproduktiven Löhne belaufen sich einschließlich der gesetzlichen Feiertage auf ca. 10 v. H. der Bruttolöhne.

b) Produktive Meisterkraft

Die produktive Mitarbeit als Meister beträgt mit

1 Gesellen	80 v. H.
2 Gesellen	60 v. H.
3 Gesellen	40 v. H.
4 Gesellen	20 v. H.

Bei 5 und mehr Gesellen arbeitet der Meister in der Regel nicht mehr produktiv. Unterstellt ist bei den v. H.-Sätzen, daß der Meister die unproduktive Tätigkeit während der normalen Arbeitszeit ausübt.

c) Lohnwert der Lehrlinge

Im 1. und 2. Lehrjahr etwa 25 bis 30
und im 3. Lehrjahr etwa 50 bis 60 v. H.
einer Facharbeiterkraft.

3. Kennzahlen

a) Umsatz je produktive Arbeitskraft

3929 Umsatz je produktive Arbeitskraft etwa 90 000 bis 110 000 DM.

b) Faustregeln

Umsatz: Materialeinsatz + Lohneinsatz + 40 v. H. Aufschlag

Umsatz: Lohneinsatz × ca. 4

Umsatz: Materialeinsatz × ca. 2

Bei überwiegenden Reparaturarbeiten sind höhere Aufschläge und Vervielfältiger anzusetzen.

4. Provisionen

Für die Vermittlung von Glasbruchversicherungen erhalten die Glaser eine Provision. 3930

5. Glasbruchversicherung

Für Reparaturverglasungen, deren Kosten aufgrund einer Glasbruchversicherung eine Versicherungs-Gesellschaft trägt, hat die Frankfurter Versicherungs-AG als Vertragsgesellschaft des Glaserhandwerks Richtpreise aufgestellt. Einzelheiten ergeben sich aus einer Tabelle der Versicherungsgesellschaft, die jeder Glaser besitzt. 3931

6. Richtsätze

a) Gruppe West

Ab 1979: 3932

Keine Richtsätze.

b) Gruppe Nord-West

Ab 1992: 3933

Wirtschaftlicher Umsatz

aa) bis 250 000 DM: Rohgewinn I 63; Rohgewinn II 39−55−70; Halbreingewinn 19−35−53; Reingewinn 13−27−44

bb) über 250 000 bis 500 000 DM: Rohgewinn I 61; Rohgewinn II 35−46−57; Halbreingewinn 18−28−38; Reingewinn 11−19−27

cc) über 500 000 DM: Rohgewinn I 63; Rohgewinn II 30−39−50; Halbreingewinn 14−22−32; Reingewinn 7−14−22

c) Gruppe Süd

3934 Ab 1992:

Wirtschaftlicher Umsatz

aa) bis 250 000 DM: Rohgewinn II 39−55−70;
Halbreingewinn 19−35−53; Reingewinn 13−27−44

bb) über 250 000 bis 500 000 DM: Rohgewinn II 35−46−57;
Halbreingewinn 19−28−38; Reingewinn 11−19−27

cc) über 500 000 DM: Rohgewinn II 30−39−50
Halbreingewinn 14−22−32; Reingewinn 7−14−22

3935−3940 *(Einstweilen frei)*

● **Heizungs-, Gas- und Wasserinstallation, Klempnerei − Wirtschaftszweig 310104, 310304**

1. Allgemeines

3941 Bei der Überprüfung des Umsatzes ist zu unterscheiden zwischen Arbeiten an Neubauten, Umbauten und reinen Reparaturarbeiten. Wichtig ist auch die Feststellung, in welchem Umfang der Unternehmer für private und öffentliche Auftraggeber tätig ist.

Bestimmte Arbeiten werden nur mit Pauschalpreisen abgerechnet. Eine Aufteilung des Materialeinsatzes ist wegen der unterschiedlichen Aufschläge in den verschiedenen Betriebsbereichen (Heizungsbau, Installation und Lüftungsbau) nur im Schätzungswege möglich.

2. Kalkulationsgrundlagen

3942 Grundlagen der Kalkulation sind:

a) Materialeinsatz einschl. Fremdleistungen,
b) Produktiver Lohneinsatz.

Zu a) Der Materialeinsatz ist ggf. für Verschnitt- und Bruchverluste um 7−10 v. H. zu kürzen.

Verschnittverluste entstehen bei Zink- und Rohrarbeiten, und zwar hauptsächlich durch Überlappung und Gewinde. Bruchverluste entstehen vereinzelt bei der Erstellung von sanitären Anlagen.

Die Frachtkosten sind dem Materialeinsatz **nicht** zuzurechnen.

Zu b) Zum produktiven Lohneinsatz gehören auch die an Gelegenheitsarbeiter, Aushilfskräfte und an Maurer gezahlten Löhne.

3. Kalkulationsschema

Materialeinsatz (ggf. gekürzt um Verschnitt- und Bruchverluste)	....		3943
+ Fremdleistungen	+		
	=		
+ Aufschlag auf Material und Fremdleistungen	+	=	
Lohneinsatz	....		
+ Aufschlag auf Lohneinsatz	+	=	
ggf. Wareneinsatz Handel	....		
+ Aufschlag auf Wareneinsatz	+	=	
Wirtschaftlicher Umsatz:		....	

4. Aufschlag auf Materialeinsatz und Fremdleistungen

Folgende Durchschnittsaufschläge werden im allgemeinen angesetzt: 3944

Klempnerei	10–20 v. H.
Heizung u. Installation	15–25 v. H.
Reparaturen	30 v. H.

Rahmensatz 10–30 v. H.; bei Neubauten untere Rahmensätze.

5. Lohneinsatz

a) Produktiver Lohneinsatz der Gesellen

Die durchschnittliche Zahl der Arbeitsstunden eines Gesellen im Jahr hat sich durch Arbeitszeitverkürzungen und Mehrurlaub von 1 750 Stunden im Jahr 1986 auf 1 650 Stunden im Jahr 1990 verringert.   3945

Für unproduktive Stunden ist ein Abschlag von 5–10 v. H. vorzunehmen.

b) Produktive Meisterkraft

Die produktive Arbeitszeit des Meisters bzw. des mitarbeitenden Geschäftsinhabers beträgt durchschnittlich:

Alleinmeister	2 000 – 2 200 Stunden
Meister mit 1 Gesellen	1 600 – 1 800 Stunden
Meister mit 2 Gesellen	1 100 – 1 300 Stunden

Meister mit 3 Gesellen 600 – 800 Stunden
Meister mit 4 bis 5 Gesellen 0 – 400 Stunden
Meister mit mehr als 5 Gesellen bedeutungslos

c) Lohnwerte der Auszubildenden

Auszubildende im 1. und 2. Jahr = 25 v. H. einer Gesellenkraft
Auszubildende im 3. und 4. Jahr = 50 v. H. einer Gesellenkraft

6. Aufschlag auf den produktiven Lohneinsatz

3946 Es haben sich für zahlreiche Arbeitsvorgänge Standardpreise entwickelt, für die der Unternehmer kaum noch Einzelkalkulationen durchführt.

Stundenlohnarbeiten 110–180 v. H. (bei Reparaturen obere Rahmenhälfte)
öffentliche Aufträge bis 97 v. H.
Angebotsarbeiten 80–100 v. H.

7. Aufschlag auf den Wareneinsatz (Handel)

3947 Rahmensatz 15–35 v. H.
Durchschnittsatz 25 v. H.

Diese Werte beziehen sich speziell auf Installations- und Sanitärwaren.

8. Vergütungen der Großhändler

3948 Bei Direktlieferungen der Großhändler an die Bauherren erhalten die Gas- und Wasserinstallateure Vergütungen. Diese liegen zwischen 25–28 v. H. Für Radiatoren liegt der Vergütungssatz bei 10 v. H. und bei Heizkesseln bis zu 25 v. H. Bei Direktlieferungen an Wohnungsbaugenossenschaften wird eine Vergütung bis zu 10 v. H. gezahlt.

9. Aufschlag für Risiko und Gewinn

3949 Ein Aufschlag für Risiko und Gewinn ist nicht üblich.

10. Richtsätze

a) Gruppe West

3950 aa) Heizungsinstallation (auch Reparatur)
Ab 1992:
Vgl. nachfolgenden Buchst. cc).

bb) Klempnerei, Gas- und Wasserinstallation
Ab 1992:
Vgl. nachfolgenden Buchst. cc).

cc) Heizungs-, Gas- u. Wasserinstallation, Klempnerei (auch Reparatur)
Ab 1992:
Wirtschaftlicher Umsatz
(1) bis 300 000 DM: Rohgewinn I 59; Rohgewinn II 38−53−68;
Halbreingewinn 20−34−50; Reingewinn 17−28−39
(2) über 300 000 bis 600 000 DM:
Rohgewinn I 56; Rohgewinn II 33−41−50;
Halbreingewinn 17−25−36; Reingewinn 12−19−26
(3) über 600 000 DM: Rohgewinn I 54; Rohgewinn II 28−35−44;
Halbreingewinn 15−21−28; Reingewinn 10−14−21

b) **Gruppe Nord-West**

aa) Heizungsinstallation (auch Reparatur)   **3951**
Ab 1992:
Vgl. nachfolgenden Buchst. cc).

bb) Klempnerei, Gas- und Wasserinstallation
Ab 1992:
Vgl. nachfolgenden Buchst. cc).

cc) Heizungs-, Gas- und Wasserinstallation, Klempnerei
Ab 1992:
Wie Gruppe West (vgl. Buchst. a, cc).

c) **Gruppe Süd**

aa) Heizungsbau, Montage und Reparatur von Lüftungs-, Wärme- und   **3952**
gesundheitstechnischen Anlagen
Ab 1992:
Wirtschaftlicher Umsatz

(1) bis 400 000 DM: Rohgewinn II 31−43−57;
Halbreingewinn 17−27−42; Reingewinn 13−22−33

(2) über 400 000 DM: Rohgewinn II 26−34−44;
Halbreingewinn 13−21−29; Reingewinn 8−15−22

bb) Klempnerei, Gas- und Wasserinstallation (Flaschnerei, Spenglerei)
auch mit Einzelhandel

Ab 1992:

Wirtschaftlicher Umsatz

(1) bis 250 000 DM: Rohgewinn II 37−51−63;
Halbreingewinn 23−33−47; Reingewinn 16−27−38

(2) über 250 000 bis 500 000 DM: Rohgewinn II 34−43−50;
Halbreingewinn 19−27−36; Reingewinn 14−20−29

(3) über 500 000 DM: Rohgewinn II 29−38−46;
Halbreingewinn 14−22−30; Reingewinn 9−16−24

3953–3960 *(Einstweilen frei)*

• Hoch- und Ingenieurhochbau − Wirtschaftszweig 300404

1. Kalkulationsgrundlage

3961 Im Baugewerbe ist die Wertkalkulation üblich. Die Kalkulation stützt sich auf den produktiven Lohn-, Material- und Geräteeinsatz zuzüglich etwaiger Fremdleistungen.

Zum Materialeinsatz gehören auch eigene Fuhrleistungen zur Heranschaffung der Baustoffe und selbstgewonnene Baustoffe.

Kalkulationsbeispiel vgl. auch Rdnr. 4086.

Kalkulationsschema

3962 Materialeinsatz   ....
+ Fracht und eigene Fuhr-
  leistungen   + ...
+ Fremdleistungen   + ... = ...
+ Aufschlag   + ... = ...
  Produktiver Lohneinsatz   ....
+ Aufschlag   + ... + ...
+ Geräteeinsatz, Stundenlohn
  lt. Baugeräteliste (Geräteliste der
  Wirtschaftsgruppe Bauindustrie)
  × Arbeitsstunden   = ...
+ ggf. Aufschlag für Risiko und Gewinn   = ...
= Wirtschaftlicher Umsatz   = ...

2. Aufschlag auf den Wareneinsatz einschl. Fracht, Fuhrleistungen und Fremdleistungen

Rahmensatz 6−20 v. H.   **3963**
Durchschnittsatz 10 v. H.
In den Rezessionsjahren sinkende Tendenz.

3. Lohneinsatz

a) Produktiver Lohneinsatz der Gesellen
Ein Geselle leistet im Durchschnitt 1 700 Arbeitsstunden im Jahr.   **3964**

b) Produktive Mitarbeit des Unternehmers
Die produktive Arbeitsleistung des Unternehmers beträgt durchschnittlich

Meister mit	1 bis 2 Gesellen	1 700 Stunden
Meister mit	3 Gesellen	1 400 Stunden
Meister mit	4 Gesellen	850 Stunden
Meister mit	5 Gesellen	550 Stunden

c) Lohnwerte der Lehrlinge

Im 1. Lehrjahr	0 v. H. einer Gesellenleistung
im 2. Lehrjahr	25 v. H. einer Gesellenleistung
im 3. Lehrjahr	45 v. H. einer Gesellenleistung

4. Aufschlag auf den Lohneinsatz

Rahmensatz: 100−150 v. H.; Durchschnittsatz: 130 v. H. In diesem Aufschlag sind auch die Maschinen- und Gerätekosten sowie der Aufschlag für Risiko und Gewinn enthalten. Bei Reparaturarbeiten werden höhere Aufschlagsätze berechnet und teilweise offen in den Rechnungen ausgewiesen.   **3965**

In den Rezessionsjahren sinkende Tendenz.

5. Maschinenstunden − Geräteeinsatz

Die Maschinenmieten bei An- und Vermietung und die Vorhaltekosten (Kosten für den Einsatz eigener Maschinen, Geräte und Gerüste) werden nach den Sätzen der Baugeräte-Liste des Hauptverbandes der Deutschen Bauindustrie (BGL) berechnet. Anhaltspunkte für die geleisteten Maschinenstunden bieten das Geräteverzeichnis, die Maschinistenlöhne und der Kraftstoffverbrauch. Die Berechnung der Vorhaltekosten lt. BGL erfolgt   **3966** auf Grundlage einer durchschnittlichen Einsatzmöglichkeit der Baumaschinen im Hochbau bei 1440 Arbeitsstunden pro Jahr. Ausfälle durch Witterungseinflüsse, notwendige Instandhaltungsarbeiten und Transportstunden sind hierbei berücksichtigt. In den weitaus meisten Fällen werden bei kleineren und mittleren Baubetrieben die Maschinen- und Gerätekosten nicht gesondert ausgewiesen. Soweit Unternehmer diese Kosten gesondert berechnet haben, ist der in Rdnr. 3965 genannte Aufschlag entsprechend niedriger.

6. Aufschlag für Risiko und Gewinn

3967 Aufschlag für Risiko und Gewinn wird bei kleineren und mittleren Betrieben im allgemeinen nicht erhoben. Er ist ggf. aus den Angebotsunterlagen zu ersehen.

7. Richtsätze

a) Gruppe West

3968 Bauunternehmung (mit Materiallieferung)

Ab 1992:

Wirtschaftlicher Umsatz

aa) bis 350 000 DM: Rohgewinn I 79; Rohgewinn II 46−63−82; Halbreingewinn 22−38−60; Reingewinn 17−32−52

bb) über 350 000 DM bis 700 000 DM: Rohgewinn I 74; Rohgewinn II 35−44−55; Halbreingewinn 13−23−34; Reingewinn 10−18−27

cc) über 700 000 DM: Rohgewinn I 68; Rohgewinn II 29−38−49; Halbreingewinn 9−17−27; Reingewinn 6−12−20

b) Gruppe Nord-West

3969 Ab 1992:

Wirtschaftlicher Umsatz

aa) bis 350 000 DM: Rohgewinn I 79; Rohgewinn II 46−63−82; Halbreingewinn 22−38−60; Reingewinn 17−32−50

bb) über 350 000 DM bis 700 000 DM: Rohgewinn I 74; Rohgewinn II 35−44−55; Halbreingewinn 13−23−34; Reingewinn 10−18−27

cc) über 700 000 DM: Rohgewinn I 68; Rohgewinn II 29−38−49; Halbreingewinn 9−17−27; Reingewinn 6−12−20

c) Gruppe Süd

Ab 1992: 3970
Wirtschaftlicher Umsatz
aa) bis 350 000 DM: Rohgewinn II 46−63−82;
Halbreingewinn 22−38−60; Reingewinn 17−32−52
bb) über 350 000 bis 700 000 DM: Rohgewinn II 35−44−55;
Halbreingewinn 13−23−34; Reingewinn 10−18−27
cc) über 700 000 DM: Rohgewinn II 29−38−49;
Halbreingewinn 9−17−27; Reingewinn 6−12−20

(Einstweilen frei) 3971−3975

• **Maler, Lackierer, Anstreicher − Wirtschaftszweig 316244, 316274**

1. Kalkulationsgrundlagen (Kalkulationsschema)

Materialeinsatz, produktiver Lohneinsatz, Fremdleistungen und Provisionen (von Tapetengroßhändlern) 3976

Kalkulationsschema

Materialeinsatz	....		
+ Aufschlag auf Materialeinsatz	....	=	....
Produktiver Lohneinsatz	....		
+ Aufschlag auf Lohneinsatz	....	=	....
+ Fremdleistungen			....
Zwischensumme (A)		=	....
+ Aufschlag für Risiko und Gewinn auf (A)		=	....
Zwischensumme (B)		=	....
+ Provisionseinnahmen			....
= Wirtschaftlicher Umsatz			....

2. Aufschlag auf Materialeinsatz

Rahmensatz 15 bis 25 v. H. 3977
Durchschnittsatz 20 v. H.
Beim Tapetenverkauf und bei Verkauf von Teppichböden wird in der Regel ein höherer Aufschlagsatz erzielt.

3. Lohneinsatz

a) Produktiver Lohneinsatz der Gesellen

3978 Ein Geselle leistet im Durchschnitt 1 800 bis 2 000 Arbeitsstunden im Jahr. Für Kalkulationszwecke sind jedoch Ausfallzeiten durch Krankheit (Lohnfortzahlung) und Überstunden an Hand der Lohnkonten besonders zu ermitteln.

b) Produktive Meisterkraft

Die produktive Arbeitszeit des Meisters beträgt durchschnittlich:

Meister mit			Meister mit		
Gesellen	und Lehrlinge	prod. Std.	Gesellen	und Lehrlinge	prod. Std.
0	0	1 900	3	0	1 200
0	1	1 800	3	1	1 100
0	2	1 700	3	2	1 000
1	0	1 700	3	3	900
1	1	1 600	4	0	900
1	2	1 500	4	1	800
2	0	1 400	4	2	700
2	1	1 300	4	3	600
2	2	1 200	5	0	600

Beim kalkulatorischen Ansatz eines produktiven Meisterlohns sind die besonderen Verhältnisse des Betriebes zu berücksichtigen (evtl. mehr oder weniger als sich nach der vorstehenden Übersicht ergibt – z. B. wegen Kriegsbeschädigung, Krankheit usw. –).

c) Lohnwerte der Lehrlinge

2. Lehrjahr im Durchschnitt 25 v. H. einer Gesellenkraft
3. Lehrjahr im Durchschnitt 50 v. H. einer Gesellenkraft

Im ersten Lehrjahr entspricht der Lohnwert des Lehrlings der Erziehungsbeihilfe.

4. Aufschlag auf den produktiven Lohneinsatz

Rahmensatz 130 bis 170 v. H. 3979
Durchschnittsatz 150 v. H.
Bei reinen Lohnarbeiten liegt der Aufschlagsatz in der unteren Rahmenhälfte. Er wird in vielen Fällen offen in der Rechnung ausgewiesen.
Bei Großkunden (gewerbliche Auftraggeber) beträgt der Aufschlagsatz in der Regel 100 v. H.

5. Provisionseinnahmen

Die Provision, die der Unternehmer für die Vermittlung des Material- 3980
und Tapeteneinkaufs seiner Kunden beim Großhändler oder beim Hersteller erhält, beträgt im allgemeinen zwischen 10 und 20 v. H.

In verschiedenen Fällen wurde festgestellt, daß auch Provisionen für reine Vermittlung, also für Wareneinkäufe von Personen, die vom Unternehmer keine Arbeiten ausführen lassen und beim Materialeinkauf dem Großhändler bzw. Hersteller einen Vermittler nennen, gezahlt wurden.

6. Schütt-, Verschnitt-, Bruchverluste und Schwund

Verluste durch Schütten, Verschnitt, Bruch und Schwund sind in dem 3981
unter 1. aufgeführten Kalkulationsschema nicht berücksichtigt, weil diese Verluste in den Einzelkalkulationen der Unternehmer in der Regel jeweils im Ansatz „Materialverbrauch" erfaßt sind.

Wird in den Einzelkalkulationen vom Unternehmer ein Abschlag für diese Verluste von Materialverbrauch berechnet, so ist bei der Nachkalkulation zur Überprüfung des wirtschaftlichen Umsatzes entsprechend zu verfahren. In diesen Fällen liegt der Aufschlagsatz für Materialeinsatz in der oberen Rahmenhälfte.

Erfahrungsgemäß beträgt der Verlust durch Schütten, Verschnitt, Bruch und Schwund bis 5 v. H. des Materialverbrauchs.

7. Richtsätze

a) Gruppe West

Ab 1988: 3982
Fertigungslohneinsatz
aa) bis 20 000 DM: Rohgewinn I 81; Rohgewinn II 66−75−86;
    Halbreingewinn 41−55−65; Reingewinn 36−47−56

bb) über 20 000 bis 60 000 DM: Rohgewinn I 80;
Rohgewinn II 48−57−65; Halbreingewinn 28−37−46;
Reingewinn 22−31−39

cc) über 60 000 DM: Rohgewinn I 80; Rohgewinn II 38−46−53;
Halbreingewinn 16−26−35; Reingewinn 13−20−28

b) Gruppe Nord-West

3983 Ab 1989:

aa) Wirtschaftlicher Umsatz bis 100 000 DM:
Rohgewinn I 81; Rohgewinn II 67−77−85;
Halbreingewinn 47−58−68; Reingewinn 41−51−61

bb) Wirtschaftlicher Umsatz über 100 000 bis 300 000 DM:
Rohgewinn I 81; Rohgewinn II 47−57−69;
Halbreingewinn 25−38−50; Reingewinn 21−32−44

cc) Wirtschaftlicher Umsatz über 300 000 DM:
Rohgewinn I 81; Rohgewinn II 38−46−56;
Halbreingewinn 20−27−35; Reingewinn 16−20−28

c) Gruppe Süd

3984 Ab 1992:

Wirtschaftlicher Umsatz

aa) bis 100 000 DM: Rohgewinn II 63−77−88;
Halbreingewinn 41−56−70; Reingewinn 37−50−65

bb) über 100 000 bis 200 000 DM: Rohgewinn II 51−65−82;
Halbreingewinn 27−43−63; Reingewinn 21−36−52

cc) über 200 000 bis 400 000 DM: Rohgewinn II 44−55−68;
Halbreingewinn 22−35−48; Reingewinn 17−27−38

dd) über 400 000 DM: Rohgewinn II 38−49−59;
Halbreingewinn 16−27−41; Reingewinn 10−20−31

3985−3990 *(Einstweilen frei)*

• **Schlosserei – Wirtschaftszweig 239114**

1. Kalkulation

a) Grundlagen der Kalkulation

aa) Materialeinsatz (ohne Hilfsstoffe) gekürzt um 3–5 v. H. für Verschnitt 3991

bb) Fremdleistungen

cc) Produktiver Lohneinsatz

dd) Maschinenstunden

b) Kalkulationsschema

Materialeinsatz (ohne Hilfsstoffe (gekürzt um 3–5 v. H. für Verschnitt)	....	=	
+ Fremdleistungen	+	=	
+ Auschlag auf Materialeinsatz und Fremdleistungen	+	=	
Produktiver Lohneinsatz (ohne Lohn für Maschinenstunden)		....	
+ Aufschlag auf Lohneinsatz	+	=	
Zwischensumme		....	
+ ggf. Aufschlag für Risiko und Gewinn		+	
+ Erlös für Maschinenstunden		+	
= Wirtschaftlicher Umsatz		=	

3992

2. Aufschlag auf den Materialeinsatz und Fremdleistungen

Der Durchschnittssatz beträgt 25 v. H. 3993

Träger und andere Profileisen werden meist nach Fixmaß bezogen, so daß kaum Verschnitt anfällt. Dafür kommt hier ein niedrigerer Aufschlagsatz (10–15 v. H.) zur Anwendung.

3. Lohneinsatz

a) Produktiver Lohneinsatz der Gesellen

3994 Ein Geselle leistet 1 800 bis 1 900 Arbeitsstunden im Jahr bei 40-Stunden-Woche.

b) Produktive Meisterkraft

Die produktive Arbeitsleistung des Meisters beträgt durchschnittlich:

Alleinmeister	2 200 Stunden
Meister mit 1 Gesellen	2 000 Stunden
Meister mit 2 Gesellen	1 500 Stunden
Meister mit 3 Gesellen	1 200 Stunden
Meister mit 4 Gesellen	900 Stunden

Eine höhere Arbeitsleistung des Meisters infolge Arbeitskräftemangel ist möglich und von Fall zu Fall festzustellen.

c) Lohnwerte der Lehrlinge

Lehrlinge im 1. und 2. Lehrjahr 25 v. H. einer Gesellenkraft,
Lehrlinge im 3. und 4. Lehrjahr 50 v. H. einer Gesellenkraft.

d) Maschinenstunden

Für Maschinen- und Schweißarbeit kann im Durchschnitt ⅙ des produktiven Lohneinsatzes angesetzt werden.

Ein höherer Anteil für Maschinenstunden kann bei Bezug des Materials nach Fixmaß und bei Eisenkonstruktionsarbeiten (z. B. Gewächshausbau) angesetzt werden.

4. Aufschlag auf den produktiven Lohneinsatz

3995 Der durchschnittliche Aufschlagsatz liegt zwischen 100 und 160 v. H.

Bei öffentlichen Aufträgen liegt der Aufschlagsatz darunter, bei Reparaturarbeiten und Arbeiten für Privatkundschaft darüber. Bei Schweißarbeiten wird je nach Art der Arbeit bis über 200 v. H. kalkuliert.

5. Erlös pro Maschinenstunde

3996 Maschinenstunden werden in der Schlosserbranche kaum noch in Rechnung gestellt. Diese werden vielmehr durch Anwendung höherer Aufschlagsätze auf den produktiven Lohneinsatz berücksichtigt.

6. Aufschlag für Risiko und Gewinn

Der Ansatz eines Aufschlags für Risiko und Gewinn ist nicht mehr üblich.   3997

7. Kennzahlen

Umsatz je produktive Arbeitskraft im Durchschnitt 50 000 bis 70 000 DM.   3998

8. Richtsätze

a) Gruppe West

Ab 1991:   3999

Wirtschaftlicher Umsatz

aa) bis 200 000 DM: Rohgewinn I 71; Rohgewinn II 47−62−79; Halbreingewinn 23−40−53; Reingewinn 17−32−45

bb) über 200 000 DM bis 500 000 DM: Rohgewinn I 73; Rohgewinn II 40−54−68; Halbreingewinn 19−31−47; Reingewinn 13−22−36

cc) über 500 000 DM: Rohgewinn I 70; Rohgewinn II 32−45−56; Halbreingewinn 14−26−37; Reingewinn 8−17−28

Gruppe Nord-West

Ab 1991:   4000

Wie Gruppe West

c) Gruppe Süd

Ab 1992:   4001

Wirtschaftlicher Umsatz

aa) bis 200 000 DM: Rohgewinn II 52−67−81; Halbreingewinn 25−43−57; Reingewinn 16−35−52

bb) über 200 000 DM bis 500 000 DM: Rohgewinn II 40−54−66; Halbreingewinn 21−33−45; Reingewinn 14−24−35

cc) über 500 000 DM: Rohgewinn II 32−42−51; Halbreingewinn 14−23−31; Reingewinn 8−15−24

(Einstweilen frei)   4002−4005

- **Schreiner, Tischler, Bau- und Möbelschreiner – Wirtschaftszweig 261314, 316314**

1. Kalkulation

a) Allgemeines

4006 Nach Einführung der Mehrwertsteuer hat sich die Kalkulationsmethode nicht wesentlich verändert. Zuschläge für Risiko und Gewinn, sowie Sonderkosten werden seit einigen Jahren nicht mehr berechnet. Das gleiche gilt für Maschinenlöhne, die aus Konkurrenzgründen meistens nicht angesetzt werden. In der Regel wird ein einheitlicher Aufschlag auf den gesamten Lohneinsatz vorgenommen. Dies gilt nicht für die Lieferung und den Einbau von Fertigfenstern und -türen, deren Verkaufspreise sich im allgemeinen nach den Preislisten der Lieferfirmen richten. Die empfohlenen Verkaufspreise für Fertigfenster enthalten bereits die Kosten für den Einbau, während bei Fertigtüren die Kosten hierfür besonders berechnet werden.

Die Fertigfenster und -türen werden vom Holzgroßhandel teilweise an die Bauschreiner, teilweise direkt an die Abnehmer geliefert. Kosten für die Auslieferung des Fertigmaterials entstehen in der Regel nicht. Nebenleistungen, wie der Einbau von Rolladenleisten und -kästen, werden gesondert berechnet.

Berechnungsbeispiele siehe unter Rdnr. 4010.

b) Aufschlag auf den Materialeinsatz

4007 Der Aufschlag auf den Materialeinsatz beträgt in der Regel 10 v. H. Eine Unterschreitung der Aufschlagsätze kommt bei umfangreichen Bauschreinerarbeiten vor. Wird nach dem Nettomaterialeinsatz (abzüglich Verschnitt) kalkuliert, so beträgt der Aufschlag mindestens 20 v. H.

c) Aufschlag auf den produktiven Lohneinsatz

4008 Der Aufschlag auf den Lohneinsatz beträgt 130 bis 150 v. H. In diesen Sätzen sind Zuschläge für Risiko und Gewinn sowie Sonderkosten enthalten. Bei der Lieferung und dem Einbau von Fertigteilen sind diese Aufschlagsätze nicht anwendbar. Bei Behördenaufträgen bestehen gegenüber den übrigen Aufträgen hinsichtlich des Aufschlagsatzes keine wesentlichen Unterschiede. Der Rohgewinn wird jedoch dadurch beeinflußt, daß

Wirtschaftliche Überprüfung des Umsatzes

bei Behördenaufträgen durch Zeitverträge eine Preisbindung insofern eintritt, daß nach den „Leistungsverzeichnissen für Bauunterhaltungsarbeiten" (Herausgeber: Bundesminister für Raumordnung, Bauwesen und Städtebau) zu verfahren ist. Wenn bestimmte Arbeiten nicht in das Preisgefüge der Leistungsverzeichnisse passen, werden von den Betrieben die vorgeschriebenen Preise um entsprechende Aufgebote erhöht.

Bei der Lieferung und dem Einbau von Fertigteilen sind diese Aufschlagsätze nicht anwendbar.

d) Verhältnis Lohneinsatz zum Materialeinsatz

Das Verhältnis Lohneinsatz zum Materialeinsatz kann in Zahlen nicht festgelegt werden, da infolge der Verschiedenartigkeit der ausgeführten Arbeiten der Materialverbrauch sehr ungleich ist und die Löhne eine unterschiedliche Höhe ausweisen. Grundsatz: je höher der Materialverbrauch, um so niedriger der Lohnverbrauch und umgekehrt. 4009

e) Kalkulationsbeispiele

(für Serienanfertigungen, keine Einzelstücke) 4010

aa) Zimmertür (nur lasierfähiges Türblatt aus Limba, Futter und Bekleidung streichfähig)
Größe 88 × 200/16 Wandstärke

Einkaufspreis netto	DM
Türblatt	59,85
abgesperrtes Futter	19,95
Bekleidung aus „Abachi"	12,65
Beschläge	12,55
	105,—
Aufschlag 10 v. H.	10,50
Arbeitszeit 5 Std. × 29,50 DM	147,50
	263,—
15 v. H. Mehrwertsteuer	39,45
Rechnungspreis	302,45

5 Std. = Erfahrungssatz (z. B. bei vollständiger Limbatür einschließlich Futter und Bekleidung aus Limba = 7 bis 8 Stunden, weil sorgfältiger gearbeitet werden muß).

bb) Zimmertür in Limba streichfähig

Fertigungskosten nach den Leistungsverzeichnissen für Bauunterhaltungsarbeiten

55 Tischlerarbeiten (DIN 18355) und
57 Beschlagarbeiten (DIN 18357)

Herausgeber der Leistungsverzeichnisse: Bundesminister für Raumordnung, Bauwesen und Städtebau

Größe 86 × 200/16 cm Wandstärke

OZ		DM
55.03.08	1 Türblatt 200 × 86 cm	83,30
55.03.21 03	9,61 m Türfutter, 16 cm breit, à 7,65 DM	73,52
55.03.22 01	15,12 m Türbekleidungen, 6 cm breit, à 4,55 DM	68,80
55.04.32 02	10,10 m Bekleidungsleisten, à 1,80 DM	18,18
57.02.15 02 03	2 Stück Limba-Bänder, à 3,50 DM	7,—
57.04.01 01 02	1 Stück Zimmertürschloß	19,95
57.05.01 02 03	1 Stück Zimmertürdrücker	11,55
57.05.26 02 03	2 Stück Langschilder, à 5,— DM	10,—
		292,30
Aufschlag 10 v. H.		29,23
		321,53
15 v. H. Mehrwertsteuer		48,22
Rechnungspreis		369,75

cc) Außentür (Kiefer)

Größe 210 × 93/6 cm Stärke

	DM
Kiefernholz	81,67
Profilbretter	37,30
Sperrholz	19,10
Glaswolle	7,21
Herkula-Bänder	8,74
PZ-Zimmertürschloß	11,82
PZ-Zylinder	14,55
Drückergarnitur	12,55
Leim, Schleifmittel, Beize	4,—
	196,94
Aufschlag 10 v. H.	19,69
	216,63
Arbeitszeit 9,5 Std. × 29,50 DM	280,25
	496,88
15 v. H. Mehrwertsteuer	74,53
Rechnungspreis	571,41

dd) Fenster (einflügelig)

Größe 86 × 119 cm, schwedisches Kiefernholz, 52 mm stark. Holz (im Fenster enthalten) 0,715 qm, erhöht durch 33,3 v. H. Verschnitt auf 0,95 qm:

	DM
qm = 47,02 DM bei einem cbm-Preis von	904,40
ergibt für Holz	44,67
Beschlag (verdeckter Beschlag)	31,90
Regenschutzschiene	4,25
Öl und Befestigungsmaterial	5,—
	85,82
Aufschlag 10 v. H.	8,60
	94,42
Arbeitszeit 5 Std. × 29,50 DM (gezahlt an Gehilfen 12,55 DM)	147,50
	241,92
15 v. H. Mehrwertsteuer	36,28
Rechnungspreis	278,20

Bei Thermopaneverglasung erhöhen sich der Holzverbrauch um rd. 25 v. H. und der Preis für Beschläge um rd. 80 v. H.

ee) Vertäfelung

	DM
Endfläche 23,40 qm	
Profilblätter	313,99
Bretter für die Decke	24,37
Bretter für die Eisen	36,12
Glaswolle	29,43
Klammern, Leim, Nägel	5,45
	409,36
Aufschlag 10 v. H.	40,94
	450,30
Arbeitszeit 30 Std. × 29,50 DM (gezahlt an Gehilfen 12,55 DM)	885,—
	1 335,30
15 v. H. Mehrwertsteuer	200,29
Rechnungspreis	1 535,59

Bei Anfertigung von Einzelstücken, z. B. Anrichten, sind folgende Aufschlagsätze festgestellt worden:

10 v. H. auf Werkstoffkosten,
280 v. H. auf Fertigungslöhne – Maschinen,
150 v. H. auf Fertigungslöhne – Handarbeit und
15 v. H. Gewinn auf die Selbstkosten.

2. Kennzahlen

4011 Der Umsatz je produktive Arbeitskraft ist in den letzten Jahren bedingt durch Materialpreis- und Lohnerhöhungen sowie durch weitgehende Mechanisierung und Rationalisierung der Betriebe auf rd. 40 000 DM angestiegen. Bei Betrieben, die über eine moderne Einrichtung verfügen oder die die zu verarbeitenden Materialien bereits einbaufähig (z. B. Türen, Fenster) einkaufen, liegen die Umsatzzahlen je produktive Arbeitskraft zum Teil noch wesentlich höher.

3. Richtsätze

a) Gruppe West

4012 Ab 1992:

Wirtschaftlicher Umsatz

aa) bis 150 000 DM: Rohgewinn I 66; Rohgewinn II 40−60−78; Halbreingewinn 19−37−53; Reingewinn 14−31−46

bb) über 150 000 DM bis 300 000 DM: Rohgewinn I 61; Rohgewinn II 35−47−58; Halbreingewinn 18−28−39; Reingewinn 13−21−31

cc) über 300 000 DM: Rohgewinn I 60; Rohgewinn II 31−40−50; Halbreingewinn 13−22−33; Reingewinn 7−15−23

b) Gruppe Nord-West

4013 Ab 1992:

Wirtschaftlicher Umsatz

aa) bis 150 000 DM: Rohgewinn I 66; Rohgewinn II 40−60−78; Halbreingewinn 19−37−53; Reingewinn 14−31−46

bb) über 150 000 DM bis 300 000 DM: Rohgewinn I 61; Rohgewinn II 35−47−58; Halbreingewinn 18−28−39; Reingewinn 13−21−31

cc) über 300 000 DM: Rohgewinn I 60; Rohgewinn II 31−40−50; Halbreingaewinn 13−22−33; Reingewinn 7−15−23

c) Gruppe Süd

4014 Ab 1992:

Wirtschaftlicher Umsatz

aa) bis 150 000 DM: Rohgewinn II 40−60−78; Halbreingewinn 19−37−53; Reingewinn 14−31−46

Wirtschaftliche Überprüfung des Umsatzes 877

bb) über 150 000 DM bis 300 000 DM: Rohgewinn II 35−47−58;
Halbreingewinn 18−28−39; Reingewinn 13−21−31
cc) über 300 000 DM: Rohgewinn II 31−40−50;
Halbreingewinn 13−22−33; Reingewinn 7−15−23

(Einstweilen frei) 4015−4020

● **Steinmetze − Wirtschaftszweig 222854**

1. Kalkulation in Bausteinmetzbetrieben

a) Grundlagen der Kalkulation sind der Materialeinsatz und der produktive Lohneinsatz

Kalkulationsschema 4021

Materialeinsatz einschl. Frachtkosten	....	
+ Zuschlag	+	= ....
Lohneinsatz	....	
+ Zuschlag	+	= ....
+ ggf. Zuschlag für Risiko und Gewinn		....
= Wirtschaftlicher Umsatz		= ....

b) Zuschlag auf den Materialeinsatz

70−90 v. H. 4022

c) Lohneinsatz

aa) Produktiver Einsatz der Gesellen

Infolge Verkürzung der Arbeitszeit beträgt der produktive Einsatz 4023
eines Gesellen bei normaler Arbeitszeit nur noch 1 800 Stunden jährlich (ohne Überstunden).

bb) Produktive Meisterkraft

Die produktive Arbeitsleistung des Meisters ist in kleineren Betrieben schon aus Gründen der Rentabilität höher.

Folgende Stunden sind zugrunde zu legen:

Alleinmeister	2 000
Meister mit 1 Gesellen	1 700
Meister mit 2 Gesellen	1 400
Meister mit 3 Gesellen	1 000

cc) Lohnwert der Lehrlinge
1. und 2. Jahr 25 v. H. einer Gesellenkraft
3. Jahr 50 v. H. einer Gesellenkraft
4. Jahr 70 v. H. einer Gesellenkraft

d) Zuschlag auf den produktiven Lohneinsatz 120 bis 150 v. H.

4024 Bei Fassadenverkleidungen wird ein Zuschlag wegen Gerüstgestellungen und zusätzlicher Kosten (z. B. Verankerungen) separat berechnet.

e) Maschinenstunden

4025 Maschinenstunden werden im allgemeinen nicht besonders berechnet. Werden Lohnarbeiten ausgeführt, so kann der Wert einer Maschinenstunde mit 80 DM angenommen werden.

f) Kennzahlen

4026 Es kann je produktive Arbeitskraft ein Jahresumsatz von 80 000 bis 120 000 DM angenommen werden.

2. Richtsätze

a) Gruppe West

4027 Ab 1989

aa) Wirtschaftlicher Umsatz bis 300 000 DM:
Rohgewinn I 63; Rohgewinn II 41−56−69;
Halbreingewinn 23−37−51; Reingewinn 16−29−40

bb) Wirtschaftlicher Umsatz über 300 000 DM:
Rohgewinn I 64; Rohgewinn II 37−47−59;
Halbreingewinn 19−28−36; Reingewinn 12−19−26

b) Gruppe Nord-West

4028 Ab 1989:

aa) Wirtschaftlicher Umsatz bis 300 000 DM:
Rohgewinn I 73; Rohgewinn II 47−61−76;
Halbreingewinn 24−39−56; Reingewinn 15−29−45

bb) Wirtschaftlicher Umsatz über 300 000 DM:
Rohgewinn I 71; Rohgewinn II 41−52−62;
Halbreingewinn 20−30−39; Reingewinn 11−19−26

c) Gruppe Süd

Ab 1990: 4029

aa) Wirtschaftlicher Umsatz bis 300 000 DM: Rohgewinn II 40−55−70;
Halbreingewinn 23−35−50; Reingewinn 18−28−41

bb) Wirtschaftlicher Umsatz über 300 000: Rohgewinn II 36−46−57;
Halbreingewinn 16−27−40; Reingewinn 12−20−32

(Einstweilen frei) 4030−4035

• Straßenbaubetriebe − Wirtschaftszweig 300754

1. Kalkulationsgrundlagen

Im Straßenbaugewerbe ist die Wertkalkulation üblich. Die Kalkulation 4036
stützt sich auf den produktiven Lohn-, Material- und Geräteeinsatz
zuzüglich etwaiger Fremdleistungen.

Zum Materialeinsatz gehören auch selbstgewonnene Baustoffe (falls eigener Steinbruch vorhanden) und eigene Fuhrleistungen zur Heranschaffung von Baustoffen.

Kalkulationsschema 4037

Materialeinsatz	....		
+ Fuhrlöhne, Fracht	....	=	....
+ Aufschlag	+	=	....
Lohneinsatz	....		
+ Aufschlag	+	=	....
Geräteeinsatz			
Stundenlohn lt. Baugeräteliste			
× Arbeitsstunden		=	....
Fremdleistungen (lt. Angebot)		=	....
= Wirtschaftlicher Umsatz		=	============

2. Aufschlag auf den Materialeinsatz

4038 Es wurden Aufschlagsätze zwischen 10 und 25 v. H. festgestellt. Dazu ist folgendes zu bemerken:

Bei Leistungsverträgen richten sich die Zuschläge grundsätzlich nach dem Anteil des Lohneinsatzes am Gesamtauftrag. Dementsprechend werden bei Aufträgen mit großem Maschineneinsatz und geringem Lohneinsatz hohe Zuschläge berechnet. Bei Aufträgen mit großem Lohneinsatz und geringem Maschineneinsatz werden dagegen niedrigere Zuschläge in Rechnung gestellt.

Bei Stundenlohn- und Selbstkostenerstattungsverträgen bewegen sich die Aufschlagsätze in der unteren Hälfte des Rahmensatzes.

3. Lohneinsatz

a) Produktiver Lohneinsatz der Gesellen

4039 Ein Geselle leistet im Durchschnitt 1 800 Arbeitsstunden im Jahr.

b) Produktive Arbeitszeit des Meisters

Die produktive Arbeitszeit des Meisters beträgt durchschnittlich:

Meister mit 1 Arbeitskraft	2 000 Stunden
Meister mit 2 Arbeitskräften	1 700 Stunden
Meister mit 3 Arbeitskräften	1 300 Stunden
Meister mit 4 Arbeitskräften	1 100 Stunden
Meister mit 5 Arbeitskräften	700 Stunden
Meister mit 6 Arbeitskräften	400 Stunden

Bei der Berechnung der produktiven Meisterstunden sind nur die Lehrlinge im 3. Lehrjahr zu berücksichtigen, und zwar mit ⅔ einer Arbeitskraft. Bei der Beurteilung der Meisterleistung ist zu berücksichtigen, daß die Leistung des Unternehmers im Durchschnitt mit 10 bis 20 v. H. höher zu bewerten ist als die einer fremden Arbeitskraft.

c) Lohnwerte der Lehrlinge

Die folgenden Lohnwerte können als Anhaltspunkte dienen:

im 1. Lehrjahr	35 v. H. einer Gesellenkraft
im 2. Lehrjahr	50 v. H. einer Gesellenkraft
im 3. Lehrjahr	66 v. H. einer Gesellenkraft

4. Aufschlag auf den Lohneinsatz

Es wurden Aufschlagsätze zwischen 100 und 150 v. H. festgestellt; bei reinen Lohnaufträgen betragen die Aufschlagsätze zwischen 90 und 130 v. H. 4040

5. Maschinenstunden – Geräteeinsatz

Die Maschinenmieten bei An- und Vermietung und die Vorhaltekosten (Kosten für den Einsatz eigener Maschinen, Geräte und Gerüste) werden nach den Sätzen der Geräteliste des Hauptverbandes der Deutschen Bauindustrie (Baugeräte-Liste) berechnet. 4041

Die Berechnung der Vorhaltekosten erfolgt auf der Grundlage einer durchschnittlichen Einsatzmöglichkeit von 1 000 Arbeitsstunden im Jahr (Auslastung ca. 60 v. H.). Ausfälle durch Witterungseinflüsse, notwendige Instandhaltungsarbeiten und Transportstunden sind hierbei berücksichtigt.

6. Aufschlag für Risiko und Gewinn

Es werden in der Regel keine Aufschläge für Risiko und Gewinn mehr erhoben. 4042

(Einstweilen frei) 4043–4045

● Stukkateure, Gipser, Putzarbeiter, Verputzer – Wirtschaftszweig 305004

1. Kalkulationsgrundlage

Materialeinsatz incl. Fremdleistungen	....		4046
+ Aufschlag	+	=	
Produktiver Lohneinsatz	....		
+ Aufschlag	+	=	
		....	
+ ggf. Gewinnaufschlag		+	
= Wirtschaftlicher Umsatz		+	

2. Aufschlag auf den Wareneinsatz und Fremdleistungen

Rahmensatz 10 bis 20 v. H. 4047
Durchschnittsatz 15 v. H.

3. Lohneinsatz

a) Allgemeines

4048 Im Putzgewerbe wird in der Regel in Kolonnen gearbeitet. Die Regel ist, daß 2 Gesellen (Fachkräfte) mit einer Hilfskraft (Hilfsarbeiter) einen Arbeitstrupp bilden. Grundlage für die Kalkulation nach feststehenden Lohnstundensätzen ist der Mittellohn (Lohnverrechnungsschlüssel).

b) Produktiver Lohneinsatz eines Gehilfen

Ein Gehilfe leistet unter Berücksichtigung des Urlaubs rd. 1800–1900 Arbeitsstunden im Jahr.

c) Produktive Meisterarbeit

Die produktive Arbeitsleistung des Meisters beträgt durchschnittlich

bei 1 bis 2 Gehilfen	1 800 Stunden
bei 3 Gehilfen	1 500 Stunden
bei 4 Gehilfen	1 100 Stunden
bei 5 Gehilfen	600 Stunden

d) Lohnwerte der Lehrlinge

Im 1. Lehrjahr	20 v. H. einer Gesellenleistung
im 2. Lehrjahr	40 v. H. einer Gesellenleistung
im 3. Lehrjahr	65 v. H. einer Gesellenleistung

4. Aufschlag auf den Lohneinsatz

4049 Rahmensatz 90–150 v. H.
Durchschnittssatz 120 v. H.

In diesen Sätzen sind die Aufschläge für Risiko und Gewinn enthalten. Bei größerem Anteil am Altbaugeschäft liegt in der Regel ein Durchschnittsaufschlag von mindestens 110 v. H. vor.

5. Aufschlag für Risiko und Gewinn

4050 Rahmensatz 10 bis 20 v. H.

Ein Aufschlagsatz für Risiko und Gewinn wird in der Regel nicht mehr ausgewiesen; siehe die vorstehenden Ausführungen in Rdnr. 4049.

6. Kennzahlen

Lohneinsatz im Verhältnis zum Materialeinsatz bei den üblichen Putzarbeiten: Durchschnitt 75 : 25.   4051

7. Richtsätze

a) Gruppe West

Ab 1992   4052

Wirtschaftlicher Umsatz

aa) bis 200 000 DM: Rohgewinn I 84; Rohgewinn II 57−72−86; Halbreingewinn 33−48−65; Reingewinn 24−42−60

bb) über 200 000 DM bis 500 000 DM: Rohgewinn I 80; Rohgewinn II 43−53−65; Halbreingewinn 19−30−40; Reingewinn 14−24−33

cc) über 500 000 DM: Rohgewinn I 78; Rohgewinn II 37−44−55; Halbreingewinn 12−22−35; Reingewinn 8−17−27

b) Gruppe Nord-West

Ab 1992:   4053

Wirtschaftlicher Umsatz

aa) bis 200 000 DM: Rohgewinn I 84; Rohgewinn II 57−72−86; Halbreingewinn 33−48−65; Reingewinn 24−42−60

bb) über 200 000 DM bis 500 000 DM: Rohgewinn I 80; Rohgewinn II 43−53−65; Halbreingewinn 19−30−40; Reingewinn 14−24−33

cc) über 500 000 DM: Rohgewinn I 88; Rohgewinn II 37−44−55; Halbreingewinn 12−22−35; Reingewinn 8−17−27

c) Gruppe Süd

Ab 1992:   4054

Wirtschaftlicher Umsatz

aa) bis 200 000 DM: Rohgewinn II 57−72−86; Halbreingewinn 33−48−65; Reingewinn 24−42−60

bb) über 200 000 DM bis 500 000 DM: Rohgewinn II 43−53−65;
Halbreingewinn 19−30−40; Reingewinn 14−24−33

cc) über 500 000 DM: Rohgewinn II 37−44−55;
Halbreingewinn 12−22−35; Reingewinn 8−17−27

4055–4060 *(Einstweilen frei)*

- **Tiefbau − Wirtschaftszweig 300794**

1. Kalkulation

4061 Im Tiefbaugewerbe ist die Wertkalkulation üblich. Die Kalkulation stützt sich auf den produktiven Lohn-, Material- und Geräteeinsatz zuzüglich etwaiger Fremdleistungen.

Zum Materialeinsatz gehören auch eigene Fuhrleistungen zur Heranschaffung der Baustoffe und selbstgewonnene Steine (falls eigener Steinbruch vorhanden).

Beispiel einer Einzelkalkulation:

a) Lohneinsatz
Mittellohn der auf der Baustelle
eingesetzten Arbeiter
(ohne Bauführer)
× erforderliche Lohnstunden ....
+ Aufschlag (100−150 v. H.)
130 v. H.   + ... = ...

b) Materialeinsatz
Materialpreis   ....
+ Fuhrlöhne, Fracht   + ... = ...
+ Aufschlag (8−20 v. H.)
10 v. H.   + ... = ...

c) Geräteeinsatz
Stundenlohn lt. Baugeräte-Liste
(Geräteliste der Wirtschafts-
gruppe Bauindustrie)
× Arbeitsstunden   = ...

d) Fremdleistungen (lt. Angebot)   = ...

Gesamtbetrag a) bis d)   = ...
+ Aufschlag für Wagnis u. Gewinn   + ...
                                          Summe   ....

2. Aufschlag auf den Materialeinsatz

Im allgemeinen ist ein Aufschlag von 10 v. H. üblich. Bei Aufträgen zu Festpreisen werden je nach Arbeitslage Aufschläge von 8−20 v. H. kalkuliert.   4062

3. Lohneinsatz

a) Produktiver Lohneinsatz der Gesellen und Arbeiter

Im Tiefbau werden, soweit nicht für Spezialarbeiten – wie z. B. Brunnenbau – Fachkräfte erforderlich sind, kaum noch Gesellen beschäftigt. Bei den Arbeitern ist zu unterscheiden zwischen Stammarbeitern, angelernten Bauhilfsarbeitern und ungelernten Hilfsarbeitern. Der Leistungsgrad ist sehr unterschiedlich.   4063

b) Produktive Meisterkraft

Die Tätigkeit des Betriebsinhabers erstreckt sich in der Regel nicht auf produktive Mitarbeit auf den Baustellen.

c) Lohnwert der Lehrlinge

Der Lohnwert der Lehrlinge ist unbedeutend. Im Tiefbau werden heute in der Regel keine Lehrlinge mehr ausgebildet.

d) Maschinenstunden – Geräteeinsatz

Ausschlaggebend für den Betriebserfolg ist die Einsatzmöglichkeit der vorhandenen Baumaschinen. Die Maschinenmieten bei An- und Vermietung und Vorhaltekosten (Kosten für den Einsatz eigener Maschinen, Geräte und Gerüste) werden nach den Sätzen der Geräteliste des Hauptverbandes der Deutschen Bauindustrie (BGL) berechnet.

Anhaltspunkt für die geleisteten Maschinenstunden bieten das Geräteverzeichnis, die Maschinistenlöhne und der Kraftstoffverbrauch. Die Berechnung der Vorhaltekosten erfolgt auf der Grundlage einer durchschnittlichen Einsatzmöglichkeit der Baumaschinen im Tiefbau bei 1 000 Arbeitsstunden pro Jahr. Ausfälle durch Witterungseinflüsse, notwendige Instandhaltungsarbeiten und Transportstunden sind hierbei berücksichtigt.

4. Aufschlag auf den Lohneinsatz

4064 Der Aufschlag beträgt 100 bis 150 v. H.; bei reinen Lohnarbeiten beträgt der Aufschlagsatz 90 bis 120 v. H.

5. Aufschlag für Risiko und Gewinn

4065 Ein Aufschlag für Risiko und Gewinn wird in der Regel nicht mehr ausgewiesen.

4066–4070 *(Einstweilen frei)*

• Zimmerei – Wirtschaftszweig 308104

1. Kalkulationsgrundlagen

4071 Materialeinsatz (einschl. Fremdleistungen), produktiver Lohneinsatz, Maschinenstunden.

Kalkulationsschema

4072
Materialeinsatz ....
+ Fremdleistungen .... = ...
+ Aufschlag auf Materialeinsatz und Fremdleistungen .... = ...
(Beim Bauholz ist der Verschnitt unbedeutend, weil das Holz nach den erforderlichen Maßen eingekauft wird)
Produktiver Lohneinsatz ....
+ Aufschlag .... = ...
+ Erlös aus Maschinenstunden = ...
+ ggf. Aufschlag für Risiko und Gewinn = ...
= Wirtschaftlicher Umsatz ....

2. Aufschlag auf den Materialeinsatz und auf Fremdleistungen

4073 10 bis 20 v. H.

3. Lohneinsatz

a) Produktiver Lohneinsatz der Gesellen

4074 Ein Geselle leistet im Durchschnitt jährlich 1 800 Arbeitsstunden.

b) Produktive Meisterkraft

Die produktive Arbeitszeit des Meisters beträgt jährlich durchschnittlich bei

Gehilfenzahl	Anzahl der Stunden
1–2	1 900
3	1 700
4	1 400
5	1 200
6	1 000
7–8	500

c) Lohnwerte der Lehrlinge

Erfahrungsgemäß beträgt der produktive Lohnwert einer Lehrlingskraft
im 1. Lehrjahr = 20 v. H. einer Gehilfenkraft
im 2. Lehrjahr = 33⅓ v. H. einer Gehilfenkraft
im 3. Lehrjahr = 50 v. H. einer Gehilfenkraft

4. Aufschlag auf den produktiven Lohneinsatz

140 bis 160 v. H.   **4075**

5. Erlös aus Maschinenstunden

Im Durchschnitt kann der Erlös für eine Maschinenstunden mit 25 bis 35 DM angesetzt werden.   **4076**

6. Aufschlag für Risiko und Gewinn

Der Aufschlag für Risiko und Gewinn beträgt im Durchschnitt 10 v. H. Er wird infolge des scharfen Wettbewerbs in der Regel nicht mehr berechnet.   **4077**

7. Kennzahlen

Umsatz = Materialeinsatz × 2,3   **4078**
Umsatz = Materialeinsatz + produktiver Lohneinsatz ×1,3

8. Richtsätze

a) Gruppe West

Ab 1992:   **4079**
Wie Gruppe Nord-West

b) Gruppe Nord-West

4080 Ab 1992:

Wirtschaftlicher Umsatz

aa) bis 250 000 DM: Rohgewinn I 65; Rohgewinn II 44−57−76; Halbreingewinn 19−35−54; Reingewinn 16−29−45

bb) über 250 000 DM bis 500 000 DM: Rohgewinn I 64; Rohgewinn II 34−44−55; Halbreingewinn 14−24−33; Reingewinn 9−18−28

cc) über 500 000 DM: Rohgewinn I 62; Rohgewinn II 29−37−46; Halbreingewinn 11−19−29; Reingewinn 7−14−21

c) Gruppe Süd

4081 Ab 1992:

Wirtschaftlicher Umsatz

aa) bis 250 000 DM: Rohgewinn II 44−57−76; Hallbreingewinn 19−35−54; Reingewinn 16−29−45

bb) über 250 000 DM bis 500 000 DM: Rohgewinn II 34−44−55; Halbreingewinn 14−24−33; Reingewinn 9−18−28

cc) über 500 000 DM: Rohgewinn II 29−37−46; Halbreingewinn 11−19−29; Reingewinn 7−14−21

4082−4085 *(Einstweilen frei)*

V. Umsatzverprobung Baugewerbe
(stellvertretend für das Baunebengewerbe)

Literatur: *Hilbich,* Die Umsatzkalkulation im Baugewerbe und ihre Anwendung bei der steuerlichen Außenprüfung, StBp 1981, 217; *Krüger,* Baubetriebliche Kalkulation, BBK F. 22, 1109.

4086 Der betriebswirtschaftliche Kalkulationsaufbau der Baubranche gliedert sich wie folgt:

Baustelleneinzelkosten

- Lohnkosten
- Materialkosten
- Rüst-, Schal-, Verbaumaterial
- Geräteeinsatz
- Fremdleistungen

Umsatzverprobung Baugewerbe 889

+ **Baustellengemeinkosten**
- Kosten der Baustelleneinrichtung
- Technische Bearbeitung
- Wagnisse
- Vorhaltekosten
- Betriebskosten
- Bauleitung
- Sonderkosten
+ Allgemeine Geschäftskosten
= Selbstkosten
+ Wagnis und Gewinn
= Nettoangebotspreis
+ Umsatzsteuer
= Bruttoangebotspreis

Die Vollständigkeit der Betriebseinnahmen wird bei kleineren Betrieben von Betriebsprüfern durch **Umsatzverprobung** (Wertkalkulation) überprüft. Sie lehnt sich in Methode und Systematik an die im Betrieb jeweils übliche Preiskalkulation an und rechnet für das Jahr in der Regel summarisch Handelsware, Materialverbrauch und produktiven Lohn- und Maschinenstundeneinsatz mit den **betriebsspezifischen Zuschlägen** bzw. **Verrechnungspreisen** zu den überschläglichen Jahreserlösen hoch.

Zur Umsatznachkalkulation sucht der Prüfer zwangsläufig das Gespräch mit dem Unternehmer bzw. den Mitarbeitern, die für die Kalkulation der Bauaufträge zuständig sind. Wichtig ist für ihn die Feststellung, welche Methoden nach den Zahlen bzw. dem **Abrechnungsverfahren** des Betriebes zum verläßlichsten Ergebnis führt.

Der Prüfer wird zur richtigen Erfassung des Materialeinsatzes die **Materialeinkaufskonten** der Buchführung, die **Lieferantenrechnungen,** aber auch, soweit vorhanden, die Baukonten zuziehen. Zur Preisbildung wird er sich an Angeboten und Nachkalkulationen des Unternehmens orientieren. Die Umsatznachkalkulation hat für den Prüfer **vielfältige Bedeutung.** Sie ist

- **Verprobungsmethode** zur Vollständigkeit der Betriebserlöse
- **Schätzungsverfahren** bei wesentlichen Abweichungen
- **Orientierungshilfe** für die Erfassung und Bewertung teilfertiger Bauten (Rdnr. 1685 ff., 2890)

- **Erkenntnisquelle** für das Vorliegen von Leistungen für die nicht betriebliche Sphäre bzw. Eigenleistungen

Die Umsatzverprobung folgt für das Baugewerbe folgendem **Grundkalkulationsschema:**

Materialeinsatz ....
+ Fracht ....
+ Fremdleistungen ....
Summe ....
∕. Abschlag für Verschnitt, Bruch, Nichtverwertbarkeit z. B. 10 v. H. ....
Summe ....
+ Aufschlag (6−20 v. H.; ∅ 10 v. H.)[1] ....
Summe ....
+ Produktiver Lohneinsatz[2] ....
+ Geräteeinsatz[1] ....
= Wirtschaftlicher Umsatz ....

Der Geselle leistet z. Z. ca. 1 700 Arbeitsstunden im Jahr. Das ist gleichzeitig Richtschnur für die **produktive Meisterleistung:**

Die produktive Arbeitsleistung des Unternehmers beträgt durchschnittlich für

Meister mit 1 bis 2 Gesellen	ca.	1 700 Stunden
Meister mit 3 Gesellen	ca.	1 400 Stunden
Meister mit 4 Gesellen	ca.	850 Stunden
Meister mit 5 Gesellen	ca.	550 Stunden

Lohnwerte der Lehrlinge

Im 1. Lehrjahr	0 v. H. einer Gesellenleistung
im 2. Lehrjahr	25 v. H. einer Gesellenleistung
im 3. Lehrjahr	45 v. H. einer Gesellenleistung

Die Ermittlung der **produktiven Arbeitsstunden** von Betriebsinhaber und Beschäftigten ist die **Schwachstelle** der Verprobung und zugleich der Hauptansatzpunkt des Unternehmers. Als produktiv gelten nur die Stunden, die an den Kunden als Leistung weiterberechenbar sind. Die o. a. Zahlen sind **Richtwerte** und daher nur Anhaltspunkte bzw. **Orientierungshilfe.** Um genauere betriebsspezifische Werte zu erhalten muß der Prüfer

---

1 Einschl. Wagnis und Gewinn
2 Produktive Stunden × Bruttolohn × Aufschlagsatz.

jeweils z. B. Lohnabrechnungen, Stundenzettel, Meldungen an die Urlaubs- und Krankenkasse heranziehen und wie folgt auswerten:

    365 Kalendertage
./. 104 Sonn- und Feiertage
./.   9 Gesetzliche Feiertage
./. 21 Urlaubstage
./. 11 Krankentage

= 220 Arbeitstage × 8 Stunden =   1 760 Arbeitsstunden im Jahr
+ Überstunden nach Lohnzahlung   81 Stunden
./. Ausfallstunden (Arztbesuche,
    Schulungen, Freistellungen usw.)   105 Stunden
= Produktive Arbeitsstunden   1 736 Stunden

Der Aufschlag auf den produktiven Lohneinsatz folgt den Kosten der Betriebe und bewegt sich zwischen 100 und 150 v. H. bei einem **Mittelwert von 130 v. H.** Der Aufschlag schließt Risiko, Gewinn und Gerätevorhaltung in der Regel ein.

Größere **Gerätevorhaltung** wird dem Auftraggeber nach den Sätzen der **Geräteliste** des Hauptverbandes der Deutschen Bauindustrie berechnet. Sie geht von einer durchschnittlichen Einsatzmöglichkeit von im Tiefbau jährlich 1 000 und im Hochbau 1 440 Stunden aus.

Dienstleistungsbetriebe und **kleinere Handwerker** rechnen ihre Leistungen nach Materialeinsatz und angefallenen Arbeitsstunden wie folgt zu festen **Stundenverrechnungssätzen** ab:

Materialeinsatz	...........DM	
+ ......v. H. Aufschlag	...........DM	...........DM
+ produktive Arbeitsstunden:		
Meister	...........Std.	
Geselle	...........Std.	
ggf. Lehrlinge	...........Std.	
zusammen	...........Std. × ....DM[1]	...........DM
= Erlös netto		...........DM
+ 15 v. H. Umsatzsteuer		...........DM
= Erlös brutto		...........DM

1 Stundenverrechnungssatz

Der Stundenverrechnungssatz enthält Gemeinkosten-, Wagnis- und Gewinnzuschlag. Er läßt sich aus den **Ausgangsrechnungen** entnehmen. Vereinzelt wird je nach dem Vorgehen des Betriebes differenziert nach Meister-, Gesellen- und Lehrlingsverrechnungspreisen.

Vor **Abstimmung** mit dem erklärten wirtschaftlichen Umsatz ist der kalkulatorische Umsatz wie folgt zu korrigieren:

Umsatz laut Nachkalkulation
∕. teilfertige Arbeiten 31. 12. zu Abrechnungspreisen
+ teilfertige Arbeiten 1. 1. zu Abrechnungspreisen

= kalkulatorische Bauleistungen im Jahr
∕. Summe der Nettoumsätze laut GuV-Rechnung

= zu klärende Differenz

Als **Begründungen** für sich kalkulatorisch ergebende Fehlumsätze haben vor allem die **Besonderheiten** der Preisbildung Bedeutung. Fest-, Einheits- oder Wettbewerbspreise und viele öffentliche Aufträge verändern die tatsächlichen Umsätze nach unten. Preisbildungspraxis und Realität sind im Wettbewerb des Marktes selten kongruent. Als Begründung muß auch daran gedacht werden, ob die **teilfertigen Bauten** (Rdnr. 1685 ff., 2890) voll erfaßt und richtig bewertet wurden bzw. fertige, noch nicht abgerechnete Arbeiten in der Bilanz fehlen.

Im Einzelfall kann ein Fehlumsatz Hinweis auf unvollständig erfaßtes **Vorratsvermögen** am Jahresende sein. Auch beachtliche **Garantie-** bzw. kostenlose **Kulanzleistungen** (Rdnr. 1616 ff.) können für kalkulatorische Fehlumsätze ursächlich sein. Es sollten aus dem Materialeinsatz Verbräuche (Garantieleistungen) eliminiert werden, die erkennbar nicht zu erlösbildenden Umsätzen wurden.

Kein produktiver Lohneinsatz sind die Zahlungen an die nur **mittelbar produktiv** tätigen Arbeitnehmer wie Bauzeichner, Fahrer, Poliere, Techniker usw. Die **produktiven Lohnsummen** dürfen auch nicht den Arbeitgeberanteil zur Sozialversicherung und keine Beiträge zu ZVK bzw. Urlaubskasse (Rdnr. 2899 ff.), keine Lohnfortzahlungsbeträge und weder freiwillige soziale Aufwendungen noch Feiertagslöhne usw. enthalten.

4087–4110 *(Einstweilen frei)*

VI. AfA-Tabellen

Die folgenden AfA-Tabellen sind vom BMF und den FinMin der Länder herausgegeben. Sie sind in der zur Veröffentlichung freigegebenen Bp-Kartei, a. a. O., Teil III, bei den nachfolgenden Wirtschaftszweigen aufgeführt.

1. Maler, Lackierer, Anstreicher

Die Tabelle gilt für alle Anlagegüter, die nach dem 31. 12. 1977 angeschafft oder hergestellt worden sind.

4111

Besondere Vorbemerkungen nur für diesen Wirtschaftszweig: Branchenübliche Einflüsse von Nässe, Staub, Säuren und Laugen sowie Kälte- und Hitzeeinwirkungen sind bei der Ermittlung der Nutzungszeiten berücksichtigt.

Lfd. Nr.	Anlagegüter	Nutzungsdauer (ND) i. J.	Linearer AfA-Satz v. H.
1	2	3	4
1	Geräte zur Vorbehandlung von Untergründen		
	1.1 Tapetenentfernungsgeräte, Elektrische Heizung	3	33
	1.2 Reinigungsgeräte		
	1.21 Hochdruckreiniger, Kaltwasser –	5	20
	1.22 Hochdruckreiniger, Heißwasser- und Dampf –	5	20
	1.23 Teppichreinigungsgeräte, transportable	4	25
	1.24 Staubsauger, Industrie –	3	33
	1.3 Entrostungsgeräte		
	1.31 Nadelpistolen, Druckluft –	3	33
	1.32 Sandstrahlgeräte einschließlich Kompressoren, transportable	7	14
	1.33 Flammstrahlgeräte	3	33
	1.331 Straßenaufrauh-Brenner	4	25
2	Mischgeräte		
	2.1 Handmischer, elektrische	3	33
	2.11 Schnellmischer, ortsfeste und Handmischer mit Stativ	5	20
	2.12 Mischmaschinen mit Waagen	5	20
	2.2 Zwangsmischer bis 100 l Fassungsvermögen mit Elektro-, Diesel- oder Benzinmotor	5	20

Lfd. Nr.	Anlagegüter	Nutzungs- dauer (ND) i. J.	Linearer AfA-Satz v. H.
1	2	3	4

3 Beschichtungsgeräte

3.1	Spritzgeräte		
	3.11 Airlessgeräte	5	20
3.2	Spritzgeräte, elektrostatische		
	3.21 Handsprühpistolen mit Zuleitung	4	25
	3.22 Generatoren	5	20
3.3	Spritzanlagen, Metall –		
	3.31 Metallspritzpistolen einschließlich Schalttafeln	5	20
3.4	Spritzgeräte für Spachtelmasse und Kunstharzputze	5	20
3.5	Farbdruckgefäße	5	20
3.6	Flutanlagen, transportable	5	20

4 Tapetenbeleimgeräte

4.1	Tapetenbeleimgeräte	3	33

5 Kompressoren

5.1	Kompressoren, ortsfeste und nicht verankerte Ansaugleistung über 1,0 m³/min		
	5.11 Kolbenpumpen mit Elektro- oder Dieselantrieb	10	10
	5.12 Rotationskompressoren mit Elektro- oder Dieselantrieb	10	10
	5.13 Schraubenpumpen mit Elektro- oder Dieselantrieb	8	12
5.2	Kompressoren, fahrbare oder transportable mit Elektro-, Diesel- oder Benzinmotor, Ansaugleistung bis 1,0 m³/min	5	20
5.3	Kompressoren, fahrbare Ansaugleistung über 1,0 m³/min		
	5.31 Kompressoren mit Verbrennungsmotor oder Elektromotor	7	14

Lfd. Nr.	Anlagegüter	Nutzungs- dauer (ND) i. J.	Linearer AfA-Satz v. H.
1	2	3	4
6	**Absaug- und Trockenanlagen**		
	6.1 Farbspritzstände (Spritzboxen)		
	6.11 Farbspritzwände, transportable	5	20
	6.12 Farbspritzwände, ortsfeste	10	10
	6.2 Lackier- und Trockenkabinen		
	6.21 Spritzkabinen mit Wasserauswaschung	10	10
	6.22 Spritz- und Trockenboxen, kombinierte mit Trockenabscheidung	10	10
	6.3 Trocken- und Einbrennanlagen		
	6.31 Trockenkammern mit Umlufttrocknung	10	10
	6.32 Trocknungsanlagen, Durchlauf – bis 150 m lang	10	10
	6.33 Infrarottrockner, fahrbare	5	20
	6.4 Absaug- und Belüftungsgeräte mit Elektroantrieb		
	6.41 Exhaustoren, transportable	5	20
	6.42 Zuluftanlagen, ortsfeste	7	14
7	**Heizgeräte** (Raumtrockner, Heizregister)	5	20
8	**Gerüste und Fahrgerüste aus Stahl- oder Leichtmetall-Steckrahmen, Hebebühnen und Sicherheitsleitern**		
	8.1 Gerüste und Fahrgerüste aus Stahlrohr einschließlich Rahmentafeln aller Art	8	12
	8.2 Leichtmetallgerüste einschließlich Rahmentafeln aller Art	5	20
	8.3 Hebebühnen mit hydraulischem Antrieb, auf Fahrzeug montiert (ohne Fahrzeuge)	8	12
	8.4 Hubgelenkbühnen (Sky Lifte)	6	17
	8.5 Sicherheitsleitern, fahrbare (Montage-Anhängeleitern)	8	12
9	**Materialaufzüge und Hubgeräte**		
	9.1 Material- oder Gerüstaufzüge	5	20
	9.2 Palett-Hubwagen, hydraulische	7	14
	9.21 Palett-Hubwagen, Elektro –	7	14
	9.3 Gabelstapler	8	12

Lfd. Nr.	Anlagegüter	Nutzungs- dauer (ND) i. J.	Linearer AfA-Satz v. H.
1	2	3	4
10	**Kraftfahrzeuge und Anhänger**		
	10.1 Anhänger, einachsige für Pkw und Kombifahrzeuge	6	17
11	**Spezialgeräte**		
	11.1 Stromerzeuger, transportable		
	11.11 bis 3,4 KVA	5	20
	11.12 3,5 bis 7,4 KVA	8	12
	11.2 Straßenmarkierungsgeräte		
	11.21 Markierungsgeräte, handgeführte	5	20
	11.22 Markierungsgeräte, mit Fahrantrieb	6	17
	11.3 Funksprechanlagen für Kfz und Baustellen, einschließlich Sender	5	20
	11.4 Schutzgeräte		
	11.41 Sandstrahl-Schutzhelme mit Gurt und Druckluft-Feinfilter	2	50
12	**Geräte zum Verlegen von Fußbodenbelägen**		
	12.1 Bodenschleifmaschinen	5	20
	12.2 Handschleifmaschinen für Spachtelmassen	3	33
	12.3 Fugenfräser	3	33

2. Gerüstbau

4112 Die Nutzungsdauer der Gerüste hängt von Art und Materialeinsatzgrad ab.

Bei **Stahlrohr-, Kupplungsgerüsten** und **Gerüsten von vorgefertigten Teilen** geht die Finanzverwaltung bei einem Materialeinsatzgrad von 65 v. H. (Jahresdurchschnitt, Materialumschlag 2 bis 8mal) und bei normalen Anforderungen von einer **Nutzungsdauer von 7 Jahren** aus.

Bei **Leitergerüsten** beträgt die entsprechende **Nutzungsdauer 6 Jahre**.

Die Nutzungsdauer vermindert sich bei höherem Materialeinsatzgrad und erschwerten Anforderungen, z. B. bei chemischen Werken oder Abbrucharbeiten.

Der technische Fortschritt durch Neuentwicklungen von Gerüstteilen und -systemen, die Einführung neuer DIN-Normen ab 1976 sowie die nur noch eingeschränkte Einsatzmöglichkeit von vorhandenen Gerüst-Kupplungen ohne die ab 1976/1977 erforderlichen Prüfzeichen bewirken, daß unter Umständen außergewöhnliche wirtschaftliche oder technische AfA in Betracht kommen (vgl. hierzu Bp-Kartei, a. a. O., Teil III, Gerüstbau, Abschn. IV 2 c).

3. Glaserei

Anlagegüter	Nutzungs-dauer in Jahren	Linearer AfA-Satz (v. H.)
Anlagen zum Schleifen, Gravieren und Anbringen von Dekorationsschliffen		
a) von Hohlglas (Schleifböcke usw.)	5	20
b) Schleiftische für Flachglas	10	10
c) Halb- oder vollautomatische Schleifanlagen	10	10
Anlagen zum Polieren		
a) Poliertische für Flachglas	10	10
b) Polierapparate für Flachglas	10	10
c) Halb- oder vollautomatische Polieranlagen für Flachglas	10	10
Anlagen zur Bearbeitung von Glas		
a) Absprengmaschinen	10	10
b) Verschmelzmaschinen für Hohlglas	10	10
c) Biegeöfen (Koks- u. elektrische Öfen)	10	10
d) Maschinen zur Herstellung von gehärtetem Glas	10	10
e) Maschinen zur Herstellung von Verbundglas	10	10
f) Maschinen zur Herstellung von Spiegeln (Belege-Lackiermaschinen)	10	10
g) Maschinen zur Kantenbearbeitung	10	10
h) Glaszuschneidemaschinen	10	10
Anlagen zum Mattieren und Ätzen mit Säure		
a) für Hohlglas	4	25
b) für Flachglas	5	20

Anlagegüter	Nutzungs-dauer in Jahren	Linearer AfA-Satz (v. H.)
Sandblasanlagen		
a) für Hohlglas	5	20
b) für Flachglas	5	20
Glasbohrmaschinen	10	10
Sonstiges		
Preßluft- und Saugluftleitungen	10	10
Glaswaschmaschinen	10	10

4. Heizungs-, Gas- und Wasserinstallation, Klempnerei

4114

Anlagegüter	Nutzungs-dauer in Jahren	Linearer AfA-Satz (v. H.)
Gewindeschneidemaschinen	6	16
Handbohrmaschinen, elektr.	4	25
Mauerfräsen	4	25
Prüfgeräte	5	20
Schweiß- und Lötgeräte	10	10
Hochregallager	15	7

5. Schreiner, Tischler, Bau- und Möbelschreiner

4115 Die AfA-Tabelle für den Wirtschaftszweig „Holzverarbeitende Industrie" kann für die holzverarbeitenden **Handwerksbetriebe** nicht angewandt werden. Nach dem BdF-Schreiben vom 14. 4. 1971 IV B 1 S 1478 – 16/71 an den Verband des deutschen Tischlerhandwerks (Bp-Kartei, a. a. O., Teil III, Schreiner, Abschn. IV 2 a) können sich zwar auch im Handwerksbetrieb bei der Verarbeitung moderner Werkstoffe einzelne Verschleißteile der Anlagegüter, wie Messer, Falzköpfe, Sägeblätter usw. schneller abnutzen. Es fallen dann ggf. höhere Reparaturaufwendungen an. Die Nutzungsdauer der Anlagegüter selbst wird aber dadurch nicht nachteilig beeinflußt. Die für diese Anlagegüter in Abschnitt C der AfA-Tabelle für die allgemein verwendbaren Anlagegüter angegebenen AfA-Sätze haben sich nach den Erfahrungen des BdF als ausreichend erwiesen.

In Ausnahmefällen, z. B. bei einem größeren Handwerksbetrieb, der zur serienmäßigen Fertigung übergegangen ist, ist zu prüfen, ob der Betrieb den Industriebetrieben zuzurechnen ist. In diesen Fällen hat die Finanzverwaltung keine Bedenken gegen die Anwendung der AfA-Tabelle für die holzverarbeitende Industrie.

6. Steinmetze

Lfd. Nr.	Anlagegüter	Nutzungsdauer (ND) i. J.	Linearer AfA-Satz v. H.
1	2	3	4

A. Bagger und Kräne

Lfd. Nr.	Anlagegüter	ND	AfA
1	Bagger		
	a) im Steinbruch	5	20
	b) sonstige	9	11
2	Derrikkräne (Metall)		
	a) im Steinbruch	5	20
	b) sonstige	8	12
3	Derrikkräne (Holz)		
	a) im Steinbruch	4	25
	b) sonstige	6	17

B. Sägemaschinen

Lfd. Nr.	Anlagegüter	ND	AfA
1	Bandsägen		
	a) Industrie	6	17
	b) Handwerk	8	12
2	Carborundsägen		
	a) Industrie	6	17
	b) Handwerk	8	12
3	Diamantkreissägen		
	a) Industrie	6	17
	b) Handwerk	8	12
4	Drahtseilsägen	4	25
5	Steinsägegatter (mit vier Ständern)	15	7
6	Trennsägen (mit zwei Ständern)	4	25

Lfd. Nr.	Anlagegüter	Nutzungs- dauer (ND) i. J.	Linearer AfA-Satz v. H.
1	2	3	4

C. Sonstige Bearbeitungsmaschinen

1	Hobel- und Fräsmaschinen a) Industrie b) Handwerk	6 8	17 12
2	Schleifmaschinen (Wandarm-, Ständer-, Vertikalschleifmaschinen) a) Industrie b) Handwerk	6 8	17 12

D. Verschiedene Anlagegüter

1	Besandungspumpen (Panzerpumpen)	3	33
2	Elektrische Anlagen a) im Steinbruch b) sonst: wie nicht branchegebundene	8	12
3	Entstaubungsanlagen	8	12
4	Kompressoren a) im Steinbruch stat. b) im Steinbruch fahrbar	8 5	12 20
5	Kraftfahrzeuge a) Sonderkonstruktion für Steintransporte b) sonstige wie nicht branchegebundene	3	33
6	Schöpfräder	4	25

7. Straßenbaubetriebe

4117 Die Tabelle gilt für alle Anlagegüter, die nach dem 31. 12. 1989 angeschafft oder hergestellt worden sind (BMF v. 26. 1. 1990, BStBl II 67).

Die Tabelle gilt für alle folgenden Wirtschaftszweige:

031 10 Landschaftsgärtnerei
300 71 Erdbewegungsarbeiten, Landeskulturbau
300 73 Wasser- und Wasserspezialbau (tlw.)
300 75 Straßenbau
300 79 Tiefbau (anderweitig nicht genannt)

AfA-Tabellen

Lfd. Nr.	Anlagegüter	Nutzungs- dauer (ND) i. J.	Linearer AfA-Satz v. H.
1	2	3	4
1	**Baustelleneinrichtung**		
1.1	Bauwagen	8	12
1.2	Baucontainer	10	10
1.3	Bauzaun	3	33
1.4.1	Meßgeräte mechanisch	8	12
1.4.2	Meßgeräte elektronisch	5	20
2	**Luftbereifte Ladegeräte**		
2.1	Radlader	4	25
2.2	Baggerlader	4	25
2.3	Kompaktlader	4	25
3	**Raupenfahrzeuge**		
3.1	Planierraupe	4	25
3.2	Laderaupe	4	25
3.3	Moorraupe	4	25
4	**Bagger**		
4.1	Seilbagger	6	17
4.2	Hydraulikbagger		
4.2.1	bis 0,5 m^3 Löffelinhalt	5	20
4.2.2	bis 1,0 m^3 Löffelinhalt	7	14
4.2.3	über 1,0 m^3 Löffelinhalt	8	12
4.3	Teleskopbagger	7	14
5	**Platz-, Wegebaumaschinen**		
5.1	Fertiger	6	17
5.2	Grader	5	20
5.3	Stampfer (Vibrations-) Explosionsstampfer	4	25
5.4	Flächenrüttler	4	25
5.5	Dynamische Walzen (Vibrationswalzen)	4	25
5.6	Statische Walzen	10	10
5.7	Verlegemaschinen f. Verbundsteinpflaster	4	25
5.8	Bitumenpumpen	6	17
5.9	Fugenschneider	4	25

Lfd. Nr.	Anlagegüter	Nutzungs- dauer (ND) i. J.	Linearer AfA-Satz v. H.
1	2	3	4
6	**Bodenbearbeitungsgeräte**		
	6.1 Traktor	8	12
	6.2 Anbaugeräte	4	25
	6.3 Einachsfräse (selbstfahrend)	4	25
	6.4 Planieregge (selbstfahrend)	4	25
	6.5 Rasenbaumaschinen	4	25
	6.6 Grabenfräse	4	25
	6.7 Tragbarer Erdlochbohrer	3	33
	6.8 Pfostenramme	4	25
	6.9 Erdbelüfter	4	25
	6.10 Verfüllschnecke	4	25
7	**Pflegegeräte**		
	7.1 Mäher, nicht selbstfahrend	2	50
	7.2 Spindelmäher, selbstfahrend	4	25
	7.3 Sichelmäher, selbstfahrend	4	25
	7.4 Schlegelmäher, selbstfahrend	4	25
	7.5 Balkenmäher, selbstfahrend	4	25
	7.6.1 Gras- und Laubaufnahmegeräte, selbstfahrend	5	20
	7.6.2 Gras- und Laubaufnahmegeräte, nicht selbstfahrend	5	20
	7.7 Pflege, Anbaugeräte	4	25
	7.8 Besandungsgeräte, Sandstreumaschinen	5	20
	7.9 Vertikutiergeräte	4	25
	7.10 Aerifiziergeräte	5	20
	7.11 Freischneidegeräte	4	25
	7.12 Motorheckenschneidegeräte	4	25
	7.13 Rasensodenschneider	4	25
8	**Sonstige Geräte**		
	8.1 Kompressor	6	17
	8.2 Motorpumpen	6	17
	8.3.1 Hubarbeitsbühnen auf Lkw	6	17
	8.3.2 Hubarbeitsbühnen auf Anhänger	6	17
	8.4 Mechanische Leitern	8	12
	8.5 Betonmischer	6	17
	8.6 Motorsägen	3	33
	8.7 Bohrmaschine	6	17

AfA-Tabellen

Lfd. Nr.	Anlagegüter	Nutzungs-dauer (ND) i. J.	Linearer AfA-Satz v. H.
1	2	3	4
8.8	Bohrhammer	3	33
8.9	Elektromeißel	3	33
8.10	Stromerzeuger	3	33
8.11	Trennschleifer/Steintrennmaschinen	4	25
8.12	Greifzüge	8	12
9	**Fuhrpark/Transportgeräte**		
9.1	Pkw*)	4	25
9.2	Kombi*)	4	25
9.3	Lkw	4	25
9.4	Ladekran für Lkw	6	17
9.5	Container-Lkw	4	25
9.6	Anhänger	6	17
9.7.1	Lkw-Tiefladeanhänger bis 5,0 t	6	17
9.7.2	Lkw-Tiefladeanhänger über 5,0 t	8	12
9.8	Dumper/Motorkarre	4	25
10	**Maschinen für Spezialarbeitsgebiete**		
10.1	Baum-Verpflanzmaschine	5	20
10.2.1	Holzhäcksler/Buschhacker bis 10 cm Schnittgutbreite	3	33
10.2.2	Holzhäcksler/Buschhacker über 10 cm Schnittgutbreite	4	25
10.3	Kompostsiebanlage	5	20
10.4	Erdaufbereiter (Shredder + Siebanlage)	4	25
10.5	Stubbenfräse	4	25
10.6	Kehrmaschinen	6	17
10.7	Schneeräumgeräte	6	17
10.8	Ladeschiene	10	10
10.9	Dampfstrahler	5	20

*) Bei Anschaffung/Herstellung nach dem 31. 12. 1992 wurde die betriebsgewöhnliche Nutzungsdauer in der AfA-Tabelle für allgemein verwendbare Wirtschaftsgüter auf 5 Jahre und der maßgebliche AfA-Satz auf 20 v. H. geändert (BMF v. 3. 12. 1992, BStBl I 743).

8. Tiefbau

Lfd. Nr.	Anlagegüter	Nutzungs-dauer (ND) i.J.	Linearer AfA-Satz v.H.
1	2	3	4
1	**Geräte für Betonherstellung und Materialaufbereitung**		
1	Trommel-, Trog- und Tellerkleinmischer bis 225 l	5	20
2	Trommelmischer ab 250 l	8	12
3	Trog- und Tellermischer ab 250 l (automatisch) einschl. Mischerbühnen und Mischerportale	6	17
4	Transportbetonmischer	6	17
5	Betonnachmischer für Stollenbau	6	17
6	Mischtürme	8	12
7	Waagen aller Art für Zuschlagstoffe	6	17
8	Waagen aller Art für Zement	6	17
9	Raummäßige Abmeßvorrichtungen für Zuschlagstoffe und Zement	8	12
10	Abzugsbänder, Schubwagenspeiser	8	12
11	Stoß- und Pendelaufgeber, Dosierschieber	8	12
12	Vibrorinnen	8	12
13	Stählerne Silos für Zuschlagstoffe und Zement, einschl. Silozubehör (Verschlüsse, Abluftfilter, Bunkerstandsanzeiger)	8	12
14	Steinbrecher und Mühlen	10	10
15	Schwingsiebe	6	17
16	Windsichter	6	17
17	Sandrückgewinnungsschnecken, Schöpfräder	8	12
18	Sandfänge	8	12
19	Waschtrommeln	8	12
20	Schwertauflöser	8	12
21	Wasch- und Sotieranlagen	8	12
22	Hydraulische Sandaufbereitungsanlagen	6	17
23	Außenrüttler	4	25
24	Innenrüttler	3	33
25	Frequenz- und Spannungswandler	5	20
2	**Hebezeuge und Transportgeräte**		
1	Turmkrane		
	a) mit Lastmoment bis 150 kNm	7	14
	b) mit Lastmoment über 160 kNm	8	12
2	Kabelkrane	8	12
3	Derrik-Krane	12	8

AfA-Tabellen 905

Lfd. Nr.	Anlagegüter	Nutzungs- dauer (ND) i. J.	Linearer AfA-Satz v. H.
1	2	3	4
4	Portalkrane	8	12
5	Brückenkrane	15	7
6	Mobilkrane	8	12
7	Autokrane		
	a) bis 30 t Hubgewicht	6	17
	b) über 30 t Hubgewicht	8	12
8	Lastaufnahmemittel für Krane	4	25
9	Motor-Seilwinden	10	10
10	Handkabelwinden	4	25
11	Greifzüge	8	12
12	Hand- und Radialschrapperanlagen	6	17
13	Elektrozüge	12	8
14	Bauaufzüge	7	14
15	Becherwerke (Elevatoren)	8	12
16	Förderbänder	7	14
17	Plattenbänder	7	14
18	Förderschnecken	7	14
19	Betonpumpen und Betonverteilermaste	6	17
20	Autobetonpumpen	6	17
21	Pneumatische Betonförderanlagen (mit Betonförderrohren)	6	17
22	Mörtelförder- und Verputzgeräte	4	25
23	Betonspritzgeräte	8	12
24	Zementpumpen und Zubehör	8	12
25	Verpreßpumpen für Zementmörtel	5	20
26	Unterwasserbetoniereinrichtungen	5	20
27	Hydraulische Pressen und Pumpen	8	12
28	Rohrgehänge, Rohrpreßgeräte mit Vortriebspressen	6	17
29	Elektrokarren, Dieselkarren, Hubstapler	8	12
30	Diesellokomotiven, Elektrolokomotiven	10	10
31	Kastenkipper, Muldenkipper, Betonkipper, Plattformwagen, Drehschemelwagen	10	10
32	Schienenmaterial	15	7
33	Rahmengleis	10	10
34	Hydraulische Schalungshubwagen	6	17
35	Hydraulische Schalungskipptische	6	17
36	Weichen	8	12
37	Einschienenbahn	4	25
38	Vorderkipper	4	25
39	Tieflader	8	12

Lfd. Nr.	Anlagegüter	Nutzungs-dauer (ND) i. J.	Linearer AfA-Satz v. H.
1	2	3	4

3 Bagger, Flachbagger, Rammen, Bodenverdichter

1	Bagger		
	a) Hydraulikbagger		
	aa) bis 35 kW Motorleistung	5	20
	bb) ab 36 kW Motorleistung	7	14
	cc) ab 151 kW Motorleistung	8	12
	b) Dieselbagger auf Raupen		
	aa) leichte, bis 30 kW Motorleistung	6	17
	bb) mittelschwere, ab 31 kW Motorleistung	8	12
	cc) schwere, ab 75 kW Motorleistung	10	10
	c) Teleskopbagger	7	14
	d) Eimerkettentrockenbagger, Schaufelradbagger	15	7
2	Grabenbagger		
	a) Grabenfräsen		
	aa) bis 35 kW Motorleistung	5	20
	bb) ab 36 kW Motorleistung	8	12
	b) Schaufelradgrabenbagger auf Raupen	8	12
3	Schlitzwandmaschinen (Greifer, Meißel und Abschalrohre für Schlitzwände)	4	25
4	Planierraupen, Ladegeräte auf Raupen	4	25
5	Luftbereifte Lade- und Planiergeräte, Baggerlader	4	25
6	Motorschürfwagen, Schürfkübelraupen	4	25
7	Anhänge-Schürfwagen	6	17
8	Grader (Motorstraßenhobel)	5	20
9	Freifallrammen mit Dieselantrieb	8	12
10	Universaldampframmen	12	8
11	Fahrbare Rammgerüste	8	12
12	Universalrammen, dieselhydraulisch oder für Explosionsbären, auf Schienen oder Raupen	8	12
13	Rammeinrichtungen zum Anbau an Bagger, Mäkler	5	20
14	Freifallrammen, Dampframmbären, Freifallbirnen	12	8
15	Druckluftrammbären	8	12
16	Dieselbären und Dieselpfahlzieher	5	20

Lfd. Nr.	Anlagegüter	Nutzungs-dauer (ND) i. J.	Linearer AfA-Satz v. H.
1	2	3	4
17	Elektrovibrationsbären, Hydraulikvibrationsbären	4	25
18	Rammhämmer und Pfahlzieher	8	12
19	Rammunterwagen	12	8
20	Rammhauben (Schlaghauben)	5	20
21	Felsmeißeleinrichtungen, Betonzertrümmerungsgeräte	5	20
22	Flächenrüttler, Vibrostampfer, Explosionsstampframmen	4	25
23	Kranrüttler, Tiefenrüttler	4	25
24	Glattwalzen (Dieseldreirad- und Tandemwalzen), Schaffußwalzen	10	10
25	Gummiradwalzen	8	12
26	Vibrationswalzen	4	25
4	**Geräte für Brunnenbau-, Erdbohrungen und Wasserhaltung**		
1	Abteufpumpen	8	12
2	Membranpumpen	8	12
3	Einstufige und mehrstufige Kreiselpumpen	8	12
4	Kreiselpumpen (für Sand-Wasser-Gemische)	6	17
5	Tauchkörperpumpen	6	17
6	Unterwassermotorpumpen	8	12
7	Kolbenpumpen		
	a) Kolbenpumpen für Tiefbrunneneinsatz	12	8
	b) Kolbenpumpen für Spülbetrieb, Hochdruck-Kolbenpumpen bis 200 bar	8	12
8	Vakuumpumpen	6	17
9	Vakuumanlagen	6	17
10	Schnellkupplungsrohre und zugehörige Armaturen	6	17
11	Flanschenrohre und zugehörige Armaturen	8	12
12	Wasserbehälter	10	10
13	Dreh- und Schlagbohranlagen, Universalbohranlagen, Saug- und Lufthebebohranlagen	8	12
14	Verrohrungsmaschinen	8	12
5	**Geräte für Straßenbau und Gleisoberbau**		
1	Misch- und Trocknungsanlagen	8	12
2	Entstaubungsanlagen	8	12

Lfd. Nr.	Anlagegüter	Nutzungs-dauer (ND) i. J.	Linearer AfA-Satz v. H.
1	2	3	4
3	Mischgutverladesilos	8	12
4	Dosiergeräte	8	12
5	Bindemittel-Lagertanks	8	12
6	Teer- und Bitumenkocher	8	12
7	Pumpen- und Heizaggregate	8	12
8	Schwarzdeckenfertiger, Schleppverteiler	6	17
9	Schwarzdeckenfräse		
	a) bis 1,00 m Fräsbreite	4	25
	b) über 1,00 m Fräsbreite	6	17
10	Splitterstreumaschinen	6	17
11	Spritzmaschinen	6	17
12	Gußasphaltmotorkocher	6	17
13	Gußasphaltfertiger	6	17
14	Rüttelbohlen, Abziehbohlen	4	25
15	Betonverteiler	6	17
16	Betondeckenfertiger, Arbeitsbühnen	6	17
17	Arbeitszelte, Sonnenschutzdächer	6	17
18	Schalungsschienen	6	17
19	Fugenschneider, Betondeckenfräse	4	25
20	Fugenvergußkessel, Papierabrollwagen	6	17
21	Bodenvermörtelungsgeräte	6	17
22	Zementstreugeräte	6	17
23	Kehrmaschinen, selbstfahrende	8	12
24	Straßentrockner	8	12
25	Wassersprengwagen	8	12
26	Estrichglättmaschinen	4	25
27	Schienenbiege- und Richtmaschinen	10	10
28	Schienentrennschleifgeräte	5	20
29	Sonstige Schienenbearbeitungs- und -verlegemaschinen	6	17
30	Schwellenbearbeitungs- und -verlegemaschinen	6	17
31	Schraubmaschinen	4	25
32	Handgleisstopfgeräte als Einzelgeräte	4	25
33	Handgleisstopfgeräte als kompl. Anlage	5	20
34	Stopfmaschinen für Gleise und Weichen	6	17
35	Bettungsreinigungsmaschinen für Gleise und Weichen	6	17

Lfd. Nr.	Anlagegüter	Nutzungs-dauer (ND) i. J.	Linearer AfA-Satz v. H.
1	2	3	4
6	**Druckluft- und Tunnelbaugeräte; Geräte für Rohrvortrieb**		
	1 Baukompressoren		
	a) mit Verbrennungsmotor	6	17
	b) mit Elektromotor	8	12
	2 Druckluftbehälter	12	8
	3 Druckluftnachkühler, Wasserrückkühler	8	12
	4 Drucklufthämmer, Drucklufthandrammen	3	33
	5 Gesteinsbohrmaschinen und Lafetten	6	17
	6 Bohrwagen mit Reifen- oder Raupenfahrwerk	6	17
	7 Sandstrahlgebläse	8	12
	8 Abbaugeräte für Tunnel- und Rohrvortrieb		
	a) Tunnelfräsen, Schrämgeräte, Bodenlösegeräte	6	17
	b) Wurfschaufellader, Kippschaufellader	5	20
7	**Naßbaggergeräte und Wasserfahrzeuge**		
	1 Eimerkettenschwimmbagger	20	5
	2 Schwimmende Greifbagger, schwimmende Krane	18	6
	3 Schwimmende Förderbandanlagen	10	10
	4 Schutenlader, Schutensauger, Grundsauger für schwimmende Leitung	20	5
	5 Saugbagger mit Schneidkopfeinrichtung	20	5
	6 Kleinsaugbagger mit Schneidkopfeinrichtung	12	8
	7 Förderpumpen-Aggregate	10	10
	8 Spülrohrleitungen	6	17
	9 Motorschiffe und Schlepper	15	7
	10 Barkassen und Binnenschlepper	18	6
	11 Arbeitsboote	5	20
	12 Ruderpropeller und Außenbordmotoren	5	20
	13 Spülerschuten, Klappschuten	18	6
	14 Offene, einwandige Schuten	10	10
	15 Offene Pontos	10	10
	16 Zellenpontos	12	8
	17 Gedeckte Pontos	18	6

Lfd. Nr.	Anlagegüter	Nutzungs-dauer (ND) i. J.	Linearer AfA-Satz v. H.
1	2	3	4

8 Sonstige Geräte, Baustellenausstattungen

1	Schneid-, Biege- und Richtmaschinen für Betonstahl		
	a) Motorantrieb	10	10
	b) Handantrieb	4	25
2	Baubuden (einwandig)	6	17
3	Baracken (doppelwandig, ohne Fundament), Wellblechschuppen	7	14
4	Bauwagen	8	12
5	Wasch- und Toilettenwagen	6	17
6	Baucontainer	10	10
7	Fahrbare Arbeitsbühnen und Teleskopanhängeleitern	8	12
8	Vermessungsgeräte		
	a) mechanische	8	12
	b) elektronische (Laser)	5	20
9	Labor- und Prüfgeräte	8	12
10	Steintrennmaschinen	4	25
11	Dampfstrahlreiniger, Wasserstrahlreiniger	5	20
12	Elektro- und Benzinhämmer	3	33
13	Bautrocknungs- und Warmluftgeräte	5	20
14	Zeichengeräte		
	a) mechanische	10	10
	b) elektronische	5	20

Stichwortverzeichnis

Die Ziffern verweisen auf die Randnummern.

Abbruchmaterial
– Entgelt 1958
– USt 1958
Abfindungen, LSt 2591 ff.
Abführung, LSt 2541 ff.
Abgaben s. Löhne
Abholfahrt 1481
Abladevorrichtungen 916
Abschlagszahlung, USt 1959
Absetzungen für Abnutzung 558 ff.
– abnutzbare Wirtschaftsgüter 558 ff.
– Arbeitszimmer
– – Einrichtung 655 ff., 663
– – Gebäude 669, 680 ff.
– Aufteilung 575 f.
– Beginn 567 f.
– Bemessungsgrundlage 563 f.
– Betriebs- und Geschäftsräume 895 ff.
– – Betriebs- und Geschäftsausstattung 558, 565, 898 ff.
– – Raumkosten 895 ff., 1216 ff.
– Betriebsvorrichtungen 558
– bewegliche Wirtschaftsgüter 558
– Computerprogramme 559, 565
– Ende 569
– Gebäude 561, 1217 ff.
– Grundstücke 1214
– Höhe 565 ff.
– immaterielle Wirtschaftsgüter 559
– Inanspruchnahme 566
– Kraftfahrzeuge 558, 565, 1450, 1461 ff.
– Kunstgegenstände 562
– Methoden 570 ff.
– – bewegliche Wirtschaftsgüter 570 ff.
– – degressive 573 f.
– – Gebäude 1211 ff.
– – Kraftfahrzeuge 1462
– – lineare 571 ff.
– Miteigentum
– – betriebliche Nutzung 575
– – gemischte Nutzung 576
– Nachholung 566
– Nutzungsdauer 565
– Nutzungsrechte 559
– Scheinbestandteile 558
– technische – 562
– unbewegliche Wirtschaftsgüter 560 f.
– unentgeltlicher Erwerb 564
– Vereinfachungsregel 568
– wirtschaftliche Abnutzung 562
Abwicklung des Betriebs, Arbeitszimmer 639
Abzug LSt 2555 ff.
Abzugsbetrag nach § 10e EStG, Arbeitszimmer 672 ff., 682, 685
Abzugsverfahren, USt 2262
Änderung
– LSt-Karte 2564
– LSt-Pauschalierung und Außenprüfung 2801 f.
AfA
– Geschäftswert 121 ff.
– Pachtungen 131
AfA-Tabellen
– Anstreicher, Maler, Lackierer 4111
– Gerüstbau 4112
– Glaserei 4113
– Heizungs-, Gas- u. Wasserinstallation, Klempnerei 4114
– Schreiner, Tischler, Bau- u. Möbelschreiner 4115

- Steinmetze 4116
- Straßenbaubetriebe 4117
- Tiefbau 4118
Akkumulationsrücklage, Beitrittsgebiet 850
Aktivierung von Anschaffungen 542 ff.
- aktivierungspflichtige Wirtschaftsgüter 545 ff.
- Betriebs- und Geschäftsausstattung 545, 898 ff.
- Betriebs- und Geschäftsräume 545, 895
- Betriebsvermögensvergleich 542
- Büromaterial 546
- Eigentum 548 f.
- Erhaltungsaufwendungen 546
- gemischte Nutzung 556
- geringwertige Wirtschaftsgüter 546, 1166
- Geschäftswert 545
- Grundstücke und Gebäude 545, 1211 ff.
- Grundstücksteile von untergeordneter Bedeutung 546, 678 ff.
- immaterielle Wirtschaftsgüter 547
- Kraftfahrzeuge 545, 1448 ff.
- Kraftstoff 546
- laufende Betriebsausgaben 546
- Löhne 546
- Miete 546
- Mieterein- und -umbauten 557
- Miteigentum 548 ff.
- Nutzung, gemischte 556
- Nutzungsberechtigter, Baumaßnahmen 550 f.
- Nutzungsrechte 545, 550 f.
- Überschußrechnung 544
- Warenlager 545, 1774 ff.
- wirtschaftliches Eigentum 548 ff.
- Wirtschaftsgüter des Betriebsvermögens 543
Alarmanlage 613, 916
Altenteilerwohnung 1238 f.
Altersübergangsgeld, Beitrittsgebiet 850

Altersversorgung
- Beitrittsgebiet 827 ff.
- Direktversicherung 985 ff.
- Pensionszusage 1518 ff.
- Unterstützungskasse 1721 ff.
- Versicherungen 1747 ff.
Anbau 613
Angehörige
- Ehegatten-Verträge 1031 ff.
- Kinder-Verträge 1421 ff.
- Verwandten-Verträge 1031 ff.
Angemessene Entlohnung, Verwandte 1042 f.
Angemessenheit 1808
- Gehälter 1810
- Nutzungsentgelte 1809
- Pensionszusage 1901
- Vergleichszahlen 1814
Angemessenheitsprüfung 875, 950 ff., 1577 ff.
Anlagevermögen
- Bewertung 918
- Festwert 926
- Musterhaus 751
Anlaß für Bewirtung 936 f., 947 ff., 958, 963
Anlaufkosten 760
Anmeldung LSt 2575 ff.
Anrufbeantworter 655
Anrufungsauskunft 2585
Anschaffungskosten 606 ff.
- Grundstücke und Gebäude 1214 ff.
- Minderung 920 f.
Anschaffungsnaher Aufwand 595 ff.
- Anschaffungskosten 606 ff.
- Aufgriffsgrenze 598
- Ausbauten 601, 613
- Beseitigung versteckter Mängel 603
- BFH-Rechtsprechung 597 ff.
- Erhaltungsaufwand 602, 609 ff.
- Finanzverwaltung 598 ff.
- Gebäudeteile 600
- Hausschwamm 603

- Herstellungskosten 601, 608 ff., 613
- Rückgängigmachung des Kaufs 604
- Schönheitsreparaturen 602
- typische Herstellungskosten 601
- versteckte Mängel 603
- Voraussetzungen 595 ff.
- vorläufige Veranlagung 599
- Zwangsversteigerungsverfahren 603

Anstellungsvertrag 1818
- Beherrschender Gesellschafter-Geschäftsführer 1820
- Regelungsbedarf 1821
- Schriftform 1829
- Selbstkontrahierungsverbot 1907
- Steuerliche Anerkennung 1823
- Umsatztantieme 1911
- Wirksamkeit 1827

Anteil Arbeitszimmer 651 ff.
Antiquitäten 664, 901 f.
Anzahl der Objekte, Grundstückshandel 1291 ff.
Anzahlungen
- ESt 1639 ff.
- USt 1960
- VSt 2878

Arbeitergestellung, USt 1960
Arbeitgeber
- Anteile zur Sozialversicherung 2606
- Jubiläum 2660 ff.
  s. auch LSt

Arbeitnehmer
- Begriff 1642 ff.
- als Bewirtender 939 f.
- Jubiläum 2657 ff.
  s. auch LSt

Arbeitnehmer-Sammelbeförderung 2221
Arbeitsbedingungen 2609
Arbeitsessen 939
Arbeitsgemeinschaft
- Arbeitsgemeinschaftsvertrag 290, 1994
- Beteiligungs-/Beihilfevertrag 1994
- Charakteristik 288
- Funktion 287
- Generalenterprise 1971
- Gerätegestellung u. Teilleistungen 2307
- Gesellschafterleistungen 1983
- GewSt 241 ff.
- Grundformen 1966
- Hauptunternehmer/Nebenunternehmer 1969
- Innengesellschaft 1983
- Kaufmannseigenschaft 36
- Leistungsaustausch oder Gewinnbeteiligung 1985
- Steuerfähigkeit 1983
- steuerliche Behandlung 1963, 2411
- Übertragung von Geschäftsführeraufgaben auf einzelne Gesellschafter 1988
- Umsätze zwischen Mitglied und Arge 1973 ff.
- Unechte - 289
- USt 1963 ff.
- Verkauf von Verbrauchsmaterialien, Kleingerät, Werkzeugen 1978
- Verladen u. Entladen von Gerät u. Material sowie Fuhrleistungen 1979
- Vermietung von Großgeräten 1973
- Verwaltungskosten, Ersatz 1960

Arbeitslohn
- Begriff 2543
- Ehegatte 1041 ff., 1046 ff.

Arbeitslosenversicherung 2841
Arbeitsmittel 655 ff.
Arbeitsstätte, regelmäßige 2691 ff.
Arbeitsverhältnis
- Abgrenzung selbständige Tätigkeit 1642 ff.
- Angehörigen- 1031 ff.
- Ehegatten- 1031 ff., s. auch Ehegatten
- Kinder- 1412 ff.

Arbeitszimmer 629 ff.
- Abwicklung des Betriebs 639
- abziehbare Aufwendungen 655 ff.
- Abzugsbetrag nach § 10e EStG 672 ff., 682, 685
- AfA Einrichtung 655 ff., 663
- AfA Gebäude 669, 680 ff.
- Anrufbeantworter 655
- Anteil des Arbeitszimmers 651 ff.
- Arbeitsmittel 655 ff.
- Archivraum 654
- Art der Tätigkeit 637 ff.
- Aufbewahrung privater Gegenstände 633
- Aufklärungspflicht des Finanzgerichts 634
- Aufteilung 668 f.
- Aufteilungs- und Abzugsverbot 631
- Aufwendungen, abziehbare 655 ff.
- ausschließliche betriebliche (berufliche) Nutzung 630
- Ausschmückung 660 f.
- bauliche Trennung 641 ff.
- Betriebsaufgabe 639
- Betriebsvermögen 674 ff.
- – AfA 680 ff.
- – notwendiges – 674 ff.
- – untergeordnete Bedeutung 678 f.
- Bilder 660 ff.
- Bücherschrank 655
- Büromaterial 655
- Bürosessel 655
- Computer 656 f.
- Couchgarnitur 645
- Dauerbeurlaubung 639
- direkt zurechenbare Aufwendungen 655 ff.
- Drittaufwand 684 ff.
- Durchgangszimmer 643
- EDV-Anlage 655 f.
- ehrenamtliche Tätigkeit 631
- Einbauschrank 658
- Einrichtung 644 ff.
- Einrichtungsgegenstände 648, 655 ff.
- Empore 641
- Entnahme 675
- Fachbücher 655
- Fernsehgerät 644
- Feststellungslast 634
- Galerieraum 641
- gefangenes Zimmer 643
- geringwertige Wirtschaftsgüter 662
- Größe der Wohnung 640
- Indizien für Arbeitszimmer 636 ff.
- Kostentragung durch Arbeitgeber 670
- laufende Aufwendungen 683 ff.
- Liege 646
- Mietaufwendungen 668
- Miteigentum 682 ff.
- Musikinstrumente 644
- nachträgliche(s)
- – Aufwendungen 671
- – Bekanntwerden 697
- Nebenräume 654
- Ortsbesichtigung 650
- private Mitbenutzung 631 ff., 649
- Prüfung durch Finanzamt 650
- Raumkosten 658 ff.
- Raumteiler 642
- Reinigungskosten 668 f.
- Reparaturkosten 658, 669
- Schönheitsreparaturen 658
- Schreibmaschine 655
- Schreibtisch 655
- Schreibtischlampe 655
- Schuldzinsen 669, 683 ff.
- Stereoanlage 644
- Stuhl 655
- Tapeten 658
- Teppichboden 658
- Teppiche 658 ff.
- Trennung von Privaträumen 641 ff.
- Übergangsregelung § 52 Abs. 21 EStG 673

Stichwortverzeichnis 915

- Umfang der Tätigkeit 637 ff.
- Umwidmung, Einrichtung 665 ff.
- untergeordnete Bedeutung, Gebäudeteile 678 f.
- Veräußerung 675
- Versicherungen 668 f.
- Vorhänge 658 f.
- vorweggenommene Aufwendungen 671
- wertvolle Einrichtung 647, 664
- Wohneigentumsförderung 672 ff.
- Wohnflächenberechnung 651 ff.
- Wohnungsgröße 640
- Zusammentreffen Betriebsausgaben/Werbungskosten und Sonderausgaben 631

Architekt
- freiberufliche Tätigkeit 1146
- Grundstückshandel 1283 ff., 1296, 1313, 1318

Archivraum 655 ff.

Art der Objekte, Grundstückshandel 1298 ff.

Aufbewahrung
- Lohnkonto 2574
- private Gegenstände, Arbeitszimmer 633

Aufbewahrungsfristen 506
- Verstöße 515

Aufgabegewinn, Erbauseinandersetzung 779, 781

Aufhellungstheorie 1490
- Forderungsbewertung 1491
- Gewährleistungsrückstellungen 1616

Aufklärungspflicht des Finanzgerichts, Arbeitszimmer 634

Auflagen 1153 ff.

Aufmerksamkeiten, LSt 2610 f.

Aufteilung
- AfA 575 f.
- Arbeitszimmer 668 f.
- Grundstück 1318
- Kaufpreis 1216
- Veränderung der – 613

Aufteilungs- und Abzugsverbot 631

Aufzeichnung, LSt 2572 f.

Aufzeichnungspflichten
- Allgemeines 457
- Aufbewahrung 506
- Außersteuerliche 459
- Barvorgänge 447, 488
- Baukonten 491
- Betriebsausgaben 879, 953 ff.
- Katalog 475
- Lohnkonto 493, 2572 ff.
- Ordnungsgrundsätze 474, 518, 533
- Überschußrechnung 443, 473
- Wareneingang 481
- Zwecke 462
- § 22 KStG 476

Ausbau 601, 613

Ausbaugewerbe 15
- Arbeitskosten 17
- Arbeitsstunden 16
- Beschäftigte 16
- Betriebe 16
- Lohnzusatzkosten 18
- Spektrum 15

Ausbildung, Auswärtstätigkeit 2694

Ausbildungsbeihilfen s. Löhne

Ausbildungsdienstverhältnisse
- Fortbildungskosten 1131
- Kinder-Arbeitsverhältnisse 1430 ff.

Ausbildungsfreibeträge bei Aushilfstätigkeit des Kindes 1414

Ausbildungskosten 1130 f.

Auseinandersetzung Erbengemeinschaft 762 ff., 779

Ausgleichsposten 1910

Aushilfskräfte
- Ehegatte 1044
- Kind 1412
- LSt 2827 ff.

Aushilfslöhne 2827 ff.

Auskunft der Finanzverwaltung, LSt 2585

Ausländische
- Arbeitnehmer 2568 ff.
- Besteuerung 1565
- Einkünfte, LSt 2722

Auslagenersatz 2644
Ausland
- Grundstückshandel 1297
- LSt 2613
Auslandsdienstreisen
- ESt 1656
- LSt 2719 ff.
Auslandsgeschäftsreisen 1656
Auslösungen, s. Löhne
Ausschlagung der Erbschaft 795 ff.
Ausschließliche betriebliche
 (berufliche) Nutzung 630
Ausschluß der Ausgleichspflicht von
 Vorempfängern 789
Ausschüttungsverhalten 1830
- Schütt-Aus-Hol-Zurück-Verfahren
 1906
- Zeitpunkt 1834
Außenprüfung
- abgekürzte - 3115
- Antistrategien 3456
- Arbeitsakten 3329
- Aufgabe 3087
- Auskunftsersuchen 3292
- Bankauskünfte 3286
- Bedeutung 3081
- Befragungsrechte 3278
- Berichtigungsveranlagungen
 3501
- Betriebsbesichtigung 3263
- Einführungsgespräch 3261
- Einzelermittlungen 3096, 3100
- Fotokopieren 3327
- Kontrollmitteilungen 3293
- Kritikansätze 3244
- LSt 2586
- Mitprüfung Dritter 3247
- Mitwirkungspflichten 3311
- Mitwirkungsverweigerungsrechte
 3325
- Personenkreis 3150
- Prüferrechte, -pflichten 3276
- Prüfungsablauf 3252
- Prüfungsanordnung 3186
- Prüfungsbeginn 3256
- Prüfungsbericht 3491

- Prüfungserweiterungen 3168
- Prüfungsgrundsätze 3239
- Prüfungshandlungen 3356
- Prüfungsklima 3451
- Prüfungsmethoden 3364
- Prüfungsort 3231
- Prüfungsschwerpunkte 3336
- - branchenspezifische - 3343
- Prüfungszeitraum 3163
- Rechtsanspruch 3091
- Rechtsfolgen 3126
- Rechtsgrundlagen 3094
- Schlußbesprechung 3458
- Sonderprüfungen 3102
- Strafrechtlicher Hinweis 3480
- Verprobungsmethoden 3366
- Verwertungsverbot 3525
- Vorlagepflichten 3317
- Zulässigkeit 3148
- Zuständigkeiten 3120
Außerordentliche Einkünfte 725 ff.
Ausschmückung Arbeitszimmer 660 f.
Aussetzungszinsen 1402
Ausstattung Betriebs- und
 Geschäftsräume 545, 898 ff.
Avalprovisionen 1611

BahnCard 2682
Barabfindung bei Erbauseinander-
 setzung 775
Bauabnahme 740
Bauausführungen
- Eigene - 1071
- Realisationszeitpunkt 1531
- Teilfertige Bauten 1685
Baubaracke 916
Baubude 916
Bauhauptgewerbe 1
- Arbeitsstunden 2
- Auftragslage 12
- Aussichten 8
- Beschäftigte 2
- Betriebe 2
- Gesamtsituation 5
- Kostenstruktur 13
- Produktionsleistung 5

Stichwortverzeichnis 917

Bauherrenmodelle
- Begriff 741 ff.
- Grundstückshandel 1318
- wirtschaftliche Betreuung 744

Bauingenieur 1146
Baukonten 491
- Teilfertige Arbeiten 1687

Bauleiter 1146
Bauliche Trennung, Arbeitszimmer 641 ff.
Bauparzelle 1298, 1322 f.
Baureifmachung 1322 f.
Bauspezifische Rechtsgrundlagen 41
- Bauverträge 41
- GSB 47
- LSP-Bau 46
- MaBV 48
- VOB 42

Baustellencontainer 691
Bauten 751
- Anlagevermögen 751
- Eigene – 1071
- Umlaufvermögen 751

Bautenstandsbericht, Bauherrenmodell 744
Bau- u. Möbeltischlerei, Durchschnittssätze 2018
Bauunternehmer, Grundstückshandel 1296, 1313, 1318
Bauverträge 41
Bauzeichner 1146
Bebauungsplan, Grundstückshandel 1322 f.
Bedienungsvorrichtungen 916
Beförderung zur Arbeitsstätte, LSt 2794, 2818
Beginn der gewerblichen Tätigkeit 752 ff.
- Erbauseinandersetzung s. dort
- Gewerbesteuer 753
- Grundstückshandel 1357 ff.

Beherrschender Gesellschafter-Geschäftsführer
- Anstellungsvertrag 1818
- Bauleistungen 1880
- Beherrschung 1841

- Direktversicherung 1852
- Nachzahlungsverbot 1876
- Pensionszusage 1899
- Rückwirkungsverbot 1841
- Verträge mit der Gesellschaft 1882
- Wettbewerbsverbot 1946

Behinderte, Kraftfahrzeugkosten 1448 ff., 1484
Beiträge 817
Beitrittsgebiet 818 ff.
- Akkumulationsrücklage 850
- Altersübergangsgeld 850
- Fördergebietsgesetz 829 ff.
- geringwertige Wirtschaftsgüter 850
- Gewerbekapitalsteuer 846, 849
- GewSt 2527
- Investitionsförderung 851
- Investitionszulagengesetz 842 ff.
- Pensionsverpflichtungen 850
- private Altersvorsorge 827 f.
- Rücklagen 850
- Sonderregelungen EStG 819 ff.
- Tariffreibetrag 2547 ff.
- Vermögensteuer 846 ff.
- – Förderungsmaßnahmen 2951
- Vorruhestandsgeld 850
- vorübergehende Auswärtstätigkeit, LSt 2996 f.

Belegprinzip 525
- Anforderungen 525
- Fehlende Belege 531
- Kassenbons 525
- Lieferscheine 530
- Monatsrechnungen von Tankstellen 532

Benennungsverlangen § 160 AO 526
Berichtigung nach § 153 AO 2264
Berichtigungsveranlagungen 3501
Berlin s. Beitrittsgebiet
Berufsausbildungsverträge 1504
Berufsfortbildungskosten
s. Fortbildungskosten
Berufsgenossenschaft 53
- Beiträge 54
- Funktion 53
- Meldepflichten 55

Berufskleidung 863 ff., 2621
Berufsunfähigkeitsversicherung
1747 ff., 1748, 1755
Berufsverband
– Betriebsausgaben 867
– Bewirtung 937
Beschäftigungsverhältnisse, hauswirtschaftliche 1387 ff.
Beseitigung versteckter Mängel 603
Beteiligung am allgemeinen wirtschaftlichen Verkehr
– Begriff 869
– Grundstückshandel 1280 ff.
Beteiligungen 149
– Betriebsvermögen 154
– Grunderwerbsteuer 154
– Kapitalgesellschaften 150, 154
– LSt 2736 ff.
– Personengesellschaften 152
Beteiligungs-/Beihilfevertrag 1994
Betriebliche Nutzung
– Arbeitszimmer 630
– Kraftfahrzeuge 1448 ff., 1455 ff.
– Telefon 1691 ff.
Betriebliche Veranlassung
– Bewirtung 936 ff.
– doppelte Haushaltsführung 1006
Betriebsaufgabe 3011
– Arbeitszimmer 639
– Aufgabeerklärung 3003
– Grundstückshandel 1370
– Zwangsaufgabe 3005
Betriebsaufspaltung 331 ff., 2417 ff.
– Beendigung 347
– echte, unechte 335
– Einheitsbewertung u. VSt 2426
– Entstehen 334
– Organschaft 2421
– Personelle Voraussetzungen 341
– Rechtsfolgen 336
– Rechtsgrundlagen 339
– Vermögensteuer 2942
– Voraussetzungen 332
– Vorteile 343
– wesentliche Betriebsgrundlagen 339

– Wiesbadener Modell 344
Betriebsausflug 948, 2623 ff.
Betriebsausgaben 871 ff.
– Abgrenzung private Ausgaben 873
– Angemessenheitsprüfung 875, 1577 ff.
– – Betriebs- und Geschäftsräume 897
– – Kraftfahrzeugkosten 1461
– Arten 876
– Aufzeichnungen 879, 953 ff.
– Begriff 871 ff.
– Drittaufwand 684 ff., 871
– Finanzierungskosten 211
– Geltendmachung 879
– gemischte Aufwendungen 874, 876
– laufende – 546
– nachträgliche – 1079 ff.
– nichtabziehbare – nach § 4 Abs. 5 EStG 877
– Repräsentation 875, 877, 1577 ff.
– Rückzahlung 880 ff.
– Sonderbetriebsausgaben 300
– Sponsoring 878
– unfreiwillige Ausgaben 871
– vergebliche – 760, 871
– verlorene Vorauszahlungen 613, 871
– Versicherungen 1747 ff.
– vorab entstandene – 760
– Zerstörung Betriebsfahrzeug 871
– Zwangsaufwendungen 871
Betriebsbesichtigung 948, 960
Betriebseinnahmen 891
– Hilfsgeschäfte 1397
– nachträgliche – 1079
– Rückzahlung 891
Betriebseröffnung 755 ff.
Betriebserwerb 76 ff.
– entgeltlicher 752, 757
– unentgeltlicher 752, 758

Betriebsfeier 948
Betriebsformen/Betriebsarten
- Dachdecker 3656
- Dämmung u. Abdichtung 3659
- Elektroinstallateure 3661
- Fliesenleger 3614
- Gerüstbau 3667
- Heizungs-, Gas- u. Wasserinstallation, Klempnerei 3672
- Hoch- und Ingenieurbau 3677
- Maler, Lackierer, Anstreicher 3682
- Schlosserei 3684
- Schreiner, Tischler, Bau- u. Möbelschreiner 3686
- Steinmetze 3688
- Straßenbaubetriebe 3695
- Stukkateure, Gipser, Putzarbeiter, Verputzer 3699
- Tiefbau 3702
- Zimmerei 3705
Betriebsgründungsversicherung 1748
Betriebsgrundstück, VSt 2880
Betriebskauf 105 ff.
Betriebs- und Geschäftsräume 895 ff.
- AfA 558, 565, 1216 ff.
- Ausstattung 545, 898 ff.
- Festwerte 924
- Raumkosten 895 ff.
Betriebsspektrum 1
Betriebsstätte, GewSt 2436 ff.
Betriebsstoffe
- Festwerte 926
- Kraftfahrzeug 1450
Betriebsübergabe 2992
Betriebsübernahme 99
- entgeltliche – 103
- Erbfolge 99, 775
- Schenkungsteuer 101
- unentgeltliche 100
Betriebsunterbrechungsversicherung 1747 ff., 1758
Betriebsveräußerung 2995, 3016 ff.
- Betriebsverlegung 3014
- Kaufpreisraten 3039

- Miteigentumsanteile 3025
- Teilbetriebsveräußerung 3023
- Überschußrechnung 3024
- Veräußerung im ganzen 3020
- Veräußerungskosten 3030
- Veräußerungsleibrenten 3040
- Veräußerungszeitpunkt 3028
Betriebsveranstaltungen 2623 ff., 2816
- Sachzuwendung 2214
Betriebsverlegung 3014
Betriebsvermögen 909 ff.
- Arbeitszimmer 674 ff.
- Begriff 909
- gewillkürtes – 911 f.
- Grundbesitz 391
- Kraftfahrzeuge 1448 f.
- notwendiges – 910
- Versicherungen 1747 ff.
  s. Aktivierung von Anschaffungen
Betriebsvermögensvergleich 420 ff.
- Aktivierung 542
- Bestandsvergleich nach § 5 EStG 424
- Bestandsvergleich nach § 4 Abs. 1 EStG 420
- Nachteile 427
- Realisationsprinzip 424, 428
- Vorteile 426
Betriebsverpachtungen 2997
- Verpachtung im ganzen 3001
- Verpächterwahlrecht 2999
Betriebsversammlung, LSt 2635
Betriebsvorrichtungen
- AfA 558
- Begriff 916
- VSt 2882
Bewegliche Wirtschaftsgüter, AfA 558
Bewerbung, LSt 2636
Bewertung 917 ff.
- Anlagevermögen 918
- Aufhellungstheorie 1490, 1491
- Boni 920 f.
- Delkredere 1493
- Eigene Bauten 1071

- Einlagen 665 ff., 755 ff.
- Entnahmen 930 f.
- Eröffnung eines Betriebs 754 ff.
- Erwerb eines Betriebs 754 ff.
- Festwertverfahren 924 ff., 1122 ff.
- Forderungen 928
- Importwarenabschlag 922
- Inventur 917
- Kundenforderungen 1480
- Lifo-Verfahren 923
- Preissteigerungsrücklage 922
- Rabatte 920 f.
- Rückstellungen 1601
- Skonti 922 f.
- Teilfertige Bauten 1685
- Teilwertabschreibung 927
- Umlaufvermögen 919 ff.
- Verbindlichkeiten 929

Bewirtung
- Begriff 941 ff.
- LSt 2637

Bewirtungskosten 877, 936 ff.
- Angemessenheit 950 ff.
- Anlaß 936 f., 947 ff., 958, 963
- Arbeitnehmer als Bewirtender 939 f.
- Arbeitsessen 939
- Berufsverband 937
- betriebliche Veranlassung 936 ff.
- Betriebsausflug 948
- Betriebsbesichtigung 948, 960
- Betriebsfeier 948
- bewirtete Person 945 f.
- Eigenverbrauchsbesteuerung 964
- Essen 942
- Fahrtkosten 943
- Gaststätte 957 ff.
- Geburtstag 936
- geschäftlicher Anlaß 947 ff.
- Getränke 942, 944, 954
- Gesetzesänderung 938, 940
- Hochzeit 936
- Jubiläum 936
- Kürzung der Aufwendungen 950 ff.
- LSt 2610 f.
- Musik 943
- Nachweise 953 ff.
- – allgemeines 953 ff.
- – Bewirtung in Gaststätte 957 ff.
- – sonstige Bewirtung 963
- Nebenkosten 942 f.
- private Veranlassung 936 f.
- Rauchen 942, 954
- Rechnung 961 f.
- Saalmiete 943
- Striptease 942
- Tabakwaren 942, 954
- Teilnehmer 959 ff.
- Trinken 942, 944, 954
- Übernachtung 943
- Umsatzsteuer 964
- Varieté 942
- Voraussetzungen 936 ff.
- Weihnachtsfeier 939

Bilanzberichtigung
- Begriff 971
- Grundstücke und Gebäude 1234

Bilder, Arbeitszimmer 660 ff.

Blitzschutzanlage 1146

Boni, Bewertung 917 ff., 920 f.

Branchenspezifische Hinweise
- Dachdeckerei 3656, 3716, 3807, 3861
- Dämmung u. Abdichtung 3659, 3720, 3810, 3876
- Elektroinstallateure 3661, 3726, 3812, 3886
- Fliesenleger 3664, 3732, 3814, 3901
- Gerüstbau 3667, 3736, 3819, 3916
- Glaserei 3669, 3739, 3823, 3926
- Heizungs- u. Wasserinstallation, Klempnerei 3672, 3744, 3825, 3941
- Hochbau 3677, 3754, 3826, 3961
- Maler, Lackierer, Anstreicher 3682, 3759, 3833, 3976
- Schlosserei 3684, 3762, 3836, 3991
- Schreiner, Tischler 3686, 3767, 3837, 4006

Stichwortverzeichnis

- Steinmetze 3688, 3773, 3839, 4021
- Straßenbaubetriebe 3695, 3777, 3840, 4036
- Stukkateure 3699, 3782, 3845, 4046
- Tiefbau 3702, 3785, 3848, 4061
- Zimmerei 3705, 3790, 3852, 4071

Brandenburg s. Beitrittsgebiet
Brandversicherung 1758
Brockhaus 1140
Buchführungspflichten 456
- Allgemeines 456
- Anfechtbarkeit 470
- Aufbewahrung 506
- Betriebsbezogenheit 480
- Erleichterungen 470
- Handelsrechtliche − 464
- Nichtbeachtung 472
- Ordnungsmäßigkeitsgrundsätze 518
- Sonderbetriebsvermögen 469
- Steuerliche − 465
- Zweck 461

Buchwertfortführung, bei Erbauseinandersetzung 778
Bücher 655 ff.
Bücherschrank 655
Bürgschaften 1845
Bürogrundstück 1299
Büromaterial 546, 655
Bürosessel 655
Bundesanstalt für Arbeit
- Beiträge 2853
- Zuschüsse, USt 2402 ff.

Bundesländer, neue s. Beitrittsgebiet

Capital 1140
Computer
- Arbeitszimmer 655 f.
- Betriebs- und Geschäftsräume 899 f.
- Investitionszulage 843

Computerprogramme 559, 565, 1169
Couchgarnitur, Arbeitszimmer 645

Dachausbau 613
Dachdeckerei 3656
- Betriebsformen/-arten 3656
- Kalkulation 3861
- Kennzahlen 3867
- Lagerhaltung 3718
- Löhne 3807 ff.
- Materialbezug/-arten 3716 f.
- Preisentwicklung 3719
- Richtsätze 3868

Dämmung und Abdichtung 3659
- Betriebsarten 3659
- Kalkulation 3876
- Lagerhaltung 3724
- Löhne 3810
- Materialbezug/-arten 3720 f.

Damnum 986 ff.
Darlehen 976 ff.
- Ehegatten- 1051 f., 1057 ff.
- Kinder- 1412, 1419
- LSt 2751 ff.
- s. auch Schuldzinsen

Dauernde Lasten 3047
Dauerbeurlaubung, Arbeitszimmer 639
Dauerschulden/Dauerschuldzinsen 2461 ff.
Debitoren
- Bewertung 929
- Darlehen 976 ff.

Delkredere 980
- Bewertung 928
- Kundenforderungen 1490

Die Zeit 1140
Diebstahlversicherung 1747 ff., 1758
Dienstgang
- ESt 1544 ff.
- LSt
- − Begriff 2688
- − Fahrtkosten 2701 f.
- − Verpflegungsmehraufwendungen 2709 ff.

Dienstreise
- ESt 1544 ff.
- LSt
- − Begriff 2683 ff.

– – Fahrtkosten 2701 f.
– – Verpflegungsmehraufwendungen
 2712
Dienstverhältnis
– Ehegatten- 1031 ff.
– Kinder- 1412 ff.
 s. auch LSt
Direkt zurechenbare Aufwendungen
 655 ff.
Direktversicherung 1851
– Abziehbarkeit 1852
– Altersvorsorge 1852
– Betriebsausgaben 1747 ff., 1755
– Ehegatten-Arbeitsverhältnis
 1031 ff.
– lohnsteuerliche Behandlung
 1747 ff., 1755, 1853
– Pauschalierung 2850
– Sonderausgaben 1853
Disagio 986 ff.
Dissertation 1131
Doppelbesteuerungsabkommen 1002
Doppelte Haushaltsführung
– Begriff 1003 ff.
– Familienheimfahrten 1485, 2785
– Kraftfahrzeugkosten 1485
– Mehraufwendungen 1007 f.
– Wahlrecht 1011 ff., 2643
Drei-Objekt-Grenze 1291 ff.
Drittaufwand
– Arbeitszimmer 684 ff.
– Betriebsausgaben 871
Durchgangszimmer, Arbeitszimmer
 643
Durchlaufende Posten 439, 1022 ff.
Durchschnittssätze 2016 ff.
– Bau- und Möbeltischlerei 2018
– Elektroinstallation 2019
– Fliesen- und Plattenlegerei, sonstige Fußbodenlegerei und -kleberei
 2020
– Glasergewerbe 2021
– Hoch- und Ingenieurhochbau
 2022
– Klempnerei, Gas- und Wasserinstallation 2023

– Maler- und Lackierergewerbe,
 Tapezierer 2024
– Schlosserei und Schweißerei 2025
– Steinbildhauerei und Steinmetzerei
 2026
– Stukkateurgewerbe 2027
– Zimmerei 2028

EDV-Anlage s. Computer
EG-Binnenmarkt, USt 2031 ff.
Ehegatten
– Aktivierung Wirtschaftsgüter
 548 ff.
– Beiträge Berufsgenossenschaft 56
– Ehegattenpersonengesellschaften
 277
– Gestaltungsmißbrauch 554
– Gütergemeinschaft 280
– Pachtverträge 145
Ehegatten-Arbeitsverhältnisse
 1031 ff.
– angemessene Entlohnung 1042 f.
– Arbeitslohn 1041 ff., 1046 ff.
– Aushilfstätigkeit 1044
– Darlehensverträge 1051 f.
– Entlohnung 1041 ff., 1046 ff.
– Fremdvergleich 1034 ff.
– Gestaltungsmißbrauch 1037
– Grundstückshandel 1302, 1307
– Hilfeleistungen, geringfügige 1044
– Lohnzahlung 1047 ff.
– LSt 2571
– LSt-Pauschalierung 2791 ff.,
 2826 ff., 2846 ff., 2861 ff.
– Nachteile 1033
– Oder-Konto 1049
– Reinigung des Arbeitszimmers
 668 f., 1044
– Rückwirkung 1038
– Schenkung des Arbeitslohns 1053
– Schriftform 1039
– Unterarbeitsverhältnisse 1040
– Vertragsabschluß 1038 f.
– Vertragsdurchführung 1045 ff.
– Vertragsgestaltung 1040 ff.
– Vorteile 1031 f.

- wechselseitige – 1040
- Zahlung des Lohns 1047 ff.
- zivilrechtliche Wirksamkeit 1038 f.

Ehegatten-Beteiligungen 1057

Ehegatten-Darlehensverträge 1057 ff.
- Fremdvergleich 1057 ff.
- Rückzahlung 1061, 1065
- Schenkung 1059 ff.
- Sicherheiten 1061 f., 1064 f.
- Verfügungsbefugnis 1063
- Verzinsung 1061, 1064 f.

Ehegatten-Kaufverträge 1066 f.

Ehegatten-Mietverträge 1054 ff.
- Fremdvergleich 1054 f.
- Nutzungsrechte 1056

Ehegatten-Pachtverträge 145

Ehegattenpersonengesellschaften 277
- Arbeitsverträge 277
- Betriebsvermögen 279
- Gütergemeinschaft 280
- Haftung 278
- Nachteile 277

Ehrenämter 1070

Ehrenamtliche Tätigkeit
- Arbeitszimmer 631
- Nebentätigkeiten 1510
- USt 2066

Eigene Bauten 1071
- Betriebsgrundstücke 1071
- Bewertung 1071
- Fehlmaßnahme 1071
- Entnahme 1071

Eigene Wohnzwecke
- Entnahme 1238 f.
- Ferienwohnung 1112 ff.

Eigenleistungen 1072

Eigentum, Aktivierung 548 f.

Eigentumswohnung
- Ferien- s. dort
- Grundstückshandel 1298

Eigenverbrauch
- Abzugsverbot des § 4 Abs. 5 Nr. 1 bis Abs. 7 EStG bzw. § 12 Nr. 1 EStG 2112 ff.

- Ausführung sonstiger Leistungen (§ 3 Abs. 9 UStG) 2103 ff.
- Bewirtung 964
- Entnahme von Gegenständen 2077 ff.
- USt 2076 ff.

Einbauschrank 658

Einfamilienhaus, Grundstückshandel 1298

Einheitliche und gesonderte Feststellung, Erbengemeinschaft 768

Einheitsbewertung, VSt
- Betriebsaufspaltung 2426
- s. auch Vermögensteuer

Einkaufsgenossenschaften 1073
- Genossenschaftsanteile 1073
- Rückvergütungen 1073

Einkunftserzielungsabsicht 1194 ff.

Einlagen
- Arbeitszimmer 665 ff.
- Betrieb 755 ff.
- Grundstückshandel 1360

Einmalige Tätigkeit, Grundstückshandel 1255

Ein-Mann-GmbH, Grundstückshandel 1258 ff., 1335

Einrichtungsgegenstände, Arbeitszimmer 648, 655 ff.

Einsatzwechseltätigkeit
- Begriff 2690
- Fahrtkosten 2704 f.
- Regelmäßige Arbeitsstätte 2693
- Verpflegungsmehraufwendungen 2714 ff.

Einzelunternehmen 260
- Charakteristik 260
- Steuerliche Behandlung 261

Elektroanlagen 1146

Elektroinstallateure 3661
- Betriebsarten/-formen 3661
- Kalkulation 3886
- Kalkulationsbeispiele 3891
- Lagerhaltung 3729
- Löhne 3812
- Materialbezug/-arten 3727

– Preisentwicklung 3730
– Richtsätze 3892
Elektroinstallation, Durchschnittsätze 2019
Empfängerbenennung 1636
Empore, Arbeitszimmer 641
Ende der gewerblichen Tätigkeit
– nachträgliche
– – Betriebsausgaben 1079 ff.
– – Betriebseinnahmen 891, 1079
– Schuldentilgung 1080 f.
– Schuldzinsen 1080 f.
Ende Grundstückshandel 1367 ff.
Entgelt 2131
– Abbruchmaterial 1958
– Ermittlung bei Sollbesteuerung 2252
– Vereinnahmtes Entgelt 2358
Entgeltliche Erbauseinandersetzung 784
Entgeltlicher Erwerb 752 ff., 757
Entgeltsminderung, Glasbruchversicherung 2138
Entlohnung, Ehegatte 1041 ff., 1046 ff.
Entnahme
– Arbeitszimmer 675
– Bewertung 930 f.
– eigene Bauten 1071
– Erbauseinandersetzung 802
– Grundstücke und Gebäude 1233 ff.
– Grundstückshandel 1371
– steuerfreie – 1238 f.
– steuerpflichtige – 1237
Entnahmegewinn
– Sachwertabfindung 777
– Vermächtnis 786 f.
– Vorausvermächtnis 788
Entschädigungen, LSt 2591 ff.
Entschädigungen wg. Kündigung von Bauverträgen 1520
Entstehung der Steuer 2132
– Sollbesteuerung 2243
Erbauseinandersetzung 762 ff.
– Aufgabegewinn 779, 781

– Auseinandersetzung Erbengemeinschaft 779
– Ausschlagen der Erbschaft 795 ff.
– Barabfindung 775
– Buchwertfortführung 778
– Darlehen 773, 786, 802
– einheitliche und gesonderte Feststellung 768
– entgeltliche – 784
– Entnahme 802
– Entnahmegewinn 777, 786 ff.
– laufender Gewinn bis zur – 765 ff.
– Miterben 762 ff.
– Pflichtteil 795 ff.
– qualifizierte Nachfolgeklausel 793 f.
– Realteilung 780 f.
– Realteilung mit Ausgleichsleistung 782
– Realteilung bei Mischnachlaß 798 ff.
– rückwirkende – 769 f.
– Sachwertabfindung 776 ff.
– Schuldzinsen 773, 786
– Sonderbetriebsvermögen 794
– Teilauseinandersetzung 764
– Teilungsanordnung 790 f.
– Übergangsregelung 803 ff.
– Übernahme
– – des Betriebs durch Erben 775
– – von Verbindlichkeiten 801
– Übertragung eines Erbanteils 771 ff.
– unentgeltliche – 785 ff.
– Veräußerungsgewinn 763, 771, 774, 776 ff., 786
– Vermächtnis 768, 786 ff.
– Vorausvermächtnis 789
– Vorempfänge, Ausschluß der Ausgleichsverpflichtung 789
– Weiterführung Betrieb durch Miterben 769 f.
Erbbaurecht
– Begriff 1084 ff.
– Bilanzierung 1084
– Entnahme Grundstück 1235

Stichwortverzeichnis 925

- Erschließungskosten 1087
- schwebende Geschäfte 1085 f.
- Erbbauzinsen 1087, 1539, 1638 ff.
- Erbengemeinschaft 291
- Auseinandersetzung 762 ff.
- Erbfall 762 ff.
- Erbfolge 762 ff.
- Grundstückshandel 1304
  s. auch Erbauseinandersetzung
- Erbregelung 785 ff.,
  s. auch Erbauseinandersetzung
- Erbschaft, Ausschlagung 795 ff.
- Erbschaftsteuer 400
- Sparmöglichkeiten 401
- Steuerbefreiungen 2964
- Steuerklassen 2962
- Steuertarif 2963
- Stundung 404
- Ergänzungsbeiträge Kläranlage 611
- Erhaltungsaufwendungen
- Aktivierung 546, 602, 609 ff.
- Berufskleidung 865
- des Entleihers/Mieters 873
- Erhaltungsmodelle 741 ff.
- Erhebung LSt 2541
- Erholungsbeihilfen 2817
- Ermäßigter Steuersatz
- außerordentliche Einkünfte 724 ff.
- Erbauseinandersetzung 763, 771, 774, 776 ff., 786
- Eröffnung des Betriebs 754 ff.
- Eröffnungsbilanz 754
- Errichtung von Objekten, Grundstückshandel 1308 ff.
- Ersatzbeschaffung, Rücklage 1592 ff.
- Ersatzteile, Festwerte 924
- Erschließung, Grundstückshandel 1323
- Erschließungskosten
- anschaffungsnaher Aufwand 611
- Erbbaurecht 1087
- vorausgezahlte - 1539
- Erwerb
- des Betriebs 754 ff.
- - entgeltlicher 757

- - unentgeltlicher 758
- von Objekten, Grundstückshandel 1314 f.
- Erziehungsbeihilfen s. Löhne
- Essen
- Bewirtung 936 ff., 942
- Sachbezugswerte 2747, 2811 ff.
- Essenszuschuß 2811 ff.
- Existenzgründung 76
- Anmeldungen 83
- Aufgaben 82
- Förderungen 90, 95
- Gründungsberatungen 88
- Unternehmensberatung 85
- Existenzminimum 2546

- Fabrikgrundstück 1299
- Fachliteratur
- Arbeitszimmer 655
- Fortbildungskosten 1139 ff.
- Fachtagungen 1132 ff.
- Fachzeitschriften 1139 f.
- Fahrausweis, Vorsteuerabzug 2374
- Fahrrad 1100
- Fahrten zwischen Wohnung und Betriebs-/Arbeitsstätte 877, 1471 ff.
- Fahrtenbuch 1455 ff., 1548
- Fahrtätigkeit, LSt
- Begriff 2689
- Fahrtkosten 2703
- regelmäßige Arbeitsstätte 2692
- Verpflegungsmehraufwendungen 2713, 2715 ff.
- Fahrtkosten
- Bewirtung 943
- Erstattung durch Arbeitgeber 2706
- Kraftfahrzeugkosten 1448 ff.
- Pauschalierung 2395, 2818
- Reisekosten 1548 ff.
- Fahrzeugversicherung 1450
- Familienheimfahrten 877, 1485
- Familienpersonengesellschaften 266
- Gewinnverlagerungen 399
- Fehlgeschlagene LSt-Pauschalierung 2792

Fehlmaßnahmen 1103
- Anscheinsvermutung 1103
- Teilwertansatz 1103
- Überdimensionierung 1103
Feiertagsarbeit 2760 ff.
Ferienwohnung 1107 ff.
- Begriff 1113
- eigene Wohnzwecke 1112 ff.
- – Ausland 1121
- – Ausschluß Wohneigentumsförderung 1112
- gemischte Nutzung 1115 ff.
- Gewerbebetrieb 1108 ff.
- Übergangsregelung 1114
Fernsehgerät, Arbeitszimmer 644
Festbrennstoffkessel 611
Feststellungslast, Arbeitszimmer 634
Festwertbildung 1122
- Abgehen 1125
- Bedeutung 1122
- Beispiel 1124
- Bereich 1123
- Grundsätze 924
Festwerte 924 ff., 1122 ff.
Fette, Festwerte 924
Feuerversicherung 1747 ff., 1758 f.
Finanzierungen 166
- Bankkonditionen 183
- Barmittelentnahmen 230
- Finanzierungsgrundsätze 167, 175
- Finanzierungskosten 211
- Kontokorrentkredite 191
- Kreditgenossenschaften 189
- Leasing 206
- Lebensversicherungen 218
- Mittelherkunft 172
- Pfandwert 186
- Sicherheiten/Kreditwürdigkeit 184
Finanzierungsgarantie, Bauherrenmodell 744
Finanzierungskosten 211
- Aktive Abgrenzung 213
- Betriebsausgaben 212
- Einsatz von Eigenmitteln 231
- Kontokorrentkredite 225
- – Zinsstaffelrechnung 227

- Lebensversicherungen, Kombination 218
- Überschußrechner 233
- Wechseldiskont 215
- Zweikontenmodell 238
s. auch Schuldzinsen
Finanzierungsvermittlung, Bauherrenmodell 744
Fischerei 877
Fliesenleger 3664
- Betriebsarten/-formen 3664
- Kalkulation 3901
- Kennzahlen 3907
- Löhne 3814
- Materialbezug/-arten 3732
- Richtsätze 3908
Flugzeug 1577 ff., 1582
Förderbänder
- Betriebsvorrichtung 916
- Festwerte 924
Fördergebietsgesetz 829 ff.
Förderungsmöglichkeiten 86
- Eigenkapitalhilfen 95
- Existenzgründungsberatungen 88
- Informationen 96
- Kredite, Zuschüsse 91
Forderungen
- Bewertung 928
- Teilfertige Arbeiten 1685 ff.
Fortbildungskosten 1130 ff.
- Abgrenzung Ausbildung – Fortbildung 1130 f.
- abziehbare Aufwendungen 1138 ff.
- Beispiele 1131
- Kongresse 1132 ff.
- LSt 2647
- Studienreisen 1132 ff.
Freiberufliche Tätigkeit 1146
Freibetrag/Freigrenze bei VSt 2886
Freiflug 2648
Freistellungsauftrag 1792 ff.
Fremdvergleich
- Arbeitsverträge 1034 ff., 1419
- Darlehensverträge 1057 ff., 1419
- Kaufverträge 1066, 1419

– Mietverträge 1054 f., 1419
– Schenkung 1059 ff., 1419 ff.
Führerscheinaufwendungen 1147

Gästehäuser 877
Galerieraum, Arbeitszimmer 641
Garage 1450
Garantie/Gewährleistung, Rückstellung bei VSt 2896
Garantierückstellung 1151
Gasgerät, Lieferung durch Installateur 2136
Gas- und Wasserinstallation 3672
Gaststätte, Bewirtung 957 ff.
Gebäude 1215 ff.
– AfA 1217 ff.
– Aktivierung 545, 1212, 1215 f.
– Aufteilung Kaufpreis 1216
– Entnahme 1233 ff.
– – steuerfreie – 1238 f.
– – steuerpflichtige – 1237
– Gestaltungen 552 ff.
Gebäudeteil
– AfA 1228, 1236
– anschaffungsnaher Aufwand 600
Gebäudeversicherung 1758 f.
Geburtsbeihilfe, LSt 2651 ff.
Geburtstag, Bewirtung 936
Geburtstagsfeier 1856
Gefälligkeitsfahrt 1481
Gefangenes Zimmer, Arbeitszimmer 643
Gehälter 876
s. auch Löhne und LSt
Geldbußen 877, 1153 ff.
Gelder, durchlaufende 2644
Geldersatz, LSt 2650
Geldverkehrsrechnungen 3407
– Einwendungsmöglichkeiten 3428
– Grundsätze 3417
– Mitwirkungspflichten 3425
Geltendmachung Betriebsausgaben 879
Gemeinschaftsverpflegung 2711
Gemischte
– Aufwendungen 874, 876

– Konten 335 f.
– Nutzung
– – Aktivierung 556
– – Ferienwohnung 1115 ff.
– – Kraftfahrzeug 1448, 1455 ff.
– – Telefon 1692 ff.
– – Versicherung 1747
– Tätigkeiten 1146, 1283 ff., 1335
Genossenschaften 1073
Geringfügige Beschäftigung
– Pauschalierung LSt 2827 ff.
– Sozialversicherung 2837 ff.
Geringwertige Wirtschaftsgüter 1166 ff.
– Aktivierung 546, 1166
– Arbeitszimmer 662
– Aufzeichnung 1170 f.
– Beitrittsgebiet 850
Gerüstbau 3667
– AfA-Tabellen 4112
– Betriebsstrukturen 3667
– Kennzahlen 3919
– Löhne 3819
– Materialbezug/-arten 3736 f.
– Preisgestaltung 3916
Gerüst- und Schalungsteile
– Festwerte 924
– geringwertige Wirtschaftsgüter 1169, 1172
Gesamtgewinngleichheit 419
Gesamtumstände, Grundstückshandel 1318 ff.
Geschäftlicher Anlaß, Bewirtung 947 ff.
Geschäftsausstattung s. Betriebs- und Geschäftsräume
Geschäftsführervertrag 1858
Geschäftsgang 1544 ff.
Geschäftsräume 895 ff.
Geschäftsreise 1544 ff.
Geschäftsveräußerung im ganzen 2342, 3016 ff.
Geschäftswert 121
– Abschreibung 121
– Aktivierung 545
– Charakter 123

– Pachtung 141
– Teilwert 124
Geschenke, Betriebsausgaben 877, 1181 ff.
Gesellschafter-Geschäftsführer
– Angemessenheit von Gehalt 1810
– Arbeitnehmerstellung 1815
– Direktversicherung 1851
– Nachzahlungsverbot 1876
– Pensionsrückstellungen 1896
– Pensionszusage 1896
– Selbstkontrahierungsverbot 1907
– Sozialversicherungspflicht 1816
– Verträge 1818
– Wettbewerbsverbot 1946
Gestaltungsmißbrauch
– Grundstückshandel 1258 ff.
– Verträge 1423 ff.
Gestellung von Kraftwagen 2771 ff.
Getränke, Bewirtung 942, 944, 954
Getriebeschaden 1480
Gewährleistungsrückstellung 1616
– Bewertung 1616
– Erfahrungssätze 1616
– Passivierungsvoraussetzungen 1616
– Prüfungsansätze 1616
– Rechtsgrundlagen 1616
– Rückgriffsrechte 1616
Gewerbebetrieb
– Abgrenzung zur freiberuflichen Tätigkeit 1146
– Begriff 1247 ff.
Gewerbekapitalsteuer, Beitrittsgebiet 846, 849
Gewerbesteuer 2411 ff.
– Arbeitsgemeinschaft 2411 ff.
– Beitrittsgebiet 2527
– Betriebsaufspaltung 2417 ff.
– Betriebsstätte 2436 ff.
– Dauerschulden/Dauerschuldzinsen 2461 ff.
– Grundstückshandel 2471
– Mehrheit von Betrieben 2472 ff.
– Organschaft 2491 ff.
– Substanzausbeuterechte 2506 ff.

Gewerbezweige, Durchschnittsätze 2016 ff.
Gewerbliche Tätigkeit
– Beginn 752 ff.
– Ende 1978 ff., 2986 ff.
Gewerbliche Vermietung, Grundstückshandel 1279
Gewerblicher Grundstückshandel 1246 ff.
s. auch Grundstückshandel
Gewillkürtes Betriebsvermögen 911 f.
Gewinnbeteiligung 3034
Gewinnermittlungsarten 416
– Betriebsvermögensvergleich 420
– Gesamtgewinngleichheit 419
– Überschußrechnung 431
– Wechsel 449
Gewinnerzielungsabsicht
– Begriff 1194 ff.
– Grundstückshandel 1276 ff.
Glasbruchversicherung 2138
Glaserei 3669
– AfA-Tabellen 4113
– Betriebsformen 3669
– Durchschnittsätze 2021
– Kalkulation 3926
– Kennzahlen 3929
– Löhne 3823
– Materialbezug/-arten 3739
– Richtsätze 3932
Glastrennwand 916
Gleisanlagen 916
GmbH 303
– Allgemeines 303
– Anteilszuordnung 318
– Besteuerung 315
– Formerfordernisse 307
– Nachteile 324, 330
– Organe 311
– Publizitätspflicht 310
– Stammeinlage 305
– Verbreitung 306
– Vorteile 318, 329

GmbH & Co KG 283
– Charakteristik 283
– Geschäftsführervergütungen 285
Gründergesellschaft 1942
Grund und Boden, Gesamtkaufpreis 117
Grundstücke 1211 ff.
– AfA 1214
– Aktivierung 545, 1211 ff.
– Aufteilung Kaufpreis 1216
– bebautes Grundstück 1216
– Betriebsvermögen 391
– Entnahme 1233 ff.
– – steuerfreie – 1238 f.
– – steuerpflichtige – 1237
– Finanzierung 216
– Gestaltungen 552 ff.
– Haftung 390
– Kaufvertrag 118
– Steuerliche Behandlung 390
– Stille Reserven 391
Grundstücksgemeinschaft, Grundstückshandel 1342 ff.
Grundstücksgesellschaft, Grundstückshandel 1331 ff.
Grundstückshandel 1246 ff.
– Anzahl der Objekte 1291 ff.
– Architekt 1283 ff., 1296, 1313, 1318
– Art der Objekte 1298 ff.
– Aufteilung 1318
– Ausland 1297
– Bauherrenmodell 1318
– Bauparzelle 1298, 1322 f.
– Baureifmachung 1322 f.
– Bauunternehmer 1296, 1313, 1318
– Bebauungsplan 1322 f.
– Beginn 1357 ff.
– Begriff 1246 ff.
– Beteiligung am allgemeinen wirtschaftlichen Verkehr 1280 ff.
– Betriebsaufgabe 1370
– Bürogrundstücke 1299
– Definition 1246 ff.
– Drei-Objekt-Grenze 1291 ff.
– Ehegatten 1302, 1307

– Eigentumswohnungen 1298
– Einfamilienhäuser 1298
– Einlage 1360
– einmalige Tätigkeit 1255
– Ein-Mann-GmbH 1258 ff., 1280
– Ende 1367 ff.
– Entnahme 1371
– Erbfolge 1304
– Errichtung von Objekten 1308 ff.
– Erschließung 1323
– Erwerb von Objekten 1314 f.
– Fabrikgrundstücke 1299
– gemischte Tätigkeit 1283 ff., 1335
– Gesamtumstände 1318 ff.
– Gestaltungsmißbrauch 1258 ff.
– gewerbliche Vermietung 1279
– Gewinnerzielungsabsicht 1276 ff.
– GewSt 2471
– Grundstücksgemeinschaft 1342 ff.
– Grundstücksgesellschaft 1331 ff.
– Immobilienmakler 1250, 1281, 1296, 1313, 1318
– Lagergrundstücke 1299 ff.
– Land- und Forstwirtschaft 1283 f.
– Makler 1250, 1281, 1296, 1313, 1318
– Mehrfamilienhäuser 1299, 1309
– Mischfälle 1317
– Mißbrauch 1258 ff.
– Modernisierung 1266 f., 1316, 1318
– Nachhaltigkeit 1252 ff.
– neue Tatsachen 1351 f.
– Personengesellschaft 1331 ff.
– Privatvermögen 1246, 1251, 1296, 1318, 1334
– Renovierung 1266 f., 1316, 1318
– Schönheitsreparaturen 1266, 1318
– selbständige Tätigkeit 1283 ff.
– Selbständigkeit 1250 f.
– Selbstnutzung 1294, 1305 ff., 1355 f., 1367 ff.
– Tatsachenwürdigung 1257, 1278
– Umfang 1353 ff.
– Umlaufvermögen 1361

- Umwandlung von Mietwohnungen 1305 ff.
- unbebaute Grundstücke 1321 ff.
- Veräußerungsabsicht 1311 ff.
- Veräußerungsgewinn 1372
- Vermietung 1279, 1294, 1303 ff., 1318, 1367 ff.
- Vermögensverwaltung 1291 ff.
- vorweggenommene Erbfolge 1304
- Werbung 1280 ff.
- Wiederholungsabsicht 1252 ff.
- Zeitmoment 1301 ff.
- Zusammenrechnung 1337 ff.
- Zweifamilienhäuser 1298

Grundstücksteile von untergeordneter Bedeutung 546, 678 ff.
Gruppenreise 1132 ff.
Gruppenversicherung 1757
GSB 47
Gutachtertätigkeit 1383, 1510
Gutschrift für Voraus- u. Anzahlungen 2195

Haftpflichtversicherung 1747 ff., 1748, 1754
Haftung 3056 ff.
- Erwerber eines Unternehmens 3056
- LSt 2583 f.
- Rückstellungen 1601 ff.

Handwerk 26
- Handwerksrolle 29
- Kaufmannseigenschaft 31
- Zulassungsvoraussetzungen 28

Handwerkerinnung 51
Handwerkskammer 51, 867
Haushaltsführung, doppelte 1003 ff.
Hausratversicherung 1758
Hausschwamm 603
Hauswirtschaftliche Beschäftigungsverhältnisse 1387 ff.
Heiratsbeihilfe, LSt 2651 ff.
Heizstoffe, Festwerte 924
Heizungs-, Gas- und Wasserinstallation, Klempnerei 3672
- AfA-Tabellen 4114

- Betriebsformen 3672
- Kalkulation 3942
- Lagerhaltung 3752
- Löhne 3825
- Materialbezug/-arten 3744 ff.
- Preisentwicklung 3753
- Richtsätze 3949

Heizungskosten, Arbeitszimmer 668 f.
Heizungsumstellung 611
Herstellungskosten 601, 608 ff., 613, 1688
Hilfeleistungen, geringfügige 1044
Hilfsgeschäfte 1397
Hilfsstoffe
- Bewertung 919 ff.
- Festwerte 926

Hinterziehungszinsen 877, 1399 ff.
Hochbautechniker 1146
Hoch- und Ingenieurhochbau 3677
- Betriebsformen 3677
- Durchschnittssätze 2022
- Kalkulation 3961
- Lagerhaltung 3757
- Löhne 3838
- Materialbezug/-arten 3754 ff.
- Richtsätze 3968

Hochschulstudium 1442
Hochzeit, Bewirtung 936
Hofbefestigungen 916
Hotelgrundstücke, Grundstückshandel 1299

Immaterielle Wirtschaftsgüter
- AfA 559
- Aktivierung 547

Immobilienmakler, Grundstückshandel 1250, 1281, 1296, 1313, 1318
Importwarenabschlag 922
Incentive-Reise, LSt 2654
Indizien für Arbeitszimmer 636 ff.
Industrie- und Handelskammer, Beiträge 867
Ingenieur 1146
Innengesellschaft, Arge 1983

Stichwortverzeichnis

Installateur
- Gasgerätelieferung 2136
- Propangasverkauf im eigenen Laden 2186
s. auch Klempnerei, Gas- und Wasserinstallation
Instandhaltung s. Erhaltungsaufwendungen
Invaliditätsversicherung 1747 ff., 1748, 1755
Inventur 917
Investitionsförderung, Beitrittsgebiet 843 ff., 851
Investitionszulagen 405, 843 ff.
Investitionszulagengesetz 843 ff.
Investitionszuschüsse 210

Jacht 877
Jagd 877
Jahresabschluß, Rückstellungen 1610 ff.
Job-Ticket 2655 f.
Jubiläum, Bewirtung 936
Jubiläumszuwendungen
- Arbeitgeber- 2660 ff.
- Arbeitnehmer- 2657 ff.

Kabelanschluß 611
Kachelofen 613
Kamin 613
Kaminkehrergebühren 696
Kanaldielen 1169, 1172
Kapitalgesellschaften 303
Kaskoversicherung
- LSt 2700
- Versicherungen 1747 ff., 1758
Kauf 105
- Bestehende Verträge 111
- Finanzierung 166
- Haftung 105, 113
- Mängelhaftung 107
- Übergangsregelungen 108
- Vertrag 106
Kauf eines Betriebs 76 ff., 754 ff., 757, 2986 ff.

Kaufmannseigenschaft 31
- Bedeutung 31
- Definition 32
- Formkaufmann 36
- Minderkaufmann 32
- Sollkaufmann 35
Kaufpreisraten 3039
Kaufverträge 114
- Anschaffungszeitpunkt 114
- mit Ehegatten 1066 f.
- Gesamtkaufpreis, Aufteilung 115
- Geschäftswert 121
- Grund und Boden 116
- mit Kind 1412, 1419, 1427, 1429
- Nebenkosten 119
Kautionen 147
- Finanzierung 171
- Vermögenszuordnung 147
- Zinserträge 148
Kilometersätze 1452 ff., 1471 f., 1549
Kinder
- Arbeitsverhältnisse 1412 ff.
- Ausbildungsdienstverhältnisse 1430 ff.
- Aushilfsarbeitsverhältnisse 1412
- Darlehensverträge 1412, 1419
- Fremdvergleich Verträge 1419 ff.
- Gestaltungsmißbrauch Verträge 1423 ff.
- Kaufverträge 1412, 1419, 1427, 1429
- Mietverträge 1412, 1419, 1424 f.
- Mißbrauch Verträge 1423 ff.
- Nachteile Verträge 1414
- Schenkungsverträge 1412, 1419 ff., 1427
- Sparguthaben 1420 ff.
- stille Gesellschaft 1419, 1428
- unwirksame Verträge 1416 ff.
- Vorteile Verträge 1413
- wirksame Verträge 1415 ff.
Kinderbetreuung, LSt 2664 ff.
Kinderfreibeträge, LSt 2562 f.
Kindergarten, LSt 2664 ff.
Kirchen-LSt 2836
Kläranlage, Ergänzungsbeiträge 611

Kleingeräte, Festwerte 924
Kleinmaterial, Festwerte 924
Kleinunternehmer 2141
Klempnerei, Gas- u. Wasserinstallation 3672
– Durchschnittsätze 2023
Körperschaftsteuer 1806
Kommanditgesellschaften 271
Kongresse 1132 ff.
Konkurs, USt 2146 ff.
Konstrukteur 1146
Kontokorrentkredite 191, 225 ff.
– Überschußrechner 233
– Zinsen 225 ff.
Kontokorrentzinsen 225 ff.
Kostentragung durch Arbeitgeber, Arbeitszimmer 670
Kraftfahrzeug
– Aktivierung 545
– Gestellung 2771 ff.
– unentgeltliche Überlassung 2226
Kraftfahrzeugkosten 1448 ff., 1548 ff.
– Abholfahrt 1481
– AfA 1450, 1461 ff.
– Alkoholfahrt 1468, 1481
– außergewöhnliche Kosten 1480 f.
– betriebliche Nutzung 1448 ff., 1455 ff.
– Betriebsstoffkosten 1450
– Betriebsvermögen 1448 f.
– Bußgelder 1153 ff., 1450
– doppelte Haushaltsführung 1485
– Eigenverbrauch USt 2103 ff.
– Fahrten Wohnung – Betriebs-/Arbeitsstätte 1471 ff.
– – außergewöhnliche Kosten 1480 f.
– – Behinderte 1484
– – Berechnung 1478 ff.
– – Leasingfahrzeug 1472
– – mehrere Wohnungen 1477
– – Mietfahrzeug 1472
– – Pauschbeträge 1471
– – Schätzung 1478 ff.
– – Taxifahrt 1474

– – Umwegfahrt 1473
– – zwei Betriebsstätten 1482 f.
– Fahrtenbuch 1455 ff.
– Fahrzeugversicherung 1450
– Garage 1450
– Gefälligkeitsfahrt 1481
– Gesamtkosten 1450
– Getriebeschaden 1480
– gewöhnliche Kosten 1480
– Insassenversicherung 1450
– Kilometersätze 1452 ff., 1471 f.
– Kraftfahrzeug im Betriebsvermögen 1448 f.
– Kraftfahrzeugsteuer 1450
– Kraftstoff 546, 1450
– Leasing 195 ff., 1448
– Leerfahrt 1481
– Mofa/Moped/Motorrad/Motorroller, Pauschbeträge 1452 ff., 1471 f.
– Nachweis, betriebliche Nutzung 1455 ff.
– notwendiges Betriebsvermögen 1448 f.
– Nutzungsdauer 1463 ff.
– Parkgebühren 1450, 1480
– Pauschbeträge 1452 ff., 1471 ff.
– Privatanteil 1455 ff.
– private Mitbenutzung 1449
– Privatvermögen 1450
– Probefahrt 1481
– Reparaturkosten 1450
– Schätzung betriebliche Nutzung 1458 f.
– Steuern 1450
– Straßenbenutzungsgebühren 1450
– Umsatzsteuer 2103 ff.
– unangemessene Aufwendungen 1461, 1577 ff.
– Unfallkosten 1450, 1468 ff., 1481
– – Alkoholfahrt 1468, 1481
– – betriebliche/berufliche Fahrt 1468
– – Fahrten Wohnung – Betriebs-/Arbeitsstätte 1468
– – Gefälligkeitsfahrt 1481

Stichwortverzeichnis 933

– – Geldbußen 1153 ff.
– – Nebenkosten 1469
– – Privatfahrt 1468
– – Probefahrt 1481
– – Reparaturkosten 1469
– – Strafverteidigungskosten 1153 ff.
– – Verfahrenskosten 1153 ff.
– – Wertminderung 1169
– Umwegfahrt 1473, 1481
– Unfallversicherung 1450
– Veräußerungsgewinn 1466 f.
– Verkehrsunfall s. Unfallkosten
– Versicherung 1450, 1758 f.
– Verwarnungsgelder 1153 ff., 1450
– Wertminderung 1469
– Zinsen 1469, 1480
Kraftfahrzeugsteuer 1450
– vom Zulassungsverfahren ausgenommene Kfz 2971
Kraftstoff 546, 1450
Krananlagen 916
Krankentagegeldversicherung 1747 ff., 1748
Krankenversicherung 1747 ff., 1748
Kredite, Schulden 224
– Betriebsvermögen 224
– Finanzierungskosten 211
– Kontokorrentkredite 225
– Überschußrechner 233
– Umschuldung 232
– Zweikontenmodell 238
Kreditoren
– Bewertung 928
– Darlehen 976 f.
Kündigung Bauvertrag 1510
Kundenanzahlungen 1488
– Gewinnrealisierung 1488
– Überprüfung 1489
Kundenforderungen 1490
– Bewertung 1490
– Einzelwertberichtigung 1491
– Pauschalbewertung 1493
– Saldendifferenzen 1492
– Sicherheiten 1491

– Uneinbringlichkeit 1490
– Wertaufhellungstheorie 1491
Kunstgegenstände
– AfA 562
– Arbeitszimmer 660 ff., 664 f.
– Betriebs- und Geschäftsausstattung 901 f.
– Repräsentationsaufwendungen 1577 ff.
Kurzfristige Beschäftigung, LSt 2827 ff.

Lagergrundstücke, Grundstückshandel 1299 ff.
Land- und Forstwirtschaft 1283 ff.
Lastenaufzug 916
Lastwagenschlosser 1495
Laufende Aufwendungen, Arbeitszimmer 683 ff.
Laufende Betriebsausgaben 546
Laufender Gewinn bis zur Erbauseinandersetzung 765 ff.
Leasing 193
– Charakteristik/Vorteile 193, 206
– Degressive Raten 204
– Fahrten zwischen Wohnung und Betriebs-/Arbeitsstätte 1472
– Gewerbesteuern 201, 209
– Kraftfahrzeuge 1448
– Nachteile 202
– Sonderzahlung 204
– Varianten 197
– – Netto-, Bruttoleasing 198
– – Voll-, Teilamortisationsverträge 197
– – Sale-and-lease-back-Verträge 203
Lebensgemeinschaft, nichteheliche 1068
Lebensversicherung
– Beitrittsgebiet 827 f.
– Betriebsvermögen 1747 ff., 1748
Leerfahrt 1481
Lehrgänge 1130 ff.
Leichtfertige Steuerverkürzung, Selbstanzeige 3636

Leistungsentnahme 1499
Leistungsreduktion, Vorsteuerabzug 2380
Liebhaberei 1194 ff.
Liege, Arbeitszimmer 646
Lifo-Verfahren 923
Löhne 546, 876, 3807 ff.
- Dachdeckerei 3807
- Dämmung 3810
- Elektroinstallateure 3812
- Fliesenleger 3814
- Gerüstbau 3819
- Glaserei 3823
- Heizungs-, Gas- u. Wasserinstallation, Klempnerei 3825
- Hoch- und Ingenieurhochbau 3828
- Maler, Lackierer, Anstreicher 3833
- Schlosserei 3836
- Schreiner, Tischler, Bau- u. Möbelschreiner 3837
- Straßenbaubetriebe 3840
- Stukkateure, Gipser, Putzarbeiter, Verputzer 3845
- Tiefbau 3848
- Zimmerei 3852
s. auch Lohnsteuer
Lohnausgleich 3854
Lohnausgleichskasse, Erstattungsansprüche 1723
Lohnfortzahlung 63, 1501
- Erstattungsansprüche 63
- Umlageverfahren 63
Lohnkonto 493, 2572 ff.
Lohnsteuer 2541 ff.
- Abführung 2575 ff.
- Abzug 2555 ff.
- Anmeldung 2575 ff.
- Änderung LSt-Karte 2564
- Anrufungsauskunft 2585
- Arbeitslohn 2543
- Aufbewahrung Lohnkonto 2574
- Aufzeichnung 2572 f.
- ausländische Arbeitnehmer 2568 ff.

- Außenprüfung 2586
- Durchführung des LSt-Abzugs 2555 f.
- Ehegatten 2571
- Erhebung 2541
- Essen 2747 f., 2811 ff.
- Exsistenzminimum 2546
- Gestellung von Kraftwagen 2771 ff.
- Haftung Arbeitgeber 2583 f.
- Höhe 2542 ff.
- Kinderfreibeträge 2562 f.
- Lohnkonto 2572 ff.
- LSt-Jahresausgleich des Arbeitgebers 2580 ff.
- LSt-Karte 2558 ff.
- LSt-Pauschalierung s. dort
- mehrere LSt-Karten 2567
- Nettolohnvereinbarung 2557
- Nichtvorlage der LSt-Karte 2565 f.
- Sachbezüge 2545
- Solidaritätszuschlag 2554
- Speisen 2747 f., 2811 ff.
- steuerfreie Einnahmen 2591 ff.
- Steuerklassen 2562 f.
- Tariffreibetrag 2547 ff.
- Übernahme der pauschalen LSt durch Arbeitnehmer 2796
- Urlaubskasse 2543
- Winterhilfen 2543
- Wohnung 2771 ff.
- Zusatztabelle 2546
Lohnsteueraußenprüfungen 2586, 3103
Lohnsteuer-Pauschalierung 2791 ff.
- Änderung nach LSt-Außenprüfung 2801 f.
- Antrag 2799 f.
- Arbeitslosenversicherung 2841
- Aushilfskräfte 2827 ff.
- Beförderung 2794, 2818
- Betriebsveranstaltungen 2816
- Bundesanstalt für Arbeit 2853
- Direktversicherung 2850

Stichwortverzeichnis 935

- Ehegatten-Arbeitsverhältnisse 1031 ff., 2861 ff.
- Entstehung der Steuer 2799
- Erholungsbeihilfen 2817
- Essenszuschuß 2810 ff.
- Fahrtkostenzuschuß 2795, 2818
- fehlgeschlagene Pauschalierung 2792
- geringfügige Beschäftigung 2827 ff.
- Kirchen-LSt 2836
- kurzfristige Beschäftigung 2827 ff.
- Mahlzeiten 2811 ff.
- Nacherhebung 2805
- Nettosteuersatz 2804
- nach § 40 EStG 2803 ff.
- nach § 40a EStG 2826 ff.
- nach § 40b EStG 2846 ff.
- Pensionskasse 2851 f.
- Rücknahme des Pauschalierungsantrags 2800
- Ruhegelder 2830
- Ruhestand 2830
- Schuldner der LSt 2791 f.
- Sonderzuwendungen 2833 ff.
- sonstige Bezüge 2805
- Sozialversicherung 2837 ff., 2868
- Sozialversicherungsaufweis 2840
- Steuersatz 2798
- – Beförderung 2818
- – Betriebsveranstaltungen 2810, 2816
- – Erholungsbeihilfen 2810, 2817
- – Essenszuschuß 2810 ff.
- – Fahrtkostenzuschuß 2818
- – geringfügige Beschäftigung 2836
- – kurzfristige Beschäftigung 2836
- – Zukunftssicherungsleistungen 2860
- Übernahme der Steuer durch Arbeitnehmer 2796 f.
- Umwandlung von Arbeitslohn 2794 f.
- Unfallversicherung 2854

- Veranlagung 2793
- Vorruhestand 2830
- Zukunftssicherungsleistungen 2794, 2849 ff.
- Zuschüsse Fahrten Wohnung/ Arbeitsstätte 2818

Lohnzahlung 1047 ff.
LSP-Bau 46

MaBV 48
Mahlzeiten, LSt 2811 ff.
Makler, Grundstückshandel 1250, 1281, 1296, 1313, 1318
Maler, Lackierer, Anstreicher 3682
- AfA-Tabellen 4111
- Betriebsformen 3682
- Durchschnittssätze 2024
- Kalkulation 3976
- Lagerhaltung 3761
- Löhne 3833
- Materialbezug/-arten 3759 f.
- Richtsätze 3982

Malerarbeiten 611
Malereinkaufsgenossenschaften 1073
Management-Wissen 1140
Maschinen
- Aktivierung 542 ff.
- Betriebs- und Geschäftsräume 898 ff.

Materialbeistellung, USt 2156 ff.
Materialbezug/-arten, Lagerhaltung, Preisentwicklung
- Dachdeckerei 3716 ff.
- Dämmung u. Abdichtung 3720 ff.
- Elektroinstallateure 3726 ff.
- Fliesenleger 3732 ff.
- Gerüstbau 3736 ff.
- Glaserei 3739 ff.
- Heizungs-, Gas- u. Wasserinstallation, Klempnerei 3744 ff.
- Hoch- und Ingenieurbau 3754 ff.
- Maler, Lackierer, Anstreicher 3759 ff.
- Schlosserei 3762 ff.

- Schreiner, Tischler, Bau- u. Möbelschreiner 3767 ff.
- Steinmetze 3773 ff.
- Straßenbaubetriebe 3777 ff.
- Stukkateure, Gipser, Putzarbeiter, Verputzer 3782 ff.
- Tiefbau 3785 ff.
- Zimmerei 3790 ff.

Materialeinkaufsgenossenschaften 1073

Mehraufwendungen für Verpflegung s. Verpflegungsmehraufwendungen

Mehrfamilienhäuser 1299, 1309

Mehrheit von Betrieben, GewSt 2472 ff.

Meisterkurse 1436 f., 1504
- Berufsausbildungsverträge 1504
- Fortzahlung der Gehälter 1504

Meistgebot 1590

Merkantiler Minderwert 1469, 2699

Merkblätter zur Sollbesteuerung 2308

Miete
- Aktivierung 546
- Arbeitszimmer 668

Mieterein- und -umbauten, Aktivierung 557

Mietgarantie, Bauherrenmodell 744

Mietkauf 192

Mietkaufverträge 1202

Mietverträge
- Ehegatten- 1054 ff.
- Kinder- 1412, 1416, 1419, 1424 f.

Mietvorauszahlung 1539

Mindest-Istversteuerung 2166
- Endrechnungen 2196
- Gutschriften über Voraus- und Anzahlungen 2195
- Rechnungserteilung 2188 ff.
- Rechnungsinhalt bei Voraus- und Anzahlungen 2190
- Restrechnungen 2197
- Zeitpunkt der Rechnungserteilung über Voraus- u. Anzahlungen 2191

Mißbrauch
- Grundstückshandel 1258 ff.
- Verträge mit Kindern 1423 ff.

Mitarbeit
- Ehegatte 1031 ff., 1044
- Kind 1412

Miteigentum
- AfA 575 f.
- Aktivierung 548 ff.
- Arbeitszimmer 682 ff.

Miterben 762 ff.

Mitunternehmerschaft 292
- Betriebsvermögen 297
- Einkunftsart 298
- Personengesellschaften 262
- Sonderbetriebsausgaben 300
- Tätigkeitsvergütungen an Mitunternehmer 299
- verdeckte - 295
- Voraussetzungen 294

Modernisierung 602, 609 ff.
- Aktivierung 546
- Grundstückshandel 1266 f., 1316, 1318

Möbel 655 ff., 1169

Mofa/Moped/Motorrad/Motorroller s. Kraftfahrzeugkosten, Reisekosten

Motorjacht 877

Müllabfuhrgebühren 696

Musikinstrumente, Arbeitszimmer 644

Musterhäuser 751
- VSt 2891

Nacherhebung LSt 2805

Nachfolgeklausel bei Gesellschaft 793 ff.

Nachhaltigkeit, Grundstückshandel 1252 ff.

Nachholung AfA 566

Nachkalkulationen 3390

Nachtarbeit, LSt 2760 ff.

Nachträgliche(s)
- Aufwendungen, Arbeitszimmer 671
- Bekanntwerden, Arbeitszimmer 697
- Betriebsausgaben 1079 ff.

– Betriebseinnahmen 1079
Nachtspeicherofen, Umrüstung 611
Nachweis, Bewirtung 953 ff.
Nachzahlungsverbot 1876
– Direktversicherung 1852
– Verstöße 1879
– Vertragsanforderungen 1877
– Vertragspflege 1878
Nebeneinnahmen 1510
Nebenkosten, Arbeitszimmer 668 f.
Nebenräume, Arbeitszimmer 654
Nebentätigkeiten 1510
– Aufsichtsrat 1510
– Berufskammer 1510
– Ehrenämter 1510
– Gutachtertätigkeit 1510
– Hausverwaltung 1510
– Lehrtätigkeit 1510
– Prüfungsausschüsse 1510
– Verbandstätigkeit 1510
Nettolohnvereinbarung 2557
Nettosteuersatz, LSt 2804
Neue Bundesländer 405
– Arbeitsstunden 16
– Ausbaugewerbe 16
– Beschäftigte 16
– Betriebe 16
– Steuervorteile 405
– Umsatz 16
Neue Tatsache, Grundstückshandel 1351 f.
Nicht abgerechnete Arbeiten 1685 ff.
Nichtabziehbare Betriebsausgaben nach § 4 Abs. 5 EStG 877
Nichteheliche Lebensgemeinschaft 1068
Nichtselbständige Tätigkeit 1641 ff., 2541 ff.
Nichtvorlage LSt-Karte 2565 f.
Notwendiges
– Betriebsvermögen 910, 1448 f.
– Privatvermögen 913, 1450
Nutzung, gemischte s. gemischte Nutzung
Nutzungsberechtigter, Baumaßnahmen 550 f.

Nutzungsdauer
– allgemein 565
– Kraftfahrzeuge 1463 ff.
Nutzungsrechte
– AfA 559
– Aktivierung 545, 550 f.

Oder-Konto 1049
Öle, Festwerte 924
Ölheizung, Umstellung 611
Offene Handelsgesellschaft 267
Ordnungsgelder 877, 1153 ff.
Ordnungsmäßigkeit 518
– Anforderungen 520
– Belegprinzip 525
– Mängel 534
Organschaft
– Betriebsaufspaltung 2421 ff.
– GewSt 2491 ff.
– Körperschaftsteuerliche – 1886
– – Gewinnabführungsvertrag 1889
– – Voraussetzungen 1888
– – Vorteile 1887
– USt 2171 ff.

Pachtungen 127
– AfA 131
– Ehegattenverträge 145
– Gewerbesteuer 139
– Konditionen 130
– Mieter-/Pächtereinbauten 133
– Pachterneuerungsrückstellung 143
– Pächterwohnung 136
– Umsatzsteuerausweis 137
– Verträge 128
– Vorteile 127, 143
Parkgebühren 1450, 1480
Pauschalierung der Lohnsteuer s. Lohnsteuer-Pauschalierung
Pauschbeträge, Kraftfahrzeuge 1452 ff., 1471 f.
Pensionskasse 2851 f.
Pensionsrückstellungen 1896
– Anerkennung 1897
– Angemessenheit 1901

- Beherrschender Gesellschafter-Geschäftsführer 1899
- Erdienbarkeit 1900
- Nachzahlungsverbot 1899
- Steuerliche Bedeutung 1896

Pensionsverpflichtungen, Beitrittsgebiet 850

Pensionszusage 1518 ff.
- Arbeitnehmer-Ehegatte 1521 ff.
- Beitrittsgebiet 1518
- Passivierungspflicht 1518
- Passivierungswahlrecht 1519
- Zukunftssicherungsleistungen 1520

Personengesellschaften 262
- Allgemeines 262
- Ehegattenpersonengesellschaften 277 ff.
- Gesellschaften des bürgerlichen Rechts 264
- Grundstückshandel 1331 ff.
- Nachteile 302
- Steuerliche Behandlung 292
- Varianten 263
- Vorteile 301

Personenversicherungen 1748 ff.

Pflegeversicherung 1748

Pflichtteil, Ausschlagung der Erbschaft 795 ff.

Pkw s. Kraftfahrzeugkosten

Policendarlehen 218 ff.

Porto 1026

Preisnachlaß s. Rabatt

Preissteigerungsrücklage 922

Privatanteil, Kraftfahrzeuge 1455 ff.

Private
- Altersvorsorge, Beitrittsgebiet 827 f.
- Mitbenutzung
- – Arbeitszimmer 631 ff.
- – Kraftfahrzeuge 1449
- Veranlassung
- – Bewirtung 936 f.
- – doppelte Haushaltsführung 1005
- – Reisekosten 1541
- Versicherung 1747 ff.

Privatvermögen
- Abgrenzung zum Betriebsvermögen 909 ff.
- Grundstückshandel 1246, 1251, 1296, 1318, 1334
- Kraftfahrzeuge 1450
- Versicherungen 1747 ff.

Probefahrt 1481

Promotion 1131

Propangasverkauf, USt 2186

Prozeßkosten 1528, 1601 ff.

Prüfung, Arbeitszimmer 650

Prüfungsanordnung 3186
- Anforderungen 3199
- Bedeutung 3186
- Begründungspflichten 3205
- Bekanntgabe 3192
- Mängel 3209
- Rechtsmittel 3212
- Rechtswirkungen 3188

Prüfungsansätze
- Gewährleistungsrückstellungen 1616
- Kundenanzahlungen 1489
- Kundenforderungen 1492
- Teilfertige Bauten 1688

Prüfungsbericht 3491
- Auswertung 3500

Qualifizierte Nachfolgeklausel bei Gesellschaft 793 f.

Rabatte
- Bewertung 917 ff., 920 f.
- LSt 2679 ff.

Raten für Betriebskauf und -verkauf 3038 ff.

Rationalisierungserlaß 1493
- Gewährleistungsrückstellungen 1616
- Kundenforderungen 1493

Rauchen 942, 954

Raumkosten
- Arbeitszimmer 658 ff.
- Betriebs- und Geschäftsräume 895 ff.

Raumteiler, Arbeitszimmer 642
Realisationsprinzip 428
- Bauabnahme 1533
- Bauausführungen 1531
- Kundenanzahlungen 1488
- Rettungserwerb 1590
- Teilfertige Bauten 1685
- Teilleistungen 1488, 1534
- Veräußerungen 1537
Realisierungszeitpunkt bei Bauausführungen 1531 ff.
Realteilung 780 f.
- mit Ausgleichsleistung 782
- Mischnachlaß 798 ff.
Rechengerät 1169
Rechnung
- Ausstellung bei Sollbesteuerung 2258 ff.
- Bewirtung 961 f.
- Endrechnungen 2196
- Inhalt über Voraus- und Anzahlungen 2190
- Restrechnungen 2197
- Zeitpunkt über Voraus- und Anzahlungen 2191
Rechnungsabgrenzung 1538 f.
Rechtliches Gehör 3247
Rechtsbehelfe
- Prüfungsanordnungen 3212
- Prüfungsbedürftigkeit 3141
- Prüfungshandlungen 3358
Rechtsschutzversicherung 1747 ff., 1748, 1754
Regelmäßige Arbeitsstätte 2691 ff.
Reinigungskosten
- Arbeitszimmer 668 f., 1044
- Berufskleidung 865
- Betriebs- und Geschäftsräume 896
Reisekosten 1541 ff.
- Anschaffung von Koffern 1542
- Auslandsdienst-, -geschäftsreisen 1565
- Bekleidungskosten 1542
- Betriebsausgaben 1026
- Dienstgang, -reise 1544 ff.
- Fahrtenbuch 1548
- Fahrtkosten 1548 ff.
- Fortbildungskosten 1130 ff.
- Geschäftsgang, -reise 1544 ff.
- Kilometersätze 1549
- Kraftfahrzeugkosten 1448 ff., 1548 ff.
- LSt 2682 ff.
- private Veranlassung 1541
- Reisenebenkosten 1564
- Übernachtungskosten 1551 f.
- Verlust der Geldbörse 1542
- Verpflegungsmehraufwendungen 877, 1553 ff.
- Vorsteuer 1558, 1563
- - abzug 2377
- Werbungskosten 1541
- Zwischenheimfahrten 1550
Reisenebenkosten
- ESt 1564
- LSt 2718
Rekultivierung, Rückstellung bei VSt 2903
Renovierung s. Reparaturkosten
Renten 3040
- Betriebskauf und -verkauf 1576
- Veräußerungsleibrenten 3040
- Veräußerungszeitrenten 3042
- Versorgungsrenten 3044
- Unterhaltsleibrenten 3046
Rentenversicherung, LSt 2723
Reparaturkosten
- Arbeitszimmer 658, 669
- Erhaltungsaufwand 546, 602, 609 ff.
- Grundstückshandel 1266 f., 1316, 1318
- Kraftfahrzeuge 1450
Repräsentationsaufwendungen 875, 877, 1577 ff.
- Angemessenheitsprüfung 1581 ff.
- Beispiele 1580
- Grundsatz 1577 ff.
- unangemessene Aufwendungen 1585 ff.
Rettungserwerb 1590

Rohstoffe
- Bewertung 919 ff.
- Festwerte 926

Rückgängigmachung des Kaufs 604

Rücklagen 1592 ff.
- Beitrittsgebiet 850
- Ersatzbeschaffung 1597 ff.

Rücknahme LSt-Pauschalierungsantrag 2800

Rückstellungen 1601 ff.
- Abrechnungspflichten 1614
- Auflösung 1626
- Baugewerbe 1611 ff.
- Baulastübernahme 1612
- Baustellenräumung 1613
- Beispiele 1601 ff.
- Bewertung 1610
- Bürgschaft 1615
- Gewährleistung 1616
- Höhe 1610
- Jahresabschluß 1617
- Pachterneuerungen 1618
- Pensionssicherungsverein 1619
- Prozeßkosten 1620
- Rekultivierung 2903
- Rückständiger Urlaub 1622
- Schadensersatzverpflichtungen 1621
- Urlaub, VSt 2899
- Verluste aus schwebenden Verträgen 1623
- Vermögensteuer 2896
- Voraussetzungen 1601 ff.
- Vorruhestandsleistungen 1624
- Wechseloblige 1625
- Wegfall 1627
- Weihnachtsgratifikation 2899, 2902

Rückwirkende Erbauseinandersetzung 769 f.

Rückwirkende Verträge 1038

Rückzahlung
- Betriebsausgaben 880 ff.
- Betriebseinnahmen 891
- Darlehen 1061, 1065

Ruhegelder, LSt-Pauschalierung 2830

Ruhestand, LSt-Pauschalierung 2830

Saalmiete, Bewirtung 943

Sachbezüge, LSt 2545

Sachsen und Sachsen-Anhalt s. Beitrittsgebiet

Sachspenden 1662

Sachversicherungen 1747 ff., 1758 f.

Sachwertabfindung 776 ff.

Sachzuwendungen
- Arbeitnehmer 2201
- Arbeitnehmer-Sammelbeförderung 2221
- Aufmerksamkeiten 2207
- Bauhaupt- und Baunebengewerbe 2221
- Bemessungsgrundlage 2218
- Betriebsveranstaltungen 2214
- Steuerbefreiungen 2215
- Unentgeltliche Überlassung eines Kfz 2226

Sammelbeförderung, LSt 2729

Sanierung Altlasten 1606 f.

Schadensersatz
- Bewertung 920
- LSt 2743
- Rückstellungen 1601 ff.

Schätzung betriebliche Nutzung 1458 f.

Schätzungsberechtigung 3381
- Einwendungen 3388
- Grundsätze 3382

Schätzungsverfahren 3381
- Geldverkehrsrechnungen 3407
- Nachkalkulationen 3390
- Vermögensvergleich 3434
- Vermögenszuwachsrechnungen 3404

Schalungsteile
- Festwerte 924
- geringwertige Wirtschaftsgüter 1169, 1172

Scheinbestandteile 558

Stichwortverzeichnis

Schenkung
- Arbeitslohn 1053
- Darlehensgewährung 1059 ff.
- an Kinder 1412, 1419 ff., 1427

Schenkungsteuer s. ErbSt
Schlechtwettergeld 1778
Schlosserei 3684
- Betriebsformen/-arten 3684
- Durchschnittsätze 2025
- Kalkulation 3991
- Kennzahlen 3998
- Lagerhaltung 3764
- Löhne 3836
- Materialbezug/-arten 3762
- Preisentwicklung 3767
- Richtsätze 3999

Schlüsselfertige Häuser 751
Schlußbesprechung 3458
- Bedeutung 3460
- Bindungswirkung 3477
- Hinweise 3469
- Strafrechtlicher Hinweis 3480
- Tatsächliche Verständigung 3472
- Teilnehmer 3461
- Vorbedingungen 3464

Schmiergelder 1636
- Abgrenzung 1636
- Abziehbarkeit 1636
- Empfängerbenennung 1636
- Zahlungen an Ausländer 1636

Schönheitsreparaturen
- anschaffungsnaher Aufwand 602
- Arbeitszimmer 658
- Grundstückshandel 1266, 1318

Schreibmaschine 655
Schreibtisch 655
Schreibtischlampe 655
Schreiner, Tischler, Bau- und Möbeltischler 3686
- AfA-Tabelle 4115
- Betriebsformen/-arten 3686
- Kalkulation 4006
- Kalkulationsbeispiele 4010
- Lagerhaltung 3769
- Löhne 3837
- Materialbezug/-arten 3767 f.

- Preisentwicklung 3770

Schriftform Verträge 1039
Schütt-Aus-Hol-Zurück-Verfahren 1906
Schuldner, LSt
- Arbeitgeber bei Pauschalierung 2791 f.
- Arbeitnehmer 2541

Schuldzinsen s. Zinsen
Schutzvorrichtung 916
Schwarzarbeiter 1647
Schwebende Geschäfte 1639
- VSt 2911

Schweißerei, Durchschnittsätze 2025
Selbständige Tätigkeit
- ESt 1641 ff.
- Grundstückhandel 1250 f., 1283 ff.

Selbständigkeit 80
Selbstanzeige 3596
- Beispiele 3642
- Einleitung eines Straf- und Bußgeldverfahrens 3625
- Entdeckung der Tat 3633
- Erscheinen des Prüfers 3618
- Erstattung durch Täter, Mittäter, Anstifter, Gehilfen 3599
- Finanzbehörde, örtlich und sachlich zuständige 3602
- Form 3605
- Fortfall der Möglichkeit zu Selbstanzeige 3617
- fristgerechte Nachzahlung 3609
- Finanzrechtsweg, nicht gegebener 3613
- gestufte – 3608
- Hinweis auf Bedeutung der Zahlungsfrist 3614
- Inhalt 3606
- leichtfertige Steuerverkürzung 3636
- nachträgliche Fristverlängerung 3616
- Nachzahlung, fristgerechte 3609
- Scheinhandlungen 3622, 3646
- Sperrwirkung 3621, 3645

- unangemessene Zahlungsfrist
  3615
- verspätete - 3617
- zuständige Behörden 3602

Selbstkontrahierungsverbot 1907,
1827
- Bedeutung 1907

Selbstnutzung, Grundstückshandel
1294, 1305 ff., 1355 f., 1367 ff.

Seminare 1130 ff.

Sicherheiten 184, 1061 f., 1064
- Abtretungen, Bürgschaften 187
- Kreditgenossenschaften 189
- Pfandwert 186

Sicherungsvorrichtung 916

Skonti, Bewertung 917 ff., 920 f.

Software
- Betriebs- und Geschäftsräume
  899
- geringwertige Wirtschaftsgüter
  1169
- Investitionzulage Beitrittsgebiet
  843

Solidaritätszuschlag 1654 ff., 2554

Sonderabschreibungen 405

Sonderbetriebsvermögen bei Erbfolge
794

Sonderprüfungen 3102

**Sonderregelungen EStG, Beitritts-
gebiet** 819 ff.

**Sonderzuwendungen, LSt-Pauscha-
lierung** 2805

Sollbesteuerung
- Bauwirtschaft, Merkblätter 2308
- Berichtigungspflicht 2264
- Entstehung der Steuer 2243
- Ermittlung des Entgelts 2252
- Rechnungsausstellung 2258 ff.
- Teilleistungen 2238
- USt 2236 ff.
- Voranmeldung, Vorauszahlung der
  USt 2251
- Vorsteuerabzug bei Voraus- und
  Anzahlungen 2258 ff.
- Werkleistung 2238
- Werklieferung 2238

Sozialversicherung
- Pauschalierung der LSt 2837 ff.,
  2868
- Versicherungen 1747 ff., 1748

Sozialversicherungsausweis 2840

Sparerfreibetrag 1791

Sparguthaben, Schenkung 1420 ff.

Speisen s. Bewirtungskosten

Spenden 1185

Spiegel 1140

Sponsoring 878

Standesorganisation, Beiträge 817

Steinbildhauerei, Durchschnittsätze
2026

Steinmetze 3688
- AfA-Tabelle 4116
- Betriebsarten 3688
- Durchschnittsätze 2026
- Kalkulation 4021
- Kennzahlen 4026
- Löhne 3839
- Materialbezug/-arten 3773
- Richtsätze 4027

Sterbegeldumlagen 1747 ff., 1749

Stereoanlage, Arbeitszimmer 644

Steuerbefreiung bei Sachzuwendung
2215

Steuerberaterkosten, Bauherrenmodell
744 f.

Steuerberatung 64
- Aufgabe 65
- Buchführung 68

Steuerermäßigung
- außerordentliche Einkünfte 725 ff.
- Erbauseinandersetzung 763, 771,
  774, 776 ff., 786
- Erbschaftsteuer 1665
- LSt-Pauschalierung
- - Beförderung 2818
- - Betriebsveranstaltungen 2810,
  2816
- - Erholungsbeihilfen 2810, 2817
- - Essenszuschuß 2810 ff.
- - Fahrtkostenzuschuß 2818
- - geringfügige Beschäftigung
  2836

Stichwortverzeichnis

– – kurzfristige Beschäftigung 2836
– – Zukunftssicherungsleistungen 2860
Steuerfahndung 3556
– Allgemeines 3556
– Anzeichen 3564
– Aufgaben 3568
– Befugnisse 3570
– Einsatzablauf 3574
– Rechtsgrundlagen 3568
– Verhaltenshinweise 3584
Steuerfreie
– Einnahmen, LSt 2591 ff.
– Entnahme 1238 f.
Steuergestaltungen 371
Steuerklassen, LSt 2562 f.
Steuerminimierung 371
– Steuerspargrundsätze 378
– Überinvestitionen 376
– Vertragsüberprüfung 373
Steuernachforderungszinsen 1402
Steuersatz
– ermäßigter s. Steuerermäßigung
– USt 2281
Steuerspargrundsätze 378
– Gewinnverlagerungen 386
– Gleichverteilungseffekte 384
– Möglichkeiten 383
– Verlagerungseffekte 384
– Verlustberücksichtigung 382
Steuerstrafrecht
– Außenprüfung 3539
– Hinweis 3480
– Prüfungsvermerke 3497
Steuer- und Satzungsklauseln 1910
Steuervorteile neue Bundesländer 405
Stille Gesellschaft 273
– Atypische – 275
– mit Ehegatten 1057 ff.
– Formerfordernisse 273
– mit Kind 1419, 1428
– Typische – 274
Strafverfahrenskosten 1159
Straßenbaubetriebe 3695
– AfA-Tabelle 4117

– Betriebsformen/-arten 3695 f.
– Kalkulation 4036
– Lagerhaltung 3780
– Löhne 3840
– Materialbezug/-arten 3777 f.
– Preisentwicklung 3781
Straßenbenutzungsgebühren 1450
Striptease 942
Stromkabelverstärkung 611
Stromkosten, Arbeitszimmer 668 f.
Studienkosten des Kindes 1430 ff.
Studienreisen 1132 ff.
Stückzinsen, Zinsabschlag 1786
Stuhl 655
Stukkateure, Gipser, Putzarbeiter, Verputzer 3699
– Betriebsformen 3699
– Durchschnittsätze 2027
– Kalkulation 4046
– Kennzahlen 4051
– Lagerhaltung 3784
– Löhne 3845 ff.
– Materialbezug/-arten 3782 f.
– Richtsätze 4052
Stundungszinsen 1402
Substanzausbeuterechte
– GewSt 2506 ff.
– VSt 2926

Tabakwaren, Bewirtung 942, 954
Tafelgeschäfte 1795
Tantieme 1826
– außerordentliche Einkünfte 725 ff.
– Ehegatten-Arbeitsverhältnisse 1031 ff.
– Kinder-Arbeitsverhältnisse 1412 ff.
– Umsatztantieme 1911
Tapeten 658
Tarifbegrenzung bei gewerblichen Einkünften 1681
Tariffreibetrag im Beitrittsgebiet 2547 ff.
Tarifvergünstigung 725 ff., 2991

Tatsachenwürdigung 1257, 1278
Tatsächliche Verständigung 3472
Technische AfA 562
Teilauseinandersetzung Erbschaft
764
Teilbetriebsveräußerung 3023
Teilentgeltliche Rechtsgeschäfte
2992 ff.
Teilfertige Arbeiten 1685 ff.
Teilfertige Bauten 1685
– Abgrenzung 1685
– Bewertung 1686
– Erfassung 1687
– Herstellungskosten 1688
Teilleistungen
– Arge, Gerätegestellung 2307
– Teilbarkeit von Bauleistungen
2285 ff.
– Teilungsmaßstäbe 2285 ff.
– USt 2284 ff.
Teilnehmer, Bewirtung 959 ff.
Teilungsanordnung 790 ff.
Teilwert 756
Teilwertabschreibung 927
– eigene Bauten 1071
Telefonkosten 1691 ff.
– Arbeitnehmer 1696 f.
– Aufteilung 1692 ff.
– Aufzeichnungen 1693
– als Betriebsausgabe 1026
– Schätzung 1694 ff.
Teppichboden 658
Teppiche
– Arbeitszimmer 629 ff., 658 ff.
– Repräsentationsaufwendungen
1577 ff., 1582
Test 1140
Thüringen s. Beitrittsgebiet
Tiefbau 3702
– AfA-Tabelle 4118
– Betriebsformen/-arten 3702
– Kalkulation 4061
– Lagerhaltung 3788
– Löhne 3848
– Materialbezug/-arten 3785 f.
– Preise 3789

Tilgungsstreckung, Disagio 993 f.
Transportanlagen
– Betriebsvorrichtung 916
– Festwerte 924
Treuhandtätigkeit, Bauherrenmodell
744
Übergangsregelung
– Erbauseinandersetzung 803
– Ferien- und Wochenendwohnung
1114
– Wohneigentumsförderung 673
Übernachtungskosten
– Bewirtung 943
– LSt 2707 f.
– Reisekosten 1551 f.
– Repräsentationsaufwendungen
1577 ff., 1580
Übernahme der pauschalen LSt durch
Arbeitnehmer 2796 f.
Überschußerzielungsabsicht 1194 ff.
Überschußrechnung 431
– Aufzeichnungspflichten 443
– Bare Geschäftsvorfälle 447
– Besonderheiten 436
– Betriebsvermögen 437
– Geldbestände 438
– Grundsätze 435
– Kannvorschrift 431
– Merkmale 432
– Umsatzsteuern 439
– Vorteile/Nachteile 445
– Wechsel der Gewinnermittlungsart
449
– Zufluß/Abfluß 435
Umfang gewerblicher Grundstücks-
handel 1353 ff.
Umlaufvermögen
– Bauten als – 751
– Bewertung 919 ff.
– Grundstückshandel 1361
Umsatzbeteiligung 3043
Umsatzsteuer 1956
– Abbruchmaterial 1958
– Abschlagszahlungen 1959
– Abzugsverfahren 2262

Stichwortverzeichnis 945

- Anzahlung 1960
- Arbeitergestellung 1961
- Arbeitsgemeinschaft 1963
- Betriebsausgaben 1026
- Bewirtung 964
- EG-Binnenmarkt 2031 ff.
- Ehrenamtliche Tätigkeit 2066 ff.
- Eigenverbrauch 2076 ff.
- Entgelt 2131
- Entgeltsminderung bei Glasbruchversicherung 2138
- Entstehung der USt 2132
- Erklärung 2318
- Gasgerät, Lieferung durch Installateur 2136
- Geschäftsveräußerung im ganzen 2342 ff.
- Glasbruchversicherung 2138
- Hinterziehung bei Werklieferungen 2266
- Kleinunternehmer 2141
- Konkurs 2146 ff.
- Materialbeistellung 2156 ff.
- Mindest-Istversteuerung 2166
- Organschaft 2171 ff.
- Propangas-Verkauf im eigenen Laden durch Installateur 2186
- Rechnungserteilung bei Mindest-Istversteuerung 2188 ff.
- Sachzuwendungen an Arbeitnehmer 2201 ff.
- Sollbesteuerung 2236 ff.
- Steuersatz 2281
- Teilleistungen 2284 ff.
- Unentgeltliche Lieferungen und sonstige Leistungen zwischen Vereinigungen und ihren Mitgliedern 2319
- Verdeckte Gewinnausschüttung 2356
- Verrechnungsgeschäfte 2361
- Voranmeldung 2317
- Vorschüsse 2365
- Vorsteuerabzug 2371 ff.
- Werkleistung 2386 ff.
- Werklieferung 2386 ff.

- Zuschüsse der Bundesanstalt für Arbeit 2402

Umsatzsteuererklärung 2318
Umsatzsteuersonderprüfung 3104
Umsatzsteuervoranmeldung 2317
Umsatzverprobung 4086
Umwandlung
- Arbeitslohn 2794 f.
- Mietwohnungen 1305 ff.

Umwegfahrt 1473, 1481
Umwidmung von Wirtschaftsgütern 665 ff.
Umzugskosten 1709 ff.
Unangemessene Aufwendungen 1577 ff.
Unbebaute Grundstücke, Grundstückshandel 1321 ff.
Unbewegliche Wirtschaftsgüter
s. Grundstücke, Gebäude
Unentgeltlicher Erwerb
- AfA 564
- Ausschlagung der Erbschaft und des Pflichtteils 795 ff.
- Ausschluß der Ausgleichspflicht von Vorempfängen 789
- qualifizierte Nachfolgeklausel 793 f.
- Realteilung 780 f., 798 ff.
- Teilungsanordnung 790 ff.
- Vermächtnis 786 ff.

Unfallkosten 1450, 1468 ff., 1481, s. auch Kraftfahrzeugkosten
Unfallversicherung
- LSt-Pauschalierung 2854
- Versicherungen 1747 ff., 1748, 1754 f.

Unfreiwillige Betriebsausgaben 871
Unselbständigkeit/Selbständigkeit
- bei ESt 1641 ff.
- Grundstückshandel 1250 f.

Untergeordnete Bedeutung, Gebäudeteile 678 f.
Unterhaltsbeihilfen s. Löhne
Unterhaltsrenten 3046
Unterhaltung von Geschäftsfreunden
- Betriebsausgaben 877

– Bewirtungskosten 942
– Repräsentationsaufwendungen 1577 ff., 1580
Unternehmensberatung 85
Unternehmensformen
– Änderung 397
– Arbeitsgemeinschaften 287
– Bedeutung der Rechtsform 256
– Betriebsaufspaltung 331
– Ehegattenpersonengesellschaften 277
– Einzelunternehmen 260
– Erbengemeinschaften 291
– Familienpersonengesellschaften 266, 399
– Gesellschaften bürgerlichen Rechts 264
– GmbH & Co KG 288
– Kapitalgesellschaften 303
– Kommanditgesellschaften 271
– Personengesellschaften 262
– Rechtsformneutralität 398
– Stille Gesellschaft 273
Unternehmer
– Beginn und Ende seiner Tätigkeit 2011
– Begriff 2333
Unterstützungskasse 1721 f.
Urlaub 3854
Urlaubskasse 57, 1723
– Erstattungsansprüche 60, 1723
– Erstattungsverfahren 59
– Funktion 57
– Rechtsgrundlage 58
– Zusatzversorgung 61
Urlaubs- und Lohnausgleichskasse 1723, 2543

Varieté 942
Veräußerung des Betriebs 3016 ff.
Veräußerung eines Unternehmens 2341
Veräußerungsabsicht, Grundstückshandel 1311 f.
Veräußerungsgewinn
– Arbeitszimmer 675
– Besteuerung 2986

– – Freibeträge 2989
– – Gewerbesteuer 2987
– – Tarifvergünstigung 2991
– Erbauseinandersetzung 763, 771, 774, 776 ff., 786
– Grundstückshandel 1372
– Kraftfahrzeuge 1466 f.
– Vermächtnis 786
Veräußerungsrenten 3040 ff.
Verbindlichkeiten, Bewertung 929
Verbrauchsstoffe, Festwerte 924
Verdeckte Einlagen 1916
– Bedeutung 1919
– Definition 1916
Verdeckte Gewinnausschüttungen 1921
– Angemessenheit von Gehältern 1810
– Bauleistungen an beherrschende Gesellschafter 1880
– Besteuerung 1923
– Beweislast 1929
– Definition 1926
– Direktversicherung 1852
– Nachzahlungsverbot 1876
– Steuer- und Satzungsklauseln 1910
– Umsatztantieme 1911
– USt 2356
– Verrechnungskonten 1938
– Wettbewerbsverbot 1946
Vereinfachungsregelung AfA 568
Vereinnahmte Entgelte 2358
Verfügungsbefugnis über Darlehen 1063
Vergebliche Betriebsausgaben 760, 871, 1728
Vergebliche Planungskosten 1728
Verkauf, Betriebsgegenstände 1397
Verkehrsunfall s. Kraftfahrzeugkosten
Verkleidung Außenwände 611
Verklinkerung 611
Verlorene Vorauszahlungen 613, 871
Verlosungen 2735
Verlustabzug 1731 ff.
– Gesetzesänderung 1734, 1736 ff.

- Verlustrücktrag 1733 ff.
- Verlustvortrag 1733 ff.
Verlustausgleich 1731 ff.
Verlustberücksichtigung 382
Verlustzuweisungsgesellschaften 1204 f.
Verlustverwertung 1935
- Verdeckte Einlagen 1919
Vermächtnis 786 ff.
Vermessungsingenieur 1146
Vermietung
- Bauherrenmodell 745
- Grundstückshandel 1279, 1294, 1303 ff., 1318, 1367 ff.
- mit Sozialbindung, Entnahme 1238 f.
Vermittlung, Bauherrenmodell 744
Vermögensbeteiligungen, LSt 2736 ff.
Vermögensteuer
- Anzahlungen 2878
- Beitrittsgebiet 846 ff.
- Betriebsaufspaltung 2942
- Betriebsgrundstücke 2880
- Betriebsvorrichtung 2882
- Förderungsmaßnahmen im Beitrittsgebiet 2951
- Freibetrag, Freigrenzen 2886
- Garantie/Gewährleistung, Rückstellung 2896
- Halbfertige (teilfertige) Bauten 2890
- Musterhäuser 2891
- Rekultivierung 2903
- Rückstellungen 2896
- Schwebende Geschäfte 2911
- Substanzausbeuterechte 2926
- Urlaub 2899
- Vorruhestand 2957
- Vorschüsse 2878
- Weihnachtsgratifikation 2899, 2902
Vermögensvergleich 3434
Vermögensverwaltung, Grundstückshandel 1291 ff.
Vermögenswirksame Leistungen 3854

Vermögenszuwachsrechnungen 3404
Verpachtung 2997 ff.
Verpflegungsmehraufwendungen
- Dienstreisen 877, 1553 ff.
- LSt 2709 ff.
- - Erstattung durch Arbeitgeber 2716
- - Pauschbeträge 2717
Verrechnungsgeschäfte, USt 2361
Verrechnungskonten 1938
- Verdeckte Gewinnausschüttung 1939
- Verzinsung 1938
Versicherungen 1747 ff.
- Arbeitszimmer 668 ff.
- Beitrittsgebiet 827 f.
- Berufsunfähigkeitsversicherung 1748, 1755
- Betriebsausgaben 1747 ff.
- Betriebsgründungsversicherung 1748
- Betriebsunterbrechungsversicherung 1758
- Betriebsvermögen 1747 ff.
- Brandversicherung 1758
- Direktversicherung 1755
- Gebäudeversicherung 1758 f.
- gemischt genutzte Wirtschaftsgüter 1759
- Gruppenversicherung 1757
- Haftpflichtversicherung 1748, 1755
- Hausratversicherung 1758
- Invaliditätsversicherung 1748, 1755
- Kaskoversicherung 1758
- Kraftfahrzeugversicherung 1758 f.
- Krankentagegeldversicherung 1748
- Krankenversicherung 1748
- Lebensversicherung 1748
- Leistungen der Versicherung 1762 f.
- Personenversicherungen 1748 ff.
- - betriebliche/berufliche 1754 ff.

– – Gruppen- 1757
– – private – für Betriebsinhaber 1748 ff.
– – private – für Ehegatten und Kinder 1752 f.
– Pflegeversicherung 1748
– Rechtsschutzversicherung 1748, 1754
– Sachversicherungen 1758 f.
– Schadenseintritt 1760 f.
– Sonderausgaben 1747 ff.
– Sozialversicherung 1748
– Unfallversicherung 1748, 1754 f.
– Versicherungsleistungen 1756, 1762 f.
– Versorgungsbeiträge 868, 1749
– Werbungskosten 1747 ff.
Versorgungsbeiträge 868, 1749
Versorgungsrenten 3044 f.
Versorgungszusage 1518 ff., 2861 ff.
Verstärkung Stromkabel 611
Versteckte Mängel 603
Verträge mit Familienangehörigen 1031 ff.
Verträge mit der Gesellschaft 1860
– Anerkennung 1863
– Form 1864
– Geschäftsführervertrag 1818
– Miet- und Pachtverträge 1871
– Nachzahlungsverbot 1876
– Selbstkontrahierungsverbot 1907
– Vertragsänderungen 1864
– Vorteile 1860
– Wettbewerbsverbot 1950
Verwaltungskosten, Arbeitszimmer 668 f.
Verwarnungsgelder, Betriebsausgaben 877, 1153 ff.
Verwertungsverbot 3524
– Bedeutung 3524
– Rechtsprechung 3531
– Verfahrensvoraussetzungen 3529
Verzicht auf Schadensersatz, LSt 2743
Verzinsung, Darlehen 1061, 1064 f.
VOB 41

Vorab entstandene Betriebsausgaben s. Vorweggenommene Aufwendungen
Vorausvermächtnis 788
Vorauszahlungen, USt 2364
– Verlorene – 613
Vorempfänge, Ausschluß der Ausgleichspflicht 789
Vorgründergesellschaft 1940
Vorhänge, Arbeitszimmer 658 f.
Vorhangfassade 611
Vorläufige Veranlagung, anschaffungsnaher Aufwand 599
Vorlagepflichten 3317
– private Unterlagen 3319
Vorruhestand, VSt 2957
Vorruhestandsgeld
– Beitrittsgebiet 850
– LSt-Pauschalierung 2830
– Rückstellungen 1624
Vorschüsse 1639 ff.
– USt 2365
– VSt 2878
Vorsorgeaufwendungen für Ehegatten und Kinder 1747 ff., 1752 f.
Vorsorgeuntersuchungen, LSt 2744
Vorsteuer, Abzug bei Voraus- und Anzahlungen bei Sollbesteuerung 2258 ff.
Vorsteuerabzug 2371 ff.
– Fahrausweise 2375
– Leistungsreduktion 2380
– Reisekosten 2377
Vorteilsabschöpfende Geldbußen 1157 f.
Vorweggenommene Aufwendungen
– Arbeitszimmer 671
– Betrieb 760 f.
– Grundstückshandel 1304

Warenlager
– Aktivierung 545
– Bewertung 917 ff.
Wartungskosten, Kraftfahrzeug 1450
Waschmaschine 865
Wassergeld, Arbeitszimmer 696

Stichwortverzeichnis

Wechselseitige Verträge zwischen Eheleuten 1040
Weihnachtsgratifikation, Rückstellung 2899, 2902
Weisungen 1153 ff.
Weiterbildung s. Fortbildung
Weiterführung des Betriebs durch Erben 769
Werkleistung, USt 2386 ff.
Werklieferung
– USt 2386 ff.
– USt-Hinterziehung 2266
Werkzeuge, Festwerte 924
Werkzeuggeld 2746
Wertberichtigung 928, 1490 ff., 1776
Wertvolle Einrichtung 647, 664
Wettbewerbsverbot 125 f., 1946 ff.
– Befreiung 1950
– Rechtslage 1946
– Verstöße 1949
Wiederholungsabsicht, Grundstückshandel 1252 ff.
Wiesbadener Modell 344
Winterbauhalle, Festwerte 924
Wintergeld 1778, 2543
Wirksamkeit, Verträge 1038 f.
Wirtschaftliche AfA 562
Wirtschaftliches Eigentum, Aktivierung 548 ff.
Wirtschaftsgüter, abnutzbare 558
s. auch Aktivierung
Wirtschaftsrat 867
Wirtschaftswoche 1140
Wochenendwohnung 1107 ff.
s. auch Ferienwohnung
Wohneigentumsförderung 672 ff.
Wohnflächenberechnung 651 ff.
Wohnung, LSt 2747 f., 2771 ff.

Zeitmoment, Grundstückshandel 1301 ff.
Zeitschriften/Zeitungen 1139 f.
Zerstörung Betriebsfahrzeug 871
Zimmerei 3705
– Betriebsformen 3705
– Durchschnittssätze 2028
– Kalkulation 4071

– Kennzahlen 4078
– Lagerhaltung 3794
– Löhne 3852
– Materialbezug/-arten 3790 f.
– Preise 3796
– Richtsätze 4079
Zinsbesteuerung ab 1993 1782 ff.
– Ausnahmen 1787 f.
– Freistellungsauftrag 1792 ff.
– Höhe 1789 f.
– Sparerfreibetrag 1791
– Stückzinsen 1786
– Tafelgeschäft 1795
– Zinsabschlag 1784 f.
Zinsen
– Arbeitszimmer 669, 683 ff.
– Aussetzungszinsen 1402
– Bankzinsen 1403
– Bauherrenmodell 745
– Erbauseinandersetzung 773, 786
– Hinterziehungszinsen 1399 ff.
– Kauf eines Erbanteils 773
– Kraftfahrzeuge 1469, 1480
– nachträgliche Betriebsausgaben 1080 f.
– Steuernachforderungszinsen 1402
– Stundungszinsen 1402
– Vermächtnis 786
Zinsersparnisse/Zinszuschüsse 2751
Zinsstaffelrechnung 227
Zufluß/Abfluß 435
Zukunftssicherungsleistungen
– LSt 2794, 2846 ff.
– Versicherungen 1747 ff., 1748 ff., 1754 ff.
Zulagen s. Löhne
Zusammenrechnung, Grundstückshandel 1337 ff.
Zusammentreffen Betriebsausgaben/ Werbungskosten und Sonderausgaben 631
Zusatzversorgung 3854
Zusatztabelle, LSt 2546
Zuschläge
– LSt 2760 ff.
s. auch Löhne

Zuschüsse
– Fahrten Wohnung – Arbeitsstätte 2818
– Investitions- 1799 f.
– Zins- 2751
Zwangsaufwendungen 871

Zwangsversteigerungsverfahren 603
Zweifamilienhäuser, Grundstückshandel 1298
Zweikontenmodell 238
Zwischenheimfahrten 1550

Weitere Bücher aus der Reihe „Beruf & Steuern"

Besteuerung des Hotel- und Gaststättengewerbes
Mit Arbeitshilfen und Checklisten

Von Steueroberamtsrat Eberhard Assmann und Vors. Richter am FG a. D. Armin Burhoff

Besteuerung der Lehrer
Von Ltd. Regierungsdirektor Dr. Gerhard Niemeier

Besteuerung der Rechtsanwälte und Notare
Von Vors. Richter FG a. D. Armin Burhoff und Richter am FG Arnold Obermeier

Besteuerung der Apotheker
Mit Arbeitshilfen und Checklisten

Von Steueroberamtsrat Eberhard Assmann, Vors. Richter am FG a. D. Armin Burhoff und Richter am FG Arnold Obermeier

Besteuerung der Ärzte, Zahnärzte und sonstiger Heilberufe
Mit Vertragsmustern und Arbeitshilfen

Von Steuerberater Diplom-Kaufmann Dr. Hans-Ulrich Lang und Vors. Richter am FG a. D. Armin Burhoff

Besteuerung des Kraftfahrzeuggewerbes
Von Steueroberamtsrat Eberhard Assmann, Vors. Richter am FG a. D. Armin Burhoff und Regierungsdirektor Heinz Hünnekens

In Vorbereitung

Notizen

Notizen

Notizen

Notizen

Notizen

Notizen

Notizen

Notizen

Notizen